河東鹽法備覽合集簡注

咸增強　楊強　　校注

中州古籍出版社

圖書在版編目（CIP）數據

河東鹽法備覽合集簡注／咸增強，楊强校注． ――鄭州：中州古籍出版社，2020.6

ISBN 978-7-5348-9138-0

Ⅰ．①河… Ⅱ．①咸… ②楊… Ⅲ．①河東－鹽業史－清代 Ⅳ．①F426.82

中國版本圖書館 CIP 數據核字（2020）第 072581 號

| 河東鹽法備覽合集簡注 | HEDONG YANFA BEILAN HEJI JIANZHU |

| 責任編輯 | 閔世勇 |
| 責任校對 | 高雪薇 |

出　　版	中州古籍出版社（鄭州市鄭東新區祥盛街27號出版産業園C座6層）
印　　刷	運城市古籍印務有限公司
版　　次	2020年6月第1版
印　　次	2020年6月第1版第1次印刷
開　　本	787mm×1092mm　1/16
印　　張	80
字　　數	800千字
定　　價	480.00元

《河東鹽法備覽合集簡注》編委會

主　任：姚紀歡　胡文強

副主任：薛耀文　張鳳琴　黃解宇　王躍宣　郭剛科

委　員：李安綱　韓起來　曾繁英　李永康　馬　莉
　　　　咸增强　張啓耀　宋　潔　李　文　屈學書
　　　　姚文永　楊　强　何小宛　李　爽　衛文革
　　　　鄒冬珍　閔世勇　張仲偉　楊宏偉　楊軍霞
　　　　曹永紅　馬宏斌　尹　冰

資助名單

山西省高等學校人文社會科學重點研究基地項目

山西省哲學社會科學后期資助課題

山西焦煤運城鹽化集團有限責任公司資助項目

山西省重點扶持學科運城學院中國語言文學學科資助項目

校注説明

一、本書底本爲國家圖書館藏本。《河東鹽法備覽》係乾隆五十五年河東陝西都轉鹽運使司刻本。《增修河東鹽法備覽》係光緒八年分守河東兵備道兼管山陝河南三省鹽法道刻本，光緒二十年稍有增補。《續增河東鹽法備覽》係宣統二年河東兵備鹽法道刻本。

二、本書采用繁體橫排，并加斷句標點。在追求保真的基礎上，亦努力方便當代讀者閱讀。

三、原書雙行小字，均改爲單行大字。不影響文意者，不作區別。確有影響者，用（）標注。

四、原書列有總目、分目，分目置於分卷之首。今統一排於書首，標以頁碼。

五、凡底本有明顯刻誤或丟筆掉點者，比如"己"誤作"已"等，查據屬實，直接修正。改而應作說明者，或存疑而不改者，在頁腳注釋中說明。

六、底本多有避諱之字，比如"丘"作"邱"、"弘"作"宏"等，今本不改。遇官書姓不書名者，力爭查補，以（）標注。

七、注釋力求簡要。今人不易解或易誤解者注之。前文已注，後文不論遠近，不再作注。

八、相較於校本，底本奏疏卷、藝文卷凡删改內容者，若文意通順，原則不作回改。

九、《增修河東鹽法備覽》原書分目與內文標題間有不一致且不影響文意者，以内文爲標準修改。比如"神廟"改"池神廟"、"河東鹽法道"改"河東道"。分目與内文標題不一致且存在訛誤者，以正確者爲準。比如"蒙鹽進口仍行徵稅疏"改"蒙鹽進口仍行徵稅部議"。分目與内文標題雖一致但皆誤者，據文本實情修正。比如"詩十八首"改"詩九首"。内文無標題卻納入分目者，比如"外委把總"從目錄中删去。有内文有標題但無納入目錄者，比如"奉准試辦督銷期復課額部議"今於目錄中補齊。

十、圖例文字多有模糊不清者，根據文獻與實際予以校勘重録。

河東鹽法備覽

編輯

山西按察使兼管河東鹽務時南蔣兆奎

校字

河東運學教授王鳳翮

監刊

商人陳思賢、王恒泰、王擴統、范則質、
翟步雲、王繩中

目　　次

海寧序 ··· 1

季學錦序 ··· 3

自序 ·· 6

《河東鹽法備覽》凡例 ··························· 8

河東鹽池全圖 ······································· 10

第一卷　鹽池 ··································· 16

源流 ·· 16

形勢 ·· 19

禁垣 ·· 20

黑河 ·· 22

池神廟 ·· 24

鋪舍 ·· 26

祥異 ·· 29

勝跡 ·· 31

物産 ·· 32

六小池 ·· 33

女鹽池 ·· 35

花馬池 ·· 36

第二卷　運治 ··································· 38

星野 ·· 38

疆域 ·· 39

城垣	39
萬壽宮	41
壇廟	42
公署	45
倉儲	47
恤政	49
坊集	50
風俗	51
武備	52

第三卷　官職 … 54

官制沿革	54
古職考辨	55
巡鹽御史	57
運使	72
運同	82
運學	94
經歷	99
知事	103
庫大使	106
三場大使	107
分駐解州州判	111
三巡檢	112
運城營	114

第四卷　渠堰 … 117

| 姚暹渠 | 117 |

池東各堰	120
池南各堰	121
池西各堰	122
議修章程	125
議定姚暹渠歲修章程	126
議定河渠并修章程	127
輪修次第	128
估銷限期	129
督修責成	129
辦工限制	130
近池山澤	130
護池灘地	134

第五卷　坐商

錠名	138
銷價	144
畦地	146
澆曬	150
歸并	155
租稞	156
鹽料	157
坐配	158

第六卷　運商

招商	159
增價	162
加耗	164

均引	165
掣放	181
行銷	184
運程	185
失水補運	213
借運蘆鹽、蒙鹽、花馬池鹽	215
分別給票運鹽	216
改置年季商首	217
禁革州縣鹽規	218

第七卷　引目 … 232

鹽引本末	232
額引分目	235
代銷定制	247
餘引增減	247
領繳則例	249
奏銷期限	250
引式	250

第八卷　課額 … 253

課項源流	253
正雜款目	256
徵收則例	267
課錠平色	269
撥解定制	270

第九卷　律例 … 282

| 律 | 282 |

條例 ································· 287
　　處分則例 ······························ 291
　　禁緝扼塞 ······························ 301
第十卷　學校 ······························ 306
　　學宮 ································· 306
　　學額 ································· 309
　　書院 ································· 311
　　科目 ································· 314
　　人物 ································· 351
第十一卷　奏疏 ···························· 388
　　河東陝西分界食鹽疏 ···················· 388
　　募民撈采疏 ···························· 390
　　護池官地疏 ···························· 391
　　請清引票疏 ···························· 392
　　請復經管池工鹺員疏 ···················· 393
　　請免割没浮鹽仍除加課疏 ················ 396
　　鹽政疏 ································ 399
　　歲修禁墻疏 ···························· 400
　　開墾荒畦疏 ···························· 402
　　清理商民籍貫疏 ························ 403
　　遵旨查議疏 ···························· 406
　　請歸解安額引疏 ························ 408
　　請留加增銷價疏 ························ 409
　　大同府屬鹽課已歸地丁疏 ················ 410
　　蒲夏減引代銷疏 ························ 411

會議鹽價酌增一厘疏 ·· 412

請停買運蒙鹽疏 ··· 414

遵旨會議增鹽價一厘疏 ·· 417

請隰州大寧永和改食土鹽疏 ······································ 418

挑挖黑河并酌定五年換商疏 ······································ 419

請停運銷口鹽疏 ··· 422

請弛口鹽舊禁疏 ··· 424

覆奏口鹽毋庸商運聽民自販疏 ··································· 427

請加鹽價并停五年換商疏 ··· 431

請復餘引并改加耗月分疏 ··· 435

請撤防兵改添巡役疏 ·· 437

請定增價爲長價疏 ··· 438

會議口鹽運至磧口鎮疏 ·· 440

籌辦調劑全案部咨 ··· 442

輪坐銷價議 ··· 445

運陝鹽路議 ··· 447

第十二卷　藝文 ·· 450

鹽池賦 ·· 450

晉問 ··· 452

鹽池問對 ·· 455

鹽池賦 ·· 457

修解池垣塹記 ·· 467

鹽池東門記 ··· 469

鹽池西門記 ··· 470

重修池墻碑記 ·· 471

重鐫解池圖記	472
南岸采鹽圖説	474
河東鹽池靈慶公神祠頌碑序	476
河東鹽池靈慶公神祠碑陰記	481
寶應靈慶池神廟記	483
敕封廣濟惠康王碑	486
敕封永澤資寶王碑	487
重修鹽池廟碑	488
解鹽司新修池神廟碑	490
敕賜御香瑞鹽碑志	492
河東運司重修鹽池神廟記	493
敕修鹽池神廟碑記	497
新建鹽池太陽祠記	499
重修池神廟碑記	500
新建歌薰樓記	501
重修西淡泉亭記	502
恭紀聖駕幸河東鹽池	505
西小池垣記	506
復立解州運司碑	512
聖惠鎮新城記	514
河東運城記	516
重修運城碑記	518
重建察院記	521
新作學廟記	523
重修孔子廟記	525

河東名宦祠記	527
河東鄉賢祠記	529
河東鄉賢祠記	531
新建運學尊經閣記	532
重修河東運司儒學記	533
重修河東運司廟學碑記	536
重修運城文廟記	541
河東書院記	542
修復河東書院碑記	544
重修河東書院記	548
新建宏運書院碑記	550
運安兩學公錠記	553
渠堰志	554
浚姚暹渠記	556
鹽池石工記	557
宋解州鹽池新堰箴并序	559
捐修渠堰記	562
白沙河南北岸改建石堰記	565
詩三十七首	567

海寧序

聖人之治天下，莫不理財以利民。而天地自然之利，往往利於民，而民無以自利。甚且利之所在，積久而日趨於弊。是豈理之無其法歟？抑法有未備故也？河東①鹽池，出自天成，以為民利，三晉②秦豫民食皆賴焉。國賦之所儲，商力之所聚，轉運之所通，非法以馭之，且渙散而不可紀，其弊有百出而不可窮詰者。是非講求治法，烏③足以興利而除弊哉！

顧鹽法有未易言者④。凡法一成而不變，而鹽法則取乎變通。天道有盈虛，地利有肥磽，人事有豐嗇，而況古今異宜、後先殊轍？本末輕重之間、商民利病之處，其所以經理裕如者，要在因其時、度其地、得其人而已矣。

河東鹽法自古無成書。有之，自國朝蘇昌臣之《彙纂》、郭禎之《便覽》始。雍正八年，奉旨敕修《鹽法志》，於二書多采擇焉。嗣有《運城志》并《紀恩錄》皆有可觀。大都臚陳往

---

① 河東：黃河流經晉陝之間，自北而南，故稱山西省境內黃河以東地區為"河東"。秦、漢置河東郡，郡治在安邑，轄區主要為今臨汾、運城境域。今言河東，多指晉南地區，或專指運城地區。

② 三晉：戰國時趙、韓、魏三國的合稱。趙氏、韓氏、魏氏原為晉國大夫，戰國初，分晉各立為國，故稱。其地約為當今之山西省及河南省中部、北部，河北省南部、中部。後以"三晉"為山西省別稱。

③ 烏：副詞，哪，怎麼。

④ 顧：但是。易：改變。全句意思是，但（對於）鹽法有不能變易的主張者。

制,沿襲舊文,嘩者失之繁,簡者失之略,而於近今鹺政①、商情多所缺焉,未足云美備也。今廉訪②蔣君時南任鹺使有年,悉心治法,續纂《河東鹽法備覽》一書,共十二卷,分門別類,綱以統目,目以繫綱。凡恤商利民、疏引裕課之法,靡不具載,故名《備覽》。

今國家致治咸和,肖翹③得所。天不愛道,地不愛寶,更多出其自然之利以康阜民財。猗歟休哉④!何風之隆歟?余奉命撫綏茲土,兼轄鹽政,日惟黽勉循分⑤,以盡掌策理財之實,去其不便而行其便,慎修厥政,以仰副皇上惠愛商民之至意。而《備覽》一書,藉得昕夕翻閱,次第舉行,則所俾於余者靡淺矣。是為序。

乾隆歲次己酉仲秋。

兵部侍郎兼都察院右副都御史,巡撫山西等處地方兼管提督、鹽政,節制太原城守尉,長白海寧撰并書。

---

① 鹺政:鹽務。鹺,鹽的別名。《禮記·曲禮下》:"鹽曰咸鹺。"鄭玄注:"大咸曰鹺。"

② 廉訪:宋廉訪使者、元肅政廉訪使、明清按察使主管監察事務,故通稱廉訪。

③ 肖翹:細小能飛的生物。《莊子·胠篋》:"喘耎之蟲,肖翹之物,莫不失其性。"成玄英疏:"附地之徒曰喘耎,飛空之類曰肖翹,皆輕小物也。"

④ 猗歟休哉:古時讚嘆套語,意為多麼美好啊。猗歟,嘆詞。休,美好。

⑤ 黽勉循分:盡力遵循本分(做事)。《詩·邶風·谷風》:"黽勉同心,不宜有怒。"毛傳:"言黽勉者,思與君子同心也。"

季學錦序

邦國郡邑之有志,所以考建置、沿革、山川、土田、人文、物產。凡有繫乎其封內①者,莫不畢載。官其地,讀其書,可以知政事之要。志之所關重矣! 竊謂鹽法亦然。

自管子謹正鹽策,迨漢以還,代有損益。設專官,制課額,禁私販,除陋規。至我聖朝而法制大備,炳於日星。而其間物土之异宜,因革之异尚,與夫人力勤惰、商本贏虧,因時變更。即專舉一隅,亦不能盡出於一致。不有專書,將何所藉以資其考鏡②?

余於己酉歲之二月,恭承恩命,受任河東運司。竊念《左氏傳》稱:"郇瑕氏③之地,沃饒而近鹽④。"兹蓋其遺壤,歷代稱解池鹽。其取之之法,舊用種,繼用撈采,今則總其名爲澆曬。

---

① 封內:天子或諸侯的領地之內,泛指國內或轄境之內。《荀子·正論》:"封內甸服。"楊倞注:"王畿之內也。"
② 考鏡:參證借鑒。
③ 郇瑕氏:《左傳·成公六年》有"晉人謀去故絳,諸大夫皆曰必居郇瑕氏之地"。楊伯峻注:"郇在解池西北,瑕在解池南。面積甚大,不可能全部劃爲晉國都城,此云'居郇瑕之地',蓋擇其一部也。"後世并稱郇瑕,泛指涑水流域一帶晉國故地。
④ 鹽:古鹽池名,即解池。《穆天子傳》:"戊子至於鹽。"

其采鹽之人,始置亭户①,後募鹽丁②,今則統名爲商。其課額向惟兩淮爲最,兩浙次之,河東在福建、廣東之下,今則數浮於兩浙。志不時輯,其窮變通久之故,措施補救之方,又將何由盡悉?

余於鹽法素未講求。下車③之初,即檢閱舊籍。如《鹽政彙纂》《便覽》諸書,去今既遠。雍正八年奉詔纂修《鹽法志》,規制差備。自是厥後五十年中,惟前運使高郵沈公有《紀恩錄》一書,載近事頗詳,而於志體未協。似宜續纂一編,舉河東沿襲之舊、我朝酌劑之宜、并數十年以來皇上恤商惠民之典,彙而輯之,以符體制而彰盛美。

會升任運使渭南蔣公業著有成書,將付梓④矣。復取而讀之。凡前志所載、私心有未愜⑤及一切現行之政前志所未備者,俱於此書詳焉。因嘆蔣公勤於其官,練於其政,管榷⑥條制,動皆得宜。既已晉陳臬⑦事,復奉命兼理鹺務,以不負聖天子之任使者,具見於此。余踵莅⑧斯任,得與公反復討論,并讀是書,不特有所藉以資考鏡,即政事之要亦可略識其大端。則

---

① 亭户:古代鹽户之一種。唐乾元元年(758)第五琦定鹽法,將制鹽民户編爲特殊户籍,免其雜役,專制官鹽。因煮鹽地方稱亭場,故名。

② 鹽丁:古代鹽户中承擔鹽役的丁壯。也稱"竈丁"。

③ 下車:初即位或到任。語出《禮記·樂記》:"武王克殷,反商,未及下車,而封黄帝之後於薊。"

④ 付梓:古時雕版刻書以梓木爲上,後因稱書籍刊印爲付梓。

⑤ 未愜:不滿意。愜,快意,滿足。

⑥ 管榷:指官府對鹽、鐵、酒等的專賣。

⑦ 陳臬:張布刑法,亦借指任司法官職。《書·康誥》:"王曰:'外事,汝陳時臬,司師兹殷,罰有倫。'"孔傳:"汝當布陳是法。"

⑧ 踵莅:跟着來到。踵,脚後跟。

余所以勉思報稱仰答主知者,又豈有外於此乎?爰書之,以爲序。

乾隆五十四年歲次己酉良月之吉。

賜進士出身,河東陝西都轉鹽運使司加敕管鹽法道運使,海禺季學錦序。

自 序

　　河東之池鹽,由來久矣。其經國恤商、講求於治法者,前之人亦既詳矣。然《彙纂》《便覽》諸書所載,多言往制而已,不行於今。《鹽法志》成於雍正庚戌。越五十餘年,而因革損益亦有今昔之不同。《紀恩錄》編於乾隆甲辰,頌揚渥澤①,而尚少繁稱博引②之觀。薈萃翻閱,未臻全備。

　　乙巳春,奎由太原郡守蒙恩升授河東運使,擬修《鹽法備覽》一書。忘其固陋③,就現行之章程,參以曩日之記載,芟其繁蕪,補其缺略,分門別類,大异小同。首以鹽池提其綱也,次以運治著其地也。有治人斯有治法,官職所當重也。欲治鹽莫先治水,渠堰宜急講也。由是而種治與轉輸、坐運交資,固缺一不可;國計與民食、引課兼重,亦相因而詳。非禁私無以辦公,律例應震攝④於犯法之先;不正德難保厚生⑤,學校宜作興於既富之後。而且補救因時,名臣之奏疏,功悉可稽;文章經世,前人之著述言皆有物。徵文則取其深中利弊,而浮廓者

---

① 渥澤:指恩惠。
② 繁稱博引:名稱繁多,引用廣博。
③ 忘其固陋:謙詞,忘掉自己的淺陋不足。
④ 震攝:震驚折服。攝,通"懾"。
⑤ 厚生:使人民生活充裕。《書·大禹謨》:"正德,利用,厚生,惟和。"孔穎達疏:"厚生,謂薄征徭,輕賦稅,不奪農時,令民生溫厚,衣食豐足,故所以養民也。"

弗收;叙事則期於質實詳明,而藻繢①者弗尚。掇續成編,俾覽者瞭如指掌。而采訪參校②,西場大使翟衡實襄厥事。是書成於戊申季冬。

己酉春初,奎有晉臬③之命,又奉特旨兼理河東鹺務。是書之付梓,益不容已④。因呈兼管鹽政海大中丞。以爲可,并作序冠於編首,後之經國恤商者或有取於此云。

乾隆五十四年秋九月朔旦⑤。

賜進士出身,山西按察使兼管河東鹽務,關中⑥蔣兆奎撰。

---

① 藻繢:同"藻繪",文采華麗。
② 參校:參照比較,參照校勘。常指爲別人所著之書做校訂工作;或以一書的一種本子做底本,參考其他本子加以校訂。
③ 晉臬:升任按察使。臬,臬司,也稱臬臺、臬府、臬憲,指按察司或按察使。
④ 益不容已:更加不允許停止。容,適宜,允許。
⑤ 朔旦:舊曆每月初一,亦專指正月初一。
⑥ 關中:古地域名。所指範圍不一。或泛指函谷關以西戰國末秦之故地(有時包括秦嶺以南的漢中、巴蜀,有時兼有陝北、隴西)。或指居於衆關之中的地域,今指陝西渭河流域一帶。《史記·項羽本紀》:"關中阻山河四塞,地肥饒,可都以霸。"裴駰集解引徐廣曰:"東函谷,南武關,西散關,北蕭關。"

《河東鹽法備覽》凡例

——是編爲鹽法而設,非若一州一邑但志景物、户口而已。舊有蘇昌臣《彙纂》、郭禛《便覽》。雍正八年奉旨敕修《鹽法志》,多仍其説。前運使沈業富《紀恩録》,網羅八年以後事實,自成一集。乾隆二十七年,解州牧言如泗於州志中特編《運城志》一册,多有可采。今并取而薈萃之,名曰《備覽》。徵引不出諸書,折衷惟求一是①。

——是編分門十二,各以類從。每門冠以小序。前後次第,蟬聯而下,以綱統目,以目繫綱,使十二門如一篇,庶免餖飣②雜湊之患。

——每門下各列條目不一,每條必詳原委。或於每條下按以己見,略事發明。間有正文不盡之意,即以按語補之,冀免缺漏。

——紀載之體類,多繪圖卷首,收千里於几席③。兹編依《彙纂》《便覽》,特具池圖於前。而於近池山川、渠堰無不臚列指陳,位置分明。冀經理鹽池者,案頭熟視,已可得其要領。其餘無關政務,概不列圖。

---

① 折衷:取正,用爲判斷事物的準則。是:指正確的論斷或肯定的結論。
② 餖飣:供陳設的食品,比喻文辭堆砌。
③ 几席:几和席,爲古人憑依、坐卧的器具。

——紀載之體,例得書名①,名不溢分。稱公稱謚,似皆非體。且鹽法專主國計,是編一概書名,所以尊君且慮其久而湮也。

——是編據事直書,但求質實明白,不以藻繪爲工。至前書間有錯訛之處,考核既真,悉爲更正,不敢依附雷同,至譏失實。

——是編雖述而不作,究於曩編,不過十仍其五。如坐商、運商以及銷價等項,諸書非存而不論,即語焉不詳。至若課何以謂錠?引何以謂名?諸書多未深究,今一一分晰,可補曩編所未備。

——舊制所關,雖已成陳跡,而有原有委,未便芟除。如畦丁之存汰,票鹽之巓末,與夫引課之增減,前代規模俱在,今一一節錄,或敘於前,或附於後。若無關政要,則皆删之,以歸簡易。

——門類繁多,恐嫌碎雜,如山澤、灘地、澆曬、挈支、武備、積儲、宦跡、人物等條,前志各有專門,兹編或彙爲一門,或附見各條之下。間有必須互見者,於本門獨詳而於附見之處則從略焉,以便觀覽。

——是編纂於諸書之後,删繁補漏,參互考訂。而又稽之舊牘,采之方言②,非敢稍執己見,致誤傳信③。

---

① 書名:書寫姓名。
② 方言:地方的言論,非當今語言學所稱地方話。
③ 致誤傳信:導致錯誤訛傳為真實,意即弄假成真。

河東鹽池全圖

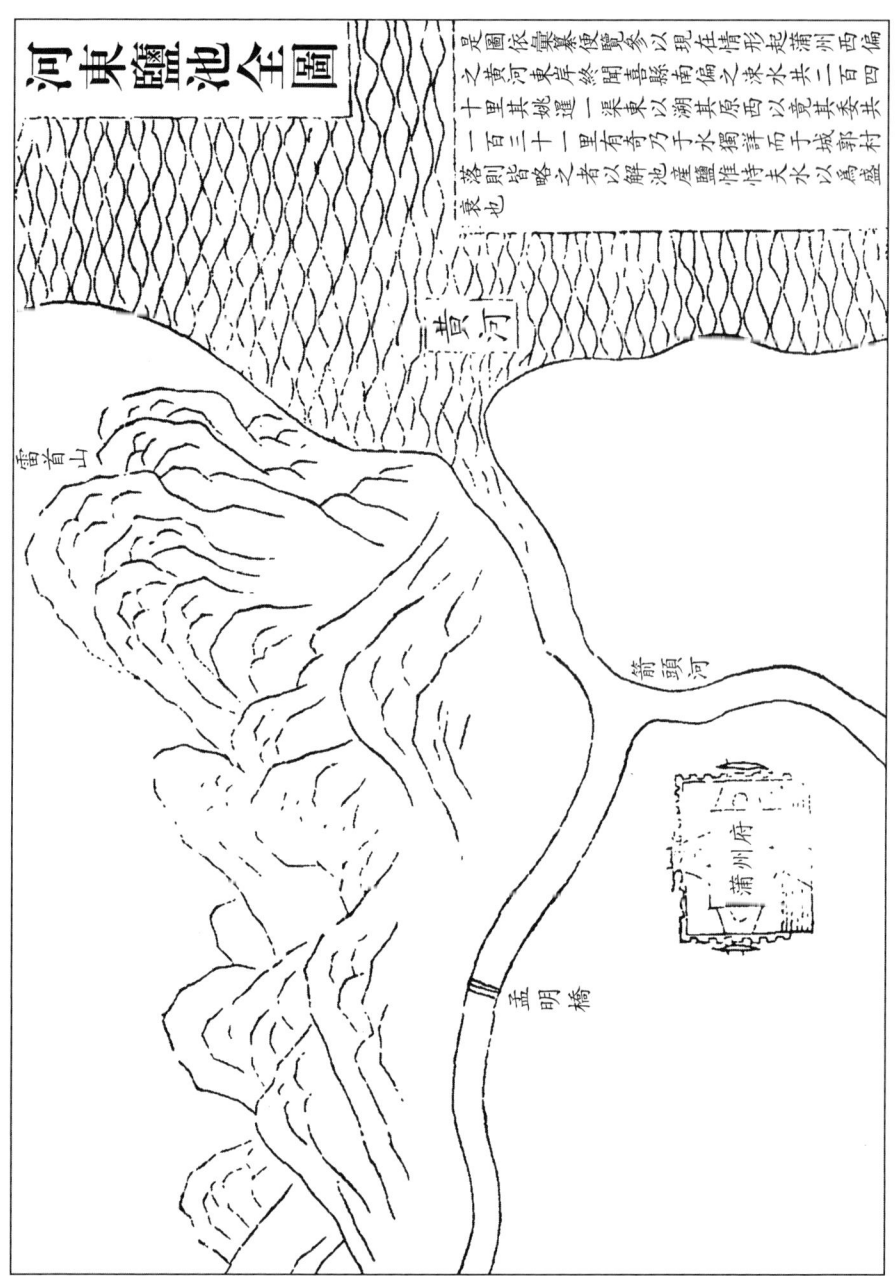

靈圖依彙纂便覽參以現在情形起蒲州西偏
之黃河東至聞喜縣南偏之涑水共二百四十
里其桃運二渠東以湖南偏之原西以湧其委共
十里有奇方于水獨詳而于城郭村落盛
則皆略之者以解池產鹽惟恃夫水以為盛
衰也

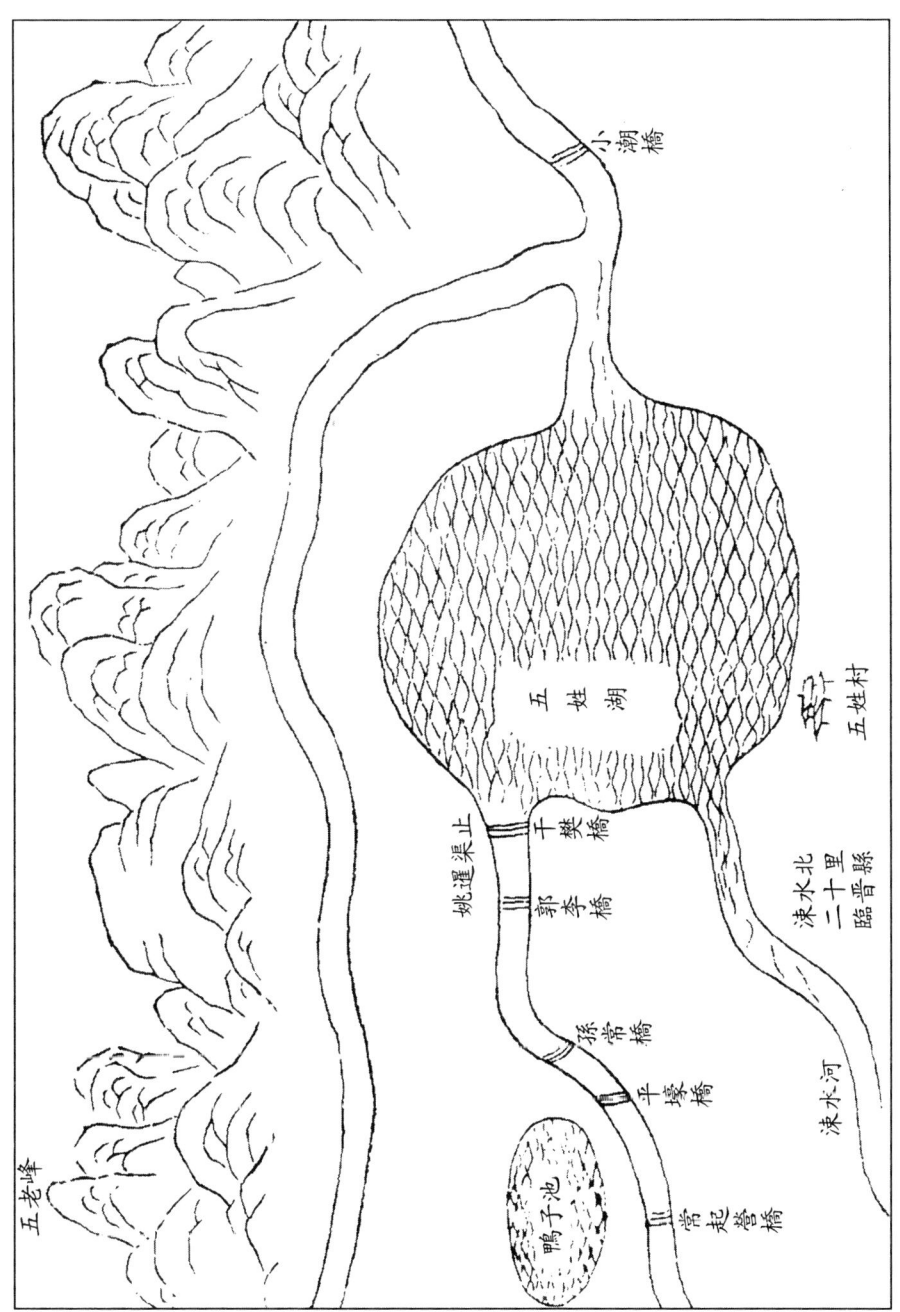

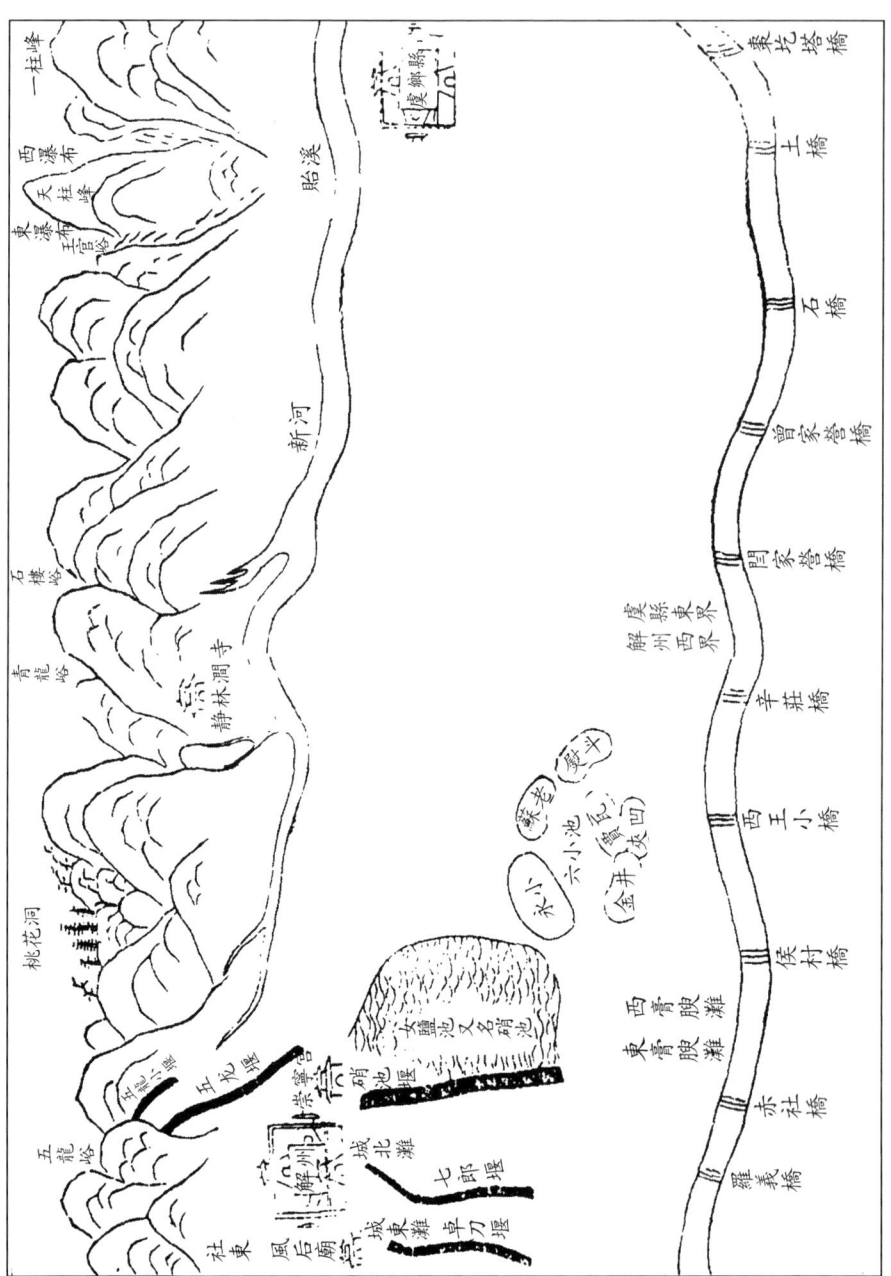

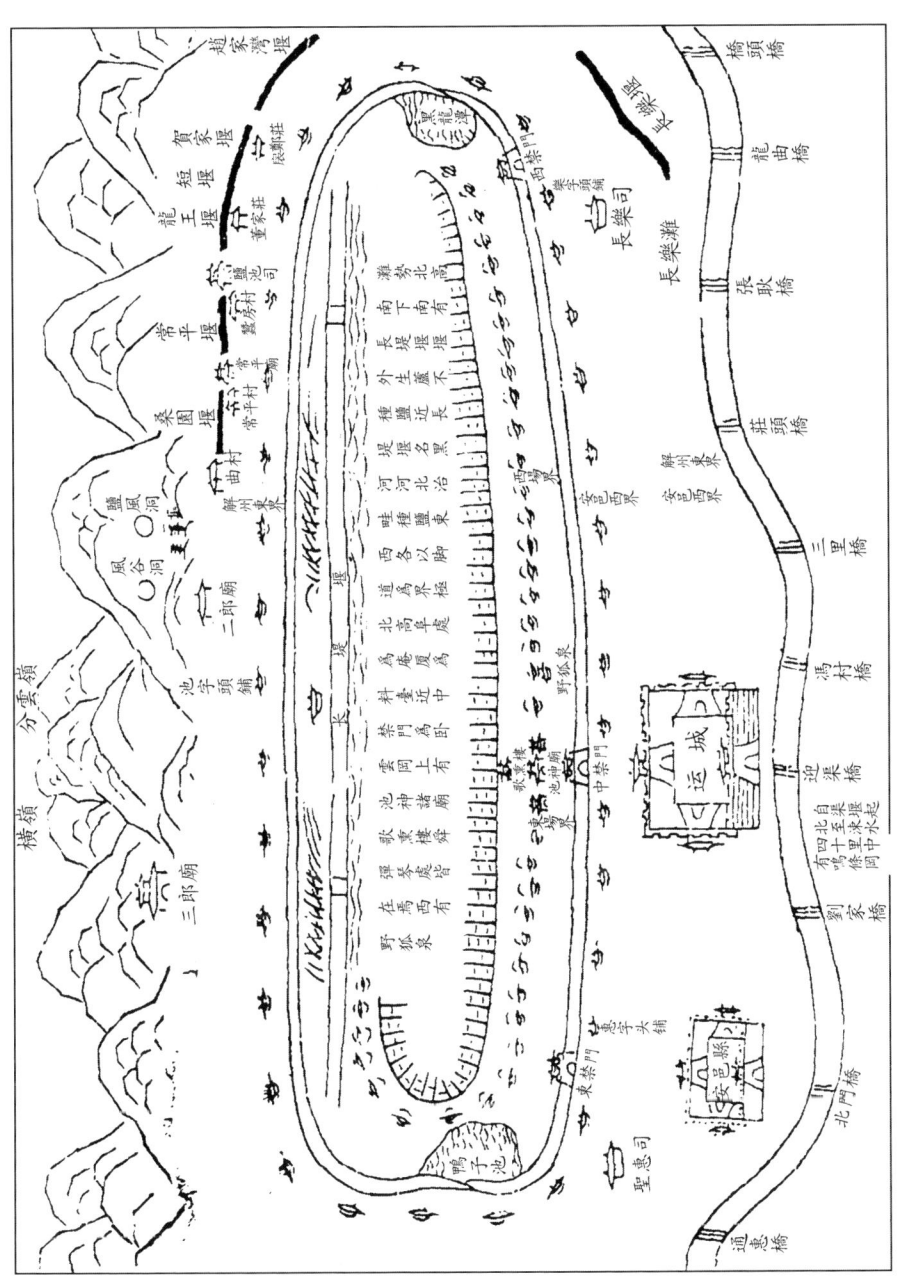

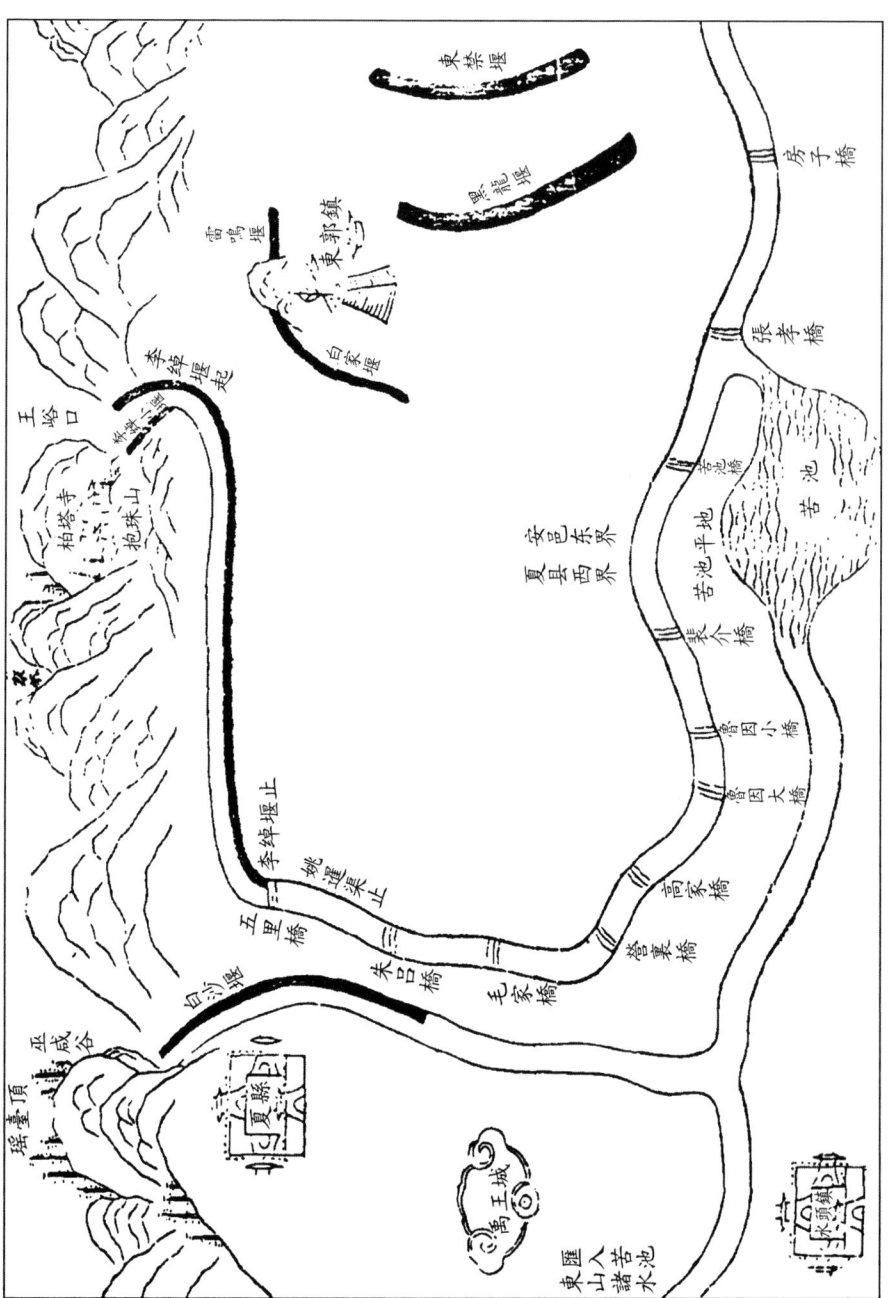

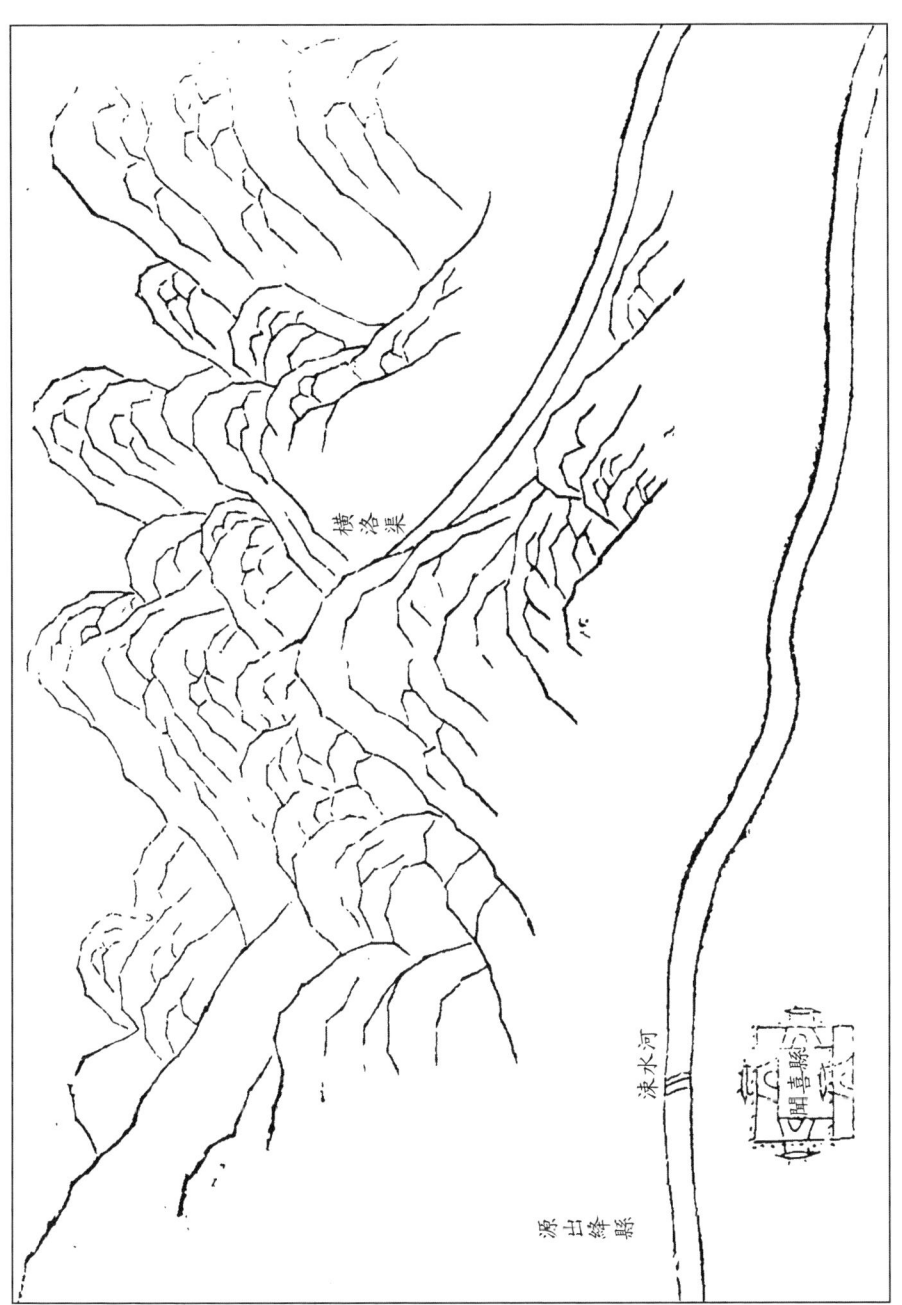

第一卷 鹽 池

原夫池鹽，爲晉大寶，而運治以建。既統之以官職，復保之以渠堰。有坐商以司種治，有運商以任轉輸。至若領引納課，定有常經①；杜弊防奸，嚴以律令。迨商業安，教化興繼之。以學校厚士②，即以厚商。而補偏救弊，酌古準今③，本學問經④，濟以立言。或見之疏議，或發爲文章，要皆因鹽池而起。則事關於池者，固得以類首纂矣。

源 流

河東鹽池，一名解池。池以解名，名以地也。洪水方割，地在水中，號爲渤澥⑤。迨水治而大寶出，美利興。池地分坐

---

① 常經：固定不變的法令規章。《戰國策·趙策二》，"國有固籍，兵有常經。變籍則亂，失經則弱。"
② 厚士：厚待學子。運學專爲鹽商子弟而設，所以厚士相當於厚商。
③ 酌古準今：擇取古代之事，用來比照今天的情況。
④ 本學問經：以學爲本，以經爲師，意謂向學術和經籍探求真理。
⑤ 渤澥：渤海。這裏指解池之水。

解①、安②之間,而直以解名者,以安邑爲州之屬縣,尊所統也。唐有鹽池十八,河東居其五,而有東、西池之稱。在安邑者爲東池,在解州者爲西池。迄今池廟內,猶奉東、西二池神。

《説文》謂:凡池皆水。③ 獨此池之水,其味鹹,鱗介④不育;其性溫,隆冬不冰。或曰:此海眼也。考葱嶺⑤之東有海焉,曰鹽澤。河流所注,不溢不涸。此池亦曰鹽澤。《山海經》所謂"鹽販之澤也"。是竅於山川生此奧區⑥,以粒我蒸民⑦。唐崔敖曰"海眼通波,河源伏脈,千里一氣,潴爲廣斥"是也。

又此池,一名鹽池。《周禮》"鹽人掌鹽之政令",而有鹽鹽。賈公彥疏曰:"鹽出於解池,即今之顆鹽,謂不須煉治,自成顆粒也。"《史記·貨殖傳》:"猗頓用鹽鹽起家。⑧"注曰:

---

① 解:解州,原名解縣,又名解梁,晉西南地區的重要城鎮,三國名將關羽的故鄉。虞夏為畿地,春秋為解邑,戰國名永澤,西漢初年設解縣,五代改稱解州。今為運城市鹽湖區轄地。

② 安:安邑,古代都邑名。史載"禹都安邑",在今山西夏縣。戰國時期曾為魏國早期都城,後遷大梁。秦漢時期又成為河東郡治所和安邑縣治所。北魏太武帝神嘉元年(428),分為南北兩縣。太和十年(493)北安邑縣治所東遷,改名夏縣。南安邑被稱為安邑,緊臨鹽池。今在運城市鹽湖區境內。

③ 《説文》:即東漢許慎《説文解字》。其有:"隍,城池也。有水曰池,無水曰隍。"此為意引而非原文。

④ 鱗介:泛指有鱗和介甲的水生動物。

⑤ 葱嶺:今為帕米爾高原,據《西河舊事》,因"其山高大,上多大葱",故稱葱嶺,是絲綢之路中路和南路的必經之地。

⑥ 奧區:深奧之區,即腹地。

⑦ 蒸民:眾民,百姓。

⑧ 貨殖傳:據《史記》,貨殖傳當為"貨殖列傳",猗頓用鹽鹽起,亦無"家"字。

"鹽鹽,河東大鹽。"謂顆粒之大,异於散鹽之小。是池以鹽名,兼有顆鹽、大鹽之稱。

載籍已有可徵,又考之虞舜《南風之歌》,所謂解慍阜財者,此池也。《左傳》"晉人謀去絳",而謂"郇瑕氏之地沃饒"者,亦此池也。

漢置河東均輸長,唐置兩池榷鹽使,宋置提舉解鹽司,元置解鹽使。迨及前明,封以墻塹,邏以警卒,而又統以風紀。凡所以經理此池者,制極隆,法極備也。我朝定鼎①,大率一因前明之舊,斟酌損益,以期於盡善云。

【按】九有②之鹽,品類甚夥,大約生於天而成於人,陰爲體而陽爲用。故有煮海而成者,薊遼、山東、兩淮、廣南、閩浙之鹽是也;有挹水於井,法同煮海者,西蜀滇黔之鹽是也;有挹水沃土,或值雨過土白,刮淋漉煮而成者,河北營并之鹽是也;有崖砠崔嵬③,雨滋日暵,積如礬霜,刮取即可充食者,階成蘭鳳之鹽是也;更有龍成剛鹵④,形似蒺藜⑤,其下有鹽,累棋⑥而

---

① 定鼎:舊傳禹鑄九鼎,以象九州,歷商至周,作爲傳國重器,置於國都。因稱定立國都爲"定鼎"。後也指建立王朝。

② 九有:九州,指天下,全中國。《詩·商頌·玄鳥》:"方命厥後,奄有九有。"毛傳:"九有,九州也。"前蜀貫休《行路難》詩:"九有茫茫共堯日,浪死虛生亦非一。"清黄遵憲《感事》詩之二:"茫茫九有古禹域,南北東西盡戎狄。"

③ 砠:上有土的石山。崔嵬:本指有石的土山。

④ 龍:通"壟",田壟。剛鹵:土地堅硬而含鹽滷。《易·說卦》:"其於地也,爲剛鹵。"

⑤ 蒺藜:一年生草本植物。莖平鋪在地,羽狀復葉,小葉長橢圓形,開黄色小花,果皮有尖刺。種子可入藥,有滋補作用。這種植物的果實,也稱蒺藜。

⑥ 累棋:堆叠棋子。

生,如《异物志》所云者;巴東朐朋,井在北崖,鹽水自凝,中突邊鋪,狀同傘子,如陶弘景所云者;再有木鹽依樹,蓬鹽依草,是鹽爲天地自然之美利,要非二氣氤氳薰蒸之久者不能。獨此解池,曬取略與廟灣、花馬之法同,而薰風自南,鹽成一夕,功效神速矣。

形　　勢

池居中條山北麓,東據安邑,西跨解梁,涑水①綿其左,黃河亘其右。循其廣袤②,東西長五十餘里,南北闊七里,周總一百二十里。名分三場,實共一池。中爲中場,東爲東場,西爲西場。勢若長蛇,形同仰盂。東高西下,南卑於北。其停潦③也,漣漪映天,儼湖河之在望;其蟠根④也,糾纏附土,擬冰石之同堅,誠天造地設之區。就中⑤列地爲畦,畦底如砥,邊封土埂,櫛比鱗次。畦之旁,有水港,有脚道;畦之北,有料臺,有庵廈;畦之南,有黑河,有護寶長堤。而又於居中高阜之處,特建神廟,以隆祀典。則所以位置於中者,詳且備矣。而由中及外,四面圍以禁垣。北開三門,門各有司,則凡商賈之運載,工役之作止,皆藉以通出入而嚴關防。是垣禁,而門亦禁。禁垣之外有馬道,馬道之外有隍塹⑥,隍塹之外又有渠堰,連環數

---

① 涑水:在山西南部運城盆地,發源於山西省絳縣橫嶺關陳村峪,向西南流經聞喜縣、夏縣、鹽湖區、臨猗縣至永濟市伍姓湖,匯入黃河。
② 循其廣袤:意謂順著鹽池的寬與長(量度)。袤,長。
③ 停潦:過多的雨水停息下來。
④ 蟠根:指鹽池硝板如樹根樣盤曲伏著。
⑤ 就中:接近、到達其中。
⑥ 隍塹:城壕。《新唐書·王方翼傳》:"州無隍塹,寇易以攻。"

重,則所以保障於外者,更密以周矣。況乎内鋪三十二,外鋪三十六,各立界牌以專責成,分居邏卒以嚴守望。延環起伏,已成掎角之勢①。將有覽勝於此池者,固知凛然難犯矣。

【按】前運使蘇昌臣曰:"解池幅員,載籍僉稱一百二十里。明季,唯李廷觀《池圖石刻》:池周一百一十四里。蓋池廣五十里,袤七里,四面計之,應得一百一十四里。因用方里而井②、井九百畝之法推之,爲畝三十一萬五千,爲頃三千一百五十。"此準以古法也。前志又載《説文》:"河東鹽池,袤五十一里,廣七里,周總一百一十六里。"二説互有參差。今環度禁垣周圍,一萬七千四百二十二丈,自昔已然。以五尺爲步折之,該三萬四千八百四十四步,計九十六里有奇③。而池稱一百二十里者,蓋合垣外馬道、隍塹而統計之,約舉大數,則以一百二十里爲率④。

禁　　垣

環池四面,周圍以墻,名曰禁垣,所以禦盜賊而資保障也。唐司空輿言:"壕籬者,鹽池之堤禁。"此即禁垣之意。宋募兵

---

① 掎角之勢:兵力分布於不同地方,互相支援,以牽制或夾擊敵人的形勢。
② 方里而井:西周以方九百畝爲一里,劃爲九區,形如"井"字,故名井田。其中間爲公田,外八區爲私田。公田事畢,然後治私田。春秋時起,井田制日趨崩潰。《穀梁傳·宣公十五年》:"古者三百步爲里,名曰井田。井田者,九百畝,公田居一。"《孟子·滕文公》:"方里而井,井九百畝,其中爲公田。八家皆私百畝,同養公田。"
③ 有奇:有零數。禁垣一周一萬七千四百二十二丈,折里應爲一百一十六里有餘。此處蔣氏計算有誤。
④ 率:大概,大數。

百人,目①爲護寶都②以巡邏之。後瀕池設有攔馬短墻,圍立環合,寬廣規池,而有加分東、西二門,以便出入。明成化十年,御史王臣首承代巡之命,經理解池。塞東西二門,另闢中門,以總出入。又於馬墻之外,築設禁垣一周,計長一萬七千四百二十二丈。高低隨乎地勢,東西南北不一,其制大率高以一丈并一丈三尺爲度,基厚八尺及丈有三尺,漸次而上,頂厚六尺、八尺不等。禁垣之外有馬道,以便往來。馬道之外有隍塹,以蓄野水,深闊皆丈。垣内外又置鋪舍以居邏卒,經理頗爲周詳。工未告竣。次年,御史袁楨繼之,畢其績,仍間有援而入者。十二年,御史陳鼎崇之,至二丈一尺。二十一年,御史吳珍請仍開東西二門,合中門共稱禁門者三,如今制。中禁門與運城相對,名曰祐寶;東禁門距安邑五里,名曰育寶;西禁門距解州十里,名曰成寶。三場出入,各從其便。正德十二年,御史熊蘭大修禁垣,齊其高厚。嘉靖十五年,雨霖水漲,傾圮甚多,御史沈鐸築復完好。萬曆四十年,御史楊師程以池工例責③堰户④推委滋弊,革堰户之名,檄行值修州縣集議,將禁垣同渠堰等工丈量分界,并資民力,以供繕修。國朝順治六年,因畦歸商種,鹽丁無所效用,先後汰存四千名,專任修垣之役,遂可不勞民力。雍正五年,鹽政塞欽請將鹽丁修築之役一并除豁,禁垣由是動帑⑤興修。雍正六年,鹽政碩色以池墻最

---

① 目:名目,名稱。
② 護寶都:宋時警衛解縣、安邑兩鹽池的武裝組織。宋趙彦衛《雲麓漫鈔》:"其雇於官而種鹽者曰攬户……邏卒百人,曰護寶都,以防盜者。"
③ 例責:循例問責。
④ 堰户:負責渠堰墻垣維修的民户。
⑤ 帑:錢幣,多指國庫所藏。

關緊要,請於餘引公務項下撥銀三千兩以爲歲修之費。雍正十三年,鹽政孫嘉淦於遵旨查奏河東各工案內,將歲修禁墻銀兩奏請停止,責令運同專管巡查,如有塌卸,報明興修所需銀兩,即於額設歲修渠堰銀五千兩內動支。乾隆二年,鹽政定柱以夏秋霪雨,禁垣多有坍塌,必待輪修年分始加修理,未免貽誤。於暫增歲修銀兩案內,奏請隨時修築,以資保護。今同輪修渠堰各工按年估修,需費仍在五千兩之內。定制垣高一丈六尺,基厚六尺,頂厚二尺。

【按】禁垣之下,設有水眼,舊志未載。竊以澆曬必資於水,遇旱則池患枯竭,特設水眼,以待天雨之後,引垣外隍塹停潦①,暫濟澆曬。故垣內護寶長堤,開設水閘二處,并設閘夫,以司啓閉。此亦邇來引水之制,與水眼相爲表裏。是水眼最有關於池也,今與禁垣同入歲修。而水眼南有六處,坐落"池"字二、四、六、八鋪四處,坐落"惠"字十鋪一處,十二鋪一處;西有一處,坐落"池"字十一鋪;北有十二處,坐落"樂"字二、三、四、五、六、七、八、十二鋪八處,坐落"惠"字頭二鋪二處,三鋪二處。因地制宜,尤足見當事者之盡心焉。

黑 河

黑河圈入禁垣,緊靠畦畔,綿亘東西,地勢極卑,泥性純黑,故名黑河。每經雨後,水聚河中,經年不涸,浸漚成熟,鹵氣最烈。引畦灌曬,收效甚速,是河爲產鹽之母。所貴時加挑浚,務令深闊,毋致淤澱也。乾隆二年,鹽政定柱於暫增歲修

---

① 停潦:雨後積水。

工程銀兩案内題請隨時挑浚。迨乾隆二十二年，客水漫池，夾帶泥沙，黑河爲黄土所掩，鹽氣不能上蒸，且河身淺隘，蓄泄并難。乾隆二十六年，鹽政薩哈岱因於借帑大修各工案内題請一并興修。嗣以秋雨，積水未消，奏請停止。乾隆四十一年，巡撫巴延三奉旨會同鹽政瑞齡勘辦黑河。初議通長抽挖，寬深河漕，既可除去浮淤，更得多蓄鹵水。又以三場相連，東高西窪，一律挑通，水性就下，利歸西場。而中、東兩處，不免向隅①。且不爲界限，恐有彼此相争之患。議令衆商各按畦界分段開挑，酌留土埂，自成一河，以爲蓄泄之地。大率挑深三、四、五尺不等，總以顯露黑泥、硝版②爲度。又以鹽池土性浮鬆，坍塌甚虞，復令各商於土埂外簽椿塞笆③，以資永固。東場自東四鋪首號起，至東十鋪尾號止；中場自中頭鋪首號起，至中十鋪尾號止；西場自西頭鋪首號起，至西阡鋪尾號至。三場除各留土埂外，統計實挑河身四千三百一十二丈一尺一寸，題明在案④。嗣巡撫巴延三兼管鹽政後，復經題請，定爲歲修章程。每年以正月二十日爲始，責令現年辦曬之商，集夫挑浚，粘補河埂，務於二月十五日前一律完竣，至今奉行。

【按】估挑黑河，誠爲古今不易之良策。而無如河身澱淤過厚，雖經挑浚，難復舊觀。故每歲各商興工澆曬，全恃深開港道以爲汲引之地。比年以來，東場商人劉阜和創爲打井澆曬之法，合場效之，産鹽頗旺。然有識者恒虞其傷殘氣脉，有

---

① 向隅：面對屋子一個角落。此指滷水西流，中、東兩場利益受損而愁苦。
② 硝版：以硝石為主的礦床。
③ 簽椿塞笆：插上木椿，堵上籬笆。
④ 在案：公文用語。表示某事在檔案中已有記録，可以查考。

礙鹽母。若欲永資利賴,則惟黑河一律深通,而又無如工本之浩大也。

池　神　廟

昔宿沙氏煮海爲鹽,故海鹽即以宿沙氏爲神。河東鹽鹽池也,初稱神曰鹽宗。間閭禱之,未崇祀典。唐大歷間,度支①韓滉請加神號爲靈慶公,後禮部尚書崔縱知河中院②,以神之舊宮僻在幽阻,遷卧雲岡,開殿設像,容衛③畢備。宋崇寧間,封東池神爲資寶公,西池神爲惠康公。大觀二年,進爵爲王。元至元十二年,錫④廟號曰宏濟祠。大德三年,加惠康王曰廣濟,加資寶王曰永澤。明洪武初,正號爲鹽池之神。萬曆十七年,錫廟號曰靈祐。十九年,御史蔣春芳大修池廟,改爲東西池神合祀於中,而以條山、風洞二神配之。國朝順治八年,御史趙如瑾重修。雍正五年冬十月,鹽花不種自生,多至七百餘萬斤,商民稱慶。運使朱一鳳、運同王又璞又重修。鹽政碩色題請加號,以旌神功。欽定昭惠裕阜鹽池之神,安設神牌,歲以三、六、九月朔致祭焉。又元時有鹽宗監官,賜紫金魚袋⑤,有本廟提點碑記可考。後惟設看廟斗子一名。雍正七年,詳

---

① 度支:官署名。魏晉始置。掌管全國的財政收支。長官爲度支尚書。南北朝以度支尚書領度支、金部、倉部、起部四曹。隋開皇初改度支尚書爲民部尚書。唐因避太宗李世民諱,改民部爲户部,旋復舊。

② 河中院:度支下設機構,由知院官主持。

③ 容衛:古代的儀仗、侍衛。

④ 錫:通"賜",賜給。

⑤ 賜紫金魚袋:官階未及三品(元豐元年後四品)以上,而特許改服色、换紫衣、佩金魚袋,稱賜紫金魚袋,是皇帝恩寵的標志。

請革去斗子,召募僧人朝夕在廟,虔奉香火。廟內隙地五畝零,即給僧耕種,以爲看廟口食。今廟在中禁門內卧雲岡,廟前爲海光樓,樓下爲大門,懸有靈祐祠額,左右有石刻鹽池圖。樓外有地寶天成坊,南爲歌薰樓,舜彈琴處在焉。

　　條山風洞,舊爲一祠,號曰鹽風神廟,在池神廟左。宋崇寧間,封爲薦寶侯。大觀二年,加封成寶公。明洪武初,正號爲中條風洞之神。萬曆間,御史蔣春芳始分條山、風洞爲二祠,附在池神廟旁,左條山,右風洞。

　　關帝廟先在池神廟右。明萬曆間,御史蔣春芳大修池廟,分祀風洞於帝廟之故址,另構新廟於左以祠帝。今廟在池神廟東城內(另有關帝廟見《運治》)。

　　太陽廟,即日神廟,在池神廟東。明萬曆御史汪以時、運使林國相建,何柬序有記。

　　雨神廟在日神廟左。明萬曆三十八年御史楊師程建。

　　甘泉廟在池神廟前。迤東坡稍下有甘泉二井,亦名淡泉,冬夏不竭。宋崇寧間,封爲普濟公。其廟不知建自何時。明崇禎時,御史楊繩武重修。國朝順治八年御史趙如瑾又修。

　　土地祠在池神廟西廡。明萬曆三十八年御史楊師程建。崇禎時,御史楊繩武重修。國朝順治八年御史趙如瑾又修。

　　【按】池神而配以條山、風洞,次及於太陽、雨神,又次及於甘泉、土地,以皆有功於鹽池,故并祀於池。若關帝之聲靈赫濯,其功更有不可泯者。考之志載,宋政和中,解池水赤如血,鹽課虧額。虛靜道人奏曰:"此蚩尤爲暴,已有關聖驅之矣。"尋,解州奏,池中大風,霆拔木。及霽,池水如故,鹽花盛生,則帝之爲功尤顯。故特於城廟而外,報享於池,而統曰池神廟。乾隆四十八年運使沈業富皆鼎新之。

鋪　　舍

鹽池内外各置鋪舍,以居邏卒。其分設池内者,北岸則有巡役四十六名,專司巡緝私鹽,故名巡役,統歸知事管轄。又有斗級四十九名,協同巡緝,兼有量鹽之責,故名斗級,分屬三場大使管轄。南岸又有馬快八名,因南岸路途窵遠①,特設馬匹以資奔馳,故名馬快,現歸解州州判管轄。其分布池外者,則有額設弓兵六十名,以司雙鋪。又有改添商巡六十名,以司單鋪。分隸鹽池、長樂、聖惠三巡檢管轄。至三禁門,向惟額設弓手,以司啟閉,亦分隸三場大使管轄。今於門外更設商巡,以防透漏。此則人由商僱,非官管轄也。謹將鋪舍之分置、兵役之派撥附列於後。

中場,十鋪。總巡一名,散巡十名,總斗一名,散斗十四名。

頭鋪:巡役一名,斗級一名。

二鋪:巡役一名,斗級一名。

三鋪:巡役一名,斗級二名。

四鋪:巡役一名,斗級一名。

五鋪:巡役一名,斗級二名。

六鋪:巡役一名,斗級一名。

七鋪:巡役一名,斗級一名。

八鋪:巡役一名,斗級二名。

---

① 窵遠:深遠。窵,读 diào。

九鋪:巡役一名,斗級二名。

十鋪:巡役一名,斗級一名。

東場,十一鋪。總巡一名,散巡十八名。總斗一名,散斗十六名。

頭鋪:巡役一名,斗級二名。

二鋪:巡役一名,斗級一名。

三鋪:巡役一名,斗級一名。

四鋪:巡役一名,斗級一名。

五鋪:巡役一名,斗級一名。

六鋪:巡役一名,斗級二名。

七鋪:巡役一名,斗級一名。

八鋪:巡役二名,斗級一名。

九鋪:巡役一名,斗級一名。

十鋪:巡役一名,斗級一名。

阡鋪:巡役六名,斗級三名。

南岸:巡役一名,斗級一名。

西場,十一鋪。總巡一名,散巡十五名。總斗一名,散斗十六名。

頭鋪:巡役一名,斗級一名。

二鋪:巡役一名,斗級一名。

三鋪:巡役一名,斗級一名。

四鋪:巡役一名,斗級一名。

五鋪:巡役一名,斗級二名。

六鋪:巡役一名,斗級一名。

七鋪:巡役一名,斗級一名。

八鋪:巡役一名,斗級一名。

九鋪:巡役一名,斗級一名。

十鋪:巡役一名,斗級二名。

阡鋪:巡役五名,斗級四名。

南岸,馬快八名。東西巡邏往來,三場無定地。

以上池內南有馬快獨當一面,北則巡役、斗級分段巡守,數有參差,以事有煩簡之別也。

鹽池司,十二鋪。弓兵二十名,內跟巡弓兵八名,守鋪弓兵十二名,商役二十名,與弓兵間鋪巡守。

頭鋪商役三名,二鋪弓兵二名,三鋪商役三名,四鋪弓兵二名,五鋪商役三名,六鋪弓兵二名,七鋪商役四名,八鋪弓兵二名,九鋪商役三名,十鋪弓兵二名,十一鋪商役四名,十二鋪弓兵二名。

長樂司,十二鋪。弓兵二十名,內跟巡弓兵八名,守鋪弓兵十二名,商役二十名,與弓兵間鋪巡守。

頭鋪商役四名,二鋪弓兵二名,三鋪商役三名,四鋪弓兵二名,五鋪商役三名,六鋪弓兵二名,七鋪商役三名,八鋪弓兵二名,九鋪商役四名,十鋪弓兵二名,十一鋪商役三名,十二鋪弓兵二名。

聖惠司,十二鋪。弓兵二十名,內跟巡弓兵八名,守鋪弓兵十二名,商役二十名,與弓兵間鋪巡守。

頭鋪商役四名,二鋪弓兵二名,三鋪商役三名,四鋪弓兵二名,五鋪商役四名,六鋪弓兵二名,七鋪商役三名,八鋪弓兵二名,九鋪商役三名,十鋪弓兵二名,十一鋪商役三名,十二鋪弓兵二名。

以上池外各鋪弓兵、商役，分派多寡不一，以地有難易之殊也。舊制，三巡檢原轄巡牆弓兵二百五名。乾隆二十六年，奉裁一百四十五名，留六十名。乾隆二十八年，鹽政李質穎以額設弓兵六十名不敷派撥，奏請增復弓兵六十名，奉部議於運城、平垣兩營撥兵六十名，按季分駐鹽池各鋪，令與巡檢弓兵一體輪巡。四十九年，巡撫兼鹽政農起以協防兵丁有名無實，奏請撤回本營差操①，飭②商捐資照數添僱巡役六十名，協同弓兵巡緝，以收實效。

中禁門現設弓手十六名，門外添設商巡八名，總巡一名。

東禁門現設弓手十名，門外添設商巡六名，總巡一名。

西禁門現設弓手十名，門外添設商巡六名，總巡一名。

以上三禁門，乾隆四十二年初設商巡二十名，總巡一名。四十六年，以總巡一人，稽查難周，詳請三禁門各設總巡一人，十日一換，一月一周，其工費仍照原定額數，分作三分，按月給領。

【按】一鹽池也，斗巡、馬快防護於內，弓兵、商巡偵緝於外，又有門役以謹其鎖鑰而防其夾帶私鹽，應難飛越。但恐緝私之人即竊私之人，禁私之役即縱私之役，惟在司事者加之意焉耳。

祥　異

漢永初六年，河東池水變色，皆赤如血。

唐大曆十二年，度支韓滉奏，解池秋霖不害，且有瑞鹽。

---

① 差操：猶差使，差遣。
② 飭：通"敕"，告誡。

詔置祠,錫封號。《唐書·地理志》注:"是年,生乳鹽,賜名寶應靈慶池。"

宋大中祥符三年八月庚申,解州池鹽不種自生,以瑞聞。帝命屯田員外何敏致祭。崇寧元年,遣內侍修解池,四年池成。凡開二千四百餘畦,百官入賀。政和六年,兩池漫生鹽①,募人倍力採取,且議加賞,繼生紅鹽,百官皆賀。

元時,解池霖潦,損壞堤堰,鹽花不生。延祐四年,頒降御香②,就差運使欽賫③祈禱。五年,神力相之,鹽花復生。中書省奏復降御香,以答靈貺④。延祐六年,解池瑞鹽結秀,運司納表稱賀。中書省奏降御香,祭奠酒醴。至順四年,解池預期呈秀,遣使集賢修撰篤列圖奉御香致祭,有敕賜御香瑞鹽碑志。

明宏治十年,鹽盛生,積如山阜。正德六年,監察御史因滿池鹽花盛生,撈補數年拖欠,疏請春秋二祭,御制祭文,鐫石於廟。嘉靖十一年十一月,虎入禁垣,踞池神廟。嘉靖十二年五月,大雷電,有龍起鹽池中。嘉靖三十一年,鹽花盛生。隆慶四年五月,大水衝決,入鹽池。萬曆二十五年,池水如鼎沸。崇禎五年七月,大雨三旬,水決鹽池,商大困。

國朝順治五年,大有年⑤。大雨水,堤堰衝決,鹽池被患。康熙元年秋八月,大雨連旬,客水入池,鹽大壞。康熙十八年秋,大雨四十日,房舍倒壞無數,堤堰盡決,鹽池被患,商大困。

---

① 漫生鹽:自然結晶而成鹽。
② 御香:帝王賞賜的香火。
③ 欽賫:意謂皇帝出資。賫,通"資",錢財。
④ 靈貺:神靈賜福。
⑤ 大有年:豐收年。

康熙五十六年夏,鹽花盛生,珠明玉映,阜次岡連①,商民稱慶。雍正五年冬十月,池鹽不種自生,得七百餘萬斤,商民忻賀。命加封神號。乾隆二十年,大雨,客水入池,鹽大壞。乾隆二十二年,大雨。解州奸民任曰用等盜挖硝池堰,大水入池,畦地淹沒。數年後,水退,鹽生如故。

【按】池產之衰旺,國計之盈虛係焉。由來鹽花告灾漫決之害爲多。前人創制渠堰,殫心經營,當局者無得盡委之氣數也可②。

勝　　跡

黄帝夢大風吹天下,塵垢皆去,寤而嘆曰:"風爲號令,垢土去而后在也。天下得無有風姓后名者哉?以占求之,得於海隅,登以爲相。"海隅即解池西南隅,今解州東門外建有風聖廟。

軒轅氏誅蚩尤於涿鹿之野,血入池化鹵,使萬世之人食其血焉。今池南有蚩尤城,相傳是其葬處。

舜彈五弦之琴,歌南風之詩,曰:"南風之薰兮,可以解吾民之慍兮;南風之時兮,可以阜吾民之財兮。"蓋指鹽池而言。今池神廟前有歌薰樓、舜彈琴處。

周《穆天子傳》:"戊子,王至自鹽。"

漢成帝永始四年三月,祀后土於汾陰,回安邑,顧龍門,覽鹽池。

漢章帝元和三年秋八月乙丑,車駕幸安邑,觀鹽池。九月

---

① 阜次岡連:形容(鹽花)像山岡一樣排列相連。
② 也可:或爲"也呵",語氣助詞。或"可"爲衍字。

至自安邑。

唐太宗貞觀十二年二月丁卯,車駕觀鹽池。

國朝康熙四十二年十一月初八日,聖祖仁皇帝駕幸河東運城,萬姓結彩,山呼①夾道。初九日,駕進中禁門,御薰風樓,閱視鹽池。是日,出西禁門,駐蹕②解州。

【按】池神廟前有"東海栽玉樹,西池生金霞"對聯,相傳爲吕純陽筆。上有"地接天寶"額,相傳爲韓湘子筆。此雖語涉不經,然而父老所傳,前志所載,迄今懸之。縹緲仙機,洵③非凡手所能辦。蓋池爲天地之名勝,翠華所幸之地,故羣仙效靈也。

物　　產

太陰鉉精石,産鹽池内。古云:"大鹵之場,則生陰精石是也。"一名鬼精,一名龜背石。

朴硝,生鹽鹵地。朴者,本體未化之意。出硝池中。

蒲黄,生鹽池中。春初,發白茸,漸成柄,鮮潔甘脆,爲蒲笋,作菜佳。夏初,發葉成叢。夏半,抽梗,中起花,抱莖,梢名曰蒲厘,形似蠟燭,俗名蒲蠟。屑綴花中,似畫家金粉。

【按】以上諸物見《解州全志》,而實鹽池之産,附載以備稽考。

---

① 山呼:對皇帝的祝頌儀式,叩頭高呼"萬歲"三次。
② 駐蹕:帝王出行,途中停留暫住。
③ 洵:誠然,確實。

六 小 池

六小池者，一曰永小，一曰金井，一曰賈瓦，一曰夾凹，一曰蘇老，一曰熨斗。地屬解治，與女鹽池相距數里，方長不一其形。其最大者，水面不過畝餘，零星散布，產鹽無幾。又硝性太濃，作味苦澀。唐開元以後，總稱西池，同隸女池監。宋崇寧時，於解州賈瓦南北，團①池修治畦眼，拍磨布種，通得鹽一百七十八萬餘斤。後仍拋棄不治。明隆慶時，開墾六小等池，照太汾事例②印給小票發賣，其撈辦入官鹽課當校三年實收之數，酌爲定額。萬曆間，御史汪以時垣金井、賈瓦、永小三池。天啓六年，御史黃憲卿又允勤民之請，於金井南北地中開荒澆曬，准以每鹽十車，五車工本，五車自報，此亦同於女池半報之義耳。其永小、賈瓦二池，勤民自備工本澆曬。准以三車工本，七車挨次商人帶報。尋皆停止。

國朝康熙十八年，大池水患，衆商援例呈請暫開西小池，澆曬濟課。御史曾寅疏請從之。十九年，御史黃斐踵任其後，議行均地立畦之方，務期公普③。運使高夢說奉檄查議，查得永小池地一百二十二畝五分，金井池地七十三畝三分，賈瓦池地一百八十七畝五分，又東梢地十一畝二分五厘，喬家溝有地三十畝四分，蘇老池地一十五畝，共地四百二十九畝九分五厘。應分之商五百一十三名，每商應得地八分三厘有奇。隨

---

① 團：環繞。
② 照太汾事例：依照太原和汾州的成例用小票賣鹽。
③ 公普：公平而普及。

照地形長闊方斜積弓科算①,務足八分三厘有奇之數。用"阜、吾、民、之、財"五字編號,飭商鬮辦②。至二十五年,大池水退,御史勒信疏請禁之。乾隆七年,鹽政尚琳又有開采之請,嗣據鹽政吉慶以小池試采寡效,又疏禁之。十七年,鹽政薩哈岱議請開墾六小池,并酌增鹽價爲墾費,不果行③。二十三年,鹽政西寧請將六小池量行修復,以資澆曬,經大學士公傅恒奉旨議准,又以小池向無墻壁周防,恐私曬透漏④等弊,仍復不免。其應如何堵築修葺之處,令該鹽政定議具奏。隨經鹽政西寧覆奏,商人情願於六小池高阜處所,築墻建堡,堆貯鹽斤,并添設窩鋪,派撥弓兵,以資防範。二十九年,鹽政李質穎奏請照舊封禁。封禁之後,恐附近居民乘間私曬,并請責成解州知州就近查禁,令西場大使協同巡緝。三十八年,以池鹽不敷配額,奉旨查詢,經巡撫巴延三會同鹽政瑞齡議請復開小池,接濟配運。隨於永小、金井、賈瓦、夾凹四池,開成畦地四十三號,用"地、寶、天、成"四字挨編爲號。"地"字永小池開畦十二號,"寶"字金井池開畦十三號,"天"字賈瓦池開畦十四號,"成"字夾凹池開畦四號。其間鹽堡之設、窩鋪之建與夫弓兵之派撥,一如二十三年定制。考志載,永小池偏處一

---

① 積弓科算:指根據地形分次丈量,加出總數。弓,用作丈量地畝的計算單位。其制歷代不一,或以八尺爲一弓,或以六尺爲一弓,或以五尺爲一弓(合1.6米)。《清史稿·食貨志一》:"凡丈蒙地,五尺爲弓,二百四十弓爲畝,百畝爲頃,頃編爲號。"

② 鬮辦:拈鬮辦理。拈鬮,任取事先做好記號的紙片或紙團,以做決定。

③ 果行:貫徹執行。

④ 透漏:謂因疏忽導致人或物私自出入。此指偷販私鹽。

隅，周圍四百四十八丈，今設短垣及肩。金井、賈瓦、夾凹三池，地連一處，周圍一千五百八十丈，今環以水濠。至蘇老池南北長三百零八丈，熨斗池南北長二百九十七丈。故址猶存，今皆久成廢棄。

【按】大池不足，籌及小池，非無毫末之助。較之借運長蘆、蒙古并花馬池等鹽，誠爲善計。但小池防範不易，蓄泄又難，況地處偏遠，相距運治六十里，商人每苦艱於照應。前運使沈業富有將小池照舊填塞之論，豈無所見而云？然今大池積鹽既盛，若必永遠開曬，適足累商，是誠不如仍請議禁矣。

女 鹽 池

女鹽池，一名硝池，在解州西北，與六小池爲近，廣袤三十餘里。《水經注》所謂"女鹽澤"者是也。唐設女鹽監以董①西池。女鹽之名自此始。或曰《爾雅》釋女爲小，如女墻、女桑之類。池爲小中之大，又以另有大池，故以女名，所以別於小更以別於大也。又池當中條山谷之下，客潦②時注。溢則水淡生魚，干則水苦生硝。硝本鹽類，味多苦澀，充食則使人泄利，故又曰硝池。由來立法嚴禁，乃附近居民每至盜取，冒鹽賤售，阻法礙課，病國病民。且勢較東池爲高，山谷水漲，澎湃吞吐，東趨禁垣，大爲池患，是以特設硝池等堰，以防潰決。元末，運治移於路村，西池遂廢。明萬曆御史楊州鶴疏請開荒，准半報以恤商困，尋即抛荒，迄今仍舊不可澆曬。

【按】女鹽池久經廢禁，私煎之患小，漫決之害大。蓋池

---

① 董：督察，監督。
② 客潦：指外水流入，水量過大。

爲衆流所匯,地較東池爲高。乾隆二十二年,積水漲田,村民盜挖硝池堰,放流東注,勢若建瓴①,冲决禁墙五十餘丈,爲患數歲。當經奏請梟示,民知凛畏。復將該堰添建石工以期鞏固,第恐歷久玩生。若值霪潦之年,前車可鑒,在當事者加之意焉耳。

花　馬　池

河東鹽法兼統陝西花馬池,蓋陝西鳳翔一府屬暨邠州屬之長武縣,皆領河東之引而食花馬池鹽,收課仍解河東運司,今所謂鳳課、長武課是也。

《大清會典·陝西鹺法》隸河東巡鹽御史,是陝西河東原難岐視②,則花馬池之形勢不可不知也。池本西秦牧地③,即土治鹽,故名花馬。花馬池、大池、小池共三池,在陝西慶陽府寧州之北,距府六百餘里,與馬槽等池星布棋列於百里之内。若三池之相間,亦有遠至百里者。其花馬一池爲靈州之重鎮,周四十三里;大池自沙漠中來,周八十里;小池控寧夏之全勢,周二十七里。由來產鹽利民,總屬河東兼轄。今設有定邊大使,專司池務考察。雖歸西安藩司④,而遇有員缺升補,仍由河東運司一體會核。即今都轉運使之設,曰河東又曰陝西而不言河南者,仍兼統花馬池之制也。

---

① 建瓴:"建瓴水"之省,謂傾倒瓶中之水,形容居高臨下、難以阻擋的形勢。語本《史記·高祖本紀》:"譬猶居高屋之上建瓴水也。"
② 岐視:分開對待。
③ 牧地:牧放牲畜的地方,此指管轄範圍。
④ 藩司:明清時布政使司的别稱,主管一省民政與財務。

【按】花馬池以陝西之鹽,濟河東之課,雖爲持籌者①之達權②,而在鹽法實爲僅有。順治十二年,御史朱紱《酌覆鹽法疏》云:"鳳府原屬河東池商行鹽之地。自明萬曆四十一年,因花馬小池私鹽橫賣,解鹽難行,遂議以鳳屬改食小池,仍在河東納課領引。明季闖逆蹂躪,小池井塌夫散,煎熬無人,鳳民納課不得支鹽,且鳳翔距花馬小池遠,距河東近,舍近就遠,鳳民何堪?宜除包課③苦累,仍招解商往行解鹽。"招有新商胡呂劉等一十七名,上請。部議"鳳翔八屬食靈州小池之鹽係萬曆間所行之例,我朝定鼎以來課額不缺,若禁靈鹽而行解鹽,似不合理,相應照舊,不必紛更"。招商行鹽之議遂格④。至康熙十二年,御史何元英復以《鳳屬有課無鹽疏》稱:"鳳翔一府,明初原屬晉商運鹽發賣。萬曆四十一年,有改食靈鹽之一議,小民便於食私,因而願賠國課,究無靈池挖井掣鹽與商運賣之事。國朝康熙七年,招商往運,方知靈鹽原無實事,靈池并無支發鳳屬之鹽。若欲鳳商挖井於靈以供撈運,則殘困之民不能越險阻而措巨貲,是有課無鹽,終爲民累。請旨敕部議覆。"部議仍援順治十二年之覆疏《寢結統繹前疏》,則花馬池之情形,益可瞭然,亦即可以爲鳳課之發明⑤云。

---

① 持籌者:手持算籌的人,意指主管鹽法決策的人。
② 達權:通曉權宜,隨機應付。
③ 包課:按規定的時間和數量納稅。
④ 格:擱置,阻隔。
⑤ 發明:闡發說明。

第二卷　運　治

地效靈,天挺秀,爰有育寶之區;前創始,後增修,斯有鳳城之建。運治非鹽池不立,鹽池非運治莫統也。人聚五方,計周三省。凡政之大經,靡不備舉,不可謂非都會名區,是得條分而縷析之。

星　野

《世紀》:自畢十二度至東井十五度,實沈之次,晉魏分野。

《晉書》:河東入張一度。

《唐書》:河東,古冀州之域,爲實沈、大梁之分野。

《寰宇志》:平陽觜參之次。

《明一統志》:平陽府,其星觜參,其分野爲晉,其名河東。

《森羅記》:觜觿、實沈之次,屬益州晉之分野。

【按】運治之分野,九州中滄海之一粟耳。然星雲所繫,象緯所躔,妖祥於是乎著,休咎於是乎占。箕風畢雨①,驗若影響②。歷稽載籍,可以仰觀不謬矣。

---

① 箕風畢雨:好風好雨。《書·洪範》:"庶民惟星,星有好風,星有好雨。"孔傳:"箕星好風,畢星好雨。"

② 驗若影響:應驗得如影子和回聲。

疆　　域

　　運治建於池北之路村。前志載,東至安邑縣十五里,西至解州四十里,南至平陸縣一百里,北至猗氏縣六十里,東南至夏縣五十里,西南至芮城縣一百里,西北至臨晉縣一百里,東北至聞喜縣一百里,又東北至太原府九百二十里,至京師一千九百四十五里。

　　【按】前志所載四至八達,乃道理①所及之遠近,未足以語運治之疆域。蓋河東鹽行三省,歷汾霍,周澤潞,而山右以饜②;越潼關,逾邠岐,而秦中幾遍;渡孟洛,沿汝鄧,而中州③乏淡食之虞。由此以推,凡轉運所及并引課所關之地,皆運治之疆域也。

城　　垣

　　運治之在河東,初不過彈丸一鄉鎮耳。自城設而裕賦通商,遂爲河東名區。

　　河東者,古郡號也,以在太行之西曰山西,以在黄河之東曰河東。秦分天下三十六郡,河東居其一。漢都關中,文帝謂:"河東,吾股肱郡。"厥後相因,歷代皆有河東之名。明時,平陽府屬之三十四州縣,即秦漢河東郡之故地,而解州、安邑

---

① 道理:道里,路途。
② 山右:山的西側,特指山西省。山西因居太行山之右,故稱。饜:滿足。
③ 中州:古豫州(今河南省一帶)地處九州之中,稱為中州,後泛指中原地區。

縣皆隸焉。國朝因之。

運治雖居安邑之西境,屬在解州,而總統於河東道,故鹽曰解鹽,又曰河東鹽。先是運治未建時,歷代雖有榷估①之政,而或入少府②,或歸大農③,或隸度支。即行榷之吏,大約分攝於軍州、郡邑之倅幕④,未置專廨⑤。元太宗時,姚行簡繪圖獻議,始立司於池北之路村。延祐間,仁宗以淫雨敗池,減免引鈔十之六七,民懷帝德,更名路村爲聖惠鎮。時猶未有城也。至元間,榷鹽吴從仕議復歸解。元末,運使那海德俊再遷聖惠鎮,築鳳凰城,以資保障,而運治始立名曰運城。城周九里一十三步,廣袤各四之一,高二十四尺。舊制爲門者五,與今稍异。説見元黄覺《新城記》中。

明天順二年,運使馬顯改作四門,東曰放曉,西曰留暉,南曰聚寶,北曰迎渠。正德六年,御史胡止增高之,然猶未加石甃。嘉靖三年,御史盧焕甃其東。四年,御史初杲甃其西。十三年,御史余光甃其北。十五年,御史沈鐸甃其南。隨治四門

---

① 榷估:當爲榷沽,漢以後歷代政府實行的酒專賣制度,這裏泛指所有物品的專賣。

② 少府:官名,始於戰國。秦漢相沿,為九卿之一。掌山海地澤收入和皇室手工業製造,為皇帝的私府。西漢時諸侯王也設有少府,郡守亦設有少府。東漢仍為九卿之一,掌宮中御衣、寶貨、珍膳等。魏晉以後沿置,北朝有太府而無少府。隋置少府監。元廢,明初復設,後歸并工部,清代劃歸内務府,故一般以少府為內務府大臣之別稱。又唐代因縣令稱明,縣尉為縣令之佐,也稱為少府。

③ 大農:即大司農,為國家主管財政的機構。《史記・平準書》:"桑弘羊為治粟都尉,領大農。"

④ 倅幕:副職或幕僚。

⑤ 專廨:專用官署。

重樓,并於城角各增望樓,一周增臺鋪各一十九。嗣御史何瓚、陶謨相繼成功。二十年,御史舒遷重作外城。萬曆間,磚甓浸剥。天啓二年,御史劉大受暨運使孫可撰①修築復完。崇禎七年御史楊繩武、九年御史姜思睿、十三年御史楊鶚連值寇警戒嚴,累增敵臺守望之具。

國朝順治六年,姜瓖猖獗,重樓、臺鋪悉毁於燹②。次年,運使陳喆鼎葺之,得復舊觀。康熙十三年,御史何元英以三藩告變③,大謀鞏固,并增武備。二十四年,御史李時謙、運使張鵬翮奉有通行繕修之命,更加完美。乾隆四十八年,運使沈業富又詳請捐修。由是,運城遂成金湯之固。

【按】天下鹽治不一,舉無專城。河東何以獨有專城?蓋煮海者,商竈延綿沙際,千里相望,如淮浙、長蘆,皆非一州一邑之地。故但居要以臨之,而所附則皆通都大邑,已有提綱挈領之勢。若河東鹽產於池,向立鹽司於解州,秦晉豫三省商民羣萃一城,每患地小不足以容。城之特建,勢使然也。

萬　壽　宮

在昔恭逢萬壽④、元旦、冬至,俱於宏運書院敬設龍亭⑤,

---

① 孫可撰:據《山西通志》及本書後文,當為孫可僎。
② 燹:兵火、戰火。
③ 三藩告變:清初封明降將吳三桂為平西王,鎮雲南;耿繼茂為靖南王(後子精忠嗣),鎮福建;尚可喜為平南王,鎮廣東,并稱三藩。康熙十二年,下令削藩,吳三桂、尚之信(可喜子)、耿精忠相繼反清,均被平定。史稱"三藩之亂"。
④ 萬壽:指皇帝、皇太后的生日。
⑤ 龍亭:香亭,結彩為亭以盛香爐。也稱香輿、香車。

排班朝賀。雖臣子誠敬之心，隨在可展，而觀瞻之下，體制未極尊嚴。乾隆七年，鹽政尚琳暨運使張任特於東門內，相有官地一段，地形高廠，各捐俸飭商經營，建立宮殿，規模整齊。四十七年，運使沈業富又詳請飭商捐修。今氣象輝煌，臣民瞻仰，益凜天顏咫尺矣。

【按】運治北門外八里，舊有萬歲碑亭，恭設河東書院。乾隆四十七年，重加整理，用昭誠敬，此載在《紀恩錄》者，皆由皇仁浩蕩，遂不禁到處山呼也。

壇　　廟

——池神廟，在鹽池內。以爲鹽池之主神，故另詳鹽池門。神之有功於池者，皆附焉。

——文廟，在司治東南。以特切於學校，故另詳學校門。神之隨丁致祭①者，皆附焉。

——關帝廟，在司治東北。明天啓元年，御史張潑建。國朝康熙十四年，御史齊世布重修。每歲春秋，享以太牢②。

——正武廟，在司治北。明天順三年重修。國朝康熙四十二年，御史馬爾泰再修。今朔望③運司率屬瞻拜。

——城隍廟，在司治北。自元建城以來，即有此廟。明嘉靖間，御史蔣昜，運使黃景星、劉夢詩先後重修。萬曆四十五年，運同鄭崇厚再修。雍正八年，王鍾秀募修重新。四月十五

---

① 隨丁致祭：即丁祭，每年二月、八月第一個丁日祭祀孔子。
② 太牢：古代祭祀，牛羊豕三牲具備謂之太牢。亦有專指牛爲太牢者。
③ 朔望：朔日和望日。舊曆每月初一日和十五日。

日爲神誕①,商民駢集進香,今朔望,運司率屬瞻拜。明正統十四年土木之難②,車駕北狩,遠在沙漠。每夜靜,帝惶惚覺帳外有人。問之,則奏曰:"臣河東聖惠鎮土地,以皇帝福慶未艾,臣奉命翊衛。"帝异之。及復位,勅封爲城隍,加封靈富公,今盛傳之。

——社稷壇,在西門外。有護壇地三畝,春秋致祭。

——山川風雲雷雨壇,在南門外。壇基一畝,護壇地二畝,春秋致祭。

——厲壇,在北門外。所祀無依孤魂。明嘉靖九年建,歲以清明、七月十五、十月朔,迎城隍到壇主祭。

——龍王廟,在北門外。明崇禎十三年,御史楊鶚創建,春秋致祭。乾隆三十五年,鹽政固世衡以舊廟規模狹隘,捐買廟西隙地,命商添捐移建。三十八年,衆商又以大修姚暹渠時,買有解家灘地六十四畝一分零捐入廟中,每年地租除完糧外餘銀二十兩有奇,以供香火并隨時繕修之費。運同衙門經理。

——旗纛③廟,在北門外。霜降日致祭。

——寧濟廟,在城北五里,祀漢關聖暨張桓侯。以址地高聳,俗呼圪塔廟。相傳二神曾與蚩尤冥戰以護鹽池,故祀之。例以九月十三日致祭。明萬曆三十年,御史曾舜漁置有香火

---

① 神誕:神的誕生日,此當指城隍神。各地祭祀城隍神誕日期有不同說法。

② 土木之難:指明英宗被瓦剌軍虜的事件。正統十四年(1449)瓦剌貴族也先率軍攻明。宦官王振挾持英宗率軍親征,在土木堡(今河北懷來縣東)英宗被敵人俘虜,王振為部下所殺。

③ 旗纛:飾以鳥羽的大旗。

地四十畝,爲僧人守廟之費。

——三聖廟,在城西北八里河東書院内。祀堯、舜、禹三聖人。以稷、契、皋陶、伯益、伯夷、夔、龍、羲氏、和氏、關龍逢配享,春秋致祭。

——黑龍廟,在鹽池東二十五里。宋崇寧間,觀察使王仲午①建,明天順間重修。以有係於池水也,例於每歲二月檄安邑縣致祭。

——大郎廟,在中條山陽,歲以三月初四日檄平陸縣致祭。

——二郎三郎廟,在中條山陰,歲以三月望日檄安邑縣致祭。相傳與大郎爲昆季②,俱以正直著,且有功於鹽池,故祀之。

——表忠祠,在東門内。明嘉靖十九年,御史舒遷建,以祀夏大夫關龍逢。三十九年,祠宇傾圮,御史吳過重建。後因改爲公署,而移祠於東察院之西。崇禎七年,御史楊繩武以舊廟地甚湫隘,乃撤忠愛、衛民、遺愛三祠而一之,名仍表忠。而以大夫後裔漢關聖并北魏隱士關朗配享。迄今,霜降日致祭,而移舊祠爲三教庵。

——忠愛祠,舊在表忠祠西。明成化十年,邑人共建,以祀御史王臣。謂河東監臨自公始,殫心經營,功不可忘也。繼復有衛民祠,初在忠愛祠東,爲御史胡止生祠。御史舒遷增入盧、初、余、沈四御史,以報修城之績,改名衛民。又遺愛祠,初在衛民祠西,爲御史余光生祠。御史舒遷增入何、陶二御史

---

① 王仲午:《宋史》載修解池者爲内侍王仲千,當改。
② 昆季:兄弟。長爲昆,幼爲季。

後,并祀張、邢二御史。又方公祠,初在遺愛祠西。其先創,祀運使方啓參,嗣增入運使林國相,名方、林二公祠。後御史楊繩武既合三祠之地爲表忠,因合四祠之位,統名忠愛。在表忠祠之旁,地基二畝一分零,又將東南兩門外并池上諸祠位主并移於祠中,自漢至明共三十六位。前植懷棠,祫祀①覃澤、名臣二坊。迄今霜降日有祭。衛民祠之典,其實即忠愛祠也。

【按】前志於城内并載玉皇閣、火星廟、馬王廟、崔府君廟及廣仁祠,於城外又載三官廟、藥王廟、泰山廟、后土廟以及名賢祠。是雖運人之所欽奉,第不關於祀典,而《彙纂》《便覽》二書互有增删,反多挂漏。今遵祀典而衷於一是,餘惟朔望瞻拜者得并列焉,他不遑及。至《便覽》所稱噶公祠,并《紀恩錄》所稱薩公祠,創自本朝,以奉例禁②,今皆廢。

公　　署

——巡鹽察院,居運治之中。明成化十年,御史王臣建。嘉靖四年,御史初杲循故拓新,院制詳具張璧記中。乾隆四十三年,鹽政裁改,今爲巡撫行署。察院之西有鐘樓,元末建城時即有譙樓、鐘樓。明正德間,御史宋鈇改譙樓爲鐘樓。考志載,郇城③鐘聲亮徹。天啓時,運城有官,夜夢一婦,青衣椎髻④,再拜而前曰:"妾彭城金鯨之妻阿童也,勞苦震驚百年於兹,晨當東逝,敢辭。"及寤,不知所謂。忽吏報鐘啞,乃恍然

---

① 祫祀:襯祀,附帶祭祀。
② 例禁:條例中所明令禁止者。
③ 郇城:運城之異稱,運城古爲郇瑕氏之地,故名。
④ 椎髻:一撮之髻,其形如椎。

曰:"是矣。"戒健步①東行,遇青衣婦,以印文名紙②納其懷,即返勿顧。健步追奔三十里,果遇婦,如所戒。歸,至暮,鐘鳴如故。自兹鐘聲雖遠徹,然過追及處,寂無聞矣。今盛傳之。東有鼓樓,明萬曆御史房寰建,迄今與鐘樓左右聳峙,巍然重望。

——運司署,在城之西街。元末與運城同建。明天順間,運使史潛鼎新之。初進爲通惠樓,樓之建毀不一。順治十二年,運使冀如錫復作。由通惠樓而進爲大門,再進爲儀門,再進爲經國堂,後爲和衷堂,又後爲萬笏樓。康熙間運使高夢説建。通惠樓之西有監獄,上有庫大使、經歷司署,又上有中分司署。東有運阜倉,經國堂左右有豐濟庫,收貯正雜鹽課。和衷堂西爲引庫。又西爲射圃亭。亭之東有文場四十二號,運使沈業富建。

——運同署,在司署大門内。舊制,進通惠樓而西,有中、東、西三分司署。康熙十六年奉裁,二十四年復設運判,居舊署。雍正二年改運判爲運同,仍居運判署。

——運學教授署,在學宫内東北。訓導署在學宫内東南。

——經歷司署,舊在迪患樓内東偏。嗣以三分司皆裁,移通惠樓内西偏,乃昔知事署之故地。

——知事署,舊在通惠樓内西偏,嗣以三分司皆裁,改知事署爲經歷司署,而移知事於東分司署。雍正二年,改知事大門於經歷署前。乾隆二年,又改所移之署爲庫大使署。今署在中禁門内,野狐泉之東。

——庫大使署,在通惠樓内西偏,經歷署之前。其缺設於

---

① 健步:指善於走路的人,常被派去送信或辦理急事。
② 印文名紙:蓋有公章的文件,寫有名字的紙片。

乾隆二年,而署即知事舊署,其先乃東分司署也。

——中東西三場大使署,俱在運城南門內西偏。三場相幷,中爲中場,左爲東場,右爲西場。乾隆二十七年,移西場署於解州城內,即州判舊署。

——解州州判署,在察院西。乾隆二十七年,因運城巡檢奉裁,移駐於此。署仍巡檢舊署,而其先乃安邑典史分駐之署也。

——三巡檢署,鹽池司隸州境,在池南蠶房村。長樂司亦隸州境,在運城西三十里鋪。聖惠司隸安邑境,在運城東二十里鋪,亦名聖惠鎮。

——都司署,在運城東南隅。

——把總署,在東門內。

【按】運治東門內,舊有東察院,即明嘉靖間御史余光所建正學書院故地。又布政使行署在城東街,守巡二道署在文廟東,迄今有道背後之名。稅課局在司治東。遞運所在司治北。管鹽廳在鹽池北岸,爲委司撈采者之行署。又運司諸員各有別署,總司在東門外,中司在池南,東司在安邑,俱廢。惟西司在解州,後改爲督工行署,今亦廢。

倉　　儲

——運儲倉在運治東。康熙二十二年,運使高夢說捐穀三十石,經歷、知事各捐穀三石,教授、訓導、三場大使各捐穀二石,共捐穀四十六石。經歷專管,每屆三年出陳易新,免息還倉,歲底彙入社倉①案内報部。乾隆四十二年,運使程國表准藩司移交新斛兩相較對,舊斛大新斛一斗五升九合,復加盤量,計長餘穀一十四石六斗二升八合,實貯倉斗穀六十石六斗二升八合,報部在案。又原貯佃灘籽粒舊額二百七十五石六斗八升,嗣經節年增豁升除,今共地六千六百零一畝二厘七毫四絲一忽,分爲上、中、下及中下、下下不等五則升科,歲收租麥二百七十石三斗五合六勺,以備給散孤貧口糧。如有餘剩,存貯備用,亦經歷管理,按年册報,由司轉院查考,并不報部。(倉設斗級一名,歲給倉麥四石。)

——運阜倉在司署内東偏。雍正六年,買備麥四千二百五石零,穀三千二百四十二石一斗零。内惟鹽政塞欽動帑買麥,餘利發交商人保萬良等買穀一千八百六十七石八斗八升四合,報部有案。餘係各商捐貯,未經報部。雍正十三年,鹽政孫嘉淦以運城係商人居處之地,不事稼穡,此項穀麥毋庸存留,奏請糶價充公。乾隆元年,將商捐穀麥全數糶賣,報撥充餉,倉内止留保萬良等買存穀石。嗣後,每遇平糶買補,積有盈餘。乾隆十八、九等年,先後買貯穀二千九百八十三石三斗六合八勺,知事經管,每年春季詳明借給商人,以資澆曬。秋後免息還倉,歲底彙入社倉案内報部。乾隆四十二年,改設新斛,較長餘穀九百四十八石六斗九升一合,今實貯倉斗穀三千九百三十一石九斗九升七合八勺,報部在案。(倉書一名,倉斗級一名,歲需紙筆、工食、銀兩在蘆葦項下動支。)

又鹽池外從善村、介村佃灘地一百八十六畝七分。每畝納租麥二升、穀三升,共歲納租麥三石七斗三升四合,租穀五

---

① 社倉:義倉,古代爲防荒年而在鄉社設置的糧倉。

石六斗一合。向貯運阜倉以備公用，并不報部。雍正十三年，鹽政孫嘉淦奏明歸公，現係三場大使分管徵收，仍有運阜倉之名。歲於十月奏銷①時一并造册報部，所收麥穀積至五年，詳明糶價充餉。

【按】運治專主鹺務而兼言儲務者，蓋地爲五方雜處，人鮮蓋藏②。一遇荒歉，商民交病。前運使蘇昌臣特建商屯之議，大約寓農於商，墾池灘以廣種植。然而灘以護池，恐妨蓄泄，未敢輕議。前志載，雍正六年，池內斗級墾地一千七百四十畝，嗣又續墾地一千二百九十五畝四分，每畝納麥二升、穀三升，池外弓兵墾種禁墻外壕地二百七十六畝三分，其納穀麥之數與斗級同。向皆收貯運阜倉內，或亦備儲之道。自乾隆三、七等年，經鹽政定柱并鹽政尚琳爲於禁墻、鹽池有礙，又已先後奏請豁租停種矣。

恤　政

——養濟院，在運治東。明嘉靖二十三年，御史喻時建，以育孤貧。院基二畝有奇，有院舍一十六間。舊額歲育孤貧全糧者三十名，月給小麥各二斗四升。至孟冬月朔，各給花布、麥四斗。半糧者九十三名，給皆減全糧十之五。乾隆四十九年，因餘麥積多，詳明酌增七名，今半糧者爲額百名，共育孤貧一百三十名。例於每月十五日，知事、庫大使輪流會同經歷按名給散應需麥石，即在運儲倉佃灘籽粒項下動支。

---

① 奏銷：清代各州縣每年將錢糧徵收的實數報部奏聞，叫奏銷。
② 蓋藏：儲藏。《禮記·月令》："〔孟冬之月〕命百官，謹蓋藏。"鄭玄注："謂府庫囷倉有藏物。"

——漏澤園,運城四門外皆有。在東郊者凡二段,共地五十六畝有奇;在南郊者凡五段,共地一百十畝有奇;在西郊者凡二段,共地四十二畝有奇;在北郊者凡二段,共地二十六畝有奇。明崇禎間,御史姜思睿捐置,以收露骼,立有義塚①、石碣表界。

【按】恤政之載在前志者,永垂不朽。乾隆八年,前運使郭一裕捐俸四百兩,交商生息,以爲接濟孤貧之需。嗣將生息銀兩除節年②報院動支外,本利存銀六百兩,仍交商生息。今每歲冬至前,由運司於生息項下撥銀四十兩,賞給留養局孤貧棉衣、口食,復飭商捐資,以廣惠濟,甚盛事也。附記以彰其美。

坊　　集

坊爲商民所錯處,而集則粒食所聚之場也。運城向有九坊,曰厚德,曰和睦,曰寶泉,曰貨殖,曰榮恩,曰賢良,曰甘泉,曰永豐,曰里仁。後并爲二,曰賢良,曰和厚。今仍分九坊,而總分四街,運城俗呼四街爲四關。舊制,市集定於三關,遞相輪聚。明崇禎間,御史楊繩武以弊僞日滋,約法八條,載在《鹽懷瑣録》:(一)糧食到市,每石止許牙用③一升。(二)斗户④不許故調鬼語,欺哄鄉愚。(三)客販任赴行家⑤,不許斗户遠

---

① 義塚:舊時收埋無主屍骨的墳場。
② 節年:積年,歷年。
③ 牙用:商業經紀人傭金。亦稱"牙傭",是"牙子傭金"的簡稱。
④ 斗户:使用專用糧斗為糧食買賣雙方提供量取服務的人。
⑤ 行家:指經營貨物買賣的商行。

接。（四）斗遵官較,禁置副斗及鏟削口底,并用雞子木刮①。（五）糶米先儘窮民。（六）斗戶止許正身,不許朋夥窩糶窩糴。（七）生員、衙役、官僕不許攬充斗戶,市棍不許插身把持。（八）集場務於東、西、北三關,十日一輪,擺列通衢,不許隱藏場院之內。意美法良,真留心民瘼②者哉。後漸廢改。康熙間,令於四關輪集。今則東、西、北三關各設糧店,而北關為盛,民安之。

【按】運治九坊差糧,俱隸安邑。惟地方奸匪該印捕官③專司之外,向係運司知事得而兼稽。嗣因知事移駐鹽池,運司經歷有查察之責,重課賦也。

風　俗

《隋志》曰:"河東土地少沃多瘠,是以傷於儉嗇。其俗剛強,亦風氣使然。"《解州志》亦曰:"州之民勤事耕織,淳良質樸。"《安邑志》又曰:"其民質樸節儉,力於耕耘,然邑近鹽池,亦頗趨於鹽利。"由此以觀,運治之風俗概可知矣。

【按】史稱,周武王封十五弟於郇城,《說文》謂,即今司署西北地。《左傳》:晉公子重耳圍令狐④,退軍於郇,以公子瑕

---

① 雞子木刮:當是用雞子木做成的刮刨器具。一般用圓木棒穿在梯形木板中間,用以刮糧,或者作一般工具使用,可刮糞、刮泥等。
② 民膜:應為民瘼,民眾的疾苦。語本《詩·大雅·皇矣》:"監觀四方,求民之莫。"馬瑞辰通釋:"《漢書》《潛夫論》及《文選》注,并引作'求民之瘼'。"
③ 印捕官:負責蓋印抓捕的官吏。明清制度,從布政使到知州、知縣等各級地方官皆用正方印,故稱"正印官"或"印官"。
④ 令狐:古地名。春秋晉地,故城在今山西臨猗西。

宣撫之，故名郇瑕。是運治即郇瑕之故地。昔晉人謀去絳，諸大夫皆曰必居郇瑕氏之地者，利其沃饒而近鹽也，而獻子獨以國饒則民驕佚。杜注又言，近寶則民不務本，蓋沃土之民不材，民居近寶，則棄本而逐末。《唐風》山樞、蟋蟀諸詩，夙稱勤儉，而郇瑕獨虞淫靡，責在移風易俗者矣。

武　　備

運城兵制，初止射手五十名。明正德間有警，添設鹽壯、市壯①。嘉靖間添至八百名，外添民兵六百名。又選吏農之有膂力者二百名，分爲六營練習之，尋以事平報罷。天啓二年，御史劉大受請設兵一百六十名，以把總一員領之。崇禎三年，運同盧友竹請添兵爲三百名，以守備一員領之。御史王與印又於弓兵斗級内抽兵一百名。七年，御史楊繩武增兵五十名，皆因流寇蜂起保固鹽地也。

國朝定鼎，以寧謐議罷。順治六年，姜逆猖獗。御史梁應龍調取平垣營兵一百七名，把總、百總各一駐防，後減存五十名。十三年，改撥蒲營防兵六十名赴汛。十六年，添至八十名，仍委把總領之。雍正七年，以把總微員②不足以資彈壓，添設守備一員，又添兵至一百二十二名，仍設把總一員，外委把總一員。十年，改爲都司專營。乾隆四十七年，裁減兵額。今現在外委并馬步戰守兵九十九員名内，撥防安邑汛外委一員、

---

①　鹽壯、市壯：維護鹽池和市場的青壯年勞工。壯，壯丁，舊時稱達到服勞役年齡的青壯年男子。

②　微員：職位卑下的人員。

兵九名。又撥防大路、北相等五汛兵①二十五名,撥防東郭汛兵三名,實存城兵五十九名。而外委并額外外委各一,駐防城內。運治北門外有演武場,創自明嘉靖元年御史朱實昌,計地三十四畝,有廳事,有將臺,以訓士卒。至城守之具,有紅裔大小將軍②,各炮位分貯四門,門各設兵十名,以司啓閉。

【按】運治爲財賦重地,盜竊易生。且爲秦晉咽喉,兵防宜預。明崇禎四年閏十月,秦寇乘冰堅渡河。十一月,直犯運城。御史王與印遣守備蘇王圻拒之,爲賊所敗。尋以蒲州兵至,引去。崇禎十六年十二月二十五日,運城被兵失守。我朝順治六年六月十八日,賊王小溪猝犯運城。城不守。八月初一日,賊自蒲州敗回,復入運城,副都統杜珉承命剿賊。九月,賊開東南門而走。運城賴以安全,迄今百餘年。國家奠安斯土,永躋仁壽之域,然而安不忘危,綢繆桑土③,謂非有備無患之道,當如是乎?

---

① 汛兵:清代駐防巡邏汛地之綠營兵稱"汛兵"。清代汛兵約占綠營兵之總數的三分之一。

② 紅裔大小將軍:鐵砲的美稱,有大小之別。這是我國明末清初仿照荷蘭大砲所造的砲,用鐵鑄成,也稱紅衣鐵砲。紅裔,紅夷的轉稱。

③ 綢繆桑土:出自《詩·豳風·鴟鴞》:"迨天之未陰雨,徹彼桑土,綢繆牖户。"朱熹集傳:"土,音杜。桑土,桑根皮也……我及天未陰雨之時,而往取桑根以纏巢之隙穴,使之堅固,以備陰雨之患。"後遂以"桑土綢繆"喻勤於經營,防患未然。

第三卷　官　職

河東鹽策歲佐大農緡錢數十萬,且豫秦三晉民食攸關,既特設運治以統之。顧有其地必有其人,建官分職,而軍國之利病、商民之休戚於是乎繫,是又可參考而備列之。

官制沿革

上古無鹽官,藏富於民也。故虞舜《南風之歌》曰阜吾民之財。《周禮》雖有掌鹽之政令,只以供祭祀、賓客、飲食,非榷沽職也。即管子謹正鹽策,亦未聞責有專司。自古風漸遠,民有爭心,上欲收之以佐軍國,而官設焉。漢東郭咸陽、孔僅輩,以山海天地之藏宜屬少府。桑宏羊分部均輸①,置鹽官二十有八郡,而黃霸實充河東均輸長。魏於河東特立官司,以收稅利。五代立法禁取,專司有人。隋雖弛禁於民,而有開浚長渠、以息池患之都水監。唐以鹽池涸廢,有決水置屯之河中尹,有榷鹽使,有知安邑縣池員。迨第五琦初變鹽法,就山海井竈近利之地置監院。劉晏又以霖潦則滷薄,暵旱則土枯,仿勸農之法,隨時遣吏巡行曉導。宋代鹽法不一,而河東轉運使

---

① 均輸:漢武帝實行的一項經濟措施。在大司農屬下置均輸令、丞,統一徵收、買賣和運輸貨物。漢桓寬《鹽鐵論·本議》:"往者郡國諸侯,各以其物貢輸,往來煩雜,物多苦惡,或不償其費。故郡國置輸官以相給運,而便遠方之項,故曰均輸。"

之名,實始於此。且提舉①解池,史有專員矣。元於解池建城立學,加意②任賢,有前爲權鹽而後充解鹽使者。明初經理鹽職,淮浙、長蘆皆差監臨一員,期年而代③,惟河東不遣。成化十年,特允運使孟淮之請,乃以御史王臣首膺代巡之命,自是河東亦有歲差。國朝定鼎,鹽法雖有更革,而官職悉因明制。既主之以都轉運使,仍總統於監臨一人,法制宏遠矣。

古職考辨

運使之職,昉④於宋。運同、運副、運判之職,昉於元。乃前志於運使,則唐列司空輿、馮興;於運同,則金列劉徽柔;於運副,則唐列韋縱,宋列薛向;於運判,則唐列陸位。雖所職近似,然不得於未有此官之前,強被以此名。前解州牧言如泗於《運城志》已辨之。至黄霸、辛慶之、裴谞、韓重華、鄭元昭、張崇祐諸人,皆鹽職也。前志未載,而備詳於《運城志》。若隋之姚暹、唐之姜師度、宋之李綽,官非鹽而職近鹽,且有功於鹽也。前志咸著其宦績。以上十五人,其中惟薛向於宋權⑤轉運副使,制置解鹽,《彙纂》載入運使。今以宋代已有運使,應遵編列其餘總著篇首。用⑥詳古官姓名,以待折衷。

漢

---

① 提舉:官名。宋樞密院編修敕令所有提舉,宰相兼;同提舉,執政兼。此外,有提舉常平倉、提舉茶鹽、提舉水利等官。
② 加意:注重,特別注意。
③ 期年而代:一年調換一次。
④ 昉:天剛明,引申為開始。
⑤ 權:唐以來稱試官或暫時代理官職為"權"。
⑥ 用:表示目的,相當於"為了""為的是"。

黄　霸：淮陽陽夏人。漢置大農丞領鹽鐵事。郡國置均輸鹽鐵官，時霸爲河東均輸長。

西魏

辛慶之：大統中，以行臺左丞兼鹽池都將。

隋

姚　暹：大業間爲都水監。先是客水爲患，暹乃浚永豐舊渠以護鹽池，至今名其渠曰姚暹渠。

唐

裴　谞：大歷中爲河東租庸鹽鐵使。

姜師度：開元中爲河中尹。時鹽池涸廢，師度大發卒，開渠引流以灌鹽池。置鹽屯，公私兼利。

司空輿：河中虞鄉人。唐置兩池榷鹽使，隸度支。大中時，盧宏正管鹽鐵，表爲兩池榷鹽使。

馮　興：以職方郎中兼侍御管鹽計。

陸　位：以詹事府司直知解池。

韋　縱：以大理評事知安邑池。

韓重華：武陵人，歷兩池榷鹽使。

五代

鄭元昭：漢乾祐間爲榷鹽使。

張崇祐：後周廣順間爲兩池榷鹽使，多規畫鹽池利害。

宋

李　綽：元祐間爲解令，兼鹽池事。自王峪口築堰以防池患，迄今名其堰曰李綽堰。

金

劉徽柔：正隆中，任廉名第一。

巡鹽御史

明天順四年,令山西按察司分巡該道官兼巡視河東鹽池。成化十年,始於河東差監察御史一員。國朝因明制,仍差監察御史巡視河東,例由都察院①開列臺員②進呈,恭候欽點,周歲而更。康熙七年,滿漢御史各差一員。康熙十一年後,不分滿漢,只差一員。雍正元年裁缺③,以川陝總督兼之。雍正三年,命復鹽政,以西安布政使管理。雍正四年,以西安按察使管理。雍正八年,西安按察使升授西安布政使,仍帶管焉。雍正十三年,復專設鹽政,駐節河東,定爲滿洲科道④司員差缺,錫之敕印以行,歷任奉有坐名⑤專敕。乾隆四十三年五月初十日,內閣抄出:"奉上諭,向來河東鹽政與山西巡撫,因各有專司,未免意存畛域,於辦理鹽務每多掣肘。即如近日查覆舉報更換疲商一事,屢經部駁,該撫等復奏,意見始能畫一,此即其明徵也。河東鹽政,事務本簡,非兩淮、長蘆可比。況直省中如浙江、福建、兩廣俱係督撫兼理鹽政,較爲妥協。河東鹽政

---

① 都察院:官署名。明洪武年間設置。監察彈劾官吏,參與審理重大案件。清因明制。清梁章鉅《稱謂錄·都察院》:"都察院之稱,蓋始於明,然唐代御史臺三院已有察院之稱,其僚曰監察御史,而明又增一都字者,蓋合都御史、監察御史為一院而稱之耳。"

② 臺員:古代中央政府的官員。

③ 裁缺:謂官吏免去原任官職,等候補缺。

④ 科道:明清都察院衙門,設吏、戶、禮、兵、刑、工六科給事中及京畿遼沈等十三道監察御史,統稱科道,俗稱兩衙門。

⑤ 坐名:具名,署名。

竟不如令山西巡撫兼管。瑞齡現在丁憂①,其員缺毋庸另行簡放②,河東鹽政即着該撫巴延三兼管。至一切鹽務,原有運使籌辦,今得該撫統轄。俾事權歸一,呼應更靈,於商民均屬有益。并着爲令所有巡撫兼管鹽政各事宜,着巴延三悉心酌擬。具奏到日,交該部核議奏聞,欽此。"欽遵③由是鹽政印務改歸巡撫兼管,停頒專敕。所有原頒鹽政敕書,經巡撫巴延三奏請恭繳查銷,并請即於撫臣敕書内將兼管鹽政增添撰給④。其原有鹽政印信,照浙江巡撫兼管鹽政之例,凡鹽務事宜仍用鹽政印信,毋庸另行改鑄。巡鹽御史向係專差,品級從京原銜,俸銀京支,養廉⑤原額設銀一萬三千兩在運司公務項下動支。雍正十三年,鹽政孫嘉淦奏請減去五千兩,留八千兩。及巡撫兼管鹽政印務,養廉全數歸公。

歷任題名

年籍、姓氏凡有可考者,備集於篇,其前書間與碑載不符之處,悉爲查正。宦績附詳,後仿此。

明

王　臣:江西吉水進士,成化十年任,改築禁垣,建察院

---

① 丁憂:遭逢父母喪事。舊制,父母死後,子女要守喪,三年内不做官、不婚娶、不赴宴、不應考。
② 簡放:選擇放出。清代謂經銓叙派任道府以上外官。
③ 欽遵:恭敬遵奉。舊時臣子言遵奉聖旨的套語。
④ 撰給:指俸禄以外的補貼。撰,通"饌"。
⑤ 養廉:清制,官吏於常俸之外,規定按職務等級每年另給銀錢,曰"養廉銀"。文職始於雍正五年(1727),武職始於乾隆四十年(1775)。亦省稱"養廉"。

署,監臨之設自此始。

袁　　禎:江西豐城進士,成化十一年任。

陳　　鼎:山東曹州進士,成化十二年任,崇修禁垣。

胡　　璘:山東濟陽進士,成化十三年任。

李　　寅:直隸進士,成化十四年任。

奚　　銘:順天宛平進士,成化十六年任。

周　　洪:山東武城進士,成化十八年任。

曹　　英:山東壽張進士,成化十九年任。

余　　深:浙江新昌進士,成化二十年任。

吳　　珍:江南沭陽進士,成化二十一年任。奏添中場,復開鹽池東、西二門。

劉　　翔:直隸獻縣進士,成化二十二年任。

張　　泰:直隸肅寧進士,宏治元年(1488)任。

黃　　玹:湖北蒲圻進士,宏治二年任。

劉廷瓚:河南光州進士,宏治三年任。

王　　表:河南西平進士,宏治四年任。

吳道寧:河南河內進士,宏治五年任。

韓　　春:直隸蠡縣進士,宏治七年任。

張應奎:山東蒲臺進士,宏治八年任。重修學宮。

邢　　義:山東濟陽進士,宏治九年任。

劉道立:河南杞縣進士,宏治十年任。

李　　鑑:山東濟寧進士,宏治十一年任。

楊　　璋:湖廣孝感進士,宏治十三年任。

李　　鉞:河南祥符進士,宏治十四年任。

曾大有:湖廣麻城進士,宏治十五年任。開引涑水西行,免入姚渠患池。

湯　沐：江南江陰進士，宏治十七年任。大修渠堰。

寧　杲：山東蓬萊進士，正德元年任。

徐　鈺：湖廣興國進士，正德二年任。

周廷徵：湖廣麻城進士，正德三年任。置文廟祭器。

魏彥昭：直隸容城進士，正德四年任。

蕭　選：順天三河進士，正德五年任。

胡　止：河南羅山進士，正德六年任。增修運城。

燕　澄：直隸正定進士，正德七年任。

張士隆：河南安陽進士，正德八年任。建育材館，以作士氣；修青石槽，以便鹽車。

楊時周：直隸固城進士，正德九年任。

朱　裳：直隸沙河進士，正德十年任。

熊　蘭：江西南昌進士，正德十二年任。大修禁垣。

宋　鉞：山東武定進士，正德十三年任。建院西鐘樓。

鄭維新：廣東歸善舉人，正德十五年任。

邱道隆：福建上杭進士，正德十六年任。建尊經閣。

朱實昌：江西高安進士，嘉靖元年任。建演武場，浚姚暹渠，有記。

盧　煥：河南光山進士，嘉靖二年任。甃運城東。

初　杲：湖廣潛江進士，嘉靖四年任。甃運城西。

沈　松：浙江德清進士，嘉靖六年任。

蔣　暘：山東樂安進士，嘉靖七年任。修城隍廟。

王　宣：浙江臨海進士，嘉靖八年任。

楊　東：江南當塗進士，嘉靖九年任。

方　　涯:江南太平進士,嘉靖十年任。

宋邦輔:江南東流進士,嘉靖十一年任。

王　　昺:山東章邱進士,嘉靖十二年任。

余　　光:江南祁門進士,嘉靖十三年任。甃運城北,建正學書院。

沈　　鐸:浙江歸安進士,嘉靖十五年任。甃運城南。

何　　贊:浙江黃巖進士,嘉靖十六年任。

陶　　謨:浙江秀水進士,嘉靖十八年任。增城樓望臺。

舒　　遷:江南黟縣進士,嘉靖十九年任。重作外城,建表忠祠。

魏謙吉:直隸柏鄉進士,嘉靖二十一年任。

曹邦輔:山東定陶進士,嘉靖二十二年任。

喻　　時:河南光州進士,嘉靖二十三年任。立養濟院,創惠民館,即今野狐泉。

王　　忬:江南太倉進士,嘉靖二十五年任。

陳　　玠:江西臨川進士,嘉靖二十六年任。

劉應熊:陝西隴西進士,嘉靖二十八年任。

黃　　中:浙江遂昌進士,嘉靖二十九年任。

尚維持:河南羅山進士,嘉靖三十年任。建名宦、鄉賢二祠。

宋儀望:江西永豐進士,嘉靖三十二年任。

李　　楨:江西新昌進士,嘉靖三十三年任。正鹽籍,遏私販,督撈采,緩刑薄賦,治稱仁恕。

左　　柱:陝西寧州進士,嘉靖三十四年任。

楊　　儲:江西廬陵進士,嘉靖三十六年任。

周　滋:山東諸城進士,嘉靖三十七年任。潞水浚流,獲鹽十倍,且清地築堰,藩府交怨,不恤。

吴　過:河南汝陽進士,嘉靖三十九年任。重建表忠祠。

王　諍:浙江永嘉進士,嘉靖四十年任。請復鹽課舊額。

熊　迥:四川富順進士,嘉靖四十一年任。

胡　鑰:湖廣潛江進士,嘉靖四十三年任。

張　檟:江西新城進士,嘉靖四十四年任。

王君賞:山東淄川進士,嘉靖四十五年任。

劉師孟:河南臨漳進士,嘉靖四十五年任。

趙　睿:江南涇縣進士,隆慶元年任。

郜永春:直隸長垣進士,隆慶三年任。收硝池以弭私販,題南陽以復舊轄,興書院以羅人才,疏河渠以通水利,開南場以便撈采。

俞一貫:江南婺源進士,隆慶五年任。

許子良:浙江仁和進士,隆慶六年任。

張　道:江西湖口進士,萬曆元年任。

趙　池:山東昌樂進士,萬曆二年任。

金　階:浙江仁和進士,萬曆三年任。

陳用賓:福建晉江進士,萬曆四年任。

尹良任:湖廣漢川進士,萬曆五年任。

房　寰:浙江德清進士,萬曆七年任。疏查護池灘地,建院東鼓樓。

邢　侗:山東臨邑進士,萬曆九年任。

王國祚:直隸滄州進士,萬曆十年任。

趙　楷:四川犍爲進士,萬曆十一年任。

姚三讓：直隸永年進士，萬曆十三年任。

李堯民：山東濟寧進士，萬曆十四年任。

吳達可：江南宜興進士，萬曆十六年任。請復開歸引地，未行。

秦大夔：江南吳縣進士，萬曆十七年任。請錫池神廟號爲靈祐祠。

林祖述：浙江鄞縣進士，萬曆十八年任。請減鹽課，清壓待，又撈采以時，緝捕有法。

蔣春芳：山東益都進士，萬曆十九年任。新靈祐祠，合祀東、西池神於中殿，分條山、風洞爲二神，左右配享，建歌薰樓。

顧龍楨：江南無錫進士，萬曆二十年任。

楊宏科：浙江余姚進士，萬曆二十一年任。

黃一龍：福建龍溪進士，萬曆二十三年任。重修學宮。

吳　楷：山東曹州進士，萬曆二十四年任。大舉鹽池石工，有記。

汪以時：江南婺源進士，萬曆二十六年任。建太陽廟，節金裕儲，劉敏寬有記。

曾舜漁：廣東博羅進士，萬曆三十年任。修學宮，新寧濟廟，措正協宜，鹽儲大裕。劉敏寬有記。

陳于廷：江南宜興進士，萬曆三十七年任。劾榷稅太監張忠撓鹽政，直聲振一時。

楊師程：雲南安寧進士，萬曆三十八年任。建雨神廟，鼎新池上諸神宇，居官以清名著。

楊州鶴：直隸大名進士，萬曆四十一年任。題開女池，以恤商困。

萬崇德：江南徐州進士，萬曆四十二年任。

王遠宜：順天霸州進士，萬曆四十五年任。重修學宮。

江日彩：福建泰寧進士，萬曆四十七年任。

張　潑：山東樂陵進士，天啓元年任。豁商困，省繁費，杜超挈，緩預報。時朝議加課，潑持疏陳免。去日留金糴穀備荒。建運城關帝廟。

劉大受：江西泰和進士，天啓二年任。酌量預報，裁省添搭。删灘地蘆價，清護池侵地，取回苦池租銀作餉募兵。又有修學、甃城諸政，人咸頌德。

李日宣：江西吉水進士，天啓三年任。創置宏運書院，添建育材館書屋，修八政橋。

劉　徽：直隸清苑進士，天啓四年任。

黃憲卿：江西廬陵進士，天啓五年任。允勤民之請，開曬小池，以補正課。

李燦然：浙江縉雲進士，天啓六年任。

李應期：山東沂州進士，崇禎元年任。查增馬湖峪鹽稅。

陳廷謨：直隸城安進士，崇禎二年任。禁劣采，親課程，清衙蠹，調課額。

王與印：山東新城進士，崇禎三年任。禁勤民撈扼杀，恤壓待商人。會流寇薄城，竭力堵御，城得無恙。

羅元賓：浙江會稽進士，崇禎五年任。

楊希旦：四川閬中進士，崇禎六年任。

楊繩武：雲南彌勒進士，崇禎七年任。固城守，增武備，修池廟及表忠祠，著有《鹽懷瑣錄》。

姜思睿：浙江慈谿進士，崇禎九年任。固城守，置漏澤園。

王龍震:福建晉江進士,崇禎十年任。

李嗣京:江南興化進士,崇禎十一年任。

楊　鶚:湖廣武陵進士,崇禎十三年任。固城守,糴粟救荒,建龍王廟於北門外。

成友謙:江南海門進士,崇禎十五年任。

國朝

劉今尹:直隸滄州進士,順治二年任。請申明轄屬,又請清引票。

朱鼎延:山東平陰進士,順治三年任。疏請招商,以蘇引派戶口之累。

佟鳳彩:奉天遼陽人,順治四年任。

劉　達:河南浚縣進士,順治五年任。再請招商,盡蘇引派戶口之累。

梁應龍:奉天義州人,順治六年任。

盛復選:奉天遼陽人,順治七年任。

趙如瑾:直隸雄縣舉人,順治八年任。時以戶口凋殘,請除派引諸累,重修池神祠宇。

劉秉政:奉天廣寧人,順治九年任。招商足額,引派戶口之累悉除。

朱　紱:江西進縣進士,順治十二年任。浚姚暹渠,酌覆按丁派引之法。

焦毓瑞:山東章邱進士,順治十三年任。疏請量減新加引目,議定按丁派引之制,刊冊永遵。

李榮宗:奉天遼陽貢士,順治十四年任。

劉曰義:奉天貢士,順治十五年任。議覆減引加課。

胡秉忠：奉天遼陽貢士，順治十六年任。

張學禮：奉天遼陽貢士，順治十八年任。

徐　越：江南山陽進士，康熙元年任。

季振宜：江南泰興進士，康熙二年任。

高　坪：山東淄川進士，康熙三年任。

董文驥：江南武進進士，康熙四年任。

李文熙：山東長山進士，康熙五年任。

施維翰：江南華亭進士，康熙六年任。修學宫。

葛思泰：滿洲人，進士，康熙七年任。自此滿漢御史各差一員。

傅感丁：浙江仁和進士，康熙七年任。

莫洛洪：滿洲人，康熙八年任。

夏人佺：江南壽州進士，康熙八年任。

布　舒：滿洲人，康熙九年任。修育材館，題定石樓縣改食土鹽。

熊一瀟：江西南昌進士，康熙九年任。

穆成格：滿洲人，康熙十年任。

楊維喬：山東海豐進士，康熙十年任。

常　書：滿洲人，康熙十一年任。自此不分滿漢只差一員。

何元英：浙江秀水進士，康熙十二年任。固城守，增武備。

朱尚義：奉天人，康熙十三年任。

齊世布：滿洲人，康熙十四年任。

鞠　珣：山東舉人，康熙十五年任。

徐誥武：江南金壇進士，康熙十六年任。

傅廷俊:直隸滄州進士,康熙十七年任。題請酌加天下商引,河東歲加引四萬四千七百六十五道。

曾　寅:江西清江進士,康熙十八年任。題開西小池澆曬濟課,議增鹽丁二千名,任修池垣。

黃　斐:浙江鄞縣進士,康熙十九年任。經理小池,給商蘇困,再修育材館。

傅喇塔:滿洲人,康熙二十年任。

何嘉祐:浙江山陰進士,康熙二十一年任。

馬爾漢:滿洲人,康熙二十二年任。

滿　丕:滿洲人,康熙二十三年任。

李時謙:順天大興進士,康熙二十四年任。繕修城垣,題復管工運判,請除加課五分。

覺羅勒信:滿洲人,康熙二十五年任。

圖納哈:滿洲人,康熙二十六年任。

法爾哈:滿洲人,康熙二十七年任。請除加課七分,未行。

郝惟謙:順天霸州舉人,康熙二十八年任。題定渠堰派工按丁之例,請除加課七分,修學宮,鼎新池陽神宇并禁垣三門。

索　里:滿洲人,康熙二十九年任。請以平、慶、臨、鞏歸甘撫專轄,修竣祠宇、禁門各工。

格爾特:滿洲正黃旗人,康熙三十年任。

賽　圖:滿洲正黃旗人,康熙三十一年任。

法特哈:滿洲鑲黃旗人,康熙三十二年任。

勒　貝:滿洲鑲白旗人,康熙三十三年任。

麻　色:滿洲鑲紅旗人,康熙三十四年任。

赫明德:滿洲正紅旗人,康熙三十五年任。

賴　都:滿洲人,康熙三十六年任。

蘇克濟:滿洲正黃旗人,康熙三十七年任。

常　壽:滿洲正紅旗人,康熙三十八年任。

節　什:滿洲正藍旗人,康熙三十九年任。

吳大禪:滿洲正黃旗人,康熙四十年任。

沙　渾:滿洲鑲藍旗人,康熙四十一年任。

馬爾泰:滿洲正白旗人,康熙四十二年任。

劉子章:貴州貴陽舉人,康熙四十三年任。

孫　柱:滿洲鑲紅旗人,康熙四十四年任。

阿哈善:滿洲正黃旗人,康熙四十五年任。

巴克善:滿洲正白旗人,康熙四十六年任。

特默德:滿洲鑲白旗人,康熙四十七年任。

覺羅常泰:滿洲鑲紅旗人,康熙四十八年任。

德　貝:滿洲正紅旗人,康熙四十九年任。

袁保柱:滿洲鑲白旗人,康熙五十年任。

關保柱:滿洲正白旗人,康熙五十一年任。

噶世圖:滿洲鑲紅旗人,康熙五十二年任。

海　保:滿洲正黃旗人,康熙五十三年任。

花　色:滿洲正紅旗人,康熙五十四年任。

阿哈納:滿洲正紅旗人,康熙五十五年任。

張國棟:滿洲正紅旗人,康熙五十六年任。

舒　庫:滿洲鑲紅旗人,康熙五十七年任。

汪國弼:奉天鑲白旗人,康熙五十八年任。

宗　燕:蒙古鑲白旗人,康熙五十九年任。

朱之琂:奉天鑲白旗人,康熙六十年任。

殷德納：滿洲人，康熙六十一年任。以上例於本年正月到任，年終代替。

傅　寧：滿洲人，雍正元年任。是年裁缺停差。

年羹堯：鑲黃旗人，以川陝總督於雍正元年四月帶管鹽務，雍正三年五月離任。

馬　喀：滿洲人，以雍正三年復設鹽政，六月到任。本年九月升西安布政使，仍帶管鹽務，每引請加耗鹽四十斤，請免民修渠堰，動項募修。

許　容：河南虞城人，西安按察使，雍正四年六月帶管鹽務。

塞　欽：滿洲人，西安按察使。雍正四年十月帶管鹽務，請免鹽丁修墻之役。

碩　色：滿洲正黃旗人，西安按察使。雍正五年帶管鹽務。雍正八年升授西安布政使，仍帶管鹽務。題請加封鹽池神號，請留加增銷價仍歸坐商，請減猗氏、稷山、高陵等縣額引作餘引代銷，請加長武額引改食花馬池鹽，請歸解安額引盡銷盡報，請開鹽池荒畦，請定奏銷限期。

楊　秘：漢軍正黃旗人，西安布政使。雍正十一年帶管鹽務。

程仁圻：貴州進士，西安布政使。雍正十二年帶管鹽務。

孫嘉淦：山西興縣進士，雍正十三年任。請定渠堰輪修之例。自此又係專差巡視。

蘇赫臣：滿洲正黃旗人，乾隆元年任。

定　柱：漢軍正黃旗人，乾隆二年任。題定歲修估銷限期。

白起圖:滿洲正藍旗人,乾隆六年任。

尚　琳:漢軍正黃旗人,乾隆六年任。請改渠堰各工隨時搶修,請定唐縣引鹽歸官辦理,設挈鹽門票,建萬壽宮。

吉　慶:漢軍正黃旗人,乾隆七年任。

衆神保:滿洲鑲黃旗人,乾隆十年任。議定三省鹽價,請減蒲城縣、夏縣額引輪坐代銷,借帑大修渠堰。

慶　恩:滿洲正白旗人,乾隆十四年任。題定運同監掣。

楊作新:滿州正黃旗人,乾隆十五年任。

西　寧:漢軍鑲黃旗人,乾隆十六年任。

薩哈岱:滿州正黃旗人,乾隆十七年任。題定補運失水鹽斤州縣,借帑大修渠堰。

西　寧:乾隆二十年再任,請增鹽價一厘。

那　俊:漢軍鑲黃旗人,乾隆二十二年任。

西　寧:乾隆二十三年三任,請開六小池以資澆曬。

薩哈岱:乾隆二十三年再任,題請復增鹽價一厘,改期十月奏銷,借帑大修渠堰。置買民地,改直龍王廟渠身,又改建白沙堰石工。

李質穎:奉天正白旗人,乾隆二十八年任。題定姚暹渠歲修章程。

達　色:滿洲正白旗人,乾隆三十二年任。

普　福:滿洲正黃旗人,乾隆三十三年任。

薩哈岱:乾隆三十三年三任。

固世衡:滿洲鑲紅旗人,乾隆三十四年任。

瑞　齡:滿洲正黃旗人,乾隆三十六年任。請開西小池,借帑大修姚暹渠,至四十三年卸任。後旋又裁缺停差。

巴延三：滿洲正紅旗人，乾隆四十三年以山西巡撫兼管鹽政，請留運學，更定五年換商，議定河渠歲修章程。自此鹽政改歸本省巡撫兼管。

雅　德：滿洲正紅旗人，乾隆四十四年兼管。

喀寧阿：滿洲鑲黃旗人，乾隆四十五年兼管。

雅　德：乾隆四十六年，再任，仍兼管。

譚尚忠：江西南豐人，乾隆四十六年兼管。

農　起：滿洲正紅旗人，乾隆四十七年兼管。請定長商、均引、順路，增鹽價二厘，改加耗月分。請停運銷口鹽，改添巡墻商役。

伊桑阿：滿洲鑲黃旗人，乾隆五十年兼管。請定增價爲長價。

福　崧：滿洲正藍旗人，乾隆五十一年兼管。

勒　保：滿洲鑲紅旗人，乾隆五十一年兼管。

明　興：滿洲鑲黃旗人，乾隆五十二年兼管。

海　寧：滿洲正藍旗人，乾隆五十三年兼管。

吏役附後　工食銀數，惟額編者注明，其動用公務者，另詳公用款册。後仿此。

書吏六房。

上號吏四名。

聽事班頭二名。

承差二十名。

靜鑼、搭瓜、令箭、清道旗人役八名。

後擁及武執事人役二十名。

快手四名。

把門人役二名。

門子二名。

皂隸十名。

傳報舍人并傘扇夫八名,額編工食銀五十七兩六錢。

運　　使

宋天聖時,有陝西轉運使、河東轉運使、提舉制置解鹽司。元置都轉運鹽使司,掌場竈,榷辦鹽貨,以資國用。中統二年,改置轉運司,置提舉解鹽司。至元二年,罷運司,命有司掌其務。尋,復置轉運司。二十二年,立陝西都轉運司,諸色稅課悉隸焉。二十九年,置鹽運司,專管鹽課,其餘稅課皆歸有司,解鹽司亦罷。延祐六年,改陝西轉運鹽使司爲河東陝西等處都轉運鹽使司。明設河東陝西都轉運鹽使司運使,以陝西行鹽地方并隸河東,故曰河東,又曰陝西。

國朝因明制,初由部銓①,繼由會推②,今則皆由欽命矣。順治五年,以䩞司比於藩臬③,特頒專敕。康熙六年,始兼理鹽法道事。雍正七年,頒有專敕。乾隆二十九年,復頒專敕,敬謄於左:"敕河東陝西都轉運鹽使司運使。兹以鹽賦國計攸關,命爾清理、帶管北岸中場,務要約束衙門官吏胥役,俾恪遵法紀,無致作弊生事,擾害商民。該司本源既正,方可表率僚

---

① 部銓:吏部考核選拔。
② 會推:會同推薦選任。
③ 藩臬:藩司和臬司。明清兩代的布政使司和按察使司的并稱。

屬,用循職業。爾宜招集商人,徵核正課。應行引目,務立簡明則例,以示綏懷。仍嚴察場竈戶丁,稽核派銷斤引。飭捕役以緝私鹽,省虛費以速徵納,剔侵蠹以疏積壅。察照近日戶部覆議鹽政逐款舉行。凡行鹽地方該管州縣悉聽管理,所屬各官如有貪污溺職,縱役侵漁,應審問者先行審問,應劾奏者呈報巡鹽御史劾奏。敕中開載未盡事宜,有應斟酌損益裕課便商者,呈報巡鹽御史商確妥當,具奏施行。爾仍聽巡鹽御史,并該督撫考成舉劾①。爾受茲委任,當持廉秉公,厘奸剔弊,務使商竈輻輳,國課充裕,斯稱厥職。如或貪黷乖張,耗蠹叢生,病商虧課,國憲具在,必不輕貸。爾其慎之。故敕。"

運使從三品,俸銀一百三十兩坐安邑縣。原額養廉一萬兩。雍正十三年,鹽政孫嘉淦奏請酌減四千兩,留六千兩。乾隆十五年,軍機處議照山西道員②之例,再減二千兩,留四千兩,在本司公務項下動支。

歷任題名

宋

宋　搏:萊州人,爲河東轉運使。

陳堯佐:閬中進士,爲河東轉運使。預防池患,築堤,植柳數萬本,民賴其利。

薛　顏:萬泉人。

崔　嶧:長安人。

---

① 考成舉劾:在一定期限內考核政績,據以舉薦或彈劾。
② 道員:道臺,清代省以下、府以上一級的官員,主管範圍有按地區分者,如濟東道;有按職務分者,如鹽法道。

范　　祥：邠州三水進士。制置解鹽使，議定鹽法。後人不敢易，稍加損益，人輒不便。

包　　拯：廬州合肥進士。耿介，有風節，爲陝西轉運使。解州鹽法病民，拯往經度，請一切通商，軍國賴之。今解州東門外有包拯舊治碑。

周　　沆：益都人。

顧　　臨：會稽人。

歐陽修：江西廬陵人。慶歷初爲河東制置使。憫河東賦重，奏罷十餘事。解州東門外有歐陽舊治碑。

陳安石：河陽人，嘉祐中爲河東轉運使。謂其僚曰："興事當有漸，急則擾。"乃出鹽付民，而俾以券隨其貿易，鬻畢歸券，私販爲減。

薛　　向：萬泉人，以祖顏廕入官，權陝西轉運副使。制置解鹽時，鹽足支十年。歲調畦夫數千，向奏省其數。

孫　　永：長社人，爲河東都轉運使。

金

范承吉：天會八年，爲河東北路轉運使。時承宋季之弊，民賦繁重。承吉乃爲經畫，立法簡便，所入增十數萬斛。官既足而民有餘，遷河東南路轉運使。

王　　蔚：香河進士，大定間爲河東北路轉運使，廉察第一。

元

姚行簡：太宗時命行簡修理鹽池。行簡繪圖以獻，上可之。乃立司於池之北滸，曰路村。仍命行簡專掌鹽賦。

闊闊端夫：至元間任。

郭　　相：至元十二年任。

傅中順：至元二十二年任。

陝思丁：

吳從仕：至元間，前爲榷鹽，後充解鹽使，議復遷司於解州。

奧屯茂：大德間任運使，建學課士，河東運學始於此。

阿失鐵木兒：皇慶二年任運使，重修池神廟，有王緯碑記。

完顏德輝：延祐元年任。

那海德俊：至正間，總河陝鹽使。築鳳凰城於聖惠鎮，運城始於此。

鄭　衍：至正七年任。

高昌閭閭：至正九年任，有善政。嘗復解鹽西場，均鹽利。人思其德，立碑頌之。

護廩實：至正間司醝，有惠政。鹽丁車户就現在均派，免其包累。時有大役，運城獨免，皆公力也。

鄧立中：至正壬寅任。

卜顏鐵木兒：至正癸卯任，嚴緝私販，課額充足。鹽丁撈采，不許衙役侵擾。修築渠堰，不許豪猾幸免。

蔣　堂：以清謹聞。

明

朱　苇：江南臨濠人，洪武二年任。

孔　殷：湖廣孝感人，洪武七年任。

胡大用：浙江縉雲人，洪武十三年任。

馮　璟：四川巴縣監生，永樂十年任。

陳　儼：山東監生，永樂二十二年任。

楊　傑：山東濱州監生，洪熙元年任。

韓　偉:浙江永嘉監生,正統二年任。請復運學。

何永芳:浙江常山進士,正統十二年任。

馬　顯:直隸廣平進士,景泰二年任。改作運城五門爲四門。

史　潛:江南金壇進士,天順三年任。修治學宮。

延　祥:順天大興舉人,成化元年任。

孟　淮:直隸博野進士,成化七年任。請遣御史監臨。

李　文:直隸遷安進士,成化十五年任。

倪　顒:浙江海鹽進士,成化十八年任。

雷　升:奉天進士,成化二十二年任。

李　釗:河南洛陽進士,宏治元年任。

陳　勉:江西臨川進士,宏治九年任。

王　宏:山東文登進士,宏治十年任。

張　咨:山東商河舉人,宏治十二年任。

李德仁:順天東安進士,宏治十五年任。

劉　瑜:山東文登進士,正德四年任。

徐　翊:江南長州進士,正德六年任。

王　宣:四川嘉定進士,正德八年任。

趙　廉:武鑲右衛進士,正德十年任。

安　奎:直隸趙州進士,正德十四年任。

馮　志:浙江慈谿進士,嘉靖元年任。

伍　全:江西安福進士,嘉靖二年任。均定掣支,分派三場,序以六班,以抑強扶懦。

杜　旻:江南山陽進士,嘉靖三年任。

黃景星:四川酆都進士,嘉靖五年任。

王　溱：直隸開州進士，嘉靖十年任。

劉夢詩：江西永新進士，嘉靖十二年任。

詹　瑩：湖廣麻城進士，嘉靖十四年任。多惠政。每旱澇有禱必應，嘗修卓刀等堰，裨益良多。

袁士偉：山東肥城進士，嘉靖十七年任。時值歲凶，乃悉召貧民，給以工本，入池撈采，上充國課，下救歲荒。

李　章：四川長壽進士，嘉靖十九年任。性寬政和，商民戴德。

黃行可：福建莆田進士，嘉靖二十年任。

陳　謨：四川巴縣進士，嘉靖二十二年任。

應大桂：浙江仙居進士，嘉靖二十二年任。

柳　英：四川巫山進士，嘉靖二十四年任。倜儻剛直，除猾吏，剔積弊，監臨雅重之。兩入覲，皆以廉能課最。

高尚志：山東冠縣進士，嘉靖二十九年任。

王三接：江南崑山進士，嘉靖三十二年任。

方啓參：湖廣巴陵舉人，嘉靖三十五年任。葺禁垣，捕私販，修城不擾，掣引均給，民建祠以祀。

周　堂：江南邳州進士，嘉靖四十二年任。

王　潺：直隸長垣進士，嘉靖四十三年任。

蘇　繼：山東壽光進士，隆慶元年任。

王汝海：江南黟縣進士，隆慶四年任。

董原道：四川巴縣進士，隆慶六年任。

李廷觀：江西豐城進士，萬曆三年任。

李充實：直隸玉田進士，萬曆八年任。

王世能：江南宣城進士，萬曆十一年任。恤商困，不差役滋擾,親督撈采,商獲大利。

夏　鏜:四川大足舉人,萬曆十三年任。

王以繡:順天文安進士,萬曆十四年任。

王命爵:福建南靖舉人,萬曆十七年任。

尹廷俊:雲南蒙自進士,萬曆二十年任。

林國相:福建閩縣進士,萬曆二十三年任。蘇商惠民,尤加意作人,創義倉,置學田,以廩之。建太陽廟。

趙光大:順天宛平舉人,萬曆三十八年任。

劉幼培:湖廣麻城官生,萬曆四十一年任。

趙　健:四川劍州恩生,萬曆四十四年任。廉潔自持,一介不苟。

丁　浚:浙江歸安進士,萬曆四十七年任。

孫可僎:湖廣崇陽舉人,天啓二年任。仁慈明敏,人咸頌德。

顧戀光:江南通州官生,天啓五年任。

沈宏業:直隸慶都舉人,天啓五年任。

周仕國:江西寧州舉人,天啓七年任。

姚繼崇:浙江歸安舉人,崇禎四年任。

陳　逵:四川奉節舉人,崇禎六年任。

章金元:四川漢州舉人,崇禎九年任。

趙邦琦:貴州黎平舉人,崇禎十四年任。

國朝

董宗聖:奉天監生,順治二年任。

佟延年:奉天監生,順治三年任。

彭有義:奉天監生,順治五年任。

陳　喆：順天大興人，供事，順治七年任。修葺城樓、臺鋪，又修學宫。

冀如錫：直隸永年進士，順治十一年任。

李月桂：奉天貢生，順治十六年任。

馮達道：江南武進進士，順治十七年任。

閔三元：奉天錦州貢生，康熙二年任。

蔡永華：山東蓬萊貢生，康熙三年任。

張一魁：奉天廣寧官貢，康熙八年任。

張應徵：山東臨清官生，康熙九年任。

程啓朱：湖廣黄崗進士，康熙十五年任。

高夢説：山東費縣副貢，康熙十七年任。捐貯運儲倉穀石，議定小池均地立畦之法。以上皆由部選。

張鵬翮：四川遂寧進士，康熙二十四年任。寬厚和平，治鹺有方，督築城隍，磚甃四面，商民戴德。運使之由會推自此始。

蘇昌臣：奉天遼陽蔭生，康熙二十七年任。精明幹濟，鋭意釐别，議定按丁分工之法，著有《鹽政彙纂》。運使之由欽命自此始。

許桓齡：江南歙縣貢生，康熙三十年任。

顔光猷：山東曲阜進士，康熙三十五年任。

尤　汶：奉天海城官監，康熙四十一年任。

石文彬：滿洲人，蔭生，康熙四十三年任。

李　馥：福建福清舉人，康熙五十三年任。持身清介，裁革陋規，講究利弊，聽斷公明。

郭　禎：江南徐州貢生，康熙五十五年任。著《鹽政便覽》。

金啓勳：正白旗人，雍正二年任。

段如蕙：雲南河陽拔貢，雍正三年任。

朱一鳳：順天涿州進士，雍正四年任。

楊夢琰：江南丹徒進士，雍正六年任。

姚培和：江南婁縣進士，雍正七年任。

程仁圻：貴州貴陽進士，雍正十一年任。設隨畦錠票。十二年又任鹽政。

高　山：山東歷城進士，雍正十二年任。詳定禁門連環坐監票。

儲龍光：江南宜興進士，乾隆三年任。

鄧　釗：江西南昌貢生，乾隆三年任。

張　任：山東蓬萊貢生，乾隆四年任。捐修萬壽宮，又修學宮。

郭一裕：湖北漢陽監生，乾隆八年任。捐留生息銀兩，惠濟孤貧。

武　忱：蒙古正紅旗人，蔭生，乾隆十五年任。

吳雲從：浙江石門進士，乾隆十六年任。

那丹珠：滿洲鑲白旗人，官生，乾隆十八年任。

吳雲從：乾隆二十三年再任。

沈　栻：江蘇常熟進士，乾隆三十二年任。議定輪坐，加增銷價。

程國表：江南江都監生，乾隆四十一年任。遵旨仿照兩淮之例，詳蒙鹽政瑞齡奏准加鹵耗五斤、設禁門商巡、引畦不越、給票運鹽四事。興復宏運書院。

沈業富：江南高郵州進士，乾隆四十六年任。重修萬壽宮、學宮、池廟、城垣、鐘鼓樓等工，又捐修河東書院，續置文廟樂舞祭器，添置宏運書院書籍，著《紀恩録》。

蔣兆奎：陝西渭南進士，乾隆五十年任。五十四年二月，升任山西按察使。陛見後，欽奉恩綸。蔣兆奎回臬司任後，仍着兼管河東鹽務，以資經理。

季學錦：江蘇昭文進士，乾隆五十四年任。

吏役附後

書吏六房。外有庫吏、攢典、庫房、引房、招房、柬房、承發房。

門子三名，額編工食銀一十八兩。

快手十二名，額編工食銀七十二兩。

皂隷十二名，額編工食銀七十二兩。

厨子、水火茶夫六名。

馬夫二名。

巡庫兵六名。

轎夫四名，額編工食銀二十四兩。

傘扇夫三名，額編工食銀一十八兩。

把五門壯快八名。

搭刀二名。

搭瓜二名。

清道旗二名。

後擁人役十五名。

鋪兵二名，額編工食銀十二兩。

鋪氊夫一名。

掃堂夫一名。

內外更夫四名。

齊辦牙子甲首二名。

燈夫二名。

禁子四名。

鐘鼓夫三名。

學泉斗子二名。

上號吏三名,即志載聽事吏,額編工食銀一十二兩。

引庫子四名,額編工食銀二十四兩。

四城門兵四十名,額編工食銀七十八兩。

運　　同

元於運使之外設有同知一員,副使一員,運判一員,分理鹽務。明初,設解鹽東場分司於安邑地界撈辦東場鹽課,設解鹽西場分司於解州地界撈辦西場鹽課。宏治二年,添設解鹽中場分司,并給印信。隆慶四年,開墾解州六小等池,令該州掌印官協理。仍令運司各官遵照舊制,運同駐所池南專管南場,運副駐扎安邑專管東場,運判駐扎解州專管西場。其北岸中場,則責歸運使帶管。國朝康熙十六年於裁汰冗員案內,運同、運副、運判盡裁。康熙二十四年,御史李時謙以工程需員佐理,奏請復設運判一員,《會典》載分理渠堰、盜販。雍正二年,川陝總督帶管鹽務年羹堯題改運判為運同。乾隆十三年,鹽政慶恩題定運同有禁門監掣之責。

運同從四品,俸銀一百五兩,坐安邑縣,養廉三千兩在本司公務項下動支。

歷任題名

元

王中順：至元癸未任。

焦　榮：至大三年任。

宋天瑞：皇慶二年任。

明

趙　璿：山東歷城監生，成化三年任。

侯　蓋：江南華亭舉人，成化九年任。

李　鼎：陝西秦州舉人，成化十七年任。

黄　琳：江南崑山舉人，成化二十年任。

劉　羽：山東舉人，成化二十三年任。

王　憲：直隸晉州監生，宏治元年任。

潘　理：浙江余杭人，宏治元年任。

黎世榮：交趾人，監生，宏治六年任。

胡　贊：浙江余姚進士，宏治六年任。

程　憲：江西浮梁舉人，宏治十四年任。

婁　睿：浙江嘉興舉人，正德二年任。

郝　海：直隸祁州進士，正德三年任。

宋　冕：直隸定興監生，正德六年任。

李邦彥：直隸薊州監生，正德八年任。

張　奎：河南裕州舉人，正德九年任。

廖　俊：江西新淦進士，正德九年任。

曹宗璉：河南鄭州舉人，正德十二年任。

田　蘭:直隸清苑進士,正德十六年任。

王承恩:直隸高陽進士,嘉靖五年任。

毛麟之:江南壽州進士,嘉靖七年任。

吳　寅:江南常熟舉人,嘉靖八年任。

李繼光:河南湯陰官生,嘉靖十一年任。

牟　泰:四川巴縣進士,嘉靖十二年任。

喬　祺:順天涿州進士,嘉靖十五年任。

孫　隆:山東范縣舉人,嘉靖十七年任。

劉啓東:河南羅山舉人,嘉靖十八年任。

張　木:浙江鄞縣舉人,嘉靖二十一年任。

陳　棟:順天寶坻舉人,嘉靖二十二年任。

劉　勳:湖廣潛江舉人,嘉靖二十五年任。

鄭　寅:浙江余姚進士,嘉靖三十年任。

姚良弼:武功衛進士,嘉靖三十二年任。

彭　澄:江西萬載舉人,嘉靖三十四年任。

袁成能:福建閩縣舉人,嘉靖三十五年任。

王　潒:錦衣衛進士,嘉靖三十六年任。四十三年又任運使。

宋繼祖:四川漢州進士,嘉靖三十八年任。

劉時舉:江西吉水舉人,嘉靖四十一年任。

楊一鶚:直隸曲周進士,嘉靖四十五年任。

王　闓:直隸清苑進士,嘉靖四十五年任。

陸　東:河南祥符進士,隆慶三年任。

王以繡:順天文安進士,隆慶四年任。萬曆十四年又任運使。

朱文益：江西浮梁舉人，隆慶六年任。

陸一鵬：浙江余姚進士，萬曆三年任。

王琢玉：山東莘縣進士，萬曆五年任。

薛　紹：湖廣江陵舉人，萬曆六年任。

牛可麟：河南祥符進士，萬曆八年任。

吳　淵：山東汶上官生，萬曆十一年任。

梁　式：山東冠縣進士，萬曆十二年任。

劉維成：河南項城官生，萬曆十四年任。

鄧于蕃：廣東南海舉人，萬曆十五年任。

黃兆隆：浙江余姚進士，萬曆十七年任。

張　第：山東茌平進士，萬曆二十一年任。

俞指南：江南休寧舉人，萬曆二十五年任。

葉　修：江西南昌進士，萬曆二十七年任。

胡士鰲：福建詔安進士，萬曆二十七年任。

馬　英：山東東阿舉人，萬曆二十九年任。

祝以岡：浙江海寧舉人，萬曆三十八年任。

鄭崇厚：直隸淶水舉人，萬曆四十三年任。

孫可僎：湖廣舉人，萬曆四十八年任。天啓二年又任運使。

鄧全悌：廣西全州舉人，天啓三年任。

胡宗穎：奉天金州舉人，天啓三年任。

盧友竹：崇禎三年任。清白自矢，攝總司篆。痛革陋規，禁衙蠹，清隱匿，又增兵浚壕爲城守計。

國朝

佟延年：奉天監生，順治三年任。又任運使。

蔡獻瀛:江南宿遷恩貢,順治四年任。

鄭宏圖:奉天監生,順治六年任。姜逆不靖,殉運城,祀忠烈祠。

王宏猷:山東平原貢生,順治七年任。

徐化龍:浙江山陰進士,順治十一年任。

朱之瑞:奉天義州貢生,順治十五年任。

張之璧:江南通州進士,順治十八年任。

黃　標:奉天貢生,康熙六年任。

祁　彥:奉天廣寧貢生,康熙十年任。

劉維世:奉天廩生,康熙十二年任。

王秉忠:奉天舉人,康熙十三年任。至十六年裁缺。

嚴士俊:順天三河人,吏員,雍正二年任。是年改運判爲運同。

王又樸:直隸天津進士,雍正三年任。

張　迪:江南丹徒舉人,雍正七年任。

鄧　釗:江西貢生,雍正十三年任。乾隆三年又任運使。

吳朝舜:直隸大興監生,乾隆三年任。

李　琬:山東壽光貢生,乾隆十四年任。

宋　佑:江南蕪湖舉人,乾隆二十三年任。

陳克鉉:浙江海寧貢生,乾隆二十三年任。

劉嘉兆:奉天正黃旗舉人,乾隆四十一年任。

駱大俊:安徽宣城進士,乾隆四十七年任。

楊令琢:江西寧都拔貢,乾隆五十一年任。

汪　燦:安徽旌德監生,乾隆五十四年任。

吏役附後

書吏五房

快手四名,額編工食銀二十四兩。

皂隸十二名,額編工食銀七十二兩。

聽事吏一名,額編工食銀六兩。

門子二名,額編工食銀一十二兩。

傘扇轎夫七名,額編工食銀四十二兩。

鋪兵二名,額編工食銀一十二兩。

燈夫二名。

厨子水火茶夫五名。

馬夫一名。

執事人役六名。

運副題名

元

程明德

荆思德

喬宗亮:至大庚戌任。

張忽都答兒:延祐元年任。

亢　澤

明

孔　哲:山東莒州監生,正統二年任。

吕　經:廣東高要舉人,天順三年任。

祁　溥:河南汝州監生,成化十一年任。

秦　環:江南南陵監生,成化十五年任。

孟　聰:山東夏津監生,成化二十年任。

王　惠:直隸平谷舉人,宏治四年任。

張　璿:直隸南皮舉人,宏治六年任。

賀思聰:直隸永年進士,宏治七年任。

婁　睿:浙江嘉興舉人,宏治十三年任。正德二年又任運同。

劉　楫:山東益都舉人,正德二年任。

胡　鐸:浙江余姚進士,正德四年任。

李　鳳:河南鄢城舉人,正德六年任。

任　似:四川南充舉人,正德九年任。

王崇智:山東曹州舉人,嘉靖六年任。

程伯祥:江南績溪監生,嘉靖十年任。

丁　相:江南清河舉人,嘉靖十二年任。

張雲鵬:直隸河間舉人,嘉靖十四年任。

杜　經:山東泰安監生,嘉靖十五年任。

吳　與:陝西華州歲貢,嘉靖二十一年任。

劉元婁:河南鄢城恩生,嘉靖二十三年任。

程　儒:陝西伏羌監生,嘉靖二十五年任。

楊　敷:四川西充進士,嘉靖三十二年任。

宿光溥:四川夾江舉人,嘉靖三十六年任。

鄒文元:福建閩縣舉人,嘉靖三十八年任。

王　秩:湖廣漢陽進士,嘉靖四十一年任。

張　時:直隸易州進士,隆慶元年任。

邱　瓚:福建惠安進士,隆慶三年任。

霍維芘：直隸任縣歲貢，隆慶六年任。
陳嘉謨：湖廣湘鄉舉人，萬曆元年任。
章　述：浙江蘭溪舉人，萬曆四年任。
陳大章：浙江鄞縣進士，萬曆七年任。
任登瀛：山東歷城舉人，萬曆八年任。
蔣邦輔：湖廣黔陽恩貢，萬曆十一年任。
任希望：直隸清河舉人，萬曆十二年任。
薛　諫：浙江山陰儒士，萬曆十五年任。
顧應龍：江南無錫進士，萬曆十七年任。
趙有功：直隸雞澤舉人，萬曆二十年任。
張　書：錦衣衛進士，萬曆二十二年任。
劉邦重：江南上海選貢，萬曆二十六年任。
王邦安：山東汶上選貢，萬曆二十九年任。
于應龍：山東莒州選貢，萬曆三十二年任。
吳守默：河南固始選貢，萬曆三十四年任。
張凌雲：山東章邱官生，萬曆三十五年任。
周維禎：浙江諸暨監生，萬曆三十七年任。
藍士龍：江西金谿舉人，萬曆三十九年任。
王嘉命：山東平陰選貢，萬曆四十一年任。
馮賓期：江南江都監生，萬曆四十二年任。
王允升：山東鄆城舉人，萬曆四十四年任。
李思賢：江西南城監生，天啓四年任。
高　偕：直隸灤州監生，天啓五年任。
邵士垣：浙江鄞縣貢生，天啓七年任。
沈　淶：浙江烏程貢生，崇禎元年任。

國朝

范登仕：奉天遼陽監生,順治二年任。

張肇斌：浙江山陰恩貢,順治三年任。

李因之：山東長山官監,順治五年任。姜逆不靖,殉運城,祀忠烈祠。

李士楨：山東堂邑貢生,順治七年任。

張希傑：奉天貢生,順治九年任。

張　逸：山東海豐進士,順治十三年任。

魏槐祥：直隸柏鄉拔貢,順治十八年任。

邊之元：直隸任邱拔貢,康熙七年任。

夏　霖：江南江陰進士,康熙十六年任。是年裁缺。

運判題名

元

何至道

忻　都

明

楊　浩：山東濟寧舉人,景泰二年任。

劉　斌：河南新鄉舉人,天順八年任。

張　璿：陝西安定監生,成化五年任。

張　綸：江南睢寧監生,成化十五年任。

辛　純：河南襄城舉人,成化十七年任。

李　節：山東泰安監生,成化十九年任。

王　績：四川蒼溪監生,成化二十三年任。

袁　翱：江南松江進士,宏治二年任。

馬　夔:順天大興舉人,宏治十年任。

武　銳:山東魚臺監生,正德三年任。

吳　瓚:直隸舉人,正德五年任。

李應禎:河南儀封舉人,正德九年任。

楊士魁:河南南陽進士,正德十年任。

高　遷:山東茌平舉人,正德十四年任。

杜　盛:順天寶坻進士,嘉靖六年任。

廖　軫:江西崇仁舉人,嘉靖七年任。

張　恭:山東招遠監生,嘉靖十年任。

韓　暹:陝西保安監生,嘉靖十一年任。

趙　業:福建同安吏員,嘉靖十六年任。

張大綱:順天霸州監生,嘉靖二十一年任。

董子儀:江南上海進士,嘉靖二十四年任。

田　漳:山東聊城監生,嘉靖二十八年任。

朱　性:直隸沙河監生,嘉靖三十二年任。

董士奇:江南武進監生,嘉靖三十三年任。

李一德:江西吉水監生,嘉靖三十七年任。

荆守約:直隸安肅監生,嘉靖四十四年任。

高　璨:直隸清苑監生,隆慶元年任。

林奇才:福建晉江進士,隆慶三年任。

范　津:江西樂平官生,隆慶四年任。

孫　臣:直隸容城舉人,萬曆二年任。

李　梧:四川瀘州進士,萬曆六年任。

黃宗周:四川梁山貢生,萬曆七年任。

梁　符:山東汶上舉人,萬曆十一年任。

戴文珮:江西浮梁監生,萬曆十四年任。

孔祖堯:廣西臨桂舉人,萬曆十五年任。

王　祺:直隸開州進士,萬曆十六年任。

吳　兗:浙江山陰監生,萬曆十八年任。

章國賢:直隸遷安選貢,萬曆二十年任。

黃世典:江西南豐監生,萬曆二十二年任。

呂印昌:浙江余姚進士,萬曆二十五年任。

陳春雷:浙江永嘉監生,萬曆二十九年任。

李　旦:山東諸城舉人,萬曆二十九年任。

呂永明:浙江余姚歲貢,萬曆三十二年任。

黎民敏:四川樂至選貢,萬曆三十三年任。

王建中:浙江平湖進士,萬曆三十四年任。持己清廉,凡興革大務,如壓待、進鹽、運發等事,義爭,不爲勢阻。

顏悅道:直隸魏縣進士,萬曆三十五年任。

張藍瑭:直隸邯鄲監生,萬曆三十五年任。

王德溥:江西上饒監生,萬曆三十六年任。

田一井:直隸安州進士,萬曆三十七年任。

吳　化:湖廣黃安進士,萬曆三十八年任。

崔謙吉:直隸魏縣歲貢,萬曆三十八年任。

陳　鑑:雲南石屏進士,萬曆三十九年任。

岑鳳翔:江南邳州選貢,萬曆三十九年任。

林景耀:福建福清人,萬曆四十三年任。

鄭安民:貴州安化人,萬曆四十四年任。

胡宗漢:山東臨清人,萬曆四十六年任。

趙宋儒:浙江平湖舉人,天啓元年任。

史躬盛：浙江烏程進士，天啓三年任。

李　森：山東日照貢生，天啓五年任。

鄭武烈：福建龍溪恩貢，天啓七年任。

巫　彬：江南當塗貢生，崇禎元年任。

王　域：直隸滄州貢生，崇禎三年任。

國朝

郭寅日：福建同安選貢，順治二年任。

張希傑：奉天貢生，順治四年任。

孫　茂：奉天監生，順治七年任。

郭顯功：奉天貢生，順治十一年任。

華愈燦：湖廣興國恩貢，順治十三年任。

孫開祚：湖廣荊州拔貢，順治十七年任。

徐念肅：江南華亭貢生，康熙八年任。

黃炳先：江南溧陽貢監，康熙十二年任。

俞鳳章：順天宛平人，教習，康熙十五年任。至十六年裁缺。

崔應龍：奉天遼陽監生，康熙二十四年任。是年復設運判。

李國良：浙江山陰人，康熙三十八年任。

鄭一楓：福建福清歲貢，康熙四十三年任。

金　煊：鑲白旗人，監生，康熙四十六年任。

王令德：正白旗人，監生，康熙五十三年任。至雍正二年，裁改運判爲運同。

以上運副、運判久經裁缺，題名備詳前志，仍存以備參考。

運　　學

運學之設始於元,明初暫廢,正統間復置,國朝因之,設教授一員,訓導一員。

教授正七品,俸銀四十五兩,坐安邑縣,養廉一百兩在本司公務項下動支。

歷任題名

明

鍾　　升:山東德州歲貢。

范　　景:山東沂州舉人。

石　　雲:江南揚州舉人。

吳九成:河南襄城舉人。

房　　通:江南鳳陽歲貢。

郝尚禮:陝西鄠縣舉人。

鄭　　樞:江南太平歲貢。

唐　　淵:江南鳳陽歲貢。

梁　　宇:順天昌平歲貢。

王上林:山東掖縣歲貢。

李　　晉:陝西中部歲貢。

牛復仁:河南葉縣歲貢。

王汝成:直隸慶雲歲貢。

陳義方:陝西莊浪歲貢。

雲　　行:江南廣德歲貢。

趙夢陽:湖廣漢川歲貢。

崔　淵：河南安陽歲貢。

谷嘉謀：直隸晉州歲貢。

游　霽：河南汝陽歲貢。

劉　采：山西交城歲貢。

麻友松：直隸慶都歲貢。

牛學顏：山西沁水歲貢。

徐國正：江南宣城歲貢。

劉重光：陝西鳳翔舉人。

劉名久：山東海豐恩貢。

潘可久：江南青浦舉人。

李　梧：陝西兩當選貢。

　　　　國朝　（例皆本省除授）

趙　印：廣昌歲貢。

路　義：永和拔貢。

李席琦：屯留歲貢。

張光遠：陽曲歲貢。

嚴爾泰：長治拔貢。

張體元：曲沃進士。

葛應旗：祁縣歲貢，順治五年任。

張養秀：崞縣歲貢，順治十年任。

李鼎生：洪洞進士，順治十七年任。

趙　璋：聞喜舉人，康熙四年任。

李鼎生：康熙十年再任。

鄭　恂：稷山舉人，康熙十七年任。

姚吉人：徐溝舉人，康熙十九年任。

李　　章：太原拔貢，康熙二十八年任。

賈三芳：汾陽歲貢，康熙三十年任。

王　　鍈：曲沃舉人，康熙四十八年任。

秦　　棟：翼城歲貢，康熙四十九年任。

郝　　鏞：翼城進士，康熙五十二年任。

趙璉璞：介休舉人，康熙五十八年任。

高　　卓：絳縣進士，雍正元年任。

賈若瑚：陽曲廩貢，雍正九年任。

李珊玉：平定州副貢，乾隆元年任。

殷臺杰：朔州進士，乾隆十年任。

王　　冕：孝義舉人，乾隆二十一年任。

馬慶餘：壽陽進士，乾隆二十六年任。

崔映淮：代州進士，乾隆二十八年任。

史　　才：忻州進士，乾隆三十年任。

施璿樞：榆次進士，乾隆三十三年任。

王錫九：榆次舉人，乾隆三十四年任。

馮文止：壺關進士，乾隆三十六年任。

張成志：汾陽副貢，乾隆三十八年任。

崔映淮：乾隆四十三年再任。

王鳳翮：汾陽副貢，乾隆四十六年任。

訓導，從八品，俸銀四十兩，坐安邑縣，養廉一百兩在本司公務項下動支。

歷任題名

明

唐　　臣
王　　環：江南靈璧歲貢。
劉　　篤：山東益都歲貢。
李　　仁：河南溫縣歲貢。
張　　鳳：山東掖縣歲貢。
江　　文：直隸棗強歲貢。
閻　　虎：河南南陽歲貢。
黃　　孜：江南六安歲貢。
李　　綿：河南商縣歲貢。
崔　　欽：直隸河間歲貢。
劉　　敬：河南永寧歲貢。
孔　　禄：河南登封歲貢。
邵年登：河南靈寶歲貢。
王　　潭：山東掖縣歲貢。
李　　概：直隸新安歲貢。
董　　綏：萬泉右衛歲貢。
董三策：直隸安州歲貢。
郭維藩：陝西三原歲貢。
樊思誠：陝西隆德歲貢。
孫　　潔：直隸青縣歲貢。
王　　策：直隸唐山歲貢。
楊　　璋：河南宜陽歲貢。
蔣希琬：直隸大名歲貢。
江　　鴻：河南內鄉歲貢。
王繼志：直隸遷安歲貢。

司道亨:直隸無極歲貢。

李調陽:山西清源歲貢。

西景伊:河南安陽歲貢。

陳九德:山東蒲臺歲貢。

李　柔:河南洛陽恩貢。

孫養朴:山東鄒平歲貢。

鄭　佳:陝西延長選貢。

祁　才:陝西安化選貢。

郭　鵬:陝西寧州歲貢。

張正蒙:山西長治歲貢。

王希曾:太原左衛歲貢。

趙首登:山西威遠衛歲貢。

國朝

馬永升:絳州歲貢。

王誠一:盂縣歲貢。

丁紹祚:河曲歲貢。

劉復興:隰州歲貢。

梁　琦:太平歲貢。

韓　城:長治歲貢,順治十年任。

張　繡:平定歲貢,順治十三年任。

戴元涎:翼城歲貢,順治十六年任。

韓萬選:沁水歲貢,康熙二十四年任。

張　發:安邑歲貢,康熙二十八年任。

王世逢:陽曲拔貢,康熙三十一年任。

趙文蔚:長子歲貢,康熙三十五年任。

劉之俊:交城歲貢,康熙四十五年任。
范　斌:岢嵐歲貢,康熙五十一年任。
韓復琦:絳州歲貢,康熙五十八年任。
李　曾:陽城歲貢,雍正三年任。
李　昺:朔州歲貢,雍正九年任。
楊　廷:忻州歲貢,雍正十三年任。
李之莊:曲沃歲貢,乾隆七年任。
宮遇世:繁峙歲貢,乾隆十七年任。
楊黎光:絳州歲貢,乾隆二十年任。
王文賈:崞縣廩貢,乾隆三十年任。
楊同奇:文水舉人,乾隆三十二年任。
李有薰:臨縣舉人,乾隆三十四年任。
張　瑛:偏關歲貢,乾隆四十七年任。
張象乾:絳州廩貢,乾隆五十年任。

吏役附後

學書一名。
齋夫三名,額編工食銀一十八兩。
門斗三名,額編工食銀一十八兩。
膳夫二名,額編工食銀一十三兩三錢三分三厘。

經　　歷

元時運司屬有經歷一員,以承事承德郎為之。池廟有碑記可考。明因元舊。國朝仍設經歷,為從七品,俸銀四十五兩,坐安邑縣,養廉三百兩在本司公務項下動支。

歷任題名

元

李忽都不花

普顏台

張念通

明

霍　謙：山東濟寧監生，成化十五年任。

孫　廣：直隸安州監生，宏治元年任。

韋　傑：陝西秦州監生，宏治二年任。

王　儉：湖廣麻城監生，宏治六年任。

曾　詢：河南商城監生，宏治八年任。

謝　宏：江南南陵監生，宏治十五年任。

韓　旺：山東海豐監生，正德五年任。

孫復亨：山東招遠人，正德十四年任。

雷　紳：直隸衡水監生，嘉靖四年任。

汝　賾：江南吳江監生，嘉靖八年任。

崔　岳：直隸廣宗監生，嘉靖十七年任。

毛　恕：直隸新樂監生，嘉靖二十二年任。

劉　鉦：江南通州選貢，嘉靖三十二年任。

孫光祖：順天武清歲貢，嘉靖三十四年任。

辛　珮：河南許州監生，嘉靖三十七年任。

蔣德戀：江南武進監生，嘉靖四十二年任。

楊文輝：江南淮安監生，嘉靖四十五年任。

留元徽：福建晉江監生，隆慶二年任。

王　嵩:直隸趙州監生,隆慶六年任。
程嗣爵:江南歙縣監生,萬曆二年任。
黎紹詵:廣東順德舉人,萬曆五年任。
陳九纓:山東益都監生,萬曆七年任。
柳　明:山東臨清舉人,萬曆十年任。
朱景升:江南崑山監生,萬曆十二年任。
趙　址:山東萊陽選貢,萬曆十六年任。
曾　綽:湖廣衡陽舉人,萬曆十九年任。
馮世泰:浙江慈溪監生,萬曆二十年任。
孫鵬程:山東歷城選貢,萬曆二十二年任。
周仲仕:四川仁壽進士,萬曆二十三年任。
霍與瑺:廣東南海舉人,萬曆二十四年任。
蘇　攀:福建海澄選貢,萬曆二十六年任。
吳學廣:福建上杭吏員,萬曆二十九年任。
余　森:江南廬江吏員,萬曆三十一年任。
李　玼:江西南昌監生。
趙汝德:江南廬江監生。
柯應第:江南貴池監生。
董成名:江南武進監生。
汪大潞:江南徽州監生。
徐允薦:山東海豐舉人。
潘汝霖:江南建平監生。
壺廷靖:浙江杭州監生。
李應登:順天武清貢生。
錢元善:江南通州選貢。

蒋士麟：廣西全州官生。

林　昂：福建漳州官生。

王之鞏：陝西禮泉貢生。

李世顯：浙江烏程監生。

邊大舜：直隸任邱舉人。

朱國輔：江南崑山舉人。

國朝

張學智：山東樂平貢生，順治三年任。

俞　璧：浙江山陰進士，順治八年任。

林有本：順天大興進士，順治十二年任。

李泳昌：直隸任邱舉人，順治十三年任。

陸舜臣：浙江山陰歲貢，順治十六年任。

楊霞山：山東臨淄進士，康熙元年任。

王起龍：奉天貢生，康熙八年任。

葉獻章：順天宛平舉人，康熙十九年任。

趙光城：山東郯城監生，康熙二十五年任。

邵一柱：江南石埭吏員，康熙三十三年任。

王　烈：順天宛平吏員，康熙四十三年任。

鄔戀象：江南丹徒監生，康熙四十五年任。

王克慎：順天宛平貢生，雍正二年任。

楊　鎬：江南懷寧監生，雍正九年任。

李　鼎：江南石埭吏員，乾隆七年任。

夏禮賢：浙江餘姚吏員，乾隆二十三年任。

歸升基：江蘇常熟監生，乾隆二十八年任。

聞　韶：順天大興供事，乾隆三十四年任。

李克明:順天大興監生,乾隆四十年任。
徐方懋:河南寧陵貢生,乾隆四十九年任。

吏役附後

書吏一名。
門子一名,額編工食銀六兩。
皂隸六名,額編工食銀三十六兩。
籠馬夫二名,額編工食銀一十二兩。
運儲倉斗級一名,歲給工食麥四石,在本倉租麥項下支領。

知　　事

元時運司屬有知事一員,以將事佐郎、承德郎爲之,有碑記可考。明因元舊。國朝知事爲從八品,俸銀四十兩,坐安邑縣,養廉三百兩在本司公務項下動支。

歷任題名

元

趙　顯
關世傑

明

夏樂正:江西安福人,成化二十二年任。
方　果:浙江慈溪吏員,宏治六年任。
趙　恕:直隸河間吏員,宏治七年任。
韓　璋:直隸威縣監生,宏治十五年任。

李思儼:直隸衡水監生,正德六年任。
李繼明:湖廣崇陽吏員,正德九年任。
姚　璉:直隸博野監生,正德十五年任。
蔡　鴻:江南潛江吏員,嘉靖三年任。
曾　宜:江西臨川知印,嘉靖八年任。
段尚綱:河南伊陽吏員,嘉靖十四年任。
姚　惠:直隸定興吏員,嘉靖十八年任。
李　遠:江西豐城知印,嘉靖二十年任。
白　忠:直隸靈壽吏員,嘉靖二十一年任。
楊　琥:江西安仁吏員,嘉靖二十二年任。
章煥然:湖廣善化知印,嘉靖二十六年任。
趙循秀:浙江臨海監生,嘉靖三十一年任。
吳原志:福建連城吏員,嘉靖三十四年任。
劉國良:浙江山陰知印,嘉靖三十五年任。
劉　綱:江南無爲吏員,嘉靖三十五年任。
陳時夏:直隸大名知印,嘉靖三十八年任。
李鳳池:山東巨野監生,嘉靖四十二年任。
田　耕:河南湯陰歲貢,嘉靖四十四年任。
李　椿:江西豐城知印,嘉靖四十五年任。
桂　韶:江南合肥吏員,隆慶三年任。
吳邦彥:江西高安吏員,萬曆元年任。
趙　棟:雲南賓州吏員,萬曆二年任。
喬　巖:河南商丘進士,萬曆四年任。
蔣大方:湖廣鐘祥知印,萬曆五年任。
張九鶴:順天霸州儒士,萬曆七年任。

曹　儒：湖廣武昌吏員，萬曆十年任。

陳已聞：湖廣武陵官生，萬曆十五年任。

蔣　昉：江西廬陵監生，萬曆十七年任。

王邦禮：山東長山舉人，萬曆二十年任。

王　臣：陝西甘州選貢，萬曆二十三年任。

譚　誥：廣東東莞吏員，萬曆二十五年任。

鄒三傑：福建清流吏員，萬曆二十七年任。

鄧錫爵：江西新淦吏員，萬曆三十年任。

國朝

王存鏊：山東邱縣選貢，順治五年任。姜逆不靖，與運同、運副殉城，時稱三烈，祀忠烈祠。

佟希堯：奉天貢士，順治七年任。

王思問：陝西富平吏員，順治十一年任。

李泳昌：直隸任邱舉人，順治十三年任。本年又任經歷司。

許彭年：順天大興拔貢，順治十四年任。

潘　玉：浙江浦江吏員，康熙三年任。

高俊升：浙江秀水舉人，康熙五年任。

黨應乾：順天大興供事，康熙十五年任。

朱祥麟：順天大興吏員，康熙二十四年任。

黃廷鐸：鑲紅旗人，監生，康熙四十三年任。

董文化：順天涿州監生，雍正三年任。

潘　標：順天永清吏員，乾隆元年任。

沈　袯：浙江山陰監生，乾隆十六年任。

崔衡相：正黃旗人，監生，乾隆二十九年任。

張植蕾：湖北廣濟監生，乾隆三十八年任。

何　周：江西豐城監生，乾隆四十一年任。

徐方琰：湖北漢陽監生，乾隆四十七年任。

吏役附後

書吏一名。

門子一名，額編工食銀六兩。

皂隸六名，額編工食銀三十六兩。

籠馬夫二名，額編工食銀十二兩。

運皁倉倉書一名，紙筆銀三兩，在蘆葦項下動支。

運皁倉斗級一名，工食銀六兩，在蘆葦項下動支。

管轄巡役四十六名。前志載，池內弓兵五十三名，今改名巡役。乾隆二十七年裁七名，留四十六名，額編工食銀一百三十八兩。前志又載，秤斗、機兵二項，今改爲斗級四十九名，原係知事管轄。乾隆三十二年，鹽政達色飭司議將斗級四十九名歸三場大使分管。

【附】試用知事借補例

查，鹽知事係指捐人員，向無借補之例。乾隆四十八年，巡撫兼鹽政農起以河東分發人多，株守一缺，補用無期，奏明准照運判試署知縣之例，計其到省在五年以上尚未得缺者，遇有巡檢、典史缺出，與本項人員統較從前到省日期先後，酌量試署。實授後即照現補之缺計俸升轉，不准再補本缺。

庫　大　使

乾隆二年，鹽政定柱因河東鹽課較舊額倍多，奏准照長蘆、兩淮例添設庫大使一員，正八品，俸銀四十兩，坐安邑縣，養廉三百兩在本司養廉歸公項下動支。

歷任題名

鄭士俊：山西文水舉人，乾隆二年任。
倪日覲：江南山陽舉人，乾隆九年任。
鮑忠教：江南歙縣生員，乾隆十五年任。
周　仁：江南婁縣貢生，乾隆二十二年任。
趙　椿：湖南巴陵貢生，乾隆二十三年任。
黃　棻：福建同安監生，乾隆三十年任。
陳　釴：廣東歸善監生，乾隆三十年任。
陳道亨：江南江寧監生，乾隆五十一年任。

吏役附後

書吏一名。
皂隸二名，額編工食銀一十二兩。

三　場　大　使

元時有八場，凡秘書省校書郎，各衛兵曹、參軍并縣尉、主簿皆得與選。後分爲四場，東池二場，西池二場。明裁四場爲東西二場，每場設官二員。成化間，巡鹽御史吳珍奏添中場，亦設官二員。國朝設中東西三場大使，初係未入流。雍正六年，部議以大使管理鹽務職分卑微，不足以彈壓商竈，酌加爲正八品，俸銀四十兩，坐安邑縣，養廉三百兩在本司公務項下動支。

元時八場①

方集場官：李文質
常滿場官：元昭慶
鹽北場官：韓　侃
青鼻場官：李廣成
分雲場官：高　峰
紫泉場官：韋　厚
下封場官：柳　翊
資國場官：崔　阡

國朝

中場大使歷任題名

胡文榜：浙江山陰吏員，康熙五十八年任。
陳鎬文：浙江余姚副榜，雍正六年任。
盧　潮：江南邳州人，州同，雍正七年任。
鄒攀梁：湖北麻城舉人，乾隆五年任。
鮑孔謂：江西浮梁舉人，乾隆十一年任。
薛清芳：河南孟縣拔貢，乾隆十六年任。
詹兆駒：浙江常山監生，乾隆二十年任。
裴　吉：四川華陽舉人，乾隆二十一年任。
蕭　躍：江西廬陵監生，乾隆二十八年任。

---

①　元時八場：此處所書八位鹽場職官係唐代河東鹽池官員。見《河東鹽池靈慶公神祠頌并序》碑陰《靈慶公神祠碑陰記》。八場官員之韋厚，亦當為韋厚正。

魏　鼎：浙江慈溪舉人，乾隆三十七年任。
侯　燾：直隸成安舉人，乾隆四十五年任。
徐宗永：江南如皋監生，乾隆四十六年任。
劉漢健：四川内江舉人，乾隆四十七年任。
趙從璧：山東諸城人，議叙，乾隆五十二年任。
石萬泰：江南如皋貢生，乾隆五十三年任。

吏役附後

書吏一名。

扒書二名。

皂隸二名，額編工食銀一十二兩。

秤役二名。

弓手十六名。《紀恩録》載，弓手十五名。查弓手爲把守禁門而設，原額七名。自裁額編工食後，每場吏役共支公務銀二百兩。禁門弓手各按繁簡招充，詳報分司查考，今依現設開載。

斗級十五名，額編工食銀九十兩。乾隆三十二年，知事奉文移交。

東場大使歷任題名

諸　鼎：順天宛平吏員，康熙四十二年任。
楊國瑗：順天大興吏員，康熙五十六年任。
陶銘恩：浙江嘉興生員，雍正九年任。
劉志仁：直隸饒陽廩生，乾隆四年任。
張三仁：湖南寧遠生員，乾隆十一年任。

凌元璟：江西新建舉人,乾隆十三年任。

朱樹桂：江南沛縣監生,乾隆三十七年任。

張方載：貴州安順舉人,乾隆三十七年任。

張先锜：湖北漢陽監生,乾隆四十八年任。

吏役附後

書吏一名。

扒書二名。

皂隸二名,額編工食銀一十二兩。

秤役二名。

弓手十名。

斗級十七名,額編工食銀一百零二兩。乾隆三十二年,知事奉文移交。

西場大使歷任題名

張應遜：陝西高陵人,康熙五十七年任。

姜　泳：順天大興吏員,康熙六十年任。

董良弼：浙江烏程舉人,乾隆二年任。

丁長睿：江南如皋監生,乾隆八年任。

張卿子：直隸南皮貢生,乾隆十年任。

胡一麟：浙江會稽監生,乾隆十一年任。

楊廷倬：浙江錢塘監生,乾隆十三年任。

楊希堯：直隸永年舉人,乾隆十八年任。

孟宜恭：山西太谷監生,乾隆二十七年任。

陳聯捷：福建晉江舉人,乾隆二十九年任。

蔡士毅:江蘇吳縣監生,乾隆三十五年任。

翟　衡:直隸新河舉人,乾隆四十七年任。

吏役附後

書吏一名。

扒書二名。

皂隸二名,額編工食銀一十二兩。

秤役二名。

弓手十名。

斗級十七名,額編工食銀一百零二兩。乾隆三十二年,知事奉文移交。

六小池弓兵十名,額編工食銀六十兩,在安邑縣支領。本爲運城司巡檢弓兵。乾隆二十七年,以巡檢裁缺,改撥小池,歸場管轄。

分駐解州州判

舊制,安邑縣典史駐防運城。雍正七年,典史移歸縣城,改設運城司巡檢一員。乾隆二十七年,鹽政薩哈岱以歲修渠工須有司官督率,奏明裁汰運城司巡檢,移駐解州州判,題定繁難調缺。州判從七品,俸銀四十五兩,坐解州。前雍正十三年運使高山以解州州判有督率弓兵、巡緝硝池之責,詳蒙奏准,照三場大使例給鹽務養廉銀三百兩,在運庫支領。今移駐運城,養廉如舊。

歷任題名

熊名相:貴州畢節拔貢,乾隆二十七年任。

郎祚康：江南太和副貢，乾隆二十八年任。
馬　輝：直隸定州拔貢，乾隆四十一年任。
侯長熺：山東郯城拔貢，乾隆五十三年任。

管轄馬快八名。雍正十三年，鹽政孫嘉淦以鹽池南岸地方遼闊，步行之人巡防難周，請於鹽政衙門添設快手八名、官馬八匹，分班差遣周圍查閱。時因運城司巡檢在鹽政衙門巡捕，即令督緝。嗣巡檢奉裁，改歸州判管轄。

吏役係地方所設，茲不具載。

三　巡　檢

舊制，鹽池司巡檢、長樂司巡檢隸解州管轄，聖惠司巡檢隸安邑縣管轄。乾隆二十九年，鹽政李質穎奏明，三巡檢既係督率弓兵、專司巡緝私鹽之員，請照兩淮鹽務巡檢之例，凡遇大計以及俸滿，均聽運司考核。巡檢從九品，俸銀三十兩，鹽池司、長樂司坐解州，聖惠司坐安邑，養廉各二百五十兩在本司公務項下動支。

鹽池司巡檢歷任題名

陳　檠：順天順義人，雍正四年任。
徐世徽：江南江寧人，供事，乾隆元年任。
黃　斌：福建晉江人，吏員，乾隆十六年任。
莊日榮：江蘇武進人，供事，乾隆三十三年任。
吳永升：浙江山陰人，供事，乾隆三十五年任。
婁　臺：浙江錢塘監生，乾隆四十一年任。

吏役附後

書吏一名。

弓兵二十名,額編工食銀六十兩。

皂隸二名,額編工食銀一十二兩。

長樂司巡檢歷任題名

富　順:順天宛平人,康熙六十年任。

胡國杰:順天大興吏員,雍正十二年任。

尚　方:直隸慶都人,吏員,乾隆六年任。

孫之震:浙江仁和吏員,乾隆十三年任。

胡　珏:浙江山陰監生,乾隆三十三年任。

方　煒:湖南巴陵監生,乾隆三十七年任。

陸名揚:浙江山陰人,供事,乾隆四十一年任。

張覺民:直隸天津生員,議叙,乾隆五十四年任。

吏役附後

書吏一名。

弓兵二十名,額編工食銀六十兩。

皂隸二名,額編工食銀一十二兩。

聖惠司巡檢歷任題名

王萬年:順天人,雍正二年任。

陳尚賢:直隸肥鄉人,雍正十年任。

周文龍:江西金溪人,乾隆元年任。

劉　恒：安徽潛山人，乾隆十年任。
許　吉：直隸大興人，乾隆二十二年任。
李彥春：湖南永興人，乾隆二十七年任。
侯天佐：廣東嘉應州人，乾隆二十九年任。
朱　煥：江西高安人，乾隆三十八年任。
郭良瑞：順天通州人，乾隆五十一年任。

吏役附後

書吏一名。
弓兵二十名，額編工食銀六十兩。
皂隸二名，額編工食銀一十二兩。

運　城　營

運城營設有都司一員，把總一員，外委把總一員。舊由鹽務酌給都司養廉銀三百兩，把總養廉銀一百兩，外委把總養廉銀四十八兩，俱於本司公務項內動支。乾隆四十七年，奉文減去都司養廉銀四十兩，留二百六十兩；減去把總養廉銀十兩，留九十兩；減去外委把總養廉銀三十兩，留十八兩。旋又奉文全數停支。

都司正四品，俸銀一百四十一兩三錢八分四厘，養廉銀二百六十兩，由藩庫撥給。

歷任題名

田鳳鳴：陝西人，功加。
李遇春：陝西人，侍衛。

魏　良：陝西人，功加。
馬建學：陝西人，進士。
李　煦：天津人，侍衛。
瑚　海：滿洲人，侍衛。
周　凱：浙江人，功加。
陳　锜：陝西人，舉人。
馬文龍：貴州人，進士。
那寧阿：滿洲人，侍衛。

把總正七品，俸銀三十六兩，養廉銀九十兩，由藩庫撥給。

歷任題名

宋　熛：臨汾人。
郭世耀：陽曲人。
畢　富：陽曲人。
徐　純：直隸人。
科生額：滿洲人。
郭秉哲：榆次人。
趙　綿：臨汾人。
景榮德：臨汾人。

外委把總，養廉銀十八兩，由藩庫撥給。

歷任題名（只載運城，其分防安邑縣外委把總題名應詳縣志）

李　祥：永濟人。

張芳揚:長治人。

魯　保:滿洲人。

王立建:陽曲人。

張　煜:臨汾人。

額兵九十九員名。內經制外委二員。一駐運城,一分駐安邑縣。額外外委一員,馬戰兵六名,步戰兵十四名,守兵七十六名。官馬十五匹。內都司例馬四匹,把總例馬二匹,外委兵丁騎操馬九匹。統計運營官兵俸餉草乾歲需銀二千六十二兩一錢八分四厘外,應領折色米銀一百七十八兩二錢,俱在藩庫動支。又應領本色米一百七十八石二斗,本色料豆八十一石,俱在蒲州府倉動支。

【按】河東理鹽之職,自漢之黃霸伊始也。歷代命官不一。宋元之間主守之職曰轉運使,然而名目旁雜,有兼理、專理之不同。明設監臨以統之,而轉運使之名永終不易。我朝折衷前代官制,大備監臨。而下有主守,有分司,有首領。有三大使,以分理於內;有三巡檢,以協緝於外。有運學之專設,有州判之分駐,又有都司、把總以鎮守城池。大小協力,文武和衷,要在無忝厥職云爾。

第四卷　渠　堰

水曰潤下,潤下作鹹。鹽生於水也,然以主水生,又以客水敗,是以未治鹽,先治水;未治主水,先治客水。由來設官經理而防患之道,大約不外乎導水流而使之外泄,又障水決而防其內入。客水除,而主水始爲作咸之利。則渠堰是急,而山澤灘地因而附詳,以備參考。

姚暹渠

堰戶十八名,工食在歲修五千兩内動支,餘同此。

池之北有渠,曰姚暹,即古之永豐渠也。後魏正始二年,都水校尉元清所開,以引治東南諸水西入黃河。隋大業間,都水監姚暹重開,民賴其利,因號焉。

渠源出夏縣王峪口,引史家峪諸水,合流而東,自東而北,又合巫咸谷水,折而西流,以入姚暹渠。舊制,渠自朱吕橋起。今於夏縣之五里橋下,加長七百五十二丈,始爲朱吕橋。橋北六百八十六丈爲毛家橋。又北五百二十二丈五尺爲營里橋。稍北轉,迤而西一百八十六丈五尺爲高家堰橋。又西五百八十四丈九尺爲魯因大橋。過魯因大橋一百八十五丈爲魯因小橋。又西五百四十丈爲裴介橋。又西五百七十六丈九尺爲夏縣西界。以上爲橋八處,共渠長四千零三十三丈八尺,計里二十二里四分。

再入安邑東界五百五十丈爲苦池橋,有苦水河自東北來會。又西四百九十五丈有張孝橋。又西八百九十三丈五尺爲房子橋。又西八百九丈爲通惠橋。又西三百三十六丈爲北門橋,即安邑縣北郭門也。渠昔經安邑縣城中。明隆慶三年,御史郜永春大議開浚,恐薄城不利,乃於城東填塞舊河百餘步,改迤而北,作通惠橋於上,繞北郭門而西,即今之渠道是也。北門橋西,舊有龍王廟。渠身灣曲,上流湍急,至此每有阻潰。乾隆二十七年,鹽政薩哈岱請買民地二十八畝,改直渠身,俾得暢流。此自北門橋起,至劉家新橋止,又計長一千二百二十丈。橋西六百零二丈爲迎渠橋,即運治北門也。又西四百六十五丈爲馮村橋。又西五百二十二丈五尺爲三里橋。又西六百九十二丈五尺爲安邑西界。以上爲橋九處,共渠長六千五百八十五丈五尺,計里三十六里六分。

再入州境一百七十丈爲庄頭橋。又西九百五十七丈爲張耿橋。渠南即長樂灘也。此下多灘地。又西一千丈爲龍居橋。又西六百六十七丈五尺爲橋頭橋。又西七百零三丈五尺爲羅义橋。又西三百七十二丈爲赤社橋。又西六百六十四丈爲侯村橋。又西三百三十四丈五尺爲西王小橋。又西八百五十一丈爲辛庄橋。又西五百丈乃解州西界也。以上爲橋九處,共渠長六千二百一十九丈五尺,計里三十四里五分。

再自虞鄉縣東界起四百五十丈五尺爲曾家營橋。又西九百四十二丈爲關家庄橋。又西六百一十五丈五尺爲石橋。又西九百四十七丈爲土橋。又西四百八十一丈爲棗圪塔橋。又西九百三十六丈爲常起營橋。渠南即鴨子池也。又西五百四十七丈爲平壕橋。又西三百五十丈爲孫常橋。橋下稍南,再迤而西九百丈爲郭李橋。又七百丈則入五姓湖,以達黃河矣。以上虞鄉縣治爲橋九處,共渠長六千八百六十九丈,計里三十八里二分。通計一百三十一里有奇。

前志載,渠長二萬二千四百丈,孫常橋下即入五姓湖。嗣因渠尾逐漸淤塞,水流不能前進。乾隆十一、十九等年商捐大修,渠尾加長。二十七年,改直渠身,丈尺有減。今實計工長二萬三千七百零七丈八尺,按年報部估修。

【按】渠自史家峪諸水合流而東,又合巫咸谷諸水而勢滋大,再合苦池之水而勢彌大。況池南皆山,雨過水發。凡繞山麓聚而東走者,勢皆趨北而以渠爲歸。非渠深堰堅,鮮有不漫決爲害者。抑更有可慮者,渠經夏縣、安邑、解州、虞鄉,諸村鎮附近居民,每多建橋渠上,以便往來。而橋洞低小者,最易淤阻爲患。乾隆二十七年,鹽政薩哈岱議請升高開廣,誠治渠之要務。至於雨淫潦發①,涑水每至南漫農田。農或引水入渠,以爲救田之計。渠盈不受,則又盜決南堰,而以鹽池爲壑,皆情理所必有。前輩已詳言之。是治渠者,必預勤於干涸之日,而又必嚴防於瀰湃之時。若五姓湖爲渠之尾閭②,下無淤澱之土,斯上免壅塞之患,此又司事者所當注意,未可以距池稍遠而視爲緩圖也。

【附】治渠平準法

前運使蘇昌臣曰:"禹平水土者,平其土之不平,而水性自適,故能行其所無事也。今渠之制,深既及丈,而廣復三之,亦

---

① 雨淫潦發:雨多水大。潦,大水泛濫。《說文·水部》:"潦,水不遵道。"

② 尾閭:水流排泄聚集之處。水流之下游爲尾,聚集之所爲閭。

足以順宣泄而永利澤矣。乃時患潰决者何歟？蓋由於渠之底未平故耳。夫渠所經行，遠逾百里，地形高下，勢不能同。堤之起落因之。浚渠者曰：'渠有制也。深必及制，而後乃已。'督浚者亦曰：'渠有制也。深必及制，而後方可以已也。'所謂深者，自堤及底之謂也。不知以堤爲準，堤高一尺之處，渠底亦高一尺。通渠容水一丈，則此處之水止九尺矣。水性本平，水之面無不平故也。於是九尺之水力，不足以敵十尺之水力。而流沙走石之停淤，必在於此。前淤後漲，復何怪哉？故欲使渠不淤，必先平渠底，使全渠無不均之水力，而後可也。法須刳木以置準水之格者二，其長可一二丈，深與闊可三五寸，方平其面，直貼岸墻，貯水平口，兩頭視水，都無淺滿，則格爲平。然後準格之面，嵌石岸墻，表爲定記。二準互相頂接，遞準以前，依前視記。他日，以石爲憑，下量渠底，而齊其丈尺，雖千里平如砥矣。渠底平則水力均，而順利流行，又何淤漲之有？"

池東各堰

白沙堰，堰户四名。李綽堰，堰户二名。雷鳴、白家二堰，堰户一名。黑龍、東禁二堰，堰户四名。

以池東言之。極東則有白沙堰，以防白沙河之瀑漲，并堵蓮花、橫洛、禹王城一帶泉渠之水。向築土堰，最易冲潰。乾隆二十七年，鹽政薩哈岱請改建石塘，永資保障。計長一千零九十二丈，所謂李綽堰之外藩也。李綽堰者，起王峪口而下接姚堤，築自宋解令李綽，因名焉。計長二千五百五十六丈。內有小堰，又計一百一十丈。在昔，水勢湍悍，多築月堰，以爲重固。今則惟有峪口，尚抱三重，迤東轉北，以防中條山谷之聚流,且以防白沙之潰決,潴苦河而入姚渠,決則淹没東郭,并注東禁矣。西而近山爲東郭鎮,鎮後有堰曰雷鳴,計長二十三丈。東西橫亘,以防山中之瀑漲。決則直走黑龍西灘,而池東受其患。下此則有白家堰,計長二百五十七丈五尺,與雷鳴堰緊接,逼水北流,最爲扼要。鎮前有堰曰黑龍,計長一千三百九十二丈,南北直延。起東郭,抵任村,稍曲迤西,終於楊家莊。堰之東西各有灘,以受南來磨兒盤、窰子溝、介村等處山泉野水。西有黑龍潭,深不可測。堰亘灘中,以分其勢,并以防李綽堰之潰決。若夫近池之堰曰東禁,計長一千二百零五丈,乃東垣之楚石,故堰工極其鞏固。以上六堰,所以爲池東計者,詳且周矣。

池 南 各 堰

桑園、常平二堰,堰户一名。龍王、短堰、賀家灣三堰,堰户一名。趙家灣堰,堰户一名。

以池南言之。池之南逼近條山,雨過水下,沛然莫禦。非惟近山諸村之患,而鹽池之害更有不可勝言者。故各於諸村要害之地,設堰防之。東有桑園堰,長八百七十丈,在曲村村西。次之有常平堰,長三百八十丈,在常平村西。次之有龍王堰,長四百七十丈,在蠶房村西。次之有短堰,長百六十丈,在董家莊西。次之有賀家灣堰,長四百五十丈,在展鄭莊之南。次之有趙家灣堰,長七百五十丈,西近州城,在社東村之東。以上六堰,皆在州境,綿亘山下,統名護寶。而禁垣内更有護寶長堤,長七千一十四丈,皆所以防條山之霖雨下注,以侵池者也。誠能以時修之,而池南之患可消矣。前志所載,池南諸堰多隸安邑。以堰基考之,并查報部工册,皆隸解州,今正之。

池西各堰

五龍堰,堰户一名。硝池、七郎二堰,堰户一名。卓刀堰,堰户一名。長樂堰,未設堰户。

以池西言之。西近州城,有根山之堰曰五龍,長八百三十五丈。又有小堰,長五十三丈五尺。南起五龍峪口,而北抵乎崇寧宫之西。峪深邃難測,上納山中五溝之水,故曰五龍峪。一遇暴雨施行,五溝之水競從峪口而出,浪奔人立,濤激雷鳴。昔繞州城南郭門,折而過東郭門,歸宿於城東北之諸灘。恐其有患於西禁垣也,故設堰以逼之,使達於城西北之硝池灘。硝池灘小而易盈,故又築硝池堰以障之。堰以硝池東之廣狹爲起止,長七百五十丈。蓋硝池之北,灘地最多,勢皆北高而南陂。硝池之南爲中條山,而硝池處山灘之中,衆水所趨,無所逃其委受①。鹽池在東,深如釜底。是以山灘水漲則趨硝池如建瓴;而硝池溢則趨鹽池如倒峽②。况姚暹渠既受東南諸水,束而取道於北灘,決則渠水皆灘水,能不以硝池爲居停,以鹽池爲歸宿乎?稍東有七郎堰,長七百六十二丈,南起州城東北,北抵高坡,其地爲解州北灘。又東有卓刀堰,長五百七十四丈。起風後廟,抵池西北角,重防叠固,皆以防硝池之潰決。其地爲解州東灘,灘勢卑窪,而堰西尤甚,實艦海之鄰壑也。乃七郎、卓刀之北又有長樂堰,長四百七十丈,所以防長樂灘

---

① 無所逃其委受:(硝池)無法避開要承受(的水流)。
② 倒峽:本謂江水傾峽而出,此指水勢洶湧浩大。

之泛溢。起長樂灘北之官道,南與七郎、卓刀相近。灘既廣遠,姚暹渠亦經其北。渠堰決則灘堰危。灘堰決,始西出而必復東趨,勢將破卓刀以逞。以上五堰,又以見池西之堤防宜急也。

【按】河東護池各堰,雍正十三年,奏明大小環列二十二處。迨時移勢改,續有增豁。今所載東、西、南三面,共堰一十七處。隨地異宜,因勢利導,皆歲修之要工。然即此要工之中,仍有外藩內固之分。如李綽堰爲東南之半壁,五龍堰乃西鄙之長城。南山雖有居高臨下之勢,而洪溪深谷按東西而已分屛於李綽、五龍之外,前人之創制誠善。其池西更有硝池一堰,自乾隆二十二年決水漫池之後,堰工雖極鞏固,而地爲衆流所注,滿溢堪虞。舊制,硝池水多則西會石樓、王官諸峪之水,由新河達小潮橋以同歸黃河。第恐新河水道或爲民所侵,非惟硝池之水不能西流,而石樓、王官諸峪之水亦反東趨入於硝池。倘能隨時開浚,實爲拔本塞源之策,而非補塞滲漏之計。又池東向設黑龍、白家、東禁各堰,以防南山諸水之泛漲。近緣山水經過之地,挾沙帶泥,逐漸淤高,以致水勢漫流,直犯東垣,大爲池患。乾隆五十三年,蔣兆奎親加履勘,相度情形,特爲飭商捐辦。先將黑龍、東禁二堰加長,以延其勢,更於白家堰之下添設新堰,開挑引河,要俾水歸舊壑,永絕侵池之患。連年運治苦雨恒多,故於防水之道,倍切綢繆,敢以質諸當事者。

【附】舊制近池各堰名目、丈尺皆見前志

楊公堰:長七百二十丈。

橫落渠堰:長三千六百丈。

蓮花堰:長五百四十丈。

中花堰:長一百八十丈。

匙尾堰:長三百六十丈。

軒轅堰:長三百六十丈。

軒轅二堰:長三百六十丈。

苦池灘堰:長九百丈。

通稷堰:長三千六百丈。

以上坐夏縣。

小月堰:長一千二百六十丈。

逼水月堰:長五十一丈,舊係歲修,今停。

新堰:長七十五丈。

申家堰:長八十丈,舊係歲修,今停。

張村朱里堰:長二百丈。

西姚西南堰:長九十丈。

西姚東南堰:長八十五丈。

西姚東北常家月堰:長一百丈。

大李村西南堰:長一百七十丈。

小李村東南堰:長五十二丈。

匙尾堰:長七十四丈。

蚩尤村堰:長三十丈。

沈家堰:長七十五丈。

苦池備水月堰:長四十丈。

苦池河南小月堰:長五百四十丈。

苦池河北小月堰:長七百二十丈。

楊家庄堰:長一百八十丈。

湯里村堰:長一百一十丈。

以上坐安邑。

鳳尾堰:長二百一十丈。

西禁堰:舊係歲修,未詳丈尺,今圮。

青龍堰:長四丈,舊係歲修,今停。

涑水河堰:長八百五十丈。

黃平堰:長三百三十六丈,舊係歲修,今圮。

蝦蟆堰:舊係歲修,未詳丈尺,今圮。

以上坐解州。

議 修 章 程

舊例,鹽池渠堰各工,派用蒲、解等十三州縣民力,有分修、獨修之不同。歲於四季,由鹺司分別提修,任工①州縣視爲具文②。康熙二十七年,運使蘇昌臣議立均平徭役③、按丁分工之法。名目丈尺,刊册昭然。雍正三年,鹽政馬喀奏請停止派用民夫,在於額引公務項下留存銀五千兩,以爲歲修之費。雍正五年,鹽政塞欽題請於額引公務項下動銀三萬五千餘兩,大修禁垣、渠堰,委運同專司其事。雍正六年,鹽政碩色題請每歲除額引公務項下留銀五千兩,以爲修築渠堰之用。再於餘引公務項下留銀六千兩,以三千兩修葺池墻,以二千兩存

---

① 任工:承擔工程。
② 具文:徒有形式而無實際作用的空文。
③ 徭役:古代官方規定的平民(主要是農民)成年男子在一定時期內或特殊情況下所承擔的一定數量的無償社會勞動。一般有力役、軍役和雜役。

庫,積至五年作爲大修之費。雍正十一年,鹽政碩色以前項積存銀兩均未動用,題請停止大修,存銀充餉。雍正十三年,鹽政孫嘉淦於遵旨查奏河東各工案內,以歷年修理皆有餘剩,并請停止禁墻銀三千兩,留銀五千兩爲歲修各工之費。本年又以渠堰衆多,必欲按年遍修,不過彌縫補葺、削土去淤而已。渠不能加深增闊,堰不能加厚增高,不如一年將李綽等六堰緊工先行,修築高厚,餘堰統於次年興修。俟堰工完固,踰年再將姚暹渠通行挑浚,悉令深闊,此輪修所由始也。乾隆二年,鹽政定柱請於每年額設銀五千兩外,添設歲修銀三千兩,以備不虞。部議暫增,後仍照奏定五千兩之例。乾隆六年,鹽政白起圖請變三年輪修之例,令鹽臣等隨時酌量搶修,部議未准。乾隆七年,鹽政尚琳奏請行之所需銀兩,俟輪到年分,仍於額設五千兩之內,扣除還項。自此有搶修之例,而緊工可免貽誤矣。乾隆十一年,鹽政衆神保據各商公籲,捐修渠堰各工,奏明於運庫內先行借帑修浚,在額引銷價并餘畦內四年扣還,實用銀三萬一千九百餘兩。乾隆十九年,鹽政薩哈岱復據各商呈請,借帑興修渠堰各工,實用銀二萬八千七百餘兩,亦四年扣還。乾隆二十六年,鹽政薩哈岱復據衆商呈請,借帑大修姚暹渠各工。二十七年,又以李綽堰工難緩待,姚暹渠橋洞低小,渠身灣曲,題請一并興修。所需銀兩皆於借帑內動支,共用銀五萬兩,分作五年歸款。乾隆四十二年,鹽政瑞齡循照成例,又請借帑二萬七千二百餘兩,大修姚暹渠。至乾隆四十三年,議定商捐歲修章程,停止借帑大修。

議定姚暹渠歲修章程

乾隆二十六年,鹽政薩哈岱於奏請借帑大修案內聲明,每年秋冬農隙之時，挑挖姚暹渠淤澱，令地方官傳集南北兩岸民夫，給予半價，以渠堤南護池、北護田也。乾隆二十八年，鹽政李質穎以半借民力，虛應故事①，轉於工程有礙，請以三年輪修之項，歲爲經理，僱夫挑浚，給予全價。此革半價之名，改輪修爲歲修，專指挑淤而言。嗣因渠水冲刷，堤身必俟三年輪修，不能保無潰決。乾隆三十二年，復請。嗣後，渠堤如有已在保固之外，又未屆輪年分，冲刷單薄，難資防禦者，照挑淤例，一并估報興修。所需銀兩，統於額設輪修五千兩之內報銷，此則渠堤一例歲修矣。乾隆四十三年，巡撫兼鹽政巴延三於奏明河渠各工定爲歲修案內，檄行運司、河東道會議②涑水河工程原有成例。其姚暹渠工程，除輪修之年已有額設銀五千兩，尚可一律挑修，無庸置議。如非輪修年分，夏秋之間遇有堤身冲決、渠底淤澱急工，仍令專管工程之運同，動用額設銀兩，即行搶修，照例報部。其餘淤澱處所經費無出者，於農隙之時委員勘明，責令坐商僱夫一體挑浚，所挖之土培補南堰，應需工費在於額餘畦錠內遵照向例公攤，毋庸報部。至民修北堰，令地方官於每年冬季查勘冲汕之處，督率居民各照地界修築整齊。在各商所費無幾，得免大修之派，而渠底可以年年深通，堤身亦得一律完好。於鹽池、商力、廬舍、民田咸有裨益。此又議定歲修章程，至今遵辦。

議定河渠并修章程

涑水河在姚暹渠之北，發源於絳縣。與姚暹渠同受東南

---

① 虛應故事：照例應付，敷衍了事。
② 會議：會同討論。

諸山之水,以西達於黄河者也。地勢北高南下,每遇夏秋,淫雨泛漲,涑水南趨姚暹渠。當其下游,勢必冲決渠堤,合流爲一。是以歷年挑挖姚渠之時,俱議與民挑涑水河,同時興工,俾兩水各循故道,以免奔流合注之患。乾隆四十一年,巡撫巴延三、鹽政瑞齡遵旨會同查辦,請於農隙之時,所有應挑姚暹渠工,令商人按例借動庫項,大加挑挖,務將通五姓湖之路開浚寬深,俾得暢流無滯。其涑水河應浚之處,飭令各該地方官齊集民夫,一體辦理。乾隆四十三年,巡撫巴延三兼管鹽政後,復經奏明,河渠各工歲爲經理,檄行運司、河東道會議,每年各於農隙之時,查照議定章程,一并歲修。

輪修次第

禁墻、馬道、長堤堰歲爲經理,不在輪修之列。

李綽堰、白沙堰、黑龍堰、白家堰、雷鳴堰、五龍堰、硝池堰、卓刀堰,以上八堰,一年輪修。内白沙堰向係民修,乾隆二十八年奏明歸入歲修。其白家堰以與雷鳴堰接壤,一并估修。雍正十三年,原奏緊工六處,今八處。

東禁堰、七郎堰、長樂堰、桑園堰、常平堰、龍王堰、短堰、賀家堰、趙家灣堰,以上九堰,一年輪修。雍正十三年,原奏緩工十六處,今除現修之外,餘堰停估。乾隆三十五年,於各工編列字號案内,聲明咨部。

姚暹渠,一年輪修。乾隆二十八、三十二等年先後奏准,即以輪修之項,歲爲經理。

估 銷 限 期

河東鹽池興修各工,向不題估①,例於次年同鹽課一并題銷②。乾隆二年,鹽政定柱奏准,照河工例,凡有應修工程,由運同會同地方印官查驗,册報鹽政確勘,將估修丈尺、應需銀兩,於十月内造册題估,次年四月内造册題銷。仍令承修之員照例保固,限内塌損者賠修。至今遵行。

督 修 責 成

康熙二十四年,御史李時謙以渠堰關係商民命脉,必需專員佐理,題請復設運判,以重課本。雍正二年,改設運判爲運同,鹽池各工統歸管理。雍正六年,鹽政碩色於請留歲修銀兩案内題明,嗣後歲修大修工程,責令運同管理,但池墻、堤堰工程不一,恐運同不能獨力兼營,請在於附近州縣之内,擇其才干誠實者,遇修築之時,委用五六員協助監修,仍令運同督責其成。乾隆二十六年,鹽政薩哈岱於借帑大修案内奏明,虞鄉縣所轄之常起營、平壕橋等處爲姚暹渠之尾閭,上游之水至此漸緩,泥沙沉滯,最易淤澱。且距運城窵遠,運同一員鞭長莫及。并飭令該縣實力防範,其餘沿渠州縣一并加意防護,倘有疏虞,照例參處。

---

① 題估:清制,當某項工程需動用正雜錢糧一千兩以上,工部又無案例册檔可循者,應先期專摺奏准,再將工程工料銀兩估算造册具題,稱爲題估。

② 題銷:上奏經皇帝批准報銷。

辦工限制

乾隆二十四年，部議行知①，凡有工程，照河工例，不得派委微員②。如遇工程緊急，必須添派佐雜等官。攢辦③者亦必慎選才具可用、家道殷實之員。給銀承辦，仍定以限制，不得過五百兩。

【按】自雍正三年，題改民修爲募修，鹽池各工始有額設歲修之費。雍正十三年，復改歲修爲輪修。乾隆七年，更有搶修之例。至於估銷有定限，督理有專員。節年借帑大修，隨時變通，酌定章程，總爲保護鹽池之計。前人之籌策盡善矣。

近池山澤

——中條山，在運治南十餘里。以其居太行、太華之中，狹而延袤，故曰中條。西起蒲州之雷首，東接太行，南跨芮城、平陸、垣曲諸邑，北屏臨晉、虞鄉、解州、安邑、夏縣、聞喜，絶巘奇巒，綿亘數百里。其間隨在④異名，曰雷首山、歷山、首陽山、薄山、襄山、甘棗山、渠豬山、獨山，而實皆中條山，非各爲一山也。山下設有護寶諸堰，所以障山水之注射⑤也。

——分雲嶺，乃中條山極巔，矗峙鹽池之上。嶺巔出雲，

---

① 行知：公文術語。行文通知。
② 微員：職位卑下的人員。《清史稿·世祖紀》："今所舉多冒濫，所劾多微員。"
③ 攢辦：趕緊辦理。
④ 隨在：猶隨處，隨地。
⑤ 注射：傾瀉，噴射。

東西流布,世傳尸①鹽澤者是也。山頂舊有分雲神祠在焉。安邑

——風谷洞,在分雲嶺西。形如半井,投以木葉即飄颺,風出則飛沙摧樹。安邑

——鹽風洞,在風谷洞旁。洞口若盆。仲夏應候風出,聲隆隆然,俗稱鹽南風。鹽花得此,一夕而成。谷口舊有風神祠,今祀於卧雲岡池神廟中。安邑

——橫嶺,在分雲嶺東,中條山之脊也。嶺南四十五里即平陸縣治。北有山路五十五里,名車輞峪。舊爲行鹽之徑,較青石槽爲捷。今徑圮,險仄不可以車。安邑

——虞坂,在橫嶺東。南北要道,石崖險峻,今名青石槽。明御史張士隆修築,俾可行鹽。一名鹽坂。即晉荀息假道伐虢、伯樂嘆騏驥困鹽車處。安邑

——五龍峪,在解州正南五里。其東岫有石,巖巖②水下,懸如噴雪。上有酒島二字。峪口築設五龍堰防之。解州

——青龍峪在五龍峪西。解州

——石樓峪在青龍峪西。解州

——王官峪在石樓峪西。峪南爲芮城界,峪北爲虞鄉界,即秦伯伐晉取王官處也。上有天柱峰,峰東西各有瀑布,北流爲貽溪。前志言,水東注者,行山中百餘里,出夏縣王峪口。今以山勢考之,恐有未確,姑存其説。虞鄉

——王峪口,在橫嶺東,去王官峪百里許。嶺南水入黃

---

① 尸:主持,執掌。
② 巖巖:高大,高聳。《詩·魯頌·閟宫》:"泰山巖巖,魯邦所詹。"孔穎達疏:"言泰山之高巖巖然,魯之邦境所至也。"

河,嶺北之水從此出口,故名,即姚暹渠來源也。夏縣

——抱珠山,即柏塔山,在王峪口東。峪口所出之水經其下。山有古柏千株,上聳無枝,狀似虺蛇①。中有一柏,琦瑰磊落,獨大於衆,稱曰柏母山。夏縣

——史家峪,在柏塔山東。夏縣

——巫咸谷,在瑤臺西,白沙河所自出也。夏縣

——瑤臺山,在巫咸谷東,商相巫咸與子巫賢,墳在其下。《隋書》名曰巫咸山,孤嵐峭拔,蒼翠摩空。登高俯視,一邑山川在目。邑人以爲游賞勝地。夏縣。以上皆山。

——甘泉,在池神廟東畔。衆水皆鹹,此泉獨淡,故又名淡泉。志載,大鹵之水,不得甘泉之和,不能成鹽,故今鹽池內立有甘泉廟。鹽池內

——西淡泉,在池神廟之西里許,俗呼野狐泉。一名惠民館,一名潓泉亭。明嘉靖二十三年,御史喻時創建,後屢加重修。亭榭幽勝,憑眺最宜。鹽池內

——磨兒盤、窑子溝,俱在中條山內。水之經流處,因地立名,能助黑龍潭水勢,本非巨澤也。安邑

——黑龍潭,在縣東南十里許。深不可測,潴水黑色,故名。舊有龍王祠。安邑

——苦水河,即苦池灘之一帶也。水道詳載灘地條。安邑

——湧金泉,在夏縣西南十里。世傳此水潛入地中,入鹽池則生鹽花,故有湧金之號。夏縣

——橫洛渠,發源夏縣北之方山諸谷,流至西南,會於白

---

① 虺蛇:古稱蝮蛇一類的毒蛇。通常指土虺蛇,色如泥土。

沙河。夏縣

——白沙河,又名巫咸河,俗稱無鹽河。水入池中,則鹽不生,設有白沙堰以防之。源自中條山,出巫咸谷口,經邑南西流三十餘里,北轉匯入姚暹渠。夏縣

——蓮花池,二。一在夏縣城中西北隅,環一頃八十畝。一在城中東北隅,視西池爲小。水之有無,視乎旱潦。水平時,植蓮其中,水溢則近池民居被浸。嘗穿城隅,安鐵窗,以分水勢。故防解池之患,舊有蓮花二堰之分工。夏縣

——靜林澗,在青龍峪東。澗西有靜林寺,故名。解州

——新河,起石樓峪麓。自東迆西,主泄石樓東來諸水,使趨小潮橋,以入黃河。解州

——涑水河,源發絳縣橫嶺山。明宏治時,御史曾大有以姚暹渠首中太狹,涑水攔入,爲鹽池患,遂導使北去,經聞喜縣南、夏縣西、安邑縣北,至猗氏縣境,改引西行,直入五姓湖。

——鴨子池,在五姓湖東,姚暹渠南。孟明橋淤,則湖水泛濫,東注是池,而姚暹渠亦有逆流之患。虞鄉

——五姓湖,在臨晉縣西南四十里,村有五姓,因名。即古張陽池也。爲涑水、姚暹渠經流之所注。臨晉、虞鄉分屬

——黃河,出崑崙山。禹導河積石,至於龍門,經河津、榮河、臨晉至蒲州西門,南流至華陰,東折至芮城南二十里,走平陸,至底柱,過孟津。鹽池正當黃河折流之處,故附載焉。以上皆澤

【按】晉省萬山環繞,八水分流。水爲山束,勢必西注,與黃河匯。而鹽池適當西南隅。下游遠者不具論。其源於絳縣之橫嶺而入五姓湖者,涑水也;其源於夏縣之巫咸谷而入苦水

池者,白沙河也。條山之水,西有五龍峪,東有王峪口,澗壑不一。在在①與鹽池有關,所以堤防宜預,冀有事渠堰者,尋原竟委②以慎苞桑③之繫云爾。

護池灘地

城北灘,在解州城北,受女池之水。地勢西高東下,水溢爲鹽池患,故東築七郎堰以障之。

城東灘,在解州城東,內有數泉,復受以上西來諸灘水,切近禁垣,中築卓刀堰,以防池患。

長樂灘,在鹽池北七里許,周圍二十餘里,北受姚暹渠水,西南直冲諸堰,爲鹽池患。設有長樂堰以防之。

東膏腴灘,在長樂灘西北數里,極西者爲西膏腴灘,又西北十五里爲西辛庄灘,亦時北受姚暹渠水,南入女池或入城北灘,爲鹽池患。

洗馬灘,在西辛庄北二十五里。

南扶灘,在洗馬灘東北。

衛諸灘,在洗馬灘西北。

三婁灘,在衛諸灘西北十里。

羅乂灘,在三婁灘東二十里。

小張塢灘,在羅乂灘北十五里。自洗馬以下諸灘皆半生

---

① 在在:處處,到處。

② 尋原竟委:《禮記·學記》:"三王之祭川也,皆先河而後海,或源也,或委也,此之謂務本。"後因以"尋原竟委"比喻探求事物的始末。

③ 苞桑:桑樹之本。《易·否》:"其亡其亡,係於苞桑。"孔穎達疏:"苞,本也。凡物係於桑之苞本,則牢固。"比喻牢固的根基,根深柢固。

花齼,地不可耕。

沙窩村,在鹽池北長樂灘西,離運治三十里。

卓頭村,在鹽池北長樂灘東,離運治十里許。以上解州

前介村,在運城北門外五里,又名東留灘。

後介村,在鹽池迤東,距運治三十里。

蚩尤村,在鹽池東南,距運治三十里。

下段村,在鹽池東,距運治三十里。

下王村,在鹽池東,距運治三十里。

李庄村,在鹽池東北,距運治二十里。

小李村,在鹽池南,蚩尤村西,距運治四十里。

北路村,在東留灘,運治迤北五里。以上安邑

祁任村,在猗氏縣。

南村,在虞鄉縣。

社東村,在臨晉縣。

傅村,在夏縣南,距運治四十里。自卓頭村以下諸灘地,現在墾佃六千六百零一畝二厘七毫四絲一忽,內附裁革禮生①項下地二百五十三畝七分一毫六絲六忽,歲納租麥共二百七十石三斗五合六勺,統入運儲倉內,收貯給散孤貧口糧。例係經歷管理,向不報部。第此項灘地,歷年久遠,佃户每多私相推典②。乾隆四十九年,運使沈業富因念鄉愚無知,詳明勒限取贖,再犯追價治罪。

【附】籽粒灘地

---

① 禮生:司禮者。舊時常以稱祭祀時在旁提唱起、跪、叩首之儀者。

② 推典:典當田地。承典人交付典價後,在典當期間,即獲得該地的使用權和收益權,并可轉典。

安邑縣經徵張良村、東郭、苦池三灘,共地六千九百七十九畝五分二厘,共銀六百五十兩二分一厘六毫。夏縣經徵苦水、平地一千四百三十畝,每歲額徵籽粒銀一百四十三兩四錢。二縣共地八千四百九畝五分二厘,照上、中、下不等起科,歲共徵銀七百九十三兩四錢二分一厘六毫。原係明時晉藩牧地,籽粒徵交本藩,爲畜牧之資。我朝定鼎,收解司庫,抵給運城兵壯工食。順治四年,裁去防壯,改解户部。

東郭村灘,在安邑東南十餘里,地大十頃,除現收籽粒之外,例禁開種。

張良村灘,在安邑境,鹽池東北,大百十頃。

苦池灘,在安邑縣東一十三里,夏縣東山、巫咸諸水匯此,以達姚渠。

經歷司經徵東郭村、湯里村、任村三灘,共地三千九百三十一畝三分四厘八毫。照上、中、下不等起科,共徵租麥一百八十九石九斗八升三合五勺四抄,每石變價九錢,應變價銀一百七十兩九錢八分五厘一毫八絲六忽。向係護池官地,佃租存庫,支抵鹽院公用。康熙七年,奉文解部,名曰小麥變價。

三場大使分徵介村、從善村即蚩尤村灘地一百八十六畝七分。每畝輸麥二升、穀三升,每年共租麥三石七斗一升四合,租穀五石六斗一合,向貯運阜倉,以備公用。雍正十三年,歸公充餉。

【附】鹽站籽粒地

絳縣之白家澗村與橫嶺關、站嶺,聞喜之東鎮、教場、西關,夏縣之長樂村,安邑之運城北門外與陶村,各有鹽站,地屬䑅務,四縣歲解籽粒銀十兩二錢六分,向爲鹽院書吏之用。雍正六年,歸入正項充餉。

【按】前運使蘇昌臣曰:"池坐解州、安邑。而運志之詳,灘地乃有各州縣分屬之文,則不問附池與不附池。凡派池工而有灘在乎渠之內、渠之外,堰之上、堰之下,切乎池之利害者,統應名爲護池灘地。惟是簿書湮没,無從别其灘址之孰爲民糧,孰爲鹽課。貪黠之奸,競以干没爲倖。就今之計,凡有護池之地以灘名者,遇墾佃之請,惟商則可准,苟非商籍,與池既無休戚,慎勿混允行犂①。蓋既佃之後,麻麥在野,倘值旱潦示浸,雨則苦潰,勢必決堰泄流,而以池爲壑。暵則苦干,又必破渠引灌,而留隙患池。東郭一灘,久爲民鹽交錯之地,向聽佃種。近奉禁止,深有慮夫佃民之自愛其植,盗決堤防,以誤我課源也。"三復斯言,誠爲老成遠見。然鄙意以爲,灘以護池,重鹽池不重籽粒,除現在墾佃之外,莫如一律永禁。民不可准,商亦不可准。庶渠堰藉資蓄泄,而鹽池永保無虞矣。

---

① 行犂:行使犂具,謂耕作。

第五卷　坐　商

《周禮·天官》:"太宰九職,六曰商賈。"注云:"行貨爲商,居貨爲賈。"賈即坐商之説也。商以坐名,無轉輸之勞,有種治之責,則其盡力池中,而所藉以裕課源者。事有專屬,故自創制渠堰而後,池之害以消,池之利可興。而坐商乃得各事其事,是又可次第詳言之。

錠　名

錠者,領引納課之則。課以錠計,商人每月依限納課一錠,錠重五十兩。内正課四十八兩,賑濟一兩五錢,紙價三錢六分一厘七毫五絲三忽,餘銀一錢三分八厘二毫四絲七忽,即今所謂扣錠也。共成五十兩,爲一錠。故不曰課,而曰錠。

自順治六年按錠分畦之後,畦歸商人,各立錠名,一切封領挈支,皆視錠名以爲區别。是錠名者,商人之根窩①。無錠名,不得爲商。無錠名,不得干與②鹽業。河東鹽法,舊係坐商兼辦引課。迨後,引課皆歸運商辦理,而引目猶用坐商錠名。前志謂,坐商即兩淮、長蘆之竈户,蓋自其專事種鹽而言也。

今現册商名四百二十有五,額畦四百六十五號,計錠二千

---

① 根窩:清代鹽商專賣憑證。起源於明萬曆時綱法的窩本。清沿明制,招商人認窩繳納銀兩,發給專賣憑證,謂之"根窩"。

② 干與:干預,過問或參與某事。

七百八十八錠半。内十二錠商人四十名,該①四百八十錠。六錠商人三百七十九名,該二千二百七十四錠。不足十二錠商人一名,該九錠一引。不足六錠商人五名,内五錠者三名,五錠零五十九引者一名,又五錠零一百一十引者一名。共正課大錠二千七百八十八錠,每錠合引一百二十道,共合引三十三萬四千五百六十道。又零引三項共一百七十道,即各名下不能成錠之尾數,故統曰半錠。大錠外,每錠各隨有加增引八道,名曰小錠,仍按二千七百八十八錠之數,共合引二萬二千三百四道。又於不能成錠各名下亦隨有加增引共十二道。以上正課大錠并加增小錠按錠合引三十五萬七千四十六道。皆有各限錠名,按限封課,領引掣鹽。其各錠名下畸零鹽數不能歸錠,餘出引一百一十二道,名曰官置昌,共引三十五萬七千一百五十八道。迄今,每一百二十引爲一名。不以數計,反以名計,以引目揭用坐商錠名,故錠名之關於鹽法最重。今分別六錠、十二錠,并成錠不成錠各商名附列,以備稽考。

六錠商名三百七十九。内單月一百九十三,雙月一百八十六,計二千二百七十四錠。

劉仁義	范時熙	袁　正	喬世榮	邵張南	李馥遠
劉光晙	李宗瑞	范錫奎	張友佺	馬古圖	曹廣裕
郭治勛	萬午慶	楊胡盛	曹守德	趙文科	劉李瑞
宋三錫	楊本青	周張劉	張公勝	范錫琨	解建基
張敦敬	郭姚昌	衛　純	李　锜	張永榮	劉李祥
劉王佐	王謙益	劉　彩	馮胡盛	曲光明	楊文耀

① 該:折合,相當於。

范錫光	孫丕成	李乾勝	王　崇	王世芳	范錫讓
范錫川	董連發	郭汝翠	李鴻業	胡楊福	王體先
王聖宇	杜創業	張　經	范　琨	何胡景	王名斗
尚從周	郭元勛	劉日惕	范　祥	楊多福	劉王興
吳李郭	常　凝	劉功營	李琰如	解成祥	曹復慶
張王湯	范錫福	孫達秀	馬之鑣	郭　皋	孫　立
劉增祿	馬文祿	孟昌裕	曹守澤	范錫賀	劉永翕
喬世盛	王天祿	張　慶	孫克竣	王世正	王謙陸
張　廷	王孫遠	李　張	路　鐸	荀柳春	郭封肆
萬年瑞	范錫琳	張永發	馬守肆	張世有	王　計
張洪裕	孫馬景	關復慶	陳玉美	張　庸	荀　玉
謝景新	王如張	楊餘慶	何德先	陳大畿	吳紹鳳
孫張郭	郭譚德	劉建盛	范　厚	文際泰	范　承
朱陳德	范錫輝	范　輪	張　聖	喬劉逸	郭　暉
李文琦	楊　怡	曹　盛	張　琳	郭王福	范　正
弋徵夏	郭東皋	李惟亨	張道綿	張景瑞	董張盛
范錫維	周永盛	張　滿	侯王錫	李吳宗	張世盛
關合祿	張　宸	荆孫盛	吳楊茂	張振光	孫三成
侯計東	樊自省	張馬新	郭世翔	王曲彩	郭順昌
宋四德	朱光彥	衛師寧	張榮光	薛張發	董胡翔
梁文光	蔡毓英	郭恒基	范錫山	張令聞	張　澍
石裕庵	范錫珣	張大成	張世瑞	王三益	王　輻
范錫善	衛　琇	張　乾	朱光庭	劉　李	宋肇業
范錫舍	張　軌	席　正	李景文	胡永業	范　林
李席得	范錫仁	朱順德	李南有	胡建業	張福榮

牛順成	吳　濟	張　用	孫踵賢	聶王錫	應永豐
郭永基	以上單月				
劉成德	董李盛	李玉隆	馬善慶	王寶善	張程章
劉大裕	周斯盛	陳守成	蕭丁隆	劉敬成	丁光榮
郭張先	景蓁瑞	馬之纞	郭　清	景新昆	楊清茂
陳樂成	劉光暄	王　友	李　祥	秦廷祁	曹廷琇
衛玉馬	萬　福	景德馨	范錫盛	景席瑞	王　偕
范錫成	王世伯	周永福	范錫基	范錫和	李　煜
費帝錫	郭張凝	劉慶成	劉廣生	張鼎盛	范　深
馮張惠	劉　陳	李　桂	范　充	文景泰	張　蔡
李大成	梅周田	張崔玉	喬楊景	張嗣徽	張福玉
衛近宇	衛大有	郭翟斗	范錫阜	蘇康阜	張世慶
張王徵	白六輔	南耀源	楊善繼	周禮明	楊克明
王天泰	樊和盛	路歌薰	岳萬昌	楊爵錫	孫天成
王傑生	劉生吉	王成業	劉文起	段維錫	張澤昌
張漁福	劉　瑄	萬時昌	劉　祥	陳大勳	王劉升
康　盛	丁人瑞	李祥衎	楊李高	朱光先	孫祿泰
劉　麟	楊南盛	趙文登	劉殿掄	陳安成	宋肇基
衛承志	彭延年	閻張慶	呂毓漢	李馬鳳	張永泰
范錫琦	馬來儀	陳　呂	張守義	楊明斗	關起郭
王慶盛	費啓元	馬綿祥	薛天福	景劉申	路迎祥
衛復泰	王　宏	葛文生	路復新	文中琪	郭行慶
范錫瑞	薛桂興	王文弼	萬年泰	張　舒	張楊斗
王昌盛	葛鼎盛	董周弼	仝全金	劉　德	馬萬福
景雙德	張肇漢	劉光昶	路恒裕	劉喬延	王昌瑞

張　泰	呂世仁	康德演	范錫泰	許洪泰	王太亨
朱謙益	高　昌	劉燕生	馬周美	王用舒	范時發
陳葉欽	范錫安	張文芳	許太徵	張雙興	官置昌
范錫關	石淳璞	郭鐘俊	王文煥	荀振裔	張　昌
張　坤	劉　盛	馮克恭	范錫岳	衛存仁	朱五福
郭鎮疆	張仲含	周永禄	張天申	荀　源	宋肇仁
於薛盛	王延祚	范錫潞	范錫榮	劉　鈺	張　源
姚成邑	喬　宥	范錫垣	范錫洪	許仁基	范　恒

以上雙月

十二錠商名四十。計四百八十錠

張　充	范錫臺	周宗賢	張澤遠	荀特正	張　璠
張　翔	張世德	張　鵬	張　翊	劉晉生	景奇瑞
范錫鼎	景三麟	張雲客	王天佑	王天瑞	范錫澤
張存仁	劉集成	李　濟	范　岩	劉　增	范錫長
王天壽	范錫留	張澤深	范天錫	張　浚	范錫治
范錫陽	范錫鳳	范錫黎	劉光晌	許晉魁	王天福
范錫高	范錫陵	范天意	劉光曙		

以上不分雙、單月。

不足六錠商名五。計二十五錠零五十九引又零一百一十引。

許廷憲：雙月五錠。

周綿新：雙月五錠。

范錫龍：雙月五錠五十九引。

荀　　慶：雙月五錠。

李裕豐：單月五錠一百一十引。

不足十二錠商名一：計九錠一引。

范　　恩：雙月六錠。附蔡承琇雙月三錠一引。

以上共商名四百二十有五，合計商錠二千七百八十八錠。又零引三項共一百七十道，統爲半錠。其加增引、官置昌引，俱在外。

【按】課錠之名，由來已舊。今準以法馬①而仍以錠計者，猶之計錢以貫之遺意耳。舊制，十二錠商人每月依限納課一錠；六錠商人分雙、單月各依限納課一錠。蓋坐商名目碎雜，頑良強懦不一。恐納課則頑者居後，領引則強者爭先，故立限分雙、單月以畫均平。自運商辦運之後，課係運商納，惟照該商之額課納；引歸運商領，惟照該商之額引領。從未見有運商照坐商之限分雙、單月而始納始領者。若照舊依限領納，不惟覊遲運發，抑且有誤引課。且河東額引四十一萬七千四百四十三道，內實搭錠名引三十五萬七千一百五十八道。其山西鹽稅并陝西鳳課、長武課，共引六萬二千七百四十九道，不由商運，例不搭用錠名。至解、安加引八千七百道以及現行餘引二十四萬道，雖由商運，均屬無錠可坐。又考坐錠之法，按引鬮配。每有一商全名，分坐三省，更有一錠之引拆爲數處者。若照長蘆、淮浙引目，即搭運商之名，似較簡易，可免紛煩。今河東引目必搭坐商錠名者，誠以制皆沿舊，木可輕議變更也。

---

① 法馬：天平上作爲重量標準的物體。今作"砝碼"。

銷　　價

　　運商行銷坐商之引，出給租息，名曰銷價。在昔，坐商治畦種鹽，納課領引。凡有地方之運商，商鹽商運，商引商銷，無所謂銷價也。其無地方之坐商，全俟外來土販買運引鹽，既得鹽價，復受引價，亦無所謂銷價也。迨後，土販禁革，坐商乏致遠之力，三省引地①陸續皆有商包運。然運鹽必先領引，領引必先坐錠。引以錠分，錠自畦出。有一錠之畦，始領一名之引。是引爲坐商之引，運商借名行銷，故償之以價。況坐商種鹽於池，以供運商配掣；運商酌給銷價，以爲坐商之工本。此在當年招商之時，準以情理，合場通例皆然。即今商由舉報②而承辦引地，未及領引必先坐錠，坐商之後按錠出給銷價。每錠銷價銀二十四兩。一畦六錠，歲計銷價銀一百四十四兩。又每錠另有加增引八道，隨有加增銷價銀一兩六錢，一畦六錠，又歲計加增銷價銀九兩六錢。是坐商於整錠銷價之外，更得加增銷價，皆以爲澆曬工本之資。

　　雍正八年，鹽政碩色於請留加增銷價案內，奏明銷價銀兩爲坐商澆曬工本，無銷價則澆曬無資，有誤課源，請將加增銷價與額引銷價一例仍留坐商。乾隆七年，護鹽政運使張任於奉部行查唐縣額引銷價案內，亦以銷價爲坐商澆曬工本，逐一查明咨覆。是畦錠原爲坐商之世業，銷價即爲應得之利息，難容裁革。乾隆三十四年，因隰州、大寧、永和三處改食土鹽，原

---

① 引地：指定給請引行鹽的鹽商的專賣區。又稱引岸。《清史稿·食貨志四》："引商有專賣域，謂之引地。"

② 舉報：向上報告。

設額引無商領辦，以致錠名空懸，銷價無出，未免向隅。運使沈栻飭商會議，於加增銷價內輪扣以抵其項，計十三年半輪扣一次，然所扣者加增銷價，其整錠銷價無減也。定例，有錠者得食銷價，無錠者不得食銷價，乃有食利之徒空典錠名，更有不肖坐商重復典賣，弊竇叢生。雍正十二年，運使程仁圻特設錠票以防詐僞，由司刊板鈐印，按限分給，以爲坐商管業之照，今遵之。

【附】錠票式

雍正十二年，鹽運使司程××爲特設隨錠印票，杜詐僞而絕訟端事。照得①商人之有畦錠，猶農家之有田土。家道盛衰無常，典賣勢所難免。但河東諸商中有等②無賴之徒，盜典盜賣，指錠誆騙，重復影射③，爭訟無休者，甚屬不少。揆④厥所由，總緣各商立約授受，止憑中說合，并不經官給照，以致不肖之輩通行欺騙，詐僞百出。再四思維，惟有給發印票一法，方能永杜其弊。今本司捐資刻板刷印，開填字號，挂號⑤鈐印，分給原報部錠商。每錠隨用印票一張，令其永遠執照，如遇歸并、典當以及取贖原錠，務將印票同契券一并交收。倘無印票，徒立私券，日後爭訟事發，除不準外，仍以重復作弊、通同騙詐、從重治罪等因，呈詳⑥兼管河東鹽政察院陝西布政使司楊××蒙批如詳，照式給印。有錠各商，仍將給發過日期并花

---

① 照得：查察而得。舊時下行公文和布告中常用。
② 有等：有的，有些。
③ 影射：蒙混，假冒。
④ 揆：度量，揣度。
⑤ 挂號：編號登記。
⑥ 呈詳：猶言書面呈報。詳，舊時對上陳報、請示的公文。

名數目造報,繳票式存查,蒙此合行刷印給發,永遠遵照毋違。須至票者。

　　右給××場××鋪　限商人×××執照。

【按】錠票之設,立法甚善,果使有畦者必有票,則按錠得受銷價,可爲澆曬工本之助。而孰知法久弊生,坐商藉爲典鬻之資,輾轉授受,遂至畦票兩主。食銷價者不知畦地屬於何人,曬畦地者不問銷價歸於誰手。相習成風,已有積重難返之勢,而究非立法之本意也。

畦　　地

　　商之有畦,猶農之有田。畦地者,即池之地治爲畦形,所以爲種鹽之基也。唐柳宗元言:"溝塍畦畹,交錯輪囷。"宋崇寧間,凡開二千四百餘畦,百官入賀。是池之有畦,自唐宋而已然。明之治畦,以官丁撈鹽入官。國朝順治六年,畦歸於商。按錠分畦,每畦一號,注一商名。原額畦地四百八十五號。中場一百四十二號,東場二百四號,西場一百三十九號。中場向有脚道①一百五十丈。東、西池涯各有無礙餘地,以爲築設料臺之所。商人續加開治,增畦七十二號,共成五百五十七號。各立錠名,皆爲額畦。嗣因懷慶改食蘆鹽,除原額九十三號無地行銷、無商而荒外,其現有畦地四百六十四號之中,亦續荒一百一十號。三場僅存畦地三百五十四號。後又查出王成業額畦一號。有錠無畦,不思錠從畦出,畦以錠分,三場額畦四百六十五號,原與額錠二千七百八十八錠半之數相配。

---

　　① 脚道:《彙纂》:"脚道者,舊制攢料之地也,中場獨有,東、西即用無礙地。"

彼畦既荒，錠名空存，有錠無畦，鹽於何出？是以雍正六年，鹽政碩色有開荒之請。部議無商荒畦，先動庫銀五千兩，發交運使酌量開墾。成熟之後，商人有補完工本者，即給爲業，其澆曬之商各出銷價以還庫項。至有商荒畦，令本商各開各畦。如力有不能，即頂與殷實之商開種。維時共成額畦四百六十五號，即今現存額畦之數，外爲餘畦。除查有額畦地邇淡水、不堪澆曬、并有錠無畦者，即將餘畦補給外，下存餘畦八十四號。迨乾隆九年後，商人又於三場隙地續加開荒，亦除將額畦改移於新開餘畦外，更增餘畦三十六號，并前實有餘畦一百二十號。三場共額餘畦五百八十五號。今俱報部有名，謹將額餘畦數，分場臚載於後。

中場十鋪，共畦一百五十五號。內額畦一百三十四號，較前志少七號。餘畦二十一號，較前志多五號。
　　頭鋪額畦十六號
　　二鋪額畦十五號，餘畦一號
　　三鋪額畦十七號
　　四鋪額畦十一號，餘畦二號
　　五鋪額畦十九號
　　六鋪額畦十一號，餘畦一號
　　七鋪額畦十二號，餘畦二號
　　八鋪額畦十九號，餘畦一號
　　九鋪額畦十三號，餘畦一號
　　十鋪額畦一號，餘畦十三號

东场十一铺,共畦二百六十六号。内额畦二百四十五号,较前志多二十五号。馀畦二十一号,较前志多十三号。

头铺额畦三十号,馀畦一号

二铺额畦二十二号

三铺额畦二十六号

四铺额畦二十七号

五铺额畦二十三号

六铺额畦十五号

七铺额畦十六号

八铺额畦十七号

九铺额畦十二号

十铺额畦十六号

阡铺额畦四十一号,馀畦二十号

西场十一铺,共畦一百六十四号。内额畦八十六号,较前志少一十八号。馀畦七十八号,较前志多一十八号。

头铺额畦六号,馀畦六号

二铺额畦一号,馀畦十四号

三铺额畦五号,馀畦八号

四铺额畦四号,馀畦十号

五铺额畦六号,馀畦九号

六铺额畦十二号,馀畦二号

七铺额畦九号,馀畦六号

八铺额畦十号,馀畦四号

九铺额畦十一号,馀畦二号

十鋪額畦十號,餘畦三號

阡鋪額畦十二號,餘畦十四號

【按】畦分額餘,有錠爲額,無錠爲餘。額有錠主,爲坐商之世業;餘隨引地,乃運商所續開。畦分雙單,一畦爲單,兩畦爲雙。單者一畦自爲一港道①,雙者兩畦共爲一港道。故不曰兩號而曰雙號,以港道之難分也。又畦有單月、雙月之名,以課錠按月封納。單月者,單月納課之畦;雙月者,雙月納課之畦。至若不論雙、單月皆納課者,則十二錠雙畦矣。又畦有額餘加荒之名,以本屬額畦,旁有隙地,開荒作餘,加單號爲雙號,是爲額餘加荒矣。又畦有定界,舊志稱長無度、任商力爲之者是矣。又稱中場每號闊十丈,西場每號闊十五丈。東場自東無礙鋪至東五鋪,每號皆闊六丈五尺,其餘每號闊九丈,此則已成陳跡。節年畦數屢增,額餘互改,考以現在廣狹之度,已非昔日之舊,大率各以港道爲界矣。又畦有定制,畦在南,庵在北。惟東阡鋪中截以下,則又東西其制。若南岸有畦數號,庵在南而畦反在北。蓋東場地氣較厚,利在共趨,商人爭先開種,故不留餘隙,遂不能盡依舊制也。

【附】改移額畦,注銷餘畦

雍正七年,開荒餘畦。查有額畦地邇淡水,不堪澆曬,將餘畦補給八號。乾隆九年,商人范天錫墾成束阡鋪餘畦一號,將中二鋪范林商錠改移於束阡鋪,仍作額畦。所遺中二鋪畦地,棄爲鄰號盛水。自此援爲成例,節年額餘互改。至乾隆四十二年,共改移畦地三十號,内注銷餘畦八號。

【附】移開畦底

---

① 港道:水道。《彙纂》:"港也者,汲引池水,上入畦中之水道也。"

康熙十八年,霪雨連四旬,池被水浸。數年後,水雖漸涸,畦盡泥淤。商人不得已,於池之北濱治地爲畦。大費工本,始獲澆曬。故畦底多移於上,後此之畦大非昔日之畦。乾隆二十二年,復遭水患。次年,鹽政西寧查勘三場淹没畦地,積水尚三五尺。一面飭商將未淹畦地修治澆曬,并擇於空隙餘地開荒新底,共成畦底七百六十七個。旋因舊畦涸出,各商從舊種治。所開新底,或留爲盛水之畦,或仍存爲隙地。

澆　曬

　　河東鹽池,古惟集工撈采,收自然之利,無所謂澆曬也。至唐,始有治畦澆曬之法,游民業鹽者爲亭户①,免雜徭②。宋時,墾地爲畦,引池水沃之,謂之種鹽,水耗則鹽成。籍③户民爲畦夫,官廩④給之,復其家。歲二月一日墾畦,四月始種,八月乃罷。元時,每歲五月,伺池鹽生結,令夫搬攏鹽花。其法必值亢陽⑤,池鹽方就。明,以鹽丁撈采。是前代之治鹽,或種於畦,或攏於池,皆出因時制宜之碩畫。國朝專取畦種,不事池攏。每歲二月一日,畦工入池,蓋庵,治畦,淘溝。俟薰風一

---

① 亭户:古代鹽户之一種。唐乾元元年(758)第五琦定鹽法,將制鹽民户編爲特殊户籍,免其雜役,專制官鹽。因煮鹽地方稱亭場,故稱。
② 雜徭:封建社會徭役之一。其剥削範圍及剥削程度隨統治者需要而定,無嚴格規定。《唐六典·户部·郎中員外郎》:"凡賦役之制有四:一曰租,二曰調,三曰役,四曰雜徭。"
③ 籍:登記。
④ 官廩:猶官俸。國家發給的俸禄。
⑤ 亢陽:盛極之陽氣。《易·乾》"上九,亢龍有悔"。唐孔穎達疏:"上九,亢陽之至,大而極盛。"

至,引水澆曬。澆者,灌之以水;曬,則曝之以日也。先用桔槔①挹水,注於畦之首段。時以鐵扒攪之,日曝味作,挹注次段,首段另注新水。次段水鹹色赤,挹移三段。俟其澄清,開門塍隅,以灌四段。段段開灌,悉依前法。要俾清流盈科②而進,極乎產鹽之畦而止。水深不過一二寸。經時,水面鹽花浮上,若凝脂皎雪。乃用木扒徧撝,謂之撝花。花落水底,一俟風力震蕩,逼以烈日,映水視之,如編貝③然,則鹽成矣。若得小雨,則顆愈鮮明,俗謂雨水鹽。然而,夏月生鹽獨美,春秋生鹽多硝。歲旱粒細而芒④,雨多、日色不烈則青頭色。正南風、正東風,鹽成一夕。東北、西南風,鹽花不浮。滿畦如沸稀粥,謂之粥發。味苦色惡,不堪食用。須刮棄畦外,以待風轉時上水收種,俗所謂朝種暮收者,則天時宜知;若溝港深通,雖遇旱干不竭,料臺高阜,可備燥濕不時,則地利宜知;至於乘天時,因地利,量晴課雨⑤,疏港通溝,種治合宜,則又不能不資於人事。一澆曬而天時地利人事備焉。澆曬之關於鹽務,最為吃緊。

【按】解池外無可引之派,中無不竭之源,以故旱則病枯;而底深岸高,客水易趨,以故雨又病潦;無薰風則波不揚,無炎

---

① 桔槔:汲水的工具。在水旁設一槓杆,一端繫汲器,一端懸、綁石塊等重物,用不大的力量即可將灌滿水的汲器提起。《莊子·天運》:"且子獨不見夫桔槔者乎,引之則俯,捨之則仰。"

② 盈科:水充滿坑坎。《孟子·離婁下》:"原泉混混,不舍晝夜,盈科而後進,放乎四海。"趙岐注:"盈,滿;科,坎。"

③ 編貝:編排起來的貝殼。常用以比喻潔白整齊的牙齒。

④ 細而芒:細小而有光澤。芒,光芒。

⑤ 量晴課雨:估量預計晴天和雨時。量,估計。課,計算。

日則曝不烈,地寶天成,此通池之大較①也。惟是池廣東西五十餘里,三場情形亦互異焉。東場地氣本厚,上多黑泥,下生鹽根,糾纏附土,磊塊②相連,所謂產鹽之母者是也。西場地氣獨薄,但有黑泥而無鹽根。中場介在東西之間。近東者似東,近西者似西。向賴黑河東西深通,而地勢東高西下,河水西趨。西場猶借東場之餘潤,以爲澆曬之源。所以,乾隆四十二年,鹽政瑞齡、巡撫巴延三會奏黑河情形,亦稱河底深通,水性就下,利歸西場,此當年澆曬之情形也。然自乾隆二十二年客水泛池之後,黑河盡淤。而水自西來,西場受害尤深,以故灘多浮沙,地勢平衍,蓄泄最難。所幸東場商人劉阜和創爲打井之法,始於乾隆四十二年,合場爭慕效之。《紀恩錄》特編其事。蓋鹽池菁華內蘊,掘之則盡泄於外。一得地泉③,泉水即鹽水,味鹹色赤,無待操練,即可澆曬成鹽,故事半而功不啻數倍。韓獻子所謂國之寶者,誠不誣也。法以二月興工之日,始各就畦灘,擇可打井之處,集夫開掘,深各二三丈、四五丈不等,要以得泉爲度。更或制爲鐵鎗,大可二三寸,長則丈餘,以防泉水偶有壅塞。藉資穿掘,以疏其源。多方求取,極盡人事之能。中場偶一有之。若西場土性浮鬆,屢經試開,毫無成效,地勢然也。

【附】工作

作頭者,工作之頭,爲一畦之領袖④,掌澆曬者也。伴作,

---

① 大較:大略,大致。
② 磊塊:石塊,泛指塊狀物。
③ 一得地泉:全在得到地下的泉水,即打井抽出的鹽水。
④ 領袖:衣領與衣袖,比喻同類人中的帶頭者。

则副於作頭,而督領長工澆曬者。長工,乃近封之貧民。計年做工,故曰長工。合畦夫、鹽丁之勞苦而兼承之者也。既廩稱事,省試宜勤。①

【附】庵厦

庵者,工人食息之地。日出而作,則處於畦;日入而息,則止於庵。故庵爲澆曬所必需。坐商每於興工之始,未治畦,先治庵,各以畦之脚道爲界。

【附】鹽丁巔末

解池舊有鹽丁。明初於蒲、解等州縣編審鹽户八千五百八十五户,定鹽丁二萬二百二十名。每二十名立料頭一人,撈鹽千引爲一料。其鹽户除正役里甲②應辦糧草外,一應雜泛差徭,丁少者俱蠲③,丁多者量減。於商人名下每引徵賑濟銀一分,每鹽丁撈鹽一引即賑濟一分。又查有佃種逃絕鹽丁地土者,按地派出鹽丁,以供撈采。嘉靖間,因富丁私自僱役,料頭攬收影射,議每年清審,聽民自願。無力者照舊供役,有力者納銀一兩五錢,免其撈采。如遇撈采不及,雇募貧民,每一料給以前銀二十兩爲工費,此工本鹽所由昉也。隆慶間,因前項

---

① 既廩稱事,省試宜勤:意謂報酬與事功相稱,并應經常反思檢查。既廩,古代官府發給的給養。既,通"餼",贈給糧食。《禮記·中庸》:"日省月試,既廩稱事,所以勸百工也。"鄭玄注:"既,讀爲餼。餼廩,稍食也。"孔穎達疏:"既廩謂飲食糧廩也。"《孔子家語·哀公問政》:"既廩稱事,所以來百工也。"

② 正役里甲:明代賦役制度之一。即里甲法。《德化縣志·役法》:"國朝役制:一里十甲,挨次輪差。有正役,謂之里甲,有泛役,謂之均徭。正役,凡十家爲甲,別推有産力者爲之長。一里之地,爲十甲者共一百一十家,循環應役。催辦錢糧,勾攝公事,及出辦上供物。"

③ 蠲:免除,減免。

佃地人户既應差役,又復撈鹽,乃豁免佃丁,另招貧民補數。又題准南岸撈鹽,用鹽丁則民力不堪,動賑濟恐財力不繼,請廣招貧民於兩岸,每撈鹽一料,外給鹽十車,此招募簡便之法也。萬曆四年,御史陳用賓以富丁出銀免役,貧民包攬代辦,富者愈逸,貧者愈勞,況名爲富丁,不無豪强假鹽户名色,影蔽①差役。今宜將逃竄貧丁,招來復業。其富丁七百七十餘名停止納銀,盡驅撈辦。管鹽官明信賞罰②,毋庸虛應催代。此時料頭七百四十號,丁夫一萬四千七百,不爲不多。既免差役,又每料撈鹽千引,賑濟銀八兩,後加至十兩,不爲不厚。然路途跋涉,旅次艱食,沸湯濺足,烈日熏肌,勞苦萬狀。故富者雇代,貧者强支。查點不及十之四五,撈采不及十之二三。捏造鬼名,誑報虛數,皆由料頭之包攬爲奸,管鹽官之扶同③作弊也。明末,止存鹽丁四百七丁半。每歲正月,行文州縣,從公清審,汰年老,收幼丁,務足舊額。一遇池鹽生結,調取職官,督率料丁,星夜赴池,照依分定中、東、西、脚道,竭力撈采。每丁每日責照定例撈鹽一引。二十丁爲一號。一號所撈,各自爲堆,以辨多寡美惡。撈采完日,各在脚道高阜處,每一千引攢料一臺,僉報④臺頭一名,日後鹽不足數,責在臺頭補撈。每丁每年額撈鹽三十二引,足額者官給賑濟銀三錢二分,不足責令下次補撈。今歲不足,責令次歲補撈。又每年九月終旬,調取官丁,在池南岸采取蘆葦,每丁一十八束,每束二十八斤,堆

---

① 影蔽:掩蔽,隱匿。
② 明信賞罰:公正誠信地予以獎賞處罰。
③ 扶同:伙同。
④ 僉報:簽字上報。

放脚道。三場斗級看守,備來歲苫蓋鹽料之用。

國朝順治二三年間,十三州縣止存六千三百四丁,撈採仍依舊制。後僅存五千八百四十四丁半。順治六年,畦歸商人自行澆曬,不用鹽丁撈採。康熙十六年,爲清查晉省之鹽丁等事案内,十三州縣除紳衿①優免七百七丁外,查出實在鹽丁共三萬一千一百三丁半。酌留二千名備修墻之用。行差鹽丁二萬九千一百三丁半,照依民丁門則,徵納徭銀。後於康熙十九年,因雨壞池垣甚夥,御史曾寅奏請再留鹽丁二千名,專事禁垣。雍正五年,鹽政塞欽題免鹽丁修墻之役。雍正六年,鹽政碩色於請留歲修銀兩案内,請將丁夫編入民籍,而鹽丁永革矣。

歸　　并

歸并者,謂并六錠之畦歸於一人。蓋一畦六錠,原本一名。而分限管業頂此名者,每至三四人、五六人不等,零星混雜,稽查難清。惟六錠合一,畦即隨之,謂之歸并,而坐商之籍乃清。歸并後,例得報部更名,乃今司册内往往的名②已更,而商名仍存其舊,歷久相因。如舊商范天錫名下畦地已於乾隆二十八、九等年盡數歸并,新商管業雖皆更注的名,而范天錫舊名仍在。蓋緣歸并畦地,歲所時有,逐案咨部,事涉煩瑣,故多於司册内聲注的名備案,以歸簡易。

【按】河東坐商數百家,惟恃錠名以別系籍。在昔,鹽場

---

① 紳衿:泛指地方上體面的人。紳,紳士,有官職而退居在鄉者。衿,青衿,生員所服,指生員。

② 的名:標的名,原名。

射利①之徒巧借錠名,軟包②地方。今或畦不澆曬,空買錠名,以爲考試商學之地。是錠名之有無,關係匪輕。故今遇有商人歸幷之請,先飭場員以察其由來,復飭地方官以究其根底,嚴查結報,誠慮市棍潛踪,壞我鹽法也。

租 稞

河東鹽法,坐商得受運商銷價,按限澆曬畦地,以供運商之鹽。其坐商中偶有一二散錠之商,如實係無力澆曬,准令呈明緣由,或租於運商,或租於同畦伙商。蓋運商承辦引地,例得廣行澆曬,以資配運。夥商有通力合作之義,又畦屬公業,不至以罔利壞畦,故租稞無嫌。嗣因市棍串通影射,不惜重價,賃畦收曬。鹽斤既除工費,復除賃本,以致場價日昂,運商辦運拮据。乾隆四年,署運同、解州知州彭洙大加條議,詳蒙鹽政批允,嗣後賃畦澆曬之人,幷將畦賃人之坐商及牙保③,俱照阻壞鹽法律科罪。乾隆十七年,鹽政薩哈岱飭司查照前案,復嚴私租私稞之禁。一經發覺,鹽入官,人坐罪。厥後,屢奉飭禁,皆以防市棍之漁利,而惡其抬價病商也。

【按】租稞之在今日,屯鹽射利之弊小,包攬誤公之害大。蓋自場價平減,瘠薄之畦,澆曬無利。每有坐商甘將本畦出資幫貼④於人,以爲脫身之計,而趨利無恥之徒恃其狡詐,夤緣⑤

---

① 射利:謀取財利。
② 軟包:指將畦地轉包給非商籍的民人。
③ 牙保:立契的中介人和保人。
④ 幫貼:補貼。
⑤ 夤緣:攀援,攀附。比喻拉攏關係,投機鑽營。

包攬,名爲租稞,實係幫貼。一經到手,百計抗延。只知營私,罔恤廢公。兆奎洞悉其弊,力禁此風。故遇有租稞之請,概不准其更名。稍有貽誤,總惟本商是問,而此輩遂無所售其奸矣。

鹽　　料

明時,堆鹽千引爲一料,料各有臺。位取畦北高阜爲之,堆鹽其上,防浸濕也。舊制,臺高二尺五寸,長八丈八尺,廣二丈四尺。今從商便,臺無度,各視其畦産之多寡以爲基。堆鹽成料,上覆以茅,外封以泥,延環起伏,望若蘧廬①。宋元設立鹽庵,基長八十有一尺,廣四之一,高三尺,上乃爲庵。庵長基十之九,廣減四之一。八庵聯覆,必曝鹽極干而貯之。明時,鹽頗漫生,易置料臺。今垣中仍有庵之名,所以處治畦之工人,而非昔日之藏鹽者矣。

【按】每歲五月,鹽花生結,由場大使五日報司,十日報院,遇雨則停報。第此時,鹽在畦邊零星散貯,猶未成料也。迨八月停場,各商盤鹽歸料,積如高阜。而欲知其多寡盈虚之數,則準之以尺,折方核計。每名二萬八千八百斤,如高五尺,長一丈,闊一丈爲一名。若高一丈,長一丈,闊一丈則兩名。然而露積在池,易滋消耗,故又定有出陳易新之例。每歲奏銷時,隨本聲明。前人之慮事,至周矣。

---

① 蘧廬:古代驛站中供人休息的房子。《莊子·天運》:"仁義,先王之蘧廬也,止可以一宿,而不可久處。"郭象注:"蘧廬,猶傳舍。"

坐　配

河東商分運、坐。坐商種鹽於池，運商即買坐商之鹽，以供配掣。往時，場價高昂，難免坐商居奇之病。偶值池鹽豐積，近者易賣。遠地之鹽，欲求賤售而無主，以致長年積壓，坐商復不免偏枯①之虞。所以，乾隆四十二年，運使程國表遵旨籌辦鹽務，比照兩淮，詳蒙鹽政璶齡奏准引畦不越之例，各按運商所行之引，分配坐商所曬之畦。鬮坐既定，凡坐商澆曬畦地，一切責成運商稽查結報。如有私租私稞、屯鹽射利等弊，許坐畦之運商即時稟究。所産鹽斤，亦先儘坐畦運商照例配掣。其産鹽有豐歉，運鹽有多寡，以及引地有額餘，或有配坐不符之數，亦准隨時具報，通融辦理。

【按】引畦不越，所以防坐商之居奇，且以免壓待之患，法至善也。今每歲春季，仍由運司飭商鬮坐畦地，分晰注册，行場遵照。然而歷久漸失其真，不惟運商配鹽不問所坐之畦在於何處，即坐商賣鹽亦莫知原坐之引在於何家。蓋鹽色有好醜，時價有低昂，倘拘泥成例，轉滋訟端。故節年通融辦理，運坐相安。惟於報掣之時，具稟聲明，以副②奏案③耳。

---

① 偏枯：偏於一方面，照顧不均，失去平衡。
② 副：相稱，符合。
③ 奏案：清制，凡經奏准之案件叫奏案。《清會典·刑部》："以事之輕重，分為三等，奏案為大簽，竊盜為小簽，其餘為中簽。"

第六卷　運　商

《洪範·八政》以食爲先。食不可一日缺鹽,與五穀同。河東鹽行三省,認地住賣。惟斯鹽也,能賣斯地。亦惟斯地也,能食斯鹽。然鹽不能無脛而自行。坐商專事種鹽,力不足以致遠,則所恃以轉輸無誤者,全在運商。以故運商之與民相需甚殷,而其事可詳考焉。

招　商

歷代之鹽,多官鬻①(yù)者。至宋,遵范祥之議②,罷官自鬻,一切通商。然有入錢③於榷貨務④者,則以課走京師;有納

---

① 官鬻:官方專賣。鬻,賣。
② 范祥之議:宋仁宗慶曆八年(1048)范祥爲制置解鹽使,乃行鹽鈔法。即按鹽場產量定其發鈔數量,統一斤重,書印鈔面。令商人在邊郡繳納現錢買鹽鈔,到解池按鈔取鹽販賣。并在京師置都鹽院儲鹽,平準鹽價,鹽貴賣鹽,鹽賤買鹽,還允許商人憑鈔提取現金。這樣就保證了鈔值的穩定,保證了消費者和商人的正當利益。官鹽得以暢銷,鹽利得以增收。
③ 入錢:繳納錢財。
④ 榷貨務:宋代設立的管理貿易和稅收的機構。明陸深《燕閒錄》:"沈存中《筆談》載,兵部員外郎范祥爲鈔法,令商人就邊郡入移開四貫八百售一鈔,至解池請鹽二百斤,任其私賣,得錢以實塞下,省數十郡搬運之勞。此即今日開中給引之始。"

芻粟爲開中①者,則以課走塞下②。而令運司招商,即司入課,自明之宏治中始。維時鹽利倍增,事生息者,頗以解澤爲歸。雖其間認退無常,固難免於名姓之乘除③。而歷考載籍,大約不離乎五百家者,近是④。崇禎間,以鹽花不生,商賈散亡,歲課壓欠無抵。御史姜思睿奏行按丁食鹽計引定課之法,令各屬照人丁之多寡納價領運,以不能封課之商鹽分給戶口,追戶口之鹽價用抵商逋⑤。而孰知法久弊生,里棍包攬,蠹胥⑥勒索,戶口不苦納價而苦領運,遂有不勝其累者。

我朝定鼎,順治四年,御史朱鼎延始以招商分引爲請,招得商人張永盛等二十六名。六年,御史劉達又招商人馬興等二十三名。至十年,奉有鹽課不許派及戶口之旨。御史劉秉政、運使陳喆極力招商,又招得商人董教等一百一十餘名。自此,商數充足,引課皆有商承認,而戶口之派累悉除。惟是河東商小力微,或一家而有數十錠,或一家而止有數錠,甚且有一商名而數人朋充者。在有地方之運商,商運商銷猶可稍覓

---

① 開中:明代政府鼓勵商人輸送米糧等至邊塞而給予食鹽運銷權的制度。洪武三年(1370),初行於山西大同,後普及全國,弘治五年(1492)廢。《明史·食貨志四》:"有明鹽法,莫善於開中。洪武三年,山西行省言:'大同糧儲,自陵縣運至太和嶺,路遠費煩。請令商人於大同倉入米一石,太原倉入米一石三斗,給淮鹽一小引。商人驚畢,即以原給引目赴所在官司繳之。如此則轉運費省而邊儲充。'帝從之。召商輸糧而與之鹽,謂之開中。"
② 塞下:邊塞附近。亦泛指北方邊境地區。
③ 乘除:算術裏的乘法和除法。此指計算。
④ 近是:對某種情況、某種事物作接近肯定的判斷。漢王充《論衡·自紀》:"歷日彌久,以為昔古之事,所言近是。"
⑤ 商逋:商人拖欠的課稅。逋,逃亡。
⑥ 蠹胥:害民的胥吏。胥,古代官府中的小吏。

蠅頭①；而無地方之坐商，封課領引，勢不得不資小販以供運賣。於是賒騙誆逃，百弊叢生。至康熙十八年，池遭水患，瘡孔②盡露，商乃大困。二十七年，運使蘇昌臣來主鹺計，極力調劑，嚴以汰販，寬以裕商，三省引地陸續招商包運。雍正五、六年間，土販盡革。厥後，商之興敗無常。大約無力者告退，有力者自行投認，俱由鹽政察核准充，從無舉報富戶之說。自乾隆二十、二十二等年，連遭水浸，商人紛紛告退，投認無人。二十五年，鹽政薩哈岱奏明，在晉省太原、汾州、平陽等府屬，舉報富戶充當。人始視為畏途，百計求免。乾隆四十一年，巡撫巴延三會同鹽政瑞齡奏請，招充鹽商仿照晉省銅商之例，責成退商舉報，五年更換。俾知息肩③有日，自必踴躍急公。在作法之初，立意未嘗不善，然而歲歲招商，年年更換，通省富戶不得安寧。乾隆四十七年，巡撫兼鹽政農起奏請停止此例，更定長商，以為一勞永逸之計。先於現商中擇其殷實者，酌留三十六家，并令留商公同④舉報新商二十四家，頂辦退商引地。如所舉不實，即將引地派令舉報之商公同認辦。至家道消長，本自靡常，或別有事故，虛耗財產，則非舉報不實可比。部議復准，遵奉至今。

【按】河東舊有供商名目。乾隆三十三年，巡撫彰寶奏明，嗣後商遇消乏，准令各商自擇殷實親友供辦，不必官為經

---

① 蠅頭：蠅頭小利的省稱，喻微小的利益。
② 瘡孔：傷口，比喻機體或制度存在的問題。
③ 息肩：使肩膀休息，形容卸下負擔。
④ 公同：共同。

理,衆商稱便。乾隆四十一年,更定五年换商,以瓜代①有期,無須更倩②(qìng)滋擾,遂有飭禁之文。至乾隆四十七年,復立長商。《紀恩録》謂,供商似可仍舊。蓋運商承辦引地,雖均引順路之後,而口岸究有多寡不一。或勢難兼顧,則倩人經理,事所必有。況該正商偶有資本不敷之處,則暫資供商之力辦鹽辦課,未必無補於運務。惟是供商名不登封納之册,認退無常,所托匪人③,弊將百出。所貴慎之於始。而在官總惟正商是問④,斯得之矣。

增 價

現賣價值詳注三省各州縣"運程"條下。

在昔,商人運鹽三省,以供民食。成本之輕重,視池産之豐歉。賣鹽價值長落隨時,無一定也。乾隆八年,鹽政吉慶以鹽價未經報部,向聽商民與州縣官自爲權衡,議減議增,稍有未協,非虧商累課,即抬價病民。請將現在三省商民允協之價,通行造册,送部存案。遇有收成豐歉相懸、必須變通者,奏明請旨定奪。其止一二州縣酌量增減者,鹽政核實准行,歲底報部注册。部議應照兩淮運楚鹽價之例,行令會同三省巡撫秉公確查,核定貴賤兩價,具題到日再議。乾隆十年,鹽政衆

---

① 瓜代:《左傳·莊公八年》:"齊侯使連稱、管至父戍葵丘。瓜時而往,曰:'及瓜而代。'"謂到明年瓜熟時派人接替。後稱官吏任職期滿由他人接替爲"瓜代"。
② 倩:請,懇求。
③ 匪人:行爲不端正的人。
④ 惟正商是問:"惟問是正商"的語法倒置,意謂只追問這些有正式手續的商人。

神保會同三省巡撫查明,現賣價值原係酌中核定,商民相安。若定貴賤兩價,勢必於現行賤價之外另定貴價,一旦議增,轉爲民累。請即以現在商民相安者作爲定價,毋庸另議,部覆准行。由是鹽有定價,蓋就彼時現行賤價定爲長額。嗣因池鹽屢歉,場價倍增,費用運脚無不昂貴。乾隆二十一年,鹽政西寧奏請增價二厘,部議准增一厘。乾隆二十六年,鹽政薩哈岱奏請又增一厘,連前共增二厘,仍各定限三年,屆期察看情形,另行具奏。迨後,節次奏蒙展限①。乾隆四十七年,復屆限滿之期,雖池鹽屢獲豐收,場價亦稍平減,而車騾、脚價、辛工②、火食一切無不較前倍增,以致商力難支。巡撫兼鹽政農起奉命調劑鹽務,首以增價爲請,除前增二厘之外,更請增價二厘,并爲長額以紓商困。經部議,前次增價二厘,閱今二十餘年,商民相安已久,准作長額。至新增二厘,照例試行三年。如商力充裕,仍請酌減。是續增二厘之價,猶未敢期於永久也。乾隆五十年,限滿屆期。運使蔣兆奎以商力未裕,議定長價。詳蒙巡撫兼鹽政伊桑阿據情入告,奉旨允准。核之乾隆十年定價之初,先後增價四厘。

【按】晉人素稱善於經理,何獨鹽務而遂視爲畏途?蓋商人携本經營,必須稍覓蠅頭而始踴躍趨事。河東商力竭蹶,致病之由不一。如《紀恩錄》所云,節浮費,革陋規,無非培養元氣之道。而最大者在於運費不足,成本日耗。乾隆二十一年之後,節經加價展限,繼復定以長價,商人之受恩良多。然而數載以來,脚費繁重,錢價平減,在在不無虧折,是又商情之所

---

① 節次奏蒙展限:逐次上奏,得以放寬期限。
② 辛工:傭工所得的工錢。

疾呼待命者也。

加　　耗

　　河東鹽法，量鹽以尺，掣鹽以秤。秤以十六兩爲準，歷係院司核定秤式，飭場遵照。舊制，每引支鹽二百斤。雍正三年，鹽政馬喀以河東鹽運三省，車載驢馱，盤山過渡，折耗爲多，特請加重二百四十斤爲一引，是二百斤爲正鹽，而四十斤即耗鹽也。乾隆四十二年，運使程國表詳蒙鹽政瑞齡奏請，仿照兩淮鹵耗之例，於五、六、七、八等月，每引加鹵耗鹽五斤，奉旨准行。乾隆四十九年，巡撫兼鹽政農起以河東鹽多陸運，必待九月以後，天晴路干、農隙脚賤之時，方可源源掣運。若定加耗於五、六、七、八等月，商人有加耗之名，而未受加耗之益。請將河東原定鹵耗，改加於九、十、十一、十二等月，俾沾實惠，部議允行。今每歲九月一日，由運司於三禁門各發小秤錘一枚，按期懸挂。加耗限滿，繳司貯庫。至於載鹽出場，例用口袋，一引分爲兩袋。往時每袋除皮二斤半，以一百二十斤爲鹽式，其二斤半乃袋皮耳。乾隆四十六年，署運使繆其吉詳蒙鹽政批允，以口袋新舊不一，新者不過二三斤，舊者經用數次，鹽鹵浸濕，加以補綴，有重至六七斤者。酌中核定，每袋除皮五斤。今禁門秤式，每袋净鹽一百二十斤，外加袋皮五斤。遇加耗，則每袋連皮一百二十七斤半。

　　【按】康熙十七年，因每引加課七分，比照淮浙，有按引加耗二十五斤之議。商人情願加課而不加鹽。是當年之情形，多鹽而壅，反不如少鹽爲易銷。以視此日之鹽引暢銷，而鹽式惟恐不多者，大相徑庭矣。

均　　引

河東引地,分隸三省,遠近不一,美惡各殊。點商規避①,棄瘠留肥。種種弊端,不可枚舉。向來各商承辦引目,有自數十名至二百數十名不等者。其中道路之間隔、口岸之零星,一商名下間有認行三省而口岸多至七八處者。浮費繁多,每至顧此失彼。且承辦之多寡未必適符家資之厚薄,積弊因仍,益滋虧累。乾隆四十七年,巡撫兼鹽政農起奏准,將三省引地分爲上、中、下三等,搭配均勻,俾免高下偏枯之弊。是時,河東通綱②應行額餘引目共四千八百六十八名三十八引。内除唐縣官辦引二百五十一名六十一道外,實計商辦引四千六百一十六名九十七道。遵照原奏核定上、中、下三等,并酌順道路,配作五十六分,定爲五十六籤。每籤以八十名爲率,復於現商中權其力量、等次,量爲區別。其家道最裕、可辦雙籤者三商;家道稍次、可辦半籤者十商;久諳鹽務,自不願退,合辦一籤者三商;其餘留商二十家,家道相仿,同現報新商二十四家,各令當堂掣認一籤,以昭公允。搭配既定,將來偶有一二乏退之商,總以此日鬮定之原籤,爲後日接辦之定額。其承辦雙籤之商,或冇③力難兼顧告退一籤者,亦必出其原掣兩籤之引地,與接商公同鬮掣,不得任意指地求退,以開取巧之漸。所有半籤引地,本由一籤内分撥而出。如遇兩商并退,仍可歸并一籤,

---

① 規避:設法躲避。
② 通綱:通商,全部商人。綱,成批運銷大量貨物的商人,特指運銷綱鹽的商人。通,整個,全部。
③ 冇:讀"mǎo"。方言,沒有。

無庸另搭。至所配之籤,間有格①於口岸、多寡參差數名者,亦無庸瑣瑣再行拆配,致使口岸零星,轉難照應。咨部覆準,永遵不易。謹將派定籤目附後。

雙籤三商

（一）

鳳臺縣:額引四十八名六十三引,代銷額引五名三十九引。

翼城縣:額引六名九十二引。

安邑縣:額引三名六十八引。

永濟縣:額引一十八名六十引。

又鳳臺縣:額引四十八名六十二引,代銷額引五名四十引。

翼城縣:額引六名九十二引。

安邑縣:額引三名六十八引。

永濟縣:額引一十八名六十引。

以上雙籤,共引一百六十五名四十四引,垻商尉世隆。

（二）

鄧　州:額引二十五名二十九引,代銷額引八十九引,餘引五十八名三十引。

又陝州:額引一十一名一百六引,代銷額引一百引,餘引三十九名。

---

① 格:見《尚書·舜典》:"帝曰:格汝舜,詢事考言,乃言底可績。三載汝陟帝位。"孔傳:"格,來。"《儀禮·士冠禮》:"孝友時格,永乃保之。"鄭玄注:"格,至也。"

淳化縣:額引八名六十五引。

臨晉縣:額引二十二名七十引。

以上雙簽,共引一百六十七名九引,現商王恒泰。

乾隆四十九年,鄧州續加餘引四十六名八十引,不在簽數。

(三)

潼關廳:額引六十八引,代銷額引八十二引,餘引二十六名一十六引。

商　州:額引五名六十六引,代銷額引七十一引,餘引三十二名。

雒南縣:額引五名一十五引,代銷額引五引,餘引三名。

商南縣:額引一名八十五引,代銷額引五引,餘引三名。

三水縣:額引五名一十五引。

又潼關廳:額引六十八引,代銷額引八十一引,餘引二十六名一十六引。

商　州:額引五名六十六引,代銷額引七十一引,餘引三十二名。

山陽縣:額引二名六十八引,代銷額引五引,餘引三名。

邠　州:額引一十一名八十三引。

以上雙簽,共引一百六十六名四十六引,現商陳寧泰。乾隆四十九年,潼關廳續加餘引三十五名,商州續加餘引十五名,雒南續加餘引十名,不在簽數。

單簽四十五[四]商

(一)

南召縣:額引五名九十八引,代銷額引十六引,餘引一十七名。

登封縣:額引二十六名七引,代銷額引六十二引,餘引二十九名四十引。

以上單籤,共引七十八名一百三引,現商郭世濟。乾隆四十九年,南召續加餘引一十五名,不在籤數。

唐　縣:額引四十名一百七引,代銷額引一名七十四引,餘引二百九名。

以上共引二百五十一名六十一引。此項引地,例係官辦,資商經理,現歸郭世濟經手。

（二）

潞城縣:額引二十九名九十四引,代銷額引一十八引,餘引二十四名一十引。

洪洞縣:額引一十一名。

安邑縣:額引三名七十引。

靈石縣:額引一十二名四十六引,代銷額引七十二引。

以上單籤共引八十一名七十引,現商祁天興。

（三）

泌陽縣:額引二十七名五十六引,代銷額引七十引,餘引五十五名一百引。

以上單籤,共引八十三名一百六引,現商馬萬綏。

（四）

淅川縣:額引一十五名五十四引,餘引三十四名六十引。

三原縣:額引二十九名一百七引,代銷額引二十引,餘引三名。

以上單籤,共引八十三名一引,現商雒信誠。乾隆四十九年,淅川續加餘引三十名,不在籤數。

(五)

盧氏縣:額引四名九十二引,代銷額引二十四引,餘引五十四名九十五引。

解　州:額引二十八名四十引。

以上單籤,共引八十八名一十一引,現商范天德。

(六)

長治縣:額引四十八名八十引,代銷額引四十引,餘引一十三名六十五引。

洪洞縣:額引一十二名。

安邑縣:額引四名一十八引。

汾西縣:額引四名五引,代銷額引九十九引,餘引五十引。

以上單籤,共八十三名一百一十七引,現商郭四箴。

(七)

韓城縣:額引二十五名七十五引,代銷額引一百八引。

咸寧縣:額引三十三名六十七引,代銷額引一名八十四引,餘引二十六名三十引。

以上單籤,共引八十八名四引,商人應永豐。今革退,責令公保尉世隆等代辦。

(八)

洛陽縣:額引一十八名七十九引,代銷額引七十八引,餘引九名。

澠池縣:額引一十名九十五引,代銷額引一名六引,餘引四十二名。

以上單籤,共引八十二名一十八引,現商張合承。

（九）

孟津縣：額引八名一百一十三引，代銷額引一十九引，餘引二十四名。

虞鄉縣：額引一十二名一百四引，代銷額引三十四引。

閿鄉縣：額引三十二名六十五引。

以上單籤，共引七十八名九十五引，現商杜榮陽。

（十）

絳　州：額引四十三名六十七引，代銷額引七十引，餘引一十名五十引。

稷山縣：額引二十八名一十二引。

以上單籤，共引八十二名七十九引，現商梁聯泰。

（十一）

渭南縣：額引六十二名六引。

高陵縣：額引一十五名三十二引，餘引六名。

以上單籤，共引八十三名三十八引，現商張三益。

（十二）

陽城縣：額引二十一名六十三引，代銷額引一十九引，餘引一十八名六十引。

翼城縣：額引五名二引。

安邑縣：額引二名八十引。

臨汾縣：額引三十五名三引，代銷額引六十八引。

以上單籤，共引八十三名五十五引，現商李同義。

（十三）

長安縣：額引二十九名一十一引，代銷額引一名一十五引，餘引二十四名三十引。

禮泉縣:額引二十二名二十五引。

以上單籤,共引七十六名八十一引,現商徐三益。

(十四)

鄠　縣:額引一十四名一百五引,代銷額引一名一百一十三引,餘引三十四名。

大荔縣:額引二十五名七十五引,代銷額引三引,餘引七名一十引。

以上單籤,共引八十三名六十六引,現商王益泰。

(十五)

魯山縣:額引一十二名一十引,代銷額引四十八引,餘引二十八名六十引。

華陰縣:額引一十七名五十六引,代銷額引五十一引,餘引二名六十引。

郃陽縣:額引一十四名七十四引,代銷額引五十八引。

伊陽縣:額引二名,餘引七名。

以上單籤,共引八十五名五十七引,現商聯名郭晉宥。

(十六)

永寧縣:額引八名八十一引,代銷額引五十三引,餘引三十二名。

葉　縣:額引一十八名四十八引,代銷額引三十二引,餘引二十一名。

以上單籤,共引八十名九十四引,現商劉阜和。

(十七)

長治縣:額引四十八名七十九引,代銷額引四十一引,餘引一十三名六十五引。

洪洞縣:額引一十二名。

安邑縣:額引四名一十八引。

汾西縣:額引四名四引,代銷額引一百引,餘引五十引。

以上單籤,共引八十三名一百一十七引,現商張萬全。

（十八）

沁水縣:額引一十七名一百一十二引,代銷額引六十五引,餘引一十名八十引。

陵川縣:額引三十九名九十七引。

翼城縣:額引九名一百一十八引,代銷額引三十二引,餘引一名一十五引。

安邑縣:額引三名二十三引。

以上單籤,共引八十三名六十二引,現商呂中孚。

（十九）

長子縣:額引四十九名五十九引。

洪洞縣:額引一十名。

安邑縣:額引二名九十一引。

永濟縣:額引一十八名六十二引。

蒲　縣:額引二名四十七引。

以上單籤,共引八十三名一十九引,現商張同興。

（二十）

長安縣:額引二十九名一十引,代銷額引一名一十五引,餘引二十四名三十引。

武功縣:額引一十二名五十六引,代銷額引八十一引,餘引一十一名一百一十引。

以上單籤,共引七十九名六十二引,現商郭九如。

（二十一）

兴平县：额引一十七名一十引，代销额引七十六引，馀引一十二名。

泾阳县：额引四十八名一十五引，代销额引六引，馀引五名。

以上单笺，共引八十二名一百七引，现商刘公和。

（二十二）

高平县：额引三十八名一百七引。

翼城县：额引四名九十五引。

安邑县：额引二名七十引。

曲沃县：额引三十五名二引。

以上单笺，共引八十一名三十四引，现商郭三美。

（二十三）

垣曲县：额引八名一百一十六引，代销额引一名一十一引，馀引一十名。

闻喜县：额引三十五名二引。

绛　县：额引二十八名九十四引，代销额引二名六十五引，馀引一名三十引。

以上单笺，共引八十七名七十八引，现商贾居易。

（二十四）

襄垣县：额引三十六名四十三引，馀引三名。

黎城县：额引二十三名三十四引。

洪洞县：额引一十四名五十八引。

安邑县：额引三名一百一十四引。

以上单笺，共引八十一名九引，现商郭八元。

（二十五）

高平縣:額引三十八名一百七引。

翼城縣:額引四名九十五引。

安邑縣:額引二名七十引。

曲沃縣:額引三十五名三引。

以上單籤,共引八十一名三十五引,現商吳順承。

（二十六）

藍田縣:額引二十六名一十六引,代銷額引八十九引,餘引一十名四十引。

蒲城縣:額引四十四名九十八引。

以上單籤,共引八十二名三引,現商王恩盈。

（二十七）

華　州:額引二十七名三十四引,代銷額引六十八引,餘引六名八十引。

富平縣:額引四十四名八十七引,代銷額引二十九引。

以上單籤,共引七十九名五十八引,現商梁四元。

（二十八）

鎮平縣:額引四十名一十六引,餘引七名七十八引。

伊陽縣:額引四名三十一引,代銷額引五十引,餘引三十名六十引。

以上單籤,共引八十二名一百一十五引,現商楊壎篋。

（二十九）

鎮安縣:額引二名四十七引,代銷額引一百八引,餘引二十三名三十引。

安康縣:額引七名二十九引,代銷額引九十八引,餘引二十二名。

平利縣:額引一十引。

石泉縣:額引二名一十八引。

洵陽縣:額引三名五十引。

漢陰縣:額引三名五十引。

紫陽縣:額引一百三引。

白河縣:額引一十二引。

白水縣:額引九名七十引,代銷額引三十三引,餘引二名六十引。

以上單籤,共引七十八名一百一十八引,現商喬應昌。

（三十）

臨潼縣:額引三十二名五十五引,代銷額引一百一十三引,餘引八名。

朝邑縣:額引四十二名一十八引,代銷引三十引。

以上單籤,共引八十三名九十六引,現商張復來。

（三十一）

咸寧縣:額引三十三名六十六引,代銷額引一名八十四引,餘引二十六名三十引。

澄城縣:額引二十三名一百一十引。

以上單籤,共引八十五名五十引,現商行公順。

（三十二）

盩厔縣:額引一十四名一百一引,代銷額引一名五十六引,餘引一十九名九十引。

郃陽縣:額引一十四名七十三引,代銷額引五十七引,餘引六名七十引。

咸陽縣:額引一十九名五十五引,代銷額引三十七引,餘引三名。

以上單籤,共引八十名五十九引,現商阮恒隆。

(三十三)

周至縣:額引一十四名一百一引,代銷額引一名五十六引,餘引一十九名九十引。

合陽縣:額引一十四名七十三引,代銷額引五十八引,餘引六名七十引。

同官縣:額引二名一百一十九引,代銷額引一十八引,餘引三名六十引。

耀　州:額引七名二十引,代銷額引三引,餘引五名。

以上單籤,共引七十六名六十八引,現商董文郁。

(三十四)

南陽縣:額引三十三名四十七引,代銷額引五十七引,餘引二十五名。

襄城縣:額引一十八名九十六引,代銷額引一十八引,餘引七名三十引。

以上單籤,共引八十五名八引,現商武通順。乾隆四十九年,南陽續加餘引十五名,不在籤數。

(三十五)

桐柏縣:額引六名五十三引,代銷額引八十四引,餘引四十二名六十引。

夏　縣:額引三十二名九十七引。

以上單籤,共引八十二名五十四引,現商孫慶餘。

（三十六）

邓　州：额引二十五名二十八引，代销额引八十九引，馀引五十八名三十引。

以上单籖，共引八十四名二十七引，现商温和合。

（三十七）

内乡县：额引二十四名一引，代销额引四十五引，馀引三十七名五十引。

宝丰县：额引六名二十三引，代销额引四十二引，馀引一十五名。

以上单籖，共引八十三名四十一引，现商吴三和。

（三十八）

新野县：额引一十四名一十五引，馀引二十二名八十引。

平陆县：额引一十名三十引，代销额引一名八十引。

河津县：额引二十五名七十五引，代销额引八十引，馀引四名一百引。

以上单籖，共引七十九名一百引，现商雷广兴。

（三十九）

新野县：额引一十四名一十四引，馀引二十二名八十引。

万泉县：额引一十三名二十九引。

赵城县：额引二十九名一百七引，代销额引二十四引。

以上单籖，共引八十名二十四引，现商宋顺成。

（四十）

裕　州：额引一十一名五十七引，代销额引一百七引，馀引五十七名七十引。

猗氏县：额引一十四名一百五引。

以上單籤,共引八十四名九十九引,現商冀雙合。

（四十一）

汝　州:額引三十四名九十七引,代銷額引四十九引,餘引三十四名四十引。

霍　州:額引九名九十九引,代銷額引二名一十二引。

以上單籤,共引八十一名五十七引,現商牛元吉。

（四十二）

嵩　縣:額引一十五名一十二引,代銷額引三十七引,餘引二十八名。

鞏　縣:額引一十四名一百八引,代銷額引四十七引,餘引二十四名二十引。

以上單籤,共引八十二名一百四引,現商王公悦。

（四十三）

靈寶縣:額引四十六名一百三引,餘引一十八名。

芮城縣:額引一十八名四十四引,代銷額引五十一引。

以上單籤,共引八十三名七十八引,現商張恩錫。

（四十四）

偃師縣:額引二十二名五十九引,代銷額引三十六引,餘引二十一名六十引。

岳陽縣:額引五名九十七引,代銷額引三十一引,餘引六名一百一十引。

浮山縣:額引九名九十九引,代銷額引一十九引,餘引五名。

吉　州:額引四名八十四引。

以上單籤,共引七十六名一百一十五引,現商閻六合。

（四十五）

宜陽縣：額引五名八十三引，代銷額引三十一引，餘引三十九名。

新安縣：額引七名一十一引，代銷額引九十二引，餘引二十九名。

以上單籤，共引八十一名九十七引，現商楊汲長。

半籤十商

（一）

乾　州：額引二十三名八十八引，代銷額引七十七引，餘引五名一十引。

永壽縣：額引三名六十四引，代銷額引八引。

以上半籤，共引三十三名七引，現商毛天裕。

（二）

太平縣：額引三十六名八十七引，代銷額引一名三十六引，餘引六名。

鄉寧縣：額引五名三十五引，代銷額引八十六引。

以上半籤，共引五十名四引，現商楊崑玉。

（三）

洛陽縣：額引一十八名七十八引，代銷額引七十九引，餘引二十四名。

以上半籤，共引四十三名三十七引，現商程保全。

（四）

郟　縣：額引二十六名八引，代銷額引二十三引，餘引一十三名一十引。

以上半籤,共引三十九名四十一引,現商梁德全。

（五）

陽城縣:額引二十一名六十二引,代銷額引二十引,餘引一十八名六十引。

翼城縣:額引五名二引。

安邑縣:額引二名八十引。

以上半籤,共引四十七名一百四引,現商景昌源。

（六）

臨汾縣:額引三十五名二引,代銷額引六十八引。

以上半籤,共引三十五名七十引,現商牛敦裕。

（七）

壺關縣:額引三十六名四十四引,代銷額引二十四引。

洪洞縣:額引八名。

安邑縣:額引二名九十引。

以上半籤,共引四十七名三十八引,現商邢恒升。

（八）

榮河縣:額引二十三名七引,代銷額引二引,餘引九名一百引。

以上半籤,共引三十二名一百九引,現商沈祥泰。

（九）

屯留縣:額引二十五名六十五引,餘引六名九十引。

洪洞縣:額引三名六十引。

安邑縣:額引二名。

以上半籤,共引三十七名九十五引,現商冀文和。

（十）

襄陵縣:額引四十五名八十四引。

以上半籤,共引四十五名八十四引,現商白復義。

【按】鹽務爲較利①之場,多寡惟患不均。今每籤定以八十名爲率,而且量其肥瘠,附近比搭,從此引地適均,口岸畫一,誠爲不易之良規。顧可久者,籤目之均派;而難强者,商力之肩承。即如應永豐一商,轉瞬蕩然,是其明驗。《紀恩録》內載,此次定立長商,惟不限以五年更換之期。非謂一經充商,不許消乏;即消乏,亦不准告退。故知引可均,而商不可長。惟期接充者守此成規,以永除偏枯之病云爾。

掣　　放

　　河東鹽法,在昔商人納課一錠,支鹽二十車。嗣以鹽多引壅,告減八車,只支十二車。此其巔末無考,而説見於康熙御史郝惟謙《請除加課疏》中。國初,商人納課一錠,支在池畦鹽一百五十引。是時,引價三錢二分有奇。自順治十三年,每引定價三錢九分八厘有奇,引價增而引數減。每錠應支鹽一百二十引零一百一十六斤十二兩八錢,除零鹽難於給引,例不隨錠配掣外,每錠仍以一百二十引爲正額。舊制,三場掣鹽,每月掣各三次,中三、東六、西九。至期,每商一名,放鹽十二串,仍罄②一百二十引之數。先後依次,無容紊越③。蓋當日坐商守場賣鹽,外來土販人數碎雜,非分限輪轉,易啓幸心。

---

① 較利:追逐利益。較,通"角"。
② 罄:盡,竭。
③ 紊越:混亂侵越。

迨三省引地皆有運商包認,整齊躉發①,不比土販之必待輪限。雍正六年,詳定在中者中出,在東者東出,在西者西出,不立轉限,隨時挈支,衆商稱便。今挈鹽之法,商人在司領引,出庫引目先搨省縣扒。復每名請領鹽政門票一張、運使坐監票十二張。迨引票俱齊,定期放鹽。先一日,由場大使預報放鹽數目。臨期由運使簽差運商一名,赴該禁門監收籌票,謂之監商。至挈鹽之日,商人持引票到門,除門票例由商人於挈鹽時投場轉繳外,每車一輛給引十道,隨給坐監票一張。車户携至料所,眼同②坐商按引裝鹽,即將坐票轉付坐商收繳。鹽車到門,引目仍搨門扒,乃以監票呈明該大使,鈐記驗放,并領木籌③照。出禁門,籌票俱交監商收繳。此時,車户惟以引照鹽載赴應卸之店交收。每名載鹽十二車,合引一百二十道。每車二十袋,合引十道。一引配鹽二袋,每袋一百二十斤,爲正額。中禁門卸店於運城東、西兩門外,東禁門卸店於安邑縣南門外,西禁門卸店於解州城内。

【按】律載,起運官鹽,每引照額定斤數爲一袋并帶額定耗鹽,經過批驗所依數挈摯秤盤。但有夾帶餘鹽,同私鹽法。若越過批驗所,不經挈摯關防者,押回盤驗。河東挈放,皆由禁門,不能越過。但折角干扒,重復影射,以及車户夾帶嘴鹽弊寳種種,全在司挈之員隨時查察。舊係三分司秤挈。分司

---

① 躉發:整批發售。
② 眼同:會同,跟同。《元典章·户部七·押運》:"今後應合起運赴部諸物,當該提調正官與所委押運官眼同點檢足備。"林則徐《籌議嚴禁鴉片章程札》:"其繳到之煙土煙膏,眼同在城文武,加用桐油,立時燒化,投灰江河。"
③ 木籌:木制的代替貨幣的證據。

裁,事歸大使。乾隆十三年,奏准運同有監掣之責,而掣務益加慎重矣。

【附】店口

在昔,店家開設店口,商人出給房資,卸鹽運發。嗣因商夥串通店家竊賣鹽斤,或店家自行盜賣,將店家革除,令商人自行立店卸發,以杜積弊。如有更易,稟明批查,取保存案。迨後,商人屢易,其中不無仍用店家者,復行暗包滋事。乾隆三十年,運使吳雲從議請,仍令各商照例自行立店,或一店數家出具同店保結①。一家行私,同店連坐②。仍將立定店名,編號列名,造冊送查,其唐縣之小販一例遵辦。然自節經換商之後,復有兼用店家者,今從商便。

【附】車户

河東車户裝載商鹽,向有商人自備之車,有附近居民之車。惟是車户之弊,非特③耽遲誤賣,抑且零星拆掣,便於影射。前志載,應將三門車户,開明住址鄰保。每車給牌,印烙登冊。商人報掣,即於報單書明車户姓名。報掣一名,即於本日掣完,不得報多掣少,零星影射。今車由商僱,引目皆注車户姓名。仍於每歲首由場大使造具車户花名,申送監掣衙門備查。

---

① 結:舊時寫給官府的擔保他人身分、行為清白或符合某一商定條款的文書。
② 連坐:一人犯法,其家屬親友鄰里等連帶受處罰。
③ 非特:不僅,不只。

行　　銷

唐以前行鹽,未定界也。唐柳宗元言:"西出秦隴,南過樊鄧,北極燕代,東逾周宋。"崔敖則言:"止於中州,濟於橫汾,爰距隴坂,東下京鄭而抵於宛。"皆以指唐之行鹽幅員而言也。後周世宗以食末鹽之地販私多於顆鹽,乃割曹、宋以西十餘州令食解鹽。宋熙寧間,令河南北、曹濮以西、秦鳳以東皆食解鹽。是解鹽直行秦豫而不言晉地者,以晉爲池鄉,在所不必言也。

明洪武間,定課河東,《會典》所載行鹽地方,陝西省則西安、漢中、延安、鳳翔四府;河南省則歸德、懷慶、河南、南陽、汝寧五府暨汝州全屬;山西省則平陽、潞安二府,澤、沁、遼三州。嘉靖二十七年,議惟汝州所屬四縣行河東鹽,其餘十三州縣兼行河東并淮北之鹽。嘉靖三十一年,議准河東鹽法引目增入太原、大同字樣,行令二府一例行鹽。隆慶四年,令河南南陽府所屬鄧、唐十二州縣改鑄銅板,仍屬河東行鹽地方。其漢中、延安二府改食池鹽。所謂池鹽者,乃陝西花馬池鹽,自解池改回也。萬曆十六年,將開、歸二府改隸山東、長蘆。四十一年,鳳翔府屬改食花馬小池,仍在河東納課領引。是河東行鹽之幅員,自此稍減矣。

國朝順治二年,始定河東鹽法。本年,巡鹽御史劉令尹以申明轄屬一題稱:"陝西之平涼、慶陽乃食花馬小池之鹽,山西太原、汾州乃食本地土鹽,舊皆河東所轄,以其與河東相近也。若河南之汝寧府,逼近淮境,係食淮鹽,陝西臨洮、鞏昌,係食西河漳鹽,皆有該管衙門,舊非河東所轄,以與河東有二千里之懸隔也。祈照成規,將太、汾二府并陝西之平、慶二府行臣督理。其食淮鹽之汝寧仍歸轄兩淮,食西河漳鹽之臨、鞏仍歸轄甘肅。"部議允行。康熙十年,御史布舒疏請汾州七縣俱食本地土鹽,獨有石樓一縣行銷解鹽,道理阻長,行運維艱,照改土鹽,商民兩便。部議准其改食,以商行引課改爲縣徵鹽稅。先是康熙四年,懷慶民人以行銷解鹽爲累,請照開、歸之例,改食蘆鹽。經三省督撫會議,商運商銷,永不累民,事遂未行。至康熙二十四年,河南巡撫王日藻復以懷慶改食蘆鹽爲請,部議覆准。是解鹽之幅員又加蹙矣。

乾隆三十三年,巡撫富明安以隰州暨所屬大寧、永和二縣向俱行銷河東池鹽,但地處萬山之中,車輛不通,輓運艱難,鄉民又苦價貴,援照石樓之例,情願就近改食土鹽,部議准行。引課歸入丁糧,而解鹽之幅員益減。此河東歷代行銷之更革也。

今現行山西則平、蒲、澤、潞四府屬,解、絳、霍三州屬,并隰州屬之蒲縣。陝西則西、同、興三府屬,商、乾二州屬,邠州暨所屬之三水、淳化二縣。河南則河南、南陽二府屬,陝、汝二州屬,并許州屬之襄城縣,共實行鹽州縣一百一十九處,加以納稅各州縣,則爲一百七十二處矣。

【按】宋熙寧中,患蜀井鹽不可禁,欲盡實私井而運解鹽以足之。沈括以爲不可,遂寢。九年,劉佐入蜀,歲運解鹽十萬席。未幾,罷之,此亦解鹽行銷之所及,然而道途險阻,一時之偶然,而未可垂訓也。

運　　程　附鹽價

淮浙等處運鹽定有水程,河東惟陝西咸寧等三十三州縣并河南之閺鄉縣乾隆十九年奏明定有水程,其餘皆係陸程。腳户繞道逗遛,越境盜賣,有虧商本。察其病根,良由行無定程,交無定限。前志將三省州縣各序路程,核其道里,定以時日,刊刻程單,給付腳户、船户。牛車日行約三十里,驢騾日行約五十里,船行亦每日約五十里。枉道逗遛,所過地方不許容隱。鹽到地方,所在有司驗明運票。若有盜賣、愆期,按法究治。謹將程限之遠近分晰具列於後,而鹽價之多寡,即因以附見焉。

山西省

臨汾縣:計程三百一十里,限六日到。每鹽一斗重二十斤,定價二錢六分。

自運城三十里至陶村,三十里至水頭,二十里至小郭店,二十里至聞喜縣,三十里至東鎮,三十里至隘口,二十里至侯馬驛,三十里至高縣鎮,二十里至蒙城驛,四十里至趙曲鎮,四十里至臨汾縣。

洪洞縣:計程三百七十里,限七日到。每鹽一斤,定價一分三厘五毫。

自運城三百一十里至臨汾縣,路同臨汾。四十里至陽曲鎮,二十里至洪洞縣。

汾西縣:計程四百八十里,限八日到。每鹽一斗重二十斤,定價三錢三分。

自運城三百一十里至臨汾縣,路同臨汾。四十里至陽曲鎮,二十里至洪洞縣,三十里至趙城縣,轉腳二十里至水閏鎮,四十里至僧念鎮,二十里至汾西縣。

岳陽縣:計程四百二十里,限七日到。每鹽一斤,定價一分六厘。

自運城三百一十里至臨汾縣,路同臨汾。五十里至曲亭鎮,轉脚三十里至蘇堡,三十里至岳陽縣。

曲沃縣:計程二百一十里,限三日到。每鹽一斗重二十斤,定價二錢四分八厘。

自運城三十里至陶村,三十里至水頭,二十里至小郭店,二十里至聞喜縣,三十里至東鎮,三十里至隘口,二十里至侯馬驛,三十里至曲沃縣。

翼城縣:計程二百六十里,限四日到。每鹽一斤,定價一分四厘。

自運城三十里至陶村,三十里至水頭,二十里至小郭店,二十里至聞喜縣,三十里至東鎮,三十里至隘口,二十里至侯馬驛,三十里至曲沃縣,三十里至樊店,二十里至翼城縣。

浮山縣:計程三百三十里,限六日到。每鹽一斗重二十二斤,定價三錢八厘。

自運城二百六十里至翼城縣,路同翼城。此處轉脚四十里至東張,三十里至浮山縣。

太平縣:計程二百四十里,限四日到。每鹽一斗重十九斤,定價二錢四分六厘。

自運城三十里至陶村,三十里至水頭,二十里至小郭店,二十里至聞喜縣,四十里至蘭村,三十里至絳州,三十里至王師庄,四十里至太平縣。

襄陵縣:計程二百九十里,限六日到。每鹽一斗重二十九斤,定價二錢六分。

自運城三十里至陶村,三十里至水頭,二十里至小郭店,二十里至聞喜縣城,三十里至東鎮,三十里至隘口,二十里至侯馬驛,三十里至高縣鎮,二十里至蒙城驛,四十里至趙曲鎮,二十里至襄陵縣。

鄉寧縣:計程四百七十里,限八日到。每鹽一斗重二十斤,定價三錢六分。

自運城三十里至相裡,四十里至皇甫村,四十里至李望村,四十里至河村,三十里至樓底,轉脚七十里至喜村;七十里至衛壁,七十里至寬水峪,八十里至鄉寧縣。

吉　州:計程三百二十里,限五日到。每鹽一斗重二十四斤,定價三錢五分六厘。

自運城三十里至相裡,四十里至皇甫村,四十里至李望村,四十里至河村,三十里至樓底,轉脚四十里至西坡村,三十里至金城嶺,二十里至寬井河,三十里至三侯村,二十里至吉州。

霍　州:計程四百五十里,限八日到。每鹽一斗重二十斤,定價三錢二分。

自運城三十里至陶村,三十里至水頭,二十里至小郭店,二十里至聞喜縣,三十里至東鎮,三十里至隘口,二十里至侯馬驛,三十里至高縣鎮,二十里至蒙城驛,四十里至趙曲鎮,四十里至臨汾縣,四十里至陽曲鎮,二十里至洪洞縣,三十里至趙城縣,轉脚三十里至辛置鎮,二十里至霍州。

靈石縣:計程五百五十里,限九日到。每鹽一斗重二十四斤,定價三錢九分六厘。

自運城四百五十里至霍州,轉脚路程俱同霍州。三十里至史莊,三十里至仁義,四十里至靈石縣。

趙城縣:計程四百里,限七日到。每鹽一斗重二十斤,定價二錢八分。

自運城三十里至陶村,三十里至水頭,二十里至小郭店,二十里至聞喜縣,三十里至東鎮,三十里至隘口,二十里至侯馬驛,三十里至高縣鎮,二十里至蒙城驛,四十里至趙曲鎮,四十里至臨汾縣,四十里至陽曲鎮,二十里至洪洞縣,三十里至趙城縣。

永濟縣:計程一百四十里,限二日到。每鹽一斤,定價一分一厘。南鄉、永樂二鎮,定價一分二厘。

自運城四十里至解州,四十里至虞鄉縣,三十里至庄子,二十里至孟明橋,十里至永濟縣。

臨晉縣:計程八十五里,限一日到。每鹽一斗重一十八斤,定價一錢九分二厘。

自運城二十里至大張,三十里至王遼,二十里至樊橋驛,十五里至臨晉縣。

虞鄉縣:計程八十里,限一日到。每鹽一斤,定價一分。

自運城四十里至解州,四十里至虞鄉縣。

榮河縣:計程一百五十里,限二日到。每鹽一斗重二十斤,定價二錢二分。

自運城三十里至楚胡,二十里至荆華,十里至猗氏縣,三十里至坡兒里,四十里至孫計,二十里至榮河縣。

萬泉縣:計程一百一十里,限二日到。每鹽一斗重二十斤,定價二錢二分。

自運城三十里至相里,二十里至中臣,二十里至楊里村,十里至河所,十里至七里莊,二十里至萬泉縣。

猗氏縣:計程六十里,限一日到。每鹽一斤,定價一分一厘。

自運城三十里至楚胡,二十里至荆華,十里至猗氏縣。

解　州:計程四十里,限一日到。每鹽一斤,定價九厘。

自運城四十里至解州。

安邑縣:計程十五里,限一日到。每鹽一斤,定價九厘。

自運城十五里至安邑縣。

夏　縣:計程六十里,限一日到。每鹽一斤,定價一分。

自運城三十里至裴界,三十里至夏縣。

平陸縣:計程一百零五里,限二日到。每鹽一斤,定價一分一厘。

自運城三十里至東郭鎮,十五里至張店,三十里至八政,三十里至平陸縣。

芮城縣:計程一百二十里,限二日到。每鹽一斤,定價一分一厘五毫。

自運城四十里至解州,四十里至朱吕鎮,四十里至芮城縣。

絳　州:計程一百七十里,限三日到。每鹽一斤,定價一分三厘。

自運城三十里至陶村,三十里至水頭,二十里至小郭店,二十里至聞喜縣,四十里至蘭村,三十里至絳州。

垣曲縣:計程三百一十里,限五日到。每鹽一斗重十六斤,定價二錢一分四厘。

自運城三十里至陶村,三十里至水頭,二十里至小郭店,二十里至聞喜縣,三十里至柬鎮,三十里至橫水鎮,轉脚七十里至桃園,八十里至垣曲縣。

聞喜縣:計程一百里,限二日到。每鹽一斤,定價一分一厘。

自運城三十里至陶村,三十里至水頭,二十里至小郭店,二十里至聞喜縣。

絳　縣:計程一百九十里,限四日到。每鹽一斗重二十二斤,縣治定價二錢六分八厘,橫水鎮定價二錢五分八厘,郇吉、交續二鎮定價二錢七分八厘。

自運城三十里至陶村,三十里至水頭,二十里至小郭店,二十里至聞喜縣,三十里至柬鎮,三十里至橫水,三十里至絳縣。

稷山縣:計程一百六十里,限三日到。每鹽一斗重二十斤,定價二錢四分。

自運城三十里至相里,二十里至中臣,二十里至楊里,十五里至河所,十里至七里莊,十五里至車店,二十五里至汾河,三十里至稷山縣。

河津縣:計程一百三十五里,限二日到。每鹽一斗重二十一斤,定價二錢六分四厘。

自運城三十里至相里,四十里至皇甫村,四十里至李罕村,二十五里至河津縣。

蒲　縣:計程四百六十里,限八日到。每鹽一斗重二十斤,定價三錢八分。

自運城三十里至陶村,三十里至水頭,二十里至小郭店,二十里至聞喜縣,三十里至柬鎮,三十里至隘口,二十里至侯馬驛,三十里至高縣鎮,二十里至蒙城驛,四十里至趙曲鎮,四十里至臨汾縣,西關轉脚二十里至劉村鎮,七十里至黑龍關,二十里至化樂鎮,四十里至蒲縣。

長治縣:計程六百九十里,限十二日到。每鹽一斤,定價二分二厘。

自運城三十里至陶村,三十里至水頭,二十里至小郭店,二十里至聞喜縣,三十里至束鎮,二十里至隘口,二十里至侯馬驛,三十里至高縣鎮,二十里至蒙城驛,二十里至堯店,二十里至朱家窰,二十里至草峪嶺,四十里至富城,三十里至勞逕,二十里至良馬,二十里至邊寨,四十里至豐義,四十里至鮑店,五十里至長治縣。

長子縣:計程六百九十里,限十二日到。每鹽一斤,定價二分二厘。

自運城六百四十里至鮑店,轉脚路程俱同長治。五十里至長子縣。

屯留縣:計程七百里,限十二日到。每鹽一斤,定價二分二厘。

自運城六百四十里至鮑店,轉脚路程俱同長治。六十里至屯留縣。

襄垣縣:計程七百七十里,限十三日到。每鹽一斤,定價二分二厘。

自運城六百四十里至鮑店,轉脚路程俱同長治。一百三十里至襄垣縣。

潞城縣:計程七百八十里,限十三日到。每鹽一斤,定價二分二厘。

自運城六百四十里至鮑店,轉脚路程俱同長治。一百四十里至潞城縣。

壺關縣:計程七百五十里,限十三日到。每鹽一斤,定價二分二厘。

自運城六百四十里至鮑店,轉脚路程俱同長治。一百一十里至壺關縣。

黎城縣:計程八百四十里,限十四日到。每鹽一斤,定價二分二厘。

自運城六百四十里至鮑店,轉脚路程俱同長治。二百里至黎城縣。

鳳臺縣:計程五百九十里,限十日到。每鹽一斤,定價二分。

自運城三十里至陶村,三十里至水頭,二十里至小郭店,二十里至聞喜縣,三十里至束鎮,三十里至隘口,二十里至侯馬驛,三十里至曲沃縣,三十里至樊店,二十里至翼城縣,轉脚二十里至北撤,二十里至龍華,四十里至王寨,三十里至沁水縣,二十里至富店,三十里至劉村,五十里至小城,三十里至陽城,九十里至鳳臺縣。

高平縣:計程六百八十里,限十一日到。每鹽一斤,定價二分五毫。

自運城五百九十里至鳳臺縣,轉脚路程俱同鳳臺。九十里至高平縣。

陵川縣:計程七百里,限十二日到。每鹽一斤,定價二分一厘。

自運城五百九十里至鳳臺縣,轉脚路程俱同鳳臺。二十里至王臺鋪,二十里至高都,二十里至附城,五十里至陵川縣。

沁水縣:計程三百七十里,限六日到。縣治、固鎮、鄭庄三處,每鹽一斤,定價一分七厘;端氏、武安二處,每鹽一斤,定價一分八厘。

自運城三十里至陶村,三十里至水頭,二十里至小郭店,二十里至聞喜縣,三十里至東鎮,三十里至隘口,二十里至侯馬驛,三十里至曲沃縣,三十里至樊店,二十里至翼城縣,轉脚二十里至北撖,二十里至龍華,四十里至王寨,三十里至沁水縣。

陽城縣:計程五百里,限九日到。每鹽一斤,定價一分九厘。

自運城三百七十里至沁水縣,轉脚路程俱同沁水。二十里至富店,三十里至劉村,五十里至小城,三十里至陽城縣。

陝西省

陝省鹽路由下馬頭、黃龍鎮上船,兼從東張、堡里等村至夾馬口上船,由來已久。載前志行鹽疆域圖中。

咸寧縣:計程六百里,限二十四日到。每鹽一斗重二十五斤,定價三錢六分。

自運城二十里至龍曲,三十里至客頭,四十里至七記鎮,六十里至下馬頭,二十里至黃河口,上船三百七十里至草灘,起旱六十里至咸寧縣。

長安縣:計程六百里,限二十四日到。每鹽一斗重二十五斤,定價三錢六分。

自運城至長安縣,上船起旱程俱同咸寧。

自運城四十里至赤社,二十五里至客頭,四十里至東張,十里至夾馬口,五里至黃河口,上船一百里至三河口,二百九十里至草灘,起旱六十里至長安縣。

咸陽縣:計程六百一十里,限二十八日到。每鹽一斗,重二十五斤一十四兩二錢八分,定價三錢八分。

自運城四十里至赤社,二十五里至客頭,四十里至東張,十里至夾馬口,五里至黃河口,上船一百里至三河口,四十里至華陰縣,七十里至華州,五十里至渭南縣,五十里至交口,五十里至新豐鎮,三十里至臨潼縣,五十里至西安府,五十里至咸陽縣。

興平縣:計程六百六十里,限二十八日到。每鹽一斗重二十七斤,定價四錢八厘。

自運城四十里至赤社,二十五里至客頭,四十里至東張,十里至夾馬口,五里至黃河口,上船一百里至三河口,三百九十里至咸陽縣,起旱二十五里至馬抱泉,二十五里至興平縣。

臨潼縣:計程四百七十里,限十七日到。每鹽一斗重二十六斤,定價三錢六分四厘。

自運城四十里至赤社,二十五里至客頭,四十里至東張,十里至夾馬口,五里至黃河口,上船一百里至三河口,二百里至臨潼凌口,起旱五十里至臨潼縣。

高陵縣:計程四百七十里,即十三日到。每鹽一斗重二十五斤,定價三錢四分。

自運城四十里至赤社,二十五里至客頭,四十里至東張,十里至夾馬口,五里至黃河口,上船一百里至三河口,四十里至華陰縣,七十里至華州,五十里至渭南縣,五十里至交口,起旱四十里至高陵縣。

鄠　縣：計程六百五十里,限二十六日到。每鹽一斗重二十五斤,定價三錢六分。

自運城四十里至赤社,二十五里至客頭,四十里至東張,十里至夾馬口,五里至黃河口,上船一百里至三河口,一百一十里至華州,五十里至渭南縣,五十里至交口,五十里至新豐鎮,八十里至草灘,起旱九十里至鄠縣。

藍田縣：計程五百七十里,限二十二日到。每鹽一斗重二十五斤,定價三錢七分。

自運城四十里至赤社,二十五里至客頭,四十里至東張,十里至夾馬口,五里至黃河口,上船一百里至三河口,二百五十里至李家嘴兒,起旱四十里至洪慶,三十里至新街鎮,三十里至藍田縣。

涇陽縣：計程五百四十里,限十四日到。每鹽一斗重二十五斤,定價三錢五分。

自運城四十里至赤社,二十五里至客頭,四十里至東張,十里至夾馬口,五里至黃河口,上船一百里至三河口,二百一十里至交口,起旱四十里至高陵縣,二十里至羅家店,三十里至永樂鎮,二十里至涇陽縣。

三原縣：計程五百里,限十三日到。每鹽一斗重二十五斤,定價三錢五分。

自運城四十里至赤社,二十五里至客頭,四十里至東張,十里至夾馬口,五里至黃河口,上船一百里至三河口,二百一十里至交口,起旱四十里至畢西鎮,三十里至三原縣。

盩厔縣：計程七百三十里,限三十日到。每鹽一斗重二十五斤,定價三錢八分。

自運城四十里至赤社,二十五里至客頭,四十里至柬張,十里至夾馬口,五里至黃河口,上船一百里至三河口,三百九十里至咸陽縣,起旱九十里至終南,三十里至盩厔縣。

渭南縣:計程三百八十里,限十日到。每鹽一斗重二十五斤,定價三錢五分。

自運城四十里至赤社,二十五里至客頭,四十里至柬張,十里至夾馬口,五里至黃河口,上船一百里至三河口,四十里至華陰縣,七十里至華州,五十里至渭南縣。

富平縣:計程三百八十里,限九日到。每鹽一斗重二十五斤,定價三錢五分。

自運城三十里至胡家嶺,二十里至喬家庄,四十里至孫常,四十里至孟明橋,十里至下馬頭,三十里至黃河口,過河五里至嚴伯鎮,起旱五里至朝邑縣,四十里至同州,三十里至船社鎮,十里至晉城鎮,三十里至黨木鎮,三十里至玉村鎮,三十里至留集鎮,三十里至富平縣。

醴泉縣:計程六百八十里,限二十八日到。每鹽一斗重二十五斤,定價三錢九分。

自運城四十里至赤社,二十五里至客頭,四十里至柬張,十里至夾馬口,五里至黃河口,上船一百里至三河口,一百一十里至華州,五十里至渭南縣,五十里至交口,五十里至新豐鎮,八十里至草灘,四十里至咸陽縣,起旱五十里至興平邸張驛,三十里至醴泉縣。

同官縣:計程四百一十里,限九日到。每鹽一斗重二十五斤,定價四錢。

自運城三十里至胡家嶺,二十里至喬家庄,四十里至孫常,四十里至孟明橋,十里至下馬頭,三十里至黃河口,過河五里至嚴伯鎮,起旱五里至朝邑縣,四十里至同州,三十里至船社鎮,十里至蒲城晉城鎮,一百二十里至富平庄里鎮,三十里至同官縣。

耀　州:計程四百一十里,限九日到。每鹽一斗重二十五斤,定價三錢五分。

自運城三十里至胡家嶺,二十里至喬家庄,四十里至孫常,四十里至孟明橋,十里至下馬頭,三十里至黃河口,過河五里至嚴伯鎮,起旱五里至朝邑縣,四十里至同州,三十里至船社鎮,十里至蒲城晉城鎮,一百二十里至富平莊里鎮,三十里至耀州。

商　州:計程五百二十八里,限十三日到。每鹽一斗重三十斤,定價四錢七分。

自運城三十里至買女,二十里至西王,五十里至七記鎮,四十里至黃龍鎮,八里至黃河口,上船一百一十里至潼關,起旱四十里至太峪口,七十里至石墻兒,七十里至雒南縣,九十里至商州。

鎮安縣:計程八百七十里,限三十日到。每鹽一斗重二十八斤,定價三錢七分二厘。

自運城四十里至赤社,二十五里至客頭,四十里至束張,十里至夾馬口,五里至黃河口,上船一百里至三河口,四十里至華陰縣,七十里至華州,五十里至渭南縣,五十里至交口,八十里至草灘,起旱二百四十里至舊縣關,一百二十里至鎮安縣。

雒南縣:計程四百三十八里,限十一日到。每鹽一斗重三十斤,定價四錢六分。

自運城三十里至買女,二十里至西王,五十里至七記鎮,四十里至黃龍鎮,八里至黃河口,上船一百一十里至潼關,起旱四十里至太峪口,七十里至石墻兒,七十里至洛南縣。

山陽縣:計程六百三十里,限十六日到。每鹽一斗重三十斤,定價五錢五分。

自運城三十里至胡家嶺,二十里至喬家庄,四十里至孫常,四十里至孟明橋,十里至下馬頭,三十里至黃河口,上船七十里至潼關,起旱四十里至太峪口,七十里至石墻兒,七十里至雒南縣,九十里至商州,一百二十里至山陽縣。

商南縣:計程六百二十里,限十六日到。每鹽一斗重三十斤,定價六錢。

自運城三十里至胡家嶺,二十里至喬家庄,四十里至孫常,四十里至孟明橋,十里至下馬頭,三十里至黃河口,上船七十里至潼關,起旱四十里至太峪口,七十里至石墻兒,七十里至經村,一百里至龍駒寨,一百里至商南縣。

大荔縣:計程二百二十里,限五日到。每鹽一斗重二十五斤,定價三錢二分。

自運城三十里至胡家嶺,二十里至喬家莊,四十里至孫常,四十里至孟明橋,十里至下馬頭,三十里至黃河口,過河五里至嚴伯鎮,起旱五里至朝邑縣,四十里至大荔縣。

潼關廳:計程二百五十里,限八日到。每鹽一斗重二十五斤,定價三錢。

自運城四十里至赤社,二十五里至客頭,四十里至束張,十里至夾馬口,五里至黃河口,上船一百三十里至潼關廳。

朝邑縣:計程一百八十里,限五日到。每鹽一斗重三十二斤,定價三錢八分八厘。

自運城三十里至胡家嶺,二十里至喬家莊,四十里至孫常,四十里至孟明橋,十里至下馬頭,三十里至黃河口,過河五里至嚴伯鎮,起旱五里至朝邑縣。

郃陽縣:計程一百七十五里,限七日到。每鹽一斗重二十四斤,定價三錢六厘。

自運城四十里至赤社,二十五里至客頭,四十里至束張,十里至夾馬口,五里至黃河口,上船十五里至下陽鎮,起旱四十里至郃陽縣。

澄城縣:計程二百二十里,限七日到。每鹽一斗重二十六斤一兩三錢,定價三錢四分四厘。

自運城四十里至赤社,二十五里至客頭,四十里至束張,十里至夾馬口,五里至黃河口,上船二十里至營田鎮,起旱四十里至寺前鎮,四十里至澄城縣。

韓城縣:計程二百一十里,限八日到。每鹽一斗重二十五斤十兩,定價三錢三分。

自運城四十里至赤社,二十五里至客頭,四十里至束張,十里至夾馬口,五里至黃河口,上船七十里至緇川,起旱二十里至韓城縣。

白水縣:計程三百六十里,限八日到。每鹽一斗重二十五斤,定價三錢四分。

自運城三十里至胡家嶺,二十里至喬家庄,四十里至孫常,四十里至孟明橋,十里至下馬頭,三十里至黃河口,過河五里至嚴伯鎮,起旱五里至朝邑縣,四十里至同州,九十里至蒲城縣,五十里至白水縣。

華　州:計程三百八十五里,限十一日到。每鹽一斗重二十五斤,定價三錢四分。

自運城四十里至赤社,二十五里至客頭,四十里至柬張,十里至夾馬口,五里至黃河口,上船一百里至三河口,四十里至華陰縣,一百一十里至華州周家庄,起旱十五里至華州。

華陰縣:計程二百九十里,限九日到。每鹽一斗重二十五斤,定價三錢三分。

自運城四十里至赤社,二十五里至客頭,四十里至柬張,十里至夾馬口,五里至黃河口,上船一百里至三河口,四十里至華陰東宅,起旱三十里至華陰縣。

蒲城縣:計程三百一十里,限七日到。每鹽一斗重二十五斤,定價三錢三分。

自運城三十里至胡家嶺,二十里至喬家庄,四十里至孫常,四十里至孟明橋,十里至下馬頭,三十里至黃河口,過河五里至嚴伯鎮,起旱五里至朝邑縣,四十里至同州,三十里至船社鎮,十里至晉城鎮,二十里至龍陽鎮,十里至旱地,二十里至蒲城縣。

乾　州:計程七百三十里,限三十日到。每鹽一斗重二十八斤,定價四錢一分二厘。

自運城四十里至赤社,二十五里至客頭,四十里至柬張,十里至夾馬口,五里至黃河口,上船一百里至三河口,三百九十里至咸陽縣,起旱五十里至邸張驛,三十里至醴泉縣,四十里至乾州。

永壽縣:計程八百二十里,限三十一日到。每鹽一斗重二十八斤,定價四錢一分二厘。

自運城四十里至赤社,二十五里至客頭,四十里至東張,十里至夾馬口,五里至黃河口,上船一百里至三河口,四十里至華陰縣,七十里至華州,五十里至渭南縣,五十里至交口,五十里至新豐鎮,三十里至臨潼縣,五十里至西安府,五十里至咸陽縣,起旱五十里至邸張驛,三十里至醴泉縣,四十里至乾州,五十里至監郡庄,四十里至永壽縣。

武功縣:計程七百五十里,限三十一日到。每鹽一斗重二十八斤,定價四錢一分二厘。

自運城四十里至赤社,二十五里至客頭,四十里至東張,十里至夾馬口,五里至黃河口,上船一百里至三河口,三百九十里至咸陽縣,起旱二十五里至馬抱泉,二十五里至興平縣,三十里至馬衛鎮,二十里至東扶風,四十里至武功縣。

邠　州:計程八百九十八里,限三十二日到。每鹽一斗重二十五斤,定價四百三十文。

自運城三十里至買女,二十里至西王,五十里至七記鎮,四十里至黃龍鎮,八里至黃河口,上船八十里至三河口,四十里至華陰縣,七十里至華州,五十里至渭南縣,五十里至交口,五十里至新豐鎮,三十里至臨潼縣,五十里至西安府,五十里至咸陽縣,起旱五十里至邸張驛,三十里至醴泉縣,四十里至乾州,五十里至監郡庄,四十里至永壽縣,四十里至太峪鎮,三十里至邠州。

淳化縣:計程六百一十里,限十五日到。每鹽一斗重二十五斤,定價三百八十文。

自運城四十里至赤社,二十五里至客頭,四十里至束張,十里至夾馬口,五里至黃河口,上船一百里至三河口,二百一十里至交口,起旱一百一十里至雲陽鎮,七十里至淳化縣。

三水縣:計程六百九十八里,限十七日到。每鹽一斗重二十五斤,定價四錢。

自運城三十里至買女,二十里至西王,五十里至七記鎮,四十里至黃龍鎮,八里至黃河口,上船八十里至三河口,二百一十里至交口,起旱一百一十里至雲陽鎮,七十里至淳化縣,八十里至三水縣。

安康縣:計程一千二百三十里,限三十六日到。每鹽一斤,定價三分四厘。

自運城四十里至赤社,二十五里至客頭,四十里至束張,十里至夾馬口,五里至黃河口,上船一百里至三河口,四十里至華陰縣,七十里至華州,五十里至渭南縣,五十里至交口,八十里至草灘,起旱二百四十里進山至舊縣關,一百二十里至晉司里,一百二十里至趙家灣,一百二十里至琉璃溝,一百二十里至安康縣。

紫陽縣:計程一千四百一十里,限三十九日到。每鹽一斤,定價三分七厘。

自運城一千二百三十里至安康縣,上船起旱路程俱同安康。一百八十里至紫陽縣。

白河縣:計程一千三百五十八里,限三十八日到。每鹽一斤,定價三分四厘。

自運城三十里至買女,二十里至西王,五十里至七記鎮,四十里至黃龍鎮,八里至黃河口,上船八十里至三河口,四十里至華陰縣,七十里至華州,五十里至渭南縣,五十里至交口,八十里至草灘,起旱二百四十里進山至舊縣關,一百二十里至晉司里,一百二十里至趙家灣,一百二十里至硫璃溝,一百二十里至安康縣,一百二十里至白河縣。

石泉縣:計程一千四百里,限三十九日到。每鹽一斤,定價三分八厘。

自運城三十里至胡家嶺,二十里至喬家庄,四十里至孫常,四十里至孟明橋,十里至下馬頭,三十里至黃河口,上船四十里至三河口,四十里至華陰縣,七十里至華州,五十里至渭南縣,五十里至交口,八十里至草灘,起旱二百四十里進山至舊縣關,一百二十里至晉司里,一百二十里至趙家灣,一百二十里至硫璃溝,一百二十里至安康縣,一百八十里至石泉縣。

平利縣:計程一千三百三十八里,限三十八日到。每鹽一斤,城店定價三分六厘,白土關定價三分八厘。

自運城三十里至買女,二十里至西王,五十里至七記鎮,四十里至黃龍鎮,八里至黃河口,上船八十里至三河口,四十里至華陰縣,七十里至華州,五十里至渭南縣,五十里至交口,八十里至草灘,起旱二百四十里進山至舊縣關,一百二十里至晉司里,一百二十里至趙家灣,一百二十里至硫璃溝,一百二十里至安康縣,一百里至平利縣。

旬陽縣:計程一千一百一十里,限三十三日到。每鹽一斤,定價三分四厘。

自運城四十里至赤社,二十五里至客頭,四十里至東張,十里至夾馬口,五里至黃河口,上船一百里至三河口,四十里至華陰縣,七十里至華州,五十里至渭南縣,五十里至交口,八十里至草灘,起旱二百四十里進山至舊縣關,一百二十里至晉司里,二百四十里至旬陽縣。

河南省

凡禀明改路者,照依改路開載。其孟津、洛陽等臨河州縣,間有以牛皮餛飩裝鹽扎口,由黃河順流而下者,此一時之權宜。如河運不便,仍由定程行運,未便改載。

洛陽縣:計程三百九十里,限十二日到。每鹽一斤,定價一分八厘三毫。

自運城二十里至聖惠鎮,十里至東郭,二十里至張店,三十里至八政,二十里至茅津渡,過河五里至會興鎮,十五里至磁鐘,二十五里至張茅,二十里至硤石驛,二十里至觀音堂,二十里至英豪鎮,二十五里至澠池縣,四十里至義昌驛,二十里至鐵門鎮,三十里至新安縣,三十里至磁澗,二十里至谷水村,二十里至洛陽縣。

偃師縣:舊由西路太陽渡過河。乾隆二年,據運商許洪太禀請,改由此路,計程四百六十里,每鹽一斤,定價一十七文。

自運城三百九十里至洛陽縣,路同洛陽。七十里至偃師縣。

鞏　縣:計程五百一十里,限十五日到。每鹽一斤,定價一十七文。

自運城三百九十里至洛陽縣,路同洛陽。七十里至偃師縣,五十里至鞏縣。

孟津縣:計程四百四十里,限十三日到。每鹽一斤,定價一十七文。

自運城三百九十里至洛陽縣,過河路程俱同洛陽。五十里至孟津縣。

宜陽縣:舊由西路太陽渡過河。乾隆二年,據運商張源稟請,改由此路。計程三百三十五里,每鹽一斤定價一分七厘五毫。

自運城二十里至聖惠鎮,十里至東郭,二十里至張店,三十里至八政,二十里至茅津渡,過河五里至會興鎮,十五里至磁鐘,二十五里至張茅,二十里至硤石驛,二十里至觀音堂,六十里至河底鎮,四十里至韓城鎮,五十里至宜陽縣。

登封縣:計程五百二十里,限十五日到。每鹽一斤,定價一十七文。

自運城二十里至聖惠鎮,十里至東郭,二十里至張店,三十里至八政,二十里至茅津渡,過河五里至會興鎮,十五里至磁鐘,二十五里至張茅,二十里至硤石驛,二十里至觀音堂,二十里至英豪鎮,二十五里至澠池縣,四十里至義昌驛,二十里至鐵門鎮,三十里至新安縣,三十里至磁澗,二十里至谷水村,二十里至洛陽縣,四十里至翟家莊,五十里至參駕店,二十里至少林寺,二十里至登封縣。

永寧縣:舊由西路太陽渡過河。乾隆二年,據運商郭封四稟請,改由此路。計程四百五里,每鹽一斤,定價一十六文。

自運城二十里至聖惠鎮,十里至東郭,二十里至張店,三十里至八政,二十里至茅津渡,過河五里至會興鎮,十五里至磁鐘,二十五里至張茅,二十里至硤石驛,二十里至觀音堂,六十里至河底鎮,四十里至韓城鎮,六十里至三鄉鎮,六十里至永寧縣。

澠池縣:計程二百三十里,限八日到。每鹽一斤,定價一十四文。

自運城二十里至聖惠鎮,十里至東郭,二十里至張店,三十里至八政,二十里至茅津渡,過河五里至會興鎮,十五里至磁鐘,二十五里至張茅,二十里至硤石驛,二十里至觀音堂,二十里至英豪鎮,二十五里至澠池縣。

新安縣:舊由西路太陽渡過河。乾隆二年,據運商路復新稟請,改由此路。計程三百二十里,每鹽一斤,定價一十四文。

自運城二百三十里至澠池縣,過河路程俱同澠池。四十里至義昌驛,二十里至鐵門鎮,三十里至新安縣。

嵩　縣:計程四百五十五里,限十四日到。每鹽一斤,定價一分八厘三毫。

自運城二十里至聖惠鎮,十里至東郭,二十里至張店,三十里至八政,二十里至茅津渡,過河五里至會興鎮,十五里至磁鐘,二十五里至張茅,二十里至硤石驛,二十里至觀音堂,六十里至河底鎮,四十里至韓城鎮,四十里至趙堡,四十里至白楊樹,三十里至鳴皋,六十里至嵩縣。

陝　州:計程一百一十里,限四日到。每鹽一斤,定價一分三厘。

自運城二十里至聖惠鎮,十里至東郭,二十里至張店,二十里至八政,二十里至茅津渡,過河十里至陝州。

靈寶縣:計程一百里,限四日到。每鹽一斤,定價一分三厘。

自運城四十里至解州,四十里至陌底,十里至曲里,過河十里至靈寶縣。

閺鄉縣:計程三百七十里,限十二日到。每鹽一斤,定價一分三厘。

自運城四十里至赤社,二十五里至客頭,四十里至束張,十里至夾馬口,五里至黃河口,上船一百三十里至潼關廳,五十里至交底鎮,三十里至盤豆鎮,三十里至大河南岸,卸船起旱十里至閺鄉縣。

盧氏縣:計程二百八十里,限九日到。每鹽一斤,定價一分八厘三毫。

自運城四十里至解州,四十里至陌底,十里至曲里,過河十里至靈寶縣,四十里至川口,七十里至關道鎮,七十里至盧氏縣。

南陽縣:計程一千零十五里,限二十七日到。每鹽一斤,定價二分四厘。

自運城二十里至聖惠鎮,十里至束郭,二十里至張店,三十里至八政,二十里至茅津渡,過河五里至會興鎮,十五里至磁鐘,二十五里至張茅,二十里至硤石驛,二十里至觀音堂,二十里至英豪鎮,二十五里至澠池縣,四十里至義昌驛,二十里至鐵門鎮,三十里至新安縣,三十里至磁澗,二十里至谷水村,二十里至洛陽縣,二十里至龍門鎮,五十里至白沙鎮,三十里至臨汝,三十里至廟下,三十五里至汝州,四十里至長埠,五十里至郟縣,三十里至長橋,三十里至襄城縣,六十里至葉縣,三十里至舊縣,十里至獨樹,三十里至保安驛,六十里至裕州,六十里至博望驛,六十里至南陽縣。

鎮平縣:計程一千零七十五里,限二十八日到。每鹽一斤,定價二分四厘。

自運城一千零十五里至南陽縣，過河路程俱同。六十里至鎮平縣。

唐　縣：計程一千一百一十五里，限三十日到。每鹽一斤，定價二分四厘。

自運城一千零十五里至南陽縣，過河路程俱同南陽。六十里至桐寨鋪，四十里至唐縣。

桐柏縣：計程一千二百七十五里，限三十四日到。每鹽一斤，定價二分六厘。

自運城一千零十五里至南陽縣，過河路程俱同南陽。六十里至桐寨鋪，四十里至唐縣，七十里至平氏鎮，九十里至桐柏縣。

鄧　州：計程一千一百三十五里，路限三十日到。每鹽一斤，定價二分四厘。

自運城一千零十五里至南陽縣，過河路程俱同南陽。六十里至穰東，六十里至鄧州。

新野縣：計程一千一百三十五里，限三十日到。每鹽一斤，定價二分四厘。

自運城一千零十五里至南陽縣，過河路程俱同南陽。六十里至瓦店，六十里至新野縣。

淅川縣：舊由陌底渡過河。乾隆十年，據運商葛文生稟請，改由此路。計程九百五十里，每鹽一斤，定價二分六厘。

自運城四十里至赤社，二十五里至客頭，四十里至東張，十里至夾馬口，五里至黃河口，上船一百三十里至潼關，起旱八十里至黑張，八十里至塲水，八十里至油房兒，八十里至龍駒寨，八十里至武關，八十里至三角翅，一百里至荊紫關，上船一百二十里至淅川縣。

葉　縣:計程七百六十五里,限二十一日。到每鹽一斤,定價一分一厘。

自運城二十里至聖惠鎮,十里至東郭,二十里至張店,三十里至八政,二十里至茅津渡,過河五里至會興鎮,十五里至磁鐘,二十五里至張茅,二十里至硤石驛,二十里至觀音堂,二十里至英豪鎮,二十五里至澠池縣,四十里至義昌驛,二十里至鐵門鎮,三十里至新安縣,三十里至磁澗,二十里至谷水村,二十里至洛陽縣,二十里至龍門鎮,五十里至白沙鎮,三十里至臨汝,三十里至廟下,三十五里至汝州,四十里至長埠,五十里至郟縣,三十里至長橋,三十里至襄城縣,六十里至葉縣。

泌陽縣:計程九百零五里,限二十四日到。每鹽一斤,定價二分五厘。

自運城七百六十里至葉縣,過河路程俱同葉縣。三十里至舊縣,十里至獨樹,五十里至牛王庄,五十里至泌陽縣。

裕　州:計程八百九十五里,限二十四日到。每鹽一斤,定價二分四厘。

自運城七百六十五里至葉縣,過河路程俱同葉縣。三十里至舊縣,十里至獨樹,三十里至保安驛,六十里至裕州。

南召縣:計程七百八十五里,限二十一日到。每鹽一斤,定價二分四厘。

自運城二十里至聖惠鎮,十里至東郭,二十里至張店,三十里至八政,二十里至茅津渡,過河五里至會興鎮,十五里至磁鐘,二十五里至張茅,二十里至硤石驛,二十里至觀音堂,二十里至英豪鎮,二十五里至澠池縣,四十里至義昌驛,二十里至鐵門鎮,三十里至新安縣,三十里至磁澗,二十里至谷水村,二十里至洛陽縣,二十里至龍門鎮,五十里至白沙鎮,三十里至臨汝,三十里至廟下,三十五里至汝州,九十里至寶豐石灰窑,五十里至魯山縣,四十五里至交口,四十五里至南召縣。

內鄉縣:舊由東路茅津渡過河。乾隆十二年,據運商衛天泰稟請,改由此路。計程七百六十里,每鹽一斤,定價二分四厘。

自運城四十里至解州,四十里至陌底,十里至曲里,過河十里至靈寶縣,四十里至川口,七十里至闖道鎮,七十里至盧氏縣,七十里至桐樹兒,八十里至朱陽關,九十里至黃草平,九十里至張家店,九十里至丹水鎮,六十里至內鄉縣。

汝　州:舊由西路太陽渡過河。乾隆二年,據運商朱光先稟請,改由此路。計程五百五十里,每鹽一斤,定價二分。

自運城二十里至聖惠鎮,十里至東郭,二十里至張店,三十里至八政,二十里至茅津渡,過河五里至會興鎮,十五里至磁鐘,二十五里至張茅,二十里至硤石驛,二十里至觀音堂,二十里至英豪鎮,二十五里至澠池縣,四十里至義昌驛,二十里至鐵門鎮,三十里至新安縣,三十里至磁澗,二十里至谷水村,二十里至洛陽縣,二十里至龍門鎮,五十里至白沙鎮,三十里至臨汝,三十里至廟下,三十五里至汝州。

魯山縣:計程六百七十五里,限十九日到。每鹽一斤,定價二分。

自運城五百五十五里至汝州,過河路程俱同汝州。六十里至大營,六十里至魯山縣。

郟　縣:計程六百四十五里,限十八日到。每鹽一斤,定價二分。

自運城五百五十五里至汝州,過河路俱同汝州。四十里至長埠鎮,五十里至郟縣。

寶豐縣:舊由西路太陽渡過河。乾隆二年,據運商劉禄禀請,改由此路。計程六百二十五里,每鹽一斤,定價二分。

自運城五百五十五里至汝州,過河路程俱同汝州。七十里至寶豐縣。

伊陽縣:舊由西路太陽渡過河。乾隆二年,據運商郭鈺禀請,改由此路。計程五百四十里,每鹽一斤,定價一十九文。

自運城二十里至聖惠鎮,十里至東郭,二十里至張店,三十里至八政,二十里至茅津渡,過河五里至會興鎮,十五里至磁鐘,二十五里至張茅,二十里至硤石驛,二十里至觀音堂,二十里至英豪鎮,二十五里至澠池縣,四十里至義昌驛,二十里至鐵門鎮,三十里至新安縣,三十里至磁澗,二十里至谷水村,二十里至洛陽縣,二十里至龍門鎮,五十里至白沙鎮,三十里至臨汝鎮,五十里至伊陽縣。

襄城縣:計程七百零五里,限十九日到。每鹽一斤,定價二分。

自運城二十里至聖惠鎮,十里至東郭,二十里至張店,三十里至八政,二十里至茅津渡,過河五里至會興鎮,十五里至磁鐘,二十五里至張茅,二十里至硤石驛,二十里至觀音堂,二十里至英豪鎮,二十五里至澠池縣,四十里至義昌驛,二十里至洛陽縣,二十里至龍門鎮,五十里至白沙鎮,三十里至臨汝鎮,三十里至廟下,三十五里至汝州,四十里至長埠鎮,五十里至郟縣,三十里至長橋,三十里至襄城縣。

【按】程限之立,始於前運使蘇昌臣,誠善策也。惟是脚户之弊,情僞百出。或公然盜賣,私償債負,及商人催趲①,托故挨遲。或安心詿騙,暗飽囊橐②。即鳴之官司,終歸烏有。不則③新舊壓欠,不則攙和沙土,圖爲掩飾一時之計。自非嚴爲之防,商本耗而民食誤。運城向有脚頭行④,攬運三省,是不得不責之脚頭矣。

失 水 補 運

河東鹽行三省,晉省均係陸運,秦豫二省水陸兼行。黃河、渭河運發鹽船,每有遭風失水之患。乾隆九年,鹽政吉慶請照淮鹽失水之例補運。因原奏內未將運程定例以及應由水運之各州縣區別聲明,經部議駁。乾隆十九年,鹽政薩哈岱以陝省富平等十一州縣、豫省洛陽等三十一州縣,俱由黃河過渡,即可陸運,未便准補。所有陝省之咸寧等三十三州縣商鹽俱由黃河繞運以及徑達渭河者,計程自百數十里至三四百里不等。豫省閿鄉一縣,亦由黃河運發,順流而下,計程二百四十里,均係水路。猝遇風波,實難防範。奏請嗣後凡由黃河遠運并徑達渭河運發引鹽,倘遇遭風失水,果係漂沒無存者,令該地方官查明,取具⑤印甘各結⑥,准其照例補運。如有捏報

① 催趲:催趕,督促。
② 囊橐:袋子。
③ 不則:同"否則"。
④ 脚頭行:專事運輸的商行,其把頭稱脚頭。
⑤ 取具:置辦。
⑥ 印結:蓋有印章的保證文書。甘結,交給官府的一種畫押字據,多爲保證某事,并聲明有違則甘願受罰。

淹消①、重復影射之弊,一經查出,照私販律從重治罪。謹將奏准應補各州縣附後。

陝西省

咸寧縣	長安縣	涇陽縣	三原縣	渭南縣	臨潼縣
盩厔縣	醴泉縣	藍田縣	高陵縣	興平縣	咸陽縣
鄠　縣	商　州	鎮安縣	雒南縣	山陽縣	商南縣
興安州	石泉縣	洵陽縣	漢陰縣	紫陽縣	平利縣
白河縣	華　州	華陰縣	乾　州	武功縣	永壽縣
邠　州	三水縣	淳化縣

河南省

閿鄉縣

【按】例載,鹽船失風失火,責成州縣官會同營員查勘確實,限一月內出結②,通詳③鹽道④。於詳到日起,限半月內核轉,以憑飭商補運,限三個月過所運口岸,定例綦⑤嚴。重商本所以重民食,而即以重課源也。惟是蒲州之夾馬口、黃龍鎮、下馬頭一帶,長河輓運,每有不肖船户乘間盜賣商鹽,慮日久敗露,則捏爲失水淹消之狀,以冀僥幸一時。是在押運者小心防範,而經由各地方官,尤不可不隨時加察也。

---

① 淹消:淹没消失,或消磨時日。
② 出結:出具事已了結或事情屬實的證明。
③ 通詳:舊時下級向上級申報文書。
④ 鹽道:即鹽法道,官名。掌管一省鹽政。清代於不設鹽運使各省設置,或以分巡各道兼理。
⑤ 綦:極,很。

借運蘆鹽、蒙鹽、花馬池鹽

　　自池遭水患，產鹽不敷配運，三省引地向有借運蘆鹽、蒙鹽、花馬池鹽之例。乾隆二十年，河南巡撫圖①據河南府商人呈請，暫撥長蘆引鹽以資接濟，部覆行知到晉。鹽政西寧遵旨，議在長蘆通融一千五百名。嗣於二十一、二、三、四、五等年援照成例，各在長蘆借鹽一千五百名或一千名不等。三十九年，鹽政瑞齡又請買運長蘆餘鹽。因長蘆餘鹽無多，僅撥借六百名。是年冬，又借運一千名。此借運之在長蘆者先後八次，然而隔省運發，終多不便。又乾隆二十二年，鹽政那俊議買口鹽二千三百餘名。遲逾兩載，僅買到鹽三十七名。乾隆二十五年，鹽政薩哈岱又借買阿拉善山鹽斤，遷延一載，僅買到鹽九名。此借運之在蒙古者兩次。不惟路遠費重，輓運維艱，抑且緩不及時，無補民食。乾隆四十七年，巡撫兼鹽政農起奉有阿拉善山鹽斤令商買運之旨，力請停止。其花馬池鹽與河東行鹽地方稍近，初借於乾隆二十年，鹽政西寧議買五百名，實運到二十九名。二十四、五兩年，又先後請借惠安堡、大花馬池鹽，以濟民食。然而花馬池地小鹽缺，欲其源源接濟，此又事之有名無實者耳。

　　【按】河東額餘引鹽行銷，各有定制。借運者一時之權宜，非長策也。故歷年偶有池產不敷，多俟來歲新鹽通融配運，斷無輕議仰藉鄰封之理。況邇來鹽積充盈，扣至乾隆五十三年，尚存餘鹽七千三百餘名，幾足兩年之配，可無另行籌策矣。

---

① 查資料，當為雅爾圖。原文僅有"圖"字，後空一格。

分別給票運鹽

河東運鹽,向無押運之人。止將部引散給車户、驢夫,沿途照驗。或一人領一張,或一人領數張,零星駝載①,前後參差。引一遺失,往返查追,鹽必停擱,易起私販盜賣諸弊。乾隆四十二年,鹽政瑞齡奏請仿照兩淮之例,鹽政發給運票,運司發給護票,定於引鹽掣卸垣店②之後,運商將引彙齊,投司報明商人姓名、引鹽數目、發賣口岸,由司照例揹用吏扒,詳請鹽政每名發給運票一張,運司將引加封,引皮仍露引角。并每名發給護票一張,同交該商轉付押運人役收執。其車户、驢夫按引另給連環小票,仍注明引鹽數目,以便沿途隨鹽照驗。引鹽到地,將各票同引一并呈明地方官照例截角,分別申繳院司查考。

【附】票鹽巔末

明嘉靖間,因太、汾所屬州縣山路崎嶇,商運難至,許行土鹽,給票收稅。每鹽百斤給票一張,聽其轉販於岢嵐、保德、河曲諸處。惟平定、代、石十州縣地里③稍平,令行引鹽,而商亦不至。遂從御史趙睿之議,查覈州縣户口食鹽之數,計口派鹽,給票收稅,先後增加共給鹽票一十一萬五千五百七十九張,抵作一萬六千三百二十引。隆慶四年,開墾六小池。援照太、汾事例,印給小票發賣。萬曆三十七年,以引票兼行,互相影射,大爲弊竇,議令行票之地盡復行引,而百斤納稅之票遂

---

① 駝載:即馱載,用牲口裝載。
② 垣店:當指築有圍墻的鹽店。近義詞有"垣屋"等。
③ 地里:相當於"地理",土地、山川等的環境形勢。

停。又，明時，河東采鹽之法有二。一爲官丁撈采之鹽。鹽丁撈鹽，在場商人納課領引，支鹽發賣，此官鹽之用引者也。一爲商人撈采之鹽。商人自備工本撈鹽，百引内分七十引於官，照常納課領引行銷。許存三十引，在商抵作撈鹽工本，不必納課領引。止給官票照賣，此工本鹽之以票代引者也。我朝順治十年，將工本商鹽盡裁，以疏有引官鹽，而以票照鹽之法復停。

【按】河東行鹽，以票之制，自昔已然。雖事例各有不同，要爲①慎重引張之籌策。乾隆二十八年，秋雨過多，車脚稀少。報銷屆期，而在場未掣、在途未運之鹽，尚有七百餘名。前運使吳雲從詳定給票補運之法。除晉省地方，近在三百里以内者，責令各商趕辦掣運；凡有路遠各州縣，令該商先將引目彙齊趕送，各地方官截角鈐印，勒限申繳。其未掣之鹽，即以門票補掣，并查明馬頭②未運之鹽，由司詳院給票護運。是亦以票照鹽之遺法。今設有連環小票，按引給領，仍隨引呈繳，由是引張可免散失，而又非若票鹽之易滋弊竇也。

改置年季商首

運城爲鹽法總彙之地，向置商廳。於各商中擇其明白曉事者點充總綱，承辦鹽場一切公務。綱分三省，總會其成，法非不善，嗣因把持漁利，弊竇叢生。乾隆四十七年，議將總綱名目革除。每歲另立值年司季，各商首輪流辦公。值年者，歲以爲常，共相稽核；司季者，每季三人，更番輪值，辦理公務。

---

① 要為：應當是，必須是。
② 馬頭：今為碼頭，船隻停泊處。

季終接替時,出具"交收明白并無派累"甘結,送司備案,并報鹽政查考。如有偏徇弊混以及交代未清等事,責成接管之商稟首革究另補。倘或扶同徇隱,一并連治,仍於年底秉公考核,分別去留。

禁革州縣鹽規

各省州縣鹽規,久奉嚴禁。但曰久玩生,難保無暗中收受情事。乾隆四十七年,巡撫兼鹽政農起於調劑案內奏明會同豫陝巡撫再申禁令,毋許地方官勒索商人陋規。一有干犯,即行參處。年終令本商出具并無需索甘結,由該州縣加結,詳請咨部查考。其應取各結,豫陝二省由各司道取送本省巡撫逕行咨部,一面移送運司。山西省由運司取齊移送藩司呈院,咨送仍同豫陝二省。送到各結,一并轉呈鹽政衙門備案。

扒票各式附後

额引省县扒式

押
省　縣發賣官鹽引

馀引省县扒式

乾隆　年部颁馀引

| 省　縣發賣官鹽引　押 |

额馀引门扒

乾隆　年　月　日　场大使验掣

额馀引吏扒

乾隆　年　月　日　门场吏验发起运

掣鹽門票

省　運商　　今執引壹名於本月

日親身至場舖　　唯內支鹽拾貳

軍由禁門掣出卸　門外　店內本日

出完理合填入原領印信門票投本場大使轉

呈

院憲大人查閱施行填報是實

乾隆 鹽成印信 年　月　　日具

坐商裁繳

河東陝西都轉鹽運使司鹽運使加 勒管鹽法道 為給發號票事仰

州運商
舖坐商 茲
縣運商
舖坐商
如數秤明票交該商裁剞繳照

執票赴 場
眼内挈
引官鹽壹車

乾隆 年 月 日給州
鹽運車戶 同 月 日

監商收繳

連環小票運字號

河東陝西都轉鹽運使司鹽運使加 勒管鹽法道 為給發號票事仰

州運商
縣運商
舖坐商
執票赴 場
眼内挈
引官鹽壹車

由禁門交票 驗明放行掛記繳照

乾隆 年 月 日給 官

連環小票

河東鹽運司為遵

旨議奏henceforth照得河東鹽引倣照兩淮分別給票以社秋緊等因遵奉在案今據商人

報稱于　年　月　日運發　　省　縣　年額引一張配

鹽二百四十觔除將

院司運護各票並將原引封給該商照驗外合行發給小票為此票仰沿途經

過處所驗票並不許留難阻滯鹽運到地卽將此票交付水衙門繳

官申繳水司二衙門查銷毋得遲悞干咎須票

乾隆　年　月　日

運司印信

右票給腳戶　　收執

限鹽到日繳

稽運票

巡撫山西部院兼管河東鹽院　為遵
旨議奏事照得河東行鹽引張做照兩淮分別給票以杜私弊等由
遵奉在案茲據運司據商轉請運票前來除由司將引張於掣
鹽之後彙齊加封引皮填給該商隨鹽賫投外合行給發稽運
票為此仰　持票刻速運往　省　縣發賣所有裝運鹽
觔引數照後開款格實填仍于司封引皮填寫相符均付押運
人役收執沿途經過處所照驗放行如無此票即係私鹽所在
官司拿究申解該官司亦不得藉端悞運致干查叅此票隨引
由地方官照例截角鈐印申繳
本部院衙門查考均毋違錯須票

計開
商人　裝運　省　州縣乾隆　年綱除引　名　引配鹽
萬　千　百　十　觔　計　百　十　袋
右票給運商　執此
乾隆　年　月　日
巡撫部院兼管鹽院
限鹽運到日繳

運 護 票

欽命管理兩淮鹽法道為遵旨給發票照以杜私縈等由運

司詳奉憲檄轉行到司即將照例刷印票張發給該商填寫

鹽引若干張共鹽若干引外合行給發護運票為此票仰沿

途經過關津岸縣州縣驗放毋得留難致誤鹽運須至票者

計開

商人   名

運鹽   百   十引

右票給運商   老

     乾隆   年   月   日   給

皮引

河東陝西都轉臨鹽運使司鹽運使加 勒管鹽法道 為遵
旨議奏事照得河東鹽引倣照兩淮發給引皮慎重收藏以免損失等由遵奉在案茲據商人 稟請封引前來除將皮紙裹至鹽憲鈐印外合將商人 賣投運發 省 州 縣 年 引 張名慎重封固仍露引角加用司印給商護運為此仰沿途經過處所驗明放行毋許留難阻滯護鹽到地該商照例出地方官拆封將引截角蓋印同封皮給商照數繳司查銷毋得違錯須至
引皮者

此始於乾隆四十六年

額引省縣扒式。

舊在商廳揭用。雍正六年,移於運使二堂。
押,××省××縣發賣官鹽引

餘引省縣扒式。始於雍正三年。

乾隆××年部頒餘引。××省××縣發賣官鹽引,押。

前運使蘇昌臣曰:"鹽之所重在引,而引之所重,尤在扒也,夫猶是引耳。而解鹽之幅員最廣,不有以別之,則三省之越冒影射,何所不可?倘止別以省分,而不顯其往賣之州縣,則一省之幅員每至數十州縣,其越冒影射,又何從而禁絕之哉?前人曾更省扒,以致長奸縱私。自商衆議復縣扒,鹽政始得興舉。倘繼此仍有議停縣扒者,應非良策。永禁弗更,洵鐵案也。"

額餘引門扒

乾隆××年××月××日×場大使驗掣。

門扒,舊係運使支科,招房書辦揭扒。雍正八年,詳歸三場大使掌管。現在三禁門揭用,所以防重復出鹽之弊。

額餘引吏扒

乾隆××年××月××日×門場吏驗發起運。

此扒逐張揭用,所以稽運發遲速,亦以杜重複運發之弊。舊在蕭曹廟揭用。雍正六年,移於運使二堂,今司書各在本房輪流揭用。

掣鹽門票

××省×××運商,今執×引壹名於本月××日親身至×場××鋪××畦內,支鹽拾貳車。由×禁門掣出,卸×門外××店內。本日出完,理合填入原領印信門票,投本場大使轉呈院憲大人查閱,施行填報是實。乾隆××年××月××日具(鹽院印信)。

此票設於乾隆七年,鹽政尚琳所以防零星拆掣之弊。

坐商截繳

河東陝西都轉鹽運使司鹽運使加敕管鹽法道,爲給發號票事。仰××州縣運商×××執票赴×場××鋪坐商×××畦內掣×引官鹽壹車。如數秤明,票交該商截搨繳照。乾隆××年××月××日。斗級×××車戶×××。

連環小票運字號:××月××日給押(鹽運司印)。

監商收繳

河東陝西都轉鹽運使司鹽運使加敕管鹽法道,爲給發號票事。仰××州縣運商×××執票,赴×場××鋪坐商×××畦內掣×引官鹽壹車。由×禁門交票驗明放行,搨記繳照。乾隆××年××月××日。官×××商×××。

此票設於雍正二年,運使高山所以防門畦兩處鹽數之不符。

連環小票

河東鹽運司爲遵旨議奏事,照得河東鹽引仿照兩淮分別給票以杜私弊等由，遵奉在案。今據商人報稱於××年××月××日運發××省××縣××年額餘引一張，配鹽二百四十斤，除將院司運護各票并將原引封給該商照驗外，合行發給小票。爲此票，仰沿途經過處所驗票放行，毋許留難阻滯。鹽運到地，即將此票交付本商彙齊，由地方官申繳本司衙門查銷。毋得遺誤干咎，須票。右票給脚戶×××收執。乾隆××年××月××日（運司印信）。限鹽到日繳。

此票設於乾隆四十二年，運使程國表所以代引照鹽。

稽運票

巡撫山西部院兼管河東鹽院×××，爲遵旨議奏事。照得河東行鹽引張仿照兩淮分別給票以杜私弊等由，遵奉在案。茲據運司據商轉請運票前來，除由司將引張於掣鹽之後彙齊加封引皮，填給該商隨鹽賫投外，合行給發稽運票。爲此，仰××商持票刻速運往××省××縣發賣。所有裝運鹽斤引數，照後開款格實填，仍於司封引皮填寫相符，均付押運人役收執。沿途經過處所，照驗放行。如無此票，即係私鹽，所在官司拿究申解。該官司亦不得藉端誤運，致干查參。此票隨引，由地方官照例截角，鈐印申繳。本部院衙門查考，均毋違錯。須票。

計開商人×××裝運××省××州縣，乾隆××年額餘引××名××引，配鹽×萬×千×百×十×斤，計×百×十×袋。右票給運商×××。執此。乾隆××年××月××日（鹽院印信）。巡撫部院兼管鹽院×××，限鹽運到日繳。

此票設於乾隆四十二年鹽政瑞齡所以稽運。

護運票

河東陝西都轉鹽運使司鹽運使加敕管鹽法道,爲遵旨議奏事。照得河東行鹽引張仿照兩淮分别給票以杜私弊等由,遵奉在案。兹據運商請發運護各票前來,除請給鹽憲稽運票,并由司將引張於掣鹽之後彙齊加封引皮,填給該商隨鹽賫投,并給運環小票一百二十張外,合行給發護運票。爲此,仰該商持票刻即護發××省××州縣發賣。照後開引數,務於司封引皮填寫相符,均付押運人役收執。沿途經過處所,照驗放行。如無此票,即係私鹽,所在官司拿究申解。該官司亦不得藉端誤運,致干查參。鹽運到地,照例將引鈐印截角,繳司轉繳。户部查銷其稽運票,該地方官徑繳鹽憲衙門。所有護票彙繳本司衙門查銷,均毋違錯,須票。

商人×××裝運××省××州縣××年額餘引,配鹽×萬×千×百×十×斤,計×百×十×袋。右票給運商×××。執此。乾隆××年××月××日(運司印信)。司×××,限鹽到日繳。

此票設於乾隆四十二年,運使程國表所以護運。

引　皮

河東陝西都轉鹽運使司鹽運使加敕管鹽法道×××,爲遵旨議奏事。照得河東鹽引仿照兩淮發給引皮,慎重收藏,以免損失等由,遵奉在案。兹據商人×××禀請封引前來,除將皮紙彙呈鹽憲鈐印外,合將商人×××賫投運發××省××州縣××年×引××名張,慎重封固,仍露引角,加用司印,給商護運。爲此,仰沿途經過處所驗明放行,毋許留難阻滯。護鹽到地,該商照例由地方官拆封,將引截角蓋印,同封皮給商,照數繳司查銷,毋得違錯,須至引皮者。

此始於乾隆四十二年。

第七卷　引　目

鹽法之清，引爲重。引之爲言，導也。所以防夾帶之弊，而絕影射之奸。鹽無引而出場，謂之私鹽，法有厲禁。或有引而數涉多寡，仍與販私同科。故運商之行鹽，領引爲先，而其目可詳考焉。

鹽引本末

鹽引之名，雖顯於宋熙寧間，而其制則於宋天聖時已立。《宋史》稱，從太常博士范祥之議，舊禁鹽池一切通商。每鹽二百二十斤爲一大席，令入實錢①，授以要券（即池騐券），按數而出。要券者，導鹽之符契也。

元以四百斤爲一引。憲宗壬子年，增撥一千八十五户，歲撈鹽一萬五千引。至元十年，辦鹽六萬四千引。二十九年，減一萬引，令入京兆鹽司添辦。大德十一年，增歲額爲八萬二千引。至大元年，又增煎餘鹽爲二萬引，通爲十萬二千引。延祐六年，增餘鹽五百料，實計撈鹽十八萬四千五百引。此元以前

---

① 實錢：與虛錢相對，產生於唐代。肅宗乾元時所鑄"乾元重寶"重稜錢以一當五十，後又以一當三十，民不樂用。於是官府規定，民間買賣鬻售，需付實錢，即"開元通寶"文錢（以一當一的小平錢），不許用當三十、當五十的"乾元重寶"買賣。宋代一般以紙幣尤其是貶值的紙幣為虛，而以銅錢、金、銀等為實錢。

鹽引之定制也。

明洪武初,每引四百斤。後分一引爲二引,而以四百斤爲大引,二百斤爲小引。名改辦小引,每引行鹽二百斤。河東歲辦課鹽六千八十萬斤,合存積、常股、户鹽三項,共成三十萬四千引。所謂存積,乃現積在場,遇有邊儲急用,納價放支,不拘資次者;常股乃常年派數,以年例開中,納價放支,必俟先後者;户鹽則派支各項食鹽所餘,并與常股聽商報中①者。成化二十二年,加引八萬。正德後,累有增加。嘉靖二十七年,議准正鹽四十二萬引。至三十一年,令河東以六十二萬引爲歲額。萬曆十六年,將開、歸二府改屬長蘆行鹽,乃減引一十五萬,又減免所增餘鹽五萬,照舊止存額引四十二萬。崇禎五年,增引一萬二千五百,以充兵餉。此又明時鹽引增減之大略也。

我朝定鼎,革去明季之浮加,并除免王府、官吏食鹽。順治三年,議復食鹽三千二百引,更名變價解部,共行額引四十萬九千九百三十三引。順治十三年,因兵餉不敷,增引十萬。十六年,將所增十萬新引減去,應徵課銀加於舊額引價之中,而河東歲額仍行四十萬九千九百三十三引。康熙十七年,户科②余國柱請定遇閏增課之例,平糶政以佐軍需。本年閏三月,核加閏引三萬四千一百六十二引。十九年,有閏照加。二

---

① 報中:申報開中。明代商人按開中法納粟邊倉,或納銀運司,為關領勘合之必要程序。

② 户科:官署名。明清六科之一。清順治中沿置,設都給事中滿、漢各一人,左、右給事中各一人,給事中漢二人。康熙四年止留給事中滿、漢各一人,餘俱裁。五年增設掌印給事中滿、漢各一人。掌稽核財賦、注銷户部文卷之事。雍正元年改隸都察院。光緒三十二年裁。

十一年，恩詔停免。康熙十八年，御史傅廷俊以商行之歲額有限，竈鹽之歲産無窮，請敕清查竈鹽，酌加商引。河東遵議於陽曲等四十州縣按丁加引一萬七千四百六十二道，西安府屬按丁加引二萬二千九百六十七道。康熙十九年，又議於陽曲等四十州縣按丁復加引四千三百三十二道。是年，除閏引不計之外，河東實共行引四十五萬四千六百九十四道。康熙二十四年，奉有懷慶改食蘆鹽之行，減除商引三萬七千二百五十一道，撥歸長蘆行鹽，河東止存額引四十一萬七千四百四十三道。先是順治十三年，垣臣①王紀直陳鹽法之弊，兼陳救弊之方，請將行鹽地方、現在户口、應銷引目，酌派適均。每俟十年審丁，仍照户丁每屆酌定，則引不偏枯。議下巡鹽御史酌覆。時御史朱紱復稱，合照《賦役全書》丁口數目，令各省布政司將領引額丁通盤打算，均勻派銷。俞旨准行，未經均定。十四年，御史焦毓瑞接任，以河南俱食解池商鹽，易於均派。其山西所屬各州縣有例食土鹽者，陝西所屬各州縣有例食花馬池鹽者。在行解池商鹽之州縣止有督銷之責，而納課之責在商。若行土鹽并花馬池鹽之處，則銷引納課之責成皆在州縣。事例原有不同，丁引難以互通。據各藩司議照事例分晰，酌量情理，略爲增減。具題部議，應如所請，派引刊册，以永遵守。雍正七年，以解、安招商領辦，加引八千七百道。八年，又以長武照鳳課例，行銷加引八百四道。自此增定額引共四十二萬六千九百四十七道，乃今現行之歲額也。

　　河東鹽引增減，代有不同，蓋以鹽資民食。宋元之幅員、户口既與明殊，我朝之行銷、改撥亦與明異。要之，酌盈劑虚，

---

① 垣臣：諫垣之臣，即諫官。諫垣，指諫官官署。

因地制宜,減乎其所不得不減者,亦增乎其所不得不增,是不必按丁派引而已,無不按丁之多寡以爲增減也。右更名食鹽原額三千二百引,後減存二千五百七十二引零九十二斤内,改撥石樓縣四百一引零一百四十八斤。今商行二千一百七十引一百四十四斤。其西安加增原額二萬二千九百六十七引,今商行二萬二千三百一十六引。

【按】《彙纂》載,明洪武每引二百斤,河東歲辦課鹽六千八十萬斤,共成三十四萬引。考《明史》,洪武歲辦小引鹽三十萬四千,以六千八十萬斤合之,適符三十萬四千之數。《彙纂》以四千訛爲四萬。復以成化二十二年加引八萬接算前數,訛稱共爲四十二萬引。前志襲之,已屬錯誤。其六十二萬引額,史載自嘉靖而已。然前志於課額條下,亦稱嘉靖間議准正鹽四十二萬,後加至六十二萬爲歲額。而於引目條下,則又稱至萬曆歲辦小引鹽六十二萬。前後互異,雖其間增損無常,《明史》并有萬曆加引二十萬之文。而六十二萬之數,則已始於嘉靖間矣。今考《明史》,悉爲刪正,以待折衷。

額引分目

額引者,計口授鹽,制既定而不可更易者也。河東歲額四十二萬六千九百四十七引。顧有引雖同而引之名目不同者。如同是商人實行之引,現共三十六萬四千一百九十八道。而内有更名變價之引乃明時藩封官吏之食鹽,我朝則更去藩封之名變價以充正賦者。又有西安加增之引,係康熙十九年間於舊額之外議加以益正賦者。又有解、安新加之引,始於雍正七年,題明盡銷盡報,招商領辦,以重正賦者。此皆以河東之引,實行河東之鹽也。更有引雖同而所行之鹽不同者。如山西則太原、汾州、寧武三府屬,遼、沁、平、保、忻、代六州屬,隰州暨所屬之大寧、永和二縣,行者土鹽而領河東之引。又如陝西鳳翔府屬暨邠州屬之長武縣,行花馬池鹽而亦領河東之引,此共六萬二千七百四十九道。則皆引隸河東,而所行實非河東之鹽。三省額引共四十二萬六千九百四十七道,商人實行引三十六萬四千一百九十八道,共領引州縣一百七十二處,實行河東池鹽一百一十九州縣。今分別池鹽、土鹽、花馬池鹽,并引地之改移,引目之增減,具列於後。

山西省,額引二十二萬三千一百六道。

平陽府: 屬一州十縣。

臨汾縣額行八千四百五引。

洪洞縣額行八千五百一十八引。

浮山縣額行一千一百七十九引。

岳陽縣額行六百九十七引。

曲沃縣額行八千四百五引。

翼城縣額行五千一百七十六引。

太平縣額行四千四百七引。

襄陵縣額行五千四百八十四引。

汾西縣額行九百六十九引。

鄉寧縣額行六百三十五引。

吉　州額行五百六十四引。

霍　州: 屬二縣。

本　州額行一千一百七十九引。

趙城縣額行三千五百八十七引。

靈石縣額行一千四百八十六引。

蒲州府:屬六縣。

永濟縣額行六千六百六十二引。

臨晉縣額行二千七百一十引。外一千五百四十四引,雍正八年,改撥復設虞鄉縣行銷。

虞鄉縣額行一千五百四十四引。雍正八年,由臨晉縣撥給。

榮河縣額行二千七百六十七引。

萬泉縣額行一千五百八十九引。

猗氏縣額行一千七百八十五引。雍正八年,減額一千七百引,令本省能銷鹽地方作餘引分銷。

解　州:屬四縣。

本州額行三千四百引。解、安歷年無商,惟將額引虛貯在庫。奏銷時,揭扒截角繳部。而三省商人則以一百一十七引支一百二十引之鹽,其扣存三引,即代銷解、安之額也。雍正七年,鹽政碩色奏請加引八千七百道於三省各商,每領引一名,添給三引,以符一百二十引,爲一名之數。其解、安原額引八千七百道,仍歸解、安招商行銷。盡銷盡報,餘剩繳部。

安邑縣額行五千三百引。注昇解州。

夏　縣額行三千九百三十七引。乾隆十一年,減原額一千三百一十一引,永作餘引,三省分銷。

平陸縣額行一千二百三十引。

芮城縣額行二千二百四引。

絳　州:屬五縣。

本　　州額行五千二百二十七引。

垣曲縣額行一千七十六引。

聞喜縣額行四千二百二引。

絳　　縣額行三千四百五十四引。

稷山縣額行三千三百七十二引。雍正八年,減原額一千八十七引,令本省能銷鹽地方作餘引分銷。

河津縣額行三千七十五引。

隰　州:屬三縣,向皆商運商銷。乾隆三十二年,將本州暨大寧、永和二縣改食土鹽,惟蒲縣仍歸商辦。

蒲　　縣額行二百八十七引。

潞安府:屬七縣,乾隆二十九年,裁平順縣,其額引一千六百一十二道,分撥潞城、壺關、黎城三縣。

長治縣額行一萬一千六百七十九引。

長子縣額行五千九百三十九引。

屯留縣額行三千六十五引。

襄垣縣額行四千三百六十三引。

潞城縣額行三千五百七十四引。內增裁缺平順縣引七百二十二道。

壺關縣額行四千三百六十四引。內增裁缺平順縣引六百三道。

黎城縣額行二千七百九十四引。內增裁缺平順縣引二百八十七道。

澤州府:屬五縣。

鳳臺縣額行一萬一千六百四十五引。

高平縣額行九千三百三十四引。

陽城縣額行五千一百六十五引。

陵川縣額行四千七百七十七引。

沁水縣額行二千一百五十二引。

以上四十四州縣，額引一十七萬三千三百六十三道。外猗氏、稷山、夏縣減額引共四千九十八道，永作餘引分銷，仍歸正額作數，實共額引十七萬七千四百六十一道。皆行河東池鹽，係商辦。

太原府：屬一州十縣，食土鹽。

陽曲縣額行三千八引。

太原縣額行二千四十八引。

榆次縣額引三千四百五十三引。

太谷縣額行一千八百四十四引。

祁　縣額行一千五百五十四引。

徐溝縣額行一千三百九十二引。內乾隆二十九年裁清源縣，歸并七百三十五引。

交城縣額行一千九百五十六引。

文水縣額行二千二百五十引。

岢嵐州額行一百五十四引。

嵐　縣額行二百七十九引。

興　縣額行三百六十五引。

平定州：屬三縣，食土鹽。

本　州額行八百六十二引。

樂平縣額行二百六十四引。

盂　縣額行一千七百二十八引。

壽陽縣額行二千三百三十八引一百斤。零鹽百斤不成引,次年湊足,領引一道。

忻　州:屬二縣,食土鹽。

本　州額行二千三十九引一百斤。零鹽百斤不成引,次年湊足,領引一道。

定襄縣額行八百六十引。

靜樂縣額行六百二十五引。

代　州:屬三縣,食土鹽。

本　州額行四百七十三引。

五臺縣額行五百八十一引。

崞　縣額行一千三百三十一引。

繁峙縣額行二百八十一引。

保德州:屬一縣,食土鹽。

本　州額行一百九十四引。

河曲縣額行一百五十一引。

寧武府:屬二縣一廳,食土鹽。

寧武縣額行一百四十引。

神池縣額行八十引。

寧武鹽捕同知西路額行一百七十引。

汾州府:屬一州七縣,食土鹽。

汾陽縣額行二千四百六十五引。

孝義縣額行五百五十三引。

平遙縣額行二千九百五十一引。

介休縣額行二千九百一十二引。

石樓縣額行五百二十引。內更名食鹽引四百一道零一百四十八斤。康熙十年,因改食本地煎鹽,量行撥給,歸入鹽稅徵解。

臨　縣額行一百九十五引。

永寧州額行四百四十七引。

寧鄉縣額行一百五十一引。

遼　州:屬二縣,食土鹽。

本　州額行八百三十引。

和順縣額行三百七十一引。

榆社縣額行三百六十八引。

沁　州:屬二縣,食土鹽。

本　州額行七百七十四引。

沁源縣額行四百一十三引。

武鄉縣額行六百一十四引。

隰　州:屬三縣,惟蒲縣仍係商辦;本州暨大寧、永和於乾隆三十二年,改食土鹽。

本　州額行一千二百三十引。

大寧縣額行二百四十六引。

永和縣額行一百八十四引。

以上四十四州縣,額引四萬五千六百四十五道,領引徵稅,配食土鹽,名曰鹽稅。向設土鹽商,每遇更換,由地方官自行招充,仍報運司,轉院備查。

陝西省,額引一十二萬四千七百一道。

西安府:屬一州十五縣。

長安縣額行六千九百八十一引。

咸寧縣額行八千五十三引。

咸陽縣額行二千三百三十五引。

興平縣額行二千五十引。

臨潼縣額行三千八百九十五引。

高陵縣額行一千八百三十二引。雍正八年,減原額一千三百一十八引,令本省能銷鹽地方作餘引行銷。

鄠　縣額行一千七百八十五引。

藍田縣額行三千一百三十六引。

涇陽縣額行五千七百七十五引。

三原縣額行三千五百八十七引。

盩厔縣額行三千五百六十二引。

渭南縣額行七千四百四十六引。

富平縣額行五千三百六十七引。

醴泉縣額行二千六百六十五引。

同官縣額行三百五十九引。

耀　州額行八百六十引。

商　州:屬四縣。

本　州額行一千三百三十二引。

鎮安縣額行二百八十七引。

雒南縣額行六百一十五引。

山陽縣額行三百八引。

商南縣額行二百五引。

同州府:雍正十三年,州治改府,潼關縣改廳,添設大荔縣爲附府、首邑,屬一廳一州八縣。

大荔縣額行三千七十五引。即同州地,仍行同州額引。

潼關廳額行一百三十六引。以縣改廳,引額仍舊。

朝邑縣額行五千五十八引。

郃陽縣額行五千二百六十引。

澄城縣額行二千八百七十引。

韓城縣額行三千七十五引。

白水縣額行一千一百五十引。

華　州額行三千二百七十四引。

華陰縣額行二千九十六引。

蒲城縣額行五千三百七十八引。乾隆十一年,減原額一千九百二十九引,永作餘引,三省分銷。

乾　州:屬二縣。

本　州額行二千八百四十八引。

武功縣額行一千四百九十六引。

永壽縣額行四百二十四引。

邠　州:屬三縣,內惟長武於雍正八年改食花馬池鹽,餘行解鹽。

本　州額行一千四百三引。

三水縣額行六百一十五引。

淳化縣額行一千二十五引。

興安府:屬六縣,州治改府,改漢陰縣爲安康縣,作附府、首邑。

安康縣額行一千二百七十九引。新改縣治,州引同漢陰引,歸并一縣。

洵陽縣額行四百一十引。

白河縣額行一十二引。

紫陽縣額行一百三引。

石泉縣額行二百五十八引。

平利縣額行一十引。

以上四十三州縣,額引一十萬三千六百九十道外,高陵、蒲城減額,并長武原額引共三千九百七道,永作餘引分銷,仍歸正額作數,實共額引一十萬七千五百九十七道。皆行河東池鹽,係商辦。

鳳翔府:屬一州七縣,食花馬池鹽。

鳳翔縣額行一千六百五引。

岐山縣額行二千九百九十七引。

寶雞縣額行三千二百八十一引。

扶風縣額行五千八百一十三引。

郿　縣額行一千八百一十八引。

麟游縣額行六十八引。

汧陽縣額行一百二十九引。

隴　州額行五百八十九引。

邠　州:屬三縣,本州暨三水、淳化二縣皆食解鹽,惟長武縣改食花馬池鹽。

長武縣額行八百四引。雍正八年,新加此引,照鳳課例行銷,其原額六百六十引,分派陝西能銷鹽地方作餘引代銷。

以上九州縣,額行一萬七千一百四道,領引徵課。配食花馬池鹽名曰鳳課、長武課,例係該州縣按年請領給散。里民派銷,不經商運,并未設有土鹽商。

河南省,額引七萬九千一百四十道。

河南府:屬十縣。

洛陽縣額行四千四百七十七引。

偃師縣額行二千六百九十九引。

鞏　縣額行一千七百八十八引。

孟津縣額行一千七十三引。

宜陽縣額行六百八十三引。

登封縣額行三千一百二十七引。

永寧縣額行一千四十一引。

新安縣額行八百五十一引。

澠池縣額行一千二百九十五引。

嵩　縣額行一千八百一十二引。

陝　州：屬三縣。

本　州額行一千四百二十六引。

靈寶縣額行五千六百二十三引。

閿鄉縣額行三千九百五引。

盧氏縣額行五百七十二引。

南陽府：屬二州十縣。

南陽縣額行四千七引。外六百九十八引，雍正十二年，改撥復設南召縣行銷。

南召縣額行六百九十八引。雍正十二年，由南陽縣撥給。

鎮平縣額行四千八百一十六引。

唐　縣額行四千九百七引。向係土販行銷。乾隆七年，奏歸官辦，餘利歸公。另選殷商一人，承總稽查。

泌陽縣額行三千二百九十六引。

桐柏縣額行七百七十三引。

鄧　州額行六千五十七引。

內鄉縣額行二千八百八十一引。

新野縣額行三千三百八十九引。

淅川縣額行一千八百五十四引。

裕　州額行一千三百七十七引。

葉　縣額行二千二百八引。

汝　州：屬四縣。

本　州額行四千一百七十七引。

魯山縣額行一千四百五十引。

郟　縣額行三千一百二十八引。

寶豐縣額行七百四十三引。

伊陽縣額行七百五十一引。

許　州：屬一縣。

襄城縣額行二千二百五十六引。

以上三十二州縣，額引七萬九千一百四十道，皆行河東池鹽。除唐縣例係官辦，餘俱商人運銷。

【按】河東額引四十二萬六千九百四十七道，行運有定地，銷售有定數，不能改移增減。雍正三年，鹽政馬喀始議通融代銷。至七年，鹽政碩色主融，與運使楊夢琰異議，經河東總督田文鏡遵旨查奏，以各處引鹽銷不足額，皆由緝私不嚴。若令通融代銷，適所以資奸商重複行運、越境販私之弊，請仍舊例不准通融，經部覆准。乾隆九年，鹽政吉慶又請通融，復經部駁。蓋額引原按戶口酌定，國家恩德涵濡百餘年之深，生齒①日繁，故暢銷之地餘引屢增。即使州縣荒僻，不能滋多，豈

---

① 生齒：長出乳齒。古時以嬰兒長乳齒始登載戶籍，因亦以指代嬰兒。後引申為人口。

反加少？前運使沈業富詳論之通融之説，自難信從。而口岸仍不免有暢滯之異者，則存乎地方官督緝之勤惰矣。

代銷定制

代銷者，以此處之商代銷彼處之引也。雍正八年，鹽政碩色以山西猗氏、稷山二縣，陝西之高陵縣原設額引實屬過多，奏請猗氏減額一千七百引，稷山減額一千八十七引，高陵減額一千三百一十八引，永作餘引，輪坐加增。按照本省各州縣行銷餘引之多寡分派代銷，每處每年多者不過一百餘張，少者數十張或十數張不等。本年以長武縣請照鳳課例徵解，其原額六百六十引亦作為餘引，在於陝西能銷鹽地方輪坐代銷。乾隆十一年，鹽政衆神保又以蒲城縣、夏縣額設引鹽歲銷不盡，節年俱有積壓，不惟商力辦運艱難，且恐有誤正課，援照猗氏等縣之例，請將蒲城減額一千九百二十九引，夏縣減額一千三百一十一引，亦作餘引分派三省代銷。統計各項代銷共八千零五引。惟是此項代銷仍歸正額作數，引目猶捐坐商錠名。是雖以額作餘，實無異於正額。故至今引無不銷，課無不完。

【按】河東以額作餘之引，仍不脱額引之名。如解、安加引八千七百道招商行銷，題明盡銷盡報，如有存剩，照餘引例繳部。是雖與通綱正額有別，然而究係額引，正賦攸關。故歷年解、安引課俱隨正額完辦，未便稍有存剩，率行解繳，亦猶代銷之不容缺額耳。

餘引增減

餘引之設，所以濟額引之不足，盡銷盡報，無定數也。河東餘引始於雍正三年,川陝總督帶管鹽務年羹堯以額引不敷行銷,請領餘引十萬道。雍正六年,增領餘引二萬道。七年,增領餘引三萬道。八年,增領餘引五萬道。皆以行銷不敷,故續加請領,復將前領十萬道,題明作爲定例,與續領餘引有間。乾隆五年,以閏月之年食鹽必多,增領餘引二萬道。六年,又以節年請領餘引仍有不敷,復領餘引二萬道。先後共領餘引二十四萬道。凡於請領餘引本內,俱有盡銷盡報字樣,聲明如有餘剩,繳部查銷。乾隆十六年,因餘引過多,積鹽難銷,鹽政西寧題減四萬道。部議覆准,俟數年後仍應行銷二十四萬道。乾隆十八年,以池產豐稔,行鹽漸多,增復餘引二萬道。二十一年,以借買長蘆餘鹽配運,不虞缺乏,又增復餘引二萬道,仍足二十四萬道之數。二十六年,以自池遭水患,帶銷節年額餘未完分數,積引過多,鹽政薩哈岱題減七萬道。三十年,以池內積有餘鹽,恐致澗耗,增復三萬道。三十二年,以節年積引,帶銷全完,增復二萬道。至四十九年,據商人陳寧泰等稟請,領還餘引二萬道,全復原數。今現領餘引二十四萬道,每年於能銷鹽地方分派行銷。乾隆四十八年均引之後,各州縣雖酌有定數,然有餘不足,例得通融。倘難如數行銷,仍准隨時改撥,非若額引之不容增損於其間也。

【按】元時每引四百斤。延祐間,實計撈鹽十八萬四千五百引。明時改辦小引,每引二百斤。嘉靖間,歲辦小引鹽六十二萬引。今每引二百四十斤。額引之外,餘引屢增,現共額餘六十六萬六千九百四十七引,實爲超絕前代,亙古未有。蓋我朝休養生息百數十年,戶口日繁,食鹽日衆。故額引不敷行銷,而必待餘引之加,以濟民食。猗歟休哉!

領繳則例

　　天下鹽法,統歸户部。領引、繳引俱以山東司爲政。户部鑄造銅板,刷印引目,上鈐户部堂印,下鈐山東司印。及頒發到司,又鈐運司之印。舊例,巡鹽御史瓜期而代,每於歲首,親帶額銷引目,發司給商領辦。自雍正二年改爲鹽政差役赴部關領①。今河東歲額四十二萬六千九百四十七引,每歲八月由司詳院遣承差赴部領引。除額引全數請領外,餘引二十四萬道,先領十萬道,同額引俱於十一月内解送司庫存貯,俟來年開印後陸續給商領銷。額引領完,始領餘引。其部存未領餘引一十四萬道,統俟次年七月復由司詳院照例請領,約十月内解送到司、給商領辦。至若解繳殘引,向例雖經官辦,仍係商投。每届繳引之期,商人先赴運司挂號,隨投鹽政衙門鑿孔,發司彙解。迨後,巡撫兼管鹽政駐扎省城,迂迴不便。乾隆四十五年,鹽政喀寧阿飭司議詳,就近徑赴運司衙門投繳,惟將收到數目按旬摺報鹽政查考。其鹽税鳳課等引,舊係差吏頒發。自雍正三年詳明川陝總督帶管鹽務年羹堯,每歲正月由司行文各處差役領取。山西太原等處例行管鹽同知、知州,陝西鳳翔例行知府轉行各州縣,長武則徑行該縣。迨領引後鹽銷引退。歲於奏銷前由該州縣批差申繳,一俟齊繳到司,同商辦各引一并照例鑿孔貯庫。十一月,由司差吏彙解户部山東司查銷。

　　【按】明時,運司給發客商引目,每引納中夾紙一張。至

---

① 關領:領取。

關領之時,類解户部倒引。尋,改爲每引一張,納紙價銀三厘。領引時,解赴户部交納。我朝因之,今每歲由司差吏,赴部交納。其引目中,凡有霉破以及漏印之處,例得咨部另換,仍解紙價。

奏銷期限

舊制,河東鹽引通融奏銷,以三年爲期。及至奏銷,或挪後補前,或移甲換乙,不拘年分,惟期每年起解足敷奏銷之數,便爲足額。然截清年分,按年核計,實多虧缺。雍正七年,奉有按年銷引停止通融之旨。雍正八年,鹽政碩色奏請,自雍正八年爲始,上年之引至次年六月清查奏銷,部議應如該鹽政所請。嗣後,總以上年額引定以次年六月奏銷爲期,餘引加展一年。以餘引領辦較遲,恐運銷不及也。嗣因池遭水患,屢遇歉收,須以本年新産之鹽配運本年應行之引。配銷伊始,奏期已屆,商人辦理拮据。乾隆二十八年,鹽政薩哈岱奏請照長蘆之例,展至十月清查題報,永著爲例。

【按】乾隆三十年,鹽政李質穎飭司議定分限趕運之法。核明引數,按月查繳,以副奏限。四十六年,署運使繆其吉詳請停止。蓋節年商人踴躍急公,多將新引即於本年爭先領掣,無俟拘定限分,自可年清年款。雖地方間有暢滯之不同,而例限寬展。至奏銷之時,無不從容完辦也。

引　式

户部爲鹽法事。山東清吏司案呈,照得河東鹽法題准各項事例,已經通行遵奉訖。所有引目,除場竈丁人,守禦官吏,軍民權豪勢要,官運鹽貨偷取插和,場户運鹽携帶軍器,諸人買食私鹽,載鹽不用官船七款另文申飭外,其題定鹽斤、繳引二款并行鹽地方合行開列,鑄造銅版,印刷給付客商收執照鹽前去發賣施行。須至引者。

——河東運司凡客商賣鹽,每引净鹽二百四十斤爲一引,給半印(運使印信)。引目每引先納引價,隨即支鹽運賣。

——凡客商興販鹽貨,不許鹽引相離,違者同私鹽追斷。如賣鹽畢,五日内不繳退引者,杖六十;將舊引影射鹽貨,同私鹽論罪;僞造鹽引者處斬。

——行鹽地方。山西平陽府、潞安府、澤州、太原府、汾州府、遼州、沁州,河南南陽府、河南府、汝州、開封府、襄城一縣,陝西西安府。

右引付客商×××(山東司印)收執照鹽,准此。乾隆(户部堂印)××年××月××日部押。

凡引貯庫,未搨省縣扒記,謂之生引,以其未拘定行鹽地方也。搨扒報掣謂之熟引。截角鑿孔謂之退引,又謂之殘引。定例,商人領引,赴場掣鹽,截第一角;掣畢出場,截第二角;鹽到地方,該州縣驗明引鹽,截第三角;鹽銷完,引繳州縣,截第四角。四角截訖,向係投繳鹽院鑿孔發司彙解,今徑投運司鑿孔解繳。

题□□□□□盐法事照得河东盐法□□□□□□官吏

户部为盐法事已经通行□□□□所有引目□场灶丁人等
各项事例□□□□□□进盐货运贩□□□其余额定盐斤
准军民人等□食私盐□□不用官□□□□外申明给付客商
缴引二款并行□□□□□□行须至引者钉造铜版印刷给
收执照盐前去发卖施行

一、河东运司凡各商买盐每引净盐二百四十觔为一引
□□□□每引先纳引价随即支盐运卖

一、凡各商兴贩盐货不许盐引相离违者同私盐追断如买
盐本日内不缴退引者杖六十将习引影射盐货同私盐
谕并伪造盐引者处斩

一、行盐地方

山西 平阳府 潞安府 泽州 太原府 汾州府
      绛州   沁州
河南 南阳府 河南府 汝州 开封府 襄城二县
陕西 西安府

右引付客商□□□照盐准此

部□乾隆 年   月   日

第八卷 課　額

自古惟正之供，以下奉上，理也，勢也，分也。鹽之納課，所以寬田疇之賦而助租庸所不及。況商行一名之引，民得一名之食，官收一名之課，商力裕而國計民生均有裨益。故次領引之下，課額宜急考矣。

課項源流

《禹貢》："海濱廣斥，厥貢絺鹽。"鹽之政令供食用而已。至管子謹正鹽策，計口食鹽，此以鹽利國之始。考其法，大約與按丁派引爲近。漢武帝以屬，大農佐賦。後魏及隋，禁弛無常。唐大歷末，天下之賦，鹽居其半。宋天聖中，罷官鬻，聽人入錢①。京師権貨務以江淮、解池鹽給之。一歲中增課十五萬，能得裕課於商之法。元太宗時，始立平陽府徵收課稅所，從實辦課。每鹽四十斤，得銀一兩。每鹽一引，重四百斤，價銀十兩。世宗時，減銀爲七兩。厥後，課以錠計，歲有增減不同。至天歷二年，辦課鈔三十九萬五千三百九十五錠，然而課重價昂，引鹽不售，有派民②收買、入錢縣官之虐政③，民甚苦

---

① 入錢：繳納錢財。宋陸游《老學庵筆記》卷一："漢人入仕，有以資爲郎者，司馬相如、張釋之是也；有入錢入穀賞以官者，卜式、黃霸是也。"
② 派民：指向百姓派分購鹽任務，猶今之攤派。
③ 虐政：虐民之政，虐害欺壓百姓的官政。

之。明洪武初,鹽法開中於九邊①,每引納銀八分,內地支鹽一引。永樂中,每鹽一引,輸邊粟二斗五升。宏治中,始行運司招商輸課之法,解部送邊,河東每引納銀二錢一分。嘉靖二十七年,議准河東正鹽四十二萬引,每引納銀三錢二分,後加至六十二萬引為歲額。除王府官吏食鹽例不收課外一年辦課共計一十九萬七千三百七十六兩。嘉靖四十年,副都御史鄢懋卿掊尅②獻媚,每引止鹽正課之外溢增浮課③之鹽二十斤,歲斂四萬三百兩。迨開、歸改食,續增停免,始照舊時四十二萬引額徵課。天啓六年,大工匱帑,議增鹽課,以濟土木之用。每引加銀二錢,共加銀八千四百兩。崇禎五年,從御史王與印之議,增鹽一萬二千五百引,加銀四千,以充新餉。隨又派加練兵餉銀七千。是時,課額仍除王府官吏食鹽,歲徵銀二十九萬三千七十六兩有奇。

　　我朝龍興,革去明季之浮加食鹽,更名變價解部,實行引四十萬九千九百三十三道,課額一十三萬一千一百七十八兩五錢六分,引價循舊以三錢二分為科徵耳。順治十三年,因軍需不給,增引十萬。尋有除引存課之議,將新引停止,以所有課銀三萬二千攤入四十萬九千九百三十三引之中,每引該攤課七分八厘六絲一忽五微,與前課三錢二分合核,乃得引價三

---

① 九邊:本謂明代設在北方的九個邊防重鎮,後為邊境的泛稱。《明史·兵志三》:"初設遼東、宣府、大同、延綏四鎮,繼設寧夏、甘肅、薊州三鎮,而太原總兵治偏頭,三邊制府駐固原,亦稱二鎮,是為九邊。"

② 掊克:亦作掊克、掊刻。意為聚斂,搜括。《詩·大雅·蕩》:"曾是強御,曾是掊克。"毛傳:"掊克,自伐而好勝人也。"朱熹集傳:"掊克,聚斂之臣也。"

③ 浮課:正式賦稅以外上浮增加的稅收。

錢九分八厘有奇。由是遂爲定額,歲徵課銀一十六萬三千一百七十八兩五錢六分。康熙十五年,量加鹽課以佐軍需,每引加銀五分。十七年,按引復加課銀七分。十八年,御史傅廷俊以清查竈鹽酌加商引具題,山、陝二屬共加引四萬四千七百六十一道。按引加課,本年通核,除賑濟地租等項,實共徵引課二十三萬五千五百五十九兩有奇,而引價每張實計課銀五錢一分八厘有餘矣。康熙二十四年,御史李時謙奏除五分加增課。二十八年,御史郝維謙奏除七分加增課,仍照順治十三年定額,每引止納三錢九分八厘零。計自懷慶改食蘆鹽、減引除課之後,至雍正初年實存引課一十六萬六千一百六十八兩有奇。加以賑濟地租等項,共爲正雜課一十七萬一千七百二十八兩零,而紙硃價銀不與焉。此河東從前之歲額也。自雍正三年後,續有增加,今每歲徵正雜銀五十一萬八千一百一十餘兩。蓋我朝澄清鹽法,治隆前代①,私派禁而商力以舒,陋規除而國賦自裕也。

【按】明嘉靖御史王諍《請復鹽課舊額疏》內稱:"自成化以來,每引定價三錢二分,正德間增作五錢。嘉靖九年,御史楊東題請減作四錢二分。十年,御史方涯題請減作三錢二分,復成化間之舊。"又稱:"嘉靖四十年,鄢懋卿於正課六十二萬之內,每年扣出餘鹽銀四萬三百兩。"此并載《彙纂》中。前志則但言宏治每引二錢一分,嘉靖每引二錢二分,而於王諍一疏似未見聞。雖王疏所稱引價增減分數別無他考,而一代之變更損益具見敷陳委曲之中,自屬彼時實在情形。且所稱六十二萬之數,與史載嘉靖間河東引額不差毫末。并詳備考,未必

---

① 治隆前代:國政興隆超過前代。

非參互①之一證也。

正雜款目

河東舊額正雜銀一十七萬一千七百二十八兩八錢一分六厘,内有額引課、更名食鹽引課、西安加增引課并鹽税、鳳課等名目爲正課,有賑濟米價爲雜課,又有池灘地租、小麥變價、京書廩費等款爲額外雜課。自雍正三年,川陝總督帶管鹽務年羹堯請將河工②銅斤③名色并各衙門陋規俱行裁革。惟於額引并加增引項下,每引一名收官錢銀十一兩、公務銀二十四兩零八分,著爲定例。此額引雜課之續增也。又於本年因額引不敷配銷,請領餘引十萬道。雍正六、七、八等年暨乾隆五、六兩年,陸續增領餘引十四萬,先後共領餘引二十四萬道,盡銷盡報。厥後,旋減旋復。乾隆四十九年,全復二十四萬道之數。課錠、官錢、公務照額引一例徵收,每名多收公費銀六兩。此又餘引正雜各課之續增也。其額引扣錠,加增餘銀,官置昌零引,解安、長武加引各課,并籽粒蘆課,潞澤節省,唐縣、裕州、澠池等歸公,則皆始於雍正三年之後。至於餘平、積餘、并餘并一切附餘各雜項,悉屬因地制宜,隨時釐正④。今實計正雜銀五十一萬八千一百一十餘兩,具列款目於後。

——三省商辦額引正課一十四萬二千一百六十四兩三錢

---

① 參互:互相參雜,相互參證。《周禮・天官・司會》:"以參互考日成。"賈公彦疏:"相參交互考一日之成。"
② 河工:指修築河堤、開浚河道等治河工程。
③ 銅斤:製作銅錢的原料。
④ 釐正:整理訂正。

九分五厘。共額引三十五萬七千零四十六道,合二千九百七十五名零四十六引,按五十兩徵課,共該銀一十四萬八千七百六十九兩一錢六分七厘,除去紙價一千七十一兩四錢七分四厘,扣錠三百八十五兩四錢三分三厘,加增餘銀六百九十八兩二錢二厘,賑濟四千四百四十九兩三錢八厘,均應另款開列外,實該正課一十四萬二千一百六十四兩三錢九分五厘。內有加增課八千二百七十八兩六錢一分三厘零,更名食鹽課八百六十四兩七分七厘零。其名雖異,其實皆商辦引課。至隰州、大寧、永和三處改食土鹽,而事在乾隆三十三年。所領皆商辦有錠額引,故課仍歸款銷算,以足正課一十四萬二千一百六十四兩三錢九分五厘之數,多銀三錢五分五厘,入於并餘項下。

——賑濟米價銀四千四百四十九兩三錢八厘。此項每引徵銀一分二厘四毫三絲九忽四微零,原為額設撈採鹽丁賑米而設,故曰賑濟米價,例同鹽課徵收。自鹽歸商種,丁不赴工,順治二年存留解部,今每歲商辦銀四千四百二十八兩五錢五分八厘。隰州、大寧、永和三處解銀二十兩七錢五分,共銀四千四百四十九兩三錢八厘。鹽稅、鳳課無米價者,以鹽非鹽丁撈採。隰州、大寧、永和有米價者,以原食解鹽。乾隆三十三年,始改食土鹽,仍領池引行銷,故各照例輸銀,以足米價之原額。至石樓縣亦歲納米價銀六兩四錢零,以原食解鹽。康熙十年,改食土鹽,領池引五百二十道,仍納米價,歸入鹽稅項下銷算。前志載,歸入米價作數,查米價內添此一項,則于原額米價之數加多;而鹽稅內去此一項,又於鹽稅之數不足。歷年奏冊皆入鹽稅項下,今正之。

——鹽稅銀一萬七千五百一十五兩二錢六厘。鹽稅，四十一州縣額引四萬三千九百八十五引，每引徵銀三錢九分八厘六絲一忽五微零，內陽曲等縣課銀一萬七千三百四十八兩八錢一分五厘二毫八絲四忽二微，又石樓縣更名食鹽課一百五十九兩九錢二分二厘二毫一絲七忽四微，共徵正課一萬七千五百零八兩七錢三分七厘五毫零一忽六微，外加石樓縣米價銀六兩四錢六分八厘四毫九錢八忽四微，共銀一萬七千五百一十五兩二錢六厘。例係太、汾等管鹽同知，并遼、沁等知州督徵，州縣解交。

——鳳課銀六千四百八十八兩四錢。鳳屬八州縣額引一萬六千三百道，每引徵銀三錢九分八厘六絲一忽五微零，該正課六千四百八十八兩四錢。例係知府督催，州縣經徵解交。

以上四項，皆出於引。按引徵收共十七萬零六百一十七兩三錢九厘，皆為舊額。前志并《紀恩錄》開載課項，厘下皆詳絲毫忽微細數。乾隆三十一年奉上諭："嗣後，各省徵收錢糧及一切奏銷支放等事，俱着以厘為斷，不必開寫細數。欽此。"經部議，凡有不及一厘之零數，折中歸減。在五毫以上者，作為一厘歸并造報；不及五毫者，悉行減除。今遵照更正，後仿此。

——額引扣錠銀三百八十五兩四錢三分三厘。商人每領引一名，封納大課一錠，重五十兩。內正課四十八兩，賑濟銀一兩五錢，紙價銀三錢六分一厘七毫五絲三忽。多銀一錢三分八厘二毫四絲七忽，按額二千七百八十八錠半計，每年多銀三百八十五兩四錢零，名曰扣錠。雍正六年，歸公充餉。

——加增餘銀六百九十八兩二錢二厘。商人每領加增引八張爲一把，合十五把爲一名，封課四十六兩二錢四分五厘五毫五絲五忽五微。內正課四十四兩五錢一分八厘八毫二絲五忽，賑濟銀一兩三錢九分一厘二毫一絲三忽，紙價銀三錢二分五厘五毫一絲七忽五微，比額課每錠少銀三兩七錢五分四厘四毫四絲四忽五微。雍正六年，經鹽政碩色題請，加增課錠亦照額課大錠五十兩徵收，每年徵收加增餘銀六百九十八兩二錢二厘。

——額引官錢公務銀一十萬四千三百四十一兩九錢四分九厘。河東鹽務衙門向有河工、銅斤水脚①等名色。河工者，運司每年解節省銀四千兩，前赴河工交納，此始於康熙三十八年。銅斤水脚者，河東添買銅斤應需水脚銀兩，御史、運使將所得贏餘支給，此始於康熙四十二年。至康熙五十三年，又題明院司衙門陋規，入官充餉。雍正三年，川陝總督帶管鹽務年羹堯奏請，將河工、銅斤名色并各衙門陋規俱行裁革。惟於商辦額引加增引項下，每領引一名，收官錢銀十一兩；揭引一名，收公務銀二十四兩零八分，共收銀十萬四千三百四十一兩九錢四分九厘。內官錢銀三萬二千七百二十九兩五分一厘，公務銀七萬一千六百一十二兩八錢九分八厘。以五萬兩充餉，餘作公用之項。嗣鹽政馬喀定有公務款冊一本。內開歲修渠堰銀五千兩，都察院飯食，四川、寧夏、西安將軍、都統，巡鹽御史、運使、運同、經歷、知事、三場大使、教授、訓導、巡檢、把總等養廉，各衙門書役、弓兵、巡役等工食，又祭祀各廟，歲科考文武生員花紅②盤費，鄉會場文武舉人、貢監生員盤費以及解

---

① 水脚：水路運輸費用，後亦泛指費用。
② 花紅：獎賞，獎金。

餉領引路費,皆逐款開明數目,運使遵照支給,年終造册,呈巡鹽御史報部核銷。

——解安引課銀三千五百八十八兩七錢五分。內解州額引三千四百道,納課一千四百二兩五錢。安邑額引五千三百道,納課二千一百八十六兩二錢五分。照餘引例,每名納課四十九兩五錢。

——解安扣錠銀一十兩零一錢五分。內解州扣錠三兩九錢六分六厘零,安邑扣錠六兩一錢八分三厘零。照餘引例,每名扣錠一錢四分。

——解安官錢公務銀二千五百四十三兩三錢。內解州官錢公務銀九百九十三兩九錢三分三厘三毫三絲零,安邑官錢公務銀一千五百四十九兩三錢六分六厘六毫六絲零。

——長武課銀三百二十兩八分八厘。雍正八年新增長武縣引八百四道,照鳳翔例,應徵課銀三百二十兩八分八厘。所有長武原額引六百六十道,分給陝西能銷鹽地方商人作餘引行銷。

——官置昌零引課銀一百一兩八錢八厘。此係各錠名下畸零鹽數,不能歸錠引一百一十二道名曰官置昌。向係運使發交商人運銷,得銀一百零一兩八錢八厘,不入正額。雍正六年,歸公充餉。

——餘引大課銀九萬九千兩。現領餘引二十四萬道,合二千名。每名納課四十九兩五錢,餘引無米價,照額課一例徵收。於正課四十八兩之外,加銀一兩五錢統作正課。

——餘引扣錠銀二百八十兩。現領餘引二十四萬道,合二千名,每名扣錠一錢四分。

——餘引官錢公務銀七萬一百六十兩。現領餘引二十四萬道,合二千名。每名官錢十一兩,公務二十四兩零八分。

——餘引公費銀一萬二千兩。現領餘引二十四萬道,合二千名。每名公費銀六兩。此始于雍正六年。據商人郭元勳等呈稱,自雍正三年頒發餘引十萬道,獲有餘利,情願于額設公務之外捐銀五千兩存貯運庫,留充公用,每名合銀六兩。鹽政碩色奏准歲入鹽課册内造報。厥後續增餘引,援照爲例。

——唐縣餘利歸公銀四千五百兩。唐縣引地向係土販行銷,并無專商。雍正六年鹽政碩色奏令商人張宏裕一人獨辦,每年繳餘利銀二千兩歸公。雍正十三年,鹽政孫嘉淦以雍正四、五兩年運司朱一鳳將唐縣引張分與殷實商人公辦,所得餘利除脚價食用外兩年之間共得銀九千餘兩,是每年餘利約舉大數,應有四千五百兩。商人張宏裕止以二千兩歸公,餘俱侵吞入己。參奏追賠,并請將唐縣地方交與河南省運商照雍正四、五兩年之例協同公辦,歸公銀每年以四千五百爲率,奉部覆准。乾隆七年,鹽政尚琳因各商輪流分辦,易起鑽營,奏准歸官辦理,以杜積弊。其一切領繳引張,稽查透漏,責令商人范天錫承辦。每年於歸公餘利内,酌給雜費銀兩。倘有貽誤,照例治罪,另募殷商承充。凡土販赴運領買,每引一名仍照與商人交易之數納銀一百六十六兩。額引除大課、官務、平餘銀,共八十七兩二錢七厘,并坐商銷價銀二十四兩,每名餘銀五十四兩七錢九分三厘。餘引除大課、官務、公費、平餘銀九十三兩三錢五分七厘,每名餘銀七十二兩六錢四分三厘。現行額引四十名一百七引,代銷一名七十四引,餘引一百五十八名。乾隆四十七年於均引案内暫撥南召、南陽、鳳臺餘引五十

261

一名,歸入唐縣行銷。共餘引二百九名,計得餘利一萬七千三百九十九兩四分六厘内,除撥餉銀四千五百兩,并支給商人雜費銀八百五十五兩三錢九分二厘外,餘銀一萬二千四十三兩六錢五分四厘解交内務府歸公。但餘引係盡銷盡報,難爲定額。乾隆二十九年,原辦商人范天錫河東引地全行退出,未便再令承辦。經鹽政李質穎奏交商人郭順昌,即今更名郭世濟辦理,現尚仍舊。

——澠池歸公銀三百三十四兩九錢一厘。澠池引地,向係本地民商販運。雍正三年,商人萬永即萬臨亭始行認辦,旋因茶鹽事發,責革另招。雍正九年,鹽政碩色批令萬臨亭復充。雍正十三年,鹽政孫嘉淦查明參奏革退,請同唐縣引地交與河南省運商協同公辦,餘利歸公。澠池歸公銀數從前未有成例,應俟辦理一年後再行酌定。嗣經商人張道綿等協辦一年,銷鹽三十一名八十四引,核計每名實得利銀六兩二錢二分,共得餘利銀一百九十七兩一錢七分三厘,部議歸公報撥。此後,即係專商認運。乾隆二十八年,共辦引五十三名一百一引,照前核算,計歸公銀三百二十四兩九錢一厘,按年入册奏銷,至今仍舊。

以上十四項,或按引徵收,或指地認繳,共二十九萬八千二百六十四兩五錢八分一厘,皆為續增。

——餘平銀一萬一千七百七十二兩零六分八厘。解部錢糧每千兩例交餘平銀二十五兩。元寶①解飯食銀十兩,散碎解飯食銀十五兩。雍正八年,奉文減去餘平一半,留備地方公用。河東徵收鹽課,向無餘平。遇撥京餉,所需餘平、飯食二

---

① 元寶:我國舊時鑄成馬蹄形的銀錠。常作貨幣流通。

項，原在官務項下動支，并非另款徵解。迨後官務題明歸公，支銷册內未將此項列入。雍正十二年，奉部行文飭解，因運庫無項可動，各商情願自雍正十三年爲始，每千兩隨交餘平銀二十五兩，飯食一項免其交納。如遇撥解京餉，仍在官務銀內動支解部。先後奏咨覆准，并轉飭徵解稅課各州縣一體遵照。乾隆三年，奉文將減半餘平銀兩一概停其解部，存貯運庫，按年附入鹽課奏銷册內，具題查核。如有需用，奏明動支。乾隆三年，奉部題准，嗣後餘平銀兩於按季徵收課餉之後即造入季撥册內。除酌量留存地方公用之外，其餘悉行提解貯庫。現在除廩費、地租、巡鹽贓罰、籽粒蘆課、小麥變價積餘、并餘、潞澤節省、裕州歸公并唐縣續增餘利均免餘平外，計正雜鹽課、紙價、官務、歸公等項共銀四十七萬八百八十二兩七錢三分一厘，應收餘平銀一萬一千七百七十二兩六分八厘。《紀恩錄》載，四十七萬九百一十七兩五錢八分六厘，應收餘平銀一萬一千七百七十二兩九錢三分九厘。係按引多收額官務銀三十四兩四錢九分八厘，入於積餘項下；所收餘平銀八錢七分一厘，入於并餘項下。其正額餘平銀實只一萬一千七百七十二兩零六分八厘。節年奏册，皆照此數。今正之。

——積餘歸公銀八十五兩五錢。河東舊額商辦引，每年除官置昌零引外，實行三十五萬七千四十六引，每引收官務銀二錢九分二厘三毫三絲三忽零，計收銀一十萬四千三百七十六兩四錢四分七厘零。除額報銀一十萬四千三百四十一兩九錢四分九厘，餘銀三十四兩四錢九分八厘零，又零引積尾銀三十四兩九錢六分九厘，二共銀六十九兩四錢六分七厘零，名曰積餘。向係存留公用，并不報解。雍正六年鹽政碩色題明歸公充餉，現在每年以八十五兩五錢冊報候撥。

——并餘歸公銀六百五十餘兩不等。運庫徵收額引官務銀兩，零收整兌，每年約得并餘銀七、八十兩至百餘兩不等，向未報部。乾隆七年鹽政尚琳將此項列入附餘錢糧一款內，奏請歸公，蒙硃批諭旨："此事不便交部。汝如是據實陳奏，澄清辦理，固屬可嘉。但恐太清，則後難爲繼，汝其酌量辦理。或既稱附餘，至歲底奏明。或交內務府，或賞何人之處，請旨尚屬可行之事耳。將此旨汝處記檔，亦不必咨部也。欽此。"乾隆八年，額引官務內得有并餘二百二兩三錢，較前數幾多兩倍。而正雜各課并餘引官務等項雖係傾整交納，其間商人逐戶分交，整平兌解，以及零星添搭尾封，亦不無稍有并餘，計一年所收正雜各課暨餘引官務等項內，共得并餘銀四百四十六兩八錢，二共銀六百四十九兩一錢。經鹽政吉慶奏准，解交內務府充公。現在每年約得并餘銀六百五十餘兩不等，盡數批解，不入奏冊。

以上三項為額外附餘雜款，共一萬二千五百零七兩五錢六分八厘不等，亦續增之項。

——池灘地租銀七百九十三兩四錢二分二厘。安邑縣徵收解銀六百五十兩二分二厘，夏縣徵收解銀一百四十三兩四錢，此項向給散運營兵丁。順治四年御史朱鼎延以運營不設，題明充餉。

——小麥變價銀一百七十兩九錢八分五厘。此項經歷徵收，向係收存，以充養濟、節孝等用。順治四年，部議養濟節孝自有存留，不必動支，麥租應存貯候撥。

——裁省京書廩費銀一百四十七兩一錢。此項係曲沃縣徵收，爲明巡鹽御史有京書隨行，給其廩費而設。順治九年，裁解充餉。

——籽粒銀一十兩二錢六分。此明季送王府食鹽停車之地。我朝革除食鹽，其地給附近居民墾種。絳縣徵銀二兩一錢四分四厘，聞喜縣徵銀一兩九錢八分，夏縣徵銀二兩八錢八分，安邑縣徵銀三兩二錢五分六厘，名曰鹽站籽粒，批解運庫。向爲巡鹽御史給書吏紙筆之用。雍正六年，歸入正項充餉。

——蘆價銀一百一十七兩九錢七分六厘。此係護池盛水灘地，坐落安邑縣湯里等村，附近居民種植蘆葦。該縣徵收批解運庫，向爲巡鹽御史、運使給書吏紙筆之用。雍正六年，歸入正項充餉。

——蘆葦變價銀四百三十八兩七錢五分。鹽池南岸産有蘆葦，向被奸民串通兵役，偷賣分肥。雍正十三年運使高山詳明鹽政孫嘉淦變價充公，每年約可變價銀三百餘兩不等，并不報部。乾隆七年鹽政尚琳奏請充公歸款。本年鹽政吉慶查明，此項原係粘補城垣、祠廟、監倉，并賫救差官盤費，賙恤禮生、門兵及倉書、斗級之需。奏明恩准，照舊留備公用。現在支款甚多，如馬快買補弓箭、撒袋①并院書奏銷油炭以及龍王廟祭品、池神廟燈油，皆在蘆葦項下動用，所變之價屢有不敷，歷係截長補短，通融撥濟。舊例飭委解州州判、庫大使會同鹽池、聖惠二巡檢確估，變解運庫，屆期詳明鹽政，按款動給。乾隆四十九年，詳明改歸商變，按畦歲納價銀四百三十八兩七錢五分。

以上六項，共一千六百七十八兩四錢九分三厘。雖舊額

---

① 撒袋：盛弓和箭的袋。

新增之不同，而非出於引，非出於商，多出於各州縣池灘地租，每歲按季報部候撥。惟蘆葦變價，則奏明留充公用之項。

——唐縣餘利銀一萬二千四十三兩六錢五分四厘。注詳唐縣歸公條下。

——裕州歸公銀一千兩。裕州引鹽，先係原任翰林陳壯履詭名陳友張認運，并不出資辦理。將引地租與商人衛純供辦，每年坐食租利數百金，後被告發，訊明①斥革另募。據街商公呈，以裕州引課繁重，非殷實諳練之商難以勝任。商人衛純供辦幾及三十年，一切從無貽誤。雖向屬租運，實非朋充，無力可比，公保即以衛純頂補。并據衛純呈稱，向日租運裕州引地，每年皆出租銀數百金，今衆商保伊承辦，情願每年以餘利一千兩歸公。乾隆七年，鹽政吉慶據情奏蒙允准。其歸公銀兩，照依潞澤節省之例，批解內務府交納。嗣後商有更易，銀無增減，現在按年照數解交。

——潞澤節省銀二萬兩。潞澤等一十七處引鹽，先係捏名之傅斌承認。迨後，茶鹽案內事發，革退。商人范毓馪願將潞澤二府暨平陽所屬之洪洞、翼城、浮山、岳陽四縣地方，一人認運。每年於正課之外加交節省銀二萬兩，自行交納內庫。雍正四年，呈經鹽政馬喀咨部准行，前項銀兩歷於該商鉛斤、腳價銀兩內坐扣。乾隆元年，鉛斤停止采辦，戶部奏准，行令按年徵解。嗣范毓馪潞、澤引地退出，分給各商領運，仍照原數按引攤徵，批解內務府交納。

以上三項，共三萬三千零四十三兩六錢五分四厘，例不貯庫。皆係商人自存運號，亦續增之項。

① 訊明：說明。訊，說話多。

——紙價銀二千兩零八錢四分一厘。每引紙價銀三厘,內額引紙價銀一千七十一兩四錢七分四厘,鹽稅紙價銀一百三十一兩九錢五分五厘,鳳課紙價銀四十八兩九錢。又領增解安、長武引及餘引皆有紙價,現共紙價銀二千兩零八錢四分一厘。例隨正課按引徵收,赴部領引時,差吏批解,户部每年給有批回實收。

——贖鍰①無定額。雍正二年七月内,川陝總督年羹堯疏稱:"河東巡鹽贓罰,每年額銀九百兩。先因額銀不敷,向以羨餘墊補。臣思贓罰乃鹽徒之罪贖,安能必有定數。自應獲多報多,獲少報少。"部議應如該督所題。嗣後,河東巡鹽贓變銀兩,照每年所獲多寡,實數題報。

以上二項,紙價應解户部,不入奏册。贖鍰内結者入奏册,外結者不入奏册,解内務府。盡收盡解,無定數。

【按】徵收正雜各課,皆有定制,而奏銷款目,各有不同。蓋内部核課不論州縣商人應銷之分數,其册檔内載有額餘加增、更名、賑濟、解安、長武、官置昌各名目,故奏銷時,即爲分之晰之,一一臚列,以清款項。究之運庫徵課,惟於各商名下核其應完之數,按限催納。未嘗設此名目,逐項清徵也。

徵 收 則 例

河東額引隔年完課,餘引亦隔年完課。自五月至九月爲課限月分,逢二、五、八爲開庫日期,十月内奏銷統年課税,報部候撥。各運商每年於四月間投具限狀②,按課銀多寡,匀作

---

① 贖鍰:贖罪的錢幣。
② 限狀:限期完成任務的文書。

五、六、七、八、九月五限，遇閏勻作六限，按限分納。如有逾限，開單催比①。公務爲支發養廉、工食等項之需，每年十月間先繳次年十分之五，名謂五分數。再徵次年十分之二，名謂七分數。餘俱歸入應完年分，按限分徵。其各州縣鹽稅、鳳課等項，係隨地丁徵收，四月完半，九月全完。至期，該州縣分別應納年分批解運庫交收。惟引目有額餘、代銷、解安之不同，故銀數小有些微多寡之區別。今將徵收則例開具於後。

——正課，每名納銀五十兩，每引合銀四錢一分六厘六絲零。正課、賑濟、紙價、扣錠皆在内。

——官錢，每名納銀一十一兩，每引合銀九分一厘六毫六絲零。公務，每名納銀二十四兩八分，每引合銀二錢六毫六絲零。二共每引合銀二錢九分二厘三毫三絲零。

——官錢零引，每引納銀九分五厘。公務零引，每引納銀二錢六厘。自一張至九十九張皆爲零引。若數至百張，除去六十引作半名，下剩再作零引。銀數有多，謂之積餘。二共每引納銀三錢一厘。

——解安并代銷官務零引，每引納銀二錢九分二厘三毫三絲零。此數款俱係後來加添，故零引俱無積餘。

——餘引，除正課官務外每名加工費銀六兩，每引合銀五分。

【按】每引正課三錢九分八厘六絲一忽五微，每名一百二十引，該正課四十七兩七錢六分七厘三毫八絲。今每名徵課四十八兩，按引合計多銀二錢三分二厘六毫二絲。每引紙價

---

① 催比：舊時州縣長官責令吏役限期完成緊要公務，逾限不能完成，則予處罰。

三厘,每名一百二十引,該紙價三錢六分,今每名徵紙價三錢六分一厘七毫五絲三忽,按引合計多銀一厘七毫五絲三忽。前志所載與現徵之數無异,而所以數目不符之處,則未經詳注。考《彙纂》内稱,商人納課一錠,應支鹽一百二十引零一百一十六斤十二兩八錢有奇。此一百一十六斤十二兩八錢有奇之鹽,按舊制二百斤爲一引計之,該正課二錢三分二厘六毫二絲,該紙價一厘七毫五絲三忽,合以每名一百二十引應徵之數,共爲正課四十八兩,紙價三錢六分一厘七毫五絲三忽,再加賑濟銀一兩五錢,扣錠銀一錢三分八厘二毫四絲七忽,適符五十兩爲一錠之數。惟零鹽難於給引,例不隨錠配掣。每錠只支鹽一百二十引,故後請領餘引,每名即以四十八兩爲正課,其紙價每名三錢六分,而扣錠則一錢四分,外加賑濟銀一兩五錢歸入正課,仍足五十兩,則是額餘,一例徵收也。

課錠平色

河東鹽課,雍正十二年於元寶畫一等事案内奉部奏准,嗣後除地丁銀兩照例解交元寶外,其各省關鈔①鹽課,悉令解交散碎,以便給發,此課用小錠之定制也。乾隆五年,兩淮於奉部行查楚鹽成本案内,議以每遇起解京餉,應傾元寶;所有需用火工銀兩,准作成本貫入鹽價。乾隆十年,河東議定鹽價因在飭解散碎之後,即就彼時現賣價值作爲定例,并無火工貫入成本之議。是河東鹽課原與楚鹽成本内有火工傾費者不同,此銀色之較遜於元寶者,有由來也。歷年撥解京餉及各省協

---

① 關鈔:關口徵收的稅金。

餉,即以商人原納小錠紋銀彈兌起解。乾隆四十七年,准陝甘總督李侍堯移查河東撥解餉銀短色①緣由,經巡撫兼鹽政農起逐一查明咨覆,今河東鹽課每錠重十兩,其色較淮課而有加。其法馬由部頒,正副法馬二副,每歲撥解外餉,即以部頒法馬帶往比較彈兌。

【按】天下鹽課,銀色不一,即錠之大小亦有不同。緣此項銀兩貿易中來,民以此買,商以此賣。故徵課時即以市肆紋銀交收,色錠不齊,理勢然也。

撥 解 定 制

——解內務府潞澤節省并唐縣、裕州歸公銀三萬三千零四十三兩六錢五分四厘,例於奏銷後由運司委員護解,商人隨往交納。

——解內務府鹽課并餘外結贓罰及各役空缺工食,每歲約共銀六百七十餘兩不等。例於十一月,同前項節省歸公銀兩,交委員搭解。

——解戶部紙價銀,現額二千兩零八錢四分一厘,例由運司差吏解交。

——解京餉并外省協餉,無定地,例於每歲奏銷後聽候部撥,多寡均無定數。奉撥後,由運司委員護解。公用款冊凡節省無定者,悉照原定數目開載。其已經節省之項,皆載實用銀數,仍注原定銀數於下,以備稽考。

——內閣官員飯食銀二百兩。又盤費銀三十兩。

---

① 短色:白銀成色不足。

——都察院飯食銀二千六十二兩。

——翰林院庶吉士規禮銀八十兩。

——解都察院飯食、翰林院庶吉士規禮盤費銀五十兩。

——户部飯食銀六百兩。又盤費銀四十兩。

——奏銷户部雜費銀一百三十兩。前開銷銀二百兩,後節省銀一十兩。裁鹽政,又減去提塘銀六十兩。

——領引繳引,共銀七百五十兩。前開銷銀八百兩,後節省銀五十兩。

——添補霉爛引紙硃價銀,無定數。

——紙硃價飯食銀,二十三兩七錢不等。霉爛引紙硃價無定,飯銀照加。

——領餘引并解安引盤費脚價銀一百四十兩。

——領續增餘引盤費脚價銀一百五十兩。餘引并解安引係與額引一同請領,脚費可以截長補短。此係專差請領,故較領前項餘引多給銀一十兩。又加盤費脚價銀六十兩。因添餘引四萬道,故加銀六十兩。

——賫投户科領續增餘引文批盤費銀八兩。領續增餘引,係鹽政差承差領取,此項文批係運司差役投送,故另給盤費。

——續增餘引紙硃價飯食銀六兩二錢。

——解續增餘引紙硃價盤費銀三十兩。此項銀兩係另差書役解送,故另給盤費。又加盤費銀十二兩。因添餘引四萬道,故加銀一十二兩。

——解費脚價銀三千五百兩。此係撥解京協二餉所需。鞘木、鐵箍、牛皮、包銀布匹、并押鞘官役盤費、脚價等項動用,

·271·

每年奉文撥解,銀數多寡不一,據實報銷。餘銀仍歸公務項下,作別項公用。

——解京餉飯食銀,無定數。遇撥京餉動支,無則節省。

——繳都察院四季循環簿腳價盤費,共銀八十八兩。

——添補繳都察院循環簿盤費銀四十兩。

——賫本承差盤費銀二百兩。裁鹽政後,歲有節省,多寡不定。

——送大計①册籍盤費銀五兩。非大計年,節省。

——寧夏將軍、都統養廉銀二千兩。

——西安將軍、都統養廉銀一千三百兩。

——西安添設副都統養廉銀三百兩。

——凉庄將軍、都統養廉銀二千兩。寧夏等處將軍、副都統與鹽務無涉,乃由運司支給養廉。蓋因題定官務時,年羹堯爲川陝總督又兼管河東鹽務,是以奏請撥給。

——修築渠堰銀五千兩。節省無定。

——查渠堰禁墻各工程官役飯食銀八十兩。

——萬壽油燭銀一兩二錢八分八厘。

——冬至油燭銀三錢一厘。

——元旦油燭銀七錢九分二厘。

——芒神②、春牛③、春花④等物銀六兩一錢五分。經歷領辦。

---

① 大計:明清兩代考核外官的制度叫大計,每三年舉行一次。

② 芒神:句芒,傳爲司春之神。後世亦作耕牧之神祀之。

③ 春牛:打春用的土牛。舊俗,立春前一日,用土牛打春,以示迎春和勸農。打春之牛,後亦以葦或紙制。

④ 春花:古時宫廷中立春日以金銀珠翠等造飾的座花,表示迎春。

——元旦畫四城門門神銀六兩二錢。

——開場致祭三禁門祭品等銀四兩四錢四分。前開銷銀四兩五錢,後節省銀六分。

——二、八兩月祭丁戊①祭品等銀一百六十七兩八錢四分。前開銷銀一百八十七兩四錢八分,後節省,如今數。

——清明、七月十五、十月初一,三次祭厲壇祭品等銀二十二兩五錢。每次銀七兩五錢。

——三、六、九等月朔日祭池神廟祭品等銀一百二十八兩九分。前開銷銀一百四十八兩三錢三分,內三、九兩月各支銀六十四兩二錢九分五厘,各節省銀九兩九錢七分。六月支銀一十九兩七錢四分,節省銀三錢。

——九月十三日祭關、張二廟祭品等銀五兩四錢二分。前開銷五兩八錢三分,後節省銀四錢一分。

——春、秋二季祭關帝廟祭品等銀三十七兩五錢二分八厘。

——霜降祭旗纛神、表忠祠、衛民祠三處共祭品等銀一十二兩三錢。前開銷銀十二兩八錢三分,後節省銀五錢三分。

——每歲初一、十五日各廟香資銀四兩三錢二分。

——每月初一、十五宣講聖諭鄉約二名,共工食銀一十二兩。

——看廟、學、泉斗子工食銀六兩。原設三名,工食銀九兩。因池神廟招僧住,特裁減一名,節省銀三兩。現存二名,一看文廟,一看野狐泉,每名各支工食銀三兩。

---

① 祭丁戊:清制,每年仲春、仲秋上旬丁日祭孔子,戊日祭后土、后稷,合稱祭丁戊。

——池神廟僧人飯食銀一十四兩四錢。僧人二名,在廟住持焚誦,詳給口食銀兩,奉文准銷。

——歲考文武生員給賞花紅銀七十兩八錢四分。節省無定。非歲考年,全行節省。

——歲試武童設武廠等銀一十兩七錢五分。非歲試年節省。

——科考賓興①文武生員盤費、花紅、酒筵等銀一百八十九兩二錢五分二厘。節省無定。非科考年,全行節省。

——考遺才盤費銀五十兩。遇歲考,撥補解州考棚銀四十兩,場內油燭銀一十兩。遇科考年,在歲考文武生員給賞花紅銀內動五十兩,幫解州考棚之用。

——賓興文武舉人酒筵銀三十兩。節省無定。非會試年,全行節省。

——文武舉人會試盤費銀二百八十兩。文武各半,非會試年節省。

——解州文武舉人會試盤費銀四十兩。文武各半,非會試年節省。

——每遇考貢盤費銀八兩。非考貢年節省。

——每遇拔貢盤費銀一十六兩。非拔貢年節省。

——獎賞三省急公商人酒筵銀四十兩。各商本年應完錢糧,歲內全完無欠。急公可嘉,歲備酒筵在池神廟賞給,以示鼓勵。

——鹽院紙硃銀四百兩。

——鹽院新春修理執事銀一百二十兩。以執事歲需另

---

① 賓興:科舉時代,地方官設宴招待應舉之士。亦指鄉試。

置，定有此項。

——鹽院書吏飯食銀一百四十四兩。

——鹽院書吏廩給銀九百六十兩。鹽政衙門經制書吏六名，貼書十二名。因原定飯銀不敷日用，經制每名每月添廩給銀五兩，貼寫每名每月添廩給銀四兩一錢六分六厘零。

——鹽院上號吏工食銀二十一兩六錢。鹽政衙門除書吏外，有上號吏四名，收發公文，登記外號。每名各支工食銀五兩四錢。

——鹽院稿房犒賞銀一十二兩。稿房案牘繁難，詳准加賞。

——鹽院柬房遇接新院盤費銀六兩。無則節省。

——鹽院書吏、厨子、火夫工食銀二十六兩四錢。內厨子一名，工食銀一十二兩。火夫二名，每名工食銀七兩二錢。

——鹽院門子二名，工食銀五十六兩。原設門子四名，安邑縣額編工食銀四十八兩。又歲給公務銀六十四兩。裁鹽政，減去二名。額編工食，全數停支。公務內節省，如今數。

——鹽院皂隸十名，工食銀一百八兩。原設皂隸十二名，安邑係額編工食銀八十六兩四錢。又歲給公務銀一百二十九兩六錢。裁鹽政，減去二名。額編工食，全數停支。公務內節省，如今數。

——鹽院快手四名，工食銀二十八兩八錢。

——鹽院清道旗二名，工食銀六兩。

——鹽院靜鑼、搭瓜、令箭、人役六名，共工食銀一十八兩。

——鹽院後擁及武執事人役二十名，共工食銀六十四兩四錢。原設二十二名,後裁武執事二名,節省銀六兩,撥給鐘鼓夫支食。

——鹽院官頭二名,共工食銀一十六兩。即聽事班頭。

——鹽院把門人役二名,共工食銀一十二兩。

——鹽院炮藥銀四十兩。原設銀八十兩,裁鹽政,減銀四十兩。

——運司養兼銀四千兩。

——運司紙硃銀二百兩。

——運司新春修理執事銀八十兩。

——運司六房書辦飯食銀三百七十二兩八錢。運司六房經制、書辦八名,貼書三十四名,每名歲支銀八兩八錢七分六厘零。

——運司六房紙價銀八十兩。各房呈上行下紙張之用。

——運司總收支三房廩工飯食銀四百一十八兩二錢七分五厘。總收支三房共書辦三十人,經管閭場澆曬,收支錢糧賬目,三省行鹽地方事務,掣放起運引鹽,并收發鹽引,奏銷案件,每名歲支銀一十三兩九錢四分二厘五毫。

——運司庫吏管辦油紅等銀三百一十八兩八錢五分。內附提塘工食銀六十六兩,餘銀二百一十二兩八錢五分為六房書辦、皂隸、看庫上宿辦事需用油燭及額餘引張、用印、油紅等項應用,因額設不敷,乾隆三年詳准,酌增銀四十兩。共歲支銀三百一十八兩八錢五分。

——運司庫吏并庫房飯食銀一百二十兩。內庫吏一名,支銀五十兩。庫書七名,每名支銀十兩。

——運司柬房貼柬銀七十二兩。歲需手本、貼柬、筆墨、净紅、紙張等項約銀三十餘兩。餘銀三十餘兩,爲束房書辦飯食之用。

——運司兵房衣廩銀一十兩七錢二分五厘。兵房書辦四名,管辦、馬快、弓兵并各衙門役食錢糧,月報奏銷,轉行兵部,通飭一切稿案稽查。鹽池內外斗級、弓兵,每名歲給衣廩銀二兩六錢八分零。

——運司門子三名,共飯食銀八十兩。

——運司禁子四名,共刑具工食銀,三十六兩八錢。

——運司轎、傘扇夫工食銀,四十二兩。內轎夫四名,傘扇夫三名,每名各支工食銀六兩。

——運司搭瓜人役二名,共工食銀六兩。

——運司後擁人役十五名,共工食銀四十五兩。

——運司武執事工食銀十二兩。前開銷銀三十兩,後節省銀一十八兩,現用蟒刀二名,清道旗二名,每名各支工食銀三兩。

——運司巡庫兵工食銀一十五兩。原設五名,後減去三名,工食仍舊。又於門兵內調撥四名,現共六名。

——運司齊辦牙子、甲首①工食銀三十六兩。內齊辦牙子一名,甲首一名。凡遇祭祀,桌椅、圍裙、磁器、鍋甕等物,俱係該役等備辦,每名各支工食銀一十八兩。

——運司厨子、水火茶夫共工食銀四十八兩。內厨子一名,工食銀一十二兩。水、火夫各二名,茶夫一名,每名各支工食銀七兩二錢。

——運司把五門壯快八名,共工食銀二十四兩。樓門頭

---

① 甲首:甲長,亦泛指小頭目。

儀門、兩角門。

——運司更夫工食銀一十二兩。現用更夫二名,在大堂打更,共工食銀十二兩。前開銷銀十八兩,今節省六兩。

——運司內更夫二名,共工食銀一十二兩。在宅內打更。

——運司更夫冬衣、更鑼、油燭、煤火、飯食等銀八十兩。運司衙門係倉庫重地,額設內外更夫并巡庫兵,冬季各給羊皮衣一件,每件價銀一兩五錢。內外更鑼二面,每面價銀一兩五錢。餘作煤火、油燭、飯食之用。

——運司燈夫工食銀六兩。現用燈夫二名,共工食銀六兩。前開銷銀九兩,今節省三兩。

——運司馬牌子二名,共工食銀一十四兩四錢。

——運司掃堂夫一名,工食銀六兩。

——運司鋪氈人役一名,工食銀三兩。

——鐘鼓夫三名,共工食銀一十八兩。原設二名,工食銀十二兩。後加一名,工食銀六兩,係由鹽政節省武執事工食內撥給。

——四城門門兵四十四名,工食銀一百八十六兩。原設工食銀一百九十二兩,節省六兩。今改撥四名看守司庫,仍食門兵工食。

——運商支鹽小票、紙張、印刷等銀四十兩。

——運同養廉銀三千兩。

——運同紙硃銀五十兩。

——運同新春修理執事銀四十兩。

——運同書吏犒賞飯食銀一百八十六兩四錢。運同書辦五名,貼寫十一名,每名各支飯食銀一十一兩六錢五分。

——運同書吏紙價銀四十兩。運同書辦禮鹽工招攬五房稿案、牌票、封袋、紙張、筆墨等項,每房各支銀八兩。

——運同柬房貼柬銀五十兩。歲需手本、貼柬、筆墨、淨紅、紙張等項,約銀三十二、三兩,餘銀一十七、八兩,爲柬房書辦飯食之用。

——運同執事工食銀三十六兩。内清道旗二名,蟒刀二名,銀瓜二名,共六名,每名各支銀六兩。

——運同各役工食銀六十兩四錢。内聽事吏一名支銀三兩。門子二名,支銀八兩。轎、傘扇夫七名,支銀八兩四錢,厨子一名,支銀八兩。火夫二名,水夫二名,馬夫一名,各支銀六兩。茶夫一名,燈夫二名,各支銀三兩。

——經歷養廉銀三百兩。

——經歷書吏飯食銀十二兩。

——知事養廉銀三百兩。

——知事書吏飯食銀十二兩。

——知事管轄巡役四十六名,工食銀五百五十二兩。

——庫大使養廉銀三百兩。

——庫大使書吏飯食銀一十二兩。

——解州州判養廉銀三百兩。

——州判馬快八名,工食銀九十六兩。小建扣除,遇閏照加。

——州判巡馬八匹,草料銀一百五十九兩八錢四分。小建扣除,遇閏照加。

——州判買補倒馬,每匹價銀八兩。買補多寡不定。

——中場大使養廉銀三百兩。

——中場書役、弓手工食銀二百兩。

——東場大使養廉銀三百兩。

——東場書役、弓手工食銀二百兩。

——西場大使養廉銀三百兩。

——西場書役、弓手工食銀二百兩。

——鹽池司巡檢養廉銀二百五十兩。

——鹽池司書吏工食銀十二兩。

——鹽池司弓兵二十名,工食銀二百四十兩。

——長樂司巡檢養廉銀二百五十兩。

——長樂司書吏工食銀十二兩。

——長樂司弓兵二十名,工食銀二百四十兩。

——聖惠司巡檢養廉銀二百五十兩。

——聖惠司書吏工食銀十二兩。

——聖惠司弓兵二十名,工食銀二百四十兩。

——教授養廉銀一百兩。

——訓導養廉銀一百兩。

——學書飯食銀一十二兩。

——禮生八名,養贍銀九十六兩。

【按】河東歲需支銷各項,向在羨餘內酌量動用,并不報部。自雍正三年官務歸公,奉部核定款冊,每歲公用官務銀五萬四千三百四十一兩九錢四分九厘。如支銷不敷,於公用餘平銀內通融添補。現在除裁減院司營員暨四川、西安都統各養廉及各役工食并一切雜項外,每歲約動用銀三萬七千餘兩不等,實用實銷,餘銀報撥充餉。惟每歲換補霉爛引張并解霉爛引張、紙朱、飯食等銀、繳存剩餘引盤費、買補巡馬價銀、微員回籍盤費、賷詔官員盤費、天旱祈雨謝雨以及一切公務俱應動用公項,并遇撥解京餉,隨解飯銀一二千兩至四五千兩不等。事非年額,難以預定,臨時酌量,詳請於官務公用項下動支,彙册報部,節奉准銷。至於已裁已減等項,册內概不開列,意在便覽,非疏漏也。

第九卷　律　例

《易·大傳》:"理財正辭,禁民爲非,曰義。"恭讀《大清律·集解課程·鹽法》并現行則例,斟酌盡善,法令嚴明。與其繩之於後,何如惕之於先。而恤商愛民、疏引裕課之道,盡在乎此。用得欽遵而備編焉。

律

——凡犯(無引)私鹽(凡有確貨即是不必臟之多少)者,杖一百,徒三年。若(帶)有軍器者加一等(流二千里鹽徒)。誣指平人者,加三等(流三千里)。拒捕者斬(監候),鹽貨、車船、頭匹并入官。(道塗)引領、(秤手)牙人及窩藏(鹽犯)、寄頓①(鹽貨)者,杖九十,徒二年半。(受雇)挑擔駄載者(與例所謂肩挑揹負者不同),杖八十,徒二年。非應捕人告獲者,就將所獲私鹽給付告人充賞。(同販中)有(一人)能自首者免罪,一體給賞。(若一人自犯而自首,止免罪,不賞,仍追原臟。)若(私鹽)事發,止理見獲人鹽②(如獲鹽不獲人者不追,獲人不獲鹽者不坐)。當該官司不許(聽其)展轉攀指③,違者(官吏)以故入人罪論。(謂如人鹽同獲,止理見發。有確貨

---

① 寄頓:停放,積存。
② 止理見獲人鹽:只處理拿獲的販鹽人與鹽貨。
③ 展轉攀指:指轉移罪責,牽連他人。

無犯人者,其鹽没官,不須追究。)

【注】此禁販私鹽以裕正課也。凡屬財賦,除正稅①外莫大於鹽課。領引行鹽曰官鹽,無引販賣曰私鹽。私鹽行則官鹽阻。故欲清鹽法,必嚴私販。首節言,軍民販賣私鹽,不計多寡,即杖一百,徒三年。帶有軍器,雖不拒捕亦加一等。鹽徒被獲而誣指平人爲同犯,不論有無軍器,亦加三等。不服追捕而抗拒者,雖不傷人,亦坐斬監候。以上犯人所販鹽貨及馱載之車船、頭匹并没入官,其引領道路之人與牙儈并窩藏鹽販、寄頓鹽貨者皆是同謀,故杖九十,徒二年半。若受雇而爲挑擔馱載者,亦係從惡,故杖八十,徒二年。非應捕人役而能告發及捕獲送官者,即將所獲私鹽給與告獲人充賞。若同販人及引領人等有能自首者,免其本罪,仍如告獲人一體給賞。末節言,私鹽事發,止許官司據見獲之鹽,問理見獲人罪,不許聽私販、罪人展轉攀指,濫害平人。違者,官吏以故入人罪論。

——凡鹽場竈丁人等,除(歲辦)正額鹽外,夾帶餘鹽出場及私煎鹽貨賣者,同私鹽法。(該管)總催②知情故縱及通同貨賣者,與犯人同罪。

【注】此一條嚴竈丁夾帶、私煎之罪,以靖私販之源也。凡各處鹽場竈户人丁,每歲有應辦額引,每日有額煎正數。除正額課鹽外,即爲餘鹽。夾帶餘鹽出場及私煎貨賣,總催人知情故縱及通同貨賣,各坐以罪。蓋鹽徒私販必由夾帶、私煎,故首及之。

① 正稅:舊指主要賦税,與各種雜税相對。清代稱田賦、丁賦為正税。稱鹽課、茶課、牙税、當税等等為雜税。

② 總催:總管催徵錢糧的職役。

——凡婦人有犯私鹽，若夫在家或子知情，罪坐夫男。其雖有夫而遠出，或有子幼弱，罪坐本婦。（決杖一百，餘罪收贖。）

——凡買食私鹽者，杖一百。因而貨賣者，杖一百，徒三年。

【注】此二條皆禁民間之私販也。凡婦人犯罪，例坐夫男。若有犯貨賣私鹽之罪者，其夫在家，則不論知情與否，一概以夫當之，罪其治家不嚴也；子則知情者坐罪，以其不能喻親於道也。若有夫而遠出在外，則未及顧家，或子雖知情而年在十五以下，則不能勸諫，故仍罪坐本婦，依婦人犯罪本條①科斷。至於私鹽斷買，然後私販可止。故知為私鹽而利其價賤買食者坐滿杖②，因而轉賣者坐滿徒。

——凡管理鹽務及有巡緝私鹽之責文武各衙門，巡獲私鹽即發有司歸勘，（原獲）各衙門不許擅問。若有司官吏通同（原獲各衙門）脫放者，與犯人同罪。受財者計贓，以枉法從（其罪之）重論。

——凡管理鹽務及有巡緝私鹽之責文武各衙門，設法差人於該管地面并附場緊關去處常川③巡禁私鹽。若有透漏者，關津把截官及所委巡鹽人員初犯笞④四十，再犯笞五十，三犯

---

① 本條：謂判罪所依據的文本條款。
② 滿杖：清代刑法，杖刑一百為滿杖。《六部成語·刑部·滿杖》："杖至百數為止，曰滿杖。"
③ 常川：經常，連續不斷。
④ 笞：用荊條或竹板敲打臀、腿或背。為五刑之一。《漢書·刑法志》："當笞者笞臋。"《新唐書·刑法志》："其用刑有五：一曰笞。笞之為言恥也；凡過之小者，捶撻以恥之。"

杖六十,(公罪)并留職役。若知情故縱及容令軍兵隨同販賣者,與犯人同罪。(私罪)受財者計贓,以枉法從重論。其巡獲私鹽入己不解官者,杖一百,徒三年。若裝誣平人者加三等,杖一百,流三千里。

【注】此二條嚴官司巡緝之責,以絕私販也。凡各行鹽地方,設有守禦官司及鹽運司、巡檢司巡緝私鹽。一有所獲,即應發與有司衙門歸結勘問,不許原獲衙門擅自審理,所以杜妄拿賄脫之弊也。若已發有司而官吏通同原獲衙門脫放者,與鹽犯同罪。受財者各計入己之贓,坐以枉法從重論。至守禦各官,既有巡緝之責,自應於各該管地面并附場緊關去處設法差人常川巡禁,不許私販透漏。若致透漏出外者,把截官及所委巡察人員均難辭咎。故各按次分別笞杖并留職役。若官役明知私販而故縱透漏及容令軍兵隨同私販貨賣者,各與犯人同罪。受其財物而故縱容者,并計入己之贓,以枉法從重論。其巡緝所獲之私鹽,自應照數盡解送官。如有隱匿入己不解官者,事屬違法,故坐滿徒。至若裝誣平人為興販而送官者,是借緝捕之法,行誣陷之私,故又加三等。夫見獲者既嚴其脫放隱匿之罪,而非見獲者又禁其捏造攀指之奸,此於制法之中,防亂法之漸也。

——凡起運官鹽,每引照額定斤數為一袋,并帶額定耗鹽,經過批驗所依引目數掣挚秤盤。(隨手取袋挚其輕重,)但有夾帶餘鹽者,同私鹽法。若客鹽越過批驗所,不經掣挚(及引上不使)關防者,杖九十,押回(逐一)盤驗(盡盤鹽而驗之有餘鹽,以夾帶論)。

——凡客商販賣(有引)官鹽,(當照引發鹽,)不許鹽

(與)引相離,違者同私鹽法。其賣鹽了畢十日之内不邀退引者,笞四十。若將舊引不繳影射鹽貨者,同私鹽法。

——凡客商將(驗過有引)官鹽攙和沙土貨賣者,杖八十。

——凡將有引官鹽不於拘(定應)該行鹽地面發賣,轉於别境犯界貨賣者,杖一百。知而買食者,杖六十。不知者不坐,其鹽入官。

【注】此四條皆指鹽商假公行私諸弊,以清鹽政也。第一條言,各商起運有引官鹽,每引俱有額定鹽斤并耗鹽數目。須照數裝包成袋,經過批驗所照引數目隨掣一二袋,摯其輕重,但有額數之外夾帶餘鹽者,同私鹽論。若將引鹽不由正路越過批驗所,而不經官掣摯及引上未曾印盖關防者,杖九十,仍押回批驗所盤驗。如盤有餘鹽,亦從私鹽法論。第二條言,額鹽販賣,全憑鹽引,以辨官私。故鹽與引不許相離,違者雖官鹽亦坐以私鹽之律。其鹽既經賣畢,則將引截角,是爲退引。應於十日之内,即赴所賣地方官司繳納,以防影射。如有過限不繳者,雖無影射,亦笞四十;若將不繳之舊引影射鹽貨私行販賣者,即以私鹽之法坐之。第三條言,客商將官鹽貨賣之時攙和沙土者,是爲罔利病民,故罪坐不應重杖。第四條言,一應行鹽地方,各有疆界,以杜越販。凡客商將有引官鹽,不照原定地面發賣,違例於别境犯界之處貨賣者,杖一百;知係越境之鹽而買食者,杖六十;不知者不坐,其鹽入官。此又於官販之中剔私販之弊也。

——凡監臨(鹽法)官吏詭(立僞)名及(内外)權勢之人中納錢糧(於各倉庫),請買鹽引勘合(支領官鹽貨買)侵奪民利者,杖一百,徒三年,鹽貨入官。(鹽引勘合追繳。)

【注】此禁倚恃權勢以奪民利也。中鹽之法,始於宋初。令商人輸芻粟塞下,繼聽商人輸來京師,優其值而給以鹽,故曰中鹽。商資國用,民食官鹽,商民兩利。明初猶仍其制。至宏治間始停輸粟法,而改令輸銀於運司,給以鹽引。其中鹽之名如舊,至今因之。監臨官吏謂監臨。鹽法之官吏詭名,謂捏造僞名也。凡監臨官吏假托詭名及權要勢力之人中納課銀,請引行鹽,以致滋弊百出、占奪鹽利、重爲民困者,各杖一百,徒三年。其所行之引鹽,并追入官。

——凡客商(赴官)中買鹽引勘合,不親赴場支鹽,中途增價轉賣(以致轉賣日多,中買日少,且詭冒易滋因而)阻壞鹽法者,買主、賣主各杖八十。牙保減一等,(買主轉支之)鹽貨、賣主轉賣之價錢并入官。其(各行鹽地方)鋪户轉買(本主之鹽而)拆賣者,不用此律。

【注】此禁客商賣引之弊也。凡客商納課領引,必須親自赴場支鹽。若不照引親支,而於中途將所領之引,增添原買之價,賣於他人支鹽,以致鹽法阻抑廢壞,買者、賣者各杖八十,牙保減一等杖七十,賣主之鹽、買主之價并追入官。其鋪户轉買商人之鹽,零拆貨賣者,不用此律。

條　　例

——越境(如淮鹽越過浙鹽地方之類)興販官司引鹽至三千斤以上者,問發附近地方充軍。其客商收買餘鹽、買求挈摯至三千斤以上者,亦照前例發遣。經過官司縱放及地方甲鄰里老知而不舉,各治以罪。巡捕官員乘機興販至三千斤以上,亦照前例問發。(須至三千斤,不及三千斤在本行鹽地方雖越府省,仍依本律。)

——凡偽造鹽引印信,賄囑運司吏書人等將已故并遠年商人名籍中鹽來歷填寫在引,轉賣誆騙財物,爲首者依律出斬外,其爲從并經紀、牙行、店户、運司吏書一應知情人等,但計贓滿數應流者,不拘曾否支鹽出場,俱發近邊充軍。

——各鹽運司總催名下該管鹽課納完者,方許照名填給通關。若(不曾納課)總催買囑官吏,并覆盤委官(假)指(課已上)倉指(上)囤、扶同作弊者,俱問發近邊充軍。

——各處鹽場無藉之徒,號稱長布衫、趕船虎、光棍、好漢等項名色,把持官府,詐害客商,犯該徒罪以上及再犯杖罪以下者,俱發近邊充軍。

——凡豪強鹽徒聚衆至十人以上,撐駕大船,張挂旗號,擅用兵杖響器,拒敵官兵,若殺人及傷三人以上者,比照強盜已行得財律,皆斬。爲首者,仍梟首示衆。傷二人者,爲首者斬決,爲從絞監候。傷一人者,爲首斬監候,爲從發黑龍江等處,給與披甲人①爲奴。其雖拒敵,不曾殺傷人,爲首絞監候,爲從流三千里。若貧難軍民將私鹽肩挑背負、易米度日者,不必禁捕。

——凡兵民聚衆十人以上,帶有軍器興販私鹽,拒捕殺人及傷三人以上,爲首并殺人之犯斬決,傷人之犯斬監候。未曾下手殺傷人者,發近邊充軍。傷二人者,爲首斬,下手者絞,俱監候。傷一人者,爲首絞監候,下手者發黑龍江等處,給與披甲人爲奴,爲從滿流。其雖帶有軍器不曾拒捕者,爲首發近邊

---

① 披甲人:清代八旗兵的別稱。

充軍，爲從流二千里。若十人以下拒捕殺人，不論有無軍器，爲首者斬，下手者絞，俱監候，不曾下手者發近邊充軍。傷至二人以上者，爲首者斬監候，下手之人絞監候。止傷一人者，爲首絞監候，下手之犯杖一百，流三千里。其不曾下手者，仍照私鹽本律治罪。其不帶軍器、不曾拒捕、不分十人上下，仍照私鹽律杖一百，徒三年。若十人以下雖有軍器、不曾拒捕者，爲首亦照私鹽帶有軍器加一等律杖一百，流二千里，爲從杖一百，徒三年。其失察文武各官，交部議處。有拏獲大夥私販者，交部議叙。

——除行鹽地方大夥私販嚴加緝究外，其貧難小民年六十以上、十五歲以下，及年雖少壯身有殘疾并婦女年老孤獨無依者，於本州縣報明，驗實注册，每日赴場買鹽四十斤挑賣，只許陸路，不許船裝并越境至別處地方及一日數次出入。如有違犯，仍分別治罪。

——巡鹽兵捕自行夾帶私販及通同他人運販者，照私鹽加一等治罪。

——凡收買肩販官鹽，越境貨賣，審明實非私梟者，除無拒捕情形仍照律例問擬外，其拒捕者照罪人拒捕律加罪二等。如興販本罪應問充軍者，仍從重論。倘拒捕毆人至折傷以上者絞，殺人者斬，俱監候。爲從各減一等。

——鹽商僱募巡役，如遇私梟大販，即飛報營汛，協同擒拿。其僱募巡役不許私帶鳥鎗，違者照私藏軍器律治罪。失察之地方官，交部照例議處。

——凡運鹽船戶偷竊商鹽整包售賣者，照船戶行竊商民例，分別首從，計贓科罪，各加枷號兩個月，仍盡本法刺字。所賣之贓照追給主，如追不足數，將船變抵。其押運商厮，起意通同盜賣者，依奴僕勾引外人同盜家長財物計贓，遞加竊盜一等例治罪。如非起意，止通同偷賣分贓者，依奴僕盜家長財物，照竊盜例計贓科斷。若商厮稽查不到，被船户乘機盜賣者，照不應重律，杖八十。如押運之人或係該商親族，仍分別有服無服，照親屬相盜律例科斷。

——埠頭明知船户不良，朦混攬裝及任意扣尅水腳，致船户途間乏用、盜賣商鹽者，照寫船保載等行恃強代攬、勒索使用、擾害各商例治罪，外加枷號一個月。船户變賠不足之贓，并令代補。如無前項情弊，止於保僱不實者，照不應重律，杖八十。

——販賣私鹽數至三百斤以上，及盤獲糧船夾帶，訊係大夥興販，均即究明買自何處，按律治罪。如不將賣鹽人姓名據實供出者，即將該犯於應得本罪上加一等定擬。若向老幼孤獨零星收買數至三百斤以下，實不能供出賣鹽人姓名者，仍以本罪科斷。如承審各員有心庇縱，含混完結，該管上司不行詳揭，一并題參議處。

——大夥梟徒拒捕傷差案內，凡得贓包庇之兵役，俱擬斬監候。私售之竈丁及窩頓之匪犯，俱發伊犁、烏魯木齊等處爲奴。

——鹽課錢糧不完者，將經督各官照分數議處外，其各商名下應完鹽課，作爲十分，欠不及一分者，責二十板。欠一分者，枷號一個月，責二十板。欠二分者，枷號一個月半，責二十五板。欠三分者，枷號兩個月，責三十板。欠四分者，枷號兩個月半，責三十五板。欠五分者，枷號三個月，責四十板。以上欠課,各商題參之日,扣限一個月全完者,免處。如逾限不完,照此例枷責。如於枷限內照數全完者,釋放免責。如枷限滿日仍全不完納,除杖責外,將該商咨參革退,并帶徵等項俱以引窩①變抵。欠六分者,將該商杖六十,徒一年,所欠課項限四個月全完。欠七分者,杖七十,徒一年半,限六個月全完。欠八分者,杖八十,徒二年,限八個月全完。欠九分者,杖九十,徒二年半,限十個月全完。欠十分者,杖一百,徒三年,限一年全完。以上自六分至十分,將該商鎖禁,嚴查家產。如限內全完,革退商人,免其杖徒。倘逾限不完,即將該商發配,所欠新課、帶徵等項,著落引窩家產變抵。

——雍正六年,戶部議覆河東巡鹽御史碩色疏稱,河東各商歷年失燬引張,不取地方官印結,至奏銷時止具甘結,由來已久。令該鹽政不時查察,如有捏稱遺失、重復影射行私情弊,即將該商牙照販私例治罪。嗣後設有遺失之處,即將遺失情由立時報明該地方官取具印甘各結,報部查核。倘仍於清查繳引時始行具報,即將經手之人照遺失公文律治罪。

處 分 則 例

——兼管鹽務之知縣、知州、知府、布政使、各道,欠不及一分者,停其升轉。欠一分以上者,降俸一級;欠二分、二分者,降職一級。欠四分、五分者,降職三級。欠六分、七分者,

---

① 引窩:又稱根窩、窩根,最初由商人自認額引,可世襲。清代鹽法領取鹽引,必須憑引窩,而領取引窩,則必須交納巨額銀兩。引窩每年交政府查驗,填發年窩(又稱"窩單"),再按引交費,稱"窩價"。有了引窩的鹽商,就有了世世代代運銷食鹽的特權。

降職四級。以上俱令戴罪督催,停其升轉,完日開復。欠八分以上者革職。

——運司、提舉司、分司、大使等官,係專管鹽課之官,欠不及一分者,停其升轉,罰俸六個月。欠一分者,罰俸一年。欠二分者,降職一級。欠三分者,降職二級。欠四分者,降職三級。欠五分者,降職四級。以上俱令戴罪督催。欠六分以上者俱革職。

——巡撫兼管通省糧餉,其鹽課考成,欠一分者,罰俸三個月。欠二分者,罰俸六個月。欠三分者,罰俸九個月。欠四分者,罰俸一年。欠五分者,降俸一級。欠六分者,降俸二級。欠七分者,降職一級。欠八分者,降職二級。欠九分者,降職三級。欠十分者,降職四級。以上俱令戴罪督催,停其升轉。其署官催徵督催,處分俱照正官例議處。署印不及一月者,免議。右三條鹽課初參。

——鹽課被參後,兼管鹽務之州、縣官限一年,其年限內不完,不復作分數,照原參分數處分。欠不及一分,一年內不全完者,降一級留任,再限一年戴罪催完,如再不完,照依所降之級調用。欠一分、二分,一年內不全完者,降三級調用。欠三分、四分,一年內不全完者,降四級調用。欠五分、六分,一年內不全完者,降五級調用。欠七分以上,一年內不全完者,革職。

——兼管鹽法之布政使、各道,并知府、直隸知州,被參後限一年半全完。如欠不及一分,年限內不全完者,降職一級,停其升轉。欠一分、二分,年限內不全完者,降三級調用。欠三分、四分,年限內不全完者,降四級調用。欠五分、六分,年限内不全完者,降五級調用。欠七分以上,年限内不全完者革職。

——各省兼管鹽法之巡撫,限二年全完。如欠不及一分,二年内不全完者,停其升轉。欠一分、二分,二年内不全完者,降職一級。欠三分、四分,二年内不全完者,降職二級。欠五分、六分,二年内不全完者,降職三級。欠七分、八分,二年内不全完者,降職四級。欠九分、十分,二年内不全完者,降職五級。以上俱令戴罪督催,完日開復。

——運使、提舉、分司被參後限年半全完,大使限一年全完。如年限内不完者,不復作分數,仍照原參分數題參。運使、提舉照布政使地丁錢糧例處分,分司、大使照州、縣官地丁錢糧例處分。接徵接催官員以到任之日爲始,接徵州縣大使等官限一年接催,布政使、道、府、直隸州、運使等官限年半接催,巡撫限二年。如不能完,題參之日,照現在未完分數,以初參例處分。(右四條鹽課限滿。)

——巡鹽御史鹽課欠不及一分者,罰俸一年。欠一分以上者,降俸二級。欠二分以上者,降職一級留任。欠三分以上者,降職二級留任。欠四分以上者,降三級調用。欠五分以上者,降四級調用。欠六分以上者,降五級調用。欠七分以上者,革職。

——銷引欠一分者,停其升轉。欠二分者,降俸一級。欠三分者,降俸二級。欠四分者,降職一級。俱令戴罪督催。欠五分者,降二級調用。欠六分者,降三級調用。欠七分者,降四級調用,不准融銷開復。任内有軍功錢糧加級紀錄者,准其抵銷。別項級紀,不准議抵。欠八分以上者,革職。其戴罪督銷者,限一年銷完。如年限內不完,照徐淮等倉錢糧年限內未完例處分。如行鹽地方各官有私派戶口、勒買銷引者,州、縣官革職;未經查報之司、道、府等官,各降三級調用;巡鹽御史及兼理鹽法巡撫不行查參者,將巡鹽御史降一級調用,巡撫降一級留任。如鹽引不行,題明私自挪撥者,該管官員各降一級調用,巡鹽御史降一級留任,兼管巡撫罰俸一年。其前官已完銷引不行送部,及題報鹽引遲延,或申報鹽引前後矛盾者,將該管官罰俸一年,巡鹽御史及兼管巡撫俱各罰俸六個月。

——此縣之引賣於別縣者,未經查報之府、廳官罰俸一年,道員罰俸九個月,布政使、按察使罰俸六個月。

——各省經徵鹽課、督銷鹽引催徵各官,能於奏銷前催徵全完,或前官并未徵解,接任官於奏銷前催徵全完,總以一官全完一年課引者,無論正署①,俱照地丁錢糧例議敘②。其兩浙代徵場員全完五萬兩以上者,准其紀錄一次;不及五萬兩,奏銷前全數通完者,統兩年合算,將兩年應徵之數徵收全完,亦准其紀錄一次。通融銷售地方及正課雖完耗羨未完,并本年代銷之項未完者,俱不准議敘。該督撫、鹽政於題銷疏內分晰聲明,以憑核議。如有未完捏報全完者,俱照地丁錢糧捏報全完例議處。

——官員該管界內有伊衙役私行煎販或私賣,本官不能覺察,別經查出者革職。其軍民人等在伊界內私行煎鹽或私賣不能覺察,別經查出者,降三級調用。兼轄官降一級,罰俸

---

① 正署:正式任職或代理職務。
② 議敘:清制對考績優異的官員,交部核議,奏請給予加級、記錄等獎勵,謂之"議敘"。

一年。該管官自行拿獲者,免議。或自行查出,未經拿獲,詳報通緝者,俱照例革職,降級留任。限一年緝拿,逾限不獲,仍照例降革。其兼轄之上司,俱免議。如旗下人私鹽事發,伊主係官罰俸兩個月,自行拿獲者免議。至官員行鹽無術,以致商販不前,或不遵行食鹽舊例,借端不行鹽者,俱罰俸一年。或苦累需索,以致商販不前者,降一級調用。

——雍正七年長蘆巡鹽御史鄭禪寶疏稱:"私鹽變價銀兩,例應具題充餉之項。所屬州縣拿獲私鹽案內車船驢鹽等物,理宜據實估變,解貯司庫充餉。無如該州縣膜視鹽法,經年累月不行報解,乘機抵換,任意侵漁,竟將船每隻只變銀八九錢。馱私鹽重載之騾驢俱以癆病老瘦為詞,騾每頭只變銀一二兩,驢每頭變銀三五錢,甚至捏稱倒斃,每驢一頭只變銀三分零,鹽每斤只變銀一二厘。種種弊端,固結陋習。業經屢檄長蘆、山東二運司,嚴飭務令其據實確估變解在案。長蘆、山東各屬未完私鹽案件尚有數十件,該州縣仍延挨觀望,任催不解。見今造報數目較之時價大相懸殊,任意捏報,除飭二運司嚴查侵漁情弊,據實詳揭另行指參外,臣思私鹽變價之項,豈容朦混捏報?經臣屢次駁飭,無如該州縣以此項并非地丁錢糧可比,因徇苟且,恣意侵漁,相沿成風,牢不可破。若不定其章程,各屬效尤,則以例應變解之公帑,竟為貪員之私橐。臣愚以為,嗣後各州縣拿獲私鹽案件,審結之日即將鹽物等項所變之價銀一并報解。其案內私鹽應交本處鹽商較時價減去十分之一二,令其即日交價領去銷售。其騾馬牛驢各按肥瘦大小定為三等價值,騾每頭四兩、五兩、六兩,馬每匹三兩、四兩、五兩,牛每隻二兩、三兩、四兩,驢每頭一兩、二兩、三兩,如有延挨不變以致倒斃者,着落該州縣官照中等價值賠補。車船等物亦按新舊、大小,務照時價據實變解。倘仍有侵漁捏報情弊,或經察出,或被告發,將該州縣照侵欺錢糧例議處。拿獲私鹽,該州縣隱匿不報者,請照諱盜例議處。至從前未變案件,分檄各屬自文到之日扣限起,仍限一個月內完解。嗣後批發私鹽案件,定限四個月內完結報解。倘逾限不結以及延挨觀望不即解交者,請照承審承變遲延例處分。再運司乃通屬引鹽之總匯,如一任州縣朦混,漫無覺察,據詳率轉以及因循瞻顧,逾限不行揭報者,即指名題參,聽候部議。庶公帑不至侵漁,州縣咸知儆惕。"等因前來。

　　查拿獲私鹽車船驢騾牛馬等物,例應變價入官之項,乃不肖有司往往乘機抵換,任意侵漁,不將所獲鹽物據實變價詳報。其賣多報少、扣尅入己情弊,若不嚴定處分,積弊究難剔除。應如該御史鄭禪寶所請,嗣後各州縣拿獲私鹽案件,定限四個月內完結。其案內私鹽交與本處鹽商,較時價減去十分之一二,令其即日交價領去銷售。騾馬牛驢各按肥瘦大小定為三等價值,如有延挨不變以致倒斃者,着落該州縣官照中等價值賠補;車船等物亦按新舊大小照依時價據實變解,報部查核。倘仍有侵漁捏報情弊,或經上司察出,或被旁人告發,將該州縣照侵欺錢糧例議處。拿獲私鹽,該州縣隱匿不報者,照諱盜例議處。至於各州縣拿獲私鹽案件,倘於四個月限內不行完結,以及延挨觀望不即變價報解,照承審承變遲延例處分。倘運司一任州縣朦混,漫無覺察,據詳率轉及因循瞻顧,逾限不行揭報,該御史即行指名題參。

　　——運使、運同、運判、鹽場大使係專管鹽務之員,如竈丁販賣私鹽，大使失於覺察者革職，知情者革職、交部治罪。運同、運判失察一次者降職二級，失察二次者降職四級，俱留任戴罪緝拿。一年限滿無獲，將運同、運判等官罰俸一年，各帶原降之級緝拿。如又年限已滿不獲，運同、運判仍罰俸一年，各帶所降之級緝拿（拿獲私鹽之日，俱准其開復）。失察三次者革職。運使失察一次者降職一級，失察二次者降職二級，失察三次者降職三級，俱留任戴罪緝拿。一年限滿無獲，罰俸六個月，帶原降之級緝拿。如又年限已滿不獲，仍罰俸六個月，帶所降之級緝拿（拿獲私鹽之日，准其開復）。失察四次者降三級調用。

梟徒販私，聚十人以上，帶有軍器，失於覺察，或官兵巡拿人等不能拿獲，間被殺傷，僅獲二三名者，專管官降二級留任，兼轄官罰俸一年，俱限一年緝拿。限內拿獲一半以上者，未經拒捕傷人之案准其開復。係拒捕傷人之案，將專管官降一級留任，拿獲之日再行開復，兼轄官罰俸一年。限滿不獲，專管官照所降之級調用，兼轄官降一級留任。本處并未拿獲，被別處拿獲者，將專管官降二級留任，三年無過開復，兼轄官罰俸一年。若別處雖拿獲少一二人者，仍照例處分地方官。遇有興販拒捕，不行擒拿，故爲疎縱，該督撫、巡鹽御史查參，將地方專管官革職，兼轄官降二級調用。凡興販拒捕，屬員失察故縱，上司徇庇不參，照徇庇例議處。如專管官一年內拿獲十人以上、帶有軍器、大夥私販一次者紀錄一次，二次者紀錄二次，三次者加一級，四次者加二級，五次者不論俸滿即升。兼轄官一年內拿獲三次者紀錄一次，六次者紀錄二次，九次者加一級。拿獲次數多者，俱照次數紀錄加級。

大夥興販隱匿不報,及人鹽并獲輕爲開脫者,專管官革職,兼轄官降二級調用。至大夥私鹽必有爲首之人,如該地方官明知不報,事發,將匿報官革職,嚴加議罪。

——梟徒販私并拒捕殺傷兵丁人等不能擒獲,失察之該管州縣吏目、典史等并失事地方官,失察一次者降職二級,失察二次者降職四級,俱留任戴罪緝拿。一年限内拿獲一半以上者,未經拒捕之案准其開復,係拒捕傷人免其初參處分,餘賊限一年緝拿。不獲,罰俸一年。餘賊照案緝拿,限滿不獲,罰俸一年,各帶原降之級緝拿。如又年限已滿不獲,仍罰俸一年,各帶所降之級緝拿。拿獲私鹽之日,俱准其開復。失察三次者革職。道、府、直隸州、知州等官失察一次者降職一級,失察二次者降職二級,失察三次者降職三級,俱留任戴罪緝拿。一年限内拿獲一半以上者,未經拒捕傷人之案准其開復。係拒捕傷人免其初參處分。餘賊限一年緝拿。不獲,府州罰俸六個月,道員罰俸三個月。餘賊照案緝拿,限滿不獲,罰俸六個月,各帶原降之級緝拿。如又年限已滿不獲,仍罰俸六個月,帶所降之級緝拿。拿獲私鹽之日,俱准其開復。上司因屬員失察,帶所降之級緝拿。自行拿獲者,固應開復。若原參案内所轄屬員降級之案,因拿獲私鹽開復,其本案之上司亦准其開復。失察四次者,降三級調用。

——販私鹽梟由他處入境,人鹽并獲,或於拿獲過半者免其處分,餘犯照案緝拿。其有經由地方并無販賣情事,經別處發覺者,係大伙將地方專管官罰俸一年,小夥罰俸六個月。

——鹽船失風失火,責成州縣官會同營員查勘確實,限一月内出結通詳。鹽道於詳到日起,限半月内核轉,以憑飭商補運。限三個月過所運口岸,仍令沿途督撫及該管鹽道、知府、直隸州隨時查察。如實係失風失火,而有勒索捺擱及受賄、扶同捏報情弊,即將該員指名題參治罪。如將淹消火燬之案勘訊不實,即行結報,後經發覺者,將結報不實之員,照不行查明給結例,罰俸一年。

——凡大夥興販、聚衆拒捕、及執持器械殺傷巡役人等脱逃之梟徒,照強盜例勒緝。地方文武各官疏縱及上司容隱不參,交部議處。

——地方有奸徒搶奪鹽店及鬨鬧場竈等事,文武官弁即行拿獲,究出主使、同夥。如獲犯過半并獲首犯者,仍參疏防照盜案例,免其處分。如獲犯不及一半或不獲首犯者,照盜案例參處。限年緝拿,限滿不獲,亦照盜案例處分。如平時漫無約束,臨時不即擒拿,有意姑息,致長刁風者,將該管官弁照溺職例革職,各犯交與接任官照案緝拿。該管巡道、府、廳、直隸州將、備等不行揭報,一并查參。如地方官弁整飭有方,鹽引疏銷,私販斂跡,一年内無應參之案,准其紀錄一次。三年内無應參之案,准其加一級。若有希圖議叙、隱匿不報,或將大伙之案捏作偶然凑合、巧爲開脱者,一經查出,即照匿報鹽犯例議處。

——官員不能拿獲私煎,反給印照興販者,革職提問。上司知情故縱者,亦革職,一并審究。失察者,降一級留任,再罰俸一年。

——已撫鹽梟復行販私審實者,將本犯解部發遣。其出結之地方專汛、兼轄及該管各官,俱照失察卦子①例議處。

——地方各官失察,外省侉棍來境私販,仍照定例處分。有能拿獲侉棍興販私鹽千斤以上者,將該管官核實,題請紀錄。如有不肖官員希圖紀錄,將貧難軍民肩挑背負易米度日之人及外來貿易之平民,混作私販侉棍查拿,私用非刑,害人致死者,將該員照誣良爲盜例革職。如未經致死者,將該員降一級調用。

——拿獲私鹽承審各官,務先究明買自何人、何地,係何場竈透漏,有無窩頓之家,運往何處囤賣,并買鹽月日、鹽斤數目,提集犯證,并密提竈户、煎鹽火伏、簿扇,審無誣攀確據,按照律例治罪。該管地方官場員分別何員失察,將何員議處,不得聽該犯指供,含糊參處。倘承審各官不將誣攀情由審出,即照不能審出盜賊誣攀良民例分別議處。如任犯狡供,仍以買自不知姓名,率同具詳不能究出私鹽來歷,及運往何處囤賣實情者革職。或聽其指供,含糊請參,草率完結者,照不取緊要口供例分別議處。

——收賣私鹽,船載車裝馬馱絡繹,應照無引私鹽律治罪。不得藉口買自店家,本屬官鹽,曲爲開脱。地方官拿獲私鹽如作官鹽杖責完案,照故出人罪律參處。

——地方官拿獲私販,務將人鹽數目據實詳報。一切私

---

① 卦子:當指八卦教。八卦教由清初山東單縣人劉佐臣創始。其教徒分為乾、坎、艮、震、巽、離、坤、兑八門。雍正六年(1728)的一道上諭中說:"聞卦子匪類隸籍於江南之廬、鳳及河南、山東、直隸、山陝地方,其男婦皆習拳棒技藝。""卦子匪類",即指八卦教徒,其時已分布數省。八卦教與後來的義和團運動有一定的傳承關係。參見戚其章《義和團與八卦教——義和團源流試探》。

鹽贓物例應入官者,不得一毫隱諱。如將所獲私鹽侵入己囊,或與各役分肥,并大夥拒捕之案從中漁私,將人鹽數目以多報少者,將該管官弁題參革職,計贓照枉法律治罪。其未曾侵匿者,照徇隱例議處。上司各官知情故縱者,照徇庇劣員例議處。雖不知情而未經揭參者,照不揭報劣員例分別議處。

——私鹽私茶經過境內,如有實係因公出境之員,即於查察案內據實確查聲明,准其免議。如并非因公出境混行詳請者,降一級調用,該管上司并未確查代請免議者,罰俸一年。

【按】論鹽法而及律令,欲使上下皆有遵循,或亦刑期無刑之道。第各省鹽務,歷年奉准條例不一。今惟詳夫現行并最有關於河東者,餘不備載。

禁 緝 扼 塞　附

山西省

腳户偷賣商鹽,多在安邑、平陸、翼城、洪洞、蒲州、曲沃、臨晉等處,以離家尚近,買有積囤而又不必渡河,當密爲踪跡①。

平陽府屬之吉州、鄉寧一帶,每有口鹽由黃河順流而下混入河東行鹽地方,大與商鹽有礙。乾隆五十一年,奏准口鹽運至臨縣磧口鎮起岸銷售,不得載至下游州縣。

洪洞之窩村地方,居民掃土熬硝,以爲熟皮②之用,其色類

---

① 踪跡:按行踪影跡追查。《史記·孟嘗君列傳》:"湣王乃驚,而踪跡驗問。孟嘗君果無反謀。"
② 熟皮:加工皮革。此處"熟"作動詞解。

鹽。脚户偷鹽額缺，專買攙和，以抵鹽數。

永濟、臨晉二處有葫蘆鹺，庄民多煎私。

曲沃、太平、河津、榮河四縣各有汾河灘之私煎。

芮城有潼關對渡私販。

潞安府屬縣皆與沁州、武安咫尺，私煎小鹽①，就近販賣。襄垣、潞城、黎城、壺關四縣，皆與河、衛蘆鹽接壤，本地鹽徒慣於涉縣河南店、井店諸處勾引蘆商越境。

壺關、黎城等縣又與河南之彰德林縣、武安、涉縣接壤，蘆鹽越賣爲多。

鳳臺與修武、輝縣近境，長蘆海曬透漏最便。

陵川縣比鄰於輝縣、獲嘉，山東奸民專取蘆鹽回賣。

陝西省

西安所屬之私鹽，皆平、慶奸民將小池之鹽販駄越賣。亦有販鹽在於鳳屬發賣，賣不盡者即駄入咸寧等縣界内。

盩厔、咸陽、高陵、長安、臨潼、渭南、華州、華陰等處各渡口船户結交鹽徒，慣將渭河以南一帶私鹽接引入境。

花馬池鹽之入西安，其從渭河迤北來者，則自淳化縣之江原鎮、通仁鎮、口子頭，耀州之鑽天嶺，同官之陳緣鎮，又有由邠州、三水、醴泉、澄城、白水、韓城諸處絡繹搬行，遍售府域。

醴泉縣域爲花馬小池私鹽越境之通衢，西達乾州，南趨省會，東則涇陽，北則淳化。皮包騾負，公然肆布。積奸旅店亦

---

① 小鹽：硝鹽。用鹼土、硝土做原料，用水溶解所含鹽分，過濾後熬成的小粒鹽。《元史·奸臣傳·阿合馬》："太原民煮小鹽，越境販賣，民貪其價廉，竟買食之。"

樂招延射利。

蒲城、富平有自高椿樹、鹵泊灘①越賣之鹽。

朝邑、韓城二縣有鹽池凹、黃河邊越境販賣之鹽。

邠州、漢興等處有花馬川越境之鹽。

華州與渭南接壤，渭南船户串通蒲州馬頭轉脚店家，裝載滾莊私鹽，沿河變賣。

華州有湖村，四圍盡是華地，惟村民屬同州。奸民開張鹽店，鄰近鄉村無不買食，且有小車私鹽推入華地發賣，遇盤詰則稱過路。

河南省

許州之行解鹽止襄城一縣，因與禹州緊接，長蘆海曬多從此來，又且假道散入河南等州縣。

洛陽近接蘆境，地棍慣引蘆鹽越賣，陸路則自榮陽地方入境，由鞏縣、偃師布散；水路則自黃河迤南，由榮陽縣之邢澤口、孟津縣之馬後村、新安縣之筐口鎮為經路。其傍徑又從鞏縣地界泛黃河，插入洛河、伊河，流行於偃、洛交界之桑園頭，洛陽之棗園村、河頭庄、白河鎮，登封縣之丁劉鎮，散各州邑。

閿鄉縣專燒蓬淋鹵，刮土煎私。更兼蒲州、潼關止隔一河，私鹽北越，或在芮城，或在河北楊家灣，或在盤豆，或在十二河口，夤夜放船。閿鄉縣背河面山，東西不過八十里。其間有潼關民户十數家居住，不由閿鄉縣管轄，不食縣鹽，每多私販。

---

① 鹵泊灘：在陝西富平縣東二十里，接蒲城縣界，一名東灘，亦名明水灘，冬夏不竭，可以煮鹽。

靈寶縣與晉省止隔一河，鹽徒專偷西池之鹽，於北門夜渡，潛藏窩店，發賣各村。至遇巡獲，佯爲過路，或以一引影射往返，居然貨賣。

泌陽、鎮平、内鄉、淅川、裕州五處私販，皆從河南之永寧、宜陽、嵩縣、澠池四縣經過，串通店家盜賣。若遇盤詰，將引影射，名爲過路私鹽。

鄧州、新野、唐縣、桐柏之南即與楚地襄陽、隨州、棗陽接壤，又近蘆境，外來鹽徒皆自泌陽、裕州經過，本地奸民相與勾通載送。

南陽縣南臨淮鹽，從舞陽攔入。東近蘆鹽，自裕州以進。

汝州與所屬之郟縣、寶豐、伊陽并接禹州，蘆鹽公行，最爲商害。

黃河兩岸臨水各府、州、邑，每多私鹽，有以牛羊之皮置成大袋者，名曰餛飩。裝鹽扎口，浮諸中流。善水者乘附袋上，順流而下，沿途發賣，收袋携回，禁緝俱難。若非禁其入河，漏卮曷塞①，應着保甲覺察舉報，拿獲必究。下河處所，即以協謀同坐。

【按】裕課全在疏引，疏引首重緝私。僉曰：境外之私鹽暗入一引，則商鹽必減一引之銷，獨不曰池内之私鹽透出一引，而官鹽即多一引之壅乎？前運使蘇昌臣約法九條，緝私專重禁垣，誠正本清源之道。而無如附近貧民百計販私，積習相沿，罔恤公令，甚至結夥肆竊，而鹽池内外每鋪二三兵役，幾欲禦之而不能。兆奎聞之駭然，特行十家連坐之法。各於鹽庵

---

① 漏卮曷塞：意爲靠什麽堵塞私鹽的漏洞。漏卮，底上有孔的酒器。曷，相當於"何""什麽"。

相近之處設立門牌,一家有警,九家協至。要期①聲勢聯絡,互相救援,庶免盜賊公行之患。此在督緝者實力爲之,而尤冀地方官不得縱民爲非也。

---

① 要期:約定日期。《史記·孟嘗君列傳》:"今富給者以要期,貧窮者燔券書以捐之。"

第十卷 學 校

天下運司五,惟河東設有專學。蓋以郇瑕爲准其開復財賦藪,沃土之民,逸則忘善。由來治鹺諸君子,既裕國而便民,復興賢以厚士。運學之設,師道立而教化行,理義明而風俗美。科第蟬聯,人物彪炳。謂非豐亨之後效歟?是又不可以不詳。

學 宮

學宮在運治東南。元大德三年,運使奧屯茂創建。明洪武初,運籍生員分附解、安二學,而運學廢。正統己未,運使韓偉請於朝,復舊制堂殿祠廡、師生員額與郡庠等。原基東西闊五十步,南北長一百八十九步,計地三十九畝三分有奇。中爲大成殿①,殿前東西兩廡。又前爲戟門②,門外名宦、鄉賢祠分

---

① 大成殿:孔子廟大殿名。《宋史·禮志八》:"崇寧初……詔辟雍文宣王殿以'大成'爲名。"文宣王,孔子的封號。

② 戟門:立戟爲門。古代帝王外出,在止宿處插戟爲門。後指立戟之門。

左右。泮水①流其中,欞星②巍其上。殿後爲明倫堂。又後爲敬一亭。東爲崇聖祠,又東爲尊經閣,爲仰德祠,爲射圃、觀德堂。創制久遠,修葺頻興。明時,運使史潛,御史張應奎、黃一龍、曾舜漁、王遠宜、劉大受先後增修。

　　國朝自順治十一年運使陳喆復修後,康熙六年御史施維翰又修,乾隆六年運使張任又修,乾隆二十九年鹽政李質穎捐俸重修。至乾隆四十七年,又以歲久剝落,商衆呈請捐修,署運使繆其吉據情詳准,并捐俸二百兩。未及興修,運使沈業富踵任其後,亦捐俸二百兩,重加修葺。查還射圃、觀德堂舊基,又查出民占崇聖祠東、敬一亭北隙地一十二畝七分二厘零。詳明歲議租銀二十兩,由州判催解運庫,令教官僱夫掃除,以昭敬肅。康熙二十四年,恭懸聖祖仁皇帝御書"萬世師表"額於大成殿。雍正四年,復恭懸世宗憲皇帝御書"生民未有"額於大成殿。今上聖神③相繼重道崇儒。乾隆三年,又恭懸"與天地參"額於大成殿。天章叠焕,萬世常昭,春秋祭享,樂舞、禮器一如《會典》定制。

　　崇聖祠,即啓聖祠,向係專祀啓聖公,名曰啓聖。雍正元年,追封至聖先師孔子五代并爲王爵。以合祀五代,更名爲崇聖祠。

　　名宦、鄉賢祠,舊在文廟東。明正德間,御史尚維持始祀

---

①　泮水:古代學宫前的水池,形狀如半月。
②　欞星:指欞星門。舊時學宫孔廟的外門。原名靈星門。靈星即天田星。漢高祖命祭天先祀靈星,至宋仁宗天聖六年,築郊臺外垣,置靈星門,象天之體;旋又移用於孔廟,蓋以尊天者尊聖。後人以漢祀靈星祈穀,與孔廟無涉,又見門形如窗欞,遂改爲欞星門。
③　聖神:稱頌帝王之詞。

於文廟,分列泮池左右。

仰德祠,在文廟東,即故鄉賢祠也。明嘉靖間,御史初杲以祠宇空設,移祀河東書院鄉賢木主①於内,共八十四主,改名仰德祠。乾隆四十八年,運使沈業富以重修祠宇,見木主僅存者五。考碑記,復加增定,今現存十五主。所祀則風后、關龍逄、傅說、巫咸諸人,并關聖帝君皆在焉。

文昌閣,在文廟左城上。

魁星閣,在文廟右城上。

【附】樂舞

明正德三年御史周廷徵備置樂舞、禮器,選童冠②肄習於中,歲久殘缺。乾隆四十九年運使沈業富查照《大清會典》,逐一補置。其佾生③向皆招募市井粗才,生疏無狀。因請學政於商籍新生十名外,録其文理清順者四十名充補,延請樂工教之樂舞,給以禮服。每人歲給飯食銀六兩,在加增銷價内支給。遇缺出,由運學於現考商童内,選取詳充。祭器、樂器司房存卷。

【附】學田

明萬曆間,運使林國相創建學倉。尋擢河東大參④,留俸五十兩,備置學田。後署司運判王建中募捐二百兩,置夏縣地

---

① 木主:木制的神位。上書死者姓名以供祭祀。又稱神主。俗稱牌位。

② 童冠:指青少年。語出《論語·先進》:"莫春者,春服既成,冠者五六人,童子六七人,浴乎沂,風乎舞雩,咏而歸。"

③ 佾生:清代朝廷及文廟舉行慶祀活動時充任樂舞的童生,文的執羽箭,武的執干戚,合樂作舞。又叫"樂舞生",簡稱"佾生"。

④ 大參:參政的別稱。

六十餘畝,每年入租三十七石有奇。又清出解州、臨晉、安邑、禁垣灘地五百一十畝,每年入租二十四石有奇,并納學倉備用。迨歲久湮没。康熙二十九年,運司行查夏縣地六十餘畝,并無學田鄰段佃户姓名。其解州、臨晉、安邑各地,止查出二百七十九畝三分,每年入麥穀九石九升五合,給禮生充用。今現存學田有二。一坐落安邑縣介村,地一百二十畝,佃户承種,每年納租穀七石五斗,作學中歲修之用。一坐落安邑縣東留、陶上等村,地一百二十畝,亦佃户承種,除完糧外每年折銀二十三兩三錢六分一厘六毫,盡數分給廩生、貧士。次年三月内,由運學差役俱批赴鹽政并藩司衙門報銷。

學　　額

河東運學,初係行鹽子弟方准考試。嗣因修理鹽池禁墙、堤堰等工,責之蒲、解二州屬額設鹽丁,其子弟并許入考。繼而鹽丁無力修築,遂募二州屬民夫幫修,其子弟亦即影射入考。歷年商民互考,混冒不清。雍正六年,學政勵宗萬奏請清理籍貫。運學唯報部有名商人子弟并從前有錠商人的派子孫,方准收考。其從前冒入各生,一概改歸民籍。仍照舊額歲試取進文武生各二十名,科試取進文生二十名。廩、增各四十名。每年一貢,未免人少額多。雍正九年,學政朱曙蓀奏准,照中學例①於原額二十減去八名,廩、增②亦減其半,二年一貢。乾隆四十三年,御史戈源請裁商籍,奏稱:"弊必塞其源,法在防其漸。商籍行之既久,商人子弟日少,外省假冒日多,狼狽為奸,致成弊藪,請將商學、運學概行刪除。"九卿③會議,以商籍始於順治十一年,相沿日久,若因清釐冒考之人,恩例概行刪除,亦未妥協。不如核實定額,請敕交各省督撫、學政計校人數多寡,酌減學額。山東學政姚梁條奏:"本省商人不准入商籍考試。"山西巡撫巴延三議減運學文額二名,武額八名。又奏:"坐商置畦種鹽即同竈戶,坐商與運商有畦地者,惟親子弟姪准其一體以竈籍應試,無庸另編商籍,鄉試亦無庸設立鹵字號。"奉旨:"依議。"乾隆四十九年運使沈業富以考試別縣商童廩保難以周知,酌定章程,各屬商童俱由該地方官造

① 清初科、歲兩試取進文武童生,府學二十名,大縣十五名,小縣十二名。此處中學當指規模中等的學校。《臺灣府志·詳請開科考試文》:"臺灣府學應照各直省府學事例,取進文武童生各二十名;臺灣縣學,應照大學例,取進文武童生各十五名;鳳、諸兩縣學,應照中學例,取進文武童生各十二名。"

② 廩增:廩膳生員與增廣生員的并稱。明清兩代稱由公家給以膳食的生員為廩膳生員。明初生員有定額,皆食廩。其後名額增多,因謂初設食廩者為廩膳生員,省稱"廩生",增多者謂之"增廣生員",省稱"增生"。又於額外增取,附於諸生之末,謂之"附學生員",省稱"附生"。後凡初入學者皆謂之附生,其歲、科兩試等第高者可補為增生、廩生。廩生中食廩年深者可充歲貢。

③ 九卿:古代中央政府的九個高級官職。《周禮·考工記·匠人》:"外有九室,九卿居焉。"鄭玄注:"六卿三孤為九卿,三孤佐三公論道,六卿治六官之屬。"歷代多設九卿。周以少師、少傅、少保、冢宰、司徒、宗伯、司馬、司寇、司空為九卿。秦以奉常、郎中令、衛尉、太僕、廷尉、典客、宗正、治粟內史、少府為九卿。漢以太常、光祿勳、衛尉、太僕、廷尉、大鴻臚、宗正、司農、少府為九寺大卿(即九卿)。以後各朝的名稱、司職略有不同。

具花名籍貫、身家清白、并無違礙清册,移送安邑縣收考,以杜弊端。今歲試文童取十名,武童取四名。科試祇取文童十名。皆附於學,謂之附生。歲、科兩試前,列挨補廩、增、恩、拔①,每次各一名。

【附】鄉試盤費

乾隆五年,運、安兩城紳士捐置楊本青商課六錠,照通例收運商銷價。積至鄉試之年,資助兩學士子盤費。銷價收貯分司署,交禮房經理出入。每遇鄉試②屆期,查兩學科試錄取正案人數派給,仍存銀一百兩,詳請學政將遺才③名數開單,行司照單均分。發過銀數,行學存案。其捐資置錠姓名,有碑記可考。

書　　院

——宏運書院,在運學東。本割運庠射圃餘地,即今生童

---

①　恩拔:恩貢和拔貢。明清科舉制度規定,每年由府、州、縣選送廩生入京都國子監肄業,稱為歲貢。凡遇皇帝登極或其他慶典而頒布恩詔之年,除歲貢外再加選一次,稱為"恩貢"。《明史·選舉志一》:"入國學者,通謂之監生。舉人曰舉監,生員曰貢監,品官子弟曰蔭監,捐資曰例監。同一貢監也,有歲貢,有選貢,有恩貢,有納貢……恩貢者,國家有慶典或登極詔書,以當貢者充之。"《清會典·禮部·學校》:"凡生員食餼久者,各以其歲之額而貢於太學,曰歲貢。有恩詔則加貢焉,曰恩貢。"清制,初定八年一次,乾隆七年改為每十二年(即逢酉歲)一次,由各省學政選拔文行兼優的生員,貢入京師,稱為拔貢生,簡稱拔貢。同時,經朝考合格,入選者一等任七品京官,二等任知縣,三等任教職;更下者罷歸,謂之廢貢。

②　鄉試:明清兩代每三年一次在各省省城舉行鄉試。中試者稱"舉人"。即會試不第,亦可依科選官。

③　遺才:秀才參加鄉試,先要經過學道的科考錄送,臨時添補核准的,稱為"遺才"。

肄業①處也。明天啓三年御史李日宣創建,延鄉賢曹于汴主席②其中。復捐俸置地,以爲育才之用。嗣御史姜思睿、楚朗揚亦各先後捐資,置買安邑、夏縣地畝。坐落四至、佃户姓名舊有碑記在院可考。明季湮没。

  國朝康熙二十八年御史郝惟謙檄行兩縣清查,查出安邑地二百五十三畝零、夏縣地六百五十一畝一分零。檄發運使蘇昌臣,議自二十九年爲始,佃地人户悉遵舊規,除完糧之外仍照碑額完租。由該縣每年彙收解交,留備書院公用。迨後,歲久浸廢。書院爲朔望③宣講聖諭之所,平時扃鎖④無人。乾隆九年,以諸生請,復行延師考課。商人范天錫等公議捐資營息,其實并未捐出,每年需費但於公費項内支應,屢經查議未定。至四十四年,始議於加增銷價内每年每引捐銀六分,共捐銀一千二百三十九兩三錢。按季呈貯司庫以供師生修脯⑤、膏火⑥、人役、工食、紙張之費,舉行至今。考課經費,司房存卷。書籍列目,懸匾講堂。

【附】書院地價置鋑

  宏運書院舊有捐置地畝。《紀恩録》載,係書院公田,非曹氏私産。向因佃户拖欠,陸續追價交商生息。乾隆四十九

---

  ① 肄業:修習課業。古人書所學之文字於方版謂之業,師授生曰授業,生受之於師曰受業,習之曰肄業。

  ② 主席:原意爲主持筵席,此指主持書院。

  ③ 朔望:朔日和望日。舊曆每月初一日和十五日。

  ④ 扃鎖:插上門閂,封好鎖具,意謂門户緊閉。

  ⑤ 修脯:舊時稱送給老師的禮物或酬金。修,通"脩"。修、脯均爲干肉。

  ⑥ 膏火:照明用的油火,引申爲供學習用的津貼。

年,查存本利銀二千三百兩。前運使沈業富詳准置錠,立案存司。乾隆五十年,蔣兆奎用銀二千一百三十二兩置錠票一十五張。五十三年,又用銀一百六十八兩置錠票一張。共十六張,收貯運庫。至所置錠票,照通例每年收銷價銀三百八十四兩,歲支前掌院曹于汴祭祀銀六十兩,書院門役工食銀二十四兩。其曹氏子孫遇鄉試,年給場費銀六十兩,餘爲修理書院之需。曹氏子孫不得仍行混支,以垂永久。

——河東書院,在運城西北八里,初名育材館,明正德御史張士隆創建也。堂宇崢嶸,山水流峙,吕柟碑記如繪。萬曆間,張居正當國,議毀天下書院。御史李廷觀以院内祀堯、舜、禹三聖,急改爲三聖祠,得免。十三年,更名崇聖館。十六年,乃更今名。天啓間,御史李日宣增建書屋,以開來學。然而歷年滋多,距城頗遠,風雨剥落,鞫①爲茂草。乾隆四十八年運使沈業富捐俸,爲殿三間以奉神,前堂三間改爲更衣所。萬歲碑亭、聖殿大門、角門俱加修整。惟講堂、藏書樓、六柱亭尚存,而講堂殘破爲甚,統加修葺,周環以墻。又添建東西耳房各二間,東西廊房各三間,大門一間,總計捐銀一千四百四十九兩有奇。原設基地六十九畝七分九厘九毫,祠宇堂舍佔地二十七畝五分七厘六毫,餘地八段三十四畝七分六厘六毫。又溝道白地七畝四分五厘七毫,即給看守書院拜自全等四人承種,免收租息,以資養贍。

——運城向有養蒙之地五,統名社學。而有東南西北中之分,以便小子就近求師。其東社學在表忠祠内,南社學在南門社學巷,西社學在府君廟巷,北社學在城隍廟西,中社學在

---

① 鞫:通"鞠",盡,完全。

鼓樓西。各有房舍,延塾師居之,濟以館俸,以待來學。明季,連因兵燹湮没。前志稱,地畝四至禮房存卷,但久未舉行。雍正四年運同王又樸延師訓詁,舉行二學,而未詳何處,其館俸由運使、運同按年捐給。今現行二處,一設帝君廟巷文昌廟,一設井把巷觀音廟,俱非社學舊地,遷移無定。其館師膏火,歲在加增引銷價項下各支銀十二兩。

【按】運城東門內舊有正學書院,明嘉靖御史余光所建,後改爲東察院,即今之萬壽宮也。是雖已成陳蹟,然舊制所關,仍存其名,以質後來。

科　　目

依前志,各注官階於題名下,其科分①則本《運城志》,參以《彙纂》《便覽》。雍正八年以後,依《紀恩録》,并采有科目②可據者,皆附於篇。間有前書漏載,及與碑載不符之處,悉爲補正。

進士
明自永樂辛丑至崇禎癸未,共四十六人,内詳人物者二十四人。

李　骼:永樂辛丑科,歷官山東右布政使。

劉　海:永樂甲辰科,歷官參議道。

李　素:宣德庚戌科,歷官右通政。

---

① 科分:科舉中式之年分。
② 科目:唐代以來分科選拔官吏的名目。

衛　儀：正統乙丑科，官行人司。

張　璡：天順甲申科，詳人物。

郝　琪：天順丙戌科，官户部主事。

張　岫：成化丙戌科，詳人物。

張　璲：成化己丑科，詳人物。

馬　璠：成化乙未科，歷官湖廣僉事道。

張　芮：成化戊戌科，詳人物。

曲　環：正德甲戌科，官陳州知州，又碑載工部主事。

相世芳：正德甲戌科，詳人物。

張淳甫：正德甲戌科，詳人物。

祁　霱：正德甲戌科，詳人物。

謝　誥：正德丁丑科，詳人物。

張時亨：嘉靖癸未科，官教授。

孫繼先：嘉靖壬辰科，官咸寧縣令。

路天亨：嘉靖壬辰科，官淶水縣令，又碑載歷升吏部郎中。

楊　獎：嘉靖乙未科，官工部主事。

劉　選：嘉靖戊戌科。

胡志夔：嘉靖甲辰科，詳人物。

劉得寬：嘉靖癸丑科，詳人物。

王　宇：嘉靖壬戌科，詳人物。

丁　誠：嘉靖壬戌科，官副使道。

楊一魁：嘉靖乙丑科，詳人物。

董汝漢：嘉靖乙丑科，歷官河南左布政，又碑載陝西按察司副使。

趙欽湯：嘉靖戊辰科，歷官户部尚書，又碑載兵部主事。

解學禮:隆慶戊辰科,詳人物。

張雲翺:萬曆甲戌科,詳人物。

劉敏寬:萬曆丁丑科,詳人物。

趙　標:未詳科,分官太僕寺卿。

馬邦瑞:萬曆己丑科,官行人司。

王國楨:萬曆己丑科,詳人物。

曹于汴:萬曆壬辰科,詳人物。

楊一桂:萬曆乙未科,詳人物。

劉崇文:萬曆戊戌科,詳人物。

任正門:萬曆甲辰科,詳人物。

康四海:萬曆癸丑科,詳人物。

王凝祚:萬曆己未科,官通永參政道。

裴君賜:天啓壬戌科,官戶科給事中。

李日儼:天啓壬戌科,詳人物。

劉席民:天啓壬戌科,詳人物。

張鳳鳴:崇禎戊辰科,官兗州府推官。

李　恪:崇禎甲戌科,官兗西道僉事。

丁期昌:崇禎癸未科,詳人物。

朱永康:崇禎癸未科,官平樂府推官。

國朝自順治丙戌至乾隆辛卯,共三十三人,內詳人物者八人。

張聯第:順治丙戌科,官渭南縣令。

馬纘緒:順治丙戌科,官黃州府推官。

王春陽:順治丙戌科,官新泰縣令。

馬光啓:順治壬辰科,詳人物。

尚翼岐:順治戊戌科。

馮昌奕:順治戊戌科。

謝櫺齡:順治辛丑科,詳人物。

賈待聘:康熙甲辰科,官竹山縣令。

王　斌:康熙丁未科,官中書舍人。

王尹方:康熙癸丑科,詳人物。

丁廷楗:康熙癸丑科,詳人物

喬宏德:康熙壬戌科,詳人物。

景應熊:康熙乙丑科,官東陽縣令。

劉喬齡:康熙乙丑科,官武進縣令。

何　遠:康熙戊辰科,詳人物。

康行儉:康熙甲戌科,詳人物。

喬于溓:康熙丁丑科,官萬年縣令。

王　焯:康熙丁丑科,官湖口縣令。

謝　槤:康熙庚辰科。

喬於瀛:康熙庚辰科,官廣西右江道。

董　玗:康熙癸巳科,官衛輝府滑縣令。

景四維:康熙乙未科,詳人物。

惠克廣:康熙乙未科,官滋陽縣令。

彭人瑛:康熙辛丑科,官滄州知州。

姚　潛:康熙辛丑科,官奉天工部員外郎。

宋在詩:康熙辛丑科,歷官鴻臚寺少卿。

張士璉:雍正甲辰科,官海陽縣令。

劉　炯:乾隆丁巳恩科,官翰林院庶吉士。

朱　治:乾隆己未科,官德化縣令。

宋　鑒：乾隆戊辰科，官南雄通判。

王　密：乾隆辛巳科，官四川灌縣令。

郭　圻：乾隆辛巳科，官廣東乳源縣令。

朱　誥：乾隆辛卯科，官翰林編修。

舉人

凡已登進士者，鄉科不被書名。

明自永樂乙酉至崇禎壬午，共一百五十人，內詳人物者二十四人。

張　翥：永樂乙酉科，官河間訓導。

曲　新：永樂丁酉科，官長史。

朱　瓚：永樂丁酉科，官兩淮運使。

邵　浩：永樂庚子科，官衛經歷。

康　謨：正統辛酉科，官寶雞縣教諭。

南　璧：正統甲子科，官長葛縣教諭。

盧　瑞：正統甲子科，官章邱縣令。

祁　宣：正統丁卯科，官大名縣訓導。

曲　瓛：正統辛酉科，詳人物。

王　勝：景泰丙子科，官沂水縣令。

陳　齡：景泰丙子科，官韓府長史。

薛　海：成化戊子科，官麟游縣令。

馬　珩：成化丁酉科，官陵縣令。

韓　鉉：成化丁酉科，官王府教授。

郭　崧：成化丁酉科，詳人物。

李　勝：成化丁酉科，官曲周縣令。

宋　屺：成化庚子科，官柘城縣令。

侯　禋：成化癸卯科，官西安同知。

路　顯：成化癸卯科，官茌平縣令。

張　聰：成化癸卯科，官均州知州。

李　偉：成化癸卯科，官衛經歷。

張　璧：成化丙午科，官隆慶知州。

張　棻：宏治壬子科，官僉事道。

張　蔓：宏治壬子科，官辰州知州。

南　溟：宏治壬子科。

喬遷岐：宏治壬子科，官西安同知。

薛　甫：宏治壬子科，官河內縣令。

張　苣：宏治乙卯科，詳人物。

馬　栻：宏治乙卯科，官西安同知。

郭名世：宏治乙卯科，官永清縣令。

郝　清：宏治戊午科，官東昌府推官。

李　昉：宏治戊午科，官泰安知州。

謝　譽：宏治戊午科，詳人物。

白　錦：宏治辛酉科，官文安縣令。

王　誼：宏治辛酉科，官良鄉縣令。

王　鎬：宏治辛酉科，官信陽縣令。

張　祚：正德庚午科，官平涼同知。

孫　環：正德庚午科，官原武縣令。

張濂甫：正德庚午科，官陝西僉事。

王一中：正德癸酉科，詳人物。

趙　璡：正德癸酉科，官隴州學正。

崔　　金：正德丙子科，官滕縣令。

崔　　巍：正德丙子科，官肥城縣令。

劉　　鎬：正德丙子科，官西平縣令。

王　　命：嘉靖壬午科，詳人物。

郭鳴鳳：嘉靖壬午科。

翟　　潤：嘉靖壬午科。

常　　蛟：嘉靖乙酉科。

喬一峰：嘉靖乙酉科，官膚施縣令。

孫由義：嘉靖乙酉科，官沈邱縣令。

張良知：嘉靖戊子科，詳人物。

張　　誼：嘉靖戊子科，官山陽縣令。

何天錫：嘉靖戊子科，官西鄉縣令。

馬天驎：嘉靖戊子科。

王嘉會：嘉靖辛卯科，官洛川縣令。

張邦柱：嘉靖甲午科，官靜寧知州。

邱民望：嘉靖甲午科，官慶陽通判。

張良甫：嘉靖丁酉科。

李維喬：嘉靖丁酉科，官河州知州。

劉從寬：嘉靖庚子科。

李　　栟：嘉靖癸卯科，官會寧縣令。

胡登庸：嘉靖癸卯科。

馬紹賢：嘉靖丙午科，官韓城縣令。

路　　栟：嘉靖丙午科，官福寧知州。

張　　集：嘉靖壬子科，詳人物。

劉弼寬：嘉靖壬子科，詳人物。

馬時才:嘉靖壬子科,官臨城縣令。

楊聯芳:嘉靖乙卯科。

趙文魁:嘉靖乙卯科,官景州知州。

馬紹英:嘉靖乙卯科,詳人物。

喬翔鳳:嘉靖乙卯科,官河內縣令。

蘇養蒙:嘉靖戊午科,官兩淮運使。

王士魁:嘉靖戊午科,官莊浪縣令。

李凌玉:嘉靖辛酉科,官平涼府推官。

宋應昌:嘉靖辛酉科,官交河縣令。

李如金:嘉靖辛酉科,官嶧縣令。

宋　洛:嘉靖甲子科,官鞏昌府同知。

喬起鳳:嘉靖甲子科,詳人物。

張邦臣:嘉靖甲子科,官行唐縣令。

郭之屏:隆慶丁卯科,官獲嘉縣令。

崔　沂:隆慶丁卯科。

王士毅:隆慶庚午科,官昌化縣令。

劉濟教:隆慶庚午科,官兩當縣令。

馬邦珍:隆慶庚午科,詳人物。

劉　遇:隆慶庚午科。

孫榮先:隆慶庚午科。

賀朝嘉:隆慶庚午科。

杜可久:隆慶庚午科。

祁士克:萬曆癸酉科。

馬登高:萬曆癸酉科,官即墨縣令。

王　津:萬曆癸酉科,官盧州知州。

馬一田：萬曆癸酉科，官廣平縣令。

張　楠：萬曆丙子科，歷官雲南副使。

劉行寬：萬曆丙子科。

張　臬：萬曆丙子科。

弋千仞：萬曆丙子科。

樊民望：萬曆丙子科。

李　圭：萬曆己卯科，詳人物。

王應期：萬曆己卯科。

景登第：萬曆己卯科，官歸德府同知。

薛　郭：萬曆己卯科，官漢中通判。

劉中寬：萬曆己卯科，官商南縣令。

石　岑：萬曆己卯科。

馬崇化：萬曆壬午科。

閻　庚：萬曆壬午科，官寧羌州知州。

楊學詩：萬曆壬午科，詳人物。

宋時際：萬曆乙酉科，詳人物。

曹信之：萬曆乙酉科。

劉登相：萬曆戊子科，官涇縣令。

韓冲斗：萬曆戊子科。

喬士鶚：萬曆戊子科，詳人物。

竇師俑：萬曆戊子科，詳人物。

宋時勳：萬曆辛卯科，官沭陽縣令。

楊時隆：萬曆辛卯科，更名騰光。

王廷俊：萬曆辛卯科，詳人物。

王一大：萬曆辛卯科，官澤州學正。

丁應時：萬曆甲午科，官平涼府同知。

令狐一伸：萬曆甲午科。

馮士奇：萬曆甲午科，官長史。

王化熙：萬曆甲午科。

王嘉績：萬曆甲午科，官武清縣令。

周天印：萬曆丁酉科，官陝西苑卿。

劉定民：萬曆庚子科。

孔問官：萬曆庚子科，官雲南提舉，又碑載鞏昌府同知。

喬國棟：萬曆丙午科，官羅山縣令。

喬國禎：萬曆丙午科，詳人物。

劉宅民：萬曆己酉科，官漢中知府。

張希伊：萬曆壬子科。

胡承裕：萬曆乙卯科，官榮陽縣令。

胡舜封：萬曆戊午科，解元，官上蔡縣令。

賀道昶：萬曆戊午科，詳人物。

裴章美：萬曆戊午科。

李　充：天啟辛酉科，官文安縣令。

張文昺：天啟甲子科，官內邱縣令。

景永祚：天啟甲子科，詳人物。

張精蘊：天啟丁卯科，官洋縣令。

李正伮：天啟丁卯科，官廣平府同知。

李正佐：天啟丁卯科，詳人物。

鄭　輝：崇禎庚午科，官僉事道。

張世則：崇禎癸酉科，官宜興縣令。

劉光斗：崇禎癸酉科，官平涼府推官。

康宏謨：崇禎丙子科。

景　　星：崇禎丙子科，詳人物。

王　　瑞：崇禎丙子科，官濟南府推官。

王洪印：崇禎丙子科，官惠安縣令。

路光魁：崇禎丙子科，歷官紹興府同知。

王天倪：崇禎己卯科，官松陽縣令。

郭堯里：崇禎壬午科。

馬迪吉：崇禎壬午科，詳人物。

李啟龍：崇禎壬午科。

國朝自順治乙酉至乾隆戊申，共七十一人，內詳人物者九人。

萬敷典：順治乙酉科，詳人物。

張　　鋟：順治乙酉科。

靳能健：順治丙戌科。

謝象超：順治戊子科，詳人物。

謝象申：順治戊子科，詳人物。

曹孕樾：順治戊子科。

康宏猷：順治甲午科，詳人物。

陳澄度：順治甲午科，官湘潭縣令。

賈元旌：順治甲午科，官教諭，一名顯。

侯世忠：順治庚子科。

祁　　斌：康熙癸卯科，詳人物。

楊飛龍：康熙丙午科。

張　　鍔：康熙乙卯科。

張　　侗：康熙乙卯科，官絳縣教諭。

張　寅:康熙乙卯科,官襄陵教諭。

張體莊:康熙乙卯科,官馬邑教諭。

景　諫:康熙丁巳科,官內閣中書。

李秉溫:康熙丁巳科,官司經局正字。

謝檜齡:康熙戊午科,詳人物。

蔡　珍:康熙辛酉科。

劉仁恕:康熙丙子科,官吉水縣令。

班齊超:康熙丙子科。

文射斗:康熙己卯科。

喬于沆:康熙乙酉科,解元,官陽曲教諭。

相　瀛:康熙乙酉科。

尚　友:康熙乙酉科。

郭建極:康熙戊子科。

侯長庚:康熙辛卯科。

常　上:康熙辛卯科。

丁七仁:康熙癸巳科。

翟遹觀:康熙甲午科。

楊林峰:康熙甲午科,詳人物。

郭　邵:康熙甲午科,詳人物。

張懷瑜:康熙甲午科,官寧河縣令。

馬引方:康熙甲午科。

郭二成:康熙丁酉科,官任邱縣令。

郝　炯:康熙庚子科。

樊嘉謨:康熙庚子科。

許端彥:康熙庚子科。

喬溥棠：康熙庚子科。

景儲元：雍正癸卯科。

黄　鑑：雍正癸卯科，官太谷教諭。

樊承露：雍正癸卯科。

王振魁：雍正癸卯科。

李聞梾：雍正癸卯科，官安陽縣令。

景　燕：雍正癸卯科，官甘肅張掖縣令。

李鳳生：雍正甲辰科。

劉　炘：雍正甲辰科。

宋在書：雍正甲辰科。

李　樗：雍正甲辰科，詳人物。

郭爲觀：雍正丙午科。

張　屺：雍正丙午科。

翟崇觀：雍正丙午科。

曹　章：雍正己酉科。

劉世芳：雍正己酉科。

葛朝陽：乾隆丙辰科，官户部郎中。

李聞楨：乾隆庚午科。

陳毓鸞：乾隆壬申科，官四川巴州知州。

宋　鈖：乾隆癸酉科。

宋　鉅：乾隆丙子科，官確山縣令。

朱士倫：乾隆丙子科。

薛文林：乾隆庚辰科，官沁水教諭。

王宿善：乾隆壬午科，官樂會縣令。

何　笈：乾隆庚寅科，官崞縣訓導。

王安恭:乾隆辛卯科,官費縣令。

張世燕:乾隆甲午科。

曹兆鳳:乾隆丁酉科,官鄉寧縣訓導。

王鳳起:乾隆庚子科,官漳縣令。

宋葆淳:乾隆癸卯科,官隰州學正。

李　潤:乾隆丙午科。

高　昌:乾隆戊申科。

武進士

國朝自順治辛丑至康熙戊戌,共七人。

劉世徽:順治辛丑科,官山西撫標守備。

萬　儆:康熙庚戌科,官滿家洞守備。

張英奇:康熙庚戌狀元,官高雷廉總兵。

馬　苓:康熙辛未科,官陝西都司。

薛君翼:康熙辛未科,官平陽守備。

曹英正:康熙丙戌科。

張爾洽:康熙戊戌科,官江南瀘州守備。

武舉

國朝自康熙癸卯至乾隆己卯,共四十一人。

丁輔王:康熙癸卯科。

李克勝:康熙癸卯科。

董　振:康熙癸卯科。

李　境:康熙丙午科。

關振世:康熙丙午科。

馬正乾:康熙丙午科。
劉炳彝:康熙丙午科。
李　彪:康熙己酉科。
張凝正:康熙己酉科。
李惟章:康熙己酉科。
劉　祺:康熙壬子科。
劉鎮疆:康熙壬子科。
董遐年:康熙壬子科。
謝于宣:康熙壬子科。
謝柏齡:康熙乙卯科。
郭維基:康熙乙卯科。
周　鵜:康熙乙卯科。
劉毓烇:康熙戊午科。
張　翼:康熙戊午科。
張　紳:康熙戊午科。
秦飛熊:康熙戊午科。
王光斗:康熙辛酉科。
張　炬:康熙甲子科。
南起鳳:康熙甲子科。
閻以寧:康熙丁卯科。
黃帝相:康熙丁卯科。
段　聖:康熙庚午科。
楊毓生:康熙庚午科。
郭宗儀:康熙丙子科。
謝代積:康熙丙子科。

劉方栻：康熙壬午科。

張爾清：康熙辛卯科。

張爾洵：康熙癸巳科。

張世瑞：雍正癸卯科。

惠爾履：雍正癸卯科。

張　青：雍正癸卯科。

惠振猷：雍正癸卯科。

劉彥文：雍正甲辰科。

關永清：雍正丙午科。

喬三良：雍正己酉科。

郭　坊：乾隆己卯科。

貢生：已登科者不重錄。

明共二百二十六人，內詳人物者十二人。

周　英：開封府知事。

姚　珪：主簿。

楊　瑞：衛經歷。

薛　昂：大城縣知縣。

吳　旅：膚施縣知縣。

趙　璧：單縣知縣。

鄧　本：平涼府通判。

宋　敦：安化縣知縣。

毛　勝：太名府經歷。

王　安：南漳縣知縣。

王　聰：蘭縣知縣。

曹　光:詳人物。

朱　恭:羽林衛經歷。

馬　淵:鎮原主簿。

孫　昱:蒙陰縣縣丞。

樊　章:固安縣主簿。

李　轍:大成縣主簿。

席　寧:扶風縣教諭。

秦　顯:通判。

周　玘:東平州州判。

毛　衡:隆慶州吏目。

喬　正:樂陵縣主簿。

胡　睿:宜川縣知縣。

賀　正:魚臺縣知縣。

張　敦:臨淄縣縣丞。

張　定:兗州府經歷。

張　海:崇明縣縣丞。

侯　禧:隆德縣知縣。

曲　璨:臨洮府訓導。

韓　璉:工部主事。

任　清

李　缺

齊　銘

趙　亨

郭　珣:吏目。

賀　禧

呂　勝

李　琰

孫　霄：南陽府同知。

李　傑：平山縣縣丞。

曲　成

喬　貴：太僕寺主簿。

宋　璧：主簿。

孫　源：秀水縣縣丞。

周　盛

秦　昌：通判。

賀　儒：訓導。

閻　亨

吳大有

杜　啓：茌平縣知縣。

宋　深：都司經歷。

張　璉：訓導。

康　鼎：王府教授。

南　勳：經歷。

翟　定：寧關訓導。

關　芳

郭　瑞：許州知州。

韓　章：知縣。

喬　璠：廣平府檢校。

楊　福

宋　質：德清縣縣丞。

曹　震：會稽縣主簿。

趙　琇

李　福：成縣知縣。

張　福：魚臺縣主簿。

李　綱

弋　華：王府紀善。

南　輔：宜興縣縣丞。

張　誥：行唐縣訓導。

趙　綸：衛經歷。

楊　壽：訓導。

趙　綬

馬　棐：詳人物。

侯　爵：訓導。

解　紳：永清縣訓導。

張　慶：陳州判官。

劉　憲：王府伴讀。

王　琇

馬　程：主簿。

朱　珋：茌平縣縣丞。

宋　經：禹城縣縣丞。

張　護

曲　辯：膚施縣訓導。

賀　豸：柘城縣訓導。

楊　和

賀　龍：束鹿縣訓導。

李　瑤：上林典署。
惠　錠：引禮。
楊　澤
何　鏜
王　鵬
劉　鎔
常　佑：主簿。
孫　鰲：慈谿縣縣丞。
弋　崇：訓導。
姚　金
李繼綱
崔　蠹：
曹希賢：蒲城縣教諭。
馬　玠
王廷弼
王希嶠：磁州判官。
馬　衍
曹司戎：平涼府通判。
張　鶴：應天府經歷。
喬碧峰：長安縣主簿。
謝應徵：撫寧縣知縣。
呂　訓：鎮原知縣。
喬　蔓
張　衍：大名府訓導。
陳　謨

陳舜道：王府教授。

李宗周

楊遵道：蓬萊縣縣丞。

王　幹：鞏昌府訓導。

孔繼道：王府教授。

張維新

李德義：蘭州訓導。

靳　愷：蘭州訓導。

和　鈴

馬　懷：邠州訓導。

喬　琳：安定縣訓導。

喬九峰

王汝垣：王府教授。

趙惟幾：齊東縣訓導。

郭繼勳：蒲城縣訓導。

孔繼賢

趙宏毅：清水縣教諭。

姚宗儒：慶陽府教授。

張惠甫：鄆城縣知縣。

張良貴：禮縣知縣。

王好賢：青城縣教諭。

李承葉：華州訓導。

周士儒：壺關縣教諭。

王　令：莊浪縣訓導。

廖季鯤

馬　模：王府教授。

郭東田：沔縣知縣。

周士偉：王府教授。

喬溥恩：詳人物。

王用予：陝西華亭知縣。

喬推恩：文縣教諭。

喬　桐：河南府教授。

姚　璋：王府教授。

趙文光：恩貢。

王　民：靜寧州學正。

喬維嶽：尉氏縣教諭。

楊道南：汧陽縣知縣。

任紹祖

宋延齡

李時榮

張邦彥：壺關縣教諭。

劉克寬：王府教授。

謝　試：儀封縣教諭。

裴　衷：詳人物。

劉繼統：澤州訓導。

薛　邵：渾源州學正。

王省方：盂縣訓導。

喬如岡：臨漳縣訓導。

周學思：詳人物。

胡舜臣：建昌府教授。

宸　丹：代州訓導。

趙欽舜：汝州訓導。

王　治：詳人物。

張九經：任邱縣主簿。

喬謙亨：交城縣訓導。

郭　櫄：太原縣訓導。

侯　甸：文水縣訓導。

張邦珍：岢嵐州訓導。

孔　賢：王府教授。

李茂春：詳人物。

王　敕：衛輝府訓導。

王應運：選貢。

王　梓

李守廉：靈寶縣訓導。

姚時叙：興平縣知縣。

張玨岑：王府教授。

杜騰蛟：代府教授。

李呈秀：襄垣縣教諭。

路尚賢：臨縣教諭。

南邦柱

李承道

李汝玉：廣昌縣教諭。

謝繩祖；偏頭所訓導。

蘇希珣：杭州府訓導。

張文翰：平定州訓導。

樊國藎:忻州訓導。

楊舒聲:詳人物。

柴希堯

李永芳

范宗文

張雲翎:大同府教授。

謝傳心:石樓縣教諭。

周士儒:壺關縣教諭。

賈化醇

宋醇儒

張斗楠

王經世

范崇文:紫陽縣知縣。

薛士吉

王畿甸:詳人物。

張九皋

靳　斗:詳人物。

王　佐

馬之驥:太谷縣訓導。

石應元:大同府教授。

劉啓甲

楊懋烈

韓廷釴

丁應睹

翟夢柱

徐來庭

王國賢

介夢弼

寧獻誠：任邱縣訓導。

郝習孔

陰啟昌

邵三畏：詳人物。

張　通：潞安府教授。

董　標：拔貢，寧州知州。

董之治：副榜，鳳陽府通判。

曹應聘：副貢。

馬崇韶：霸州知州。

楊時和：詳人物。

王廷召：平順縣教諭。

劉衍民：新興縣知縣。

國朝自順治元年至乾隆戊申，共一百四十四人，內詳人物者五人。

董　正：順治元年恩貢。

王　冕：順治二年歲貢，詳人物。

路應元：順治三年歲貢，詳人物。

馬龍現：順治五年拔貢。

劉家傑：順治五年副榜。

任振鷺：順治五年副榜，邠州知州。

崔　灼：順治六年歲貢，臨晉縣訓導。

郭用賢：順治七年歲貢，詳人物。

王永熙:順治八年恩貢,松江府同知。

周家正:順治八年歲貢。

楊　實:順治九年恩貢,敘州府通判。

楊宗華:順治九年歲貢,河曲縣訓導。

王凝禧:順治十年拔貢。

李一沆:順治十年歲貢,汾西縣訓導。

衛明祚:順治十一年歲貢。

閻　恬:順治十二年歲貢。

寧鼎臣:順治十三年歲貢,岳陽縣訓導。

謝進印:順治十四年副榜,壽陽縣教諭。

胡觀光:順治十四年歲貢。

焦景度:順治十五年歲貢。

朱永庚:順治十六年歲貢。

楊天篤:順治十七年歲貢。

裴　泰:順治十八年歲貢。

萬敦典:康熙六年歲貢。

韓　正:康熙七年歲貢。

李肇瑞:康熙八年歲貢。

路振翼:康熙九年歲貢。

張　瑞:康熙十年歲貢。

景　謙:康熙十一年拔貢。

弋敦極:康熙十一年拔貢。

路泰來:康熙十一年歲貢,大寧縣訓導。

曲星灼:康熙十二年歲貢,河曲縣訓導。

衛際可:康熙十三年歲貢。

王　昌:康熙十四年歲貢。

韓　濟:康熙十五年恩貢。

閻　梅:康熙十五年歲貢。

譚際亨:康熙十六年歲貢。

張　敩:康熙十七年歲貢。

周世澤:康熙十八年歲貢。

王新輦:康熙十九年歲貢。

張金榜:康熙二十年歲貢。

楊　溢:康熙二十一年歲貢。

楊芳聲:康熙二十二年歲貢。

賈我待:康熙二十三年歲貢。

吳道明:康熙二十四年歲貢。

南二謙:康熙二十五年拔貢,詳人物。

馬祚錫:康熙二十五年歲貢。

裴飭襄:康熙二十六年副榜。

段見龍:康熙二十六年歲貢,浮山訓導。

王旭美:康熙二十七年歲貢。

王雍珍:康熙二十八年歲貢。

馬載錫:康熙二十九年歲貢。

閻仰望:康熙三十年歲貢。

劉毓燦:康熙三十一年歲貢。

楊　墀:康熙三十二年歲貢。

楊昭祖:康熙三十三年歲貢。

段　蒂:康熙三十四年歲貢。

喬毓祥:康熙三十五年恩貢。

寧龍光:康熙三十五年歲貢。

朱紱來:康熙三十六年歲貢。

張乃績:康熙三十七年拔貢。

李騰輝:康熙三十七年歲貢。

丁起光:康熙三十八年歲貢。

景廷煒:康熙三十九年歲貢。

丁廷梓:康熙四十年歲貢,河曲縣訓導。

丁廷械:康熙四十一年歲貢。

馬之繡:康熙四十二年歲貢,霍州訓導。

郭　塏:康熙四十三年歲貢,崞縣訓導。

郭恢鞏:康熙四十四年歲貢。

景文梗:康熙四十五年歲貢。

謝南齡:康熙四十六年歲貢。

趙一弼:康熙四十七年恩貢。

張篤行:康熙四十七年歲貢。

荆之奇:康熙四十八年歲貢。

李芳都:康熙四十九年歲貢。

張飛翥:康熙五十年歲貢。

何元文:康熙五十一年歲貢。

謝一恂:康熙五十二年恩貢。

萬象春:康熙五十二年歲貢。

張　銓:康熙五十三年副榜。

趙擢元:康熙五十三年歲貢。

馬謙晉:康熙五十四年歲貢。

張　奇:康熙五十五年歲貢。

王廣生：康熙五十六年歲貢。

周之冕：康熙五十七年歲貢。

路　庸：康熙五十八年歲貢。

柴永英：康熙五十九年副榜。

王　繪：康熙五十九年歲貢。

張好善：康熙六十年歲貢。

喬　彬：康熙六十一年恩貢。

梁國祺：康熙六十一年歲貢。

康　澐：雍正元年歲貢。

郭　笠：雍正二年歲貢。

李　櫄：雍正三年歲貢。

萬備進：雍正四年歲貢。

謝宗積：雍正五年歲貢。

周學書：雍正六年歲貢。

丁衍齊：雍正七年拔貢。

樊二盛：雍正七年拔貢。

張存直：雍正七年歲貢。

馬宿暉：雍正八年歲貢，陽高縣訓導。

劉修保：雍正十年歲貢，靈石縣訓導。

馬一鵬：雍正十一年歲貢，大同訓導。

周世法：雍正十三年拔貢。

王　珽：雍正十三年歲貢，太原縣訓導。

弋光域：乾隆元年恩貢。

王　佐：乾隆二年歲貢。

曹大定：乾隆四年歲貢。

祁綬輝：乾隆五年拔貢，詳人物。

吕五音：乾隆五年歲貢，山陰縣訓導。

李閭梓：乾隆七年歲貢。

劉　邃：乾隆九年歲貢，永和縣訓導。

李　薛：乾隆十一年歲貢。

許敦敬：乾隆十三年歲貢。

孫天培：乾隆十五年歲貢。

朱　本：乾隆十五年副榜，屯留教諭。

王以臨：乾隆十六年歲貢。

王行恭：乾隆十七年恩貢，定襄縣教諭。

周家相：乾隆十七年歲貢。

張　榮：乾隆十九年歲貢，潞城訓導。

王　甸：乾隆二十一年歲貢。

解維錦：乾隆二十三年歲貢。

景　鉅：乾隆二十五年歲貢。

周鳳翔：乾隆二十七年恩貢。

張　瑺：乾隆二十七年歲貢。

張爾洋：乾隆二十八年歲貢。

李閭柱：乾隆三十年歲貢。

王德峻：乾隆三十二年歲貢。

張　榆：乾隆三十四年歲貢。

解維鈅：乾隆三十七年恩貢。

景于濂：乾隆三十七年歲貢。

解維鈺：乾隆三十九年歲貢。

葛鳴陽：乾隆甲午副榜，官刑科給事中。

萬　寅：乾隆四十一年歲貢。

衛極樞：乾隆四十三年歲貢。

蔡于敬：乾隆四十五年恩貢。

王　烜：乾隆四十五年歲貢。

萬培成：乾隆丁酉拔貢，庚子副榜。

張　檢：乾隆四十七年歲貢。

王　雍：乾隆四十九年歲貢。

路　滋：乾隆五十一年恩貢。

解學揚：乾隆五十一年歲貢。

張正鈞：乾隆五十三年歲貢。

楊乃瀚：乾隆戊申副榜。

【附】例貢一百四十二人，內詳人物者一十二人。此由運學廩、增、附、捐貢，已載前志。其雍正八年後，凡由運學捐貢有案可據者，并加采錄。間有注稱歲貢者，前志不詳年分，但與例貢附編貢生末，今仍之。

王汝霖：附貢，福建巡道。

張　粥：附貢，詳人物。

李秉儉：廩貢，詳人物。

楊　蔚：附貢，永州府知府。

張學周：附貢，常州府同知。

張　粥：附貢，詳人物。

張鵬翥：廩貢，詳人物。

王集雍：廩貢，芮城縣教諭。

姚叔虞：廩貢，徐溝縣教諭。

劉世楷：廩貢，候補中書。

文耀斗：廪貢，陽曲縣訓導。

萬廣烈：附貢，候補中書。

蔡伯謨：附貢，汾西縣訓導。

趙世琮：附貢，徐溝縣教諭。

路　式：附貢，靈邱縣教諭。

王甲開：廪貢，候選訓導。

馬之繡：廪貢。

張懷瑾：附貢，沁源縣教諭。

景文植：附貢，靈石縣教諭。

弋　薰：附貢，詹事府主簿。

王學會：廪貢，忻州訓導。

張　從：廪貢，廣靈縣訓導。

張　佗：附貢，祁縣訓導。

張　佶：附貢，寧鄉縣訓導。

劉緒科：歲貢，兵部武庫清吏司郎中。

張殿振：附貢，户部四川清吏司郎中。

劉　瑜：附貢，户部陝西清吏司郎中。

張慶會：附貢，霸昌道調松茂道。

朱士俍：歲貢，江南道監察御史，升太僕寺卿。

王錫礦：歲貢，慶遠府知府。

王鍾珣：附貢，都匀府知府。

張　份：貢生，黔西州知州。

王鍾琇：歲貢，平鄉縣知縣。

王厘方：廪貢，詳人物。

王會淑：附貢，詳人物。

張存恒：附貢,詳人物。

劉士焜：增貢,說人物。

路進廷：歲貢,羅山縣知縣。

張懷琦：廩貢,饒陽縣知縣。

楊德長：附貢,公安縣知縣。

李閶權：歲貢,詳人物。

李閶橔：歲貢,國子監教習,揀選知縣。

劉　肇：歲貢,候選通判。

張于渡：貢生,候選知州。

朱士仁：附貢,候選知縣。

李秉讓：候選翰林院孔目。

張締騫：歲貢,候補國子監典簿。

李閶枂：候選縣丞。

李閶棨：候選州同。

馬九錫：廩貢,縣丞。

李秉恭：廩貢,詳人物。

張　俱：附貢,榆社縣訓導。

王　維：貢生,候選通判。

張　玫：附貢,廣東巡檢。

馬仁錫：廩貢。

王汝梅：廩貢。

馬之紋：廩貢。

康如鏞：附貢。

李秉良：廩貢。

王餘佑：廩貢,詳人物。

薛天寵:廩貢。
張殿掄:增貢。
楊　蘭:附貢。
王　謨:廩貢。
張　綍:附貢。
王　庭:附貢。
祁光前:附貢。
王　裕:附貢。
張　機:增貢。
李閻植:增貢。
張　愷:附貢。
路遵王:附貢。
王　袺:附貢,候補主簿。
張思誠:附貢,候選縣丞。
楊朝相:附貢。
劉德俊:附貢。
丁一仁:附貢。
南有獲:附貢。
相于瓚:附貢。
路之偁:增貢。
康載崧:附貢。
馬永清:附貢。
郭四達:附貢。
王　度:附貢。
張　嶹:附貢,詳人物。

劉德潤：附貢。

朱土侃：附貢。

王淑瑛：附貢。

何元復：附貢。

康載岩：附貢。

李閶樞：附貢。

李丕顯：附貢。

張　璠：附貢。

李會樅：附貢。

何元浩：附貢。

曹　琮：附貢。

路聲聞：附貢。

張爾泓：增貢。

張締雍：增貢。

康載華：附貢。

張　煒：附貢。

李　捷：增貢。

朱　正：附貢。

王作槲：附貢。

周　崑：廩貢。

張　崙：附貢。

李閶稜：附貢。

張既同：廩貢。

李延渭：廩貢，利川知縣。

何　鰲：廩貢，沁州學正。

景　遵:廩貢,翼城訓導。

周清淏:廩貢。

薛文梓:廩貢。

席懷璞:廩貢。

席大賓:附貢。

景企契:附貢。

孫　洛:附貢。

關金錫:廩貢,翼城訓導。

李　鐸:廩貢。

周中禮:附貢。

董際會:附貢。

宋　鋆:附貢,涿州知州。

周　瑁:廩貢,候選訓導。

王思恭:廩貢,代州訓導。

劉　澧:廩貢,永濟訓導。

馮臣紀:廩貢,候選訓導。

宋　鏸:附貢。

牛廷燮:附貢。

蔡于敏:附貢。

丁文炳:附貢。

弋震元:附貢。

郭龍光:增貢。

楊鳴珂:廩貢。

孫善繼:廩貢,候選訓導。

劉肇鈐:附貢。

張世浚：附貢。

宋　锜：廩貢。

陳德澧：廩貢。

閻濟世：廩貢。

郭　珍：附貢。

宋　銘：附貢。

王建元：附貢。

【按】運人以科目起者，明以來稱極盛。自永樂迄今，孝廉無慮數百人。其成進士者，亦後先相望。要皆沐齝政之風化①，而後得爭自濯磨②，以抵於有成。故重齝政不得不重運學，重運學不得不詳科目，詳科目者以由運學出也。凡起自運學而實爲運産，或非運産而起自運學者，皆備錄焉。其不由運學而即實爲運産，應入《安邑縣志》。若例仕以及封贈蔭襲，并與運學無涉，茲俱不載。

---

① 風化：教育感化。語出《詩序》："上以風化下，下以風刺上。"鄭玄箋："風化、風刺皆謂譬喻不斥言也。"《漢書·禮樂志》："宜興辟雍，設庠序，陳禮樂，隆雅頌之聲，盛揖攘之容，以風化天下。"

② 濯磨：比喻加強修養，以期有爲。宋蘇軾《〈居士集〉叙》："自歐陽子出，天下爭自濯磨，以通經學古爲高，以救時行道爲賢，以犯顏納說爲忠。"

人　物　依前志,并參《運城志》

軒轅

風　后:解州人,故里即在鹽池西南隅。黃帝時舉六相①而天下治,風后其一也。

夏

關龍逄②:安邑人,夏時以直諫稱。今安邑縣北有關龍逄塚。

商

巫　咸:夏縣人,《書·君奭》:"在太戊時則有若伊陟、臣扈,格於上帝。巫咸乂王家。在祖乙時則有若巫賢。"③孔安國傳:"賢,咸子。巫,氏。"是巫咸父子,并爲商相。

傅　説:平陸人,殷高宗夢帝賚良弼,乃審厥象,以形旁求

---

① 六相:傳説輔佐黃帝的六個大臣,其説不一。《管子·五行》:"昔者黃帝得蚩尤,而明於天道;得大常,而察於地利;得奢龍,而辨於東方;得祝融,而辨於南方;得大封,而辨於西方;得后土,而辨於北方。黃帝得六相,而天地治,神明至。"《通典·職官三》:"黃帝得蚩尤而明天道,得太常而察地理,得蒼龍而辨東方,得祝融而辨南方,得風后而辨西方,得后土而辨北方,謂之六相。"

② 關龍逄:亦稱關龍逢(páng),先秦文獻寫作"逄",北宋以來多寫作"逢",當代作品多沿用"關龍逄"。

③ 君奭:《尚書·周書》的第十八篇。太戊為殷商的第九代帝王,伊陟、臣扈、巫咸為其名臣。祖乙為殷商的第十四代帝王,巫咸子巫賢為其臣子。格於上帝:意為功高至於上天。乂王家:治理王室。

於天下。説築傅巖之野,惟肖。爰立爲相。① 作《説命》三篇。孔安國傳:"傅氏之巖,在虞虢之界。"

周

百里奚:平陸人,奚飯牛而牛肥。秦穆公拜爲上卿,號五羖大夫。

郤缺:河東臨晉人。大夫芮之子季曰使冀②,見缺耕於野,其妻饁之,敬如賓歸。薦於文公,拜缺大夫,賜冀爲采邑,稱冀缺公。

祁　奚:河東臨晉人。晉悼公時爲中軍尉。請老,公問代者。稱解狐,其仇也。又問,對曰:"臣之子,午也,可。"君子謂奚舉仇不爲諂,立子不爲比。

師　曠:河東臨晉人,晉平公樂師。平公鑄鐘,使工聽之,皆以爲調。師曠曰:"不調,請更鑄之。"平公曰:"工皆以爲調矣。"師曠曰:"後世有知音者,將知不調。"其聽最聰。

段干木:河東芮城人。學於卜子夏,魏文侯過其廬必式③。

---

① 夢帝賚良弼:見《尚書正義》。王庸作書以誥曰:"恭默思道,夢帝賚予良弼,其代予言,乃審厥像。俾以形旁求於天下。説築傅岩之野,惟肖,爰立作相,王置諸其左右。"旁求:意謂從民間搜求。爰:於是。

② 冀:古國名。春秋時并於晉,爲郤氏食邑,故地在今山西省河津市。《左傳·僖公二年》:"冀之既病。"杜預注:"冀,國名。平陽皮氏縣東北有冀亭。"《國語·晉語五》:"白季使舍於冀野。"韋昭注:"冀,晉邑。"

③ 式:通"軾"。以手撫軾,爲古人表達敬意的一種禮節。語見《資治通鑒·卷一》:"魏文侯以卜子夏、田子方爲師,每過段干木之廬必式。四方賢士多歸之。"

漢

司馬遷:河東龍門人。遷生龍門,耕牧河山之陽。年十歲則誦古文,二十而南游江淮。上會稽,探禹穴,闚九疑,浮於沅湘。北涉汶泗,講業齊魯之間,觀孔子之遺風,鄉射鄒嶧;厄困鄱、薛、彭城,過梁楚以歸。其父太史談曰:"余先,周室之太史也。汝復爲太史,續吾祖矣。"於是,遷紬石室金匱之書,上始軒轅,下訖天漢,博采古文及傳記諸子①,著《史記》。

蜀漢

關聖帝君:解梁人。池南常平村即其故里。前志未載,蓋由歷朝優加旌表,昭代②更極崇隆,封以帝尊,大與天則③。況乎蚩尤崇池,帝威實式憑④焉。敬畏之極,不敢以泛泛者編諸人物。尊之,非遺之也。

---

① 參見《史記·卷一百三十·太史公自序》《漢書·卷六十二》。闚:探望,莅臨。鄉射:古代射箭飲酒的禮儀。鄉射有二:一是州長春秋於州序(州的學校)以禮會民習射,一是鄉大夫於三年大比貢士之後,鄉大夫、鄉老與鄉人習射。《周禮·地官·鄉大夫》:"退而以鄉射之禮五物詢眾庶。"孫詒讓正義:"退,謂王受賢能之書事畢,鄉大夫與鄉老則退,各就其鄉學之庠而與鄉人習射,是為鄉射之禮。"秦漢以後,亦有仿行。江淮、沅湘、汶泗為六條水名。龍門,在晉陝之間。會稽、九疑、鄒嶧為三座山名,鄱、薛在魯南,彭城在蘇北。厄:困厄。梁楚,當指今河南一帶。紬:綴集,編輯。石室金匱:古代藏儲圖書檔案的石屋銅櫃。天漢:漢朝的美稱。

② 昭代:政治清明的時代。常用以稱頌本朝或當今時代。

③ 天則:天道,自然的法則。

④ 式憑:依靠,依附。《明史·李賢傳》:"此堯舜用心也,天地祖宗實式憑之。"

晉

裴　楷:河東聞喜人,秀從弟。博極羣書,丰儀俊爽。時曰:"見裴叔則如玉山上行,光映人目。"吏部郎缺,鍾會薦曰:"裴楷清通。"遂擢楷。

衛　玠:河東安邑人。總角①乘羊車入市,見者皆以爲玉人,觀之者傾都。仕晉,爲太子洗馬,嘗言:"人有不及,可以情恕;非意相干,可以理遣。"故終身不見有喜慍之色。

郭　璞:河東聞喜人。璞好經術,博學有高才,而訥於言。論詞賦爲中興②之冠。好古文奇字,妙於陰陽算曆。元帝重之,以爲著作佐郎。後贈宏農太守。

南北朝

柳　崇:河東解人。崇方雅,有器量,兼有學行。舉秀才,射策③高第,解褐④太尉主簿、尚書右外兵郎中。於時,河東、河北二郡爭境,其間有鹽池之饒、虞坂之便,守宰及民皆恐外

---

① 總角:古時兒童束髮為兩結,向上分開,形狀如角,故稱總角。亦借指童年。

② 中興:偏安的諱稱。《宋書·謝靈運傳論》:"在晉中興,玄風獨善。"北齊顏之推《顏氏家訓·涉務》:"江南朝士,因晉中興,南渡江,卒為羈旅。"

③ 射策:漢代考試取士方法之一。《漢書·蕭望之傳》:"望之以射策甲科為郎。"顏師古注:"射策者,謂為難問疑義書之於策,量其大小署為甲乙之科,列而置之,不使彰顯。有欲射者,隨其所取得而釋之,以知優劣。射之言投射也。"南朝梁劉勰《文心雕龍·議對》:"又對策者,應詔而陳政也;射策者,探事而獻說也。言中理準,譬射侯中的。二名雖殊,即議之別體也……對策者,以第一登庸;射策者,以甲科入仕。"泛指應試。

④ 解褐:謂脫去布衣,擔任官職。

割,公私朋競,紛囂臺府。魏高祖乃遣崇檢斷,民官息訟。出爲河北太守,郡民張明失馬,疑十餘人。崇見之,絕不問賊事,人人別藉以溫顏,更問其親老存不,農桑多少,而微察其詞色。即獲正賊呂穆等二人,餘皆放遣。郡中畏服,境內帖然。贈輔國將軍、岐州刺史。諡曰穆。

閻元明:河東安邑人。少而至孝,行著鄉閭。太和五年,除北隨郡太守。元明以違離親養悲慕①,母亦慈念泣淚喪明。元明悲號上訴,許歸奉養。一見其母,母目便開。刺史呂壽恩列狀上聞,詔州郡表爲孝門。

關　朗:河東解人。魏孝文時,王蚪署爲記室。歎曰:"足下奇才,不可使天子不識。"入言於帝,帝召見。後與蚪子彥隱臨汾山。

柳元景:河東解人。少便弓馬,寡言有器質。宋孝武時,累立功邊陲,以驃騎大將軍加開府儀同三司。時勳貴多事產業,元景獨無所營。南岸有數十畝菜園,守園人賣得錢二萬,送還宅。元景曰:"我立此園種菜,以供家中啖爾,乃復賣菜以取錢,奪百姓之利耶?"以錢乞守園人。

裴子野:河東聞喜人。子野生而偏孤,爲祖母所養。年九歲,祖母亡,泣血哀慟,家人異之。遭父憂②,居喪盡禮。每之墓所,哭泣處草爲之枯,有白兔馴擾其側。樂安任昉有盛名,爲後進所慕。游其門者,昉必相薦達。子野於昉爲從中表,獨不至。尋除尚書比部郎,出爲諸暨令。在縣不行鞭罰,民有爭

---

① 悲慕:哀傷思念。南朝齊蕭子良《净住子·禮舍利寶塔門》:"以悲慕故,善心濃到。"

② 父憂:父喪。

者,示之以理。百姓稱説,合境無訟。高祖以爲著作郎,掌國史及起居注,敕掌中書詔誥,仍使撰《方國使圖》,廣述懷來之盛,自要服①至於海表,凡二十國。高祖凡諸符檄,皆令草創。子野爲文典而速,不尚麗靡之詞。或問其爲文速者,子野答之:"人皆成於手,我獨成於心。"俄遷中書侍郎。子野在禁省②十餘年,靜默自守,未嘗有所請謁。外家③及中表④貧乏,所得俸悉分給之。無宅,借官地二畝,起茅屋數間,唯以教誨爲本。後卒,高祖悼惜。詔曰:"裴子野文史足用,廉白自居,可贈散騎常侍。"

  柳 惲:河東解人。少工篇什,始爲詩曰:"亭高木葉下,隴首秋雲飛。"⑤琅邪王元長見而嗟賞,因書齋壁。至是預曲宴⑥,必被召賦詩。後爲吳興太守,爲政清靜,民吏懷之。卒贈侍中。少子偃,年十二,引見。詔問:"讀何書?"對曰:"尚書。"又曰:"有何美句?"對曰:"德惟善政,政在養民。"衆咸異之。詔拜駙馬都尉。

  樊 遜:河東北猗氏人。遜少學,其兄仲以造檀爲業,常

---

① 要服:古五服之一。古代王畿外圍,以五百里爲一區劃,由近及遠分爲侯服、甸服、綏服、要服、荒服,合稱五服。《書·禹貢》:"五百里要服。"孔傳:"綏服外之五百里,要束以文教者。"泛指邊遠地區。

② 禁省:禁中,省中。指皇宫。

③ 外家:指母親和妻子的娘家。

④ 中表:古代稱父之姐妹所生子女爲外兄弟姐妹,稱母之姐妹所生子女爲内兄弟姐妹。外爲表,内爲中,合而稱之"中表"。

⑤ 中華書局1982年第2版《梁書·卷二十一》爲:"亭皋木葉下,隴首秋雲飛。"皋爲沼澤或水邊。"亭皋"對"隴首",意境更優。

⑥ 曲宴:私宴,多指宫中之宴。三國魏曹植《贈丁翼》詩:"吾與二三子,曲宴此城隅。"

優渥①之。既而自責曰:"名爲人弟,獨受安逸,可不愧於心乎?"欲同勤事業。母馮氏謂之曰:"汝欲謹小行耶?"遂感母言,遂專志典籍,恒書壁作"見賢思齊"四字,以自勉。北齊天保七年,詔令校定羣書,時秘府②書籍紕繆者多。遂曰:"今所讎校,供擬極重,出自蘭臺③,御諸甲館④。向之故事,見存府閣。即欲刊定,必借衆本。太常卿邢子才、太子少傅魏收、吏部尚書辛術、司農少卿穆子容、前黃門侍郎司馬子瑞、祭酒李業興并是多書之家。請牒借本,參校得失。"秘書監尉瑾移尚書都坐⑤,凡得別本三千餘卷。五經諸史殆無遺闕。

裴　果:河東聞喜人。少慷慨,有志略。永安末,果從軍征討。乘黃驄馬,衣青袍。每先登陷陣,時人號爲"黃驄年少"。後率其宗黨歸闕⑥,太祖嘉之。從戰河橋,解玉璧圍,并摧鋒奮擊,所向披靡。大統九年,又從戰邙山,於太祖前挺身陷陣,生擒東魏都督賀婁烏蘭。勇冠當時,人莫不嘆服。後加使持節、驃騎大將軍、開府儀同三司,進爵爲公。果性嚴猛,能斷決,每抑挫豪右⑦,申理屈滯。歷任數州,號爲稱職。

---

① 優渥:優厚(對待)。渥,濃,厚。
② 秘府:古代稱禁中藏圖書秘記之所。《漢書·藝文志》:"於是建藏書之策,置寫書之官,下及諸子傳說,皆充秘府。"顏師古注引如淳曰:"外則有太常太史博士之藏,内則有延閣廣內秘室之府。"
③ 蘭臺:泛指宮廷藏書處。
④ 甲館:南北朝宮廷藏書之館。
⑤ 都坐:亦作"都座",爲政事堂,是魏晉時大臣商議政事的地方。借指尚書令等大官。
⑥ 歸闕:歸回朝廷。唐于鵠《贈李太守》詩:"歸闕功成後,隨車有野人。"
⑦ 豪右:豪門大族。漢以"右"爲上,故稱"豪右"。

裴文舉：河東聞喜人。父邃，正平郡守。文舉少忠謹，涉獵經史。保定三年，遷絳州刺史。邃之往正平也，以廉約自持。每行春省俗①，單車而已。文舉臨州，一遵其法，百姓美而化之。

柳　檜：河東解人。性剛簡，善騎射，果於斷決。從太祖戰於河橋，先登有功，授都督，鎮鄴州。八年，拜湟河郡守，仍典軍事。吐谷渾入寇郡境，時檜兵少，人懷憂懼。檜撫而勉之，衆心乃安。拜使持節、撫軍將軍、大都督。居三載，徵還京師。時檜兄虬爲秘書丞，弟慶爲尚書左丞。檜謂兄弟曰："兄則職典簡牘，褒貶人倫；弟則管轄郡司，股肱朝廷。可爲榮寵矣。檜唯當蒙矢石，履危難，以報國恩耳。"後鎮九曲，除魏興、華陽二郡守。安康人黃衆寶攻圍州城，乃相謂曰："柳府君勇悍，其鋒不可當。今既在外，不如先擊之。"遂圍檜郡。城卑下，士衆寡弱，又無守禦之備。連戰積十餘日，力屈城陷。乃縛檜，置城下，欲令檜誘説城中。檜大呼曰："羣賊烏合，糧食已罄。行即退散，各宜勉之！"守節不變，城中爲之流涕。解圍之後，贈東梁州刺史。

裴　俠：河東解人。除河北郡，躬履儉素，愛民如子。所食唯菽麥鹽菜。去職之日，一無所取。民歌之曰："肥鮮不食，丁庸不取，裴公正惠，爲世規矩。"俠嘗與諸牧守謁太祖。太祖命俠別立，謂諸牧守曰："裴俠清慎奉公，爲天下之最，今衆中有如俠者，可與俱立。"衆皆默然，無敢應者。從弟伯鳳、世彥時并爲丞相府佐，笑曰："人生仕進，須身名并裕。清苦若此，

---

① 行春省俗：官吏春日出巡，謂之行春，亦泛指游春；視察民俗謂之省俗。

何爲?"俠曰:"清者,涖職之本;儉者,持身之基。今吾幸以凡庸,濫蒙殊遇。固其窮困,非慕名也;志在自修,懼辱先也。"俠所居第屋,不免風霜。帝矜其貧苦,乃爲起宅。贈太子少師。

隋

柳　莊:河東解人。莊少有遠量,博覽羣籍,兼善詞令。又明習舊章,雅達政事,官黃門侍郎。蘇威爲納言,重莊器識,嘗奏帝云:"江南人有學業者不習世務,習世務者罕通學業,能兼之者,惟莊一人。"

王　通:河東河津人。幼篤學,慷慨有大志。上《太平十二策》,不見用。退居河汾,從游者千計。著《元經》《中說》等書,諡曰文中子。明嘉靖間,從祀孔廟。

薛道衡:河東汾陰人。道衡六歲而孤,專精好學,十三講《左氏傳》,見鄭子產相鄭之功,作《國僑贊》,見者奇之。其後,才名益著。河東裴瓛曰:"吾謂關西夫子①罕覯②,其人今復遇,薛君矣。"官至中書侍郎。

柳　儉:河東解人。儉有局量,立行清苦,爲州里所敬。雖至親昵,無敢狎侮。隋高祖擢拜水部侍郎,封率道縣伯,出爲廣漢太守,甚有能名。時以功臣任職牧州領郡者,并帶戎資,惟儉自良吏。帝嘉其績用,特授朝散大夫,拜宏農太守。

---

①　關西夫子:楊震,字伯起,東漢弘農華陰人。生年不詳,卒於公元124年。少好學,博覽羣經,時儒稱"關西孔子"。後人尊爲"關西夫子"。震又被譽爲"四知先生"。《後漢書·楊震傳》載:"王密爲昌邑令,謁見。至夜,懷金十斤以遺震。震曰:'故人知君,君不知故人,何也?'密曰:'暮夜無知者。'震曰:'天知,神知,我知,子知,何謂無知?'密愧而出。"

②　罕覯:極少遇見。

儉清節逾勵。大業五年入朝，郡國畢集。帝謂納言蘇威、吏部尚書牛弘曰："其中清名天下第一者爲誰？"威等以儉對。賜儉帛二百匹，令朝集使送至郡邸，以旌異焉。

郭　絢：河東安邑人。家素寒微。初爲尚書令史，後以軍功拜儀同，歷數州司馬、長史，皆有能名。隋大業初，刑部尚書宇文弼巡省河北，引絢爲副。隋帝以涿郡爲衝要，訪可任者。聞絢有幹局①，拜涿郡丞。吏人悅服。數載，遷爲通守，兼領留守。山東盜起，絢逐捕之，多所剋獲。後將兵擊竇建德，於河間戰死。人吏哭之，數月不息。

敬　肅：河東蒲坂人。少以耿介知名，釋褐州主簿。開皇初，爲安陵令，有能名。擢拜秦州司馬，轉幽州長史。仁壽中，爲衛州司馬，俱有異績。後遷穎川郡丞。隋大業五年，朝東都。帝令司隸大夫薛道衡爲天下群官之狀。道衡狀稱肅曰："心如鐵石，老而彌篤。"時左翊衛大將軍宇文述當塗用事，其邑在穎川，每有書囑肅。肅未嘗開封，輒令使者持去。述賓客有放縱者，以法懲之，無所寬貸。大業末，乞歸，優詔許之。去官之日，家無餘財。

柳　敏：河東解人。起家員外散騎侍郎，累遷河東郡丞。敏雖統御鄉里，而處物平允，甚得時譽。後又除河東太守，尋復徵拜禮部，出爲鄆州刺史，甚得物情。及將還朝，士人感其惠政，并賷酒餚及土產候之於路，乃從他道而還。及文帝克復河東，見而器異之，謂曰："今日不喜得河東，喜得卿也。"即拜

---

① 幹局：謂辦事的才幹器局。柳宗元《送李渭赴京師序》："李君讀書爲詩，有幹局，久游燕、魏、趙、代，聞知人情，識地利，能言其故。"局，局量，器度。

丞相府參軍,後加侍中,遷尚書,賜姓宇文氏。敏操履方正,性又恭勤,每日將朝,必夙興待旦,又久處臺閣①,明練典故。

唐

薛　收:蒲州汾陰人。隋內史侍郎道衡子。十二能屬文,房元齡言之秦王。王召見,問方略,所對合旨,授陝東大行臺金部郎中。是時討世充②,軍事繁綜。收為書檄露布③,或馬上占辭。該敏如素構,初不竄定。嘗上書諫王畋獵。王曰:"覽所陳,知成我者卿也。明珠兼乘④,未若一言。"少與從兄德音、從子元敬齊名,世稱河東三鳳。

王　績:通之弟。武德初,待詔門下省,日給酒一斗,時稱斗酒學士。隱東皋著書,自號東皋子。

王　勃:絳州龍門人。六歲善文辭,九歲得顏師古注《漢書》。讀之,作《指瑕》以摘其失,與兄勔、勮競爽。杜易簡奇之,曰:"此王氏三珠樹也。"勃屬文詞,初不精思,先磨墨數升,則酣飲,引被覆面臥。及寤,援筆成篇,不易一字。時人謂勃為腹稿。初祖通,隋末居白牛溪,教授門人甚衆,嘗起漢魏盡晉,作書百二十篇[卷]。

裴行儉:河東聞喜人。麟德二年,累擢安西都護。西域諸

---

① 臺閣:漢時指尚書臺,後泛指官府。
② 世充:即王世充,隋末割據者之一。曾稱帝,國號鄭。迫於唐軍攻勢,於洛陽降。後為讎人所殺。
③ 書檄:書簡與檄文。露布:不需縅封的公開文書。泛指文書。
④ 明珠兼乘:佩有明珠,坐有兼乘,指富貴之狀。明珠,光澤晶瑩的珍珠。兼乘,本指兩車,引申為多輛車。

國多慕義歸附。遷吏部侍郎，與李敬玄、馬戴同典選①，有能名。上元三年，出爲洮州、道左二軍總管，改秦州右軍。都支已擒，將吏爲刻石碎葉城，以紀功。帝親勞宴，曰："行儉提軍深入萬里，兵不血刃，可謂文武兼備矣。"即拜禮部尚書兼檢校右衛大將軍，後封聞喜縣公，贈幽州都督，諡曰獻。行儉善知人，當時盛稱王勃、楊炯、盧照鄰、駱賓王之才。行儉曰："士之致遠，先器識而後文藝。如勃等雖有才，而浮躁衒露，豈受爵禄者哉！"

薛仁貴：絳州龍門人。少貧賤，以田爲業。應募，斬賊將，繫首馬鞍。賊皆懾伏，由是知名。王師攻安市城，高麗遣將率兵二十萬拒戰，倚山結屯。太宗命諸將分擊之。仁貴恃驍悍，欲立奇功，乃著白衣，自標顯。持戟，腰鞬兩弓，呼而馳，所向披靡。帝望見，問："先鋒白衣者誰？"曰："薛仁貴。"帝召見，嗟異，授游擊將軍。師還，帝謂曰："朕舊將皆老。欲擢驍勇，付閫外②事，莫如卿者。"遷右領軍中郎將。高宗幸萬年宫，山水暴至，夜突玄武門，宿衛皆散走。仁貴登門大呼，以警宫內。帝出乘高，曰："賴卿以免，始知有忠臣也。"賜以御馬，拜左武衛將軍，封河東縣男。帝曰："古善射有穿七札③者，卿試以五甲射焉。"仁貴一發洞貫。帝更取堅甲賜之。後贈左驍騎大將軍。

裴潾：河東聞喜人。累遷左補闕。憲宗任宦人爲館驛使，檢稽出納，恃恩倨甚。使者過，至加捽辱。潾曰："凡驛，有

---

① 典選：掌管選拔人才授官的事務。
② 閫外：指家庭、朝廷、京城以外。此當指鎮邊軍務。閫，門檻。
③ 七札：七層鎧甲。札，甲的葉片。

官專尸之。畿內以京兆尹,道有觀察使、刺史相監臨,臺又御史爲之使,以察過闕。猶有不職,則宜明科條督責之,誰不惕懼?若復以宮闈臣領之,則內人而及外事矣。宜塞侵官之原,出位之漸。"帝嘉其忠,擢起居舍人。穆宗時,曲元衡杖民柏公成,母死。有司以死在辜外,推元衡父陰贖金,公成受賕不訴,以赦免。潾議曰:"杖捶者,官得施所部。非所部,雖有罪,必請有司,明不可擅也。元衡非在官,公成母非所部,不可以蔭免。公成取賄仇家,利母之死,當伏誅。"有詔,元衡流,公成論死。久之,繇給事中爲汝州刺史,遷左散騎常侍、集賢殿學士,改刑部侍郎,爲華州刺史。召拜兵部侍郎。出爲河南尹。卒,贈户部尚書,諡曰敬。

裴　寬:絳州聞喜人。性通敏,工騎射,略通書記。景雲中,爲潤州參軍事。刺史韋詵有女,擇所宜歸。會休日登樓,見人於後圃有所瘞藏者。訪諸吏。曰:"參軍裴寬居也。"與偕來,詵問狀,答曰:"寬義不以苞苴①污家。適有人以鹿爲餉,致而去,不敢自欺,故瘞之。"詵嗟異,乃引爲按察判官,妻以女。舉拔萃,爲蒲州刺史,入境輒雨。徙河南尹,河南大治。繇金吾大將軍,授太原尹。元宗賦詩褒餞②。拜范陽節度使,贈太子太傅。

裴遵慶:絳州聞喜人。幼彊學。以尚書右僕射復知選事。遵慶性淳正,老而彌謹。諫而見從,即內益畏。雖親近,但記其削稿疏數,而莫知所言。

曲　環:安邑人。少喜兵法,資勇敢,善騎射。德宗初,虜

---

① 苞苴:包裹魚肉等食品的用具,指饋贈。
② 褒餞:嘉獎送行。

寇劍南。詔環以邠、隴兵五千馳救,收七盤城,威名大振。賜名馬,封晉昌郡王。建中三年,擢邠隴行營節度使。李希烈平,改陳許節度使。二州比爲寇衝,民苦剽鹵①,客他縣。環勤身節用,寬賦斂,簡條教。不三歲,歸者緡繫②。訓農治兵,穀食豐衍。轉檢校尚書左僕射,贈司空。

薛存誠:河中人。中進士第。累擢監察御史,尋拜御史中丞。存誠性和易,於人無所不容。及當官,毅然不可奪。

薛　放:河中人。端厚寡言。第進士,累擢兵部郎中。穆宗即位,參贊機務。帝嘗問:"朕欲學經與史,何先?"放曰:"六經者,聖人之言,孔子所發明,天人之極也。《史記》道成敗得失,亦足以鑒,然謬於是非,非六經比。"帝曰:"吾聞學者白首,不能通一經,安得其要?"對曰:"《論語》,六經之菁華也;《孝經》,人倫之本也。"帝曰:"聖人以孝爲至德要道,信然。"

裴　垍:絳州聞喜人。擢進士第,以賢良方正,對策③第一。元和初,召入翰林爲學士。李吉甫謂垍曰:"宰相職當進賢任能,君精鑒,爲我言之。"垍即崖[筆]略疏④三十許人,吉甫藉以薦於朝。天下翕然稱得人。吉甫罷,乃拜垍中書侍郎、

---

① 剽鹵:猶擄掠。鹵,通"虜"。

② 緡繫:像穿好繩的錢貫一樣連續不斷。緡,繩索,特指穿錢的繩索。

③ 對策:亦作"對册"。古時就政事、經義等設問,由應試者對答,稱為對策。自漢起作為取士考試的一種形式。劉勰《文心雕龍·議對》:"對策者,應詔而陳政也;射策者,探事而獻說也……二名雖殊,即議之別體也。"

④ 即崖略疏,原作"即筆略疏"。考《新唐書·裴垍傳》改易。崖:大略,概略。《莊子·知北游》:"將為汝言其崖略。"但《舊唐書》有"取筆"之意,用"即筆"文亦可通。

同中書門下平章事,加集賢殿大學士。中外機筦①,垍多所參與。以小心慎默,稱帝意。垍器局峻整,持法度,雖宿貴前望造詣,不敢干以私。贈太子太傅。

盧　綸:河東蒲州人。官侍御。雅有詩名,與錢起輩稱大歷中才子。

裴　度:河東聞喜人。正元初,擢進士第,以宏辭補校書郎,舉賢良方正異等,調河陰尉,遷監察御史。元和六年,以司封員外郎知制誥。田弘正效魏、博六州於朝。憲宗遣度宣諭,布揚天子德澤,魏人由是歡服。進御史中丞。王師討蔡,以度視行營諸軍。還,奏攻取策,與帝意合。宰相逢吉、涯建言:"餉億煩匱,宜休師。"惟度請身督戰。帝獨目度留,曰:"果能爲朕行乎?"度俯伏流涕曰:"臣誓不與賊偕存。"即拜門下侍郎平章事、彰義軍節度、淮西宣尉招討處置使。及行,御通化門臨遣,賜通天御帶,發神策騎三百爲衛。度屯郾城,勞諸軍,宣朝廷厚意,士奮於勇。未幾,李愬縛吳元濟以報,降卒萬人。持節徐進,撫定其人。策勳進金紫光禄大夫、宏文館大學士、上柱國、晉國公。後治第東都集賢里午橋,作別墅,號綠野堂。每大臣自洛來,帝必問度安否。開成二年,復以本官節度河東,帝命吏部郎中盧宏宣諭意曰:"爲朕卧護北門,可也。"度操守堅正,威譽德業比郭子儀。歷事四朝,以全德始終。及殁,天下莫不思其風烈焉。

陽　城:夏縣人。性好學,貧不能得書。求爲吏,隸集賢院,竊院書讀之,晝夜不出户。六年,無所不通。及進士第,乃去隱中條山。與弟垍、域常易衣,年長不娶。謂弟曰:"既娶,

---

① 機筦:機樞要政。

則間外姓,雖同處而益疏。"城謙恭簡素,遇人長幼如一。遠近慕其行,來學者跡接於道。閭里有爭訟,不詣官而詣城決之。歲饑,屏跡不過鄰里,屑榆爲粥,講論不輟。有奴都兒化其德,亦方介自約,或哀其餒,與之食,不納。後致糠麧數梧,乃受。德宗除城右諫議大夫,遣中人持緋衣衣之。遷國子司業,引諸生告之曰:"凡學者,所以學爲忠與孝也。"躬講經籍,斤斤皆有法度。出爲道州刺史,太學諸生何蕃等二百人頓首闕下,請留。至道州,治民如治家,宜罰罰之,宜賞賞之,月俸取足則已,官收其餘。日炊米二斛,魚一大鬻,置甌杓道上,人共食之。觀察使數誚責,州當上考功第。城自署曰:"撫字①心勞,追科政拙,考下下②。"後贈左散騎常侍。

　　司空圖:河東虞鄉人,諫議大夫,後隱王官峪。布衣鳩杖,歲時村社必往,盡醉而歸。嘗爲王重榮作碑,贈絹素千匹。圖置之市,門人得取之,一日都盡。

　　張志寬:河東安邑人。居喪哀毀,州里稱孝。王君廓起兵略地,不忍暴其閭,倚之以全者甚衆。嘗爲里正,詣縣,忽稱母疾,求速歸。令問狀,對曰:"母有疾,志寬輒病。"令疑其妄,繫於獄。馳驗如言,乃慰而遣之。高祖遣使,拜散騎常侍,表其閭。

五代晉

　　裴 皞:聞喜人。官僕射,有剛直聲。宰相桑維翰皆其所取士。維翰嘗過,皞不迎不送。或問之。曰:"我見桑公於中

---

① 撫字:謂對百姓的安撫體恤。
② 下下:古代品評人、物常分九等,下下爲最末等。

書,庶僚也。桑公見我於私第,門生也。何迎送之有?"

宋

裴　濟:河東聞喜人。唐相耀卿八世孫。後徙家河中。宋咸平初,知靈州,兼都部署。至州二年,謀緝八鎮,興屯田之利,民甚賴之。後卒於戰。上聞嗟悼,特贈鎮江軍節度。

司馬池:夏縣人。少孤,家貲悉推諸父,而自力讀書。舉進士,知光山縣。仁宗朝,知鳳翔府,召知諫院。懇辭上曰:"人皆嗜進,池獨嗜退。"官至天章待制。

司馬光:夏縣人。仁宗寶元初,中進士甲科。神宗擢爲翰林學士,著《資治通鑑》。書成,加資政殿學士。凡居洛陽十五年,田夫野老皆號爲司馬相公,婦人孺子亦知其爲君實也。哲宗立,赴闕臨①。衛士望見,皆以手加額曰:"此司馬相公也。"所至,民遮道聚觀,馬至不得行。曰:"公無歸洛,留相天子,活百姓。"卒,贈太師、溫國公。謚曰文正。賜碑曰忠清粹德。

趙　鼎:聞喜人。生四歲而孤,母樊教之,通經史百家之書。登崇寧五年進士,累官尚書右僕射、同中書門下平章事兼知樞密院事。制下,鼎以宰相監修二史,是非各得其正。上親書"忠正德文"四字賜鼎。又以御書《尚書》一帙賜之,曰:"《書》所載君臣相戒飭之言,所以賜卿,欲共由斯道。"

金

強　伸:河中射梁軍子弟,金天興中京人。推伸爲府僉

---

① 闕臨:指上朝之事。

事。北兵圍之，東、西、北三面多樹大砲。伸括衣帛爲幟，立之城上，率士卒赤身而戰，以"憨子軍"爲號，其聲勢與萬衆無異。兵器已盡，以錢爲鏃。得大兵一箭，截而爲四，以筒鞭發之。又創遏砲，用不過數人，能發大石於百步外，所擊無不中。伸奔走四應，所至必捷。得二馳及所乘馬，皆殺之，以犒軍士。人不過一啗，而得者如百金之賜。伸爲中京留守、元帥①，伸建一堂於洛川驛之東，名曰報恩。刻詔文於石，以死自效。伸行總帥府事，大兵陣於洛南，伸陣水北。有韓帥者，匹馬立水濱，招伸降。伸謂帥曰："君獨非我家臣子耶？一日勤王，猶遺令名於世。君既不能，乃欲誘我降耶？我本一軍卒，今貴爲留守，誓以死報國耳。"遂躍而射之。帥奔陣，率步卒數百奪橋。伸軍一旗卒獨出拒之，殺數人。伸乃手解都統銀符，與之佩。士卒氣復振。後知城不能守，率死士數十人，突東門出，轉戰至偃師，力盡就執。兵卒誘之曰："汝能北向一屈膝，吾貸汝命。"伸不從，左右力持使北面。伸拗頭南向。

  侯小叔：河東人。元光元年，權河東南路安撫副使。小叔盡護農人入城，以家財賞戰士。樞密使奏："小叔才能可用，權位輕不足以威衆，乞假符節。"詔權元帥右都監，便宜從事。提控吳德説小叔出降，叱出斬之。表兄張先從容言："大兵勢重，可出降以保妻子。"小叔怒謂先曰："我舟人子，致身至此，何謂出降？"縛先於柱而殺之。石天應取河中府，作浮橋，通陝西。小叔駐樂李山寨，衆兵畢會。夜半，坎城以登，焚樓櫓，火照城中。天應大驚，不知所爲，盡棄輜重。小叔燒絕浮橋，撫定其衆。二年正月，大元軍騎十萬圍河中。總帥訛可遣提控

---

① 元帥：應爲元帥左都監，都元帥府之職，從三品。

孫昌率兵五千，樞密副使完賢賽不遣李仁智率兵三千，俱救河中。小叔期以夜中鳴鉦，內外相應。及期，小叔出兵戰，昌、仁智不敢動。城破，小叔死之。宣宗下詔褒贈。

王庭筠：河東人①。生未期視書，識十七字。七歲學詩，十一歲賦全題。稍長，涿郡王翛一見，期以國士。登大定十六年進士第，調恩州判官，臨政即有聲。泰和元年，爲翰林修撰，扈從秋山，應制詩三十餘首，上甚嘉之。後卒，帝詔求生平詩文，藏之秘閣。又以御制詩，賜其家。

李獻能：河中人。先世有爲金吾上將軍者，時號李金吾家。迨獻能昆弟皆以文學名，故李氏有四桂堂。獻能苦學博覽，於文尤長於四六。正祐三年，特賜詞賦進士，廷試第一人，宏詞優等，授應奉翰林文字。在翰苑凡十年。趙秉文、李純甫嘗曰："李獻能，天生翰苑材也。"

元

劉哈喇八都魯：河東人。本姓劉氏，家世業醫。元至正八年，世祖駐蹕白海，召見留侍左右。初賜名哈喇幹脱赤，擢太醫院管勾。昔里吉叛，宗王別里鐵穆而奉命征之。哈喇八都魯曰："事君不辭難，臣請授甲，願備一戰士。"帝曰："醫，汝事也。"惟賜以環刀、弓矢、裘馬等物。將行，母疾。帝命給驛②而歸。既見母，不敢以遠役告母。母曰："汝行，我疾安矣。"

---

① 中華書局1982年11月第2版《金史·卷一二八·王政傳》，認為王庭筠為遼東人。

② 給驛：給予驛站車馬。《新唐書·張九齡傳》："數乞歸養，詔不許。以其弟九皋、九章為嶺南刺史，歲時聽給驛省家。"

即辭去。及將戰,從王請甲。王曰:"上不與汝,我何敢與留領輜重?"哈喇八都魯曰:"大丈夫當效命行陣,見有甲者取之。"明日,被以往。王望見其介而馳,使人問之。曰:"我也,一人興善,萬人可激。我爲萬人激耳。"進擊昔里吉,大破,擒之。王命哈喇八都魯獻俘行宫。帝見其瘠,輟御膳羊胾①以賜。既拜受,先割其美者懷之。帝問其故,對曰:"臣始與母决。會歸,母幸存,請以君賜遺之。"帝嘉其志,命自今凡賜食,必先賜其母。二十五年,海都犯邊,尚書省以和林屯糧,當得知緩急輕重者掌其出納,奏用怯伯。帝曰:"錢穀非怯伯所知,哈喇幹脱赤可使也。"使怯伯與俱。怯伯有二心。哈喇八都魯察忽刺思之誠,語曰:"吾將往責怯伯,汝曹見吾執弓而起,即相應也。"既見怯伯,怯伯盛言海都之令以威之。哈喇八都魯詭詞自解,得閑起趨。忽喇思整陣以出,怯伯遣騎來追,屢拒却之。道遇送軍裝者,因護之至鹽海。及入見,帝喜曰:"汝來耶。"命與酒饌。顧謂侍臣曰:"譬諸畜犬,得美食而棄其主,怯伯是也;雖未得食而不忘其主,此人是也。"更其名曰察罕幹脱赤,賜以鈔五千貫。頓首辭謝,乞以所賜與同來者。帝特命受之,而令中書省定其同來者之賞有差②。遷正奉大夫、河東山西道宣慰使。奏曰:"臣累戰而衣裘盡敝。河東,臣故鄉也,願乞錦衣以爲榮。"帝以金織文衣賜之。

靳　昂:絳州曲沃人。兄榮爲奎章閣承制學士,奉母王氏

---

① 羊胾:大塊的羊肉。胾,切成大塊的肉。《禮記·曲禮上》:"凡進食之禮,左殽右胾。"鄭玄注:"殽,骨體也;胾,切肉也……殽在俎,胾在豆。"陸德明釋文:"胾,大臠。"

② 有差:不一,有區别。《後漢書·張敏傳》:"今托義者得減,妄殺者有差,使執憲之吏得設巧詐。"

官於朝。母殁,昺與兄榮護喪還家。至平定,大雷雨,流水驟至,昺伏柩,榮呼之避水。昺不忍舍去,遂爲水所漂没。後得王氏柩於三里外,得昺屍於五里外。詔賜孝子靳昺碑。

明

王　翰:夏縣人。肆力於學,家貧無紙。有所得,取落葉書之。明洪武初,以經明行修辟爲訓導,升教諭。永樂時,升教授。後薦爲翰林院編修。尋調廉州教授。倭寇攻城,翰率生徒抗敵,冒刃而死。

薛　瑄:河津人。少善辭賦。長習周、程、張、朱書,遂焚所作詩賦,專心聖學。居官清介,以王振薦,召爲大理卿。人勸詣振謝。瑄曰:"拜爵公朝,謝恩私室,吾不爲也。"仕至禮部侍郎兼翰林院大學士,入內閣。卒,謚文清。所著有《讀書録》《從政録》及《敬軒文集》。隆慶時,從祀孔廟。

張　琦:安邑人。令高陵。專以孝悌教人,天性剛正,人稱鐵面。病劇,囊無餘物。丞欲啓庫,取耗金以贈。琦曰:"吾有數子,耕者自能力田,讀者自能力書,安用此爲?"即取管鑰符籍,付丞而卒。

張　琡:祐之子,斌子孫。斌在永樂間代兄北征,窮絶塞而還。論扈駕功,授錦衣衛千户。辭歸養親,事詳邑志。祐性至孝,嘗數千里負繼母骨合葬。琡登天順八年進士,官御史。按蜀及北畿,風采凛然。將抵家,望里門而步。後以忤權貴,出守大名,調黎平守。

張　岫:琦之子。琦令高陵時,岫爲孝廉,隨父高陵,有僉事欲辱其父,岫被羊裘直入,抗辯不屈。後累官都憲,嫉邪好善,一介不取。撫遼時,遼有御史將欲主文山西,入謁岫。談及其子弁欲爲之地,岫遂戒其子不就試。其清節如此。卒之日,諭祭葬。祀鄉賢,配名賢祠。

張　璲:璉弟。生有奇質,讀書過目不忘,師友器重之。成化乙酉領鄉薦,己丑成進士。選庶常,轉監察御史,按陝西。污吏望風,解印綬去。自是屢遭譴謫。晉太僕寺卿,事關馬政者,尤多建白①。復以事被誣,謫知廣東化州。抵任四月,卒。子葇、蔓,同登宏治壬子賢書②。葇,官陝西按察司僉事,有介行。蔓,官辰州知府,累請休致③,足不入公門。祀名宦。

曹　光:由明經尹華陰,有善政。升涇州知州,修築城池,御虜保民,涇人德之。

張　芮:璉三子。沉重,有氣節。由庶吉士五遷,至掌院學士。值閹瑾用事,公卿望風屈膝,芮獨長揖不拜。瑾銜之,誣以他事,謫鎮江府同知。復以史事謫兩浙運副,量移處州府同知,遷南京尚寶寺卿。晉南京太常寺卿,請致仕。許乘傳④歸,至臨清卒。上遣官諭祭,命有司治葬事。後祀鄉賢、名宦。裔孫正元,布衣學道,鄉人重其品。

郭　崧:成化十三年舉人。令韓城。《陝西通志》云:"政治明決,吏不能欺。"升同知。

---

① 建白:謂對國事有所建議及陳述。《漢書·霍光傳》:"將軍為國柱石,審此人不可,何不建白太后,更選賢而立之?"

② 賢書:賢能之書,謂舉薦賢能的名録,後因以"賢書"指考試中式的名榜。語本《周禮·地官·鄉大夫》:"鄉老及鄉大夫羣吏獻賢能之書於王。"

③ 休致:官吏年老去職,泛指辭官。

④ 乘傳:乘坐驛車。傳,驛站的馬車。

謝　譽：宏治戊午舉人。爲樂昌令，政績懋著。值流寇張興寇城。譽泣，諭死守，城得全。以軍功升泰安知州。不阿當道，拂衣去。訓弟誥，成進士。譽祀名宦。

曲　瓛：正統辛酉舉人。時運庠初設，首登賢書。官鎮江同知，廉干有爲。

張　芷：瓛六子，宏治乙卯解元。署涿州學正。甲子，主陝西鄉試。升福建建寧府同知。性仁厚，以詩文名。

相世芳：忠義性成。正德庚午舉人，甲戌進士，官刑部郎中。嘉靖初，議大禮，列名疏首，叩閽①直諫。忤旨，廷杖幾斃。謫戍延安凡十三年，放還鄉里。隆慶時，贈太常少卿。

祁　鶴：正德甲戌進士。歷官清慎，不阿權貴。嘉靖間，河南青羊山盜起，廷議擢爲副使，討平之。終山東副使。

謝　誥：正德丁丑進士。性狷介絕俗。爲孝廉時，齊彥名謀寇運城。誥慷慨建議，與御史胡止增築城垣，運民至今賴之。通籍②後，令贛榆。值武宗南狩，節省供帳費，民不爲厲。累官戶部員外。比歸田，杜門謝客，蕭然如韋布③。祀鄉賢，配名賢祠。

王一中：正德癸酉舉人。事親孝。康對山嘗贈以詩。任交河尹。卒，祀鄉賢。子士宏，以武榜任參戎。士毅，以鄉舉宰德陽。孫嘉績，爲隴西令。重孫天倪，爲松陽令。登賢書

---

① 叩閽：吏民因冤屈等直接向朝廷申訴。閽，宮門。
② 通籍：謂記名於門籍，可以進出宮門，後來便稱做官爲"通籍"。"籍"是二尺長的竹片，上寫姓名、年齡、身份等，挂在宮門外，以備出入時查對。
③ 韋布：韋帶布衣。古指未仕者或平民的寒素服裝。借指寒素之士或平民。

者,先後不絕。

李茂春:選貢。官無極令。親殁,廬墓。

張淳甫:芮之長子。正德癸酉舉人,甲戌進士,户部福建司主事。博覽羣書,力追古作。所著有《澹泉集》。

王　命:嘉靖壬午舉人。清貧嗜學,耄而不倦。爲鄖令,請蠲繁役,賑救卤荒,期於必濟,全活甚衆。曾題詩公署云:"采盡溪頭苜蓿芽,沿村尚有幾人家。東風不解艱辛意,吹散碧桃千樹花。"當道見之,無不嗟賞。又以沔陽水患,多方捍築。沔民繪像祀之。祀鄉賢,配名賢祠。

胡志夔:嘉靖甲辰進士。幼穎異,讀書過目成誦。宰富平,課最①。徵入臺按閩時,有挾勢囑鄉薦者,堅執不從。爲河南憲副時,存庫餘金鉅萬。當事欲自潤,公持不可,得充賑荒之用。一歲三擢,歷官僉憲。撫延綏時,河套牧馬南窺,與大將趙岢協防無警。又引榆溪水入塞灌田。城保寧。寧塞二堡,遏其要害,邊境以寧。祀鄉賢。子承光,光禄署丞,輸粟賑饑。承裕,以舉人令滎陽,仁慈清正,寇過不掠其境。孫舜封,解元,令上蔡,有文名。

劉得寬:性豪爽。嘉靖癸丑進士。歷官延綏兵備道。初筮仕時,焚香告天,矢不苟取。宦成而歸,囊無餘貲。

張良知:舉人。漢中同知。修山河堰,大著勤劬,漢民德之。

張　集:嘉靖壬子舉人。官至福建道監察御史。博學強記,工詩文,善書,醫藥、音律悉臻妙境。

---

① 課最:古時朝廷對官吏定期考核,檢查政績。政績最好的稱課最。

劉弼寬：嘉靖壬子舉人。性嗜學，多所獨得。每茂對景物①，則曰："此道惜無能叩者。"禔躬以敬。遇閭巷總角子，亦必致恭。仕至臨洮司馬，所至，民懷其德。祀鄉賢，配名賢祠。

馬紹英：嘉靖乙卯舉人。官戶部権關。揚州減稅惠商，一塵不染。卒於任，至不能辦後事。揚州守徐尚列狀助賻②，乃得歸里。

王　宇：嘉靖壬戌進士。累官陝西憲副。明察平恕，克凜四知。壽九十乃終，祀鄉賢。

楊一魁：嘉靖乙丑進士。以冬官督理河道。黃淮泛溢，漸近陵寢。魁謂："黃强由於淮弱，黃不分則淮不出，請開武燉黃壩新河，使安瀾入海。"功成回京。值鄭貴妃方寵倖，請於乾清宮側建耳殿，爲奉御所。神宗許之。魁不奉詔，其强鯁如此。歸田後，門庭簡寂，無烜赫狀。僖宗即位，諭祭葬如禮。

喬起鳳：嘉靖甲子舉人。累官太僕寺卿，兢兢自牧，一語不敢先人。性廉潔，不苟取。祀鄉賢，配名賢祠。

解學禮：隆慶戊辰進士。歷官陝西督儲、河西參政，才識卓越，著治績。見秦省通志。

馬邦珍：隆慶庚午舉人。官鞏昌司馬。政尚簡靜，絶苞苴，清軍餉，平番亂。以忤當道挂冠去。

張雲翺：萬曆甲戌進士。以志行高等，歷官考功司郎中。

劉敏寬：萬曆丁丑進士。歷官兵部尚書，總督三邊，加太

---

① 茂對：似有面對之意，但難有確解。《易·无妄》："先王以茂對時育萬物。"茂，通"懋"，勸勉。

② 列狀助賻：列述情狀，資助喪事。賻，拿錢財幫助別人辦理喪事。

子太保。揚武閫外,屢奏膚功①。蔭子錦衣指揮。殁之日,進階少保,賜祭葬。祀鄉賢,配名賢祠。

李　圭:萬曆己卯舉人。好古誼,不規撫②世態。令華亭,政簡民安。祀鄉賢,配名賢祠。

王國楨:嚴毅,有風節,與人交,面折無隱。登進士,居官勤敏。初令壽光,瀕海多葦租,盡捐以充賦之半。補鉅鹿,救荒全活甚衆。晉冬曹,出守上谷,廉明冠畿輔。備兵濟上,督修河道,不爲民擾,以直迕時。後參秦藩,介節益著。居鄉時,猾吏持金,求爲關説,怒叱之。終身無敢干以私,祀鄉賢。

楊學詩:壬午舉人,官至保定府通判,素稱篤實君子。爲縣令,歷有惠政,年高德邵,壽九十餘歲。

宋時際:萬曆乙酉舉人。任咸陽令,忤税監梁永,被誣解任。後擢刑部郎中,以表其直。

馬　棐:明經,爲蘭州判官。因修公署,掘得古銅錢數萬,報上貯庫,一無所私。

曹于汴:幼讀書,見薛文清、王文成語録,鋭然以聖賢爲必可。至刻"謹言愼行"牌,懸之腕間。因究天人性命之奥,旁通經世之學。領鄉薦,司醵饋超掣鹽十車,却之。登萬曆壬辰進士。初仕淮安司,理執法明,刑入諫垣③,直聲大著。退而講學於鄉,鄉人化之。召還後,典試江右,稱得人。既長吏垣庚戌、辛亥兩大計,澄汰虛平,中外悦服。建議剴切,多見施行。

---

① 膚功:亦作"膚公"。大功。《詩·小雅·六月》:"薄伐玁狁,以奏膚公。"毛傳:"膚,大;公,功也。"

② 規撫:仿傚,依循。

③ 諫垣:指諫官官署。宋歐陽修《謝知制誥啓》:"代言禁掖,已愧才難,兼職諫垣,猶當責重。"

晉太常少卿,予告四方學者日益衆。泰昌、天啓再召,未行。聞廣寧失守,刻日就道。或問:"此行若授遼鉞,何如?"曰:"濟則爲韓范,不濟則爲張許。"歷棘寺憲臺,特簡少宰。陳乞歸。時燼熖方熾,坐東林黨削籍。崇禎間,再起掌憲,所建白皆宗社安危大計。因警鞠躬盡瘁,防守無虞。請告歸,設教宏運書院,講學明道,至死不輟。學者稱真予先生。所著《共發編》《仰節堂集》行世。祀鄉賢。

竇師倆:萬曆戊子舉人。鄆縣知縣。行誼克端。任保定通判,乞休歸里。

王廷俊:萬曆辛卯舉人。有品行,以孝聞。任新蔡令,救荒甚力。擢歸德同知,上臺交章論薦①。致仕歸。

楊一桂:萬曆乙未進士。爲唐縣令,竭力救荒,開渠灌田。礦閹虐民,挺身抗救。由民部改御史。後遼難發,不以非序爲解,毅然往任事②。及歸,清操益勵。

任正斗:萬曆甲辰進士。讀書操行,俱有獨見,官行人司行人。

裴　衮:貢生。司訓贊皇,克盡師道。子君賜,進士,官給

---

① 上臺:上司,上官。交章:官員交互向皇帝上書奏事。論薦:選拔推薦。

② 遼難:當指萬曆年間後金與明軍在遼東地區發生的爭奪戰爭。萬曆四十六年,努爾哈赤率兵伐明,節節勝利。次年,明廷組織二十七萬大軍分兵攻擊後金。努爾哈赤率八旗軍集中兵力,各個擊破。明軍慘敗,後金大勝。此役被稱爲薩爾滸戰役,是明朝在遼東地區由進攻轉入防禦的轉折點。

諫。巡視十庫①,克厘夙弊。

康四海:初以進士觀政,處己不欺,與物無競。當國者見之,曰:"君子也。"即語銓曹授為其邑令。内擢刑部曹。典試四川,所得多名士。出守懷慶,擢重慶兵備。時流寇蝟集,公竭力守禦,賊斂鋒過。官至江西臬司。

喬士鶚:萬曆戊子舉人。宰沿山。寇至,戎服登陴,竭力守禦,得無恙。卒於官,祀名宦。

劉崇文:萬曆戊戌進士,授户部主事。監稅江西,盡革陋規,至一硯不苟用。以清望調銓部。布衣蔬食,終始不渝。辭官歸里,與弟同爨,半錢寸帛必共之。宦囊如洗,歿無以殮,編葦為屏,以坐弔客。晉撫吳仁度疏請定謚。祀鄉賢,配名賢祠。

喬國楨:萬曆丙午舉人。宰六合,著廉潔名。有盜扳良善,力為昭雪,時稱神君。祀鄉賢。

李日儼:萬曆壬子舉人,天啟壬戌進士,歷官給事中。典試雲南,所得盡真才。任河南知府,時有清節。

賀道昶:戊午舉人。陝西神木道按察司僉事。遭闖賊之變,被拷,不屈而死。

劉席民:萬曆壬子舉人,天啟壬戌進士,官主事。孝親仁民,鄉里推重。

宋登雲:庠生。事母孝。母八旬失明,日夜號泣。得名醫

---

① 十庫:官署名。明朝内府由太監掌管的庫房。計有甲字、乙字、丙字、丁字、戊字、承運、廣盈、廣惠、廣積、贓罰諸庫。各設掌庫一員、貼庫數員、僉書數十員不等。自戊字庫以後,改以承運等為庫名,蓋因按天干排序,戊字後為己,己意為止,不吉,故改用別名排序。

療之,明如舊。壽至百歲。

楊舒聲:貢生。初任安慶王府教授,升深澤縣知縣。曹都憲、裴給諫俱出其門,院司屢加優獎。

郭進祿:以稟生例授陝西通渭縣丞,有惠政。

張綱甫:陝西固原吏目。嘉靖丙辰歲荒,輸粟八百石,賑濟饑民,鹽臺匾其門。

喬溥恩:歲貢。嵐縣教諭。賦性樸誠,自甘淡泊。

周學思:歲貢。孝友睦姻。兩任南和、延安教職,并署邑篆,廉潔不苟。

邵三畏:歲貢。有文行,多義舉。嘗散粟救貧,建㳺水橋,以濟行旅。

張啓蒙:庠生。事母至孝。母壽九十七歲,殁。未逾月,以哀毀卒。

丁應觀:歲貢。甘泉知縣。《陝西通志》云:"修持粹白,理學精研。"著有《學易堂集》行世。

李正佐:安邑鄉舉,爲郟令。寇至不屈,割舌斷肩而死。母喬氏赴城罵賊,亦被害。士民葬其母子於南郊,立祠建碑。里人歲時致祭。贈河南僉事。

景永祚:天啓甲子舉人。以德行著。闖逆①之變,逼以僞職,誓死不受。

景　星:字依庚,崇禎丙子舉人。事繼母以孝聞。明末,闖逆授以僞職,使僞令祁呈瑞敦促。公大罵,絕食七日而死。御史杜篤祐爲之傳。

---

① 闖逆:對明末李自成農民起義軍的蔑稱。因李自成自號闖王,故稱。

丁期昌：前明崇禎癸未進士。國初，揚州府推官。調黃州，精律例，多所平反，舉廉官第一。尋以忤直指罷歸，閉門不出，布衣蔬食，周貧乏，無德色。

靳　斗：安邑貢生，任陽信教諭。闖逆作亂，陽信城陷。斗獨不屈，偕妾戴氏駡賊而死。二孫二僕皆自引決，盛稱一門忠烈。

王畿甸：歲貢，廣昌教諭。親歿，廬墓三年，不仕闖逆。

楊時和：貢生，博學賫志，死闖逆之難。

王　治：貢生，泰安州訓導。鄉人推爲寬厚長者。

馬迪吉：夏縣人，寄籍運城，前明崇禎壬午舉人。任鄧州牧，有惠政。時劉二虎圍州城，吉率兵巡守七十餘日，城中人殺牛畜爲食，撤屋爲薪，諭以大義。人皆感泣，無異志。以功升順天府治中。尋卒，入鄧州名宦。

裴章美：夏縣人。事父及繼母以孝聞，事兄金章如事父。令永清，力行教化。有兄弟争訟者，正值申明六諭①講孝弟一條。二人垂泣曰："我輩獨非人乎？"以狀投火而去。

姚汝明：夏縣舉人，爲蠡縣令。感化劇盜，悉爲良民。擢河間同知。死節，蠡人往搬其棺，并其死節妾任氏同殯歸，哭之甚哀。詔贈山東僉事。

盧學古：夏縣鄉舉，爲衡水令。流寇之亂，捍賊全城。擢襄陽同知，署篆守城，綽有方略。外援不至，城破被執，駡不絕口。賊怒，剮其腹。其子可久搬父屍，賊欲加以兵。可久哭父絕倒，賊感而釋之。

---

① 六諭：朱元璋曾作《教民六諭》，亦稱《聖諭六言》："孝順父母，恭敬長上，和睦鄉里，教訓子孫，各安生理，毋作非為。"

國朝

馬光啓:順治壬辰進士。性敦厚,功苦力學。教授上黨,累擢户部員外郎,歷有政聲。

賈道醇:永濟縣人。任太谷教諭。以才望遴署縣事,有廉惠公直之稱。順治六年,土賊姜瓖剽掠。道醇捕緝,擒獲甚衆。以孤城無援,被害。後贈國子助教,祀太原忠烈廟。又祀於鄉。

謝象申:順治戊子舉人。臨縣教諭。課士有方,文風大振。升廣東潮陽縣知縣。海寇圍城,率兵捍禦,督衆疾追。自是不敢爲潮邑害,邑人爲之立碑。

謝象超:與象申同榜舉人,陝西清澗縣知縣。丁母憂歸。服闋①,補福建沙縣知縣。政聲茂著。手授《士子訓蒙窾要》,時稱循吏。入《福建通志》,祀名宦。

謝樞齡:順治辛丑進士。雄縣知縣。剔除官價陋規,勤課諸生,親履隴畝,問民疾苦。行取②補內閣中書。丁外艱③歸。服闋,補廣西思明府同知,以苗民雜處,扶弱鋤強,委驗交趾④貢物。殁於王事,得馳驛歸喪。

萬敷典:秉性廉介。弱冠登賢書,築室西郊,閉户著書,終身不入城市。

---

① 服闋:守喪期滿除服。闋,終了。
② 行取:明清時地方官經推薦保舉後,調任京職。
③ 外艱:舊指父喪,或承擔祖父之喪。
④ 交趾:亦作"交阯"。原爲古地區名,泛指五嶺以南。漢武帝時爲所置十三刺史部之一,轄境相當今廣東、廣西大部和越南的北部、中部。東漢末改爲交州。宋時,越南獨立建國,稱其國爲交趾。

王冕：歲貢。汾州訓導。己丑姜逆之變，殉難於官。運判孫旌其門曰齯：先德永著。

張譽：庠生。家計窘迫，諷誦不輟。姜逆之變，兄鐃、釺俱亡於難，覓屍歸窆①。譽父年老，悼傷二子。譽朝夕侍奉，力為勸解。又念諸姪未出於難，不避艱險贖歸。

張鵬翥：貢生。由教諭升湖廣新化知縣，歷任邵陽、臨武，操守廉潔，所至有聲。攝衡州府篆，值大兵靖苗逆，辦理軍餉，晝夜勤勞，歿於軍營。

康宏業：四海子。苦心績學，才高未售。生七子，皆蜚聲庠序間。三子如璉，庚戌進士；四子如琰，壬子經元；孫行侃，甲戌進士。

康宏猷：甲午解元。沉酣六籍②。時藝、詩、古文、詞皆有法度。

馮臯疆：永濟縣人。順治乙未進士，官漢中同知。吳逆之變，隨席將軍至擂鼓臺，突被賊獲，以官誘之，使降。疆厲聲曰：「為臣子者，國爾忘身。今誤被汝獲，惟求一死。」賊又縛之幽室，逼之以威。疆嘆曰：「睢陽頭可斷，常山舌可拔，狂奴伎倆，豈足動我哉？」賊知其不可奪，又囚之古寺，百方磨折。幽禁五載，終不能屈。後奮威將軍以不屈奏請以原官錄用，病卒於家。

張弼：例貢。歷官兵部員外郎，擢江南淮徐道管河庫，饒才能，治河有功。

杜國傑：河津援貢。居家孝友。任金華府通判，時大兵駐

---

① 歸窆：即歸葬，斂屍安葬。
② 六籍：即六經，為《詩》《書》《禮》《易》《春秋》《樂》六部儒家經書。

防金華。國傑用力督促,軍需不缺。修通濟橋,以便行人。後升西安捕盜同知,嚴保甲,緝逃盜,慎刑罰,絕構訟,軍民愛戴之。祀鄉賢。

侯　佐:解州人。任建平、合肥兩邑,有賢聲。擢刑部主事,調吏部主事。順治己丑,遇賊拷掠,罵賊不屈,與父嗣晉同被害。

祁　斌:康熙癸卯舉人。四川新都縣知縣。時兵燹之餘,民户凋殘。斌課農桑,興學校,八年政成。升延慶知州,境接邊陲,俗強悍。三面環山,築墩臺,謹烽火,祈降甘霖,蝗皆自斃。里民立碑志感。

邵嗣堯:猗氏縣人。康熙庚戌進士。爲臨淄令,以廉惠得民。補柏鄉令,有盜殺人於縣界,捕獲,置之法。或毁於上官,竟以酷刑落職候訊。魏象樞巡畿輔,民爲訴冤,魏力白其事,乃獲釋。里居久之,于成龍薦授清苑令,益感激,砥礪清介。行取江西道御史,調直隷守道,盡革陋規,一塵不染。特擢江南學政。按三郡,積勞遘疾而卒。遺疏陳三事。江左士民斂資,乃得歸。江陰立祠祀之,保定等府亦立祠祀之。

丁廷楗:康熙癸丑進士。選庶吉士,遷編修。歷任鳳陽、徽州二府知府,賦性孝友,居官清白,著有《紀游草》。

王尹方:安邑運城人。康熙癸丑進士,歷官內閣學士兼禮部侍郎,充日講官、起居注,纂修《明史方略》《國史人侍講幄》,素著恪勤。康熙丁巳典浙江鄉試,庚午典江南鄉試,苦心搜羅,所拔多宿學之士。癸酉,以母年八旬,陳情終養,上賜御書以寵其行。尹方患消渴疾,抵家逾年,卒。予祭賜恤。

康行偘:字鍔霜。聰慧絕人,十齡工詩文,見賞於太史王敷五先生。甲戌成進士,制藝①膾炙人口。初仕韓城,後擢工部主事。尋告歸,以詩酒自娛。所著有《韓城縣志》《運司鹽政便覽》《雲齋清籟》。

何　遠:康熙戊辰進士。爲獲嘉令,擢禮部主政,升祠祭司員外郎。典試福建,稱得人。

謝檜齡:康熙戊午舉人。授内閣中書,改内邱縣知縣。時内邑旱蝗,人民逃散,倉庫空虛。下車即招集流亡捕蝗蝻,設法賑濟,詳請緩徵。攝唐山縣事,詞訟稱平,行取主事。告歸,與二三老友詩酒談心,不言官政。

喬宏德:康熙壬戌進士,令安東。潔己愛民,撫字有方。

景四維:康熙乙未進士。初任新喻縣知縣,縣稱疲敝。積逋②民不能輸,捐貲代償。會水災,購穀平糶。邑有碑。改涇縣,倡修琴溪石梁,商民德之。

劉士琨:貢生。初任寧鄉訓導,擢四川内江縣知縣。有游棍羅之鎮者,倚勢爲民害,霸占田畝,侵人塋兆,痛懲之,押歸原籍。升直隸灤州知州,以疾致仕。

郭用光:廣昌教諭。性方嚴,不妄交。博覽羣書。晚年尤嗜《易》,所著有《八卦圖説》《玩易釋義》。子于疆,戊午經元;孫賜珏,乙酉經元。

李琔生:字彝山,其先同州人,宦解州,遂家運城。世理鹽策,抗言鹽政,多所建白。有謀割地梗鹽法者,琔生赴闕上書,竟直其事。《平陽府志》稱:"其居喪盡孝。"郭于疆爲之立傳。

---

①　制藝:制義,或稱八股文。《明史·選舉志二》:"其文略仿宋經義,然代古人語氣為之,體用排偶,謂之八股,通謂之制義。"
②　積逋:指累欠的賦税。亦謂積欠賦税。

郭用賢：貢生。潛心理學，任太谷訓導，以講學爲事。有奏女樂於明倫堂者，用賢大詫，止之。其端毅如此。

張　粥：屯留縣教諭，升赤城縣知縣，清廉愛民，卒於官。有碑紀績。

南二謙：拔貢。博學能文，兼工詩賦。康熙丙午秋闈已中式矣。尋以微疵被斥，時論惜之。

路應元：貢生。潞安訓導。事繼母如所生。孝廉張錂、廩生張奎并以孝事繼母聞。

李秉儉：廩貢。居家孝弟，喜施予。自題其座所曰：戒欺處。題其官署曰：檢點身心。初任成均，轉部郎監。賑直隸、陝西及查賑豫省，立科條，絕弊端。知青州府，立社倉，建義學，修海塘。事詳《青州府志》。

王厔方：性穎悟，讀書過目不忘，足跡幾遍天下。所至題咏，才思兀傲不羈。太史趙秋谷許爲晚唐妙手。坎坷不第。由貢生官户部司務。

王餘佑：貢生。博洽羣書，工詩，尤精行草。同修《運司志》，又著《四書纂要》《素齋詩稿》。

張存恒：貢生。知陝西洵陽縣。縣檏陋，人不知書。恒至，設義學，延師督課。期年而應試者遂至數十人，文風漸有可觀。

張存誠：廩貢。父弨，康熙丁巳河南中式舉人，以孝友稱，事詳《安邑志》中。誠幼而穎悟，喜讀書，嗜松雪，筆法得其神似。父官京師，嘗作思親詩十首，寄燕邸人多傳誦。父歿歸櫬，撫棺一慟，遂不起。

王會淑：貢生。性至孝。知建平縣，立郎川書院。興利除弊,民建生祠以志德。次補直隸望都縣,捐貲八百金,浚護城河,民利之。

楊林峰:舉人。性篤孝,待諸弟教養備至,誨人以誠。歿後,門人建追慕碑。

郭　邵:康熙甲午舉人。甘貧力學,雅工制藝,名噪文壇,矜式①後進。

張　寯:例貢。年十五,代父赴京,扶祖櫬歸里。弱冠肩家政,惟恐失墜。孝事孀母,爲弱弟延師,課讀成名。

李聞權:貢生。初任南溪,捐修水旱塘房二十九處。又設救生船隻,民利賴之,爲立碑。艱起,補臺灣,詰刁徒,責蠹役,嚴保甲,禁賭博,民風丕變。

李　樗:舉人。喜讀書,善屬文,風骨直規隆萬②。主皋比③五十餘年。運安登科第者,多出其門。

張京俊:例貢。性嗜古,博覽羣書,善考證,筆力高雅,著《舜陵辨》。

薛英賢:永濟人。三歲失怙,家極貧。鬻菸紙於市,以餬口。賢稍長,勸父經營。夜則苦讀,父以年邁得痰疾。賢日減食積錢,百方醫治,孝聲傳於鄉里。建坊旌表。

李秉恭:耽經史。訓導寧邑,捐俸爲諸生膏火,贖回王、錢二姓鬻女。教諸子,宦達者數人。

祁綬輝:拔貢。直隸趙州州判。服官清謹,人民被惠。

---

① 矜式:示範,楷模。

② 隆萬:隆慶時期高拱和張居正聯手進行的改革與萬曆時期張居正改革的合稱。

③ 皋比:虎皮。古人坐虎皮講學,因以指講席。

李地渥：廩生。早孤，家道中落，事孀母以孝聞。教育諸弟，皆其舌耕所給。苦心績學，屢薦不售，著《調音對典》行世。

李延淪：庠生。佐叔宰臺灣。叔歿，獨居海外年餘，經理叔喪，積勞成疾。

【按】河東爲唐虞夏舊都，山川毓秀，賢聖踵生。考運學《仰德祠碑記》木主，風后、關龍逢、傅說、巫咸、段干木諸人，皆在鄉賢之列。漢唐以後代有偉人，雖所居遠邇不同，要皆附近鹽池。況自有明開科以來，蒲、解等十三州縣額設鹽丁例得考試，運學科第蟬聯，人文蔚起。是雖非運産而或由運學、與雖非運學而實係運産者，應依舊志并《運城志》一一備錄。惟平陽之尹翁歸，絳州之尉遲德城，高平之賈魯，陽城之田時雨、白謙、張泰交、田從典，鳳臺之陳昌期、王璇、王廷掄，沁州之吳典，澤州之陳廷敬等一十二人，距運既遠，又非若蒲、解等十三州縣之系籍運學者，舊志編入，殊嫌假借。至《運城志》編於乾隆二十七年，迄今廿載有餘，詎無人物。緣未經論定，且非鹽法之所急，不敢妄續耳。

第十一卷 奏 疏 附咨議

嘗聞窮則變,變則通,通則久。天下事未有窮而不變,變而不通者。河東鹽政數千百年以來,不能一成而不變。故當法制既備之後,尤賴有名臣之奏疏,因時調劑,補偏救弊,以期於可通可久。爰彙成編,庶可參觀而備覽云。

河東陝西分界食鹽疏

元監察御史　帖木兒不花①

近蒙委巡歷奉元東道至元元年各州縣户口額辦鹽課。其陝西運司官不思轉運之方,每年豫期②差人,分道齎引③,遍散州縣。甫及旬月④,杖限追鈔⑤,不問民之有無。

竊照諸處運司之例,皆運官召商發賣。惟陝西等處鹽司,

---

① 帖木兒不花(1286—1368):元世祖孫,鎮南王脫歡第四子。曾為鎮南王,後改封宣讓王,進封淮王。1368年,奉命留守大都,城破,為明軍所殺。作者於至元二年(1336)九月巡察奉元東道時著文建言,見《元史·卷九十七》。
② 豫期:預先期望或估料。
③ 分道齎引:劃分路綫,遣送鹽引。
④ 甫及旬月:剛剛一個月。甫,方才,剛剛。指較短的時日。《後漢書·楊賜傳》:"旬月之間,并各拔擢。"
⑤ 杖限追鈔:帶着杖擊處罰的文書追繳鹽款。

近年散於民户。且如陝西行省食鹽之户，該辦課二十萬三千一百六十四錠有餘，於内鞏昌、延安等處認定課鈔一萬六千二百七十一錠，慶陽、環州、鳳翔、興元等處歲辦課一萬七千九百八十五錠。其餘課鈔，先因關陝①旱饑，民多流散。准中書省咨，至順三年鹽課十分爲率，減免四分。於今三載，尚有虧負。蓋因户口凋殘十之八九，縱或有復業者，家産已空。邇來歲頗豐收，而物價甚賤，得鈔爲艱。本司官皆勒有司徵辦，無分高下，一概給散。少者不下二三引，每引收價銀三錠。富家無以應辦，貧民安能措畫？糶終歲之糧，不酬一引之價，緩則輸息而借貸，急則典鬻妻子。縱引目到手，力窘不能裝運，止從各處鹽商勒價收買。舊債未償，新引又至。民力有限，官賦無窮。

又寧夏所産韋紅鹽池不辦課程②，除鞏昌等處循例認納干課③從便食用外，其池鄰接陝西環州百餘里。紅鹽味甘而價賤，解鹽味苦而價貴。百姓私相販易，不可禁約。

以此參詳河東池鹽，除撈鹽户口食鹽外，辦課引數今後宜從運官設法募商興販。但遇行鹽之數，諸人毋得侵擾韋紅鹽法。運司每歲分輸官吏監視，聽民采取，立法抽分④，依例發賣，每引收價鈔三錠。自黃河以西，從民食用，通辦運司元額課鈔⑤。因而夾帶至黃河東、南者，同私鹽法罪之。陝西興販解鹽者不禁。如此，庶望官民兩便，而課亦無虧矣。

---

① 關陝：概指陝西地區。陝西以渭河一帶的古關中地區最爲富庶，故稱。
② 課程：按稅率交納的賦稅。
③ 認納干課：只認交鹽稅，不食引鹽。
④ 抽分：對貿易產品抽取稅收。
⑤ 元額課鈔：原來已有定額的稅金。

募民撈采疏

明隆慶巡鹽御史　郜永春①

　　臣見鹽池北岸撈采原有額設鹽丁。或一時鹽産浩大，外用庫貯銀三十兩召貧民撈一料，以廣收鹽利。初行甚善。年來奸民坐騙官銀，却轉雇無籍之徒撈采，低黑②充數，甚有不足一分成色者。及運司召募銀又於賑濟鹽丁米價内動支，一時那借③，已難爲經，况費出庫中之十，僅還場下之一耶？至南岸鹽利，欲用鹽丁則民力不堪；欲動賑濟則財力不繼。召募之法，又當權宜。

　　據安邑縣申稱，前御史尚維持廣召貧民，一年之鹽比往年多至十倍。其法不給銀兩，就以本人所撈之鹽，每料給自撈鹽十車。貧民争先撈采自取一色高鹽④，商人亦樂報中乞要。比照召募等因，看得工鹽⑤十車，准官銀三十二兩。除脚鹽⑥一車尚不滿舊規雇募之數，所希冀者不過營數兩利耳！至池南

---

① 郜永春（1531—1609）：字子元，號仰蘧，明代河南長垣人，祖居山西長治。曾官南陵知縣、河南道御史。隆慶時出任河東巡鹽御史，進行鹽政改革。疏請召募法，得到皇上許可。又指出河東鹽法之壞，主要是蒲州張、王兩家官商共舉，欺行霸市，要求"治罪崇古，而罷四維"，矛頭直指朝中重臣。一生兩度辭官，著有《問學指南》《論孟大義》《三儒言行録》等書。祀鄉賢祠。
② 低黑：當指所撈之鹽料含鹽量低，色澤發黑。
③ 那借：挪借。
④ 高鹽：含雜質少的鹽料。
⑤ 工鹽：做工所得之鹽。
⑥ 脚鹽：當指雇脚夫支鹽。

尤人跡不到之處，鹽花又自來遺棄之物，與其棄之，孰若因而利導之？況官得其十，民得其一，較之給銀尤爲長便。且鹽丁撈取必待督率，完料①必待賑濟。若貧民則不煩督率賑濟，而自無不精不多。蓋鹽丁視爲官事，而貧民則視爲家事也。鹽丁之力十不能得一二，召募之夫一可以當十百，何所憚而不爲？

伏望責令該管員役，兩岸每撈鹽一料，外給鹽十車，許令比照太汾事例各給小票發賣，則不必分外徵求，而雇募自有餘資，公私俱足矣。

護池官地疏

明萬曆巡鹽御史　房　寰②

臣入境以來，見節年水患頻仍，鹽池受害。詢其故，俱稱附池東北有一受水巨區名苦池灘，會中條諸山之水，泄入姚暹渠，以歸黄河。灘地形勢，載在《運志》并《鹽池録》可考。自嘉靖中年，水漸干涸，奸民謀占耕植不遂，因而投獻晉府③，稱

---

① 完料：撈完一料，即完成一個年度的采鹽周期。
② 房寰：字心宇，明末浙江德清人，據《德清縣志》記載，他是明穆宗隆慶二年戊辰科進士（1568年）。萬曆十四年（1586）四月，房寰升任南直隸提學御史，"自負材諝"，又受同僚鼓動，斗膽彈劾海瑞，而得罪士人，遭貶放。後因《海瑞集》附録收有一篇《徐常吉劾房寰疏》而惡名流傳。萬曆間，曾任河東巡鹽御史。
③ 晉府：據杜信孚、杜同書著《全明分省分縣刻書考》（北京綫裝書局2001版），明太祖朱元璋嫡三子朱楓，洪武三年（1370）封秦恭王，十一年（1378）就藩太原府，傳十世。崇禎十六年（1643），朱求桂爲李自成所執。

爲牧馬草場,召佃收租。年復一年,日益平阜。水源壅塞,禁墻屢決。

職此之由①,臣查接管卷内,前灘節經查勘與王府無干,批詳種種明悉。又,該臣親踏姚暹上流,忽至苦池邊中斷,古來盛水之說,信乎不謬。其於國計關係豈淺鮮哉?向聞前灘稅租,入府中者什一,入官校②者什九。該府獲利甚微,國家受害甚大。縱係欽賜,亦當捐助保障二池,以垂永賴,況非固有乎?且晉府素負賢聲,義必體國,如誠知就中詳細,豈肯與朝廷爭尺寸乎?非請自上裁,特行申飭,誠恐奸徒嗜利,復蹈前謀。

伏望嚴諭該府,不得聽信奸謀,有乖分義③。仍敕下所司行臣等永爲遵守。將前灘時加修浚,保固鹽池。如奸人再以投獻爲名,該府復假欽賜爲詞,定將輔導官員參治④,撥置⑤人役按法問遣。庶息覬覦之萌,而國計有裨多矣。

請清引票疏

順治二年巡鹽御史　劉今尹⑥

竊照河東鹽策,與他省不同。他省鹽法,或煎或曬,皆產

---

① 職此之由:由於職掌鹽池的原因。
② 官校:泛指低級文武官吏。
③ 有乖分義:有違於職分和義務。
④ 參治:參奏處分。
⑤ 撥置:挑撥。
⑥ 劉今尹:生卒年不詳,山西大同人,或為河北滄州人,明崇禎十三年(1640)進士,順治二年(1645)任河東巡鹽御史。後升任江寧按察御史、江寧巡撫(署)。

於海。惟河東獨產於池,乃天地自然之利。但采辦之法有二:一爲官丁撈采之鹽,一爲商人撈采之鹽。何爲官丁撈采?池周圍百二十里,附近十三州縣,額有丁口。每撈鹽十引,令商人納課三兩二錢,每引重二百斤。此官鹽也,皆用引也。何爲商人撈采?商人自備工本,出人力以撈鹽。每百引爲率,內分七十引爲官鹽,每十引令本商納課三兩二錢;內分三十引抵作商人工本,不納課銀,惟給官票,以別於私鹽。此商鹽也,用引兼用票也。舊例山西太、汾、遼、沁等處食本地煎鹽,每引折刷小票,每張行鹽一百斤,以小販擔負不能多也。此又照引折票也。我朝鹽法統歸户部,不用票而用引,誠有深慮。但官丁采辦之鹽皆用引可矣,而商人采辦之鹽內有抵作工本者,欲用引則不納課。不用票將何以別於私鹽?且太汾等處引不能行者,又將何以通融乎?伏祈聖明敕部早爲酌議,畫一通行之法,庶引票定而鹽法不致壅滯矣。

請復經管池工鹺員疏

康熙二十四年巡鹽御史　李時謙①

爲渠堰關商民命脈,必需專官佐理,恭請量復裁員②以重課本事。

臣荷聖恩高厚,視鹺河東,惟期竭力盡心,以不負皇上驅

---

① 李時謙:字吉爻,號蘇庵,淮安山陽人。順治十八年(1661)進士。初爲潞安府推官,繼爲樂陵、黎城二縣知縣。康熙二十四年(1685)升任巡鹽御史。以清白名,於河東鹽業多有善政。

② 量復裁員:適量增復裁減掉的官員。

使。抵任之初,衆商環稱池冲水漲,鹽花不生,今已六歷寒暑。臣遂詣鹽池驗視,周回計一百二十里。外墻圍繞以防盜竊,向係鹽丁修理。在中條山北,其間巨浸浩瀚,淺者數尺,深者丈餘。山高池窪,形如釜底,人力難施,積水無從宣泄。諸商於池邊淺處合本①營畦以圖澆曬,究獲顆粒幾何?近將解州西五小池題明暫行開荒,鹻多味苦,民不堪食。自冬徂春,皆謂池水忽鹹,更得風雨以時,山産有望。

臣惟我皇上宏福齊天,商民自蒙恩庇。因查鹽池外障則爲姚暹渠,所以瀉條山諸谷之水也。渠大自安邑苦池灘,而源出李綽、白沙二水,其來路則王峪口。自夏縣,由安邑,踰運城,歷解州,抵臨晉縣,入五姓湖,從蒲州孟明橋以達黄河,綿亘可二百里許。舊爲十二州縣分工,刊册可考。按渠南爲鹽池,北爲民田。南堤加厚,止防鹽池冲灌,而民田可慮。必須兩岸一齊培築,民田無害,自免盜決之虞。保民田,適所以保鹽池也。商民皆朝廷赤子,何敢岐視?

復據運使臣張鵬翮呈詳,趁此東作②未興,提夫修築。又慮青黄不接,咸出薪俸以犒其勞。各州縣照例興工,現在挑浚。池南則有賀家灣、小李村、桑園、大李村、龍王、西姚短堰,張村、常平、鹽房、董家莊、趙家灣諸堰;池東則有黑龍、逼水、雷鳴、東禁諸堰;池極西則有王官峪、石樓峪、大郎澗諸水,舊由蝦蟆、青龍兩堰逼入臨晉之葦子河,開有新河一道;池西南又有五龍、黄牛等堰,一遇泛漲則橫流解州南門,大壞民居;池

---

① 合本:合資。
② 東作:謂春耕,泛指農事。《書·堯典》:"寅賓出日,平秩東作。"孔傳:"歲起於東,而始就耕,謂之東作。"

西則有底張堰、硝池、七郞堰、卓刀堰；池西北則有長樂堰；再西則有龍曲、西王、許家營等處。若渠北又有涑水河，源發絳縣橫嶺山，至聞喜縣甘泉西，流經夏縣界，又歷猗氏縣南，亦入臨晉之五姓湖。受稷王、孤山、峨嵋諸山嶺之水，其勢最大。每遇暴發，自淇村、裴房橫入曾家營，亦投姚暹渠爲害。

臣於驗池後即遍相度情形，目今先浚姚暹渠，餘方次第修舉。所慮沙土易卸，年年必須幫修。其中有分工，有專工。責之州縣印官，而地有遠近，錢穀、刑名、逃盜尚苦日不暇給，安能分身料理？縣丞、典史管糧管捕，各有攸司，即承委查工，亦僅苟且塞責。前此，蒲州、萬泉、平陸、芮城工程，係中分司管理；解州、臨晉、猗氏、聞喜工程，係東分司管理；安邑、夏縣、榮河、太平、河津工程，係西分司管理。自康熙十六年裁缺，責成乏員。至十八年，池遭水決。曾經前鹽臣徐誥武准商禀司詳請復運同一員，部覆以九卿①詹事②科道③會議無容復設，臣何敢再置一詞？

第臣身在地方，見鹽池關係國課，渠堰又關係鹽池。二十餘萬之錢糧，五百餘家之商命，全賴專員分理。臣職司三省鹽政，文移催督，日無寧晷④。運使收引徵課，況當商疲之後，催

---

① 九卿：明清以吏、戶、禮、兵、刑、工六部尚書，都御史、大理寺卿、通政司使為九卿。

② 詹事：官名。秦始置。明清皆置詹事府，設詹事及少詹事，為三、四品官，其下有左右春坊及司經局等，備翰林官的升遷，無實職。清末廢。

③ 科道：明清時六科給事中與各道監察御史的合稱。前者為科官、言官，後者為道官、察官，因職務類似，故常合作。明張居正《請宥言官以彰聖德疏》："竊以為科道乃朝廷耳目之官。"

④ 日無寧晷：每日沒有一點安寧的時間。晷，時間。

科撫字①,刻不能離。知事押秦餉方回,經歷又解部銀而去。轉盼新鹽一生,偷竊自不能免。且三場交卸,原屬分司監管。查各省運使衙門皆有分攝,或四員、二員不等,獨河東運同、運副、運判一時盡裁。事多官少,似應於三員中量復一員,分駐解州適中之地,經營渠堰兼責以防緝驗放,所關最爲吃緊。倘經設立,則官有專司,事無缺理。鹽課商民,咸有攸賴矣。

請免割没浮鹽仍除加課疏

康熙二十八年巡鹽御史　郝惟謙②

爲河東商本微末,攤引賠課難支,仰請豁免以廣皇仁事。

竊查河東割没③一項,自康熙十七年比照淮浙每引加鹽二十五斤、增銀七分。但河東地方狹小,户口凋殘,引浮於丁,衆商願納所加之銀,不受二十五斤之鹽。後池遭水患,賠累難堪。經前任鹽臣李時謙、法爾哈具題④籲免,部覆以此項銀兩攤入引内作正額徵收應毋庸議等語。臣思河東未加鹽而但加課,實係包空,倘此日之浮徵不割,恐將來之正額必虧等因前來。查康熙二十四年、二十六年河東巡鹽御史李時謙、法爾哈題稱,加斤一項爲各差之所同,而不帶鹽斤爲河東之所獨。各

---

① 催科撫字:催收租税,安撫體恤。科,科條法規。因税收有法,故以科稱。字,本爲懷孕,後引申爲撫養、教化、安撫等。

② 郝惟謙:生卒年不詳。字純齊,順天霸州舉人,康熙二十八年(1689)巡鹽御史。

③ 割没:没收入官。在清代官方文書中,割没之詞使用較廣。比如,鹽引過關掣支,鹽多於票;墾民報墾,經勘測以多報少者,多出部分割没等。

④ 具題:謂題本上奏。

商窮困已極,實難完納,懇乞豁免等因。臣部以此項銀兩攤入引內徵收應毋庸議,具題在案。

今御史郝惟謙雖稱河東未加鹽而但加課,實係包空,倘此日之浮徵不豁,將來正供必虧等語,但關係錢糧,不便遽議。應行令該御史可否加鹽二十五斤運行之處確議具題,到日再議可也。等因。康熙二十八年八月十八日題,本月二十一日奉旨:"依議,欽此。"欽遵①等因備劄前來,臣即案行運司確議去後。據運使蘇昌臣呈詳②蒙批確議間,據圖司商人董福升、張徽、郭世仁等禀:"為包課受累多年,增鹽益增商累,再懇籲天恩豁以培課源事。禀稱竊惟割沒一項,原係包空,諸商賠累難堪,所以哀呼求免,非望加鹽也。茲蒙行查可否加鹽二十五斤運行之處,但河東行鹽地方最為狹小,當年商人封課一錠,支鹽二十車。後因運發不能疏銷,食鹽不足正額,屢次求告,每錠情願減去八車,止支一十二車。尚且堆積在場,不能全賣。若再加鹽,無地運銷,升等苦中加苦,勢必失誤正課。且升等賣鹽數目逐日報司,登記簿籍,歷歷可查,何嘗引引盡賣?升等不敢捏謊。至空包割沒銀兩,已經十有餘年。當年急公,典賣輸將③。今值聖主在上,萬年太平。升等此時倘再不呼籲皇恩,必至身填溝壑。是上有堯舜之君,而升等不得為堯舜之民。升等草命有限,恐反有虧正課,其罪誠大。九重萬里,伏乞轉詳覆奏,俾下情得達天聽,庶升等得安心辦課矣"等情。

據此,該本司運使蘇昌臣看得河東割沒一項不能加鹽之

---

① 欽遵:恭敬遵奉。舊時臣子言遵奉聖旨的套語。
② 呈詳:猶言書面呈報。詳,舊時對上陳報、請示的公文。
③ 輸將:指繳納賦稅。

處曾奉部駁,業經前院鞠(珣)、徐(誥武)兩疏題明准免在案。茲因空包浮課未除,諸商哀籲皇恩豁免。復蒙行查可否加鹽運行之處,奉院行司。本司欽遵事理,隨齊集諸商,當堂確議。據商人董福升等復具前情,謂止求豁免空包浮課,加鹽實難疏銷,環庭哭愬。本司細核賣鹽簿籍,果係真情,并無虛假。統候覆核具題,伏聽睿裁者也等因呈詳前來。該臣復看得河東商人從前納課一錠,支鹽二十車,後以鹽多引壅,屢次告減,止支一十二車。自康熙十七年遵納七分割没,而二十五斤之鹽終不敢受。夫人情孰不願多賣鹽多獲利,而乃減之又減與之不受。若此者,良由河東地方狹小,户口凋殘,食鹽常不及額,與其多鹽而壅,不如少鹽爲易銷也。

臣前疏備陳商家疾苦,所爲包課,非爲加鹽,今部議可否加鹽二十五斤運行之處,奉旨行臣確議。臣職掌所係,敢不熟思審處,上體國而下體商。乃查前鹽臣入告之疏,閱諸商迫切之詞,兼詳核運司按日登記商販賣鹽之簿籍。臣思再四圖維,商人勉輸浮課十餘年,誠累矣。若加鹽而不能售,壓住商本,辦課無資,則更累且也①。行鹽責諸州縣,鹽多引積,州縣畏誤考成,勢必強派民食,是不獨累商而并累民。我皇上胞與②爲懷,商民一視,此項浮課應否邀恩豁免,出自皇仁。至於加鹽,臣愚以爲未便。伏祈敕部,議覆施行。

---

① 且也:或爲也且,用在句末,相當於"啊"。《詩·鄭風·褰裳》:"狂童之狂也且。"

② 胞與:"民胞物與"之省。猶言泛愛一切人與物。語出宋張載《西銘》:"民吾同胞,物吾與也。"

鹽 政 疏

雍正三年鹽政　馬　喀①

爲吅陳鹽政以蘇商困事。

耗鹽之斤數,不可不定;地方之稽察,不可不嚴也。臣蒙聖恩管理河東鹺政。抵任之後,隨提歷來鹽秤,用部頒法馬逐一較稱②。按十六兩核算,每一百斤多二十五斤、四十斤不等。臣細細察訪,緣挈支鹽秤向係御史較定。是以歷來御史初到任時多將所用鹽秤改輕,待商人懇求之後并不具題,隨即任意加重,以至河東鹽秤輕重竟無一定。原任川陝總督年羹堯管鹽政之時明知而不言者,因自己假捏商名,發給原任運同嚴士俊本銀,代爲行鹽,欲圖罔利。且於自己行鹽地方,每一百斤任意加至五六十斤不等。所以在場鹽秤,終置不問也。

今若仍照舊秤令其挈支運鹽,不特私鹽充斥,抑且有違定例。若照定例,每引一張發鹽二百斤,又有不能行之勢。因河東鹽引行於三省,并無河路可通。向以口袋一條,裝鹽一百斤,每引一張,運鹽二袋。非用驢馬駄送,即用車輛裝運。盤山過嶺,涉水渡河,無處不多耗折。兼有遙遠地方,一直不能到去,勢必卸裝轉運。況河東之鹽皆係日色曬成,非別處煎鹽可比。煎過之鹽,硝土已經去净,風吹日曬,不至折耗。曬過之鹽,硝不能净,一遇風雨,硝即镕化。運到地方,分發各店,

---

① 馬喀:滿洲人,雍正三年(1726)復設鹽政後到任,同年九月升西安布政使,仍帶管鹽務。

② 較稱:檢驗稱量。

零星拆賣,實多耗折。若不酌量加耗,商本必致有虧。商本一虧,引課即難承辦。

我皇上盛德如天,無一物不得其所。河東各商困苦已久,自必更加軫恤。臣請嗣後鹽秤總以十六兩爲準,每引一張,運鹽二袋,每袋裝鹽一百斤,每一百斤明加二十斤,補其折耗,永爲定例。道路遠者不至有虧商本,附近地方得以少沾餘潤,咸沐聖恩於無既矣!

再從前年羹堯因欲夾帶私鹽,又恐盤出不便,所以有不許稱掣之奏。臣請嗣後仍飭經過地方照例盤查,以杜夾帶之弊。但每引一張,護鹽二袋;引至一百,鹽有二百袋之多。到一州縣,若欲逐袋稱掣,牲口車輛盡行阻滯,商人必多苦累。應令經過州縣驗明引張,點明口袋,隨手抽掣幾袋,公平一稱,即刻放行。不得一概攔阻,全數稱掣,以致有稽時日。倘敢故意留難,藉端需索,一經發覺,將該地方官亦即從重參處。

如此,則河東有一定之秤,鹽斤不得多出;地方有盤查之責,夾帶之弊可除,商本無虧而國課亦裕矣。

歲修禁牆疏

雍正六年鹽政　碩　色①

河東鹽引額銷山、陝、河南三省,而三省食鹽多藉出產於鹽池。臣歷任以後,親視池形,廣袤一百餘里,地勢最窪,爲眾水奔流之處。是以三面築有堤堰,環池築有禁牆,以爲保護。

---

① 碩色:滿洲正黃旗人,雍正五年(1728)西安按察使帶管鹽務,八年升任西安布政使,仍帶管鹽務。

倘有坍塌,鹽爲水害。是池墻不可不時加修築。

查向例,每年春秋二次修築禁墻、渠堰,皆係行提蒲、解等十三州縣鹽丁四千餘名,并撥民夫派工分修。經前鹽臣馬喀奏明,將修理渠堰民夫裁革,在於額引項下羨餘銀十萬四千三百餘兩内,除充餉、公費并各官養廉外,留存銀五千兩以爲歲修之費。後經前鹽臣塞欽以池墻易於坍塌,歲修未能遍及,又議將修築池墻鹽丁一并裁革,與渠堰俱動項募修,奏明將雍正三、四兩年餘引羨餘銀内動支三萬五千九百八十餘兩,委運同王又樸督工大修。今歲業已興工修築,尚未告竣。俟修築完日,有無浮冒①,另行確核,造册奏報。

臣思渠堰已據前鹽臣馬喀在於額引羨餘之内,每年動撥銀五千兩以爲歲修之費無庸再議外,而池墻尤關緊要。若不每歲補修,恐致大修之年所費倍多。今查添設餘引十萬道,各商除納國課外仍照正引出有羨餘,每年約可銷十之七八,計可得羨餘銀二萬三四千兩不等。臣愚以爲,此項銀兩所有每年餘引羨餘以及嗣後餘引羨餘銀兩,請以雍正六年爲始,每歲動撥銀六千兩,以三千兩作爲歲修池墻之用,以三千兩存貯運庫,積至五年以作大修之費。其餘銀兩於年終核實奏報,或撥兵餉②,或令解部。則池墻渠堰歲修、大修皆有動支之項,而鹽丁民夫俱可永遠盡裁。至鹽丁民夫既裁,應請勅令山西撫臣轉行各該地方官將丁夫編入民籍,與民一例輸差③,以杜影射。抑臣更有請者,嗣後歲修、大修工程責令運同管理。但池墻、

---

① 浮冒:虛報冒充。
② 兵餉:軍人的薪俸。也泛指軍隊的給養和費用。
③ 輸差:繳納税租,承擔差役。輸,繳納。

堤堰工程不一,恐運同不能獨力兼營。請在於附近州縣之内擇其才干誠實者,遇修築之時委用五六員協助監修,令運同督責其成。如有玩誤工程、浮冒開銷者,即行題參,交部議處。庶事有專責,而池牆、渠堰均有裨益矣。

開墾荒畦疏

雍正六年鹽政　碩　色

竊照①河東池鹽,皆賴畦地澆曬而成。臣勘查河東三場鹽畦,共五百五十七號。現今澆曬熟畦止三百五十四號。荒不澆曬者二百零三號,内無商而荒者九十三號,有商而荒者一百一十號。阡陌宛然,施工尚易。惟是荒畦年分遠近不一,地有闊狹不同,所以開墾工本亦有多寡不等。約計所需,每畦有費銀二百六七十兩至三百兩者,亦有費銀至三百四五十兩者。

臣愚以爲,無商荒畦,請將庫内附餘錢糧暫先動銀五千兩,飭發運使董理②其事,量畦地之闊狹,計開墾之淺深,因地制宜,陸續開墾。俟成熟後,招募殷實良商澆曬,令領餘引搭配辦課。如商人中有願買此畦地者,應令補還工本銀兩,即將此畦給爲伊業③。倘一時無商願買,即令澆曬之商各出銷價。查商人舊例,每錠出銷價銀二十四兩,一畦封課六錠,每年共出銷價銀一百四十四兩。但新墾之畦,較諸久經成熟者出鹽差少,所出銷價亦宜量爲酌減。可否每錠減半,止令出銷價銀

---

① 竊照:暗自觀察。竊,多用作謙詞。
② 董理:監督管理。
③ 伊業:他的產業。伊,他。

一十二兩,而一畦六錠每年可得銷價銀七十二兩抵還庫項。其有商而荒者,彼既得運商銷價,應令本商各開各畦。如本商無力開墾,即令頂伊錠名之運商開墾,更名報部。實力①行之,將見畦地日墾而日廣,則鹽日出而日多。其於引課民食,均有裨益矣。

清理商民籍貫疏

雍正六年山西學政　勵宗萬②

查得山西河東專建運學,設立教官,乃國家優恤商人之殊恩,必須的係③行鹽子弟方准考試,其民籍童生不得混入冒考,即商籍子弟亦不得濫考。民籍如有冒濫通融,送考之鹽道、地方官,收考之學臣,均有處分,例至嚴也。

祇因河東當日修理鹽池禁墻、堤堰等工,原係蒲、解二州并臨晉、榮河、萬泉、河津、安邑、夏縣、平陸、芮城、垣曲、聞喜十二州縣舊有額設鹽丁子弟許入運學考試。繼因額設鹽丁修築無力,遂召募十二州縣民夫應幫修理,其子弟亦冒名鹽丁,竟入運學考試。緣是而無因之民籍童生,亦紛紛改竄入册,此冒濫之所自來也。商籍童生,見民既可以冒商,商亦無妨於冒民。彼此利於往來,不行清查,此通融之所由致也。冒濫通

---

① 實力:切實用力,着力。
② 勵宗萬(1705—1759):字滋大,號衣園,又號竹溪,河北静海人。康熙六十年(1721)進士,入翰林,年才十七。雍正六年(1728)山西學政。歷官刑部侍郎。以畫供奉内廷,兼工山水、花鳥,筆意恬雅,設色古淡。書法褚、顔、蘇、米,圓勁秀拔,與張照齊名,時稱"南張北勵"。
③ 的係:確是。

融，旋滋弊竇。在商籍童生冒入民籍考試者爲數無多，且多散於各州縣。而民籍冒商則聚十二州縣應試之人彙入一籍，故歲科兩考每次竟至四五千人之多。場內坐號止一千有奇，人多號少，必須分作三場方得考完。因此不惟商民互籍，而且可以前後重名，次第入場應試。從前各官搏廣育虛名，鹽道吏書喜多收册費，而教官廩保又圖人衆可以多得保結①陋規，故往往有一童而冒兩籍，一人而考幾場。甚有童生本籍已經入學，而冒考又以取入商籍招覆者；或在商籍第一場招覆，而第二、三場又復入彀②者，隨即通同廩保頂賣於人。又或本籍已經取入，遂將冒考之名賣於他人頂充入試者。奸弊百出，相習成俗。且此冒考商籍均屬各州縣無恒業之人，不比商人按册可稽，不敢多事。一入運學即生覬覦之念，非把持衙門，即包攬鹽貨。欠課虧引之弊，皆起於此。

　　臣按考解州，洞悉積弊，不敢因循苟且，姑息示恩，有負我皇上委任之至意。隨行鹽法道③并提調各州縣徹底清查，務期流弊肅靜，貫籍分明。臣又調查案卷，知修理鹽池禁牆、堤堰等工，荷蒙皇上動用帑銀，原額鹽丁概行豁除。各州縣鹽丁現在歸入民册，一體當差。似此真屬鹽丁子弟，既除鹽丁歸入民册，即應在民籍考試，尚不得仍入運學。何況本非鹽丁之民童，豈得容其冒濫乎？臣又指明飭查去後④，兹據新任鹽法道

---

① 保結：指官吏應選或童生科舉應考時證明其身份、情況的憑證。
② 入彀：進入彀中。彀中，箭射出去所能達到的有效範圍。此處指考入學籍。
③ 鹽法道：官名。掌管一省鹽政。清代於不設鹽運使各省設置，或以分巡各道兼理。
④ 去後：以後。

楊夢琰分行十二州縣查明冒籍情弊前來，除商籍子弟不許冒入民籍考試，責成各府州縣嚴行查究外，其運學歲科兩試童生，臣請嗣後惟准報部有名商人子弟，并從前有錠之商人的派①子孫，查明祖父三代籍貫，准作商籍。其別省暫租商錠零星小販，一概不准冒入商籍考試。每歲科兩考，商童五名連環互結。如一人頂冒，四人連坐。并取街商并無頂冒甘結。若商人無子弟赴考，而私將籍貫租與他人者，察出與受同罪。其廩保生員，必須實屬商籍之廩生，許其保結。若所保商童內有頂冒等弊，即將該廩生照例斥革治罪。所有從前冒濫入籍、現今在學之廩生，不准保結。童生并現今在學、從前冒入之文武各生之子弟，應令各歸本籍考試。不得因父兄現屬運學，而子弟仍敢混冒。如有故犯察出，連父兄一并除名治罪。

　　如此嚴核有方，稽查甚易，民籍童生既不敢冒入商籍，而商籍子弟不待嚴禁而亦不能濫入民籍。庶籍貫可清，積弊可除，學政、鹽法均有裨益矣。臣再查額設鹽丁十二州縣內之聞喜縣舊有鹽籍童生，經前任學政劉億於請定太原、平陽府學等事疏內題明，聞喜縣因有府學，不准運學考試在案。臣思聞喜縣之民籍童生原不應赴運學考試，而聞喜縣之商籍童生例應赴運學考試。今應除鹽丁原歸民籍外，其本係商籍之子弟，仍改赴運學考試，嚴禁其不得混冒本縣民籍。合并聲明，除行鹽法道查造商名清冊送部外，理合恭疏具題。

---

① 的派：嫡派，家族相傳的正支。

遵旨查議疏

雍正七年河東總督　田文鏡①

　　臣前此題請禁通融運銷之處，固指行運淮鹽之汝寧、光州所屬而言。其行運河東之州縣可否通融，遞年帶銷，臣欽遵俞旨②，確加察查。行運河東引鹽之洛陽等二十九州縣，皆認地行鹽，按季銷引。其陝州屬靈寶縣，先因私鹽充斥，額引難銷，前任知縣吳奇遇被參降三級，戴罪督銷。後來之員遂實力緝私。數年以來，不但額引銷完，每歲尚銷餘引。惟閿鄉一縣，界連山陝，屯民雜處，向因私鹽叢積，官鹽壅滯，今現任知縣王俊嚴查私販，疏通官引，亦漸有起色。則是疏引全在緝私，剔弊乃能裕課。

　　伏查國家定制，分地行鹽，按季銷引，本以杜奸商重復影射越境販私之弊，法至善也。又恐地方官督銷不力，疲商誤課不完，所以銷不及額，官有處分之例；課不足數，商有治罪之條。各州縣行鹽定額，本按地方之大小、戶口之多寡斟酌分派，因地制宜。安見於此而運銷有餘，於彼而銷不足額？要知所以銷不足額者，非必食之少而銷之難，大率由於地方官緝私不嚴，私鹽充斥之故也。

---

① 田文鏡（1662—1732）：漢軍正黃旗人，監生出身，康熙末年任侍講學士，雍正朝授兵部尚書銜，六年（1728）任河南、山東總督。七年，任河東總督。以"清理積牘、剔除宿弊"著名。雍正曾語兩江總督尹繼善，謂當學此三人。尹繼善答："李衛，臣學其勇，不學其粗；田文鏡，臣學其勤，不學其刻；鄂爾泰，宜學處多，然臣亦不學其愎。"

② 俞旨：表示同意的聖旨。

夫私鹽，在民者私煎私販，稽查猶易；在商者夾帶影射，其弊多端。如通融之說，義取乎酌盈劑虛，疏引裕課。今臣察訪各商之通融，則係一引而兩縣行鹽，甚有再三行運者。是通融名爲裕課便民，實所以資奸商彼此串謀、重複行運、越境販私之弊。

臣思額引餘引，名雖各別，然同屬引鹽，同屬辦課。與其開通融之端而滋無窮之弊，又何若令額引不敷之州縣，請領餘引以濟民食？其緝私不力、銷不足額之州縣，按未完分數照例參處。如此，不但能銷之地方，民無淡食之虞而國課以裕。即銷不足額之州縣，亦自願考成①。勤於緝私，督銷必力，而額引可無雍滯矣。

再查，鹽隨引行，所以防私；鹽銷引繳，所以杜弊。豈可任其操縱，逾歲不繳，以致以舊作新，重複影射，而啓奸商之弊？臣更以通融帶銷而并論：夫遞年帶銷者，如甲年行鹽，丙年奏銷，其隔行鹽之歲已逾兩載。如云通融之法行之有效，鹽無不銷，課無不完。則更可按年奏銷，而猶欲遞年帶銷者，何也？總之通融與帶銷，皆奸商之弊。今仰蒙皇上垂詢，臣苟有所知，不敢不據實直陳。所有豫省行運河東鹽引之州縣，應仍循舊例，各完各課，年銷年引，不准通融遞年帶銷。庶鹽政肅清，而國課民生均有裨益矣。

---

① 考成：在一定期限內考核官吏的政績。《周禮·地官·小司徒》："歲終，則考其屬官之治成而誅賞。"

請歸解安額引疏

雍正七年鹽政　碩　色

河東部頒額引共四十一萬七千四百四十三引。內除陝西鳳翔府屬例食花馬小池之鹽，止納鹽課引六萬二百八十五道外，實行鹽之引共三十五萬七千一百五十八道，分銷於河南、山、陝三省地方。每引一百二十道，謂之一名，即封大課一錠。內有解州、安邑額引八千七百道，向因解州、安邑爲產鹽之地，一切課錠、官錢皆三省運商代納。所以三省商人額引每名止一百一十七引，而挈一百二十引之鹽。其扣存三引，即代銷解安之額也。故解、安歷來無商，而額引權貯運庫，惟於奏銷時截角繳部，積習相沿，已非一日。

臣思鹽隨引挈，若以一百一十七引而支一百二十引之鹽，即屬夾帶。況解、安生齒繁多，民間豈能淡食？既不行銷一引，必致買食私鹽。且以解、安應完之引課而分攤於三省各商代辦，亦屬不公。

臣愚以爲，解、安額引自應仍歸解、安行銷。現在檄行運使召募良商，領運辦課。惟是解安無商已久，恐一時難以疏銷，可否飭令盡商盡辦。如有存剩之引，請照餘引例繳部查覆。至於三省各商，領引一名，仍添給三張，以足一百二十道之數。請於額引四十一萬七千四百四十三引之外，再頒額引八千七百道給發各商，按實在數目領運。如此，則三省行銷地方皆係有引之鹽，而民免食私，商免代納，其於鹽務似有裨益矣。

請留加增銷價疏

雍正八年鹽政　碩　色

　　加增引張，向係蒲州、臨晉等處官辦，地方領運。蓋緣辦運之官，每名私收銷價，止封正課銀四十六兩二錢五分，比額引少封課銀三兩七錢五分。事屬兩岐，經臣題明，蒙部議將加增引張仍令商人領辦，加增課錠俱照額引五十兩徵收。又議令將加增銷價銀兩歸公等因。

　　臣查加增銷價銀兩係商人澆曬之資，應照額引一例仍給坐商，呈請免其歸公，蒙部行令具題等因，臣即備行河東運司查議去後。茲據運使楊夢琰詳稱，河東額引與加增引同是部頒之引，額引每名封課五十兩，加增引止封課四十六兩二錢五分。因從前加增引張俱係蒲州、臨晉等處官辦，每名私收銷價，故徵收加增課比照額引少收銀三兩七錢五分。今加增引張既歸商辦，加增課錠照額引徵收，則加增銷價亦應照額引銷價仍歸坐商。蓋坐商澆曬池畦，以供運商之鹽。運商出給租息，名曰銷價。是銷價銀兩，原係坐商澆曬之資。若額引之銷價歸商，而加增銷價獨不歸商，誠恐各商澆曬無資，有誤課錠。且加增引課已照額引徵收，則加增銷價應請照額引銷價仍歸坐商，庶事歸畫一等情。臣覆查無異，理合具題。

大同府屬鹽課已歸地丁疏

乾隆元年巡撫　石　麟①

據布政使王謩等詳稱,大同一府係屬邊隅,民間食鹽皆從完糧地畝。內遇雨霖水漫之後,日曬風吹,生長沙鹵,不能種植禾黍。是以農民刮土熬煎,或鹽或鹻,其所產所食均屬無多。除自食之外,即或售賣,亦屬零星。藉以上供國賦,下資餬口,相沿已久。雖未設有鹽引,而全書開載應州等屬俱有額徵戶口食鹽銀兩,歸入地丁項下徵收。

現在熬鹽鍋戶②又復輸納稅課。惟陽高、天鎮二縣原係衛③改,戶口鮮少,所以從前不徵食鹽款項,但亦有鍋稅鹽稅在於雜課項下完解。現在本地刮熬無幾,猶仰賴鄰封稍買而食,民亦相安。今若添設鹽引,不惟國計無補,而民生多有不便。因地制宜,似應仍循舊例,毋庸添設鹽引等情。

臣覆查無異,相應會同河東鹽政臣蘇赫臣合詞具題。再查大同府鍋戶之稅,應令領給司帖④,執以辦課,合并聲明。

---

① 石麟:愛新覺羅·石麟(？—1747),乾隆元年(1736)任山西巡撫,修有《山西通志》230卷、《河東鹽法志》10卷。

② 鍋戶:鹽戶的一種。《宋史·食貨志下四》:"環海之湄,有亭戶,有鍋戶,有正鹽,有浮鹽。正鹽出於亭戶,歸之公上者也;浮鹽出於鍋戶,鬻之商販者也。"

③ 衛:明代軍隊編制名。清初曾沿用。於要害地區設衛,大致以五千六百人為一衛,由都司率領,隸屬於五軍都督府。

④ 司帖:運司文書。帖,公文。

蒲夏減引代銷疏

乾隆十一年鹽政　衆神保①

蒲、夏二縣額設引鹽實屬過多，歲銷不盡，節年俱有餘鹽積累。不惟該商辦運力艱，且恐有誤正課。是以臣據實奏明，請將蒲城縣不能行銷額引一千九百二十九道，夏縣不能行銷額引一千三百一十一道，照猗氏等縣之例，改作餘引行銷等緣由。嗣奉部議，以請減引目，正賦攸關，未便改作餘引行銷，或即撥歸唐縣作爲額引，抑或通查額引不敷州縣，量爲酌撥分派定額之處，令臣會同三省各督撫逐一確查定議具題，到日再議。臣當即備移②各督撫臣并行運司速行確查、妥議詳報去後。

兹據河東運使郭一裕詳稱，查得蒲城額引過多，積鹽累商。郭元勳具呈③告退，招募無人。夏縣附近鹽池，私鹽零星透漏，無憑查拿。運商董胡翔的名④胡希齊賠累一空。伊侄胡玢接辦，又以積鹽愈多，屢禀告退，引課空懸。惟河南唐縣人稠地廣，尚可行銷。請酌量減除，歸於唐縣作餘引行銷。兹奉部議確查，在大部之意蓋以獨歸唐縣作餘，恐有存剩，致缺正課。或酌撥額引不敷之州縣爲數無多，易於行銷，具見慎重引課之意。但查引目雖分額餘，要在賦課無虧。查雍正八年，猗

---

① 衆神保：滿洲鑲黄旗人，乾隆十年始任河東鹽政。
② 備移：全部移送。
③ 具呈：置辦呈文。
④ 的名：初始人名。

氏、稷山、高陵不能行銷引四千一百五張,蒙前鹽臣碩色會議題明輪坐①加增,按照各州縣行銷餘引之多寡酌撥分派代銷。每處每年多者不過一百餘張,少者亦止數十張或十數張而已。至今十有餘載,引無不銷,課無不完。況以額作餘之引,係坐商錠有應得。銷價爲商人澆曬之資,俱屬商人世業。是名以額作餘,實無異於正額。向無存剩,有缺正課。且據三省各府州行據各州縣,概稱不便加增爲額,而三省各商呈請仍照猗氏等縣之例輪坐加增,以額作餘,商民稱便。應請俯順商情,將蒲、夏二縣不能行銷引三千二百四十張,仍照例輪坐加增,令三省商人永遠作餘引行銷,課錠、官錢、公務照額引輸納。庶衆擎易舉②,行銷不難,而引課亦不至有虧等情。

臣覆查無異,謹會同山西撫臣阿、陝西撫臣陳、河南撫臣碩③合詞具題。

會議鹽價酌增一厘疏

乾隆二十一年鹽政　西　寧④

據升任山西撫臣恒文會同河東鹽政臣西寧奏稱,河東節年場價倍增,運脚昂貴,請於現行定價之外每斤增復二厘。經户部議覆,行令陝西、河南、山西三省巡撫會同該鹽政確查現

---

① 輪坐:輪流置放。
② 衆擎易舉:衆人支撑,容易承擔。
③ 時山西巡撫為阿裏袞,陝西巡撫為陳宏謀,河南巡撫為碩色。只用姓名第一字,後以空格代替,為清時避諱用法。
④ 西寧:漢軍鑲黄旗人,乾隆十六年(1751)任河東鹽政,二十一年再任,二十三年三任。

在情形。議奏到日,再行核議。臣等隨即轉行所屬通查議詳去後。

兹各據陝西、河南、山西三省司道詳稱,河東鹽價於乾隆八年經前鹽政吉慶奏請,酌定貴賤兩價,遇收成豐歉相懸必須變通者,奏明辦理。經署鹽政衆神保議稱,如定貴賤兩價,按時而論,則當以現行之價爲賤價,勢必另行普定①貴價,殊有未便。應請即以現在相安者著爲定價。是彼時雖未酌定貴賤兩價,而現行之價確係賤價。然彼時鹽池豐收,場價未昂。迨乾隆十年以後,歷歲鹽池歉收,場價日增。從前每鹽一名,價銀不過二三十兩,今增至八九十兩不等。又兼上年雨水過多,鹽收更薄,配運不敷。現借長蘆、花馬池鹽發賣,則程途遥遠,脚費不免倍增。據晉省各屬,請增銀二厘;據陝豫各屬,請增銀一厘。本司道等折中酌定,三省各照現行之價酌增一厘,并據聲明,請禁車船運夫人等攙和硝礆等情,各據詳前來。

臣等伏查,河東鹽池屢歉,兼之上年雨水過多,刮曬多費,成本較昂,以致商力日絀,辦理周章②。現在鹽價工本甚昂。臣等固難强其虧本出售,且恐本虧力乏,暗攙硝礆於民食,轉有未便,甚或商力不支,引課虛懸,所關匪細。臣等就目下鹽池情形而論,加銀一厘似尚不敷,但驟增二厘,民食昂貴,亦有未便。應請俯如各該司道所請,每斤酌增銀一厘。其有用升斗量鹽者,照此一體折算,統俟將來歲豐鹽多之日,仍各照從前舊價售賣。則現在衆商積少成多,可免賠累之苦。而每斤所增無幾,小民亦不致以價貴爲嫌。至攙雜硝礆之弊,臣明

---

① 普定:全面確定。
② 周章:猶周折。

德、臣西寧現在嚴行查禁,以便民食。臣等意見相同,謹合詞恭摺具奏。

請停買運蒙鹽疏

乾隆二十四年鹽政　薩哈岱①

竊查河東鹽池,因乾隆二十二年被水,畦地淹没,收鹽無幾。前經鹽臣那俊奏請,采買蒙古鹽二千三百二十九名,以資接濟。部覆議行。後又因蒙古輾轉推延,復經前鹽臣西寧奏請,特命奴才②塔永寧、理藩院③郎中④富鼐會同鄂羅斯貝勒⑤齊旺班珠爾等面加商酌,議定斗價,分地運交,并據齊旺班珠爾出具印結,自願分立二限。自上年十一月起至本年正月底止,先交鹽三萬石。餘俟夏秋陸續過交,至八月底運足十六萬五千餘石之數。當經具奏,部議覆准。欽奉諭旨,轉行遵照。

---

① 薩哈岱:字魯望,滿洲正黃旗人。陰生,由主事官至福州將軍。乾隆十七年(1752)任河東鹽政,二十四年(1759)再任。撰有《樗亭詩稿》十八卷。

② 奴才:明清兩代宦官及清代旗籍文武官員對皇帝自稱奴才,清代旗籍家庭的奴僕對主人亦自稱奴才。清朝皇帝對旗籍官吏有時亦以奴才稱之。

③ 理藩院:清代管理蒙古、回、藏等少數民族事務的中央機構。

④ 郎中:始於戰國。秦漢沿置。掌管門户、車騎等事;内充侍衛,外從作戰。另尚書臺設郎中,司詔策文書。晉武帝置尚書諸曹郎中,郎中為尚書曹司之長。隋唐迄清,各部皆設郎中,分掌各司事務,為尚書、侍郎之下的高級官員,清末始廢。

⑤ 貝勒:滿語 beile 的音譯。本為部落之長的意思。清代為滿洲、蒙古貴族的爵號,位在郡王下,貝子上。

奴才塔永寧并將齊旺班珠爾甘限印結咨送理藩院備查，以便按限催交在案。

是定限運交商鹽，出自貝勒齊旺班珠爾自行酌量情形定限。該蒙古等自應依限運交，以濟商人轉運。距今半載，蒙古送到鹽斤僅六千餘石，經奴才塔永寧屢次移咨神木部郎①并移文理藩院飭催，復經奴才薩哈岱咨呈理藩院行文催運。乃各蒙古有稱，該旗原恃地畝度日，并不會駝運鹽斤。若必令其照數運交，勢必有誤耕種。有稱駝運鹽斤，惟賴駝牛載運。今時值春令，牲畜疲瘦，初限鹽斤不能全行運賣各等語。又據派往買鹽各商稟稱，哈拉莽奈②所產之鹽顆粒堅大，味亦鹹美。奈蒙古因貪路近，將小海③硝鹽并煎熬土鹽運交，味極苦澀，不堪食用。并將苦鹽呈驗前來。若令駁回，誠恐蒙古以苦累爲詞。若令其交價收買，又恐不便民食。

奴才等伏思河東鹽商買運蒙古鹽斤，原因一時缺乏，無可通融，不得已而遠購蒙古鹽斤，以圖暫時接濟。乃前既耽誤一年，無鹽交運。自上年冬間定議之後，齊旺班珠爾自限兩次運交。今經半載初限，鹽斤僅交六千餘石。而蒙古人等已藉詞推諉，百計告難，且以苦澀硝鹽搪塞，其不足以資接濟，亦已顯

---

① 神木：位於陝西省北端，地處晉陝蒙三省交界地帶，有"南衛關中，北屏河套，左扼晉陽之險，右持靈夏之衝"之稱。係蒙鹽入晉交易之地。部郎，中央六部中的部郎中、員外郎，略稱部郎。

② 哈拉莽奈：或作哈拉莽乃、哈拉莽鼐、哈拉莽耐。《水經注》引《魏土地記》："（朔方）縣有大鹽池，當即今之哈拉莽乃鄂謨。"據哈斯巴根所作《清代鄂爾多斯地區"雁行"人的初期活動》，在杭錦旗有鹽湖名哈拉莽耐，道光《神木縣志》卷二"輿地志下"載："周圍約十餘里，水深四五尺，色渾，冬不冰凍，投以百物，旋化為鹽。"

③ 小海：指內陸小鹽湖。

然。況交易之神木地方，離水次①較遠，山路崎嶇，驢騾稀少。撥運到船已極費手，兼之河流湍急，上年九、十月間裝運零星收買之鹽，尚有沉溺漂沒之患。況時當夏令，正水勢日長之時，舟行自益危險。而運至行銷各地，又已緩不及時，於民食仍然無補。奴才薩哈岱查河東鹽池自入春以來水勢減退，乘時修治。現在新鹽已產，漸次可以運銷。陝省人民又蒙恩准買運惠安堡②、大花馬池鹽斤接濟，民間淡食似可無虞。蒙古鹽斤無論其運送不前以及苦鹽無用，即使將大海好鹽全數運到，而該商等驢騾脚價，買木造船，長途轉運，所費實多。按本定價必然昂貴，民間亦難於買食。況新鹽既出，小民又安肯舍平價之新鹽，而轉買昂價之蒙古鹽乎？

奴才等愚見，不若令該商等將已收買者速行轉運行銷。其餘未經送到之鹽，伏乞天恩，敕下理藩院，行令該貝勒齊旺班珠爾等概行停止。則蒙古人等無從藉詞苦累，商人等亦不至有壓本之虞矣。倘本池今歲所產鹽斤設有不敷之處，容奴才薩哈岱悉心籌畫，或於附近通融，臨時奏請。奴才等意見相同，謹合詞恭摺具奏。

① 水次：指船隻泊岸之處，碼頭。
② 惠安堡：在寧夏回族自治區鹽池縣城西南，今存明嘉靖時古城，係因鹽而置。此處當指惠安堡池，即小花馬池。常與定邊、鹽池縣間之大花馬池并稱。

遵旨會議增鹽價一厘疏

乾隆二十六年大學士　傅　恒①

　　山西巡撫鄂弼、鹽政薩哈岱所奏，向來鹽價原係隨時長落，并無定額。自乾隆十一年鹽臣衆神保任內始行定價，二十年鹽臣西寧等奏請每斤增銀二厘，部議准增一厘。今詳核商人買鹽細數，每鹽一斤，較之從前增銀六厘有餘。雖現在賣價增有一厘，究屬無補於事。然若於民間食鹽內照數加增，又恐民間食貴。請於現今鹽價之外，每斤再酌增銀一厘。仍照前例，限以三年之後酌量情形，據實具奏等因一摺。

　　查鹽法之有定價，原以杜富商之居奇，而致貧民之食貴耳。然亦必俾於成本之外，每引少獲錙銖。分之雖少，而積之則多。即使偶有虧折之年，而伊等家本素封②，亦不致遂形困乏。今河東商力本不甚裕，而轉運鹽本日見其增。即如現在每鹽一斤成本，較之從前定價後增銀六厘有餘。是民間一斤之鹽，已虧商人六厘之本。雖於二十年增價一厘之外再增一

---

① 傅恒(？—1770)：字春和，滿洲鑲黄旗人，富察氏，高宗孝賢皇后之弟。乾隆時歷任侍衛、總管內務府大臣、戶部尚書等職，授軍機大臣加太子太保、保和殿大學士、平叛伊犁統師。在軍機處二十餘年，為乾隆皇帝所倚重。曾督師指揮大金川之戰，力主平息准噶爾部叛亂。撰有《欽定旗務則例》《西域圖志》《御批歷代通鑑輯覽》等書。後在緬甸戰役中染病回京。卒後，乾隆皇帝親臨奠酒，謚文忠。

② 素封：無官爵封邑而富比封君的人。《史記・貨殖列傳》："今有無秩禄之奉，爵邑之入，而樂與之比者，命曰'素封'。"張守節正義："言不仕之人自有田園收養之給，其利比於封君，故曰'素封'也。"

厘,亦不能遂蘇商困。然恤商愛民,事屬一體。若必於定價內照數加入,則鄉里貧黎,每市鹽一斤,驟增銀六七厘之多,民情亦有未洽。不獨臣鄂弼、鹽政臣薩哈岱不敢以此爲請,即臣等亦未便輕議。但亦必使商力稍有起色,而民食始可無虞。

該鹽政既請於定價之外每斤再增一厘,自應如所請行,俾商人虧折少輕,或可轉運稍速。統俟三年之後,如果場價平減,計其成本已有盈餘,仍行奏明刪減。又不得徒徇衆商之意,遂一增而不可復減也。

請隰州大寧永和改食土鹽疏

乾隆三十三年巡撫　富明安①

山西隰州暨所屬大寧、永和二縣,向俱行銷河東池鹽。但該地處萬山之中,車輛不通,鹽斤騾駝肩負,商人費重價昂,憚於轉運。該處鄉民又苦價貴,情願就近買食土鹽。先據該州縣士民呈請,願將鹽課按糧攤輸,各食土鹽。由州縣具稟批飭查議去後。兹據署藩司事朱珪、運司沈杙會稟稱,該州縣地方近城數百家,或二三大鎮店,有土瓦房屋,其餘居民多係挖土爲窑,岩居穴處。與孝義、石樓、寧鄉三縣犬牙相錯,小民目擊②鄰境皆食土鹽,每斤不過八九文。買食官鹽,既陟岡逾

---

①　富明安(? —1774):富察氏,滿洲鑲紅旗人。雍正間由筆帖式累遷戶部郎中。歷福建、廣西按察使,江西、山西布政使,山西巡撫,閩浙總督等職。興修水利,挑浚河渠,多有政績。1774年卒。贈太子太保,謚恭恪。

②　目擊:目覩,親眼看見。

嶺①,往返多勞,其價又必得十七文。歷年以來,雖嚴行查禁,疏通官引,終非民情所樂。查山西汾州府所屬石樓,亦向銷河東池鹽,因道路阻長,奏請改食土鹽。經部議准,遵行在案。今隰州暨所屬二縣事同一例,若改食土鹽,將課項照例攤入丁糧,統徵分解。無糧之戶無多,固可隨便煮食。有糧之戶所攤無幾,得買賤鹽,倍省其費。商人又得免辦課不及之慮,銷售不足之憂等情前來。伏思鹽法,首重便民,而銷引務歸實濟。今隰州暨大寧、永和二縣改食土鹽,商民稱便,國課無虧。似應俯如所請,援照石樓縣之例,即以乾隆己丑年爲始,引課歸入丁糧,土鹽以充民食。一州二縣億萬編氓②永沐皇仁於無既矣。謹奏。

挑挖黑河并酌定五年換商疏

乾隆四十一年鹽政　瑺　齡③

竊臣巴延三於五月內恭覲天顏④,仰蒙皇上垂訓⑤河東鹽務情形。臣巴延三冒昧具奏,特蒙諭旨,令臣巴延三與軍機大臣熟商妥辦。旋經軍機大臣議請,交臣巴延三會同臣瑺齡"就實在情形詳悉確勘,通盤籌畫,定議具奏"。奉旨:"依議,欽此。"并將原議抄寄到臣。臣瑺齡隨赴太原,與臣巴延三面加

---

① 陟岡逾嶺:翻山越嶺。陟,由低處向高處走,與"降"相對。
② 編氓:編入戶籍的平民。
③ 瑺齡:生卒年不詳,滿洲正黃旗人。乾隆三十六年(1771)任河東鹽政,四十三年卸任。
④ 恭覲天顏:恭謹地朝見天子的容顏。
⑤ 垂訓:垂示教訓。垂,用作敬詞,多用於上對下的動作。

商酌。

　　河東鹽池由來已久,畦地區分繡錯①,畦南舊有黑河一道即爲鹽池,東西長五十一里,南北寬五六里不等,形如釜底,泥色純黑,其水甚鹹。取以澆曬畦地,四五日即能成鹽。或遇雨多,則泄畦中之水,注之於河;雨少,則取河中之水,灌之於畦,實爲産鹽之本源。自乾隆二十二年硝池堰決,客水漫入,挾泥帶沙,致將河底淤高,蓄水無多。稍旱則涸,稍潦則溢。每當春夏之交,無涓滴可資澆曬。迨大雨時行之候,即淹漫及於鹽畦。雖各商在於畦邊開挖深溝,蓄水澆曬。奈水味不如黑河,而澆曬之工費增倍。是以産鹽日衰,成本愈昂。商力之絀,實由於此。

　　伏查河東額引四十二萬六千九百四十七道,內除買食土鹽、不由商運之引六萬二千七百四十九道,實在商銷鹽引三十六萬四千一百九十八道,餘引二十二萬道。每一百二十引爲一名,計歲需鹽四千八百餘名,而連年所産之鹽尚不敷配運之數。自三十一年起至三十四年,共缺鹽四千三百餘名。除將歷年新鹽抵補并兩次奏請買運蘆鹽外,本年奏銷尚缺鹽一百四十餘名,須俟今歲新鹽補配。此産鹽未旺之明驗也。産鹽既少,場價日增,每鹽一名,向時價銀三四十兩者,漸增至七八十兩及百餘兩不等。計其成本,已倍於往昔。且畦邊開挖之溝所蓄雨水,以之曬鹽,味淡而苦。民間買食,仍須數次煎熬。是以銷售愈難,辦理倍多拮据。各商應募之初,即有畏難瞻顧之慮,無暇悉心經畫,而其夥商雇役人等,又或浮冒侵漁。雖有家甚饒裕之商,更換無期,亦不免歸於消乏。利源不開,舊

---

① 區分繡錯:鹽池畦地分區劃界清楚,像繡品錯飾一樣富有紋理。

規不復，日復一日，致成積重難返之勢。此河東鹽務實在情形也。

臣等訪之輿論，詢之商民，僉稱黑河實爲產鹽之源。惟淤廢已久，勢難盡復舊規。擬先量力將黑河全身挑寬四十丈，深一丈，俾得去淤蓄水，足敷挹注①。但工大費繁，商力實難措辦等語。臣等伏思黑河既爲產鹽之源，商民生計攸關，自無不踴躍從事。但河東商力疲乏情形，久荷聖明洞鑒，臣巴延三面奉恩諭，借帑蘇商。今臣等體察商情，實有心餘力弱之勢，非酌借帑項，不能成此鉅工。第今歲自五月以來，雨澤頻仍，河中盡屬淤泥，積水難以確估。容臣巴延三於秋後親赴鹽池，會同臣瑞齡逐細確勘，將應挑寬深丈尺、需用夫工、銀兩數目據實查估，并察看商力可辦工程若干，實在不敷若干，酌量請借帑銀，其作何分年扣還，以及委員分段督辦各緣由，再行會同妥議具奏。

至現在各商多有承充年久者，向來雖有准其更換之例，并未定有年分。原欲杜規避②之端，但閱時既久，疲乏日多。而晉省殷實之戶，一聞募商之信，人人視爲畏途，每致退縮不前。臣等公同商議，若非酌定年限，招商更換，日久必致虧課誤公，於商人生計亦大有累。查晉省鼓鑄銅斤，經歷任撫臣奏請，以五年爲一次，采買銅斤，招募殷商領辦，行之二十餘年。銅斤充裕，商無苦累。今河東商衆應請仿照運銅之例，嗣後招充鹽商，亦以五年爲更換之期。令現充各商照依向例，先期自行舉

---

① 挹注：將彼器的液體傾注於此器。後比喻取一方以補另一方。

② 規避：清制，官員對應做之事，有意或無意不予執辦，稱作規避。對規避官員，均要追究責任，照例議處。此指商人設法躲避承辦鹽務。

報殷實富户到臣瑞齡衙門,咨明撫臣行查各府州縣,詳核果係殷實之人,取具印甘各結,移咨存案。俟應換之時,查其五年內引課無虧者,許令更換。倘有故意停引欠課情弊,嚴行比追完繳①,毋許貽累接手之商。其現在承辦山西、河南、陝西三省引課各商共七十餘名,容臣瑞齡逐一查明,擇其經理妥善、資本充裕者取具保結,令其照舊承辦、毋庸更換外,其餘疲乏之商,即分別極次②與承辦之年月遠近,再行核實注册。行知該運使,以次分年,陸續更換。且黑河既開,產鹽日旺,計五年之間可無賠累之苦。即使稍有不敷,數年後仍可復原,於國課商力似屬有益。

請停運銷口鹽③疏

乾隆四十七年巡撫兼鹽政　農　起④

奴才農起前於陛見時面奉諭旨,以河東池鹽不旺,商力疲乏,令軍機大臣會同奴才羅卜藏多爾濟、奴才農起商辦阿拉山鹽斤,運至保德州、臨縣内地,令商人買運行銷一事,因奴才農起未經詳審晉省鹽務情形,未敢遽議。當經軍機大臣會奏,俟奴才農起抵任後,會同奴才羅卜藏多爾濟各就該處實在情形,悉心籌畫,定議覆奏等因在案。

---

① 比追完繳:全部追繳。
② 極次:當為級次,等級與層次。
③ 口鹽:口外鹽,指長城以北地區所產食鹽。
④ 農起(？—1785):歷任工部郎中,湖南、湖北、山西、安徽按察使,安徽布政使,河南布政使,兵部侍郎,右副都御史,安徽、山西巡撫等職。本篇為乾隆四十七年(1782)任山西巡撫兼鹽政時的奏疏。

奴才農起到任後,檢閱卷宗,與司道、運司等詳細察訪。適奴才羅卜藏多爾濟訂期①會議前來,隨即帶同署運使繆其吉,率領商人前赴托克托城②,與奴才羅卜藏多爾濟會晤。仰體聖主恤商便民至意,傳集各商宣諭恩旨,令將阿拉山鹽斤運至保德州、臨縣行銷之處。商力能否展紓③,民食是否有益,令其確切查明具稟,以便會商定議去後。旋據商人雒信誠等呈稱,商等仰蒙聖慈垂念矜憐④,感激深仁,淪肌浹髓⑤。惟查乾隆二十二年池鹽歉收,議買口鹽二千三百餘名。嗣因道路艱難,觔延兩載,僅買到鹽三十七名。又於二十五年,借買阿拉山鹽斤。遷延一載,僅買到鹽九名有零。商等兩次采買,均因路遠費重,不敷成本,奏明停止在案。玆池鹽連年有收,除配運外,現餘鹽二千九百九十七名,計重八千餘萬斤。實屬有盈無縮,無須另籌接濟。即以本省運鹽程途而論,運城在省極南,保德在省西北,相距一千四百餘里。自保德、臨縣運至最近行引之靈石等處,計程已有四五百里及八九百里之遠。除鹽價課項不計外,較之池鹽,每斤已多費運腳銀自四五厘至七八厘不等。若遠至蒲、解等處,所費愈多,更難核算。商等連年賠累,實因運費浩繁,非關池鹽配引不敷之故。今辦運河東引鹽猶苦財力不繼,若再於保德、臨縣等處轉運口鹽,山路崎

---

① 訂期:約定日期。
② 托克托:今有托克托縣,地處大青山南麓,黃河北岸的土默川平原,屬呼和浩特市。
③ 展紓:寬展舒緩。
④ 矜憐:憐憫。
⑤ 淪肌浹髓:滲透入肌肉骨髓。比喻程度或感受之深。語本《淮南子·原道訓》:"不浸於肌膚,不浹於骨髓。"高誘注:"浸,潤也;浹,通也。"

嶇，輓運艱難，更恐顧此失彼，貽誤課務，獲罪非輕。所有領運口鹽之處，委屬無力承辦等語。

奴才等伏思，商人領運鹽斤，應視成本之多寡，以定價值之重輕。今查自保德、臨縣等地方分運各處行銷，山路崎嶇，難於輓運，委係實在情形。且核計工本，較之領運池鹽，費實增倍。定價過昂則有病民食，賤則必虧商本，殊多未便。而現在商力拮据，更恐顧此失彼，亦於鹽法有礙。奴才農起復檢查乾隆二十二、二十五等年采買口鹽舊案，悉與該商等所禀情節無異。并查據運使册報，現在存貯池鹽數目與該商等所禀亦屬相符。奴才羅卜藏多爾濟查運銷阿拉山鹽斤，原屬仰體皇上爲軫恤①乏商起見，今體察商情，不惟於商力無補，兼之道遠費重，倍形竭蹶②。且池鹽又屬有餘，似可無需另籌接濟。奴才等將各處實在情形查察既確，事屬難行。所有前請阿拉山鹽斤運至保德行銷之處，理合會摺奏請停止。伏乞皇上睿鑒。

請弛口鹽舊禁疏

乾隆四十七年巡撫兼鹽政　農　起

竊照阿拉山鹽斤商人不能領運緣由，經臣會同羅卜藏多爾濟確核情形另摺覆奏外，臣查晉省食鹽地方有專食蒙古鹽斤者，有銷食河東引鹽商人納課者，有改食土鹽課歸地丁者。如大同、朔平等府屬州縣，因地處沿邊，向係買食口鹽。其平、蒲、澤、潞、解、絳等屬四十四州縣，俱係銷食河東引鹽。太原、

---

① 軫恤：深切顧念和憐憫。
② 竭蹶：顛僕傾跌，行步匆遽貌。形容枯竭，匱乏。

汾州、寧武、代、忻等屬四十四州縣，雖領河東之引，不食河東之鹽。緣該處俱産土鹽，居民就近刮食，價值隨時，不經商運，引課即歸地丁交納。土鹽不敷之時，向有蒙古鹽斤，民人隨時販至該處售賣，其味較勝土鹽。率係沿邊一帶附近居民前往口外①，肩挑背負，由殺虎口②、河堡營③、黃甫川④等處口岸按例輸稅，運入內地許食土鹽各處零星售賣，以濟土鹽之不足。價雖稍昂，民間因其味勝，凡在稍有力之家皆樂於買食。歷久相安，素所不禁。此晉省食鹽成例，并改食土鹽各州縣與蒙古鹽斤交易之情形也。

迨乾隆四十五年，仰蒙皇上垂念河東商力疲乏，恐口外私鹽充斥，以致官鹽壅滯，欽奉諭旨，嚴行查禁蒙古鹽斤，不許販運內地。此誠格外天恩、軫恤乏商之至意。自是以後，除專食口鹽之大同、朔平等處仍准其赴口販運外，其餘各州縣概行禁

---

① 口外：泛指長城以北地區。也稱口北。主要指張家口以北的河北省北部和內蒙古自治區中部。因長城關隘多稱口，如古北口、喜峰口、張家口、殺虎口等，故名。

② 殺虎口：雁北外長城最重要的關隘之一，距右玉老城僅10多公里。殺虎口明時稱殺胡口。明朝時蒙古貴族南侵長城，多次以此口為突破點。而明王朝派兵出長城作戰，也多由此口出入。清朝統治者對蒙古貴族采取懷柔政策，將"胡"字改為"虎"字。由此殺虎口之名沿用至今。

③ 河堡營：亦作河保營。地處晉陝蒙交界，為今山西河曲縣治所在地，亦名灰溝堡，明宣德間建。清乾隆二十九年（1764）遷為保德直隸州州治。

④ 黃甫川：明長城榆林鎮關堡。位於陝西省府谷縣。居黃甫河下游，西北據山，南北臨川，距長城10公里。據《榆林府志》載：此堡為明"天順中置，弘治中添設關城，周三里二百七十四步，高一丈八尺，樓鋪十六座。萬曆三十五年（1607）巡撫涂宗濬甃以磚。"今堡城已毀，僅有一座較好磚券拱門。明時黃甫川堡轄長城"三十里二百十一步，墩臺二十八座。"黃甫川長城為黃土夯築，保存多較好。

止。查商行引地，私販固不可不禁。至專食土鹽之處，於官引原無干礙，而口鹽又在必需，近因查禁嚴密，口鹽不通，以致土鹽價值亦昂，民間不免有貴食之虞。

臣與司道、運使等悉心采訪，并令各府州縣將各處食鹽情形據實稟覆，備悉前情。茲因查辦阿拉山鹽斤一事，沿途體察民情，據農民等紛紛吁懇，請開舊禁，以便民食。嗣抵托克托城查詢，蒙古鹽斤現因奉禁不能行銷，積存口外者七百餘萬斤。

臣思以蒙古鹽斤之有餘，補內地土鹽之不足，源源接濟，委屬兩有裨益。雖商運事屬難行，而民販往來實為妥便。可否仰懇皇上格外天恩，仍聽沿邊一帶居民赴口買運，并令地方官給予印票，於各口岸照例納稅，任往太、汾等府州食用土鹽之處售賣。在小民既得藉販運以資餬口，而民間獲有口鹽添補可免貴食。實於口內口外民食生計大有利益。第弛禁之後，銷食河東引鹽各處恐有透漏入境，致妨官引。臣仍欽遵前奉諭旨，飭令地方官留心查察，設法緝拿，以杜奸販越境偷賣之弊。倘不實力奉行，即行嚴參懲處，如此酌量變通，於官引并無妨礙，而民食得以充裕，口鹽亦可行銷，莫不均沾樂利矣。

覆奏口鹽毋庸商運聽民自販疏

乾隆四十七年巡撫兼鹽政　農　起

竊臣接准廷寄①,奉上諭:"本日,據農起與羅卜藏多爾濟將阿拉山鹽斤商人不能領運緣由會奏一摺,朕以其事既不可行,當即照常批示。及閱農起另摺所奏,稱大同、朔平等屬地處沿邊,向係買食口鹽。其平、蒲、澤、潞、解、絳等屬四十四州縣俱係銷食河東引鹽。太原、汾州、寧武、代州等屬四十四州縣係刮食土鹽,不經商運。其土鹽不敷之時,民人零星賣蒙古口鹽,以濟土鹽之不足。現因查辦鹽斤一事,體察民情,咸籲請將口鹽弛禁。又稱,現在積存口鹽七百餘萬斤,商運雖屬難行,而民販往來實爲妥便等語。此奏欠明晰,殊不可解。(豈有商運難行而民販方能行之理,商獨非民乎?)晉省沿邊各府屬居民向食口鹽,嗣以商力疲乏,恐官鹽墮運②,曾經降旨飭禁。今因商辦仍多拮据,而居民又願食口鹽,是以令農起會同羅卜藏多爾濟悉心籌酌,准令各商就地之遠近,將口鹽與官鹽一例販運行銷,既可便民,亦可通商。原期兩有裨益,且商民一理,未有便於民而獨不便於商者。乃農起輒據該商等以轉運口鹽,山路崎嶇,所需運本重大,無力承辦爲辭,即將行銷蒙古鹽斤之處奏請停止。此必係伊新任該省巡撫,於鹽務利弊

---

① 廷寄:清時皇帝的諭旨,分明發和廷寄兩種,明發交内閣發布,廷寄由軍機大臣專寄給外省將軍、都統、督撫、欽差等大員,開首有"軍機大臣奉面諭旨"等字樣。

② 墮運:運輸怠慢遲緩。

未能深悉，偏聽地方官詳禀，遽行入告。而地方官又未免瞻顧商人，甚或留此簽派充商一節以爲朘剝①富户地步②，是以仍請照例停運口鹽爲便。其於商人運脚成本究竟如何不便之處，又并未切實指陳。至其另摺所奏大同、朔平等處一帶民人准其自行赴口販運。（此等民人獨不可雇而用之乎？）又稱專食土鹽之處於官引原無干礙，而口鹽又在所必需，并查詢現在蒙古有積存鹽斤，以蒙古之有餘補内地之不足，源源接濟，兩有裨益之語。是又爲周旋羅卜藏多爾濟起見，若作和事老人③者。然殊不知封疆大吏於地方公事，關係商運民食利病，自應秉公定議，不得存依違兩可④之見調停完事。且口外鹽斤，既聽沿邊一帶及專食土鹽各處居民自行赴彼販賣，不歸商運則小民惟利是圖，其銷食河東引鹽之平、蒲等屬四十四州縣如何設法查禁，不致透漏。有妨官引之處，農起亦未逐一詳悉籌畫，分晰奏明。設有不便，將來又如何辦理。著⑤傳諭⑥農起，伊係初任該省巡撫，於此事無可瞻顧回護，自應一秉天良，徹底通盤籌算，將歷年各屬商民實在情形及地方官有無簽派富户充商之事，再口外鹽斤究竟是否可以行銷，并如何設法調劑不致有妨官引，使商民兩得其便，可以永遠遵行之處，另行秉

---

① 朘剝：剝削搜刮。
② 地步：地段，位置。
③ 和事老人：指調解紛争的人，亦特指無原則地進行調解的人。
④ 依違兩可：依照或違反均為可行，謂無主見。
⑤ 著：着令，責成。
⑥ 傳諭：舊謂帝王或上司下達指示。《樞垣記略·卷十三·規制》："（傳諭）視事之緩急，或馬上飛遞，或四百里，或五百里，或六百里，或六百里加緊，皆於封函上注明。"

公據實熟籌妥議,詳悉具奏到日,再降諭旨,將此由四百里傳諭知之。欽此。"

遵旨寄信前來,臣跪讀之下,仰見聖主惠恤商民、事期核實之至意。伏查晉省各州縣向食池鹽、口鹽、土鹽三項,除大同、朔平二府係在沿邊例准就近買食口鹽并不禁止,及銷食池鹽之平、蒲等府屬四十四州縣現在池鹽豐旺、配引之外尚有盈餘、不須口鹽接濟均毋庸議外,惟太、汾等府屬四十四州縣向係刮食土鹽,不經商運。其商運難行之故,因河東鹽池遠在省南,太、汾等府屬係在省北,計程一二千里不等。類皆崇山峻嶺,路徑崎嶇,舟楫既不能通,車行又多險阻。是以改食土鹽,課歸地丁完納。雖此內僅有岢嵐等十一州縣係奏明兼食口鹽,而其實凡食土鹽之處,均有附近民人販賣口鹽,以資接濟,自昔已然,歷久稱便。自乾隆四十五年禁止口鹽之後,民販難通,土鹽未免昂貴。前羅卜藏多爾濟請將阿拉山鹽斤入口銷售,僅可運至保德州地方,其交商轉運則仍須陸路。既無坦道可通,即與從前不能領運池鹽同一蹊徑。且以買鹽成本而論,池鹽每斤制錢①二文,加以課費、運脚,每斤止賣銀七八厘至二三分不等。口鹽每斤制錢四文,成本已屬加倍,再兼山路崎嶇,運脚更增,價值愈貴。該商等以成本二文之池鹽,尚且限於地勢②,輓運維艱,不得已改食土鹽。則成本四文之蒙鹽,自更難於領運,此商運難行之情形也。

---

① 制錢:明清官局監制鑄造的銅錢。因形式、分量、成色皆有定制,故名。
② 地勢:土地山川的形勢。《周禮·考工記·匠人》:"凡天下之地勢,兩山之間,必有川焉。"《史記·高祖本紀》:"秦,形勝之國,帶河山之險,縣隔千里……地勢便利,其以下兵於諸侯,譬猶居高屋之上建瓴水也。"

但商運既屬難行,民販何以能行之故?緣民人販賣口鹽,隨處銷售,不拘地岸,且係肩挑驢運,數本無多。民間願食則買,不願則止,此處難銷可以轉運彼處。價值并無一定,貴賤得以隨時。若交商人領運,必須額定每年銷引若干,不容墮運。又應限定行銷州縣,毋許通融。在土鹽不足之處,不過藉以口鹽添補。斷不能因有口鹽,遂將土鹽禁止。而添補之多寡,又係年減年增,參差不一。該商等按照引額行鹽,固不能適符或多或寡之數。而商運鹽斤又係例有定價,以防漁利,不許任意增減,較之民販價值時長時落者,更屬迥別。若令該商等按照賤價出售,則成本不敷。如照貴價運賣,又與定例不符,亦啓把持病民之漸。且民人携本販鹽,不避艱險,苦力經營,始得稍沾餘利,以資餬口。如令商人雇用,不但渙散不齊,且多一番雇費。而事非切己,究亦不能如自食其力之實心經理。是兼食口鹽之處,販之自民則并行而不悖,歸之於商則顧此而失彼。此民販妥便之情形也。

　　至於土鹽不足之處,相隔商行引地,本屬窵遠。以程途而論,該土販等固不肯舍近就遠,越境偷賣。間有地界毗連,而池鹽價賤,口鹽價貴,該民人等亦不肯棄賤買貴。今再於要隘之處多設巡役,實力稽查,以妨透漏,亦斷不致有礙官引。以上情形,臣於前次摺內未經分晰聲明,以致上煩睿慮,實屬惶悚無地。今凜遵訓諭,復與司道等悉心體察,衆論僉同,確係切實情形。

　　伏查阿拉山鹽斤准其入口銷售,原期恤商便民,兩有裨益。如二者之中一有不便,即應預爲籌及。蓋河東池鹽運行三省,全在商力充裕,方不致有誤民食。從前鹽池被水,以致歉收,商力漸乏。仰蒙聖慈厪念開浚河渠,修築堤堰,近年以來始得產鹽旺盛。臣於抵晉之初檢查報案,現在池鹽除配引之外,積存盈餘八千餘萬斤。以阿拉山每年運鹽一千一百萬斤比較,計多數倍。止宜休養商力,以期漸有起色。似未便令其再運口鹽,致難兼顧。至四十一年,前撫臣巴延三奏准召募富戶,充當運商,五年輪換一次,以均勞逸。原係乏商自行舉報,歷年報部有案可稽,并不假手州縣,尚無掯勒朘剥情弊。但以應換人數而計,每次需商數十名。而一省之富戶有限,五年之輪換無窮。即照限定章程,尚恐將來乏人領運。若將阿拉山鹽斤再令承辦,是口鹽增一行引之地,池鹽即少一輪換之商,亦應慮之於始,以爲經久之計。可否仰懇聖恩,將此項口鹽照臣前摺所請,毋庸交商領運,准令民人照舊自行販賣,以資接濟。既可便民,亦不損商,似屬兩有裨益。謹再據實覆奏,伏乞皇上睿鑒訓示遵行。謹奏。

請加鹽價并停五年換商疏

乾隆四十七年巡撫兼鹽政　農　起

竊臣於本年二月内抵任,欽奉上諭:"以河東池鹽召商輪換,聞有書役藉端掯勒、高下其手①情弊,不可不妨其漸。令臣

---

① 高下其手:同上下其手。《左傳·襄公二十六年》載,楚攻鄭,穿封戌虜鄭將皇頡,公子圍與之爭功,請伯州犁裁處。伯州犁曰:"請問於囚。"因出作證,伯州犁有意偏袒公子圍,故意上其手,曰:"夫子為王子圍,寡君之貴介弟也。"下其手,曰:"此子為穿封戌,方城外之縣尹也。誰獲子?"囚曰:"頡遇王子,弱焉。"後因謂玩弄手法,通同作弊曰"上下其手"。

嚴密訪查,力爲革除。其如何公平輪換,不致偏枯之處,并令悉心籌畫,妥議摺奏。欽此。"

竊思召商輪換,若僅由書役滋弊,只須認真查挈,設法防範,即可杜絕,尚不難於整頓。近年來,該富戶等趨避充商,情僞百出。有報捐職官希圖規避行提押充者,有不諳經營盡此家財敷衍五年以圖了事者,有舉報一人不顧親誼牽扯弟兄叔侄者,有在別省經營停業充商未及五年即行銷乏者,有雖滿五年之限、所舉接充之人藉稱無力彼此訐訟①者,甚至狡猾之徒自揣難免消弭產業、欲圖遷居別省者。種種情弊,不一而足。通省殷實,皆爲搖惑。即有奸胥猾吏高下其手,藉端捐勒,亦各任其愚弄。蓋行運引鹽,全仗資本充裕,方可轉輸不匱。商鹽口岸甚多,本商勢難兼顧,不得不雇用夥商。鹽務頭緒紛紜,富戶本非素習。初膺其事,首尾茫然。所用夥商,亦以五年定限爲時,甚暫一切苟且從事,不復認真籌畫,甚至侵漁浮冒,弊竇叢生。即有一二悉心辦事者,甫屆五年,漸當熟諳,而瓜期②已及,替代有人。生手驟更,又蹈前轍。該富戶等一經簽充,只求無誤民食,不顧賠累,遂致現在短商較之從前長商更爲竭蹶。此目下確實情形也。

乾隆十一年,前任鹽臣裘神保以價分貴賤,易起商民爭執之漸,即就彼時賤價奏請作爲定額,商本未免不敷。然其時畦地尚好,收鹽頗旺,猶可勉力支持。迨乾隆二十年,畦地被水,

---

① 訐訟:控告訴訟。
② 瓜期:語出《左傳·莊公八年》:"齊侯使連稱、管至父戍葵丘。瓜時而往,曰:'及瓜而代。'期戍,公問不至。"原指戍守一年期滿。後用以指官吏任期屆滿。

屢次歉收，工本費多，商力愈乏。民人買鹽一斤，豐年計虧商本三四厘，歉歲多至六七厘不等。雖經前任鹽臣西寧、薩哈岱等會同三省撫臣先後奏明加價二厘，復又節次請展，現在尚未停止。究屬有絀無盈，不敷原本。是以四十一年，前撫臣巴延三始有召募富戶、五年更換之請也。自是以後，新商不善經營，愈多虧折。臣仰蒙聖主諭令調劑，數月以來廣咨博訪，均稱除去五年輪換之例，其餘一切舊定章程尚為妥善。至現在商力難支，實無另有經久之法。惟有歸鹽課於地丁，盡去商人，聽民販賣。譬如布帛、烟、藥等項，不經商運自能流通等語。

　　臣查河東解池，自古至今，產鹽最久，乃天地自然之利。國家經費所出，固未可棄廢不用。而商運民銷，與菽粟同為利便，最為良法，又豈可輕易裁革？今若盡去商人，聽民販運，竊恐今日之私梟，盡為他時之官販。不惟奸良莫辨，稽察難周。且以三省民販聚集運城，并無統屬，將來十百為羣，攘奪滋事，亦難保其不有。且既聽其自運，即應任其私售，勢必居奇壟斷，把持病民。在耕作農民，既為販鹽之人代納課項，而所食之鹽又屬貴價，流弊更無底止。臣與河南、陝西各撫臣反復相商，意見脗合①，自不便輕易更張。惟是長商既不能支，短商又形竭蹶。受病之由，必有所自。臣與運司等先將澆曬工本、車騾運腳、辛工火食及以錢易銀價值并一切雜費逐款核算，與乾隆十一年以前所有工本兩相比較，無不倍增。即自二十六年至今又已二十餘載，而民間買鹽，仍係乾隆十一年及二十六年原定之價值，以致日形拮据。且自五年輪換召商之後，本商不

---

① 脗合：兩唇相合，謂相符合，和諧。

善行運，糜費固多。夥商又係生手，花用更濫，賠累愈甚。又與四十一年以前舊商承辦情形不同。今若只就目前計議，止擇富户之是否力能充商，照舊設法召換，將來年復一年，勢必消乏日多，富户日少。愈趨愈下，難以爲繼。夫民無鹽則病，商無本則乏，二者不可偏廢。病商即以病民。我國家休養生息百有餘年，户口日繁，食用自廣。物力因之昂貴，勢所必然。若不因時制宜，俾商民交易，兩得其平，恐致膠執①難行，彼此受病。該商等挾本行鹽，既不能稍覓蠅頭以償辛勤，更使竭盡家藏以供民食，自不樂於爲此。

臣自奉旨籌辦之後，與河東運使暨在省司道悉心體察。查自乾隆二十年鹽池被水歉收以後，至今元氣未復。從前撫鹽各臣始而酌減引額，繼又請借帑本。嗣因仍不能行，又改爲五年輪換，爲長商息肩②之地。無非竭力調劑，以期商力展紓。但立法原期無弊，除弊必先清源。現在致病之由，在於運費不足，成本日虧。必須懇請加價，始可冀有起色。但臣前於具奏查勘鹽池情形一摺奉有諭旨："商人多一分之利息，小民多受一分之朘剥。況產鹽豐旺，雨水調勻，其澆曬收刮等事，亦較易爲力。其鹽價祇當議減，不准議增。著傳諭農起將來與陝西、河南各省會議時，務須遵旨妥辦等因。欽此。"仰見我皇上惠愛黎元，無微不至，臣何敢不仰體聖心，遵照辦理？但目擊情形，若使僅爲補偏救弊，而不清其致病之源，究屬空言無補，

---

① 膠執：固執，堅持。
② 息肩：卸去負擔。《左傳·襄公二年》："鄭成公卒，子駟請息肩於晉。"杜預注："欲辟楚役，以負擔喻。"後謂休養生息。《史記·律書》："故百姓無內外之繇，得息肩於田畝，天下殷富。"

仍非長久之計。合無①仰懇皇上天恩,俯念河東商力爲三省民食所關,按其虧缺商本量加價值二厘,連乾隆二十六年請加之價作爲定額,以裕商力。如蒙俞允,所有五年輪換之例,應請即爲停止。先就現商中擇其殷實者定爲長商,疲乏者令其歸業。人數不足,即令所留之商公同舉報,在營謀求脱者勢難逐人請託。而所舉不實者,即將引地派令舉報之商公同認辦,衆商各有責成,自无妄報之虞。并將引地分爲上、中、下三等配搭均勻,鬮分掣認,亦可免高下偏枯之弊。其餘一切浮費,臣督同運使竭力剔除,并會同豫、陝二撫臣再行嚴申禁令,毋許地方官勒索商人陋規。如有干犯,即行參處。年終并令該商等自行出具并無需索甘結,由該州縣加結,詳請咨部,以憑查考。如此一爲調劑,在該商人等仰沐殊恩,可以永資輓運,不致有誤民食。即就民人食鹽而計,每人每日食鹽三錢,兩月始能食鹽一斤。每斤加價二厘,終年不過一分二厘,所出仍屬有限。而該商人等挹彼注兹,則可積少成多,轉輸不匱,實與河東鹽務有益。是否有當,臣謹會摺具奏。

請復餘引并改加耗月分疏

乾隆四十九年巡撫兼鹽政　農　起

竊照河東鹽引,向於額引之外每年請領餘引二十四萬道。乾隆二十六年,因池鹽歉收,經前鹽臣薩哈岱會同前撫臣鄂弼奏减餘引七萬道,蒙恩俞允,欽遵在案。嗣於乾隆三十年及三

---

① 合無:何不。

十一年,經前鹽臣李質穎先後奏復五萬道,尚餘二萬道至今未復。近年池鹽屢獲豐收,從前積滯引地,目今漸次疏銷。據各商等呈懇,請復原減引張,以資領運。經臣行司確查去後。茲據運使沈業富詳稱,河東鹽務仰蒙聖主加恩調劑,日有起色。現在行鹽引地,實無積滯。如河南之南陽、鄧州,陝西之商雒等處尤爲暢銷。所領引張,將來自有不足,應請俯順商情,增復餘引,以符原數等情。

臣查運銷餘引,上裕國課,下劑民食,原應視引地之暢滯預爲籌辦。今河東池鹽充積,商力漸紓。三省行鹽州縣不特并無積壓,且可漸望暢銷。現領引張,既有未敷銷售之處,自應早爲籌備。仰懇皇上天恩,將已減未復之餘引二萬道全數增復,作爲乾隆甲辰年餘引,赴部請頒,給商領運。仍照舊例盡銷盡報。庶池鹽得以運銷,於課食均有裨益。

抑臣更有請者。乾隆四十二年,前鹽臣瑞齡條奏①,河東運鹽於每引二百四十斤之外,請照兩淮鹵耗之例,於五、六、七、八等月每引各量加耗鹽五斤,荷蒙特旨,允准在案。惟查商鹽運銷南北,情形迥異。淮鹽俱由水程轉運,五、六等月因雨水浸漬,易致化鹵,是以加耗定於五、六、七、八等月。河東鹽斤俱係陸運,五月至八月正屆農忙兼值澆曬畦鹽之際,必待九月以後天晴路乾、農隙腳賤之時,方能源源挈運。或用車載,或用騾駄,沿途層層起卸,虧折實多。是河東運鹽苦於陸路之拋撒,非關雨水之折耗,當日照依兩淮之例奏懇,未經詳查河東情形。

---

① 條奏:逐條上奏。《漢書・元帝紀》:"有可蠲除減省以便萬姓者,條奏,毋有所諱。"

今臣悉心體察五、六、七、八等月，運發無幾，是商人有加耗之名，而未受加耗之益。合無仰懇聖恩俯准，將河東原定加耗月分，改於九、十、十一、十二等月，俾得益沾實惠。各商等叩沐①聖主格外鴻慈，自必爭先恐後，領運益加踴躍矣。臣體察既確，理合一并據實恭摺奏懇皇上睿鑒訓示遵行。謹奏。

請撤防兵改添巡役疏

乾隆四十九年巡撫兼鹽政　農　起

查河東鹽池禁墻外設三十六鋪，原額弓兵二百零五名，分隸鹽池三巡檢管轄，督緝偷鹽賊匪。嗣於乾隆二十六年，經山西布政使宋邦綏條奏，於酌裁冗役案内裁去弓兵一百四十五名。旋因不敷巡緝，經前撫臣和其衷議於運城、平垣二營兵丁內酌撥六十名，按季分駐巡防在案。惟查禁墻各鋪，係鹽池三巡檢分管，所撥兵丁雖有都司督率稽查，但離汛②稍遠，查察難周。巡檢又無約束兵丁之責，事權不能歸一，兵之勤惰無從稽考。而專管之弓兵，轉得有藉口卸過③之地，每致辦理分岐，遇事推諉。況現在公糧兵額均經添補，以歸實數。所有原撥之運城、平垣二營協防兵丁六十名，既無專管之員就近督察，實屬有名無實。臣體察情形，應請照舊撤回，各歸本營，按額差操④，以重地方。其巡防禁墻各事宜，仍飭各商自行照數添雇

---

① 叩沐：承受恩澤。
② 汛：明清時稱軍隊駐防地段。
③ 卸過：推卸過錯。
④ 差操：差使，差遣。

巡役,協同弓兵實力巡緝,統歸鹽池三巡檢管轄,轉爲得力。如此則責成①既專,而營兵亦不致置之閑地矣。是否有當,理合恭摺具奏。

請定增價爲長價疏

乾隆五十年巡撫兼鹽政　伊桑阿②

竊照乾隆四十七年欽奉恩旨調劑鹽務案内經前撫臣農起奏請,按商本虧缺之數,每斤量加鹽價二厘。連乾隆二十六年請加之價作爲定額,以資營運。經大學士等會議,准將二十六年加價二厘作爲定額。其現增二厘之價,照依二十六年之例試行。二年後,如果商力充裕,臨期奏請酌減等因具奏。奉旨:依議,欽此。"欽遵在案。

兹據河東鹽運使蔣兆奎詳稱,河東鹽價,自乾隆四十七年仰蒙皇上天恩酌加二厘,運商成本借免虧折。該商等感激鴻慈,淪肌浹髓。今試行之期届滿,自應遵照原議,酌核辦理。惟查河東池鹽全係陸運,騾馱車載,需費浩繁,且食物、脚價較之往年有增無減。核計商人工本,所增二厘,實屬難以酌減。并據各運商籲懇聖恩俯准作爲定額,詳請具奏等情到臣。臣甫經抵晉,於鹽務情形未能深悉。隨與在省司道守令等細加咨訪,并將歷年案卷悉心檢查。緣河東鹽價定於乾隆十年,在彼時商本已屬不敷。迨乾隆二十年鹽池被水,工本費多,商力

---

① 責成:負責完成的任務,即責任。
② 伊桑阿(?—1801):高佳氏。舉人出身。乾隆五十年(1785)任山西巡撫兼鹽政。官至雲南巡撫。

疲乏。雖經前鹽臣先後奏明加價二厘,并節次①展限,究屬有絀無盈,不敷原本。行之愈久,商力愈不能支。至乾隆四十七年奉旨大加調劑,經前撫臣農起徹底查明,商力困乏之由,在於運費不足,成本日虧。奏請再加價值二厘作爲定額。前經大學士等議,奏令將現增二厘之價試行三年。兹試行之價已屆限滿,復據運使體察商情,詳請具奏前來。

臣查河東商力疲乏,久蒙聖明洞鑒。歷年凡有益於鹽務者,無不仰荷天恩因時調劑。在前撫臣農起奏請增價之時,原係核計成本,酌中定價。迄今行之三年,商力稍可支持。若行酌減,又恐仍前竭蹶。且民人食鹽,每人每日不過三錢,以每斤加價二厘核算,終年亦止一分二厘,所出甚屬有限。而商人等積少成多,即可轉輸不匱。是以增價以來,商民相安,共資利賴。臣蒙皇上天恩兼管鹾務,商民一體,理應隨時調劑。如果商力充裕,高價累民,即使原議已定,亦當爲之刪減。今現增之價,既不致有妨民力,而該商等免於虧折,借得稍爲紓展,實屬兩得其平。合無仰懇皇上格外天恩,仍照前撫臣農起原奏,將續增二厘之價作爲定額,以紓商力而裕民食。謹恭摺具奏,伏祈皇上睿鑒訓示。謹奏。

乾隆五十年十一月二十八日具奏。十二月初十日,五臺途次②奉到硃批:"該部議奏。"

---

① 節次:逐次,逐一。
② 途次:半路上,旅途中的住宿處。

會議口鹽運至磧口鎮疏

乾隆五十一年巡撫兼鹽政　伊桑阿

爲遵旨會議具奏事。

竊臣旺親班巴爾請將蒙古鹽斤由水路運進內地售賣一案，經理藩院據情轉奏，奉旨："知道了，俟至五臺山之日再行議奏，欽此。"欽遵兹至五臺，臣等公同會議。

緣晉省太原、汾州等屬四十四州縣向食土鹽，鹽課銀兩歸於地丁錢糧交納，土鹽如有不敷，兼買阿拉善鹽斤，以資接濟。乾隆四十五年，奉旨查禁蒙古鹽斤，不許運入內地。四十七年，經前任撫臣農起以口鹽不通，或致土鹽價貴，有妨民食，請弛販運口鹽之禁，仍聽居民赴口買運，於各口岸照例納稅，并於商行引地設役稽查，以妨透漏。仰蒙俞允遵行。至四十八年二月，前撫臣農起以前項口鹽止准民人肩挑驢馱，零星販運。不得用大船木筏由黃河運至保德州、臨縣等處，四出私售，致礙官引。飭屬禁止水運，并經移咨阿拉善知照各在案。

臣旺親班巴爾以該處民人陸運口鹽所銷無幾，與窮苦蒙古生計有礙，請令將口鹽仍由水路直行運進內地。臣伊桑阿查太原等屬土鹽不足之處，不過藉口鹽稍爲添補，并非全賴口鹽。而添補之多寡，又係年減年增，參差不一，不能預定數目。若聽蒙古用船運鹽直進內地售賣，不特語言不通，難以交易，且恐民人欺生刁勒，滋生事端，諸多不便。而托克托城由水路運至保德州，計程四百七十里。又自保德州至汾州屬之臨縣磧口鎮，計程六百三十里。下及平陽屬之吉州、鄉寧以至河南、陝西等省,均一水可通。如任聽民人由黃河販運,漫無限制,又恐盈千累萬,順流直下,無所顧忌。必至影射越販,混入河東引地,殊與官鹽有礙。此從前水運之禁,不得不嚴行查辦。惟是水運不行,則口鹽銷售無多。有關蒙古生計,自應酌籌通融辦理。務使彼此有益,兩無妨礙,方爲妥協。

臣等公同當面商酌,查臨縣地方相距商行引地尚有二三百里之遙,應請准其水運。即以臨縣磧口鎮爲界,飭令起岸堆貯,零星售賣,不得載至下游州縣。則界限分明,查禁亦易,似無慮再有越境遠販之弊。仍聽民人照舊自赴托克托城販鹽,陸運水運各從其便。如由水路運入内地,即在臨縣起岸銷賣。自臨縣磧口鎮而下,仍嚴行查禁,不許偷越。至應作何水運之處,并請悉從民便,不必限定。運鹽額數亦毋庸赴官請領印票,致滋煩擾。其沿邊居民零星陸販,仍請照舊運銷,各處隘口毋許禁阻。所有蒙古自行用船運入内地之處,應毋庸置議。如蒙允准,臣伊桑阿即遍行出示,曉諭太原等屬四十四州縣民人一律遵行,俾得源源販運口鹽,自多銷售,可免壅積之慮。與官鹽并無妨礙,而於蒙古内地均有裨益。再,口鹽在内地行銷,已將鹽課歸於地丁完納。又在河保營地方按例輸稅,自毋庸再納課銀。其官鹽引地接壤處所,久經議有稽查條款,應再行嚴飭地方官實力查察,不使透漏。所有遵旨會議緣由,臣等謹合辭具奏,伏祈皇上睿鑒訓示。謹奏。

乾隆五十一年三月初五日,奉旨:"依議,欽此。"

籌辦調劑全案部咨

乾隆四十八年

　　户部咨山東司案呈,先於乾隆四十七年十月内,本部議覆山西巡撫農起等奏,將河東商人停止五年輪換,并將現商中擇其殷實者定爲長商,疲乏者令其歸業。人數不足,即令所留之商公同舉報。如所舉不實,即將引地派令舉報之商公同認辦。并將引地分爲上、中、下三等,配搭均匀,鬮分掣認。仍令該撫於年底取具①行鹽州縣并無需索印結及商人甘結,并按年造具商名清册,報部查核在案。今於乾隆四十八年六月初五日,據該撫將應留應換、新舉各商姓名及行鹽地方、分認引數造册送部前來,相應分款核覆該撫可也。

　　——咨稱,河東鹽行三省,每年共銷額餘引四千八百六十八名三十八引,内除唐縣官辦地方額餘引數,實計商辦引四千六百一十六名九十七引。今將通綱引地核定上、中、下三等,并就現在暢滯情形酌派餘引數目,均匀搭配,分作五十六簽。每簽以八十名爲率,令各商自行掣認,免致苦樂不均。其簽内遇有留商,原辦地方雖已損益更動,而留商情願貼簽認辦者,搭配已屬公平,似應俯順商情,俾省交代等語。查該省行鹽地方原有高下暢滯之不同,今既據該撫將現在情形酌派餘引數目,均匀搭配,分簽定名,令該商等自行掣認。均係遵照原奏辦理,應毋庸議。其留商原辦引地既稱業已配搭公平,該商等

---

① 取具:謂領取備辦。《周禮·地官·泉府》:"凡國事之財用取具焉。歲終則會其出入,而納其餘。"

有情願貼簽認辦者,自應准其照舊承辦,以免交代。至唐縣引地,向係商人郭順昌認辦,今因何作爲官辦,文内未據聲明,應令該撫再行查明報部。

——咨稱,現商尉世隆等三十六商,或資本充裕,或經理妥善,均堪留辦。其行公益等二十一商,或辦運消乏,或本非殷實,應即令歸業。所有該商等退出引地,以八十名一簽,核計需得富户二十四人。據留商尉世隆等舉報,富户温士顯等二十四家分簽頂辦,俱係殷實堪充,并檄飭各商原籍地方官即行差送,來運接辦等語。查尉世隆等三十六商,既稱係資本充裕,或經理妥善,均堪留辦。應准其定爲長商,仍取具印保各結送部查核。至行公益等二十一商,既稱因辦運消乏,或本非殷實,亦應如所咨,准其即令歸業。所有新舉商人温士顯等二十四家,既據查明實係殷實堪充,應令該撫即將前項退出引地均勻搭配,分簽認辦,仍取具印保各結備查。如所舉不實,即遵照原奏,將引地派令舉報之商公同認辦,毋致貽誤。

——咨稱,留商内雖俱力堪充商,但家道究有厚薄,自應確核家資,量分等次。如尉世隆、王恒泰、陳寧泰等三商,家道最殷,認辦雙簽。牛琪、梁德全、楊崑玉、冀文和、毛學溥、景玉音、程奉正、邢德純、沈兆宴、白文敏等十商,家道稍次,認辦半簽。其餘家道相仿,應同垻報新商各令認辦一簽。又舊商郭褒泰、劉晉生、喬宥,原辦引地無多,酌增引數,聯名郭晉宥合認一簽。如此分別,量力而行,庶辦理俱得從容,課運可免貽誤等語。查商人家資,原屬厚薄不一,今該撫既按各商之家道,以定行鹽之多寡,自屬核實起見,應准其酌定等次,分別辦理。

——咨稱,留商三十六人內,三商聯名合辦者一簽,共計三十四名。其雙簽、半簽引地仍就配定原簽,并合分派,并無偏枯之處。將來設有事故應退者,總以圈定原簽作爲定額。即現辦雙簽之尉世隆等,日後如告退一簽,止准將兩簽與新商公同圈掣,不得任意指地求退。所有半簽引地,將來如遇兩商并退,仍可并作一簽,毋庸再配。至此次分配各簽間有格於口岸多寡數名者,不得不稍爲變通。所有簽內派就餘引,均按現在情形酌量派定。此後如有今昔異宜必須變通者,仍照例隨時聲請酌撥等語。查雙簽、半簽,原就各商現在之家道而定,將來設有事故告退者,亦屬事所必有。今該撫請以圈定原簽作爲定額,倘雙簽之家告退一簽者,將兩簽與新商公同圈掣。半簽之家設遇兩商并退者,仍可并作一簽,自屬搭配公平,可杜將來棄瘠留肥之漸。亦應如所咨辦理。

——咨稱,新舉商人俟接辦後取具印保各結,同四十六年報充。現在擬留之徐兆麟等一十五商,因引地另配,換取各結至日一并咨送等語。查該省商人向係五年輪換,今既定爲長商,自應將新舊各商一律取結報部,以重責成。仍咨該撫按年取具行鹽州縣并無需索印甘各結及商名清册,一并送部查核。

輪坐①銷價議

乾隆三十四年運使　沈　栻②

　　隰州、大寧、永和改食土鹽之後，坐商銷價一項作何著落之處，飭令總商妥議去後。茲據總商劉廣生、蔡灝、雒克嶷、應世來稟稱，遵查隰州、大寧、永和三處，每年額引一千六百六十引，應坐畦錠一十三錠一百引，坐商應得銷價銀三百三十二兩。今池鹽停運，引內錠名無用，坐商銷價無出，虛執錠票，資本落空，實於坐商生計有礙。生等會同闔司坐商再三籌畫，查闔場商錠共有二千七百八十餘錠，每錠隨有加增引八張，坐商於應得整錠銷價之外，又另得加增銷價銀一兩六錢，統計加增引二萬二千三百一十五張，共合加增銷價銀四千四百六十三兩。可否每年將隰州、大寧、永和三處額引銷價銀三百三十二兩，即在於闔場加增引張銷價內輪流坐入，計十三年半始行輪扣一周。在應坐加增引張者，歷十餘年之久，僅少得銀一兩六錢，尚有整錠銷價可得，不至偏枯。在應坐隰州等處之人，即可資生有藉矣。是否有當，理合呈覆核奪等情到司。

　　據此，該本司查看得隰州暨大寧、永和二縣改食土鹽案內，坐商銷價作何著落。前經本司聲明另行籌辦，詳蒙憲批允准在案。茲行據總商劉廣生等會同闔屬坐商查議呈覆前來。

---

① 輪坐：輪流扣除。坐，扣除。
② 沈栻：字欽伯，常熟人。少時在分湖灘陶冶庵讀書，為蘆墟舉人陳其言高弟。工八法書，善畫山水。乾隆十六年(1751)辛未科傳臚，先後任湖北、雲南正考官。乾隆三十四年任河東運使。廉潔自持，卒於官。

本司覆查,額設畦錠,原隨應行池鹽地方之額引而定。每年運商領銷坐商額引,例應圖拈錠名、坐落地方,然後該地方運商將銷價給於圖定引內之坐商,以爲澆曬及畦錠工本。故凡有引名錠票者,即同田產。或自得銷價資生,或將錠票典銀用度。有一户而數人公共一錠者,有數人夥典而分受銷價爲利者。此等坐商大半係安邑縣民,現在數千家倚爲世業者,此也。

兹隰州、大寧、永和三處停運池鹽,每年坐商内應行圖坐該州縣之額錠溢出一十三名一百引。錠隨引空,銷價無出,猶之田產既無租息,虛執契券,不特其中無告窮民無可藉以餬口。即有力之家已出銀典受,而忽無銷價爲利,亦難昭平允。況係逐年圖坐之事,不知誰得誰失。從此一切錠票,均慮有輪空之年。必至各懷觀望,不肯出銀典當,殊與坐商生計所關非細。是銷價一項,萬難刪除,而籌補之方,又無良策。今據總商等請,於圖場加增引張内輪流坐扣,不過稍減衆人之資,以畀三處之商。本司詳加籌酌,似屬可行,并訪察輿情,亦所樂從。應請俯如該總商所議,嗣後每年隰州、大寧、永和三處額引,即入於圖場加增引張内輪流坐扣,計歷十三年半始輪扣一周。在應坐加增引張之人,經十餘年之久僅少得銀一兩六錢,爲數無多。且尚有整錠銷價可得,不至偏累。而應坐隰州等處之人,銷價不至無著,即資生有賴,永免向隅矣。

至輪扣之法,本司擬將圖場加增引名造具清册,鈐用印信。自改食土鹽之乾隆己丑年爲始,從册内首名起,扣足隰州等處引數止,按名入於坐錠册内,呈送鹽憲查核,逐年照辦,周而復始。俾各坐商彼此適均,永免分爭先後之弊。

運陝鹽路議

乾隆五十四年運使　季學錦①

　　乾隆五十四年,據永濟縣詳擬東張村里民姚成儒等稟稱,運陝鹽斤由臨晉縣屬夾馬口上船之車,必經東張、堡里二村行走,未免踐踏禾苗,懇請禁止。隨經運商陳寧泰等稟稱,東張等村係鹽車必由之道,歷來運發并無妨礙田禾等情,由司詳院委勘,旋擬委員平陽府會同蒲州府履勘申覆,鹽車從夾馬口上船,由來久遠,歷有案擬。惟下馬頭、黄龍鎮既與夾馬口并屬運發正路,應將某州縣鹽車從某馬頭行走,由運司籌議配定,載入鹽志,蒙院批布政司移會鹽運司悉心確核,總期商民兩便,妥議詳奪。旋經本司據商人陳寧泰等稟覆,運陝鹽斤分由夾馬口、黄龍鎮、下馬頭三處行走緣由。

　　本司覆查,陝西及河南之閿鄉、淅川二縣鹽車,由夾馬口、黄龍鎮、下馬頭轉脚過河,共四十五州縣。下馬頭在運城西南,黄龍鎮在運城正西,夾馬口在運城西北。由夾馬口下船,必從河路轉過黄龍鎮、下馬頭地界,方始登岸陸運。現在三處馬頭均無偏廢,而就夾馬口行走較多。并非捨近趨遠,别圖便益。緣黄龍鎮地勢狹窄,止有商店一座,不能多存鹽斤;下馬頭地勢低窪,只可冬季春初,隨運隨發。季春夏秋,恐被水患,不能運貯。惟夾馬口地居高阜,且係陝西省木植糧食等物轉

---

①　季學錦(? —1798):江蘇昭文縣人,乾隆三十四年(1769)己丑科進士,乾隆五十四年任運使,嘉慶二年(1797)出任按察御使分巡臺灣兵備道,次年卒於任。

運之所,船隻、店口俱多,可以及時運發。是以攬載車戶,多半情願赴彼過河,勢難勉強。若按照三處均勻分配,并配定後不准再行改由,不特地窄店少之區難免露宿擁擠,恐低窪馬頭當夏秋霪雨之時,必致鹽裝冲淹,運發不前,於國課民食大有關係。本司細加查察,均與該商等所稟無異。所議酌分三馬頭行走鹽車州縣,雖數目稍有不均,然俱按照地勢寬窄高卑、店口船隻多寡而定,均屬允當。惟所懇由下馬頭行走之大荔等十州縣,於每年三月至九月改由夾馬口一節,查霪雨雖在夏秋,而旱潦有時亦難懸定。若如該商等所議分定月分,則凡至夏秋,下馬頭仍然寂寞,與分配之義稍有未符。

茲本司悉心妥議,請將商州、雒南、白河、平利、邠州、三水等六州縣鹽車,定由黃龍鎮行走;大荔、同官、耀州、石泉、白水、山陽、商南、富平、朝邑、蒲城等十州縣鹽車,定由下馬頭行走;咸寧、長安、潼關、華州、鄠縣、淳化、乾州、永壽、高陵、渭南、禮泉、武功、郃陽、盩厔、咸陽、華陰、藍田、三原、涇陽、興平、澄城、鎮安、安康、洵陽、臨潼、韓城、淅川、閿鄉、紫陽等二十九州縣鹽車,定由夾馬口行走。除黃龍鎮、夾馬口此次分配州縣,定為永遠經由、毋庸通融外,其由下馬頭行走之大荔等十州縣,雖經分定,但遇季春夏秋雨澤過多之時,鹽裝恐被水患,許該商等隨時稟報,由運司查明屬實,准令改由夾馬口。并檄飭臨晉、永濟二縣知照。如此則略為變通,庶課食均無貽誤。

至東張、堡里二村之上通運城者,有路五條,曰馮留村、積善村、鷗樊村、北里營、新民庄五處。查鷗樊村與北里營毗連,係屬一路,由北里必經過鷗樊,俱皆僻背,未便概任鹽車行走,以致漫無稽察。本司再三籌畫,應請諭商轉飭該車戶等,嗣後鹽車准由積善、北里營二村入東張村,由東張村西分路處入夾馬口,不得仍前五村并行致干。查究其東張村以西路徑較狹,亦飭該車戶等止許魚貫而行。遇有雨來,車於寬處停待,彼此讓路開行。如有上坡覓路,以致損壞田禾,許該村鄉地禀請地方官責處。并請院憲於此案准詳之後,即發告示三道,檄飭臨晉、永濟二縣於各該馬頭張挂曉諭,并刻石立碑。運司載入鹽志,以垂永久。

第十二卷　藝　文

　　紀載之體例編藝文以資考據,況鹽策之政國計攸關。其規爲措置之大者,多散見於碑銘記載之中。一時之著述、百世之章程所繫,言立而功以立,則以編於奏疏之後互證參觀。繼此而有問津者,可以借箸而籌矣。

鹽　池　賦

晉　郭　璞①

　　水潤下以作鹹,莫斯鹽之最靈。傍峻岳以發源,池茫爾而海渟②。嗟元液之潛洞,羌莫知其所生③。狀委蛇其若漢,流

---

①　郭璞(276—324):字景純,河東聞喜人(今山西省聞喜縣),西晉建平太守郭瑗之子。東晉著名學者,既是文學家和訓詁學家,又是道學術數大師和游仙詩的祖師。郭璞曾注釋《周易》《山海經》《穆天子傳》《爾雅》《方言》和《楚辭》等古籍。本篇以《藝文類聚·卷九》所錄爲底本校勘。

②　峻岳:高峻的山嶽,指中條山。海渟:聚集不流的大水。渟,校本作"停",依底本作改。

③　元液:初始的池水。《藝文類聚》"元"爲"玄",清人避康熙皇帝玄燁名諱,凡"玄"皆改作"元"。羌:句首助詞。《楚辭·離騷》:"羌内恕己以量人兮,各興心而嫉妒。"《楚辭·九歌·東君》:"羌聲色兮娱人,觀者憺兮忘歸。"

漫漫以潾潾①。吁鑿鑿以粲粲②,色皜然而雪朗。揚赤波之焕爛,光旰旰以晃晃③。隆陽映而不燋,洪涔沃而不長④。磊崔嵬碓,鍔剡棋方⑤。玉潤膏津,雪白凌岡。粲如散璽,焕若布章。爛若漢明,晃爾霞赤。望之絳承,即之雪積。翠塗內映,頳液外冪⑥。動而逾生,損而滋益。若乃煎海鑠泉,或湅或漉⑦。所贍不過一鄉,所營不過鍾斛。飴鹽見珍於西鄰,火井擅奇於巴濮⑧。豈若兹池之所産,帶神邑之名嶽。吸靈潤於河汾,總

---

① 委蛇:綿延屈曲貌。《楚辭·離騷》:"駕八龍之婉婉兮,載雲旗之委蛇。"漫漫而潾潾:廣遠無際的樣子。《管子·四時》:"五漫漫,六惛惛,孰知之哉!"漢劉向《九嘆·憂苦》:"山修遠其遼遼兮,涂漫漫其無時。"宋玉《高唐賦》:"涉潾潾,馳蘋蘋。"

② 鑿鑿以粲粲:鮮艷明亮的樣子。《詩·唐風·揚之水》:"揚之水,白石鑿鑿。"毛傳:"鑿鑿然,鮮明貌。"《詩·小雅·大東》:"西人之子,粲粲衣服。"朱熹集傳:"粲粲,鮮盛貌。"

③ 旰旰以晃晃:强盛明亮的樣子。《史記·河渠書》:"瓠子決兮將奈何? 皓皓旰旰兮閭殫為河!"晉葛洪《抱樸子·袪惑》:"及到天上,先過紫府,金床玉几,晃晃昱昱,真貴處也。"

④ 這句意為火熱的太陽(常年)照射(鹽池)却不干枯,洪大的雨水(猛烈)澆灌(鹽池)也不高漲。

⑤ 磊崔嵬碓:山石堆積的樣子,形容鹽料衆多,堆積如山。鍔剡棋方:形容鹽堆外形如劍刃平利,如棋盤方整。

⑥ 這句意為青泥掩映於池底,紅水籠罩於池表。頳液:池水在陽光下呈現的紅色液體。

⑦ 海鹽井鹽需要煎熬熔化,有人煉治,有人過濾。

⑧ 飴鹽:一種帶甜味的産於戎地的岩鹽。《周禮·天官·鹽人》:"王之膳羞共飴鹽。"鄭玄注:"飴鹽:鹽之恬者,今戎鹽有焉。火井:産可燃天然氣的井。古代多用以煮鹽。左思《蜀都賦》:"火井沈熒於幽泉,高焰飛煽於天垂。"劉逵注:"蜀郡有火井,在臨邛縣西南。火井,鹽井也。"巴濮:古代巴人和濮人生活所在地,在今四川、雲南一帶。

451

膏液乎澮涑①。

晉　問

唐　柳宗元②

猗氏③之鹽，晉寶之大也，人之賴之與穀同，化若神造，非人力也。但至其所，則見溝塍畦畹交錯輪囷④。若稼若圃，渙兮鱗鱗。邐灑紛屬，不知其垠。俄然決源釃流，交灌互澍⑤。

----

① 河汾：黃河、汾河。澮涑：澮水與涑水。澮水源出山西省翼城縣東，西流經曲沃、侯馬，於新絳注入汾河。《左傳·成公六年》："（新田）有汾澮以流其惡。"杜預注："澮水，出平陽絳縣南，西入汾。"涑水源於山西絳縣橫嶺關陳村峪。向西南流經聞喜、夏縣、鹽湖區、臨猗，至永濟，入伍姓湖，在弘道園村附近匯入黃河。

② 柳宗元（773—819）：字子厚，祖籍河東，生於長安。唐代文學家、哲學家、散文家和思想家，為唐宋八大家之一。貞元九年（793）中進士，後登博學鴻詞科，授集賢殿正字，遷藍田尉。永貞元年（805），參與王叔文集團革新失敗，由禮部員外郎貶官永州司馬。元和十年（815）春回京師，又出為柳州刺史，卒於柳州。與韓愈共同倡導古文運動，并稱"韓柳"。劉禹錫與之并稱"劉柳"。世稱柳河東或柳柳州。柳宗元的作品由唐代劉禹錫保存下來，彙編成集。有《柳河東集》。本處所選《晉問》，并非全文，僅摘與鹽有關的一段。以中華書局《柳宗元集》為校本校勘。

③ 猗氏：地名，今有臨猗縣。唐時屬河中府（蒲州）。其時鹽池號稱兩池，分為解縣、安邑所轄。猗氏在其西北。

④ 溝塍：溝渠與田埂。畦畹：塊狀田地。古稱五十畝為畦，三十畝為畹。亦有稱十二畝為畹。輪囷：盤曲貌。宋王禹偁《送光祿王寺丞通判徐方》詩："戲馬臺荒春寂寞，斬虵鄉古樹輪囷。"

⑤ 這句意為突然決開水源，疏導水流，澆灌池畦。

若肢若股①,委屈延布。脈寫膏浸,潷濕滑汩②。彌高掩卑,漫壠冒塊。決決没没,遠近混會。抵值隄防,瀴瀛濡濊③。偃然成淵,漭焉成川④。觀之者徒見浩浩之水,而莫知其所以及。神液陰瀝,甘鹵密起⑤。孕靈富媪,不愛其美。無聲無形,熛結迅詭。回眸一瞬,積雪百里。皛皛幕幕,奮僨離析⑥。鍛圭椎璧,眩轉的皪⑦。乍似隕星及地,明滅相射。冰裂雹碎,龍嵸⑧增益。大者印累,小者珠剖⑨。湧者如坻,坳者如缶⑩。日晶熠煜,螢駭電走⑪。亘步盈車,方尺數斗。於是衰斂合集,舉而

---

① 若肢若股:形容水流分叉如人之四肢。底本肢作"枝",也能講通,今不改。

② 這句意為水脈流動,土壤浸濕,波湧開合,混濁不清。

③ 瀴瀛濡濊:水深而遠的樣子。底本"濡"作"需"。

④ 這句意為停留而積水成淵,遠流而茫茫若川。

⑤ 這句意為神秘的池液悄然干涸,鮮美的鹽滷繁密凝成。齒,依校本改為"鹵"。

⑥ 皛皛:潔白明亮貌。晉陶潛《辛丑歲七月赴假還江陵夜行涂口》詩:"昭昭天宇闊,皛皛川上平。"幕幕:覆蓋周密的樣子。幕幕,校本作"羃羃"。離析,底本作"離折",校本"離析"和於音韵,今改之。

⑦ 鹽粒像鍛造打制的圭和璧,鮮亮得令人頭暈目眩。眩轉:眩暈,暈旋。漢班固《西都賦》:"攀井干而未半,目眩轉而意迷。"的皪:光亮、鮮明貌。漢司馬相如《上林賦》:"明月珠子,的皪江靡。"的皪,底本為"的爍",今依校本和音韵改作"的皪"。

⑧ 龍嵸:山勢高峻貌。漢司馬相如《上林賦》:"於是乎崇山矗矗,龍嵸崔巍。"此為聚集之意。傅毅《舞賦》:"車騎并狎,龍嵸逼迫。"李善注:"龍嵸,聚貌。"

⑨ 形容鹽粒大的像重積的印章,小的像剖分的玉珠。

⑩ 形容鹽粒湧積之處狀如高地,低凹之處形如缶器。《爾雅》:"水中可居者曰洲,小洲曰渚,小渚曰沚,小沚曰坻。"缶:一種瓦器,腹大口小,用來汲水或盛酒。亦可作樂器。抝,依校本和句意當為"坳"。

⑪ 形容鹽田如日光一樣明亮耀眼,螢火蟲為之驚駭,閃電為之走開。

堆之。皓皓乎懸圃①之巍巍。皦乎瀁乎,狂山太白之淋漓②。駭化變③之神奇,卒不可推也。然後驢騾牛馬之運,西出秦隴,南過樊鄧,北極燕代,東逾周宋。家獲作鹹之利,人被六氣④之用。和鈞⑤兵食,以征以貢。其賚天下也,與海分功⑥,可謂有濟矣。

---

① 懸圃:傳說在崑崙山頂有金臺、玉樓,為神仙所居。也稱玄圃。後泛指仙境。語出《楚辭·天問》:"崑崙懸圃,其凥安在?"王逸注:"崑崙,山名也,其巔曰縣圃,乃上通於天也。"

② 皦:白。瀁:水深遠的樣子。狂山:傳說中的山名。《山海經·北山經》:"又北三百八十里曰狂山,無草木。是山也,冬夏有雪。"柳宗元《天對》:"狂山凝凝,冰於北至。"太白,山名。在陝西省眉縣東南。李白《蜀道難》詩:"西當太白有鳥道,可以橫絶峨眉巔。"王琦注引慎蒙《名山記》:"太白山,在鳳翔府郿縣東南四十里,鍾西方金宿之秀,關中諸山莫高於此。其山巔高寒,不生草木,常有積雪不消,盛夏視之猶爛然。故以'太白'名。"太白,古人"大"、"太"混用,底本作"大白",今依校本作改。

③ 底本作"變化",今依校本改之。

④ 六氣:或指人體內的精、氣、津、液、血、脈,以其本為氣所化,故名。

⑤ 和鈞:使計量標準準確劃一。《書·五子之歌》:"關石和鈞,王府則有。"孔傳:"金鐵曰石,供民器用,通之使和平,則官民足。"蔡沉集傳:"關,通;和,平也。百二十斤為石,三十斤為鈞……關通,以見彼此通同,無折閱之意;和平,以見人情兩平,無乖爭之意。"

⑥ 賚:賞賜。分功,底本為"分工",依校本作改。

鹽池問對

明宏治　呂子固①

正德戊辰秋,逸人逾河西游,登梁山之巔,觀秦川之勝,下歷宜川,歸息坂底②。

有羽士接延,起問曰:"先生世居河東之解,解有鹽池,其形何似?"逸人曰:"近在解城之東,遠至安邑之左。南限中條,北濱峨嵋。形若沐盆,平如砥石。袤狹廣長,幅員百里。花浮池面,雪湧水底。誠天設地造之區也。"

羽士曰:"弟子少游幽燕,歸經青齊,彼之鹽或出於土,或煮於海,則有盆鑊之勞。壯入蜀川,順流淮浙,彼之鹽或汲於井,或掃於鹵,則有煎熬之苦。至於山崖草木,皆假人力,何獨此鹽若天然乎?"逸人曰:"水惟潤下,潤下作鹹。解池下深百仞,傍多輔相。北有淡水泉,乃幻化鹽花之腴;南有分雲嶺,乃尸主鹽澤之神;東南有鹽風洞,鹽花得此,一夕而成;東北有湧金泉,鹽花以此滋養而生。然鹽雖賴水,多亦能敗。故池外有

---

① 呂子固:明弘治己酉舉人,官富平教諭,字孟堅,解州人。呂子固有《謁解廟》詩:"正氣充盈窮宇宙,英靈煌赫幾春秋。巍然廟貌環天下,不獨鄉關祀典修。"

② 梁山:在今陝西省韓城市境。《詩·大雅·韓奕》:"奕奕梁山,維禹甸之。"鄭玄箋:"梁山,今左馮翊夏陽西北。"《春秋·成公五年》:"梁山崩。"杜預注:"梁山,在馮翊夏陽縣西北。"秦川:泛指今陝西、甘肅的秦嶺以北平原地帶。因春秋、戰國時地屬秦國而得名。宜川:東臨黃河,南接韓城,古為雍州之地,現歸延安市轄。坂底:今臨汾市堯都區、汾西縣、鄉寧縣均有坂底村。作者可能歷宜川,再東渡黃河南下,息於鄉寧之坂底。

垣,垣外有塹,塹外有堰,連環數重,渟滀百水。俾滲漉潛入,交相培養,方成作鹹之利。顧味鹹,魚鱉不生;性温,隆冬不冰。春秋生鹽多硝,夏月生鹽獨美。若春葩之媚目,秋萼之耀日,晶瑩百里,取之不窮,誠大寶也。"

羽士曰:"敢問生育如何?"逸人曰:"在宋,池次爲溝,布畦其間。歲以二月一日,畦户入池,蓋庵,治畦,淘溝。俟風至,引水灌種。水深一二寸,乃已。經數時,水面鹽花浮上,若凝脂皎雪,謂之搨花,以其必擊搨而後成鹽也。乃用木扒遍打,沉於水底,風力滚蕩,逼以烈日,映水視之,若貝齒然。色即潔白,粒如斗顆。歲旱,色干白,粒細而芒。霖雨過多,日色不烈,則青頭色。正南風或正東風則紅白,顆成小印子狀。東北、西南風則搨花不浮,滿池如沸稀粥,謂之粥發。其味苦澀不堪食,刮棄畦外。俟風轉,則上水收種,俗所謂朝種暮收是也。國家和氣所召,川原呈祥,不必治畦灌種。蓋池以潴水,下有淤泥,中有鹽根,根上有鹽板。歲四五月,烈日映池,水面生花如薄冰。東南風震蕩其花,翻花板上,自成顆粒,古謂之漫生鹽,今謂之斗粒鹽。若得小雨,則顆愈鮮明,故曰顆鹽也。"

羽士曰:"於古今何如?"逸人曰:"青州貢鹽,未聞解鹽。周官以鹽人掌鹽,而有鹽鹽,謂不煉治者,蓋解鹽也。《穆天子傳》有安邑觀鹽池語,《左傳·魯成公六年》有晉人郇瑕沃饒近鹽之説,則解鹽載之籍亦久矣。秦之鹽利二十倍於古,猗頓富與天子埒。漢以山澤爲私奉,唐以鹽鐵佐國軍,則解池之利溥矣。宋則解鹽通商,陝京爲便。商以納錢之鈔輸鹽務,官以給鹽之鈔在解池。公家無輦運之勞,民用無泥沙之雜。爰至於元,雖取用解鹽而興替不常,國家以鹽通商,以利佐邊,故封以隍塹,巡以警邏,而又統以風紀,民不得竊,商不得冒,防範周矣。"

羽士曰:"沿革何如?"逸人曰:"自鄭當時舉齊之鬻鹽者①,解鹽在官始悉。後魏及隋嘗舍其禁,與民共取。但富民獨專利,貧者重困,乃復歸於官。唐隸度支。五代漢置解州榷鹽院。宋分兩池爲兩場,置官八員,而州亦有榷鹽院,守貳領之,總其事曰制置。金因之。元初,置司於池之北阜,曰路村。後罷解鹽使,徙陝西都轉運司於路村,罷西場爲兩場。故明朝因兩場之制,鹽歸司。成化末年,撫鎮奏開東場於安邑,西場於解州,又添中場於路村,均沾其利矣。其食鹽之廣,三省、十府、州三十二、縣一百八十九。則山西平陽、澤潞、遼沁,陝西西安、延安、鳳翔、漢中,河南開封、河懷、南陽、汝寧也。"

羽士稽首曰:"微先生,則弟子未知其由矣。"

鹽池賦

明萬曆　劉敏寬②

天備五行,是生五味。潤下作鹹,惟水之謂。蒐渚探波,

---

① 鄭當時:字莊,陳人,漢武帝為大農令,進言用東郭咸陽等商人。《漢書·食貨志》:"於是以東郭咸陽、孔僅為大農丞,領鹽鐵事,而桑弘羊貴幸。咸陽,齊之大鬻鹽,孔僅,南陽大冶,皆致產累千金,故鄭當時進言之。"

② 劉敏寬:字定余,明解州安邑(今運城市鹽湖區)人,萬曆五年(1577)進士,萬曆四十三年由延綏巡撫升任陝西三邊總督。曾任兵部尚書,加太子太保。參與修撰《安邑縣志》。本篇參校《河東鹽政彙纂》以及雍正版《敕修河東鹽法志》。

汲井障汐①。分及飛泉,草木土石②。淘漉熬煎,矯揉擘畫③。其獲纖纖,其勞役役。

惟茲鹽池,不疏不闢,肇判鴻濛。參井之分,陰陽之宮。股肱之域,郇瑕之封。唐都之南,虞畿之東。稷山之址,禹甸之中。④ 局圜麓而偃仰,伏河曲而靈通⑤。縱邐橫遥,幅員百里。垣繚雉列,斥堠蠻峙⑥。若盂若盆,如砥如矢⑦。蓄幽壤之重泉,涵天潢⑧之注水。元玉簇而根盤,堅冰萃而狀起⑨。中條崒嵂抱其前,孤山嶕嶢蹲其後,太行磊崿綿其左,雷首崒

---

① 搜集於水邊,探求於海波,指海鹽生產。汲取於鹽井,遮擋住潮汐,指井鹽生產。

② 本句意為遍及泉鹽、草鹽、木鹽、土鹽、石鹽。

③ 矯揉:矯正,整飭。矯:使曲的變直;揉:使直的變曲。《易·說卦》:"坎……為矯輮。"擘畫,籌劃,安排。

④ 此四句暢言鹽池之位置。唐都:唐堯之都平陽。虞畿:虞舜之都蒲坂。稷山:后稷稼穑之山陵。禹甸:夏禹統轄之區域。

⑤ 意謂鹽池屈伏於環山之中、黃河之曲,安然而居,與神相通。偃仰:安居,游樂。《詩·小雅·北山》:"或栖遲偃仰,或王事鞅掌。"北齊顏之推《顏氏家訓·止足》:"高此者,便當罷謝,偃仰私庭。"

⑥ 斥堠:亦作斥候,偵察,候望,引申指用以瞭望敵情的堡壘。明尹耕《紫荆關》詩:"斥堠直通沙磧外,戍樓高并朔雲平。"蠻峙:很好地聳立。蠻:方言,程度副詞,表很、挺等。如:身子蠻結實。這山蠻高的。

⑦ 像磨石一樣平,像箭杆一樣直。矢:直,筆直。《詩·小雅·大東》:"周道如砥,其直如矢。"朱熹集傳:"矢,言直也。"

⑧ 天潢:即天河。漢張衡《思玄賦》:"乘天潢之泛泛兮,浮雲漢之湯湯。"

⑨ 意謂黑鹽水聚集為鹽根,進一步凝固為鹽床。元玉:玄玉,黑色的玉。

嶙聳其右。① 外則渠堰繡錯,溯湃而瀠洄;內則崖壑星羅,棼沓②而輻輳。時澄泓而鑒髮燭眉,時洶湧而黏天渥日③。羣峰倒影,蘸琉璃而若浮;百卉貢妍,藉翡翠而欲溢。凭海光而眺遠,羌嶄嶬之璁瓏;倚歌薰而臨深,怳灝景之昭融;陟分雲而頻瞰,森鄧林之鬱叢;據五老而流盼,壯今岸之眠虹。④ 千岩崝嶙而拱翼,仿佛兮飛五嶽而會同;殊流混沌而渟泊,依稀乎納萬

---

① 孤山在今山西萬榮境內。雷首位於中條山西端。太行位於中條山北邊。崒嵂、嶵嵬、礌嵲、岜嶹,均為形容山勢高峻之詞。宋陸游《大寒》詩:"為山儻勿休,會見高崒嵂。"晉陶潛《擬挽歌辭》之三:"四面無人居,高墳正嶵嵬。"晉左思《吳都賦》:"雖有石林之岜嶹,請攘臂而靡之。"礌嵲,無例可舉,其意可推。

② 棼沓:或同紛沓,紛冗繁雜。《南齊書·蕭穎胄傳》:"董帥熊羆之士十有五萬,征鼓紛沓,雷動荊南。"

③ 鑒髮燭眉:形容鹽池水面清澈得像鏡子和臘燭一樣可以照見眉髮。黏天渥日:形容鹽池波濤洶湧,高極天日。黏天:謂貼近天,仿佛與天相連。宋黃庭堅《次韻奉答存道主簿》:"旅人爭席方歸去,秋水黏天不自多。"渥日:打濕了太陽。渥:沾濕。

④ 海光、歌薰:指鹽池北岸池神廟內之海光樓、歌薰樓。分雲、五老:指鹽池南岸中條山上之分雲嶺、五老峰。嶄嶬:當似"嶄巖",高峻的山崖。漢班固《西都賦》:"超洞壑,越峻崖,蹷嶄岩,巨石隤。"璁瓏:明潔貌。金元好問《點絳唇·青梅永寧時作》詞:"玉葉璁瓏,素妝不趁宮黃媚。"昭融:謂光大發揚。語出《詩·大雅·既醉》:"昭明有融,高朗令終"。毛傳:"融,長。朗,明也。"高亨注:"融,長遠。"鄧林:古代神話傳說中的樹林。《山海經·海外北經》:"夸父與日逐走,入日。渴欲得飲,飲於河渭。河渭不足,北飲大澤。未至,道渴而死。棄其杖,化為鄧林。"流盼:轉着眼珠看。《東周列國志》:"(褒姒)姿容態度,目所未睹,流盼之際,光艷照人。"眠虹:比喻曲屈而狹長的鹽池。

派而朝宗①。

五弦鼓其濱而衆民愉，八駿歷其涯而上游著②。姬旦因鹽以置官，祖龍興重寶而建署③。漢皇用武而資饒，唐帝除兇而用鉅。閱宋及元，一致百慮④。洪惟我明，天作其助。鹽弗待治而成，課不竢徵而裕，不啻什百於古初之充餓者也。故乃氣肅膠折⑤，月白風凉。土膏向歇，息機弗昌。元律并凌，⑥觱

---

① 拱翼：拱圍，輔佐。仿佛：隱約，依稀。《楚辭·遠游》："時仿佛以遙見兮，精皎皎以往來。"晉陶潛《桃花源記》："山有小口，仿佛若有光。"朝宗：比喻小水流注大水。《書·禹貢》："江漢朝宗於海。"孔穎達疏："朝宗是人事之名，水無性識，非有此義。以海水大而江漢小，以小就大，似諸侯歸於天子，假人事而言之也。"

② 此句為兩個典故。一是虞舜撫五弦之琴而歌南風，一是周穆王曾游歷於古鹽池。八駿：傳為穆天子的八匹名馬。上游：當指鹽池。

③ 姬旦：周文王姬昌第四子。因封地在周（今陝西岐山北），史稱周公。是西周初杰出的政治家和軍事家。祖龍：指秦始皇。《史記·秦始皇本紀》："三十六年……秋，使者從關東夜過華陰平舒道，有人持璧遮使者曰：'為吾遺滈池君。'因言曰：'今年祖龍死。'"裴駰集解引蘇林曰："祖，始也。龍，人君像，謂始皇也。"

④ 一致百慮：百慮一致，謂使各種不同的思想歸於一致。語出《易·繫辭下》："天下何思何慮，天下同歸而殊涂，一致而百慮。"

⑤ 膠折：語本《漢書·晁錯傳》："欲立威者，始於折膠。"顏師古注引蘇林曰："秋氣至，膠可折，弓弩可用，匈奴常以為候而出軍。"後因以"膠折"指秋高氣爽，宜於行軍之時。唐虞世南《從軍行》之一："全兵值月滿，精騎乘膠折。"

⑥ 元律：玄律，冬季。南朝宋謝惠連《雪賦》："若乃玄律窮，嚴氣升。"觱發栗烈，風寒氣冷。《詩·豳風·七月》："一之日觱發，二之日栗烈，無衣無褐，何以卒歲？"朱熹集傳："觱發，風寒也；栗烈，氣寒也。"

發栗烈。急景淒寒,氤氳閟結。① 青春受謝,駘蕩舒恬②。餘陰潛伏,曦景稽炎③。閱彼三時,詎曰無鹽。硝版蒼澀,溉澤弗霑。獨尾火首之鶉次,當翼亢心之旦中。赤帝握符,火正致工,箕伯鼓靈箑而液蕩,水若駮洪潤而波冲④。欲斂實以就魄,豫變態其無窮。完碧既曖,流霞漸舒。絢若製錦,膩若敷酥。搵花始凝,睹輕颻而泛雪。黍粒乍墮,旋零亂而沉珠。儀斗鑄形,不偏不頗。任天賦質,不烟不火。儼清冷而鏡圓,倏縞素⑤而粉傅。霰纍纍而綃連,貝瑩瑩而練布⑥。播藍田之餘屑,膠

---

① 急景:急馳的日光,亦指急促的時光。唐曹鄴《金井怨》詩:"西風吹急景,美人照金井。"氤氳閟結,指陰陽二氣悄然凝結。氤氳,古代指陰陽二氣交會和合之狀。《白虎通‧嫁娶》引《易》:"天地氤氳,萬物化淳。"

② 青春:指春天。春季草木茂盛,其色青綠,故稱。受謝:接替。謝:更替。《楚辭‧大招》:"青春受謝,白日昭只。"明劉基《風入松》詞:"但道青春未謝,不知芳徑苔深。"駘蕩:舒緩起伏,盪漾。漢馬融《長笛賦》:"安翔駘蕩,從容闡緩。"南朝齊謝朓《直中書省》詩:"朋情以鬱陶,春物方駘蕩。"

③ 曦景稽炎:陽光延緩着炎熱。曦景,陽光。北魏酈道元《水經注‧晉水》:"水側有涼堂,結飛樑於水上;左右雜樹交陰,希見曦景。"

④ 赤帝:當指炎帝,傳說因懂用火而得王位。《逸周書‧嘗麥》:"蚩尤乃逐帝,爭於涿鹿之阿,九隅無遺。赤帝大懾,乃說於黃帝,執蚩尤,殺之於中冀。"火正:古代掌火之官。《左傳‧昭公二十九年》:"火正曰祝融。"《漢書‧五行志上》:"古之火正,謂火官也,掌祭火星,行火政。"箕伯:中國古代神話中的風神。張衡《思玄賦》:"屬箕伯以函風兮,懲洪沴而為清。"李善注引《風俗通》:"風師者,箕星也,主簸物,能致風氣也。"水若:傳說中的水神名。顏延之《車駕幸京口三月三日侍游曲阿後湖詩》:"山祇蹕嶠路,水若警滄流。"張銑注:"山祇,山神;水若,水神也。"箑,扇子。駮,馬疾走。

⑤ 縞素:白色。縞與素都是白色的生絹,引申為白色。《戰國策‧魏策》:"若是必怒,伏屍二人,流血五步,天下縞素,今日是也。"

⑥ 比喻鹽粒像雪珠累積而如連片的軟綃,像貝齒晶瑩而如廣布的白練。綃:薄絲。練:白絹。

搏風之颺絮①。暮烟屯而霜冷璧寒,朝晞逵而星流電邊②。茲蓋皇輿穆清,夾介毖飭③。靈貺寵綏④,丕顯宏德。地不愛寶,瞬息千億。可以界尸賓,可以調鼎實⑤,可以作味君,可以和民食。猗頓不能封其殖,王鸞⑥無所庸其億。於焉,詔百官,督萬户,辦疆場,申護矩,旌勞勩,懲砦窳⑦,籌盈縮,別甘苦。良時亟乘,美利無吐⑧。筐筥如雲,鍬畚如雨。比次如鱗,旅進如堵。健矯如風,歡躍如舞。千倉萬箱,如携如取。如坻如京⑨,在水之滸。負戴繩繩,涉瑤溪而泛銀河;捆載轟轟,過阿房而

---

① 藍田:代指藍田玉。颺絮:飄飛的柳絮。搏,底本為"搏",據校本改。搏風:旋風。

② 星流電邊:謂如流星閃電,迅猛異常。漢司馬相如《子虛賦》:"乘遺風,射游騏,倏眒倩浰,雷動猋至,星流霆擊。"《周書·晉蕩公護傳》:"更集諸部,傾國齊至,星流電擊,數道俱進。"

③ 皇輿:國君所乘的高大車子。多指王朝或國君。《楚辭·離騷》:"豈余身之憚殃兮,恐皇輿之敗績。"夾介,猶言輔助。《書·多方》:"爾曷不夾介乂我周王享天之命?"毖飭:告誡。

④ 寵綏:指帝王或神靈對各地進行撫綏。《書·泰誓上》:"天佑下民,作之君,作之師,惟其克相上帝,寵綏四方。"

⑤ 尸賓:祭祀和待客。鼎實:鼎中所盛之物。語出《易·鼎》:"九二,鼎有實。"

⑥ 王鸞:宋代大鹽商。《東坡志林·井河》:"蜀去海遠,取鹽於井。陵州井最古,浯井、富順鹽亦久矣。惟邛州蒲江縣井,乃祥符中民王鸞所開,利入至厚。"

⑦ 護矩:法度。勞勩:勞苦。砦窳:苟且,懶惰。

⑧ 美利無吐:利益豐厚,無須陳説。

⑨ 坻:水中小洲或高地。《詩·秦風·蒹葭》:"溯游從之,宛在水中坻。"京:高丘。《詩·小雅·甫田》:"曾孫之庾,如坻如京。"毛傳:"京,高丘也。"

輦潾沱①。蜂蟻絡繹,轉徙邱阿。封馬鬣而密比,象土屋而嵯峨②。

由是,祖禹貢青州之範,遵周官鹽人之策。斥桑孔之陋規,裁吳劉之故業③。權便公私,羣情允協。應時掣支,森廩甲令④。千乘集而鋪敦⑤,萬馬齊而驍勁。百夫勸而奏功,五幟⑥植而掩映。進退適乎疾徐,聚散仿乎奇正。百室斯開,三堉充并⑦。爾乃鞓艦交飛,販賈幷躡,轂擊騎聯,袂帷踵接。濟汾津,沿姑射,越沃霍,達陽澤⑧,而晉鄙贍也。由蒲坂,入潼關,

---

① 繩繩:衆多,綿綿不絕的樣子。《詩·周南·螽斯》:"螽斯羽,薨薨兮。宜爾子孫,繩繩兮。"朱熹集傳:"繩繩,不絕貌。"《老子》:"繩繩兮不可名,復歸於無物。"轟轟:象聲詞,形容大聲連續作響。

② 意謂鹽車密集、高大。封馬鬣:即馬鬣封,墳墓上封土的一種形狀。明唐順之《皇陵行》:"羽騎千屯護玉魚,鬣封數仞堆金粟。"土屋:土築的房屋。

③ 桑孔:桑弘羊和孔僅。吳劉:吳王劉濞。

④ 森廩:森嚴可畏。廩,通"凜"。甲令:第一道法令,朝廷頒發的重要的法令。《易·蠱》"先甲三日,後甲三日。"唐孔穎達疏:"甲者創制之令者,甲為十日之首,創造之令,為在後諸令之首,故以創造之令謂之甲。故漢時謂令之重者,謂之甲令,則此義也。"

⑤ 鋪敦:謂陳兵屯駐。《詩·大雅·常武》:"鋪敦淮濆,仍執醜虜。"

⑥ 五幟:五面旗幟,是敵軍逼近城郊的聯絡信號。《墨子·旗幟》:"到女垣,鼓七,舉五幟。"

⑦ 百室:指衆多房屋。晉左思《蜀都賦》:"百室離房,機杼相和。"晉陸雲《登臺賦》:"深堂百室,層臺千房。"三堉:當指鹽池的三個城門。堉,城墻。

⑧ 汾津:汾河渡口。姑射:姑射山,在山西臨汾西,即古石孔山,九孔相通。《山海經·東山經》:"盧其之山……又南三百八十裏,曰姑射之山,無草木,多水。"沃霍:曲沃與霍州。陽澤:陽城和澤州。

渡涇渭,遍秦山,而百二①給也。穿青石,杭河陽,逾汝洛,抵鄧襄,而天中②優足也。季倫陶朱③,嚷嚷嘻嘻,填資帑藏,公家以肥,財賦不匱矣。佐餉紫塞④,士飽馬騰,撻伐用張,銷沮凭陵⑤,邊鄙不聳矣。外安內寧,金湯以奠,於萬斯年,受天之眷,九重⑥釋西顧之憂矣。河膏九里,池育一方,睠此河東,與與揚

---

① 百二:一百的二倍。後以喻山河險固之地。此指陝西關中之地。《史記·高祖本紀》:"秦,形勝之國,帶河山之險,縣隔千里,持戟百萬,秦得百二焉。"

② 青石:青石槽,虞坂鹽道之險要地段。河陽:古地名,在今河南孟縣西,亦可解為黃河之北。汝洛:汝水和洛水流域,約指今豫西北地區。鄧襄:河南鄧州與襄城。天中:河南省中南部駐馬店地區,因處"豫州之腹地,天下之最中"而得名。此處概指中原。

③ 季倫:石崇(249—300),西晉文學家。祖籍渤海南皮(今屬河北),生於青州,小名齊奴。元康初年,出任南中郎將、荊州刺史。在荊州"劫遠使商客,致富不貲。"陶朱:范蠡,字少伯,春秋末期楚國宛人,幫越王勾踐滅吳後,棄官從商,遂成巨富。

④ 紫塞:北方邊塞。晉崔豹《古今注·都邑》:"秦築長城,土色皆紫,漢塞亦然,故稱紫塞焉。"南朝宋鮑照《蕪城賦》:"南馳蒼梧漲海,北走紫塞雁門。"

⑤ 削弱外敵欺凌。削沮:削弱,敗壞。《明史·張鵬傳》:"且京軍困營造,精力銷沮,猝有急,何以作威厲氣。"憑陵:亦作憑凌,侵犯,欺侮。《左傳·襄公二十五年》:"今陳忘周之大德,蔑我大惠,棄我姻親,介恃楚衆,以憑陵我敝邑。"

⑥ 金湯:金城湯池的略稱。城池:城牆和護城河。湯,熱水。城牆是金屬,護城河是滾水。比喻堅固無比、防守嚴密的城市或工事。九重:指帝王。唐李邕《賀章仇兼瓊克捷表》:"遵奉九重,決勝千里。"

揚①，四民鮮顛連②而無告矣。乾坤浩浩，今古延延，形勝未嘗乏也。而膏腴坐收，俄頃無算，若與形勝爭衡者，諒莫之能全，利源固不一也。而畦畷交加，山川四塞，咸與利源駢集者，或莫之能前。瞠乎其後者，銅陵金穴。美稱并軌者，玉水金淵③。故宜乎監臨、轉運肅綱紀而重事權。何忝乎春秋祈報，鬯九地而艾九天④？

或曰：有是哉！全勝攬而寶藏興，奏效捷而導利廣。醝池其天下之殊觀，海内之珍域乎？顧鹽有時乎不繼，何與？曰：雨暘時若，采兼鉅細，杜竊防銷，澆曬以濟，源源陳陳，惡乎不繼？或曰：曬鹽味劣，卒致改食，如禁例何？曰：味劣非曬，欲速其由。曬久取廉，撈鹽與儔。或曰：何爲樹防？曰：警賄通

---

① 與與：繁盛貌。《詩·小雅·楚茨》："我黍與與，我稷翼翼。"鄭玄箋："黍與與，稷翼翼，蕃蕪貌。揚颺：得意貌。《荀子·儒效》："呼先王以欺愚者而求衣食焉，得委積足以掩其口，則揚颺如也。"

② 顛連：困頓不堪，困苦。宋張載《西銘》："凡天下疲癃殘疾，惸獨鰥寡，皆吾兄弟之顛連而無告者也。"

③ 銅陵：產銅的山陵。揚雄《蜀都賦》："西有鹽泉鐵冶，橘林銅陵。"章樵注："鐵冶、銅陵，產銅鐵處。"金穴：藏金之窟。喻豪富之家。《後漢書·郭皇后紀上》："況（郭況）遷大鴻臚，帝數幸其第，會公卿諸侯親家飲燕，賞賜金錢縑帛，豐盛莫比。京師號況家為金穴。"玉水：產玉的水。顏延之《贈王太常詩》："玉水記方流，璇源載圓折。"李善注："《尸子》曰：'凡水，其方折者有玉，其圓折者有珠也。'"唐李商隱《玉山》詩："玉山高與閬風齊，玉水清流不貯泥。"金淵：當指玉淵，出美玉的深淵。

④ 鬯：古代宗廟祭祀用的香酒，用以代指宗廟祭祀。唐韓愈《順宗實錄三》："付爾以承祧之重，勵爾以主鬯之勤。"九地：猶言遍地，大地。宋張元幹《賀新郎·送胡邦衡待制赴新州》詞："底事崑崙傾砥柱，九地黃流亂注。"胡雲翼注："九地，九州之地，即'遍地'的意思。"艾：報答。《國語·周語上》："樹於有禮，艾人必豐。"韋昭注："艾，報也。"九天：謂天之中央與八方。《楚辭·離騷》："指九天以為正兮，夫唯靈修之故也。"

而繩販盜,斯漏卮不耗;厚覆藉而謹決蝕,斯尾閭可塞①。或曰:撈鹽間亦有劣者乎?曰:嚴密稽核,峻信法程,誰復爲劣,皎皎瓊瑛②。或曰:鹽商奚爲稱困?曰:挨支四年,壓待鉅萬。鹽岐美惡,值分貴賤。袞多益寡,饒虧嗇羨③。鹽罄課存,運發作難。若非近者,百計憐存,濡沫餘生。索諸枯魚之肆者,殆將強半。或曰:蘇困云何?曰:通其情,恤其私,興其利,除其害,庶桑榆之可收,允上下其多賴。或曰:今而後知齹池,雖擅地靈,籌策則仗人傑矣。曰:裁成輔相④,天地且因。睠彼齹池,復奚疑乎?爲政在人。

---

① 漏卮:有漏洞的盛酒器。尾閭:古代傳說中泄海水之處。《莊子·秋水》:"天下之水,莫大於海,萬川歸之,不知何時止而不盈;尾閭泄之,不知何時已而不虛。"此指池鹽之透漏和远端之堤防。

② 皎皎:潔白貌,清白貌。《詩·小雅·白駒》:"皎皎白駒,在彼空谷。"三國魏曹植《蟬賦》:"皎皎貞素,侔夷節兮。帝臣是戴,尚其潔兮。"瓊瑛:美玉。

③ 岐:同"歧",分別。袞:聚集。羨:有餘。

④ 裁成:栽培,謂教育而成就之。清汪弘隆《寄謝同門曹翼宸》詩:"豈信質分薄,裁成寡良師。"輔相:宰相,也泛指大臣。《史記·孔子世家》:"王之輔相有如顏回者乎?"

修解池垣塹記

明成化　彭華①

　　箕子陳《洪範》,以食貨爲首政②。孔子繫《易》,以理財正辭、禁民爲非爲義③。聖人治天下,未嘗不理財以利民。而理之之道,莫先乎興山澤自然之利。河東山澤自然之利,莫逾解池。

　　池之垣塹不密,護視不周。或雜流浸淫以入,則鹽不就。或小人相羣以私竊,至争鬥不可禁。國家設都轉運司,募民入

---

　　① 彭華:江西安福人,生卒年待考。景泰五年(1454)會試第一,正統十三年(1448)狀元,内閣首輔彭時之族弟,曾任文淵閣大學士。彭華深刻多計數,善揭他人之短,嘗嗾蕭彥莊攻擊李秉,又與尹直結盟,逐尹旻、羅璟等大臣,人人皆惡而畏之。逾年,患風疾之症去世。蘇昌臣《河東鹽政彙纂》題名為《王公重修解池垣塹記》。

　　② 箕子:名胥餘,殷商貴族,因封國於箕(今山西太谷縣東北),爵為子,故稱箕子。屢諫紂王奢靡未果,佯狂為奴。後周滅商,周武王問之於政。箕子告以洪範九疇,即大法九類。其中所列八政為:食、貨、祀、司空、司徒、司寇、賓、師。

　　③ 易:《周易》,又名《易經》,是儒家的重要經典之一,包括經和傳兩部分。其傳的部分稱為《易傳》,司馬遷稱為《易大傳》。《易傳》包括七部分十篇,稱為《十翼》,傳為孔子所作。其中《繫辭傳下》有言:"理財正辭,禁民為非曰義。"

勻粟於邊,予券給鹽①。往往得利於兩淮,而兩浙次之,解反出其下。豈以事事者有未備歟?

御史王公臣,首奉璽書視事。下車②,傍池地侵牟於人者,悉取歸之官。周池垣塹,遂以興築。環池四面爲垣,南北高十有三尺,厚如之,而垣之上厚三分之二。東西高減南北之三尺,厚又減二尺。垣外爲塹,深十尺,闊如之。塹外爲堰,堰自中條山北麓來者,俱完其舊。垣下置二十四鋪,鋪置邏卒五人。經始於成化甲午春正月,數越月而訖工。

鹽大熟,盜不得私竊。鉅商細賈競聚池下,鹽大售。於時,解池之利漸出兩浙、兩淮上矣。

公留一歲,卒。運使(孟)公徵記。予曰:"夫爲國家興自然之利,而不使民陷於爲非,不可以不書。"

---

① 明代鼓勵商人輸運糧食到邊塞換取鹽引,給予販鹽專利的制度。又稱開中。開中法大致分為報中、守支、市易三步。報中是鹽商按照明政府的招商榜文所要求的,把糧食運到指定的邊防地區糧倉,向政府換取鹽引;守支是鹽商換取鹽引後,憑鹽引到指定的鹽場守候支鹽;市易是鹽商把得到的鹽運到指定的地區銷售。孝宗弘治時,葉淇為戶部尚書,改舊制為商人以銀代米,交納於運司,解至太倉,再分給各邊,每引鹽輸銀三四錢不等,致太倉銀多至百餘萬,國家的財政收入驟增。

② 下車:下車伊始,官吏剛到任所。現泛指剛到工作的場所。

鹽池東門記

明成化　劉健①

諸鹽所産不同。或於海，或於井，謂之末鹽，皆須人力。而户煮之，其禁之也難。惟産解州者，謂之顆鹽，不須人力，出自天成。且止一池耳，其禁之也易。故他州皆遣御史，獨解州不遣。

成化癸巳，朝廷始從孟淮之請遣御史。王公臣實當初任，遂大爲垣壍，以周於池，若城隍②然。於是，瀕池之民皆食鹽於官，視他州户得自煮者迥異。池廣袤百二十里，獨北開一門，運司治在焉。往來商賈悉萃於是③。瀕池東西民爲官采鹽者，皆以爲病。成化二十一年，御史吴公珍請於朝，得再開東、西二門。東當安邑，西當解州，并路村爲三，於是翕然以爲便。

---

① 劉健（1432—1526）：河南葉縣人，字希賢，明朝中期大臣。少端重，與同邑閻禹錫、白良輔游，得河東薛瑄之傳。舉天順四年（1460）進士。成化初，修《英宗實録》，進修撰，三遷至少詹事，充東宫講官。孝宗即位，進禮部右侍郎兼翰林學士，入内閣參預機務。弘治四年（1491）進尚書兼文淵閣大學士，累加太子太保，改武英殿。又進少傅兼太子太傅，爲首輔。再加少師兼太子太師、吏部尚書、華蓋殿大學士。武宗嗣位，劉瑾用事，力争於朝。後致仕。卒，贈太師，謚文靖。《河東鹽政彙纂》題名爲《吴公作鹽池東門記》。

② 城隍：城墻和護城壕。

③ 悉萃於是：全都集中於此。

鹽池西門記

明宏治　袁翱①

　　解鹽本有東西二池,東屬安邑,西屬解州,各有門以通出入。姚行簡徙運司於路村,而解之分司遂廢,然禁門猶在也。成化十年,御史王公臣見禁門去運司四十里,剽竊之徒難以防制。於是徙門於路村,而解之舊門窒。方是時,商賈之懋遷②,羈人③之旅食,與夫工執業、民赴役者,紛紛然皆聚於路村,而解之民不得一沾鹽池之利焉。成化二十一年,御史吳公珍涖河東,曰:"路村之民,民也;解之民,亦民也"。考圖經④,得東西二門舊制。令同知黄琳相度經營,闢禁垣而闠⑤之。夫然後解之市井闤集得與路村埒,予以宏治二年通判⑥河東,敘其大略而記之如此。

---

　　① 袁翱:生年、事跡不詳。雍正本《敕修河東鹽法志》題名為《鹽池西禁門記》,《河東鹽政彙纂》題名為《吳公復鹽池西禁門記》。
　　② 懋遷:貿易。語出《書·益稷》:"懋遷有無化居。"孔傳:"勉勸天下,徙有之無,魚鹽徙山,林木徙川澤,交易其所居積。"
　　③ 羈人:旅客。南朝宋鮑照《代悲哉行》:"羈人感淑景,緣感欲回轍。"
　　④ 圖經:附圖畫、地圖的書籍或地理志。
　　⑤ 闠:門,此處為意動用法,以……為門。
　　⑥ 通判:宋初始於諸州府設置,即共同處理政務之意。地位略次於州府長官,但握有連署州府公事和監察官吏的實權,號稱監州。明清設於各府,分掌糧運及農田水利等事務,職務遠較宋初為輕。清代另有州通判,稱州判。亦指任通判之職。

重修池牆碑記

明正德　王九思①

南昌熊公天秀以正德丁丑②監臨河東,守池之卒役日以盜聞。公往閱,短垣及肩,莫能扞禦③。公曰:"細民見利而弗動,非情也。慢藏誨盜④而置之於法,非仁也。"於是簡⑤其吏之能且良者,授以方略,俾之往督,曰:"垣之欲堅,門之欲嚴,其以五月之吉有事於池,以十月之終竣事。"公躍馬往勞。蓋執役幾三萬人,罔不欣喜。及期役完,垣以厚計,丈有五尺,高倍三之一,圜如池之闊而加多焉。其外為馳道,為隍,其深廣如垣之厚,有水環焉。門之南、北、西向者各一,其上有樓,以楹計者各三。其樓之相距為鋪者六十,以楹計者各一。凡門

---

① 王九思(1468—1551):字敬夫,號渼陂,陝西户縣人,明代文學家。弘治九年(1496)進士。正德四年(1509)調為吏部文選主事,年內由員外郎再升郎中,同年秋,以劉瑾黨羽罪名貶壽州同知。次年,勒令離職。曾與人合注《難經》,詩文有《渼陂集》《渼陂續集》,散曲《碧山樂府》《南曲次韻》,雜劇《杜甫□春》等。雍正版《河東鹽法志》題名《重築池墻碑記》,《河東鹽政彙纂》題名《熊公重築池墻記》,池神廟碑題名實為《新修河東陝西都轉運使司鹽池周垣之碑》。

② 熊天秀:熊蘭,字天秀,正德十二年河東巡鹽御史。底本紀年為巳丑,誤。今改丁丑。

③ 扞禦:防禦,抵抗。《左傳·僖公二十四年》:"其懷柔天下也,猶其有外侮;扞禦侮者,莫如親親,故以親屏周。"

④ 誨盜:教人盜竊。《易·繫辭上》:"慢藏誨盜,冶容誨淫。"孔穎達疏:"若慢藏財物,守掌不謹,則教誨於盜者,使來取此物。"

⑤ 簡:選擇,選用。

與鋪,各守以人。於是,昔盜皆散去。守卒夜卧,警柝①不聞。安邑知縣張鏗,告諸前史王九思,爲紀功之碑。

其銘曰:

條山之北,鉅河之東。啓秘發祥,肇自鴻蒙。圖爲澄陂②,寶鹺乃興。周圍以墻,屹然如城。相彼四匝,頹乎僭埒③。慢藏誨盜,其何可輟?乃眷斯土,乃畀④熊公。驅我子民,以築周墉。周墉崇崇,亦孔之固。載作之門,慎此夙莫⑤。史也秉公,作此銘詩。敢告後人,嗣以治之。

重鐫解池圖記

明萬曆六年運使　李廷觀⑥

余觀諸圖,皆北上南下,乃懸覽⑦,東西得不紊。鹽池故有圖,獨南上北下,余嘗言非是⑧。有解者謂:"必爾始於坐閲几

---

① 警柝:警夜時敲擊以報更的木梆。
② 澄陂:静止的湖泊。《淮南子·説林訓》:"十頃之陂可以灌四十頃,而一頃之陂可以灌四頃,大小之衰然。"高誘注:"畜水曰陂。"
③ 僭埒:淺矮的垣墻。《説文·人部》:"僭,淺也。"《急就篇》卷三:"頃町界畝畦埒封。"顔師古注:"埒者……一説謂庳垣也。今之圃或爲短墻,蓋埒之謂也。"
④ 畀:賜與。《書·洪範》:"帝乃震怒,不畀洪範九疇。"孔傳:"畀,與。"
⑤ 夙莫:早晚。莫:暮的古字。
⑥ 李廷觀:江西豐城進士,明萬曆三年(1575)至七年河東運使。
⑦ 懸覽:挂起來看。
⑧ 非是:不當,有過錯。

案間爲順。"且舉星野,指坎離子午位,大伸其說①。余頗惑之。然每於壁間懸圖,不獨東西乖舛②。即城郭衙署悉倒置不倫。嘗欲厘之,未暇也。

今歲秋仲上丁,將釋奠於先師③。先期④詣明倫堂肅儀,肄樂舞。由東序⑤步入,則見墀⑥下斷石有文,隱然在積埃中。立命左右拂拭。就觀之,蓋池圖也。方隅上下,既無乖舛,視圖中經緯要害,則州邑棋羅,渠堰帶絡。他若丁力率作,料座比次,官兵捕詰,靡弗具。且圖身視今,不啻半儉,而詳反倍之。余於是始豁然。諗⑦今圖之果非是矣。顧此刻,原合兩石爲之,其湮僕地中,不知自何時,亦不知何時何人所作。意上

---

① 星野:與星次相對應的地域。古以十二星次的位置劃分地面上州、國的位置與之相對應。就天文說,稱作分星;就地面說,稱作分野。坎離:指陰陽。子午:指南北。古人以"子"為正北,以"午"為正南。
② 乖舛:謬誤,差錯。北齊顏之推《顏氏家訓·勉學》:"己身姓名,多或乖舛。縱得不誤,亦未知所由。"
③ 上丁:農曆每月上旬的丁日。《禮記·月令》:"〔仲春之月〕上丁,命樂正習舞,釋菜。"又"〔季秋之月〕上丁,命樂正入學習吹。"鄭玄注:"為將饗帝也。春夏重舞,秋冬重吹也。"孔穎達疏:"其習舞吹必用丁者,取其丁壯成就之義,欲使學者藝業成故也。"自唐以後,歷代王朝規定每年仲春(二月)、仲秋(八月)的上丁之日為祭祀孔子的日子。釋奠:古代在學校設置酒食以奠祭先聖先師的一種典禮。《禮記·文王世子》:"凡學,春官釋奠於其先師,秋冬亦如之。凡始立學者,必釋奠於先聖先師。"鄭玄注:"釋奠者,設薦饌酌奠而已。"
④ 先期:約定日期之前,在事情發生或進行之前。
⑤ 東序:泛指東廂房。《書·顧命》:"西序,東向……東序,西向。"孔傳:"東西廂謂之序。"
⑥ 墀:臺階上面的空地。亦指臺階。班固《西都賦》:"於是玄墀釦砌,玉階彤庭。"張銑注:"玄墀,以漆飾墀,墀,階也。"
⑦ 諗:知悉,知道。

方舊必有記,今無本可考。即此圖身幸存,而中亦多剝落不續處。且今池禁門有三,而此圖惟中禁門一。所考池志,言兩門創自成化丙午,此圖之舊又可推矣。

余既喜得是圖,以質所疑,又惜其缺,爰購石重繡,命工載鎸,以還其舊。

南岸采鹽圖説

明萬曆二十四年巡鹽御史　吳楷①

鹽池南北七里,東西五十餘里。其近南岸者,水頗淡,鹽花罕結,下多黑泥,俗名黑河。云蕤賓②之月,忽報鹽生於黑河。采者苦之。余不任耳而任目也。詰朝③往視,有司者以地險辭。乃易衣,乘肩輿④。肩者、持者、拽者、導者,計三十餘人。日中,始登彼岸。黑河闊一里許,迥無駐脚處,亦無所謂鹽床也者。而乃風來水面,花聚池心。始疑淺紅映白,俄驚飄

---

① 吳楷:明萬曆二十四年河東巡鹽御史,本書第三卷官職之運使名錄未列。今存有碑,碑題為《河東鹽池之圖》,以圖為主,説為輔文。本篇以張培蓮主編《三晉石刻大全·運城市鹽湖區卷》為校本校勘。

② 蕤賓:古人律曆相配,十二律與十二月相適應,謂之律應。蕤賓位於午,在五月,故代指農曆五月。《國語·周語下》:"四曰蕤賓。"韋昭注:"五月,蕤賓。"

③ 詰朝:平旦,清晨。《左傳·僖公二十八年》:"戒爾車乘,敬爾君事,詰朝將見。"杜預注:"詰朝,平旦。"

④ 肩輿:轎子。《晉書·王導傳》:"會三月上巳,帝親觀禊,乘肩輿,具威儀。"

璃堆瓊。開金鏡於琉璃,挂玉繩於雲漢①。儻所謂塵世仙境,恍然近之矣。於是嘆造物之無盡,惜美利之見遺,矚南征之匪易,酌北岸之可移。驅萬夫於冰上,纍累乎若銀漢之連珠。載筐載筥,②是任是負,持掞以趨,蓋將不遺餘力焉。乃冒暑日之熏,鹽水之瀸,僵僕之灾,飢渴之害,吁可勝言哉!人曰解鹽非由人力,蓋未睹斯苦耳。志亦有之:"臨池吁且,炎暑熏灼,且勤且懼,手足俱剝。"③庶幾④知采鹽之苦者。若采鹽於南岸,其苦倍之。歌咏難述,是用繪圖而爲之説。於戲!後之觀斯圖者,寧不惻然有思以恤之哉!

---

① 金鏡:銅鏡。琉璃:一種有色半透明的玉石。宋戴埴《鼠璞·琉璃》:"琉璃,自然之物,彩澤光潤,逾於衆玉,其色不常。"玉繩:星名。常泛指羣星。張衡《西京賦》:"上飛闥而仰眺,正睹瑶光與玉繩。"李善注引《春秋元命苞》曰:"玉衡北兩星爲玉繩。"唐陸龜蒙《新秋月夕作吴體以贈》詩之二:"清談白紵思悄悄,玉繩銀漢光離離。"清王夫之《薑齋詩話》附錄《夕堂永日緒論外編》:"有代字法,詩賦用之,如月曰'望舒',星曰'玉繩'之類。"

② 筥:圓形的盛物竹器。《詩·召南·采蘋》:"於以盛之,維筐及筥。"毛傳:"方曰筐,圓曰筥。"

③ 詩見明正德間河東巡鹽御史朱裳所作《撈鹽詩》。

④ 庶幾:差不多,近似。《孟子·梁惠王下》:"王之好樂甚,則齊國其庶幾乎!"朱熹集注:"庶幾,近辭也。"

河東鹽池靈慶公神祠頌碑序

唐　崔敖①

地絡②之紀,莫宗於河。陰潛之功,光③啓於匯。既略太華,浸淫中條。嶽瀆宣精,融爲巨浸。肇有元命,元圭告成④。惟其潤下,乃生烏鹵。皇穹陰騭兆人,眷祐下土⑤。因飲食以致其味,節和齊以調其心⑥。溟溟天池,實曰鹽澤。幅員百里,澄澈萬頃。元極⑦積數,大鹹爲醝。其墟實沉,其宿畢昴。其

---

① 崔敖:博陵安平(今河北定州)人。唐德宗建中二年(781)辛酉科進士。與其兄崔鵬、弟崔備三人名列一榜前列,傳爲佳話。官太常博士。本篇依《三晉石刻大全·運城市鹽湖區卷》校勘。

② 地絡:地脈,土地的脈絡。亦指疆界。《後漢書·隗囂傳》:"分裂郡國,斷絶地絡。"李賢注:"絡猶經絡也。謂莽分拆郡縣,斷割疆界也。"

③ 光:當解爲"總、全"。《現代漢語詞典》有"只、單"之意項。唐代方言或已有此意。

④ 元命:天之大命。《書·多士》:"惟時天罔念聞,厥惟廢元命,降致罰。"孔傳:"其惟廢其天命,下致天罰。"孔穎達疏:"言天不復助桀,其惟廢其大命,欲絶夏祚也。"元圭:玄圭,一種黑色的玉器,上尖下方,古代用以賞賜建立特殊功績的人。借指特大功績。《書·禹貢》:"禹錫玄圭,告厥成功。"

⑤ 皇天暗自優奉百姓,眷顧佑助人間。皇穹:猶皇天,天帝。眷祐:亦作"睠祐"。《書·太甲中》:"皇天眷佑有商,俾嗣王克終厥德。"

⑥ 和齊:調配口味。齊,通"劑",調味品。語本《周禮·天官·食醫》:"食醫掌和王之六食……八珍之齊。"鄭玄注:"和,調也。"

⑦ 元極:萬物的本原,亦用以指天。《漢書·叙傳下》:"闡元極,步三光。"顏師古注引張晏曰:"元,始也。極,至也。"

漕砥柱,其關巓軨①。后祇②寶之,設以重險。謙順成量③,澗溪攸錘。涵風蓄雷,終古不息。漫若山外,連爲海門④。

所以帝乙建社⑤,王豹遷都⑥。執其重輕,以曜富有。在昔山澤,委於虞衡⑦。周制無征,漢方盡幹。務其尊穡,蓋用抑商。少府所尸,均其權重。郡族自占,築廬環之。業傳祖考,田有上下。旱理其埤,水營其高。五幅爲塍,塍有渠;十井爲

---

① 實沉:星宿名。大致相當於二十八宿的觜、參和畢、井的一部分,黃道十二宮的雙子座。在十二辰為申。古時為晉之分野。畢昴:畢星與昴星。二星至秋季時,晨見於東方,故常以表示天將黎明。砥柱:山名。又稱底柱山、三門山。在中條山南,當黄河中流。以山在激流中矗立如柱,故名。今因整治河道,山已炸毀。北魏酈道元《水經注·河水四》:"砥柱,山名也,昔禹治洪水,山陵當水者鑿之,故破山以通河,河水分流,包山而過,山見水中若柱然,故曰砥柱也。"巓軨:巓軨坂,翻越中條山之鹽道。或說即虞坂。

② 后祇:土地神。

③ 謙順成量:謙遜恭順,積少成多。

④ 海門:海口。内河通海之處。

⑤ 帝乙:商朝國王,姓子名羨,商王文丁(太丁)之子。帝乙在位期間,商朝國勢已趨於没落。出兵征伐孟方、夷族。

⑥ 王豹:魏王豹(?—前204),秦末人。原戰國時魏國貴族。秦末戰爭中,向楚懷王借兵數千人,攻下魏地二十餘城,自立為魏王。項羽大封諸侯,改封西魏王,遷都平陽。為謀求獨立,先後開罪項羽、劉邦。後韓信破魏被虜,為漢將周苛所殺。

⑦ 虞衡:古代掌山林川澤之官。《周禮·天官·太宰》:"以九職任萬民,三曰虞衡。"鄭玄注:"虞衡,掌山澤之官,主山澤之民者。"賈公彥疏:"地官掌山澤者謂之虞,掌川林者謂之衡。"孫詒讓正義:"山林川澤之民屬於虞衡,故即名其民職曰虞衡,亦通謂之虞。"虞、衡分職,周漢已然,魏晉以來,概稱虞曹、虞部。隋代以後虞部屬工部尚書。明改為虞衡司,清末始廢。

溝,溝有路①。枭之爲畦,釃之爲門。漬以渾流,灌以殊源。陰陽相蒸,清濁相孕。動物潛象,蠢爲陶工。忽乎而凝,莫見其朕。雪野霜地,積如連山。羨漫②區域,歸於涂潦。泉貨之廣,没於齊人。司農不賦,百三十載。

　　元宗御國五十年,奸産薊邱,爟火通鎬③。嗣聖④受命,以兵静之。擊鼓崤洛,封山燕趙。亶其宸威,風動八極⑤。調發之費,仰於有司。雖田征益加,而軍實不足。遂收鹽鐵之算,置榷酤之官。以權合經,以貨聚衆。畫野標禁,塹川爲壕。西籠解梁,左繚安邑。乃滌場圃,乃完廥倉⑥。畢其場功,以謹秋備。度土定食,止於中州,濟於横汾,爰距隴阪。東下京鄭,而抵於宛。艘連其檣,輦擊其轂。終歲所入,二百千萬。供塞垣

---

①　幅:布帛的寬度。古制一幅爲二尺二寸。《漢書·食貨志下》:"布帛廣二尺二寸爲幅,長四丈爲匹。"泛指寬度。井:方一里爲一井。《周禮·考工記·匠人》:"九夫爲井,井間廣四尺。"鄭注:"此畿内采地之制。九夫爲井,井者,方一里,九夫所治之田也。"《孟子·滕文公上》:"方里而井,井九百畝,其中爲公田。"趙岐注:"方一里者,九百畝之地也,爲一井;八家各私得百畝,同養其公田之苗稼。"

②　羨漫:漫衍,散漫。漢揚雄《校獵賦》:"羨漫半散,蕭條數千萬裏外。"

③　奸産薊邱:指"安史之亂"。薊邱,亦作"薊丘",古地名。在北京城西德勝門外西北隅。代指安禄山起兵所在之范陽。爟火:烽火。鎬:古都名。西周國都。故址在今陝西省西安市西南澧水東岸。周武王既滅商,自鄷徙都於此,謂之宗周,又稱西都。也借指京都。

④　嗣聖:唐中宗年號,亦有人認爲是武則天年號。

⑤　亶其宸威:竭盡帝王之威嚴。亶,竭盡。八極:八方極遠之地。《莊子·田子方》:"夫至人者,上闚青天,下潛黄泉,揮斥八極,神氣不變。"

⑥　廥倉:泛指儲存糧草的倉庫。

盡敵之賞,減天下大半之租。然後傳於甸人①,納於鹽人。有形有散,以宴以祀。每仲夏初吉,爲墠②而享之。懿夫明徵,厥有前志③。

中宗復政,崇朝而復鹹;大歷陰霖,巨漲而不淡。誠宜命秩,視彼封君④。先皇帝薦靈慶以號神,索氤氳而建廟。施諸侯之法服⑤,鏘半縣之清樂,籍二郡之版六百隸於司。池故得浮榮光,結顥氣,冲其德,正其味。粒重英⑥以表稔,花四出而呈瑞。陳陳相因,非秭載所能計矣⑦。

正元九年冬,户部尚書裴公延齡,奠三壤⑧之差,均九州之

---

① 甸人:古官名。掌田野之事及公族死刑。《儀禮·燕禮》:"甸人執大燭於庭。"鄭玄注:"甸人,掌共薪蒸者。"

② 墠:供祭祀用的經清掃的場地。《禮記·祭法》:"是故王立七廟,一壇一墠。"鄭玄注:"封土曰壇,除地曰墠。"

③ 明徵:明顯的徵驗,明證。《書·胤徵》:"聖有謨勳,明徵定保。"孔傳:"徵,證;保,安也。聖人所謀之教訓,為世明證,所以定國安家。"前志:前人的記述。《左傳·成公十五年》:"子臧辭曰:前志有之曰:'聖達節,次守節,下失節。'"

④ 命秩:猶官爵。唐呂温《道州刺史廳後記》:"若冠綬命秩之差,則有格令在;山川風物之辨,則有圖牒在。"封君,受有封邑的貴族。《韓非子·䚡氏》:"昔者吳起教楚悼王以楚國之俗曰:'大臣太重,封君太衆,若此則上偪主而下虐民,此貧國弱兵之道也。'"

⑤ 法服:古代根據禮法規定的不同等級的服飾。《孝經·卿大夫》:"非先王之法服不敢服。"唐玄宗注:"先王制五服,各有等差。"

⑥ 重英:繁花。唐肅宗《延英殿玉靈芝》詩:"重英發秀,連葉分房。"

⑦ 陳陳相因:陳穀逐年增積。《史記·平準書》:"太倉之粟,陳陳相因,充溢露積於外,至腐敗不可食。"此指陳鹽堆積。秭:億億,非常多。

⑧ 三壤:古時按土質的肥瘠將耕地分爲上、中、下三品,稱爲三壤。《書·禹貢》:"咸則三壤,成賦中邦。"孔穎達疏:"土壤各有肥瘠,貢賦從地而出,故分土壤爲上中下。計其肥瘠,等級甚多,但齊其大較,定爲三品。"

賦。鐵鼓之貢,林鹽之饒,凡晉人是輸以河中爲會府①。遂表職方郎中兼侍御史馮公興,委以大計。詔曰:"可。"乃駐居蒲城,以馭羣吏,分命前永樂縣丞張巨源、前鄭縣丞蕭曾,率屬而臨之。洎十一年秋九月裴公逝,今户部侍郎蘇公弁繼之。以馮公成績有聞,禮任如舊。度支又以前詹事府司直陸位知解縣池,前大理評事韋縱知安邑池。惟職方領地官之外,權惟評直守制,使之成算。奸氣不作,阜財有經。十三年四月,兩池官吏及畦户等請勒豐碑,揚兹利澤。感和羹之訓,心游傅氏之巖②;稽近鹽之詞,氣對郇瑕之邑。微臣作頌,式贊新宮。

頌曰:

浩浩靈池,冠於水行。蒼茫大陰,滲漉純精。惟澤在晉,與時爲程。禍貪而竭,福儉而盈。巨唐君臨,坤順乾正。宜冥其官,坎德效靈。海眼通波,河源伏脈。千里一氣,瀦爲廣斥。雲漢照臨,玉繩下直。曰雨曰風,以凝以積。自我天產,惟其口食。斯皇元后③,乃聖乃神。既潔浮沉,亦循明禋。大禮畢舉,大樂必陳。馮公竭來,克諧神人。登牲廟墠,瘞幣池瀕。

---

① 河中:指河中府,在今山西省永濟縣蒲州鎮。唐開元八年(720),置蒲州為河中府,因位於黄河中游而得名。同年改為蒲州。乾元(758—759)時又改稱河中府。以後歷代屢有變動。會府:指都會。

② 和羹:配以不同調味品而制成的羹湯。《書·説命下》:"若作和羹,爾惟鹽梅。"孔傳:"鹽,咸;梅,醋。羹須咸醋以和之。"傅氏之岩,亦稱"傅險"。古地名。相傳商代賢士傅説為奴隸時版築於此,故稱。《書·説命上》:"説築傅岩之野。"孔傳:"傅氏之岩在虞虢之界,通道所經,有澗水壞道,常使胥靡刑人築護此道。説賢而隱,代胥靡築之,以供食或亦有成文也。"

③ 元后:天子。《書·大禹謨》:"天之曆數在汝躬,汝終陟元后。"孔傳:"言天道在汝身,汝終當升為天子。"

既醉既飽,馮公則欣。蕭張行優,陸韋德鄰。有署有屬,伊馮之賓。仰彼元造,垂於無垠。皇運天長,頌聲日新。

河東鹽池靈慶公神祠碑陰記

唐 劉宇①

天作溯極②,神將宅焉。神者何靈？化之正宰者也。夫神之俶落③,實曰鹽宗。閭閻禱之,不在祀典。先皇朝有元老韓公滉之總邦賦,以大鹹之功康濟是博④,上以供宗廟之費,下以代田野之租,升聞於天,請加禮秩。帝曰:"可。"於是册爲靈慶公。俎豆之數,視於淮濟。享謁之期,載在王府。

及故東都留守、禮部尚書崔公縱⑤頃知河中院,以神之舊宮僻在幽阻,既崇其禮,宜敞厥居,是用遷置於斯。乃飭殿堂,

---

① 劉宇:唐人,生卒事跡不詳。碑文署名五老山人,當山西永濟人。
② 天作:天造,天生。謂自然形成。《詩·周頌·天作》:"天作高山,大王荒之。"毛傳:"作,生;荒,大也。天生萬物於高山,大王行道能安天之所作也。"
③ 俶落:開始。唐崔明允《慶唐觀金籙齋頌》:"惟初授命,載告休徵,權輿靈跡,俶落祠宇,昭彰於國史。"
④ 邦賦:指國家財政。《周禮·天官·職内》:"掌邦之賦入。"賈公彦疏:"掌邦之賦入者,謂九職、九貢、九賦之稅入皆掌之,獨云賦入者,賦是惣名。"康濟是博:安民濟世如此廣博。康濟:安撫救助。《書·蔡仲之命》:"康濟小民,率自中。"
⑤ 崔縱:唐博陵安平(今屬河北)人,歷任藍田令,汴西水陸運、兩稅、鹽鐵等使。討魏博田悅時,他輸送糧食,使軍隊供應不缺。貞元間,加吏部侍郎檢校禮部尚書,爲河南尹,又引伊、洛水灌溉高地,時人稱便。後爲太常卿。卒年六十二。贈吏部尚書,諡曰忠。

開像設。面瀹淪①之積水,跨邐迆之重岡。陰陰森森,容衛畢備;立卒走壁,儼然如生。雖水府靈居②,未之若也。

　　今職方③郎中兼侍御史馮公興纂其是職,推置信讓,無小無大,報之以德。頃以天久不雨,慮失其歲。職方於是齋心累辰④,親執牲帛,將至誠之德,告靈化之源。嘗不崇朝,而雨斯足,如是者數四。是則人有德於神,神亦有德於人,德交歸焉。政是用長,宜其建石表異,徵文紀靈,是以有太常博士崔君之頌也。逮夫石自他山而至,文自奉常⑤而來。知解縣池、詹事府司直陸位,事以道自集,商以仁自來。知安邑池、大理評事韋縱,財以清自豐,吏以明自肅。此二公者,以爲職方之精意

---

①　瀹淪:水深廣貌。宋歐陽修《荷花賦》:"陰曲池之清泚,漾波紋之瀹淪。"

②　水府:神話傳說中水神或龍王所住的地方。晉木華《海賦》:"爾其水府之内,極深之庭,則有崇島巨鰲,壓堁孤亭。"唐劉禹錫《和牛相公題姑蘇所寄太湖石》:"初辭水府出,猶帶龍宫腥。"靈居:神仙住處,修道學仙者的住處。木華《海賦》:"吐雲霓,含龍魚;隱鯤鱗,潛靈居。"李善注:"靈居,衆仙所處也。"

③　職方:指職掌方面之官。《禮記·曲禮下》:"五官之長曰伯,是職方。其擯於天子也,曰天子之吏。"鄭玄注:"職,主也,是伯分主東西者。"孔穎達疏:"是職方者,言二伯於是主當方之事也。"

④　齋心:祛除雜念,使心神凝寂。《列子·黃帝》:"退而閒居大庭之館,齋心服形。"辰:日子,時光。《儀禮·士冠禮》:"吉月令辰,乃申爾服。"

⑤　奉常:秦九卿之一。《漢書·百官公卿表》:"奉常,秦官,掌宗廟禮儀,有丞。景帝中六年更名太常。"顏師古注:"太常,王者旌旗也。畫日月焉,王有大事則建以行,禮官主持之,故曰奉常也。後改曰太常,尊大之義也。"此指太常博士崔敖。

可達於鬼神,如之何不奉矣。乃相與就其磨礱①,覆以棟宇,自朔及望,揭焉而舉。

《洪範》曰:潤下作鹹。夫叙贊靈慶公陰潛之功,亦所以表聖皇澤及於萬姓者也。恐其頌或有闕,乃命山客②重記於背陰。

寶應靈慶池神廟記

唐　張濯③

天有五星,辰居其一;地有五材,水爲之首④。既作鹹以正味,亦凝質而成鹽。則橫目⑤之人,生齒之歲,罔不資焉而後食矣。鹽之爲用大矣哉!

寶應靈慶池者,《山海經》所謂鹽販之澤也,俗稱官號皆曰鹽池,供華夏二十餘州,宅黃河千里之曲。北抱原勢,南負山陰,涵濡泓澄,浸漬瀉鹵。外無寸草,內絕纖鱗。水或紫赤,鹽皆潔白,有自來矣。

---

① 磨礱:磨治。漢趙曄《吴越春秋·勾踐陰謀外傳》:"一夜天生神木一雙,大二十圍,長五十尋,陽為文梓,陰為楩柟,巧工施校,制以規繩,雕治圓轉,刻削磨礱。"

② 山客:住在山中的人,多指隱士。

③ 張濯:唐代詩人,上元中登第,《全唐詩》存詩二首。

④ 五星:水、木、金、火、土五大行星,即東方歲星(木星)、南方熒惑(火星)、中央鎮星(土星)、西方太白(金星)、北方辰星(水星)。五材:五種物質。指金、木、水、火、土。《左傳·襄公二七年》:"天生五材,民并用之,廢一不可。"杜預注:"五材,金、木、水、火、土也。"

⑤ 橫目:指人民,百姓。《莊子·天地》:"夫子無意於橫目之民乎?願聞聖治。"成玄英疏:"五行之内,唯民橫目。"

頃大歷丁巳,秋雨成災。凡厥井疆,漫爲涂潦。今京東和糴使兼知河東租庸鹽鐵侍御史清河崔公陲,時以監察權領是邦。憂國恤人,籲天有禱。乃徵畚鍤,集役徒,修堤防,導溪澗。積溜鴻湧,白波如山,西迤北匯,散於没女①。監斯池,町畦不没,廬室獲全,繫公是賴矣。粤翌日,亦既開霽,紅鹽自生。盈掬傾筐,或蠒或栗。形攢伏虎,色澈丹砂。靈貺休徵,古未之有。公乃獻狀於户部侍郎韓公滉。韓公伏奏於代宗。代宗俾諫議大夫蔣鎮覆之,則編於史册,薦於郊廟矣。與夫白麟赤雁之應,野蠶稔谷之祥②,何以異乎?冬十月,詔錫池名曰寶應靈慶,兼置祠焉。蓋國家祈豐財旌瑞貺也。

其明年,因厥農隙,創兹神寢,卜津涯六十里之半,當安、解二大邑之間。捄陾陾,築橐橐③。工惟力兢,役若子來④。俄結搆以時起,儼涂墍⑤而斯畢。然後審像設,焕丹青,晬容穆,

---

① 没女:又稱買女,古地名,今稱美玉村,有灘。在運城市鹽湖區龍居鎮。

② 白麟:白色的麒麟。古代以為祥瑞。《漢書·武帝紀》:"元狩元年冬十月,行幸雍,祠五畤。獲白麟,作《白麟》之歌。"赤雁,赤色之雁,古代以為瑞鳥。《漢書·禮樂志》:"象載瑜,白集西,食甘露,飲榮泉。赤雁集,六紛員,殊翁雜,五采文。"顏師古注:"言六者,所獲赤雁之數也。紛員,多貌也。言西獲象輿,東獲赤雁,祥瑞多也。"野蠶稔穀:野蠶成繭,野穀可食,均為饑歲之祥瑞。

③ 《詩·大雅·綿》:"捄之陾陾,度之薨薨。"捄:盛土於器。陾陾:衆多貌。《詩·小雅·斯干》:"約之閣閣,椓之橐橐。"孔穎達疏:"既投土於板,以杵椓築之,皆橐橐然用力。"橐橐:象聲詞。多狀硬物連續碰擊聲。

④ 子來:民心歸附,如子女趨事父母,不召自來,竭誠效忠。《詩·大雅·靈台》:"經始靈台,經之營之。庶民攻之,不日成之。經始勿亟,庶民子來。"

⑤ 涂墍:用泥涂抹屋頂或墻壁。亦泛指涂飾修繕。《書·梓材》:"若作室家,既勤垣墉,惟其涂墍茨。"蔡沈集傳:"涂墍,泥飾也。"

如甲士贔屭,則聰明正直之有憑也。夫其洞戶南豁,滄波森然,樹以修槐,羅以香草,則風涼會舞之有所也。

又來歲己未夏五月九日,天子降中貴人①以牲牢祀之。制祀光臨,衣冠列位,秩齊四瀆,禮視三公,亦爲盛矣。其後西自關輔,東逾崤澠,南馳陝服,北走絳臺②。馬屯雲,車流水。乞靈報德,可勝紀乎?易曰:聖人以神道設教而天下服,此之謂也。遂遷公殿中侍御史、京東和糴使。逮於斯任,豈惟執憲簡頒③鹽政,必將秉造化應鼎之和羹,人皆望焉,神所勞矣。濯客自東鄙,觀藝而來,美精誠之動天,多築護之盡力,輒采聞見,題於樂石④,庶丕績不朽,與池始終。

時建中二年秋八月記。

---

① 中貴人:帝王所寵倖的近臣。專稱顯貴的侍從宦官。

② 關輔:指關中及三輔地區。《漢書》曰:"右扶風、左馮翊、京兆尹,是為三輔。"崤澠:河南崤山、澠池一帶。陝服:指古荊州地。任昉《齊竟陵文宣王行狀》:"初,沉攸之跋扈上流,稱亂陝服。"呂向注:"上流,荊州也。時攸之為荊州刺史,宋順帝即位,起兵作亂。時以荊州比陝州,為分陝之望也,如侯、甸之服,故云陝服也。"絳臺:春秋晉平公在國都絳所建之高臺。一說晉靈公所造。代指古絳州一帶。

③ 執憲:司法,執行法令。《漢書·丙吉傳》:"廷尉於定國執憲詳平,天下自以不寃。"簡頒:應為簡版,意為把字寫在木板或金屬板上的簡帖。

④ 李斯《嶧山刻石》:"今皇帝壹家天下,兵不復起……羣臣頌略,刻此樂石,以著經紀。"章樵注:"石之精堅堪為樂器者,如泗濱浮磬之類。"原指可制樂器的石料,因《嶧山刻石》用此石鐫刻,後以之泛指碑石或碑碣。

敕封廣濟惠康王碑

元　大德三年

朕惟我國家統御以來,無德不報;自天地化育以往,靡神不宗。矧爾①解州鹽池惠康王,肘腋關河②,衽席秦雍③。冠洪範五行之首,浸璇璣巨蟹之區④。味永作鹹,不讓汪洋之雲海;光凝上善,若儲突兀之雪山。煎熬即省於民勞,烹飪悉資於日用。惠康之實,廣濟無窮。列爵雖崇,思錫封之已舊;榮名增美,宜褒命⑤之維新。可加號廣濟惠康王。

---

① 矧爾:況且。

② 關河:指函谷等關與黃河。《史記·蘇秦列傳》:"秦四塞之國,被山帶渭,東有關河,西有漢中。"張守節正義:"東有黃河,有函谷、蒲津、龍門、合河等關。"

③ 秦雍:古秦地。指今陝西西安一帶。唐李白《為宋中丞請都金陵表》:"決洪河,灑秦雍,不足以蕩犬羊之羶臊。"王琦注:"《西京賦》:唐之西京,為秦地,在《禹貢》為雍州之域,故曰秦雍。"

④ 璇璣:北斗前四星。也叫魁。《晉書·天文志上》:"魁四星為璇璣,杓三星為玉衡。"亦泛指北斗。漢揚雄《甘泉賦》:"攀璇璣而下視兮,行游目乎三危。"三國魏曹丕《讓禪表》:"下咨四岳,上觀璿璣。"亦指北極星。《後漢書·天文志上》"天地設位,星辰之象備矣。"劉昭注引《星經》:"璇璣者,謂北極星也。"

⑤ 褒命:褒賜命令。南朝梁江淹《蕭重讓揚州表》:"況異禮更飾,褒命復崇,名超列辟,爵擬羣後。"

敕封永澤資寶王碑

元　大德三年

上善若水，能潤下以作鹹；至誠感神，宜錄德而定位。載①申褒美，洞貫幽冥。解州鹽池資寶王富塿東溟，惠周西土②，弗假牢盆③之費，坐收畦戶之功。暢六氣以無窮，冠五行而爲最。七廟④享時供之品，四民⑤獲日用之資。鸞紙⑥十行，龍光⑦萬世。均輸便利，聿聞課局之多增；沃灌豐饒，默佑源泉之不舍。

---

① 載：通"再"。

② 東溟：東海。南朝宋顏延之《車駕幸京口侍游蒜山作》詩："元天高北列，日觀臨東溟。"唐李白《古風》之十一："黃河走東溟，白日落西海。"西土，指周部族所居的故地。大致在今陝西省。《書·泰誓中》："王乃徇師而誓曰：'嗚呼！西土有衆，咸聽朕言。'"孔傳："武王在西，故稱西土。"

③ 牢盆：一種煮鹽器具。《史記·平準書》："願募民自給費，因官器作煮鹽，官與牢盆。"《漢書·食貨志下》："官與牢盆。"王先謙補注："此是官與以煮鹽器作，而定其價值，故曰牢盆。"

④ 《禮記·王制》："天子七廟，三昭三穆，與太祖之廟而七。"後以"七廟"泛指帝王供奉祖先的宗廟。

⑤ 四民：士、農、工、商為四民。《書·周官》："司空掌邦土，居四民，時地利。"《漢書·食貨志上》："士、農、工、商，四民有業：學以居位曰士，辟土殖谷曰農，作巧成器曰工，通財鬻貨曰商。"

⑥ 鸞紙：亦稱鸞箋。宋蘇易簡《文房四譜·紙譜》："蜀人造十色箋，凡十幅為一榻……然逐幅於方版之上研之，則隱起花木麟鸞，千狀萬態。"後人因稱彩箋為"鸞箋"。

⑦ 龍光：皇帝給予的恩寵、榮光。龍，通"寵"。語本《詩·小雅·蓼蕭》："既見君子，為龍為光。"毛傳："龍，寵也。"鄭玄箋："'為寵為光'，言天子恩澤光耀被及己也。"

宣昭朕意,用答神休①。可加號永澤資寶王。

重修鹽池廟碑

王　緯②

延祐春三月,中書省臣言:"陝西都轉運鹽使司重修鹽池神廟成,當書其事於石。"制曰:"可。"以命翰林臣緯恭承明詔。

竊惟鹽在五行爲水。水曰潤下,潤下作咸。所以供祭祀,備膳羞,資生民之用,不可一日闕也。前代解鹽墾畦沃水種之,今則不煩人力而自成。非有牢盆煎煮之勞及蜀井穿鑿之艱也。蓋得天地之精英、河山之靈秀,潴而爲池,廣袤百里,淳滀滲灑,凝爲大醝。皚皚浸浸,浩無津涯。璀璨晶明,莫可名狀。役夫萬餘,畚鍤雲集。曾不踰旬,袤如山積,舟車之運數千里皆食其利。會其歲之入,以緡計者二千萬。

皇慶二年,前都轉運使阿失鐵木兒,乃相故廟西壖,卜地爽塏,中締正殿,周阿重簷,翼東西廡。前敞其閎,後營寢室,階所竣整,宏達靖深。冠大門爲樓,匾曰寶慶。下瞰鹵澤,面對中條,束繚太行,西崎雷首。陰霽朝暮,倏忽變化,信一方之奇觀。落成之日,遷二神於新廟,葺舊廟以祀成寶。公率僚屬士庶商賈,咸會祠下,鼓舞懌悅,神人大洽。以廟碑請於朝,因

---

① 神休:神明賜予的福祥。揚雄《甘泉賦》:"惟漢十世,將郊上玄,定泰時,擁神休,尊明號。"李善注:"言將祭泰時,冀神擁祐之以美祥。"

② 王緯:翰林直學士、朝列大夫、知制誥、同修國史。碑存運城池神廟。碑額爲"大元敕賜重修鹽池神廟之碑"。校本刪削較多。

有是命。

洪惟聖朝富有天下，休養生息。租賦而外，惟以鹽課佐經費，然斂不及民而民自足。天下之民安其俗，樂其業，其視齊管子正鹽策以興展渠之利，漢東郭咸陽、孔僅斡鹽鐵以歸大農，唐宰相領鹽鐵以判度支，萬不侔矣！

臣緯拜手稽首，而係之詩曰：

乾坤亭毒①，孰爲綱維？萬物并育，孰窺端倪？五行爲用，水德稱首。作鹹之利，以資富有。維古郇瑕，地勢沃饒。右限大河，南峙中條。實沉之次，畫野定標。匯而爲池，雲蒸霧歊。結而爲鹺，雪積嶕嶢。殆出神力，民不告勞。自唐歷宋，祀事孔昭。於皇元聖，奄有萬國。山川貢珍，百神效職。靈池之産，歲增萬億。大德三祀，封號加錫。皇慶御極，嘉神之德。乃作新廟，新廟奕奕。於以揭虔，有嚴禮秩。神人洽和，用紀成績。繄神之休，國用阜康。既富而教，頌聲洋洋。比屋可封②，遺風陶唐。於萬斯年，寶歷無疆。

---

① 亭毒：語見《老子》："長之育之，亭之毒之，養之覆之。"一本作"成之熟之"。高亨正詁："'亭'當讀爲'成'，'毒'當讀爲'熟'，皆音同通用。"後引申爲養育，化育。

② 比屋可封：上古之世教化遍及四海，家家都有德行，堪受旌表。《尚書大傳》卷五："周人可比屋而封。"後用以泛稱風俗淳美。

解鹽司新修池神廟碑

元　李庭①

　　按《尚書·洪範》：五行一曰水，水曰潤下，潤下作鹹，此鹽之根本也。五行之氣，無所不在。水周流於天地之間，潤下之性亦隨所寓而凝而爲鹽。鹽之所出，品類頗多，就其最著者言之。其出於海與井者，須資人力烹煉而成。出於解之兩池者，則治畦其旁。盛夏引水灌之，得東南風而此鹽遂熟。蓋資於天，非人力所能與也。天之造化，神實尸之。此有司所以致謹於祀事焉。

　　唐大曆十二年秋霖，池鹽多敗。度支侍郎韓滉奏，雨雖多，不害鹽，仍有瑞鹽。上疑其不然，遣諫議大夫蔣鎮往視之。還奏，實如滉所言。乃賀帝，請置神祠，錫以嘉名。上從之，號曰寶應靈慶池，封神曰靈慶公。宋，兩池置官八。而州有榷鹽院，守貳領之，使民入粟於塞下，與鈔以給鹽。一歲之出，無慮四十萬席。其利既溥而法益密矣。元符元年，霖潦彌月，溝澮皆盈，壞官亭鹽室不可勝計。謀臣議士，使驛旁午②，睥睨惶駭，莫知所以拯之之術。崇寧四年春，遣耀州觀察使王仲千③發丁夫回山谷之泛濫，完堤防之圮缺。周池之堧，作護寶堤百

---

① 李庭：碑署官名為安西王府咨議，古奉先人。奉先，今為陝西蒲城。本篇依碑文拓片校改。

② 旁午：亦作"旁迕"，交錯，紛繁。《漢書·霍光傳》："受璽以來二十七日，使者旁午，持節詔諸官署征發。"

③ 王仲千：底本為"王仲午"，據碑拓改。

餘里。又於堤之南起外堰,以殺水勢。外患既彌,客水浸涸。是歲鹽寶初成。凡境內祠廟皆賜之封號,兩池之神東曰資寶公,西曰惠康公。初年課緡十二,次年倍之。越三年,遂底成績。大觀二年,加以王爵。金朝因之。解州、安邑皆有神祠,經金季兵火,蕩無孑遺。其環池地鹹鹵,皆不可井飲。惟兩池中間有淡泉,水特甘涼。舊有龍祠,崇寧間封爲普濟公。歲當炎暑,常役萬人取鹽。苟勺飲不繼,則喝死者過半。酌泉飲之,則免於病。聖朝開創,就泉北二里許治鹽司事。至癸丑歲,方經略川蜀,規措軍儲用度,置從宜府,右丞忠宣李公寔當其任。值頻年霖雨,遂失大利,乃禱於神。寶氣凝結,遂收五歲之積。奏奉聖旨,建立二王神廟,俾春秋祭祀焉。於是鳩工聚材,舍舊圖新,建正殿於中央,翼以列廡,繚以崇埔,像設儀衛,焕然一新。經始於甲寅,成於乙卯,乃不遠數百里遣介來長安,謁予爲記。

予告之曰:"嘗聞天下名山大川有能產財用者,考之祭法,宜在祀典。況兹寶池歲出億萬計,所以佐國用,備邊儲,通商賈之貨,省飛輓之勞,財用之產,孰踰於此?是宜廟食其神,以報休德。"因爲叙其興造歲月,俾刻之石,而繫之以詩曰:

晉甸之野,天啓靈池。鹹鹺是產,軍國攸資。歷代明王,咸勤祀事。旨酒馨肴,以答神賜。炎炎劫火,廟貌丘墟。瓦礫荆棘,兔鼠燕居。聖哲臨朝,德參天地。地不愛寶,日增課利。爰擇爽塏,載葺新宫。棟宇華焕,像設尊雄。宜千萬年,享此血食[①]。刻詩正珉,垂名罔極。

---

① 血食:受享祭品。古代殺牲取血以祭,故稱。

敕賜御香瑞鹽碑志

元　篤列圖①

至順四年夏六月，運司上言："解州鹽池預期呈秀，宜特遣使投詞，以答神貺②。"於是右丞相、太師俊寧，王大傅答剌罕，左丞相等奏，遣使者集賢院修撰篤列圖欽奉御香，以至順四年七月初三日往率運使臣拜不花等以牲齋致祠如禮。運使又言："致和、天歷以來，解州迫於水旱，鹽池致耗，迨今五六年矣。及茲而雨暘時若，山澤效靈，貨利浡興③，國賦充溢，此實元德彰聞、神祇④感格⑤之所致也。"臣篤列圖拜手稽首而言曰："聖人首出庶物⑥，德浹仁溥⑦，而天賜之福。昔伏羲大禹

---

① 篤列圖（1312—1348）：字彥誠，蒙古人。父忠武侯守信州，移居永豐。元至順元年（1330）應策試取為蒙古榜進士第一，任南臺御史。二子沈、瀧，皆名進士。工書法。明人陶宗儀著《書史會要》中稱其善書大字。今存有殘碑，本文題名為碑額題，文名為《瑞鹽記》。

② 神貺：神賜。

③ 浡興：興起，事物自始生而發展起來，由小而大或由少而多。《孟子·梁惠王上》："天油然作雲，沛然下雨，則苗浡然興之矣。"

④ 神祇：天神與地神。《書·湯誥》："爾萬方百姓罹其凶害，弗忍荼毒，并告無辜於上下神祇。"孔傳："并告無罪稱冤訴天地。"《史記·宋微子世家》："今殷民乃陋淫神祇之祀。"《裴駰集解》引馬融曰："天曰神，地曰祇。"泛指神靈。

⑤ 感格：感於此而達於彼。宋李綱《應詔條陳七事奏狀》："然臣聞應天以實不以文，天人一道，初無殊致，唯以至誠可相感格。"

⑥ 庶物：眾物，萬物。《易·乾》："保合大和，乃利貞。首出庶物，萬國咸寧。"《孟子·離婁下》："舜明於庶物，察於人倫。"

⑦ 德浹仁溥：仁德廣布。

之時,河洛出圖①;堯舜文王之世,鳳儀於庭,或鳴於岐②。此天人交感之理,為不誣也。今聖德龍飛,而鹽池瑞應,豈苟然哉?凡百有司,各敬其事,以修厥職,共承天休。嗚呼懋哉!"

河東運司重修鹽池神廟記

明嘉靖　馬理③

河東運司舊有鹽池神廟。其為殿三,其妥神五。中殿神二,東西鹽池之神;左殿神二,曰條山風洞之神;右殿神一,曰忠義武安王之神。皆祀典神也。何謂祀典?《祭法》曰:"山林川谷能出財用利民者則祀之,以死勤事則祀之。非此族也,不在祀典。"茲五神其族矣。

夫粵④鹽池自古有之。昔者伏羲時創制文字。《說文》曰:鹽,河東鹽池。是文字以前,已有是鹽池。其後,神農氏諸侯白沙氏始煮海作鹽。觀鹽,從古從鹵,義可識矣。唐虞時,是名鹽販之澤,舜命伯益掌之。嘗琴而歌,所謂薰風時而阜民

---

① 《易經·繫辭上》云:"河出圖,洛出書,聖人則之。"據傳說,中華始祖伏羲時代黃河中躍出一匹龍馬,背負"河圖",伏羲接受了它,依據此圖創立了八卦。大禹時,洛水中浮出神龜,背負"洛書",大禹依據它創立了"洪範九疇"。

② 《書·益稷》:"《簫韶》九成,鳳皇來儀……擊石拊石,百獸率舞。"《國語·周語》:"周之興也,鸑鷟(yuèzhuó 即鳳凰)鳴於岐山。"

③ 馬理(1474—1556):字伯循,號溪田。咸陽三原人。早年就讀於宏道書院,仕途多有起伏,官至光祿寺卿。以學識、文章知名。總纂《陝西通志》,有詩文集多種傳世。係呂柟好友,關中學派的重要人物。依池神廟碑文拓片校改。

④ 夫粵:發語詞,用於句首。

財者,即是物也。故至今鹽池候薰風而成。故虞坂在左。今青石槽者,騏驥困車所也。禹平水土,蓋由雷首虞坂而北瞰斯澤,又北登景山而南望焉。其後九功①既叙,勸以九歌②。俾勿壞者,斯其一也。遂定賦上上③,作都其墟。異時,商都、周官、魏郭、秦郡皆邇是澤。自漢武設鹽官牢盆,迄今軍需邊餉多倚賴之。偶水旱爲災,亦藉是以賑,農不困焉。

今觀條山之陰,路村之陽,安邑之西,解之東,有澤焉。方百二十里,淵然紫色者,是斯池也。坎而平,涵而不流。值夏日薰風時至,則一夕鹽如斗,如鏤如鑄,如瓊而英,玉而屑④。昔君子品鹽,以兹爲勝。今《本草》《地志》⑤所載曰食鹽,曰大鹽,曰顆鹽,曰印鹽,曰斗鹽,曰乳鹽,曰鹽花,曰鹽鹽,曰種鹽,皆是物也。種鹽者,梁人所謂畦地而沃以池水,南風急則成鹽滿畦是也。唐宋皆然。宋人以三月墾畦,四月沃種,至八月而止,是謂種鹽,亦曰鹽鹽。池鹽則攊取而已,且種且攊,所獲滋

---

① 九功:古謂六府三事。《左傳·文公七年》:"六府、三事,謂之九功。水、火、金、木、土、穀,謂之六府。正德、利用、厚生,謂之三事。"

② 九歌:古代樂曲,相傳為禹時樂歌。《左傳·文公七年》:"九功之德,皆可歌也,謂之《九歌》。"《楚辭·離騷》:"奏《九歌》而舞《韶》兮,聊假日以娱樂。"王逸注:"《九歌》,九德之歌,禹樂也。"一說天帝樂名。

③ 古代品評人、物常分九等,上上為最上等。《書·禹貢》:"厥土惟黄壤,厥田惟上上,厥賦中下。"

④ 瓊英:似玉的美石。《詩·齊風·著》:"尚之以瓊英乎而。"毛傳:"瓊英,美石似玉者。"唐李商隱《一片》詩:"一片瓊英價動天,連城十二昔虚傳。"玉屑,玉的碎末。《周禮·天官·玉府》:"王齊則共食玉。"漢鄭玄注:"玉是陽精之純者,食之以御水氣。鄭司農云:'王齊當食玉屑。'"《三國志·魏志·衛覬傳》:"昔漢武信求神仙之道,謂當得雲表之露以餐玉屑,故立仙掌以承高露。"

⑤ 《本草》:當指李時珍所著《本草綱目》,《地志》:當為地方志書。

多。元人惟鹽池，不復畦種，今三場因之。洎主者德馨，祠享誠潔，則神罔怨恫。或池或畦，生生不窮，以祀神養人療疾攻瘍，罔不攸宜。苟國無是者，則百味不成，百穀不旨，其民腫，柴瘠①而墨。夫鹽也，誠民生日用不可缺者。故曰：食之將也，國之寶也，天之藏也。

夫條山風洞者，池泉所自出也，薰風所從生也。其於地爲蒙，爲咸，爲中孚②。至若忠義武安王者，解之常平村③人，池南故里存焉。王學明彝倫之道，身任綱常之重④，心無愧於幽獨，行可質諸鬼神。非其義也，非其道也，雖軒冕⑤而泥塗之也，雖珠玉而塵埃之也。如其義也，如其道也，雖萬衆之中必往而無懼也，雖白刃在當前蹈之而自如也。清比伯夷，信如仲由，以身殉國，爲臣死忠，其浩然剛大之氣千古長存，譬如日星麗天，山嶽拔地，罔不瞻仰祗肅，而洋洋乎如在焉。爲老氏言

---

① 柴瘠：骨瘦如柴。《陳書·姚察傳》："後主嘗別召見，見察柴瘠過甚，爲之動容。"《新唐書·李勣傳》："居母喪，柴瘠，訖除，家人未嘗見言笑。"

② 蒙、咸、中孚均爲《易經》卦象。《蒙卦·象》："山下出泉，蒙。君子以果行育德。"《咸卦·象》："山上有澤，咸。君子以虛受人。"《中孚·象》："澤上有風，中孚。君子以議獄緩死。"

③ 底本作常平村，碑文拓片作常村。今依底本，不改。

④ 彝倫：常理，常道。《書·洪範》："王乃言曰：'嗚呼，箕子！惟天陰騭下民，相協厥居，我不知其彝倫攸叙。'"蔡沈集傳："彝，常也；倫，理也。"綱常，"三綱五常"的簡稱。封建時代以君爲臣綱、父爲子綱、夫爲妻綱爲三綱，仁、義、禮、智、信爲五常。

⑤ 軒冕：古時大夫以上官員的車乘和冕服。《管子·立政》："生則有軒冕、服位、穀祿、田宅之分，死則有棺椁、絞衾、壙壟之度。"

者,又尊而神之,以爲雷霆。夫申自嶽降,説爲列星①,蓋元氣所鍾,終還造化,亦理之恒,無足駭者。諺曰:英雄之殁,必爲神明②,以驅除虚耗魍魎③,以歆禋祀。其此之謂歟？禮有之曰:君子生而敦行,能表正鄉俗者,殁而祀之社,謂之鄉先生以興斯民,禮也。蓋王者所謂以死勤事者也。

是廟創於唐代宗朝,度支韓滉之所奏。兩池之神,宋徽宗時封之爲公,元成宗時加封爲王,至明太祖改以今稱。遂修廟,令每歲季春上旬致祭。後宏治初,張都御史敷華嘗一新之。至是廟壞,御史方子涯病之,欲繕致,疏請於上,得旨。侍御章邱王子昺、祁門余子光相繼而至,謀諸運使劉子夢詩、牟子泰、丁子相、韓子暹,鳩工而行事焉。於是卑者崇之,狹者廣之,材不勝任而敝者易之。於是中爲穹殿三間,奉神如前。雷前小亭易爲廈屋五間,城④而石欄,爲十有七丈。左右爲殿,各少穹間如之,奉神如前。前巌廊,今爲間四十有八。爲樂臺

---

① 《詩·大雅·崧高》:"維嶽降神,生甫及申。"鄭玄箋:"(四嶽)德當嶽神之意而福興,其子孫歷虞夏商,世有國土,周之甫也、申也、齊也、許也,皆其苗胄。"後遂以"嶽降"稱頌誕生或誕辰。列星:羅布天空定時出現的恒星。《公羊傳·莊公七年》:"恒星者何？列星也。"何休注:"恒,常也,常以時列見。"

② 神明:天地間一切神靈的總稱。《易·繫辭下》:"陰陽合德,而剛柔有體,以體天地之變,以通神明之德。"孔穎達疏:"萬物變化,或生或成,是神明之德。"《孝經·感應》:"天地明察,神明彰矣。"碑文爲明神,今依底本,不改。

③ 魍魎:古代傳説中的山川精怪,鬼怪。《孔子家語·辨物》:"木石之怪夔魍魎。"

④ 城:壘砌。唐顧況《上古之什補亡訓傳十三章·十月之郊》:"繚以周墉,城以崇階,俯而望之,矗與雲齊。"

一，爲二門三、角門二，爲間五，匾①仍舊曰洪濟。外左右爲神廚，爲土地廟，各五間。大門爲岑樓②，間五，匾曰海光。外爲鹽風亭一，候薰風也。外折道爲坊門三，後墻爲官廳二，有厢。池南爲南禁樓一，池外葺城暨堤，維周葺鋪，凡二十有六。諸場廨施工有差，於是廟貌巍然穆然。有事於斯者，敬心油然而生矣。爲費計用贖金若干。

經始於嘉靖癸巳之秋，落成於甲午之夏，董役者爲本司副使程伯祥、經歷汝頤、知事曾宜、典膳張訥云。

敕修鹽池神廟碑記

明萬曆十九年巡鹽御史　蔣春芳③

河東運司鹽池神廟，中殿曰東西鹽池之神，左曰中條山之神，右曰風洞之神。載在祀典，有司歲時舉行，莫或廢也。

直指④春暉秦公⑤兩舉祭告，俟而水減鹽生，倍於往歲。

---

① 扁：在門户上題字。《説文‧册部》："扁，署也。"也作匾額。扁，後多作"匾"。扁爲動詞，今依碑文校改。

② 岑樓：高樓。《孟子‧告子下》："不揣其本而齊其末，方寸之木，可使高於岑樓。"朱熹集注："岑樓，樓之高鋭似山者。"

③ 蔣春芳：山東益都人，進士。萬曆十九年（1591）為巡鹽御史。本篇依池神廟碑文拓片校勘。碑文漫漶不清者，參以《河東鹽池石刻碑匯》，碑文題名為"奉敕重修鹽池神廟碑記"。

④ 直指：漢武帝時朝廷設置的專管巡視、處理各地政事的官員，也稱"直指使者"。因出巡時穿着綉衣，故又稱"綉衣直指"或"直指綉衣使者"。此指巡鹽官員。

⑤ 秦公：秦大夔，號春暉，江南吳縣人，萬曆八年（1580）進士，曾任河東巡鹽御史。

歸功於神之靈應,題請爵號,乞新祠宇、賜額名以彰其靈。天子曰:"俞,可。"其奏下於禮部。禮部議覆,蒙恩錫以嘉名,曰靈佑祠。仍命改造二殿,與池神殿埒,甚盛典也。未幾,秦公以報滿代去①,繼而槐庭林公②至,捐金采木,方欲經營,亦以報滿代去。

余至,諏吉日,庀羣工,征板幹③,鳩畚鍤,正殿仍舊而加修飾,左右二殿舍其舊而新是圖。運土築基,輦磚伐石,闊其地形,穹其棟宇,闢其廊廡,而又益以香亭,繞以石欄,繚以垣墉,隆以二角門。至於神厨、土地廟,亦更置之,規模氣象,巍然焕然,三殿并尊,標於門額曰欽賜靈佑祠。皇綸昭揚,鳳翥鸞回,金碧輝煌,照耀人目。

是役也,經始於辛卯之十月,落成於壬辰之三月,不傷財,不勞民,不勸助。廟貌聿新,儀衛森列。神之格思④,洋洋如在。必將錫以景福,陰陽和而風雨時,以興鹽利,以阜民生,可持券而俟云。

---

① 報滿代去:古時官員任職期滿,報請朝廷批准,轉任他職。
② 林公:林祖述,字道卿,號槐庭,浙江鄞縣人,萬曆十四年(1586)進士,官至廣西提學僉事,曾任河東巡鹽御史。
③ 板幹:古代築城或築牆的用具。幹:夾板兩旁支撐的木柱。
④ 格:來,到。思:語助詞。《詩·大雅·抑》:"神之格思,不可度思,矧可射思。"

新建鹽池太陽祠記

明萬曆　何東序①

國家以鹽法取課,多煮海而後成。其自凝結而取者,獨解池之顆鹽。夏月薰風自中條山來,邦人相警於山麓曰:"湛湛烟碧,鹽信至矣。"則皆荷畚而往。兩都之軌②,萬賈之資,咸於是乎取之。侍御汪公視池三載,於夏蘄雨③,雨斯若;於冬蘄暘,暘斯若。蓋由聖王德至於天,政合乎道,鼓元氣於九圍④,揚耿光⑤於萬象。休徵⑥備至,亦固其宜。祠爲堂五楹,兩廡、大門各三楹。覆以碧瓦,繚以丹垣,與池、洞、條山,列皆南向。工始今壬寅上元⑦,不更琯⑧而落成。運長林公督其事,屬余紀歲月刻於嚴石云。公諱以時,婺源人。林公諱國相,閩縣人。

---

① 何東序(1531—1617):字崇教,號肖山,猗氏(今臨猗縣)人。1553年,考取嘉靖癸丑科進士。初授户曹,改任郎中,出守徽州、衢州,遷為易州兵備道,升榆林巡撫,功擢副都御史。因與高拱不睦,遂於萬曆六年(1578年)借喪母之機返里丁憂,從此再未出仕。東序家居近四十年,著《益智兵書》一百卷、《九愚山房詩集》九十七卷、輯錄《十二家唐詩類選》六卷。在守徽期間纂修《徽州府志》二十二卷。工書法,有《佐右集》行世。

② 兩都之軌:兩個京城的車輛。兩都,指長安和洛陽。

③ 蘄:通"祈",祈求。

④ 九圍:九州。《詩·商頌·長發》:"帝命式於九圍。"孔穎達疏:"謂九州為九圍者,蓋以九分天下,各為九處,規圍然,故謂之九圍也。"

⑤ 耿光:光明,光輝。《書·立政》:"以覲文王之耿光,以揚武王之大烈。"孔傳:"能使四夷賓服,所以見祖之光明,揚父之大業。"

⑥ 休徵:吉祥的徵兆。《書·洪範》:"曰休徵。"孔傳:"敘美行之驗。"

⑦ 上元:農曆正月十五日為上元節,也叫元宵節。

⑧ 更琯:更換管理人員。琯,同"管"。

重修池神廟碑記

順治八年巡鹽御史　趙如瑾①

　　河東鹽池，方百二十里。南抱中條，北帶峨嶺，東望太行，西探龍門，似飛來片玉。秦晉河洛之民生日用，數千里咸取資焉。唐隸度支，宋領制置，金朝相因。元相耶律楚材以經費簡置解鹽使。明官都轉運鹽使於路村。

　　斯池建廟，蓋自唐度支韓滉請詔始也。夫鹽雖產於池，實原於山，資於水，而起於風，故條山風洞之神俱與左右配祀。尤恐雨多不時，必需曝以烈日。每炎暑蒸鬱，撈役萬姓，池鹹不能飲，有淡泉則活濟者多。是以若太陽，若雨師，若甘泉，亦皆神以廟。至關聖者，解池南常平村人也。宋大中時，蚩尤崇池，邑人禱帝。忽風雷瞑晦，空中有金甲鐵騎聲。久之，天清日朗，池水如故，而鹽復生。人爭感而與池廟并祀焉。我大清啓運，皇上神明天縱，百度維新，崇祀河嶽，化美有虞。乃以經國重計簡余按其事。余即唧命，不遑馳境受事。忽夕寐，雨急，至廟所，陋似蔽。覺焉，異之。及抵郇後，視事池上，登樓遠眺。俄焉山峰雲起，風雨驟至。疾趨入廟，仰見池神宛如夢中狀。乃與司屬言曰："朝廷命使臣理財惠民者也。民安財裕，惟神是賴。"蓋其修之，不募民財，不動民工，不苛派商賈，不藉助州縣。閱七餘月，而滲者完，朽者易，腐者新，傾者扶，三殿各祠配廊、門、臺、樓、閣、屏、垣，俱煥然改觀矣。有祠廟，

---

① 趙如瑾：直隸雄縣舉人，順治八年巡鹽御史。本篇依《三晉石刻大全·運城市鹽湖區卷》碑文校勘。

無住持。復於廟後創僧舍一所，佛殿、庭房十七間，選僧住奉，旦晚香火有人。

是役也，起於順治辛卯秋八月，成於順治壬辰夏四月。時余役竣，報命代歸。叙其原起，以記諸廟門東。

新建歌薰樓記

明萬曆十九年巡鹽御史　蔣春芳

有虞氏彈五弦之琴，歌南風之詩，迄今洋洋盈耳。相傳以爲，南風起，鹽始生。虞廷之歌，蓋歌此也。三代以還，騷人墨士摛辭染翰①，日習而不知。

余奉敕重修池神祠，既訖工矣。祠前有一瓦棚，與祠直②。卑陋蕪圮，殊爲不稱。即命所司撤之，搆樓三間。基沿其故，制更其新。民不告勞，財不濫費。越月而工成。八牕玲瓏，殊可人意。且條山揖於前，神祠抱於後，甘泉呈於左，淡泉聳於右，而此樓聳峙於中。以之眺視上下，瓊瑤萬頃，浮雲飛霧，迭相來往，令人飄飄然有憑虛之想。忽爾清風徐來，入我襟袖。曰：噫嘻！此南風也，胡爲乎來哉？意者其産鹽之徵乎？人亦

---

①　摛辭：亦作"摛詞"，鋪陳文辭。晉郭璞《方言·序》："類摛詞之指韵，明乖途而同致。"《晉書·陳壽虞溥等傳贊》："彪溥勵節，摛辭綜理。"染翰，以筆蘸墨。翰，筆。晉潘岳《秋興賦·序》："於是染翰操紙，慨然而賦。"後指作詩文、繪畫等。南朝宋謝惠連《秋懷》詩："賓至可命觴，朋來當染翰。"杜甫《哭王彭州掄》詩："贈詩焉敢墜，染翰欲無聊。"

②　直：當，對着。《史記·樗裏子甘茂列傳》："至漢興，長樂宮在其東，未央宮在其西，武庫正直其墓。"司馬貞索隱："直猶當也。"

有言：風來自東，蠢蠢其蒙，曷以起吾民之疲癃①？風來自西，景物淒淒，祇以重吾民之慘淒？風來自北，羣動②休息，孰能蘇吾民之困極？維彼南風，吹扇大空，資生鹽策，國課攸充，誠足尚已。爰題其額曰：歌薰樓。蓋取解慍阜財之章，載歌載咏於此也。

夫是樓豈徒快耳目，悅心志，窮騁望，恣游觀已哉！覩南風則思發生，覩鹽池則思撈採，覩料臺則思轉運，覩神祠則思祈報。觸目警心，撫今思昔。民生國計，種種關情，是樓不為無助。況發於吟咏，播於節奏，寧不與虞廷之響相為應答也耶？觀風③者其慎諸。

重修西淡泉亭記

明萬曆十九年巡鹽御史　蔣春芳

余奉命按河東鹺政，鹽花盛生，檄丁役撈採。懼其怠若事，時往督焉。

從中禁門南行，折而西。過西淡泉，前侍御喻公所建惠民

---

①　疲癃：曲腰高背之疾，泛指年老多病或年老多病之人。引申指苦難或苦難之人。宋曾鞏《洪州諸寺觀祈晴文》："蓋茲疲癃之民，已出旱蓄之後，室家凋弊，閭里愁嗟。"

②　羣動：各種動物。晉陶潛《飲酒》詩之七："日入羣動息，歸鳥趨林鳴。"亦指諸種活動。唐白居易《宴坐閒吟》："意氣銷磨羣動裏，形骸變化百年中。"宋司馬光《不寐》詩："四遠寂然羣動收，祇餘嚴鼓度坊樓。"又泛指眾人。宋葉適《法度總論三·銓選》："陛下有是名器，為鼓舞羣動之具。"

③　觀風：觀察民情，了解施政得失。語出《禮記·王制》："命大師陳詩以觀民風。"南朝宋顏延之《應詔觀北湖田收》詩："觀風久有作，陳詩愧未妍。"

館遺蹟也。入其門窈如,登其堂廓如。環四壁率皆吟咏篇什,讀之不能盡。又進而後庭,題曰源頭活水,即所謂西淡泉也。泉上三亭鼎峙,迥出雲表①,中凌虛,左觀瀾,右逢原。徘徊眺望,見條山前拱,蒼然遠色。一鑑池塘,樓台倒影。樹林陰翳,鳥鳴嚶嚶。此時逸思飄飄,喜動清揚間矣。下而繞其後,又有洞可憩,有亭可玩,有矍圃②可射。泉亭之大觀已備。第歲久,人跡罕至,漸就湮圮。

余毅然更新之。斬荆棘,輦糞壤,燔榾翳③。泉源之淤塞者浚之,前後池之蕉穢者蠲之,榱桷柱栱欂櫨④之朽腐者易之,磚瓦墉垣之破缺者補之,漫漶不鮮者丹艧之⑤。至門外所樹之

---

① 雲表:雲外。漢張衡《西京賦》:"立修莖之仙掌,承雲表之清露。"元倪瓚《七月十四日對雨》詩:"稍開雲表月,還掩篋中書。"

② 矍圃:矍相之圃。矍相,古地名,在山東曲阜市城內闕里西。《禮記·射義》:"孔子射於矍相之圃,蓋觀者如堵墙。"後借指學宮中習射的場所。

③ 輦:載運。糞壤:穢土。《楚辭·離騷》:"蘇糞壤以充幃兮,謂申椒其不芳。"三國魏曹丕《與吳質書》:"追思昔游,猶在心目,而此諸子化為糞壤,可復道哉!"燔:焚燒。《莊子·盜跖》:"子推怒而去,抱木而燔死。"榾翳:枯死的草木。唐韓愈《燕喜亭記》:"輦糞壤,燔榾翳。"

④ 榱桷:屋椽。《孔子家語·五儀解》:"君子入廟,如右,登自阼階,仰視榱桷,俯察幾筵。"宋王安石《寄題鄆州白雪樓》詩:"朱樓碧瓦何年有,榱桷連空欲驚矯。"栱:在立柱與橫樑交接處向外伸出成弓形的承重結構。欂櫨:柱上承托棟樑的方形短木,即斗栱。

⑤ 漫漶:模糊不可辨別。唐韓愈《新修滕王閣記》:"於是棟楹梁桷板檻之腐黑撓折者,蓋瓦級甎之破缺者,赤白之漫漶不鮮者,治之則已,無侈前人,無廢後觀。"丹艧:可供塗飾的紅色顏料。《書·梓材》:"若作梓材,既勤樸斲,惟其塗丹艧。"引申為塗飾色彩。唐羅隱《讒書·木偶人》:"其後徐之境以雕木為戲,丹艧之,衣服之。"

棹楔①,則又前此未備,誠勝概②也。

然竊有感焉。泉亭一也,如得其道,觀風之暇,以之閱鹽課,以之節勞逸,以之避風雨,以之督工而考勤惰,以之親民而問疾苦,是亭之設不爲徒矣。不得其道,則必假此爲游觀宴會之場,飛觴浮白③,流連光景,吟風月,傲烟霞,棄公事而罔恤,豈所以公忠體國也哉?余不佞,謹以此自勖④且鎸諸石,以俟後之君子履斯亭者擇焉。

---

① 棹楔:門旁表宅樹坊的木柱。清周亮工《書影》卷九:"〔吳南溪〕嫉貪如仇。嘗謁一令,此令稍黷。既出門,見門外棹楔,顔曰'牧愛'。吳眇一目,故仰視久之,曰:'不佞眇,能視者"收受",之義何謂也?'此令大慚,碎額。"

② 勝概:美景,美好的境界。唐李白《夏日陪司馬武公與羣賢宴姑熟亭序》:"此亭跨姑熟之水,可稱為姑熟亭焉。嘉名勝概,自我作也。"

③ 飛觴:傳杯。左思《吳都賦》:"里讌巷飲,飛觴舉白。"劉良注:"行觴疾如飛也。大白,杯名,有犯令者舉而罰之。"漢劉向《説苑·善説》:"魏文侯與大夫飲酒,使公乘不仁為觴政,曰:'飲不釂者,浮以大白。'"原意為罰飲一滿杯酒,後亦稱滿飲或暢飲酒為浮白。

④ 勖:勉勵。

恭紀聖駕幸河東鹽池

康熙四十二年　　介孝璸①

稽古巡嶽覲后②,載在二典③。時邁④懷柔,歌頌興焉。康熙四十二年歲癸未,久道化成,薄海內外咸躋熙雍⑤之治。上軫念⑥秦晉重地,備法駕,御飛龍,登太行,歷并汾。維時嚴冬和暢,煖⑦若陽春。黃童白叟,無不望幸。奉旨:官民迎送,不得離城三里。十一月初八日,駕至河東運城。萬姓結彩焚香,山呼夾道。遙望黃蓋冉冉,喜曰聖駕至矣,僉呼阿彌陀佛。行在⑧之中,不費商民一芻一粟。初九日,駕進中禁門,御薰風樓,閱視鹽池。仰見天顏有喜,如日如雲。是日,出西禁門,抵卓刀堰,幸解州,駐蹕⑨崇寧坊,膳進酪漿、酥餅,賜扈從、詞臣茶果。午刻,幸關聖廟,諭修聖廟。未刻,幸蒲坂。我皇上聖

---

① 介孝璸:字衡玉,安邑人,康熙舉人,揀選知縣。曾纂《解州全志》二十二卷。
② 稽古:考察古事。《書·堯典》:"曰若稽古。帝堯曰放勳。"巡嶽:謂天子巡守邦國至四方之嶽而封禪。覲后:朝見后土。
③ 二典:《尚書》中《堯典》《舜典》的合稱。
④ 時邁:按時巡行。《詩·周頌·時邁》:"時邁其邦,昊天其子之。"
⑤ 熙雍:和樂貌。南朝宋何承天《社頌》:"稱物平賦,百姓熙雍。"
⑥ 軫念:顧念,憐惜。
⑦ 煖:溫暖。《莊子·大宗師》:"淒然似秋,煖然似春。"
⑧ 行在:即行在所。唐杜甫《北征》詩:"揮涕戀行在,道途猶恍惚。"
⑨ 駐蹕:帝王出行,途中停留暫住。

德神功,登三咸五①,非小臣所能揚扢②於萬一。惟是解梁鹽池爲舜禹畿內地。三代以還,渡汾河,祀汾陰,亦衹秋風興感,無關鉅典。恭遇我皇上深仁厚澤,淪肌浹髓,中外臣民,莫不尊親。即郇瑕僻壤,亦邀鸞音而承清問,山川增輝,商民錫福,豈唐之車駕如鹽池所能方其盛美哉!臣俯伏仰瞻之下,謹拜手稽首而爲之記。

西小池垣記

明萬曆　何東序③

嘗考水不注川,匯爲藪澤。大者曰湖,小者曰池曰沼。湖陂出自天造,豐功及物;池沼力墾而成,妙用在人。縣官④總山海,開池禦,致利以助貢賦,上下足以相贍。若解之鹽池天造盡人,湖陂之利蔑如⑤矣。

---

① 登三咸五:登比三王,等同五帝。或謂不及五帝而勝三王。《史記·司馬相如列傳》:"方將增泰山之封,加梁父之事,鳴和鸞,揚樂頌,上咸五,下登三。"裴駰集解引韋昭曰:"咸同於五帝,登三王之上。"
② 揚扢:頌揚。
③ 作者簡介如前。本篇據《河東鹽政彙纂》《乾隆解州安邑縣運城志》校勘。
④ 縣官:朝廷,官府。《史記·孝景本紀》:"令內史郡不得食馬粟,沒入縣官。"
⑤ 蔑如:不如,不及,沒有什麽了不起。《南史·齊紀上·高帝》:"高勳至德,振古絕倫,雖保衡翼殷,博陸匡漢,方斯蔑如也。"《漢書·東方朔傳贊》:"而揚雄亦以爲朔言不純師,行不純德,其流風遺書蔑如也。"顏師古注:"言辭義淺薄,不足稱也。"

其地左輔巫咸,右弼洪流,前趾中條,後負峨嵋①。圜會四跨,瑤蟠皛衍②。薰風一扇,萬寶皆呈。蓋唐虞中天之會,造化敷與之淵也③。唐故名靈慶,孕涸有時。置吏、置亭户至雜。遣司空、度支,雖與古今相始終,而緪剔斂發,猶未得其術焉。今稽古應時,特重榷鹽之制。自郡縣而至轉運,轉相鈞較,而專以御史臨之。平輕重而權本末,均課辦而佐軍興,法至密矣。歲督十三郡縣徒作中程④,收算四十二萬引,移用三藩⑤。

唯是恒雨病没,恒暘病涸,以地聽天,其勢不能兩得,則有橫污附池者六。曰永小,曰賈瓦,曰金井,僅存其半。沸渭澆曬,迄於兹無斁也⑥。備通變張弛之故,充節口⑦并日之需,頗收算可數萬,謂之小池鹽。先是繚以短垣,淹久齲朽,莫弭盜

---

① 巫咸:指巫咸河,今稱白沙河,源於中條山,在鹽池東北。河側有巫咸山,亦稱瑤臺山,山上有巫咸祠。洪流:指黄河。峨嵋:指峨嵋嶺,横亘於運城盆地西部。

② 圜會四跨,瑤蟠皛衍:形容鹽池匯集四周礦物,如同美玉潔白而廣布。

③ 中天:天運正中,喻盛世。《後漢書·劉陶傳》:"伏惟陛下年隆德茂,中天稱號。"清王韜《變法上》:"唐虞繼統,號曰中天,則為文明之天下。"敷與:開舒。《漢書·禮樂志》"敷與萬物。"唐顏師古注:"敷,古敷字。敷與,言開舒也。"

④ 徒作:服勞役。中程:亦作"中呈",符合期限,合乎要求。漢桓寬《鹽鐵論·水旱》:"卒徒作不中呈,時命助之。"

⑤ 三藩:指晉、秦、豫三省。

⑥ 沸渭:衆盛貌。揚雄《長楊賦》:"汾沄沸渭,雲合電發。"李善注:"汾沄沸渭,衆盛貌也。"斁:終止。

⑦ 節口:猶節食。宋蘇軾《論積欠六事并乞檢會應詔所論四事一處行下狀》:"天災流行,民雖乏食,縮衣節口,猶可以生。"

攘,陷民於罔從而獵之以刑,殆與開闌牢而發以毒矢何異①?按其地者阻事墮議,洊更三紀②,而莫之或恤。間驅鹽丁版築,蜂午③未幾而操畚鍤入池矣。

萬曆戊戌,頤所汪公來按䗩,昭智集思,課正賦以待邦之大用,斂餘資以待邦之小用。經產雜出,燦然皆有藝極。暇常籃輿循行④,不遑假寐,日討墜典棼網而申飭之⑤。壩財曲獻,

---

① 淹久:長久。晉葛洪《抱樸子·勤求》:"若值明智之師,且欲詳觀來者變態,試以淹久。"齲朽:像蛀牙一樣破朽。闌牢:養牲畜的欄圈。漢桓寬《鹽鐵論·後刑》:"民陷於罔,從而獵之以刑,是猶開其闌牢,發以毒矢也,不盡不止。"

② 洊更:屢經,反復經歷。洊,同"薦"。宋蘇軾《上皇帝書》:"選人之改京官,常須十年以上,薦更險阻,計析毫釐。其間一事聱牙,常至終身淪棄。"三紀:古代十二年為一紀,三紀為三十六年。

③ 蜂午:紛然并起貌。《史記·項羽本紀》:"今君起江東,楚蜂午之將皆爭附君者,以君世世楚將,為能復立楚之後也。"《裴駰集解》引如淳曰:"蜂午猶言蜂起也。眾蜂飛起,交橫若午,言其多也。"司馬貞索隱:"凡物交橫為午,言蜂之起交橫屯聚也。故《劉向傳》注云:'蜂午,雜沓也。'"

④ 藝極:準則。《左傳·文公六年》:"陳之藝極,引之表儀。"籃輿:古代供人乘坐的交通工具,形制不一,一般以人力抬着行走,類似後世的轎子。《晉書·孝友傳·孫晷》:"富春車道既少,動經江川,父難於風波,每行乘籃輿,晷躬自扶持。"

⑤ 不遑:無暇,沒有閒暇。《詩·小雅·四牡》:"王事靡盬,不遑啟處。"墜典,指已廢亡的典章制度。南朝梁沈約《侍皇太子釋奠宴》詩:"墜典必修,闕祀咸薦。"棼網:紛亂的法網。網:法令。《詩·大雅·瞻仰》:"天之降網,維其優矣。"

野廛奪魄①。公披龍鱗,蹈虎尾,探絲分於劘牙鑿齒之中②,得司存賑濟銀若干。議徒詳費,僦民之流冗者,鳩而受工,殆二千人。訖計周池爲垣,叐高予厚,增陴其上。金井、賈瓦合爲一區,丈周一千四百。永小自爲一區,周丈四百。池各門一,廳事五。未事,人給贍家二銖;既事,丈酬食米四銖。悉之金以千餘。肇興三月丙午,五月丁未告成,悦使民忘其勞子來成之③。不日,劃趾埔隍,卑增薄培,底填淤加肥之績,絶窪坳重塠之患④。國寶在野,柙⑤之惟謹。利用厚生,池無小大。萬商皆當印此⑥公之用菲。其意蓋宏遠矣。

---

① 曲獻:私獻。唐陸贄《奉天請罷瓊林大盈二庫狀》:"雖内庫舊藏,未歸太府,而諸方曲獻,不入禁闈。"野廛:即廛野,猶城鄉。《新唐書·隱逸傳·史德義》:"騎牛帶瓢,出入廛野。"

② 虎尾:比喻危險的境地。《易·履》:"履虎尾,不咥人,亨。"唐李爲《藺相如秦庭返璧賦》:"蹈虎尾而若閑,過鯨口而無惕。"絲分:絲分縷解,細緻而有條理的分析。宋趙令時《侯鯖録》卷五:"嘗謂讀千載之書而探千載之跡,必須盡見當時事理,如身履其間,絲分縷解,始終備盡,乃可以置議論。"

③ 悦使:樂於效勞。《隋書·煬帝紀下》:"雖復素飽之衆,情在忘私,悦使之人,宜從其厚。"子來:謂民心歸附,如子女趨事父母,不召自來,竭誠效忠。《詩·大雅·靈台》:"經始靈台,經之營之。庶民攻之,不日成之。經始勿亟,庶民子來。"朱熹集傳:"文王之臺,方其經度營表之際,而庶民已來作之,所以不終日而成也。雖文王心恐煩民,戒令勿亟,而民心樂之,如子趣父事,不召自來也。"

④ 劃趾:劃分基址。趾,同"址"。塠:同"堆"。

⑤ 柙:同"匣"。

⑥ 利用:物盡其用,使事物或人發揮效能。厚生:使人民生活充裕。《書·大禹謨》:"正德,利用,厚生,惟和。"孔傳:"利用以阜財。"孔穎達疏:"利用者謂在上節儉,不爲糜費,以利而用,使財物殷阜,利民之用。"厚生,謂薄徵徭,輕賦税,不奪農時,令民生計温厚,衣食豐足,故所以養民也。"印:同"仰"。

運長佐①閩山林君、東阿馬君、永嘉陳公等屬余紀其實。余惟御史奉綸遐察②,歲一往代,未有及瓜不代者。合符優游,皁囊特達,常條適事,或未裨於觀風之本③。公一往,三見瓜期,當寧倚毗無二,所急朝夕,所患靡盬④。至暑雨風寒,暴炙匽薄⑤,而不以言憊。李梅實衰,五穀熟虧,消息之數,天地不能以兩盈。公升禮昭縟,交修容典⑥,腏祀池神、條山、風洞,創

---

① 運長佐:運使及運使的佐官運同、運副等。
② 奉綸遐察:奉命巡察。綸,帝王的詔書旨意。遐,遠。
③ 合符:符信相合,合驗符信。古代以竹木或金石為符,上書文字,剖而為二,各執其一,合之為證。優游:休閒自在。皁囊,亦作"皂囊",黑綢口袋。漢制,羣臣上章奏,如事涉秘密,則以皁囊封之。引申指密封的奏章。宋梅堯臣《大風》詩:"風伯有罪五,孰肯進皁囊。"特達,原謂行聘時惟圭、璋能獨行通達,不加餘幣。後亦謂自達、自薦。《禮記·聘義》:"圭璋特達,德也。"孔穎達疏:"聘享之禮,有圭、璋、璧、琮。璧、琮則有束帛加之乃得達;圭、璋則不用束帛,故云特達。"唐丘光庭《兼明書》卷四:"珪璋德重,可以獨行,故曰特達。"觀風:謂觀察民情,瞭解施政得失。語出《禮記·王制》:"命大師陳詩以觀民風。"
④ 當寧:處在門屏之間。寧,古代宮室門內屏外之地。君主在此接受諸侯的朝見。《禮記·曲禮下》:"天子當寧而立,諸公東面,諸侯西面,曰朝。"孔穎達疏:"天子當寧而立者,此為春夏受朝時也。寧者,《爾雅》云:'門屏之間謂之寧。'郭注云:'人君視朝所寧立處。'"後以"當寧"指皇帝臨朝聽政。倚毗:倚重親近。宋王禹偁《為兵部張相公謝官表》:"當陛下宵衣旰食之時,責微臣富國安人之術,將何智略,以副倚毗。"靡盬:謂無止息。指辛勤於王事。《詩·唐風·鴇羽》:"王事靡盬,不能藝黍稷。"
⑤ 匽薄:掩蔽侵迫。《漢書·王吉傳》:"朝則冒霧露,晝則被塵埃。夏則為大暑之所暴炙,冬則為風寒之所匽薄。"顏師古注:"匽與偃同,言遇疾風則偃靡也。"金元好問《九日讀書山》詩之四:"霜氣一匽薄,杳杳秋山空。"
⑥ 升禮昭縟:改善提升禮容禮儀。縟禮,繁復瑣雜的禮節,可引申為厚禮、優禮。容典:禮容之法則。《後漢書·曹褒傳》:"然先王之容典,蓋多闕矣。"李賢注:"容,禮容也;典,法則也。謂行禮威儀俯仰之容貌也。"

祀太陽之宇。蘄雨蘄暘①,而無之弗告。精靈盼蠁,齹花冬實。述宣酜花,薄海風回②。羣小③不奉私求,萬户鮮藏。匹夫呻吟奪魄之聲,未必不爲改蘇頌德矣。覯一節而知百節,固知應條之吏,蔚蒸太平④;恫生之倫,咸獲嘉祉。殆不止一池之利鈍已也。不佞草民黶淺,惡能究其端倪焉⑤?

蘇老三池,今涸不載。

---

① 蘄雨蘄暘:語本《書·洪範》:"曰雨曰暘。"謂雨天和晴天。《魏書·天象志三》:"皆雨暘失節,萬物不成候也。"蘄,同"祈",祈求。

② 這句話大意爲神仙通感靈應,鹽花冬季也能坐實。增産濃厚的鹽花,風兒貼近鹽海迴旋。

③ 羣小:社會地位卑下的人們,一般指名門望族以外的庶民。南朝宋劉義慶《世説新語·容止》:"庾長仁與諸弟入吴,欲住亭中宿。諸弟先上,見羣小滿屋,都無相避意。"

④ 應條:順應科條。《漢書·翟方進傳》:"河平中,方進轉爲博士。數年,遷朔方刺史,居官不煩苛,所察應條輒舉,甚有威名。"蔚蒸:聚集上升。太平,時世安寧和平。《吕氏春秋·大樂》:"天下太平,萬物安寧。"

⑤ 不佞:謙辭,猶言不才。《左傳·僖公十五年》:"寡人不佞,能合其衆而不能離也。"黶淺:暗昧淺薄。王褒《四子講德論》:"鄙人黶淺,不能究識。"李善注:"黶,不明也。"端倪:事物的頭緒、跡象。《莊子·大宗師》:"反復終始,不知端倪。"

復立解州運司碑

元　王利用①

天地間山林水澤寶於萬世者,無盡藏也。若夫五味之齊,調五内之氣,使人壽且康者,鹺而已。河東解澤,鹽風一觸,花蕊泛波,畏日②載臨,玉粒結秀。語其色,則白雲浮洛;語其瑞,則瑩光塞河③。大元經始之用,仰於有司,或租或庸,或徵或調,收鹽鐵之算,程榷酤之利,而鹽爲諸賦之首。解之鹽澤,又諸鹺之首也。不曰地不愛寶,變咸爲鹺,則曰民不告勞,財不橫費,永無盆鑊之勞,終有釃灑之效。逮乎積雪盈廠,晴霜障野,以佐國用,以薦郊廟,以惠工役,以通商賈,用力少而見功多。比年以來,遠給軍儲,使人輸粟以鹽鈔易之,省飛輓之苦,

---

① 王利用:字國寶,元代通州潞縣人。自幼聰慧,好學向上。學業初成後,到忽必烈府中做事,頗受信賴。先後任大興府内藏官、山東經略司詳議官,調任安肅、汝、蠡、趙等四州知州,晉升翰林待制、監察御史、翰林院顧問,再升任殿閣直學士。出為河東、陝西、燕南三道提刑按察副使,四川提刑按察使。大德二年(1298),調任安西、興元兩路總管。卒後,追贈為榮祿大夫、柱國、中書平章正事(丞相),封為潞國公,諡號"文貞"。後祀通州文廟内鄉賢祠中。本篇依《山右石刻叢編》校。

② 畏日:炎熱可畏的太陽。典出《左傳·文公七年》:"趙衰,冬日之日也;趙盾,夏日之日也。"杜預注:"冬日可愛,夏日可畏。"

③ 《南史》載江淹《獄中上建平王書》:"方今聖曆欽明,天下樂業,青雲浮洛,榮光塞河。"其典原出《尚書·中候》曰:"成王觀於洛河,沈璧,禮畢,王退俟。至於日昧,榮光并出幕河,青雲浮洛,青龍臨壇,銜玄甲之圖,吐之而去。"此處形容鹽粒之色,改為白雲浮洛,榮光塞河。

通懋遷之貨①。邊用充,民食足。可謂作鹹之利,寶萬世而無盡藏也。

至元乙酉,州尹王奉訓致懇於余曰:"解州恃鹽鹺之利,世爲名郡。故曰豐寶軍,亦曰興寶軍。曩者主鹽之官與州有隙,遂置司於路村,以致閭井蕭條,居民鮮少,於今五紀矣。鹽法亦馳,良由所置司村居野處,公私通弊,課失歲額,詞訟日滋。朝省遣使考會②,積年不已。行中書省病之,思選廉幹吏委以太計③,乃辟前經略司經歷吳從仕以監榷焉。莅任之初,究弊源,立新政,首以復遷解州爲便。行省允其議,州之正倅④即以公廨爲鹽司。禮接僚屬,若賓主然。規模制度,爲之一新。實至元癸未春二月也。既而,歲課羨餘,不啻倍蓰⑤。都轉運同知王中順具奏以聞,乃課績以從仕爲最,改授承事郎,充解鹽使。自是州司、鹽司獲處其便,畦户、編户奠厥攸居⑥。擬立豐碑以紀其事,非閣下之文不能揄揚其始終也。"

余應之曰:"州司非鹽司,則城市不集;鹽司非州司,則歲

---

① 飛輓:飛芻輓粟,謂迅速運送糧草。《漢書·主父偃傳》:"又使天下飛芻輓粟。"顏師古注:"運載芻稟,令其疾至,故曰飛芻也。挽謂引車船也。"懋遷:貿易。語出《書·益稷》:"懋遷有無化居。"孔傳:"勉勸天下,徙有之無,魚鹽徙山,林木徙川澤,交易其所居積。"漢蔡邕《漢津賦》:"導財運貨,懋遷有無。"

② 朝省:朝廷。考會:會考,綜合考課官吏政績。

③ 太計:大計,重大的謀略或計劃。

④ 正倅:正副職。倅,副職。

⑤ 倍蓰:亦作"倍屣""倍徙"。謂數倍。倍,一倍;蓰,五倍。《孟子·滕文公上》:"夫物之不齊,物之情也。或相倍蓰,或相什百,或相千萬。"

⑥ 奠厥攸居:安定所居。

課不增。朝廷得人,兩司乃建。事既告成,世濟其美。勒之正珉①,傳之後代。"於是乎書。

聖惠鎮新城記

元　黄覺②

河東陝西等處都轉鹽運使治曰聖惠。初,丙申祀,姚行簡繪圖獻於上,上可之。乃芟莽除榛,立司於池之北滸,曰路村。仍命行簡專掌鹽賦。是時,鹽始有課,民獲食用也。延祐以來,易以今名。載葺廟貌③,曰池神,曰學宫,曰三皇④。行用庫、譙樓、鐘樓、館傳、場廠隸屬之所⑤,靡不備具。萬商輻輳,爲貨泉⑥之淵藪。室廬聯駢,樓閣輝映。惜乎散漫縱横,無山谿城隍之固。儻有不虞,何可以生？

至正丙申夏,上擢章佩監卿那海德俊,命總河陝鹽使。下

---

① 正珉：貞珉,石刻碑銘的美稱。
② 黄覺：原碑書條山後學、樂閑處士,作者具體事跡不詳。本文依《河東鹽政彙纂》校。
③ 廟貌：廟宇及神像。《詩·周頌·清廟序》鄭玄箋："廟之言貌也,死者精神不可得而見,但以生時之居,立宫室象貌為之耳。"
④ 三皇：傳説中上古三帝王。所指説法不一。
⑤ 行用庫：倒换民間錯爛紙鈔的官庫。譙樓：城門上的瞭望樓。《三國志·吴志·吴主傳》："詔諸郡縣治城郭,起譙樓,穿塹發渠,以備盗賊。"館傳：猶館驛。傳,驛站或驛站的車馬。《左傳·成公五年》："梁山崩,晉侯以傳召伯宗。"杜預注："傳,驛。"
⑥ 貨泉：王莽時貨幣名。《漢書·食貨志下》："天鳳元年,復申下金銀龜貝之貨,頗增减其賈直。而罷大小錢,改作貨布……直貨泉二十五。貨泉徑一寸,重五銖,文右曰'貨',左曰'泉',枚直一,與貨布二品并行。"後作貨幣通稱。

車,日訪民所戚,莫先城事。公喟然曰:"民惟邦本,豈可重戚吾民?"走伻①請於朝。乃規材僦工,徒步經度。奠厥方面②,以爲制度。凡民田廬所礙者,倍其直以市之。於是,丁夫星布,畚鍤雲集,命吏柴瑄董其綱,築墉搆門,治各有人。公朝省暮視,口授心畫,雖風雨不懈。其陴墉凡一千七百丈。爲門者五。每門一,則築土爲臺,崇二丈奇,廣不及崇二尺,袤增崇之三丈。甓以陶甎,中崎櫛木,以爲涂道③。重扉嚴鐍,石機鐵鐏。上搆屋四楹,戶牗洞達。教卒伍刺伐坐作④之法,以備非常。門內外左右,各爲軍廬八楹,又譏察所三楹。正北門,則塞永豐故渠,改流墻外,邐迤西南,就爲城之池。其臺廣袤,倍於它門。屋乃四楹⑤,旋角碧甍朱檻,翬飛跂翼⑥。左右夾室二楹,其制稱是。巡警休宴則居之。門少東,又爲水竇一⑦,鐵櫺石港,以通行潦。西門之竇亦如之。軍廬增各門十三楹。西門則不及七楹,譏察所又增其一。墉之四隅,搆獎火屋各四楹,以爲覘伺防禦之所。經始八月己巳,迄功季冬之末⑧,力則鳩兵二千五百人,庶民輸財赴役者不與會計,財費則皆公之規

---

① 走伻:派遣僕從。伻,使者,僕人。
② 奠厥方面:祭祀四方。
③ 櫛木:梳子一樣的排木。涂道:道路。
④ 刺伐:刺殺與砍斫。坐作:坐與起,止與行。古代練兵的科目之一,多與"進退"連用。《周禮·夏官·大司馬》:"以教坐作進退疾徐疏數之節。"鄭玄注:"習戰法。"
⑤ 楹:古同"楶",廳堂前部的柱子。
⑥ 翬飛跂翼:《詩·小雅·斯干》:"如翬斯飛。"此種屋翼檐角向上的建築形式,俗稱"飛檐",近代建築學稱"翬飛式",爲我國古代所特創。
⑦ 水竇:水道,水出入的通道。
⑧ 迄功:亦作"迄工",猶竣工。

措也。

　　越明年三月,鎮耆士相率詣余,請爲文以記。余惟斯鎮也,創於丙申,周兩甲子①,而成城於丙申。吁! 天使之然耶? 公嘗監烏江州牧,創石橋三十里,民免病涉之勞,至今德之。今爲新城,囿斯民於永遠安恬之域,而民不知勞。它日闔境之民,指高城深隍而想公曰:"勿墮勿壞,此召伯之甘棠②也。"故撫其實而書之。

河東運城記

明嘉靖　　吕柟③

　　嘉靖三年秋,大水,運司城幾圮。侍御盧公惻焉,欲甎甃以圖久遠。然以瓜期且屆,姑甃東面,以俟後哲落成。運城人曰:"斯子孫千載之利也,不可不記。"且此城羣省交會,一方

---

　　① 周兩甲子:循環經歷了兩個甲子年,即從1236年到1356年,計120年。
　　② 《詩‧召南‧甘棠序》:"《甘棠》,美召伯也。召伯之教,明於南國。"孔穎達疏、朱熹集傳并謂召伯巡行南土,布文王之政,曾舍於甘棠之下,因愛結於民心,故人愛其樹,而不忍傷。後世因以"召棠"為頌揚官吏政績的典實。
　　③ 吕柟(1479—1542):字仲木,號涇野。陝西高陵人。明代理學家。武宗正德間進士。授修撰,以忤權貴劉瑾,辭官。瑾被誅後,復官。世宗即位,以議"大禮"與張璁等不和,遂下獄。後謫解州判官。累遷國子祭酒、南京禮部侍郎。學宗程、朱。與湛若水、鄒守益共同主講近三十年。及卒,高陵人為其罷市三日,以示哀悼;四方學者咸設位哀悼。謚文簡。有《涇野子內篇》《涇野詩文集》等。本篇依《河東鹽政彙纂》校。

具瞻①。然地近鹽則鹼易齧其足,土挾沙則風易彫其膚,板帶礓礫②則雨易剥其面。故近歲霖霆幾淪乎郭也。而又内處富賈,盗易窺;城大無兵,盗易攻;巷寡土著③,盗易取;雜聚五方④之民,盗易入;土無嘉實⑤而有厚藏,盗易剽。故往年盗賊幾突乎郭也。公乃遷選官吏,輕貨算,定征役,謹命令,猶其舊規,教其新矩,裁其崇卑,壹其博狹,均其厚薄。凡兩月告成,屹爲重鎮。

運城人曰:"一面甃,三面皆可甃也;一面舉,三面皆可俟也。公論文貴質不貴艱,論學貴行不貴辨,論政貴平不貴刻,是以編掣常鹽,商無退怨;洞開三門,民無偏私;地不重給,丁無積累;訟不徇人,獄無冤滯。而又申修書院,課藝不倦,博愛運學,周貧不私。此則真甃運城者也。且公之官可行道於天下,曾以此城爲功耶?公諱焕,河南光山人。

---

① 羣省交會:因運城地處晉西南,為山西、陝西、河南三省交界地帶,故稱。一方具瞻:一個地方(指運城周邊地區)都因仰慕前來觀瞻。具瞻,謂為眾人所瞻望。語出《詩·小雅·節南山》:"赫赫師尹,民具爾瞻。"毛傳:"具,俱;瞻,視。"鄭玄箋:"此言尹氏汝居三公之位,天下之民俱視汝之所為。"

② 礓礫:小石。

③ 土著:世代定居一地。《史記·西南夷列傳》:"其俗或土著,或移徙,在蜀之西。"《漢書·西域傳上》:"西域諸國,大率土著。"顏師古注:"言著土地而有常居,不隨畜牧移徙也。"

④ 五方:東、南、西、北和中央。亦泛指各方。《禮記·王制》:"五方之民,言語不通,嗜慾不同。"孔穎達疏:"五方之民者,謂中國與四夷也。"

⑤ 嘉實:此指土性鬆軟不實。多指佳美的果實。南朝梁丘遲《芳樹詩》:"芳葉已漠漠,嘉實復離離。"

重修運城碑記

康熙二十五年運使　張鵬翮①

河東御史臺與鹽法使者所駐之地,曰運城,專城也。淮浙、長蘆鹽司皆隸郡衛,非專城,其故何哉?蓋煮海烟竈延綿沙際,防禦增築之事,府州守令任之。河東鹽池百廿二十里,專屬鹽務官管轄。冀、豫、雍、梁四千里民食仰給於此。國賦所儲,羣商所處,諸路所通,百物所聚,去郡治既遠,而解州、安邑又城小不足以容,城之特建,其勢然也。城周垣九里四門,計一千七百丈。肇始自於元,迄今三百餘年。其間或修或圮,前使者勞績猶在。

今皇上御極二十三年,河東鹽使需人。上命舉清廉素著者。廷臣謬以鵬翮上聞,制曰:"可。"恭遇聖駕東巡,臨視闕里②。鵬翮祇候兗郡③,特蒙召見。行在溫語垂問,承恩扈

---

① 張鵬翮(1649—1725):字運青,一字寬宇,清四川遂寧(今屬重慶潼南)人,清代名臣。康熙九年(1670年)進士及第,歷任禮部郎中、黃州、兗州知府、江南學政等職,隨索額圖勘定中俄東段邊界,為簽訂《中俄尼布楚條約》作准備。康熙二十五年(1686)任河東鹽運使。歷任大理寺少卿、浙江巡撫、刑部尚書、吏部尚書、河道總督、刑部尚書、兩江總督等要職。雍正元年(1723年)任武英殿大學士。雍正三年病逝,謚文端。雍正帝親為其撰寫碑文。主要著述有《治河記》10卷、《奏議》12卷、《奉使俄羅斯記》及《如意堂詩文》等。有《張文端公全集》。本篇依《河東鹽政彙纂》校。

② 闕里:孔子故里。在今山東曲阜城內闕里街。因有兩石闕,故名。孔子曾在此講學。

③ 兗郡:清為兗州府,今為山東濟寧市兗州區。

蹕①,仍留典山東武鄉試。事竣之官,夔引通鹽,恤商利民,先舉其綱。閱池、浚渠、厚堨②,修城尤爲緊要。方將次第行之,謀於柏臺③李公,請旨之檄已下。於是捐財用而不費公帑,稱畚築而量給民力,平板榦④,仞溝洫⑤,鳩工命日⑥,程物興作⑦。制不逾舊,役不違時。始於康熙二十四年九月,明年三月告成。凡墉堞皆甃磚甓,樓櫓皆塈丹漆。曩之卑者崇,狹者廣,傾者植,頹者完。落成之日,登埤⑧四覽,竊有感於懷焉。

夫鹽政無修城之責,然運城廢興乃鹽政大事,必際其時,得其人,始可事治而政舉。嘗南望中條,矗立屏障,接連行陘⑨,介山北峙,峩嶺環抱。汾澮襟其東,黃河帶其西,城之險

---

① 扈蹕:隨侍皇帝出行至某處。蹕,指帝王的車駕或行幸之處。
② 堨:攔水的堰。
③ 柏臺:御史臺的別稱。漢御史府中列植柏樹,常有野鳥數千棲其上。事見《漢書·朱博傳》。後因以柏臺稱御史臺。清時亦稱按察使(臬臺)爲柏臺。
④ 畚築:盛土和搗土的工具。《左傳·宣公十一年》:"令尹蔿艾獵城沂,使封人慮事,以授司徒。量功命日,分財用,平板榦,稱畚築……事三旬而成,不愆於素。"楊伯峻注:"畚,盛土之器。築,築土之杵。"亦借指土建之事。板榦:古代築城或築墻的用具。榦,夾板兩旁支撐的木柱。
⑤ 仞:測量深度。《左傳·昭公三十二年》:"度厚薄,仞溝洫。"杜預注:"度深曰仞"。
⑥ 鳩工命日:召集工匠,限定日期。
⑦ 程物:考查衡量事物的條件。
⑧ 埤:城上呈凹凸形的矮墻。
⑨ 行陘:指太行陘或太行山。唐李吉甫《元和郡縣志·懷州》:"太行陘在縣(河内縣)西北三十里。連山中斷曰陘。《述征記》曰:'太行山首始於河内,自河内北至幽州,凡有八陘:第一曰軹關陘,今屬河南府濟源縣,在縣西十一里;第二太行陘,第三白陘,此兩陘,今在河内;第四滏口陘,對鄴西;第五井陘,第六飛狐陘,一名望都關,第七蒲陰陘,此三陘在中山;第八軍都陘,在幽州。'"

阻可憑也。賈旅輻輳，儈販雲集，輡蹄轚互①，雜糅於闤闠間者，叩關警柝不可以無稽②。池之旁，大舜之琴臺在焉。歌南風之詩，遐想乎上世。自禹營安邑，三代而下，牧民固圉③，皆以城郭為先務。故周文王作城於朔方而以南仲④，宣王作城於東方而以仲山甫⑤。考其君臣，於為國之本末皆有條理。吾故曰："必際其時，得其人。然後事治而政舉也。"

今天下車書大同⑥，聖天子誕敷文德，協和風動，治益求治，安愈思安。日與公孤坐而論道。猗歟休哉！可謂際其時矣。我柱史勒公以覺羅奉命來巡⑦，圖公以閣學⑧出撫三晉，河道觀察于公擢撫畿甸⑨，江南中丞湯公晉秩宗伯⑩，皆蒙聖

---

① 儈販：做買賣的商販。轚互：互相碰撞。《周禮·秋官·野廬氏》："凡道路之舟車轚互者，敘而行之。"鄭玄注："舟車轚互，謂於迫隘處也。"賈公彥疏："轚互者，謂水陸之道，舟車往來狹隘之所，更互相轚。"

② 叩關：叩擊關門。警柝：警夜時敲擊以報更的木梆。

③ 固圉：加固抵禦。

④ 南仲：周代卿士，周文王時為將帥，受命到朔方築城討伐西戎。見《詩經·小雅·出車》："王命南仲，往城於方。出車彭彭，旂旐央央。天子命我，城彼朔方。赫赫南仲，玁狁於襄。"

⑤ 仲山甫：周宣王時卿士，宣王派他築城於齊。見《詩經·大雅·烝民》："王命仲山甫，城彼東方。四牡騤騤，八鸞喈喈。仲山甫徂齊，式遄其歸。"

⑥ 車書大同：語見《禮記·中庸》："今天下車同軌，書同文。"謂車乘的軌轍相同，書牘的文字相同，表示文物制度劃一，天下一統。

⑦ 柱史：柱下史，周、秦官名，漢以後稱御史。因其常侍立殿柱之下，故名。覺羅：清室宗族人的稱號。《清會典·宗人府·宗令宗正宗人職掌》："顯祖宣皇帝本支為宗室，伯叔兄弟之支為覺羅。"

⑧ 閣學：明清時對內閣大學士的稱呼。

⑨ 畿甸：指京城地區。

⑩ 宗伯：周代六卿之一。掌宗廟祭祀等事，即後世禮部之職。因亦稱禮部尚書為大宗伯或宗伯，禮部侍郎為少宗伯。

朝不次之用。即大小百執事，罔不感發興起，刻自砥礪，以自效於盛世。海內額手，慶得人焉。予萬里孤臣，荷特達之知，簡拔督鹺，黽勉循分，以盡掌策理財之實，去其不便而行其便，慎修厥政，期於有成，以對揚休命①，豈特修城一事已哉？然予因補敝葺廢，修扞一方，有慕南仲、仲山甫之功，而予則愧非其人也，有負於聖天子委任之至意多矣。遂爲文，鏤諸城隅，以告後來者。

重建察院記

明嘉靖　張璧②

河東察院爲巡按御史所臨，以平鹺政，以廉吏治，以考民隱，所繫重矣。宜壯制偉觀，與責胥稱③。顧弊陋弗整，臨者狹焉。

嘉靖己酉，侍御初公來按兹土。先是盧公堯文位滿當行，謂公曰："院就圮，公盍成之。"公曰："諾。"既乃曰："予惟先公務而後從事。"遂鋭意經畫，修卓刀諸堰，導姚暹諸渠，毖運司

---

① 對揚休命：古代常語，凡臣受君賜時多用之，兼有答謝、頌揚之意。《書·説命下》："敢對揚天子之休命。"孔傳："對，答也。答受美命而稱揚之。"後多謂答謝，報答。蔡邕《司空文烈侯楊公碑》："虔恭夙夜，不敢荒寧，用對揚天子丕顯休命。"

② 張璧（？—1545）：字崇象，明代石首（今屬湖北）人。正德六年（1511）進士。嘉靖二十五年（1544）拜相，以禮部尚書兼東閣大學士，次年加太子太保。不久病逝，諡號文簡。性情雅直，不近流俗，愛好文學，撰有《陽峰家藏集》，《四庫總目》行於世。本篇依《乾隆解州安邑縣運城志》校。

③ 與責胥稱：與所擔責任全部相稱。胥，都，盡。

西城,開大郭門。嗣是誕告諸州縣,選才吏,裒前所餘貲,撤舊搆而新之。始,民居雜近院後。公易以官地,俾得徙,仍給其須,乃周遭築重垣若干雉。作先門三檼,匾曰察院。察院前,樹屏建坊,榜曰正肅。左右峙者,曰激濁,曰揚清。中爲堂,曰風紀。後爲堂,曰退思。又後爲寢室,曰冰櫱。皆五檼。旁兩翼,爲庖厨,爲書吏。房前後俱作捲棚,綿亘庇蓋。冰櫱堂北有亭曰柏香。東曰憶梅,西曰存竹,皆繚以短垣,門皆南嚮。先門傍雁墙,各有棚房,居祗候①胥徒。南左右各一屋,爲各官次舍。前榜房,故狹隘,又廛市②與院門相值。復益地若干丈,南開委巷③,諸皆從榜房後出入。爲警鋪者二,每邏卒夜巡,鈴柝④四匝,察院之制備矣。既宏乃規,弗愆厥素,兹其良役哉!

璧嘗觀善持憲⑤者,先諸公而後及其所。緩是役也,可謂知務。然侍御之志,豈但已乎?蓋山澤林鹽,皆國之寶。而今之鹽利可以坐充國課者,莫逾解池。然利於官則有廉污,利於民則有惠慝。欲惠民,先繩吏,是故不可無激揚之典。激揚者,風紀所有事也。未有己不正而能正人者。故風紀以標其憲,正肅以約其趨,退食以廣其思,冰櫱以嚴其操,而又履竹之潔,挹梅之清,甘柏之苦。檢身飭躬,靡不至。夫然後平物有

---

① 祗候:職官名。宋代祗候分置於東、西上閤門,與閤門宣贊舍人并稱閤職,祗候分佐舍人。元代各省、路、州、縣分別設祗候若干名,為供奔走驅使的衙役。元明亦指官府衙役、勢家的僕從頭目。
② 廛市:市廛,商肆集中之處。
③ 委巷:僻陋曲折的小巷。
④ 鈴柝:搖鈴擊柝。柝,木梆。
⑤ 持憲:執掌法令。

衡,燭形有鑑,舉刺興革,無往弗臧。獨鹺政也哉?此又侍御君公取名之義也。

新作學廟記

元　盧摯①

解梁之墟,民聚幾二千家鄽。術眂②望州而繁曰路村者,以鹺利自出,從陝西都轉運治。鄉士民協力漕臣③,願廟先聖其地。

至元壬辰,劉公紹慶實總漕事,實始圖作是廟。未蕆事以受代去④。今使奧屯公茂規而隨之⑤,以一衆論用⑥,克以大德戊戌之冬落成厥功。爲禮殿,重檐巨楹,翬跂⑦絢耀,視大邦君

---

① 盧摯(約1242—1314):字處道,一字莘老;號疏齋,又號蒿翁。元代涿郡人。至元五年(1268)進士,任過廉訪使、翰林學士。詩文與劉因、姚燧齊名,世稱"劉盧""姚盧"。與白樸、馬致遠、珠簾秀均有交往。今人有《盧書齋集輯存》,《全元散曲》存有小令一百餘首。本篇依碑刻拓片校,碑題為《陝西等處都轉運鹽使司新作孔子廟記》。

② 術:道路,可解為在路上看。眂:古"視"字,觀看,察看。碑題作"昭(cháo),今依底本不改。

③ 漕臣:管理漕運的官員。

④ 蕆事:事情完成。蕆,完成,解決。受代:古代謂官吏任滿由新官代替為受代。

⑤ 規而隨之:典出揚雄《法言·淵騫》:"或問蕭曹,曰:'蕭也規,曹也隨。'"蕭何創立了規章制度,後曹參繼任做了宰相,仍照着實行。比喻按照前任的成規辦事。

⑥ 一衆:衆人,全體。論用:量才任用。

⑦ 翬跂:古建的檐角。其形若飛若踞,俗為飛檐。

之居。像先聖先師十哲①,服章位著②如禮。置講堂殿後以居師生。閎其門橝,崇其垣墉,以示揭虔妥靈③。攸宇中條雷首,顧瞻伊邇。④ 相其高明,殷然爲他郡廟學之冠。七十子、諸大儒之序⑤及館舍庖廩皆位置之,使可因以就緒其規。所以須學校之費者,又未已也。

嗚呼！公其勤且德於是鄉厚矣。伻⑥來徵記文於摯,曰：" 國家尊鄉儒術,自京師至凡郡邑莫不廟祀孔子,示爲指南,斯文本教養而美俗尚於是焉。在夫三代盛時,家有塾,黨有庠,術有序。路惟一鄉,今有廟學,亦尚昭聖治哉。茂誚淺學,未有聞文廟事告成而獨無補思,所以自效無愧於前使與吾同僚。惟是恃雅素⑦於公,庶得一言刻著廟石,不朽以謝。"不敏⑧摯惟學校尚矣。學有祀事,由其道固所以報之然。使民觀禮識古以節性,日邁於善又有在也。

---

① 先聖先師:指孔子。十哲為孔子的十個弟子:顏淵、閔子騫、冉伯牛、仲弓、宰我、子貢、冉有、季路、子游、子夏。

② 服章:古代表示官階身份的服飾。位著:也稱著位,表示固定的朝位或祭位。位,皇宮中廷左右兩邊。著,宮室屛、門之間的地位,為帝王視朝時站立的地方。

③ 揭虔妥靈:懷持誠心,安妥聖靈。

④ 攸:用於句首,以使語句勻稱,不譯。宇:屋檐。這句意為中條、雷首兩山如在屋檐,看來很近。

⑤ 七十子:即"七十二子",指孔子門下才德出眾的七十二個學生。七十,舉其成數。《孟子·公孫丑上》:"以德服人者,中心悅而誠服也,如七十子之服孔子也。"碑文為"六十子",今不改。序:堂兩旁東西廂房。《書·顧命》:"西序東向。"孔傳:"東西廂謂之序。"

⑥ 伻:使者,僕人。

⑦ 雅素:平素的交誼。《漢書·張禹傳》:"君何疑而數乞骸骨,忽忘雅素,欲避流言,朕無聞焉。"顏師古注:"雅素,故也。謂師傅故舊之恩。"

⑧ 不敏:謙詞,猶不才。《論語·顏淵》:"回雖不敏,請事斯語矣。"

夫總漕有職,課殿①有法。謹正鹽策,課贏常年平,不使山澤之利有遺所先務也。孰有游刃餘地,宣上德意以扶翼斯文②爲心如公者哉！夫古之君子見賢思齊,樂道人之善,然則公所求以自效,獨非吾黨所以自效者。與大書特書,懼吾文之未稱副③也。

是歲十二月廿二十有六日記。

碑陰載文廟四至。東至公田,西至本廟出道,北至街,南至道。南北長一百八十九步,東西闊五十步,計地三十九畝三分七厘。

重修孔子廟記

明　楊榮④

孔子,天縱之聖人也。當時門人弟子師宗之。及其没也,祀於其家,以師之禮而已。其後,道愈久而彌彰。有天下國家者,用其傳以正己而化民,學士大夫由其教以立身而用世。盛

---

①　課殿最:舊時朝廷對官吏定期考課,政績最差的稱"課殿",政績最好的稱"課最"。

②　扶翼:輔佐,扶助。《後漢書·順帝紀》:"近臣建策,左右扶翼。"斯文:指禮樂教化、典章制度。《論語·子罕》:"天之將喪斯文也,後死者不得與於斯文也。"

③　稱副:匹配,相當。

④　楊榮(1371—1440):明代詩文作家。字勉仁,初名子榮。建安(今屬福建)人。建文二年(1400)進士,授編修。成祖朱棣召其入文淵閣,并親更名楊榮。仁宗立,累進謹身殿大學士、工部尚書。宣德中,加少傅。正統五年(1440)病卒。謚文敏。他與楊士奇、楊溥并稱"三楊"。著有《楊文敏集》25卷。其詩文,多應制之作,稱"臺閣體"。本篇依《河東鹽政彙纂》校。

大悠遠,將與天地相爲無窮。其廟所在,內自京都,外被於海隅徼塞①。有民社者,咸得立焉。非至聖,其曷能臻是乎?

河東聖惠鎮城東南孔子廟,據鳴條岡以面鹽池。地位亢爽,殿廷門廡宏侈狀麗②。其後明倫堂兩齋,古柏森然,式稱具瞻③。蓋自元以前運鹽使司所建,有學官生徒。至明,廟學立於郡縣,而是廟遂寖以壞。今運司副使率鎮之人士葺理焉。鳩工集事,遂克落成。規制巍煥,悉復其舊。乃來徵予文爲記。

夫祭之禮,有其舉之,莫敢廢也。蓋他祀且然,而況孔子?凡厥生民所以安於倫彝④之常,而遂其有生之樂者,孔子之教然也。豈宜忘所自而不之報哉?茲廟之復,諸君子以爲政理先務,其賢可見矣。雖然,祀焉者文,宗其道者實。文已至而實不從,將無以至於久。是邦也,舜禹之故都,豈無秀民可教者?選擇而教於茲,因使執歲時之饋奠⑤,而又需⑥其成以待上之求也。雖非郡縣學官之列,亦黨庠術序之遺意,安知其不若徂徠、白鹿之書院乎?此予加望之意也。故爲記以勸,諒亦諸君子之所願從事焉。

---

① 徼塞:邊塞。宋歐陽修《吉州學記》:"然後海隅徼塞,四方萬里之外,莫不皆有學。"

② 宏侈狀麗:寬大奢華,宏偉富麗。

③ 具瞻:為衆人所瞻望。語出《詩·小雅·節南山》:"赫赫師尹,民具爾瞻。"毛傳:"具,俱;瞻,視。"鄭玄箋:"此言尹氏汝居三公之位,天下之民俱視汝之所爲。"

④ 倫彝:倫常。彝,宗廟常用禮器,引申爲常規。

⑤ 饋奠:指喪中祭奠之事。《禮記·曾子問》:"曾子問曰:'大功之喪,可以與於饋奠之事乎?'"

⑥ 需:等待。《易·需》:"需,須也。"孔穎達疏:"是需,待之義,故云需,須也。"

河東名宦祠記

明嘉靖三十年巡盐御史　尚維持①

名宦得祠諸學,所以維教也。河東無之,將謂宦位兹土者獨可無名乎?監臨傳舍而澤靡究,運司校利而跡近污,教員卑格而業易晦。②其然歟?噫!殆非也。法衍而德溥,時不足以淺之;行修而道光,地不足以穢之;身詘③而志達,位不足以微之。然則名乎宦者,豈可固焉求之乎?

爰命有司,率譽髦廉三老④,稽晉乘⑤,搜遺聞⑥,伏得漢丞相霸以下若干人,搆室在泮,肅儀如制。宦河東者,始得以食其報矣。然而祠以宦者名焉已乎?色取之聞,宣尼不與⑦,而没世弗稱,君子所疾。是故有以道德名以崇本,有以治行名以尚功,有以儒術飾吏治而文名以宏化。有創制置利、遺佚後人

---

①　尚維持:明嘉靖三十年(1551)河東巡鹽御史。此篇抄於《河東鹽法調劑紀恩録》,《彙纂》未載。殘碑僅存二百餘字。

②　監臨:監察臨視。傳舍:古時供行人休息住宿的處所。究:清楚,明白。校利:考核管理鹽池之利。

③　身詘:身受委屈。

④　譽髦廉三老:指年老且有名望的才俊之上。

⑤　晉乘:春秋時晉國的史書。《孟子·離婁下》:"晉之《乘》、楚之《檮杌》、魯之《春秋》,一也。"趙岐注:"乘者,興於田賦乘馬之事,因以乘名。"後用以稱一般史書。此指山西本地的史籍。

⑥　遺聞:遺存的教化資料。

⑦　色取之聞,宣尼不與:意思是孔子不贊稱用表面的事功來博得聲譽。《論語·顏淵》記有孔子答子張語:"夫聞也者,色取仁而行違,居之不疑。"

而以惠名,有秉道嫉邪、不爲俗回而以剛名,有飭身率物、不失雅素而以廉名,有政尚簡易、毋縱詭隨而以直名,有爲民保障、能捍大患而以勞名,有不欺屋漏①、敦行自穀而以誠名。凡此不一而名。所以名夫宦也,因名核實。

觀茲祠者,彊善之心油然而生矣。某也崇本以抑末,某也尚功以率德,某也邃文以章德,某也惠以綏窮,某也剛以翼柔,某也廉以敕貪,某也直以袪枉,某也勞以易紗②,某也誠以戒僞。聖門③事業,篤實而光輝,若誠者又名之所由成也。

傳曰:名者,實之賓也。④ 炫俗蔀⑤明而弗繼,獵聞滑真而可耻,吾何取於茲宦而祠之哉?詩曰:是則是傚,視民不恌。⑥持也是懼,因紀厥成,兼以儆於有位也。

時嘉靖癸丑仲春之吉。

---

① 屋漏:古代室內西北隅施設小帳,安藏神主,為人所不見的地方稱作"屋漏"。《詩・大雅・抑》:"相在爾室,尚不愧於屋漏。"毛傳:"西北隅謂之屋漏。"鄭玄箋:"屋,小帳也;漏,隱也。"後即用以泛指屋之深暗處。

② 易紗:轉變,變化。

③ 聖門:孔子的門下。亦泛指傳孔子之道者。

④ 語出《莊子・逍遙游》。傳曰,莊子所傳。

⑤ 蔀:覆蓋於棚架上用以遮蔽陽光的草席。《易・豐》:"豐其蔀。"王弼注:"蔀,覆曖,障光明之物也。"引申為覆蓋。《易・豐》:"豐其屋,蔀其家。"

⑥ 意為以此作法則傚仿,百姓就不會輕浮。見《詩經・鹿鳴》:"呦呦鹿鳴,食野之蘋。我有嘉賓,鼓瑟吹笙。吹笙鼓簧,承筐是將。人之好我,示我周行。呦呦鹿鳴,食野之蒿。我有嘉賓,德音孔昭。視民不恌,君子是則是效。我有旨酒,嘉賓式燕以敖。呦呦鹿鳴,食野之芩。我有嘉賓,鼓瑟鼓琴。鼓瑟鼓琴,和樂且湛。我有旨酒以燕樂嘉賓之心。"

河東鄉賢祠記

明嘉靖三十九年巡盐御史　尚維持

夫可已而不已,厲民也;不可已而已,迷俗也。鄉賢之祠,弗可已者也。

祠舊在學隅,湫隘簡陋。余顧謂諸士曰:"其奚以景先而勵後乎?"時從官師之請,度帑餘以相工①。越月,告成事。爰校所入若干人。祠為楹者五,宏中以大受也;為神龕者如之,虛方以待來也;為垣為門,省觀②以知止也。首許由尚儉為始義也,張岫而上姑記所知也。國以繫之,風乎遠也;錄爵次,考厥成也;及里居,本其所自出也;曰姓氏,名之不可已也。風后、龍逢、傅說、咸賢、夷齊別以祀者,為其聖於鄉也。蒼頡、羲和、皋陶、吉甫③、狄仁傑④、文彦博⑤諸賢,非敢遺之遠吾所隸

---

① 官師:衆官,較低級的官吏。帑餘:庫中的餘銀。相工:選擇決定工程、工期等。

② 省觀:察看,閱覽。《明史·興宗孝康皇帝傳》:"天下山川惟秦地號為險固,汝往以省觀風俗,慰勞秦父老子弟。"

③ 吉甫:周宣王賢臣尹吉甫,尹是官名。

④ 狄仁傑(607—700):字懷英,唐代并州(今山西太原)人。武則天時期宰相,杰出的政治家。初任并州都督府法曹,轉大理丞,改任侍御史,歷任寧州刺史、豫州刺史、地官侍郎等職。狄仁傑為官,體恤百姓、不畏權勢,後人稱之為"唐室砥柱"。

⑤ 文彦博(1006—1097):字寬夫,汾州介休(今屬山西)人,北宋時期政治家。先曾任翼城知縣、絳州通判、監察御史、殿中侍御史、河東轉運副使、昭文館大學士等。歷仁、英、神、哲四朝,朝野倚重。曾反對王安石變法,卒後,蔡京又將文彦博、呂公著、司馬光等人稱為"元祐黨人"。至北宋末南宋初,文彦博才又被追復太師,謚忠烈。

也。虞夏風教,賢者或有未盡,欲致詳而闕疑也。

噫!祠宇邃矣,俎豆①具矣,備物章軌②以綏賢矣。唐韓愈氏以不得出大賢之門下是懼,諸士朝游夕止,顧諟③弗遠,吾知感發多矣。孰爲善士而取之,孰爲國士而友之,孰爲天下士而師之。敦名檢④,今之巢由氏⑤也;勵忠節,今之關壯繆、張睢陽⑥也;秉誠塞妄,今之宋溫國司馬也;抗疏執政,今之趙忠簡公也;布衣通顯,今之王文中子也。學求至乎聖人,余非以數子爲爾止也。鄉賢先達,孔子徒也。諸生誦法孔子,其容舍先達而外求乎哉?德審而學弗疑,性固而中弗遷,履貞而物弗化,將不由數子以達七十子,由大賢之門以達夫子之宮墻矣

---

① 俎豆:俎和豆。古代祭祀、宴饗時盛食物用的兩種禮器。亦泛指各種禮器。
② 備物章軌:備辦器物,彰明法則。
③ 顧諟:語見《書·太甲上》:"先王顧諟天之明命,以承上下神祇。"孔傳:"顧謂常目在之,諟,是也。言敬奉天命,承順天地。"後以"顧諟"指敬奉、稟順天命。
④ 名檢:名譽與禮法。
⑤ 巢由氏:巢父與許由,皆堯時隱士。《史記正義》引皇甫謐《高士傳》云:"許由字武仲。堯聞致天下而讓焉,乃退而遁於中嶽潁水之陽,箕山之下隱。堯又召為九州長,由不欲聞之,洗耳於潁水濱。時有巢父牽犢欲飲之,見由洗耳,問其故。對曰:'堯欲召我為九州長,惡聞其聲,是故洗耳。'巢父曰:'子若處高岸深谷,人道不通,誰能見子?子故浮游,欲聞求其名譽。污吾犢口。'牽犢上流飲之。"
⑥ 張睢陽:張巡。張巡(708—757),唐代河南鄧州人,祖籍蒲州,是安史之亂時期著名的英雄。張巡誓死守衛睢陽,屢敗叛軍,終因寡不敵衆而戰死。

乎①？諸士其懋諸覺覺相禪②，安知鄉人又不爾師乎？爾又鄉賢也，爾胡不爲鄉人先？

河東鄉賢祠記

明嘉靖　吕柟

監察御史初公③巡按山西，且期年。一日，登河東書院之書樓，見三晉諸鄉賢木主④扃閉其上，而積歲釋菜⑤不修，且師士子瞻仰展拜亦難，甚憫焉。他日，至運司儒學，見鄉賢祠一所，空設而中無一主。曰："此不可安祀書樓上之賢，以示諸士子邪？"又曰："河東運司非一府一州邑可比，則生乎其地之賢凡有事斯土者，不可漠然視也。"於是取前巡按御史安陽張仲修所查定諸賢而增損之，乃命運司增飾屋宇，創置龕案，遂立主、叙位、安祠⑥，且定春秋常行之儀。其未舉之前，經營籌畫，

---

① 典出《論語·子張》："子貢曰：'譬之宫牆，賜之牆也及肩，窺見室家之好。夫子之牆數仞，不得其門而入，不見宗廟之美，百官之富。得其門者或寡矣。'"
② 覺覺相禪：諸位學士努力於把覺悟（的學理）不間斷地傳誦。
③ 初公：初杲，湖廣潛江進士，嘉靖四年（1525）任河東監察御史。
④ 木主：木制的神位。上書死者姓名以供祭祀。又稱神主。俗稱牌位。
⑤ 釋菜：亦作"釋采"。古代入學時祭祀先聖先師的一種典禮。《禮記·月令》："（仲春之月）上丁，命樂正習舞，釋菜。"鄭玄注："將舞，必釋菜於先師以禮之。"
⑥ 立主、叙位、安祠：意為立神主，排位次，安放於鄉賢祠。

與中府經歷張君菜及柟有聯句二首①,則公之積念於斯鄉賢者,其志亦勤矣。諸士子朝夕游瞻,能不知所敬承而式法②之乎？祀自風后、蒼頡凡八十四位,其文并詩列諸後。

新建運學尊經閣記

明正德　馬理③

河東尊經閣者,運司學宮之閣也。學有書千卷,藏之庫。正德辛巳,侍御邱公④來理鹺政。如學宮,進諸生講誦,出書於庫,庫則敝且壞也。公曰:"異端賊道,今其言遍天下。天下敬其言,弗盟弗視,金匱錦帙⑤藏之。惟謹視其書,自諸隱怪妄誕之外,多淫辭漫語。絶之猶懼滋蔓,乃天下公崇之,何也？亦緣其徒先自重,故人爲所惑。⑥先聖王之書,於人若水火飲食,信而行之,則危者安,亂者治,亡者存,猶覆手⑦也。吾徒顧不

---

①　本書《藝文·詩》中引有作者與初杲的《營鄉賢祠連句》一首,初杲與張菜聯句待考。中府:内庫,皇宫的府庫。經歷:職掌出納文書的官。

②　式法:作為準則來傚法。

③　馬理(1474—1556):字伯循,號溪田。咸陽三原人。早年就讀於宏道書院,仕途多有起伏,官至光禄寺卿。以學識、文章知名。總纂《陝西通志》,有詩文集多種傳世。係吕柟好友,關中學派的重要人物。

④　邱公:邱道隆,福建上杭進士,正德十六年(1521)任河東監察御史,建尊經閣。

⑤　金匱錦帙:銅制的書櫃,多彩的書套。

⑥　本句意為憑藉其門徒,首先自以為重(抬高地位),所以天下廣被迷惑。

⑦　覆手:把手掌向下一翻。比喻事情容易辦成。《後漢書·皇甫規傳》:"今興改善政,易於覆手,而羣臣杜口,鑒畏前害,互相瞻顧,莫肯正言。"

知重,使風雨鼠蠹至亡滅而不救,愧於彼之徒矣。吾今爲若藏之。"

他日,得學宫東隙地。垣之南,面條山爲樓。樓崇二仞,朱户雕欄,貯書其上。公曰:"書其得所矣乎! 然書孰爲尊? 經爲尊。學者,先明乎經。有餘力,則以及他書。否則,窮經而致用亦足矣。夫經有聖人之道四而害之者五。以經邦者尚其道,以潤身者尚其德,以致博者尚其文,以守約者尚其禮。斯四者,聖人之道也,而他書不與焉。異端之害一,風雨鼠蠹害二,訓詁而臆説害三,詞章而枝葉焉害四,舉業而干禄①焉害五。斯五者,天下之達害也。今風雨鼠蠹之害免矣,除四害興四尚是在諸子。"於是名閣曰尊經,示下上於斯者知先務焉。

重修河東運司儒學記

明正德　李浩②

國家稽古右文③,建立學校,督訓有官,生徒有廩,所以風

---

① 舉業:為應科舉考試而准備學業。干禄:求禄位,求仕進。
② 李浩(1456－1540):字師孟,號尚莊,山西曲沃縣人。成化二十年(1484)進士。歷兵部員外郎時,赴京畿地區清理土地,凡勢要侵佔民田者悉奪回歸民。為順天府尹時,劉瑾把持朝政,百端科斂,李浩一切予以裁抑。後累官至署通政司事禮部尚書。卒後贈太子太保,謚莊簡。有《尚莊稿》《歸田集》。
③ 稽古:考察古事。《書·堯典》:"曰若稽古。帝堯曰放勳。"右文,崇尚文治。宋歐陽修《謝賜〈漢書〉表》:"竊以右文興化,乃致治之所先。"

士民而成治化者也。維時守令視爲末務,莫或究心①而振作興起之。是風俗磽靡,治不古若②,凡以此耳。

　　河東運司學創始於元。我朝隸於郡縣,廟遂廢壞。正統己未,運使韓偉請於上。詔復其舊,悉若郡學之制焉。歲久,益就傾圮。正德丙子,正殿雖重修,而堂廡齋舍之類未遑。丁丑春,侍御熊公③奉璽書,督河東三省鹺。始至,謁夫子廟,退即講堂,顧而嘆曰:"是豈可以爲泛常④而諉其責於他人哉?"慨然以修復爲己任,命運司集羨餘,鳩工授材,伐石陶甓。舊地爲民侵者,考古之志數而厘正之。委知事李繼明董其事焉。乃建大成門,東西接兩廡。廡之南,移置古今碑刻。北則東貯樂器,西貯射器。殿後爲明倫堂,左右爲四齋,爲書籍、祭器二庫。廊宇軒豁,直通殿廡。堂後爲致齋,所以備歲丁齋祓⑤之制。統計百三十二楹。外建欞星門。門之左爲儒學,門南及東西各立坊牌,大書其匾,曰泮宮,曰儲賢,曰育秀,皆出公手筆。四周繚以崇墉,環接坊牌,以杜車馬踐躪。學宮之左,築教官私宅三區。齋所之後爲諸生號舍二聯。又東,則習射有

---

①　莫或:没有。南朝梁劉勰《文心雕龍·辨騷》:"自《風》《雅》寢聲,莫或抽緒,奇文鬱起,其《離騷》哉!"究心:專心研究。宋周密《癸辛雜識後集·誤書廟諱》:"縣尉不究心職事,至於格目亦忘署名,可見無狀。"

②　這句意爲風俗敗壞不振,國治不如古人。

③　熊公:熊蘭,字天秀,江西南昌進士,正德十二年(1517)任河東監察御史。修禁垣、儒學。

④　泛常:普通,平常。宋俞文豹《吹劍四錄》:"四局所賣者,惟泛常粗藥。"

⑤　歲丁:丁祭。舊時於每年陰曆二月、八月第一個丁日祭祀孔子,稱丁祭。齋祓:齋戒沐浴,祓除穢惡。《史記·齊太公世家》:"鮑叔牙迎受管仲,及堂阜而脫桎梏,齋祓而見桓公。"

圃,觀德有亭,鄉賢、名宦、文昌有祠。凡百有八楹。惟大成殿淺隘弗稱,蓋以新修未踰年,不可改爲,故仍舊也。其餘若庖湢①廩庾器具之類,無不周備,飭以丹堊,焕然一新。經始於丁丑八月,訖工於戊寅三月。冬寒輟工者兩月,甫七閲月而告成。不取於商民,不病其農務,故民不爲勞,事用速就。公曰:"斯可以崇祀事,敦化本,風勵當時,施於後世也已②。"於是,鄉之士夫張上舍③升具實張知縣鏜、孫上舍光祖,走以請予曰:"願有記焉。"

於戲! 孔子之道,治化之所由出者也。後世以來,上不知所以爲教,下不知所以爲學,判内外之分,昧義利之辨,工記誦,競詞華,從事於口耳之末,儼然自以爲得,而不知其去道遠矣。治何以復古哉? 河東,文獻之地。今聖天子又隆師重學,日御講筵,非孔子之道不敢以進士,非孔子之道不敢以學。海内一家,文風丕振。兹又有賢監司如公者體上心,率羣牧以加惠學宫,則人才蔚興,民俗敦美,治化將大成矣。豈非一時之盛歟?

然公之善不止此。固禁垣以息盜,建重屋以壯觀,增更鋪以巡瞭,深隍池以防奸,置水亭以濟渴。禁絶權要,旌廉黜貪,則三省士民之所共見而不可泯焉者,俱在他記中可互見也。夫學校修則君子有所觀而益進於善,禁垣固則小人有所畏而

---

① 庖湢:厨房和浴室。
② 化本:教化之本。明文徵明《明故湖廣右參議墓碑》:"與民教學,導以化本,而納以仁軌。"風勵:用委婉的言辭鼓勵、勸勉。《明史·蕭近高傳》:"御史黄尊素因言近高暨侍郎余懋衡、曹于汴、饒伸,太僕少卿劉弘謨、劉宗周并辭榮養志,清風襲人,亟宜褒崇,風勵有位。"
③ 上舍:明清時監生的别稱,也泛指一般讀書人。

不陷於惡,公之德澤於是乎不可尚已。斯地以業儒者,其尚崇節義廉恥,以無負於聖天子隆師重道之意與今日賢監司振作加惠之盛心也哉!

斯舉也,運使趙君廉、同知曹君宗璉、副使任君似、判官楊君士魁,相與協心贊畫,與有勞焉。公諱蘭,字天秀,江右南昌人。

重修河東運司廟學碑記

康熙六年巡盐御史　施維翰①

嘗讀《易》,至比、小畜、履諸卦,而知古聖人因庶而授之以富,因富而授之以教,勤勤懇懇以底其治於泰象者,誠非一朝一夕之故也②。蓋余修運司學宮而有感焉。累代以來,自京師暨各郡邑,慮無不建學以祀孔子,而河東運司特立學宮於路村城之東南隅,以儲訓其子弟,此固有深意,非比他郡邑尊師崇禮之虛文,徒爲科目取士地也。

---

①　施維翰(1622—1684):字及甫,號研山,南京松江人。清順治九年(1652)進士。歷官臨江推官、職方主事、監察御史、山東巡撫、浙江總督,歿於福建總督任,諡"清惠"。康熙六年(1667)任河東巡鹽御史。

②　比、小畜、履:分別爲《易經》之第八、第九、第十卦。庶、富、教:三者的關係見於《論語·子路》:"子適衛,冉有僕。子曰:'庶矣哉。'冉有曰:'既庶矣,又何加焉?'曰:'富之。'曰:'既富矣,又何加焉?'曰:'教之。'"底:達到。泰象:通達的氣象。《易·序卦》:"履而泰,然後安,故受之以泰。泰者,通也。"

曷言之？運城當解梁之墟，環聚而處者比户素封①，其父兄精計然之術②，操奇贏權，③子母間起鬥訟，輕犯法④。其俗雖儉嗇，而貲盈者每侈靡相尚，飲食裘馬，炫耀衢巷，無虛日。觀者比於五都躍冶⑤。苟不董之以學問，申之以禮義，引之以聖賢之途，將置孝弟廉恥為身外物，而唐虞遺風幾不可復覯。識者憂之，為之建學以儲之，要本乎古聖人富而後教之意，而國家培養人材、敦厲習俗之指亦寓焉已。

爰考其初，創自有元，而盛稱明代，學宫壯麗倍於他所。凡職斯地者，以時修舉，撫碑尋蹟，間有其人。以故講學明理之儒，每鍾於此，無他。上有以作之，下有以應之，而教澤之入

---

① 比户：家家户户，一户挨着一户。素封：無官爵封邑而富比封君的人。《史記·貨殖列傳》："今有無秩禄之奉，爵邑之入，而樂與之比者，命曰'素封'。"張守節正義："言不仕之人自有田園收養之給，其利比於封君，故曰'素封'也。"

② 計然之術：主要指"六歲穰六歲旱"的農業循環學説，農末俱利的平糴論，以及物價觀測、貴出賤取等經商致富的"積著之理"。後因以泛指生財致富之道。相傳越王勾踐困於會稽之上，用計然之策，修之十年而國富；范蠡既雪會稽之恥，用計然之策於家而富至巨萬。《史記·貨殖列傳》："范蠡既雪會稽之恥，乃喟然而嘆曰：'計然之策七，越用其五而得意。既已施於國，吾欲用之家。'乃乘扁舟浮於江湖，變名易姓，適齊為鴟夷子皮，之陶為朱公。"

③ 操奇贏權：形容商人囤積難得的貨物，以謀取厚重的利益。

④ 輕犯法：以觸犯法律為輕，即輕視法律。

⑤ 五都：五方都會，泛指繁盛的都市。宋玉《登徒子好色賦》："臣少曾遠游，周覽九土，足歷五都。"李善注："五都，五方之都。"躍冶：比喻自以為能，急於求用。典出《莊子·大宗師》："今之大冶鑄金，金踴躍曰：'我且必為鏌鋣。'大冶必以為不祥之金。"成玄英疏："夫洪鑪大冶，镕鑄金鐵，隨器大小，悉皆為之。而鑪中之金，忽然跳躑，殷勤致請，願為良劍，匠者驚嗟，用為不善。"

人漸積然也。至本朝定鼎二十餘年,前此兵燹之餘,師儒簡逸,雖不至鞠爲茂草,佻達見譏①,而周垣頹塌,畜牧尋侵,殿廡門楹,風剥雨蝕。

余以奉命巡視鹽策,謁廟之頃,目擊心動,計欲一舉而鼎新之。隨有事雍梁,忽忽未就。尋以彰德會鞫之役②,竟薄寒冬始歸柏署③。乃令運司經歷楊君霞者代董其事,而冰天雪窖中,將作有皸胝之苦,土石有凍圻之虞,鳩工庀材,兩難措應。蠲吉於立春解凍後起工,至上丁④前一日告竣事。余率諸吏往視。牲畢⑤,用觀厥成,以次日釋菜行禮,蔚然聿新。於是妥神靈,昭典禮,庶有當焉。計捐貲若干兩,計土木若干數,計丹漆黝堊若干數,計始卒爲期若干日。所修正殿東北隅榱角⑥,工爲最鉅。明倫堂承霤⑦一帶兩廡、諸館、射圃、儲倉、齋厨、學舍以及啓聖、仰德各祠,俱以次第舉。又慮無以聳具瞻也,大成門、欞星門逮左右墻垣、坊表暨涂焉。傾者扶之,缺者補之,廢

---

① 鞠:完全,盡。佻達見譏:被輕薄的人譏笑。佻達,輕薄放蕩。
② 彰德:今爲安陽市,清爲彰德府。會鞫:會同審問。具體審問何人何事不詳。
③ 柏署:又稱柏臺,御史官署的別稱。漢御史府中列植柏樹,常有野鳥數千栖其上。事見《漢書·朱博傳》。
④ 蠲吉:齋戒沐浴,選擇吉日。語出《詩·小雅·天保》:"吉蠲爲饎,是用孝享。"朱熹集傳:"吉,言諏日擇士之善;蠲,言齋戒滌濯之潔。"上丁:農曆每月上旬的丁日。
⑤ 牲畢:用牲畜祭禮完畢。
⑥ 榱角:當爲榱桷,屋椽。《孔子家語·五儀解》:"君子入廟,如右,登自阼階,仰視榱桷,俯察几筵。"
⑦ 承霤:屋檐的接水長槽。

置者恢復之。取材必精良,弗循苟且;爲算必經久,弗市目前。① 委專官則杜冒破②,輸微俸則無旁累。庶幾稱周詳而殫至者已。

或曰:"鹺使者,一載官。學校非職掌内事,奈何而君顧留心此?"余報之曰:"不然。曾不見夫二氏③乎?二氏之徒,崇奉其師,上擬宫闕,踵事增華,不極於巍焕工巧不止,而吾儒可置先師於榛莽乎?即吾儒之崇奉二氏,亦復專心致力,勝於崇奉先師者比比矣。夫意向有注不注④,才力有能不能,余不能闢⑤二氏,能尊先師而已。余不能有所踰越以尊先師,能因其舊而文其簡以示尊先師之志而已。奚所事以俟後人,而更委之職掌所不及乎?"

或曰:"運司學宫頹廢已極,起大工役須集官師子弟共力以圖,復奈何而君獨肩此勞也?"余則應之曰:"是不難集官師子弟而勉之,又不見夫二氏乎?凡所興作,必動衆以資成功。及其成功,則必歸之於大願力、大法力者⑥,余竊恥之。而故效

---

① 苟且:只圖眼前,得過且過。宋王安石《答司馬諫議書》:"人習於苟且非一日,士大夫多以不恤國事,同俗自媚於衆爲善。"市:買賣,指為某一目的而交易。

② 冒破:虛報,冒領。《元典章·刑部十六·官吏檢踏灾傷不實》:"各處官吏檢踏灾傷不實,冒破官糧受財者,以枉法論。"

③ 二氏:指佛、道兩家。唐韓愈《重答張籍書》:"今夫二氏之所宗而事之者,下乃公卿輔相,吾豈敢昌言排之哉?"

④ 注:專注,集中。

⑤ 辟:批駁,駁斥。宋王安石《答司馬諫議書》:"闢邪説,難任人,不為拒諫。"

⑥ 大願力:佛、菩薩普度一切衆生的廣大誓願力。大法力:佛法的巨大威力。

之,何啻二氏之摩頂乞緣也?且官師子弟之意向亦有注不注,才力亦有能不能。余則所注者在斯,而所能者亦僅在斯也。夫將於斯地之子弟,不墮於市井末利而日趨於詩書禮樂之中,則必使知尊先師;夫將欲斯地之習尚不淪於侈靡門訟而亟返於陶姚①勤儉之風,則必使知尊先師;夫將欲斯地之寮屬羣砥礪於崇儒重道之行、右文愛士之心,則必使知尊先師。知尊先師,而朝廷崇祀之鉅典與前人創建之深心,俱不虛焉已。語云:皇皇②求利者,庶人之行也;皇皇求仁義者,士君子之行也。請弗徒以持策言利之臣視余,而科目階梯視運司學也。余所兢兢焉黽勉從事,冀不失乎古聖人富而後教之意,又安敢謝③獨勞乎哉?"

蓋因落成而援筆記之,以勒於石。時司屬運使蔡君永華,山東蓬萊貢士、運同黃君標,遼東海州貢士、運副魏君樾祥,北直柏鄉貢士、運判孫君開祚,湖廣安遠貢士、經歷楊君霞,山東臨淄進士、知事高君駿升,浙江秀水舉人、教授趙君璋,本省聞喜舉人俱在任,例得并書。

---

① 陶:當指陶侃。姚:似指姚崇。陶侃(259-334),字士行(或作士衡),江西鄱陽人,東晉大司馬。他精勤吏職,非常節儉。《晉書·陶侃傳》記載,梅陶稱他"機神明鑒似魏武,忠順勤勞如孔明"。姚崇(650-721),字元之,原名元崇,唐代陝州硤石(今河南省三門峽市陝州區)人,曾任武后、睿宗、玄宗三朝宰相兼兵部尚書。他曾為穩定武周政權、開創"開元盛世"起了重要關鍵作用。他輔弼朝廷,革除舊弊,開闢了一代之風,是中國歷史上著名的"賢相"。

② 皇皇:向往的樣子。

③ 謝:推辭。

重修運城文廟記

乾隆四十八年運使　沈業富

古者黨庠術序,四民之子弟皆入於學。飽食煖衣,不使逸居無教,故工商咸通大義,而田野皆能咏歌。國家於府州縣各建學宮,計天下千有餘所。崇祀先師孔子,歲取四民之俊秀入學,弦誦講貫①以時,習禮樂於其中。用能養成德器,備他日疏附先後、奔走禦侮之用②。

於戲！盛矣。運學創於元大德三年,以教諸商子弟。明初,改生徒分附解、安二學,學遂虛。故志載《楊榮重修記》,稱孔子廟,不稱學。正統己未復舊,終明之世三、四修,皆載碑記。我朝順治十一年、康熙六年,頻加修葺。至乾隆六年,運使張任大修,迄今歲久,復有殘圮。商人陳寧泰等呈請捐修,詳准自殿廡、崇聖祠、明倫堂、東西齋、敬一亭,外則泮池、名宦祠、鄉賢祠、尊經閣、仰德祠、東西兩坊、周圍垣墻,皆材良工固,煥然重新。經始於乾隆四十八年七月十一日,落成於本年十月二十七日。業富乃進商士而告之曰:"天下商竈,籍皆附府,惟河東獨建運學。近因鹽池水浸,商力乏,子弟習舉子業者日少。當事屢議去,皆賴聖天子鴻慈,減額而不除籍。又中

---

① 弦誦:古代授《詩》、學《詩》,配弦樂而歌者為弦歌,無樂而朗讀者為誦,合稱"弦誦"。後即用以泛指授業、誦讀之事。講貫:猶講習。《國語·魯語下》:"晝而講貫,夕而習復。"韋昭注:"貫,習也。"

② 疏附:使疏遠者親附。明李贄《藏書·世紀列傳總目後論》:"夫聖王之王也,居為後先疏附,出為奔走禦侮,曷有二也。"

丞農公①多方調劑,商困得蘇,是以感激歡忻,急公慕義,於池神諸廟屢請捐修,而首先文廟。尤可謂知本者矣。"

由此,父詔其子,兄勉其弟,讀有用書,行無愧事,爲聖賢之徒,儲公卿之選。詩不云乎？王國克生,維周之楨。② 於以仰報國恩於萬一,是學校之光,而斯學益相延於無窮也。謹記之,以貽來者。

河東書院記③

明正德　吕柟

正德甲戌春,張子仲修巡鹽河東,官吏革愆,商民胥悦④。乃從官師之請,作河東書院於路⑤。於是,諸車人、店人、牙人⑥獻木石暨力,諸工師獻能,諸園藪獻厥植。乃選義士命理⑦,乃築堵周七十雉,乃作先門三檼⑧,南面。

---

① 中丞:漢代御史大夫下設兩丞,一稱御史丞,一稱中丞。中丞居殿中,故以為名。東漢以後,以中丞為御史臺長官。明清時用作對巡撫的稱呼。農公:即農起。

② 這句話出自《詩經·大雅·文王》,意為王國能培育這麼多士子,真是岐周的支柱。楨,築墻時豎在兩端的木柱,引申為支柱。

③ 本篇依《三晉石刻大全·運城市鹽湖區卷》所載拓片校。

④ 革愆:革除過失。胥悦:全都喜悦。

⑤ 路:路村,運城前身。

⑥ 車人:古代製造車子和農具的木工。牙人:舊時居於買賣雙方之間,從中撮合,以獲取傭金的人。

⑦ 義士:恪守大義、篤行不苟的人。這句話意為選拔仗義之士命為經理。

⑧ 雉:古代計算城墙面積的單位。長三丈,高一丈為一雉。《禮記·坊記》:"古制國不過千乘,都城不過百雉。"檼:屋棟。

北渡石杠①,儀門三楹。又北,講經堂五楹。阿棚②前,南面層階,雙桐夾階。桐外有松柏、芳古槐。東爲崇義齋五楹,西面;西爲遠利齋五楹,東面。碑亭二,在二齋南,南面。齋負序,序交儀門之南墉③。儀門東,東號門,南面。東號門而北,東上號門、東中號門、東下號門,皆西面。北上,東序在其前,三號皆南面三楹。自門折道以登,其榮皆夾樹。下楸,中槐,上桐,皆背二梨。其夾階也,皆茨柏。號皆有厨二楹,在左,西面。儀門西,西號門,南面。西號門而北,其制如東號門,而北表二門,皆雙楸。

退思堂在講經堂北,五楹,南面。二槐夾階,茨柏在其南。四教亭在堂北,亦南面。堂東偏南,下爲左曲房,西面。其後,胥人房。西偏南,下爲右曲房,東面。其後,隸人房。西牖之西,蜂房四區,東面。東牖之東,蜂房亦四區,西面。四教亭北,築閣構樓曰書林,上祀三晉名賢,側藏籍。其林帶水,爲環池,如圓璧,以種蓮泛舟,曰天光雲影。

又北,爲亂石灘。灘北爲山九峰。中峰曰仰止亭,東曰杏壇,西曰桃源。旁皆甃井,曰源頭四洞④。先後山,曰游仙、蓮池。在山後麓,巚岫巒巖,皆有茂木,縕霧縈雲,故左曰豹變,右曰鳳鳴。自環池東爲石榴園,亭曰日心。西爲葡萄園,亭曰月種。皆背松棚,菊籬見山。在山北,西面亭曰悠然。其後牡丹園,亭曰麗景。又其後紉蘭園,亭曰餘佩。皆西面,亭皆南

---

① 石杠:亦作"石矼",石橋。一説為置於水中供人渡涉的踏脚石。
② 阿棚:卷棚,堂前有兩山而無前後墙的敞軒。
③ 序:東西墙。墉:高墙。
④ 四洞:碑刻"四"字模糊不清,應更像"曰洞",但清人皆抄為四洞。

面,竹徑通幽。在山北,東面亭曰緑猗。其後荼蘼園,亭曰微風。又其後藉草園,亭曰一般。皆東面,亭皆南面。自仰止山後,歷青楊而北,爲游息亭。

又北爲百果園。其山北東麓,甃井槐亭,西麓亦甃井槐亭,翻車上水,潜山翼流。南過源頭井,又南會於亂石灘,又南匯爲環池。環池東南閘流過東蜂房、南縈東號厨,至東號門之南,東匯爲方塘。西會西流於石杠。其西南閘流過西蜂房、南縈西號厨,至西號門之南,西匯爲方塘。東會東流於石杠,又北流分灌山後諸園,至於百果。

俾入先門則懷德,瞻儀門則正履,視碑以儆後,居齋以齋心。陟崇義思入神,降遠利思窒欲。升講經思以考從業,處退思以防過,守四教以存誠,仰山以樂仁,覽水以樂智,觀蜂房以思義,仁且知與義矣。斯周德,日心忠也,月種順也。忠順不失,斯見歲寒不凋之節,故松棚在其後。歷亂石灘可以知險,登書林樓可以博物,游杏壇以述古,訪桃源以濟世,憩悠然以正出處,閱麗景以觀造化,撫緑猗以成圭璧,賞微風而識乾坤。是故余佩如蘭,斯馨藉草,靡他其適。若是乎,可以游息矣,故游息亭次焉。譬諸草木,既爾斯果矣,故百果園又終次焉。

修復河東書院碑記

康熙十九年巡盐御史　黄斐①

康熙二十年春,余蒞河東者四閲月,觀風諸郡邑,得士之

---

① 黄斐:浙江瑾縣進士,康熙十九年(1680)河東巡鹽御史。

俊秀者若干人，思得一宏敞之地，贍其廩給以造就之。適轉運高君①因商頭李琮言，有修葺育才館之請。余因考諸運志，而知其館在運治西北八里許，乃前侍御張公士隆所建，爲河東書院者也。其規模猶舊，而垣墻傾圮。因與高君捐俸以修葺之，且爲查理贍地②以整飭之。其事既竣，高君請余爲之記，而余更不禁浩然興感也。

　　夫書院之設，自唐元和中衡州李寬創之於石鼓，厥後南唐李渤聚生徒於白鹿洞而講習焉。有宋既定江南，太宗於汛掃③區宇、日不暇給之際，特驛送九經，俾之肄業，抑何其識量之宏遠耶？繼此，則有岳麓、嵩陽、睢陽諸書院，與鹿洞齊名天下，有宋所謂四書院者是也。又其後，仿此例則有道州之濂溪、建陽之考亭、信州之象山，以及五峰、延平、茅山、紫陽、武夷、鵝湖、鹿澤、建安、鷺州諸名儒講學之地，所在多有。自宋元來，朝廷或賜之匾額，給以租廩，或以職官提舉，或以名儒主管，賜之教授之名、山長之號，蓋數百年間，未之或改矣。迨至明正德、嘉靖間，講學之風盛而書院之建亦幾遍天下。獨有江陵張相君④者，以綜核名實之學而相神宗，以爲盛王之世，國不異政，家不殊俗，天下儒術當一準之功令⑤，而舉一世之聚徒講學

---

① 高君：高夢說，山東費縣副貢，時任河東鹽運使。
② 查理：調查辦理。贍地：租給農民耕種，收取田租以供寺廟書院費用的田地。
③ 汛掃：灑掃。引申爲廢棄，掃盪。
④ 張相君：張居正（1525—1582），少名白圭，字叔大，號太岳，謚號"文忠"，湖廣江陵人，故又稱張江陵。出任內閣首輔，大力推行改革，政績卓著。著有《張太岳集》《書經直解》等。相君：對宰相的尊稱。
⑤ 功令：國家對學者考核和錄用的法規。《史記·儒林列傳序》："餘讀功令，至於廣厲學官之路，未嘗不廢書而嘆也。"

者,概而等諸處士橫議①之列。於是遂舉天下之書院而一切毀廢之。獨不思明祖肇興,府州縣各置儒學當干戈甫定之餘,其爲博士弟子員②者,上庠不過四十,下庠三十而已。故得以聚首黌宮③,昕夕講誦,久之而爲增幾何,又久之而爲附幾何?學舍不容廩,餼不及遍,乃復舉天下之書院而盡廢之。由是人無統壹,學無師承,文無師法,甚而放僻邪侈,其不流而爲城闕之佻達、鄉曲之武斷者幾希矣①。尚得謂之道一而風同者乎?而江陵計不及此,岸然不顧,以斁此數百年崇儒重道之業,抑何異於李斯督責之術一變而爲焚書坑儒之禍者乎?甚矣!江陵之忍且陋也。初聞江陵議,運使李君廷觀亟改爲三聖廟,得不廢。其後,侍御趙公楷更名曰宗聖館。又其後,侍御吳公達可更名曰育才館,此皆顧忌江陵而諱言之者也。

今我大清鼎興,聲教四達,兼之皇上尊右儒術,天下學者莫不靡然嚮風。夫復何嫌何異何畏何忌而猶爾展轉更名,因循掩飾,而使前賢創始之苦心、嘉惠後學之盛意,竟隱晦湮没於道術昌明之世乎?故余與高君之舉是役也,凡所謂講經堂、退思堂,以至崇義、遠利諸齋,種種園亭名目,無不悉仍其舊,而於大門復榜之曰河東書院。蓋張公昔日之志,亦余今日之責也。

---

① 處士:有才德而隱居不仕的人,後亦泛指未做過官的士人。橫議:恣意議論。《孟子·滕文公下》:"聖王不作,諸侯放恣,處士橫議。"
② 博士:古學官名。弟子員:漢代對太學生、明清時對縣學生員的稱謂。
③ 黌宮:學宮。黌,古代的學校。
④ 放僻邪侈:指肆意作惡。佻達:輕薄放蕩,輕浮。武斷:謂妄以權勢獨斷獨行。

雖然，余則更有說。以處此四書院之始興也，亦不過講貫經史專門訓詁之學。迨後，濂溪、考亭遞作，乃相與倡明正學，而使堯舜禹湯文武孔孟之心傳，始終條理，燦然可考，蓋非徒爲帖括掇科名、拾青紫①已也。余生也晚，承乏名邦，不獲親炙名賢如郭有道②之高行、王文中之道德、薛文清之理學其人矣，而此心猶不替高山景行③之思，使今世而復有其人，則余將賫幣相迎，主此書院，使縉紳士庶皆有所矜式④，而余亦得以北面事之矣。詩曰：豈弟君子，遐不作人。⑤ 余願學焉，而未逮也，尚俟諸後之同心者。

---

① 帖括：唐制，明經科以帖經試士。把經文帖去若干字，令應試者對答。後考生因帖經難記，乃總括經文編成歌訣，便於記誦應時，稱"帖括"。泛指科舉應試文章。科名：科舉考中而取得的功名。青紫：本為古時公卿綬帶之色，因藉指高官顯爵。《漢書·夏侯勝傳》："勝每講授，常謂諸生曰'士病不明經術；經術苟明，其取青紫如俛拾地芥耳。'"王先謙補注引葉夢得曰："漢丞相大尉，皆金印紫綬，御史大夫，銀印青綬。此三府官之極崇者，勝云青紫謂此。"

② 郭有道：名郭泰，字林宗，人稱有道先生，山西介休人，東漢末太學生首領，位居"八顧"（指能以德行引導人的八個名士）之首。因看到東漢王朝腐敗將滅，不應徵召。歸鄉執教，弟子達數千人。不慕高爵，樂與士人為伍，被世人視為楷模。建寧二年（169），病殁於家，時年四十一歲。

③ 高山：比喻道德崇高。景行：大路。比喻行為正大光明，指值得傚法的崇高德行。《詩·小雅》："高山仰止，景行行止。"鄭玄箋："古人有高德者則慕仰之，有明行者則而行之。"漢蔡邕《郭有道碑文》："於是樹碑表墓，昭銘景行。"三國魏曹丕《與鍾大理書》："高山景行，私所慕仰。"

④ 矜式：敬重和取法。《孟子·公孫丑下》："我欲中國而授孟子室，養弟子以萬鍾，使諸大夫、國人皆有所矜式。"趙岐注："矜，敬也；式，法也。欲使諸大夫、國人皆敬法其道。"

⑤ 這句話出自《詩經·大雅·文王之什·旱麓》，意為和樂平易的人，怎麼會不培養新人讓他們發揚光大祖輩的德業呢？

重修河東書院記①

乾隆四十八年運使　沈業富

　　河東運城之西八里,有三聖祠,祀堯舜禹三聖人,而以羲氏、和氏、稷、契、皋陶、伯益、伯夷、夔、龍、關龍逢之神配。蓋以數聖人者,治被天下後世,而同爲晉産。雖更數千年,而晉之士民服教畏神、崇德報功之意,尤近而切也。春秋兩祭,以運使主之,義至慎矣。

　　壬寅春,余奉命轉運此邦。每遇古聖賢故都遺趾②,遠想慨然,不能自已。既有事於祠,見其地多荆榛瓦礫。殿三楹,亦湫隘③。祭器則假於他廟,而物多不備。心傷之。以鹽池司巡檢婁臺涖事誠敬,乃捐貲五百金,屬其鳩工庀材④,别爲殿於後,而復整其舊,以爲退息之所。設三座門,繚以周垣且丹之,仿學宫之制也。祭器、祭物惟其備。

　　工既成,或謂余曰:"是地固不僅三聖祠也。昔明正德朝巡鹽御史張仲修創立河東書院,聚晉陝豫三省人士講學其中。萬曆間,張居正當國,議廢天下書院,而此獨以祀三聖得存。天啓初,御史李日宣别爲宏運書院於城内,而此少弛矣。逮本

---

① 據沈業富所著《河東鹽法調劑紀恩録》,文題爲《重修三聖祠并葺河東書院遺跡記》。
② 遺趾:同遺址,猶遺跡。
③ 湫隘:低下狹小。《左傳·昭公三年》:"初,景公欲更晏子之宅,曰:'子之宅近市,湫隘囂塵,不可以居,請更諸爽塏者。'"杜預注:"湫,下;隘,小。"
④ 鳩工庀材:聚集工匠,備齊材料。

朝順治初，御史布舒、熊一瀟復修之。顧無肄業①者，僅存空名，歲久且圮。然向之九峰山、六柱亭、藏書樓，猶巋然特存。古柏數十株，猶森然聳秀也。聚奎堂四壁卓立，居民多撤爲薪焉。守者勿之問，及今不葺，果廢矣。公能無意乎？"余曰："有是哉。"乃復捐貲經理之。閱兩月，工竣。外復爲周垣百九十七丈，以資保障。堊而不丹，示別於祠也。堂東西爲耳房六間，又外四間置茶竈器具，粗備以待賓客。舊有田三十四畝零以畀守人，半没於荆榛瓦礫中，至此亦清出。進守者而申勉之意躍如也。計費兩倍於祠，而向之屋瓦鱗次、燈火青熒、弦誦相聞之盛，猶未能即復。雖然以待來者，亦庶乎有基勿壞矣。

方余之始事於祠也，官吏估核需齎財若干。余以其事不必責商，而邑人又以爲非商莫能爲也。余惑焉。士君子十年就傅②，束髮受經，抱四子書③，爇瓣香家塾中日夕揖拜。時雖幼，莫不知有三聖人也。長而膠庠④，進而科甲⑤，又進而紳組⑥，拊心自思，所以長育而成全之以有今日者誰之教歟？方明張居正當國時，氣焰熏赫，議廢天下書院，意必多靡然從風

---

① 肄業：修習課業。古人書所學之文字於方版謂之業，師授生曰授業，生受之於師曰受業，習之曰肄業。
② 就傅：從師。語出《禮記・由則》："十年，出就外傅，居宿於外，學書記。"鄭玄注："外傅，教學之師也。"
③ 四子書：指《論語》《大學》《中庸》《孟子》四部儒家的經典。此四書是孔子、曾子、子思、孟子的言行録，故合稱"四子書"。
④ 膠庠：周代學校名。周時膠爲大學，庠爲小學。後世通稱學校爲"膠庠"。
⑤ 科甲：漢唐取士設甲乙丙等科，後通稱科舉爲科甲，也指科甲出身。
⑥ 紳組：地方上有地位有勢力的人。組，代指官印或官吏。

者，而河東士大夫獨議以祀三聖不可毀。居正雖時宰，不能詘也。而嗣是曹明學先生①乃復以氣節講學顯。

嗟乎！是固堯舜禹在天之靈，有以呵護之，而鄉先輩之流風餘韵，亦可深長思矣。抑余常訪書院遺跡，有題詩於壁者，不著名。詩曰：昔日藏書地，今爲狐兔屯。不逢育才者，此意與誰論？余深愧其言，志之，以示不敢忘也。

新建宏運書院碑記

明天啓三年巡盐御史　李日宣②

余不習吏事。少時，但從鄒南師③諸老譚學耳。比釋褐，即藏拙秘省，尋改言路④，未嘗不與吏親而於吏事茫然也。適受事河東，則日親吏事，於茫然中求稍可自憑者，一以平日所聞於父師爲要領，而參以書生之知識，日漸融會，不爽分毫。

---

① 曹明學先生：當指曹于汴，為何稱"明學先生"待考。

② 李日宣：字晦伯，吉水人，萬曆四十一年（1613）進士，明天啓三年（1623）任河東巡鹽御史，官至吏部尚書。《河東鹽政彙纂》為"弘運書院"，後避乾隆帝"弘曆"名諱，改為宏運。

③ 鄒南師：作者對鄒元標的尊稱。鄒元標（1551－1624），字爾瞻，號南臯。江西吉水人，明代東林黨首領之一，與趙南星、顧憲成號為"三君"。萬曆三年（1575）在都匀衛所（後改名南臯書院）講學。萬曆五年進士，入刑部觀察政務，因三次上疏反對張居正居喪不丁憂，發配貴州，潛心鑽研理學。萬曆十一年，回朝廷任吏部給事中。又多次上疏改革吏治，再次遭貶，降南京吏部員外郎。後以疾歸居家，在仁文書院講學近三十年，培養了一大批棟樑之才。李日宣即其門生之一。卒，謚忠介。有《願學集》《存真集》。

④ 釋褐：脫去平民衣服，指始任官職。藏拙：掩藏拙劣，不以示人。常用為自謙之辭。秘省：秘書省的簡稱。言路：即言官。

恍然悟曰:"學在是也。予昔所聞於父師者學也,即吏事也。"河東爲三聖人①傳道地,而講學一會,自曹師②仰節堂數武③外,寥寥無聞。余日覩諸老恂謹端凝,居然有道氣象。又皆振古循良、絕世經濟,卓然有以自樹於世。豈其於吏道深而於學肯漠然乎? 乃於諸老間一尋會,反覆研究,又恍然嘆曰:"學在是也。諸老向所自樹者,非吏事也,學也。"

然則學何負於吏哉? 今之君子以學妨於政而偏欲諱之,且使天下士從事於舉業者亦曰:"吾肆力於文章,姑置是。"嗟乎! 學者學爲儒,學爲吏也。今舉文章政事一切諉之學外,無怪乎天下無真儒、無真吏,而徒紛紛焉騖紙上之月露,釣口角之龔黃④,即語妙天下、名震四遠,於道何居? 且夫不衷之言,聖人弗聽;違心之行,君子不居。文章靈氣,功名大物,盜取亦爲不祥。況剽竊唾餘,乘風雲於天上,鋪張故事,買尸祝於人間⑤,則是鏤冰可以耀日,團沙可以尸饔⑥也。竊爲今之君子

---

① 古人認爲堯都平陽,舜都蒲坂,禹都安邑,三地均在河東。故三聖人係指唐堯、虞舜和大禹。

② 曹師:曹于汴,字自梁,號直予,明解州安邑(今山西省運城市鹽湖區)人。萬曆二十年(1592)進士,以推官徵授吏科給事中,遇事敢言。遷左僉都御史,爲魏忠賢所斥。崇禎初,拜左都御史。曾講學於宏運書院。著有《仰節堂集》《共發編》等。

③ 數武:數次蒞臨。武,足跡。

④ 月露:月光下的露滴。紙上之月露,猶言脫離實際的文字游戲。龔黃:漢循吏龔遂與黃霸的并稱,亦泛指循吏。口角之龔黃,猶言口頭良吏,業績淺薄,虛有其名。

⑤ 唾餘:唾液之餘。喻別人的點滴言論。尸祝:祭祀或主祭人,此指崇拜。

⑥ 鏤冰:雕刻冰塊。尸饔:主管炊食勞作。鏤冰耀日、團沙做飯均爲不可能之事。

憂之。憂之維何？亦惟是刻意共學而已。

余既於育才館拓地爲室，以居諸子衿①。繼念吾曹師還山有日，諸老聚首更須及時。登壇有人而擁皋②無地，長民③之謂何？於是卜得學宮之左射圃一區可以經營。屬所司墾而構之，仍移其圃稍束焉。構成，題其閣曰經正民興，顏其門曰宏運，題其堂曰傳是。凡既備矣，而余周爰始歸，吾師亦應期且至。諸老相向賀曰："兆足行矣。"時，余以家少司馬例請引避，旦夕且行，於是相訂一月之內，凡再會。會無資則薄有所捐，買田以饍。其詳具載志中，聞曹師且請於鄒師記之矣。而余猶不能已於一言者，良以余之受命而來也吏事耳。余不能以不習之吏事報朝廷，而徒以所習之夙聞對父師，何以稱肅將④乎？而非也，天下患無真吏耳。欲天下有真吏，先須天下有真儒。真吏易致，真儒難得。使予爲其易而以所不習者塞責於目前，無寧爲其難而以所習聞者報效於他日，且未必無少補於目前乎？此區區創始意也。

或曰："子所題者，傳是也，而記不及是，何也？"曰："莫非是也，人盡吏也，人盡儒也。我乃於其中求一真，則是吏非吏，是儒非儒，自有能辨之者，此又予傳是微意也。若其大義，則與諸君子譚之久矣。"

---

① 《詩·鄭風·子衿》："青青子衿，悠悠我心。"毛傳："青衿，青領也。學子之所服。"後因稱學子、生員為"子衿"。

② 擁皋：簇擁講席。皋，皋比，古人坐虎皮講學。後因以指講席。

③ 長民：為民之長，官長。古指天子、諸侯，後泛指地方官吏。

④ 肅將：敬奉或敬獻。《書·泰誓上》："皇天震怒，命我文考，肅將天威。"

運安兩學公錠記

乾隆四年署运同　彭洙①

先是余宰安邑,閱志乘②,見自勝國③迄今科第蟬聯,每科獲雋④多至十二三人,次八九人,少不下兩三人。後自邑宰遷守解。前後合六年,而獲雋者十一,捷南宮⑤者三,副車⑥三。於戲!盛矣!非有人焉,時爲作興培養之,奚以至於斯?

歲己未,余署篆⑦分釐。運、安紳士詣余,言:"運、安兩學,應舉士約有數十人。臨期或艱資斧⑧,非所以作其氣也。爰公捐若干金,置爲鹽課六錠。歲銷之商,商償價合三歲所獲,可少助士子道里費。敢乞弁言⑨勒石,且俾後分釐者永莅厥事,用垂永久。"余於時流連嘉嘆,益知運、安文風之盛之所

---

① 彭洙:乾隆四年(1739)署運同。此篇抄自《河東鹽法調劑紀恩録》,原文附有捐資名録。
② 志乘:志書。乘:春秋時晉國的史書。《孟子·離婁下》:"晉之《乘》、楚之《梼杌》、魯之《春秋》,一也。"趙岐注:"乘者,興於田賦乘馬之事,因以為名。"後用以稱一般史書。
③ 勝國:被滅亡的國家。《周禮·地官·媒氏》:"凡男女之陰訟,聽之於勝國之社。"鄭玄注:"勝國,亡國也。"按,亡國謂已亡之國,為今國所勝,故稱"勝國"。後因以指前朝。
④ 獲雋:會試得中。亦泛指科舉考試得中。
⑤ 南宮:指禮部考試,即進士考試。
⑥ 副車:清代稱鄉試的副榜貢生。
⑦ 署篆:署印。因官印皆刻篆文,故名。
⑧ 資斧:貨財器用。《易·旅》:"得其資斧。"程頤傳:"得貨財之資,器用之材。"此指旅費。
⑨ 弁言:前言,序文。因冠於前,故名。

自來矣。昌黎不云乎：莫爲之前，雖美弗彰；莫爲之後，雖盛弗傳。① 今邑之先達作興培養其後進，後進者鼓舞振興，共奮天衢②。又將因時因事，培養作興，期無替③先達之意。從兹士氣日益勵，文風日益隆，風俗日益古，寧啻④宰是邑、守是郡者與有光寵，而國家掄秀書升之典亦將嘉賴焉。

因列輸資之姓字，欣然而爲之記。

渠 堰 志

明宏治十七年巡盐御史　湯沐⑤

解鹽藉主水以生，緣客水而敗。主水乃池泉之渟潴、斥鹵之膏液，客水乃山流之泛漲、渠瀆之衝浸。世知是鹽成於風日，不假煎瀝，不知堤防少虧，決注已甚，潔者污，醇者漓，凝者紓矣。故治水，即以治鹽也。

然客水有遠近，其設防有疏密；貽患有大小，而施工有緩急。大抵池形若腰盆，東西長，南北短。南枕條山，雨水易迫，然非泉淵所出。且横亘有護寶堤，依山有桑園、龍王、趙家灣、大小李、西姚諸堰。縱有飛瀑，亦各容阻，甚至毁墙而已，多不

---

① 語出韓愈《與於襄陽書》，意謂享名顯世者，無不有先達之士施援，後進之士推動。否則，雖為美盛，而難彰傳。
② 天衢：天空廣闊，任意通行，如世之廣衢，故稱天衢。此指京都之路，科舉之路。
③ 無替：不廢，不棄。
④ 寧啻：難道只有。啻，僅僅，只有。
⑤ 湯沐：字新之，明代江陰人，明弘治十七年（1504）河東巡鹽御史。居官三十年，以廉潔著稱。此文鈔自《河東鹽政彙纂》。

能入。北沿曠壤平丘,與水隔絶,無足爲慮。若東西盡處,則俱逼禁堰。一墻以外,即客水所鍾。次東禁堰者,有壁水小堰①、月堰及黑龍堰。次西禁堰者,有卓刀、七郎、硝池堰。各從東西,自高而下。多則決,少則浸,禁堰不能受,則入池矣。黑龍堰之受害,實原於苦池。苦池乃姚暹渠蓄而復流之所也。硝池之受害,實原於涷水。涷水在姚暹渠之北,勢高於坡者也。二水皆自東北而西南。出自夏縣:一由巫咸谷、白沙堰爲姚暹渠,北合洪洛渠。一由王谷口爲李綽堰,西合姚暹渠,總經苦池,迤邐西向。自安邑,歷解州,抵臨晉,入五姓湖,此姚暹之渠道也。出自絳縣山谷,由聞喜東北來者爲涷水,亦西行,受稷王、孤山、峨嵋坡諸水,經猗氏,抵臨晉,亦入五姓湖,此涷水之河道也。五姓由孟明橋注黃河則極矣。姚暹首、中多太狹,涷水中、尾亦多窄。苦池在安邑不勝李綽、洪洛、姚暹渠之受,其勢必自東北泛溢於黑龍。入黑龍,則壁水小堰、月堰不能支而竟冲決於東禁;涷水在臨晉不勝山坡之受,其勢必自西北橫溢,破姚暹而奔騰於硝池。入硝池,則七郎、卓刀不能支而竟冲決於西禁。況東北有湧金泉,亦注於黑龍。西北有長樂灘,亦注於七郎。此東西隅水患之大約也。

　　故築東禁以及黑龍,築西禁以及硝池,治其標者也。浚姚暹以導苦池,浚涷水并歸五姓,治其本者也。急則治標,其功疾而小;緩則治本,其效遲而大。切水脈者緩南北而急於東西,先根本而後於標末。雖嚴其防障於東西之近堰,而於姚暹、涷水源流歸宿之處,常不忘其所有事焉。則客水不侵,主水無恙,鹽利不竭,邊儲永濟矣。

---

① 本書《渠堰卷》作逼水小堰。

浚姚暹渠記

明嘉靖元年巡盐御史　朱實昌①

河東鹽池,跨解州、安邑百餘里,環之以城。池卑下,爲水所趨。以客水能害鹽也,前人多築堤堰以爲障。一遇霖潦,堤堰輒壞。城亦衝塌,鹽用不生。役夫修築,未幾又壞,卒無寧歲。要之,水無所歸故也。

予諗②於衆曰:"是不一勞,無以永寧。"於是檄有司先治城堰,民方農作,則俾之更番③即工。再閱月,繕完如舊。城門之漂没者,亦以次鼎建。考志問俗,乃知舊有姚暹一渠,所以受諸山谷之水,由苦池入五姓湖以達河。自唐以來,湮没至今。按是者,類以瓜期代去,多因循苟且。間有知事事者,欲動十三州縣之民大治之,使可舟楫。爲疏上,又輒報止。予曰:"臣子受命一方,可勞君父慮耶?"於是委賢能,循故道,使加浚焉。

時冬燠,民亦知將遺於後也,乃大和會。起工於十月中旬,再四旬而渠成。渠成則泥寒土凍如石,是豈有鬼神相其間哉?渠中廣三丈,兩岸各高二丈爲堤,堤之上廣二丈。東起安邑苦池,西抵蒲之黃河,長二萬丈有奇。通役夫二萬人,人四

---

① 朱實昌:明嘉靖元年(1522)河東巡鹽御史。1524年,敬謁司馬溫公墓,度原碑之大,重立"忠清粹德之碑",復鐫蘇軾文於碑上,於今堪稱三晉第一碑。本篇依《河東鹽政彙纂》校。

② 諗:勸告,告誡。

③ 更番:輪流交換。

十日,爲工八十萬。而城堰之功又半之。明年,樹堤以柳。

予歷視而嘆曰:"天下事成於衆,斷於獨。窪則盈,敝則新。不獨兹役而已。彼因循苟且,忘其有事者也。欲舟楫於平陸①,揠苗而助長者也。且神禹之治水也,行所無事。萬邦作乂而貢②,以達河爲主。兹爲夏都郊關、納總之地,顧豈有是害而不知所以便民哉?是可求其故矣。"

事竣,合屬請紀其事於石。予辭曰:"予治是水,蓋有得於水焉。水善利萬物而不争,處衆人之所惡故幾於道。斯役也,城因前工,渠因水道。予也敢争兹名哉?"姑録其公移③并巡行時小作。成卷,題曰求故。藏之篋笥④,以無忘所事云爾。

鹽池石工記

明萬曆二十四年巡盐御史　吴楷⑤

萬曆二十有四年,命臣楷往按河東鹽政。余趨而南,過陝

---

① 平陸:平原,陸地。
② 萬邦作乂而貢:各個邦國治理安定而交納貢物。
③ 公移:舊時行用於不相統屬的官署間的公文的總稱。
④ 篋笥:藏物的竹器。
⑤ 吴楷:明萬曆二十四年(1596)河東巡鹽御史。本篇依《河東鹽政彙纂》校。

踰河。河東守巡二道①,首以旱魃②爲辭。余詰旦③易食減驂,籲於皇天,果得甘霖如注。農夫相與慶於郊。乃齷池百堵,却如齧如摧,墻不盡者數板。

予思古者不墮山,不崇藪,不防川,不竇澤,順天地之氣,庶幾聚不阤陂④而物有所歸。今齷池落在條山之麓,一遇淫雨,勢如建瓴,欲使荷鍤之卒持一抔土,塞方漲之流,無乃不可乎?一勞而永逸,小費而大寧,余何敢惜一省視?遂檄守道平陰孫公,與余上下原隰,度勢審形。池之南面,短堰爲急,議當起石臺二座,三分黑峪溝之水,以瀉於賀家灣、龍王二堰。又須護堰長堤一條,以折其悍而杜其溢。其北面諸堤,如塗塗⑤附叢蟻穴焉。而其要害數處,議當鎔灰延石,削土鳩磚,庶幾强可使弱,急可使緩也。其西之卓刀等堰,潴泄如故,補苴易易耳。而其九里堰在東面者,石脚傾圮殆半。非補其缺、固其

---

① 河東守巡二道,即河東分守道、分巡道。分守為布政使之副,專管錢穀;分巡為按察使之副,專管刑名。

② 旱魃:傳説中引起旱災的怪物。《詩·大雅·雲漢》:"旱魃為虐,如惔如焚。"孔穎達疏:"《神异經》曰:'南方有人,長二三尺,袒身,而目在頂上,走行如風,名曰魃,所見之國大旱,赤地千里,一名旱母。'"

③ 詰旦:平明,清晨。《宋書·柳元景傳》:"自詰旦而戰,至於日昃,虜衆大潰。"

④ 阤陂:崩塌,渙散。

⑤ 塗塗:厚貌。《楚辭·九嘆·逢紛》:"白露紛以塗塗兮,秋風瀏以蕭蕭。"王逸注:"塗塗,厚貌。"謝朓《酬王晉安》詩:"梢梢枝早勁,塗塗露晚晞。"

基,何以白石齒齒①、不虞噬臍②也?

議既成,召司府郡邑諸僚佐,按籍而課工程。功始於閏八月二十日,竣於十一月初九日。余與孫公核其成功,磚石工計長三百四十二丈五尺,土工計長二千一丈三尺,磚計用一十三萬六千三百五十五個,石條六百三十二丈,灰一十四萬一千七百一十斤,而所費曠役銀僅三百三十一兩有零。

是役也,前院雍墅李公曾具疏於十年之前,余今始得卒業。請於上,求紀錄其賢且勞者。制曰:"可。"事下大司農。而諸僚乃進余一言,勒諸貞珉,使後之稽功者有所考焉。

宋解州鹽池新堰箴并序

康熙元年巡盐御史　徐越③

碑中字磨滅者不可識,其未磨滅者猶自明朗。

序言:天聖九年冬十月,奏請營兩池新堰,詔許之。越明年春正月仲春厥功成。鹽澤之區,郇瑕之地,其利衍沃。自元

---

① 齒齒:排列如齒狀。唐韓愈《柳州羅池廟碑》:"桂樹團團兮白石齒齒。"

② 噬臍:自嚙腹臍。喻後悔不及。《左傳·莊公六年》:"亡鄧國者,必此人也。若不早圖,後君噬齊。"杜預注:"若嚙腹齊,喻不可及也。"齊,應為"臍"。

③ 徐越:康熙元年(1662)河東巡監御史。《四庫全書總目提要》:越,字山琢,山陽人,順治壬辰(1652)進士,官至監察御史,遷兵部督捕左理事官,仍留御史之任。撰有《存庵奏疏》,皆其所上奏疏,自順治十七年(1660)至康熙十二年(1673)止,凡五十四篇。皆具年月,并恭載諭旨。《江南通志》稱其在臺十有三年,所條奏皆有關時政之大者。《山右石刻叢編》存有碑文,本篇所引"序"與"箴"為其概略。

魏以還，設兵以防之，樹棘以禁之，置屯以斂之。衡石參較①，出納萬計。官運商載，晝夜如流。曰公曰私，各有定分。侵漁之弊，自茲消息②。夫禁禦稍寬，寬則僞出。法令經久，久則奸生。奸僞相倡，抵犯何極？設堤防以塞民欲，民欲既塞，鹽禁之刑於茲而自錯矣。是謂民安與刑清非一時之利，乃萬世之利也。未若起堰於上，浚濠於下。使外不能入，内不能出。驍騎精卒巡守要害，而奸僞息矣。新其堰者，非僅護其寶也，抑亦護其民也。具中人③之性者，必知之矣。既知之，則可以相誨導，俾遷善而無犯也。不然，則網罟④之陷，易如反掌耳。故爲鹽池新堰箴以勖⑤之。其箴曰：昔也弛禁，如張網羅。今也固護，如登太和⑥。此碑序中之大略也。

　　明河東運判王建中誤認爲右軍碑記，曰："余觀解池自歌薰以來，碑碣櫛比，惟此碑爲右軍正筆，刻於宋天聖十年壬申十月癸卯。世邈代遠，贔屭⑦儼存。然顛僕剥蝕，塵埋久矣。

---

① 衡石：泛指稱重量的器物。衡，秤。石，古代重量單位，一百二十斤爲一石。《管子·七法》："尺寸也，繩墨也，規矩也，衡石也，斗斛也，角量也，謂之法。"尹知章注："凡此十二事，皆執政者所以爲法也。"參較：參酌比較，比照核驗。

② 侵漁：侵奪，從中侵吞牟利。消息：停止，平息。

③ 中人：中等的人，常人。《論語·雍也》："中人以上，可以語上也；中人以下，不可以語上也。"

④ 網罟：捕魚及捕鳥獸的工具，喻指陷井。

⑤ 勖：勉勵。

⑥ 太和：亦作"大和"，天地間沖和之氣。《易·乾》："保合大和，乃利貞。"

⑦ 贔屭：蠵龜的別名。舊時石碑下的石座相沿雕作贔屭狀，取其力大能負重之義。明焦竑《玉堂叢語·文學》："一曰贔屭，形似龜，好負重，今石碑下龜趺是也。"也用來代指石碑。

余自萬曆丙午謫居河東。時有貢士謝生繩祖,博學世胄。請於余曰:'昔張華識劍氣於豐城而瞻牛斗之瑞①,王朴獲玉尺於田間而窺律呂之元②。矧茲鹽池碑肇自右軍。敝帚視之可乎?'余乃命參軍佐徐可行索而得之。僅僅斷碑殘簡,如獲拱璧③。徐佐雅好古,欲圖不朽,恐破碎不能常峙,請爲石窩以藏之。"余因嘆曰:"昔禰正平與章陵太守見蔡學士伯喈石碑。正平一顧,皆悉其中央第四行磨滅兩字不分明,當是某字,恐不諦耳。因筆書之無遺。及章陵往寫驗之,亦無一差訛。④ 可見先輩之聰慧異常,而古碑之傳神難遇也。今右軍碑豈遜於

---

① 這句出自《晉書·卷三十六》:"初,吳之未滅也,斗牛之間常有紫氣……華聞豫章人雷煥妙達緯象,乃要煥宿,屏人曰:'可共尋天文,知將來吉凶。'因登樓仰觀。煥曰:'僕察之久矣,惟斗牛之間頗有异氣。'華曰:'是何祥也?'煥曰:'寶劍之精,上徹於天耳。'華曰:'君言得之。吾少時有相者言,吾年出六十,位登三事,當得寶劍佩之。斯言豈效與?'因問曰:"在何郡?"煥曰:'在豫章豐城。'華曰:'欲屈君為宰,密共尋之,可乎?'煥許之。華大喜,即補煥為豐城令。煥到縣,掘獄屋基,入地四丈餘,得一石函,光氣非常,中有雙劍,并刻題,一曰龍泉,一曰太阿。其夕,斗牛間氣不復見焉。"

② 《舊五代史·卷一百四十五》:"樞密使王樸,博識古今,懸通律呂,討尋舊典,撰集拳聲,定六代之正音,成一朝之盛事。"《世說新語·術解》:"後有一田父耕於野,得周時玉尺,便是天下正尺。"查相關資料未見王樸在田間獲玉尺之事,本處當是上述二典混用。

③ 拱璧:大璧。《左傳·襄公二十八年》:"與我其拱璧,吾獻其柩。"孔穎達疏:"拱,謂合兩手也,此璧兩手拱抱之,故為大璧。"後因用以喻極其珍貴之物。

④ 見《後漢書·卷八十下·文苑列傳第七十下》:"(黃)祖長子射為章陵太守,尤善於衡。嘗與衡俱游,共讀蔡邕所作碑文。射愛其辭,還,恨不繕寫。衡曰:'吾雖一覽,猶能識之。唯其中石缺二字,為不明耳。'因書出之。射馳使寫碑,還校,如衡所書,莫不嘆伏。"禰衡(173—198),字正平,平原般縣(今山東臨邑)人。東漢末年名士,文學家。與孔融等人親善。後因出言不遜觸怒曹操,被遣送往江夏太守黃祖之處,為黃祖所殺。

中郎？而模糊磨滅不僅四行兩字。顧不佞①無正平之聰慧，且不邁章陵之寫驗，則存古以俟後傳疑以徵信，其有待於博物君子乎？"

今按此碑，乃宋人解州鹽池新堰箴并序，而字則集晉右將軍王羲之書，非右軍筆也。然宋時僅此一碑，臥於察院。婆挲可愛，謹志於此。

捐修渠堰記

康熙十八年巡盐御史　　曾寅②

國家財賦，首出租庸③，次惟山海。若夫關市之徵，雖至纖悉④，恐未能盡裨大農。今鹽司沿勝國之舊，稽述定秩。為都運者六，仍盡因之。為提舉者九，今不盡設也。凡產鹽之地三：曰海，曰池，曰井。凡取鹽之法三：施人工者為煮為曬，由天然者為撈采。故汲諸井者惟以煮，資諸海者以煮或以曬，而取諸池者始以撈采，而今更澆曬也。

河東產鹽，解池為大。延袤百二十里，負中條岩麓之陰，而崇山廣谷羣據其上。每際陰霖暴漲，排迸奔池，勢成莫禦。茲蓋洪荒之渤解，後世偵其斥鹵，規之為池，以興民用耳。故雖作鹹於水，其實主火德，南風烈日鼓扇而成。厥性利烜惡

---

① 不佞：謙辭，猶言不才。《左傳·僖公十五年》："寡人不佞，能合其眾而不能離也。"
② 曾寅：江西清江進士。康熙十八年（1679）河東巡鹽御史。
③ 租庸：即租庸調，是唐代對受田課丁徵派的三種賦役。此總指田賦。
④ 纖悉：細緻而詳盡。

涝,苟遭客水侵犯,則池淡而鹽不生。故於池南山麓分築各堰,參差相維,以障趨下之勢;東西兩端各築堰,鱗次相屬,以御侵入之波;池北漸就坦夷,故東導山由夏縣之巫咸谷①,釃而爲渠。經安邑之苦池灘,携池東諸堰之水,經安邑、運城,西[東]匯五姓湖。復出孟明橋,至蒲州迆西,并各澗谷之水,畢放諸河而後已。

按河東鹽賦二十萬有奇,其出於池者十萬有奇。所恃以衛鹽而裕賦者,僅此簀土帶水之池堰是賴。雖以時修治,例派解、臨各屬丁夫從役,惟有司以文具②而膚視③之。每巡鹽,按部循例舉檄胥役,竟爲奸弊斂免役錢以漁利,不加尺寸功。上下相蒙,因循浸久,池事之壞極矣。

己亥冬,恭承簡命,視鹺於兹。適值秋霖爲灾,池被衝敗。汪洋彌漫,鹽花不結,用是④蒿目腐心⑤。巡閱堤堰,其決而斷者爲深潭,蕩而没者咸巨浸。至於賴以宣泄之渠,岸圮流斷,壅閼勿通,甚者堙爲平地。按司志載,順治十二年經各在事之重修足垂永久之語,匪諛則謬,非實録也。因思治水之道,先委後源,大爲之壑以歸之,然後可以次第施功。於是考籍驗圖,參稽往牒,檄發丁夫,爰具畚鍤,乘春暉之始煖,睹宿麥之方萌,農無水耨,致力獻功。畫地分程,盡準成例。首浚姚渠以疏積蓄,次築諸堰以鞏堤防,不憚躬親督率,遍犒以資。民

---

① 此句不通,校本與底本《紀恩録》均如此,正確意義參見本書《渠堰卷·姚暹渠》。
② 文具:空有條文而無其實。
③ 膚視:輕視。
④ 用是:因此。
⑤ 蒿目腐心:極目遠望,令人痛心。

忘其勞，孚於不戒①。嗣雖麥秋暫輟，可以不日觀成矣。詎意②徂暑之晦，霪雨彌旬，山漲沸騰，而各堰之土卤築新，舉皆冲決。始悟搏沙塞罅，殊屬塗羹，而從前舉事之卤莽也。於是改圖備料，煉石爲灰，運埴土③，載溪沙，湯沃而三和之，築如堅石，以爲經久之謀。詳具疏草④中，兹不殫述。別如臨晉山谷處池西偏，水患最亟。若王官、石樓諸峪，自南趨北，昔有泄水新渠，歲久壅塞，歷稱池害。兹重爲浚，復深以十尺，廣倍之，俾由鴨子池而注之湖，而池西之患頓息。

是役也，凡治姚渠以里計者百七十有五。新渠爲里三十，咸湖潴矣。然湖受涑水爲大，溢而橫流，滋患更烈。其故道由孟明橋經蒲州入河者，蓋十里而遥，盡循其舊，浚而播之，深廣有加，而疏泄之能事始盡。凡治堰以道計者二十有五。其墮者培之，圮者築之，決者塞之，斷者續之，皆手畫心維，不遺餘力於以禦涤水⑤而障狂瀾。不但鹽池無衝敗之患，即各屬田廬并可免墊溺之虞，而堤防之能事亦盡矣。凡工之數，則各有司之籍在，未能綜其大率。第經始仲春，告竣秋杪⑥。凡渠工之犒勞，堰工之灰料，爲金雖僅數百，然不敢議帑，不忍科民，皆節縮口體之餘以資公務。其他善後事宜，有愚志而未逮者，

---

① 孚於不戒：出自《易經》：“六四：翩翩不富，以其鄰，不戒以孚。”意謂令人信服，不告誡而從己。
② 詎意：豈料，不料。
③ 埴土：黏土。《書·禹貢》：“厥土赤埴墳，草為漸苞。”孔傳：“土黏曰埴。”泛指泥土、土地。
④ 疏草：奏章的草稿。
⑤ 涤水：洪水。
⑥ 秋杪：暮秋，秋末。

曰："歲加修治，毋致墮壞難圖也。成造桔槔①，以去積水，便曬鹽料也。請復設運司佐員，以專理池務而兼贊鹽政也。請盡復鹽丁，足修禁墻，并備異時之撈采，皆醝籌之不容已。"敢附告諸來者。是爲記。

白沙河南北岸改建石堰記

乾隆二十八年運使　沈栻②

解州夏縣白沙河，一名巫咸河。發源中條山，出巫咸谷，經邑南關外西流三十餘里南轉，會入姚暹渠。河流高出地上，去邑城僅半里許。決而南，則觸破李綽堰，害及鹽池；決而北，即害及城關，漫延村落。前明來舊志所載，爲患者屢矣。

乾隆二十七年閏五月，積雨水漲，南北堰間被衝塌。時鹽法衙門議就南堰改建石工以禦水。余按地勢，雖北高南下，但以驟發難制之水南向不利，必并激而北。北堰沙土單薄，城郭生靈何恃以無恐？舉詢州牧言君如泗、邑令李君遵唐。僉曰："必南北俱改建石工，患庶可弭。"又念本年南堰衝決，現資附近民力修築此處，地窄民稀，必有不堪命而逃竄者，反致誤工，非經久策。適大中丞明公③奉命自甘肅調撫山西。初入境，即

---

① 桔槔：亦作"桔皋"，井上汲水的工具。在井旁架上設一槓杆，一端繫汲器，一端懸、綁石塊等重物，用不大的力量即可將灌滿水的汲器提起。

② 沈栻：字欽伯，常熟人。少時在分湖灘陶冶庵讀書，爲蘆墟舉人陳其言高弟。工八法書，善畫山水。乾隆十六年（1751）辛未科傳臚，先後任湖北、雲南正考官，擢升湖南鹽使。乾隆二十七年（1762）任河東運使，後於三十二年再任。

③ 大中丞：古官名，掌管公卿奏章以及薦舉、彈劾官員等事務。

諮詢地方應辦事宜，備據情形以白。公性嗜勤民事，如日夕之於寢食。遂與鹽院薩公悉心籌畫，和衷商辦。合詞奏請將南北岸俱建石工，永資捍衛。飭所屬估銀①一萬一千一百兩有奇。復與升任方伯宋公②議撥本省存貯公用銀七千餘兩。其不敷銀四千兩於鹽法衙門存貯公項內動支，一律興修。嗣後，偶有冲刷北岸，責令民修。南岸歸入鹽法歲修案內辦理。硃批："如所議行。"

余與運使吳公督其事，飭州牧言、邑令李董率夫役幫築土胎，加砌灰石，高一丈暨一丈三尺不等。虹堤③五里，如砥如阜。功始乾隆二十七年十月，迄二十八年四月工竣。是役也，事係乎一邑而利害關乎國計民生。五載以來，鹽池無患，堤堰鞏固，附近民地變磽確為膏腴，利誠溥④矣哉。伏念聖天子勤恤民隱，無微不至。大吏虛衷協慮，用康保民⑤，而守土者又能實力奉行，俾余得藉手以襄事，不可謂非厚幸也。是為記。

---

① 估銀：估計預算需用銀兩。
② 方伯：殷周時代一方諸侯之長。後泛稱地方長官。漢以來之刺史，唐之采訪使、觀察使，明清之布政使均稱"方伯"。
③ 虹堤：拱曲如虹的長堤。
④ 溥：水大，泛指廣大。
⑤ 用康保民：致力於治理安養百姓。康，治理。《尚書·周書·康誥》云："用康保民，弘於天。若德裕乃身，不廢在王命。"柳宗元《唐故衡州刺史東平呂君誄》："惟其能，可用康天下；惟其才，可用經百世。"

詩三十七首

鹽　池①

王禹偁②

極望似江沱③，漫漫起素波。
兩池泉不竭，千古利還多。
場吏輸年額，畦夫奉月課。
收時車并載，種處地先磨。
碎顆珠凌亂，乾聲玉切磋。
岸平開雪苑，渠滲斥銀河。
衆鵠齊翔舞，羣羊自寢訛④。
本原皆瀉鹵，異號亦鹹鹺。

---

① 《山右石刻叢編》存有詩序：鹽池之大，古無題者。有唐都長安，河中為近輔，池實屬焉。古人奇士游者多矣。還都建郡已來，亦在千里之內。凡所臨莅，率皆儒臣，未有一詞以紀勝概。天實惠我，使之補亡。淳化四年(993)孟夏月，禹偁自商洛移於解梁，會宗人太常博士王侗且領池事，游覽之際，憤然成章，章三十六句。雖不虞於前輩，豈敢誣於後生？人或繼之，實自予始。

② 王禹偁(954—1001)：字元之，山東鉅野人，宋代詩人，散文家，著名《小畜集》30卷。淳化二年(991)因抗疏觸怒太宗，貶商州團練副使，四年移官解州。同年回京，後又兩遭貶謫，卒於蘄州，年僅48歲。

③ 江沱：長江和沱江。《書·禹貢》："浮於江、沱、潛、漢。"陸德明釋文："江、沱、潛、漢，四水名。"

④ 寢訛：出自《詩·小雅·無羊》："爾羊來思，其角濈濈；爾牛來思，其耳濕濕。或降於阿，或飲於池，或寢或訛。"後以"寢訛"指牛羊的臥息與活動。

沫訝浮鷖鷺①,津疑漫蚌螺②。
煮勞輕渤澥③,煎苦笑牂牁④。
雨打重歸水,庵盛更覆蓑。
炎風吹作片,烈日曬成垛。
海味知難及,蕃青⑤的不過。
惠人餐罔闕,均口賦無頗。
涿鹿城雖近,蚩尤血若何?
有時紅爛熳,是處白嵯峨。
潤下終資國,靈長⑥任蠡哦⑦。
江梅須待我,金鼎始調和⑧。

---

① 鷖(yī):鷗的別名。《詩・大雅・鳧鷖》:"鳧鷖在涇。"孔穎達疏引《蒼頡解詁》:"鷖,鷗也。一名水鴞。"鷺:嘴直而尖,頸長,飛翔時縮頸。以白鷺、蒼鷺較為常見。《詩・周頌・振鷺》:"振鷺於飛,於彼西雝。"

② 蚌螺:蚌和螺,泛指有貝殼的軟體動物。校本螺作"蜾",當係螺之誤,徑改之。

③ 渤澥:即渤海。當時渤海沿岸海鹽生產,以煎煮生成,較為苦累。

④ 牂牁(zāngkē):本意為船隻停泊時用以繫纜繩的木樁。漢代設有牂牁郡,約在今貴州、雲南一帶,其地出產井鹽,係煎煮而成。

⑤ 蕃:通"番"。周代九州之外有夷服、鎮服、蕃服。後用以泛指域外或外族。《周禮・秋官・大行人》:"九州之外,謂之蕃國。"青:指青鹽,或稱戎鹽。

⑥ 靈長:福分廣遠綿長。

⑦ 蠡哦:形容舀取而吟詠。蠡,瓠瓢。

⑧ 江梅:一種野生梅花。金鼎:黃金炊具,後為鼎類炊具的美稱。我,指鹽。《書經・説命》:"若作和羹,爾唯鹽梅。"宋黃人杰《驀山溪》:"持酒勸飛仙,似江梅、纍纍子滿。饒將風味,成就與東君,隨鼎鼐,着形鹽,早趁調羹便。"朱淑真《念奴嬌》"應念隴首寒梅,花開無伴,對景真愁絕。待出和羹金鼎手,為把玉鹽飄撒。"鹽與梅,是古代的主要調味物。

鹽　池
蘇　祐①

龜疇②演潤下，龍文③陳實中。

煮海聞吳彊，鑿井稱蜀雄。

眷茲條山側，泓水何沖融④。

築場豈仲父⑤，疏渠殊白公⑥。

南風洞宣朗⑦，葳蕤秀瑤瓊。

結斗⑧麗方池，形虎⑨薦清宮。

---

①　蘇祐(1493—1573)：字允吉，一字舜澤，別號谷原，蒙古族，明代東昌府濮州人，文學家，官至兵部尚書。曾巡按宣大，平大同亂軍。後又任山西參政、山西巡撫等職。嘉靖二十九年(1550)至三十二年以大同總督之職，擊退蒙古內侵之兵，并上疏開放馬市。次年因得罪嚴嵩，罷職歸鄉。平生著述甚豐。現存有《谷原詩文集》一部。

②　龜疇：傳說大禹治水時，"天錫禹洪範九疇"，由"神龜負文而出，列於背，有數至於九。禹遂因而第之以成九類常道。"見《書·洪範》孔傳。後遂以"龜疇"指治理天下的大法。

③　龍文：喻雄健的文筆。語出唐韓愈《病中贈張十八》詩："龍文百斛鼎，筆力可獨扛。"

④　冲融：水波盪漾貌。唐杜甫《渼陂行》："半陂已南純浸山，動影裊窕冲融間。"楊倫箋注："冲融，謂水波溶漾。"宋王安石《送吳顯道》詩之一："飛空結樓台，影動杳裊冲融間。"

⑤　春秋時，管仲被齊桓公尊稱為仲父，主持政治經濟改革，發展海鹽生產，使齊桓公成為春秋第一霸主。

⑥　漢武帝大始二年(前95)，由趙中大夫白公主持，在鄭國渠南開鑿新渠，名為白公渠。

⑦　宣朗：彰顯，明朗。

⑧　結斗：結成斗狀的鹽粒。

⑨　形虎：特製成虎形的鹽。供祭祀用。

權利通四國①,坤靈昭元功②。
直廬③附周圍,嚴扃④啓中通。
報貺崇神棲,千載誰能窮。

看采鹽

明嘉靖巡盐御史　喻時⑤

料臺開宿草⑥,候館⑦匝層巒。
風出紫微洞⑧,日浮白玉灘⑨。
萬夫冰上集,九夏⑩雪中看。
誰是監臨者⑪,須知采者難。

---

① 四國:四方鄰國。亦泛指四方,天下。《詩·大雅·崧高》:"揉此萬邦,聞於四國。"鄭玄箋:"四國,猶言四方也。"

② 元功:大功,首功。《史記·太史公自序》:"維高祖元功,輔臣股肱,剖符而爵,澤流苗裔,忘其昭穆,或殺身隕國。"《後漢書·馮衍傳上》:"將定國家之大業,成天地之元功也。"

③ 直廬:舊時侍臣值宿之處,此似指鹽官、鹽丁的住所。

④ 嚴扃:管理嚴格的門户,指鹽池的禁門。

⑤ 喻時(1506—1571):字中甫,號吴皋,河南光山人,嘉靖十七年(1538)進士,二十三年任河東巡鹽御史,立養濟院,創惠民館。

⑥ 宿草:隔年的舊草。

⑦ 候館:驛站,驛館。《後漢書·和帝紀》:"舊南海獻龍眼、荔支,十里一置,五里一候。"

⑧ 紫微洞:指中條山風洞。紫微,即紫微垣。星官名,三垣之一。《晉書·天文志上》:"紫宫垣十五星,其西蕃七,東蕃八,在北斗北。一曰紫微,大帝之座也,天子之常居也,主命主度也。"

⑨ 鹽如白玉,池作水灘,故形容鹽池為白玉灘。

⑩ 九夏:夏季,夏天。一夏為九十天,故稱九夏。晉陶潛《榮木》詩序:"日月推遷,已復九夏。"

⑪ 監臨者:負有監察臨視責任的官吏。

鹽　　池
顧　　福①

中條山下古鹽池，想像虞弦②奏節時。

百里光瑩天地寶，萬年轉運國家資。

漫傳蓬島③生珠樹，浪說④藍田⑤種玉芝。

不是星軺⑥巡歷遍，誰知造化此般奇。

觀　采　鹽
劉欽順⑦

五月鹽花玉斗⑧生，寶池密邇鳳凰城。⑨

---

① 顧福（1438—1508）：字天錫，號雲崖，明蘇州府吳縣人，明憲宗成化二年（1466）進士，授刑部主事，歷員外郎、郎中。坐事下詔獄，出為永州府同知，遷吉安知府。官至河南布政司右參政，分司南陽。

② 虞弦：相傳虞舜在鹽池之畔持弦琴而奏《南風歌》。

③ 蓬島：蓬萊山。古代傳說中的神山名。亦常泛指仙境。《史記·封禪書》："自威、宣、燕昭使人入海求蓬萊、方丈、瀛洲，此三神山者，其傳在勃海中。"

④ 浪說：妄說，亂說。《禮記·王制》"假於鬼神，時日卜筮以疑衆，殺。"唐孔穎達疏："妄陳禍福，浪說妖祥。"

⑤ 陝西省藍田以產美玉聞名。漢班固《西都賦》："陸海珍藏，藍田美玉。"

⑥ 星軺（yáo）：使者所乘的車。亦借指使者。軺，一匹馬所駕之輕便車。

⑦ 劉欽順：明年荊州人，生平待考。

⑧ 玉斗：玉制的斗形器物。

⑨ 寶池密邇鳳凰城：或為"萬夫蹴浪入殘更"。

珊瑚①架上牽珠母②,琥珀③盤中探水晶④。
月影先傳雙股赤⑤,波光不掩一械⑥輕。
商王⑦曾識羹中味,兼識池中此夜情。

觀鹽花

明嘉靖巡盐御史　盧焕⑧

池頭昨夜東風午⑨,瑞色今朝報早花。
未信瑤枝迷遠樹,好看玉蕊⑩映晴沙⑪。
光搖銀海⑫三千丈,香散炊烟百萬家。
御史西來公事了,登樓北望思無涯。

---

① 珊瑚:由珊瑚蟲分泌的石灰質骨骼聚結而成的東西,狀如樹枝,多為紅色,也有白色或黑色的。鮮艷美觀,可做裝飾品。
② 珠母:產珍珠的蚌。唐楊衡《送孔周之南海謁王尚書》詩:"潮盡收珠母,沙間拾翠翎。"
③ 琥珀:古代松柏樹脂的化石。色淡黃、褐或紅褐。質優的用作裝飾品,質差的用於製造琥珀酸和各種漆。中醫用為通淋化瘀、寧心安神的藥。
④ 水晶:無色透明的結晶石英。屬貴重礦石,產量較少。古稱"水玉"、"水精"。
⑤ 雙股赤:兩腿發紅。
⑥ 械(jiān):泛指杯、篋等容器。《廣雅·釋器》:"匜謂之械。"
⑦ 商王武丁曾稱贊傅說,有如作羹湯時的鹽和梅。作者由此推知武丁已知鹹鹽之味,也可能知道鹽池夜間產鹽的情形。典出《尚書·説命》:"爾惟訓於朕志,若作酒醴,爾惟麴糵;若作和羹,爾惟鹽梅。"
⑧ 盧焕:河南光山進士,嘉靖二年(1523)河東巡鹽御史。
⑨ 午:當為"舞"。
⑩ 玉蕊:此指鹽花。
⑪ 晴沙:陽光照耀下的沙灘。唐杜甫《曲江陪鄭南史飲》詩:"雀啄江頭黃花柳,鵁鶄鸂鶒滿晴沙。"唐錢起《同嚴逸人東溪泛舟》詩:"寒花古岸旁,唳鶴晴沙上。"
⑫ 銀海:鹽池的美稱。

撈鹽詩有序

明正德巡盐御史　朱裳①

撈鹽之詩,何爲而作也?勞鹽丁也。所以勞鹽丁者,何也?撈鹽最苦,故勞之使忘其勞②也。易曰:説以先民,民忘其勞。③

二州十縣,鹽丁萬餘。夏五六月,臨池吁且④。
臨池吁且,炎暑熏灼。且勤且懼,手足俱剥。
手足俱剥,亦既勞止。載饑載渴,亦既病止。
亦既病止,公事靡盬⑤。彼此相念,豈敢辭苦。
豈敢辭苦,不日不月。豈不懷歸,憲法明切。
憲法⑥明切,豈敢離伍。陟彼條山,瞻望父母。
瞻望父母,誰共饔飧⑦。弱婦稚子,憂心如醺。
憂心如醺,何云歸哉?我心傷悲,莫知我哀。

---

① 朱裳(1482－1539):字公垂,號安貧子、安齋。祖籍邢臺,後移居沙河。正德十年(1516)任河東巡鹽御史。宦官錢寧派人販賣私鹽,堅決予以查禁。爲官以儉樸、清貧知名。死後追贈户部右侍郎,謚端簡。
② 勞:慰勞。《詩·魏風·碩鼠》:"三歲貫女,莫我肯勞。"
③ 《易經·兑卦·彖辭》:"説以先民,民忘其勞,説以犯難,民忘其死。説之大,民勸矣哉。"大意爲,使民衆喜悦,人民便忘記了勞苦,用喜悦戰勝困難,民衆就會忘掉死亡的威脅。喜悦的作用太大了,它能勉勵民衆。
④ 吁且:吁嗟,嘆詞。表示憂傷或有所感。
⑤ 公事靡盬:公事没有休止。源於《詩經·采薇》"王事靡盬"。本詩係仿《采薇》而作。
⑥ 憲法:法典,法度。《國語·晉語九》:"賞善罰奸,國之憲法也。"
⑦ 饔飧(yōngsūn):做飯或飯食。《孟子·滕文公上》:"賢者與民并耕而食,饔飧而治。"趙岐注:"朝曰饔,夕曰飧。"飧,亦作"飱"。

甘泉湛碧①

周禮樂②

影涵秋鏡③碧澄澄,冷漱雲根④細有聲。
巨擘⑤劈山分地脉,伏龍潛潤噴金精⑥。
光凝鹵海千層碧,流出靈源一派清。
六月炎埃⑦飛不散,甘香⑧天與濟蒼生。

---

① 底本詩題前有"撈鹽八章、章四句",此詩僅為其一。
② 周禮樂:清人,生平事跡待考。
③ 秋鏡:秋水如鏡,故稱秋水為秋鏡。
④ 雲根:深山雲起之處。此指山石。宋梅堯臣《次韻答吳長文內翰遺石器》:"山工日斫器,殊匪事樵牧。掘地取雲根,剖堅如剖玉。"
⑤ 巨擘:大拇指,比喻傑出的人物。《孟子·滕文公下》:"於齊國之士,吾必以仲子為巨擘焉。"
⑥ 金精:水晶,此指鹽花。
⑦ 炎埃:暑熱。唐王勃《廣州寶莊嚴寺舍利塔碑》:"颶風寢毒,炎埃罷厲。"明劉基《丹霞蔽日行》:"炎埃被九野,照灼后土赤。"
⑧ 甘香:鮮美可口的香味。《說文·甘部》:"甘,美也。"段玉裁注:"五味之可口皆曰甘。"

歌　薰　樓

康熙巡盐御史　　覺羅勒信①

千古歌薰②處，猶傳解愠同。
唐虞③留盛跡，天地荷成功④。
雪滿琴臺⑤月，霜清鹾海風。
時雍⑥今再見，長此樂無窮。

---

① 覺羅勒信：滿洲人，康熙二十五年(1686)河東巡鹽御史。
② 相傳大舜作《南風歌》："南風之薰兮，可以解吾民之愠兮；南風之時兮，可以阜吾民之財兮。"後人建歌薰樓以供瞻懷。
③ 唐虞：唐堯和虞舜。此為偏義復指，僅言虞舜。
④ 成功：成就功業。《書·禹貢》："禹錫玄圭，告厥成功。"
⑤ 歌薰樓建有撫琴臺。
⑥ 時雍：和熙。《書·堯典》："百姓昭明，協和萬邦，黎民於變時雍。"此指太平時世。如《晉書·張協傳》："六合時雍，巍巍盪盪。"

舜彈琴臺①

毛遠來

海光樓下彈琴臺,臨池坐對條山隈。

朱弦一拂天顏開,青桐②入手薰風來。

薰風來自條山里,颯颯微波皺池水。

銀山雪浪五月間,捲出層冰六十里。

六十里中水接天,波光直與條山連。

彈琴臺下如霜白,連阡比井皆鹽田。

鹽田不事竈與錡③,只候條山薰風起。

但願聖人千萬壽,日日登臺調玉指。

我聞彈琴為阜財,八風④克諧五音⑤催。

---

① 此詩與《乾隆解州安邑縣運城志》所載有多處不合,其中《運城志》詩題為帝舜彈琴臺,作者為毛遠,孰是孰非待考。

② 青桐:梧桐皮青,又稱青桐。古人削桐為琴,因借指琴。

③ 錡(qí):古代有足的釜。《詩·召南·采蘋》:"於以湘之,維錡及釜。"毛傳:"錡,釜屬。有足曰錡,無足曰釜。"

④ 八風:八方之風。《呂氏春秋·有始》:"何謂八風?東北曰炎風,東方曰滔風,東南曰熏風,南方曰巨風,西南曰淒風,西方曰飂風,西北曰厲風,北方曰寒風。"

⑤ 五音:我國古代五聲音階中的五個音級,即宮、商、角、徵、羽。

太和駘蕩①遍九垓②,鳳凰欲下思徘徊。
相隨鳳凰喧燕雀,如聖與民同憂樂。
歡虞豈止在條霍③,矧④曰微凉生殿角。
我來臺上一披襟,繞臺拍掌試追尋。
地下猶作絲桐音,此日如見重華⑤心。

舜彈琴處

康熙运使　張鵬翮

盛代彈琴跡未遐,長懸舜日⑥照晴沙。
雲分翠嶺千秋雪,風送瑶池一夜花。
資國曾聞傳晉寶,和羹又得供天家⑦。
我生幸遇重華世,斗粒朝朝百萬車。

---

① 太和:天地間冲和之氣。駘盪:無所局限,任意流布。
② 九垓,亦作"九畡"、"九陔"。中央至八極之地。《國語‧鄭語》:"王者居九畡之田,收經入以食兆民。"韋昭注:"九畡,九州之極數。"晉葛洪《抱樸子‧審舉》:"今普天一統,九垓同風。"
③ 條霍:條山與霍山,指兩山所在之晉南地區。
④ 矧(shěn):齒齦,引申為大笑。《禮記‧曲禮上》:"笑不至矧,怒不至詈。"鄭玄注:"齒本曰矧,大笑則見。"
⑤ 重華:帝舜之名。《史記‧五帝本紀》:"虞舜者,名曰重華。"張守節正義:"(舜)目重瞳子,故曰重華。"
⑥ 舜日:成語有堯天舜日,比喻升平盛世。此處雙關,也實指日光。
⑦ 天家:對天子的稱謂。漢蔡邕《獨斷》:"天家,百官小吏之所稱。天子無外,以天下為家,故稱天家。"

野狐泉亭感秋作

明嘉靖巡盐御史　宋儀望①

少秉曠達情,名區日偃仰②。

一從宦王途,遂廢丘壑賞。

偶此出遨游,聊爾謝煩鞅③。

泉池何瀝泬④,亭館大疏厰。

秋風入林木,葉落泉迸響。

睠懷⑤俯層楹,延覽⑥觸幽爽。

流雲蕩軒閣,斜日淡疏幌。

葵榴夾路稀,榆柳陰堤廣。

游魚何瀺灂⑦,浮藻相依莽⑧。

撫景眷深懷,因之愜遐想。

---

① 宋儀望:字望之,江西永豐人,嘉靖二十六年(1547)進士,三十二年任河東巡鹽御史。
② 偃仰:安居,游樂。《詩·小雅·北山》:"或棲遲偃仰,或王事鞅掌。"北齊顏之推《顏氏家訓·止足》:"高此者,便當罷謝,偃仰私庭。"
③ 煩鞅:煩惱事務的束縛。鞅,套在馬頸上的皮帶。
④ 瀝泬:當解作寥泬,空虛幽靜,開闊清朗。江淹《效謝靈運游山》:"乳竇既滴瀝,丹井復寥泬。"
⑤ 睠懷:眷顧,關懷。睠,亦作"眷"。
⑥ 延覽:全面察看。清梅曾亮《吳淞口驗功記》:"斟酌古今,延覽地形。"
⑦ 瀺灂(chánzhuó):水聲。
⑧ 依莽:依從而盛多。

棲遲①白鹿游②,迢遞赤城③訪。
達生④如可希,長嘯出塵網。

野狐泉即事⑤

乾隆盐政　薩哈岱

亭幽清耳目,泉冷沁心脾。
遠挹嵐千叠,平看雪一池⑥。
談深催換觶⑦,坐久欲成詩。
咫尺高城⑧近,何妨歸騎遲。

---

① 棲遲:游息。《詩·陳風·衡門》:"衡門之下,可以棲遲。"朱熹集傳:"棲遲,游息也。"

② 《全唐詩·卷八百五十七》有署名吕巖七律詩:"琴劍酒棋龍鶴虎,逍遥落托永無憂。閑騎白鹿游三島,悶借青牛看十洲。碧洞達觀明月上,青山高隱彩雲流。時人若要還如此,名利浮華即便休。"古代隱士常束白鹿巾,坐白鹿車出游。白鹿游,即隱士游也。

③ 赤城:傳説中的仙境。北周庾信《奉答賜酒》詩:"仙童下赤城,仙酒餉王平。"唐陳子昂《修竹篇》:"携手登白日,遠游戲赤城。"

④ 《莊子·達生》:"達生之情者,不務生之所無以為。"郭象注:"生之所無以為者,分外物也。"後因以"達生"指參透人生、不受世事牽累的處世態度。

⑤ 即事:以當前事物為題材賦詩,多用作詩題。如唐杜甫《草堂即事》詩,宋辛棄疾《清平樂·博山道中即事》詞等。

⑥ 雪一池:原有注:"謂池鹽正盛也。"

⑦ 觶(zhì):古代飲酒器。圓腹,侈口,圈足,或有蓋,形似尊而小。青銅制,盛行於殷代和西周初期。《禮記·禮器》:"尊者舉觶,卑者舉角。"鄭玄注:"凡觴一升曰爵,二升曰觚,三升曰觶,四升曰角,五升曰散。"

⑧ 高城:或作商城。野狐泉在池下,運城在卧龍岡上,可稱高城。運城又是鹽商聚集之城,亦可稱商城。但高城更為具象,且富詩意。

姚　渠

張士茂①

水飛空谷掩萬壑,匹練②疑從九天落。
怪蜃靈蛟③恣伏藏,瓊珠玉葉紛噴薄。
騷人④渾欲⑤賦觀濤,田父⑥相忘滋負郭⑦。
我來攬勝悟天機⑧,晝夜如斯雲漠漠⑨。

---

① 張士茂:明代無錫人,萬曆間調任安邑縣訓導。
② 匹練:白絹。常以形容奔馳的白馬、光氣、瀑布、水面、雲霧等。
③ 怪蜃靈蛟:蜃能吐氣形成海市蜃樓,蛟常居深淵能發洪水,二者均為靈異之物。
④ 騷人:屈原作《離騷》,因稱屈原或《楚辭》作者為騷人。後泛指詩人、文人。
⑤ 渾欲:幾乎都想。唐杜甫《春望》詩:"白頭搔更短,渾欲不勝簪。"
⑥ 田父:老農。《史記·項羽本紀》:"項王至陰陵,迷失道,問一田父。"唐王維《宿鄭州》詩:"田父草際歸,村童雨中牧。"
⑦ 負郭:靠近城郭,指負郭田。唐高適《別韋參軍》詩:"歸來洛陽無負郭,東過梁宋非吾土。"明周履靖《清嘯七言絕》之二六:"不求負郭三千頃,惟喜移家住白雲。"
⑧ 天機:謂天之機密,猶天意。宋陸游《醉中草書因戲作此詩》:"稚子問翁新悟處,欲言直恐泄天機。"
⑨ 漠漠:迷蒙貌。唐杜甫《茅屋為秋風所破歌》:"俄頃風定雲墨色,秋天漠漠向昏黑。"宋鄭俠《烟雨樓》詩:"羣岫西來烟漠漠,大江南去雨蒙蒙。"

營鄉賢祠連句①

呂柟

晉國繁先哲,鄉祠肅後儔②。
河汾一派遠,山斗③萬年休。
秩祀④逢賢達,儀文⑤屬考求。
豆籩⑥何日致,髦士⑦振風流。

---

① 原詩題後有注:"涇野者,呂柟也;内濱者,初杲也。"并在詩句後注明涇野或内濱。涇野作一、五、六、八句,内濱作二、三、四、七句。

② 後儔:後輩。儔,輩,同類。

③ 山斗:泰山、北斗的合稱。猶言泰斗。比喻為世人所景仰的人。語出《新唐書·韓愈傳贊》:"自愈没,其言不行,學者仰之如泰山、北斗云。"

④ 秩祀:依禮分等級舉行祭祀。

⑤ 儀文:禮儀形式。唐張九齡《請行郊禮疏》:"聖朝典則,盛世儀文,亦云咸備,可謂無遺矣。"

⑥ 豆籩(biān):祭器。木制的叫豆,竹制的叫籩。《書·武成》:"丁未,祀於周廟,邦甸侯衛,駿奔走,執豆籩。"蔡沈集傳:"豆,木豆;籩,竹豆。祭器也。"

⑦ 髦士:英俊之士。《詩·小雅·甫田》:"攸介攸介,烝我髦士。"毛傳:"髦,俊也。"

游河東書院次西渠韵①

明嘉靖巡盐御史　宋儀望

郊原雨過草烟新,滿院風光絶四鄰。
深洞細雲依斷壁,曲池流水引通津。
到來幽徑花仍發,坐卧閑房鳥自親。
最憶安陽張仲子②,肯留文藻③照青春④。

---

① 此詩係作者游河東書院時,依正德年間巡鹽御史張士隆所作《建河東書院》之韵而寫。西渠,是作者對張士隆的尊稱。原詩:"勝地幽深草樹新,開先卜築待居鄰。山連華岳環三晉,水帶黃河見七津。勝有琴書期自得,不妨魚鳥日相親。渚蓮徑草多風日,壇杏宫芹與暮春。"

② 張仲子:即張士隆,字仲修,河南安陽人,任河東巡鹽御史時,修青石槽,創河東書院。底本誤作南陽,今改正之。

③ 文藻:指文章、文字。《北齊書·儒林傳·馬元熙》:"少傳父業,兼事文藻。"

④ 青春:指春天。春季草木茂盛,其色青綠,故稱。張士隆《建河東書院》作於暮春。

憶梅堂

明萬曆巡盐御史　曾舜漁①

曾見羅浮②萬樹梅,花時詞客到啣杯③。
香風吹醒游仙夢④,怪問春從何處來。

書院古木

三聖祠前古木叢,從來此地有鵷鴻⑤。
海濤天籟時時起,爲有扶摇⑥萬里風。

---

① 曾舜漁(1559—1623):字澤卿,號旋臺,廣東博羅人,萬曆二十五年(1597)進士。萬曆三十年任河東巡鹽御史,修學宮,新寧濟廟,於鹽政經管得法,鹽引大增。山西巡撫劉敏寬撰《明侍御曾公大裕鹽儲記》紀其事。

② 羅浮:山名,在廣東省東江北岸博羅境内,爲粤中勝地。作者是博羅人,曾游覽過。

③ 啣杯:啣杯,謂飲酒。

④ 傳説隋開皇中,趙師雄於羅浮山遇一女郎。與之語,則芳香襲人,語言清麗,遂相飲竟醉,及覺,乃在大梅樹下。見舊題唐柳宗元《龍城録》。因以爲咏梅典實。唐殷堯藩《友人山中梅花》詩:"好風吹醒羅浮夢,莫聽空林翠羽聲。"

⑤ 鵷鴻:鵷雛、鴻雁飛行有序,比喻朝官班行。唐高適《途中酬李少府贈别之作》:"鵷鴻列霄漢,燕雀何翩翩。"宋蘇軾《次韵答邦直子由》之四:"聞道鵷鴻滿臺閣,網羅應不到沙鷗。"

⑥ 《莊子·逍遥游》:"鵬之徙於南冥也,水擊三千里,搏扶摇而上者九萬里。"後用以形容急劇上升或喻仕途得志。唐李白《上李邕》詩:"大鵬一日同風起,扶摇直上九萬里。"

果親王①中條山作

地迥天高氣沉寥②,南行日日傍中條。
眉瞻遠黛桐鄉驛,髻見輕螺絳水橋③。
董宅柳枯和霧隱,清原松老倚雲驕④。
馬嘶長坂⑤霜全滑,旗捲疏林葉半凋。
猗頓宅邊烟漠漠,令狐城外樹蕭蕭⑥。

---

① 果親王(1697—1738):名允禮,康熙帝玄燁第十七子。康熙四十四年(1705),從幸塞外,自是輒從。雍正元年(1723),封果郡王。六年,晉親王。曾送達賴喇嘛回西藏,沿途檢閱各省駐防及綠營兵。雍正病危,受遺詔輔政。乾隆即位,命總理事務。乾隆三年(1738)卒,諡毅。著有《春和堂集》《工程做法》等書。

② 沉寥:清朗空曠貌。《楚辭·九辯》:"沉寥兮天高而氣清。"王逸注:"沉寥,曠盪空虛也。或曰,沉寥猶蕭條。蕭條,無雲貌。"

③ 桐鄉:指聞喜。秦時屬左邑縣。西漢元鼎六年(前111)漢武帝劉徹途經此地,聞南越大捷,遂將左邑桐鄉改稱"聞喜"。絳水:一名白水,又名沸水,源出絳縣西北絳山下,西北流至曲沃縣南入澮水。《水經注》:"絳水出絳山,西北流注於澮。"眉如遠黛,髻似青螺。遠黛,遠山之色。前為遠黛眉,後是青螺髻。故眼前可望桐鄉驛,腦後可看絳水橋。

④ 據《聞喜縣志》:"董氏,始祖董父,世居董澤。"聞喜為董氏發源地和集聚地。董宅,疑係董澤之誤。清原,《清統一志》稱:"清原,亦稱晉源,亦曰峨嵋嶺。"峨嵋嶺位於今運城盆地西北部。

⑤ 典出《戰國策·楚策》:"夫騏驥之齒至矣。服鹽車而上太行,蹄申膝折,尾湛胕潰,漉汁灑地,白汗交流。中坂遷延,負轅不能上。伯樂遭之,下車攀而哭之,解紵衣以冪之。驥於是俛而噴,仰而鳴,聲達於天,若如金石聲音。何也,彼見伯樂之知己也。"

⑥ 猗頓:戰國初大商人。原本貧寒,問計於范蠡後,至西河畜牛羊,販鹽業,成為巨富。其居地在今臨猗一帶。令狐城:在今臨猗縣西,春秋時稱令狐,戰國時稱命瓜。晉時於此置戍,曰令狐戍。《左傳·僖公二十四年》:"晉公子重耳濟河,圍令狐。"《左傳·文公七年》:"晉敗秦師於令狐。"

排空嵐影聯青嶂,罨畫湖光濕翠翹①。
築邑漫誇秦逼晉,卜都應憶舜承堯。
當年曾聚陶漁伴,此地因留耕鑿謠。
巨鎮匹河盤屈曲,崇岡劈華峙岧嶢。
名尊雷首浮銀漢,勢拽風陵吼碧霄。
池湧瑞鹽徵解阜,洞餘丹竈任逍遙。
探幽鹿苑梯懸柏,擷秀桃源草拾瑤。
五老峰前芝作供,雙人石上鶴相招。
酒沽桑落村頭市,歌聽王官谷口樵。
虞芮田間膏雨露,夷齊廟古沸笙簫。
不須薄隧尋封跡,寧俟鶯漿灌藥苗②。
土脈融時泉欲發,陽和到處雪先消。
鳳儀昔紀文明盛,梅信今傳春意饒③。
驥伏莫教悲局促,鵬摶直擬上扶搖④。
殷勤合記山靈語,好護遄征⑤使者軺。

---

① 罨(yǎn)畫:色彩鮮明的繪畫,多形容自然景物和建築物的艷麗多姿。翠翹:翠鳥尾上的長羽。

② 鶯漿:清泉名,在今山西平陸古虞城一帶。酈道元《水經注·涑水》:"翠柏蔭峰,清泉灌頂。郭景純云:世所謂鶯漿也,發於上而潛於下矣。"

③ 鳳儀:語出《尚書·益稷》:"簫韶九成,鳳凰來儀。"簫韶為舜制音樂。韶樂持續演奏,鳳凰隨聲配合起舞。梅信:梅花開放的信息。宋賀鑄《江夏寓興》:"朋從正相遠,梅信為誰開。"

④ 擬:底本為"疑"。此詩鈔自《河東鹽法調劑紀恩錄》,今依校本改。

⑤ 遄(chuán)征:急行,迅速趕路。漢蔡琰《悲憤詩》:"去去割情戀,遄征日遐邁。"

望　雨

乾隆盐政　薩哈岱

雲陰空屢合，雨意究仍無。
素海流將涸，青郊草欲枯。
朔風占石燕①，燃燧②畏金烏③。
農穡寧堪待，商齔且未敷。
食憂三省淡，澤盼一朝蘇。
能否邀天貺④，行當肅禱雩⑤。

河東院署亭軒四吟⑥
柏香亭

見説亭名柏，欣看柏倚亭。
冰霜無改色，今古有餘馨。

---

① 石燕：鳥名。似蝙蝠，多活動於石窟樹穴。
② 燃燧：用以取火的工具，有金燧和木燧。金燧嚮日取火，木燧鑽木取火。
③ 金烏：古代神話傳說太陽中有三足烏，因用為太陽的代稱。
④ 天貺：上天的恩賜。阮籍《通易論》："昭明其道，以答天貺。"
⑤ 禱雩（yú）：祈禱下雨。雩，古代為祈雨而舉行的祭祀。
⑥ 《河東鹽法調劑紀恩錄》載有詩序："河東院署乃前明鹺使初公杲所重建也。亭軒各有題名以見志，迄今二百餘年。雖堂構已就傾圮，而篆刻宛然猶在。余奉命來兹，未能法前輩之徽踪，亦難啓後來之繼續，不禁三嘆，聊寄四吟。"

勁以懷前躅①,貞堪式後型②。
中條山對峙,萬叠送遥青。

冰檗③齋

冰心原自潔,檗味豈能甜。
畢竟千秋士,才堪二者兼。
標題④垂日久,儀度⑤想霜嚴。
不紹當時績,持衡愧治鹽。

存竹軒

存竹軒名好,檀欒⑥惜不存。
案臺⑦空白晝,窗月冷黄昏。
簌簌思清籟,修修想翠痕。
此君寧可缺,吾欲補龍孫⑧。

---

① 前躅(zhuó):前人的遺範。躅,足跡,踪跡。
② 後型:後人傚法的典型。
③ 冰檗(bó):喻指處境寒苦艱辛。檗,即黄檗、黄柏,性寒味苦。唐白居易《三年爲刺史》詩:"三年爲刺史,飲冰復食檗。"
④ 標題:標識於器物或字畫上的題記文字。
⑤ 儀度:禮儀法度。
⑥ 檀欒:秀美的樣子。詩文中多用以形容竹。漢枚乘《梁王菟園賦》:"修竹檀欒,夾池水,旋菟園,并馳道。"後借指竹。
⑦ 案塵:几案上的塵土。窗外有月,案上有塵,狀寫清冷之境。底本作"按臺",今依《乾隆解州安邑運城志》作改。
⑧ 龍孫:指新竹,也泛指竹。宋梅堯臣《依韵和孫待制新栽竹》:"龍孫已見多奇節,風實新生入翠枝。"宋陸游《夾路多修竹》詩:"桑麻有餘地,家家養龍孫。"

憶梅堂

經始人安在,堂猶志憶梅。
一枝惟想像,千里未移栽。
莫濟調羹用,空煩理策才。
墻陰留斷碣,挵讀①幾徘徊。

看渠工至五姓湖宿延祚寺②

古寺曾留一夕眠,重來猶憶十年前。
湖光山色渾依舊,嘆息霜華③已滿顛。

登海光樓

宋在詩④

飛閣凌霄漢,登臨望欲迷。
淼茫銀海⑤闊,延亙翠屏⑥低。
共食乾坤德⑦,誰窺造化倪⑧。
憑軒圖勝概,墨浪與雲齊。

---

① 挵讀:撫摸着殘碑識讀文字。
② 延祚寺:遺址在今芮城縣大王鎮百梯山。
③ 霜華:喻指白色鬚髮。唐溫庭筠《達摩支曲》:"舊臣頭鬢霜華早,可惜雄心醉中老。"
④ 宋在詩(1695—1777):字雅伯,號野柏老人,山西安邑人,康熙六十年(1721)進士,官至閣學,著有《論語贅言》等。
⑤ 銀海:鹽池因廣闊且呈銀白色,故稱。
⑥ 翠屏:峰巒綠色如屏,此指中條山脈。
⑦ 乾坤德:天地產鹽之德。
⑧ 造化倪:自然創造化育的端倪。

書院古木

王思澄①

虬幹②亭亭歲月深,幾枝疏影傍檐陰。

槎枒③獨挺凌霄質,磊落長含太古心。

曉日風巒④呈黛色,夜窗風雨帶琴音。

只今正值需材日,莫老空階戀碧岑⑤。

中 條 山

王 惲⑥

中條如畫色蒼蒼,雨過晴嵐帶夕光。

望入王官饒水竹,路經虞坂足耕桑。

未容巖桂⑦相招隱⑧,自笑微官有底忙。

多謝曉風驅暑退,笠簷吹作馬頭涼。

---

① 王思澄:清人,生平待考。
② 虬幹:盤曲的樹幹。
③ 槎丫:樹木枝杈旁逸斜出的樣子。
④ 風巒:當作"峰巒"。
⑤ 碧岑:青山。杜甫《上後園山腳》詩:"自我登龍首,十年經碧岑。"
⑥ 王惲(1227—1304):字仲謀,河南汲縣人,元代文學家,官至翰林學士、知制誥。係元好問弟子。著有《秋澗先生大全集》。此詩寫於平陽道推官任上。
⑦ 巖桂:木犀的別名。唐高宗《九月九日》詩:"砌蘭虧半影,巖桂發全香。"宋楊萬里《瑞香花》詩:"樹如巖桂不勝低,花比素馨幽更奇。"
⑧ 招隱:招人歸隱。唐駱賓王《酬思玄上人林泉》詩:"聞君招隱地,髣髴武陵春。"

中　條　山

周禮樂

層巒絶巘筆難形,谷口樵歌更可聽。
遠樹雲拖千丈綠,斷崖天挺一峰青。
嵐光暖翳芙蓉障,黛色晴開翡翠屏。
登覽不知歸騎晚,滿襟風露逼青冥。

虞　坂　行①

元好問②

虞坂盤盤上青石,石上車踪深一尺。
當時騏驥知奈何,千古英雄淚橫臆③。
龍蟠污泥易所嘆,麟出非時聖爲泣。④
元黿竟墮余且⑤網,老鳳常饑竹花實⑥。

---

① 原詩有序:"丙子夏五月,將南渡河,道出虞坂,有感而作。"
② 元好問(1190—1257):字裕之,號遺山,山西忻州人,金宣宗興定進士,金末元初文史大家。詩文詞曲以及文學批評均有成就,尤以詩作最高。今存有《元遺山先生全集》。
③ 橫臆:橫流於胸。臆,胸。唐杜甫《苦戰行》:"別時孤雲今不飛,時獨看雲泪橫臆。"
④ 前一句典出《易經·乾卦》:"初九,潛龍勿用。"潛龍,即蟠龍。《方言》:"未升天之龍謂之蟠龍。"校本爲"龍盤污泥",今依通行本。第二句典出《公羊傳·哀公十四年》:"十有四年春,西狩獲麟……有以告者,曰:'有麕而角者'。孔子曰:'孰爲來哉!孰爲來哉!'反袂拭面,涕沾袍。"
⑤ 余且(zǔ):古代神話中的漁夫。《莊子·外物》:"神龜能見夢於元君,而不能避余且之網。"
⑥ 竹花實:竹花和竹實。唐杜甫《述古》詩之一:"鳳凰從東來,何意復高飛。竹花不結實,念子忍朝饑。"

天生神物似有意,驗以乖逢①知未必。
若論美好是不祥,正使不逢何足惜。
孫陽騏驥不并世,百萬億中時有一。②
乃知此物非不逢,轅下一鳴人已識。
我行坂路多閱馬,敢謂羣空如冀北③。
孫陽已矣誰汝知,努力鹽車莫稱屈。

---

① 乖逢:分離和相逢。
② 底本為"孫陽騏驥不并有,世萬億中時有一"。今依通行本。
③ 敢謂羣空如冀北:敢認為(虞坂)就像冀北一樣,雖有羣馬,而空無良馬。典出唐韓愈《送溫處士赴河陽軍序》:"伯樂一過冀北之野,而馬羣遂空。夫冀北馬多於天下,伯樂雖善知馬,安能空其羣邪?解之者曰:吾所謂空,非無馬也,無良馬也。伯樂知馬,遇其良,輒取之,羣無留良馬。"

增修河東鹽法備覽

督修總裁官

二品銜分守河東兵備道兼管山陝河南三省鹽法道江人鏡

二品銜署理河東兵備道兼管山陝河南三省鹽法道吳其復

二品銜分守河東兵備道兼管山陝河南三省鹽法道唐咸仰

提調總纂官

道員用盡先選用知府河東鹽法監掣同知張元鼎

幫辦提調官

候補班前先知府用河東候補監掣同知李潮海

總校官

運同銜應升升用候補班前先補用監掣同知賈世琅

總核官

前湖北候補知州劉祖蔭

分纂分校官

河東候補鹽大使黃丙華

六品銜河東候補鹽大使孟起鳳

河東候補鹽經歷程長祜

六品銜河東候補鹽大使張澄

六品銜河東候補鹽大使蔣式榕

知縣用河東候補鹽經歷陸昕

山西候補未入流錢榮麐

河東候補鹽巡檢范一清

目　　次

衛榮光序 …………………………………………… 1
吳其復序 …………………………………………… 3
閻迺珪序 …………………………………………… 5
《增修河東鹽法備覽》例言 ……………………… 7
圖考 ………………………………………………… 9
　　鹽池圖 ………………………………………… 9
　　山西省行鹽四十四廳州縣圖 ………………… 10
　　陝西省行鹽三十四廳州縣圖 ………………… 11
　　河南省行鹽三十二廳州縣圖 ………………… 12
　　運治全圖 ……………………………………… 13
　　萬壽宮圖 ……………………………………… 14
　　文廟圖 ………………………………………… 15
　　關帝廟圖 ……………………………………… 16
　　池神廟圖 ……………………………………… 17
　　文昌廟圖 ……………………………………… 18
　　察院圖 ………………………………………… 19
　　道署圖 ………………………………………… 20
　　監掣署圖 ……………………………………… 21
　　宏運書院圖 …………………………………… 22
　　河東書院圖 …………………………………… 23

| 野狐泉圖 | 24 |

卷一上　鹽池 …… 25

　禁垣 …… 25
　黑河 …… 30
　池神廟 …… 30
　鋪舍 …… 30
　祥異 …… 31
　勝跡 …… 32
　六小池 …… 32
　女鹽池 …… 33
　花馬池 …… 34

卷一中　運治 …… 35

　城垣 …… 35
　萬壽宮 …… 36
　壇廟 …… 36
　公署 …… 37
　倉儲 …… 39
　恤政 …… 40
　坊集 …… 41
　武備 …… 42

卷一下　官職 …… 43

　鹽政 …… 43
　河東道 …… 47
　監掣同知 …… 53
　運學 …… 55

經歷司	56
庫大使	57
中場大使	58
東場大使	59
西場大使	60
解州州判	61
三巡檢	62
運城營	64

卷二上　渠堰 …… 68

姚暹渠	68
池東各堰	70
池西各堰	71
議修章程	71
議定姚暹渠歲修章程	79
議定河渠并修章程	80
估銷限期	81
督修責成	81
護池灘地	82

卷二中　坐商 …… 84

錠名	84
銷價	85
畦地	87
澆曬	88
歸并	89
租稞	89

鹽料	90
坐配	90

卷二下　運商　92

招商	92
增價	95
加耗	96
均引	97
掣放	114
行銷	116
運程	118
失水補運	120
分別給票運鹽	121
改置年季商首	122
禁革州縣鹽規	122
扒票各式	123

卷三上　引目　131

鹽引本末	131
歸丁裁引	132
復商引數	133
復商額引分目	135
官運引數	148
官運額引分目	152
領繳則例	159
奏銷期限	160

卷三下　課額　162

課項源流 …………………………………… 162
　　攤課歸丁 …………………………………… 164
　　公用酌留 …………………………………… 165
　　復商課程 …………………………………… 169
　　正雜款目 …………………………………… 171
　　額外雜課 …………………………………… 180
　　復商公用款册 ……………………………… 184
　　官運課程 …………………………………… 190
　　徵收則例 …………………………………… 201
　　額外加課 …………………………………… 203
　　撥解定制 …………………………………… 204
　　課錠平色 …………………………………… 204
　　官運公用款册 ……………………………… 205
卷四上　律例 ……………………………… 212
　　條例 ………………………………………… 212
　　處分則例 …………………………………… 216
　　吏部銓選則例 ……………………………… 222
　　禁緝扼塞 …………………………………… 230
卷四下　學校 ……………………………… 241
　　學宮 ………………………………………… 241
　　學額 ………………………………………… 242
　　書院 ………………………………………… 243
　　科目 ………………………………………… 245
　　人物 ………………………………………… 256
卷五　奏疏 ………………………………… 261

議覆課歸地丁疏 …………………………………………… 261
課歸地丁善後事宜疏 …………………………………… 265
口鹽池鹽運界部議 ……………………………………… 275
籌杜鄰私以衛淮綱疏 …………………………………… 276
籌議嚴杜私販疏 ………………………………………… 279
池鹽仍歸商運疏 ………………………………………… 282
請禁蒙古水運疏 ………………………………………… 284
籌議招商情形疏 ………………………………………… 287
復商應行條款部議 ……………………………………… 290
陝西鳳翔府屬改食靈鹽并邠州等處
　按烟户交納課銀部議 ………………………………… 294
各商到運掣鹽疏 ………………………………………… 295
部引未經頒發暫行給票配運部咨 ……………………… 296
庫儲課項親詣盤驗部議 ………………………………… 297
酌定鹽價部議 …………………………………………… 298
覆奏興安府七屬引地仍請改食花馬池鹽
　按丁攤課部議 ………………………………………… 301
鳳翔邠州等處鹽課改歸地丁攤徵部議 ………………… 302
河東行銷吉蘭泰活引加徵公費平餘銀兩疏 …………… 303
晉商捐輸備餉疏 ………………………………………… 304
晉陝酌加耗鹽豫省商運民銷部議 ……………………… 305
豫省商運民銷部咨 ……………………………………… 307

卷六　奏疏 ………………………………………… 312

河東鹽經歷移駐會興鎮兼批驗所大使部議
　并給發民販照票部咨 ………………………………… 312

請派撥兵役巡緝鹽池疏 …………………………… 314

晉商捐備甘餉疏 ………………………………… 316

省標兵糧請照舊本折兼放并將運費
　津貼各營兵丁疏 …………………………… 317

請罷設廠分運疏 ………………………………… 319

查辦蒲灘私曬情形疏 …………………………… 321

請動銷價生息給民開墾蒲灘部議 ……………… 323

查覆蒲灘情形疏 ………………………………… 327

請提銷價生息津貼代賦疏 ……………………… 329

舉商試辦三年再行接充疏 ……………………… 333

奏留長商改行票鹽疏 …………………………… 336

酌擬留商改票疏 ………………………………… 339

留商改票章程部咨 ……………………………… 351

敬陳管見亟宜變通鹽務疏 ……………………… 352

河東捐免充商部議 ……………………………… 354

卷七　奏疏 ………………………………… 366

陝省鹽課請歸地丁攤徵部議 …………………… 366

試籌補救以衛正供部議 ………………………… 372

豫省官民并運并無窒礙疏 ……………………… 378

添設靈寶口岸試辦鹽票二百名部咨 …………… 379

陝鹽攤課擬請變通疏 …………………………… 381

會議陝省官民并運先課後鹽部議 ……………… 382

請嚴禁需索以衛課運疏 ………………………… 386

三河口驗發陝鹽委員請暫給運判職銜以資彈壓疏
　………………………………………………… 387

· 7 ·

商捐軍餉請加學額部議 …………………………………… 388
酌取羨餘以濟經費部議 …………………………………… 389
請加票以濟海防經費部議 ………………………………… 391
潞鹽暢行請變通增課部議 ………………………………… 393
酌議加票加費情形疏 ……………………………………… 396
加費加票以裕歲課部議 …………………………………… 399
准減陝靈五成加費幷停壬癸兩綱活引加票五百名部議
　……………………………………………………………… 403
准停前後加票幷減半陝豫加課部議 …………………… 407
遵查河東鹽務實情分別辦理疏 ………………………… 408
陝省減抽潞鹽厘金咨 ……………………………………… 411
奉准乙亥綱積引分作兩年帶銷部議 …………………… 412
奉准減徵本省五成加費部議 …………………………… 415
續准裁除三省加費羨餘部議 …………………………… 420
奉准試辦督銷期復課額部議 …………………………… 423

卷八上　吉蘭泰鹽務本末　428

吉蘭鹽池情形疏 …………………………………………… 428
吉蘭辦運情形疏 …………………………………………… 429
試辦吉鹽疏 ………………………………………………… 433
吉鹽入陝路徑疏 …………………………………………… 437
吉鹽另募商運疏 …………………………………………… 438
綏德等州縣難行吉引疏 ………………………………… 442
查辦吉鹽誤運緣由疏 …………………………………… 443
會商查辦吉運情形疏 …………………………………… 446
磴口吉蘭泰二缺改繁疏 ………………………………… 452

吉鹽過口納税疏 ………………………………… 453

鄂蘇鹽進口分别限制疏 ………………………… 454

蒙鹽進口仍行徵税部議 ………………………… 456

吉鹽坐運兩商分别責成并應徵課項按限匀繳部議
　………………………………………………… 458

吉鹽請暫爲官運民銷部議 ……………………… 460

查明吉鹽誤運情形疏 …………………………… 461

議覆吉鹽仍歸商辦并官運聽販商銷售及課項
　分别扣繳疏 …………………………………… 464

吉引歸入潞鹽配運疏 …………………………… 469

吉鹽甘運晉銷情形疏 …………………………… 471

吉運未完充公銀請豁免部議 …………………… 473

卷八下　藝文 ……………………………………… 475

天馬山文筆峰碑記 ……………………………… 475

重修龍王廟碑記 ………………………………… 476

重修運城文廟碑記 ……………………………… 477

重修野狐泉亭記 ………………………………… 478

重修河東書院碑記 ……………………………… 479

重修顯應王崔府君廟碑記 ……………………… 480

重修池神廟記 …………………………………… 481

鹽池防水議 ……………………………………… 483

商學廣額紀恩碑記 ……………………………… 484

重修河東運垣文昌、魁星閣記 ………………… 485

重修城隍廟碑記 ………………………………… 486

重修運城真武廟記 ……………………………… 487

修河東書院後齋記 …………………………………… 488
河東新修四門城樓紀功頌 …………………………… 489
告城隍驅狼疏 ………………………………………… 491
吕祖閣記 ……………………………………………… 492
詩九首 ………………………………………………… 494

衛榮光序

　　河東鹽池,即古所謂解池也,在解州、安邑之間,廣袤百二十里。汾澮襟其東,黄河帶其西,中條、雷首、太行諸山環擁前後。池泉洸瀁,斥鹵充溢,冀、豫、雍、梁四千里民食皆取給焉。榷鹽之法,自宋迄明以逮國初,具詳《鹽法彙纂》《鹽政便覽》及《河東鹽法志》《運城志》《紀恩録》諸書。乾隆五十七年,蔣聚五廉訪時兼鹽政,輯有《鹽法備覽》,分門別類,尤爲簡明。然天下因弊而立法者,甚且法久而弊生。厥後九十餘年間,鹽法屢變,不可枚舉。

　　江君蓉舫,監察河東。慮夫紀載闕如,久之而無由考其原委也,於是詳稽案牘。始乾隆五十四年,訖光緒七年,凡有關河東鹽政、足資後人之考證者,悉裒輯而類識之,名曰《增修河東鹽法備覽》,體例亦仍蔣書之舊。既成,問序於余。余嘗病仕宦者視一官如傳舍①,遇事以吏爲師。詢以法制之沿革,輒茫然其不省。求無曠職,不亦難乎?且西北軍興以來,河東協餉歲增鉅萬,督催之檄星火日下,大祲而後榛墟彌望,户口消耗者幾逾半。理釐之難,倍於曩昔。假使任其事者非明體達用,又何以變通之盡利、艱難之克濟乎?

　　蓉舫經營數載,輯爲是書。不特九十餘年間因革損益之

---

① 傳舍:古時供行人休息住宿的處所。

故瞭如指掌,而於恤商利民、疏引裕課諸大端,固已思過半矣。比①奉恩命移撫吳中,不獲與蓉舫孜孜講求相助爲理②,以復國初規③爲措置之大。然法由人異,得其道利溥而用饒,失其道利窒而用竭。所願後之君子因時制宜,即是編而擴充之,俾如顧亭林④所謂天下皆私鹽,則天下皆官鹽也。豈不懿歟?

　　光緒七年辛巳十一月撫晉使者兼管鹽政衛榮光謹序。

---

① 比:近來。
② 為理:猶治理。
③ 復國初規:恢復清初纂修鹽志的成例。
④ 顧亭林:即顧炎武,因故居旁有亭林湖,被尊為亭林先生。明末清初杰出的思想家、史地學家、音韻學家。

吳其復序

夫河東池鹽之利，晉秦豫三省民食賴之，稅課繫之。溯自有虞氏彈琴而歌南風數千百年於茲矣，然考證闕如。國朝始有蘇昌臣之《彙纂》、郭楨之《便覽》，後又有《鹽法志》《運城志》《紀恩錄》諸書。乾隆五十四年，運使蔣公聚五薈萃羣書，著《鹽法備覽》十二卷，凡體國恤商、疏引裕課之法靡不具備。

迄今九十餘年，其間沿革損益斑斑可考。第恐年代久遠，文獻無徵，不足以昭法守。前觀察婺源江公慨然任續修事，請於兼管鹽政曾爵中丞報可，遂督率監掣張丞暨諸同人仍沿《備覽》體例，始自乾隆五十四年，至光緒七年止，分類增輯，名曰《續增河東鹽法備覽》。先是觀察但公於道光十六年纂《鹽志》二十四冊，嗣升兩淮運使，未及梓行。江公訪而得之，於是書頗多采擇。逮初稿成，而曾爵中丞已於上年奉旨督辦山海關防務。因郵呈兼管鹽政衛大中丞，擊節嘆賞，并撰序言弁其簡端。今年春，江公奉命入都，其復恧①權斯篆②。公餘亟取稿拜讀數四，詳者不失之繁，簡者不失之略，而於我朝惠愛商民之政、法制因革之宜、酌盈劑虛之術纖悉無遺，與《備覽》一書後先輝映，洵足信今而傳後也。爰屬同人速付剞劂③。今瓜

---

① 恧：音 nǜ，慚愧。
② 權斯篆：代理這個官職。篆，代指官印，也借指官職。
③ 剞劂：音 jī jué，本義為雕刻工具，引申指雕板，刻印。

期已屆,樂觀厥成。祇以道遠不獲索序於江公,遂自忘謬陋,率書始末如此。若夫有利必興,有弊必除,整頹綱以追解阜之盛則,請俟後之君子焉。是爲序。

光緒八年歲次壬午八月既望。

欽加二品銜、賞戴花翎、署理河東兵備道兼管山陝河南三省鹽法道、遇缺盡先題奏道、楚南吳其復撰并書。

閻迺珏序

解池爲古郇瑕地,沃饒而近鹽。繇①漢唐以逮有明,代置專官司監榷②。自宋天聖時始徵課,而及於我朝爲尤盛。駸駸乎追古帝解阜風焉。

甲午春王正月,珏忝權斯篆,於茲已八閱月矣。凡一切鹺政,所當隨時變通,因地制宜,擇人任使,靡不酌古準今,期於盡善。悉考證《彙纂》《便覽》諸書以溯源流,載稽《鹽法備覽》以資借鑒,更留心於《增修備覽》以觀當時之亟務。顧鹽法孰能歷久而不變?乾嘉咸豐間,曾三易其法。始則課歸地丁,繼則復商運銷,終則免商官運。此誠窮變通久之道也。光緒以來,亦小有變更。而晉省奇荒三載,戶口雕殘。豫秦專商力薄,私梟各路充斥。銷滯運艱,欲求疏暢,戞戞乎難哉!

兼管鹽政張大中丞南圃來撫三晉,整頓頹綱,欲爲自富自強之計。奏辦豫陝督銷,以監掣張君瑤卿熟悉鹽務,檄委總辦,并遴委分辦幫辦各員,和衷共濟。一時之良法,實百年之美利。洵鹺務一大轉關也。

珏謬司禺筴③,慚雖小補,悉心策畫,提撥運本,且添募勇

---

① 繇:音 yóu,從,由。
② 司監榷:掌管監督(食鹽)專營。
③ 禺筴:合算,合計。《管子·海王》:"禺筴之,商日二百萬,十日二千萬,一月六千萬。"此指鹽務之算計。

丁，嚴緝私販。不使花私、鹵泊灘私侵灌陝綱，亦不使鄰私、小鹽之私窒礙豫岸。兼調馬步練軍駐緝本省硝池灘私，禁絶奸民偷曬。凡玆庶務職分當爲，敢不竭綿力圖涓報以期仰答朝廷，庶不負中丞恤商利民、補救積疲之至意。特恐年湮代遠，案牘散軼，欲踵法程而未由也。爰令手民鎸版補入鹽志，俾治鹺善政彌久而彌光，豈不懿與？

光緒甲午八月署河東兵備鹽法使者關中閻迺珏謹序并書。

《增修河東鹽法備覽》例言

——河東鹽法,舊有《彙纂》《便覽》《鹽志》《紀恩錄》等書,或繁或簡,未臻完美。自乾隆五十四年《備覽》書成,冗者芟,闕者補。分門別類,燦若列眉。迨道光十五年,觀察但明倫延訂永樂司馬周曾毓彙鹽法諸書,續以四十餘年往事,依志體自成一書,未付梓而解任,僅存稿二十四冊。今取而采擇之,并證以《課歸地丁復商全書》。道光十六年以後事實無書可稽。更蒐羅案牘,博訪舊聞,參互考訂,仍從《備覽》體例,按門續增。始於乾隆五十五年,訖於光緒七年,名曰《增修備覽》,亦述而不作之意也。

——是編仍分十二門,與《備覽》無異,而條目則不盡從同。良以今昔異宜,所因所革,不能無大同小異之處。其各條內,尚有餘意可補正文者,加按語以發之。

——各省鹽務,惟河東獨有專城,古所謂鳳凰城是也。鹽池運治,既立專門,例得繪圖。凡三省行鹽引地暨廟署學校,皆於鹺政有關。今謹一一詳繢,以便觀覽。

——是編以課歸地丁、復商、官運分三層摘要錄叙梗概,已見引課門下。改章原奏,似毋庸備載。第恐代遠年湮,案卷散軼,其中良法美意不可復行,窺一斑而失全體,缺憾實多。故於各門內不嫌其略,於奏疏門不厭其詳,是《備覽》以奏疏補各門所未備。是編以奏疏爲各門之統宗,緣彼改章事少,此則改章事多也。

——有事無可增、目亦不存者,如鹽池源流、形勢、物產、星野、疆域、風俗、引式與律之類;并有事可增、而另列新目者,如歸丁裁引,攤課歸丁,復商官運、引數課程,銓選則例之類;且有事可因亦可增、不必別列條目者,如《備覽·官職》只書實任,是編并書署代各任是①。

——是編以鹽法爲重,與州縣志乘不同。凡無關鹽務者俱闕焉不詳。若營制、武備,亦有護池緝私之責,故紀其大略。

——吉蘭泰鹽務創於嘉慶十二年,旋於十七年裁撤。其始終原委,另纂《吉蘭泰鹽務本末》一編,詳載奏疏以備稽核。

——各門所載,皆奉准議行案件。凡詳而未行、奏而未准者,均不臚載。載者取其法可遵,恐致漏遺;不載者因其事已寢,毋使繁雜。

——是編專重政務紀載,祇詳實事,不以富麗爲工,冀可信今而傳後。

——仿《春秋》編年之例,紀事必繫以年,俾先後次序,不致紊亂,庶易查閱。

——是編雖由互證諸書而出,所載皆乾隆五十年以後事。前篇既見者,盡爲陳蹟,俱不濫入,亦取刪書斷自唐虞②之義。

——是書係續增《備覽》,凡體例與《備覽》相符者,例言概不贅及。兹列數條,皆與《備覽》不符,特爲分別辨明,以免重複。

---

① 是:以爲是,認爲是對的,也可作爲衍字理解。

② 刪書斷自唐虞:典出《史記目錄考證》:"夫刪書斷自唐虞,孔子豈見黃帝之書,謂其荒遠難稽,不欲傳疑以不作文獻補録于後世也。"此指以孔子爲法不叙乾隆五十年之前事。

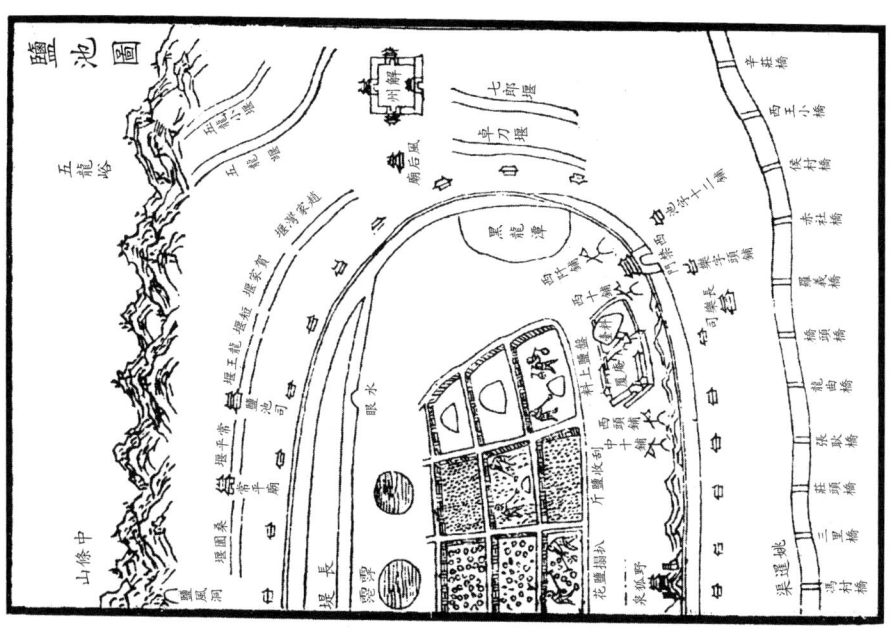
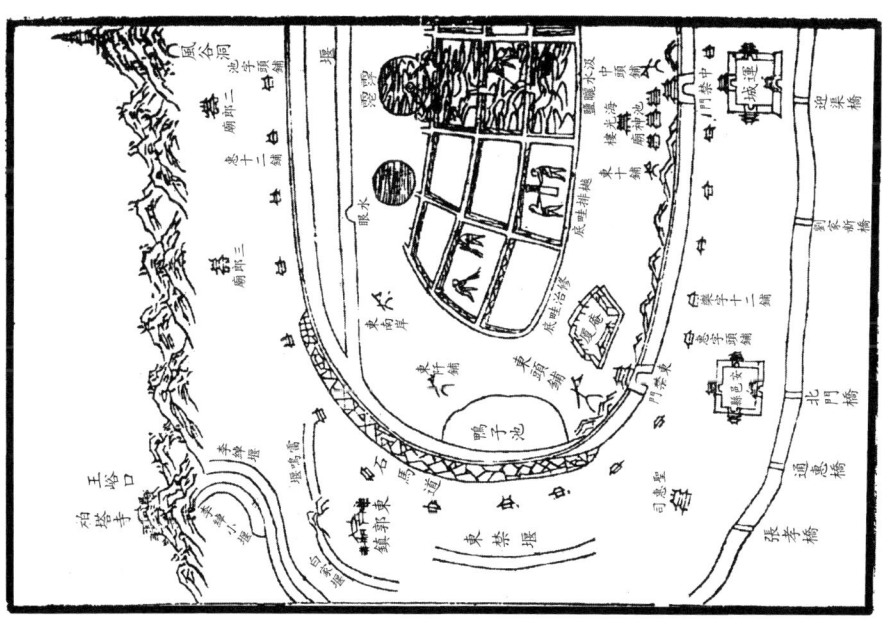

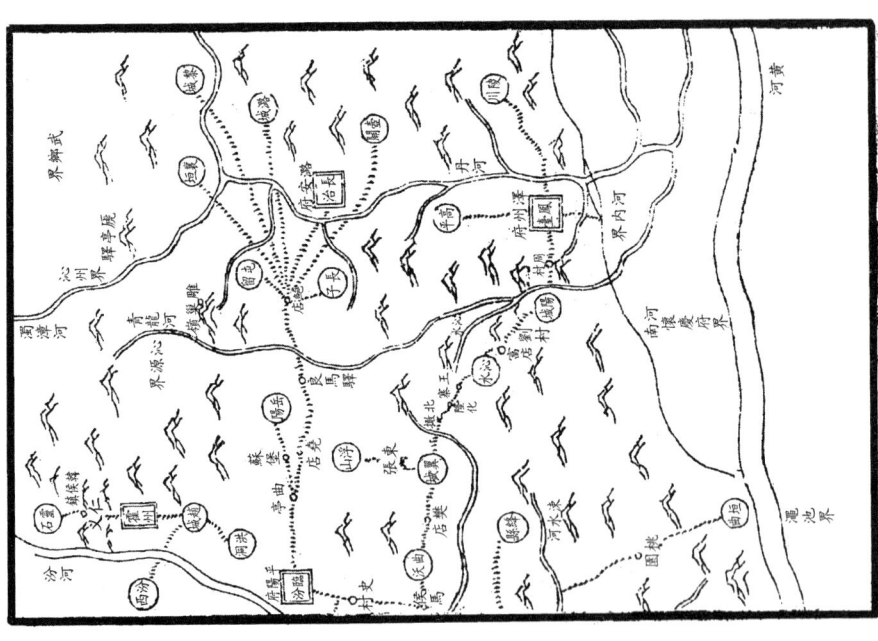
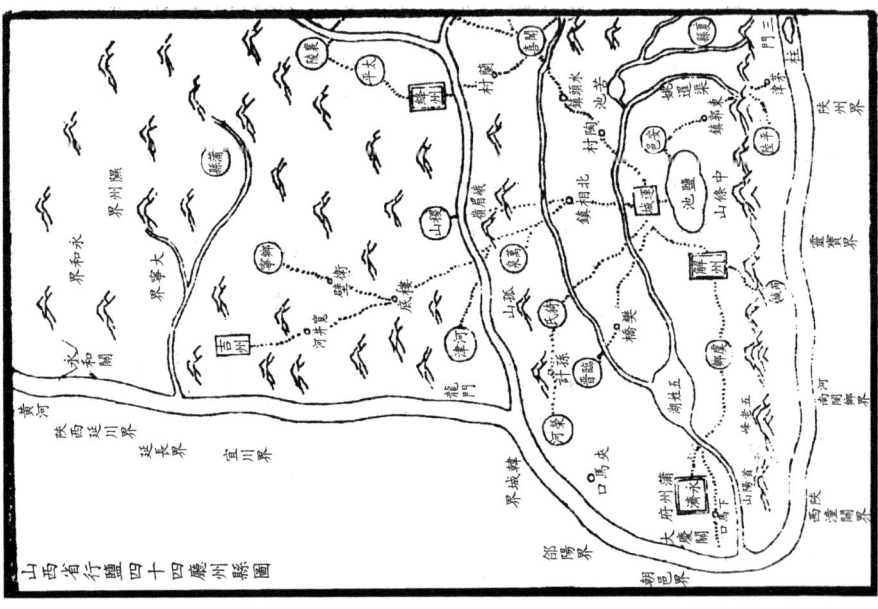

山西省行盐四十四厅州县图

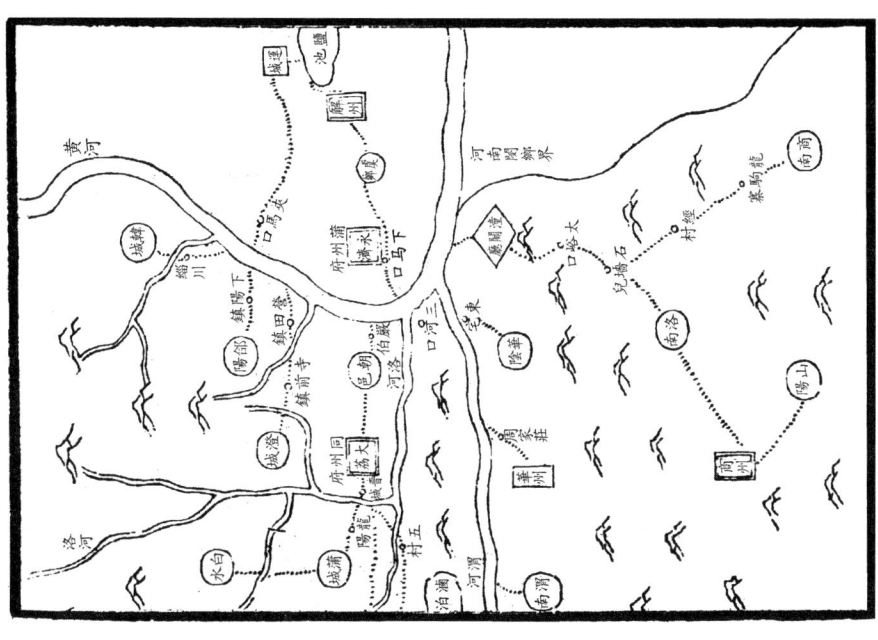

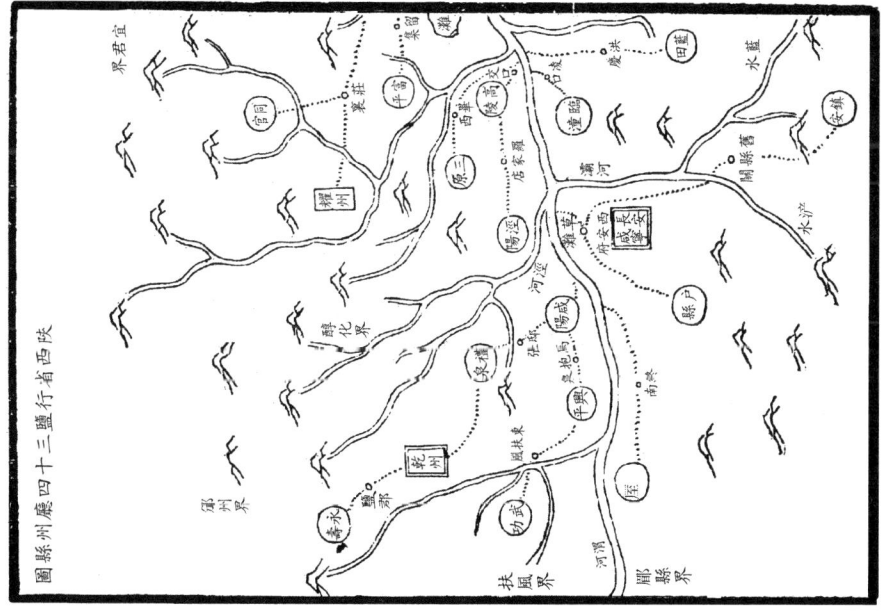

陕西者行盐三十四州县图

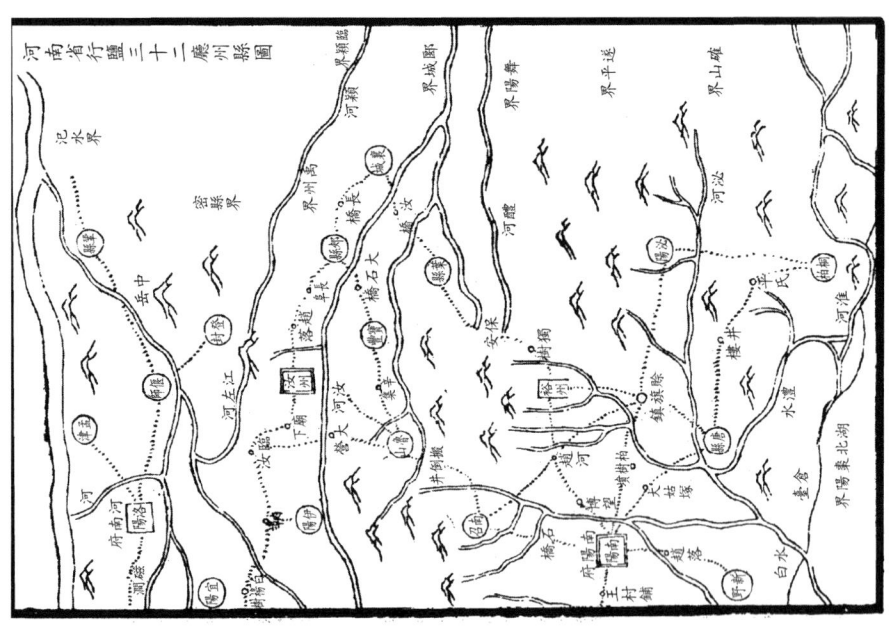
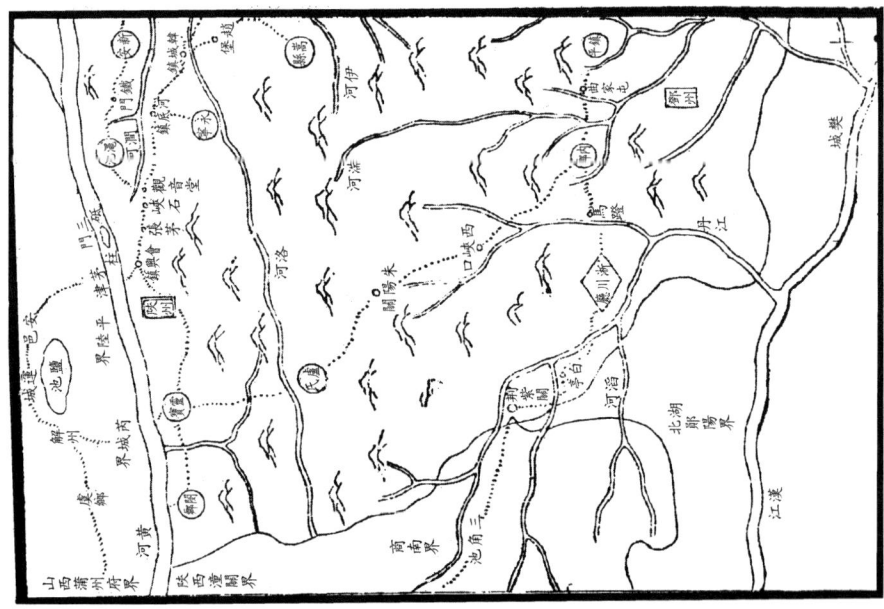

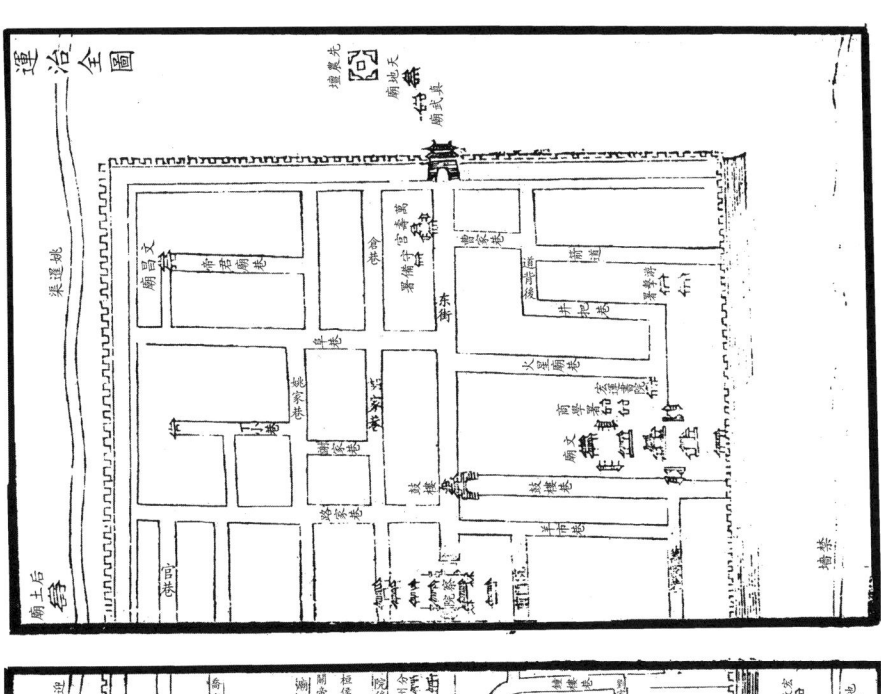
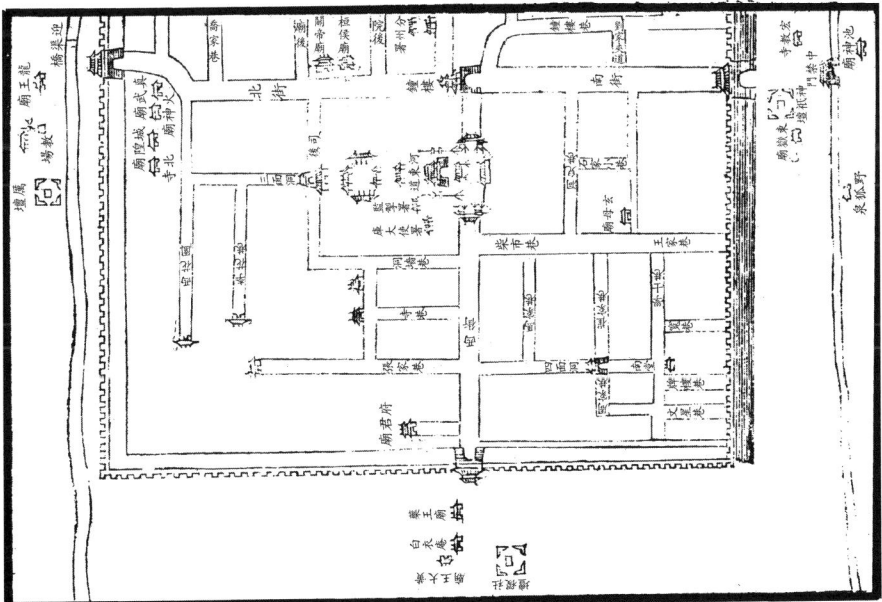

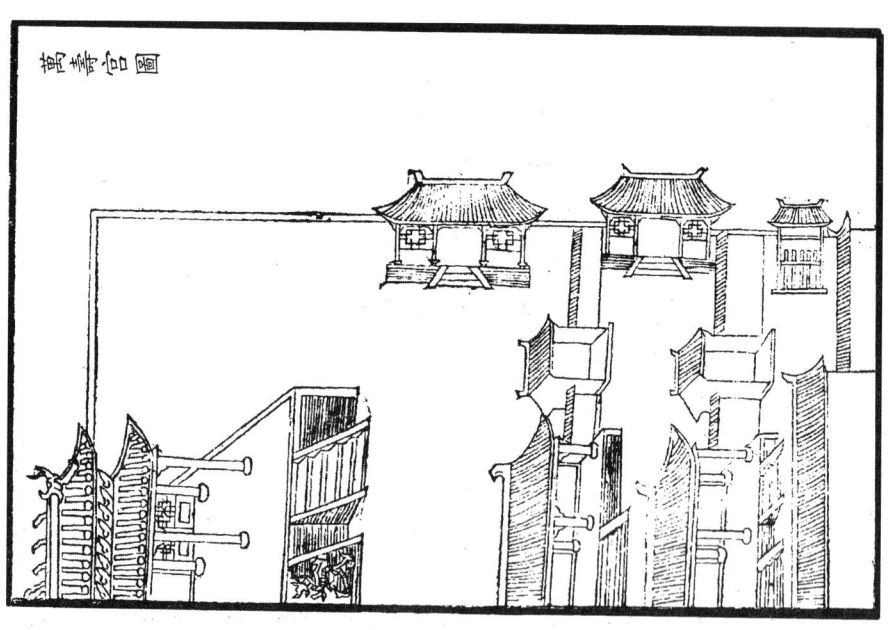

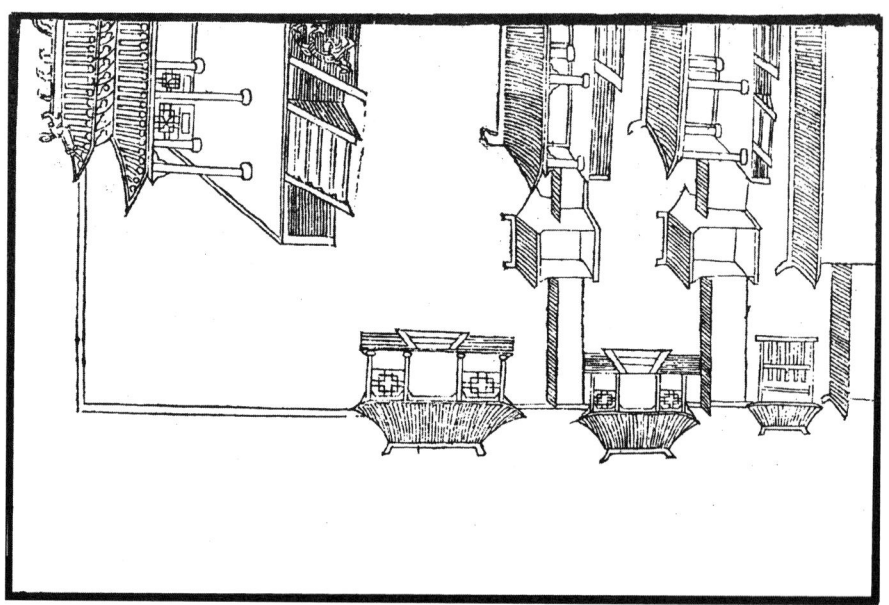

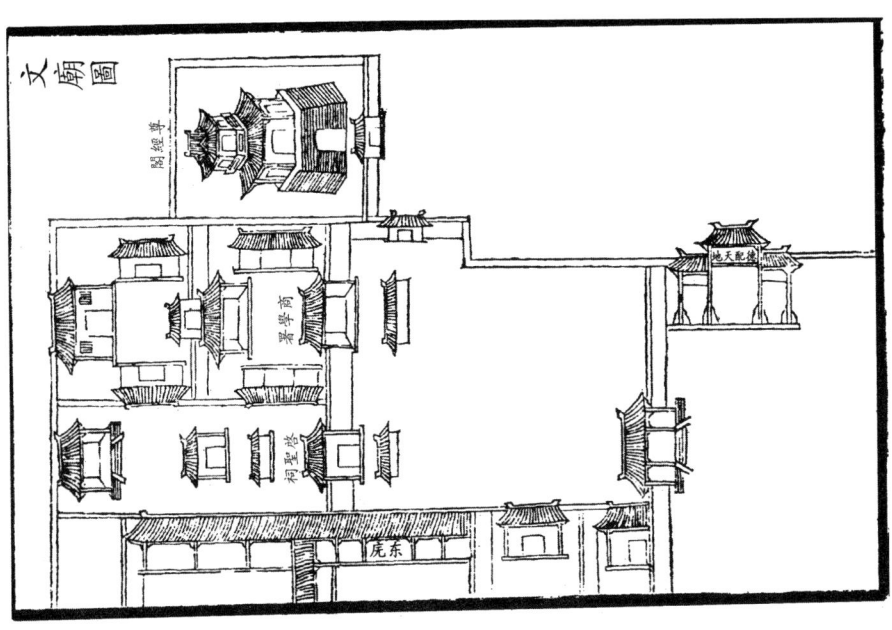

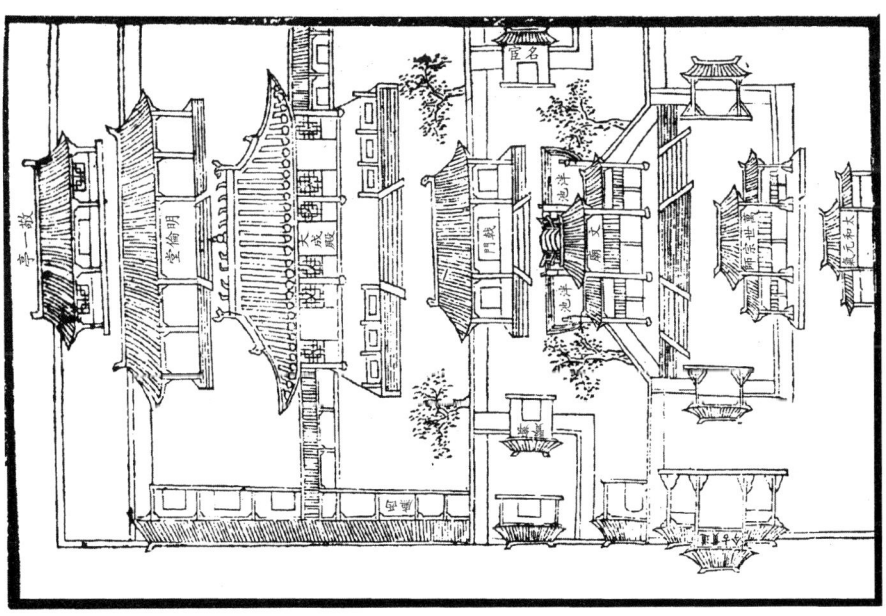

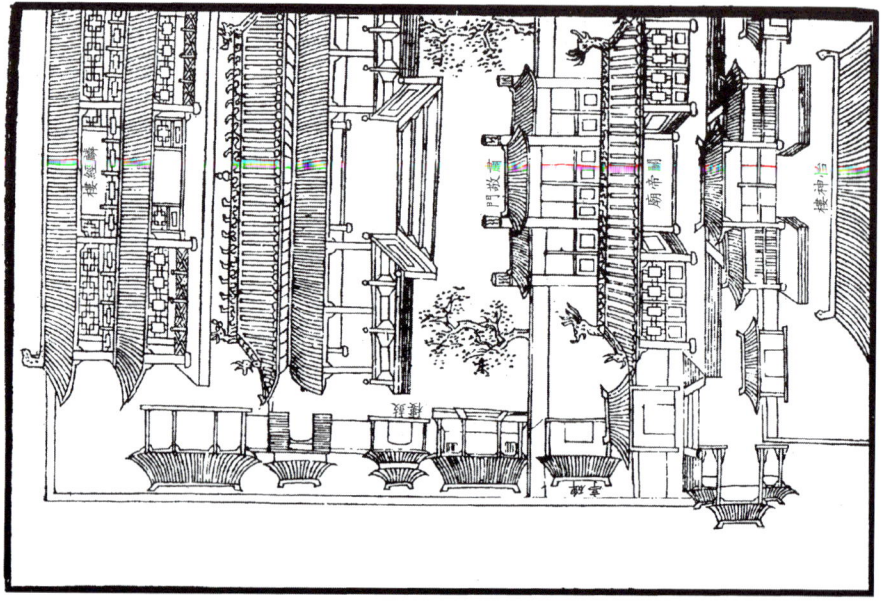

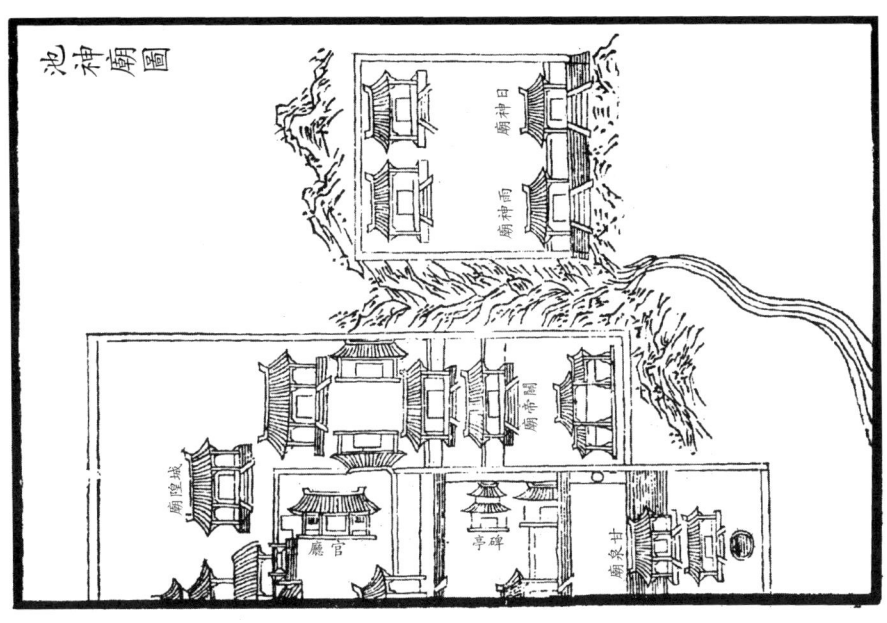

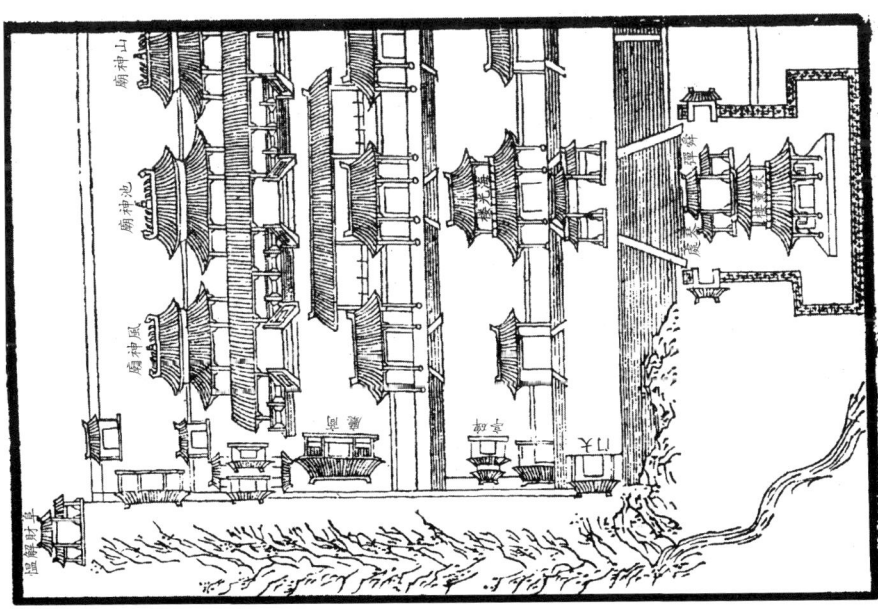

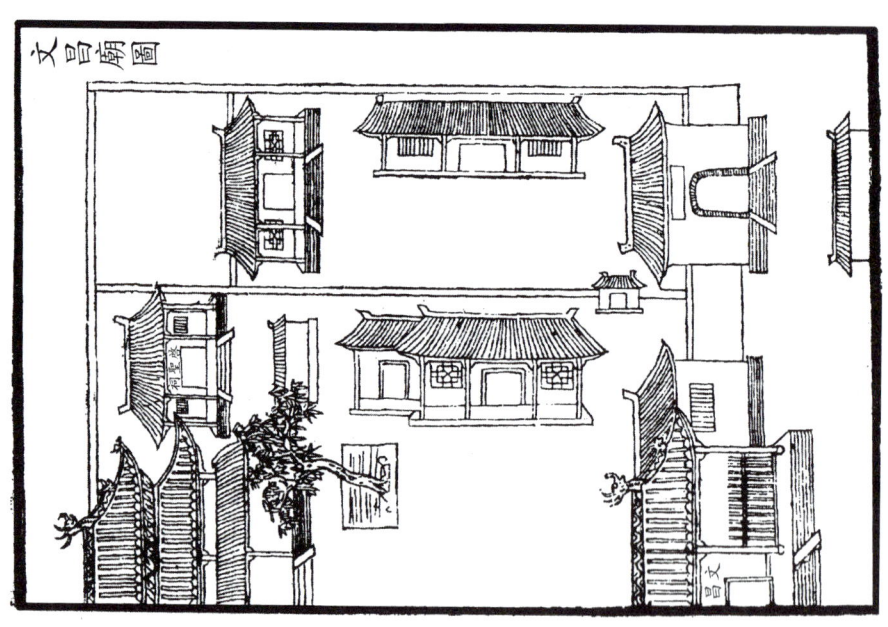

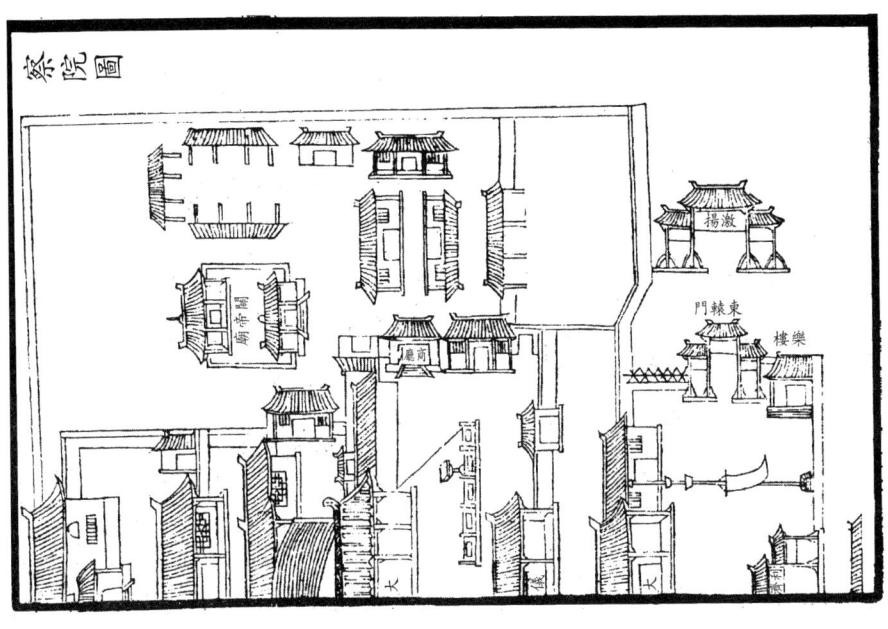

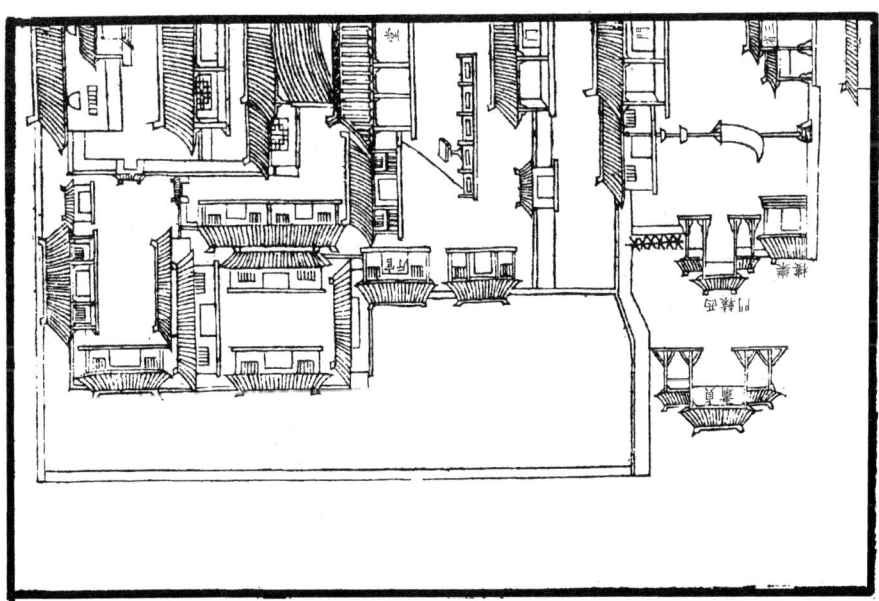

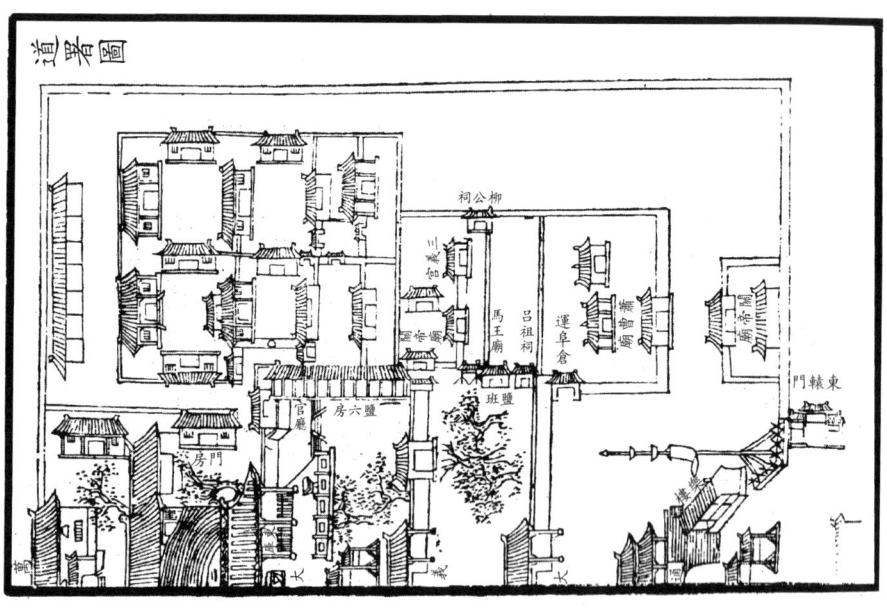
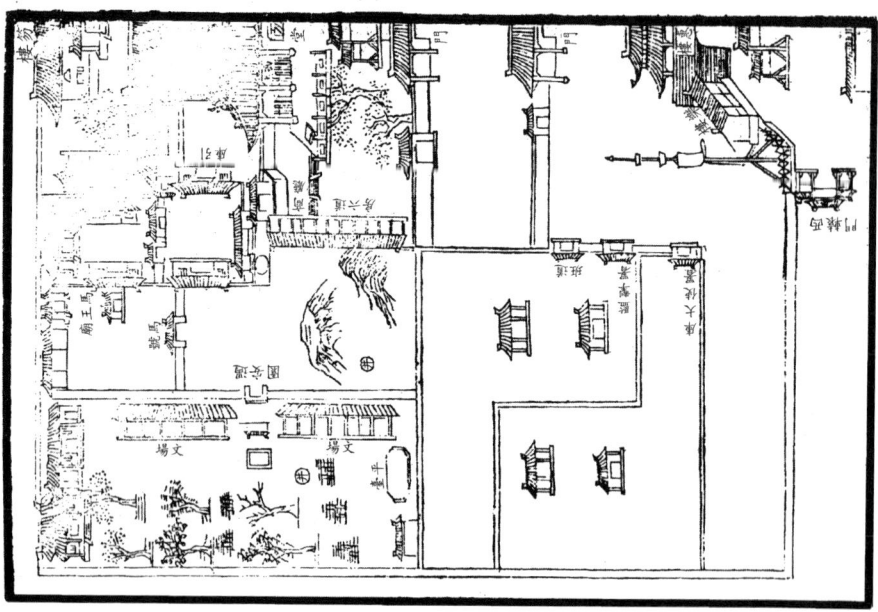

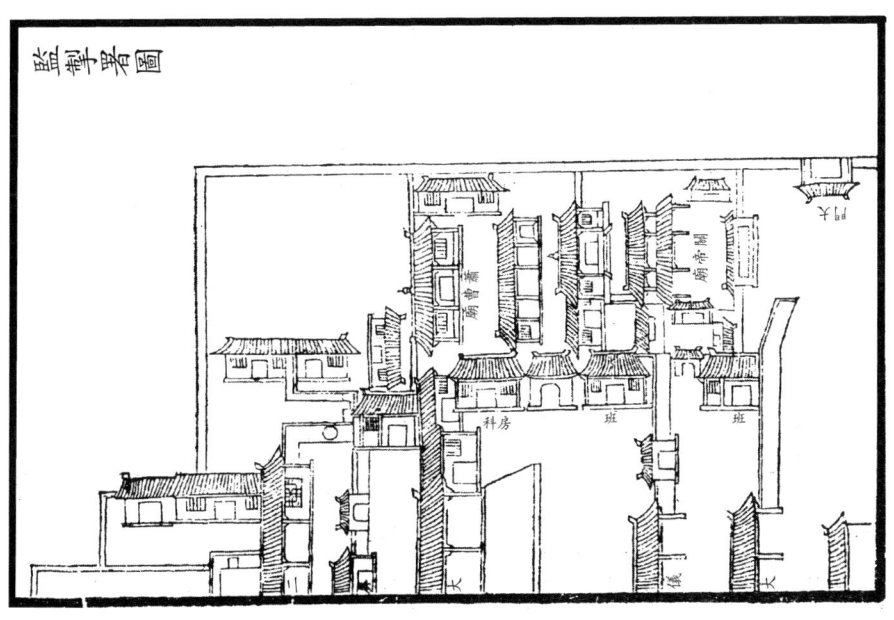
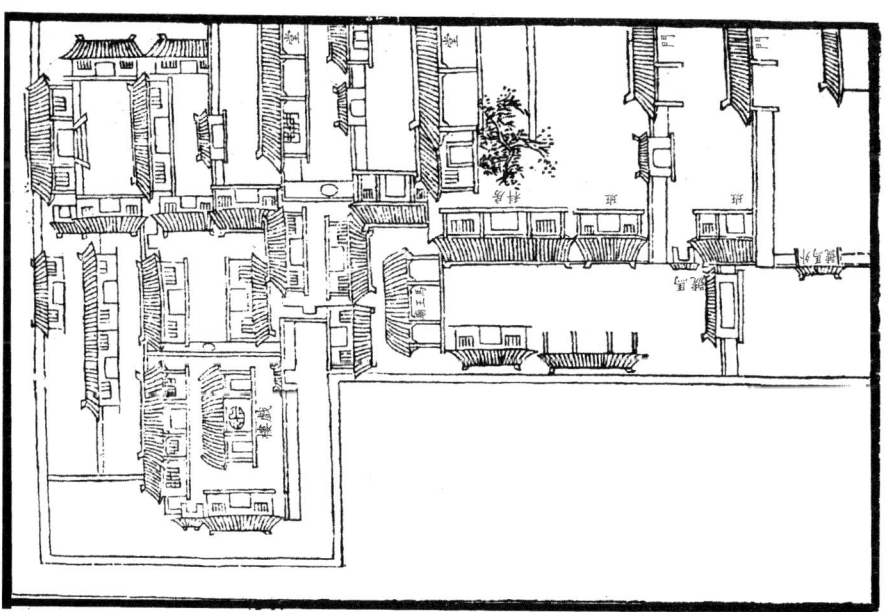

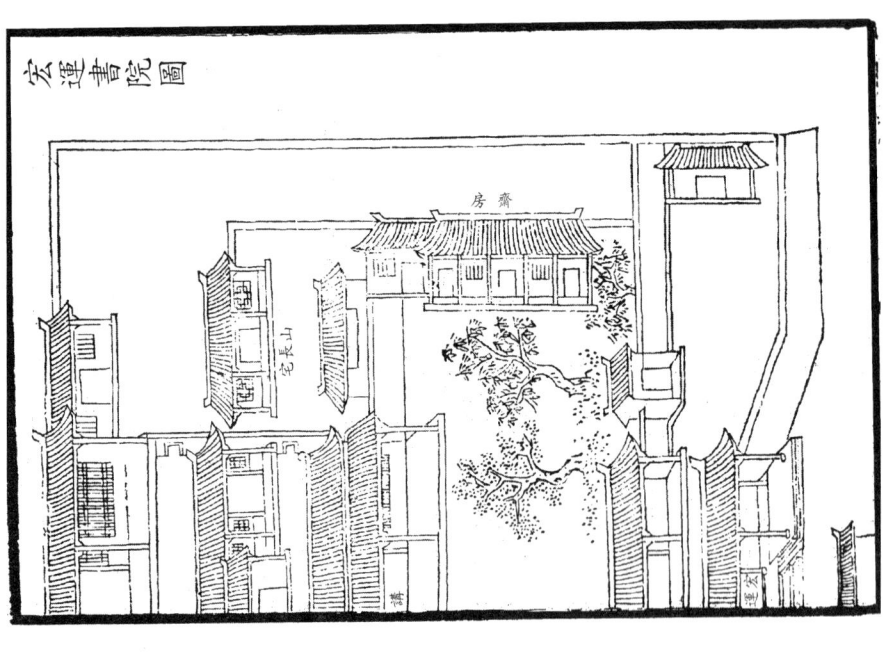

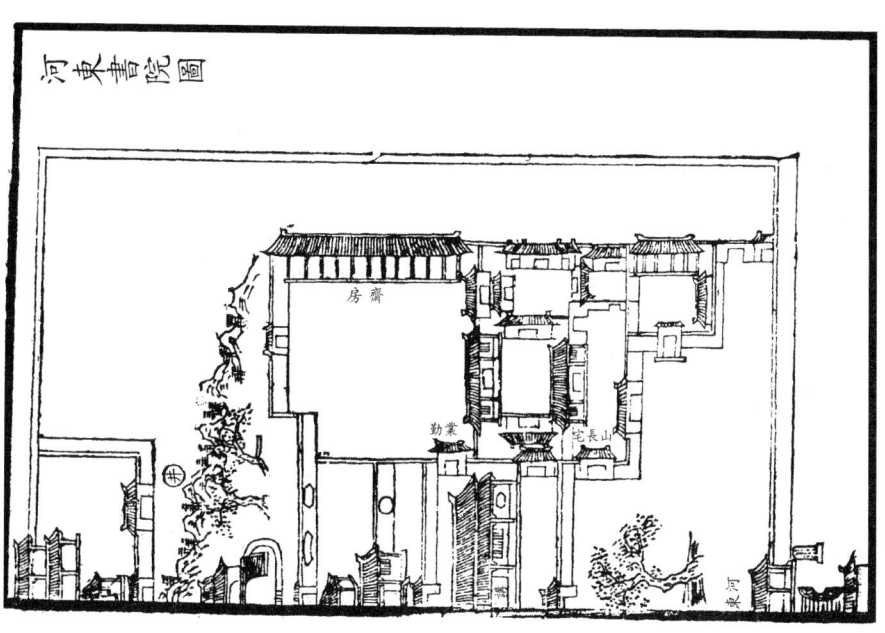
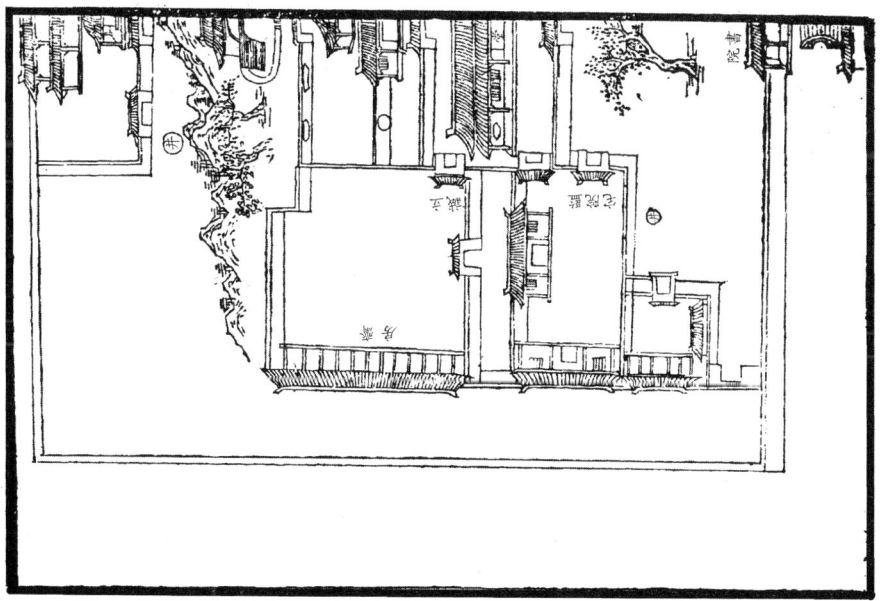

野狐泉图

卷一上　鹽池

鹽池在解州、安邑之間,周圍百二十里,繚以禁垣,爲三晉名區。《鹽法志》及《鹽法備覽》俱首載圖說,瞭如指掌,皆發明本原之意也。至於源流、形勢以及物産,前志俱已詳載,無可增叙。惟黑河、禁垣、池廟、鋪舍、祥異、勝跡、六小池、女鹽池、花馬池,皆迭有興廢,依次記之,以備稽考。

禁　　垣

查《鹽法備覽》載,禁墻高一丈六尺,基厚六尺,頂寬二尺,周圍一萬七千四百二十丈。乾隆二年,監政定柱奏請隨時修築,同輪修渠堰各工按年估修,需費在歲修五千兩内動支。五十七年課歸地丁。歲修銀兩部議令坐商按年交納興修。

嘉慶十一年復商後,此項銀兩仍由坐商交納。嘉慶二十年九月二十一日子時,運城地震,有聲如雷。凡十餘日,迭次震動,居民俱搭席棚棲止。中、東、西三場禁門及掣鹽廳、秤廳均震塌,周圍禁墻被震披累坍塌八千四百餘丈,鹽池内庵廈震塌四百七十餘間,壓斃者三人,受傷者甚衆。河東道覺羅承光督飭監掣同知沈廷瑛并三場大使捐廉撫恤,詳明於中禁門旁另設便門以便掣鹽,毋誤商運,并派各員刻日興修。二十一年六月,池墻被震各工一律修整。

道光二年八月初六等日,大雨如注。山水陡發至土石馬道，距墻根二三尺不等。馬道盡行坍塌，趕緊搶護。九月初三日，復大雨三晝夜，黑龍、東禁堰同時決口，水勢全注於陡坡，東郭灘内勢極浩瀚。經河東道張大鏞督飭各委員將兩堰決口冒雨堵築，并令各商捐資將一千六百餘丈之馬道通體加高幫闊。惟馬道以内池形低窪，以寬廣數十里、深至一丈數尺之灘水，僅禦以單薄之馬道，實不足以資鞏衛。又復周歷相度，奈東、南、北三面非峻嶺即高灘，擬就中挑挖深濠，不特水勢難以逆行，且土性沮洳①，甫挖一二丈，水即由底上冒，更無可以引河之地。西面即係鹽池，而池又比灘轉低數丈。隨與監掣同知秦恒柄、蒲州府同知陳世昌等逐細履勘，應於禁垣内緊靠馬道築堤一道，由北而南自四鋪以至七鋪約長十餘里，底寬二丈四尺，頂寬八尺，其高則隨地勢之高下，以二丈五尺爲準，共估需工料銀五萬兩。維時各商捐修馬道費至三萬餘兩，未便再令攤捐。查河東坐商從前捐存銷價本銀十五萬兩，於嘉慶十六年發交運商按年一分生息，奏明遇有緊急工程准其動用。算至道光二年除動支外，實存息銀八萬六千餘兩，詳請動用興修。經撫臣邱樹棠奏，奉上諭："邱樹棠奏鹽池各堰冲決請築堤保護一摺。晉省河東鹽池東西各堰因本年秋間連日大雨，山水盛漲，致被冲決。經該撫委員查明，亟須築堤保護。著照所請辦理，所有估需銀五萬兩，准其在商捐銷價生息銀兩内照數動支，趕緊興修，務使堤身堅固，以資保衛，不得稍有浮冒。工竣，核實報銷。該部知道，欽此。"

遵於十月興工。三年正月，東南風大作，水浪上湧，逼近

---

① 沮洳：低濕之地。《詩·魏風·汾沮洳》："彼汾沮洳，言采其莫。"後亦指低濕。

墙根,将新修馬道工程冲刷,披累極多。時池内護堤尚未工竣,危險尤甚,仍派員晝夜督飭各商按段搶修,在馬道外純用碎石抛填。巨浸中排釘大木椿加幫護堤一道,始轉危爲安。馬道上禁墙坍塌九百餘丈,於護堤工竣後次第修整。經撫臣邱樹棠奏報工竣,六月初三日奉上諭:"邱樹棠奏添築鹽池馬道護堤,修浚姚暹渠、李綽堰及挑挖涑水河各工程完竣,并請歲爲經理一摺。河東鹽池馬道護堤并姚暹渠、李綽堰、涑水河工程。據該撫查明,該委員及各該縣俱能實力撙節、趕緊辦理,并勸諭村民出力挑挖,均已一律妥速完竣。所有馬道護堤工程係奏明動用商捐銷價生息銀兩辦理,共用銀三萬五千三百七十餘兩,較原估節省銀一萬四千六百二十餘兩,著將節省銀兩仍歸原款。至姚暹渠、李綽堰工程所借銷價生息各款銀四萬八千兩,今較原估節省銀六千八百十六兩零,尚有應修申家堰、青龍堰等處工程,著即將此項銀兩於秋後動工辦理,仍於本年夏季爲始,分作八年,由坐、運兩商攤徵還款,按年報部。其姚暹渠受諸山之水,挾沙帶泥,最易淤阻,請歲爲經理,著照所請於每年農隙水涸之時,責成監掣同知詳細履勘飭令運商雇工挑浚,所需工費即令各商公攤,由河東道驗收具報。至涑水河已挑挖深通,民田廬舍得資保護,亦著於農隙水涸之時,責成各該縣勸用民力,隨時修浚。該撫當飭屬認真查勘,以期一律通暢,於民田鹽池均有裨益,毋致日久壅塞,轉多糜費也。該部知道,欽此。"

嗣於道光十五年七月十五日夜,大雨傾注,灘水陡漲,石馬道漸次冲塌。十九日黑龍堰冲决,灘水將次漫及石馬道,鹽池可危。經河東道但明倫督飭場司各員并商人等無分晝夜,实力抢护,无如①天雨连绵,滩水陡涨数尺,禁墙、马道全行倾陷。八月朔日,水由土马道漫入盐池,水口宽二十余丈,池内低洼畦地全行被淹,新陈料盐均抢运于高阜处所,计已消化②盐九百余名。庵厦间有坍塌,幸未伤人。当即赶紧堵筑,一面申报。经抚臣鄂顺安将马道漫口盐池被淹情形具奏在案。嗣经新任河东道郭文汇议修石马道、禁墙、水眼各工,详请动用销价息银选派商人承领兴修。十六年二月,经抚臣申启贤具奏,奉上谕:"申启贤奏请动项修理切近盐池紧要各工一摺。山西省河东地方上年秋间雨大水发,将切近盐池之石马道、堤堰并束禁墙等处冲损。兹据该抚查明,均系急不可缓之工,现在派员确勘,共估需费工料银六万两,著照所请,准其将河东道库所存商捐销价息银四万八千余两尽数动用,其不敷银一万一千余两先在公务项下暂行借拨,仍俟收有销价息银照数归还,并饬该道乘此春融承领、赶紧兴修,照例保固三年,毋任草率偷减。工竣,核实验收,造册报销。该部知道,钦此。"遵饬商人王恒泰、王友于等分段承修。于三月二十七日开工,九月二十八日工竣。是工也,照估如式修筑,实用工料银五万九千八百有奇。经抚臣申启贤开单奏报,奉硃批览:"工部知道,单并发,钦此。"

咸丰六年正月二十一日,据圣惠司巡检陈铸申报,惠字四、五、六铺石马道,因东郭滩内积水甚盛,于本月十八、二十等日陡起大风,将石马道根皮冲刷剥落,并四铺缺口将近墙根,恐有冲决之虞。先后共塌五百四十余丈,并报东郭滩水深

---

① 无如:无奈。
② 消化:融化,料盐被水融解。

八、九尺及三、五尺不等。河東道黃經督同署監掣同知薛珊、東場大使陳承恩履勘，將東郭灘積水被風激盪、冲塌聖惠司石馬道要工情形申報，趕緊搶修，無如東郭灘積水不涸，不能興修，議須挑挖引河，由外六鋪尾拆卸禁墻，掘成濠溝，導水入池。由護寶長堤內泄，歸西灘停蓄，於畦地無礙。其長堤內外水行處，并挖深溝導引，使無漫溢。所挖溝土以之培固長堤。議已定，遂刻日興工，按工授值。於四月二十七日，引河挑成，水勢即分。石馬道附近地面漸次涸出，池墻始保無患。遂速籌經費，興築是工。正籌議間，薛珊以題補太原同知交卸。河東道黃經詳請奏留，以資熟手。撫臣王慶雲附片具奏，奉旨："著照所請，欽此。"

前署監掣同知薛珊遂督同東場大使勸商捐辦，於九月十六日開工，七年七月二十四日工竣，所有挑挖引河、修築石馬道工程共用銀二萬七千有奇，皆商捐商辦，官爲指示督修。經撫臣恒福奏報，奉旨："免其造册報銷，工部知道，欽此。"

同治十一年十二月十五日，撫臣鮑源深奏親勘河東鹽池，察盤運庫，并確訪鹺務疲滯，現飭辦理情形一摺。以禁墻歷久傾圮，不免偷漏池私，更有匪徒入池偷挖硝版，賣與脚户，攙和鹽斤，以致鹽味苦澀，大爲潞鹽行銷之害。現飭河東道將禁墻設法修整。河東道升泰督同監掣同知高崇基幷二場大使會議，仍令商捐商辦。於十三年鳩工興作，閱年蕆事①。周圍禁墻以及水眼、隍塹，通體重修完固，統計工費用銀三萬二千有奇，至今賴之。

---

① 蕆事：事情辦完。蕆，完成，解决。

黑　河

乾隆四十一年撫臣巴延三兼管鹽政，題請定爲歲修章程。其時河身澱淤過厚，歲加挑挖。雖未通浚，而黑河形迹尚存。五十七年課歸地丁。修浚事宜，并不經官督責，坐商致未實力歲修。嘉慶十二年復商後，撫臣成齡於酌留銷價案内議請挑挖，竟以舊址無從確指停止，仍用打井澆曬之法，至今因之。

池　神　廟

池神廟正殿祀"昭惠裕阜鹽池之神"，左殿祀"中條山神"，右殿祀"風洞神"。前有海光樓。大門外有地寶天成坊。南有歌薰樓、舜彈琴處。東關帝廟，又東太陽廟、雨神廟。迤東甘泉廟下，有甘泉二井。西廡有土地祠，廟宇宏敞，氣象巍然，代有鼎新，上答神祐。嘉慶二十年，運城地震，殿檻圍墻各有傾圮。經河東道覺羅成光飭商捐修。道光十一年，撫臣阿勒清阿捐俸銀一千兩發交道庫飭修。十五年，河東道但明倫飭商捐修。

鋪　舍

鹽池内。中場十鋪，額設總巡役一名，巡役十名；總斗級一名，斗級十四名。東場十一鋪，額設總巡役一名，巡役十八名；總斗級一名，斗級十六名。西場十一鋪，額設總巡役一名，巡役十五名；總斗級一名，斗級十六名。南岸原設馬快八名，往來三場巡邏。乾隆五十七年課歸地丁，三場裁缺。内鋪斗級、巡役歸三巡檢司分管，馬快八名裁汰。嘉慶十一年復商，三場大使復設,斗級、巡役仍歸場員管理,馬快永遠裁汰。道光五年,池內時有匪徒偷竊料鹽。添設槍手六十名,鳥槍六十杆。內由運城營撥兵二十名,解州、安邑縣各撥壯丁二十名,在池內往來巡緝。十五年,以池內安謐,減去槍手三十名。二十六年,池內每交冬令,宵小①肆竊,定於冬三月加添槍手三十名。光緒六年,將冬令,加添槍手三十名,裁撤現留常設槍手三十名。

鹽池外。鹽池司十二鋪,額設弓兵二十名,商役二十名;聖惠司額設弓兵二十名,商役二十名;長樂司額設弓兵二十名,商役二十名。均如舊制。鋪舍年久傾圮。同治十三年,河東道升泰修理禁墻,將鋪舍一律重修完整,弓兵、商役有所棲止,并籌給津貼銀兩,俾得實力緝私,至今賴之。又中禁門額設弓手十六名,東禁門額設弓手十名,西禁門額設弓手十名,今仍其舊。此外,尚有原設商巡二十名,總巡三名。乾隆五十七年課歸地丁案內裁汰。嘉慶十二年復商後,部議毋庸復設。

祥　異

嘉慶二十年秋九月,運城地震,有聲如雷。凡十餘日,迭次震動。鹽池禁墻、庵廈俱震塌。

道光十五年夏,大雨陡漲,東郭灘積水深丈餘。秋八月朔,有巨黿自南而北,連起旋渦,將馬道石工冲激。水遂漫決入池,畦地被淹,畦鹽均被浸壞。次年水退,鹽生如故。

光緒三年,晉省大旱成災。河東運城一帶,被災尤重。畦

---

① 宵小:盜賊晝伏夜出,稱做"宵小"。統指小人、壞人。

連秦豫，均屬災區。商販不通，每麥一斗，易銀四兩餘。道殣相望，村落成墟。當事者力籌鉅款，賑濟平糶，全活無算。迄今鹽池澆曬，工作乏人。三場畦地，間有荒蕪者。

勝　　跡

嘉慶十六年，仁宗睿皇帝駕幸五臺。河東衆商王恒泰等呈稱"商等領引行鹽，深資餘潤。并蒙恩准定價，生計益覺寬舒。此次恭逢皇上巡幸五臺，爲民祈福。闔省人民，同深歡慶。商等情殷瞻就，恭備賞賚銀二十萬兩，稍抒蟻悃①"等情。山西撫臣衡齡據情具奏。奉上諭："衡齡奏，據河東商人王恒泰等呈稱本年恭值巡幸五臺，爲民祈福，願輸銀二十萬兩以備賞賚等語。該商等聞朕臨莅五臺，敬輸賞賚銀兩。其情詞懇切，出於至誠，自未便拂其所請。但河東甫經復商辦運，資本尚未寬裕，正應優加培養。且此次所用賞號銀兩，亦無需二十萬兩之多，著加恩賞收十萬兩，照該商等所請，先在藩庫閒款內借撥備用，分兩年隨課歸款，以示體恤。所有各該商姓名并著造册咨部，賞給議叙②，欽此。"

六 小 池

六小池屬解州治。每遇大池產鹽不足，藉資接濟，此運商之業也。是以開曬封禁無定。乾隆五十七年課歸地丁，運商

---

① 蟻悃：猶蟻忱，微小的誠意。
② 議叙：清代對成績優良的官員給予加級或紀律。同時對保舉任用也稱議叙。

賣與附近居民澆曬。嘉慶十二年復商後,撫臣衡齡奏請,仍歸運商捐資配運,以杜私販。嗣據河東道劉大觀查詢各商,均稱六小池產鹽味淡而苦,不能行銷,懇請封禁。遂飭解州查封,將各業主契約追儲州庫。惟此項畦地業主輾轉租售,亦已有年。一旦官為禁止,銀地兩空,不足以昭公允,請將畦地原約價值共銀二千三十兩,令殷實商人尉世隆等照數捐出置買,以杜私采。旋奉部議,凡屬畦地,均係坐商經營,與運商無涉。六小池似應歸於坐商承買,作為公產,以歸畫一。經撫臣衡齡覆奏,查六小池畦地當課歸地丁時,係運商賣與附近居民澆曬,自應循照舊規,仍令運商買回,以便封禁。若改令坐商買回,轉多周折。況現在既議封禁,由該道及丞牧隨時巡查,無慮運商再為澆曬,應請照舊辦理。奉旨:"准行,所有緝私事宜於女鹽池并案辦理。"

女 鹽 池

女鹽池,即解州屬之硝池灘也。地勢低窪,為州城關廂①及五龍峪、洞溝、白龍峪、寺峪溝等處眾水歸宿之所。築有堤堰,以護大池。灘水泛漲便為淡澤,干涸即成鹵生鹽,久經封禁。道光十一年,附近貧民開畦偷曬,經河東道韓文顯詳准,每年自五月初十日為始,至八月初十日止,委員帶領州役八名,常川②巡緝。其委員薪水、州役工食,由商捐辦。咸豐六年,解州知州李崇蟠以硝池灘、六小池私曬未能淨絕,稟請派委監掣同知薛珊,并請酌派都守帶兵前往會同彈壓,平毀私開

---

① 關廂:城門外的大街和附近地區。
② 常川:經常,連續不斷。

鹽畦。旋即會議緝私章程，改自二月初一日爲始，至十月底止，由河東道委員帶領槍手十二名、巡役十二名、鄉約十二名，在於附近村莊常川駐緝。所有委員薪水，槍手、巡役、鄉約工食，由庫籌款五成，商捐五成。經河東道黃經詳院批准在案。九年，坐商王友于等以池神廟歲修香資等項無款，禀請將商捐加槍銀兩仍歸入池廟歲修。硝池灘緝私經費懇求另籌支發。復經河東道黃經詳請，准其免繳加槍銀兩。嗣後，應發硝池灘緝私經費，詳定在公費、緝私兩款項下動支。

花 馬 池

查舊志，花馬池有三，屬甘肅靈州治。陝西鳳翔府屬向食花馬小池鹽，行銷河東之引，按丁攤課。乾隆五十七年課歸地丁後，多有潞鹽運至該處行銷。嘉慶十一年復商案内，因鳳翔既食潞鹽，可由渭河轉運，將該府所屬改銷潞鹽，招商運辦。自設官商以後，由渭河逆流輓運維艱，成本過重，商人不肯認辦。且漢中行銷花馬大池鹽，道經鳳翔，官私莫辨，礙難盤詰。經山西撫臣成甯、陝西撫臣方維甸會奏，請將鳳翔府屬八州縣仍改食花馬小池鹽。奉旨飭部，議覆准行。陝西邠州屬長武縣行銷靈州池鹽。復商時，陝西撫臣方維甸奏請將邠州、三水、醇化三州縣均改食花馬池鹽，奉旨飭部，核議准行。陝西興安府屬七廳縣向行河東引鹽。十六年，經山西省撫臣衡齡、陝西撫臣董教增會奏，以地處萬山，運鹽費重，商人賠累難支，且該處貧民挑販靈鹽，已成恒業，若概行拿禁，恐生事端，亟宜調劑，免致貽誤課項。懇請援照鳳翔府例，改食靈州花馬池鹽。奉旨准行。

卷一中　運治

運治,一河東名區也。星躔之所紀,疆域之所分,風尚之所沿,悉詳於前志之所載。第其間鹺務匯歸,人民萃處,凡通商裕課,因時制宜,胥①於是徵治理焉。傳所謂"郇瑕氏之地,沃饒而近鹽"。城因鹽而設,鹽即因城而統。此《春秋》特著苦城、元末始建鳳城、迄今愈見規模之宏遠也。

城　垣

運城之建,舊志備詳。嘉慶二十年,運城地震,城垣坍塌。經河東道覺羅承光詳請飭商捐款,檄委安邑縣重修。同治元年,豫、陝迴捻②滋擾,河北一帶戒嚴。河東道劉子城以運城爲鹽務重地,庫儲攸關,城垣歷久未修,難資保守。禀請於商捐團練經費項下挪[那]款興修,并挑挖城外壕溝,一律完固。同治三年,河東道楊寶臣以雨水易灌城隍,復動用團練經費銀兩,將城頂一律鋪磚以資完固。光緒元年,商人張玉成、姚長盛禀請籌款興修四城門樓。經河東道升泰批准,由商捐墻丁項下撥款重修。

---

① 胥:文言副詞。皆,都。
② 迴捻:捻軍之一部。因在陝西聯絡回民起義,故清軍污稱迴捻。

萬 壽 宮

恭逢萬壽、元旦、冬至朝賀之所。嘉慶二十年地震,傾圮。河東道覺羅承光飭商重修。咸豐九年,河東道黃經重修。按,河東書院恭設萬歲碑亭。道光二年,河東道張大鏞重修。

壇 廟

——池神廟。另詳鹽池門。

——文廟。另詳學校門。

——關帝廟。乾隆五十四年,運使蔣兆奎捐資重修。五十六年,商捐續修麟經閣。嘉慶十七年,商捐重修。二十年,地震傾圮,河東道河洲詳請重修。咸豐七年,巡撫兼鹽政兆那蘇圖,河東道文光、黃經捐資重修。

——文昌祠。在運治東北。明萬曆四十年重修。國朝順治十四年、雍正十三年、嘉慶十六年先後重修。道光十八年,重修,并添建官廳。

——真武廟。同治十二年,河東道升泰捐修。

——城隍廟。道光三年,商捐重修。同治八年,署河東道王溥重修。

——火神廟。道光二年、十五年先後重修。咸豐六年,僧人果域募修。

——龍王廟。道光元年,河東道張大鏞重修。

——安濟廟。即圪塔廟。咸豐八年,河東道黃經重修。

——三聖廟。在河東書院內。道光二年,河東道張大鏞重修。

——崔府君廟。在西門內。明萬曆二十四年建,道光二年,河東道張大鏞重修。

——呂祖祠。在惠民館凌虛亭上。傑閣峙空,舊供神像,不知昉自何時。道光二年,河東道張大鏞重修。光緒六年,河東道江人鏡飭商捐修。

——旗纛廟。在北門外,今基址無存。每年霜降致祭,即在教場演武廳設位。

——三郎廟。在安邑縣屬之小李村。道光三年,邑人重修。同治八年,村民募修。

按《備覽》體例,關於祀典者記之,朔望瞻拜者得并列焉。如文昌祠,久崇祀典。火神廟、崔府君廟、呂祖祠,皆朔望瞻拜者,今增敘之,以補其缺,餘仍不載。至社稷壇,山川風雲雷雨壇,厲壇,黑龍廟,大郎、二郎廟,表忠、忠愛祠,無修葺工程者。《備覽》已詳,不復述焉。

公　　署

——巡鹽察院,為巡撫行署。光緒六年,河東道江人鏡籌款發交安邑縣重修。東鼓樓、西鐘樓,均如舊志。

——河東道署,在運治西街。乾隆五十七年課歸地丁,運司裁汰,改為河東道署。光緒二年,河東道升泰於道署西偏,修射圃亭三間,建官廳三間,考棚六十號,加高圍墻,以備考試文武生童之所。署其門曰遇安園。光緒六年,河東道江人鏡復建書屋三間,并於園內廣栽花木。

——監掣同知署,在道署西偏,原係運同舊署。乾隆五十七年,運同奉裁。嘉慶十一年,復設監掣同知。十六年同知沈廷瑛、道光二年同知秦恒柄先後重修。

——運學訓導署,在學宮東。乾隆五十七年,教授、訓導奉裁,所有運城文廟即令安邑縣學官兼管。嘉慶十三年,復將安邑縣訓導移駐運城,仍居舊署。光緒六年,訓導郭懋基領款重修。

——經歷司署,舊在通惠樓內西偏。乾隆五十七年,經歷裁缺。嘉慶十一年,奉准復設。二十五年,移駐河南陝州會興鎮。

——庫大使署,在通惠樓內西偏。乾隆五十七年,庫大使裁缺。嘉慶十一年,奉准復設,仍居舊署。道光十四年,庫大使侯錞任內重修。

——中東西三場大使署,俱在運城南門內西偏。西場於乾隆二十七年移駐解州城內,居州判舊署。乾隆五十七年,三場裁缺,部議俱變價充公。嘉慶十一年,三場復設,部議現係試行,毋庸另設衙署。

——分駐解州州判署,詳舊志。

——鹽池司巡檢署,在池南鹺房村。乾隆五十七年,移駐知事署,在中禁門內野狐泉之東,部議將舊署變價充公。嘉慶十一年復商後,改駐池南常平村。光緒三年,巡檢袁繢業重修。

——長樂司巡檢署,如舊志。

——聖惠司巡檢署,如舊志。

——游擊署,在運城東南隅,即都司舊署。同治十二年,游擊怡壽任內重修。

——守備署,在東門內,即把總舊署。

——城守把總署,在箭道西。同治元年移建。

——操防把總署,在東城壕。同治元年新設。

倉　儲

運儲倉,在運治東。乾隆五十七年課歸地丁案內,經部議奏准,將倉儲六十石零統歸運阜倉內。春初,一并出借坐商。秋冬,免息還倉,以資澆曬。其歲收佃灘籽粒租麥二百七十餘石,照舊散給孤貧,由解州州判經管出入,呈報河東道照例移司報部。嘉慶十一年復商案內,改歸庫大使經管,仍呈報河東道,呈院咨部查考。歲有盈餘,積至五年,變價報撥甘餉①。倉設斗級一名,歲給倉麥四石。

運阜倉,在河東道署內東偏。乾隆五十七年課歸地丁案內,經部議奏准將倉儲穀三千九百三十一石零照舊出借坐商,秋冬免息還倉,統歸解州州判經管,呈報河東道照例移司報部。嘉慶十一年復商案內,改歸庫大使經管,仍具報河東道,呈院咨部查考。同治元年,庫大使安福病故,查倉內儲穀虧短三千八百九十八石八斗零。經河東道劉子城查,該故庫大使有畦價銀七百四十四兩一錢七分,扣留備抵,由中場大使解庫。又詳請查抄該故庫大使任所衣物變價銀三兩一錢九分一厘,由安邑縣解庫。二共存銀七百四十七兩三錢六分一厘,計不敷買穀還倉,是以另儲於庫。查倉內現存穀,連運儲倉歸并六十石零,共九十三石一斗,因不敷出借,是以停止其護池灘地歲入租麥三石七斗三升四合、租穀五石六斗一合,改歸安邑

---

① 甘餉:撥付甘肅的軍費。

縣徵收，照舊五年變價解交藩庫。報撥復商案內，仍由安邑縣徵收，照例五年變價解由河東道報部候撥。倉書一名，倉斗級一名，歲需紙筆工食銀兩向在蘆葦項下動支。嗣因蘆葦一項裁汰，在公務項下動支。捐免充商後，在雜課項下動支。

恤　　政

——養濟院，歲育孤貧全糧者三十名，半糧者一百名，共一百三十名。嘉慶八年，河東道金應琦陸續詳置地五十九畝，每年每畝完租麥三斗二升五合，共歲得租麥十九石一斗七升五合。附收運儲倉新添半糧孤貧十二名，應扣建曠①，遇閏加增，飭委解州州判經理所置地畝，每年應完錢糧銀八兩六錢二分，由河東道金應琦捐廉銀七十二兩，飭交安邑縣發商生息，為春秋完糧之用。十八年，河東道陳中孚因積有贏餘，詳明每歲仲冬一律按名添給花布麥二斗，共計添養半糧孤貧十二名，添給花布麥二石四斗。今均歸庫大使經理。

——前運使郭一裕捐俸銀四百兩發商生息，為接濟孤貧等項之需。嗣後，本利存銀六百兩仍發運商生息。乾隆五十七年課歸地丁，河東道和明改交安邑縣發當商生息，詳准每歲照舊給發養濟院貧民粟米銀四十兩。嘉慶十一年復商後，照依辦理，至今百有餘年，貧民永沾德惠。尚有餘存息銀，復撥

---

① 建曠：小建銀和截曠銀在財政奏銷中均屬應當扣除之款，合稱建曠銀。小建，即小建月，每月二十九日，扣留一日供給。截曠，人員缺額時，扣除空缺時日供給。

鋪司工食、户鹽房飯食、京提塘①文揭經費等用,足徵仁人利溥,善政益彰,立德立功,并垂不朽矣。

——粥廠,設自同治三年河東道楊寶臣任内。因運城人烟稠密,窮民乞丐甚多。時届隆冬,凡鰥寡孤獨、老弱殘廢、無計營生者,飢寒交迫,往往致填溝壑。捐廉倡率,并勸諭各官紳商捐資購米,設廠散粥,明定章程,遴員經理,并將餘金置備棉衣、棺木,以救凍餒而收暴露。行之兩年,貧民全活無量。旋恐臨時捐募,難期經久。遂飭坐、運兩商,每掣池鹽一名,各捐銀一錢五分,共捐錢三錢。由是經費有常,歷久不倦,至今貧民深有賴焉。

——同善局,設於同治三年。彼時運城紳商觀感河東道楊寶臣殮埋暴露,知爲善舉,遂踴躍捐資,禀請設立同善局,遵照粥廠章程辦理。遇有貧民路斃,買棺殮埋。經河東道暨安邑縣批准照辦。十二年,河東道升泰將粥廠經費餘剩銀兩,發交同善局,以備施捨棺木并藥餌、棉衣等項之用,量入爲出。每於年終,該局紳商將所用帳目開單呈送道署備案。

坊　　集

運治九坊差糧,俱隸安邑縣兼稽。地方奸匪,責由鹽經歷查察。嘉慶二十五年,鹽經歷移駐河南陝州會興鎮,兼理批驗事宜。所有稽查地方事務,專責分駐運城之解州州判管理。

---

① 京提塘:清代各省督撫派駐京城的武官,三年一代,掌投遞本省與京師各官署往來文書。

武　　備

運城武備自同治元年改設游擊以來,原額新添外委額外并馬步戰守兵五百六十六員名,責成游擊認真督練,居中防護。內撥防安邑汛外委一員,戰守兵二十六名,東郭汛守兵五名;撥防北相汛外委一員,戰守兵五名,喬陽汛守兵五名,張村汛守兵五名,王範汛守兵五名,將軍廟汛守兵五名。除撥北、安二汛兵五十八名外,實存城兵五百八名,額外六員亦駐防城內。四門仍設門兵四十名,巡池弁兵隨時酌派。

又平陸縣茅津渡相距河南陝州一河之隔,乃運城東南門戶。平垣營游擊督率兵弁,駐扎其間,以爲保障。同治元年,并在縣屬之南溝村,分設專汛。於平垣本營內,派撥外委一員、守兵五十名,以資巡防。

再咸豐十年,回捻各逆竄擾豫陝。運垣戒嚴,河東道委員八人稽查。四城門挑選練勇二百名,委員管帶防堵。嗣因團練局經費支絀,該勇漸次渙散。同治二年,復令坐、運兩商分別捐資,將道署前挑募練勇六十名,監掣署前挑募練勇四十名,三場會同三司前共挑募練勇一百名,領帶練勇教習六名,次第招回歸於各衙門,按期演習,以資捍衛而護鹽池。迨城工完竣,團練經費有着,捐項遂停。厥後,鄰省肅清,裁減一百名,酌留一百名,哨長二名,在城設局操練。光緒七年因各路緝私不敷分派,添募十名,除撥五姓湖緝私十六名,三門口暨鞏孟緝私二十名,襄郊緝私十名,北相鎮駐防二十名,餘皆分派查池、查墻及駐扎池南緝私、守庫、查街隨時遣用。

卷一下　官職

夫官制沿革、古職考辨,前志詳言之矣。鹽務官員舊有題名之刻。任是官者,當思夙夜匪懈①,以裕國而利民,方爲無忝厥職。是以題名之外,政績附焉。溯自《備覽》書成,迄今已九十餘年。分職建官,代有因時而更置者。按秩分序,以備參考。

鹽　　政

巡撫兼鹽政。乾隆五十七年,河東鹽務課歸地丁。撫臣馮光熊奏請將鹽政印信繳銷。嘉慶十二年,潞鹽復歸商運,仍以巡撫兼管鹽政,由部另頒鹽政印信,兼管吉蘭泰鹽務。俸廉奉裁,已詳舊志。

歷任題名

書　麟:滿洲鑲黄旗人。乾隆五十五年任,升兩江總督。以河東商力積疲,疏請調劑。

馮光熊:浙江嘉興縣舉人。乾隆五十六年任,五十七年疏請課歸地丁,繳銷鹽政印信。

長　麟:滿洲正藍旗進士。乾隆五十七年任,調浙江巡撫。

---

① 夙夜匪懈:日夜工作,勤奮不懈。夙夜,早晚。匪,不。

蔣兆奎:陝西渭南縣進士。乾隆五十七年任。

倭什布:滿洲正紅旗人。嘉慶二年任。

伯　麟:滿洲正黃旗人。嘉慶三年任。

同　興:滿洲鑲黃旗人。嘉慶九年任。以上五任均未兼鹽政。

成　齡:滿洲鑲黃旗人。嘉慶十一年任。是年,河東鹽務疏請復歸商運,所有鹽政事宜仍歸巡撫兼管。十六年再任。

金應琦:安徽歙縣舉人。嘉慶十四年任。

初彭齡:山東萊陽縣人。乾隆庚子科進士,嘉慶十四年任。

衡　齡:滿洲鑲紅旗人。嘉慶十五年任,十六年再任。

成　格:滿洲正黃旗進士。嘉慶二十二年任,二十三年再任。

和舜武:滿洲正黃旗人。嘉慶二十二年任。

邱樹棠:湖北漢陽縣進士。道光二年任。

張師誠:浙江歸安縣進士。道光四年任。

福　綿:滿洲鑲紅旗人。道光四年任。

盧　坤:順天府涿州進士。道光八年任。

徐　炘:順天府大興縣舉人。道光八年任。

阿勒清阿:滿洲正藍旗生員。道光十年任。

尹濟源:山東歷城縣進士。道光十二年任。

鄂順安:滿洲正紅旗生員。道光十三年任。

申啓賢:河南延津縣人。嘉慶乙丑科進士,道光十五年任。

楊國楨:四川成[城]都府崇慶州人。嘉慶甲子科舉人,道光十九年任。

梁萼涵:山東榮城縣人。道光二十二年任。

吳其浚:河南固始縣人。嘉慶丁丑科狀元,道光二十五年任。

王兆琛:山東福山縣人。嘉慶丁丑科進士,道光二十八年任。

季芝昌:江蘇江陰縣人。道光壬辰科探花,道光二十九年任。

龔　裕:江蘇清河縣進士。道光二十九年任。

兆那蘇圖:滿洲鑲黃旗人,蔭生。道光二十九年任。

哈　芬:滿洲正藍旗人。咸豐三年任。

恒　春:滿洲正白旗人。嘉慶庚辰科進士,咸豐三年任。疏請捐免充商,山西改為官運官銷,豫陝改為官運民銷。

王慶雲:福建閩縣人。道光己丑科進士,咸豐五年任,升四川總督。

恒　福:蒙古鑲黃旗人,蔭生。咸豐七年任。

英　桂:滿洲正藍旗特通阿佐領下人。道光辛巳恩科繙繹舉人,咸豐八年任。原任體仁閣大學士。

沈桂芬:順天宛平縣人。道光丁未科進士,同治二年任,原任協辦大學士。

趙長齡:山東利津縣人。道光丁未科進士,同治五年任。

鄭敦謹:湖南長沙縣人。道光乙未科進士,同治七年任,升刑部尚書。

李宗羲:四川開縣人。道光丁未科進士,同治八年任,升兩江總督。

何　璟:廣東香山縣人。道光丁未科進士,同治九年任,旋升浙閩總督。

鮑源深:安徽和州人。道光丁未科進士,同治十年任。

曾國荃:湖南湘鄉縣優貢。光緒三年任。是年,晉省大旱成災,力籌賑濟,全活無數。五年,請裁加費羨餘,商民感戴。六年,奉命督辦山海關防務。去日,老幼婦孺遮道焚香者數百里。旋授陝甘總督。

葆　亨:滿洲正藍旗廩生。光緒六年七月護。

松　椿:滿洲鑲藍旗附生。光緒六年十二月護。

衛榮光:河南新鄉縣人。咸豐壬子科進士,光緒六年任。是年,調任江蘇巡撫。

張之洞:直隸南皮縣人。咸豐壬子科解元,同治癸亥科探花,光緒七年任。

奎　斌:蒙古鑲白旗生員。光緒十年四月護,旋改暫署。以應得七成公費銀五千六百兩,并於河東道七成公費內提銀二千兩暨以外減免公費,奏請每年報效銀一萬四百兩。

剛　毅:滿洲鑲藍旗人,繙譯生員。光緒十一年十一月任,准將藩庫發商、科場抵攤兩款生息銀二十萬兩,十年還本,五年還利,以釋商困。河東甘餉,課不敷解。

豫　山:滿洲正黃旗監生。光緒十五年四月護,十月任。

潘駿文:安徽涇縣廩貢。光緒十六年閏二月由山西按察使護,嗣升任福建布政使。

劉瑞祺:江西德化縣人。同治壬戌科進士。光緒十六年三月任。

奎　俊:滿洲正白旗人。光緒十七年十月護,是月即任。

胡聘之：湖北天門縣人。同治乙丑科進士。光緒十八年正月護,現任山西布政使。

張　煦：甘肅靈州人。咸豐癸丑科進士。光緒十八年十一月任。奏請陝西渭北、河南鞏孟襄郟等處試辦督銷,補商力所不及,以清口岸。

吏役附後

鹽院書吏十八名。飯食銀一百四十四兩,廩給銀九百六十兩。

皂隸八名。工食銀八十六兩四錢。

班頭二名。工食銀一十六兩。

上號吏四名。工食銀二十一兩六錢。

快手四名。工食銀二十八兩八錢。

按,增修備覽十二門俱截至光緒七年止,獨官職門加至二十年者,緣補載巡撫張(煦)奏准試辦豫陝督銷疏議,故鹽政績增題名,鹽道、監掣亦連類及之。第篇章急就,未能詳考政績。匡其不逮,請俟後之君子。

河 東 道

河東道向駐蒲州府,專管兵備、水利。乾隆五十七年課歸地丁,運司裁汰。雖澆曬販運聽民自便,但運城人烟輻輳,澆曬工作人夫聚集。至鹽池,每慮水患,皆應督飭保護,必須監司大員駐扎稽查,方臻妥善。奏准移駐運城,兼管鹽法道。嘉慶十一年鹽務復歸商運。部議以河東道兼管鹽法,毋庸復設運司。惟河東鹽引行銷山西、陝西、河南三省,所有督銷、催課、查私等事,皆應認真經理。關防內若僅鑄兼理鹽法道字樣,恐陝西、河南引地州縣心存歧視,呼應不靈。應鑄頒河東道兼管山西陝西河南鹽法道關防,以昭信守。乾隆五十七年頒有專敕,敬謄於左:

敕山西分守河東兵備道。茲命爾分守平陽等處河東道事務,加兵備銜,兼管山西陝西河南鹽法,駐扎蒲州府,管轄平、蒲二府,解、絳、吉、隰四州及所屬各縣地方。其經管錢穀各官,仍照舊聽爾統轄經營。蒲州協營官兵俸餉、都司以下等官,聽爾節制調遣。首在撫綏黎民,勤宣德意,約束衙門官吏胥役,使知恪遵法紀,無致作弊生事,擾害商民。監司本源既正,方可表率屬員,用循職業。宜加意防河修城,積聚糧餉,督緝盜賊,稽查逃人。仍誡諭有司簡訟清刑,潔己愛民,興利除害,生聚教訓,共圖保障。凡行鹽地方,該管州縣嚴飭場竈、戶丁稽核派銷鹽引,飭捕役以緝私販,剔侵蠹以疏積壅。察照戶部議准鹽政事宜,逐款舉行。凡係流移人口,須設法招徠,各復本業。不許奸人藉端作害。開墾荒田,年終造報。如大兵征討經由地方,糧草舟車皆當通融豫備以待臨時支給。事竣報核,無容有司朦朧橫派,重困小民。所屬官員有貪殘溺職者,轉報該撫參處。支放官兵俸餉,嚴加查察。如有扣尅短少,聽爾揭參。爾仍聽巡撫節制,年終將行過事績開送該撫,咨部考察。爾受茲委任,須持廉秉公,殫心竭力,使小民樂業,斯稱厥職。如或貪黷乖張,因循怠忽,貽誤地方,責有所歸,爾其慎之。故敕。

河東道,正四品,俸銀一百五兩,坐永濟縣。養廉銀四千兩,在藩庫動支。

歷任題名

和　明:滿洲正黃旗慶安佐領下人。乾隆五十三年任,五十七年課歸地丁,移駐運城兼管鹽法道。

金應琦:安徽歙縣舉人。乾隆六十年任,洊升山西巡撫。

王如金:江蘇華亭縣人。嘉慶九年任。

張體公:山東金鄉縣人。嘉慶十年任。

鄭人慶:四川廣安縣典吏。嘉慶十年任。

劉大觀:山東邱縣拔貢。嘉慶十一年任,詳准復商事務。

茅　豫:浙江山陰縣進士。嘉慶十五年任。

瑞　弼:滿洲鑲白旗佟慶佐領下人。嘉慶十八年任。

陳中孚:湖北武昌府進士。嘉慶十八年任。

覺羅承光:滿洲鑲黃旗人。嘉慶二十年任。

河　洲:漢軍正黃旗人。嘉慶二十一年任。

葉汝芝:直隸滄州人。嘉慶二十一年任。

張大鏞:江蘇昭文縣舉人。嘉慶二十五年任。

曹恩綬:河南儀封廳舉人。道光三年任。

韓文顯:浙江仁和縣舉人。道光五年任。

羅士菁:雲南石屏州進士。道光十二年任。

但明倫:貴州廣順州人。嘉慶己卯科進士,道光十三年任。

郭文匯:江西新建縣進士。道光十五年仜。

文　柱:江西瑞昌縣拔貢。道光十八年任。

徐澤醇:漢軍正藍旗進士。道光二十二年任。

李百齡:廣西蒼梧縣進士。道光二十三年任。

馮德馨:山東濟甯州進士。道光二十五年任。

文　光:漢軍正黃旗進士。道光二十五年任。

張錫蕃：江蘇元和縣人。咸豐元年任。三年，帶勇赴垣曲縣防堵。八月，髮逆①由豫竄人晉境，入垣曲城。率兵登陴固守。奈兵單糧絕，城陷殉節。

文　海：漢軍鑲黃旗人。咸豐三年任，詳辦捐免充商，歿於遼州防所。

黃　經：廣東順德縣人。道光甲辰科進士。咸豐四年任，詳辦三省引鹽改爲官運，政聲卓著，升山西按察使。同治五年，奉旨入祀名宦祠。

劉子城：直隸滄州人。道光己亥科舉人，咸豐九年任。

楊寶臣：福建邵武縣人。同治二年任，辦理河防，請減加費。

李慶翱：山東歷城縣人。咸豐壬子科進士。同治六年任，帶勇督辦河防。八年四月，署山西按察使。九年七月，回任升山西按察使、布政使。遞升河南巡撫。

王　溥：陝西蒲城縣人。道光戊戌科進士。同治八年署，嗣升兩淮鹽運使。

俞世銓：江蘇吳縣人。咸豐丙辰科進士，同治九年任。

升　泰：蒙古正黃旗恩杰佐領下人。同治十年任。加修禁墻，升浙江按察使，嗣升雲南布政使，授伊犁參贊大臣。

江人鏡：安徽婺源縣人。道光己酉科舉人，咸豐癸丑科內閣中書。同治十年十月護。光緒三年正月任。適值奇荒三載，詳裁加費羨餘，請填五姓湖、蒲灘私畦鹽井。歷署山西藩臬，現任兩淮鹽運使。

---

① 髮逆：太平天國因不剃髮，不結辮，披頭散髮，故被蔑稱"長毛""髮逆"等。

卓熙泰:廣西藤縣人。道光壬午科舉人。光緒三年三月護。時值大祲,籌辦賑務。

吳其復:湖南湘鄉縣人。光緒八年三月署。

唐咸仰:廣西宣化縣人。道光己酉科拔貢,光緒八年九月任。

黃照臨:湖南石門縣人,同治壬戌恩科舉人。光緒九年八月,由大同府護,十二月任。試辦太汾行銷。詳准秦省包厘,切省經費,以實庫款。潔己勤政,事必躬親。公餘輒微服巡察,洞悉商情民隱。十年閏五月,署山西按察使。

丁體常:貴州平遠縣附貢。光緒十年閏五月,由大同府護,十一年二月任。請裁續增五款以紓商困。四月署山西按察使,十一月回任。現任甘肅鞏秦階道。

俞廉三:浙江山陰縣監生。光緒十一年四月,由太原府護。十二年五月,再護。詳寢鹵泊灘化私為官,免礙商運。現任冀甯道,歷署山西按察使、布政使。

邁拉遜:滿洲鑲紅旗人,荊州駐防。同治丁卯科舉人。光緒十二年九月任。詳調練軍,大修姚暹渠,以除池患。因鹽務積疲,請由藩庫按年籌墊銀十萬兩,湊解甘餉。詳准科場經費籌抵攤捐生息,先本後利歸款。并籌款修葺文廟、池神廟,重修鐘樓、道署,商民感之。祠祀於惠民館。

張貽琯:山東海豐縣增貢。光緒十七年十月兼護。承辦戶部捐輸,體察商情,竭誠敦勸。衆商踊躍輸將銀十二萬兩,現任監掣同知。

吳鴻恩:四川銅樑縣人,同治壬戌科翰林、候選道。光緒十七年十一月,由太原府護。朔望宣講聖諭,添設中義學,以廣育才。刊河東、宏運兩書院同學銘及三聖寶訓等書,教化士庶。修理育嬰堂,以恤幼孤。飭官商經理養病所,全活甚衆。現任甯武府知府。

宜　麟:蒙古正白旗人。光緒十八年四月任。嚴緝池私,梟販斂迹。粥廠變章,施濟益溥。十九年十二月,調奉天東邊道。

閻迺珏:陝西朝邑縣附貢,山西候補道。光緒二十年正月署。創建硝池灘、六小池營房。詳調馬步練軍駐緝私曬。修理堰工以固鹽池。以文介公道庫存款置運安義倉,并分撥蒲解十一屬義倉谷二萬一千石有奇、義倉銀二萬一千兩有奇。

吏役附後

河東道書吏六房,外有承發房、柬房。

快手十二名,額編工食銀七十二兩。

皂隸九名,額編工食銀七十二兩。

聽事吏二名,額編工食銀一十二兩。

門子四名,額編工食銀二十四兩。

傘扇夫三名,額編工食銀一十八兩。

以上坐永濟縣。

鹽法道書吏六房,外有戶總科、戶收科、戶支科、庫房、招房、承發房、柬房。

快手四十八名,額編工食銀七十二兩。

皂隸四十八名,額編工食銀七十二兩。

上號吏二名,額編工食銀一十二兩。

巡庫兵六名。

引庫子十三名,額編工食銀二十四兩。

内更夫四名。

外更夫二名。

鐘鼓夫二名。

學泉斗子一名。

四城門門兵四十名，額編工食銀七十八兩。

以上額編坐安邑縣。

監掣同知

河東向設運同一員，駐扎運城，專司監掣，兼管渠堰、盜販等事，責任綦重。乾隆五十七年課歸地丁，裁缺。嘉慶十一年鹽務仍歸商運。既不增設運司，未便復設運同。將甯武府同知一缺裁汰，改爲河東監掣同知，仍駐運城，定爲繁難要缺，於通省同知、直隸州通判、知州、知縣中揀選才具幹練之員。題補

監掣同知，正五品，俸銀八十兩，坐安邑縣。養廉銀一千二百兩，在雜課項下動支。嘉慶二十年撫臣衡齡奏准加增養廉八百兩，在銷價生息項下動支。咸豐四年，捐免充商，改歸辦公費項下動支。

歷任題名

胡龍光：河南中牟縣人。乾隆乙未科進士。嘉慶十一年任解州直隸州知州，選授雲南楚雄府知府。因條陳河東鹽務留辦復商事宜，嗣請以知府借補河東監掣同知。十二年七月，奉頒監掣同知印信。

沈廷瑛：江蘇常熟縣人。嘉慶十五年任。

秦恒柄：廣西臨桂縣人。乾隆己酉科舉人，道光元年任。

馬振玉：順天大興縣人。祖籍陝西同州府，道光七年任，十六年再任。

徐麗生：浙江武康縣人。乾隆甲寅恩科舉人，道光九年署。

郭書俊：山東濰縣人。嘉慶庚申恩科舉人，道光十二年任。

楊作梅：山東濟甯州人。嘉慶丁丑科進士，道光十八年任。

張思鏜：江西上饒縣人。道光戊戌科進士，道光二十八年任，官至四川按察使。

魯鴻疇：順天宛平縣人。咸豐二年任。

徐　瀾：直隸威縣副榜。咸豐三年署。

章　澍：順天大興縣人。咸豐四年任。

薛　珊：陝西朝邑縣人。咸豐四年十二月署。六年，東郭灘積水甚盛，冲刷石馬道，幾爲池患。議挖引河，鹽池始賴保全。時補太原同知，請暫留河東，督修石馬道、姚暹渠等工，任事實心。工竣，保以知府留晉。遇有選缺，盡先題補。

曹芳溢：湖北江夏縣人。道光乙未科舉人，咸豐六年任，選台州府知府。

周雲翥：順天涿州人。道光丁未科進士，同治五年任。

阮　菜：安徽懷甯縣人。道光丙午科舉人，同治十年署。

高崇基：直隸靜海縣人。道光庚戌科進士，同治十一年任。議修禁墻，授安徽甯國府知府。

賈世琅：江西高安縣人。光緒元年署。

馬丕瑶：河南安陽縣人。同治壬戌科進士，光緒二年署。

三年十月,兼署解州。時值旱災,襄辦賑務,綏靖土匪。河東一帶,賴以乂安。

張元鼎:江蘇婁縣人。道光丙午科舉人,光緒四年任。十一年選授甘肅慶陽府知府。

李潮海:陝西朝邑縣附貢。光緒十一年七月署,十二年九月代理。時值商力疲極,詳請科場抵攤二十萬生息銀,先本後利歸款。令各商具限呈道,存案承辦。蘇皖江浙鄭工順直部庫晉賑等捐,開誠敦勸,衆商樂輸銀四十四萬兩。花翎,補用知府,候補監掣同知。

張貽琯:山東海豐縣增貢。光緒十一年十二月任。花翎,在任,候補知府。

吏役附後

書吏六房,外有鹽攢房、支科、招房、柬房、承發房。

快手八名,額編工食銀四十八兩。

皂隸十二名,額編工食銀七十二兩。

上號吏一名。

門子三名,額編工食銀一十二兩。

傘扇轎夫七名,額編工食銀四十二兩。

鋪兵二名。

燈夫二名。

厨子、水火茶夫五名。

馬夫一名。

執事人役八名。

運　　學

運學向設教授一員,訓導一員。乾隆五十七年課歸地丁,裁缺。嘉慶十一年復商。十三年,撫臣成齡奏准復設,將安邑縣訓導移駐運城,專司督課、祀事,係選缺。

訓導,從八品,俸銀四十兩,坐安邑縣。養廉銀一百兩,在安邑額編項下動支。

歷任題名

侯郁亭:介休縣廩貢。嘉慶五年任安邑縣訓導。十二年復商,移駐運城,專管運學。

賀希孔:太谷縣舉人。嘉慶十八年任。

張履安:太谷縣歲貢。道光十二年任。

武廣祿:榮河縣舉人。道光十四年任,二十六年再任。

趙紹祖:崞縣舉人。道光十八年任。

宋敏德:介休縣附貢。咸豐五年任。

石凌雲:汾陽縣附貢。咸豐十年任。

李嘉禾:盂縣增貢。同治九年任。

郭懋基:介休縣廩貢。光緒五年任。

吏役附後

學書一名。

齋夫三名,額編工食銀一十八兩。

門斗三名。

膳夫二名,額編工食銀一十三兩三錢三分厘。

廟夫二名。

經 歷 司

河東鹽經歷兼批驗大使。乾隆五十七年課歸地丁,裁缺。嘉慶十二年復設,兼管知事。嘉慶二十五年,撫臣成格奏准移駐會興鎮,專管稽查民販事務,係繁缺。俸銀如舊,養廉銀於捐免充商案內改歸雜課項下動支。

歷任題名

黃本諧:江西新城縣監生。嘉慶十二年任。

胡坊時:安徽甯固縣拔貢。道光二年任。

汪應璧:順天宛平縣副榜。道光四年任。是年,移駐河南會興鎮,兼批驗大使。

潘　露:浙江仁和縣監生。道光十四年任。

馮　諫:順天大興縣供事。祖籍浙江,道光三十年任。

劉雁題:直隸蔚州副榜。咸豐元年任。

鄭敦仁:福建侯官縣監生。咸豐六年任。

黃　晉:順天大興縣監生。祖籍江蘇,咸豐九年任。

熊金城:江西高安縣監生。同治七年任。

吏役附後

書吏。

門子。

皂隸。

籠馬夫。

批驗秤役。

庫 大 使

運庫大使。乾隆五十七年裁缺。嘉慶十二年復設,兼管運阜、運儲二倉事,係繁缺。俸銀如舊,養廉銀於捐免充商案內改歸雜課項下動支。

歷任題名

胡良慶：江西南豐縣監生。嘉慶十二年任。
李世德：河南武陟縣舉人。嘉慶十九年任。
夏蔭南：江蘇土元縣監生。嘉慶二十二年任。
劉錫疇：江西新淦縣監生。道光十一年任，二十年再任。
張式瑛：順天大興縣監生。道光十二年任。
侯　錞：安徽無爲州監生。道光十三年任。
韓慶瀾：山東霑化縣監生。道光二十四年任。
安　福：滿洲正黃旗宗室樂福佐領下監生。咸豐六年任。
楊恩齡：山東濟甯州監生。同治二年任。
沈長慶：安徽六安州監生。同治九年任。
張茂善：江蘇婁縣監生。同治十三年任。
吏役如舊志。

中場大使

中場。乾隆五十七年課歸地丁，裁缺。嘉慶十二年復設，定爲簡缺。俸銀如舊，養廉銀於捐免充商案内改歸雜課項下動支。

歷任題名
嚴　琦：江蘇太湖廳監生。嘉慶十二年任。
張大銓：江蘇昭文縣監生。嘉慶十八年任。
蘇廷舒：漢軍鑲白旗生員。嘉慶二十四年任。
李訓謨：山東濟甯州監生。道光元年任。
潘　露：浙江仁和縣監生。道光四年任。
龔自閏：浙江仁和縣議叙。道光八年任。
鄭尊仁：福建閩縣監生。道光十四年任。

葉華烜:浙江歸安縣監生。道光十八年任。
江德輝:安徽歙縣監生。道光二十一年任。
彭光照:河南靈寶縣貢生。咸豐元年任。
強紹瀛:江蘇溧陽縣監生。咸豐四年任。
屈鑑炳:陝西朝邑縣監生。同治九年任。
俞　斌:順天宛平縣人。咸豐乙卯科副榜,同治十二年任。
吳傳綸:安徽懷甯縣監生。光緒五年任。
吏役如舊志。

東場大使

東場。乾隆五十七年裁缺。嘉慶十二年復設,定爲繁缺。旋以磴口、吉蘭泰兩大使改繁,奉部議改簡。十六年,磴口、吉蘭泰兩大使奉裁。十八年,經撫臣衡齡仍請,改繁,在外揀調。俸銀如舊,養廉銀於捐免充商案内改歸雜課項下動支。

歷任題名
邵　棻:直隸天津縣舉人。嘉慶十二年任,二十三年再任。
孟調梅:河南睢州舉人。嘉慶十九年任。
張大銓:江蘇昭文縣監生。嘉慶二十四年任。
蘇廷舒:漢軍鑲白旗生員。嘉慶二十五年任。
連　魁:滿洲正黃旗生員。道光七年任。
潘　露:浙江仁和縣監生。道光八年任。
龔自閎:浙江仁和縣議叙。道光十四年任。
鄭尊仁:福建閩縣監生。道光十七年任。

徐維基：江蘇吳縣監生。道光二十一年任。
江德煇：安徽歙縣監生。道光二十八年任。
葉華烜：浙江歸安縣監生。道光三十年任。
陳承恩：漢軍鑲黃旗德克包衣佐領下監生。咸豐三年任。
慶　英：滿洲正藍旗監生。咸豐九年任。
潘　銘：浙江仁和縣監生。同治十年任。
張　裴：安徽桐城縣吏員。光緒三年任。
吏役如舊志。

西場大使

西場。乾隆五十七年裁缺。嘉慶十二年復設，係簡缺。俸銀如舊，養廉銀於捐免充商案內改歸雜課項下動支。

歷任題名
王鼎勛：江蘇江甯縣監生。嘉慶十二年任。
連　魁：滿洲正黃旗議叙。嘉慶二十年任。
婁　淦：浙江會稽縣監生。道光八年任。
徐維基：江蘇吳縣監生。道光十二年任。
鄧文典：廣東歸善縣監生。道光二十五年任。
劉繼愷：陝西朝邑縣監生。道光三十年任。
陳承恩：漢軍鑲黃旗德克包衣佐領下監生。咸豐元年任。
潘　銘：浙江仁和縣監生。咸豐四年任。
張鴻儀：直隸磁州監生。同治十二年任。
吳恩晉：安徽廬江縣監生。光緒三年任。
曹槐江：湖北江夏縣監生。光緒四年任。
吏役如舊志。

解州州判

州判。乾隆二十七年移駐運城,俸廉如舊。

歷任題名

楚　玙:陝西南鄭縣拔貢。嘉慶元年任。

顏紹業:江蘇長洲縣副榜。嘉慶八年任。

徐如涵:貴州銅仁縣拔貢。嘉慶十三年任。

甘　霖:順天宛平縣拔貢。嘉慶十五年任。

張誠修:山東鄒平縣拔貢。嘉慶二十二年任。

汪應璧:順天宛平縣副榜。道光元年任。四年,又任經歷。

張映南:四川成都縣副榜。道光四年任。

宋淵島:河南商邱縣拔貢。道光八年任,升安邑知縣。

蔣知白:江蘇鉛山縣人。嘉慶辛酉科拔貢。道光二十年任。

徐　瀾:直隸威縣人。道光壬辰科副榜,道光二十二年任,升安邑縣知縣。

孫德鈞:直隸清苑縣人。道光壬辰科副榜,道光二十八年任。

崔　玲:直隸安平縣人。嘉慶癸酉科拔貢,咸豐元年任。

紀煥述:直隸獻縣人。癸酉科副榜,咸豐四年任。

陸憲曾:浙江桐鄉縣附貢生。同治元年任。

盛鏡善:江蘇武進縣廩貢生。同治二年任,十三年再任。

張郁慶:直隸南皮縣人。咸豐己未科副榜,同治七年任。

按前志,設快手八名,官馬八匹,在池內巡防。乾隆五十七年課歸地丁,裁汰。嘉慶十一年復商時,部議毋庸復設。道光五年,因池內宵小偷竊料鹽,設立槍手六十名,烏槍六十杆,由運城營撥派二十名,解州撥派二十名,安邑縣撥派二十名,歸州判管帶督率,分鋪巡緝。嗣以池內安靜,減去三十名。二十六年,又以池內不靜,於冬三月加添三十名。光緒六年,以商力疲乏,將加添之三十名暫行裁撤,常設槍手三十名仍留巡緝。

吏役詳《解州志》。

三　巡　檢

乾隆五十七年課歸地丁,場員奉裁。飭令鹽池司代管中場,長樂司代管西場,聖惠司代管東場。凡遇大計俸滿,歸河東道考核。嘉慶十二年,場員復設,仍專管巡墻緝私之責,俸銀如舊,養廉銀於捐免充商案內改歸雜課項下動支。

鹽池司巡檢歷任題名
劉福耀:江西奉新縣監生。乾隆五十七年任。
沈友壎:順天大興縣監生。祖籍浙江,嘉慶十二年任。
董　洙:江蘇陽湖縣監生。嘉慶十二年任。
許　炆:順天大興縣監生。祖籍浙江,嘉慶二十一年任。
徐遜善:甘肅西寧縣議敘。道光六年任。
張穀生:順天宛平縣議敘。祖籍浙江,道光七年任。
熊上吉:江西高安縣監生。道光十七年任。
惲　炘:順天涿州監生。祖籍江蘇,咸豐二年任。
章廣程:湖南善化縣監生。咸豐十一年任。

袁緝業：山東長山縣監生。同治三年任。
吏役如舊志。

長樂司巡檢歷任題名
鄭恭和：浙江蕭山縣監生。嘉慶十二年任。
鄔彤文：順天大興縣議叙。嘉慶十七年任。
呂世勛：安徽貴池縣監生。嘉慶十八年任。
施國信：順天大興縣議叙。道光七年任。
宋　甡：江蘇長洲縣議叙。道光三十年任。
崔世華：直隸深州議叙。咸豐四年任。
邵　煜：順天通州議叙。同治三年任。
張　華：直隸安平縣監生。光緒三年任。
申嗣元：山東歷城縣監生。光緒七年任。
吏役如舊志。

聖惠司巡檢歷任題名
張玉麟：浙江山陰縣議叙。嘉慶元年任。
龔亦馮：順天宛平縣吏員。嘉慶十四年任。
董　洙：江蘇陽湖縣監生。嘉慶二十四年任。
吳開泰：浙江錢塘縣監生。道光十二年任。
張世鉞：順天宛平縣監生。道光十六年任。
史　祜：順天通州議叙。道光二十八年任。
陳　鑄：直隸清苑縣監生。咸豐六年任。
汪先甲：安徽桐城縣監生。同治十年任。
錢　澍：安徽懷寧縣監生。光緒五年任。

苑春和:直隸涿州監生。光緒七年任。

吏役如舊志。

運城營

運城營。緜雍正十年改爲都司專營以逮道光年間,原設都司一員,把總一員,外委把總二員。咸豐十一年,山西巡撫英桂通籌全省營制移兵移餉、擇要分駐摺內聲稱:"運城爲鹽課重地,請改添官兵以資守禦。"奉部議覆,准裁都司一缺,改設游擊一員,添設守備一員、把總一員。自同治元年始,由藩庫支給游擊養廉銀四百兩,守備養廉銀二百兩,把總養廉銀九十兩。原設把總仍舊養廉銀九十兩,外委把總每員仍舊養廉銀十八兩。原設、添設經制官共六員,歲計支養廉銀八百一十六兩。

游擊

從三品,俸銀二百三十一兩三錢三分六厘,養廉銀四百兩,均在藩庫動支。

歷任題名

陳永祥:陝西安康縣世襲。同治元年任。是年,改設游擊,即以裁缺都司升補。

蘇碼康阿:滿洲鑲黃旗侍衛。同治四年任。

怡　壽:滿洲正黃旗廣道佐領下人。同治十一年任。

王同文:山西汾西縣行伍。光緒元年任。

桓　昌:滿洲鑲紅旗文英佐領下護軍參領。光緒四年署。

都司

同治元年都司裁缺,改設游擊。

歷任題名

邢承詥:四川崇慶州世襲。乾隆六十年任。

儲士雄:福建泉州府行伍。嘉慶九年任。

楊大受:江南壽州行伍。嘉慶十三年任。

范建衡:漢軍鑲黃旗人。嘉慶十六年任。

保之琳:貴州興義縣世襲。道光二年任。

蓋睿開:貴州畢節縣武進士。道光四年任。

王廷樑:雲南昆明縣行伍。道光六年任。

馬得貴:雲南太和縣行伍。道光十四年任。

西銘額:滿洲正白旗侍衛。道光二十二年任。

張會川:山西代州武生。道光三十年任。

羅書龍:江西武生。咸豐五年任。

陳永祥:陝西安康縣世襲。咸豐九年任,坐升游擊。同治元年裁改都司爲游擊。

以上都司自同治元年裁缺,仍留題名,以備參考。

守備

同治元年增設。

守備,正五品,俸銀九十兩六錢九分六厘,養廉銀二百兩,由藩庫撥給。

歷任題名

增　順:滿洲正黃旗人。同治元年任。是年,增設守備員缺。

武以仁:山西五臺縣武舉人。同治四年任。

王占魁:安徽阜陽縣人。同治戊辰科武進士,光緒三年任。

把總

城守營把總係專管城守之責,設自國初,備詳舊志。

把總,正七品,俸銀三十六兩,養廉銀九十兩,由藩庫撥給。

歷任題名

馮翼龍:山西陽曲縣行伍。嘉慶十年任。

張國鏡:山西朔州行伍。嘉慶十九年任。

任正南:山西太谷縣武舉人。道光十年任。

孫文銓:山西臨汾縣武生。道光二十四年任。

常光國:山西崞縣武生。咸豐五年任。

許　華:山西臨汾縣行伍。咸豐九年任。

賀　福:山西臨汾縣行伍。同治四年任。

新設把總

同治元年新設把總,係專管操防之責。

新設把總,正七品,俸銀三十六兩,養廉銀九十兩,由藩庫撥給。

歷任題名

馬得龍:山西大同縣行伍。同治元年任。是年,添設把總一員。

原額兵九十六員名內。外委把總二員,一分駐安邑縣,一分駐北相鎮。存營額外外委一員。馬戰兵六名,步戰兵十四名,守兵七十三名。同治元年,添兵四百七十員內,額外外委五員,馬戰兵三十二名,步戰兵一百名,守兵三百三十三名。通共運城營兵五百六十六員名。

原設官馬十一匹內,把總例馬二匹,外委、額外并馬兵騎操馬九匹。官兵俸餉草干歲需銀一千四百三十九兩四錢,應領折色米銀一百三十二兩六錢八分二厘,俱在藩庫動支。又應領本色米二百一十二石九斗一升七合五勺,本色料豆五十九石四斗,俱在蒲州府倉動支。

添設官馬四十九匹內,游擊例馬六匹,守備例馬四匹,把總例馬二匹,額外并馬兵騎操馬三十七匹。歲需官俸銀三百五十八兩三分二厘,兵餉銀六千六百八十七兩,米折銀一千五百二十二兩八錢,草豆折干銀四百九十九兩二錢一分二厘,統計俸餉米豆草干銀九千六十七兩四分四厘。

卷二上　渠堰

渠堰之設，原以防山水而護鹽池。要在浚渠深以泄水勢，築堰堅以遏橫流。籌議興修，用資保衛，洵治鹺之先務也。查池南各堰輪修次第、辦工限制、近池山澤，《備覽》已詳其說，無須增敘。惟姚暹渠疊次興修，暨大池東西各堰間有加添，并議修姚暹渠河渠各章程、估銷限期及護池灘地中附載各條，今昔異宜。謹依次增修，以備稽考。

姚　暹　渠

查姚暹渠舊制，渠口寬二丈四尺，底寬二丈，深一丈二、三尺不等，計一百三十一里有奇，長二萬三千七百七丈八尺。來源自夏縣王峪口起，歷安邑、解州、虞鄉四州縣，會合東南一帶山水，西注五姓湖，又西入於河，使水有所歸，不致漫入鹽池爲害。惟遇山水漲發，挾沙帶泥，水經一次，即淤土一層。堰身日漸披累，間有單薄不堪抵禦處所。其在安邑境內潰決者，渠水全注東郭灘；在解州境內潰決者，渠水全注長樂灘。是以治鹺必先治渠，以資保衛。

乾隆年間，屢次奏請借帑興修，或三萬兩或四萬兩不等，均歸坐、運各商分年公攤歸款。迨四十三年議定歲修所需工費，即令衆商公攤，毋庸報部。五十七年課歸地丁，照依辦理。

於嘉慶二年河東道金應琦以姚暹渠淤澱，詳動商捐鹽池生息銀七千五百兩有奇，重加修浚。九年，河東道王如金又議請動用本年歲修及歷年歲修餘剩銀兩，擇要挑浚。十二年復商後，隨時督商捐資修理。

道光二年夏，雨水過多，渠流激駛，堰身沖刷塌墊之處十居四五。八月初，霪雨經旬，山水漲發，以致南堰潰決，漫入長樂灘，浸及池西各堰，幾為池患。道光三年，鹽政邱樹棠具奏，以上游之李綽堰係姚暹渠來路，屢修屢壞，必須另買民地，改挖河身，重築新堰，與姚暹渠一并修築。經河東張大鏞督同監掣同知秦恒柄等逐細履勘，約估一切公費連買民地價值共需銀四萬八千兩，請將河東道庫所存商捐銷價生息除前次奏准添築幫護馬道土堤動用銀五萬兩外，現存銀四萬餘兩盡數借撥，其不敷銀八千兩請在公務項下如數借支。所借銀兩自道光三年夏季為始，分作八年，由坐、運商公攤歸款，無庸造冊報銷，奉旨准行。遵即檄委解州、安邑、夏縣、虞鄉四州縣督工修浚。是年五月初九日，奏報工程完竣，實用銀四萬一千一百八十三兩零，較原估節省銀六千八百一十六兩零，奉上諭："即將此項銀兩留作修理申家堰、青龍堰等工之用等因，欽此。"道光十二年，秋雨連綿，山水漲發，以致八月十四日解州境內姚暹渠莊頭橋西堰身沖決，全渠之水直注長樂灘內。十三年正月二十八日，奉上諭："尹濟源奏請借商捐息銀修築堤堰要工一摺。上年，山西省秋雨連綿，以致姚暹渠堤堰莊頭橋西沖開缺口。該堰保護鹽池必不可緩，要工自應趕緊修築，以資扞衛。著照所請，准其在於商捐銷價生息銀兩內照估借動銀二萬二千一百三十六兩零，飭令乘此春融，即行修築。所借銀兩，著自本年春季為始，分作四年，由坐、運兩商四六攤捐歸款，責成監掣同知、解州直隸州承修，照例保固三年。如限内冲壞，即令著賠。仍飭該管河東道隨時前往查察，務使砌築堅固，毋任草率偷減。至此項工程將來仍由商捐歸款，著免其造册報銷。該部知道，欽此。"遵即飭委監掣同知郭書俊、解州直隸州徐麗生督率商人等興修。四月十二日，一律工竣。至道光十五年五、六月間，連次大雨，屢有冲決。經河東道但明倫隨時搶護，七月十六、七等日又遇大雨，水勢盛漲，致將夏縣白沙堰冲開，直灌姚暹渠。其黑龍堰、石馬道等處堤堰漫溢，鹽池被淹。經撫臣鄂順安飭令河東道督率鹽務各員竭力堵禦，并將被水情形奏明在案。十六年撫臣申啓賢興修姚暹渠，估需工料銀八萬兩，奏請在於藩庫銅本息銀息穀變價減半平餘歸本銀兩内，借撥所借銀兩。自道光十七年爲始，分作八年，由坐、運兩商四六攤捐歸款，奉旨准行。遵派解州直隸州徐麗生、安邑縣知縣袁楷、夏縣知縣王黻、虞鄉縣知縣宣禮，分段承修，如式挑浚。五月二十八日、六月初十等日，先後報竣。

咸豐六年，姚暹渠上下游多有淤澱，每遇大雨輒行冲決。經撫臣王慶雲片奏，運城東郭灘積水浸池及姚暹渠亟宜挖修，請留署監掣同知太原府同知薛珊撙節估辦，奉旨允准。續修李綽堰工竣，共用銀二萬九千二百餘兩，與歲修并案題銷。其不敷銀兩在歷年歲修餘剩銀兩内動支。九年四月，經部核准具奏，十五日奉旨："依議，欽此。"嗣後，歷年照例歲修，至今賴以安謐。

池東各堰

池之有堰，如城之有郭，所以資保衛也。前志載，池東有白沙、李緽、雷鳴、白家、黑龍、東禁共六堰,丈尺、基址備詳。而六堰中以李緽堰爲最要,扼姚暹渠之來路,當山水之衝,原長二千五百五十六丈,內有小堰長一百十丈。道光三年,撫臣邱樹棠修浚姚暹渠、李緽堰等工案內奏明,另買民田,添築橫石堰一道,名曰迎水燕尾堰,長一百丈。

池西各堰

前志內載,池西有五龍、硝池、七郎、卓刀、長樂五堰,內惟五龍堰爲鹽池最要保障,且近解州城垣,藉以捍衛。匯納五峪之水,故以五龍名。原長八百三十五丈,內有小堰長五十三丈五尺。道光九年撫臣徐炘以峪口水勢湍急,且根山築堰,每遇水發,沙石奔騰,灘則漸高,堰則漸矮,非特於鹽池爲害,實於解州全局大有關係。疏請將堰工一律培築高厚,並加築護石及迎水石壩等工。十月初六日奉上諭:"徐炘奏察看鹽池情形請動項大修堰工一摺。山西運城鹽池,向有五龍堰工。近年山水陡發,間被冲塌。據該撫體察情形,必應大加修築,約估需銀三萬兩上下,請動河東商捐銷價生息銀兩,著照所請,即在此項商捐銀內動支銀三萬兩,及時興修。統俟工竣後,核實報銷。倘有不敷,隨案聲明。如有餘剩,仍令歸還原款。該部知道,欽此。"計五龍堰又接長六十丈,小堰亦接長二十一丈。

議修章程

議修渠堰,即以保衛鹽池。惟時事變遷,章程屢改。前志內載,乾隆四十三年,運使程國表會同河東道詳議歲修章程,停止借帑興修。五十七年課歸地丁,運商公攤銀六萬兩,發交陽曲等三十州縣當商照銅本生息例,按年一分生息,名曰鹽池生息。由各州縣將息銀解交藩庫,作爲河東渠堰工程之用。是年,撫臣馮光熊於課歸地丁善後事宜十六條内奏稱,河東運庫向有額設歲修銀五千兩,今鹽池不可除歲修,不可廢渠堰、禁墻歲修并各堰户工食,應請每歲在於藩庫徵收鹽課項下支銀五千兩,由河東道請領委員修理,經大學士阿桂議奏,渠堰係保護鹽池,鹽池爲坐商世業,應令坐商照數交納,河東道庫以備歲修。奉旨允准。五十八年,河東道和明詳經巡撫蔣兆奎批准,將藩庫存儲之鹽池生息,撥歸宏運書院作爲膏火。如有緊急工程,准其酌動。嘉慶十二年,復歸商運。十六年,河東坐商捐存銷價本銀十五萬兩,發交運商,按年一分生息。奏明倘有緊急工程,准其動用,奉旨准行在案。二十一年,巡撫兼鹽政衡齡飭令陽曲等三十州縣將存放之鹽池息本銀六萬兩提歸河東道庫,發交運商生息。如有緊急工程,方准詳院酌量動用。道光六年三月二十七日奉上諭:"福綿奏請動項發商生息以資修築鹽池渠堰一摺。河東鹽池,地勢最窪,向有護池堤堰三十餘道,俾得層層分蓄。兹據奏稱,近年被水沖擊,堤身漸覺單薄,設遇山水漲發,搶修堵禦,需費甚繁,所有商捐歲修銀五千兩尚不敷用,自係實在情形。著照所請,准其於商捐銷價現存息銀内動銀五萬兩,發商生息,每年所得息銀五千兩,即作爲歲修渠堰各工之需。該撫仍飭令該道督同地方官及坐、運兩商,隨時興修,實力妥辦,務期國課民食,益臻饒裕,并著於年底將用過銀數造册報部查覆。如有盈餘,即在道庫存貯。該部知道,欽此。"共計每年歲修銀一萬兩。二十七年九月間,因西口軍餉,奉撥銷價生息銀一十萬九千兩,維時此項并無存款,即以鹽課正項借撥批解。嗣經戶部行催,將所借銀兩照數歸補。經河東道張錫蕃籌議,每年將額設歲修暨續生息一萬兩全數歸補。其渠堰歲修并堰戶、閘夫工食,飭商公捐。嗣經戶部咨覆,自咸豐元年為始,每歲在於歲修一萬兩內劃出銀八千兩,歸還前借鹽課,留銀二千兩仍歸歲修等項之用。咸豐三年,各運商輸銀捐免所有鹽池銷價各項生息一律停利歸本以後,陸續催繳改發坐商。前借鹽課內有未歸補者,經部咨覆議准豁免。又續銷價生息亦在運商名下催繳改發坐商。自此以後,仍令坐商每年按等捐銀五千兩,作為歲修渠堰并堰戶、閘夫工食之用,統於年底將用過銀數造冊報部核銷。歲修不敷,再於公費內酌量支用。如遇搶險及大修鉅工,由河東道詳請奏明,先行籌借庫銀墊辦,令坐商按畦錠等次分年攤捐歸款。今仍其舊。

【按】各商封納歲修銀兩,無論額餘畦地,以肥瘠分作五等。內有雙號歸一者,亦只納歲修一分。統計一等者七十一家,每家納銀四十二兩二錢九分;二等者三十六家,每家納銀二十四兩;三等者五十九家,每家納銀一十二兩;四等者一百七十六家,每家納銀四兩六錢;五等者七十八家,每家納銀一兩七錢。其餘歉薄不堪者,西場最多,中場次之,皆不列等。計每年共應納歲修銀五千五百　十六兩七錢九分,惟間有商力疲困封納不前者,各年多寡不一,不得不酌盈劑虛。是以每年歲修銀兩約以五千兩核算,以期有贏無絀。今將封納歲修五等各商名開列於後。

一等

孫克峻　劉集成　劉敬成　楊清茂　郭張先　周宗賢

范錫陽　范錫奎　范錫賀　孫踵賢　范　林
王天泰　張　用　孫　成　景德馨　關合禄(周永禄)
景奇瑞　應永豐(景新昆)　楊文耀　張福榮(丁光榮)
張王湯　景三麟　于薛盛　葛鼎盛　朱五福　張天申
卞合興　曹守澤　景德馨　王恒泰
張　青　張鼎盛　曹守澤　(以上東阡鋪)
李乾勝　岳萬昌(以上東頭鋪)
李　祥(李馥遠)　劉　增　彭延年　郭治勛
劉　盛(劉生吉)　王謙益(王謙陸)　曹復慶
王聖宇(陸恒裕)　杜創業　李席得(許洪泰)
(以上東五鋪)
董李盛　張揚斗　郭張凝　劉　祥　張嗣徽　解建基
郭行慶　喬世榮　郭順昌　朱陳德　石滻璞
路迎祥　曹守德　馬文禄　姚成邑(以上東六鋪)
張馬新　劉大裕　孫　立　段維錫　王世伯　張雙興
康　盛　喬世盛　張景瑞　侯王錫
(以上東七鋪)
張　軌　衛存仁(東八鋪)

二等

馬來儀(王泰亨)　朱謙益(以上中頭鋪)
喬　宥　張雲客　范錫善　范錫瑞　薛桂興　朱光彥
景雙德　景臻瑞　郭帝篤　張　昌
張昌運　景德馨　(以上東阡鋪)
楊善繼　吳楊茂　楊南盛　范錫高(孫馬景)

（以上東頭鋪）

衛時甯（許晉魁） 郭元勛（侯計東） 郭世翔（張 乾）
（以上東二鋪）

劉燕生 張永發（以上東五鋪）

王延祚 曹守澤 萬年泰 李景文 張 滿（張世盛）
（以上東七鋪）

馮克恭 景奇瑞 關起郭 張世德 文際泰 孫三成
王 崇 衛 琇 （以上東八鋪）

三等

袁 正 范 充 （中頭鋪）

王天壽（中二鋪）

萬年瑞 范錫治（范錫和）（以上中四鋪）

楊 怡（中六鋪）

范錫仁（范錫岳）（中七鋪）

何胡景（范錫潞）（中八鋪）

劉集成 （中十鋪）

喬 宥 李南有（以上東阡鋪）

張 澍 王曲彩 仝全金 范錫輝（吳 濟）

張澤遠（郭永基） 陳大勛 馬之繎（閻張慶） 周宗賢

官置昌（朱光庭） 胡永業（張大成） 張 慶（范 岩）

馬古圖（郭東皋） 張榮光（衛近宇） （上以東頭鋪）

張 舒（孫張郭） 王天瑞 劉功營（荀 玉）

王如張（劉 李） 范錫洪（楊爵錫） 范天錫

劉集成（范錫長） （以上東二鋪）

· 75 ·

周永福（劉廣生）　張　充　（劉文起）　　　張　充
張　坤（張　翔）　李　濟　（以上東三鋪）
范錫陵（周禮明）　王三益（樊自省）　張振光（劉晉生）
陳　呂（劉日惕）　周斯盛（范錫盛）　楊餘慶（胡建業）
范錫留（劉殿掄）　解成祥（馬善慶）　景三林　費啓元
張天申（張洪裕）　李吳宗（秦廷祁）　（以上東四鋪）
劉光晒　李　張（胡楊福）　劉光晒　劉　德
（以上東五鋪）
萬　福　楊明斗　何德先　馬守肆　劉光曙
（以上東八鋪）
王傑生　張仲含　（以上東九鋪）
范錫垣　吳李郭　（東十鋪）

四等

朱順德　郭汝翠　李　錡　陳樂成　許廷憲　董連發
王世芳　宋三錫　王劉升　曹廣裕　郭姚昌
（以上中頭鋪）
宋四德　郭鎮疆　范時熙　李玉隆　劉光昶
郭恒基（陳葉欽）　張澤遠　楊胡盛　（以上中二鋪）
張桂玉　范錫龍　許晉魁　張　蔡　李　煜　張　浚
李祥衍　張　林（張王徵）　郭　暉　席　正　王體先
白六輔　荀　源（荀　慶）　（以上中三鋪）
范錫讓　梁文光　王天福　王天禄　孫達秀　張澤深
萬年慶　宋肇業　（以上中四鋪）
張世德　衛　純　劉　鈺（劉　增）　樊和盛　馬萬福

郭王福　劉光曙（劉光曖）　張永泰　范時發（范錫基）
范錫含　劉晉生　張漁福　（以上中五鋪）
衛大有　衛玉馬　范　深　張守義　（以上中六鋪）
王孫遠　曹　盛　張　源　范錫關（范　綸）　陳玉美
（以上中七鋪）
王昌盛　范錫昆　陳大幾　關復慶（萬時昌）　戈徵夏
范錫澤　曹廷琇　聶王錫　王　輻　范錫留
（以上中八鋪）
郭　清（范　正）　荀柳春（張　聖）　牛順成　張友佺
范錫台　范錫維　郭　皋　劉增禄　（以上中九鋪）
許晉魁　范天錫　張　浚　張天申　王天福　劉　禄
范天錫　（以上中十鋪）
李　桂　郭文生　（東頭鋪）
王天福　景劉申（以上東二鋪）
王　宏（馬綿祥）　范錫陵（謝景新）　劉　陳
范錫長（朱光先）　周張劉（文中琪）　王　計（周綿新）
（以上東三鋪）
郭封肆（劉永翕）　范錫安（費帝錫）　王寶善
（以上東四鋪）
張　經　（東五鋪）
陳守成　范錫黎（以上東八鋪）
陳安成　王世正　劉慶成　劉　麟　荊孫盛　張世有
劉李瑞　張道綿　張　庸　（以上東九鋪）
馬周美　宋肇基　劉成德　范　琨　路歌薰　王　偕
劉王佐　董張盛　康德演　張世瑞　李鴻業　丁人瑞

許仁基　張福玉　（以上東十鋪）

王天佑　吳紹鳳　張　廷　范天錫　郭順昌　范天錫
（以上西頭鋪）

張世慶　劉　鈺　范天錫　喬信義　張　乾　張　廷
李玉隆　范天錫　（以上西二鋪）

張澤昌　劉光晙　張　鵬　衛大有　劉　禄　周永福
王慶盛　王公盛　范天錫　宋肇業　張　璠
（以上西三鋪）

范錫琦　劉天成　張鼎盛　曹　盛　郭封肆　戈徵夏
許晉魁　郭王富　范天錫　（以上西四鋪）

蔡毓英　范天德　范錫澤(范　岩)　張天申　庾瑞升
郭元勛　許泰徵　郭元勛　劉乾鼎　（以上西五鋪）

張永榮(西六鋪)

范錫鳳　梅周田　（以上西七鋪）

范錫福　范錫光　張存仁(張澤深)　范錫鼎　劉天成
（以上西八鋪）

張世德(西九鋪)

五等

宋肇仁　郭鍾俊　南耀源　景席瑞　劉敬成
（以上中二鋪）

楊李高(中三鋪)

張程章　范天錫　（以上中四鋪）

馬之驦　常　凝　路　鐸　張　廷　（以上中五鋪）

路復新　劉王典　劉仁義　劉李祥　周永盛

張天申（范錫榮） （以上中六鋪）

薛天福　孟昌裕　范錫阜　馮胡盛　（以上中七鋪）

張文芳　李大成　王用舒　（以上中八鋪）

張　鵬　楊多福　劉　彩　雷自文　（以上中九鋪）

王運隆　（東阡鋪）

蕭丁隆（張肇漢）　范錫治（張敦敬）　文景泰（范　承）
（以上東三鋪）

喬劉迤　（東九鋪）

王　友　荀特正　范錫安（以上西頭鋪）

樊公正　張　充　劉集成　曹守澤　（以上西二鋪）

呂毓漢　王慶成　范天德　（以上西四鋪）

范天錫　郭順昌　許晉魁　（以上西五鋪）

范　恒　范錫黎　張公勝　李馬鳳　張　泰　呂世仁
高　昌　范錫川　范　祥　范　厚　王昌瑞　張天申
萬立翔　（以上西六鋪）

孫禄泰　楊克明　李炎如　范天錫　范錫安
（以上西七鋪）

李惟亨　范錫陽　范天德　郭元勳（以上西八鋪）

李文琦　張　琦　衛承志　（以上西九鋪）

李宗瑞　張存仁　（以上西十鋪）

郭翟斗　石裕庵　曹　盛　應永豐　（以上西阡鋪）

議定姚暹渠歲修章程

乾隆四十三年，巡撫兼鹽政巴延三奏明，姚暹渠分南北兩岸。北堰係居民修築，南堰係動帑修浚。除三年一次輪修年分已有額設銀五千兩照額挑浚外,如非輪修年分,堰身冲決,實係急工,仍令運同隨時搶修,動用額設銀兩。其餘淤澱處所,於冬季農隙時委員勘明,令坐商雇夫挑浚,所挖之土培築南堰。其民修北堰,令地方官於每年冬季查勘冲汕之處,督率居民各按地界修築。五十七年課歸地丁,運同裁缺,由河東道委員會同各州縣照章歲修。嘉慶十二年復商後,運同一缺改設監掣同知。道光三年,撫臣邱樹棠奏報大修姚暹渠、李綽堰工竣案內聲明,姚暹渠受諸山之水,最易淤澱。嗣後,應請歲爲經理。每年農隙水涸之時,責成監掣同知詳細履勘,飭令運商雇夫挑浚,所需工費即令各商公攤。完工後,具報河東道驗收,詳院以昭慎重。奉旨允准。咸豐三年,運商捐免改歸坐商捐修,至今因之。

議定河渠并修章程

查涑水河自絳縣橫嶺山發源,歷聞喜、夏縣、安邑、猗氏等縣,南抱姚暹渠,匯歸五姓湖,又西入於河。每遇夏秋淫雨,水勢漲溢,與姚暹渠合流爲患。原定議修章程,前志備載。乾隆四十三年,撫臣巴延三奏明,每年於冬令水涸之時,飭令各該縣查勘有無冲汕應修之處,先行報明。於次歲春融,令各照依①舊定成規修浚,工竣申報。查考道光三年撫臣邱樹棠奏報渠堰工竣善後章程案內聲稱,涑水河現已一律挑浚,不特於鹽池有益,即各該處民田廬舍亦資保障。嗣後,亦應照姚暹渠歲修章程,責成各該縣每年於農隙之時,勸用民力,隨時修浚,以

---

① 照依:今作依照。

其永遠通暢。奉旨允行。

估銷限期

向來估修丈尺、應需銀數例定於十月內造册題估,次年四月內造册題銷。道光六年,撫臣福綿奏准額設商捐歲修銀五千兩不敷應用,又在銷價生息息銀下動銀五萬兩發商生息,每年息銀五千兩添作歲修。歷經具題估銷在案。十五年,准工部咨都水司案呈山西鹽池渠堰續增歲修銀五千兩之題辦各案,與原設歲修銀五千兩咨案,事屬兩歧。嗣後,辦理歲修案件將咨部估銷之案歸入具題案內,一并照例題估題銷,所需銀兩仍不得過額定一萬兩之數。即以道光十五年爲始,以昭畫一而歸簡易。咸豐三年,運商捐免續發銷價息本改發坐商,仍復歲修五千兩舊額,照例具題估銷。

督修責成

渠堰、禁墻、馬道、護堤爲商民命脉,必須隨時修理,各有議定責成。前志內載,修理渠堰爲運同專責,其沿渠各州縣一并加意防護。倘有疏虞,照例參處。乾隆五十七年課歸地丁,運同裁缺。撫臣馮光熊奏,河東鹽池南山一帶客水羣趨,所有護池禁墻、渠堰應請出河東道委員照舊歲修。如經理不善,池有損壞,即將河東道參賠治罪。經大學士阿桂核議具奏,奉旨允准。嘉慶十一年,撫臣成甯於籌酌復商案內奏稱,河東向設運同一員,專司監掣并兼管渠堰,今復改商運,請將甯武府同知裁汰,改爲河東監掣同知仍兼管禁墻、渠堰事宜,奉旨允准。道光三年,撫臣邱樹棠奏請挑修渠堰案內聲明,承修工段本係解州、安邑、夏縣、虞鄉四州縣所轄地面,即責成該州縣等承修,并令照例保固三年。如限內衝壞,分別參處賠修,仍歸監掣同知總司其成。道光九年、十三年、十五年,屢興鉅工,俱係監掣同知督同各州縣修理。至今因之。

護池灘地

查護池灘地村名里數,前志已載。惟自卓頭村以下至夏縣屬之傅村共十三村,灘地租麥共二百七十石三斗五合六勺,統入運儲倉。給散孤貧口糧,向歸鹽經歷管理。乾隆五十七年課歸地丁,經歷裁缺,改歸解州州判經理,與運阜倉一體報部。嘉慶十二年復商後,改歸庫大使管理。至今因之。

【附】籽粒灘地

安邑縣經徵張良村、東郭、苦池三村灘地共租銀七百九十三兩四錢二分一厘六毫,向係題明充餉,由運庫報部核銷。乾隆五十七年課歸地丁,奉准部議,改由安邑縣、夏縣分別徵解本省藩庫報撥。

經歷司經徵東郭村、湯里村、任村三村灘地共租麥變價銀一百七十兩九錢八分五厘一毫八絲六忽,名曰小麥變價,向由運庫報部核銷。乾隆五十七年課歸地丁,奉准部議,改由安邑縣徵解本省藩庫報撥。

三場大使分徵介村、從善村即蚩尤村灘地共租麥三石七斗三升四合、穀五石六斗一合,向貯運阜倉。積至五年,糶價充餉。乾隆五十七年課歸地丁,三場大使裁缺,改歸安邑縣徵收,照舊五年變價解交藩庫報撥。嘉慶十二年復商後,仍歸安邑縣經徵。十三年,經河東道劉大觀詳請巡撫成齡咨准,此項灘地歲徵麥穀積至五年變價，仍將銀兩解交河東道庫報撥。

【附】鹽站籽粒地

絳州之白家澗村與橫嶺關、站嶺，聞喜縣之東鎮教場、西關，夏縣之長樂村，安邑縣之運城北門外與陶村，各有鹽站，地屬鹺務。四縣歲解籽粒銀十兩二錢六分，向係歸入正項充餉，由運庫報部核銷。乾隆五十七年課歸地丁，奉准部議，由各縣徵解本省藩庫報撥。

卷二中　坐商

凡行貨曰商，居貨曰賈。事有專責，何獨於經營畦業者不曰坐賈而曰坐商？以鹽之爲貨，必待行而後銷，有藉行商之力而於運商有別，故曰坐商。每年鳩工修畦，澆曬成鹽，以供運商配掣，利至厚也。前志各條，代有沿革。今依次增修，以資考證。

錠　名

錠載舊志，爲坐商領引納課之則。每十二錠商人，按月納課一錠；每六錠商人，分雙單月亦各納課一錠。每錠計銀五十兩，三場商名四百二十有五，共二千七百八十八錠。又零引二百七十道，統爲半錠，共二千七百八十八錠半。嗣後，運商納課鹽引加增仍摉坐商錠名。在坐商論畦，亦以六錠爲一號，以十二錠爲雙號，是以錠名爲坐商根窩，歷久不變。乾隆五十七年課歸地丁，坐商自行澆曬，事不經官督責，中、西兩場畦錠多荒，東場亦間有之。嘉慶十二年復商後，仿照長蘆、淮浙章程引目改填運商。旋經撫臣成齡於酌留銷價案內，奏請以所收銷價將各場荒畦仍照舊制二千七百八十八錠半如式修整，奉旨允准。十六年，一律修完，迄今錠名如舊。

銷　　價

　　查銷價原因①坐商種鹽領引、運商借引行銷而設。是以每錠出銷價銀二十四兩，交納運庫發給坐商收領，以爲澆曬工本。由來已久，前志備詳。乾隆五十七年課歸地丁，民販計值買鹽，遂無銷價名目。

　　嘉慶十二年復商案內，經撫臣成齡奏稱，鹽池圍墻內舊有黑河，近被泥水淤澱，且畦多荒廢，亟宜分別修治。查現在引目雖係改填運商而畦地仍係坐商世業，銷價在所必需。惟照舊交收，恐該運商有所藉口，擡價病民。請將舊定銷價每錠二十四兩減去十成之三，酌留七成，由運商照交道庫，由河東道飭屬將中、西兩場畦地趕緊修治，所收銷價作爲工需，并查明東場應修處所，依次修理完竣，再挑黑河。經戶部議奏，奉旨允准。

　　十六年，撫臣衡齡以各處荒畦均已一律修整，惟黑河舊址久已淤澱，無從挑挖，疏請將扣存七成銷價除發過修畦并商役工食等項，净存元絲②合課色庫平銀十五萬兩發商生息，經部議准，按年一分生息。至此後銷價自嘉慶十七年起，每年照舊發給坐商以作澆灑工本，奉旨允准。

　　十七年四月，經河東道茅豫詳經撫臣衡齡批准，每錠應納銷價銀十六兩八錢，仍照額畦二千七百八十八錠半，與運商現行額引三十五萬一百七十三引，共應出銷價銀四萬九千二十

---

①　原因：原來因為。
②　元絲：元絲銀。清代後期銀錢形制多樣化。有馬蹄形、秤錘形、饅頭形等。元絲銀，底面圓形，表面爲橢圓形突起，上鑄有卷絲狀紋樣。

四兩有奇之數。按引䦨分,某運商地方䦨分得某坐商畦錠若干名、應封銷價銀若干兩,由坐、運兩商自相授受,仍登注册內,每年呈送巡撫衙門備查。

咸豐二年改引行票案內,經欽差侍郎王慶雲等以坐商賣鹽并不交課,既得鹽價復得銷價,或將錠名私相轉典,以冀漁利,而運商重出無名之費,奏請每錠銷價定為六兩交收,奉旨准行。

三年,運商捐免充商案內,撫臣恒春奏請仍遵舊案,每錠給銷價銀六兩,以額畦二千七百八十八錠半,合算共銀一萬六千七百三十一兩,向按運商地方額引䦨分交收,此時課程畫一并無額餘之分。應統按三省五千名引數,一律勻攤。每名應攤銀三兩三錢四分六厘,隨課徵收。每年年終,驗明錠票,按錠給發,俾資澆曬。奉旨准行,至今遵辦。

再查銷價銀兩原為澆曬而設,後有不肖坐商將錠名輾轉典賣,重複射利。是以雍正十二年運使程仁圻刊有印票,按錠分給。其原來圖式已載前志。嗣於嘉慶十九年撫臣衡齡以畦地原係官產,自課歸地丁後錠票半皆失散,各商私相買賣,并不聲明,遂致漫無稽考。嗣後,遇有買賣,必須隨時呈明河東道觔場查明,方准更名注册,并請照原定畦稅章程辦理等情,移咨戶部,旋准咨覆。查畦地雖係官產,實與民人田地無異,應照民人買賣田地例,一體投稅印契取結。至從前錠票,既皆失散,應按原額二千七百八十八錠半,一律由河東道另發隨錠印票,以息日久紛爭之弊。

【附】隨錠印票式

欽命山西分守河東兵備道兼管山陝河南三省鹽法道,隨帶加二級紀録九次陳××爲設立隨錠印票,以杜詐僞而絶訟端事。案蒙山西巡鹽部院衡×檄飭接准户部咨河東坐商輾轉典賣畦地,僅以的名契券爲據,將來難保無覬覦盜賣,致滋流弊,應立隨錠印票,令其永遠執業,不至紛争等因,實爲妥善。本道查照舊案捐資刻板印刷,開填字號,鈐用道印,分給原來報部錠商。每錠隨用印票一張,令其永遠執照。如遇典賣以及取贖原錠,務將印票同契券一并交收。倘無印票,徒立私券,日後争訟事發,除不准外仍以重複作弊、通同詐騙從重治罪。等因。詳呈兵部侍郎兼都察院右副都御史、巡撫山西兼管提督鹽政印務、節制太原城守尉衡×蒙批如詳,按畦給發印票,呈請咨部查核在案,合行發給印票,永遠遵照毋違,須至票者。

右給××場××鋪,限商人×××執照。

嘉慶十九年××月××日

畦　　地

查前志,内載三場額畦四百六十五號,餘畦一百二十號,共額餘畦五百八十五號。按場分鋪,依次臚載。惟東場阡鋪中舊係餘畦二十號,嗣於復商後查出南岸續開張昌運餘畦一號。嘉慶十六年,經撫臣衡齡奏報三場荒畦一律修完案内,計報額畦四百六十五號,餘畦一百二十一號,共額餘畦五百八十六號。自道光十五年山水入池,三場被淹,畦地一百七十餘號經河東道飭場督商如式修整。光緒三、四年間,晉省旱荒,河東被灾尤重。種鹽人少,工價倍昂,且銷數無多。鹽價減色,坐商率皆賠累,致有荒畦。現經河東道江人鏡、監掣同知張元鼎隨時督飭興工修治，以期規復舊制。

澆曬

夫鹽之產於西北者，一在吉蘭泰，掃土淋曬，名曰土鹽；一在花馬池，掘從地下，名曰陰鹽。惟河東之大池，端資澆曬。澆曬者，灌之以水，如農人之澆灌田園。人事既盡，然後因地利，乘天時，風以動之，日以烜之，是之謂澆曬。前志內載，二月初一日，畦工入池，蓋庵修治。自道光十五年水入鹽池，畦多被淹，雖屢經飭修，總未全復舊制。十九年，河東道文柱以屢年池鹽歉收，不敷配運，飭屬將開工日期提早至正月初旬開辦，并明定賞罰章程，飭商督率工人實力興修，按畦澆曬。道光二十年冬，經撫臣楊國楨以節年提早開工日期，產鹽頗旺，奏請嗣後即自正月初旬開工澆曬，經戶部核議，奉旨准行，至今遵辦。

【按】畦內舊有黑河，澆曬最利。自乾隆二十二年客水入池，黑河淤阻，然仍不時挑浚。迨嘉慶十九年黑河淤澱無迹，奏請停修在案。三場坐商皆爭效撻井之法。所撻之井，俗呼爲潯沱。每年於八月間完場後，酌留工人掘地撻井，攪水注畦，謂之冬工。每於年終，由河東道飭場於次年正月初旬督商興工。興工之時，附近貧民入池。坐商挑選雇集，修治畦底，注養滷水，是爲春工。迨三四月間，薰風揚波，炎日蒸鹵，鹽花結而成粒，即所謂地寶天成也。再查舊制，五月至八月，將刮收新鹽數目五日報司，十日報院。近則每年自四月起至八月止，三場大使每月兩次造報刮收新鹽數目，由監掣同知轉報河東道查考，每月仍由道造具總摺，詳報鹽院查考。

歸　　并

查前志內載,歸并乃六錠之畦,歸於一人,謂之歸并。例得報部更名,意在稽查商籍。嗣僅於司冊內聲注的名,以歸簡易。迨復商後,經部咨准,設立錠票。如有買賣,照民人買賣田地例投稅印契,由河東道更名注冊,年終報部查核。至今因之。

租　　稞

查租稞之弊,自乾隆四年、十七年屢次申禁,前志備詳。五十七年課歸地丁,畦地聽商澆曬。嗣於復商後,設有錠票。間有無力澆曬者,准其租給運商或同畦夥商承曬,仍不得與市棍串通滋弊。咸豐二年,欽差侍郎王慶雲等於調劑運商案內,條奏河東畦地夥稞者按年輪曬,把持誤公。先曬者盜挖鹽根,貽害匪輕。應請申明前禁,責成河東道實力嚴查。除已租各商令其加工澆曬以供配運外,嗣後坐商無論租賃典賣,總須歸運商及同畦夥商,不准市棍串通,承買承佃,以杜昂價壞畦,奉旨允准。咸豐四年捐免充商案內,經戶部附片條奏,現在運商既經捐免,坐商畦地如有無力澆曬者,衹准租稞典賣於同畦夥商管業①,不得市棍串通滋弊。違者鹽入官,授受人及牙保均照阻壞鹽法例治罪。并請旨敕下該撫督飭河東道詳查致弊之源,力求杜弊之法,認真查禁。奉旨:"依議,欽此。"

---

① 管業:管理產業或事務。

鹽　　料

鹽料者,堆鹽之所也。俗曰料臺。其高闊丈尺,前志已載。惟今昔情形不同。每年入夏後,隨時將所刮之鹽,堆於畦旁。另造草蘆或搭蓆棚,統名爲小庵。夜由坐商派人看守。所派之人,名曰家役,以防宵小偷竊。至八、九月間,坐商各於庵廈附近高阜處所,擇地作爲料臺。稟明場員,移鹽上臺,名曰歸料。上覆以茅,外加以泥,以防風雨。仍搭小庵,各派家役看守。迨十月間,由河東道派委二員會同各該場員先將池内所存新陳鹽斤,一律丈量,由監掣同知造具三場新陳鹽數細册,呈送河東道查考。再由河東道示期親赴三場丈量後,轉呈巡撫察核,以昭慎重。

【按】道光二十年,撫臣楊國楨以池產新鹽零星堆貯畦旁,易致風雨耗傷,宵小偷竊,奏准隨時歸料,事屬變通。今曬商仍遵舊制,較爲簡易。

坐　　配

坐配之法,始於乾隆四十二年。運使程國表比照兩淮鹽政瑞齡奏准引畦不越之例。各按運商所行之引,分配坐商所曬之畦,以免居奇積壓,法至善也。迨五十七年課歸地丁,引票奉裁。民販就場買鹽,遂無坐配之例。嘉慶十二年復商後,照舊領引,准各運商通融配掣,仍隨時呈報查考。嗣於咸豐二年改引行票案内,欽差侍郎王慶雲等奏准每名白鹽價銀不得過六十兩,青鹽價銀不得過四十兩。由運商自行配定,報明掣銷。三年,運商一律捐免,額餘引目改由官運。經撫臣恒春明定掣支章程案內奏稱,坐商鹽價視畦產之豐歉議鹽價之長落。運官於封課後,自向坐商買配池鹽,仍將所配之鹽係在某場某鋪某商名下,由某禁門出場,卸某店,運發某州縣,并票張號數,須在報狀內填注明晰,赴場具報。定期放鹽之先一日,該場報明河東道暨監掣同知查核。經户部議奏,奉旨允准。至今稱便。

卷二下　運商

夫轉輸之爲運。運也者,周而復始,運行不息之謂也。河東坐商種鹽,專司澆曬,有運商以濟之而致遠有方。鹽暢則運行,不暢則運滯。自免商而後,本省改歸官運,豫陝官民并運。裕課便民,胥賴乎此。歷言之,以備稽考。

招　　商

河東運商自前明以來,大約以五百家爲率。

順治十年,御史劉秉政招募商人董教等一百一十餘名,商數充足,認地行銷,最爲鹽法盛軌。

乾隆二十二年,鹽池連遭水浸,商多告退。四十一年,巡撫巴延三會同鹽政瑺齡疏請仿照晉省銅商之例,責成舊商舉保新商,五年更換。乾隆四十七年,巡撫農起疏請停止更換,仍改長商。先於現商中擇有殷實可靠者酌留三十六家,即令留商舉保新商二十四家,認辦退商引地。共六十家承辦一百一十九處引地。因商數不敷,將三省引地均勻搭配,分爲五十六簽,每簽以領引九千六百道爲率.按商力大小,有數家夥辦一簽者,亦有一家承辦一簽兩簽三簽者。其每簽所認引地有兩縣三縣四五縣不等。乾隆五十七年,巡撫馮光熊以商力疲乏,請將鹽課攤歸地丁,鹽斤聽民販運,計河東應徵三省正雜課銀四十八萬餘兩,在於三省行鹽完課納稅之一百七十二廳州縣均勻攤派。每地丁一兩,約攤銀九分有奇。奉旨准行。

嘉慶十一年,侍郎英和、初彭齡疏請復商,仿照淮商行銷江西、湖廣之例,商運民銷。經戶部以中州腹地恐潞鹽侵灌淮綱,未經議准。是年十月十九日,奉上諭:"金應琦奏辦河東招商實在情形一摺。據稱連日傳集已認新舊各商,核明家道殷實誠篤可靠者,計舊商王恒泰等二十四家,新商賈立德等十六家,共計四十家。查河東運商向係五十八家,今核計尚短十八家,容再行剴切招認足數,以備配掣、領引、開運等語。此次河東改復商運,係屬招商承辦,總當視該商等情願認充,方可經久無弊,不容稍涉勉強。前據同興奏稱,舊商除應世來一家疲乏革退外,其餘五十七家現均具認。復充內有家計稍落、必須幫辦者,現亦有願充新商數十家等語。是新舊商認充者,不下八九十家。今據稱具認未幾,旋即紛紛翻悔,經金應琦詳細確核,現只有四十家不致再有翻悔,其餘尚須招認。河東運商舊係五十八家,并非一定額數。該商等家資厚薄,本自不齊,則領引及口岸多寡,亦無難量力搭配。此時如已招認足數則已,倘尚短數家,或即就現在認充之若干家核計引數、通融配運亦不必拘定五十八家之數,強令湊足,致有抑勒。欽此。"是年十一月,巡撫成齡又招新商李自用等一十八家補足五十八家之數。其舊商之中雖認辦在前而續經查明,確系家道中落,措辦運本艱難者,又不得不量為變通。是以原認五十八家之外,續招商一十三家分別頂充幫辦,或令獨辦一簽,或令夥辦一簽,以收衆擎易舉之效。嘉慶二十四年,巡撫成格以潞綱引鹽俱係陸運,路途既遠,成本太重,且賣錢易銀,虧折過多,商力不支,請將晉、陝二省引鹽援照乾隆二十四年增加耗鹽成案,每引酌加耗鹽十斤，免其加課。其豫省引鹽成本用項尤爲繁重，改爲商運民銷。奉旨准行。

道光二十四年，巡撫梁萼涵以商力疲乏，恐誤課項，准令退商舉保殷戶試辦三年，名曰短商。

咸豐二年，欽差戶部侍郎王慶雲、江蘇布政使聯英會同巡撫兆那蘇圖查辦河東鹽務，裁減浮費，留商改票。引由商銷，票准民販。責成現商按照原領引數，請票招販，納課掣鹽。咸豐四年，巡撫恒春遵照部議，准令運商孫慶餘等一百餘家捐輸軍餉銀三百餘萬兩，永免簽商。所有河東引鹽，山陝改爲官運官銷，河南改爲官運民銷，并令先課後鹽，旋經陝西巡撫王慶雲以陝引官運官銷，運本不敷，各州縣不能自出己資，請按照乾隆五十七年課歸地丁成案，每地丁一兩，攤鹽課銀九分，餘以咸豐五年上忙①爲始，隨同地丁銀兩徵解。咸豐六年，巡撫恒春復以河南引鹽自改官運民銷後，因官運成本未裕，兼募民運，不給成本，仿照官運辦理，試辦一年，均無貽誤，奏准官民并運。又經陝西巡撫吳振棫以陝鹽課歸地丁諸多窒礙，請照河南官民并運、先課後鹽章程，變通辦理。奉旨准行。

同治十一年，巡撫鮑源深以御史袁承業條陳河東鹽務利弊，遵旨查明覆奏，豫陝額引自改官民并運，以一成歸官，二成歸民名爲民販。至本省引鹽，各州縣有自行領辦者，有派人代辦者，名爲運夥。由各該州縣查明確係殷實良民，取具保結，以領辦的名通報各衙門查考，所售之鹽務令乾潔足秤。各該

---

① 上忙：舊時徵收田賦，分上下兩期。規定地丁錢糧在二月開徵，五月截止，叫做上忙。

州縣如有私立贄見①節禮名目，從嚴參處。至代運之人，或有告退者，必俟接替有人，新舊運夥親自赴道投具甘結，方准告退。至今因之。

增　　價

從前河東鹽價，按池鹽之豐歉、脚價之重輕，隨時長落。自乾隆十年鹽政衆神保就彼時賤價定爲長額，而商人始困。迨後歷請增價，或更議換商辦理，總無良法。五十七年課歸地丁，引鹽聽民販運，各按成本之輕重因時議價。至嘉慶十一年復商案内欽差英和、初彭齡疏稱，河東鹽務，扼要首在招商，而民人所以不願充商者，實緣從前原議以賤價定爲長額，往往賠累。且河東鹽務與他省不同。他省產鹽由於煎熬，每歲收有定額，脚價半多水運，亦有常規。河東則由於澆曬，每視天日之陰晴以別鹽收之豐歉。脚價又多由陸運，夏暑雨而駝載維難，冬祁寒而牽輓不易。其運本更多異致。請仍照前按照成本自定賣價。經大學士慶桂等議覆，晉省情形別於他省，若聽商按照成本自行定價，恐無限制，請敕下該撫等於設商後將各處售鹽實價按月造冊報部，試行三年，再爲酌中定價。奉旨："依議，欽此。"十四年，署撫臣初彭齡疏稱，試行期滿，商力既舒，民食無誤，應請嗣後照依辦理。經戶部覈覆，請旨飭下三省撫臣會議。十五年，護撫臣素訥會同河南、陝西撫臣疏請照乾隆五十七年以前原價，比照嘉慶十三年兩淮加價成案，每鹽一斤酌加銀五厘二毫，作爲定價。再於定價外暫加一厘，協濟

---

① 贄見：謂手執禮品求見。

河工經費。一俟工竣，奏明停止，奉旨允准。十八年，撫臣衡齡以三省引地加增活引，奏准活引之鹽亦照額餘引例每斤加河工經費銀一厘。二十五年，河南改爲商運民銷。撫臣成格疏請各商將引鹽運至會興鎮，每斤連河工經費定價銀一分七厘，聽民販賣，奉旨允准。道光十一年，據商人王恒泰等以銀價日增，成本較重，禀請將河工加價一厘改徵制錢一文，經河東道韓文顯詳請撫臣阿勒清阿奏准在案。咸豐二年改引行票案內，經侍郎王慶雲等奏准簽地視池鹽之豐歉，定鹽價之長落。三年，撫臣恒春於免商案內疏稱，河東鹽務改行官運即與票鹽無異，請令各州縣及委員等各就地方情形成本輕重，酌定價值，不必示以限制，奉旨准行。自此鹽無定價，官民稱便。

加　　耗

查河東掣鹽舊制，每引二百四十斤，分裝二袋，俗爲兩裝。每裝袋重五斤，計一百二十五斤。每年自九月起至十二月止，每引加鹵耗鹽五斤，係於禁門掣鹽時加小稱錘於稱錘之旁，每裝計重一百二十七斤半。期滿後，將小稱錘繳存道庫。前志已詳。嘉慶二十四年，撫臣成格以三省引地自加吉蘭泰引課後，年歲歉收，商力疲乏，請將河南引鹽改爲商運民銷，晉陝二省酌量加斤。經户部議覆，晉陝二省每引准令加鹽十斤，免其加課，奉旨允准。咸豐二年，欽差侍郎王慶雲等奏准三省一律改引行票，河南亦仿照晉陝章程，每引加鹽十斤，免其加課。今禁門稱式仍按每裝净鹽一百二十五斤，袋重五斤，共一百三十斤，以二裝爲一引，二百四十裝爲一名，計净鹽三萬斤。遇加耗之月，每裝加鹽二斤半，計每引加鹽五斤，每名加鹽六百斤。

【按】同治二年,河東道劉子城因運銷疲滯,詳蒙巡撫英桂批准,將加耗之小稱錘自正月起展限三個月,加出陳鹽。嗣後,歷屆仿照成案,詳請展限或三個月、兩個月、一個月不等。至今因之。

均　　引

查均引之法原爲引地肥磽不一。乾隆四十七年,奏定商引四千六百一十六名九十七道,酌順道路分作五十六簽,各商均匀搭配,咨部覆准。所有派定簽目,臚列前志。迨課歸地丁後,引票奉裁。嘉慶十二年復商案内,撫臣同興奏准,仍照均引之例另行搭配。今將派定簽目暨運商姓名附後。

承辦雙簽二商

——商人王恒泰（太平縣人,的名冲翰）承辦

鄧州額引二十五名二十九引,代銷八十九引,餘引一百四名一百一十引。

陝州額引十一名一百六引,代銷一百引,餘引三十九名。

臨晉縣額引二十二名七十引。

桐柏縣額引六名五十三引,代銷八十四引,餘引四十二名六十引。

唐縣額引二十名五十三引,代銷九十七引,餘引一百四名六十引。

——商人尉世隆（太平縣人）承辦

鳳臺縣額引四十八名六十三引,代銷五名三十九引。

翼城縣額引六名九十二引。

安邑縣額引三名六十八引。

永濟縣額引十八名六十引。

泌陽縣額引二十七名五十六引,代銷七十引,餘引五十五名一百引。

唐縣額引二十名五十四引,代銷九十七引,餘引一百四名六十引。

以上二商承辦雙簽。

承辦一簽三十二商

——商人孫慶餘(太谷縣人,的名廷夔、廷扑)承辦

鳳臺縣額引四十八名六十二引,代銷五名四十引。

翼城縣額引六名九十二引。

永濟縣額引十八名六十引。

安邑縣額引三名六十八引。

——商人陳甯泰(靈石縣人,的名德潞)承辦

潼關廳額引六十八引,代銷八十二引,餘引四十三名七十六引。

商州額引五名六十六引,代銷七十一引,餘引三十九名六十引。

雒南縣額引五名一十五引,代銷五引,餘引十三名。

商南縣額引一名八十五引,代銷五引,餘引三名。

——商人常通裕(長治縣人,的名德芳)承辦

潼關廳額引六十八引,代銷八十一引,餘引四十三名七十六引。

商州額引五名六十六引,代銷七十一引,餘引三十九名六

十引。

山陽縣額引二名六十八引,代銷五引,餘引三名。

——商人葛安裕(安邑縣人,的名廷璿)承辦

淅川縣額引十五名五十四引,餘引六十四名六十引。

三原縣額引二十九名一百七引,代銷二十引,餘引三名。

——商人喬應昌(介休縣人)承辦

鎮安縣額引二名四十七引,代銷一百八引,餘引二十三名三十引。

安康縣額引十名七十九引,代銷九十八引,餘引二十二名。

平利縣額引一十名。

石泉縣額引二名一十八引。

洵陽縣額引三名五十引。

紫陽縣額引一百三引。

白河縣額引十二引。

白水縣額引九名七十引,代銷三十三引,餘引二名六十引。

咸甯縣額引八名四十六引,代銷五十一引,餘引六名六十七引。

韓城縣額引六名四十九引,代銷二十七引。

——商人郭世濟(臨汾縣人,的名如山)承辦

南召縣額引五名九十八引,代銷十六引,餘引三十二名。

登封縣額引二十六名七引,代銷六十二引,餘引二十九名四十引。

——商人溫燕樹(介休縣人,的名泰履)承辦

長子縣額引四十九名五十九引。

洪洞縣額引十名。

安邑縣額引二名九十一引。

永濟縣額引十八名六十二引。

蒲縣額引二名四十七引。

——商人祁天興（高平縣人，的名汝奘）承辦

潞城縣額引二十九名九十四引，代銷十八引，餘引二十四名十引。

洪洞縣額引十一名。

安邑縣額引三名七十引。

靈石縣額引十二名四十六引，代銷七十二引。

——商人王益泰（陽曲縣人，的名繩中）承辦

鄠縣額引十四名一百五引，代銷一名一百一十三引，餘引三十四名。

大荔縣額引二十五名七十五引，代銷三引，餘引七名十引。

——商人郭九如（太谷縣人，的名（纘緒、纘璉））承辦

長安縣額引二十九名十引，代銷一名十五引，餘引二十四名三十引。

武功縣額引十二名五十六引，代銷八十一引，餘引十一名一百一十引。

——商人賈居易（太谷縣人，的名璠、瑚）承辦

垣曲縣額引八名一百一十六引，代銷一名十一引，餘引十名。

聞喜縣額引三十五名二引。

绛县额引二十八名九十四引,代销二名六十五引,余引一名三十引。

——商人郭四元(太谷县人,的名斑孔、绍堂、传智)承办

襄垣县额引三十六名四十三引,余引三名。

黎城县额引二十三名三十四引。

洪洞县额引十四名五十八引。

安邑县额引三名一百一十四引。

——商人杨壎箎(介休县人,的名清搆)承办

镇平县额引四十名十六引,余引七名七十八引。

伊阳县额引四名三十一引,代销五十引,余引三十名六十引。

——商人温和合(太谷县人,的名士选、有瑛)承办

邓州额引二十五名二十八引,代销八十九引,余引五十八名三十引。

——商人宋顺成(绛县人,的名益昌)承办

新野县额引十四名十四引,余引二十二名八十引。

万泉县额引十三名二十九引。

赵城县额引二十九名一百七引,代销三十四引。

——商人张光裕(汾阳县人,的名学孔)承办

汝州额引三十四名九十七引,代销四十九引,余引三十四名四十引。

霍州额引九名九十九引,代销二名一十二引。

——商人刘洪茂(洪洞县人,的名汉疆)承办

蓝田县额引二十六名十六引,代销八十九引,余引十名四十引。

蒲城縣額引四十四名九十八引。

——商人李濟美（介休縣人，的名觀光）承辦

洛陽縣額引十八名七十九引，代銷七十八引，餘引九名。

澠池縣額引十名九十五引，代銷一名六引，餘引四十二名。

——商人張和順（介休縣人，的名生玉）承辦

高平縣額引三十八名一百七引。

翼城縣額引四名九十五引。

安邑縣額引二名七十引。

曲沃縣額引三十五名二引。

——商人范光裕（臨汾縣人，的名永祚）承辦

盩厔縣額引十四名一百一引，代銷一名五十六引，餘引十九名九十引。

郃陽縣額引十四名七十三引，代銷五十七引，餘引六名七十引。

咸陽縣額引十九名五十五引，代銷三十七引，餘引三名。

——商人李文成（介休縣人，的名自用）承辦

魯山縣額引十二名十引，代銷四十八引，餘引二十八名六十引。

華陰縣額引十七名五十六引，代銷五十一引，餘引二名六十引。

合陽縣額引十四名七十四引，代銷五十八引。

伊陽縣額引二名，餘引七名。

——商人侯六來（介休縣人，的名星煜）承辦

長治縣額引四十八名七十九引，代銷四十一引，餘引十三

名六十五引。

洪洞縣額引十二名。

安邑縣額引四名十八引。

汾西縣額引四名四引,代銷一百引,餘引五十引。

——商人趙元合(介休縣人,的名元湄)承辦

高平縣額引三十八名一百七引。

翼城縣額引四名九十五引。

安邑縣額引二名七十引。

曲沃縣額引三十五名三引。

——商人李和順(長治縣人,的名行恕)承辦

絳州額引四十三名六十七引,代銷七十引,餘引十名五十引。

稷山縣額引二十八名十二引。

——商人史嘉會(鳳臺縣人,的名宗經)承辦

靈寶縣額引四十六名一百三引,餘引十八名。

芮城縣額引十八名四十四引,代銷五十一引。

——商人郭壽昌(臨汾縣人,的名廣願)承辦

渭南縣額引六十二名六引。

高陵縣額引十五名三十二引,餘引六名。

——商人閻六合(介休縣人,的名朝第)承辦

偃師縣額引二十二名五十九引,代銷三十六引,餘引二十一名六十引。

岳陽縣額引五名九十七引,代銷三十一引,餘引六名一百一十引。

浮山縣額引九名九十九引,代銷十九引,餘引五名。

吉州額引四名八十四引。

——商人李來山（沁水縣人，的名漢沖）承辦

醴禮泉縣額引二十二名二十五引。

長安縣額引二十九名一十一引，代銷一名一十五引，餘引二十四名三十引。

——商人梁原泉（靈石縣人，的名塊）承辦

華州額引二十七名三十四引，代銷六十八引，餘引六名八十引。

富平縣額引四十四名八十七引，代銷二十九引。

——商人楊崑玉（介休縣人，的名本浚）承辦

太平縣額引三十六名八十七引，代銷一名三十六引，餘引六名。

鄉甯縣額引五名三十五引，代銷八十六引。

咸甯縣額引八名四十七引，代銷五十一引，餘引六名六十八引。

韓城縣額引六名四十九引，代銷二十七引。

——商人行公順（曲沃縣人，的名日晉）承辦

咸甯縣額引二十五名二十引，代銷一名三十三引，餘引十九名八十三引。

澄城縣額引十一名一百一十五引。

韓城縣額引六名四十九引，代銷二十七引。

——商人靳六吉（洪洞縣人，的名登啅、登吙、登鰲）承辦

咸甯縣額引二十五名二十引，代銷一名三十三引，餘引十九名八十二引。

澄城縣額引十一名一百十五引。

韓城縣額引六名四十八引,代銷二十七引。

以上三十二商皆承辦一簽。

承辦半簽四十商

——商人杜合昌(太谷縣人,的名大經)承辦

南陽縣額引十六名八十三引,代銷二十九引,餘引二十名。

襄城縣額引九名四十八引,代銷九引,餘引三名七十五引。

——商人梁八愷(靈石縣人,的名中直)承辦

南陽縣額引十六名八十四引,代銷二十八引,餘引二十名。

襄城縣額引九名四十八引,代銷九引,餘引三名七十五引。

——商人張天福(介休縣人,的名企儼)承辦

陽城縣額引二十一名六十三引,代銷十九引,餘引十八名六十引。

翼城縣額引五名二引。

——商人賈恒順(太平縣人,的名立德)承辦

盧氏縣額引二名四十六引,代銷十二引,餘引二十七名四十八引。

解州額引十四名二十引。

——商人范天德(介休縣人,的名清滋)承辦

盧氏縣額引下名四十六引,代銷十二引,餘引二十七名四十七引。

解州額引十四名二十引。

——商人景昌源（臨汾縣人,的名步鰲）承辦

陽城縣額引二十一名六十二引,代銷二十引,餘引十八名六十引。

翼城縣額引五名二引。

安邑縣額引二名八十引。

——商人張大成（太平縣人,的名峰）承辦

壺關縣額引三十六名四十四引,代銷二十四引。

洪洞縣額引八名。

安邑縣額引二名九十引。

——商人劉鼎隆（洪洞縣人,的名大悊）承辦

涇陽縣額引四十八名十五引,代銷六引,餘引五名。

——商人梁德全（介休縣人）承辦

郟縣額引二十六名八引,代銷二十三引,餘引十三名一十引。

——商人牛惇裕（長治縣,的名璵）承辦

臨汾縣額引三十五名二引,代銷六十八引。

——商人郭鼎興（長治縣人,的名崇）承辦

屯留縣額引二十五名六十五引,餘引六名九十引。

洪洞縣額引三名六十引。

安邑縣額引二名。

——商人張晉豐（太平縣人,的名體貴）承辦

洛陽縣額引十八名七十八引,代銷七十九引,餘引二十四名。

——商人王永盛（臨汾縣人）承辦

新野縣額引十名,餘引十八名。

平陸縣額引十名三十引,代銷一名八十引。

——商人冀雙合(平遥縣人,的名清如)承辦

裕州額引五名八十九引,代銷五十三引,餘引二十八名九十五引。

猗氏縣額引七名五十二引。

——商人李崇德(襄陵縣人,的名耀科)承辦

裕州額引五名八十八引,代銷五十四引,餘引二十八名九十五引。

猗氏縣額引七名五十三引。

——商人張三承(安邑縣人,的名肇業)承辦

宜陽縣額引二名一百二引,代銷十五引,餘引十九名六十引。

新安縣額引三名六十六引,代銷四十六引,餘引十四名六十引。

——商人劉雙和(介休縣人,的名茂塏)承辦

宜陽縣額引二名一百一引,代銷十六引,餘引十九名六十引。

新安縣額引三名六十五引,代銷四十六引,餘引十四名六十引。

——商人王四和(太谷縣人,的名道仁)承辦

朝邑縣額引四十二名一十八引,代銷三十引。

——商人杜榮陽(太谷縣人)承辦

閿鄉縣額引三十二名六十五引。

虞鄉縣額引六名五十二引,代銷一十七引。

——商人孫五昌(沁州人,的名廷相)承辦

孟津縣額引八名一百一十三引,代銷十九引,餘引二十四名。

虞鄉縣額引六名五十二引,代銷十七引。

——商人李同義(長治縣人,的名吉安)承辦

安邑縣額引二名八十引。

臨汾縣額引三十五名二引,代銷六十八引。

——商人王費合(安邑縣人,的名鳳瀚)承辦

沁水縣額引十七名一百一十二引,代銷六十五引,餘引十名八十引。

翼城縣額引七名一百一十八引,代銷二引。

安邑縣額引三名二十三引。

——商人冀謹信(平遙縣人,的名永芳)承辦

陵川縣額引三十九名九十七引。

翼城縣額引二名,代銷三十九引,餘引一名十五引。

——商人董文郁(介休縣人,的名正誼)承辦

郃陽縣額引十四名七十三引,代銷五十八引,餘引六名七十引。

同官縣額引二名一百一十九引,代銷十八引,餘引三名六十引。

耀州額引七名二十引,代銷三引,餘引五名。

——商人裴敬義(絳縣人,的名輔廷)承辦

盩厔縣額引十四名一百一引,代銷一名五十六引,餘引十九名九十引。

——商人郭四箴(太谷縣人,的名興邦)承辦

長治縣額引二十四名四十引,代銷二十引,餘引六名九十二引。

洪洞縣額引六名。

汾西縣額引四名五引,代銷九十九引,餘引五十引。

——商人許信合(榆次縣人,的名漸逵)承辦

長治縣額引二十四名四十引,代銷二十引,餘引六名九十三引。

洪洞縣額引六名。

安邑縣額引四名一十八引。

——商人李恒益(安邑縣人,的名聚一)承辦

內鄉縣額引十二名,代銷二十三引,餘引十八名八十五引。

寶豐縣額引三名十二引,代銷二十一引,餘引七名六十引。

——商人駢天成(沁州人,的名時若)承辦

內鄉縣額引十二名一引,代銷二十二引,餘引十八名八十五引。

寶豐縣額引三名一十一引,代銷二十一引,餘引七名六十引。

——商人王履泰(安邑縣人,的名鳳瀚)承辦

新野縣額引四名十五引,餘引四名八十引。

河津縣額引二十五名七十五引,代銷八十引,餘引四名一百引。

——商人周元吉(浮山縣人)承辦

夏縣額引三十二名九十七引。

——商人楊承裕（靈石縣人，的名溪）承辦

乾州額引二十三名八十八引，代銷七十七引，餘引五名十引。

永壽縣額引三名六十四引，代銷八引。

——商人沈祥泰（太平縣人，的名兆晏）承辦

榮河縣額引二十三名七引，代銷二引，餘引九名一百引。

——商人白復義（介休縣人，的名雲際）承辦

襄陵縣額引四十五名八十四引。

——商人王復興（壺關縣人，的名廷棟、調元）承辦

嵩縣額引十五名十二引，代銷三十七引，餘引二十八名。

——商人王雙慶（壺關縣人，的名鳳舞、宣政）承辦

鞏縣額引十四名一百八引，代銷四十七引，餘引二十四名二十引。

——商人劉人和（洪洞縣人，的名肇興）承辦

興平縣額引十七名一十引，代銷七十六引，餘引十二名。

——商人劉運泰（洪洞縣人，的名大祎）承辦

葉縣額引一十八名四十八引，代銷三十二引，餘引二十一名。

——商人劉謙益（洪洞縣人，的名大基）承辦

永甯縣額引四名四十引，代銷二十七引，餘引十六名。

——商人劉廣昌（洪洞縣人，的名大戀）承辦

永甯縣額引四名四十一引，代銷二十六引，餘引十六名。

以上四十商皆承辦半簽。

承辦半簽之二一商

——商人張泰和(洪洞縣人,的名崑、嵒)承辦

臨潼縣額引二十一名七十七引,代銷七十五引,餘引五名四十引。

此一商承辦半簽之二。

承辦半簽之一一商

——商人張慶豐(洪洞縣人,的名侖)承辦

臨潼縣額引一十名九十八引,代銷三十八引,餘引二名八十引。

此一商承辦半簽之一。

【附】查嘉慶十八年撫臣衡齡疏請將吉蘭泰鹽引八萬七千五百道歸入現行潞鹽引地均銷。經大學士九卿核准,名為活引,仍將均銷引數列後。

——商人王恒泰桐柏縣活引十二名,鄧州活引二十七名四十六引。

——商人尉世隆泌陽縣活引二十五名八十九引。

——商人陳甯泰商南縣活引十名,雒南縣活引七名六十四引。

——商人劉洪茂藍田縣活引十二名八十一引。

——商人孫慶餘鳳臺縣活引十二名九十二引。

——商人李來山長安縣活引十一名一百二引。

——商人靳六吉咸甯縣活引六名七十二引。

——商人張三承宜陽縣活引六名三十九引。

——商人侯六來長治縣活引十二名一百十七引。

——商人冀謹信翼城縣活引六名八十一引。

——商人閻六合岳陽縣活引十一名一百七引。
——商人祁天興潞城縣活引十二名七十三引。
——商人李文成魯山縣活引十三名二十五引。
——商人常通裕山陽縣活引十四名一百三引。
——商人郭順昌裕州活引十三名十六引。
——商人孫五昌孟津縣活引六名十六引。
——商人宋順成新野縣活引十二名四十七引。
——商人郭九如長安縣活引十二名三十五引。
——商人楊壎籨鎮平縣活引五名,伊陽縣活引七名九十九引。
——商人梁原泉華州活引十二名三十四引。
——商人白復義襄陵縣活引七名八引。
——商人裴敬義盩屋縣活引五名六十九引。
——商人李同義臨汾縣活引五名一百十引。
——商人劉廣昌永甯縣活引三名二十一引。
——商人劉雙和宜陽縣活引六名三十九引。
——商人許信合長治縣活引六名四十八引。
——商人王四和朝邑縣活引六名六十六引。
——商人行公順咸甯縣活引六名七十二引。
——商人賈恒順盧氏縣活引六名九十七引。
——商人范天德盧氏縣活引六名九十七引。
——商人景恒源陽城縣活引七名四十八引。
——商人梁德全郟縣活引六名十引。
——商人劉運泰葉縣活引六名十六引。
——商人郭鼎興屯留縣活引五名一百一引。

——商人王復興嵩縣活引六名八十五引。
——商人張泰和臨潼縣活引四名三十二引。
——商人王雙慶鞏縣活引六名十二引。
——商人張慶豐臨潼縣活引二名十六引。
——商人楊崑玉太平縣活引七名八十八引。
——商人董文郁耀州活引四名,同官縣活引二名三十一引。
——商人劉鼎隆涇陽縣活引八名二十六引。
——商人張天福陽城活引六名一百十八引。
——商人李崇德裕州活引六名六十七引。
——商人王順盛新野縣活引六名二十引。
——商人劉謙益永甯縣活引三名二十一引。
——商人杜榮陽閿鄉縣活引六名五引。
——商人張大成壺關縣活引七名三十七引。
——商人駢天成寶豐縣活引六名五十三引。
——商人王履泰新野縣活引六名二十引。
——商人王費合沁水縣活引六名二十八引。
——商人劉人和興平縣活引四名七十一引。
——商人張晉豐洛陽縣活引六名八十三引。
——商人雷運隆咸甯縣活引十三名七十三引。
——商人李和順稷山縣活引十二名九十三引。
——商人張和順高平縣活引十二名六十七引。
——商人范光裕盩厔縣活引十二名五十三引。
——商人曹七合襄垣縣活引十二名六十四引。
——商人張光裕汝州活引十二名七十一引。

——商人趙元合高平縣活引十二名六十八引。

——商人梁八愷南陽縣活引二十名七十九引。

——商人葛安裕淅川縣活引三十五名五十一引。

——商人牛惇裕臨汾縣活引二十名一引。

——商人溫和合鄧州活引二十五名一百十一引。

——商人李恒益內鄉縣活引六名五十三引,寶豐縣活引十一名五十引。

——商人李濟美洛陽縣活引六名四十二引。

——商人段昌園南陽縣活引二十一名三十四引。

——商人喬應昌鎮安縣活引二十三名一百十六引。

以上共均銷引八萬七千五百道。

【按】利之所在,惟患不均。所有前列均引簽地姓名依照創始時開載。嗣後運商屢有更換,或係朋夥,或係頂充,而簽地總未更易。咸豐三年捐免充商後,山西各州縣各照引數由官領運,豫陝改爲官民并運,先課後鹽。維時鹽務暢行,納課者多而引數有定。經河東道黃經議定章程,以一成歸官按資分派,二成歸民配簽掣發。歷屆派引之期酌量名數配作紅簽,再按禀請掣簽之人數多寡添備黑簽,均各呈驗底課銀兩,屆期將紅黑簽并入筒內,當堂掣發。行之數年,簽數引數隨時勻配。迨後鹽務漸滯。同治九年,署河東道王溥定限有能早完陳課者,按名酌給新引,以昭獎勵,餘再配簽掣發。十二年後,悉歸民販封陳領新,停止掣簽。

掣　　放

昔運同責專監掣,場大使職司驗放,前志備詳。乾隆五十七年課歸地丁,民販就場買鹽。運同、場大使裁缺,歸三巡檢司驗放。嘉慶十二年復商後,添設監掣同知,復設三場大使。掣放之法,照依前志。咸豐二年,改引行票案內欽差侍郎王慶雲等奏定章程,商人按照原領簽引數目限期赴道請票,呈明在於某坐商某畦某料第幾號配定鹽若干名,照數封課。由監掣同知督同庫大使彈收上庫,方准掣鹽。鹽到禁門,場員核對鹽與票符,并無夾帶,驗放出門,押運到店。咸豐四年,改票復引。所有禁門外監商收繳籌票事宜,改派委員經理。現在掣鹽之法,無論運官民販,俱先赴鹽道衙門投具請引領紙,由道批准飭支科查明引數,於領紙上繕寫號數發交收執。赴引庫將引領出,交鹽六房摀用省縣扒記。以一百二十引爲一名,分摋十二把,每把十引,各填運官民販暨車戶姓名,將引領回。存俟封課時,在道投具封課報狀,一面向坐商配鹽,將引張號數鹽料鋪分商名及卸載店名具狀報場,由場申送鹽道暨監掣同知衙門批示准掣。再親赴鹽道衙門每鹽一名請領鹽政門票一張,鹽道坐監票十二張,其扒票各式暨引目截角另載專條,茲不贅述。迨引票領齊,定期放鹽之先一日,由場預報鹽道暨監掣同知查考,臨期由道簽派一員赴該場門外監收籌票。該運官民販將買配鹽帖每名計一十二張,交由該場車頭散給車戶,并持引票到門。除門票由運官民販自行投場轉繳外,每車一輛隨給坐監票一張,引十道。車戶携至料臺,眼同坐商按引裝鹽,即將坐票截付坐商收繳,載鹽到門,將引目呈明場員摀用門扒鹽票,呈明場員鈐記驗放,仍將引票交付車戶,并給木籌照,出禁門。木籌、監票俱交委員收繳,名曰收籌。車戶惟以引照鹽載赴,報卸之店每名載鹽十二車,合引一百二十道。

每車二十袋,合引十道。一引配鹽二袋,每袋一百二十五斤爲正額。中禁門設店於運城東西門外,東禁門設店於安邑縣南關,西禁門設店於解州城內。鹽斤掣完,由場員開具掣放引鹽完竣清摺,坐商送繳坐票,委員送繳監票,均呈鹽道衙門查銷。其掣鹽門票由場員開折加封,呈繳鹽政查考。

【附】店口

乾隆三十年,運使吳雲從議請仍令各商自行立店,或一店數家,出具同店保結。一家行私,同店連坐。嗣後,復有兼用民店者,前志備載。道光五年,河東道韓文顯議將民店一概封禁,飭令運商自行立店,各取具連環保結,由道批准發給循環印簿,每月朔望將收發商鹽數目,分晰填明,呈報查考。又監掣同知及該管場員亦各發給循環印簿,按月開報送查。咸豐四年免商後,河東道黃經議定各處招募民店,均須赴道聲明注冊,照舊發給循環印簿,仍將收發鹽數并運官民販姓名、字號分別登注,每月初一、十五等日投道領換。六年,陝西改行官民并運,下馬口、夾馬口議定招募店家,明定店用,嚴禁勒掯。今仍其舊。

【附】車户

車户載鹽章程,今仍舊制。惟裝鹽口袋,昔皆商人自備,名曰新袋,亦曰原袋。嗣後,坐商稟請改用車户口袋,名曰舊袋。年深月久,補綴鹵溼,難免分兩加重,辦運者隱受其害。同治十一年,河東道升泰酌中定議,凡掣鹽口袋,車户隨帶一半,其餘一半由各該運官民販自備。至今因之。

行　　銷

舊制行潞鹽引地,山西則平、蒲、澤、潞四府屬,解、絳、霍三州屬,并隰州屬之蒲縣。陝西則西、同、興三府屬,商、乾二州屬,邠州及所屬之三水、淳化二縣。河南則河南、南陽二府屬,陝、汝二州屬,并許州屬之襄城縣。共行鹽州縣一百一十九處,加以徵收鹽稅各州縣五十三處,共一百七十二處。前志已詳。嘉慶十一年復商案內,撫臣成齡疏稱,山西岢嵐等十四州縣鹽引撥歸吉蘭泰引地行銷,其餘三十州縣照舊納稅。陝西鳳翔府八屬向食花馬池鹽,納河東課,本屬兩歧。今因水運便易,請派商行銷。邠州暨所屬三水、淳化二縣向係河東派商行銷,今因山路崎嶇,費重價昂,請改食花馬池鹽,經戶部核議,奉旨准行。是年,兩淮鹽政額勒布疏稱,淮北岸銷疲滯,實由潞鹽侵灌,請將泌陽、桐柏二縣改食淮鹽,奉旨允准。十二年,河南撫臣馬慧裕以淮北地面先被水患,繼以旱運路阻,奏准將泌陽、桐柏二縣仍歸河東派商承辦。是年,撫臣成齡疏稱,陝西漢中一帶行銷定邊花馬大池之鹽,必由鳳翔經過,盤詰維艱,請將鳳翔府屬八州縣仍食靈州花馬小池之鹽,行銷河東之引。又附片邠州、三水、淳化三處,自改食靈鹽以來,民皆稱便,請照長武之例,民運民銷。按烟戶納課,毋庸設立土商,奉旨准行。十六年,撫臣衡齡以興安府屬六縣引地商運費重,賠累難支,奏准照鳳翔之例,改食花馬池鹽。十八年,撫臣衡齡奏准吉蘭泰鹽引攤入現行潞鹽引地勻銷。今河東現行引地,山西則平、蒲、澤、潞四府屬,蒲、解、絳三州屬,并隰州屬之蒲縣,共四十四州縣。陝西則西、同二府屬,商、乾二州屬,共三十四廳州縣。河南則河南、南陽二府屬,陝、汝二州屬,并許州屬之襄城縣,共三十二廳州縣。三省共行鹽引地一百一十處,較前志少興安、邠州九處。納鹽稅引地,山西則太、汾二府屬,遼、沁、平、忻、代、隰六州屬,共三十州縣。陝西則興、鳳二府屬,邠州屬,共十八州縣。二省納稅引地共四十八處,較前志多興安、邠州九處,少岢嵐等十四處,統共三省納課納稅一百五十八處。

運　　程

河東運鹽程限除陝西咸甯等三十三州縣,并河南之閿鄉縣於乾隆十九年奏明定有水程,其餘皆係陸運。前志按照三省引地計其道里,限以時日,并分別載以鹽價。每發鹽時將刊刻程單付給腳戶,所過地方不許容隱。若有盜賣愆期,按法究治。嗣於嘉慶十二年,道光十五、十六等年各運商先後稟請改道,共七州縣,仍依前志分載里數、程限。其鹽價則自咸豐三年免商後,隨時長落,是以未附。

山西省

高平縣

計程五百四十里,限十一日到。謹按該處運程,舊由沁水縣富店行走。嘉慶二十四年,據運商張和順、趙元合稟請,改由此路。自運城三百七十里至沁水縣,四十里至鄭莊,四十里至端氏,四十里至玉齊,二十里至老馬嶺,三十里至高平縣。

陵川縣

計程六百四十里,限十二日到。謹按該處運程,舊由鳳臺縣王臺鋪行走。嘉慶二十四年,據運商冀謹信稟請,改由此路。自運城五百一十里至高平縣老馬嶺,二十里至康營,三十里至米山,四十里至禮義,四十里至陵川縣。

陝西省

鄠縣

計程六百六十里，限二十六日到。謹按該處運程，舊由草灘行走。道光十五年，據運商王益泰禀請，改由此路。自運城二百六十里至華陰縣，路同華陰，七十里至華州，五十里至渭南縣，五十里至交口，五十里至新豐鎮，三十里至臨潼縣，五十里至西安府，五十里至咸陽，五十里至鄠縣。

河南省

唐縣

計程一千四十里，限三十日到。謹按該處運程，舊由南陽行走。道光十五年，據運商尉世隆、王恒泰禀請，改由此路。自運城七百六十五里至葉縣，過河路程俱同葉縣。三十里至舊縣，十里至獨樹，三十里至保安驛，六十里至裕州，五十里至賒旗鎮，九十五里至唐縣。

鄧州

計程九百九十里，限三十日到。謹按該處運程，舊由澠池、郟縣、裕州行走。道光十五年，據運商温和合、王恒泰禀請，改由此路。自運城一百八十里至觀音堂，六十里至河底鎮，四十里至韓城鎮，四十里至趙堡，四十里至白楊樹，四十里至寨子街，五十里至臨汝鎮，三十里至廟下，四十里至南召縣，五十里至曹家店，四十里至石橋，五十里至南陽縣，六十里至穰東，六十里至鄧州。

泌陽縣

計程一千一十四里，限二十四日到。謹按該處運程，舊由舊縣、獨樹行走。道光十五年，據運商尉世隆禀請，改由此路。自運城七百六十五里至葉縣，過河路程俱同葉縣。三十里至柳莊,十八里至劉安,十五里至楊樓,十五里至太尉廟,十五里至五龍廟,二十里至二郎店,十八里至十字谷,三十里至羊册,七十里至泌陽縣。

桐柏縣

計程一千二百里,限三十日到。謹按該處運程,舊由南陽行走。道光十六年,據運商王恒泰禀請改由此路。自運城八百九十五里至裕州,五十里至賒旗鎮,九十五里至唐縣,七十里至平氏鎮,九十里至桐柏縣。

【按】河南鞏縣暨孟津縣向由陸運。自捐免充商後,各民販率以道遠本重,觀望不前,以致蘆私侵灌。同治十二年,經河東道升泰以疏銷積引、節省運腳詳明鹽院,試辦水運。自茅津渡裝載,由三門順流而下,運至孟津縣屬之鐵謝鎮,再由黃河入洛,運至鞏縣銷售。隨據鞏縣知縣李掄元招販,公僉成攜資來運領辦引鹽。光緒元年,據慎同安禀請,自備資本,購買船隻,運赴鞏、孟一帶銷售,以爲民販倡率。并請遴派妥員前往,會同地方官督率巡勇嚴緝私鹽,其薪水、經費在於鐵謝鎮四家鹽廠内,按照鹽斤數目抽厘取給。光緒四年,慎同安因灾後本重,加增鹽價,鞏縣民人滋生事端,以致虧本歇業。經河南巡撫移知鹽院,檄飭河東道招商運鹽,接濟民食。維時護道卓熙泰詳委監掣同知張元鼎督辦,鞏、孟鹽運由豫省通綱民販公立怡成慶字號前往接辦,并於三門等處各派妥員督帶運勇會同地方官認真緝私。其薪水、勇糧均由道庫支給,停止抽厘。從此私鹽斂迹,鞏、孟運銷著有成效。

失水補運

河東鹽多陸運,惟豫陝二省有由黃河、渭河水運者。乾隆十九年，鹽政薩哈岱將應由水運之各州縣分別奏明。嘉慶十一年復商案內，將陝西興安府屬暨邠州屬引歸鹽稅，停止水運。其陝西之咸甯、長安、涇陽、三原、渭南、臨潼、盩厔、醴泉、藍田、高陵、興平、咸陽、鄠縣、商州、鎮安、洛南、山陽、商南、華州、華陰、乾州、武功、永壽共二十三州縣，并河南之閿鄉縣仍由水運。其有遇風失水，例准由地方官會同營員查勘確實，限一月通詳。鹽道於詳到日限半個月核轉飭商，補運限三個月過所運口岸。同治九年，陝西民販天德祥等鹽由水運，行至華陰縣界猝遇風浪，船隻撞破，鹽斤漂沒，由華陰縣及三河口批驗委員詳請補運。經鹽院批飭河東道李慶翱查勘，以所報鹽數不實，未准補運。光緒四五年間，陝西民販亦以鹽船失水，禀請補運。因未經地方官通詳，且逾例限，均未准行。

分別給票運鹽

給票運鹽原以防影射而杜盜賣。乾隆五十七年課歸地丁。民販就場買鹽，引票遂廢。嘉慶十二年，復歸商運，仍照前制給票運鹽。咸豐三年，捐免充商。山西改爲官運，豫陝改爲官民并運。給票之法，各官民於掣鹽到店後，將引票彙齊，赴道投具報狀，報明引鹽出場日期，并具狀請領引皮暨連環印票，由道飭房辦票，經庫大使當堂給發。其引張由道加封引皮，仍露引角，交付該官民轉給載鹽腳户，沿途隨鹽照驗。

查山西本省則將引票呈明地方官，引張照例截角鈐印，并連環印票一并繳道。陝西則在運城三河口總局每名再領河票一張，鹽運至下馬口、夾馬口，經委員驗收裝船。行抵三河口，由督銷委員將河票查銷，引張照例截角，蓋用戳記，并連環印票一并繳道。河南則先在會興鎮總局每名請領執照一張,赴場照驗。迨鹽運至茅津渡,經分駐茅津渡之平陸縣丞於連環印票內搨用驗放過渡戳記,再渡過會興鎮經批驗經歷將鹽驗收,引張照例截角鈐印,并連環印票一并繳道。所有三省引票,均由道分別將票查銷,引皮繳院,引張鑿孔,解赴戶部查銷。

改置年季商首

在昔鹽歸商運,設立商廳。內有綱總承辦公事,并有廳攤名目。乾隆四十七年,改綱總爲值年司季。前志備詳。乾隆五十七年課歸地丁,商廳裁撤,停止廳攤。嘉慶十一年,復歸商運,復設商廳,仍置派司季商首。咸豐二年留商改票案內,欽差侍郎王慶雲疏稱,商廳攤派有十餘萬兩之多,該司季把持漁利,大爲衆商之害。現在改引爲票,一切浮費悉數蠲除,商廳應即裁撤。遇有應辦事件,於運商中擇派公正殷實者三家,定爲值綱三省,各派值省一家管理事務。其坐商則由河東道簽派二十家爲長額,每年以五家輪流辦公,經理收放池內新增槍手工食暨運城粥廠等項。光緒六年,新增槍手奉裁,仍專辦粥廠及鹽務一切事件。至今因之。

禁革州縣鹽規

鹽務陋規例禁綦嚴。嘉慶十一年復商案內,巡撫金應琦疏稱,招商之難由於各州縣官需索陋規,當經通飭裁革。咸豐二年,欽差侍郎王慶雲奏准留商改票,申明前禁所有商人浮費,無論何項名目,全行裁革,不准再有絲毫抑勒。倘各該管官吏及行鹽各地方官再有前項弊端,一經發覺,即照坐贓科罪,并准令該商販等徑赴巡撫衙門控告,問實嚴參。咸豐六年,巡撫王慶雲奏請嚴禁需索,以衛課運。設鄰省州縣或有阻撓鹽法者,定即據實查參。奉上諭:"陝西巡撫吳振棫已會同妥議章程,力求嚴禁。所有河南行銷潞鹽引地,著英桂嚴飭河陝汝道及各屬文武員弁兵役人等均不准需索留難。如有此等情弊,即著從嚴究辦,以整鹺綱而暢課運。"同治十一年,御史袁承業條陳河東鹽務利弊,遵旨查明,嚴飭行鹽各州縣如有私立贄見、節禮名目,定行從嚴參辦。光緒七年,河東道江人鏡以本省行鹽各州每有招商代運私立規費等弊,應嚴申例禁。惟地方官有疏銷之責,所需緝私經費亦須酌量籌給,詳明鹽院批准。嗣後按照銷鹽數目抽收緝私經費,并按引地之上中下分爲三等。上等引地每銷鹽一名,收銀三十兩;中等引地每銷鹽一名,收銀二十兩;下等引地每銷鹽一名,收銀十兩。此外如有絲毫勒索,定即從嚴參辦,以期永遠遵行。

扒票各式

查前志內載,扒票各式自乾隆五十七年課歸地丁,引目奉裁,扒票皆廢。嘉慶十二年奏准復歸商運,扒票仍照舊制。咸豐三年,變商爲官,三省畫一,并無額餘之分。隨裁餘引各扒,其稽運、護運二票一并裁汰。咸豐五六年間,豫陝二省相繼改爲官民并運,各有省扒。山西仍用省縣扒。八年,加靈寶引三百名,又添靈寶引扒。餘皆如舊。今將添設各扒增列於後。

河南引扒式

押河南省發賣官鹽引

陝西引扒式

押陝西省發賣官鹽引

靈寶引扒式

押河南省靈寶縣發賣官鹽引

再查嘉慶二十四年,河南奏改商運民銷。二十五年,設民販賣鹽照票。嗣於道光五年,撫臣福綿咨部覆准,定以雙連式樣,在騎縫處蓋用批驗大使印信。一備存查,一給民販。今將票式附後。

雙連存查照票票式

山西河東兵備道兼管鹽法道爲遵旨議奏事。照得豫省應行潞鹽各州縣議請改爲商運民銷,奏准部覆,酌定章程,委員駐扎會興鎮發給民販照票銷售等因,遵奉在案。今據××州縣民販×××運鹽××名×百×十引,販至××州縣。銷售繳票期限以鹽數之多寡酌定十引以上者限三個月繳銷,一名以上者限六個月繳銷。倘有逾限侵越等弊,該委員詳請行文該州縣查明究辦。合行發給照票,爲此票仰民販即將××州縣鹽斤若干填明票內,呈繳委員申報本道衙門查銷,毋得貽誤干咎。須票。

道光××年××月××日

雙連行查照票式

查存

欽遵
兵備道兼管鹽法道為
奏請改照票銷售等因遵
旨議奏事照得河東鹽務運
部覆准奉
山西巡撫會同酌定章程奏
明在案今據駐箚各州縣
委員詳請給發照票運銷民販
草程委員駐箚各州縣鎮發給民販運銷
票以十引為率每引百斤酌定
限以六箇月繳銷倘有逾限侵越為
數之多寡俟繳銷時呈繳查明究辦合行發給照票
以期銷繳票以上者該州縣查明究辦合行發給照票
名以上者限六箇月繳銷過期該員詳明將鹺銷售繳票
一名該民販售鹽斤若干另呈繳票須
委員申報本道衙門查銷毋得貽誤須
至票仰該民販即將鹽斤若干呈繳票須
此票仰該員轉給民販遵照毋違須票

道光　　年　　月　　日
字第　　　　　　號

票照

欽遵
兵備道兼管鹽法道為
奏請改照票銷售等因遵
旨議奏事照得河東鹽務運
部覆准奉
山西巡撫會同酌定章程奏
明在案今據駐箚各州縣
委員詳請給發照票運銷民販
草程委員駐箚各州縣鎮發給民販運銷
票以十引為率每引百斤酌定
限以六箇月繳銷倘有逾限侵越為
數之多寡俟繳銷時呈繳查明究辦合行發給照票
以期銷繳票以上者該州縣查明究辦合行發給照票
名以上者限六箇月繳銷過期該員詳明將鹺銷售繳票
一名該民販售鹽斤若干另呈繳票須
委員申報本道衙門查銷毋得貽誤須
至票仰該民販即將鹽斤若干呈繳票須

右票給民販　　收執

道光　　年　　月　　日

改引行票票式

兵部侍郎兼都察院副都御史山西巡撫部院兼管鹽政糧餉事務

河東鹽法會同欽差大臣奏准各項事例已經通行遵奉在案。其題定鹽斤、改引行票、先課後鹽并運鹽口岸四款,合行開列鑄造銅版印刷,給付商人收執照票掣鹽前去發賣施行。須至票者。

——每票仍照引目淨鹽二百五十斤爲一票,鈐鹽法道印信。

——每票編列三省字號,照引先納正課,方准支鹽運賣。

——凡商人運鹽不許鹽票相離,違者同私鹽追斷。如賣鹽三日内不交退票者杖六十,將舊票影射重運者同私鹽論罪,僞造鹽票者處斬。

——行鹽口岸。山西平陽府、霍州、絳州設聞喜縣之小郭店,潞安府、岳陽一縣設洪洞縣之曲亭鎮,澤州府設翼城縣,蒲州府、解州、垣曲一縣設運城西門。河南開封府、南陽府、河南府、汝州、襄城一縣設會興鎮。陝西西安府、同州府設臨晉縣之夾馬口,西安府屬富平三縣、同州府屬大荔四縣、商州屬山陽四縣設永濟縣之下馬口。

右票給商人×××收執照鹽准此

咸豐××年××月××日

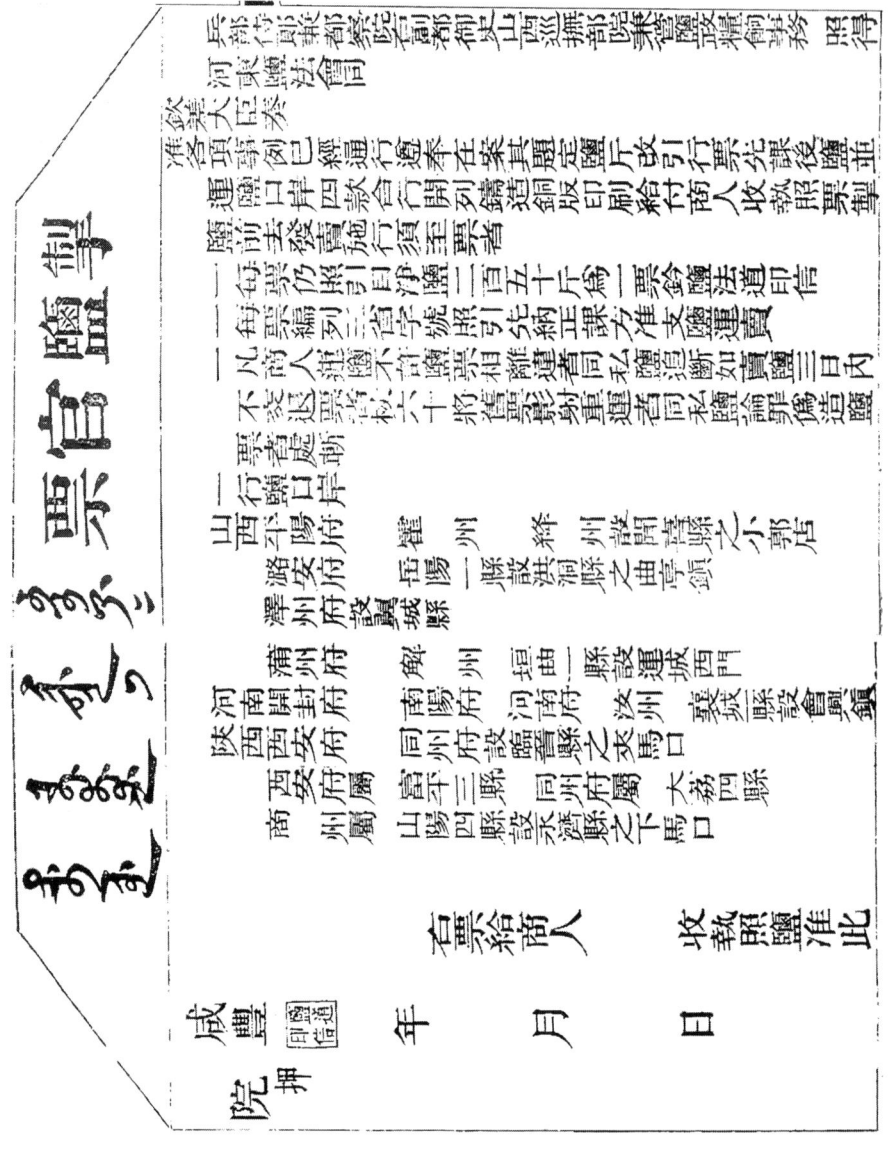

咸豐二年,侍郎王慶雲等奏明設立此票,所以代引運鹽。其截角繳銷,均與引同。四年,捐免充商,改票復引。此票遂停。

河南加票票式

兵部侍郎兼都察院副都御史山西巡撫部院兼管鹽政糧餉事務

照得河東鹽務奏准免商後改票復引已經通飭遵奉在案。今綱額引尚未領到,恐屆時有誤運銷。據鹽法道稟請暫行用票代引,合行頒發票式并開列運鹽口岸四款,印刷給付商販收執,按票掣鹽,照例截角,依限繳銷。俟官引領到後再行更換。須至票者。

——每票爲一名,合一百二十引,鈐鹽法道印信。不足一名尾數,亦給票一張,注明零尾細數。

——每票編列三省字號,照例先課後鹽。

——凡商販運鹽不許鹽票相離,違者同私鹽追斷。如賣鹽三日內不交退票者杖六十,將舊票影射重運者同私鹽論罪,僞造鹽票者處斬。

——三省行鹽口岸。山西平陽府、霍州、絳州設聞喜縣之小郭店,潞安府、岳陽縣設洪洞縣之曲亭鎮,澤州府設翼城縣,蒲州府、解州、垣曲縣設運城西門。河南設會興鎮。陝西設三河口。

右票給×××收執照鹽准此

咸豐××年××月××日

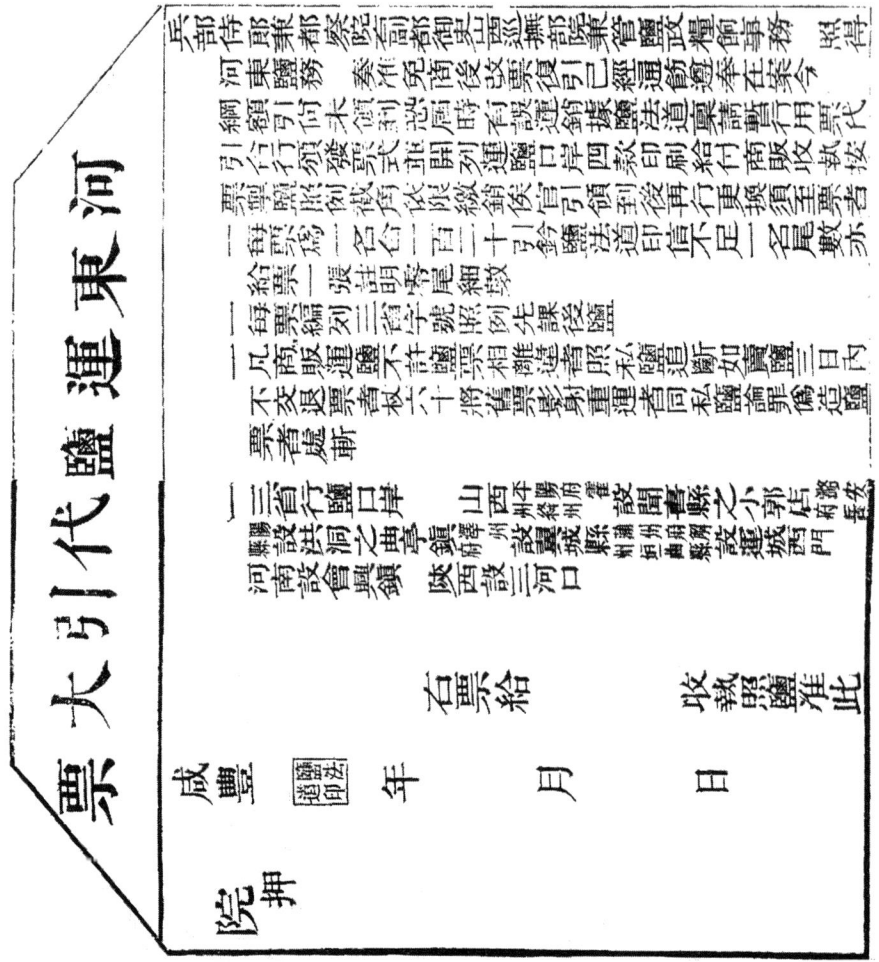

此票設於咸豐四年，捐免充商，改票復引。時以引未領到，暫行給票代引。六年，靈寶加票三百名。九年，河南加票三百三十名。十年，河南又於三百三十名之外再加二百七十名。共六百名，統用此票。嗣後靈寶改發部引，河南停止加票，此票遂廢。

卷三上　引目

行鹽之有引，猶入市有契，度關有繻①，蓋以導鹽使行、周流②無滯也。私販者，法無寬貸；商運者，行若合符③。此判官私，杜夾帶，裕國課，濟民食，惟於引乎？是重鹽池行引，自宋迄今，歷有年所④。其間加少加多，或裁或復。前志所已詳者，悉從其略；前志所未及者，謹續以增。

鹽引本末

河東鹽引之制，創自炎宋，洎乎有明，代有增減，更僕難數，已詳於《彙纂》《鹽法志》《紀恩錄》諸書，而法亦近古而難行。我朝定鼎，除去明季之浮加，在順治時則額行四十萬九千九百三十三引，在康熙時則額行四十一萬七千四百四十三道，在雍正時則額行四十二萬六千九百四十七道，在乾隆時則額行六十六萬六千九百四十七道。五十二年、五十四年間，產鹽缺額，商力積疲。五十七年，經山西巡撫馮光熊奏准，將鹽課攤歸地丁，所有行銷河東鹽之山陝河南共一百七十餘廳州縣，

---

① 繻：音 xū，漢代出入關隘的帛制通行證，上面寫字分為兩半，出入時驗合。
② 周流：流行四周。此指食鹽運銷周邊地區。
③ 合符：符信相合。古以竹木或金石為符，上書文字，剖而為二，各執其一，合之為證。
④ 年所：年數。《書·君奭》："故殷禮陟配天，多歷年所。"

歲額引四十二萬六千九百四十七道,餘引二十四萬道,概予停領。嗣於嘉慶十二年復歸商運,酌定額餘引六十萬五千二百七十九道。迨至咸豐二年,改引行票,共成額、代、餘、活引六十八萬三千八百四十五道。四年,捐免充商,改爲官運,共行額引四千九百九十八名七十九引。五年,議加靈寶鹽票三百名。七年,改領部引。九年,加票三百三十名。十年,續加鹽票二百七十名。是年四月,又加活引五百名。同治二年滯銷,准將活引五百名暫行停緩。四年,并將前加票六百名一并停止。從此,歲額五千二百九十八名七十九引,即現在行銷之引數也。然此特大略耳,其中隨時更變,因地制宜,一切細目,臚列於後。

歸丁裁引

乾隆五十六年,大學士公阿桂等議奏河東鹽課攤歸地丁一摺内稱,查山西行鹽之陽曲等八十八廳州縣共行額餘引二十四萬二千一百七十九道,每年地丁銀二百八十三萬二千七百十七兩零。陝西行鹽之咸甯等五十二廳州縣共行額餘引一十八萬四千餘道,每年地丁銀一百四十七萬二千一百十三兩零。則是引少而地丁較多。河南行鹽之洛陽等三十二州縣共行額餘引二十三萬九千九百九十道,每年地丁銀六十六萬六千四百十五兩零,則是引多而地丁較少。更有向食土鹽、蒙古鹽僅領河東引張交納稅銀之陽曲等四十四州縣及陝西之鳳翔府一府、長武縣一縣本屬參差不齊。若照原奏均匀攤派,於地丁較多之山陝二省,未免向隅,殊難一律攤派。或令河南引多地方較現擬地丁每兩均攤九分有餘之數,由該省酌量增攤,在河南所加無多,衆擎易舉。而山陝二省行鹽州縣不致著重,似於調劑之中微寓權衡之道,應交山西、陝西、河南三省巡撫會同籌酌,定議具奏。再查河東歲額正餘鹽引共六十六萬六千九百四十七道,該撫等既稱課歸地丁,無需商運,所有行鹽部引,應准停領。奉旨:"依議,欽此。"

復商引數

嘉慶十一年三月初四日,山西巡撫同興准軍機大臣字寄奉上諭:"昨據倭什布奏,晉省行銷蒙古鹽斤爲數最多,已飛移阿拉善王迅速派人經理等語。晉省蒙古鹽斤入口本有例禁。此時阿拉善無經理之人,蒙古私鹽不能侵越内地正是極好機會。與其令阿拉善侵占,何如令淮北越境暢銷。著傳諭同興一面詳查舊案,體察地方情形。俟英和、初彭齡到晉將如何籌辦或仍歸商運之處,會議奏明候旨。欽此。"

是月十六日,甘肅欽差英和、初彭齡,山西巡撫同興等會商河東鹽務,請禁蒙古鹽斤水運及招商承辦潞引各緣由覆奏,據稱詳查歷年案卷,體察現在情形,非禁水運不能限制口鹽,非設官商不能杜絶私販,應請查照舊例,阿拉善鹽斤只准由陸路行銷,不准水運。其河東鹽法仍改商運,第簽商既恐不公,招商亦須慎選,急切未能詳議周匝,容斟酌萬全,分別題奏。奉旨:"著照所議行。"

是年十二月,山西巡撫成齡核定河東吉蘭泰引課數目,奏請自嘉慶十二年正月初一日爲始,歸商行運。查舊行三省額餘引共六十六萬六千九百四十七道,内除山西陽曲等四十四州縣不食潞鹽,撥歸吉蘭泰引四萬五千六百四十五道,又河南泌陽、桐柏二縣向行河東額引四千六十九道,餘引一萬一千八百道,代銷引一百五十四道,三共額餘代銷引一萬六千二十三道。前經部議,該二縣引地撥歸兩淮所有,額餘代銷引張統應撥歸淮北商人行銷,共計河東實行額餘引六十萬五千二百七十九道。前經奏明,無分額引餘引,統俟試辦三年後再行酌定。今應照舊例分兩次請領,擬本年先請領四十六萬五千二百七十九道,交商行運,據實報銷。其續增餘引十四萬道,俟來年七月[分]份,再行請領。至吉蘭泰行銷鹽數,前經查奏,酌中每年以三萬石爲率,約銷鹽二千一百萬斤,共合引八萬七千五百道。本年先行照數請領,交商試辦,據實報銷,奉硃批覽:"欽此。"

嗣於十二年河南巡撫馬慧裕等奏稱,河東池鹽招商復運,內有河南所屬之桐柏、泌陽二縣,本係河東引地。前以該二縣毗連淮綱,易於侵越,經鹽政佶山、額勒布先後奏請,將潞鹽堵截,令淮商改運淮鹽。經部議准,并咨部請領引目在案。詎淮北鹽場地面先因被水淹漫,旋經數月不雨,運道阻滯,辦理掣肘。而該二縣士民以舍現有之潞鹽等候淮鹽,緩不濟急,并以潞鹽色白,不願改食淮鹽,具詞控訴。爲此,恭摺會議請將桐柏、泌陽二縣引地照舊仍歸河東派商辦運,所有咨部請領淮鹽引目,照例繳部查銷。是年六月,奉旨准行。

復於十三年戶部議覆山西巡撫成齡奏晉省土鹽徵稅分別應免應留一摺疏稱,岢嵐等十四州縣原領每年額引三千四百九十四道,陽曲等三十州縣應領每年額引四萬二千一百五十一道,核與原定引目均屬相符。既據該撫查明,該十四州縣專食口鹽,該三十州縣兼食土鹽,所需引張應由山西藩司請領,以節縻費而歸簡易。奉旨："依議,欽此。"

十四年,巡撫成齡又以續增餘引一項緩至次年請領,該商趕運不及恐誤四月奏銷期限,咨部覆准,於請領額餘引時將續增餘引十四萬道一并請領。

嘉慶十七年十月,大學士慶桂等議覆山西撫臣衡齡奏,將河東加增吉蘭泰原定額引八萬七千五百道歸於現行潞鹽引地行銷,應如所奏辦理。又據稱,該商等原請加增活引八萬七千五百道,實緣現行引地暢滯不一。若令運商按地一律酌加,則暢行地方不患難銷,而滯銷之地必致賠累。自當因地制宜,通融辦理。且應完課額既係年清年款,并非盡銷盡解,是名爲活引,實與額引無異。亦應如所請,將所增餘引在河東現行引地內察看,何處暢銷,酌量配運。先於引內注明商名、引地,方准赴場掣鹽奏銷,一律報部。奉旨："依議,欽此。"

【按】河東鹽法未歸地丁以前,額引四十二萬六千九百四十七道,餘引二十四萬道,共額餘引六十六萬六千九百四十七道。嘉慶十二年復商後,仍遵舊額。惟陽曲等四十四州縣土鹽稅引四萬五千六百四十五道,內有陽曲等三十州縣鹽稅引四萬二千一百五十一道,改由山西藩司領繳。岢嵐等十四州縣鹽稅引三千四百九十四道歸入吉引行銷。嗣於十七年吉引八萬七千五百道撥改河東活引。河東實領引七十萬八千八百零二道,山西藩司實領引四萬二千一百五十一道。比較未歸地丁以前舊額,實加增引八萬四千六道。

復商額引分目

額引不敷行銷,加餘引以濟民食。河東自嘉慶十二年復商後,實行額餘代銷引并山陝鹽稅引、吉蘭泰改增活引。計由河東歲領引七十萬八千八百二道,由山西藩司歲領引四萬二千一百五十一道,除吉引八萬七千五百道,係運商均領不定引地外,其三省行引一百五十八州縣額餘代銷引五十九萬六千三百四十五道,并山陝兩省鹽稅引六萬七千一百八道。謹開於後。

山西省額引二十三萬八千六百八十五道。

平陽府：屬一州十縣

臨汾縣額行八千四百五引,代銷一百三十六引。代銷引始於雍正八年鹽政碩色奏請猗氏等縣減額,於本省州縣暢銷地方永作代銷引分銷。

洪洞縣額行八千五百十八引。

浮山縣額行一千一百七十九引,餘引六百引,代銷十九引。

岳陽縣額行六百九十七引,餘引八百三十引,代銷三十一引。

翼城縣額行五千一百七十六引,餘引一百三十五引,代銷三十二引。

曲沃縣額行八千四百五引。

太平縣額行四千四百七引,餘引七百二十引,代銷一百五十六引。

襄陵縣額行五千四百八十四引。

汾西縣額行九百六十九引,餘引一百引,代銷一百九十九引。

鄉甯縣額行六百三十五引,代銷八十六引。

吉州額行五百六十四引。

霍州：屬二縣

本州額行一千一百七十九引，代銷二百五十二引。

趙城縣額行三千五百八十七引，代銷三十四引。

靈石縣額行一千四百八十六引，代銷七十二引。

蒲州府：屬六縣

永濟縣額行六千六百六十二引。

臨晉縣額行二千七百一十引。原額四千二百五十四引，雍正八年改撥一千五百四十四引，於復設虞鄉縣行銷。

虞鄉縣額行一千五百四十四引，代銷三十四引。雍正八年由臨晉縣撥給。

榮河縣額行二千七百六十七引，餘引一千一百八十引，代銷二引。

萬泉縣額行一千五百八十九引。

猗氏縣額行一千七百八十五引。原額三千四百八十五引，雍正八年減去一千七百引，令本省能銷鹽地方代銷。

解州：屬四縣

本州額行三千四百引。解州安邑加增引，自雍正七年鹽政碩色奏請招商認辦始。

安邑縣額行五千二百引。

平陸縣額行一千二百三十引，代銷二百引。

夏縣額行三千九百三十七引。原額五千二百四十八引。乾隆十一年，減去一千三百一十一引，令三省能銷鹽地方代銷。

芮城縣額行二千二百四引，代銷五十引。

絳州：屬五縣

本州額行五千二百二十七引,餘引一千二百五十引,代銷七十引。

垣曲縣額行一千七十六引,餘引一千二百引,代銷一百三十一引。

聞喜縣額行四千二百二引。

絳縣額行三千四百五十四引,餘引一百五十引,代銷三百五引。

稷山縣額行三千三百七十二引。原額四千四百五十九引。雍正八年,減去一千八十七引,令本省能銷鹽地方代銷。

河津縣額行三千七十五引,餘引五百八十引,代銷八十引。

隰州舊制,隰州、大甯、永和皆係商運。乾隆三十二年改食土鹽,引歸陽曲等縣鹽稅引內,惟蒲縣仍歸商辦。

蒲縣額行二百八十七引。

潞安府：屬七縣

長治縣額行一萬一千六百七十九引,餘引三千二百五十引,代銷八十一引。

長子縣額行五千九百三十九引。

屯留縣額行三千六十五引,餘引八百一十引。

襄垣縣額行四千三百六十三引,餘引三百六十引。

潞城縣額行三千五百七十四引,餘引二千八百九十引,代銷十八引。原額二千八百五十二引。乾隆二十九年,平順縣裁汰其額引一千六百一十二道,分撥潞城、壺關、黎城三縣行銷。潞城增引七百二十二道。

黎城縣額行二千七百九十四引。原額二千五百七引,平順縣裁缺增引二百八十七道。

壺關縣額行四千三百六十四引,代銷二十四引。原額三千七百六十一引,平順縣裁缺增引六百三道。

澤州府:屬五縣

鳳臺縣額行一萬一千六百四十五引,代銷一千二百七十九引。

高平縣額行九千三百三十四引。

陽城縣額行五千一百六十五引,代銷三十九引。

陵川縣額行四千七百七十七引。

沁水縣額行二千一百五十二引,餘引一千二百八十引,代銷六十五引。

以上四十四州縣額引、代銷引共十七萬六千七百五十九道,餘引一萬九千七百七十五道,計實行引一十九萬六千五百三十四道,係商運商銷,領河東引,行河東鹽。

太原府:屬八縣。行鹽稅引,食土鹽。

陽曲縣歲行鹽稅三千八引。

太原縣歲行鹽稅二千四十八引。

榆次縣歲行鹽稅三千四百五十三引。

太谷縣歲行鹽稅一千八百四十四引。

祁縣歲行鹽稅一千五百五十四引。

徐溝縣歲行鹽稅一千三百九十二引。

交城縣歲行鹽稅一千九百五十六引。

文水縣歲行鹽稅二千二百五十引。

汾州府:屬六縣。行鹽稅引,食土鹽。

汾陽縣歲行鹽稅二千四百六十五引。

平遙縣歲行鹽稅二千九百五十一引。

介休縣歲行鹽稅二千九百一十二引。

孝義縣歲行鹽稅五百五十三引。

石樓縣歲行鹽稅五百二十引。

甯鄉縣歲行鹽稅一百五十一引。

遼州：屬二縣。行鹽稅引，食土鹽。

本州歲行鹽稅八百三十引。

和順縣歲行鹽稅三百七十一引。

榆社縣歲行鹽稅三百六十八引。

沁州：屬一縣。行鹽稅引，食土鹽。

本州歲行鹽稅七百七十四引。

武鄉縣歲行鹽稅六百一十四引。

平定州：屬二縣。行鹽稅引，食土鹽。

本州歲行鹽稅一千一百二十六引。

盂縣歲行鹽稅一千七百二十八引。

壽陽縣歲行鹽稅二千三百三十九引。

忻州：屬一縣。行鹽稅引，食土鹽。

本州歲行鹽稅二千三十九引。

定襄縣歲行鹽稅八百六十引。

代州：屬二縣。行鹽稅引，食土鹽。

本州歲行鹽稅四百七十三引。

五臺縣歲行鹽稅五百八十一引。

崞縣歲行鹽稅一千三百三十一引。

隰州：屬二縣。行鹽稅引，食土鹽。

本州歲行鹽稅一千二百三十引。

大甯縣歲行鹽稅二百四十六引。

永和縣歲行鹽稅一百八十四引。

以上三十州縣共鹽稅引四萬二千一百五十一道。按舊制，陽曲等四十四州縣向領河東之引，配食土鹽，徵稅名曰鹽稅。嘉慶十二年復商案內，除岢嵐等十四州縣撥入吉蘭泰引地外，所有陽曲等三十州縣鹽稅引，奏由山西藩司轉院赴部領繳。

陝西省額引十八萬四千七百七十八道。

西安府：屬一州十五縣

長安縣額行六千九百八十一引，代銷二百七十引。

咸甯縣額行八千五十三引，餘引六千三百引，代銷四百八引。

咸陽縣額行二千三百三十七引，餘引三百六十引，代銷三十七引。

興平縣額行二千五十引，餘引一千四百四十引，代銷七十六引。

臨潼縣額行三千八百九十五引，餘引九百六十引，代銷一百十三引。

高陵縣額行一千八百三十二引，餘引七百二十引。原額三千一百四十引。雍正八年減去一千三百一十八引，令本省暢銷地方代銷。

鄠縣額行一千七百八十五引，餘引四千八十引，代銷二百三十三引。

藍田縣額行一千一百三十六引,餘引一千二百四十引,代銷八十九引。

涇陽縣額行五千七百七十五引,餘引六百引,代銷六引。

三原縣額行三千五百八十七引,餘引三百六十引,代銷二十引。

盩厔縣額行三千五百六十二引,餘引四千七百四十引,代銷三百五十二引。

渭南縣額行七千四百十六引。

富平縣額行五千三百六十七引,代銷二十九引。

醴泉縣額行二千六百六十五引。

同官縣額行三百五十九引,餘引四百二十引,代銷十八引。

耀州額行八百六十引,餘引六引,代銷三引。

商州:屬四縣

本州額行一千三百三十二引,餘引九千四百八十引,代銷一百四十二引。

鎮安縣額行二百八十七引,餘引二千七百九十引,代銷一百八引。

山陽縣額行三百八引,餘引三百六十引,代銷五引。

雒南縣額行六百一十五引,餘引一千五百六十引,代銷五引。

商南縣額行二百五引,餘引三百六十引,代銷五引。

同州府:屬一廳一州八縣

大荔縣額行三千七十五引,餘引八百五十引,代銷三引。雍正十三年,同州改府,潼關縣改廳,添設大荔縣爲附首,仍行同州額引。

潼關廳額行一百三十六引,餘引一萬四百七十二引,代銷一百六十三引。雍正十三年,以縣改廳,引仍舊。

朝邑縣額行五千五十八引,代銷三十引。

郃陽縣額行五千二百六十引,餘引一千五百八十引,代銷一百七十三引。

澄城縣額行二千八百七十引。

韓城縣額行三千七十五引,代銷一百八引。

白水縣額行一千一百五十引,餘引三百引,代銷三十三引。

華州額行三千二百七十四引,餘引八百引,代銷六十八引。

華陰縣額行二千九十六引,餘引三百引,代銷五十一引。

蒲城縣額行五千三百七十八引。原額七千三百七引。乾隆十一年減去一千九百二十九引,令三省能銷鹽地方代銷。

乾州:屬二縣

本州額行二千八百四十八引,餘引六百一十引,代銷七十七引。

武功縣額行一千四百九十六引,餘引一千四百三十引,代銷八十一引。

永壽縣額行四百二十四引,代銷八引。

以上三十四州縣額引、代銷引共十萬一千二百八十九道,餘引五萬八千五百三十二道,計實行引一十五萬九千八百二十一道,係商運辦,領河東引,行解池鹽。

興安府:屬六縣。行鹽稅引,食花馬池鹽。

安康縣歲行鹽稅一千二百七十九引,代銷九十八引,餘引二千六百四十引。按,興安府屬舊由河東商運商銷。嘉慶十六年,照鳳課例改歸鹽稅。查舊志載,興安由州改府,改漢陰縣爲安康縣,引目歸并。今漢陰復廳,分銷安康額引四百十引。又新設磚坪廳,分銷安康額引一百八十引。

洵陽縣歲行鹽稅四百一十引。

白河縣歲行鹽稅一十二引。

紫陽縣歲行鹽稅一百三引。

石泉縣歲行鹽稅二百五十八引。

平利縣歲行鹽稅一十引。

鳳翔府:屬一州七縣。行鹽稅引,食花馬池鹽。

鳳翔縣歲行鹽稅一千六百五引。

岐山縣歲行鹽稅二千九百九十七引。

寶鷄縣歲行鹽稅三千二百八十一引。

扶風縣歲行鹽稅五千八百一十三引。

郿縣歲行鹽稅一千八百一十八引。

麟游縣歲行鹽稅六十八引。

汧陽縣歲行鹽稅一百二十九引。

隴州歲行鹽稅五百八十九引。

邠州:屬三縣。行鹽稅引,食靈州池鹽。

本州歲行鹽稅一千四百三引。按,邠州暨三水、淳化二縣引鹽,乾隆五十七年以前,皆歸河東商運。嘉慶十二年復商後,改食靈州池鹽,照鳳課例徵鹽稅。

三水縣歲行鹽稅六百一十五引。

淳化縣歲行鹽稅一千二十五引。

長武縣歲行鹽稅八百四引。雍正八年,新加此引,照鳳課例行銷。其原額六百六十引分派陝西能銷鹽州縣代銷。

以上十八州縣共鹽稅引二萬四千九百五十七道,皆行花馬池鹽,仍領河東之引,照鳳課舊例徵稅行銷。

河南省額引二十三萬九千九百九十道。

河南府:屬十縣

洛陽縣額行四千四百七十七引,餘引三千九百六十引,代銷一百五十七引。

偃師縣額行二千六百九十九引,餘引二千五百八十引,代銷三十六引。

鞏縣額行一千七百八十八引,餘引二千九百引,代銷四十七引。

孟津縣額行一千七十三引,餘引二千八百八十引,代銷十九引。

宜陽縣額行六百八十三引,餘引四千六百八十引,代銷三十一引。

登封縣額行三千一百二十七引,餘引三千五百二十引,代銷六十二引。

永甯縣額行一千四十一引,餘引三千八百四十引,代銷五十三引。

新安縣額行八百五十一引,餘引三千四百八十引,代銷九十二引。

澠池縣額行一千二百九十五引,餘引五千四十引,代銷一百二十六引。

嵩縣額行一千八百一十二引,餘引三千三百六十引,代銷三十七引。

陝州:屬三縣

本州額行一千四百二十六引,餘引四千六百八十引,代銷一百引。

靈寶縣額行五千六百二十三引,餘引二千一百六十引。

閿鄉縣額行三千九百五引。

盧氏縣額行五百七十二引,餘引六千五百七十五引,代銷二十四引。

南陽府:屬一廳二州九縣

南陽縣額行四千七引,餘引四千八百引,代銷五十七引。原額四千七百五引。雍正十二年改撥六百九十八引,於復設南召縣行銷。

南召縣額行六百九十八引,餘引三千八百四十引,代銷十六引。雍正十二年由南陽縣撥給。

泌陽縣額行三千二百九十六引,餘引六千七百引,代銷七十引。

桐柏縣額行七百七十三引,餘引五千一百引,代銷八十四引。

鎮平縣額行四千八百一十六引,餘引九百一十八引。

唐縣額行四千九百七引,餘引二萬五千八十引,代銷一百九十四引。

鄧州額行六千五十七引,餘引一萬九千五百八十引,代銷一百七十八引。

內鄉縣額行二千八百八十一引,餘引四千四百九十引,代銷四十五引。

新野縣額行三千三百八十九引,餘引五千四百四十引。

淅川廳額行一千八百五十四引,餘引七千七百四十引。

裕州額行一千三百七十七引,餘引六千九百一十引,代銷一百七引。

葉縣額行二千二百八引,餘引二千五百二十引,代銷三十二引。

汝州:屬四縣

本州額行四千一百七十七引,餘引四千一百二十引,代銷四十九引。

魯山縣額行一千四百五十引,餘引三千四百二十引,代銷四十八引。

郟縣額行三千一百二十八引,餘引一千五百七十引,代銷二十三引。

寶豐縣額行七百四十三引,餘引一千八百引,代銷四十二引。

伊陽縣額行七百五十一引,餘引四千五百引,代銷五十引。

許州:屬一縣

襄城縣額行二千二百五十六引,餘引八百七十引,代銷十八引。

以上三十二州縣額引、代銷引共八萬九百三十七道,餘引十五萬九千五十三道。於嘉慶二十五年,經山西巡撫成格奏准,改由商運民銷。

【按】額引者,計口授鹽,制既定而不可更易者也。內有更名變價引、西安加增引、解安新加引,名雖不同,均係河東舊額正賦,故統歸之額引。代銷引者,以此處之商銷彼處之引也。是雖以額作餘,其原終於額引撥出,實無異於正額,故亦歸之額引。餘引者,所以濟額引之不足也。内額餘引十萬道,係題明作爲定額,與續領餘引有間。其續增餘引十四萬道,舊制盡銷盡報。自乾隆四十八年均引後,各州縣俱酌有定數。嘉慶十二年復商後,仍循舊章辦理。至陝省鳳、邠、興安屬鹽稅引,該處雖食花馬池鹽而仍領河東之引。山西陽曲等縣鹽稅引,該處均食土鹽,其引張雖於嘉慶復商案内改歸山西藩司領繳,仍由鹽政奏銷。

官運引數

河東鹺務章程,自嘉慶十二年復商後迄今數十年間,隨時酌定,不過小有變更,惟改辦官運爲一大轉關。溯查咸豐二年,欽差户部左侍郎王慶雲、江蘇布政使聯英會同山西巡撫兆那蘇圖查辦河東鹽務,通籌全局,酌議留商改票、先課後鹽。奏稱,河東鹽法自乾隆年間鹽政薩哈岱奏請在晉省舉報富户充商,嗣改爲五年更換,百弊叢生。經前巡撫農起請更定長商,六、七十年循而不改。迨至道光二十四年,巡撫梁萼涵請改短商三年,更替行之。甫及六載,已更八十餘商。此元年所以有議輕成本改復長商之請,而部議以爲長商不如票商之爲利多也。兹擬留商改票,蓋以引自商銷,票准民販,而票之較勝於引者,在官則省浮費,在商則省辛工,其於運鹽赴岸脚價俱可從省,所以輕成本、利轉輸也。故商人等并願將現停一半活引四萬三千七百五十道一并改票運銷。其領票招販、完課掣鹽、截角交票各事宜即仿照兩淮票法，稍爲變通，以歸簡易，而防弊混。河南引鹽向歸商銷，自嘉慶二十四年改爲商運民銷，以會興鎮爲發鹽口岸，商民稱便。現在留商改票，山陝二省均應設立口岸，以便招徠。除河南會興鎮照舊設立外，其陝西省三十四處向由永濟臨晉縣之下馬口、夾馬口渡河過載，今仍從其便。山西省四十四處山路崎嶇，運腳繁重，自應妥爲分設。所有澤州、潞安、平陽三府，霍、絳二州各屬口岸，應察看適中地方設立。至近池蒲、解兩府州屬票鹽，應於安邑、運城兩處立岸發販，所有鹽票由各該州縣截角申繳。以上三省口岸均應派員分駐巡防，并令各商販將鹽票呈交截角，按限早繳。再晉陝豫引鹽向係二百四十斤爲一引，一百二十引爲一名，八、九十名爲一簽。嘉慶二十四年，巡撫成格奏請調劑案內，山陝二省每引加鹽十斤，每名合鹽三萬斤，免其加課。河南省改爲商運民銷，仍照舊每引二百四十斤，每名只得鹽二萬八千八百斤，現在改引爲票。河南應准每引加鹽十斤，與山陝一律辦理。一切條議，諭〔俞〕旨准行。

　　咸豐三年十一月，復奉上諭："户部奏河東鹽務亟籌變通一摺。河東鹽務自有簽商之議，百弊叢生。近年以來，酌議章程屢定屢改，不過調停於長商、短商之間，仍未能經久不敝。今據該部奏請，運商一百餘家各按簽地之多寡、家資之厚薄，令捐免充商，永無簽舉之患，該商無不樂從。所有鹽課另議，就場徵收，恤商裕餉，爲兩得之計。據該部約計，捐資可得銀數百萬兩，軍餉要需亦可藉資接濟。恒春今任巡撫，鹺政是其專管，著即照該部指陳各節，速議章程，奏明辦理，并先將捐免銀數，核明奏報，聽候撥用。欽此。"

四年正月,山西巡撫恒春覆奏,河東鹽務自道光二十四年議改短商,其害不可枚舉。咸豐元年,請復長商,而極疲十數家無力辦運,商累仍屬難除。爲今之計,自以商捐免充另於鹽池收稅納課爲第一要圖。節經提集各商先後輸銀三百萬兩,從此恤商充餉,一舉兩得,庶商民均沾樂利而鹺政日有起色矣。河東引鹽,山陝向係商運商銷,嗣後請改爲官運官銷。河南向係商運民銷,嗣後請改爲官運民銷。官運既定,應仍按額委員,赴部請領引張,編發行運。銷完殘引,送部繳銷。計三省歲額正引四十二萬六千九百四十七道,餘引二十四萬道。山西除陽曲等三十州縣鹽稅引四萬二千一百五十一道,實行額引十七萬六千七百五十九道,餘引一萬九千七百七十五道。陝西除鳳翔、興安、邠州府州屬鹽稅額引二萬二千三百一十七道,餘引二千六百四十道,實行額引十萬一千二百八十九道,餘引五萬八千五百三十二道。河南實行額引八萬九百三十七道,餘引十五萬九千五十三道。三省實在商行額引三十五萬八千九百八十五道,餘引二十三萬七千三百六十道。今改爲官運官銷、官運民銷,請將吉蘭泰活引永遠豁除,其額餘引仍循其舊。惟山西苛嵐等十三州縣鹽稅引三千四百九十四道向歸吉引行銷。吉引雖裁,而此項鹽稅引未便無著,應請勻分山西行鹽州縣融銷,其各廳州縣借給運本,准循山東成案,酌量道里遠近、額引多寡,分別籌借,誠屬公允。第河東行鹽地方有路甚遠而引極少者,殊難區別差等,應照部議,視額引之數目,核實借給。現擬每一名引一百二十道,酌借運本銀三十兩。額引雖多,借銀不得過三千兩,用示限制。統計全綱引數以五千名合算,約需借給銀十五萬餘兩。於商捐款內暫借濟運,一俟銷價本銀繳齊,即歸商捐原款。該州縣等即照東省章程,分限五年繳還道庫,以清款項。是年十二月,調補山西巡撫、陝西巡撫王慶雲奏,陝省鹽務試辦官運官銷,公私窒礙,請援乾隆五十七年舊案,將鹽課改歸地丁攤徵,所有西、同、商、乾四府州屬向係行銷河東額引,現在課歸地丁,無論何處鹽斤,均可由民販運。河東鹽引應請停領,以省案牘。查漢中、延安、榆林、鄜州、綏德等屬向不領引外,惟鳳、興、邠三府州屬民間多食土鹽及花馬池鹽,自運自銷,而各州縣按年仍赴河東領引,所領引張并不行用。每年解課赴河東時,將引張空領空繳,殊屬具文。今課銀既議解歸本省藩庫,引張亦應毋庸請領。五年二月,奉准照辦。

六年四月,陝西巡撫吳振棫疏稱,陝省鹽課攤歸地丁,諸形棘手,請仿照河南改行河東招販,變通辦理。本月欽奉上諭:"著王慶雲將前辦章程悉心參酌,通盤籌畫,其有應行變通之處,即咨行吳振棫會商妥辦,以裕國課而便民食。欽此。"是年八月,陝西巡撫吳振棫、山西巡撫王慶雲會奏陝西官民并運、發販散銷并驗票截角各事宜。經部議覆,陝省西、同、商、乾四府州屬向行河東額引,自上年鹽課改歸地丁攤徵,奏明停領引目。茲既復課歸鹽,自應領引營運,俾清綱分。惟本年丙辰一綱初更章程,若俟領引到日開辦新綱為時已遲,應照所議先用票張權宜辦理,仍令陝省丁巳綱鹽引同晉豫引目一并請領,以符舊制。其鳳、興、邠三府州屬向例課歸地丁,仍赴河東領引。上年亦經奏明停領,茲該府州仍照舊攤徵、不在官民并運之例,應於下屆請領引目咨內聲明劃除,毋庸給領。五年,添設河南靈寶縣口岸,招商試辦。商運官鹽,以三百名為率,係額引外加增鹽票。七年，始改票領引，至今因之。九年，天津需餉。山西巡撫英桂接准部咨請加鹽票三百三十名。十年，復請查照戊午、己未兩綱，帶銷扣存陝省甲寅半綱引鹽六百六十名，現已全數銷竣，仍舊每年加銷三百三十名外再酌加票二百七十名，共成六百名。是年十月，署山西巡撫常績又請再加活引五百名。斯時也，各省軍興，潞鹽溢銷於川淮引地楚、皖、直隸諸境，故能疊次議加引票。嗣後，南北兵銷，川鹽、淮鹽、蘆鹽各復引地，潞引滯銷。

同治元年，即有請停加票之奏，當經部駁。二年，旋又請停，部議准將最後增加活引五百名暫行停緩，其餘六百名仍令實力疏銷。四年十月，復經護理山西巡撫王榕吉請將前加票六百名一并停止，奉部覆准，將前後加票活引一千一百名概予停辦。光緒三、五等年，河東三省引地同遭荒旱，戶口凋殘。山西巡撫曾國荃先請暫停靈寶引三百名，續請將河東現引定額分別暫予酌減山西引四百名、河南引三百名、陝西引二百名，均未蒙允准。

官運額引分目

河東鹽引縣復商以來行銷至今，歲領引六十三萬五千八百三十九道。溯自咸豐三年改引行票，四年商捐免充，山陝改爲官運官銷，河南改爲官運民銷，是年復奉部咨准，將陝西鹽歸民運，課歸地丁，并鳳、興、邠等府州屬停領引張。五年河南靈寶縣添設口岸，酌議加引三百名，招商試辦。六年變通陝鹽，仿照河南官民并運章程改由河東招販轉運散銷，仍領陝引以復舊制。除鳳、興、邠等處鹽稅仍由陝省奏銷，所有鹽稅引二萬四千九百五十七道毋庸請領外,尚有岢嵐等十三州縣鹽稅引三千四百九十四道歸入山西引地內通融分銷,并靈寶口岸引三萬六千道係官運以後議加均不在額引之中。茲將三省引地一百一十廳州縣、現行引額五十九萬六千三百四十五道,行引有定地,銷引有定數,計地分引,按引合名,詳列於後。

山西省現行額引一十九萬六千五百三十四道,合一千六百三十七名九十四道。

平陽府:屬一州十縣

臨汾縣額行八千五百四十一引,合七十一名二十一引。

洪洞縣額行八千五百一十八引,合七十名一百十八引。

浮山縣額行一千七百九十八引,合十四名一百十八引。

岳陽縣額行一千五百五十八引,合十二名一百十八引。

翼城縣額行五千三百四十三引,合四十四名六十三引。

曲沃縣額行八千四百五引,合七十名五引。

太平縣額行五千二百八十三引,合四十四名三引。

襄陵縣額行五千四百八十四引,合四十五名八十四引。

汾西縣額行一千二百六十八引,合十名六十八引。

鄉甯縣額行七百二十一引,合六名一引。

吉州額行五百六十四引,合四名八十四引。

蒲州府:屬六縣

永濟縣額行六千六百六十二引,合五十五名六十二引。

臨晉縣額行二千七百一十引,合二十二名七十引。

虞鄉縣額行一千五百七十八引,合十三名一十八引。

榮河縣額行三千九百四十九引,合三十二名一百九引。

萬泉縣額行一千五百八十九引,合十三名二十九引。

猗氏縣額行一千七百八十五引,合十四名一百五引。

解州:屬四縣

本州額行三千四百引,合二十八名四十引。

安邑縣額行五千三百引,合四十四名二十引。

夏縣額行三千九百三十七引,合三十二名九十七引。

平陸縣額行一千四百三十引,合十一名一百十引。

芮城縣額行二千二百五十五引,合十八名九十五引。

絳州:屬五縣

本州額行六千五百四十七引,合五十四名六十七引。

垣曲縣額行二千四百七引,合二十名七引。

聞喜縣額行四千四百二引,合三十五名二引。

絳縣額行三千九百九引,合三十二名六十九引。

稷山縣額行三千三百七十二引,合二十八名十二引。

河津縣額行三千七百三十五引,合三十一名十五引。

霍州:屬二縣

本州額行一千四百三十一引,合十一名一百十一引。

趙城縣額行三千六百二十一引,合三十名二十一引。

靈石縣額行一千五百五十八引,合十二名一百十八引。

隰州:屬一縣

蒲縣額行二百八十七引,合二名四十七引。

潞安府:屬七縣

長治縣額行一萬五千一十引,合一百二十五名十引。

長子縣額行五千九百三十九引,合四十九名五十九引。

屯留縣額行三千八百七十五引,合三十二名三十五引。

襄垣縣額行四千七百二十三引,合三十九名四十三引。

潞城縣額行六千四百八十二引,合五十四名二引。

黎城縣額行二千七百九十四引,合二十三名三十四引。

壺關縣額行四千三百八十八引,合三十六名六十八引。

澤州府:屬五縣

鳳臺縣額行一萬二千九百二十四引,合一百七名八十四引。

高平縣額行九千三百三十四引,合七十七名九十四引。

陽城縣額行九千六百四十四引,合八十名四十四引。

陵川縣額行四千七百七十七引,合三十九名九十七引。

沁水縣額行三千四百九十七引,合二十九名十七引。

以上四十四州縣平陽府屬額引四萬七千四百八十三道,合三百九十五名八十三引;蒲州府屬額引一萬八千二百七十三道,合一百五十二名三十三引;解州屬額引一萬六千三百二十二道,合一百三十六名二引;絳州屬額引二萬四千一百七十二道,合二百一名五十二引;霍州屬額引六千六百一十道,合五十五名十引;隰州屬額引二百八十七道,合二名四十七引;潞安府屬額引四萬三千二百一十一道,合三百六十名十一引;澤州府屬額引四萬一百七十六道,合三百三十四名九十六引。外岢嵐等十三州縣鹽稅引三千四百九十四道,合二十九名十四引,現歸山西引地內分銷。

陝西省現行額引一十五萬九千八百二十一道,合一千三百三十一名一百一道。

西安府:屬一州十五縣

長安縣額行一萬三千七十一引,合一百八名一百十一引。

咸甯縣額行一萬四千七百六十一引,合一百二十三名一引。

咸陽縣額行二千七百三十二引,合二十二名九十二引。

興平縣額行三千五百六十六引,合二十九名八十六引。

臨潼縣額行四千九百六十八引,合四十一名四十八引。

高陵縣額行二千五百五十二引,合二十一名三十二引。

鄠縣額行六千九十八引,合五十名九十八引。

藍田縣額行四千四百六十五引,合三十七名二十五引。

涇陽縣額行六千三百八十一引,合五十三名二十一引。

三原縣額行三千九百六十七引,合三十三名七引。

盩厔縣額行八千六百五十四引,合七十二名十四引。

渭南縣額行七千四百四十六引,合六十二名六引。

富平縣額行五千三百九十六引,合四十四名一百十六引。

醴泉縣額行二千六百六十五引,合二十二名二十五引。

同官縣額行七百九十七引,合六名七十七引。

耀州額行一千四百六十三引,合十二名二十三引。

商州:屬四縣

本州額行一萬九百五十四引,合九十一名三十四引。

鎮安縣額行三千一百八十五引,合二十六名六十五引。

雒南縣額行二千一百八十引,合十八名二十引。

山陽縣額行六百七十三引,合五名七十三引。

商南縣額行五百七十引,合四名九十引。

同州府:屬一廳一州八縣

大荔縣額行三千九百二十八引,合三十二名八十八引。

潼關廳額行一萬七百七十一引,合八十九名九十一引。

朝邑縣額行五千八十八引,合四十二名四十八引。

郃陽縣額行七千一十三引,合五十八名五十三引。

澄城縣額行二千八百七十引,合二十三名一百十引。

韓城縣額行三千一百八十三引,合二十六名六十三引。

白水縣額行一千四百八十三引,合十二名四十三引。

華州額行四千一百四十二引,合三十四名六十二引。

華陰縣額行二千四百四十七引,合二十名四十七引。

蒲城縣額行五千三百七十八引,合四十四名九十八引。

乾州:屬二縣

本州額行三千五百三十五引,合二十九名五十五引。

武功縣額行三千七引,合二十五名七引。

永壽縣額行四百三十二引,合三名七十二引。

以上三十四廳州縣西安府屬額引八萬八千九百八十二道,合七百四十一名六十二引;商州屬額引一萬七千五百六十二道,合一百四十六名四十二引;同州府屬額引四萬六千三百三道,合三百八十五名一百三引;乾州屬額引六千九百七十四道,合五十八名十四引。

河南省現行額引二十三萬九千九百九十道,合一千九百九十九名一百十道。

河南府:屬十縣

洛陽縣額行八千五百九十四引,合七十一名七十四引。

偃師縣額行五千三百一十五引,合四十四名三十五引。

鞏縣額行四千七百三十五引,合三十九名五十五引。

孟津縣額行三千九百七十二引,合三十三名十二引。

宜陽縣額行五千三百九十四引,合四十四名一百十四引。

登封縣額行六千七百九引,合五十五名一百九引。

永甯縣額行四千九百三十四引,合四十一名十四引。

新安縣額行四千四百二十三引,合三十六名一百三引。

澠池縣額行六千四百六十一引,合五十三名一百一引。

嵩縣額行五千二百九引,合四十三名四十九引。

陝州:屬三縣

本州額行六千二百六引,合五十一名八十六引。

靈寶縣額行七千七百八十三引,合六十四名一百三引。

閿鄉縣額行三千九百五引,合三十二名六十五引。

盧氏縣額行七千一百七十一引,合五十九名九十一引。

南陽府:屬一廳二州九縣

南陽縣額行八千八百六十四引,合七十三名一百四引。

南召縣額行四千五百五十四引,合三十七名一百十四引。

泌陽縣額行一萬六十六引,合八十三名一百六引。

桐柏縣額行五千九百五十七引,合四十九名七十七引。

鎮平縣額行五千七百三十四引,合四十七名九十四引。

唐縣額行三萬一百八十一引,合二百五十一名六十一引。

鄧州額行二萬五千八百一十五引,合二百一十五名十五引。

內鄉縣額行七千四百一十六引,合六十一名九十六引。

新野縣額行八千八百二十九引,合七十三名六十九引。

淅川廳額行九千五百九十四引,合七十九名一百十四引。

裕州額行八千三百九十四引,合六十九名一百十四引。

葉縣額行四千七百六十引,合三十九名八十引。

汝州：屬四縣

本州額行八千三百四十六引,合六十九名六十六引。

魯山縣額行四千九百一十八引,合四十名一百十八引。

郟縣額行四千七百二十一引,合三十九名四十一引。

寶豐縣額行二千五百八十五引,合二十一名六十五引。

伊陽縣額行五千三百一引,合四十四名二十一引。

許州：屬一縣

襄城縣額行三千一百四十四引,合二十六名二十四引。

以上三十二廳州縣河南府屬額引五萬五千七百四十六道,合四百六十四名六十六引；陝州屬額引二萬五千六十五道,合二百八名一百五引；南陽府屬額引一十三萬一百六十四道,合一千八十四名八十四引；汝州屬額引二萬五千八百七十一道,合二百一十五名七十一引；許州屬額引三千一百四十四道,合二十六名二十四引。又靈寶口岸加引三萬六千道,合三百名。

【按】晉陝豫行鹽各廳州縣計共引額五十九萬六千三百四十五道,合四千九百六十九名六十五引。外岢嵐等十三州縣鹽稅引三千四百九十四道,合二十九名十四引,復商時撥入吉蘭泰引地行銷。嘉慶十七年,吉引改為活引,此引歸於河東暢銷地方代銷。官運後活引豁除,此項引張勻分山西引地內融銷。并有靈寶縣加引三萬六千道合二百名,係咸豐五年酌添口岸議增者。三共行引六十三萬五千八百三十九道,合五千二百九十八名七十九引,即現在歲行之引數也。

領繳則例

河東鹽務未歸地丁以前領引繳引章程,《備覽》均已詳載。茲查嘉慶十二年復商案內，咨准於每年五月間由河東道詳院委員赴部請領，此後額餘并鹽稅引及吉蘭泰餘引共七十萬八千八百二道，統於前年五月內委員赴部具領，八月內領回，鈐蓋河東道印存庫，陸續給商領辦。除鹽稅引山西陽曲等三十州縣奏准由山西藩司領繳外，其陝西鳳翔、邠州、興安等屬仍於正月由道行文各地方官催領。至商辦退引，飭令先赴地方官用印，歲於奏銷前陸續由該州縣批差申繳，內惟河南三十二州縣奏改商運民銷，其退引統於陝州用印彙繳。一俟齊繳到道，同陝省鹽稅引照例鑿孔，收貯道庫。由道詳院差吏彙解戶部山東司查銷。迨咸豐四年改章官運後，除鳳、興、邠等屬鹽稅引停領外，統計額引暨岢嵐等州縣鹽稅引、靈寶口岸議加引共六十三萬五千八百三十九道。每歲委員請領，下綱新引仍以五月爲期，八月領回，隨時督催官民領配。其繳銷三省殘引，山西則由各州縣官用印，陝西則由三河口委員蓋戳，河南則由鹽經歷蓋印。各截第四角，於奏銷前彙繳到道，由道解部。至領回鈐印貯庫，銷完鑿孔繳部，各事宜均遵舊章辦理。

奏銷期限

河東鹽課原係六月奏銷。自乾隆二十八年池鹽被水歉收，經前任鹽政薩哈岱請改十月奏銷以後，相沿辦理。迨五十七年改課歸丁，課隨糧徵，各解本省藩庫。奏限准自五月內隨同地糧奏銷之時，另款報銷，俾無牽混。嘉慶十二年，鹽務復歸商辦，商情踴躍。課銀隨運隨交，歲內均可按額完足截數造報。山西巡撫成齡奏准復商，鹽課於十三年四月查核題銷。嗣是統以四月爲期，較六月原限趕緊兩月，并將應徵公務官錢等款銀兩隨同正課徵解全完，一并入册奏銷。且令商人領引，仍舊按月先行納課，毋任遲逾，致有墮引誤課等弊。其未經奏銷以前徵收銀兩，即入於春秋撥册内造報酌撥。及至咸豐四年，免商官運。五年，山西巡撫王慶雲疏請更定奏限，奉部議覆。潞鹽徵課向係限至四月底奏銷，兹請改爲六月底截限，七月初具題核計。祇推展兩月，應准照辦。陝西鹽課既攤歸地丁，自應徑解該省藩庫，由該省自行報撥奏銷。其河東道庫所收山西、河南兩省鹽課，仍由河東道每年按數造報，以專責成，而免轇轕①。六年，復因陝課歸丁，公私窒礙，山、陝巡撫王慶雲、吳振棫會議，請照豫省官民并運章程辦理。除鳳、興、邠鹽稅由陝省奏銷外，所有西、同、商、乾四府州屬課銀封納河東道庫，應照向章由河東道依限一律造册報銷。

【按】分年帶銷、奏銷展限始於乾隆二十五、二十八等年，池遭水患，引積商疲。鹽政薩哈岱前後奏准將二十四、五兩年餘引四十八萬道，并二十六年額引三十六萬五千餘道，均分作八年帶銷。每年鹽引共十萬五千餘道，至三十年僅完三限，尚有五限未完。三十二年，始將未完五限帶銷全完。繼自光緒二年春夏間，山陝雨澤愆期，豫省旱災尤重，引鹽滯銷，節次展限。經河東道升泰詳請山西巡撫鮑源深吁懇，將乙亥綱未掣額引八百三十六名有奇，援照道光年間既同治四年長蘆、兩淮、雲南、山東等省分限帶銷積引成案，分作兩年帶銷，奉旨允准。嗣後丙子、丁丑、戊寅三綱復以潞鹽引地迭遭大祲，疲滯益甚，奏限屢屆屢展，陳引愈積愈多。光緒三、五、六等年，歷經山西巡撫陳請援案，分作三年帶銷，均奉部議准行。

---

① 轇轕：音 jiāo gé，交錯雜亂，引申為糾纏不清。

卷三下　課額

自下供上謂之貢,自上取下謂之賦。課也者,別乎貢,異乎賦,而實同乎貢與賦也。自來富藏於國則朘剝爲嫌,利專於民則争端易起。此夷吾正筴、劉晏持籌,匪唯富國,實以利民,而其權必操之自上焉。解鹽徵課,縣宋迄明以逮國初,前志載之詳矣。惟自乾隆五十七年以後,凡因時損益、隨地變通章程條款,實難枚舉。其最要莫若課歸地丁、復商運銷、免商官運爲三大綱。兹謹按次分編,以清眉目。

課項源流

河東鹽課,其制立於宋天聖時。元則有課稅、課錠、課鈔之名。迨至有明,始則納銀輸粟於九邊,繼則大工匱帑以增課,終則練兵餉銀又加派。法未盡善,制亦屢更。我朝定鼎,將明季浮加概行裁汰,歲徵課銀一十三萬一千一百七十八兩有奇。順治十三年,增課三萬二千兩,共計一十六萬三千一百七十八兩零。康熙十五年以後,遞加課銀,共成二十三萬五千五百五十九兩。二十八年,仍復順治十三年舊額。雍正初年,歲入正雜課銀一十七萬一千七百二十八兩。三年以後至乾隆五十年以前,續有增加,共徵正雜課銀五十一萬八千一百一十餘兩。五十七年,商力疲乏,課額不敷。經山西巡撫馮光熊奏准,將正雜課稅銀五十一萬三千六百八十餘兩攤歸晉陝豫行鹽一百七十二廳州縣地丁在案。嘉慶十二年，復歸商運，額徵正雜課銀四十八萬八千三百七十四兩零。十五年加增河工經費銀一十四萬四千二百七十餘兩。十八年，又加吉蘭泰活引河工經費銀二萬一千兩，并公費、平餘、課務、官錢等銀六萬八千七十餘兩，通共課銀七十二萬一千七百兩有奇。道光年間，遞有增減，以二十九年奏銷計之，正雜課銀共六十六萬五千兩有零。逮至咸豐四年免商，晉省改爲官運官銷，豫陝改爲官運民銷，歲徵額課銀五十二萬四千八百五十餘兩。五年，議加靈寶鹽票三百名。七年改引，仍照正引徵課增銀三萬一千五百兩，每年共徵正雜課銀五十五萬六千三百五十餘兩。嗣因各路軍興，潞鹽溢銷，暢旺倍常。九年，加徵羨餘銀三萬七千三百餘兩。十一年，又增加費。本省按引每名分三等。上等四十兩，中等三十二兩，次等二十八兩。陝豫靈引每名各六十兩，共銀二十七萬三千六百兩零。同治元年，續加籌補羨餘銀三千四百兩，每歲徵課八十七萬六百兩有奇。并咸豐九年、十年間，先後加票一千一百名，共增收課銀十四萬三千兩。同治二年、四年，因河東銷滯運艱，迭經籲請停減，准將此票全行停辦。三年，減去陝靈引各三十兩。四年，仍舊加徵。五年，以河南、陝西被擾，准令將陝豫靈引減去五成，加費各三十兩，共減十萬八千九百五十餘兩。山西係完善之區，未准核減，實存課銀七十六萬一千七百兩有奇。光緒五年，奏請酌減引費，以紓商困。緣河東引地被災，户口凋零，運銷日滯故也。九月，奉旨准將晉省加費酌減五成。上等各州縣徵銀二十兩，中等十六兩，下等十四兩。計共減銀二萬七千八百餘兩，暫予減徵一年。是年十二月，復經奏懇。六年二月戶部議奏准自己卯綱爲始,將豫陝靈寶減剩五成加費,并山西現准暫減五成仍留五成之三等加費,及先後續增羨餘一概暫予裁除。兩次共減銀二十萬五千二百六十餘兩。今每歲徵銀五十五萬六千三百五十餘兩。此歷來額課之大數也。

攤課歸丁

乾隆五十七年正月,大學士公阿桂等會議奏准,河東鹽課改歸山陝河南三省行鹽州縣地丁款內酌擬攤徵在案。查河東鹽行三省,在山西則有領引行鹽之臨汾等四十四州縣,并領引只納稅銀之陽曲等四十四州縣,應徵稅銀一萬九千一百五十四兩零,共完課稅銀十八萬二千四百十二兩零。陝西則有領引行鹽之咸甯等四十三廳州縣,并領引只納稅銀之鳳翔等九州縣,應徵稅銀六千九百七十八兩零,共完課稅銀十三萬一千四百五十一兩零。河南則有領引行鹽之襄城等三十二州縣,共完課銀十九萬九千八百十九兩零。三省共完正雜課稅銀五十一萬三千六百八十餘兩。又查山西行鹽各屬歲徵地丁銀二百八十三萬二千七百十七兩零,陝西行鹽各屬歲徵地丁銀一百四十七萬二千一百三十兩零,河南行鹽各屬歲徵地丁銀六十六萬六千四百十五兩零,三省行鹽各屬共歲徵丁銀四百九十七萬一千二百四十餘兩。合計三省中,山陝地丁多而課銀少,河南地丁少而課銀多。惟是河南省每年正賦之外,尚有奏明河工歲料幫價及搶險之年加徵銀數,均係按糧攤徵,較之他省稍覺繁重。所有鹽課,攤數不便過多,應照原議均攤九分有餘之數,量增三分有餘。每地丁一兩攤徵銀一錢三分,俾攤數稍見加增,而民力仍臻寬裕。查河南本省應徵鹽課銀十九萬九千八百十九兩零,今攤徵銀八萬六千六百三十三兩零,尚有攤剩銀十一萬三千一百八十餘兩,加以山陝二省共鹽課稅銀四十二萬七千四十餘兩,若在山陝各屬地丁內通計均攤,每兩一律各攤銀九分九厘零。山西共攤銀二十八萬一千十二兩零,核之山西本省應徵鹽課銀十八萬二千四百十二兩零,計代攤河南銀九萬八千五百餘兩。陝西共攤銀十四萬六千三十七兩零,核之陝西本省應徵鹽課銀十三萬一千四百九十一兩零,計代攤河南銀一萬四千五百八十餘兩。統而計之,河南省每地丁銀一兩,攤鹽課銀一錢三分;山陝二省每地丁銀一兩,攤鹽課銀九分九厘零。多寡已有區別,與原議河南酌量增攤之處實相符焉。

公用酌留

——內閣飯食銀二百兩。又解費銀三十兩。

——都察院飯食銀二千六十二兩。

——翰林院庶吉士規禮銀八十兩。又前二項解費銀五十兩。

——戶部飯食銀六百兩。又解費銀四十兩。

——甯夏將軍等養廉銀二千兩。

——涼莊副都統等養廉銀二千兩。

——西安將軍、副都統養廉一千六百兩。

——恭逢萬壽油燭銀一兩三錢八分八厘。

——元旦油燭銀七錢九分二厘。

——長至油燭銀三錢一厘。

——芒神、春牛、春花等物銀六兩一錢五分。

——元旦畫四城門門神銀六兩二錢。

——開場致祭三禁門,祭品等銀四兩五錢。前節省銀六分,茲仍照原數開銷。

——春秋丁祭,猪羊祭品等銀一百八十七兩四錢八分。前開銷銀一百六十七兩八錢四分,茲仍酌留原數。

——清明、七月十五、十月初一日,三次祭厲壇,猪羊祭品等銀二十二兩五錢。

——三、六、九等月朔日祭池神廟,猪羊祭品等銀一百四十八兩三錢三分。前節省銀二十兩二錢四分,茲留原數。

——九月十三日,祭關、張二廟,猪羊祭品等銀五兩八錢三分。前節省銀四錢一分,茲照原數開銷。

——春秋祭關帝廟,猪羊祭品等銀三十七兩五錢二分八厘。

——霜降祭旗纛神、表忠祠、衛民祠三處,共猪羊祭品等銀一十二兩八錢三分。前開銷銀十二兩三錢,省銀五錢三分,茲仍照舊酌留此數。

——每月初一、十五日各廟香資銀四兩三錢二分。

——每月初一、十五日宣講聖諭鄉約,工食銀一十二兩。

——歲試武童設立棚廠等銀一十兩七錢五分。商籍童生歸安邑縣考試,棚廠銀兩應行裁省。

——歲考文武生員給賞花紅銀七十兩八錢四分。

——科考賓興文武生員盤費、花紅、酒筵銀一百八十九兩二錢五分二厘。

——考遺才盤費銀五十兩。

——賓興文武舉人酒筵銀三十兩。

——文武舉人會試盤費銀二百八十兩。

——解州文武舉人會試盤費銀四十兩。

——每遇考貢盤費銀八兩。

——每遇拔貢盤費銀一十六兩。以上八條文武生員及文武舉人花紅、酒筵、賓興盤費并考貢、拔貢等盤費共銀六百八十四兩九分二厘,應請酌留。

——鹽政書吏酌留飯食廩給銀一百二十二兩六錢六分六厘六毫六絲零。查鹽政衙門經制貼書十八名,歲支飯食銀一百四十四兩,廩給銀九百六十兩。今鹽政裁缺,酌留書吏二名,每名應分得飯食廩給銀六十一兩三錢三分三厘三毫三絲零,共銀一百二十二兩六錢六分六厘六毫六絲零。

——運司六房書辦酌留飯食紙價等銀一百七兩八錢九厘五毫二絲零。查吏戶禮兵刑工六房經制貼書四十二名,歲支紙價銀八十兩,飯食銀三百七十二兩八錢,今移駐河東道衙門酌留十名,每名應分紙筆飯食銀十兩七錢八分九厘五絲二忽零。共銀一百七兩八錢九厘五毫二絲零。

——運司禁子四名,工食并刑具銀三十六兩八錢。

——教授養廉銀一百兩。

——訓導養廉銀一百兩。以上二項教授訓導業經裁缺,養廉并裁。

——學書飯食銀一十二兩。

——解州州判養廉銀三百兩。

——池內巡役四十六名,工食銀五百五十二兩。向在院司養廉歸公項下動支。

——鹽池司巡檢養廉銀二百五十兩。

——長樂司巡檢養廉銀一百五十兩。

——聖惠司巡檢養廉銀二百五十兩。

——三巡檢書役飯食銀三十六兩。

——三巡檢弓兵六十名,工食銀七百二十兩。向在院司養廉歸公項下動支。

——看廟學泉斗子工食銀九兩。

——池神廟僧人飯食銀一十四兩四錢。

——禮生八名,養贍銀九十六兩。

——鐘鼓夫二名,工食銀一十二兩。前設三名,共工食銀十八兩。茲裁一名,節省銀六兩。

——四城門門兵四十四名,工食銀一百九十二兩。前開銷銀一百八十六兩,省銀六兩,茲仍照原數酌留。

——解費腳價銀三千五百兩。此項銀兩向係運司徵收,鹽課每遇撥解協餉,以為木鞘、鐵箍并押解官役盤費腳價之需。今應仍留分歸晉秦豫三省藩庫,各按攤徵鹽課銀數多寡,實用實銷,節省歸公。再查鹽課遇撥京餉,元寶每千兩應解飯食銀十兩,散碎應解飯食銀十五兩。向在官務項下動支,今鹽課已歸地丁,應解元寶遇撥京餉,照例隨解飯食銀十兩,即在鹽課項下動支,計每鹽課一兩,應分攤解費銀六厘八毫一絲三忽五微四纖。山西省鹽課銀二十八萬一千一十二兩一錢九分零,共應留解費銀一千九百一十四兩六錢八分七厘。陝西省鹽課銀一十四萬六千三十七兩一錢五分零,共應留解費銀九百九十五兩三分。河南省鹽課銀八萬六千六百三十三兩九錢七分零,共應留解費錢五百九十兩二錢八分三厘。

——內務府飯食銀一百兩。

——運阜倉倉書斗級工食銀九兩。以上內務府飯食、倉書斗級工食二項，共銀一百零九兩，向在蘆葦項下動支。今因不產蘆葦，無項可動，在運司等裁缺歸公養廉項下動支。

——修築渠堰、禁墻銀五千兩。奉部議，已令坐商交納，應歸裁省。

又查勘渠堰、禁墻各工程供應及各役飯食銀八十　應同修築銀兩一并議裁。

以上各項共銀二萬一千六百五十六兩六錢六分七厘一毫八絲零。除歲修銀五千兩業經奉部議裁外，其原設查工飯食、考試棚廠及教職養廉共銀二百九十兩七錢五分，并應議裁。餘銀一萬六千三百六十五兩九錢一分七厘一毫八絲。

復商課程

河東池鹽向由商運，蒙鹽入口運銷亦有定制。乾隆五十七年，商力疲乏，課歸地丁，潞鹽聽民販運。遂無一定口岸，蒙古私鹽侵越內地，彼時潞鹽已無引課，人人得以販運，官亦無從稽查，因之充斥豫楚、兩淮。嘉慶十一年五月，山西巡撫同興籌議招商辦理具奏河東鹽務前，經遵旨會同欽差英和、初彭齡奏請仍改商運。欽奉諭旨："簽商易滋流弊，不若招商較爲妥善。其應如何改議章程，斟酌妥善之處，著會同陝西、河南巡撫定議奏聞。"并據欽差英和、初彭齡奏稱："查訪阿拉善鹽斤不能控運，懇照河東現議商運事例，一體招商試辦。"奉上諭："看來此二事相爲表裏，爲今之計，莫若將蒙古池鹽、河東池鹽一并招商承辦。按照成本多寡、口岸暢滯情形，因利乘便，酌劑行銷，總使得沾餘潤，商人自必樂從等因。"本年十一月,山西巡撫成齡覆奏,河東、吉蘭泰鹽務分別招商各辦引地,并現在兩處運商均已招認足數。准戶部會同侍郎英和議奏,查河東及吉蘭泰鹽務一體改歸官辦,一切事宜首在招商認地。前該撫請以王恒泰等承充河東新商,馬遵義等承充吉蘭泰新商。兹又據稱吉蘭泰鹽池在黃河上游,比鄰甯夏;河東鹽池在黃、*游,地接豫秦。兩地相去三千餘里,口鹽斷不能越險行銷河東地方。原可無須潞商并辦,況潞商業已一家承辦河東數處引地更難兼辦口鹽,且河東鹽行三省,每年銷引六十餘萬道,納課五十餘萬兩,課引較多,獲利已厚。口鹽每年酌中以三萬石爲率,計配引八萬七千五百道,應徵銀六萬三千五百餘兩。課銀有限,獲利未見有餘。口鹽、潞鹽應請分別招商,各辦引地,自應如所奏辦理。奉旨:"俱照所議行。"是年十二月,復經巡撫成齡疏稱,河東、吉蘭泰鹽務核定引課數目,復歸商運,請以嘉慶十二年正月初一日爲始。查河東舊額課銀五十一萬五千七百三十四兩一錢七分九厘內,除陽曲等四十四州縣向納鹽稅銀一萬九千二百九十四兩七錢五厘,前經部議撥歸甯夏鹽法道徵收。又河南泌陽、桐柏二縣向納正雜課銀一萬二千二百四十九兩六分五厘,撥歸淮北徵收。二共改撥銀三萬一千五百四十三兩七錢七分,實計河東舊課應徵銀四十八萬四千一百九十兩四錢九厘。內有陝西鳳翔府八屬向食花馬池鹽,每年只納正課銀六千七百兩七錢三分二厘,現經另摺奏請改銷潞鹽,應照河東之例加公務、官錢、餘平等項銀五千一百四十四兩八錢八分七厘。又陝西邠州并所屬之三水、淳化二縣向行河東鹽,課銀二千二百一十一兩四錢二分四厘,今請改食花馬池鹽,應減去公務、官錢、餘平等項銀九百六十兩四錢八分七厘,統計河東每年應徵銀四十八萬八千三百七十四兩八錢九厘,較舊額四十八萬四千一百九十兩四錢九厘之數,每年多徵銀四千一百八十四兩四錢。至吉蘭泰行銷鹽數,每年以三萬石爲率,照河東之例應納課務、餘平銀六萬三千五百八十八兩四錢三分八厘,歸口商在甯夏鹽法道完納造報。至陽曲等四十四州縣內有准食土鹽地方,所有引課容照部議查明核實,酌留另行具奏辦理。奉硃批覽:"欽此。"十三年,奉准部覆岢嵐等十四州縣專食口鹽,共應徵稅銀一千四百三十五兩零,准其全行割出,另由吉蘭泰運商按引照數納課,以免重複。陽曲等三十州縣兼食土鹽,共徵土鹽稅銀一萬七千八百五十八兩零,照舊酌留,由地方官徵解交納山西藩庫,毋庸遠交甘肅甯夏。

正雜款目

河東歷代課額,前志已備詳矣。我朝承平日久,生齒日繁,食鹽日眾。自雍正三年後,課項續有增加。核計乾隆五十七年課歸地丁案內,歲徵正雜課銀五十一萬三千六百八十餘兩。嘉慶十二年,復歸商運,奉旨澄清鹽法,優恤有加,或舊制仍循,或新章更定。南河工籌議經費則協力輸將,吉蘭泰裁改餘引則通綱感躍。除額外雜課及改解各庫諸款外,實計正雜額課六十五萬五千七百九十三兩九錢三分二厘,逐款分目,具列於後。

——三省商辦額引正課銀一十三萬九千四百二十一兩四錢一分三厘。乾隆五十七課歸地丁以前,計額引三十五萬七千四十六引。嘉慶十二年復商後,興安府屬七廳縣、邠州屬三州縣,改歸鹽稅引五千一百一十五引。又安康縣改入鹽稅代銷引九十八引,又隰州、大甯、永和三處改食土鹽,額引一千六百六十引。前志因係商辦,仍作額引。復商後歸入陽曲等縣鹽稅引內,徵解山西藩庫。應共除去額引六千八百七十三引,三省額代引計三十五萬一百七十三引。以一百二十引為一名,合二千九百一十八名十三引。每引徵銀四錢一分六厘六毫六絲六忽六微,每名合五十兩,徵課共額十四萬五千九百五兩四錢一分七厘,除去賑濟米價銀四千三百五十七兩五錢七分三厘,扣錠三百七十七兩七錢一分,加增餘銀六百九十八兩二錢二厘,紙價一千五十兩五錢一分九厘,均應另款開列外,實徵正課十三萬九千四百二十一兩四錢一分三厘。內有更名食鹽課、西安加增引課。其名雖異,其實皆商辦引課。至猗氏等縣代銷引課,雖改額為餘,而引目猶坐錠名,故皆歸入額引正課項下。

——賑濟米價銀四千三百五十七兩五錢七分三厘。此款向為額設鹽丁而設。自順治二年存留解部,至復商後額引每引徵銀一分二厘零,加增引每引徵銀一分一厘零,共徵賑濟米價銀四千三百五十七兩五錢七分三厘,歸入正課項下一同徵收。

——額引扣錠銀三百七十七兩七錢一分。雍正六年,歸公充餉。復商後,額引三十二萬七千八百五十七引,加增引二萬二千三百一十六引在外,合二千七百三十二名十七引。按每名封課一錠重五十兩,內正課四十八兩,賑濟銀一兩五錢,紙價銀三錢六分一厘七毫五絲三忽,每錠多銀一錢三分八厘二毫四絲七忽,計銀三百七十七兩七錢一分,歸入正課項下同徵。惟加增引向無扣錠名目,另有加增餘銀謹載下條。

——加增引餘銀六百九十八兩二錢二厘。向領加增引一名,封課四十六兩二錢四分五厘五毫五絲五忽五微。至雍正六年,加增課錠亦照額課五十兩徵收。每年加增餘銀六百九十八兩二錢二厘,歸入正課一同徵收。

——額引紙價銀一千五十兩五錢一分九厘。額引每名徵紙價銀三錢六分一厘零,加增引每名徵銀三錢三分五厘零,共計徵銀一千五十兩五錢一分九厘,隨正課按引徵收。惟此款於領引時差官批解戶部,不入奏冊。

——額引官錢公務銀十萬二千三百六十七兩二錢四分一厘。河東鹽務衙門向有河工、銅斤、水脚等名色,皆起於康熙年間。至雍正三年始行革去,并各衙門陋規一同裁汰。惟於額引加增引項下每領引一名,收官錢銀十一兩。撝引一名,收公務銀二十四兩零八分。復商後仍循舊例徵收,除公用准支外,餘皆報部充餉,計額引徵官錢銀三萬二千九十九兩一錢九分二厘,徵公務銀七萬二百六十八兩四分九厘,計共十萬二千三百六十七兩二錢四分一厘。

——解安引課銀三千五百八十八兩七錢五分。此係雍正七年續增引課,照餘引例每名納課四十九兩五錢。復商後仍循舊制,解安共行額引八千七百道,合七十二名六十引,計共徵課三千五百八十八兩七錢五分。

——解安引扣錠銀十兩一錢五分。解州額引三千四百道,納扣錠課三兩九錢六分六厘零。安邑額引五千三百道,納扣錠課六兩一錢八分三厘零。解安引合七十二名六十引。每名納扣錠課一錢四分,計共十兩一錢五分。

——解安引紙價銀二十六兩一錢。解州納紙價十兩二錢,安邑納紙價十五兩九錢,解安引合七十二名六十引,每名納紙價三錢六分,計共二十六兩一錢。此款與額引紙價事同一例,不入奏册。

——解安引官錢公務銀二千五百四十三兩三錢。解州納官錢公務銀九百九十三兩九錢三分四厘,安邑納官錢公務銀一千五百四十九兩三錢六分六厘,解安引合七十二名六十引,每名納官錢公務銀三十五兩零八分,計共二千五百四十三兩三錢。

——官置昌零引課銀一百一兩八錢八厘。此款係各錠名下畸零鹽數,不能歸錠引一百十二道,向係發商運銷,不入正額。雍正六年,歸公充餉,計正課四十六兩六錢六分七厘,官錢十兩零二錢六分六厘,公務二十二兩四錢七分五厘,銷價二十二兩四錢,計共一百一兩八錢八厘。復商後仍循舊例歸入正課項下一律徵收。

——餘引正課銀九萬七千九百十一兩。課歸地丁以前,餘引二十四萬道。復商後將興、邠二屬額引改歸鹽稅,內安康縣餘引二千六百四十引,亦并改作鹽稅。故行餘引二十三萬七千三百六十道,合一千九百七十八名。每名納課四十九兩五錢,餘引無米價照額引一例徵收,於正課四十八兩之外加銀一兩五錢統作正課,計共九萬七千九百十一兩。

——餘引扣錠銀二百七十六兩九錢二分。餘引一千九百七十八名,每名徵扣錠一錢四分,共徵銀二百七十六兩九錢二分。

——餘引紙價銀七百一十二兩八分。餘引一千九百七十八名,每名徵紙價三錢六分,共徵銀七百一十二兩八分,此款不入奏册。

——餘引官錢公務銀六萬九千三百八十八兩二錢四分。餘引一千九百七十八名,每名徵官錢公務銀三十五兩零八分,共徵銀六萬九千三百八十八兩二錢四分。

——餘引公費銀一萬一千八百六十八兩。餘引一千九百七十八名,每名徵公費六兩,共徵銀一萬一千八百六十八兩。

——活引正課銀三萬六千九十三兩七錢五分。嘉慶十六年,山西巡撫衡齡奏稱,吉蘭泰鹽務辦運拮据,奉旨交欽差大臣文孚等查辦。隨經覆奏,太汾等處各廳州縣聽其買食土鹽、蒙鹽,吉蘭泰額引改令河東商人於暢銷地方加配,名爲活引。所有正雜課款與餘引一律徵收,計行活引八萬七千五百道,合七百二十九名二十引。照餘引例,每名徵銀四十九兩五錢,計正課三萬六千九十三兩七錢五分。

——活引扣錠銀一百二兩八分四厘。此款照餘引例每名徵扣錠課一錢四分。活引七百二十九名二十引,計一百二兩八分四厘。

——活引紙價銀二百六十二兩五錢。此款照餘引例每名徵紙價課三錢六分,活引七百二十九名二十引,計二百六十二兩五錢,不入奏册。

——活引官錢公務銀二萬五千五百七十九兩一錢六分六厘。此款照餘引例每名徵官錢銀十一兩,公務銀二十四兩零八分,活引七百二十九名二十引,應徵官錢八千二十兩八錢三分三厘,公務一萬七千五百五十八兩三錢三分三厘,計共銀二萬五千五百七十九兩一錢六分六厘。

——活引公費銀四千三百七十五兩。此款照餘引例每名徵公費銀六兩,活引七百二十九名二十引,計四千三百七十五兩。

——陝西鳳翔府屬八州縣額引鹽稅銀六千四百八十八兩四錢。鳳翔八屬向領河東之引而食花馬池鹽,課歸鹽稅,計額引一萬六千三百道。每引徵銀三錢九分八厘六絲一忽五微,應徵課六千四百八十八兩四錢。復商後經陝西巡撫方維甸、山西巡撫成齡始議招商辦運,旋因民間不願改食潞鹽,奏請仍循舊例,課歸地丁攤納,由鳳翔府督催八屬州縣經徵,解交河東道庫,仍作正款。

——陝西興安府屬七廳縣額餘代引鹽稅銀一千九百一十四兩六錢七分三厘。課歸地丁以前,興安七屬額餘代引四千八百一十道,皆係商辦。復商後於嘉慶十六年經陝西巡撫董教增、山西巡撫衡齡會奏,改食花馬池鹽,課歸地丁攤納。其應徵官錢、公務、公費等款照鳳課例概行減免,歲行鹽稅引四千八百一十道。每引徵銀三錢九分八厘六絲一忽五微零,計徵課一千九百一十四兩六錢七分三厘,歸於興安府七廳縣徵收,解交河東道庫,作為正款。

——陝西邠州、長武、三水、淳化額引鹽稅銀一千五百三十一兩三錢八分六厘。雍正八年,新增長武縣引八百四道,照鳳課徵銀三百二十兩八分八厘,歲歸該縣徵解。至邠州、淳化、三水三州縣引三千四十三道,向係商辦。復商後,嘉慶十三年,經陝西巡撫方維甸奏請,改照長武例就近買食靈州池鹽,按丁攤納課銀。其官錢、公務等款概行減免,計邠州、長武、三水、淳化鹽稅額引三千八百四十七道,照鳳課例每引徵銀三錢九分八厘六絲一忽五微零，共徵課一千五百三十一兩三錢八分六厘，歸於邠州并屬四州縣徵收，解交河東道庫，作爲正款。

——鳳翔、興安、邠州各屬鹽稅紙價銀七十四兩八錢七分一厘。每引徵紙價三厘，計鳳翔八屬額引一萬六千三百道，應徵四十八兩九錢。興安七屬額餘代引四千八百一十道，應徵十四兩四錢三分。邠州三屬額引三千八百四十七道，應徵十一兩五錢四分一厘，計共七十四兩八錢七分一厘，不入奏册。

——唐縣餘利歸公銀四千五百兩。每額引一名除去大課、公務、平餘并坐商銷價等銀，餘銀五十四兩七錢九分三厘。每餘引一名，除大課、官錢、公務、公費、平餘等銀，餘銀七十二兩六錢四分三厘，奏明歸公。乾隆五十七年課歸地丁以前，核計唐縣額引四十名一百七引，代銷引一名七十四引，餘引二百九名，共得餘利一萬七千三百九十九兩四分六厘。內除支給商人雜費八百五十五兩三錢九分二厘外，仍遵雍正六年奏准定例，以四千五百兩歸公充餉，作爲正款。嘉慶十二年復商後，仍循舊制。二十五年，河南引地經山西巡撫成格奏請商運民銷，此項在於河南通綱按引均攤完納。至餘銀一萬二千四十三兩六錢五分四厘，係飭商解交河南藩庫，原委謹載唐縣續增餘利另款項下。

——澠池歸公銀三百三十四兩九錢一厘。乾隆二十八年額定引五十三名一百一引，照前按名核算計歸公銀三百三十四兩九錢一厘，按年入册奏銷，著爲定例。復商後仍循舊制徵收，作爲正款。嘉慶二十五年，河南引地改爲商運民銷，此款在於河南通綱按引均攤完納。

——三省額餘引河工經費銀一十一萬九十四兩四錢六分。嘉慶十四年,南河總督吳璥奏請籌備南河經費,議加鹽價以濟工需,奉旨令有鹽務省分各督撫鹽政體察情形,酌量議覆。河東經山西巡撫成齡於奏定鹽價案內每斤加銀一厘,按引徵收,計河東額餘引六十萬一千一百五十五道,每引行鹽二百四十斤,共鹽一萬四千四百二十七萬七千二百斤。每斤加價一厘,共加價銀一十四萬四千二百七十七兩二錢,奉部覆准。嗣於十六年興安七屬額餘代引四千八百一十道,改歸鹽稅,將加價一厘減免,應除去銀一千一百五十四兩四錢,實徵經費銀十四萬三千一百二十二兩八錢。歷年隨同正課徵收,另册報部候撥。道光十一年,商人王恒泰等以河東引地復商以來定爲錢莊,彼時制錢一千合銀一兩,尚敷成本。近年銀價日昂,各商以錢賣鹽,易銀完課,輾轉虧折。呈懇山西巡撫阿勒清阿奏請援照長蘆加價成案,改徵制錢。經部議,以制錢一千三百文易銀一兩交納,奉旨允准,河東計行額餘引五十九萬六千三百四十五道,共鹽一萬四千三百十二萬二千八百斤,每斤加價一厘,共徵銀一十四萬三千一百二十二兩八錢。改徵制錢以一千三百文易銀一兩核算,實徵收銀一十一萬九十四兩四錢六分。

——活引河工經費銀一萬六千一百五十三兩八錢四分一厘。此款於嘉慶十八年吉蘭泰引改令河東商人配爲活引,所有公費、河工加價銀兩,皆經山西巡撫衡齡奏請,照餘引例一律徵收,計活引八萬七千五百道,共鹽二千一百萬斤。每斤加價一厘,共加價銀二萬一千兩,歷年隨同正課完納。道光十一年,於商人王恒泰等呈懇仿照長蘆改徵制錢案內,經山西巡撫阿勒清阿奏請，與額餘引一律改徵制錢，以錢一千三百文易銀一兩核算，實徵收銀一萬六千一百五十三兩八錢四分一厘。

——各項餘平銀一萬二千八百九十八兩八錢九分四厘。此款自嘉慶十二年復商後，仍循舊例。除河工經費、廩費地租、巡鹽贓罰、籽粒蘆課、小麥變價、積餘并餘、潞澤節省、裕州歸公并唐縣續增餘利均免餘平外，計額引代銷正課官務徵銀二十四萬八千二百七十二兩六錢五分八厘，徵餘平銀六千二百六兩八錢一分七厘、解安引正課官務銀六千一百六十八兩三錢，徵餘平銀一百五十四兩二錢七厘，官置昌引正課官務銷價銀一百一兩八錢八厘，徵餘平銀二兩五錢四分六厘，餘引正課官務公費銀十八萬一百五十六兩二錢四分，徵餘平銀四千五百三兩九錢六厘，活引正課官務公費銀六萬六千四百十二兩五錢，徵餘平銀一千六百六十兩三錢一分二厘，鳳翔、興、邠鹽稅銀一萬九兩三錢三分，徵餘平銀二百五十兩二錢三分三厘。唐、澠歸公銀四千八百三十四兩九錢一厘，徵餘平銀一百二十兩八錢七分三厘，計共餘平銀一萬二千八百九十八兩八錢九分四厘。

——積餘歸公銀五十一兩。此款係各項官錢公務零引尾銀，名曰積餘，向只存留公用，并不報解。雍正六年，題明歸公充餉。查課歸地丁以前，此項積餘每年以八十五兩五錢冊報，旋於復商案內查明內有三十四兩四錢八分八厘零，係應入額引官務項下。咨部更正，每年以五十一兩冊報候撥。

——并餘歸公銀六百四十兩。乾隆八年，奏准解交內務府充公，盡收盡解。復商後，以此項銀數無多，奏准免解內務府。每年以六百四十兩冊報候撥。

以上三十項或係舊額，或係續增，或按引徵收，或指地認繳，共課額六十五萬五千七百九十三兩九錢三分二厘。

額外雜課

——坐商封納歲修銀五千兩。鹽池渠堰各工，雍正三年經鹽政馬喀奏請，停止派用民夫，在額引公務項下留存銀五千兩以為歲修之費。自乾隆五十七年課歸地丁於奏稱保護鹽池條內，經部咨覆，鹽池畦地澆曬鹽斤，今聽坐商與民交易，是畦地即屬坐商世業。保護鹽池，即所以保護畦地。所有歲修渠堰、禁墻各工銀五千兩，應令坐商照數交納河東道庫，以備歲修之用。嘉慶十二年復商，仍循舊章，令坐商完納，每年核實報銷。

——畦稅無定額。此係嘉慶十二年復商案內，以畦地即坐商世業，歷來坐商典賣畦地，因不印契，以致輾轉典賣。若遇爭控，官亦無憑判斷。奏定於嘉慶十二年為始，凡坐商典賣契地，照民人田土之例投稅印契，以絕弊端。經部覆准，嗣後遇有售賣，呈明河東道投稅，按契價每百兩徵稅銀三兩，附入奏銷造報。

——安邑縣護池灘地麥穀變價無定額。安邑縣護池灘地係鹽池巡役弓兵墾種，計地一百八十六畝七分，每畝納麥二升，穀三升，歲徵租麥三石七斗三升四合，穀五石六斗一合。向歸三場大使分管徵收，於奏銷時一并造册報部，所收麥穀積至五年，詳明糶價充餉。至乾隆五十七年課歸地丁案內，改歸安邑縣徵收，照舊五年變價，解交藩庫報撥。嘉慶十二年復商後，仍歸安邑縣經徵。十三年，經河東道劉大觀詳請巡撫成齡咨准，此項灘地歲徵麥穀積至五年變價銀兩，仍解交河東道庫報撥。

——運儲倉餘麥變價無定額。運儲倉歲收佃灘籽粒租麥二百七十石零，爲養濟院散給孤貧之需。如有餘剩，存留備用。向歸經歷管理，按年册報司院，并不報部。乾隆五十七年課歸地丁案內，改歸解州州判經管，與運阜倉一體報部，每年除給散孤貧口糧外，餘剩麥石按五年出糶一次，解藩庫報撥。嘉慶十二年復商後，此項倉儲歸庫大使管理。十三年，經河東道劉大觀詳請巡撫成齡咨准，此項變價銀兩歸存河東道庫報撥。

——贖鍰無定額。乾隆五十七年課歸地丁案內，改歸解州、安邑縣地方官辦理，免解內務府充公。嘉慶十二年復商後，此項三省私鹽臟罰，詳請各歸本省鹽法道辦理，咨部覆准。

以上五項俱交納河東道庫報銷之款。內惟贖鍰歸各鹽道。

【附】改解山西、河南藩庫，河南糧鹽道各款。

——陽曲等三十州縣鹽稅銀一萬七千八百五十八兩八錢一厘。乾隆五十七年課歸地丁以前，陽曲等四十一州縣鹽稅額引四萬三千九百八十五道。自嘉慶十二年復商時，議將大同、朔平二府，岢嵐、嵐縣、興縣、臨縣、永甯、甯武、神池、偏關、五寨、沁源、静樂、繁峙、保德、河曲十四州縣，計三千四百九十四引，改行吉蘭泰引鹽。其陽曲、榆次、太谷、祁縣、交城、文水、汾陽、孝義、平遥、介休、甯鄉、平定、盂縣、壽陽、忻州、定襄、代州、五臺、崞縣、遼州、和順、武鄉、榆社、沁州、太原、徐溝，共計鹽稅引三萬九千九百七十一引，每引仍徵鹽稅銀三錢九分八厘六絲一忽五微,紙價銀三厘。石樓縣計引五百二十道,每引徵鹽稅銀三錢九分八厘六絲一忽五微,紙價銀三厘,賑濟米價銀一分二厘四毫三絲九忽四微。又隰州、大甯、永和三州縣引地,向雖改歸鹽稅課項,仍照商辦錠名完納,計一千六百六十引,每引徵課銀四錢一分六厘六毫六絲零,公務官錢銀二錢九分二厘三毫三絲零,計行鹽稅三十州縣土鹽引四萬二千一百五十一道,共徵銀一萬七千八百五十八兩八錢一厘,由各州縣按年解交山西藩庫,隨同地糧另款造冊報銷。

——唐縣續增餘利歸公銀一萬二千四十三兩六錢五分四厘。乾隆五十七年以前唐縣引地餘利共銀一萬七千三百九十九兩四分六厘,除去河東庫款內充餉四千五百兩,并支給商人雜費八百五十五兩三錢九分二厘外,其餘銀兩向解內務府充公。課歸地丁案內,奉准部議,改令河南巡撫轉飭徵解河南藩庫報撥。嘉慶十二年復商後,仍照章飭令辦運之商完納,解交河南藩庫。二十五年,河南引地經山西巡撫成格奏請商運民銷。此項唐縣續增餘利奏准在於河南通綱按引均攤,由河東道飭商解交河南藩庫。

——裕州餘利歸公銀一千兩。乾隆五十七年課歸地丁案內奉准部議,令河南巡撫轉飭徵解河南藩庫報撥。嘉慶十二年復商後,仍循舊章,飭令辦運之商完納,解交河南藩庫。二十五年,河南引地改為商運民銷,所有此項裕州餘利歸公銀兩,奏准在於河南通綱按引均攤,由河東道飭商解交河南藩庫。

——潞澤節省銀二萬兩。乾隆五十七年課歸地丁案內奉准部議,令山西巡撫轉飭徵解本省藩庫報撥。嘉慶十二年復商後仍歸商辦，其節省銀兩由河東道飭商按年解交山西藩庫報撥。

——河南鹽規銀二千二百八十七兩三錢九分九厘。河南通省鹽規，雍正四年經河南巡撫田文鏡清查奏准，充解漕務運腳之費，河南應行潞鹽三十二州縣，除南召縣向無鹽規，其餘三十一州縣俱有應解鹽規，共銀二千二百八十七兩三錢九分九厘。乾隆五十七年，潞鹽課歸地丁，奏准裁汰。嘉慶十二年復歸商運，仍循舊制，令承辦運商在各州縣自行交納。二十五年，河南引地改爲商運民銷。經河南巡撫姚祖同咨部覆准，令河南通綱攤解，由河東道飭商解往河南糧鹽道庫，造冊報部。

——裁省京書廩費銀一百四十七兩一錢。順治九年，裁解運庫充餉。乾隆五十七年課歸地丁案內，改解本省藩庫。嘉慶十二年復商，仍照舊章，由曲沃縣解交山西藩庫報撥。

——池灘地租銀七百九十三兩四錢二分二厘。順治四年，題明充餉，由運庫報部核銷。乾隆五十七年課歸地丁案內奉准部議，由安邑、夏縣徵解本省藩庫。嘉慶十二年復商後，仍由安邑、夏縣徵解山西藩庫報撥。

——小麥變價銀一百七十兩九錢八分五厘。順治四年，部議存貯候撥，由運庫報部核銷。乾隆五十七年課歸地丁案內奉准部議，由安邑縣徵解本省藩庫。嘉慶十二年復商後，仍由安邑、夏縣徵解山西藩庫報撥。

——鹽站籽粒銀一十兩二錢六分。雍正六年歸入正項充餉，由運庫報部核銷。乾隆五十七年課歸地丁案內奉准部議，由安邑等縣徵解本省藩庫。嘉慶十二年復商後，仍由安邑等縣徵解山西藩庫報撥。

——蘆價銀一百一十七兩九錢七分六厘。雍正六年歸入正項充餉,由運庫報部核銷。乾隆五十七年課歸地丁案內奉准部議,由安邑縣徵解本省藩庫。嘉慶十二年復商後,仍由安邑縣徵解山西藩庫報撥。

以上十項俱係課歸地丁及復商案內,分別奏諮議解各省藩庫及河南糧鹽道庫之項。舊志因向由運庫報撥具載款目。茲雖章程變易,有仍由河東道飭催徵收轉解者,有由各州縣及運商徑解者,仍臚列開載,以資考核。再舊志載,有蘆葦變價一款。乾隆四十九年詳明改歸坐商變價,按畦歲納價銀四百三十八兩七錢五分,由運庫報部核銷。五十七年課歸地丁,奉准部議裁免。嘉慶十二年復商章程仍照舊議裁。此款係舊志開列、嗣奉裁免者,謹附及之。

【按】河東課項自復商以來款目數十條,較課未歸丁時而有加。迨咸豐四年改章官運,除河工經費、活引課銀及潞澤節省、唐裕歸公等項永遠豁除、另籌抵補外,歲徵正課銀二十四萬九千九百三十二兩九錢一分七厘,雜課銀二十七萬四千九百二十六兩二錢八厘,更無官錢、公務等一切名目,統以正雜課名之。其公費一款係於正供外餘銀七萬餘兩,以作三省管鹽各衙門辦公經費。至羨餘、加費兩款乃自咸豐年間運銷暢旺、迭次續增者,迄今概予裁汰。

復商公用款冊

——內務府飯食銀一百兩。此款舊制在蘆葦變價項內支銷。課歸地丁時將蘆葦銀兩除免。復商後,仍照舊請免。奉准部議,改將此項飯食銀兩在公務項下解給。

——領加增活引盤費腳價銀一百三十一兩二錢五分。

——加增活引紙硃飯食并解費銀三十兩一錢八分八厘。

——解額餘霉爛引紙硃銀一兩四錢不等。此項按引多寡核算，無定數。

——繳活殘引飯食解費腳價銀三十二兩三錢九分九厘。

——院承差領換霉爛引盤費銀二十五兩七錢六分二厘。

——甯夏將軍、副都統養廉銀二千兩。

——涼莊將軍、副都統養廉銀二千兩。甯夏、涼莊等處將軍、副都統與鹽務無涉。因年羹堯爲川陝總督兼管河東鹽務，題定官務時奏請於河東撥給。乾隆五十七年課歸地丁，改由山西藩庫支解。嘉慶十二年復商時，添設吉蘭泰鹽務，歸於甯夏道就近支給。嗣吉蘭泰改爲活引，此項養廉仍由河東道庫撥解甘餉時搭解。舊制尚有西安將軍、副都統養廉二款，共銀一千六百兩。課歸地丁以前，亦由河東解交。復商時改照課歸地丁章程就近在西安藩庫動支。

——新增恭逢皇太后萬壽油燭銀七錢。

——開場致祭三禁門祭品等銀四兩五錢。

——春秋丁祭祭品銀一百七十九兩九錢一分八厘。

——三六九等月朔日祭池神廟祭品銀一百四十八兩三錢二分。

——春秋祭文昌廟祭品銀一十五兩七錢八分。查此項於嘉慶六年奉旨設文昌廟祀典案內，經河東道詳准照各州到額定銀數於鹽課項下開銷，咨准部覆。復商後歸於公務內支銷。

——鹽院皂隸八名，工食銀八十六兩四錢。舊制鹽政皂隸十名，每名工食銀十兩八錢，共銀一百八兩。復商時裁減二名，節省銀二十一兩六錢。

——鹽法道紙硃銀二百兩。

——鹽法道六房書吏飯食銀三百七十二兩八錢。舊制運司六房經制、書辦、貼書等四十二名，歲共支銀三百七十二兩八錢。復商後改設鹽道，仍照舊章支給。

——鹽法道六房紙價銀八十兩。各房呈上行下紙張之用。

——鹽法道總收支三房廩工飯食銀四百一十八兩二錢七分五厘。舊制總收支三房共書辦三十人，每歲支銀四百一十八兩二錢七分五厘。復商後仍照舊章支給。

——鹽法道庫吏油紅并提塘工食等銀三百一十八兩八錢五分。此項舊制歲支銀二百七十八兩八錢五分。乾隆三年，酌增銀四十兩。復商後仍照舊章支給。

——鹽法道庫吏并庫房飯食銀一百二十兩。庫吏一名，支銀五十兩。庫書七名，每名支銀一十兩。

——鹽法道兵房書吏衣廩銀一十兩七錢二分二厘。舊志載兵房書辦四名，每名歲給衣廩銀二兩六錢八分零。復商後仍照舊制支給。

——鹽法道巡庫兵二名，工食銀一十五兩。

——鹽法道引庫子四名，工食銀二十四兩。在安邑縣額編項下動支。

——鹽法道看庫更夫二名，工食銀一十二兩。

——鹽法道更夫冬衣、更籮、油燭、煤火、飯食等銀八十兩。復商後仍照舊章支給。

——鹽法道禁子四名，共刑具工食銀三十六兩八錢。

——鹽法道快手十二名,工食銀七十二兩。在安邑縣額編項下動支。

——鹽法道皂隸十二名,工食銀七十二兩。在安邑縣額編項下動支。

——鹽法道上號吏即聽事吏三名,工食銀一十二兩。管收發文書等事,工食在安邑縣額編項下動支。

——鹽法道鐘鼓夫二名,工食銀一十二兩。

——四城門門兵工食銀二百六十四兩。在安邑縣額編項下動支銀七十八兩,其一百八十六兩仍在公務內支給。

——監掣同知養廉銀一千二百兩。舊制運同養廉銀三千兩。復商時將甯武府同知裁汰,改爲河東監掣同知,廉俸俱照同知之例支給,其紙硃、書吏飯食、書吏紙張三項仍照舊制全支。

——監掣同知加增養廉銀八百兩。此項於嘉慶二十年因監掣同知事務殷繁,歲支養廉一千二百兩不敷辦公,奏准按年酌加銀八百兩,在銷價生息銀內動支。

——監掣同知五品俸銀八十兩。在安邑縣額編項下動支。

——監掣同知紙硃銀五十兩。

——監掣同知書吏犒賞飯食銀一百八十六兩四錢。舊制運同書辦五名,貼寫十一名,歲共支銀一百八十六兩四錢。復商時改設監掣同知,仍照舊章支給。

——監掣同知書吏紙價銀四十兩。舊制運同書辦、禮鹽工招攢五房,每歲共支紙價銀四十兩。復商後仍照舊章支給。

——監掣同知門子三名,工食銀一十二兩。

· 187 ·

——監掣同知皂隸十二名,工食銀七十二兩。

——監掣同知快手八名,工食銀四十八兩。

——監掣同知轎夫四名,工食銀二十四兩。

——監掣同知傘扇夫三名,工食一十八兩。以上五款俱在安邑縣額編項下動支。

——經歷從七品,俸銀四十五兩。

——經歷門子一名,工食銀六兩。

——經歷皂隸六名,工食銀三十六兩。

——經歷馬夫一名,工食銀一十三兩。

——庫大使正八品,俸銀四十兩。

——庫大使皂隸二名,工食銀一十二兩。

——東場大使正八品,俸銀四十兩。

——東場大使皂隸二名,工食銀一十二兩。

——中場大使正八品,俸銀四十兩。

——中場大使皂隸二名,工食銀一十二兩。

——西場大使正八品,俸銀四十兩。

——西場大使皂隸二名,工食銀一十二兩。

——三場池內斗級四十九名,工食銀二百九十四兩。以上十三款俱在安邑縣額編項下動支。

——三場池內巡役四十六名,工食銀六百九十兩。此款在安邑縣額編項下支銀一百三十八兩,其餘五百五十二兩仍歸公務內支給。

——鹽池司巡檢弓兵工食銀三百兩。此款在解州額編項下支銀六十兩,其餘二百四十兩仍在公務項內支給。

——長樂司巡檢弓兵工食銀三百兩。此款在解州額編項下支銀六十兩,其餘二百四十兩仍在公務項内支給。

——聖惠司巡檢弓兵工食銀三百兩。此款在安邑縣額編項下支銀六十兩,其餘二百四十兩仍歸公務項内支給。以上各官役養廉、工食如有空缺空曠,報部候撥。

——三巡檢商役工食銀一千七百二十八兩。此款於嘉慶十三年經河東道劉大觀詳定,照乾隆四十九年舊制添設商役六十名。其工食在銷價生息內支給。

——運學齋夫三名,工食銀一十八兩。在安邑縣額編項下動支。

——運學膳夫二名,工食銀一十三兩錢三分三釐。在安邑縣額編項下動支。

——運阜倉倉書斗級工食銀九兩。此款向在蘆葦變價項下支給,嗣因蘆葦銀兩奉准部議除免。復商章程內改將此項在公務内支銷。

以上六十三項每歲支銀一萬三千三百六十六兩八錢七釐。其餘六十五款如內閣飯食并解費,都察院飯食、翰林院規禮并解費,戶部飯食并解費,奏銷戶部雜費,領引繳引,紙硃價飯食,領餘引、續增餘引并解安引盤費腳價,齎投戶科領續增餘引文批盤費,續增餘引紙硃價飯食并解費,繳都察院四季循環簿腳價盤費,解餉解費腳價,齎本承差盤費,獎賞三省急公商人酒筵,送大計冊籍盤費,萬壽油燭,元旦油燭,元旦畫四城門門神,芒神、春牛、春花、冬至油燭,春秋祭關帝廟,九月祭關張廟,霜降祭旗纛神、表忠祠、衛民祠,清明、七月、十月祭厲壇等祭品,每月初一、十五日各廟香資,宣講聖諭鄉約工食,看廟學泉斗子工食,池神廟僧人飯食,歲考文武生員給賞花紅,歲試武童設立武廠,科考賓興文武生員盤費、花紅、酒筵,考遺才盤費,賓興文武舉人酒筵,文武舉人會試盤費,解州文武舉人會試盤費,拔貢盤費,鹽院紙硃、書吏飯食、書吏廩給、上號吏官頭快手等工食,運商支鹽小票紙張印刷,解州州判經庫三場三司養廉,經庫書吏飯食,三場書役弓手工食,三司書吏工食,學書飯食,禮生養贍等銀共一萬三千九百八十九兩五錢四分一厘。復商案內各條細數,俱與《備覽》所載相符,故不另列款目。

【按】公用各款每年共支銷銀二萬七千三百五十六兩零。內安邑縣地丁錢糧額編項下支銀一千三百四十二兩零,解州額編內支工食銀一百二十兩,銷價生息項下支銀二千五百二十八兩。其餘二萬三千三百六十六兩零,俱在官務項下支銷。若有節省,每年報部候撥。乾隆五十七年以前舊制,尚有鹽政衙門修理執事,稿房犒賞,送須知冊盤費,書吏廚子火夫、門子、清道旗夫、後擁武執事、把門各人役工食,砲藥銀兩,傘扇夫工食十款,共歲支銀三百五十六兩四錢。運司衙門修理執事、門子工食飯食、東房紙張、轎傘、搭瓜、後擁、武執事、廚子火夫、把門壯快、內更夫、燈夫、掃堂夫、鋪氈夫、牙子、甲首各人役工食十五款,共歲支銀六百二十四兩四錢。嘉慶十二年復商時,於奏定章程內俱請全行節省,經部覆准,惟一切公務有例應動用公項而事非年額難以預定,如齎詔官員盤費及撥解京餉隨解飯銀、祈雨、謝雨等款,俱准臨時酌量,詳請於官務、公務項下動支,彙冊報銷。

官運課程

河東鹽課復商後迭有增減,逮至咸豐四年改辦官運,歲以五十二萬四千八百餘兩爲定額。徵解至今,增課者四,多至一百餘萬兩;減課者四,現在徵銀五十五萬六千三百五十餘兩。溯自咸豐二年欽差王慶雲、聯英,山西巡撫兆那蘇圖會奏通籌河東全局、酌擬留商改票、先課後鹽各章程。據稱,河東本係長商,自道光二十四年商力疲極,請改短商,三年簽替。商則移甲換乙,課則李代桃僵。名爲顧課,實則百弊叢生。此元年所以有改行長商之請也。查晉商疲累,一在鹽本之鉅,一在浮費之多,一在運腳之重。輕鹽本,必先定池價;革浮費,必先行票法;減運腳,必先分口岸。鹽貴之故,實不在缺産,而在走私。從前鹽價,平時每名不過三五十兩。近年坐商貪賣無課之私,擡價居奇,一名貴至一百二三十兩、三四十兩不等,運商安得不困?現擬定白鹽一名,至貴不得過六十兩,青鹽至貴不得過四十兩。以現定至貴池價每引銀五錢,銷價每引銀五分,公用每引銀七分零。統核改票成本,山西、河南每票銀一兩六錢零,陝西每票銀一兩五錢零,總期成本減輕以敵私而衛課。至出鹽、行鹽各地方官吏浮費,每商各引地自一千二三百兩起至四千四五百兩不等,更有商廳每年攤派五六萬兩至十餘萬兩之多。擬另籌公用一款,每票一張,徵銀七分有奇,隨課收發,以爲管鹽衙門辦公之用,此外不得需索分毫。且河東鹽由陸運,引重致遠,腳費繁多。每名自數十兩至百餘兩不等,并擬將陝西、山西之鹽一律設立口岸,與河南會興鎮分爲三路。鹽到口岸,然後發販,隨地銷售。計一簽之商,省官吏浮費銀二千餘兩,腳價辛工等項數千兩,統計河東全綱就上年鹽價比較節省銀三十八九萬兩。所裁浮費除酌留公用外,實裁銀二十六萬餘兩。其改立口岸,亦可省公私等費十萬餘兩。通共三項裁省銀七十餘萬兩。茲將前請停運之一半活引課銀四萬餘兩,仍交銀八萬二千二百六十餘兩,折減之河工經費銀二萬餘兩,亦仍復十二萬兩舊額,計不及所省銀數十分之一。再潞澤節省銀二萬兩,係由雍正年間相沿交納,并非現商節省得有餘利,與豫商唐裕歸公無異,均不在正課之中。嗣河南改爲商運民銷,所有歸公銀一萬九千餘兩攤入通省封納。茲據潞澤二府商人等稟請仿照辦理,應准其歸入山西通綱按引分攤銀九分零,以昭平允,均奉部議准在案。

三年十一月,大學士管理户部事務祁寯藻疏稱,河東鹽務急宜變通,請旨飭催山西巡撫速定章程。山西鹽務自簽舉富户之說起,弊端百出,不可究詰。大抵簽舉之初,官吏視爲魚肉。告充之後,夥朋胺其脂膏。是故定長商則苦於誅求,改短商又虞其規避。再四熟籌,莫若使現在運商一百餘家,遵照户部上年捐免充商之請,准其一律捐免所有鹽課,另議就場徵收,似爲恤商、充餉一舉兩得之善策。欽奉上諭:"恒春今任巡撫,鹺政是其專管,著即照該部指陳各節,速議章程奏明辦理等因。"

四年正月,山西巡撫恒春遵旨籌議章程并各商捐免充商緣由奏稱,河東鹽務舊係額徵正課等項銀四十八萬餘兩,嗣於嘉慶十五年加徵河工經費銀十六萬四千餘兩,十八年又加吉蘭泰活引課務公費等銀六萬八千餘兩,彼時長商辦運已屬課重難支。迨至道光二十四年,改爲短商。課款雖無短絀,而民情驚擾,害不可言。咸豐二年,復行查辦。雖經大裁浮費,酌定長商,而仍有極疲之商十數家,誠如聖諭不過調停長商短商之間,未能歷久不敝。就目前之時務,揣現商之情形,實有見於捐免充商、課歸場徵爲保民裕國之至計。現經各商捐銀三百萬兩,嗣後山陝、河南請改商運爲官運,均於鹽池按名納稅,并定先課後鹽,酌核每鹽一斤暫收稅銀三厘五毫。每名三萬斤,可收稅銀一百零五兩。以五千名合算,約可共收稅銀五十二萬餘兩。除交納正課銀四十五萬餘兩外,尚餘銀七萬餘兩,即作爲蒲灘津貼、鹽池歲修及一切公費之用。并請將河工經費、活引課銀及潞澤節省、唐裕歸公等項永遠豁除。另籌抵補,當經部議。

查山西平陽等府州縣每斤售價自一分四厘零至三分三厘零不等,陝西西安等府州縣每斤售價自一分七厘零至二分五厘零不等,河南南陽等府州縣每斤售價自一分八厘零至三分五厘零不等,即令隨時長落,不致大相懸殊。該撫所定稅銀三厘五毫,似屬稍輕,擬每斤酌加五毫,統以四厘爲率。此外除鹽價、池脚、山脚等費外,一切浮費,概行刪除。則每斤總計成本不過七八厘,斷不致因稅本較重,或至滯銷。即以五千名合算,約可收稅銀六十萬兩,以之抵補河工經費等項豁除之課,較有實際。其課額、公費宜分別報銷。三省官運現行額餘引四千九百九十八名七十九引,每鹽一斤收稅銀四厘,每名三萬斤可收稅銀一百二十兩核算,共收稅銀五十九萬九千八百三十九兩。統俟試辦一年後,如果運銷無滯,除公費外即可作爲定額。

是年十二月,調補山西巡撫、陝西巡撫王慶雲,因陝省試辦官運諸多掣肘,請援舊案課歸地丁,庶能官民兩便。陝西西安、同州、商州、乾州四府州屬,自嘉慶十一年改歸商運行銷,河東引鹽由商納課。其餘八府州屬鹽課向歸地丁攤徵,所有西、同、商、乾四府州三十六廳州縣,咸豐三年奏銷額徵地丁銀一百二十二萬二千七百三十七兩七錢二厘,准照每地丁銀一兩,攤徵鹽課銀九分九厘二毫,此外不准有絲毫加耗加費,應徵鹽課銀十二萬一千二百九十八兩四錢五分二厘。以咸豐五年上忙爲始,其漢中、延安、榆林、鄜州、綏德五府州屬課向歸丁徵解藩庫,自應循舊辦理。惟鳳翔、興安、邠州三府州屬雖歸地丁攤徵,仍解河東完納,未免事出兩歧。今西、同、商、乾四府州屬已議解歸本省藩庫,所有鳳、興、邠三府州屬鹽課亦應一律解交本省藩庫,年清年款,毋庸再解河東。

再查河南鹽課自咸豐四年改爲官運,嗣因籌本未裕,議於河東參募民運,與官運并行,但不給運本。餘照官運章程辦理,以期額課有盈無絀。六年,准河南巡撫英桂咨覆,晉省果能廣招民販,官運偶有不及,自有民運行銷。民運或缺,仍有官運接濟,并行不悖,毫無窒礙。從此,照議酌辦。

是年四月,陝西巡撫吴振棫奏,陝省鹽課十二萬一千餘兩改歸地丁并徵一案,於咸豐五年二月奉部覆准,乃行之年餘。凡糧少課輕之處,尚能按限催交。其糧多課重等處,率皆觀望不前。推原其故,近年連次捐輸,兵差絡繹,兹復加徵鹽課,實覺竭蹶不遑。且丁糧或有蠲緩之時,鹽課向無蠲緩之例,小民以追呼爲苦,不免有他日之憂。又按糧攤課與歷辦引課多寡迴殊,即如蒲城、富平二縣,户部照引加課俱僅五千三百餘兩,商辦課額尚不及此數。今按糧攤算,蒲城應納課一萬一千二百餘兩,富平應納課九千三百餘兩,其數增至一倍,兼以小民納無鹽之課,駔儈①賣無課之鹽,此尤衆情阻撓之所由來也。

---

① 駔儈:舊指馬匹交易的經紀人,泛指經紀人。

近聞豫省鹽課自改行河東招販、先課後鹽之法，銷暢課充，官民稱便。陝省大致相同，似可仿照變通辦理，奉旨允准。

六年八月，山陝巡撫王慶雲、吳振棫會議陝省復課歸鹽、官民并運、發販散銷、驗票截角各事宜。疏稱，鹽法初經變通，總以顧課爲要務。現擬官民并運，先封課而後掣鹽，似與前辦官運官銷先鹽後課之議，較有把握。且照前定稅，則每斤納課銀四厘，以陝西額引一千三百三十一名零計之，應徵課銀十六萬八千餘兩，較之課歸地丁僅攤徵銀十二萬一千餘兩亦有贏餘。所擬下馬口、夾馬口二處各委員一人，驗票稽查。又於三河口設立總局，委員一人專司截角繳銷。截角之後，任聽販運，隨處散銷，不必定價，均如所請辦理。五年，議加靈寶縣口岸鹽票三百名，每斤四厘，每年增正課銀一萬五千兩，雜課銀一萬六千五百兩，公費銀四千五百兩。由雜課內撥解河南唐裕歸公鹽規等銀五千七百五十兩，此官民并運，初次增課也。

九年正月，准户部咨河東鹽務宜仿照四川鹽斤抽厘成案籌辦。四月，山西巡撫英桂覆奏，潞鹽引課自免商官運後，民販辦運有利則趨，無利則去，非若商運，確有操縱。近來淮引阻滯，潞鹽行運較多，鹽課有增無減，未可援爲常例。且潞鹽成本較重，獲利不若川鹽之厚。八年，河南軍務吃緊，擬在會興鎮於民販赴豫潞鹽按斤抽厘，礙難舉行。當經前巡撫恒福擬在靈寶口岸課銀內，每年動支銀二萬兩，解交河南藩庫充餉。至行運陝西引鹽，業經陝省自行抽厘，似未便於晉省重複抽收。現擬就銷引暢滯情形，將山西、陝西、河南三省各州縣分別等次，酌取各販所得羨餘三分之一均匀核計，每名收銀八兩，每歲抽銀四萬五千餘兩。又加票三百餘名，每名公費銀十五兩,合之前款共可徵銀五萬兩有奇,請歲以五萬兩解部,經部議准照辦,此官民并運二次增課也。

十年,覆准部咨直隸總督恒福預籌海防要需,請將河東歲銷額鹽每斤增價一文,豫票每名加配餘鹽八九百斤,陝西靈寶等處酌盈劑虛亦不無小補,等因前來。當經體察情形,山西行鹽各州縣運腳甚重,鹽價較昂,未便再行加價。豫陝兩省銷鹽,未見暢行,亦未便加配。擬查照前次扣存陝省甲寅半綱引鹽六百六十名,勻入戊午、己未兩綱帶銷數目,除每年加銷三百三十名,仍照前案解六留四以備本省防堵經費外,再酌加二百七十名,每名課費一百二十兩,計可得銀三萬二千四百兩,全數撥解天津。另於道庫各款內動銀一萬七千餘兩,每年湊成五萬兩,并請加票課銀。自庚申開綱起,現在海防經費緩不濟急,擬先行籌備二萬兩解津,以應急需。部議應如所請辦理。至每月應解天津餉銀二萬兩,另摺議令於此項加票款內奏解,應令遵照奏案,按月照數湊足二萬兩解往,不得僅以此項銀五萬兩解清後,遂置月餉於不顧,此官民并運三次增課也。

是年四月,御史薛書堂條陳河東鹽務近因淮鹽阻滯,楚皖多食潞鹽。去冬川省多事,川鹽亦滯,潞鹽更暢。自七、八、九年以來,鹽價昂貴。聞每逢發引之期,鹽務人員各分數名,其餘令各商先行交銀,然後掣籤。每引一名,就地即可賣三百餘金。除交課銀一百二十兩外,尚可餘利二百餘兩。當此軍餉支絀之時,此項鹽利亟應變通歸公,請就原引酌加課銀,或於例引外量加引數,每年再增鹽課六十萬兩。經部酌核,如所擬於例引外量加引數。河東鹽斤業經該撫奏明,每年加增六百名。如再令加增引票,數多轉致壅滯,不若就原引每名再加課銀一百二十兩,共二百四十兩完繳,官商等尚有餘利可獲,并無窒礙。而河東鹽課每年可多收銀六十萬兩,共銀一百二十萬兩,於兵餉實有裨益,應請旨飭下山西巡撫查照該御史原奏情形奏明辦理。六月,山西巡撫英桂爲潞鹽行銷三晉暢滯不同,加課難期畫一,擬遴明幹大員前往查辦,酌議加費加票,以濟餉需。先將大概情形覆奏。十月,署理山西巡撫常績具奏前因,准部議覆,御史薛書堂請令河東酌加課銀六十萬兩,該撫英桂擬加鹽價銀三萬四千餘兩。查與前議增課六十萬兩數目,大相懸殊,仍令照數倍增課款,妥議籌辦,奉硃批:"著英桂恪遵前議,迅速籌辦,破除情面,正己率屬,自無格礙之理也。欽此。"嗣據該撫籌擬每年酌加引費銀二十萬餘兩,復以所請尚有不實不盡,仍令遵照前議速籌增課六十萬之數,奉准飭遵在案。茲據該署撫常績以河東鹽務委員候補道鍾秀等會同鹽道劉子城議請,自辛酉綱爲始再加活引五百名,合前加定六百名爲一千一百名,正雜各課可增銀十四萬三千兩。陝豫兩省及新增活引每名酌加領引費銀六十兩。本省仍分三等。上等長治等八州縣每名四十兩,中等長子等十九州縣每名三十二兩,下等絳州等十七州縣每名二十八兩,共合領引費銀三十三萬九千餘兩。統計增銀四十八萬二千餘兩,除去外銷各款實應報撥銀四十二萬餘兩,即令解交部庫以充京餉,此官民并運四次增課也。

同治二年四月,山西巡撫英桂奏陳,河東鹽務自改官民并運以來,行銷通暢,故有加增羨餘之議。辛酉綱又議加費,本省分爲三等,豫陝每名六十兩又加票一千一百名,蓋因川淮道阻，豫陝平靖，潞鹽得以遠行湖北，故能運銷踴躍，課項全清。詎自上年五月、八月，豫省兩次被賊竄擾，行鹽地方節節梗塞。又值陝回滋事，陝省片引不行。迨豫境稍清，而蘆鹽又復侵及潞鹽引地。湖北一帶，川鹽、淮鹽漸次充斥，其價均較潞鹽為賤。潞鹽自加賦之後，成本太重，以致阻隔不行，日益壅滯。本省亦因成本太重，增長鹽價，民間嘖有煩言。竊思加費加票原摺內曾有日後川淮路通、即當酌量裁減之語。刻下若非裁減加費，停止加票，萬難以恤商力而保正課。五月，奉部議覆，所有河東最後加增之活引五百名，應准其自壬戌綱起至癸亥綱止，暫行停緩。其餘六百名仍令實力疏銷。至請將新加引費無論豫陝本省各予酌減五成。查河南額引一千九百九十名一百十引，每名加引費銀六十兩，共銀一十一萬九千九百九十餘兩。山西額引并岢嵐州引一千六百六十六名一百八引，分上中下三等加費，共銀五萬五千七百兩有零。現在河南軍務漸平，路無梗塞，鹽可暢銷。山西係完善之區，豈得將原加引費率行核減，所請將豫晉引費酌減五成之處應毋庸議。至陝西額引一千三百三十一名一百一引，每名加引費銀六十兩，共銀七萬九千九百一十兩五錢。又靈寶額引三百名，每名加引費銀六十兩，共銀一萬八千兩。陝省軍務未息，販運較難，所有本年加費應准其酌減五成。通計暫停加票并暫減陝西及靈寶加費共銀十四萬三千九百五十五兩零。此官運以來減課之一也。

再正課羨餘四萬五千餘兩，咸豐十一年照額徵收，同治元、二兩年均短七千餘兩。三年，晉撫疏稱，十一年實有籌補三千四百兩在內，元年籌補之三千四百兩，因加票歸二年帶銷,已於二年春撥聲注,經部奏令嗣後於例不報撥雜款內按年籌補在案。旋據冊造籌補羨餘銀三千四百兩,在晉省上中下三等引內按名加徵。查正課羨餘原定每名八兩,前因冊造每名改徵三四五兩,節次駁查。嗣據覆奏原詳清摺實徵三四五兩不等,請毋庸議。同治四年十月,護理山西巡撫王榕吉據河東鹽道楊寶臣詳請具奏,懇將續加票課分別停減。經部議覆,潞鹽續加課票惟辛酉一綱全完,加課四十八萬兩。至壬戌綱即值陝西回匪、河南捻匪竄擾,迭據前撫籲請展緩,均經察看情形,分別議准,已足以示體恤。若遽將奏定之案統行裁減停止,恐非核實之道。惟該署撫所稱潞鹽運楚,厘金增重,不如從前暢旺。髮捻各逆,不時窺擾南、汝等處。陝西兵燹之後,戶口凋殘過半,食鹽頓減,尚係實情,應如所請,准將前後加票一千一百名暫行停辦。豫陝二省咸豐十年所加每名課銀六十兩,暫行裁減銀三十兩。至山西究竟完善之區,所有加課應令照舊徵收,不准減半,以示區別。此官運以來減課之二也。

　　光緒五年九月,戶部議覆山西巡撫曾國荃疏稱,據河東鹽法道江人鏡詳呈,潞鹽行銷山陝河南,光緒三年三省引地同被奇荒,戶口凋零,鹽務日形疲滯。是年冬間,曾請裁汰三省加費并暫停靈寶加引,未蒙俞允。旋因運銷仍滯,復經懇請將丁丑綱未完積引二千一百七十餘名比照乙亥、丙子兩綱成案,亦分三年帶徵,奉旨准行在案。溯自咸豐四年改辦官運,歲徵正雜課銀五十二萬四千八百兩零,彼時各省軍興,江路阻塞,淮鹽、川鹽停運。回捻各匪蹂躪西北,花馬池及長蘆兩路運道梗絕,潞鹽遂得溢銷於江楚、河陝、直隸。諸境暢旺倍常,於是陸續增收引票加費羨餘各款,統計正課加課歲可得銀一百餘萬兩,實爲撥解京協各餉一大宗。乃徵收甫一二年,江楚肅清,川淮兩路鹽皆暢行,而潞銷漸滯。加以捻回各匪疊擾,豫陝道途梗阻,河東銷滯運艱。同治元年,即有請停加票之奏,當經部駁。二年、四年先後復請停減加票加費,綜計共減銀三十一萬七千八百餘兩,僅存應徵加費銀十六萬四千六百餘兩暨羨餘及籌補羨銀四萬七百餘兩。茲據該撫具陳,河東三省引地迭遭災旱,食鹽户少。運鹽騾馬宰斃殆盡,脚價陡增。曬鹽人丁孑遺僅存,成本過重。坐運各商虧賠甚鉅,積困難紓,自係實在情形。惟該撫在晉言晉,目擊商情困累,不憚再三請命上乞恩施。而户部綜核度支,不能不兼權中外。查河東正雜額課及公費歲徵銀六十萬兩,歷年盡數指撥西征餉需及金營歲餉。其加費羨餘等銀則按年撥解京餉十五萬兩、雷營餉六萬兩,但令徵收足數,亦不過祗敷報撥。倘再議減議停,解款將何從籌措。該撫所請減額引、裁羨餘礙難照准,其陝、豫、靈各岸加費,業經先減五成,當此需用浩繁之際,縱不能力圖復額,又豈容屢議減停?所請應毋庸議。第請停減各課係爲因災銷滯補救頹綱起見,亦不能不量加體恤。擬請暫將現辦戊寅一綱應徵晉引加費準援陝豫靈各岸加費減半成案酌減五成。上等各州縣改徵銀二十兩,中等十六兩,下等十四兩。計共應減銀二萬七千八百餘兩。此官運以來減課之三也。

是年十二月,山西巡撫曾國荃因河東引鹽滯銷益甚,仍請裁汰續增加費羨餘并暫減額引。奏稱,河東引地連年災祲,前曾懇將晉豫陝三省鹽引自己卯綱起分別暫減,并請將三省加費暨羨餘及籌補羨餘銀兩一律裁汰,准户部議,覆准將現辦戊寅一綱應徵晉引加費援案酌減五成,其三省額引羨餘及豫陝加費未蒙准減。兹據河東鹽道江人鏡詳稱,遵查晉豫陝三省凡係河東引地,三年連遭荒旱,户口流亡十之六七,目下每年銷數日形短絀,滯引愈積愈多。天灾流行,人力亦窮於術,非不知引課關係餉源,但鹽不暢銷,課從何出？課不封納,餉從何籌？因之歷年奉撥京協各餉未能照數撥解,與其日後貽誤,坐失機宜,何如先事綢繆,尚堪補救。現在各省運道復舊,潞鹽滯銷。又值大灾之後,銷路更窄。若令加費羡餘,前因暢銷而遞增,兹不因滯銷而求減,實屬力有難支,况求減之數均係咸豐年間迭次加徵之課,并未請減原額。如以川淮花馬池鹽之有餘補潞綱之不足,通盤籌畫,似於國計民生均無窒礙。據該民販禀,由監掣同知張元鼎詳經河東道呈請前來。伏思河東鹽引因灾滯銷,該道所詳各節委係實在情形,合無仰懇恩施俯准,自戊寅綱起仍將豫陝靈減剩五成加費并本省現蒙暫減五成,仍留五成之三等加費暨前後續增羡餘一并裁汰,俟試辦數年轉滯爲暢,即當漸次請復以濟餉需。如蒙裁減,請自奉准部覆之日爲始,按數減收,以昭核實。六年二月,奉部議准將三省加費羡餘自己卯綱爲始,一概暫予裁除,計共減銀十七萬七千四百六十餘兩。此官運以來減課之四也。

徵收則例

河東課則,嘉慶十二年復商後,仍照課未歸丁以前徵收。以五月至九月爲課限,惟每月改於三、六、九爲開庫日期。公務一項亦統於課限内全完。次年四月奏銷,其各州縣鹽税統於奏銷前由該州縣分別批解河東道庫候撥。至咸豐二年改引行票,將三省額代餘活引歲徵正雜科則即定爲行票科則。其山西潞澤節省改照河南通攤唐裕歸公之例以全復活引通綱攤算，每票應徵銀八分零，加以銷價每引銀五分，公費每引銀七分零。銷價一款係額代鹽引應有之項，餘活引內有公費而無銷價，兩相抵算，山西、河南每票徵銀一兩一錢零，陝西每票徵銀一兩零。四年，改辦官運額引五十九萬九千八百三十九道，合四千九百九十八名七十九引。每一百二十引爲一名，每名配鹽三萬斤，每引合鹽二百五十斤，每斤收銀四厘，每名納正雜課及公費銀一百二十兩。統共徵銀五十九萬九千八百三十九兩。除公費每名十五兩，每歲共徵銀七萬四千九百七十九兩八錢七分五厘外，每名納正雜課銀一百五兩，每歲實徵銀五十二萬四千八百五十九兩一錢二分五厘，其奏銷改至六月底截限，七月初具題，公費用款另行匯册詳報。每月開庫仍依三、六、九日爲期。

　　正課每名納銀五十兩，每引合銀四錢一分六厘六毫六絲零。

　　——雜課每名納銀五十五兩，每引合銀四錢五分八厘三毫三絲零。此二款係每歲徵課定額。

　　——公費每名納銀十五兩，每引合銀一錢二分五厘。河東鹽行三省，管鹽各衙門皆有辦公經費。當商運時均取給於廳攤。自咸豐二年欽差查辦後，革除浮費，永禁廳攤名目。另籌公費銀五萬三千三百餘兩隨同正課交納，以爲辦公之需。四年改爲官運，奏請於正供外餘銀七萬四千九百七十九兩八錢七分五厘作一切公費之用。

　　【按】咸豐四年改辦官運，每鹽一斤以四厘計課，部議係因河東原奏每斤徵課三厘五毫，酌量加爲一引徵銀一兩以符整數。其實河東原核之每斤三厘五毫,亦係通并山陝河南引額多寡牽算,定爲按引課額。

額外加課

——靈寶正課每名五十兩,每引合銀四錢一分六厘六毫六絲零。雜課每名五十五兩,每引合銀四錢五分八厘三毫三絲零。公費每名十五兩,每引合銀一錢二分五厘。

——羨餘及籌補羨餘。陝豫靈引每名十兩,每引合銀八分三厘三毫三絲零。山西上等八州縣每名十一兩,每引合銀九分一厘六毫六絲零。中等十九州縣每名七兩,每引合銀五分八厘三毫三絲零。下等十七州縣每名四兩,每引合銀三分三厘三毫三絲零。光緒六年,概予停徵。

——加費。陝豫靈引每名六十兩,每引合銀五錢。同治五年,每名各減去五成銀三十兩,每引合銀二錢五分。山西分爲三等。上等每名四十兩,每引合銀三錢三分三厘三毫三絲零;中等每名三十二兩,每引合銀二錢六分六厘六毫六絲零;下等每名二十八兩,每引合銀二錢三分三厘三毫三絲零。光緒五年,酌減五成。上等每名二十兩,每引合銀一錢六分六厘六毫六絲零;中等每名十六兩,每引合銀一錢三分三厘三毫三絲零;下等每名十四兩,每引合銀一錢一分六厘六毫六絲零。六年。全數裁除。

【按】靈寶正課一萬五千兩,雜課一萬六千五百兩,公費四千五百兩,羨餘及等補羨餘晉陝豫靈引多寡不一,共銀四萬七百六十四兩四錢二厘。領引加費,晉陝豫靈多寡不一,共銀二十七萬三千六百三兩五錢五分一厘。同治五年,准減陝豫靈引加費五成,共減銀十萬八千九百五十兩。厥後,歲徵銀一十六萬四千六百五十三兩五錢五分一厘。光緒五年,酌減山西三等加費五成,共減銀二萬七千八百五十兩三錢九分九厘零。六年,准將晉陝豫靈兩次減剩五成加費并先後續增羨餘,全行裁停。惟靈寶引未蒙准裁,除公費外,仍徵正雜課銀三萬一千五百兩。連額課銀五十二萬四千八百八十九兩一錢二分五厘,現實共徵銀五十五萬六千三百五十九兩一錢二分五厘。

撥解定制

河東向有解內務府諸款,經課歸地丁及復商二案內,奉部議分別改解藩庫及河東道庫。其戶部紙價由河東道於差員領引時解交,其殘引飯食等款由河東道於差吏繳殘引時解交。至京餉并外省協餉無定地,亦無定數,例於每歲奏銷後聽候部撥,奉撥後由河東道委員護解。自雍正六年奉部覆准,照長蘆委解鹽課例填給勘合,至今遵行。

課錠平色

河東課用小錠,權輿①於雍正十二年。奉部奏准,各省鹽課悉令解交散碎,以便給發。乾隆年間,報撥京協各餉即以商納小錠紋銀起解。嘉慶十三年,准戶部咨飭將解交藩庫潞澤節省并唐裕歸公銀兩補足成色等因,經山西巡撫成齡咨覆,向解內務府銀兩係照封納鹽課成色,歷年并未奉有駁飭,茲改歸本省藩庫交納。雖該商等聲叙九九成色,實與向解內務府銀

---

① 權輿:開始。

色無異,請仍照河東向例徵收鹽課成色解交。咸豐四年,免商官運,課銀胥由銀匠傾銷①交庫候撥,所有加平及傾銷火耗、辛工飯食等項由行鹽各州縣及承辦委員,按照每名酌給銀八錢以爲公費。其課錠仍照課未歸丁時十兩小錠,其銀色仍照向解內務府商納成色,其正副法馬二副,昉自雍正八年赴部具領。乾隆五十五年,又差員赴部換領。歷來撥解甘餉及京協餉,均以部頒法馬帶往比較彈兌②,嗣於同治元年委員候補鹽經歷孫延祺、長樂司巡檢崔世華,管解甘餉。行至平凉府城,被賊阻擾,不能前進。崔世華旋因守城積勞病故,孫延祺亦因平凉失陷殉難,餉爲賊有,所帶法馬遺失。從此貯庫者只存一副,每遇解餉即以部頒法馬較準錢法馬代之。

官運公用款册

——內閣官員飯食銀二百兩,又盤費銀三十兩。

——都察院飯食銀二千六十二兩。

——翰林院庶吉士規禮銀八十兩。又解前兩項盤費銀五十兩。

——內務府飯食銀一百兩。

——户部飯食銀六百兩,又盤費銀四十兩。

——奏銷户部雜費銀一百三十兩。

——領引繳引共銀七百五十兩。

——領餘引續增餘引盤費脚價銀三百五十兩。

---

① 傾銷:以散碎之銀,由爐旁熔化鑄錠,謂之傾銷。

② 彈兌:即交接銀兩。清代出入各項銀兩,皆用天平秤銀。交兌之時,必須將天平彈正,故稱之彈兌。

——續增餘引紙硃飯食并解費等銀四十八兩三錢。

——賫投户科領續增餘引文批盤費銀八兩。

——解紙硃價飯食銀二十三兩七錢不等。霉爛引多寡不定,紙硃飯銀按引照加。

——補解霉爛引紙硃價銀無定數。引數多少不一,每引仍按三厘核算,飯銀照加。

——院承差領換霉爛引盤費銀二十五兩七錢六分二厘。

——解餉解費脚價銀三千五百兩。此係撥解甘餉及各協餉動用。

——京餉新增鹽引雜課,酌提解費銀三千五百兩。

——領加增活引紙硃飯食并解費等銀三十兩一錢八分八厘。

——領加增活引盤費脚價銀一百三十一兩二錢五分。活引自改官運時豁除,此二項通歸裁省。咸豐九、十年間,先後加票一千一百名紙硃盤費等銀,即在此款内撥用。加票停辦,仍然節省。

——繳都察院四季循環簿共銀一百二十八兩。此項節省。

——賫本承差盤費銀二百兩。此項節省。

——送大計册籍盤費銀五兩。

——掣運支鹽小票紙張印刷等銀四十兩。

——獎賞三省急公商人酒筵銀四十兩。

——甯夏將軍都統養廉銀二千兩。

——凉莊將軍都統養廉銀二千兩。

——恭逢萬壽油燭銀一兩三錢八分八厘。

——恭逢皇太后萬壽油燭銀七錢。

——每月初一、十五日宣講聖諭鄉約一名,木鐸一名,工食銀一十二兩。

——冬至油燭銀三錢一厘。

——芒神、春牛、春花等物銀六兩一錢五分。

——元旦油燭銀七錢九分二厘。

——元旦畫四城門門神銀六兩二錢。

——開場致祭,三場門祭品銀四兩五錢。

——春秋丁祭,猪羊祭品銀一百七十九兩九錢一分八厘。課歸地丁時,酌留原數一百八十七兩四錢八分。復商後,節省如今數。

——三六九等月朔日祭池神廟猪羊祭品銀一百四十八兩三錢三分。

——春秋二季祭關帝廟猪羊祭品銀三十七兩五錢二分八厘。

——五月十三日祭關帝廟,猪羊祭品銀一十八兩七錢六分四厘。

——春秋二季祭文昌廟祭品銀一十五兩七錢八分。

——二月十三日祭文昌廟祭品銀七兩八錢九分。

——清明、七月十五日、十月初一日,三次祭厲壇猪羊祭品銀二十二兩五錢。

——九月十三日祭關、張二廟,猪羊祭品銀五兩四錢二分。課歸地丁時,照原數開銷五兩八錢三分。復商後節省銀四錢一分。

——霜降祭旗纛神、表忠祠、衛民祠三處猪羊祭品銀一十二兩三錢。課歸地丁時，酌留原數十二兩八錢三分。復商後節省銀五錢三分。

——每月初一、十五日，各廟香資銀四兩三錢二分。

——看廟學泉斗子二名，工食銀六兩。

——池神廟道士一名，飯食銀一十四兩四錢。

——歲試文武生員給賞花紅銀七十兩八錢四分。節省多寡無定數。

——歲試武童設立棚廠等銀一十兩七錢五分。課歸地丁時，商籍武童歸安邑縣考試。此項裁省。復商後仍開銷如今數。

——科考賓興文武生員盤費花紅酒筵銀一百八十九兩二錢五分二厘。節省多寡無定數。

——考遺才盤費銀五十兩。

——會試賓興文武舉人酒筵銀三十兩，盤費銀二百八十兩。酒筵節省無定數，盤費文武各半。

——解州文武舉人會試盤費銀四十兩。文武各半。

——每遇拔貢盤費銀一十六兩。

——鹽院紙硃銀四百兩。

——鹽院書吏十八名，飯食銀一百四十四兩，廩給銀九百六十兩。舊制鹽政書吏十八名。課歸地丁時，酌留二名，歲支銀一百二十二兩六錢六分六厘六毫六絲零。復商後仍給發如今數。

——鹽院皂隸八名，工食銀八十六兩四錢。原開銷銀一百八兩，復商時節省二十一兩六錢。

——鹽院班頭二名，工食銀一十六兩。

——鹽院上號吏四名,工食銀二十一兩六錢。

——鹽院快手四名,工食銀二十八兩八錢。

——河東鹽法道紙硃銀二百兩。

——鹽法道六房書吏八十五名,飯食銀三百七十二兩八錢,紙價銀八十兩。舊制運司六房書吏四十二名。課歸地丁時酌留十名,歲支銀一百七兩八錢九厘五毫二絲零。復商後改設鹽道,仍照舊給發如今數。

——鹽法道總收支三房書吏三十五名,廩工飯食銀四百一十八兩二錢七分五厘。

——鹽法道庫吏油紅并提塘工食等銀三百一十八兩八錢五分。

——鹽法道庫吏一名,并庫書七名,飯食銀一百二十兩。

——鹽法道兵房書吏六名,衣廩銀一十兩七錢二分五厘。

——鹽法道禁子四名,刑具工食銀三十六兩八錢。

——鹽法道看庫更夫二名,工食銀一十二兩。又冬衣油燭煤火飯食銀八十兩。

——鹽法道巡庫兵六名,工食銀一十五兩。由門兵內撥四名,仍食門兵工食。

——鐘鼓夫二名,工食銀一十二兩。

——四城門門兵四十四名,工食銀一百八十六兩。課歸地丁時酌留銀一百九十二兩。復商後支給二百六十四兩內,七十八兩在安邑縣額編項下動支。官運後仍照舊開銷,內撥四名看守道庫。

——監掣同知養廉銀一千二百兩。外嘉慶二十年奏准加增養廉銀八百兩,在銷價生息銀內動支。官運時銷價停息歸本,改由公費項下籌發。

——監掣同知紙硃銀五十兩。

——監掣同知書吏十六名,犒賞飯食銀一百八十六兩四錢。

——監掣同知書吏紙張銀四十兩。

——經歷養廉銀三百兩。

——經歷書吏一名,飯食銀一十二兩。

——解州州判養廉銀三百兩。

——東場大使養廉銀三百兩。

——中場大使養廉銀三百兩。

——西場大使養廉銀三百兩。

——三場書吏三名,扒書六名,槍手二十名,工食銀六百兩。每場二百兩。

——三場巡役四十六名,工食銀五百五十二兩。復商案內此款共銀六百九十兩,內一百三十八兩在安邑縣額編項下支給,官運後仍舊。

——庫大使養廉銀三百兩。

——庫大使書吏一名,飯食銀一十二兩。

——鹽池司巡檢養廉銀二百五十兩。

——長樂司巡檢養廉銀二百五十兩。

——聖惠司巡檢養廉銀二百五十兩。

——三巡檢書吏各一名,共飯食銀三十六兩。

——三巡檢弓兵六十名,工食銀七百二十兩。復商時開銷銀九百兩。內一百八十兩,鹽池、長樂司在解州額編內各支銀六十兩,聖惠司在安邑額編內支銀六十兩。官運後仍照舊章支給。

——學書一名，飯食銀一十二兩。

——禮生八名，養膳銀九十六兩。

——運阜倉倉書一名，斗級一名，工食銀九兩。

【按】嘉慶十二年復商案內，酌議河東復設官役，應支養廉工食并各項應行動支銀兩，仍照向例在鹽課官務款內報銷。咸豐四年，改辦官運，更無官錢公務名目。所有每年公用各款合計銀二萬六千八百八十四兩六錢三分一厘，均在雜課內支銷。如有節省，附入鹽課册內報撥，統於奏銷時彙册送部核銷。以外若四城門門兵、三場巡役、三司弓兵等工食，解州支銀一百二十兩，安邑縣支銀二百七十六兩，共銀三百九十六兩。此係由解安額編內分支者。若監掣同知、經歷、庫大使、三場大使俸銀，訓導俸銀及養廉等銀四百二十五兩，鹽法道引庫子、上號吏、快手、皂隸等工食銀一百八十兩，監掣同知門子、皂隸、快手、轎夫、傘扇夫等工食銀一百七十四兩，經歷門子、皂隸、馬夫等工食銀五十四兩，庫大使皂隸，三場皂隸、斗級等工食銀三百四十二兩，運學齋夫、膳夫工食銀三十一兩三錢三分三厘，共銀一千二百零六兩三錢三分三厘，此係由安邑縣額編內全支者。且若監掣同知加增養廉銀八百兩暨三司商役工食銀一千七百二十八兩，復商後俱在銷價生息內動用，官運時銷價歸本生息無着。此二款係改由辦公費項下籌發者。一切公項開銷非由雜課，款册已詳復商。故不再列細目，恐重複免牽混也。

卷四上　律例

粤稽①虞廷分職,庭堅②作士。洎成周③,司寇掌邦禁,詰奸慝,刑暴亂,莫非刑期無刑,辟以止辟。降及春秋,鄭鑄書,晉鑄鼎。厥後,代有《刑法志》,刑政幾無德禮之遺。我朝政簡刑清,明德慎罰,欽定《大清律例》一書,刑賞胥歸忠厚,鹽法備極精詳。律則《備覽》悉編,兹不疣贅。例則隨時變更,遞有增益。謹將鹽務之處分則例及銓選則例詳述於左。

條　　例

——凡豪強鹽徒聚眾至十人以上,撐駕大船,張挂旗號,擅用兵仗響器拒敵官兵,若殺人及傷三人以上者,比照強盜已行得財律,皆斬。爲首者,仍梟首示眾。傷二人者,爲首斬決,爲從絞監候。傷一人者,爲首斬監候,爲從實發雲貴、兩廣極邊烟瘴充軍。凡得賊包庇之兵役,俱擬斬監候。私售之竈丁及窩頓之匪犯俱改發雲貴、兩廣極邊烟瘴充軍。其雖拒敵,不曾殺傷人,爲首絞監候,爲從流三千里。若貧難軍民將私鹽肩挑背負、易米度日者,不必禁捕。

---

① 粤稽:粤,發語詞。稽,考查。
② 庭堅:《左傳·文公十八年》載為高陽氏八位才子之一,謂之八愷。或認為與皋陶為一人。傳說舜命其負責刑法。
③ 成周:西周都城,位於河南洛陽,周成王遷都於此。

——凡兵民聚衆十人以上，帶有軍器，興販私鹽，拒捕殺人及傷三人以上之案，爲首并殺人之犯，斬決。傷人之犯，斬監候。未曾下手殺傷人者，發近邊充軍。傷二人者，爲首斬。下手者絞，俱監候。傷一人者，爲首絞監候，下手者實發雲貴、兩廣極邊烟瘴充軍，爲從俱滿流。若拒捕不曾傷人者，爲首實發雲貴、兩廣極邊烟瘴充軍，爲從滿流。其雖帶有軍器不曾拒捕者，爲首發近邊充軍，爲從流二千里。若十人以下拒捕殺人，不論有無軍器，爲首者斬。下手者絞，俱監候。不曾下手者發近邊充軍。傷至二人以上者，爲首者斬監候，下手之人絞監候。止傷一人者，爲首絞監候，下手之犯杖一百，流三千里。其不曾下手者，仍照私鹽律杖一百，徒三年。若拒捕不曾傷人者，爲首杖一百，流三千里，爲從照私鹽本律擬徒。其不帶軍器不曾拒捕不分十人上下，仍照私鹽律杖一百，徒三年。若十人以下帶有軍器不曾拒捕者，爲首照私鹽擬本罪加一等徒律，杖一百，流二千里。爲從杖一百，徒三年。其失察文武各官交部議處，有拿獲大夥私販者交部議敘。

——凡竈丁販賣私鹽、大使失察者革職，知情者枷號一個月發落，不准折贖。該管上司官俱交該部議處。

——凡回空糧船如有夾帶私鹽闖閘闖關、不服盤查、聚至十人以上、持械拒捕殺傷人，及拒捕不曾殺傷人并聚衆十人以下拒捕殺人及不曾殺傷人者，俱照兵民聚衆十人上下例，分別治罪。頭船旗丁、頭舵人等，雖無夾帶私鹽但闖閘闖關者，枷號兩個月，發近邊充軍。隨同之旗丁、頭舵照爲從例，枷號一個月，杖一百，徒三年。不知情不坐賣私之人及竈丁將私鹽賣與糧船者，各杖一百，流二千里。窩藏寄頓者杖一百，徒三年。

其雖不闖閘闖關但夾帶私鹽，亦照販私加一等，流二千里。兵役受賄縱放者，計贓，以枉法從重論。未受賄者，杖一百，革退。販私地方之專管官、兼轄官及押運官，并交部議處，隨幫革退。其雖無夾帶私鹽、倚持糧船闖閘闖關者，押運等官革職。隨幫責三十板，革退。不服盤查持械傷人者，押運等官革職。隨幫責四十板，革退。倘關閘各官勒索留難運官，呈明督撫參處。

——拿獲販私鹽犯，承審官務須先將買自何人何地以及買鹽月日、數目究明，提集犯證，并密提竈戶煎鹽火仗、簿扇。查審確實，將賣鹽及窩頓之人，均與本犯按照律例一體治罪。若查審無據，即屬虛誣，將本犯依律加三等治罪。如承審官不能審出誣攀者交部分別議處。若審出買自場竈，即將該管鹽場大使并沿途失察各官題參議處。其不行首報之竈丁，均照販私例治罪。

——拿獲私鹽，限四個月完結。如人鹽并獲者，將所獲鹽貨、車船、頭匹等項，全行賞給。如獲鹽而不獲人、確查鹽犯實係脫逃者，以一半賞給，一半充公。倘有故縱情事，無論巡役、兵丁受賄者計贓，以枉法從重論。未受賄者，杖一百，革退。所獲鹽貨等項一概充公，不准給賞。私鹽交與本處鹽商照官鹽價值立即變價。騾馬牛驢如延挨不變以致倒斃，著落該州縣官照中等價值賠補。車船等物照依時價，據實變解報部查核。倘有侵漁捏報情弊并逾限不行完結及不即變價報解者，將該州縣分別議處治罪。

——鹽船在大江失風失火者，查明准其裝鹽復運。倘有假捏情弊，以販私律治罪。

——拿獲船載、車裝、馬馱私鹽,該地方官如不按律治罪、曲爲開脱者,該官上司察出,即照故出人罪律從重參處。

——引鹽淹消,具報到官。該地方州縣官即會同營員查勘確實,限一月内核轉到道。該道於詳到之日起限半月内通詳鹽政飭商補運,限三月内過所運口岸。該鹽政仍將淹消補運鹽斤數目報部,其沿途督撫及該管鹽道、知府仍隨時查察。如有州縣營員扶同商人捏報及勒索掯擱情弊,即行指名題參商人,照例治罪。

——江西省行銷淮鹽各州縣并山西省河東鹽池地方,除商雇巡役仍各照例辦理、不得擅帶鳥槍外,其各派出緝私員弁、兵役,准其携帶鳥槍,編列字號,官爲給發。遇有大夥私梟搶竊、賊匪持械拒捕者,許令施放鳥槍抵禦。登時格殺者,照罪人持械拒捕登時格殺律勿論。若非格殺,或遇零星小販及雖屬大夥而非持械拒捕,或緝私兵役所帶鳥槍并無官編字號,實係抵禦聚衆私梟、輒行放槍致有殺傷者,各依罪人不拒捕而擅殺傷律,分别科斷。至准帶鳥槍之處,一俟梟販稍戢,即行停止。倘准帶鳥槍緝私人員仍有以力不能擒藉口者,即以故縱私鹽律從重懲究。其江西省各州縣每月應銷引鹽若干,均分作十分,責令該管道府將鹽快兵丁按月提比。如月内緝私快兵能拿獲大夥私梟兩起及引鹽暢銷十分以上者,酌量優賞;銷至八九分者,免其責罰;如至七分者,笞四十;六分者,笞五十;五分者,杖六十,枷號一個月;四分者,杖七十,枷號四十五日;三分者,杖八十,枷號兩個月;二分者,杖九十,枷號七十五日,滿日折責仍留役;如止銷至一分者,杖一百,枷號三個月,滿日折責革役。各該員弁隨時稽查約束,如有任聽兵役得賄包庇者,即照故縱衙役犯贓例參處。

——凡販私鹽徒如有略置貨物裝點客商被官兵格傷後挾制控告者,除聚衆販私殺人罪犯應死無可復加外,餘依巡獲私鹽裝誣平人滿流律,上加一等,發附近充軍。若興販本罪已至充軍復行挾制控告者,於犯事地方加枷號一個月,滿日發配。

——凡鹽商雇募巡役,令將姓名報明運司造册送部。如因緝私被鹽匪殺傷或殺傷鹽匪者,依販私拒捕殺傷及擅殺傷罪人各本律例分別科斷。若僅止報縣有名并未詳司造册報部者,各以凡鬥殺傷及興販私鹽本律例從其重者論。

處分則例

——鹽政合計所屬初參欠不及一分者,停其升轉,罰俸三個月。欠一分者,罰俸一年。欠二分者,降俸二級。欠三分者,降職一級。欠四分者,降職二級。欠五分者,降職三級。欠六分者,降職四級。俱令戴罪督催,完日開復。欠七分以上者,革職。(以上俱公罪)。

——鹽場大使被參後,限一年全完。如限滿不完,不復作分數,仍照原參分數題參。照知縣官地丁錢糧例,原欠不及一分年限内不全完者,降一級留任。再限一年催徵,如有不能完,照所降之級調用。(公罪。)原欠一分年限内不全完者,降三級調用。(公罪。)若年限内果能上緊催徵,止一二厘未完者,議以降三級留任。再限一年催徵,如又不能完,照所降之級調用。(公罪。)原欠二分年限内不能全完者,降四級調用。原欠三年限内不能全完者,降五級調用。原欠四分以上年限内不全完者,革職。(俱公罪。)

——分司被參後限年半全完。如限滿不完,照場大使例議處。

——鹽運使、提舉司被參後,限年半全完。原欠不及一分年限內不全完者,降一級,戴罪督催。再限內不全完者,降二級,戴罪督催。三限內仍不全完,降三級調用。(公罪。)原欠一分至四分以上年限內不全完者,俱照大使例處分。

——鹽政被參後,限二年全完。如限滿不完,原欠不及一分者,罰俸一年。一分以上者,降俸二級。二分以上者,降職一級留任。三分以上者,降職二級留任,完日開復。原欠四分以上者,降三級調用。五分以上者,降四級調用。六分以上者,降五級調用。七分以上者,革職。(俱公罪。)

——接徵接催,官員以到任之日爲始,州、縣、大使等官限一年接徵,布政使、道員、知府、直隸州知州、運使等官限一年半接催,督撫限二年接催。如限滿不完,題參之日照現在未完分數,依初參例處分。

——署事官經徵督催處分,俱照現任官例議處。署印不及一月,免議。

——直省各州縣應解包課銀兩,如有未完,核計分數,照兼管鹽務之州縣未完分數例議處。

——鹽道統計所屬作爲十分,如鹽引缺銷,照地方官未完分數處分。

——督銷鹽引未完被參之後,嗣經奏准停運統銷,原參官已無承銷之責,應照錢糧續奉蠲緩之例,將原參處分一律改議完結。

——行鹽地方州縣官有私派戶口勒買銷引者,革職。(私罪。)該上司失於查參,府州降三級調用,司道降二級調用,鹽政降一級調用,兼理鹽法之督撫降一級留任。(俱公罪。)

——鹽引不行,題明擅自挪撥者,該管官降一級調用。(私罪。)鹽政降一級留任,兼管之督撫罰俸一年。(俱公罪。)

——前官已完鹽引不行送部查銷及題報鹽引遲延或申報鹽引前後矛盾者,將該管官罰俸一年。(公罪。)督催轉報之鹽政、運使、鹽道及兼管鹽法之督撫,俱罰俸六個月。(俱公罪。)

——竈户將官鹽攙和沙土,照例治罪,勒令改煎。督煎之提舉大使等官,係縱容者革職。(私罪。)失察者降一級調用。(公罪。)若知情受賄者,革職治罪,著落煎賠。(私罪。)其府州縣官有兼管督煎者,亦照此分別議處。

——運銷各屬官鹽有攙和沙土者,許承銷之州縣呈報參究。如州縣官明知徇隱,革職,一體著賠。(私罪。)

——鹽池渠墻、堤堰歲修大修工程,責令運同管理,仍於附近州縣内擇其才幹誠實者,遇修築時委用五六員協助監修,令運同督責其成。如有修築不堅、墻堰倒決者,該鹽政題參,將專管、協助等官各降一級,戴罪督修。(公罪。)工完之日,題請開復。

——竈丁透漏私鹽,該管場大使自行查出、立時拿究者,免議。其或雖經查出,犯已在逃,未能拿獲,僅止詳報通緝者,將該大使革職留任,限一年緝拿。(公罪。)限内全獲或獲犯過半兼獲首犯者,准其開復。限滿不獲,即行革職。(公罪。)如年限内犯被鄰境拿獲,將革留之案扣限四年,無過開復。

——竈丁透漏私鹽,經場大使自行查出、詳報通緝者,兼轄之上司俱准其免議。若并非自行查出、詳報通緝,除該大使照例革職、無庸限緝外,將兼轄之運同、運判降二級留任,限一年緝拿。(公罪。)限滿無獲,罰俸一年。再限一年緝拿。(公罪。)再限不獲,仍罰俸一年,逃犯照案緝拿。(公罪。)運使降一級留任,限一年督緝。(公罪。)限滿無獲,罰俸六個月,再限一年督緝。(公罪。)再限不獲,仍罰俸六個月,逃犯照案督緝。(公罪。)以上運使、運同、運判降留之案限內獲犯,准其開復。或拿獲別案私鹽,亦准其抵銷。無獲,扣限三年,無過開復。

——鹽場各官果能留心巡緝、拿獲別場透漏私鹽,准照鄰境地方官拿獲私鹽之例,按其次數,分別議敘。

——凡軍民人等私煎私販,該管地方官失於覺察,降三級調用。(公罪。)兼轄官降一級調用。(公罪。)自行訪拿究辦者,免議。若雖經查出、詳報通緝而未能獲犯,將該管官降三級留任,限一年緝拿。(公罪。)逾限不獲,照所降之級調用。(公罪。)兼轄官免議。

——衙役私煎私販,本管官失於覺察,革職。(公罪。)兼轄官降一級調用。(公罪。)自行訪拿究辦者,免議。若雖經查出、詳報通緝而未能獲犯,將本管官革職留任,限一年緝拿。(公罪。)逾期不獲,即行革任。(公罪。)兼轄官免議。

——專管地方之印捕官一年內能拿獲小夥私鹽二起者,紀錄一次。四起者,紀錄二次。六起者,加一級。每按二起,照此遞加。兼轄之道員府州一年內統計所屬拿獲小夥私鹽五起者,紀錄一次。十起者加一級。每按五起,照此遞加。

——專管官一年內能拿獲小夥私鹽一起者,紀錄一次。

二起者,記錄二次。三起者,加一級。四起者,加二級。五起者,不論俸滿即升。兼轄官一年內統計所屬拿獲大夥私鹽三起者,紀錄一次。六起者,紀錄二次。九起者,加一級。十二起者,加二級。每按三起,照此遞加。

——本地私鹽興販出境及鄰邑私鹽入境販賣,該管之州縣、吏目、典史等官,不能擒獲,扣限六個月。查參係小夥私鹽(不及十人爲小夥),將該管官罰俸一年,再限一年緝拿。(公罪。)限滿不獲,罰俸二年,鹽犯照案緝拿。(公罪。)係大夥私鹽十人以上及帶有軍器者爲大夥,將該管官罰俸一年,再限一年緝拿。(公罪。)限滿不獲,降一級留任,鹽犯照案緝拿。(公罪。)

——私鹽經由過境并無在境販賣情事,後經別處發覺,係小夥,將失察過境之印捕官罰俸六個月。(公罪。)係大夥,將失察過境之印捕官罰俸一年。(公罪。)

——私鹽出境過境入境,經武職汛員及交界處所之州縣能將人鹽并獲者,概免本境官失察處分。如本境印捕官僅獲鹽斤而人犯未獲、僅獲人犯而鹽斤未獲者,將失察處分減等議結。應降一級留任及罰俸二年者,均減爲罰俸一年。應罰俸一年者,減爲六個月。應罰俸六個月者,減爲三個月。

——私鹽出境過境入境,該管印捕官明知故縱不即擒拿,或首犯潛匿在境隱諱不報,或將大夥捏作小夥,或人鹽并獲輕爲開脫者,俱革職。(私罪。)兼轄之府州降二級調用。(公罪。)如徇庇不參,降三級調用。(私罪。)

——地方官拿獲私販,務將人鹽數目據實詳報。如具報失實,其鹽斤并未入己者,降二級調用。(公罪。)若將所獲鹽斤侵入己囊,或與各役分肥者,俱革職治罪。(私罪。)府州道員知情者,降三級調用。(私罪。)不知情者照不揭參劣員例議處。

——小夥私鹽拒捕傷人之案,州縣官失察一次者,降職一級。二次者,降職二級。俱戴罪,勒限一年緝拿。限滿不獲,罰俸一年,仍帶降職處分緝拿。如又限滿不獲,各照所降之級留任。俱(公罪。)拿獲及半,准其開復。或拿獲別案私鹽,亦准其抵銷。無獲,按限開復。失察三次者,降三級調用。(公罪。)道員、知府、直隸州知州等官無庸以通屬州縣并計,失察二次者,降職一級。三次者,降職二級。俱戴罪督緝。限滿不獲,罰俸六個月,仍帶降職處分督緝。如又限滿不獲,各照所降之級留任。俱(公罪。)拿獲及半,准其開復。或拿獲別案私鹽,亦准其抵銷。無獲,按限開復。失察四次者,降二級調用。(公罪。)

——大夥私鹽聚衆十人以上拒捕傷人者,州縣印捕官降一級留任,道員府州等官罰俸一年,俱限一年緝拿。俱(公罪。)限滿不獲,專管官照所降之級調用,兼轄官降一級留任。俱(公罪。)

——私梟拒捕之案,無論大夥小夥,地方官於限內拿獲及半者,免議。文職拿獲,武職准其免議。武職拿獲,文職亦准其免議。交界之所,此州縣獲犯即免彼州縣處分,彼州縣獲犯即免此州縣處分。(此指出境過境入境彼此地界交接者而言。)若犯由別處拿獲,即照例減等議結。(非私梟出入經由之州縣爲別處。)凡屬員應減免處分者,兼轄之上司亦一體減免。

· 221 ·

——私梟在過境入境時拒捕，其失察出境之員仍照販私出境例議處。在入境時拒捕，其失察過境之員仍照販私過境例議處。

——私梟拒捕，州縣官諱匿不報或將數起報作一起者，俱革職。（私罪。）兼轄之府州降二級調用，道員降一級調用。俱（公罪。）如上司徇庇不參，降三級調用。（私罪。）

——地方奸徒有搶奪鹽店及鬨鬧場竈等事，文武員弁即行協拿，究出主使同夥，能獲犯過半兼獲首犯者，免其處分。如不能獲犯與獲不及半，照盜案例題參議處，限年緝拿。限滿不獲，亦照盜案例處分。如獲犯過半未獲首犯，亦照盜首不獲例參處限緝。倘平時既無約束，臨事不即擒拿，有意姑息，致長刁風，將該管員弁革職。（私罪。）各犯交與接任官照案緝拿，該管道府州廳不行揭報，照失察給照販私例，降一級留任，再罰俸一年。（公罪。）

——已撫鹽梟復行販私，將原出結官及約束不嚴之地方官，照失察撫綏人丁為盜例，降一級調用。（公罪。）

吏部銓選則例

——正八品以下官員取具赴選文結咨部，停其投供驗到，在籍候選。惟正八品之鹽庫大使不歸月選，係揀選引見之缺，令其每月初一日驗到候補。

——候補鹽運使、道府人員取具文結、京官印結，未居投供之期先行赴部驗到者，遇有請旨缺出，准其開列請旨。如驗到之後，又屆應行投供之期，不行投供者請旨之缺，仍不准開列。奉旨即用人員免其取具原籍文結，亦令投供驗到，扣限再行選用。

——雙月大選,運同、提舉俱一選一升。

——單月急選,運同用應補一人,捐納一人,京升治中一人。

——州縣以上月選各官并鹽庫大使,業經揀選引見,奉旨員缺概不准外省題補。如奉特旨,准其題補。題留部選之員尚未給憑赴任,不入班次即用。若已領憑前往、無任可到者,留於該省,遇應得之缺補授。如一時無應得之缺,暫令委署,俟有應歸月選之缺,吏部亦即扣留知照該督撫題補。

——舉人候選知縣,補授鹽庫大使五年期滿,保題以知縣用者,歸於單月。俸滿教職二人之後選用以後,如無人將應補人員抵選,其病痊捐免坐補,并終養捐免坐補捐入應補各員,不准抵選。

——鹽課大使、布庫大使、批驗所大使等項缺出,應用舉人班次出缺。在二十日以前者,將本月應選之舉人按科分名次,挨名擬補。如二十一日出缺到部,適值知縣班內亦應用舉人先儘名次在前之員。擬選知縣外名次,在已選知縣之後擬用。鹽庫等大使再每月知縣班內正選之外舉人,又應擬正備、再備者。二十一日以後,適遇鹽庫大使等項缺出,應俟月選知縣引見之後,仍照上月投供名次,冉行擬補。至截缺以前,已經擬用大使之員未經引見,遇該省題補有人,即將該員扣除,仍歸下月舉人原班銓選,或本月再遇有鹽庫大使缺出舉人,又經到班仍以該員揀補,不得因其係扣除另補之員,另將名次在後之正備舉人擬用。

——各省首領、佐貳、雜職,自從六品以至未入流,并捐納之鹽庫等大使,俱以到任之日准其前後接算。(如調任人員仍俟諮報到任後,始准前後接算。)歷俸已滿六年者,該督撫鹽政調取驗看,詳加甄別。(其由舉人揀補及舉人捐納鹽庫大使,仍歸五年期滿案內辦理,不在此例。)其中實有人材出眾,著有勞績,堪膺保薦人員詳細確查,如有試用,咨署得缺,業經詳請實授者,准其仍以咨署到任之日計俸。扣滿六年,准其保薦,出具切實考語。該督撫鹽政照例具題吏部查明,與例相符,准其保薦,毋庸送部引見。俟具題奉旨後,注册入於卓異班內,以應升之缺通較日期先後升用。如奉旨日期相同,按俸次先後升用。其二次六年俸滿者,以初次俸滿之日起算,俟升至知縣以上等官,再送部引見。至引見時以不准保薦不能勝任扣除者,將歷經保舉升用之督撫司道各官,照例分別議處。

——各項捐納考職議叙人員、中式進士、歸班及中式舉人,有願就原班選用者,候選之州同、州判、縣丞、鹽庫大使及司府首領等官,俱照七品以下京官中式,各按本任推升之例辦理,停其以知縣候選。以上願就原班候選人員在京取具六品以上京官印結,具呈投部在外,由本籍督撫咨部均免其注銷原職,不願者仍專歸進士舉人本班截取,赴部候選。

——孤缺、無缺人員,俟各本班積缺之員補用。五缺後准其正從對品,借補一人。如正從對品之項,該省又係孤缺無缺,准其再降一等以小缺借補地方人員,專以地方之缺借補。鹽員專以鹽員之缺借補,不得互相借補。(鹽員內正八品鹽庫大使准其借補正八品之鹽大使。)其孤缺無缺人員情願借補者,各督撫先行咨部存案,於季報册內各員名下注明。遇借補到班時,將情願借補之員,按到省先後挨次借補。其再降一等借補者,仍與應行借補之各項人員統較先後補用。如遇原班到班,仍准一體咨補。

——各省鹽運司、運副、運判缺出,令該督撫會同鹽政除先儘著有勞績即用先用人員補用外,如即用先用無人,將部發人員按一應補,一委用,一捐納。三班輪流補用,至鹽運司經歷補足鹽大使銀數後,以改捐上庫之日與輪班應補之捐納試用。鹽大使比較到省先後補用。何例到班,即與何例比較。以上運判、經歷二項補捐銀兩,各按各例分別辦理。

——各省鹽場大使、布政司庫大使、批驗所大使三項給與正八品職銜,與按察司知事等官一體較俸升轉。遇有缺出,按一應補,一捐納,一舉人指缺輪用。如應補無人,以舉人抵用。每一缺,指擬一人,毋庸掣簽。其員缺有同日到部者,於驗看時掣定先後引見,補授候補場員。遇有前項缺出,較投文日期先後通融補用。至指捐之鹽庫大使,遇應用捐納班次先儘補用指捐之員,如無專項捐納人員,亦准通融補用。

——各省鹽運司知事到省試用,在五年以上尚未得缺,遇有巡檢、典史應歸月選之缺,以從前到省日期與捐納試用人員統較日期先後酌量試署。(如輪用何例捐納之員,即與何例人員比較日期先後。)實授後即照現補之缺計俸升轉,遇鹽運司知事缺出,不得再以該員請補。

——大挑分發各省試用之一等舉人,於到省後試用一年期滿,該督撫即行切實甄別。其甄別以知縣用者,如一時無相當縣缺,准以原銜借補直隸州州同、州判,府屬州同、州判,府經歷,縣丞,鹽庫大使等項。(如所借均係在外要缺,得缺係仍照原銜升轉。)其有借補之後,丁尤回籍,嗣經服闋,不准遽照大銜借補小缺之例一體赴部,照知縣補用。由本籍督撫給咨,仍發原省,令該督撫仍以佐貳等缺補用。若甄別以佐貳改補者,遇有直隸州州同以下鹽庫大使以上等項缺出,准其補用,各照現補之缺計俸升轉。

——凡各項議叙人員不准告降。其餘候補候選提舉運副告降者,以通判用。通判告降者,以按察司經歷、知事,布政司都事,鹽運司經歷,外府經歷,外縣縣丞。其各項告降人員取具同鄉京官印結具呈投部,准其告降,以具呈日期注册,附於本年本項人員之末選授補用。

——地方各官如有商籍省分行銷鹽務,本有住址產業,又歸并考試商籍之省分。(若廣東行銷六省鹽務,其六省商人子弟統歸廣東考試之類。)俱令迴避鹽場官員,止令迴避本籍,毋庸祖籍。倘祖籍地方實有鹽務事業,亦准祖籍切實聲明迴避,仍行令祖籍督撫確實報部。倘有揑飾,照例議處。(如鹽運使本籍省分所銷引地及該處曬丁竈戶等項,仍由該運使現莅任所管轄者,其現任之缺亦照本省之例令其詳明督撫,奏請迴避。)

——鹽務官員雖係鹽政所屬,如有與該省地方督撫、藩臬兩司各大員係屬祖孫、父子、嫡親伯叔兄弟及外姻親屬中父之姊妹夫、母之父及兄弟妻之父及兄弟妻之胞姪、己之女壻[壻]嫡甥,俱令官小者迴避。(此外如鹽場與地方官員有父子同官一府者,如父為知府,子為鹽場,俱令官小者迴避,以別府所屬之缺補用。其祖孫、父子、嫡親伯叔兄弟、外姻親屬中父之姊妹夫、母之父及兄弟妻之父、及兄弟妻之胞姪、己之女壻[壻]嫡甥,有似此同官一府者,亦應引嫌一體迴避。均即行給咨發往鄰省,各以本缺補用。鹽務官員如有兩鄰省均有發往者,咨部掣簽發往。運同、運判、鹽經歷、知事,鄰省無缺者,咨部通行掣簽改發。運副惟浙江一缺,提舉惟雲南三缺。如有應行迴避運副,即對品以提舉改發雲南候補提舉,即對品以運副改發浙江候補。如迴避改調及簽掣鄰省之後,適遇應迴避之上司又經升調至改調所掣省分,該員又應迴避,即令仍回原任省分遇缺補用。

——凡現充鹽商人員不准選補戶部司員。(戶部總司各省鹽法,故現充鹽商者均令迴避,不補戶部司員,以杜交通之弊。)此外,祖孫、父子以及嫡親伯叔兄弟現充鹽商者,亦令其迴避戶部。如堂兄弟以下遠近宗族,雖無運本股分,但既係同族亦應引嫌,不准選補戶部山東司之缺。(因山東司專管鹽務。)至候補候選及推升各員遇月選得缺,於二十四日赴部過堂時即取具同鄉京官印結呈明辦理。其分部人員應於未經掣簽以前預行呈明吏部分別核辦。

——批驗所大使等官毋論揀補分發,有以親老呈明改近者,亦查明該員原籍有無聲明,照例分別題明以該員本省毗連、有鹽務額缺省分改補改掣,均按對品補用。(其改掣省分如有本項額缺者,仍以本缺補用。)俟親老事畢,仍以原官候補。

——鹽運使道府請旨缺出,將丁尤服滿、裁缺、迴避、候補、降革、開復及終養病痊引見,不必坐補原缺人員俱開列名單。(應補道府從前本係繁缺,及曾經調繁卓異并部員外用,原係保送繁缺後經推升簡缺俱準開列。如捐納特用各項候選人員并應補之員,原係簡缺,未經調繁卓異暨部議降用道府或降革援例開復捐入應補及捐升道員,又經注銷仍補知府者,俱不准開列。)交部記名各員(另繕夾單)以及命往各省補用人員,(查其在部候補時係例得請旨之員,)遇各省請旨缺出,統較投文及奉旨日期先後開列,進呈恭候簡用。鹽運使服滿赴補,有情願具呈改補道員者,奏明帶領引見請旨。如奉旨以道員用,照奉旨改補日期,與候補道員較投文日期先後序用。

——各館謄錄如捐職鹽庫大使應議叙數班選用者,(鹽庫大使定例一應補,一捐納,一舉人爲一班。)亦不得復叙數缺,以免參差。

——各省商人有因捐輸,欽奉特旨賞給職銜者,欽遵辦理。此外如奉旨交部議叙者,應各按所捐銀數給予加銜加級。其應行加銜者不論各項出身,均不准議叙三品職銜。如應議叙加級者,雖捐數較多,每次議叙亦不得過三級。

——同治十一年三月二十八日,准吏部咨文選司案呈,准山西巡撫鮑源深咨稱,候補班前遇缺補用鹽巡檢錢澍,係軍功勞績保奏,奉旨以鹽巡檢分省歸候補班前遇缺盡先補用,專以鹽務省分簽掣來晉。查河東鹽務所屬設有鹽池、聖惠、長樂巡檢三缺,歷年以來因無專指鹽巡檢,是以遇有缺出,統由地方人員序補。茲查指項鹽巡檢近年接踵而至,如錢澍一員係候補班前,將來遇有缺出,如係到班自應以該員指項鹽務之員按班請補,其地方人員不得攙補。若輪新班遇缺,先新班遇缺以及別項到班查明是班內并無指項之員,似仍應由地方候補人員按班請補。該員雖係指項,而非其應補班次,自不得因係指項鹽務即准請補,而置新班遇缺先等班,於不問事屬創始預咨查照示覆以憑飭遵等因前來。查籌餉事例內開佐雜等官用候补一人，委用一人，捐纳一人。候补一人，委用一人，捐纳一人，捐输一人，候补一人，委用一人，议叙一人。又本部会议八成实银铨补章程内开，嗣后道府以至未入流轮补班次，先用新班。遇缺先三人次用新班。遇缺一人，再用各项轮用班次，一人以五缺为一周，至轮用各项时，知县以及佐杂并盐务等官于试用正班到班，准将分先前、分间前分班插补，其仅捐分先分间人员应俟捐纳正班到班，分先前、分间前无人方准插用。至候补即用委用以及各本班先到班应不准其插用，分先前、分间前及分先分间之员等因，于同治八年六月初三日具奏，奉旨："依议，钦此。"

又通行章程内开嗣后，扣留外补应归部选佐杂等官应比照知县定例办理。如上次已经用过，候补委用，此次应用试用适遇轮补到班之本项试用无人，即将其次到班之试用人员轮补，不得再用候补委用之班等因，通行各在案。兹据该抚咨称，河东盐务所属设有盐池、圣惠、长乐巡检三缺，历年因无专指盐巡检，是以统由地方人员序补。兹查指项盐巡检近年接踵而至，将来遇有缺出，如系到班自应以指项之员按班请补，地方人员不得搀补。若轮新班遇缺，先遇缺以及别项到班查明是班内并无指项之员，似仍应由地方人员按班请补，事属创始，预行请示到部。查长芦、两淮、广东等省所设之盐巡检，向与地方巡检各积各缺，按照例定佐杂序补轮次分班挨补。其山西河东所属之盐巡检员缺，从前既无指项捐纳保举之员，而该省盐务中除盐库各大使外，亦无应行借补之盐知事，是以历办成案，均系归于地方巡检内总统积缺，遇有缺出向以地方巡检及从九品人员内按班序补。近遵筹饷事例捐纳及因劳绩保舉指項鹽巡檢分發山西補用各班，既已有人，自應按照長蘆、兩淮、廣東等省序補成案，將河東鹽務解州所屬之鹽池、聖惠、長樂鹽巡檢三缺專歸一項，將來遇有缺出，另行積班積缺。以上三缺均係應歸部選之缺，應照地方佐雜序補輪次，專以指項鹽巡檢按班序補。至所稱若輪新班遇缺，先遇缺以及別項到班并無指項之員應由地方人員按班請補等語。查定例，地方人員專以地方之缺借補鹽員，專以鹽員借補，不得互相借補。今山西河東所屬鹽巡檢既與地方巡檢分班積缺，如遇輪補之班無人，即應以其次到班之員按照定例章程挨次接補，不得再以地方各項人員攙補，相應咨覆可也。

禁緝扼塞

河東引地延袤二千餘里，東接長蘆，南界兩淮，西鄰花馬池，迤北一帶密邇口鹽、蒙鹽，而吉蘭泰之私沿河直下，蒲灘之私地處適中，尤易侵灌為害。此三省各路私鹽，不可不設法堵絕也。咸豐二年，欽差王慶雲、聯英會同山西巡撫兆那蘇圖條奏緝私章程，明定賞罰。籌及各引地鄰私，凡各口岸過載換駝、過河渡口，應嚴飭該地方官及派委員弁隨時隨地實力稽查夾私影射等弊，有犯必懲。無論商販兵役人等如訪得窩囤私鹽，准密稟該管官究辦。所獲鹽斤一半充公，一半賞給告捕之人。州縣委員有能查拿至五萬斤以上者，酌量獎勵。倘怠惰失察，差役徇縱，以致私充官滯，即將該州縣照例參處，委員記過停委。如此嚴密偵查，各固藩籬，似於三省私鹽必能禁緝淨盡。

山西省

硝池灘,在解州之西,六小池則又西也。與大池相距六十里,地踞上游,向爲五龍峪及桃花洞各處山水停潴之所。慮其泛溢爲患,築五龍、卓刀等堰以障之。歷來大池不足,籌及小池。或禁或開,原無一定。自課歸地丁時,運商賣與附近居民管業澆灑。復商後,遂有私曬出販等弊,仍令運商買回作爲官地,以便封禁。道光十一年,硝池灘西北一帶有開畦偷曬者,經河東鹽法道韓文顯詳准,每年自五月初十日起至八月初十日止委員帶領州役八名巡緝。咸豐六年,偷曬未净,復經平毀私畦。旋改緝私章程,自二月初一日起至十月底止由河東道委員帶領槍手十二名駐緝。其間同治五年、十三年兩次飭填六小池,工程浩大,所填僅及十分之一。光緒三年,將距州城較遠之蘇老、熨斗、永小等三池竽沱概行填塞。其買瓦、夾凹、金井三池,去州城止十餘里,委員尚易稽察,請從緩籌辦。

五姓湖,毗連永濟、臨晉、虞鄉,湖心正當東西五姓村中,故以五姓名湖。地面遼闊,爲姚暹、涑水兩渠并鴨子池及中條山諸水匯歸之所。地土井泉,雖屬鹹苦,從前皆生五穀,不過收成少薄。自道光元、二年間,天雨過澇,上流漲漫,下流壅塞。五姓湖四面灘岸,一片汪洋。迨至五、六年後,水漸浸滲,灘地始出。滷氣上騰,而私曬漸多。迄今時越五、六十年,居民視爲利藪,類皆棄農業而作奸私。自同治十三年運勇巡查後,未加整治,人皆如趨市廛。竽沱庵井畦堆,星羅棋布,一望無涯。雖有委員常川巡緝,而三灘之地,家以曬私爲業,人以抗捕爲能。例禁久干,漫無顧忌。光緒三年,河東道江人鏡親歷查勘,禀請檄委署監掣同知馬丕瑤帶運勇、調練軍會同永、臨、虞三縣,將一千一百五十餘口鹽井竽沱一律填平,庵畦悉數犁翻,并議委員二人各帶運勇八名、巡役二名,駐扎西開張公所,隨時梭巡。自三月起至八月止,每月與三縣在五姓村會哨一次,結報河東道存案。

蒲灘,地屬永濟,灘分南北,長約百里,廣袤四十餘里,跨越二十四村莊。界連三省,濱臨黃河。自嘉慶十四年黃河西徙後,土性鹹錯雜,不能耕種。近灘居民往往刮土堆積,淋曬成鹽,味多帶苦。民間貪賤買食,漁利奸徒又攙入池鹽內銷售,私販因之蜂起。惟地勢平衍,隨處可通,并無關攔,更易透漏。縣復商以來,歷經前山西巡撫檄飭查禁并籌議津貼在案。嗣於道光十二年大學士公長齡奉旨查辦以嚴禁蒲私,官引漸見暢銷。所有民曬官銷挪引分辦之處諸多窒礙,請仍禁止私曬。咸豐二年,欽差王慶雲等查辦鹽務,親赴蒲灘確勘,亦以河東私鹽患在肘腋者莫甚於蒲灘,亟宜嚴申禁令。四年,改辦官運。山西巡撫恒春復請將蒲灘照舊嚴禁,奉部行令查議。據河東道詳明蒲灘情形,礙難開曬,非不思節省代賦津貼銀一萬三千餘兩,第以如准開曬,官運之配引有限,私販之偷漏無窮,不特添官設廠防範難周,而蒲私充則池鹽滯,實於正課大有關係。請援照節次成案,仍舊嚴禁澆曬,核給津貼。查蒲灘委員巡緝章程,於道光十一年山西巡撫阿勒清阿奏定,每年自二月初一日起至九月底止,派委文職二員、武弁二員,分赴南北二灘往來巡查。南灘委員各帶兵役各六名,北灘地面較寬,委員各帶兵役各十名。咸豐二年,欽差王慶雲、聯英會同山西巡撫兆那蘇圖條陳蒲灘情形,除飭該管府縣并遴委幹員分駐認真查禁外,應再責成蒲州協挑選得力弁兵於兩灘滷氣最旺處,各設卡房。每歲自二月起至八月止,分駐巡查,不許擅離。

遇有堆土開池，立時拿究。如一年後私曬果能堵絕，將該員弁酌量獎勵。二年著有成效，即由山西巡撫奏明拔補。嗣後仍循舊章，惟於文職添委一員，爲一正兩副耳。

　　雞心灘，在永濟、朝邑之交，始出河中。自嘉慶十四年黃河西徙，移跨東岸，勢等眠弓，土多鹵斥，尚能播穀，亦可曬鹽。向以地面無多，巡防猶易，未曾專設緝私委員。即責成朝邑縣之大慶關主簿，蒲州府經歷，永濟縣縣丞、典史同司查禁之事。

　　龍王辿，屬吉州。河中九灘，相連六十餘里。至太歲窩，兩岸俱危巖峭壁，中寬不及三十丈，而全河浩衍，盡納其中。又里許，至壺口，水從巨坎跌落，奔騰澎湃，鼓浪噴沫，較當日孟門、呂梁之險殆逾數倍，重載貨船萬不能下。皆將貨起岸，用人夫牽挽空船陸行至七郎窩，再行入水。吉私鹽船至此，必須起撥。咸豐四年，鹽務改爲官運，由河東道詳呈山西巡撫請於該州立卡，添設巡船，移會營汛督率兵役等梭織巡查，應遴派明幹之員專司其事。其對渡爲陝境，并請移咨陝西巡撫轉飭該管州縣一體嚴緝。

　　三門口，屬平陸縣，對渡爲河南地面。該處河身窄隘，水勢險溜，中流砥柱，峭峙六峰。其最北有兩峰，相對距岸而立，中曰神門，北曰人門，南曰鬼門，即所謂三門也。吉私鹽船到此，必須停泊。咸豐四年官運時，河東道詳院請於該縣立卡，設巡船，會營弁，率兵役，常川查緝。因距茅津渡不遠，即令平陸縣丞兼辦卡務。同治初年，豫省不靖。河東道委員督帶運勇一百名，駐扎三門，防堵河口兼管緝私事宜。自撤防後仍由縣丞兼辦。嗣於十二年間因三省鹽務滯銷，以豫省爲最。內有蘆鹽、小鹽節節侵灌，外有房鹽、硝板影射夾私。查夏縣之

· 233 ·

南溝、平陸之盤南棗溝，每有囤積鹽硝，由水路偷放三門，運赴孟津鐵謝鎮一帶私售。經河東道升泰嚴禁房鹽，委員帶勇四十名前往三門駐扎、驗放官鹽、查拿私販在案。至十三年撤去卡務，仍責成平陸縣丞。光緒五年，復奉山西巡撫曾國荃以潞鹽疲滯日甚，疏請加意整頓，督飭認真緝私，亟應查照前次三門辦法，委員帶勇二十名駐緝其間，以防偷渡。

磧口鎮，界連臨縣、永甯州，爲晉省南北適中之地。河中有頭磧、二磧、口灘，長約數里，爲緝私要隘。蒙鹽、口鹽及吉蘭泰私鹽自甘肅磴口下船，二千餘里至山西托克托城之河口鎮。又順流一千餘里，即到磧口鎮。鹽船難以直下，向由此起岸分銷。咸豐五年，經山西巡撫奏准將汾州府通判改爲鹽捕通判，移駐該處，司上下之關鍵，察東西之透漏，督飭該衙門額設快手八名、皂隸十二名，并添募河快二十名、巡船二只，於上下游各建卡房一座，兼委撫標把總一員，管帶兵丁二十名，嚴緝私販，不准口、蒙等鹽下磧。遇有河船夾帶停泊售賣，立即兜拿重懲，并將賣鹽各店户挨次編號，飭發循環印簿，將收發鹽數按月輪流填報。如有收囤蒙鹽、串通脚户越境轉販情弊，即行究辦。惟河中渡船及肩挑背負之人在所不禁。

雕巢嶺，屬沁源。北路蒙、土等私鹽由該縣入境，以此嶺爲最要門户，而路徑紛歧，又可灌至屯留所屬之良馬鎮，并由沁州等處灌入襄垣所屬之虒亭驛囤聚分散，非於雕巢嶺設卡以清其源，於良馬、虒亭設卡以遏其流，則潞、澤兩郡均受其害。即令處處巡防，亦終不可限制。咸豐六年，山西巡撫王慶雲檄飭該管府廳州縣周歷查勘，擇要於此三處立卡，委員駐扎。按年由該府州遴員接替，禀報鹽院、河東道查核。雕巢嶺設巡役十六名,良馬鎮、虒亭驛各設巡役十二名,由委員管帶梭巡,并會同各營縣督率兵役認真查緝。既有雕巢嶺之卡,即可截閻寨、馮村之來源;有良馬鎮之卡,并可杜鞍子山、三不管嶺之偷越;有虒亭驛之卡,且可堵魏家坡、新店村之侵灌。庶潞、澤各屬私鹽絶,而官鹽自暢矣。

陝西省

花馬池、大池、小池共三池,在慶陽府甯州之北,距府六百餘里,與馬槽等池星列棋布於百里之内。花馬一池實爲靈州之重鎮,而小池則尤控甯夏之全勢者也。池本西秦牧地,即土治鹽,遂名曰花馬池。明時平凉、慶陽皆食花馬小池之鹽。隆慶四年,漢中、延安改食花馬大池之鹽。至萬曆四十一年,鳳翔府屬始改食花馬小池鹽。我朝因之。迨乾隆五十七年課歸地丁之後,多有潞鹽運至鳳翔府屬行銷,是以嘉慶十一年復商案内,因鳳翔既食潞鹽,可由渭河轉運,將該府所屬改銷潞鹽招商辦運,商人因有應交課務官錢,且由渭水逆流牽挽,運費過重,不肯認辦。承認後將混鹽發售,借免賠累。且定邊花馬大池鹽應行銷漢中,由鳳翔經過,官私莫辨,盤詰維艱,請將陝西鳳翔府屬八州縣仍食靈州花馬小池鹽。再邠州長武縣向食花馬小池鹽,至邠州本州及所屬淳化、三水二縣向食潞鹽,前已議准一并改食靈鹽。其興安一府係在萬山之中,道途險遠,商運費繁,難免賠累。至無業貧民以挑販池鹽爲生,已成恒業,遽行拿禁,轉恐別生事端。迨嘉慶十六年,山西巡撫衡齡請仍改食靈州花馬池鹽。官運後照章辦理。

鹵泊灘,介在蒲、富、臨、渭之間,廣袤數十里,向有帶刀游匪踞爲窟穴。出則搶掠行旅,入則煎熬私鹽。作奸犯科,習以爲常。漁利奸民，販運四出，久爲潞鹽引地之害，歷經查禁在案。光緒三年夏旱，渭北被災較重，匪徒乘機蠢動。秋間，灘地搶案迭出。蒲城知縣黃傅紳親督勇役捕獲匪首多名，繫之獄，窮治黨羽[與]。渭南、富平、蒲城各縣刀匪頭目密約夥黨數百人，寅夜爬城而入，劫獄戕官。經陝西巡撫以鹽灘久爲賊巢，從未大經懲創，調集重兵，痛加剿洗，斬擒甚衆。著名匪首三十餘人，飭各屬會同緝拿，就地正法梟示，無一漏網。并將鹽灘所有私煎庵竈一律平毀，匪徒始知畏法。自兹以後，全賴地方官隨時嚴禁，庶不致故智復萌也。

河南省

襄城、郟縣爲南陽、汝州門户，襄城所屬之潁橋尤爲私鹽入口要隘。故欲緝郟私，必設卡潁橋，非僅爲襄、郟計，實爲南、汝計也。查從前商運時尚各實力緝私，自咸豐四年捐免充商後，豫省改歸民販，以致郟私充斥。民間所食者，非越境蘆鹽，即開封所屬小鹽。相沿日久，幾成積重難返之勢，甚至私廠林立多至數十家。不第襄、郟等處公然開廠私賣，并由此侵灌南、汝一帶地方。同治十三年，經河東道升泰詳明山西巡撫鮑源深籌動庫款，委員運鹽前往該處設局試辦，隨帶勇丁十四名，嚴密緝私，并移咨河南巡撫轉飭地方官會同委員多派幹役認真巡查，嚴拿私販，禁食私鹽，總期遏私疏官，轉滯爲暢，不得以事關隔省，稍形膜視。從兹私販稍知斂迹，居民多食潞鹽，此河東鹽行豫省實以襄、郟爲咽喉重地也。

鞏縣、孟津毗連蘆岸，郟私最易侵灌。孟津之鐵謝鎮爲潞綱東路要隘，鞏縣之洛河口爲豫省闈綱關鍵。其河北則有溫、孟等縣，其東南則有汜水縣，皆屬蘆鹽引地。惟西南與偃師、登封、嵩縣接壤地方遼闊，人烟稠密，以回郭鎮爲總彙，而由黃入洛之東站船隻往來，尤緝私最要地也。自咸豐四年改章後，鞏、孟、偃師、登封一帶均被蘆鹽侵占，潞鹽日漸滯銷。同治十二年，鞏縣知縣招販配辦潞鹽，運往回郭鎮開設鹽店辦理，久無成效。光緒元年，河東道升泰詳准比照襄城試辦，不領庫本，在東站設立官運總局。有運販願辦水運，其鹽由平陸縣之茅津渡下船，自河入洛，借輕運費辦運數年，相安無事。光緒四年，晉豫大旱，腳價過昂，鹽斤隨時長價，突有糾衆鬧局事，該地方官仍令減價售賣，以致賠本歇業，從此民販等均視爲畏途，未敢運往。不得已，令通綱運販公立字號仍辦水運。經護河東道卓熙泰詳明山西巡撫曾國荃飭委監掣同知張元鼎督辦，計自設立官運局以來均委員扼要駐扎，督銷緝私。始而帶勇十二名，繼而帶勇十名，并由道詳院移咨河南巡撫轉飭鞏、孟、偃師等縣，先行出示，嚴禁外販入境，不准居民食私，仍令各地方官多派巡役會同緝私委員不分畛域，在於水陸各隘口認真查緝。如有販私食私等弊，立即嚴拿懲辦。

　　查蒙鹽行入內地，厥種有四：曰吉蘭泰，曰花馬池，曰鄂爾多斯，曰蘇尼特。而吉蘭泰鹽有大紅、二紅之分，花馬池鹽有大池、小池之別，蘇尼特鹽有大青、璃兒之異。璃兒亦蘇尼特地名也，花馬池即明之河套，鄂爾多斯乃西二盟之內蒙古部落。居其地，遂據其利。所謂蒙鹽止此。其來路例由黃河之磴口下船，行至托克托城之河口鎮起岸，陸運入殺虎口投稅行銷。口外七廳暨大、朔、甯、太四府，忻、保、代三州，大約以大青鹽爲最多，居十之六，土鹽居十之三，餘鹽不過十之一。然大青鹽止能及於太原，不能越太原所屬而南，此只須隨時稽查，毋庸議禁者也。

惟鹽船從河口鎮偷越南流，徑踰河曲、保德至磧口鎮囤卸，由孝義、介休、平遥等縣灌入沁源縣之閻寨村、馮村，并與屯留接界之雕巢嶺爲私鹽入境要路，如人字形一自東北灌至屯留、襄垣、黎城等縣，一自東南入屯留縣，分灌長子、長治、壺關等處。又襄垣所屬之虒亭驛與沁州、武鄉毗連，沁州所屬向無引地，各路私鹽易於灌入襄垣及潞、黎兩縣。再潞郡官鹽運至洪洞縣曲亭鎮換脚馱載，由屯留縣之良馬鎮、長子縣之鮑店鎮行走，而私鹽亦由此經過，向來商運原有連環小票，然皆視爲具文以致官私不分。官運以後飭各該縣運鹽至潞，由曲亭發給執照填明運送何縣官鹽及馱鹽若干名，仍給騾夫腰牌各一面，以便稽察私鹽，庶免混迹。潞安同知分防太義鎮，距高平交界三里，向有緝私之責，應仍飭督查。長治之西火鎮與陵川交界，長子之張店與高平接壤。西火鎮之私必由觀火嶺攔入陵川，張店之私必由鮑店鎮侵及高平，其鹽則花馬池爲最多，居十之五六，陝西神木之鹽居十之三四，若吉蘭泰、蘇尼特鹽僅有一二，此蒙鹽由磧口侵灌潞、澤兩郡之情形也。

且陝西府谷縣之黃甫川係蒙鹽西岸會集之所，哈喇寨、麻地溝爲花馬池鹽屯聚之所，綏德州之銀條梁亦蒙鹽囤積之所，延川縣與永和關僅隔一河，延川同屬之定邊縣有連、爛二池，向來環縣、慶陽、西鳳等處皆食其鹽，亦難保不轉販渡河，爲潞綱害。仍責成托克托城通判實力查禁，并令河曲縣於石梯子上游、保德州於天橋上下設立卡巡，暨沿河各州縣要隘如興縣之黑峪口、羅峪口，臨縣之軍鋪灣，甯鄉之三交鎮，均宜堵截。再永和、大甯向食土鹽，并准食花馬池鹽，分販各處，在所不免。應飭永和縣於永和關嚴行稽查，不准有大夥私販從此過渡。其隰州午城鎮、蒲縣薛關村，亦應飭令查緝。更有鹽艘下駛，由龍王辿順流直至河南孟津縣屬之鐵謝鎮、張家川售賣，應於龍王辿下游鄉甯之船窩、河津之禹門、滎河之廟前，嚴密偵緝，俱每月結報一次，此水運一路當力爲禁絕者也。

至晉省各處土鹽，名目多至十二三種，有黃白紅三色，內惟山陰、懷仁、應州之鹽，可以行及太汾徐溝。黃鹽其味較美，應責成各州縣隨時稽查，勿令囤販。平定州各屬暨遼州、沁州向不行銷官引，所食蘆鹽爲多，間有蒙鹽及本省土鹽。其蘆鹽止能由平定行至遼州等處，不能越此而南，即潞安亦無之。惟澤州之鳳臺、陵川頗受其害。其蒙鹽來路一自沁源，一自高平。其蘆鹽來路則自河南河內縣暨輝縣兩處，以縣屬之大小口與河內連界處爲一路，又縣屬與輝縣接壤之柳樹口爲一路。汾郡向食土鹽兼食蒙鹽，而蒙鹽來路即在對岸之府谷、吳堡、綏德州等處，向於肩挑背負之人一驢一騾所載，從不禁絕，必須隨時偵查，嚴禁擾累，庶水運私鹽不致肆其侵灌，而西渡小販亦得安其故常，此又各路土、蘆、蒙私，尤宜分別查禁者也。

【按】鹽務最重疏銷，疏銷必先禁緝。境外之私，既已嚴防。池內之私，尤當督緝。查嘉慶十三年河東道劉大觀詳稱，乾隆四十九年前山西巡撫農起因營兵環池巡邏，有名無實，疏請撤回營兵六十名，飭商自雇商役六十名，令三巡檢各管轄二十名，一體巡防。復商時，查照舊案飭三巡檢召募商役六十名，以符舊制。於嘉慶十二年九月，先令該役等暫行赴鋪供役起巡在案。至各鋪名數多寡不齊，係按照地方情形派撥，今昔相同，毋庸更換。道光五年，山西巡撫福綿據河東道韓文顯稟請具奏,河東鹽池爲晉陝豫三省民食攸關,近年以來常有賊匪百十成羣,寅夜拆墻入池,搶竊鹽料,持械拒捕。巡役人數無多,力難抵禦,已檄飭解州、安邑縣各撥壯役二十名前往巡緝。運城營都司駐扎該處,保護鹽池,緝匪防奸,是其專責。應請於該營內就近派兵二十名,派外委二員督率巡緝,請照道光二年刑部奏准江西省行銷淮鹽之例,凡派出緝私員官并兵役每名准其携帶鳥槍一杆,編列字號,官爲給發。遇有大夥搶竊賊匪持械拒捕者,許令施放鳥槍抵禦。若遇零星小竊及雖屬大夥而非持械拒捕,不得擅放鳥槍,致有殺傷。俟賊匪稍知斂迹,即將鳥槍撤回。奉旨准行。旋據河東道詳准,鳥槍均編池字爲號。運城營自一號起至二十號止,解州自二十一號起至四十號止,安邑縣自四十一號起至六十號止。由河東道派委文員,運城營都司派委武弁,會同各場大使督率兵役携帶入池巡防。咸豐四年,官運後減去兵役三十名,留解州槍手十名分巡中、西兩場畦地,留安邑縣槍手十名專巡東場畦地,留運城營槍手十名周巡三場畦地,并添運勇二十名駐緝野孤泉,往來梭巡,至今因之。

卷四下　學校

古者家有塾,黨有庠,術有序,國有學。凡所以造士作人^①者,莫不聽逢逢鼉鼓、噦噦鸞聲而嘆人材之興,實由於學校也。況郇瑕近鹽,國饒民驕,非教奚由保富?此鹺綱既理,育才尤殷。今之士習樸誠,人文蔚起,皆我國家數百年培養所致也。猗與休哉!

學　宮

學宮創建,詳於前志。嘉慶年間,歷有修葺。道光二年,河東道張大鏞復加修理,規模氣象有勝於前。大成殿恭懸列聖御書匾額,已載前志。嗣於嘉慶年間恭懸仁宗睿皇帝御書"聖集大成"額,道光年間恭懸宣宗成皇帝御書"聖協時中"額,咸豐年間恭懸文宗顯皇帝御書"德齊幬載"額,同治九年恭懸穆宗毅皇帝御書"聖神天縱"額。今上御宇之七年,恭懸"斯文在茲"額於大成殿,皇綸丕煥,殿宇增輝。瞻仰之餘,益深敬肅。其春秋祭享、樂舞禮器并鄉賢、仰德各祠以及隙地租銀、學田畝數,均如前志。

崇聖祠,向係合祀至聖五代。咸豐六年,河南學政俞樾請以先師孔子兄孟皮入祠從祀。七年,奉旨准其配享。

---

① 造士:造就學有所成的士子。作人:培育人才。

名宦祠,祀凡有功德於民者。咸豐五年,護理山西巡撫王榕吉會同學政黃鈺題以原任山西按察使、前河東道黃經細心決獄,不輕用刑,辦理免商官運、裁浮費、修渠堰、獎士林、增義地諸政績,請祀入祠。是年四月奉准。

　　文昌閣、魁星閣,營建詳於前志。同治六年,河東道楊寶臣倡捐廉銀,率官紳士子重修。

　　【附】樂舞

　　前志載,乾隆四十九年,運使沈業富以佾生樂舞生疏,請在商籍新生十名外,錄其文理清順者四十名,延請樂工教之樂舞。歲給飯食銀兩,在加增銷價內支發。五十七年課歸地丁,銷價無出。經巡撫馮光熊飭將丁祭樂舞生膏火①裁汰,仍用佾生。

學　　額

　　運學額數,載於前志。乾隆五十七年課歸地丁案內,部議商籍童生即在安邑縣應試,由解州錄送學政。按照原額考取生員,均歸安邑縣訓課。所有運學即令安邑縣學官就近管理。嘉慶十二年復歸商運,巡撫成齡奏准商籍文武童生仍由安邑縣考送,鹽法道錄送學政。歲試取進文生十名、武生四名。科試取進文生十名并設廩增生各二十名,二年一貢。咸豐二年,商人捐輸粵西軍餉銀二十萬兩零,除照例廣額一次外餘銀十八萬兩。六年,巡撫王慶雲奏准加永遠廣額文學十名、武學四名。今商學定額文生二十名、武生八名,廩、增、貢俱如舊。

---

①　膏火:舊時晚上讀書,需掏錢打油點燈,故用膏火指讀書費用。膏,燈油。

【附】鄉試盤費

舊有捐置商課六錠,照通例收運商銷價作爲鄉試盤費,詳於前志。乾隆五十七年課歸地丁,銷價遂廢。嘉慶十二年,池鹽復歸商運,銷價減去三成,仍舊交納。咸豐二年,改引行票,每名銷價定爲六兩。四年捐免充商改爲官運,銷價隨課封納。今遇鄉試之年,由河東道仍照向章以六成銀給運安兩學科試錄取正案諸生,以四成銀存作考遺才盤費。(禮房存案備核。)

書　　院

——宏運書院詳於前志,其經費向在額引加增銷價內支給。嗣因課歸地丁,銷價無出,由河東道季學錦詳准每年在商捐六萬兩鹽池生息項下動支息銀一千二百兩以備師生修脯膏火、人役工食、紙張并義學束修之費。嘉慶十九年,生童李映奎等禀懇酌增膏火,復經河東道陳中孚詳准,加增膏火銀五百八十五兩六錢,加增義學束修銀十六兩,并請周恤贊禮生衣帽費,歲給銀四十八兩。同治四年,河東道楊寶臣復詳准加增義學館師束修銀二百兩。今每年共在鹽池生息項下動用息銀二千零四十九兩六錢,以備前用。(考課經費款目禮房存案。)

【附】書院置錠

宏運書院舊有捐資置錠,詳於前志。乾隆五十七年課歸地丁,錠票奉裁,庫存前收銷價銀六百兩經運使季學錦飭安邑縣發交當商一分生息,每年息銀六十兩,於十二月提貯道庫,爲前掌院曹于汴祭祀修築等工之用。門役工食銀二十四兩在書院經費內撥給。其鄉試年場費銀六十兩。查曹氏的派子孫現在無有生監赴考,毋庸議給。嘉慶十二年復商後,銷價仍歸坐商,前項殘票應領銀二百八十一兩一錢二分,經河東道葉汝芝以八十一兩一錢二分准令曹氏後裔領修塋域牌坊等工,以二百兩仍飭安邑縣發交當商生息,前後共歲得息銀八十兩,歷年由安邑縣解交河東道發給曹氏後裔具領爲祭祀修築等工之用。咸豐四年捐免充商改爲官運,每年在公用款內封曹氏銷價銀四十兩三錢。

【附】書院無著銷價

查嘉慶十二年池鹽復歸商運,銷價扣存道庫,修治荒畦。十六年,荒畦修竣,餘剩銷價銀兩河東道茅豫詳請奏准充公。彼時未將曹氏銷價劃出,致該後裔屢次請領銷價。至二十一年,經河東道葉汝芝批示,查曹氏此項係前明御史李日宣捐資置地,國朝運使沈業富經議立錠,所有銷價銀兩自十二年至十七年,除該後裔歷次支領修築等用,尚有存銀七百餘兩。茅前任自宜提出另行經理,乃一并歸公殊未允當。此時爾先人既祭享有資,宏運書院本道當籌款修補。遂籌銀四百兩,名爲無著銷價,發商生息,每年息銀四十兩定爲修理書院經費。咸豐四年,捐免充商,繳還本銀。復於五年由河東道黃經飭安邑縣發交當商仍舊生息。

——河東書院創建詳於前志。道光二年,河東道張大鏞復加修葺,首捐廉二千兩,飭商捐銀三千三百兩,又商人王費合續捐銀九百五十兩。俱發商生息,遇閏加增。又每年扣捐坐商加增銷價銀一千二百三十九兩三錢,計歲共得銀一千九百餘兩,以資師生修脯膏火、人役工食經費。定議豫陝兩省及河東三十六屬民籍生童均准送院肄業。光緒二年,河東道升泰因多士日增,齋房不敷棲止,捐廉鳩工於堂後兩翼添置學舍二十二楹,其隸商籍者仍歸宏運書院肄業。(考課經費款目禮房存案。)

【附】社學

運城向有養蒙之地,分東西南北中五處,館舍膏火悉詳前志。嘉慶十九年,河東道陳中孚在衛民祠內添設義學一處,因歷年修脯過少,難資館穀,近於敷衍。同治四年,河東道楊寶臣詳准在於鹽池生息項下撥息銀二百兩,擇城內適中之清凈廟宇,設立義學四處,就貢生、生員中考取品端學優者四人爲師,每處歲送束修銀四十兩、茶水煤炭香燭廟資銀十兩,按季給發。今仍之。

科　　目

查《鹽法備覽》科分,編至乾隆五十三年戊申爲止。兹自五十四年己酉至光緒壬午,凡有科目可據者皆挨次增輯。

進士

自嘉慶乙丑至同治癸亥共十人,內詳人物者五人。

翟鳳翔:嘉慶乙丑科,官四川建昌道。

郭純章:嘉慶辛未科,官橫州牧,詳人物。

李　鍔:嘉慶己卯科,官湖北蘄州牧,詳人物。

薛　宬:道光丙戌科,官四川奉節縣令。

陳洪鐘:道光庚子科,官刑部主事。

郭椿壽:道光乙巳科,官廉州府知府,詳人物。

武士選:咸豐己未科,官南皮縣知縣,詳人物。

劉振中：咸豐己未科，官武強縣令，詳人物。
葛宗鄒：咸豐己未科，官刑部廣東司主事。
裴峻德：同治癸亥科，官安徽鳳臺縣令。

舉人

凡已登進士者，鄉科不再書名。

自乾隆己酉至光緒壬午，共五十三人。內詳人物者三人。

宋于渭：乾隆己酉恩科，官光州牧，詳人物。
宋　銘：乾隆己酉恩科，官山東壽光縣令。
郭俊章：乾隆壬子科。
牛廷炤：乾隆甲寅恩科，官江西永豐縣令。
相　霖：乾隆甲寅恩科。
康　濟：嘉慶戊午科官，直隸靈壽縣令。
路法孟：嘉慶戊午科。
梁甲芳：嘉慶戊午科。
郭其章：嘉慶庚申恩科，官臨汾縣教諭，詳人物。
梁永康：嘉慶辛酉科，官山東冠縣令。
王　偉：嘉慶辛酉科。
王依中：嘉慶甲子恩科，官江西安仁縣令。
陳士杰：嘉慶甲子恩科，候選教諭。
丁玉堂：嘉慶丁卯科，官朔州訓導。
陳彬履：嘉慶癸酉科。
李　源：嘉慶庚午科，官趙城縣訓導。
胡豐年：嘉慶戊寅科，官靈石縣教諭。
王　梧：道光壬午科。

王　賁：道光壬辰科，官隰州學正。

閻慶熙：道光甲午科。

劉培楠：道光甲午科。

陳鳳鳴：道光丁酉科。

侯爾康：道光己亥科。

喬鶴年：道光癸卯科，官陝西麟游縣令。

朱鏡秋：道光癸卯科。

樊作棟：道光丙午科，官直隸薊州牧。

侯迪康：道光己酉科。

郭椿年：咸豐辛亥恩科。

耿金橘：咸豐辛亥恩科。

景維禧：咸豐辛亥恩科。

郭成鳳：咸豐壬子科，官絳州學正。

郭迎暄：咸豐壬子科，官嶂縣訓導，詳人物。

姚　鈞：咸豐乙卯科。

宋蔭徽：咸豐戊午科。

胡肇魁：咸豐己未恩科。

李金錫：咸豐辛酉科，官孟縣教諭。

郭迎暢：同治壬戌恩科。

李樹滋：同治壬戌恩科。

張戀功：同治甲子科。

景巽象：同治庚午科。

郭煥烈：同治癸酉科。

李裕道：同治癸酉科。

王善成：光緒乙亥恩科。

楊廷菜:光緒丙子科。
孫啓瑞:光緒丙子科。
惠迪吉:光緒己卯科。
張毓儁:光緒己卯科。
解昌言:光緒己卯科。
荊秉哲:光緒己卯科。
劉統均:光緒壬午科。
李廣耀:光緒壬午科。
劉宜篤:光緒壬午科。
吳象恒:光緒壬午科。

武舉

自乾隆壬子至同治癸酉,共九人。
王國泰:乾隆壬子科,挑兵部差官。
張奕榮:乾隆壬子科,就衛千總。
陳士榮:乾隆壬子科。
白殿元:乾隆甲寅恩科,挑兵部差官。
周運通:道光己酉科。
王長春:道光辛卯恩科,就衛千總。
趙之倬:道光甲午科。
毋長泰:咸豐戊午科。
樊亮采:同治癸酉科。

貢生

已登科者不重錄。

自乾隆庚戌至光緒己卯,共六十五人。

楊　凝:乾隆五十五年恩科。

宋　鈺:乾隆庚戌撥貢,官陝西華州州判。

謝廷璣:乾隆五十五年歲貢。

席作賓:乾隆五十八年歲貢。

馬文瀚:乾隆五十八年歲貢。

劉肇祥:嘉慶元年恩貢。

王　塼:嘉慶元年歲貢。

劉清渚:嘉慶辛酉拔貢。

朱履定:嘉慶七年歲貢。

康嘉科:嘉慶十一年歲貢。

景慶南:嘉慶十三年歲貢。

孫勵恭:嘉慶十三年優貢。

胡天福:嘉慶十六年恩貢。

郭棟梁:嘉慶十六年歲貢。

張大翼:嘉慶十六年歲貢。

郭廷璋:嘉慶癸酉拔貢。

王培桐:嘉慶十九年歲貢。

吳　儼:嘉慶二十二年歲貢。

李　琳:嘉慶二十二年歲貢。

劉祥鳳:嘉慶二十五年恩貢。

張　采:嘉慶二十五年恩貢。

劉　法:嘉慶二十五年歲貢。

侯普康:道光三年恩貢。

郭迎曙:道光三年歲貢。

王汝楫：道光三年歲貢。

胡繼僖：道光乙酉拔貢，官偏關縣訓導。

梁在洲：道光六年歲貢。

武安貞：道光九年歲貢。

王位中：道光九年歲貢。

張向庚：道光十二年歲貢。

姚成章：道光十五年歲貢。

景　淇：道光十六年恩貢。

任鈞安：道光十八年歲貢。

孫　皓：道光十八年歲貢。

孫若鏞：道光二十一年歲貢。

郭映奎：道光二十一年歲貢。

姚文彰：道光二十四年歲貢。

李　丙：道光二十六年恩貢。

曹成基：道光二十八年歲貢。

李　震：道光三十年歲貢。

李文梓：咸豐二年恩貢。

劉天益：咸豐二年歲貢。

景　旴：咸豐四年恩貢。

李東洋：咸豐四年歲貢。

張　琳：咸豐六年歲貢。

劉宅吉：咸豐六年恩貢。

賈元杰：咸豐八年恩貢。

郭文耀：咸豐八年歲貢。

霍蔚林：咸豐十年歲貢。

董毓涑：咸豐辛酉拔貢。

楊杰元：同治元年恩貢。

張　珣：同治元年歲貢。

景　旰：同治三年歲貢。

王欽叙：同治五年恩貢。

郭啓全：同治五年歲貢。

郭方垣：同治七年歲貢。

劉振東：同治九年歲貢。

楊廷棟：同治十一年歲貢。

武育元：同治癸酉拔貢，河南試用知縣。

邊雲龍：同治十三年歲貢。

李廷棟：光緒二年恩貢。

邱士麟：光緒二年歲貢。

王爾芳：光緒四年歲貢。

李春芝：光緒六年恩貢。

【附】例貢一百一十八人。

凡由運學廩增附捐貢者，前志具載。兹自乾隆五十四年查有案可據者，照依增錄。

李九錫：附貢。

劉培械：廩貢。

張　㟲：附貢。

陳德沅：廩貢，長蘆候補鹽運司經歷。

梁起榮：附貢。

孫國珩：附貢。

李鎮都:附貢。

李九貴:廩貢。

白　璋:廩貢。

王毓秀:附貢。

賈登先:附貢。

郭　碇:廩貢,官平定州訓導。

孫守恒:增貢。

郭　琇:廩貢。

關國遴:廩貢,官太原縣教諭。

令孤懷瑾:附貢。

燕步魁:廩貢。

何慶澄:附貢。

張慎修:附貢。

丁　琇:附貢。

孫守咸:附貢。

葛庭璿:附貢,官禮部司務。

孫丕顯:廩貢。

馬于京:廩貢。

丁　瑞:廩貢。

萬培正:增貢。

孫守益:廩貢。

田歲芳:增貢。

鞏行侃:廩貢。

閻運興:附貢。

孫守臨:廩貢,候選訓導。

孫守復：附貢。

景暢之：附貢。

董得昶：附貢。

張承禄：廩貢，候選教諭。

葛宗泗：廩貢，官廣西思恩府經歷。

郭　綸：附貢。

陳奕熙：增貢，湖北候補按察司照磨。

王之翰：附貢。

趙邦直：附貢。

李侍孟：廩貢。

師佩蘭：附貢。

王文煒：附貢。

張宜楫：廩貢。

解兆鱐：附貢。

曹錦芳：增貢。

周之冕：附貢。

葛宗濂：廩貢，候選教諭。

王汝榮：廩貢。

孫　煜：附貢。

王鳳翱：廩貢。

孫勵定：增貢。

馬于育：廩貢，候選教諭。

王　烱：附貢，候補翰林院待詔。

王運昌：附貢。

邢　連：廩貢。

張承壽:廩貢。

王汝蕙:廩貢。

劉　純:廩貢。

蔣伯康:廩貢。

周從龍:廩貢,遼州訓導。

楊峻德:廩貢。

劉建康:廩貢。

馬于立:增貢。

楊起鵬:增貢。

景恩錫:附貢。

李　禄:附監。

李鳳鳴:附貢。

李鍾嵋:附貢。

張鼎亨:廩貢。

侯爲度:廩貢。

郭應麟:廩貢。

葛宗邵:附貢。

董得晟:附貢。

張淦魁:附貢。

惠敏修:附貢。

喬文斗:附貢。

張星垣:附貢。

朱春林:附貢,候選訓導。

董培學:附貢。

景　炎:附貢,候選訓導。

王　緯:附貢。

尹承綬:附貢,官黎城縣教諭。

劉振誥:附貢。

梁士傑:附貢。

馬和鈴:附貢。

張　鏞:廩貢,候選訓導。

武士奎:附貢,候選訓導。

上官濟:增貢。

喬汝濂:廩貢。

薛春元:廩貢。

胡申保:附貢。

潘登瀛:附貢。

馬逢魁:廩貢,河南試用典史。

產惠仁:廩貢。

葛文鑄:廩貢。

胡申佑:廩貢。

和家瑞:廩貢。

岳膺桓:附貢。

陰惟明:增貢。

王恩縉:廩貢。

李自榮:增貢。

張朝鳳:附貢。

孫峻東:附貢。

劉立豫:附貢。

周際泰:廩貢,平遥縣教諭。

王　煒：附貢。

楊　焜：廩貢。

閻寶倫：廩貢。

李仰白：附貢。

王　鑑：增貢。

董永宣：附貢。

路肇翰：附貢，陝西試用典史。

王彬蔚：附貢。

郭承烈：附貢。

令孤鐸：廩貢。

李　濂：附貢。

張光遠：附貢。

【按】鹽城自設運學以來，科目鼎盛。由有明以迄國朝，爲前代所不及，前志已詳輯矣。厥後學校日興，英才輩出。登賢書者，固更僕難數。及捷南宮，入詞林，出爲名宦，入爲鄉賢，驥附蟬聯，接踵而至。今按科詳叙，并依《備覽》體例，或爲運産，或非運産，惟起自運學者皆增録焉。

人　　物

宋在詩：安邑運城人，康熙辛丑進士。由庶吉士改吏部文選司主事，遷稽勛司郎中，督學四川加翰林檢討銜。四川新生舊有贄儀，減其三分之二，以一分資辦公，貧者免之。中丞以入告，奉旨設養廉，贄儀全免。開錦江書院，以品行器識爲先。因父老乞養。著有《讀詩近思録》《論語贅言》《説孟》《説左》《懷古堂詩文稿》《見聞瑣録》《四書要義》《左傳便覽》《先儒實行紀略》《宋氏歷代傳人録》《杜詩選憶往編》《晚年瑣録》。年八十有三,重赴鹿鳴。

宋　鑒:字半塘,在詩子。乾隆戊辰進士,官浙江常山縣令。調鄞縣,遷廣東南雄府通判。歷有惠政,祀鄞邑名宦。讀書過目不忘,著有《易見》《尚書考辨》行世。

王宿善:乾隆壬午舉人,授廣東樂會縣令。時文昌縣獲盜船數只,載洋錢百餘萬,擬以洋匪論辟。瓊州府委令參決。訊知爲福建良民林姓等出洋貿易被颶風破船飄泊者,奮力相争,以難民定案。擢知羅定直隸州。所至恤荒助賑,振興文教,冤獄尤多平反。歸田後家無長物,怡然安之,舉鄉飲大賓。所著有《杜詩活法》《澳門紀略》《葵錦堂文集》《宦游小草》。

宋葆純:號芝山,乾隆癸卯舉人,官絳州學正。不數月,辭歸。天資[姿]高曠,不事家人生産。工書善畫,力追唐宋,不屑爲近體。游歷江湖,以詩酒自娱。當時知名之士争與交游,年八十乃卒。

葛朝陽:乾隆丙辰舉人,授浙江常山令,以德化民。旋擢户部浙江司郎中,論事有卓識。後告歸,士林咸欽敬之。庚戌歲恭逢八旬萬壽,入都祝釐進寶頌八章,寵邀睿賞,人以爲榮。

葛鳴陽:乾隆甲午副榜,官至吏科給事中,爲人慷慨好施,周貧濟急,見義勇爲,時議重之。著有《宗約歌》《復古篇》《曾樂軒稿》《保生衍慶》《幼幼心裁》諸書行世。

以上皆名載前志,補注人物。

王企屺:安邑運城人,乾隆丙子歲貢,官陽高縣訓導。博通典籍、制藝及古文,詩詞追宗史漢。著有《音義考核》《困學紀聞》《三唐試律注釋》《文家模範》《安素堂文集》《睡鶴山房詩稿》，纂修《安邑運城志》行世。及卒，門人私謚昭靜先生。以子宿善貴，晉贈廣東羅定直隸知州。

郭世瀛：字甫登，號雲瞻，運學增廣生員。性至孝，父病瘡數年，以口吮之。親視湯藥，未嘗解衣就寢。少長於外祖胡氏家，親表弟如胞弟，終身無閒言。人皆稱異姓骨肉。課子最嚴，待先生忠且敬。親友借貸無力償還者，悉焚其券。施於人，無德色，并絕口不言。

宋于渭：乾隆己酉順天舉人。三署河南光州，升湖北隨州，歷著政績。後告歸，恤宗族，厚親友，桑梓欽服。

毛應觀：夏縣人，嘉慶甲子舉人。知江蘇婁縣，署理松江府知府。學問淵博，名重一時。著有《經圖彙考》《小園制藝》《一官錄》等書行世。

毛應豐：夏縣人，嘉慶丁卯舉人。任汾陽縣訓導，品行端正，經術淵深。著有《易征大成錄》《杜詩集鈔》《安雅堂文集》《典制文鈔八種》。以子德如貴，晉贈兵部武庫司主政，祀鄉賢祠。

郭其章：字琢如，性孝。友父歿於河南旅寓，凶問至，即日徒步行風雪中，扶櫬歸，以禮葬焉。庚申舉於鄉，官臨汾教諭。晚歲得子。偶與厮僕嬉戲，自閣而墜。厮僕懼，因慰之曰："此子即有不測，亦命也。吾不汝罪。"精於堪輿，嘗修條山馬鞍文筆峰。文風丕振，士林頌之。

王鳳翰：字小蓬，號墨卿，寄籍大興，嘉慶辛酉舉人，己巳進士。由內閣中書考取軍機章京，歷戶部、禮部主事，轉員外郎。隨扈木蘭，較射布靶，賞戴花翎。轉郎中，會鞫林清逆案，釋株連者,全活無數。讀禮家居,修條山書院,增膏火,周恤親族。官湖北荊州府知府,修葺荊南書院,捐廉生息以給膏火。蛟水陡發,郡城外大堤將潰。督工捐貲,日夜搶築,水及堤而止,民田廬舍賴以保全。調武昌府知府,郡士民建立生祠。去之日,歌詩誦德,有《竹馬歌》詞曰:我公任武昌,我公去津鄉。寮寀皆惆悵,士庶益皇皇。相與攜酒漿,相與獻羔羊。疇重我膠庠,疇咨我雨暘,疇判我爰章,疇築我江防,疇撫我流亡。道路阻且長,何以慰民望?願公祝嘏常,願公弗祿康。官至雲南迤西兵備道。

郭純章:嘉慶辛未進士,任浙江仙居令,調鄞縣,遷鎮海。浚渠修堤,砌石爲楔。每值江水漲流,開楔引水,灌田萬頃。民呼爲郭公楔。後升廣西橫州知州。

李　鍔:嘉慶己卯進士,以知縣分發湖北。歷任宜城、孝感,尋遷蘄州牧。政尚簡易,卓著循聲,蘄民愛之。

靳文蔚:道光庚戌進士,官戶部主事。博學多聞,誨人不倦。凡公車旅次京邸者,鮮不執經問字,循循善誘,多借陶成。以母老,告歸,終身奉養。著有《詒燕堂文稿》待梓。

郭椿壽:道光丁酉拔貢,主講河東書院,多士景從。癸卯中式,乙巳成進士,由庶吉士授編修。咸豐四年,上命詞臣繕錄《貞觀政要》,充總校。糾正數十事進呈,賜蟒袍、江綢、荷包優獎之。署雷州府,平反巨案,詳安邑縣志。旋調廉州府,因屬邑失守落職。後從戎,開復原官,以積勞,病卒。

劉振中:道光丙午舉人,任榆社教諭。貧者窘於資,舉節孝者鮮。遂裁革陋規,實力采訪。由是發潛闡幽,爲諸邑最。咸豐己未成進士,由戶部主事出宰武強。歷著善政,邑民愛戴。

葛宗鄒：咸豐己未進士，授刑部廣東司主事。以母老，告養歸。興復書院膏火，培植人文，桑梓重之。

武士選：咸豐己未進士，任直隸南皮縣知縣。創建書院，親課生徒。修築河堤，水不爲患。捻逆宋景詩掠境，督率紳民先幾畫策防堵，皮民賴以乂安。擢同知，加運同銜，署大名同知。時晉遭歲歉，奉委勸辦轉運。輓輸及時，民沾實惠。

郭迎暄：其章子。咸豐辛亥舉孝廉方正，壬子科舉人。品端學優，主講解梁、河中兩書院垂二十年。門下多知名之士，授崞邑訓導，以疾乞休。

靳良臣：咸豐壬子舉人，由大挑授朔州馬邑鄉訓導，多士景從。每分給薪水以資寒士讀，造就甚衆。歿後無餘資，感德者咸贈助歸葬焉。

衛百行：運庠生，性純孝。因母歿大慟，逐得目疾。未幾，父又病癱，晝夜侍湯藥，衣不解帶者期年。父歿，哀毁骨，立尋卒。

【按】河東爲誕聖毓賢之區。自乾隆五十三年運使蔣兆奎輯成《鹽法備覽》詳載諸賢，迄今九十餘年，偉人哲士後先輝映。惟年歲久遠，耆舊鮮存，訪聞不能，確實未便。續增今只據言行可考證者聊爲臚列，又有名載前志如宋在詩、宋鑒、王宿善、宋葆純、葛朝陽、葛鳴陽諸人，未及錄取淑行，兹特詳爲補注。如有遺者，俟後增輯。其非運學而係運産，與非運産而由運學，并依前志體例。要皆附近於鹽池者，外此不敢濫登。

卷五　奏疏

奏疏之名不一，曰奏劄，曰奏狀，曰奏議，曰上疏，曰上書。懼其洩漏，封囊以進，故謂之封事。河東鹽務由來舊矣。上而溯諸有明，若元若宋，鹽法之變通者不知凡幾，而要非有章奏敷陳，則下情未[末]由上達。我朝澄清鹽政，恤商濟民，法良意美，其因時制宜，或課歸地丁，或復歸商運，或捐免充商改為官運，皆為歷代規制之所未及。一時大小臣工各抒所見，以求惠濟夫商民者，其奏疏可彙述焉。

議覆課歸地丁疏

乾隆五十六年大學士　阿桂

竊臣等會看得山西巡撫馮光熊疏稱，竊照河東池鹽行銷山西、陝西、河南三省，因商力疲乏，上厪宸衷。臣於陛見時，面奉諭旨，鹽課攤歸地丁是否與商民有裨，令臣隨同軍機大臣酌議。臣因未悉晉省鹽務情形，當經奏明俟臣抵任後，悉心體察，率同藩司蔣兆奎通盤籌畫，再行議奏。荷蒙聖鑒在案。臣到任後檢查案卷，體訪輿情，務求利弊之所在，以便定議。藩司蔣兆奎抵任，復與逐細講求。伏查河東鹽務商力積疲，若恃換商增價為調劑不特於事無益，且商屢換則病在殷户，價屢增則困在貧民，利未見而弊已隨，未為補救善策。溯查從前曾有課歸地丁之議而歷久未見舉行者，實由泥於法不輕變之説，又或阻於從中淆惑之言。一則曰課係商完，今歸民納近於加賦。一則曰鹽係商運，今聽民便，淡食堪虞。其言俱似近理，以致課歸地丁之説，阻格①不行。

兹據利弊而權衡之，課歸地丁，鹽聽人運，除去攤入地丁之正課雜項每鹽一斤已減銀三厘零，鹽價必賤。再就民人食鹽而論，每人每日食鹽三錢，兩月食鹽一斤，鹽無雜費，又不完課，每斤最少亦可減價五文。有地丁一兩之家，以五口計算，一年可省錢一百五十文，核計鹽課攤入地丁約略每兩不過增攤九分有餘，以所省一百五十文之價完九分餘銀之課，尚覺有餘。況一兩地丁之家，未必止於五口，則所省實多。其無地丁之貧民，賤食無課之鹽，更爲便益。三省之民自無不樂從。若課不歸入地丁，別無調劑之法，勢必議加鹽價。查河東鹽價前已每斤加價四厘，統計每年加銀五十六萬有餘。河東行鹽正課雜項歲納銀四十八萬餘兩，加價之數已浮於額。今若再加一厘則應加十四萬餘兩，二厘則應加二十八萬餘兩。積成八十餘萬兩，數載之後商力又疲，有加無已，迄無底止。且所加之價均出於民，民間納四十八萬之課較出八十餘萬之價，何者爲省？此歸課之并非加賦也。

向來私販鹽斤，例禁綦嚴，尚難斷絶。緣人情見利必趨，雖犯法而不顧。今聽其自爲販運，既無官課，又無雜費，并無官役盤詰，關津阻留，豈有轉不踴躍爭先之理？況百貨流通可及數千萬里之外，今去鹽池之地最遠不過千餘里，以家家必需之物、人人獲利之事，斷未有販運不前者。此淡食之不足爲

---

① 阻格：阻挠，阻碍。格，阻止，搁置。

慮也。

是課歸地丁便民而非累民，減價而非加賦，其事實屬可行。至歸課之法，查山西省領引行鹽共四十四州縣，有引多而地丁少者，有引少而地丁多者，更有向食土鹽、蒙古鹽，係領河東引張交納稅銀之陽曲等四十四州縣及陝西之鳳翔一府、長武一縣，本屬參差不齊。若將此州縣之鹽課即歸於此州縣之地丁，有多有寡，不免偏枯。且以河南、陝西、山西三省比較，河南引多而地丁少，陝西、山西地丁多而引少。若分省各攤，每地丁銀一兩，少者僅增數分，多者增至數錢，多寡太覺懸殊。莫若將三省應納之正課雜項共四十八萬餘兩，在於三省行鹽完課納稅之一百七十二廳州縣地丁項下通計均攤，約略每兩一律攤銀九分有餘，似為均平公允。再池鹽向不收稅，若令輸納池稅而仍於攤入地丁之鹽課內扣除，則鹽價必致借稅加增，民間雖明減於攤納之課，仍暗加於買食之鹽，於小民無益，而辦法徒覺兩歧。所有池稅一項應請毋庸議設，聽令各原畦主照舊澆曬，發販流通，仍官為彈壓稽查，以杜偷竊爭攘，俾民食賤鹽，商不更簽，似屬兩有裨益。如蒙俞允，即以五十七年為始，遵照辦理，其一切善後事宜容臣履勘鹽池之後，另行條議奏聞。

再查二省中，惟山西本省地丁已有確數，其豫陝二省地丁現已飛咨豫陝撫臣查明確實，以便將課銀均勻攤入，并將酌議改辦緣由一并咨移。恐覆到需時，上厪聖懷，理合先將臣與蔣兆奎等籌議章程恭摺具奏等因前來。

臣等覆查河東鹽務商力疲乏，積久因循，徒以換商增價為事。自乾隆四十一年疏請以五年一次招充鹽商，嗣因簽商滋累,於四十七年又請將五年輪換之例停止,就現商中擇其殷實者定爲長商,此可見換商之不足恃也。又查自乾隆二十一年議准加增一厘,二十六年又准加增一厘,四十七年又准加價二厘,共計加至四厘。價日益增而商仍疲乏,轉以價貴啓私販之弊,此又見加價之不足恃也。此時若不善爲變通,誠恐鹾務未能振興而商力彌形疲玩,殊非補救之策。本年六月間,欽奉諭旨:"因河東商力疲乏,亟須調劑,將鹽課可否改歸地丁,於富户、貧民均有裨益,令該撫妥爲辦理等因。"仰見我皇上惠念商民,至周極備。今據該撫疏稱,該處鹽務積疲,商屢換則病在殷户,價屢增則困在貧民。惟有課歸地丁,鹽聽民運,較爲便益。自係確勘該處情形,妥爲調劑,應如所請,准其自乾隆五十七年爲始,改歸辦理。至池鹽向不收稅,仍請將池稅一項毋庸議設,聽各原畦主照舊澆曬發販,仍官爲彈壓以杜偷竊爭攘之處,辦理均屬公平妥善。此次改課歸丁,鹽聽民運,該撫既勘明該處各商實在疲乏,請更定章程,嗣後務宜商民兩便,永無弊端,以期仰副我皇上軫卹疲商、惠愛黎元之至意。惟是河東引鹽向行山西、陝西、河南三省,今雖據該撫疏稱,若將此州縣之鹽課即歸於此州縣之地丁,有多有寡,未免偏枯,請以三省之鹽課雜項共四十八萬餘兩,在於三省行鹽完課納稅之一百七十二廳州縣地丁項下統計均攤,約略每兩攤銀九分有餘。但查山西行鹽之陽曲等八十八廳州縣,每年額餘引二十四萬二千一百七十九道,每年地丁銀約計二百八十三萬餘兩。陝西行鹽之咸甯等五十二廳州縣每年額餘引一十八萬四千餘道,每年地丁銀約計一百四十七萬餘兩,則是引少而地丁較多。河南行鹽之洛陽等三十二州縣每年額餘引共二十三萬九千九百九十道,每年額徵地丁約計銀六十餘萬兩,則是引多而地丁較多。若照原奏均勻攤派於地丁較多之山陝二省,未免向隅,殊難一律攤派。或令河南引多地方較現擬地丁每兩均攤九分有餘之數,由該省酌量增攤,在河南所加無多,衆擎易舉。而山陝二省行鹽州縣不致著重,似於調劑之中微寓權衡之道。應交山西、陝西、河南三省巡撫會同籌酌定議,具奏辦理。至河南、陝西二省民運池鹽,路程較遠,其作何辦理較爲妥協之處,應一并行令陝西、河南巡撫詳晰查明,咨覆晉省,統入善後事宜案内核辦。

奉旨:"依議,欽此。"

課歸地丁善後事宜疏

乾隆五十七年大學士　阿桂

竊臣等議覆山西撫臣馮光熊、河南撫臣穆和藺、陝西撫臣秦承恩會奏河東鹽課改歸陝西、山西、河南三省行鹽州縣地丁款内攤徵酌議善後事宜一摺,據該撫等將一切善後事宜分條酌議具奏,臣等遵奉諭旨,悉心酌議,謹釐爲十六款,恭呈御覽。

——奏稱課銀應年清年款各解本省藩庫也。查河東鹽課從無拖欠,今攤入地丁應於徵糧易知單内注明"每地丁一兩帶完鹽課若干,免其加耗"字樣。雖遇蠲免地丁之年,不在蠲免之例。該三省地方官按數徵收,隨地丁各解本省藩庫報撥,仍留課銀名目,徵解俱另立一款,以免混淆。其經徵各廳州縣如按年徵解全完,照例議敘。如催徵不力,致缺定額,應令賠完①,并取職名送部議處等語。查該處鹽課向係按年全完,并無拖欠,亦無蠲免之例。今既改課歸丁,仍應年清年款,應如該撫等所請。嗣後各廳州縣按年徵解全完者議敘。如有未完,著賠議處,以專責成。凡遇地丁蠲免之年,不准一律蠲免,并令該三省巡撫屆奏銷之期另款題銷。至陝西省每年徵收花馬池等處鹽課銀八千九百八十兩零,係在河東鹽課之外,向解西安藩庫,仍報河東鹽政附冊具題。今鹽政裁撤,此項銀兩應逕由陝西巡撫就近題報。又花馬池設有定邊場大使一員,嗣後遇有員缺升補,專歸陝西巡撫核題辦理。

——奏稱歸公節省等項應分省徵解也。查有河南省唐縣歸公銀一萬二千四十三兩六錢五分四厘、裕州歸公銀一千兩,山西省有潞澤節省銀二萬兩,又各役空缺公食一項,俱向解內務府交納。又安邑縣、夏縣、聞喜縣、絳縣歲徵地租、麥租、籽粒、蘆價等銀一千九十二兩六錢四分三厘零,向解運庫完納。今應將歸公節省銀兩分省照舊各解內務府。至麥租、蘆價改解藩庫報撥,其運使、經歷徵收之麥租改歸安邑縣就近徵解等語。查河南省之唐縣、裕州歸公銀兩及山西省之潞安、澤州節省等銀,應令河南、山西各巡撫轉飭徵解各本省藩庫報撥,毋庸仍解內務府,以省齎解之煩。至安邑等縣向解運庫之麥租蘆價等項銀兩,應一體改解藩庫,其運使、經歷徵收麥租亦應改歸安邑縣就近徵解。

——奏稱甯夏將軍等養廉應照舊關支也。查甯夏將軍等養廉銀二千兩、涼莊副都統養廉銀二千兩,向在運庫動支,順

---

① 賠完:賠補完成。

便搭解。今鹽課既歸藩庫，應於藩庫撥解甘餉時搭解。又鹽課內西安將軍、副都統養廉銀一千六百兩，向係該處差官自赴運庫支領，嗣後應即在陝西藩庫鹽課項下就近動支等語。查甯夏等處將軍、副都統養廉銀共五千六百兩，向在河東鹽課項下動支，今既改定章程，自應在山陝二省藩庫內分別搭解，或就近關支。

——奏稱行鹽引張宜停也。查銷河東鹽之山西、河南、陝西共有一百七十餘廳州縣，歲額引四十二萬六千九百四十七道，餘引二十四萬道。今課歸地丁無需商運，行鹽部引毋庸再領，紙張銀兩應免解納，領繳雜費均歸節省。其內閣飯食銀二百兩、翰林院庶吉士銀八十兩、都察院飯食銀二千六十二兩、戶部飯食銀六百兩，俟部議覆准支之後，在於藩庫鹽課項下照數動解等語。查河東歲額正餘鹽引共六十六萬六千九百四十七道，該撫臣既稱課歸地丁無需商運，所有行鹽部引准其停領，紙硃銀兩免其交納，至內閣等衙門飯食銀兩應如所請，仍在山西藩庫鹽課項下按年委解。

——奏稱私鹽之禁宜弛鹽料聽便運賣也。查課歸糧輸，鹽聽人運，不特河東之鹽人人可以販運，即兼有就近買食土鹽、花馬池鹽、蒙古鹽之類亦不許禁阻，并不許私收稅錢，則處處有鹽，民食無虞缺乏。或恐池鹽侵越鄰境。查河南界連長蘆、兩淮引地，然長蘆之鹽高於河東且係水運，價亦賤於河東毋虞越賣。汝甯一府行銷淮鹽，去河東頗遠，亦無礙彼處口岸。惟界連湖北之處恐有越販，應飭地方官留心緝禦。至旺產之年，池鹽充裕，若任其露積在池，耗竊均所不免。嗣後坐商曬成鹽料，除聽人買販外，許坐商自運，赴三省任便出售。

如有無力遠運,情願收貯棧房從緩售賣者,亦聽其便等語。查該省池鹽既歸民運,自應聽從其便,毋許地方官禁阻及私收稅錢。至池鹽無課,或恐販越鄰境,現據該撫等聲明,蘆鹽高於河東而運價較賤。淮鹽去河東更遠,無礙彼處口岸,惟界連湖北之處恐有越販,請飭地方官留心緝禦,應令湖廣總督嚴飭所屬實力巡查,不得私毫透漏。再查豫省行銷池鹽各屬距鹽池頗遠,北界長蘆,南近兩淮,或恐小民憚於遠販池鹽,轉致買食蘆鹽、淮鹽,其弊端亦不可不防,應飭令直隸、江南地方官於毗連河南地面一體堵截。至旺產之年,未便任其露積,致有消耗偷竊,應准該處坐商自運出售。如有收貯棧房從緩售賣者,均聽其便。并令三省巡撫通飭行鹽各州縣將除引免課各緣由明白出示曉諭,務期販運流通。如有市棍佔據把持私立界限者,即行查拿,從嚴究治。

——奏稱司鹽各官宜裁也。查鹽政各官原為經理鹽務而設,今課歸地丁,撤去運商,鹽聽人運,已無專司之事,所有鹽政、運司、運同、經歷、知事、庫大使并三場大使,一概請裁,俸廉節省。其鹽政係巡撫兼管,一切案卷應仍存巡撫衙門,酌留書吏二名,責令經管,照舊給與工食,餘皆裁汰。運同、知事、庫大使并三場大使等衙門案卷,應分別歸於河東道各科房存貯備查,書役人等一并裁汰,工食節省。所遺衙署除鹽政署久經①留為巡撫行署毋庸置議,運司署應改為河東道署,運同署應留為公廳,經歷、庫大使、三場大使署均變價充公,知事署應將鹽池司巡檢移駐,所遺鹽池司署亦變價充公。各該員有借項修署未完,即以變價銀兩劃抵歸款。再各員裁缺應定以五

---

① 久經:很久以前已經。

十七年十月爲期,緣五十七年尚有各商應完五十六年額餘課銀,例於十月奏銷,且向例額引隨課完納,餘引展限一年,今趕辦奏銷應飭一并完納。俟奏銷後,即將鹽官裁撤。運司給咨送部引見,請旨簡用。運同、經歷、知事、場庫大使給咨赴部,照例另補。試用各官咨部改掣分發,一切印記屆期概行繳銷。至鹽政係臣兼管,本年十月以前題本文案,可以蓋用巡撫關防,應於定案接准部覆後,先將鹽政印信繳銷等語。查鹽政等官俸廉、書役工食并各項衙署等銀,既經課歸地丁撤去運商,所有管鹽等官已無專司之事,自應議裁。現據該撫等疏請,除巡撫衙門酌留書吏二名經管案卷照舊給與工食,并鹽政、鹽運司、運同、知事等衙署留爲公所外,餘皆分別裁汰,變價充公。各該員有借項修署未完者,即以變價款內劃抵,均應如所請辦理。至各官裁缺,應於五十七年十月內奏銷後,即將運司一員給咨送部引見,請旨簡用。運同以下各員赴部另補,其試用各員咨部改掣,一切印記概行繳銷。其本年十月以前題本文案,亦准蓋用巡撫印信,所有鹽政印信於接准部覆後,先行繳銷。

——奏稱運城應移駐道員也。查運司向駐運城,人烟輻輳。每歲澆曬之時,工作人夫盈千累萬,且畦主供給人夫携有糧食錢文,收起鹽斤堆積,并須酌平價值。鹽池卑下,慮有水患,亦須保護。非得大員彈壓經理,難期一切妥善。應將河東道移駐運司衙門管理諸務,免致廢弛。所遺河東道衙門應留爲差使經過住宿之所,吏役聽其帶往運城。其運使一切案卷應移交河東道存貯備查,運司書吏應酌留戶房四人經管畦務,工房二人經管渠堰、禁牆事務,吏禮兵刑四房均有經管事件,應各留一人。共留十人,以資料理。所需紙筆飯食,照舊支給。快皂各役亦資巡查渠堰、鹽場諸務，一并留供差遣，工食照舊支領，餘皆裁汰。再查河東道原駐蒲州府城，該道有核轉所屬直隸州命盜案件之責，遇有解審人犯，就近飭發附府之永濟縣寄監。今運城離安邑縣城十五里，若發縣寄監，殊爲不便。應將運司衙門原設監獄并禁卒四名，照舊存留，并留工食等費。其從前管獄之經歷司，業經裁缺。查有移駐運城之解州州判，應令就近帶管河東道監獄，以昭慎重。至該州判所管馬快八名、巡馬八匹，分別裁汰變價等語。查安邑縣之運城，係聚集澆曬人夫、堆積鹽斤之所。今運司業經裁缺，必須仍有監司大員駐扎。今該撫等請將河東道移駐運城彈壓經理，一切自臻妥善。至該道有核轉所屬直隸州命盜案件，其應行解審人犯即發運城，原設監獄令解州州判就近收管，所辦似屬妥協，俱應如所奏辦理。再運司衙門原有書役禁卒，應准其酌留十四名以資差遣，所需工食等費照舊存留，并將該州判原有巡鹽人役馬匹等項分別裁汰，變價充公。

——奏稱巡檢三員宜留也。查鹽池周圍一百二十里，地面遼闊，奸宄易於潛藏。且當澆曬之時，外來工作人夫難保無攘竊争鬧之事，未便乏員經理，應請將巡檢三員飭令分管三場稽查巡緝，督勸澆曬。仍令鹽池司巡檢管中場，移駐知事衙門。長樂司管西場，聖惠司管東場，各駐原衙門。遇有地方官應辦事件，該巡檢具報河東道按界分飭解州、安邑縣查辦，不得擅受濫管。所有池內原設巡役、斗級照舊存留，歸三巡檢分管。墻外所設弓兵，係巡檢額設，留供差遣外，商役、商巡并應裁去。其三禁門亦歸三巡檢就近分管，并令巡墻弓兵兼司禁門啓閉，但不得藉口稽查，留難需索。該巡檢俸滿大計即由河東道考核,廉俸工食均於藩庫徵收鹽課并額編項下照數支給等語。查鹽池等處向係三場大使經管,今大使議裁,即令原設巡檢三員分管三場事務,并將原設巡役、斗級、弓兵等役照舊存留,各司其事。嗣後遇有地方官應辦事件,該巡檢具報河東道按界分飭解州、安邑縣正印官查辦,不得擅受。其議留之巡墻弓兵,亦不得藉口稽查,留難需索。如有前項情弊,從嚴參究。至該巡檢等俸滿大計均由河東道考核,廉俸工食准其在於藩庫徵收鹽課并額編項下照數支給,仍將從前運商自行雇覓之商役、商巡概行裁汰。

——奏稱運學應照舊存留也。查運學本爲有畦地坐商而設,其運商之有畦地者即同坐商。其子弟准與坐商子弟一體考試,文武童生由運司錄送,學政考取。歲入文生十名,武生四名。科試止入文生十名。又額設廩增生各二十名。今運商酌裁,坐商仍在,且該處建有文廟,春秋祀典不可乏員經理。查太原府屬之清源縣雖裁而學仍留,應照此例仍留運學,其原設教授、訓導各一員,應仍留資訓課兼理春秋祀典,其文生考試公費并請照舊動支,節省餘銀報部候撥等語。查設立運司始有運學,今運使及行鹽之運商已經議裁,則運學之名可除。應將嗣後商籍童生即在安邑縣應試,仍於卷冊內注明商籍,由解州錄送,學政按照原額考取。同從前已進各生均歸安邑縣學訓課,以昭廣育人材之盛。所有運城文廟即令安邑縣學就近管理,其原設運學官教授、訓導各一員應行裁汰,該省遇有各學相當缺出,另行咨補,俸廉裁汰。至運學書役酌留酌減之處,令山西巡撫另行妥議,報部核覆。

——奏稱鹽池宜保護也。查河東鹽池形如釜底。大雨時行之候,若南山一帶客水羣趨於池,匯而爲湖,鹽池遂廢。是以歷年籌畫築堰開渠,復設禁墻,以資防護。而渠堰、禁墻歲修并各堰户工食向於運庫支銷銀五千兩。今鹽池不可廢,歲修不可除,應請照舊每歲在於藩庫徵收鹽課項下支銀五千兩,由河東道請領委員修理以護鹽池,永留美利。如經理不善,池有損壞,即將河東道參賠治罪。再查三場共畦地五百八十五號,各立商名,詳報有案,應請飭商照舊管業,遇有典賣,稟明河東道立案。又有六小池者坐落大池西北,產鹽無幾,時開時閉。其所墾畦地或照舊自曬,或覓主接曬,毋庸官爲經理,所設弓兵應請裁汰,額編工食應歸節省等語。查鹽池畦地澆曬鹽斤以供三省民食,聽坐商與民自相交易。是畦地係屬坐商世業,保護鹽池即所以保護畦地。況遇旺產之年,又許坐商自運出售,體恤不爲不優。所有歲修渠堰銀五千兩,應令山西巡撫轉飭各坐商照數交納河東道庫,以備歲修之用,毋庸動支公項。如經理不善,將該管官參賠治罪。至池内三場畦地坐商,遇有典賣,應稟河東道立案,以備查考。又六小池坐落大池西北,產鹽無幾。乾隆三十八年間,運商復墾以濟大池之不足。今運商裁汰,其所墾畦地或照舊自曬,或覓主接曬,均聽其便,自不必官爲經理。所設弓兵裁删、工食節省,均如所請辦理。

——奏稱三門鹽秤、四關牙行應存也。查小販赴池買鹽,與坐商自相交易,雖不必官爲經理,但毫無憑準,易起爭端。應令仿照禁門舊秤式,由河東道印烙,另制官秤三杆,給發三場斗級收執。凡有商販交易,即以此秤爲準,原秤貯庫備較。又外來小販人地生疏,非有牙行代爲經理,難保無欺誆騙逃之弊。河東舊有鹽牙,不領牙帖,應請照舊設立,由河東道點充等語。查官秤、牙行原以平市價而通商販。該撫等既稱查照舊式另制官秤三杆,應准其製造,由河東道印烙,給發三場斗級收執,舊秤貯較。并仍舊點充鹽牙,照應商販交易,仍令山西巡撫將點充名數、籍貫造册報部。

——奏稱運鹽道路、過渡船隻應仍其舊也。查小販運鹽道路不得稍有攔阻。如有前項不法之人,許該商販稟明該地方官從重究懲,鄉保并責。又查茅津渡、陌底渡二處渡口爲河南省行鹽必由之路,向係運商自置渡船以便往來。應將兩渡口現存商船即給該船户收管,嗣後商販行鹽過渡,由河東道酌定渡錢,每百斤給錢若干,以資養贍。船有損壞,責令船户自行修補等語。查茅津、陌底二渡口,係河南行鹽必由之路,向係運商自置渡船。今議以現存商船即給各船户收管,嗣後船有損壞,應令山西巡撫轉飭河東道委員查驗,責令船户自行修補,并查船内裝鹽,每百斤酌定渡錢,以資養贍船户。再三省運鹽道路如有市井棍徒攔阻者,各飭地方官實力稽查,有犯必懲,毋得寬縱。

——奏稱積餘、并餘等銀分別攤免也。查商完引課,零尾所積,每歲約得銀八十兩零,報部候撥,謂之積餘。又商完課銀,零收整兑,每年多銀六百五十餘兩不等,解交内務府充用,謂之并餘。徵收官務等款内漏報銀三十五兩七錢二分六厘,向係附入積餘并餘各款内報收。今已照數攤入地丁之内。其向收積餘銀四十餘兩、并餘銀六百四五十兩,今課歸地丁完納,既無零尾可積,亦無零銀可并,此項銀兩應請除免。再向有外結贓罰解交内務府充公,今私鹽弛禁,贓罰全無,即偶有竊贓應歸解州、安邑縣地方官報解,毋庸另案辦理等語。查商完課項內有積餘、幷餘等銀六百九十餘兩,現在課歸地丁并無零積,自應除免。至臟罰一款,亦無庸解交內務府充公。即偶有竊臟,應歸解州、安邑縣地方官辦理。

——奏稱蘆葦變價應裁也。查鹽池南岸昔產蘆葦,每歲約可變價銀三四百兩不等。乾隆七年,奏明留備公用,原為黏補城垣、祠廟及倉書、斗級飯食,并歲解內務府飯食之需。迨後,鹽畦漸逼,蘆葦不生。遇有前項公費,皆係運商捐辦。應請革除黏補城垣等項,應聽河東道隨時籌辦外,至內務府飯食銀一百兩、運阜倉倉書、斗級飯食紙筆銀九兩,已彙入擬留公用款內在於裁缺歸公養廉項下照數解給報銷等語。查前項蘆葦變價公用銀兩,該撫等既稱鹽畦漸逼,蘆葦久已不生,向係運商捐辦。今運商已裁,捐項應免。嗣後黏補城垣等項應令山西巡撫轉飭河東道隨時籌辦,至內務府飯食等項既據聲明彙入擬留款內,在於裁缺歸公養廉項下解給,仍令按年解交。

——奏稱運阜、運儲二倉穀麥應分別歸并存借也。查運城設有運阜倉,實貯穀三千九百三十一石零,又運儲倉實貯穀六十石零,向係彙入社倉案內報部。今坐商澆曬如常,應請統歸運阜倉內,春初一并出借坐商,秋冬免息還倉以資澆曬。又運儲倉歲收佃灘籽粒租麥二百七十石零,為養濟院給散孤貧之需,向不報部,應請照舊給散。所有倉穀出入統歸解州州判經管,呈報河東道照例移司轉報查考。其籽粒租麥亦飭交解州州判就近管理,按年冊報。又護池灘地歲納租麥三石七斗三升四合,租穀五石六斗一合,向係三場大使分管,今將此項改歸安邑縣徵收,照舊五年變價,解交藩庫報撥等語。查運阜、運儲二倉穀石,該撫等既稱統歸運阜倉內於春初出借坐商,秋冬免息還倉,應准其照例出借以資澆曬。其租麥照舊給散孤貧,統歸解州州判就近管理,分別造報。至護池灘地歲收租麥、租穀亦應准其改歸安邑縣經徵,積至五年循照成案,變價報撥。

——奏稱鹽務公用應酌存也。查運城恭遇萬壽、元旦、長至①暨各廟祭祀,朔望行香,俱有應支款項。今運司雖裁,而河東道移駐運城,一切典禮所關自不可廢。其禮生、門兵、鐘鼓夫及池神廟僧人、廟學泉斗子各有執事,并應酌留照舊,給與工食,以符體制。查鹽務公用銀兩向有定款,今次酌擬存留。如內閣等處飯食、甯夏等處將軍養廉及修池築堰等項計銀二萬一千六百五十六兩零酌擬裁減,如刪汰官俸役食及一切冗費計銀一萬六千二十六兩零。現在分別造具細册,咨送戶部查議,統俟部議覆准後,將酌留銀兩造册立案,由河東道在於藩庫徵收鹽課項下照數支領分發,如有節省充公等語。查前項公用銀兩除歲修渠堰銀五千兩,臣等已於前款內核覆,飭令坐商按年交納興修應毋庸議外,其餘酌留銀兩,俟該撫造册報部,到日再行核議。

奉旨:"依議,欽此。"

口鹽池鹽運界部議

嘉慶五年

户部議覆山西巡撫伯齡疏請在於磧口鎮、茅津渡委員駐

① 長至:指夏至。夏至白畫最長,故稱。

缉,并點驗包數,抽秤分兩,以杜侵越一摺。

　　臣等伏查河東課歸地丁,鹽斤聽民販賣,相安已久,驟難議覆舊章,自係實在情形。惟口鹽、池鹽若不酌定界限,順流而下,勢必直趨下流,影射越販,混入淮蘆引地。該撫疏請口鹽至磧口鎮起岸,責成汾州府知府派員稽核。池鹽於茅津渡對渡登岸,責成河東道派員稽核。倘有賣放慢不經心者,查出嚴參究辦,并令陝、豫撫臣一體嚴禁等語。臣等查界限既清,均令起岸存儲,毋許直趨下游。淮蘆引地無虞侵越,惟在委員得人,自不致滋擾生弊,應請如該撫所請辦理。至所稱按照額銷鹽數,毋許額外多賣,商販到岸點驗包數、抽秤斤兩等語。臣等查鹽斤既聽民販賣,自無引票可驗。大商小販源源而來,先到者准其起岸,後到者額數已滿,必至刁難勒掯,種種弊端勢所不免。伏思禁截越販,惟在責令起岸,任其陸運,脚價既昂,勢難遠販,私鹽將不禁而自止。該撫所請按額銷鹽數點包抽秤,易滋弊竇,事屬難行,應毋庸議。

　　奉旨:"依議,欽此。"

籌杜鄰私以衛淮綱疏

嘉慶八年兩淮鹽政　佶山

　　竊查湖廣額行引數居淮南十分之七,河南額行引數居淮北十分之四。近來官引滯銷,并非場竈透私所致,實由晉鹽侵越日久,四處蔓延。必須先立晉鹽章程,為截流清源之道,方足以衛淮綱門户。查晉省池鹽於乾隆五十七年課歸地丁之後,聽民自運,然只准在原行引地銷售,一越池鹽之界,即為私鹽。乃因彼時未定額行之數，又無監掣之官。鹽不完課，成本甚輕，而販運者獲利甚厚，故趨之若鶩，愈久愈多，寖至蔓延他省。雖兩淮南北與豫省接壤之處設卡委巡，非不周備，無如犬牙相錯，道里綿長，堵緝巡邏既難周到，而私價、官價貴賤懸殊，即例食淮鹽之民實難免避貴就賤。臣遍訪晉鹽道路情形，并核河東舊志，管見所及，敬爲我皇上陳之。

查河南洛陽等三十二州縣向食池鹽，而鄰近開封、歸德等府則爲長蘆引地，私販既可以侵長蘆。其汝甯府及上蔡、遂平等縣例行淮北官引，晉私亦可由陳州、南陽等府交界侵入。若湖北襄陽、安陸等府向爲淮綱暢銷口岸，今則晉私由南陽府屬新野等縣侵入襄陽，蔓延安陸府荊門州等處。民間貪賤食私，至於官引不行，漢口水販觀望不前，似此情形實於兩淮引課有誤，不可不亟清其源也。

臣與湖廣督臣吳熊光札商，惟有請將晉省發豫鹽斤定以限制，每年豫省例食晉鹽之洛陽等三十二州縣，河東志載原額連餘引共二十三萬九千九百餘道，今請照額發運，民間自無淡食之虞。而河東運城係河東道駐扎之處，即可交該道給票查驗以發足原額鹽數爲止，并行各該州縣知照。再河東鹽池本有禁垣，舊設東、西、中三門，稱爲禁門，原設有弓兵、商巡、總巡，分門把守。商運之時，例閉東、西二門，只准由中門出入。今聽民販運，則弓兵、商巡、總巡俱行裁革，三門均可通行。似應仍循舊例於鹽池三禁門照舊設立巡役，或再委妥員稽查出垣鹽數。又黃河渡口止准對渡，不准遠越偷渡，業經部議令山西巡撫於茅津渡口責成文武員弁嚴行巡緝。今請黃河對岸及下游各要隘，再行專委妥員，添設卡巡，以杜直趨順流之弊。

如此池鹽出運有額,稽察巡查處處有人。向販池鹽之輩,自不敢任意行私,無所忌憚。所有鹽池三禁門運城給票,黃河渡口要隘各應委員設卡巡查事宜,伏祈皇上飭令山西、河南撫臣與臣詳悉妥議辦理。其巡緝公費,兩淮眾商籌款捐解,毋庸晉省籌辦,庶幾淮綱藩籬不為晉私侵越,而長蘆行豫引地亦不無有所裨益。

奉上諭:"據佶山奏籌杜鄰私以衛淮綱一摺,豫楚兩省向為淮綱暢銷引地,今據該鹽政稱湖廣、河南近來官引滯銷并非場竈透漏所致,實由晉鹽越境私販,寖至蔓延,是以例食淮鹽之民俱不免有避貴就賤,樂於買私等弊,固屬實在情形。但佶山所奏只就晉省池鹽而論,朕聞山西地方多食阿拉善蒙古鹽,本省池鹽不能行銷,以致侵越他省,并有將蒙古鹽斤販至豫楚私銷者。各該處民人貪食賤鹽,官鹽行銷益少,甚於引課有礙。是欲截流清源,不獨嚴禁池鹽私越,并當將蒙古鹽行銷處所劃定地界以杜流弊,庶兩淮南北官引不致滯銷。其如何籌定章程之處,著佶山會同吳熊光、伯麟、馬慧裕三人悉心妥議具奏。原摺著鈔寄閱看,將此各諭令知之。欽此。"

嗣經戶部議覆,湖廣總督吳熊光等會奏,查蒙古鹽斤劃定地界,山西巡撫伯麟既經遵旨將蒙古鹽斤行銷地方現於該處及下游州縣口岸,均各添設委員晝夜巡查,自可無虞侵越。但有治法無治人,惟在辦理妥協,毋使胥役滋事,則蒙古鹽斤照舊行銷,原屬易辦。至池鹽一節,當日改歸地丁,繼又以商販既多,未能嚴為稽查,遂以立票為請。當奉上諭:"晉鹽課歸地丁,原以便民。茲於晉、豫關津等處層層驗票始令販運,誠恐官吏等從中勒索,致滋弊端,而於稽查私販越境仍無裨益。其如何設法嚴禁越販，又不致擾累商民之處，著該部詳悉妥議具奏。"臣部遵照指駁①各在案。茲復經山西巡撫疏稱，池鹽每年旺產俱浮於原行額引之外，侵灌他省勢所必至，是非查照原額給票驗放不足以清其源。臣等查給票一節，不惟顯違諭旨，抑且無異官銷。如令官為給票，必致滋生弊端，更有貽誤。其所請給票之處，應無庸議。

籌議嚴杜私販疏

嘉慶十一年　河南巡撫馬慧裕

竊臣於嘉慶十一年正月欽奉上諭："南陽府屬之唐縣蒼臺鎮路通襄江，旱路亦與襄陽、棗陽地界毗連，如何設立章程，嚴杜私販，著馬慧裕督同司道悉心籌議具奏等因。欽此。"伏查豫省南陽陸路如唐縣、桐柏、新野、泌陽、內鄉、淅川、鄧州七州縣，與楚省之襄陽、棗陽、鄖縣、均州、光化、隨州一帶俱係犬牙相錯，處處可通。水路則有唐縣之唐河、南陽之白河、淅川之丹江，均可直達均襄，尤屬扼要。應於水陸接壤要隘之處，添撥兵役設卡巡查，如有盤獲越境私鹽，即將本犯同船戶、腳夫一并治罪，仍令該地方官將有無獲私及兵役姓名按月開報，以備查考。其鄰楚各州縣所有鹽店，概令移至近城集鎮，不得在邊界三十里以內開設。至本地民販凡在村莊零賣者，巡查兵役不許藉端滋擾。肩挑負販不得過八十斤兩，亦不得以三擔、五擔結隊同行。一面咨會湖北在於邊境一體關會，認真堵緝，

---

① 指駁：指摘駁斥。

以杜私販。第小民趨利若鶩,誠恐別尋小徑,偷漏私越,仍不能禁止盡絕,必須於晉豫運鹽總彙處稽查入境之數,以清其源。查池鹽未歸地丁以前,豫省三十二州縣行銷河東正餘鹽引二十三萬九千九百九十道,每引二百四十斤,核籌應銷鹽五千七百五十九萬七千六百斤,已敷民食。自課歸地丁之後,聽民自販,未定額數。近來該處產鹽既旺,運販者多,致侵有引之地。若非定以額數,則散漫難於稽查。從前二十三萬九千九百餘引固足以敷民食,而十餘年來生齒日繁,或有不足,應請照前加成,俾民食不致缺乏。然立法不周,則充斥如故。查晉鹽自茅津渡過河上岸,至陝州之會興鎮,雇備車輛牲口,起脚陸運。過觀音堂地方分路,東運至河南府各屬,南運至南陽府、汝州各屬。應請嗣後責成陝州於該鎮歇鹽車廠,設立循環簿,核明每車每馱裝運若干斤,每日登記車輛牲口之數,按月稽查,即將過鹽總數飭令按月分運,前後計算統以七千二百萬斤爲率,一經足數即行知會晉省截止,不得再准裝運。既無專員需索之弊,亦不致有偷漏侵越之虞。至茅津渡口迤東,兩岸皆山,河身有三門砥柱三山。近南岸之鬼門、神門爲尤險,舟不可行。近北岸之人門,水勢稍平,係晉省平陸縣所轄,恐有亡命牟利之徒私載晉鹽,自北岸冒險順流而下。豫省不能阻止,即越陝州之境二百餘里可直抵河南府屬之孟津縣渡口私登南岸。應請嚴飭該處船隻不許由人門私載,倘經查獲即照大夥私販例治罪。更於孟津縣之趙村渡設卡巡防,如有偷漏到彼登岸,地方文武各官均照例參處,巡役等亦一並從重究辦。如此立法周備,庶私販池鹽之弊可除,而豫省亦無妨民食矣。

正月二十二日奉上諭："馬慧裕奏遵旨籌議嚴杜私販章程一摺，據稱豫省南陽府所屬陸路如桐柏各州縣均有通襄陽等處，水路唐河、白河、丹江均可直達均襄，應於水陸接壤要隘處所添撥兵役，設卡巡查。至茅津渡口北岸之人門，水勢稍平，順流而下，即可直抵孟津縣渡口，應請嚴飭該處船隻不許由人門私載各等語，均著照所議章程辦理，務須認真查緝，不可有名無實，方爲妥善。惟抵內稱晉鹽自茅津渡過河至陝州之會興鎮，雇備車輛牲口，分路起運。東運至河南府各屬，南運至南陽府、汝州各屬。應請嗣後責成陝州於該鎮歇鹽車廠設立循環簿，按月稽查，即將過鹽總數飭令按月分運，前後計算統以七千二百萬斤爲率，一經足數即行知會晉省截止等語，此則所議未協。晉省池鹽從前未歸地丁時由引行銷，豫省仰食河東之鹽，自可按引計算，定以成數，易於稽核。此時既係課歸地丁，聽民自販，是彼此販運來豫時，本未定有額數。今該撫請於陝州之會興鎮責令該州設立記簿，發載稽查，并統限七千二百萬斤之數。若如此辦理，恐該地方官及胥役等得以上下其手，或先到者竟指勒不行，後至者轉賣放前往，種種弊端徒滋需索之漸，於緝私究無裨益。豫省欲防私鹽充斥，莫若就晉省產鹽地方酌定運往豫省鹽斤若干以足敷食用，而止責成該管官員按數稽查，不許額外多運，以杜私販之源。此一節，著馬慧裕知照同興，會同悉心妥議具奏。將此傳諭馬慧裕，并諭同興知之。欽此。"

池鹽仍歸商運疏

嘉慶十一年巡撫兼鹽政　同興

竊臣於三月初四日在澤州府途次欽奉上諭："昨據倭什布奏,晉省大同、朔平等府及口外五廳并太汾等府所屬四十四州縣,向來行銷蒙古鹽斤爲數最多。每年於二三月起,在吉蘭泰湖內撈取,并購木植製造船隻,源源發運。上年因爲馬君選被控提省審辦,無人經理。自春及秋,并未撈取。查該處積存鹽斤僅有八十餘萬斤,不及每年額運十分之一。若不趕緊辦理,必致有誤晉省民食,所關非細。現已飛移阿拉善王迅速派人經理等語。此奏殊不可解。向來晉省池鹽由商行運,蒙古鹽斤入口本有例禁。嗣經奏明分定地界行銷,迨將河東鹽課改歸地丁,聽民間自行販運,遂無一定口岸。蒙古鹽斤因侵越內地,晉省池鹽不能在本地售賣,遂有私越豫省、楚省,侵及淮鹽各口岸,并又夾入蒙古私鹽,以致阿拉善鹽斤不但侵越晉省,而且侵越淮綱。節經降旨令該督撫等嚴禁潞私越境,并不准蒙古鹽斤多越內地,辦理總無良法。比時蒙古鹽斤在內地存積不多,又因查拿馬君選之後一年以來并未撈鹽發運,是奸商一經拿辦,而阿拉善遂無經理之人,蒙古私鹽不能侵越內地,正是極好機會。此時若爲晉省民食起見,自應即在本省或鄰境設法籌辦,何以倭什布輒行飛移阿拉善王派人經理,是否同興札商倭什布移知,而倭什布奏片亦未詳晰聲叙。從前蒙古鹽斤未經販入內地時晉省民人并不虞淡食,現在蒙古鹽斤既不能發運晉省,該省目前當如何籌辦,并將來如何經理可以使蒙古鹽斤永不侵越内地之處，必當乘此時熟籌妥辦。從前晉省鹽斤所以改由民運者，皆由地方官於簽商一事辦理不公，將地方富户力能行鹽之人得賄私放，强派中下之户，勒索多端，商民畏累，以致鹽課亦復支絀，是以定議課歸地丁，聽民販運，本非經久無弊之法。現特派英和、初彭齡赴甘省查辦事件，路經晉省，令與同興會晤熟商。著傳諭同興一面詳查舊案，體察地方情形，俟英和、初彭齡到晉，將如何籌辦或仍改歸商運之處會商妥議，奏明候旨施行，將此諭令知之。欽此。"

欽遵仰見我皇上睿鑒周詳，無微不燭，臣跪誦之下欽佩難名。臣查此案先於二月二十日接准陝甘督臣倭什布鈔録奏稿，咨會臣當即札行藩司，轉飭大、朔、甯各府，將向來如何買食口鹽現在有無不敷民食之處，確切詳查。因關外地方遼闊，尚未據查明詳覆。臣查山西池鹽本係由商行運，即蒙古鹽斤入口亦定有限制。迨後課歸地丁，池鹽聽民販運，遂無一定口岸。蒙古私鹽既已侵越内地，池鹽更復充斥豫楚、兩淮。推原其故，總因池鹽已無引無課，遂人人得以任意販運，官亦無從稽查。臣前接奉廷寄，因河南撫臣馬慧裕等議豫省私販章程，欽奉諭旨："豫省欲防私鹽充斥，莫若就晉省產鹽地方酌定運往若干，不許額外多運，以杜私販之源等因。欽此。"誠如聖諭，不許額外多運，即除弊必先清源之意。惟思池鹽既官為定數，始准運往，即與官引無異。臣已與兩司、河東道籌計審思，此時若不將池鹽仍歸商運，終不足以杜私販之源。惟因鹽課改歸地丁以後，迄今十有餘載，舊商聚散不一，貧富今昔不同。今欲仍復商運，必須使商力民情兩得其便。臣隨札行藩司、河東道妥議詳辦，因須籌畫萬全，是以尚未敢冒昧陳奏。今奉諭旨,令臣與英和、初彭齡會商妥議,遵即一面調齊應核案卷,并飛催藩司將大、朔、甯各府現在買食口鹽情形即速查覆。臣校閱澤州營伍後,即日迎赴平陽一帶與英和、初彭齡悉心會商,再行具奏。

三月二十日,奉到硃批:"俟奏到時再降諭旨,欽此。"

請禁蒙古水運疏

嘉慶十一年侍郎　英和

竊臣英和、臣初彭齡於三月十六日馳抵平陽府,遵奉諭旨,連日會同臣同興詳檢歷年案卷,體察現在情形,非禁水運不能限制口鹽,非設官商不能杜絕私販。引界劃清,庶免侵越。伏查山西歸綏道屬五廳及沿邊之大同、朔平兩府,向例俱准其就近買食蒙古鹽斤,至太原、汾州等屬四十四州縣向例食本地土鹽,仍納河東池鹽引課。內惟岢嵐等十一州縣因土鹽不敷,亦准其兼食蒙古鹽。嗣因土販過多,乾隆二十八年經山西撫臣奏明,令土販持引赴口采買,責成歸綏道就近稽查,歲底造冊報部。四十五年,奉旨查禁蒙古鹽斤,不許運入內地有礙官引。四十七年,經山西撫臣農起請弛口禁,聽商自運。五十一年,阿拉善親王旺親班巴爾以陸運所銷無幾,懇請水運。經撫臣伊桑阿會議,以臨縣之磧口鎮為界,其磧口以下即嚴飭吉州、鄉甯等處文武官弁實力稽查,毋許侵越。此蒙古鹽斤准其水運之始。惟時河東商人各有引界,不特口鹽不能肆出售賣,即潞鹽亦不能侵越於淮蘆之間也。迨五十七年,河東池鹽課歸地丁,聽民自運,而蒙古鹽斤連年屢經籌議,誠如聖諭"辦理總無良法"。現在蒙古鹽斤既無人代爲撈取,以致積存無幾。若責令照舊水運,亦必仍藉内地人民代爲經理,不特蒙古徒受奸民愚弄如馬君選故智而内地官引反虞私梟侵灌。自應停其水運,以符原制。伏讀諭旨:"蒙古鹽斤從前未經販入内地,晉省民人并不虞淡食。"仰見我皇上聖明睿照,洞燭無遺,臣等不勝欽服。卷查乾隆二十八年戶部議覆山西并無借蒙古鹽斤接濟之說,遍查舊案惟乾隆元年前任撫臣石麟咨查殺虎口鹽稅案内始准蒙古鹽行銷於向食土鹽不敷之州縣,又查阿拉善山鹽係因查禁鄂爾多斯蒙古鹽斤之後,始行入口行銷,但相沿已久,似未便全行禁止。應請除大、朔兩府五廳歷係准食蒙古鹽不計外,其向食土鹽兼食蒙古鹽之苛嵐等十一州縣應照舊例准在河口村地方積儲,由陸路行銷,概不准由水運直下,仍責成歸綏道督同該通判就近嚴查,毋許稍有透漏。是應食蒙古鹽州縣准其陸運,僅可騾駝車載,民食不致缺乏。禁其水運,不致盈千累萬,順流直下,引地亦可免侵銷。庶於防私杜弊之中,仍寓恤邊柔遠之意,而蒙古鹽斤可永無侵越内地之弊矣。至河東池鹽任販運銷,漫無稽查,其侵越勢不能遏。且徵鹽課於有糧之民,而錫美利於無引之販,以致連年淮商困乏,池鹽私販日見充盈。誠如聖鑒,洵非經久無弊之法,自當仍歸商運以循舊章。第簽商既恐不公,而招商亦須慎選,只在嚴杜地方官吏賄匿鉅户,捏報中户,及一切糜費悉從撙節,似尚不難辦理。惟河東鹽法弛禁日久,現辦復商,一切設官分職,請引歸課,修渠整墻,正畦,分綱,配掣等事,案關三省,節目①繁多。因革損益章程非易,急切未能詳議周匝。容臣同興

---

① 節目:本指樹木枝干交接之處,引指需變更交接的事項。

督率司道等官分別應題應奏，逐款核辦，務期斟酌萬全，積弊盡除，商民兩便，并咨會陝西、河南兩撫臣一體查辦外，所有臣等會商河東鹽務請禁蒙古鹽斤水運及招商承辦潞引緣由，理合會銜恭摺覆奏。再臣英和、臣初彭齡於拜摺後，即由平陽府起程，前赴甘肅，合并聲明。

三月二十六日奉上諭："英和等奏會商河東鹽務情形一摺，據稱詳查歷年案卷，體察現在情形，非禁水運不能限制口鹽，非設官商不能杜絕私販，應請查照舊例阿拉善鹽斤只准由陸路行銷，不准水運，其河東鹽法仍改商運，第簽商既恐不公，招商亦須慎選，急切未能詳議周匝，容斟萬全，分別題奏等語。阿拉善鹽斤自乾隆四十七年農起奏准買食之後，販入內地漸多。嗣五十一年伊桑阿復又議請准其水運，從此水陸并銷，大形充斥。迨至河東鹽課一歸地丁，口鹽肆出售賣，無從禁阻，大爲鹽法之害，不可不趁此時嚴定限制。著即照英和等所議，所有阿拉善鹽斤先將其水運斷絕，責令地方官在於河口村地方認真嚴查，無許透漏。至河東鹽法之弊，皆由地方官辦理不善，將簽商一事視爲利藪。每屆五年吏換之期，輒將殷實富戶勒索賄放，任意強派，其弊種種，以致小民受累無窮，此時若仍議簽商，易致流弊。自不若招商較爲妥善。其應如何改設章程、斟酌妥善之處，著同興會同陝西、河南巡撫定議奏聞，候朕降旨。至河東池鹽將來改歸商運之後，設遇晉省鹽斤缺少，民食萬一不敷，亦當早爲籌及。或將晉省食鹽地方近蘆東者即食蘆東之鹽，近兩淮者即食兩淮之鹽，自漸爲充裕。并著同興等詳細籌酌，如有應與各該鹽政商辦之處一并會議以聞，將此傳諭同興，并諭英和、初彭齡知之。欽此。"

籌議招商情形疏

嘉慶十一年巡撫兼鹽政　同興

竊查河東鹽務前經臣遵旨會同臣英和、初彭齡疏請，仍改商運，并奏明臣督同司道等官逐款核辦，嗣奉諭旨："以簽商易滋流弊，自不若招商較爲妥善，其應如何改議章程，斟酌妥善之處，著臣會同陝西、河南撫臣定議奏聞，請旨等因。欽此。"臣當即飛咨陝西、河南撫臣詳議，俟覆到再行商辦。臣查藩司金應琦前在河東道任多年，於地方情形最爲諳悉。兹臣與該司月來檢查舊案，體察輿情，悉心商酌，通盤籌畫。伏思鹽務首重招商，而招商必先除弊。誠使積弊盡除，則利源大浚。小民趨利若鶩，自無煩簽派之擾。招商既定，然後設官歸課，請引行銷，以及清查三省積鹽、修理各項工程等事，方可次第舉行。查從前商辦池鹽一切澆曬運脚、辛工繁費等項成本較重，賣價稍輕，獲利本屬微細，又復不善經理，往往托人代辦，以致率多賠累，商多退縮不前。乃不思正本清源，革除積弊，調劑乏商而漫爲簽商，致人人視爲畏途，種種弊竇久在聖明洞鑒之中。兹臣籌請復商，首以興利除弊爲先務，現在札飭太原、平陽兩府傳詢從前舊商，令將先年充商受累之弊據實逐一陳明，應革除者准與革除，應調劑者准其調劑，仍一面先行剴切曉諭，俾知此次新議之條非復從前舊行之例，共使曉然，於充商不致受累，以期人皆樂於從事。第恐小民難於慮始，只知從前受累爲實，而疑此後不累爲虚，仍復意存觀望。若假手地方官吏，勢必又蹈先年簽商故轍，其流弊不可勝言。臣與藩司金應琦悉心商酌,惟有以商招商之法,方可免官吏勒索之弊。現擬先傳乾隆五十七年舊商中之家道殷實者,令其互保復充。其有家已中落無人互保者,是爲乏商。即令已復之舊商保舉新商承充更換。如所舉不實,仍惟保商是問。總期保舉更換,俱不經地方官吏之手,而又妥議章程,有弊必除,有利必興。俾充商者將來得免受累,則此後人人樂於充商。從前地方官吏賄縱鉅富、捏報中戶等弊,皆可不禁而自除矣。合將籌議招商辦理情形,先行恭摺奏聞。

五月二十七日,奉上諭:"本日據同興奏到籌議河東鹽務招商辦理情形一摺,并據英和、初彭齡奏到查防阿拉善鹽斤不能輓運,懇照河東現議商運事例一體招商代辦一摺,看來此二事相爲表裏。河東鹽務從前原因簽商擾累,改歸地丁,今籌議招商,自較妥善。現據同興奏稱,擬先傳舊商中之家道殷實者,令其互保復充。其家已中落無人互保之乏商,即令已復舊商保舉新商承充更換,俱不經地方官吏之手等語。但以商招商,勢不能如民間交易私事,聽其自辦。即如認充申報等事,亦必須官爲經理。一經官辦,即不免有胥吏經手,仍恐復蹈積習。即同興、金應琦在彼,或能留心查察,日久難保不滋弊端。況伊二人亦未必果能自踐其言,是所稱不經官吏之手徒爲虛語,扞格難行。且閱同興摺內稱,小民難於慮始,只知從前充商受累,視爲畏途。現擬查明舊弊,革除調劑先行,示諭共使曉然,以期人皆樂從等語,可見該省辦理招商,亦復不易。因思該省民人所以不願充商者,自以池鹽獲利細微,易致賠累之故。今據英和等奏稱,吉蘭泰池鹽產鹽豐旺,蒙古人等性拙耽安,向來不能撈取。自馬君選獲罪後,各處嚴禁內地民人出口,鹽池已成廢棄,磴口并無鹽斤等語。是蒙古鹽池竟棄置爲無用,豈不可惜?爲今之計莫若將蒙古池鹽、河東池鹽一并招商承辦,按照成本多寡、口岸暢滯情形,因利乘便,酌劑行銷,總使得沾餘潤,商人自必樂從。且兩省鹽務大局以彼之有餘,補此之不足,庶可行之永久。從前蒙古販運係屬私鹽,查禁稍疏。即有侵越口岸,致礙官引之弊,若一體歸商承辦,則毗連地方皆官引行銷之地,不待多方立禁,而私販自無侵越,亦屬一舉兩得。但欲如此辦理,必須於山西、陝西適中之地設立鹽政一員及屬下官數員專司經理。此事關係重大,頭緒亦復紛繁。英和曾任軍機大臣,初彭齡曾任巡撫,今均復任大員,心地亦皆明白公正。著會同倭什布、方維甸、同興將山、陝、甘三省鹽務如何一律招商承辦,應於何處設立鹽政以資經理,其屬下應設官若干員,一切衙署建置、廉俸等項需費若干,其行鹽地界如何分別劃定以便民食,每年輸課若干,其從前改歸地丁、應行撥還若干之處,均一一詳細通盤籌劃,妥議章程具奏。此係立法之始,不可不加意詳慎,以期經久無弊。英和、初彭齡不妨多住浹旬①務須博采輿論,悉心酌核盡善爲要。再馬君選從前爲蒙古行鹽,其人本有心計。蒙古人性拙偷安,任其所爲,伊每年所獲之利自未必盡歸蒙古。著英和等留心密行訪查從前馬君選辦鹽時每年收穫利息若干,其給與阿拉善王者實有若干,得有準數以便將來酌量每年賞給若干,俾資生計以示體恤。至山西、陝甘各屬民間均有向食蒙古鹽斤處所,今吉蘭泰鹽池既成廢棄,現在各該處民人豈竟淡食?又係何處鹽斤供其食用?亦應訪查明晰,庶可洞曉全局,從長籌議。此一

---

① 浹旬:一旬,十天。

節著各該督撫查明,先行覆奏。將此各諭令知之。欽此。"

復商應行條款部議

嘉慶十一年

戶部議覆。

據山西撫臣成齡疏稱:"河東鹽課自改歸地丁之後,潞之私侵灌淮綱。我皇上洞悉弊竇,俯准仍復商運。臣到任後,一切應行事宜與藩司金應琦、署臬司吉隆阿、河東道劉大觀等稽核舊案,悉心講求。有必須仍舊設立者,亦有應行更定裁汰者。臚列條款等因具奏。"臣等謹按款核議,恭呈御覽。

——奏稱陝西鳳翔府八屬向食花馬池鹽,領河東之引,名爲鳳課。茲准陝西撫臣方維甸咨稱,該府八屬自課歸地丁後,販運河東之鹽,由渭河直達寶雞,水運行銷,較花馬池鹽價值稍賤等語。臣查鳳翔府屬向食花馬池鹽而納河東之課,本屬兩歧。今因水運便易,鹽價較賤,該處民人願食潞鹽,不食花馬池鹽。不惟難以勉強,且亦事歸畫一。此後鳳翔府八屬應請即改銷潞鹽,派商行運,以順民情。應加公務、官錢、餘平等項另摺彙奏等語。查擎配鹽引,自應詳查地勢,體察輿情,隨時量爲調劑。今陝西鳳翔府八屬向食花馬池鹽納河東之課。該撫等既因潞鹽水運便易,價值較賤,民人願食,請改配行銷,應如所奏辦理,以利運道而順民情。并據另摺奏稱,應加公務等項銀五千一百四十四兩八錢八分七釐,應令照數徵收造報。

——奏稱陝西邠州并所屬之三水、淳化二縣向行河東引,今陝西撫臣方維甸以該州縣山路崎嶇,潞鹽至彼費重而價昂,其地距花馬池較近，小民貪賤，乘便買食，難以禁阻等語。臣查邠州并所屬不食潞鹽，亦如鳳翔府屬之不願捨近求遠，似應各從其便，俾裕民食。其應減公務、官錢、餘平等項另摺具奏等語。查陝西邠州并所屬之三水、淳化二縣向行河東鹽引，今該撫既稱該州縣山路崎嶇，鹽到彼費重價昂，其地距花馬池較近，小民乘便買食，亦如鳳翔府屬之不願捨近就遠，請各從其便等因，亦應如所奏，准其改食花馬池鹽，以省運費而便民食。并據另摺奏稱應減公務等銀九百六十兩四錢八分三厘，亦應准其照數減徵。

——奏稱部議以山西撫臣兼管鹽政。查課歸地丁之先，原頒有巡按河東鹽政監察御史印信一顆。今既兼管吉蘭泰鹽務，印內應請增鑄吉蘭泰三字，并請於敕書內將兼管鹽政增添撰給等語。應如該撫所奏，俟命下之日，將應給印信行文該撫，擬定字樣，造冊送部。吏部兼寫清、漢移咨禮部，增鑄頒發。至所請敕書，吏部移揭內閣，將兼管鹽政增添撰給。

——奏稱部議以河東道兼管鹽法道，毋庸復設運司。查河東鹽引行銷山西、陝西、河南三省，所有督銷、催課、查私等事，皆應該道認真經理。關防內若僅鑄河東兼理鹽法道字樣，恐陝西、河南引地州縣心存歧視，呼應不靈。應請鑄頒河東道兼管山西陝西河南鹽務字樣關防，以昭信守。其陝西鳳邠道、甘肅甯夏道俱議令兼管鹽務，關防內應一并添鑄兼管鹽法字樣。俟部文行知到日，各該省委員赴部請頒等語。係為信守鹽務起見，應如所請。其各道員關防，俟該撫擬定字樣，造冊送部。吏部兼寫清、漢，移咨禮部，照例鑄就頒發。

——奏稱河東向設運同一員，駐扎運城地方，專司監掣并兼管渠堰盜販等事,責任綦重。今既改歸商運,應須復設。第現在既不增設運司,自不便復設運同。臣與司道商酌,查甯武府同知一缺,職事甚簡,應行裁汰,改爲河東監掣同知,仍駐運城地方,廉奉役食等項均照同知之例支給,毋庸另籌。如或不敷辦公,俟一二年後再行酌定。該同知原管鹽捕事宜,并歸甯武府經管,不致貽誤。查現任同知舒興阿未諳鹽務,應撤回省城,遇有相當缺出,再行題補等語。查河東既不增設運司,自不便復設運同,但監掣鹽販等事,責任綦重,自不可無專員管理。今據該撫奏稱,將甯武府同知一缺改爲河東監掣同知,仍駐運城地方。其同知原管鹽捕事宜,并歸甯武府經管。現任同知舒興阿未諳鹽務,撤回另補等因,應如該撫所奏,甯武府同知一缺准其改爲河東監掣同知,定爲繁難要缺在外題補,專司監掣并兼管渠堰盜販等事。至現任甯武府同知舒興阿既於鹽務未諳,應令撤回該省。遇有相當缺出,酌量題補。

——奏稱從前商運之時,有西場、中場、東場三使三缺,河東經歷、庫大使、知事三缺,教授、訓導二缺,又陝西花馬大池鹽課大使一缺,均經裁改。今既復商,或仍應設立,或量加裁并,其新舊各缺孰繁孰簡,均應悉心酌定,庶官無冗設、事有專責。臣與司道籌議,現擬所設之監掣同知一缺,并前經部議新設之磴口運判一缺,有掣配驗放等事,非才具幹練之員,不克勝任。擬請定爲繁難要缺,在外揀補。又西場大使舊係繁缺,東、中兩場舊係簡缺,近則東場較西場產鹽旺盛,事務繁劇,請將東場改爲繁缺,西場、中場定爲簡缺,以昭核實。前經部議新設之吉蘭泰、磴口兩大使,事務不繁,均定爲簡缺。又河口批驗大使一缺,專司驗引、截角等事,甚屬繁劇,應定爲繁難要缺，在外揀補。再陝西花馬池鹽課大使一缺，業已改爲分防縣丞，今應復設大使，仍由山西揀補，其裁缺縣丞請歸於陝西本班先補。河東教授、訓導自裁商後已歸安邑教諭、訓導兼管俱無貽誤、毋庸復設外，其原設經歷、庫大使、知事三缺內，經歷稽察文案及書役勤惰等事，庫大使有典守收放之責，未能裁減。惟知事職任較簡，堪以并歸經歷兼管，定爲繁缺。如蒙俞允，俟接到部文，即分別揀員題咨補授，并請鑄給印信等語。查河東從前原設有東場、中場、西場大使三缺，經歷、庫大使、知事三缺，教授、訓導二缺，陝西花馬池鹽課大使一缺，現已復商，今昔情形不同，自應酌量繁簡，增設裁并。前據侍郎英和等請將磴口添設運判一員，吉蘭泰及磴口各設鹽大使一員，河口鎮添設批驗大使一員，均經議准在案。今該撫奏稱磴口運判一缺定爲繁難要缺，東場大使改爲繁缺、在外揀補，西場大使改爲簡缺，中場仍定爲簡缺，吉蘭泰、磴口兩大使事務不繁定爲簡缺。河口鎮批驗大使事屬繁要，定爲繁難要缺，在外揀補。再陝西花馬池鹽課大使業已改爲分防縣丞，今應復設大使，仍由山西咨部揀補，其裁缺縣丞歸於陝西本班先補。河東教授、訓導已歸安邑教諭、訓導兼管，毋庸復設。其原設經歷、庫大使、知事三缺內，惟知事一缺職任較簡，并歸經歷兼管，其經歷一缺定爲繁缺等因，應均如該撫所奏辦理。俟命下之日，臣部行文該撫將所定各缺分別揀員題咨，到日吏部再行核辦，以上各款臣等會同核議覆奏。

奉旨："依議，欽此。"

陝西鳳翔府屬改食靈鹽并邠州等處按烟戶交納課銀部議

嘉慶十二年

戶部疏稱。

據山西巡撫成齡等疏稱，陝西鳳翔府屬向食花馬小池鹽，行銷河東引張，按丁攤課。迨課歸地丁之後，多有潞鹽運至彼處行銷。是以嘉慶十一年復商案內，因鳳翔既食潞鹽，可由渭河轉運，將該府所屬改銷潞鹽，招商辦運。自設立官商以後，既有應交課務官錢，而由渭水逆流牽輓，運費倍於民販。商人因成本過重，不肯認辦。招募多時，始有孫慶餘、張復原承認行銷，而本商不能親往，商夥等將混鹽發售，藉免賠累。且定邊花馬大池鹽應行銷漢中，由鳳翔經過，官私莫辨，盤詰維艱。請將陝西鳳翔府屬八州縣仍食靈州花馬小池鹽，行銷河東之引，攤納課銀，毋庸設商經理。所有應徵課銀向領河東額引一萬六千三百道，照舊納鹽課、紙價、平餘銀六千七百兩零。其前次照河東商運事例，另加公務、官錢等銀五千一百四十四兩零，仍行減去。又附片奏稱，邠州及淳化、三水二縣自改食靈鹽以來，民情稱便。惟該處地瘠民貧，無人認充土商。是以嘉慶十二年分鹽課尚未交納，應責令各該地方官照數賠交，并照長武之例無庸設立土商，俱按烟戶交納課銀各等語。

臣等伏查分配引地，以裕商便民爲主。該撫等既因改食潞鹽，商民交稱不便，而定邊花馬大池越境行銷，又復難於稽查，自屬實在情形，應如所奏，將陝西省鳳翔府所屬之八州縣一并仍食甘肅靈州花馬小池鹽，領引納課，俱照未復商以前舊例辦理。其前次議加之公務、官錢等銀五千一百四十四兩仍行减去，無庸徵收，以符舊制。再附片所奏，邠州等處地瘠民貧，無人承充土商，未完十一年鹽課自應如所奏，即令地方官賠交。其所稱該三處改照長武之例民運民銷，按烟户納課，無庸設立土商之處，均應如該撫等所奏辦理。

奉旨："知道了，欽此。"

各商到運掣鹽疏

嘉慶十二年巡撫兼鹽政　成齡

竊照河東鹽務復歸商運前，已陸續招商五十八家具認承充，恭摺具奏在案。兹查招定新舊各商内，家本殷實者咸知踴躍趨公，早已齊集領運。其舊商之中雖認辦在前，而續經查明確係家道中落、措辦運本艱難者，又不得不量爲變通。是以原認五十八家之外續招商一十三家，分別頂充幫辦。或令獨辦一籤，或令夥辦一籤，以收衆擎易舉之效。統以本年正月初一日爲開運之始，催令各該商如期趕到，領票掣鹽，運赴引地行銷。間有資本未齊及須延致夥商之家，亦俱於二月中旬全行趕到，領鹽開運。計自正月初一日起至三月十三日止，新舊各商共掣過鹽二千一十二名二十九引。據河東道劉大觀禀稱，察看各商情形，因試辦三年始定鹽價，一切陋規又俱革除，無不仰戴天恩，感激思奮，均非勉强從事。臣職兼鹺務，受恩最重。惟有督率司道等悉心經理，隨時調劑催辦，以臻妥善。仰副聖懷，所有新舊各商業已到運掣鹽情形理合恭摺具奏。奉硃批:"核實辦理,欽此。"

部引未經頒發暫行給票配運部咨

嘉慶十二年

戶部咨稱。

上年十二月內,據山西巡撫成齡疏稱,河東請引成例,每歲八月專差赴部請領。現據各商吁請以嘉慶十二年正月初一日爲始,辦運行銷時距封篆不遠,赴部請領不及,暫行先給印票配運。俟引到時,將印票撤銷,經本部議覆,部引未經頒發以前,暫行給票配運等因在案。今據咨稱,河東舊額每年額餘引六十六萬六千九百四十七道。內除陽曲等四十三州縣改歸吉蘭泰引地案內四萬五千六百四十五道,又河南省泌陽、桐柏二縣改撥兩淮引地額餘代銷引一萬六千二十三道,二共改撥引六萬一千六百六十八道。河東實應請領額餘引六十萬五千二百七十九道。應請照舊先請嘉慶十二年額餘引四十六萬五千二百七十九道,其續增餘引十四萬道,照舊俟十二年七月間由河東道詳請咨部請領,并將引地清冊送部等語。查河東鹽引銅版舊係八塊,內除漢中府、花馬大池銅版二塊俟陝西巡撫造送引地清冊再行鑄造外,其河東鹽引銅版六塊。又桐柏、泌陽二縣改撥兩淮鹽引銅版一塊,共七塊。相應札行寶泉局①,查照本部頒行引式趕緊鑄造,務於三月內鑄就送部,以便刷辦。應給匠役工價銀兩俟鑄就完竣,再行核給。再查漢中府、

---

① 寶泉局:明清時管理鑄造錢幣的官署。

花馬大池鹽引舊例，由陝西延榆綏道、漢中府頒發，應行文陝西巡撫轉飭該道府，速即將引地清冊造送，以便鑄造。其吉蘭泰應行增鑄鹽引銅版，應俟該撫將行鹽引地清冊送部，再行增鑄，仍咨山西巡撫將現應請領額餘引四十餘萬道，俟鹽引銅版鑄造完日，本部即行趕緊刷印，行令咨部請領，并將吉蘭泰引地清冊即行送部，以憑核辦。至所稱現領引四十六萬五千二百七十九道，該解紙硃、飯食等銀一千五百三十六兩七錢七分五厘，又承領鹽引管解紙硃、書吏盤費、脚價銀四百二十兩，又解交鹽課散碎銀每千兩加平餘銀十五兩，應請均在藩庫社義息穀變價項下借動，分別解支，俟本款收齊歸款等語。查前項動支各款，該撫既稱各商甫經掣定引地，無從徵解，應准暫時借動，速即照數歸款，并付知山西司查照。

庫儲課項親詣盤驗部議

嘉慶十三年

據山西撫臣成齡疏稱鹽道庫儲課項毋庸盤查一摺。河東鹽課未歸地丁以前，設有運司專管。經前撫臣巴延三奏定，凡遇奏銷及鹽政到任并運司交代，就近派河東道代盤結報，仍俟巡撫赴運城查閱營伍之便，即親詣運庫盤驗，以慎庫項。茲鹽務復商，未設運司，議歸河東道兼管。每逢奏銷、交代，臣駐扎省會未能如期赴彼盤驗，而冀甯、雁平各道相距俱在千里以外，附近并無大員可委，請嗣後每年奏銷及遇該道新舊交代，均毋庸委員盤驗，只令該道造冊結報。臣兼管提督於一二年內例應出省閱兵，就便親往盤查一次。如遇鹽政到任，亦照此辦理等語。

查户部則例內開山西巡撫兼管鹽政，凡運司交代及奏銷之時并現在接管到任，先委道員代盤結報。每年不拘何時，親赴運城運庫盤驗一二次。其餘再委道員盤驗，不得每年全委道員，以免滋弊等語。今據該撫奏稱，河東道兼管鹽法，請於奏銷時及鹽政到任并新舊交代，均毋庸盤查等因。臣等查晉省自復商以來，河東道兼攝鹺政，實與運司無異，每年額徵課項共有四十六萬一千餘兩之多。凡一切收發支銷，起存徵解，數目最爲繁鉅，易起牽混之弊。是以定例先委道員盤查，復又責成巡撫親驗，所以防其流弊者，至爲周密。今該撫并不查照定例，只以冀甯、雁平二道去河東較遠，附近別無大員可委，該撫又不能如期盤驗，率請將奏銷時及鹽政到任、新舊交代三項盤查一概請免，惟稱於一二年中出省閱兵時，就便盤查一次，實與定例未符，亦非慎重庫項之道。相應請旨飭交山西巡撫成齡查照定例，將河東道奏銷時及鹽政到任并新舊交代三項盤查，先委隔屬道員代盤，該撫仍於每年不拘何時親往盤驗一二次，并令取具代盤道員印結，該撫加結送部查核。其巡撫親身盤驗，每遇一次即行專案具題，以備稽查。

酌定鹽價部議

嘉慶十五年

户部疏稱。

臣等伏查嘉慶十一年河東鹽務復歸商運，侍郎英和、初彭齡前往查辦，原議照乾隆十年舊制，鹽不定價，聽各商隨時按本銷售。經大學士九卿以鹽不定價,漫無限制,議令試辦一年。又展限二年,再行酌中定價。并據該處將各商等成本賣價按月造報,又經臣部節次奏令刪減,不得只就貴價開報,計自嘉慶十二年正月起至上年年底止試辦期滿。前任山西撫臣初彭齡以該處鹽務隨時銷售試辦三年著有成效,請仍照舊例毋庸定價等因具奏。又經臣部以河東鹽務事關三省民食,奏令山西、河南、陝西各巡撫會議去後,并據御史王開雲條奏,河東鹽務應查照大學士九卿原議酌定價值,亦經臣部奏覆該三省接准部覆尚未會議,旋據前護河南巡撫錢楷以河東鹽價議減則病商,議增則病民,應請查照乾隆五十七年原價酌增若干厘等因具奏,奉硃批:"戶部知道,欽此。"欽遵在案。今據護理山西巡撫素納等會議,將河東行鹽三省按乾隆五十七年以前原價,查照嘉慶十三年兩淮奏准之案,每鹽一斤酌加銀五厘二毫作為定價,再加一厘協濟河工經費等語。

臣部查河東引鹽舊無定價,自乾隆八年前鹽政吉慶奏定貴賤兩價,嗣於乾隆十年即以賤價定為長額。迨至乾隆五十七年鹽課攤入地丁任聽民運民銷,更無一定賣價。現當復商之始,若不酌定例價示以限制,恐商人擡價病民,殊與閭閻生計有礙。是以該處前次奏請無庸定價,亦經臣部議駁。今該三省請照乾隆五十七年原價一律加五厘二毫作為定價,臣部按該三省現在報部時價逐一比較,山西省四十四州縣內,洪洞、浮山、岳陽、太平、汾西、吉州、霍州、趙城、靈石、蒲縣、襄垣、潞城、黎城、鳳臺、高平、陵川、陽城等十七州縣每斤減銀自三毫及四厘三毫不等,其餘二十七州縣每斤增銀自一毫及三厘二毫不等。陝西省四十州縣內,咸甯、長安、盩厔、同官、商州、鎮安、山陽、商南、乾州、武功、永壽、安康、洵陽、白河、紫陽、石泉、平利等十七州縣每斤減銀自四毫及八毫不等，其餘二十三州縣每斤增銀自四毫及四厘一毫不等。河南省三十二州縣內，洛陽、偃師、鞏縣、登封、永甯、新安、澠池、嵩縣、盧氏、內鄉、唐縣、南陽、南召、鄧州、新野、裕州、宜陽、鎮平、泌陽、桐柏、淅川、葉縣、汝州、魯山、郟縣、襄城、寶豐、伊陽等二十八州縣每斤減銀自五毫及四厘八毫不等，其餘四州縣每斤增銀自二毫及一厘二毫不等。通共河東引地山西、陝西、河南三省共一百一十六州縣，各按乾隆五十七年課未歸丁以前原價，查照兩淮奏加餘息成案，每斤均增賣價銀五厘二毫。臣部核對近三年該處報部時價，計議減者六十三州縣，議增者五十四州縣。臣等公同酌議，河東鹽務關係三省民食，現當定價之時，議減議增，稍有未協，均非經久之道。若如該撫等所咨商者，陝西省以為無庸定價，既與臣部原議不符。河南省以為酌加二三厘，現據山西巡撫核明不敷成本，且同係河東引地，辦理殊未畫一。伏查河東額引、餘引共六十萬一千一百五十五道，今按乾隆五十七年以前原價每斤一律加銀五厘二毫，共加銀六十五萬零二百四十一兩四錢四分。既據該撫等熟籌妥商，體察地方實在情形，合詞覆奏，應如所奏。即自嘉慶十五年為始，照乾隆五十七年以前原價一律每斤加銀五厘二毫作為河東引鹽定價，令該商等遵照畫一辦理，違者即從重究治。自奉到部文之日，轉飭所屬一體出示曉諭，俾得共見共聞，務使商民相安，以期國課民食兩有裨益。

至暫增鹽價以濟河工經費一節，查原奉諭旨原不必拘定三厘之數，是以兩淮、兩廣、兩浙、長蘆、山東所增鹽價均係二三厘不等,據該護撫等仍照前撫臣成齡原議,按河東額餘引六十萬一千一百五十五道,每引行鹽二百四十斤,共鹽一萬四千四百二十一萬七千二百斤,每斤加價一厘,共加價銀一十四萬四千二百七十七兩二錢,每年協濟河工經費等語,亦應如所奏。即自嘉慶十五年起於現在奏定例價之外,每斤加銀一厘,按引徵收,隨同正課於春秋二季另冊報部候撥,俟河工告竣,遵照原奉諭旨,即將暫加鹽價一厘奏明停止,不得再行徵收以符原議。

奉旨:"依議,欽此。"

覆奏興安府七屬引地仍請改食花馬池鹽按丁攤課部議

嘉慶十六年

戶部疏稱。

臣等伏查陝西興安府七屬原係河東引地,上年八月內據山西巡撫衡齡等以該府行鹽商人運費繁重賠累難支,請照鳳翔府之例改食花馬池鹽聽民販運,經臣部駁,令遵照定制辦理在案。今據該撫等疏稱,興安府地處萬山,商人運鹽費用較繁,難免賠累。至無業貧民以挑販池鹽為生,已成恒業。若概行拿禁,轉恐別生事端,應仍請改食靈州花馬池鹽,應徵鹽課照鳳翔府之案於七屬地丁內攤徵,其隨徵公務等銀仍行減免等語。臣部查陝西興安府屬前該撫等以商運維艱,請改歸民運,并未將該處地方確切情形逐一聲敘,是以核駁。今復據該撫等以興安七屬自用兵之後,無業貧民以肩挑池鹽為生,數年以來已成恒業,遽行拿禁,轉恐別生事端。若不亟爲調劑,必致官引滯銷,貽誤正課。臣部悉心察核,以屬實在情形自應量爲調劑,俾得商民兩便。應如所奏,將興安府七屬准其改食靈州花馬池鹽,聽民販運,所有應徵鹽課、紙價、餘平等項銀一千九百七十七兩零,照鳳翔府之例在於該府七屬地丁內攤徵,其每年應銷額餘引四千八百一十道,仍赴河東道衙門照舊領繳。至應徵公務、官錢等項銀一千六百五十三兩零,查該府前因行銷河東引鹽,是以有隨徵公務、官錢等項。今既改食靈鹽,不在河東潞鹽之內,所有此項隨徵銀兩亦應准其照鳳翔之例一體減免,仍令該撫等將各屬攤徵銀數造具細册,送部查核。又疏稱,陝省西、同、商、乾等府州屬現行河東引鹽,民間買食均屬相安。今興安府屬改食池鹽,係屬因地制宜,他處亦難倣尤等語。應令該撫等轉飭各屬,嗣後如有援照此案率請改易舊章者,即行立時禁止,俾免紛更之弊。

奉旨:"依議,欽此。"

鳳翔邠州等處鹽課改歸地丁攤徵部議

嘉慶十八年

戶部疏稱。

臣等伏查嘉慶十一年河東復商案內,因陝西鳳翔府屬向食靈州池鹽納河東之課,奏請一并入食河東潞鹽,設商經理。嗣於嘉慶十三年經前撫臣方維甸因該處銷運潞鹽,由渭水逆流牽輓,運費倍增,商人召募不前,疏請將鳳翔府屬仍改食靈州花馬小池鹽,課銀由各州縣攤納,無庸設商,并請部議覆准行在案。今據陝西巡撫董教增疏稱,鳳翔府屬八州縣攤納鹽課,內有按丁攤納者,有按糧攤納者,有按烟戶攤納者,辦未畫一。按丁則今昔迥殊,主客莫辨。按戶則丁口難齊,貧富不一。按里甲則數目參差,均多不便。請按地丁等銀所徵成數,一律攤徵,俾鄉曲小民易於照納,且攤徵之戶均係有地之家,不致逃亡無著等語。臣等查該府州縣攤納課銀自應畫一辦理,若按丁按戶攤徵,互異參差,恐啓吏胥朦混苛索等弊,惟按地丁折徵成數一律攤徵,庶小民易於照納,自應如該撫所奏,將鳳翔府屬八州縣及邠州屬三水、淳化、長武三縣應徵鹽課一律歸入地丁攤徵,以歸核實。

奉旨:"依議,欽此。"

河東行銷吉蘭泰活引加徵公費平餘銀兩疏

嘉慶十八年巡撫兼鹽政　衡齡

竊查河東各商應領新添吉蘭泰額引八萬七千五百道,前經奏明自嘉慶十八年爲始給領行銷在案。查吉蘭泰原定每年額徵正課、公務、官錢、平餘共銀六萬三千五百八十八兩零,均與河東額徵數目相符,毋庸置議。惟既改爲河東餘引,則公費一項應照河東之例徵收,并將河工經費亦一律辦理,以免兩歧。現據河東鹽法道詳稱,河東餘引除正課、公務、官錢、平餘外,每名另加公費銀六兩,共應徵銀四千三百七十五兩,又加徵公費、平餘銀一百九兩三錢零,以八萬七千五百引核計,比吉蘭泰額引應多徵銀四千四百八十四兩三錢零,又徵河工經費銀二萬一千兩,二共每年共徵銀八萬九千七十二兩八錢零,較原定吉蘭泰額徵之數每年多銀二萬五千四百八十四兩三錢零。臣覆核無異。查本年應給鹽引業經委員赴部請領,其行銷地方據該道茅豫稟稱,業已派定,商情甚爲踴躍。

奉硃批:"户部知道,欽此。"

晉商捐輸備餉疏

嘉慶十八年巡撫兼鹽政　衡齡

竊臣據河東鹽法道陳中孚詳據商人王恒泰等呈稱,商等仰蒙皇上體恤垂慈,至優極渥。行鹽三省,叨餘潤以資生;銜感五中①,實情殷於報效。兹聞豫東賊匪滋擾,所有晉省接壤河南之潞安、澤州二府及遼州等屬各隘口并太行山外,俱設官兵防堵,不使逃匪竄入。商等情深桑梓,義切同仇,情願捐輸銀三萬兩,以備防堵官兵之用。惟一時未能迅集,懇於藩庫閑款內先行借撥,俟十九年隨課歸款等情,由道詳請具奏前來。臣伏念該商等感沐皇上天恩,捐輸報效,其情詞懇切,實出至誠。臣不敢壅於上聞,爲此據情具奏。

十一月十九日,奉上諭:"衡齡奏晉商情殷報效一摺,晉商因該省現有防堵山隘事宜,呈請捐銀三萬兩以佐軍需,著加恩賞收,即留備該省支發防兵之用,并准其先於藩庫閑款內借撥,於十九年隨課完繳歸還。該部知道,欽此。"

---

①　五中:五臟,指内心。

晉陝酌加耗鹽豫省商運民銷部議

嘉慶二十四年

戶部疏稱。

據山西巡撫成格疏稱,竊照河東鹽務自嘉慶十二年復商以來,承辦晉陝豫三省引鹽,當各商甫經認充,鹽價未定,銀價平減,是以踴躍經營,尚無賠累。迨至十六年加增吉蘭泰引課之後,又值十八、十九等年年歲稍歉,銀價日增。運本既倍於前,而各商以錢賣鹽,易銀完課,每兩折至二三百文,而一切運費俱係用銀,其間折耗甚多,計賣鹽一斤虧賠自三四厘至七八厘不等,疲累日形。是以舊商紛紛以疲乏告退,而新報之商又各畏避不前。若不量為變通辦理,實形掣肘。現據河東鹽法道葉汝芝以體察商情,亟須分別調劑,懇將豫省引地改為商運民銷,課項仍由商完納,晉陝二省酌量加斤,俾得稍紓賠累等情,詳情具奏前來。

臣伏查河東鹽務情形與別省迥殊。別省產鹽散在各場,行銷地方即於附近配運,且多係水程,即陸運亦未有逾三四百里者。河東行銷三省,皆取運於一池之鹽,俱係陸運,路途既遠,成本太重,繁費尤多。現以賣錢易銀,虧折過甚,商力日疲,急須調劑。但其中情形亦有不同,自應分別籌辦。緣行銷晉陝二省引地,路途較近,運本尚輕,即偶有消乏之處,責成殷實之商接濟,尚可勉力支持。近因銀價增昂,辦理實形竭蹶。仰懇援照乾隆四十二年增加耗鹽之案,每引酌加鹽十斤,免其加課。俟銀價平減之時,奏請停止。其冬月加耗五斤之處,仍遵舊制。如蒙天恩允准,則晉陝二省商力可以漸紓,自可遵照舊章辦理。惟豫省銀價更昂,陸運至一千一二百里,運本尤重。鹽斤在途則巡役緝私多滋糜費,抵岸則地方稽查難免陋規。加以一商而辦數處,一處而設數店,本商勢難兼顧,不得不雇夥商經理。所有夥友、辛工、租賃房屋用度,實為繁重。現在賠累不支者,惟豫商為尤甚。如仍責令舊商承辦,非惟力有難支,勢必紛紛求退。且疲乏既久,慮於課食有虧,所關非細。現在豫商情形非一律加斤可資調劑,再四思維,別無良策。惟查嘉慶十一年侍郎英和、初彭齡奏覆河東復商應辦事宜案內,曾有仿照淮商行銷江西、湖廣之例,以商運民銷為請,經臣部以中州腹地慮其侵灌淮蘆,并以鹽池廣延百里,恐民人越境販私,議未准行。查豫省行鹽口岸南與淮北接壤,東與蘆境毗連。淮北前因展限乙丙兩綱摺內曾請設立公店,招徠水販售銷,經部覆准,令其妥議章程在案。是淮北引地尚欲改歸民銷,則無虞潞鹽之充斥可知。蘆商本係水運,價值平減,凡蘆鹽運行之地,小民亦斷不肯舍賤就貴買食潞鹽,則侵灌長蘆一節似亦可以無虞。至鹽池雖廣延百里,周圍設有禁墻,平時委員巡役人等稽查本密,若改歸民販,各商無須赴各引地運銷,尤可齊心協緝,自顧本源,則鹽池亦不致有私販偷漏之弊。如此量為變通,於淮蘆既無虞窒礙,而承辦豫省各商只須運鹽在晉豫適中之地以待商販。地近事簡,本商盡可自行經理,無須假手他人。其各口岸公店、房屋、夥友、辛工及地方陋規均可全行革除,約計每年省費不下數十萬兩,以節省各項繁費,專力納課,辦理自能裕如,於鹽務實可冀有起色。至酌定口岸、商運價值以及招募民販轉運銷售各事宜,應俟奏奉俞允之後，飭令河東鹽法道妥議章程，再行詳請咨部辦理等語。

臣等伏查該撫所奏河東鹽務，其行銷晉陝二省引地，路途較近，運本銷輕，從前尚可勉力支持，近因銀價增昂，辦理實形竭蹙，仰懇援照乾隆四十二年增加耗鹽之案每引酌加鹽十斤，免其加課等語。臣等查兩淮從前曾經疏請加增鹽斤，即河東本處亦曾於乾隆四十二年請加耗鹽。今河東商力疲乏，自當量爲調劑，應如該撫所請，准令每引加鹽十斤，免其加課。一俟銀價平減，商力充裕，即行奏明停止。又據該撫疏稱，豫省銀價更昂，運本及辛工等項用度尤爲繁重。現在賠累不支，舊商紛紛告退，新商不肯接充，課食有虧，所關非細，復以商運民銷爲請。臣等查《河東鹽法志》載，潞鹽行銷豫省，程途遠者一千餘里，近者亦數百里，俱係陸運，是河南運鹽成本較晉陝二省爲尤重，加以辛工等項繁費不支，以致新舊各商均各畏避不前，公私掣肘，自屬實在情形。再查從前侍郎英和、初彭齡疏請商運民銷，曾經臣部義駁，原慮其侵越淮蘆引地及鹽池私販偷漏等情。兹既據該撫查明并無窒礙，逐一聲覆，所有奏請商運民銷以節糜費而紓商力之處，亦應如所請辦理。其如何酌定口岸、商運價值以及招募民販轉運銷售各事宜，均須詳晰確查，務於商民兩有裨益。蘆淮不致侵灌，方可行之久遠。應令該撫妥議章程，咨部核辦。

奉旨："依議，欽此。"

豫省商運民銷部咨

嘉慶二十五年

户部咨稱。

據山西撫臣成格將豫省商運民銷酌定口岸、商運價值、招募民販銷售各事宜開造款項清册,呈送咨部前來。相應按照册內各款,逐一查議咨覆。

——册稱晉豫適中口岸統歸陝州之會興鎮。查晉豫兩省以黃河爲界,西偏之閺鄉、靈寶、盧氏、内鄉四縣,向係出西禁門由靈寶口岸運發,東偏之陝州、洛陽、澠池、新安、宜陽、孟津、寶豐、鞏縣、偃師、南陽、南召、永甯、登封、郟縣、襄城、鄧州、唐縣、新野、泌陽、伊陽、鎮平、葉縣、嵩縣、桐柏、裕州、汝州、魯山、淅川二十八州縣向由會興鎮發運,原係兩處口岸。惟查靈寶縣、會興鎮東西相距僅九十餘里,若靈寶口岸之鹽改由中禁門、東禁門運發會興鎮,與運至靈寶里數既屬相侔。又統歸一處,發票稽查,更覺簡易,自應統歸會興鎮一處口岸。至閺鄉縣鹽斤向由臨晉縣之夾馬口水運到地,孟津縣鹽斤亦聞有以牛皮餛飩水運者。今既統歸會興鎮行銷,若准其水運,恐價值低昂,有礙本省銷售,更慮侵越陝西、長蘆引地,均應嚴行禁止等語。查豫省閺鄉等四縣鹽斤向由靈寶口岸運發,其陝州、洛陽二十八州縣向由會興鎮運發,原係兩處口岸。今該撫請將商運鹽斤統歸會興鎮一處運發,既稱事歸簡便,稽察易周,應如所咨辦理,仍令該撫將靈寶口岸運道及閺鄉、孟津等縣水運鹽斤嚴行禁絶,以杜侵越販私之弊。

——册稱酌減例價以便民販。查十六年定價咨案,各商運發會興鎮成本每鹽一名,共計成本銀五百零九兩三錢七分六厘。陝州現行鹽價每斤銀一分九厘二毫,今加攤歸公銀九兩,共計成本五百一十八兩三錢七分六厘。此次商運民銷,原期商民兩便,且糜費尚可撙節,應於定價一分九厘二毫內減去二厘二毫,仍照每銀一兩合制錢一千合算等語。查豫省引鹽既定爲商運民銷,則商人止須運鹽至會興鎮,一切辛工、雜費等項均可較前節省,所有發販鹽價該撫請照陝州現行鹽價每斤銀一分九厘二毫內酌減銀二厘二毫,以期民販踴躍,應如所議辦理。至民販行銷地面,應令該撫轉飭各州縣隨時稽察,毋得擡價售賣,致妨民食。

——册稱先行出示以招民販。查課歸地丁之時,并未由行鹽各縣招徠民販,而民無淡食之虞。此次商運民銷,相去未久。該處民販舊章具在,店口猶存。先行出示曉諭,可期踴躍爭先。至發運何縣,應聽該販自便等語。查此次商運民銷,事屬創始。自應先期出示,以廣招徠。至鹽斤發售何縣,雖據聲稱聽該販自便,但竟無限制,恐不免私販透漏等情,應令該撫轉飭於發運售賣時止許在三十二州縣之内,不得任意侵越,致妨淮蘆引地。

——册稱給票以辨官私。查某縣民販若由該縣起票,恐該販資本大小不一,轉增守候領繳之煩,似宜委員駐扎會興鎮發給戳記,以便給發照票。四百里以内者以半月爲期,八百里以内者以一月爲期。逾者仍照私鹽法以免影射等語。查此次商運民銷,課由商納,引由商領。該販行銷之鹽,并無引據,未免漫無稽核。該撫請委員駐扎會興鎮給予[子]戳記,發給民販照票,以憑查核,應如所議辦理。至所稱四百里以内者以半月爲期,八百里以内者以一月爲期,係爲防弊起見,但該民販有無逾限,究由何人查驗,并銷鹽後照票作何呈銷之處,均未據分晰聲叙,應令該撫轉飭查明咨覆。

——册稱引張照例截角以符成案。查向例空車入禁門,每車一輛執引十道,該大使驗明,截引一角。車户載鹽到門該大使點明裝數稱掣後,截引一角。商人運鹽到地,該地方官驗明鹽引相符,截引一角。銷完後,該商將引呈交地方官,截引一角。此次商運民銷,除照向例出場截去引角外,發運行銷均在陝州,應歸該州再截二角,以便繳銷。再查向例,某縣鹽引由道戳明某商某縣字樣,今行商雖不到地,仍應照舊戳明以杜混淆等語。查銷過鹽引,定例截去引角。此次商運民銷,該撫請照向例由該大使截引二角外,至發運行銷均在陝州,即令該州再截二角,并據稱行商雖不到地,鹽引仍應照舊用戳,以免混淆之處,均應如所議辦理。

——册稱唐縣、裕州、澠池歸公銀一萬七千八百七十八兩五錢五分五厘,係屬餘利急公之項。今豫省引張一律銷售,自應按引均攤,以昭平允。每年除撥餉銀四千五百兩外,餘銀由河東道委豫商解赴河南等語。查唐縣等處應解歸公之款,該撫既稱引張係一律銷售,自應按引均勻攤解,仍令於每年解交豫省時專案報部,以憑查核。

——册稱設立公直①以防專利。查民販既不定地,願買何商鹽斤亦聽其便。惟恐謀利之徒或減價值,或增秤斗,致有偏枯。應令行商公舉明幹一二人,按引之多寡均勻銷售。如有減價增斗情弊,公同立罰,不遵者稟官懲處等語。查民販等願買何商鹽斤,原可各從其便。但恐各商惟利是圖,或有減價增秤等弊,亦不可不防其漸。應如該撫所咨,飭令行商公舉明幹一二人,按引均勻發售,毋許偏枯,仍責成委員不時稽察。如有前項情弊,立即按律懲辦。

---

① 公直:公平正直,不偏私。此指公正之人。

——册稱晉陝兩省加耗十斤，宜照舊式給發秤錘。查晉省載鹽出場，每引分爲兩袋，即俗稱兩裝。遇冬月加五斤，係鑄小秤錘二個，每袋二斤半。此次加斤應准照加錘之式鑄法等語。查晉省載鹽出場，該撫既稱每引分爲兩袋，遇冬加耗五斤，係鑄小秤錘二個，每袋加二斤半。此次晉陝兩省加斤事同一律，應准照加錘之式鑄給秤錘，仍令不時訪查。如於例加鹽斤外再有加增者，即查明按律懲治。

——册稱添設官秤以杜争執。查各縣鹽秤向由該縣較準給發，此次行商各家應由河東道按照砝碼給秤一杆，仍設立官秤一杆，存於公所，交接公直不時核對等語。查商鹽發售，民販行銷，自應各給官秤，以免彼此争執，應如該撫所咨，此次行商各家即由河東道按照例定斤兩，各給官秤一杆，仍另設一杆存於公所，不時較對，毋許畸輕畸重，以昭畫一。

——册稱三省行鹽州縣均有督銷之責。今豫省既商運民銷，除晉陝兩省暨豫省之陝州照舊於奏銷後查辦外，其餘俱毋庸查議等語。查豫省此次商運民銷，各州縣既無督銷之責，自毋庸查議缺銷處分。但民販究係行銷額引鹽斤，應令該撫轉飭各州縣隨時嚴密稽查以杜透漏之弊。其各該處接界淮蘆引地者，并令一并嚴行查禁。

——册稱咨明遵行日期。查向來新引五月請領，八月領回。一切章程以本年九月初請領新引爲始等語。應如所咨辦理。

卷六　奏疏

河東鹽經歷移駐會興鎮兼批驗所大使部議并給發民販照票部咨

道光四年

戶部議覆。

山西撫臣邱樹棠疏請將河東鹽經歷移駐會興鎮一摺疏稱，臣等伏查河南省洛陽等三十二州縣向係行銷河東引鹽，嘉慶二十四年前撫臣成格以該處道遠運艱，疏請改爲商運民銷經部覆准，嗣據將運銷事宜并設立委員稽察章程咨覆，亦經部核准在案。今據該撫疏稱，晉省商人運鹽至河南陝州之會興鎮聽民販轉運分銷，向來雖有委員駐扎該處給發照票，且民販多寡靡常，委員并無額設書役，所帶跟役一二人不但稽查難周，即按名書寫實非倉猝可就，以致有未領照票即運鹽往豫者，且有銷售鹽斤總未繳票者，辦理未免參差。請將鹽經歷改爲兼管批驗所大使事務，移駐會興鎮地方彈壓稽查，給發民票。鹽經歷衙門本有額設書役，足供役使，其廉俸及書役工食仍照鹽經歷衙門支領等語。臣等伏思豫省行銷河東引鹽，統由商人運至陝州會興鎮地方轉發民販赴各州縣售賣，其給票銷票并彈壓稽查等事在在均關緊要，向因委員經理并無額設書役,以致辦理一切未能周妥。茲該撫請以鹽經歷兼管批驗所大使移駐會興鎮管理鹽務,并據聲明鹽經歷本係繁缺,今改兼管批驗所大使仍定爲繁缺,在於晉省候補試用鹽經歷、鹽大使及現任州判、府經歷、縣丞内擇其才能勝任者揀選題補各等因,應如該撫所奏辦理。此後稽查鹽務應即責成該經歷將某月給票若干,銷票若干,共運鹽若干,按季分晰申報。鹽道於年終彙册詳咨送部查核。如該民販等再有不領照票,輒將鹽斤運售并銷鹽後逾限不繳原票者,即行查拿,分別懲治,并將專管之員嚴參議處。奉旨:"依議,欽此。"

　　道光五年,撫臣福綿咨請給發民販照票,經部覆准。查該撫咨稱,豫省陝州之會興鎮設有公所五處,請於發鹽時由公所向現駐該鎮之批驗大使請給民販照票。定以雙連式樣,在騎縫處蓋用該大使印信,一給民販收執,一存批驗衙門備查,於票式内填寫民販姓氏、買鹽裝數,并注明在洛陽三十二州縣境内融銷字樣等語。其事尚屬可行,應如所咨辦理。至所稱民販未繳之票,如逾限未繳,即作廢紙一層。查民販所領之票,前據該撫酌定十引以上者限三個月繳銷,一名以上者限六個月繳銷。經本部核准咨覆,并令各該民販於鹽斤銷竣後將鹽斤在某州縣銷售注明票内,呈繳委員查銷。倘有逾限及透漏侵越等情,即令該委員詳請行文該州縣查辦。業經纂入則例,永遠遵行。若如該撫此次咨稱,民販未繳之票,如逾半年以上即作爲廢紙無庸照數繳銷。是該民人等所販鹽斤運赴何州何縣銷售之處,從此無可稽查,勢必侵灌鄰綱,致滋影射行私之弊。所議斷難准行,應令該撫仍遵前定章程辦理。又據稱,照票既歸批驗專管,應請即用該員印信填給,以歸簡易而專責成。又册稱,現行引張不便再議截角,應於該脚户所執連環小票上蓋用該大使某月某日驗放扒記,按月造報河東道衙門查核。又册稱,鹽色或有高低,官秤稍有大小,民販必致紛紛争論。請嗣後各商所運鹽斤於會興鎮渡口上岸時,著落批驗大使按引抽驗。如鹽色低潮,查訊該脚户因何低潮之故按例究辦,并各店官秤先行較準,不得絲毫高下。倘鹽色、官秤一有弊端,惟該批驗是問。又據册稱,鹽經歷兼管批驗大使所有辦公衙署,應照運城三場大使租賃民房之式,在該鎮附近賃房居住,以昭畫一各等語,均應如所咨辦理。又據文册内稱,從前經歷衙門部頒印信係河東鹽法經歷兼管知事字樣,今既移駐會興鎮,應請咨部改鑄河東鹽經歷兼管批驗所大使字樣,仍申明照從七品品級升轉,以符體制。所有原頒印信仍俟部頒到日即行繳銷等語,應咨吏部、禮部分别查辦。

請派撥兵役巡緝鹽池疏

道光五年巡撫兼鹽政　福綿

竊查河東鹽池爲山西、河南、陝西三省民食攸關,坐商澆曬,運商行銷,用以上納國課。該池周迴一百二十里,地方遼闊。雖有巡役人等巡緝,而近年以來賊匪竊盜鹽料,往往寅夜拆墻入池,肆行搶竊。且執持繩鞭器械,拒捕傷人,勢甚兇悍。雖經拿獲究辦,而此風未能稍息。兹據河東道韓文顯禀稱,現在正當産鹽豐旺之時,常有賊匪百十成羣入池搶竊,持械拒捕。巡役人數無多,力難抵禦。請飭運城營都司并解州、安邑縣派撥兵役,携帶鳥槍,嚴密巡查。禀請具奏前來。查河東鹽池爲三省民食攸關,今時有賊匪多人寅夜入池搶竊鹽料,拒捕傷人,巡役等力難抵禦,恐私鹽充斥,實於鹽務有礙,自應嚴密防範,已檄飭解州、安邑縣各撥壯役二十名前往巡緝。運城營都司駐扎該處保護鹽池,緝匪防奸,是其專責,應請於該營内就近派兵二十名,派外委二員督率巡緝。查道光二年刑部奏准定例,江西省行銷淮鹽各州縣其派出緝私員弁兵役准其携帶鳥槍,編列字號,官爲給發。遇有大夥持械拒捕者,許令施放抵禦。設有格殺,照依罪人持械拒捕登時格殺律勿論。若遇零星小販及雖屬大夥而非持械拒捕,輒混行放槍,致有殺傷,仍照例治罪等因。今河東鹽池時有賊匪多人肆行搶竊,持械拒捕,事同一律,相應恭摺具疏,請照江西省行銷淮鹽之例,凡派出員弁兵役,每名准其携帶鳥槍一桿,編列字號,官爲給發。遇有大夥搶竊賊匪及持械拒捕者,許令施放鳥槍抵禦。若遇零星小竊及雖屬大夥而非持械拒捕,不得擅放鳥槍,致有殺傷,仍俟賊匪稍知斂迹,即將鳥槍掣回。

六月二十六日,奉上諭:"福綿奏河東鹽池時有搶竊拒捕,請照江西省行銷淮鹽之例派出緝私員弁兵役携帶鳥槍一摺,山西省河東鹽池地方遼闊,近來時有賊匪多人寅夜入池搶竊鹽料,拒捕傷人,巡役人等力難抵禦,恐私鹽充斥,實於鹺務有礙,自應嚴密防範,著照所請即飭解州、安邑縣各撥壯役二十名前往巡緝,運城營内就近派兵二十名派外委二員督率巡查。所有派出員弁、兵役,每名准其携帶鳥槍一桿,編列字號,官爲給發。遇有大夥搶竊賊匪持械拒捕者,許令施放鳥槍抵禦。若遇零星小竊及雖屬大夥而非持械拒捕,不得擅行放槍,致有殺傷之事。俟賊匪稍知斂迹,即將鳥槍收繳,不得違例私用。

該部知道,欽此。"

晉商捐備甘餉疏

道光七年巡撫兼鹽政　福綿

竊據河東衆商王恒泰等領引行鹽,仰蒙皇上體恤垂慈,歷沾餘潤,并奉准商運民銷及酌加鹽斤,生計益形寬裕。凡此國恩屢被,實屬浹髓淪肌。兹聞回疆稍有不靖,仵見即日蕩平。該商等義切同讎,擬少申蟻悃,用備賞需。伏查河東歲徵鹽課銀五十餘萬兩,向撥甘肅兵餉分次起解。今情願公捐銀二十萬兩,於本年隨課如數完納,分六、八兩月附餉解甘,以期稍酬高厚鴻慈於萬一,伏乞代爲轉奏等情,并據河東道韓文顯具詳前來。臣查回疆小醜跳梁,已蒙皇上先後撥帑六百萬兩。此時勁旅咸集,即奏膚功①。支用尚有盈餘,自無須該商等再抒忱悃。惟查其情詞甚爲懇切,又願隨課完繳,當年全清,尤出樂輸至誠。臣未敢壅於上聞,合無仰懇聖恩俯准賞收,以遂其急公報效之忱。謹據情恭摺代奏。

奉上諭:"福綿奏河東鹽商請報效賞需銀一摺,河東商人因軍營需用較繁,呈懇公捐銀二十萬兩,於本年全數隨課完納,附餉解甘,尚屬急公,著加恩賞收。該省歲徵鹽課銀五十萬兩,向撥甘肅兵餉,所捐銀兩即著隨同正課於六月、八月分起附餉解交甘省藩庫備用,俟全數起解後,該商等著交部照例議叙。該部知道,欽此。"

---

① 膚功:亦作膚公,大功。

省標兵糧請照舊本折兼放并將運費津貼各營兵丁疏

道光八年巡撫兼鹽政　盧坤

竊查太原鎮屬暨臣標左右各營，既無牧廠地畝，而菽粟之貴甲於他省。各兵瞻顧不足，不能不兼謀手藝以資貼補，遂至操練分心。因與司道及三營將官悉心籌酌，必先裕其生計，始可責盡力差操。查臣標左右兩營及太原城守營共有額兵二千餘名，應給月米無閏年止放本色五月有零，有閏年止放本色四月有零，其餘均放折色每兵月米三斗，僅給折色銀三錢。就省城米價計之，三錢之銀祇能量斗餘之米，約計不敷過半，兵食委屬艱難。自須量予變通，以資調劑。查太原府屬之岢嵐州、嵐縣、興縣，甯武府屬之甯武、神池、偏關、五寨，忻州并所屬之定襄、靜樂，代州并所屬之五臺、繁峙、淳縣，保德州并所屬之河曲等十六州縣，并甯武縣所屬之甯化所、繁峙縣所屬之平型兩巡檢，每年額徵兵糧係撥支東路等營兵糈馬料，除按年撥用，無閏之年約有餘賸本色米并豆折米共六千三百餘石，有閏之年約有餘賸本色米并豆折米共三千九百餘石，如將此項餘糧撥給省標三營作改支本色月糧之用，計無閏年三營共需添放本色米四千一百石，有閏年三營共需添放本色米五千二百石，截長補短，從此兵食充裕，可以盡力操防，於營伍實有裨益。其岢嵐州等處距省自一二百里至四五百里不等，前項改支本色營兵不能遠道赴領，自應將各州縣餘賸米豆分別有閏、無閏，酌定應撥數目，飭令經徵之員按年解省，就近支放，較爲便捷。其運米腳價一項，若僅照例價每石每百里給銀一錢不敷較多，勢難令州縣官賠累，自宜仿照民運價值，酌中給發。綜計一年運腳不下數千餘金，未敢請動正款。查河東道庫內存有銷價生息一款，本係支放商役工食及會試舉人路費等項，并緊急工需歲修不敷之用。除歷年支銷外，現有餘賸銀六萬餘兩，以後即有緊急工需，尚有續收息銀盡敷支放，應請即於此内動提銀三萬四千兩，發交河東商人就近承領，按月一分生息，歲得息銀四千兩零。解交司庫，即作前項之運腳需用，責成藩司核實給發。每屆年終，將一年用數造報臣衙門稽考，請免報部核銷。部議如所奏辦理，仍令按年造册報銷，以杜浮冒。奉旨："依議，欽此。"

嗣於道光十年三月，經山西撫臣徐炘疏稱，臣標左右兩營及太原城守營兵丁近在省垣，所有應支月米計改本色以來，行之已閱一年。臣等詳加體察，該兵等每月支領本色，較之折色每名多餘銀不及二錢，而岢嵐等州縣多係山路崎嶇，轉運維艱，所給運費不敷仍須賠貼。伏思兵米改放本色，原爲體恤兵丁起見，計省標額兵二千餘名，今改放本色與支領折色兩相比較，所餘既屬無幾，轉貽州縣以無窮之累，實難行之久遠，應請仍舊本折兼放，即以應給各州縣等運費銀四千兩零，貼給各兵每月可多得銀三錢有零，再加原領折色銀三錢，足敷買食。在於兵丁等既可果腹安心操練，而州縣等又無須運米藉口虧累，官與兵均得其便。奉上諭："徐炘奏省標兵糧請照舊本折兼放一摺，山西撫標左右兩營及太原城守營兵丁應支月米向係本折兼放，嗣以糧價昂貴奏准改放本色，茲據該巡撫查明各縣轉運米豆所給運費不敷，轉致虧累，著照所請，即將省標各營兵米仍照舊本折兼放，并將籌給州縣運費銀四千兩零賞給各兵，俾均匀津貼，得沾實惠。該部知道，欽此。"

請罷設廠分運疏

道光九年巡撫兼鹽政　徐炘

竊查上年河南撫臣楊國楨以潞鹽自改歸民運後，價值增昂，擬令設廠分運。札商前撫臣盧坤，當經盧坤博采周諮，將難以施行之處切實札覆。嗣河南撫臣自行奏明請於河南、汝州、南陽三府州各設分廠一處，將各該屬每年額銷鹽斤運廠發售，并請將商銷原價每斤各加制錢二文，俾得貼補，經部議准行，仍令臣體察情形，務期行之久遠，不致再議更張。臣當即札行河東道韓文顯飭商遵辦，并遴委籍隸河南之知縣王四杰、湯若泌、秦煜三員分赴河南、汝州、南陽各屬周歷密爲訪查，究竟鹽價是否過昂，民食有無短缺。茲據該委員等查覆，各該處城市村鎮均有行店鋪廠。其僻壤遠鄉不乏肩挑駝載，閭閻從無淡食之虞。核其價值較從前商銷時每斤加增一二文至七八文不等，惟南陽所屬距會興鎮較遠，最貴之價賣至四十八文。查淮南行銷豫省引鹽每斤價值七八十文，較之晉省最貴之價尚多至半倍有餘。且從前商銷時不免輕短分兩，攙和泥硝。自改民銷以來俱係净鹽足秤，商銷與民銷於居民毫無損益等語。并據河東道禀稱，晉商素稱疲乏，自改議商運民銷，各口岸子店、房屋、夥友、辛工以及地方規例均得全行裁革，商力稍紓。今若分設鹽廠，責令輾轉販運，不惟汝、南等處相距產鹽之地千餘里之遥。陸運至廠，運本不貲，且豫省銀價過昂，又貫以一切繁費。通盤合算，實屬賠累難堪。從前運商紛紛逃避，頻簽殷商累及通省富民而仍不能經久，實難孟浪①承辦。并據商人王恒泰、尉世隆、張隆泰、馬德隆、靳悠久、張恒履、楊塤篪等來省環跪懇求，以近年改爲商運民銷之後勉力支持，應交課項并交河工經費每年共銀七十餘萬兩，年清年款，不致絲毫拖欠。今若另行添設數廠分售，是仍令商運商銷，强以力之所不能，必致貽誤課運，所關非細。商等俱有身家，祇有懇請告退。情詞迫切，委係實在情形。臣思添設一廠必有一廠繁費，加以陸運維艱，即使每斤各加制錢二文稍資津貼，亦無補裨。臣職司鹽政，所轄各口岸本無畛域之分，何敢稍存成見。第添廠所以恤民，果於民食有裨亦不容該商等推諉。然亦須兼量商力使②行之而不能久，卒非恤民長策。況民食并未缺乏，而徒使商力疲於轉運，似非兩全之計。查自嘉慶二十四年奏請商運民銷，迄今已閱十載，商民相安已久，課運皆無缺誤。今復遽議更張，恐難期行之久遠。與其窒礙於日後，何若規盡於事前？合無仰懇聖恩俯准，仍令循照舊章辦理，以裕商力而杜弊端。

四月二十三日，奉上諭："徐炘奏晉商行銷豫省引鹽，請仍照舊章辦理一摺，河東各商行銷豫鹽自嘉慶二十五年改議章程商運民銷，原爲調劑商力，俾資辦運。上年據楊國楨奏，潞鹽改歸民銷以來價值增昂，請於河南、汝州、南陽三府州各設一廠，飭商分運發售，酌加鹽價，當經飭部核議准行。仍令山西巡撫體察情形，務期行之久遠，不致再議更張。兹據該撫委員赴豫省行銷潞鹽各屬周歷訪查，各該處城市村鎮均有行店

---

① 孟浪：言行輕率不當。
② 使：假使，若使。

鋪廠。其僻壤遠鄉不乏肩挑駝載，既無淡食之虞，并亦不致食貴。若分設鹽廠責令輾轉販運，加以一切繁費，賠累難支，民食未缺而商力轉疲，難期行之久遠等語。行銷引鹽之道，恤民兼須恤商。若果民虞淡食，豈容該商藉詞推諉？既據該撫查明，商運民銷與閭閻毫無損益，而一經更改舊章，商力轉行疲乏。是未能恤民而先致累商，立法豈能經久？且近年以來商民相安，運課無誤，何必復議更張？著照所請，仍照嘉慶二十五年議定章程辦理。該部知道，欽此。"

查辦蒲灘私曬情形疏

道光十一年巡撫兼鹽政　阿勒清阿

竊臣於道光十一年四月承准軍機大臣字寄奉上諭："本日都察院奏，河南商人馬德隆等呈稱私梟累課病商等情，已明降諭旨交該撫親提查訊矣。據該商人等呈蒲州永濟縣南北二灘有匪徒招集私梟，開畦曬鹽，并解池地方內有斗巡，外有弓兵，墻高數仞，賊匪任意出入，越墻偷漏，核計私銷鹽斤倍於正課，以致引鹽滯銷，商人歷年賠累。又河東鹽務於嘉慶十六年額價之外加增一厘爲河工經費。嗣河工告竣，兩淮等處經費久停，河東事同一例，請仍照減價等語。著阿勒清阿查明該商人等所控各情是否屬實。如果蒲州永濟縣等處實有匪徒招集私梟，并任意偷漏，以致累課病商。該官兵等所司何事，必應嚴行懲究，并酌議緝私章程奏明辦理。至鹽斤加價，兩淮等處業經停止，河東事同一例，是否應行照辦，著該撫察看情形，據實具奏。將此諭令知之，欽此。"

臣查此案，前據該商人馬德隆、張隆泰具稟，到臣飭河東道督同蒲州府暨監掣同知嚴行查禁，并飭查明實在情形、妥議詳辦。復札行河東道并蒲州協將該商人等密呈解池私梟積匪範猴兒、蒲灘私鹽販韓天福嚴拿究辦。嗣據河東道督飭該縣并委員等將范猴兒、韓天福設法購綫①，先後拿獲，當經批飭嚴訊究辦。臣查永濟縣南北二灘澆曬私鹽，歷經前撫臣衡齡、和舜武、成格、福綿、盧坤檄飭河東道并該府縣等查禁。前撫臣徐炘復於上年飭令河東道派委文武官員弁前至該處會同該府州縣查緝。嗣據該府稟稱私曬漸知斂迹。臣於本年查照上年舊章，復飭河東道派委文武官員弁查緝在案。惟該處袤延四十餘里，有二十四村之多。該處地係鹵磏，五穀不生，曬鹽則旦夕即成。小民借爲糊口之計，由來已久。雖經查禁，總由地方遼闊，窮黎衆多，此逐彼曬，稽查難周，未能絕净，且難保無奸商圖利私買，夾帶行銷情弊。該府縣所稱近來私曬較少之處，恐係掩飾之詞。而該商人前稟倍於正課之處，亦難憑信。經臣現飭藩司會同河東道委員詳細確查實在情形，如何杜絕私曬，如何疏銷引鹽，如何安頓該處居民，妥議章程，奏請聖主指示辦理。如果該地方文武各官有任令曬鹽偷漏情事，臣即嚴參懲究。至解池賊匪屢經嚴拿究辦，前撫福綿復奏明添設鳥槍六十杆，在池巡查。上年三月間，據閩綱商人王恒泰等稟請減撤槍手，稟内聲叙近來大夥私梟斂迹。昨據王恒泰等來省稟控蒲灘情形，臣復面加詢問。據稱現署監掣同知宣麟捕拿認真，目下解池不致偷漏。今該商馬德隆等控稱賊匪任意出入，越墻私銷，是否屬實，容俟臣查訊核辦。再鹽斤加增一

---

① 購綫：徵求破案的眼線。

厘爲河工經費，每年徵收銀十六萬四千一百二十二兩零。河東自復商以來歷係如數徵收，年清年款。前據商人馬德隆、張隆泰稟請減去。臣因此項係出自鹽斤加價，并非該商等捐資，且歷年奉部撥解河工應用，是以未經准行。今據商人等藉稱賠累，仍請停止，容臣再行察看鹺綱情形，據實具奏。

奉硃批："知道了。剔除奸宄，當時要務。勉之又勉，毋被人欺朦，爲第一要著。欽此。"

請動銷價生息給民開墾蒲灘部議

道光十二年

戶部疏稱。

據山西巡撫阿勒清阿疏稱，竊照河東商人馬德隆等赴京具控蒲解私鹽累商病課等情一案，經都察院奏，奉諭旨交臣查辦。臣因蒲州府屬之永濟縣南北二灘居民曬鹽有礙官引，當飭河東道帶同委員督飭該府縣帶將鹽畦全行平毀，并因該處居民頓失地利，無以爲生，奏請動用商捐公項以爲完賦糊口暨墾復地畝之資，并將鹽土拋撒。經戶部議覆，以該處地畝既多鹼氣，五穀不生，村民完糧應核實豁免。今擬試墾三年，按年給予墾費銀九千餘兩，誠恐墾地并無成效，官項徒致虛糜，應令體察情形，悉心妥議，具奏核辦，并令將鹽土變價入官等因。臣當即行令兩司并河東道暨各府縣等詳細確查妥議去後。嗣據該府縣等覆行查議，由藩司邱鳴泰、臬司夏修恕、河東道韓文顯會詳請奏前來。臣查該處灘地鹵退泥淤，即可耕種，并非始終廢荒。前因各地户恐豁糧歸官，將來爲他人認種，是以議請以商捐息銀代完錢糧。今戶部既以徒多周折駁斥，自應遵照豁除，幷將應豁各地戶花名、畝數造册存案。俟可以耕種之時，仍令各認各地，以順輿情而符名實。至前議拋撒鹽土，原恐居民取以淋曬。今部議以爲拋撒在地，仍可取以曬鹽，令將積土入官變價。查鹽土雖係產自灘地，尚須淋鹵入畦，再經日曬，始行成鹽。此時若將鹽土變價，不令淋鹵曬鹽，必致無人承買。若仍准其價買，修畦淋曬，是固該處居民所甚願，惟易滋影射。方當嚴禁之不暇，斷無令其買土復曬之理。若令官商運至解池曬鹽，則脚費甚鉅。是此項鹽土既不便民間承買，官商又無需用之處，委難變價入官，惟有仍照前議拋撒，使與沙泥混雜，俾免刮取。所需拋撒工費，誠如部議，未便出自商捐任其糜費，應責成各府縣等於居民墾地之時，順便逐漸拋撒，毋庸另給工費。所有令民墾地給予糊口之資一層，臣恐該府縣等體察未周，輕重失宜，兹於較閱蒲州營伍之便，親至該處查得南灘常旺等三村、北灘招德等十村，產鹽地畝不能種植，實因滷氣上升，遍地發白之故。該村民等向刮取發白之土淋鹵曬鹽，積弊已久。所有鹽畦業於上年平毁，而已刮未曬之鹽土現在堆積莊村，各村民等實因查禁私曬，無以爲生。臣復與該道府等體察民情，參酌衆議，除禁曬墾地、安民撒土而外，別無良法。溯查嘉慶十二年復商以來，歷任撫臣檄飭查禁，每年薪水、工食不下數千金，卒無成效。此時若再徒令禁止，不先安頓貧民，杜其私曬之原，終恐有禁止之名，無禁止之實。從前有議請買地歸商者，有議請民曬商運者。夫買地則需費浩繁，仍復設法查禁。若准該處居民開曬，令官商承買運銷，則解池現在產鹽甚多，無需再用該處之鹽。且該處地方界連三省，濱臨黃河，兩灘均無關攔，易於私運。誠恐官商配引有限，私販透漏無窮。今若明定章程，准其開曬配引行運，勢必鹽畦益開益廣，鹽斤益曬益旺。曬戶積壓工本，必致設法售私，是蒲灘之鹽斷不可不行嚴禁。惟欲禁其私曬，先須令其不能曬鹽。欲令其不能曬鹽，則惟墾地之一法。而令民墾犁灘地，不能不給與經費。該處貧民得領此項銀兩，糊口有資，是墾地給予經費不惟可以安貧民，亦正所以杜私曬，實爲正本清源之計。臣目擊情形，核與司道等所詳無異，合無仰懇聖主俯准，仍照前請在於河東道庫商捐銷價生息項下每年動用銀九千一百五十兩零，按各村之情形、貧民之極次、地畝之多寡，分別給予，并飭該府縣將灘地責民勤墾，隨時勸諭，令其別謀生業，毋須再行曬鹽，致干究戾。仍限俟三年即行停止，其餘委員巡查各章程，悉照原議辦理等語。

　　臣等查該省南北二灘地畝每年應完錢糧銀五百四十餘兩，今該撫既經遵照臣部原議蠲除，應令確查灘地糧數、花名具題請豁。惟前地既據該撫查明，鹵退泥淤，即可耕種，并令嚴飭場司各官隨時查勘，一俟可以墾復，即行報部升科①以重糧額。至所稱積存鹽土，前經臣部議令變價入官，現據該撫將未能變價緣由詳晰覆奏，所有此項鹻土應如何嚴禁，灘民俾不致再行私曬之處，應令該撫自行酌核妥辦，以杜流弊。其所稱令民墾地給予經費一節，查該處灘地前據奏稱係屬斥鹵之區，是以臣部恐其未能墾復。今既據該撫親往查勘，督同該道府等熟計詳籌，并稱從前產鹽之地近亦有可耕之地，請仍在商捐

---

① 升科：明清定制，開墾荒地到達規定年限後，按照普通田地收稅條例徵收錢糧。科，科稅。

生息項下動給墾費,不惟可以安貧民,亦正可以杜私曬。是該撫業已確切查明,於安民杜私均有裨益。所有本年爲始,每年計需墾費銀九千餘兩,應准其在商捐生息項下動支。俟限滿三年即行停止,其每年動支銀兩務須核實散給,未便以出自商捐,漫無考稽,應令明定章程妥爲經理,并將每年散給經費若干,墾復地畝若干,於年底先行奏報一次,仍將該處有無外來游民曬私情弊,嚴飭該管各官實力查禁。於年終取具切實印結送部,毋任含混。統俟三年限滿,核計歷年給予銀數及墾復地畝確數一并彙奏,造册報部,以備稽核。再查各省報墾地畝,臣部并無給予經費之例,亦無成案可援。此次准予墾資,原爲權宜辦理。嗣後不得援以爲例,并請敕下該撫嚴飭該道府等核實辦理,毋得徒托空言。倘三年屆滿,公項業已支銷,墾地迄無成效,除將給予墾費銀兩著落該撫及道府等攤賠歸款外,仍查取各該員職名,分別咨部核議,以重責成而嚴考核。

五月初六日,奉上諭:"户部核議阿勒清阿奏查明蒲灘實在情形一摺。河東永濟縣南北二灘地畝每年應完錢糧,著照部原議確查糧數、花名具題請豁。該地鹵退泥淤,即可墾復升科,以重糧額。所積存鹽土,既難變價入官,應如何嚴禁灘民不致再行私曬,著該撫酌核妥辦,毋滋流弊。其令民墾地給予經費一節,既據該撫親往查勘,督同該道府等熟計詳籌,著自本年爲始每年計需墾費銀九千餘兩,准其在商捐生息項下動支。俟限滿三年,即行停止。其每年動支銀兩務須核實散給,該撫即明定章程妥爲經理,并將每年散給經費若干,墾復地畝若干,於年底先行奏報一次,仍將該處有無外來游民曬私情弊嚴飭該管各官實力查禁,於年終取具切實印結送部,毋任含混。統俟三年限滿,核計歷年給過銀數及墾復地畝確數一并彙奏,造冊報部查核。惟此次准予墾費,係屬權宜力理,嗣後不得援以爲例。著該撫嚴飭該道府等核實妥辦,毋得徒托空言。倘三年屆滿,公項業已支銷,墾地迄無成效,所有給過墾費銀兩即著落該撫及道府等將應得養廉全數扣出,攤賠歸款,毋許藉詞,稍有延宕,仍查取各該員職名分別交部議處。該撫務當認真督辦,以重責成而嚴考核。欽此。"

查覆蒲灘情形疏

道光十二年大學士　長齡

竊臣於六月十八日甘肅平涼府途次接准軍機大臣字寄,奉上諭:"有人參奏山西巡撫阿勒清阿辦理蒲灘鹽地,聽信商人慫恿,妄事更張。上年查辦時,委員帶領民夫數百人前往永濟縣南北二灘平畦,騷擾幾釀巨案。至蒲灘鹽池,既經該撫議令開墾地畝,散給經費,曾降旨准行。長齡路經該處并著查明該地可否開墾,私曬能否杜絕,詳晰妥議,奏明辦理等因,欽此。"

臣於六月二十六日行抵山西蒲州府永濟縣地方,即差人分赴南北二灘產鹽處所,詢問該處居民,察看情形。緣永濟縣地方東界中條山,西濱黃河,祇有南北二灘係屬平地。自嘉慶十四年黃河西徙,兩灘地畝盡成硝鹼,不能耕種。祇可曬鹽,藉以供賦糊口。上年官爲禁查,刨乞畦槽,百姓驚慌躲避,并未滋生事端。迨官爲曉諭,令百姓等自行耕種。官爲納課,代賦津貼三年。現在遵照例禁,實未敢再爲私曬。本年試種,連日得雨,業經發芽,出土寸餘。旋因晴日暄曬,已盡槁萎。詢之永濟縣知縣莫兆文所禀相符,復札調河東道韓文顯携帶文卷前來。臣詳加查閱,知蒲灘近年産鹽益旺,以致商引滯銷。商人馬德隆等赴京呈控,經撫臣阿勒清阿疏請官爲津貼三年,令民自行墾復,部議奏奉諭旨准行,實足以安頓窮黎。惟三年後,或經種植無成,亟須從長議計,妥爲籌畫,俾小民得以安業,而商引亦不致滯銷,方爲經久盡善。臣札飭河東道韓文顯,督同蒲州府知府黄德濂、監掣同知郭書俊、永濟縣知縣莫兆文體察情形,詳晰妥議去後。兹據該道等禀稱,三年後灘地不能墾復,如聽民曬官銷,挪引分辦,則灘鹽粒小味苦,非攙和解鹽不能食用。在陝西相距尚近,而河南省及山西之平陽、潞澤等府轉增脚費,且灘地遼闊并須添官設廠,防範難周,更易滋弊。現據圍綱商人王恒泰等以三年後未便令灘民失業,亦不敢始終仰累官賠商等情,願捐資繳庫,按年代民完賦銀五百四十三兩零,每年按畞給民津貼銀九千一百五十兩零。容俟將來收穫有成,再請停止。情詞懇切,出於至誠,并將各商人等所遞甘結中送前來。伏思商民本爲一體,既須恤商,尤須恤民。自上年查禁蒲灘私曬鹽引,已形暢銷,此後商力自必更臻充裕。是禁止私曬大利於商,而津貼①僅止三年。蚩蚩愚氓,任其失業,殊非持平之道。今該道等既稱民曬官銷,挪引分辦,諸多窒礙。商人情願捐輸,以商力之有餘,濟小民之生計,永遠代賦津貼,事屬可行。自應准其將代賦銀五百四十三兩零、津貼銀九千一百五十兩零,按年照數呈交道庫,轉交永濟縣按户分給,責令蒲州府永濟縣實力稽查。如收穫有成,再將

---

① 津貼:給予滋潤貼補。

代賦津貼銀兩按畝劃除。如此辦理，灘地即不能墾復，小民生計不致竭蹙，而私曬亦可杜絕。洵於裕商便民，兩有裨益。臣復傳集南北二灘居民面加曉諭。據居民等僉以三年後種植無成，正慮無以供賦糊口。今蒙奏明仍令商人代賦津貼，民等得有所恃，自當安分營生，實力播種，不敢私曬，致罹罪戾。異口同聲，各皆鼓舞歡欣，呈遞甘結而去。又據該道稟稱，上年查辦時，委員署監掣同知平定州知州宣麟、平陸縣知縣李澍生會同前永濟縣知縣楊作梅在城內雇夫百餘人，於六月初六日分頭往平畦槽。至上源村地內，時當酷熱，夫役思飲，即多躲避逃散。牧令等并未入村，亦即旋回。嗣經該縣楊作梅諄切勸諭，該村民即已自行平畦，委無騷擾情事，不敢徇隱等語。核與臣訪無異。

七月十四日，奉上諭："長齡奏查明蒲灘鹽池情形詳晰籌議一摺。山西省蒲灘產鹽處所，民曬官銷，挪引分辦，不特防範難周，更恐易滋流弊。自上年查禁私曬鹽引，已形暢銷。現據該商人等呈請捐輸，永遠代賦津貼，是以商力之有餘，濟小民之生計，著照所議，准其將代賦銀五百四十三兩零、津貼銀九千一百五十兩零，由該商人等按年照數呈交道庫，轉發永濟縣按戶分給，仍責令蒲州府永濟縣實力稽查。俟將來收穫有成，再將前項銀兩按畝劃除，庶民力不致竭蹙，而私曬亦可杜絕。洵於裕商便民，兩有裨益。該部知道，欽此。"

請提銷價生息津貼蒲灘代賦疏

道光十二年巡撫兼鹽政　尹濟源

竊臣前准軍機大臣字寄奉上諭："阿勒清阿奏原議津貼蒲

灘貧民三年銀兩借款動放捐廉歸補一摺。據稱蒲灘鹽地經長齡議令商人按年捐輸，永遠代賦津貼。惟原奏係三年以後方行代賦津貼，現在三年之内，除該撫與該管道府分捐三分之二，商捐三分之一，尚不敷銀九千一百五十兩零。請先在河東道庫商捐銷價生息閑款内自道光十二年起至十四年止按年如數動給，仍在巡撫養廉内每年捐銀三千兩，其餘一千五百七十五兩零在河東道、蒲州府、監掣同知、永濟縣四員養廉内均攤。至道光十四年底，前項三年之内津貼銀兩官捐爲止、接續商捐，所有動用銷價生息銀數分作六年匀捐。至道光十八年即可全行歸款。至部議蠲除之蒲灘地畝應徵錢糧銀五百四十三兩零，請飭藩司暫爲籌款補足地丁原額，俟三年後即令商人永遠代賦，所有灘地錢糧無容請豁。此項津貼銀兩係捐廉歸補，請免造册報部核銷等語。是否可行，著尹濟源到任後體察情形，悉心妥議，據實具奏，將此諭令知之。欽此。"

臣由川來晉，路經蒲州府，當即吊齊卷宗，確體情形，并行藩臬兩司詳籌妥議。查知蒲州府永濟縣屬之南北二灘居民開畦私曬，近年產鹽甚旺，以致商引滯銷。經前撫臣阿勒清阿飭令平毀鹽畦，禁止私曬，灘民頓失地利，生計維艱，議請每年津貼灘民墾費銀九千一百五十兩零，代完灘地錢糧銀五百四十三兩零。本係自道光十一年起至十四年爲止按年在商捐銀價生息項下動給，嗣因户部駁令再議。經前撫臣阿勒清阿將道光十一年分津貼銀九千一百五十兩與藩臬司并該管道府等分捐三分之二、商捐三分之一給與蒲灘貧民具領。其自道光十二年起至十四年止，應給津貼銀兩仍奏請在商捐銷價生息項下動用。復經户部議奏，欽奉上諭："准其動支。倘三年屆滿，墾地無效,即著落該撫及道府等攤賠歸款等因,欽此。"旋蒙大學士長齡查議辦理,經河東商人請將三年以後代賦津貼銀兩永遠捐輸,奏蒙允准。其前撫臣阿勒清阿因試種前項灘地,難以墾復。若俟三年後再行著賠,恐致延宕,是以奏請與該管道府廳縣將三年之內應給銀兩分作六年捐廉歸補,并未將起止年分、應捐總數分晰敘明。茲據藩臬兩司并河東道詳稱,蒲灘津貼貧民禁其私曬,原所以疏銷官引,於河東鹽商大有裨益。現據河東商人王恒泰等稟稱,查禁蒲灘私鹽,閪綱受益,官引漸見暢銷,不敢將津貼銀兩仰累官賠,亦不便因鹽務之事動用藩司庫款補足灘地錢糧。惟商力尚未復元,所有蒲灘貧民津貼并灘地應完錢糧均請先在商捐銷價生息項下暫行借動,仍請在於前項生息內另提出銀三萬兩發商,按月一分生息,每年計得息銀三千六百兩,遇閏加增銀三百兩,共計八年,即可將三年以內應給蒲灘津貼代賦銀兩全得歸款,仍俟道光十五年以後即遵照大學士長齡原議商人永遠代賦津貼等情具詳請奏前來。臣查州縣各官養廉屢奉諭旨,不准多有攤扣。近年晉省辦理解運甘肅駝隻、修理省會城垣,并供支兵差等項捐款較增。若再加添此項,在巡撫養廉優厚、不難分年勻攤,而在該道府廳縣祿入無幾,恐致辦公竭蹙,且禁止蒲灘私曬大利於商,似未便因有利於商轉令失業之人仰給於官。大學士長齡所議以商力之有餘濟小民之生計,實為至當不易之理。惟據稱商力尚未復元,三年以內銀兩亦未便遽令商捐。現據該商人等稟請在銷價生息銀項下提出銀三萬兩生息歸補,僅止稍緩時日,於公項仍歸有著,商民兩有裨益。查河東道庫現存銷價生息銀四萬七千餘兩,每年尚有應收息銀一萬五千兩,足敷動用,無虞支絀,合無仰懇聖恩俯准,將津貼蒲灘貧民自道光十二年起至十四年止每年應給銀九千一百五十兩零,總計三年共應給銀二萬七千四百五十二兩零。又每年代完灘地錢糧錢五百四十三兩零,總計三年共應代完錢糧銀一千六百二十九兩零,先在商捐銷價生息閑款內按年借動,仍請在前項銷價生息內另行提出銀三萬兩發商,按月一分生息,計至八年連閏可得息銀二萬九千餘兩,足敷歸還津貼代賦借動原款。一俟原款補足,即將所發本銀三萬兩提回貯庫。至前撫臣阿勒清阿議令捐廉歸補并飭司籌款補足地丁之處,均無庸議。

又片奏,臣由川來晉,路經南北,兩灘彌望,閑田皆屬斥鹵。內有大小土堆,累累相間。詢之沿途居民及該管各官,復密行察訪。僉稱自上年查禁以後,近灘各村不敢開畦私曬,所有新掃鹽土均經抛撒。現在土堆從前俱已淋過鹽滷,實不能再曬等語。查該處地勢遼闊,產鹽必多,自不准居民曬賣,以致商運滯銷。如挪引分辦,則該處地濱黃河,界連陝豫,私販易於偷漏。即添官設廠,亦屬防範難周。臣體察情形,自禁止私曬後,官鹽已漸暢銷,即灘民亦獲有津貼銀兩,生計不致拮据。立法貴乎因時,似無逾於此。惟人情趨利若鶩,貪得無厭。始焉,有津貼以安其生。久之,雖津貼不能盈其欲。須防其故智復萌,更恐商夥人數衆多,其中或有牟利作奸之輩,藉官夾私,因而勾串灘民乘間曬賣。從來有治人無治法。臣現飭該管地方文武各官并委員等嚴密稽查,稍有前項情弊,無難立時破案。倘該管員弁及巡查兵役營私包庇,一并嚴行參辦。并請嗣後每值撫臣查閱營伍暨盤核河東運庫之時,順道親往察查。如日久弊生,即隨時具奏,以昭核實。

十一月三十日,奉上諭:"尹濟源奏酌議蒲灘津貼銀兩籌款生息歸補一摺。前據阿勒清阿奏請將津貼蒲灘貧民三年銀兩借款動放捐廉歸補并飭司籌款補足地丁原額,當降旨交尹濟源妥議具奏。茲據奏稱,蒲灘禁止私曬,官引暢銷,商綱受益,自應以商力之有餘濟小民之生計。惟三年内商力未復,亦未便遽令商捐。請在河東道庫銷價生息項下暫行借動提款生息歸補,著照所請准將津貼蒲灘貧民自道光十二年起至十四年止每年應給銀九千一百五十兩,總計三年共銀二萬七千四百五十二兩零,又每年代完灘地錢糧銀五百四十三兩零,共銀一千六百二十九兩零,先在商捐銷價生息閑款内按年借動,并於前項銷價生息内另行提出銀三萬兩發商,按月一分生息,計至八年連閏應得息銀二萬九千餘兩歸足津貼代賦借動原款,即將所發本銀三萬兩提回貯庫。又據另片奏,灘民獲有津貼銀兩,生計不致拮据。恐閱時既久,故智復萌,且商夥人數衆多,或有作奸牟利之徒藉官夾私,勾串灘民,乘間曬賣,誠不可不妨其漸,著該撫嚴飭該管文武各官并委員等嚴密稽查。如有前項情弊,即時破案。倘該管員弁及巡查兵役營私包庇,一并嚴行參辦,毋稍姑容。并著嗣後該省巡撫查閱營伍及盤核河東道庫順道親往查察。如日久弊生,立即隨時具奏,實力整頓,不得視爲具文。欽此。"

舉商試辦三年再行接充疏

道光二十四年巡撫兼鹽政　梁萼涵

竊臣承准軍機大臣字寄道光二十四年正月三十日奉上

諭:"御史烏凌阿奏山西鹽務招商混舉官爲勒派請飭查禁一摺。據奏,介休縣鹽商侯本城捏報商累告退朦混舉報,經州縣行文關提①差役押勒詐索多贓,致居民逃往外境等語。招商行鹽願應者方准認充,豈容朦舉勒派,藉端索詐,致滋擾累?著梁萼涵確切查明,如該商等果有混行舉保及州縣等藉派勒索等弊,即行核實究辦,萬不可受人欺朦。原摺鈔給閱看,將此諭令知之。欽此。"

遵旨寄信前來。臣遵查商册内并無侯本城之名。惟查上年二月間,有介休縣商人侯協山的名侯本城曾在臣衙門告退,批飭不准。是否即係其人,當經檄飭河東道確切查明有無捏報混舉、藉端勒索情事,據實詳辦。兹據河東道李百齡查明,侯本城即係介休縣商人侯協山,的名侯本城,承辦絳縣半簽引地,近因鹽務疲累,家資净盡,於上年六月赴河東道衙門具呈告退。經前護道牛鎮查明,該商家道消乏屬實,飭據該商舉保汾陽縣殷户王承祚、王承翼、王承謨接辦,屢傳未到。兹奉前因,復檄飭侯本城之原籍介休縣提訊鄉保族鄰人等,僉供侯本城家產實已净盡,惟存房院兩處,山地三頃,不足償債,委非捏飾。并據汾州府查明,王承祚弟兄實係汾陽縣殷户。王承祚原捐郎中,王承翼原捐翰林院待詔,現於本年二月内進京加捐。王承謨向在直隸一帶生理②,并非因聞報商逃避。該縣亦無藉派勒索情弊等情。咨經藩臬兩司會詳請奏前來。臣查介休縣商人侯本城既據河東道查明家道實已消乏,自難責令充商。其所舉接辦之王承祚等既能報捐郎中等官,其爲家道殷

---

① 關提:行文逮捕罪犯。
② 生理:指做買賣,係名詞動用。

實并非朦混舉保可知。且屢經飭傳未到，亦無從押勒詐贓，是該御史所奏自係傳聞之誤。

惟原奏内稱招募商人自願應募認充者方准到綱試辦等語。臣查招商行鹽願應者方准應充，立法本爲至善。而今昔情形互異，勢難拘泥舊章，不能不量爲變通以爲權宜之計。河東鹽務從前池鹽旺産，成本既輕，銀價又賤。充商者藉資獲利，是以招之即至，尚屬踴躍爭先。自道光十一年鹽池被水，鹽價增昂，銀價漸長，百姓多畏縮不前。近年則鹽價益昂，車騾腳費無不倍增，銀價每兩貴至一千五六百文，加以私鹽充斥，官引滯銷，各商承辦半簽引地每年須賠四五千兩，一簽則約須萬金。充當商者無論家産之厚薄，一日不盡則一日不能告退。每屆封課之時，比責監追，無法不備，猶復積欠累累，是以上年即本年奏銷。臣兩次奏明，蒙恩展限，實勢處於無可如何。此等疲乏之商，勢不能不准其告退。又慮無人承充，致誤課項，不能不令報殷户接充。而殷户畏累，往往經年累月屢提不到，其傳到者又復多方規避，百計推諉，不肯具結認充。此時若拘泥成法願應者方准認充，小民惟利是圖，孰肯以有限之家私供無窮之賠累，將來告退之引地永無應募之人。故於提到之商不能不曲爲開導，勸令認充。此近年來河東鹽務之實在情形也。

臣於二十二年蒞任時觀此疲累情形，冀爲補救，苦無良策。去年春間，臣查閱鹽池時，有數十商人聯名具禀，極言伊等賠累之苦，力不能支，懇求減引減課。臣當將該商等傳至行次①面諭："以爾等苦况，執事者并非不知。惟現當度支孔亟

---

① 行次：旅途暫居之住所。

之時,不於鹽斤加價已屬皇上格外鴻施。爾等具有天良,何忍再言減少引課。自當設法辦理,勉圖報效,方爲無負天恩。"該商等頗知感激,多垂泪默默而退。臣因思國家藏富於民,百姓之財力亦當稍留其有餘。若充商之人必令家貲蕩然始准告退,亦覺有乖政體。當飭河東道確查,各商如果力難承充,准令告退。又恐所舉之商畏葸不前,飭令先行試辦三年,如情願認充,再行咨部更名作爲正商。或力有未逮,即令另舉新商接充。如此辦理,庶幾乏商尚有告退之期,新商亦有更代之日。或不至視爲畏途,而國課民生兩無貽誤矣。至此後該商等如果有捏報疲累,混行舉保,以及州縣等有藉端派勒需索等弊,仍當嚴飭河東道確查究辦,斷不敢含混瞻徇,有負聖主體恤商人之至意。六月二十三日奉旨:"依議。欽此。"

奏留長商改行票鹽疏

咸豐元年　户部

竊臣等伏查國家歲入之數地丁、關稅而外,惟鹽課爲大宗。蓋鹽爲人生日用所必需,而所費無多。故歲有豐歉,容有缺糧之時,而人無貧富,總無乏鹽之日。人人不能不食,又爲人人力所能食。故銷路寬而輸課易也。產鹽之地,各省不同。雲南、四川產於井,河東產於池,其濱海省分如兩淮、兩浙、長蘆、山東、閩粵等處,則產於海。所產之鹽,皆待煎曬而成。其附近居民之以煎曬爲業者曰竈户。朝廷設官以掌之,招商以運之。積斤成引,按引抽課。各省一引之數自二百四十斤至六百斤不等,按收正雜各課自一兩數錢至二三兩亦各不同,此大較也。顧納課之多寡，以銷鹽之多寡爲憑；銷鹽之多寡，以戶口之多寡爲斷。自國家定課以後至於今，生齒之繁，戶口之增，豈啻倍蓰。乃食鹽之人日見其增，銷鹽之路日見其廣，而行鹽之引地反多滯而少暢，以致正雜之課額亦有絀而無盈。若是者一由私鹽之充斥也，一由浮費之增加也。自設立長商以來，各省官紳士庶皆視鹽務爲利藪，或藉口辦公、巧爲侵蝕，或受人情托、曲爲通融。他若陋規、黑費之類不可枚舉。其課項則有時展緩，而陋規則無處減輕。此浮費所以日增也。浮費增則成本重，成本重則鹽價昂，鹽價昂則銷路滯，銷路滯則課額虧，而無課之私鹽乃得充斥於其際。質既潔淨，價復輕微，由是百姓樂於食私而奸民遂樂於販私，竈戶遂樂於售私。於此而欲禁賤價之私鹽，行貴價之官鹽，雖形驅勢迫，有所不能，此鹽之所以日滯，商之所以日疲，而課之所以日短也。爲今之計，欲增課必先暢銷，欲暢銷必先敵私，欲敵私必先減費，而欲減費敵私以暢銷而增課，則莫若使各省改長商而行票鹽。夫票鹽之所以愈於長商者何也？長商受官管束，官吏因之侵漁。長商無可如何，故有費而鹽自滯。票商隨時認領，官吏即欲需索，票商立許告發，故無費而鹽易銷。則減費即所以裕課，其利一。長商有費則鹽價日貴，貴則不能敵私，而銷路日壅。票商無費，則鹽價日賤，賤則可以勝私，而銷路日寬，則敵私即所以裕課，其利二。長商積疲已久，每致先鹽後課，而課易拖延。票商挾本而來，故皆先課後鹽，而課無短絀，則免欠課之積弊，其利三。長商按綱領運，必挾貲鉅萬，而後可以承充。票商量力納課，即爲數無多，而亦准其販運，則廣民間之生計，其利四。長商則恃係官鹽，迫人以不敢不食，故鹽多攙和。票商則各自銷售，恐人之或有不食，故鹽多潔白。則便各省之民食，其利五。長商價重則人願食私，而梟徒因之以多。票商價輕則人願食官，而私販因之以戢，則化天下之莠民，其利六。總此六利，而又得人以經理之。當今生財之大道，計無有逾於此者。

　　溯查嘉慶六年滇省鹽課改歸井竈，至今年年溢銷。道光十二年，淮北鹽務經前兩江總督陶澍奏改票鹽，除年清年款之外，每年協貼淮南鹽課銀六七十萬兩，溢銷之數幾至加倍不止。道光三十年，兩江督臣陸建瀛因漢岸火災之後，引滯商疲，將淮南鹽務盡行改票。彼時中飽之人藉詞謠惑，仰賴我皇上宸謨獨斷。試行之後，裁汰浮費百四五十萬，票販踴躍爭先。己酉一綱上課至五百餘萬兩，去歲部庫支絀賴以接濟。是改票之上裕國課下便民食，其效已歷歷可徵。臣等思各省鹽課除淮鹽改票、滇課歸井之外，惟山東引、票兼行，尚能年清年款，而亦總無溢銷。其餘長蘆、河東、兩廣、閩浙、四川各鹽務無不商疲引滯，苦累日形。今兩淮、雲南既辦有成效，則各省亦可依照成案量加變通。雖因地制宜，情形各有不同，而銷鹽之地、食鹽之人初無稍異。惟變法伊始，總以裁費爲要。恐向日漁利之人無利可獲，必致藉詞阻止，搖撼百端。設各該省大吏於鹽務情形未能深悉，恐以浮詞之眩惑轉致良法之中撓，不無可惜。皇上聖明洞照，票鹽之利已在宸鑒之中。惟各省改定章程勢難同時遍及，必須挨次辦理，方爲施之有序。合無仰懇天恩，特簡居心公正、通曉鹽務之大員，先擇一省前往酌量情形，仿照兩淮改票成案，妥爲籌辦。辦定一省，再及其餘。如此行之以漸，持之以久，以減費爲先務，以緝私爲永圖。不過數年，各省盡行改票。銷路既廣，交課愈多。既化私而爲官，即有暢而無滯。課額之增，將有加倍於今日者。所謂便民裕課，其利誠不可勝言也。

酌擬留商改票疏

咸豐二年　　侍郎王慶雲

竊臣王慶雲、臣聯英奉命來晉，會同臣兆那蘇圖查辦河東鹽務。抵省後，當將馳赴運城，通盤籌畫緣由恭摺奏聞。先後奉到硃批："知道了，欽此。"

臣等一面檢查案卷，一面延訪官商，詳求利病。竊疑河東鹽課既係年清年款，何以稱爲疲累者異口同聲。及悉心體察，商情之渙散，民情之驚擾，有不得不急議變通者。緣河東本係長商，自道光二十四年撫臣梁萼涵請改短商，三年更舉。商則移甲換乙，課則李代桃僵。有一年之中新舊更換至二十餘商者，有一縣之地先後提送至一二十户者，規避營求，曖昧不可究詰。及其勉强充當，又復苟且支吾，指期告退，名爲顧課，實則百弊叢生。於是富户多有棄廬墓挾貲財而紛紛遷徙者。此臣兆那蘇圖所以深嫉舉商之弊，而有改行長商之請也。茲復仰蒙恩命，會籌經久之方。臣等伏思，政在養民。爲今之計，安民業必先寬商累。現商不疲乏告退則舉商之弊自除，而國家正供亦可源源不匱。

查晉商疲累一在鹽本之鉅，一在浮費之多，一在運脚之重。官鹽既貴，私販遂乘間蔓延。河東鹽法以二百四十斤爲一引，一百二十引爲一名，八九十名爲一簽。行鹽者曰運商，曬鹽者曰坐商。從前鹽價平時每名不過值銀三五十兩。乃近年以來坐商貪賣無課之私，多得價值，囤積居奇。其畦地錠票租典靡常，一業數主，人人牟利。現在一名之鹽貴至一百二三十兩、三四十兩不等，視舊時幾及三倍，運商安得不困？河東鹽行三省，文武大小衙門一切公私酬應名目繁多，不可枚舉。更有由總商分派者名曰廳攤，由散商自送者亦歲有常例，統計不下二十六萬餘兩，幾及歲課六十餘萬之半。官吏視爲應得，罔恤商艱，加以河東鹽由陸運，引重致遠，脚費繁多，每名自數十兩至百餘兩不等。引地定價，已久不容加增。因而相率爲僞，攙沙短秤，民間購一斤之鹽僅得半斤之用。引地愈遠，民食愈艱。此河東鹽務疲累以致商民交困之實在情形也。臣等會晤以來，無日不公同商酌，輕鹽本必先定池價，革浮費必先行票法，減運脚必先分口岸，并將緝私之法分寓其中，而大要總在留商改票，先課後鹽，庶法立無弊而行之可久。蓋引有專商，票無定販。留商招販，必使先課後鹽。而後引目雖改，不至虛懸；課項有常，無虞短絀。

查向來坐商擡價，總以缺產爲詞。臣等周歷鹽池，見其地面寬廣，鹵氣醲厚，即雨暘偶有不齊，衰多益寡，總足敷五千六百餘名之額。鹽貴之病，實不在缺產，而在走私。現擬定白鹽一名，至貴不得過六十兩，青鹽以次遞減。坐商工本之外盡有盈餘，不許居奇擡價，并令坐運各商立法互相稽察。遇有售私，官爲懲辦。但使鹽不旁流，則池價常平而商鹽自足。其錠票銷價應爲核減，畦地租典先儘運商，總期成本減輕以敵私而衛課。至出鹽、行鹽各地方官吏浮費無不出自引商，今既改引行票，即令各商逐款開明，永遠勒石示禁，并以另籌公用一款，每票一張徵銀七分有奇隨課收發，以爲管鹽衙門辦公之用。此外需索分毫，官吏總商皆坐贓科罪。其領票招販、完課掣鹽、截角繳票各事宜，即仿照兩淮票法，稍爲變通，以歸簡易而防弊混。

再查河東鹽行河南引地，向歸商銷。自嘉慶二十四年改爲商運民銷，以會興鎮爲發鹽口岸，商民稱便。現擬將陝西并本省之鹽一律設立口岸，與會興鎮分爲三路，各行各票，不得互相攙越。鹽到口岸，然後發販，隨地銷售。商人自運，亦從其便。計一簽之商，省官吏浮費銀二千餘兩，脚價、房租、辛工等項數千兩。所省既多，即令一律售賣淨鹽。再有攙沙短秤者，嚴行究辦。惟商販輾轉，脚戶眾多，恐有夾私漁利，應由臣兆那蘇圖遴委廉幹同知、通判、州縣各員分駐口岸嚴查懲辦，於節費之中兼寓疏銷之法。此臣等通籌全局改定章程之大概也。統計河東全綱，就上年鹽價比較節省銀三十八九萬兩。設遇豐收，池價更減，所裁浮費除酌留公用外實裁銀二十六萬餘兩。其改立口岸，亦可省公私等費十萬餘兩。通三項裁省銀七十餘萬兩，向之賠累者轉獲贏餘。從此得人守法，商力不疲，不至告退。即間有事故歇業者，或運商歸并，或坐商頂充。二者無人，即各就各省運商按簽勻辦，永不准再有舉商保商流弊。臣等復傳集坐運各商一百四十餘人，面加講求，示以變通辦法有無窒礙難行之處，不妨據實稟明。該商人等鼓舞歡欣，僉稱具有天良，感激朝廷德意，并願將現停一半活引四萬三千七百五十道一并改票運銷，仍交銀八萬二千二百六十餘兩，所有河工經費前請奏減銀二萬餘兩，兹亦仍照十二萬兩之數一并解交。臣等公同察看所復之數，較新章裁省七十餘萬兩之數不及十分之一，於商力並無妨礙，應准復還原額，並據投具甘結前來。

茲臣等於本月十五日回省，謹將會籌擬改各章程分列十四條，另繕清單，恭呈御覽。

——簽商之弊宜永遠禁革也。河東池鹽自國初招商分引以來，從前保舉富戶之説。乾隆年間鹽臣薩哈岱奏請在晉省舉報富戶充當，人始視爲畏途。嗣改爲五年更換，百弊叢生。經前撫臣農起奏請更定長商，六七十年間循而不改。逮至道光二十四年，前撫臣梁萼涵又因舊商告退，奏請將新商試辦三年，名爲短商，乃行之。甫及六載，已更八十餘商，其到官營免者尚不在此數。緣富戶不諳鹽務，全憑商夥經理，浮冒侵漁。本商因試辦不久，甘受其愚。比及三年，祇圖脱身。隨意舉報被舉之戶多方規避，或賠課免充，或挾貲遠逃，遂至一商告退，通省騷然。臣兆那蘇圖所以有改復長商之請，蓋運商受病之源不在承充之久暫，而在賠累之過多。茲臣等奉命來晉，目擊情形，知簽商之弊一日不除，鹺綱一日不整，而晉民疾苦一日不痊。現擬留商改票，裁去浮費廳攤，減定池價，銷價成本愈輕，從此運商盡有贏餘，不致仍前竭蹶。倘復有藉口告退，希圖拖累他人者，概不准行。惟間有因他故歇業者，必須通商出具連環甘結，由河東道詳明巡撫衙門方准告退，所領引目或由運商歸并，或由坐商頂充，二者無人，再各就各省運商名下均勻配搭運銷。在衆商所加無多，引課亦歸有著。其從前保商簽商之弊，應請永遠禁革，以安生業。

——改引行票宜責成現商領票招販納課掣鹽也。查引由商銷，票准民販，而票之較勝於引者，在官則省浮費，在商則省辛工。其餘運鹽赴岸車騾腳價，俱可從省，所以輕成本利轉輸也。然改票爲商人蘇困之良圖，非爲商人脫身之私計。自應明定章程，責成辦理。自咸豐二年癸丑綱爲始，商人領票按照原領引數，限期赴道請票，呈明該商於某坐商某畦某料第幾號配定青尖鹽若干名，即將課項封足，由監掣衙門督同庫官彈收，將票先裁第一角，方准掣鹽。鹽到禁門，場官核對鹽票相符，查無夾帶，再將票截第二角，由該商押運到店，將票收帶以憑沿途照驗。鹽到口岸，將票呈交口岸委員截第三角，按限申繳，其鹽或發販轉運，或由商人自運，均聽其便。遇有引地滯銷，許商販運赴暢銷地方售賣。如有夾私影射等弊，各商販互相舉發，稟官究辦。其各商名下應交票課每年自二月起截至九月止，責令埽數①全完，不許絲毫蒂欠，違者參追。

——三省公私浮費宜一概革除也。鹽務陋規，久干例禁。現查運商呈出底帳，每商名下各引地浮費自一千二三百兩起至四千四五百兩不等。前歲臣兆那蘇圖曾經奏裁十分之四，甫經奉部覆准，茲將通綱核計所費不下十餘萬兩，廳攤尚在其外，實屬不成事體。姑念歷有年所官非一任，地非一處，應請從寬免議。茲既改引行票，仍責成現商領票招販，納課掣鹽，恐陋習相沿，難保不仍前授受，應嚴申例禁。所有商人向交浮費，無論何衙門何項名目，一概革除，不准再有絲毫勒索。倘各該管官吏及行鹽各地方官陽奉陰違，一經發覺，即坐贓科罪。再票商經過沿途關津，文武兵役以及地方匪棍刁難訛詐，許受害之人指名稟究，從重懲辦。地方官不爲申理，許該商販徑赴巡撫衙門控告，問實嚴參。

---

① 埽數：盡數，全數。

——總商攤派之弊宜嚴行禁絕也。運城爲三省行鹽總彙,向置商廳。各商中擇其明白曉事者,點充綱總。嗣因把持漁利,乾隆年間曾將綱總名目革除,另立值年司季,各商輪流辦公。現查商廳每年攤派有五六萬兩至十餘萬兩之多,任意冒銷,已可概見。且運鹽正商百餘家,無幾人自行經理。商夥與總商勾串營私,大爲衆商之害。前歲臣兆那蘇圖查明河南會興鎮值年司季業已裁撤,改爲輪流辦公。河東因有承辦事件,擬擇公正殷實者三家定爲值綱,三省各派值省一家,管理事務。現在改引爲票,浮費一概革除。運城商廳應即裁撤,并責成河東道監掣同知督率各商從新整頓,不准再有廳攤名目,以清弊竇。

——池鹽宜酌中定價以免居奇也。坐商無轉輸之勞,澆曬供運理應公平交易。乃近年以來往往有曬鹽已成,以多報少,囤積待價,漁利賣私。現在池價每名賣至一百餘兩之多,運商賠累實由於此。雖產鹽豐歉,容有不齊,而將贏補絀,澆曬工本不致大相懸殊。前歲臣兆那蘇圖曾經定價三等,奉行尚未畫一。現在臣等會同訪察,傳諭坐運各商,令其酌中定價,不准任意取贏。據各坐商結稱,白鹽價至貴不過六十兩,青鹽價至貴不得過四十兩。如有誤曬居奇,願甘承罪,畦地入官各等語。應令河東道隨時查察,倘嗣後坐商再行藉詞昂價,准運商呈官懲辦。再查運城商夥往往有串通坐商短給鹽價、攙和硝土情弊,以致官鹽滯銷,殊堪痛恨。應責成河東道督率監鹽掣同知及各口岸委員嚴切稽查,如有前項弊端,即將該商夥并坐商盡法究辦。

——酌減銷價以歸核實也。從前坐商治畦曬鹽,兼辦引課，無所謂銷價也。迨後坐商乏致遠之力，三省引地皆由運商包運納課，償之以價，以爲坐商工本。每錠出給銷價銀二十四兩，乃日久滋弊，名實不符。坐商將錠票典與他人，即將銷價作爲利息，并與澆曬無關。是坐商只管賣鹽，并不交課。既得鹽價，復得銷價，轉典漁利，而運商重出無名之費。雖節經裁減，所省無幾。今既查明其弊，本應一體刪除。惟念各商典非一日，若遽以法相繩，不免商民失業。當即傳問，各商據結稱，每名銷價定爲六兩交收。嗣後，仍責成河東道隨時稽察，違者立即懲處，亦補偏救弊之一助也。

——畦地租稞宜申明舊章以防流弊也。河東鹽法，坐商有畦地而無力澆曬者，准其呈明，或租於運商，或租於同畦夥商。蓋運商承辦引地，例得澆曬，以資配運。夥商有通力合作之義，不致以罔利壞畦。故租稞無嫌。嗣因市棍串通，賃畦收曬，以致場價日昂。乾隆四年、十七年，屢嚴私租私稞之禁，犯者鹽入官，人坐罪。遇有惰曬，惟本坐商是問。現在河東畦地租稞流弊更甚於前，夥租者按年輪曬，把持誤公。先曬者盜穵鹽根，屯私肥己。種種詭譎，貽害匪輕。應責成河東道實力查禁。現在已租各商令其加工澆曬，以供配運。如再有把持誤公及盜穵屯私等弊，即予懲辦。嗣後坐商無論租賃典賣，總須歸運商及同畦夥商管業，不准市棍串通承買承佃，以杜昂價而防壞畦。違者鹽入官，授受人均照阻壞鹽法律治罪。

——核定科則以輕成本也。現在改引行票，應將晉陝豫額代正餘活引歲徵正雜科則，即定爲行票科則。其山西潞澤節省改照河南通攤唐裕歸公之例每引攤銀九分零，加以現定至貴池價每引銀五錢，銷價每引銀五分，公用每引銀七分零，統核改票成本。山西、河南每票銀一兩六錢零至一兩七錢零，陝西每票銀一兩五錢零至一兩六錢零。比較從前成本，奚啻減半？該商等但當實心經理，非惟不致賠累，自必銷路暢而獲利多矣。至以上應交正雜各項，應令遵照新章於領票後一并交納運庫，方准赴場掣鹽，毋任遲延。

——票鹽口岸宜酌量安設也。查嘉慶二十五年豫引改爲商運民銷，鹽斤渡河即在河南陝州之會興鎮設立口岸，分路發販。迄今三十年，商民稱便。現在留商改票，山陝二省均應設立口岸以便招徠。經衆商將應設口岸地方妥議呈請核辦前來。臣等公同酌定，除河南會興鎮照舊設立外，其陝西省三十四處向有永濟縣之下馬口、夾馬口渡河過載，今仍從其便。山西本省四十四處山路崎嶇，運脚繁重，自應妥爲分設。所有澤州、潞安、平陽三府，霍、絳二州各屬口岸，應由臣兆那蘇圖委員察看適中地方設立。以上三省口岸，均應派委同通州縣一員，分駐巡防。并令各商販將鹽票呈交截角按限申繳。至山西省近池蒲、解兩府州屬，票鹽應於安邑、運城兩處立岸發販。所有票鹽由各該州縣截角申繳，以歸簡易。

——鹽池透漏宜嚴行巡緝也。引鹽改票，首重緝私。然必先禁坐商之私，方爲正本清源辦法。坐商積弊，向有大賣小賣之號，計堆計擔之名。或刮收於未成料之先，或預先串通新鹽夾積成料之內。種種弊端，不可枚舉。應責成河東道嚴飭各場員於每年盤鹽歸料之時，將新收詳細丈量，編號册報。該道覆丈有無收多報少，轉詳巡撫衙門存案。并先於二月興工，即飭坐商出具十家連環保結。一家漏私，九家舉首，徇隱連坐。有能破獲者，將鹽充賞。開曬以後，該道分飭各場員駐池督曬,以產鹽之盈絀,定督曬之勤惰。分別功過,以示勸懲。開場放鹽之時,守門人役查出夾帶者,從重給賞。至圍墻以外,當飭三巡檢督率弓兵巡役按段巡緝,以防扒越走私等弊。如查緝不力,兵役責革,本管官參處。再近池村莊多有匪徒設立私窩,勾引販買。或乘夜馱載,或用船運渡。應飭令近池文武各衙門嚴密訪拿,以絶根株。

——三省引地及新立口岸私鹽宜并行堵絕也。查河東引地,周圍二千餘里。東與長蘆、南與兩淮、西與花馬池接壤,其北則有口鹽、蒙鹽。而吉蘭泰之私沿河直下。蒲灘之私地處適中,尤易侵灌,爲害不可不設法堵絕。經臣等親赴蒲灘察看情形,除飭該管府縣并遴委幹員分駐認真查禁外,應再責成蒲州協挑選得力弁兵,於二灘滷氣最旺之處各設卡房。每歲自二月起至八月止,分駐巡查,不許擅離。遇有堆土開池,立時拿究。如一年後私曬果能堵絕,將該員弁酌量獎勵。二年著有成效,即由臣兆那蘇圖奏明拔補。其吉蘭泰私鹽以水運爲大宗,由臣兆那蘇圖訪查上游磴口之處發運地方,設法稽查不使用船筏順流直下。遇有河船夾帶停泊售賣,即行兜拿究懲。至各引地鄰私,從前因河東鹽苦價昂,州縣每藉口不能禁止。今改立新章,價平鹽淨。如再有鄰私侵越,即係各州縣有心故縱。一經發覺,立將該地方官按律參辦。再現在分立各口岸過載換馱、過河渡口,應嚴飭該地方官及派委員弁隨時隨地實力稽察。夾私影射等弊,有犯必懲。其官鹽過境驗明印票,刻即放行。倘有留難索詐等情,許該商販稟究。無論商販兵役人等,如訪得窩囤私鹽,准密稟該管官究辦。所獲鹽斤一半充公,一半賞給告捕之人。州縣委員有能查拿至五萬斤以上者酌量獎勵。倘怠惰失察,差役徇縱,以致私充官滯,即將該州縣照例參處,委員記過停委。如此嚴密查緝,各固藩籬,似於三省票鹽不無裨益。

——另籌公用核實支銷也。河東鹽行三省,凡管鹽衙門督徵、巡緝、監掣、稽查,各有承辦事件。茲既將通綱浮費銀二十六萬餘兩一概裁除,若不量為籌款,不足以辦公,且此外尚有解餉津貼以及營兵薪水各項向不作正開銷,皆取資於公費。臣等公同商定,按綱徵銀五萬三千三百餘兩,每引均攤不過七分有奇,隨同正課交納,并酌擬某處給銀若干,某款應用若干,分列款目,每年由河東道具詳,如數分解。倘遇撥解京餉,所有津貼應照河餉解費,按引分派,隨課封交,總不得另生枝節,以示體恤而昭核實。

——河南票商請酌加鹽斤也。查晉陝豫引鹽向係每引二百四十斤。嘉慶二十五年前撫臣成格奏請調劑案內,山陝二省每引加鹽十斤,每名合鹽三萬斤,免其加課。河南省改為商運民銷,仍照舊每引二百四十斤,每名止得鹽二萬八千八百斤。茲據該商冀六成等稟請照山陝二省成案加鹽十斤。臣等公同商議,現在改引為票,山陝與河南係屬一律辦理,准其每引加鹽十斤,每名通合三萬斤之數,免其加課。但加斤之後,商力更裕,所賣鹽斤不許短秤攙沙,以便民食。倘有前項弊端,即將該商人從重治罪。

——潞澤節省銀兩應歸山西通綱均攤也。查潞澤節省一項,雍正四年商人范毓馪承辦潞澤二府等引地得有餘利於正課外,交節省銀二萬兩,與豫商唐裕歸公無異,均不在正課之中。嗣河南改為商運民銷,所有歸公一項攤入通省封納。茲據潞澤二府商人曹七合等禀請，仿照辦理。臣等復查潞澤二府各引地運脚較繁，且前項銀兩係相沿交納，并非現商節省，應准其歸入山西本省商人按引分攤，以昭平允。再鹽務關鍵，首重緝私。私不緝，即票鹽不可得而行也。臣等將河東引地私鹽來路，博訪通籌。緣晉省土多雜城，省北一帶刮土煎鹽，向不藉河東鹽爲民食。省南例銷河東鹽之處，間有貧民刮城煎食，并不興販，自毋庸另立科條。其山西引地與長蘆交界，河南引地與兩淮交界，陝西引地與花馬池交界。從前河東本重價昂，民間食私，容或不能盡禁。今成本減輕，商賈圖利，自必價平鹽净。若再任聽鄰私侵越，則地方官查禁不力之咎，更無可逭然①。臣等查河東私鹽患在肘腋者尤莫甚於蒲灘，而吉蘭泰與蒲城灘次之。蒲灘在蒲州城外。南北二段，舊係河灘。升科後，因滷氣日盛，荒廢不耕，失業貧民因而私曬。經河東商人呈請代完糧賦，禁止曬鹽。又兩次按畝津貼銀一萬三千一百餘兩，歷年由永濟縣散給。原於禁止私鹽之中寓體恤貧民之意。兹臣王慶雲、臣聯英於運城查辦事畢後，會同臣兆那蘇圖馳赴蒲州，連日周歷二灘，勘得該處長約百里，廣自數里至十數里不等。東逼中條山麓，尚有熟田。西臨黃河，地皆蕪廢。其滷氣最厚者，南則夏陽、獨頭、常旺等村，北則十里店、韓家營、城莊等村。其餘多係熬城而不能曬鹽之地。并訪知二灘私曬必先期掃城成堆，下開池口，淋鹵入池。烈日蒸曬，始成鹽花。隨公同察看荒地之中，土堆池面，形迹尚存。詢據各村耆老鄉約，僉供近日實無私曬，此語殊難憑信，斷不可不嚴申禁令，應由臣兆那蘇圖嚴飭蒲州府及蒲州協督率文武員

---

① 逭然：逭，huàn，逃避。然，語氣助詞。

弁嚴切稽查,遇有私曬,立拿究辦。其土堆池口,無論新舊,勒限一律剷平,并責成永濟縣於散放津貼時,查無私曬,方准給銀。先期親諭各村民出具連環保結,一家私曬,將闔村津貼之銀全停散給。仍不時密查,該守令將弁等如有因循諱匿情弊,立予參處。至吉蘭泰鹽產自口外,例准接濟省北土鹽之不足,不得用大船木筏順流直下。臣等思大河溜若建瓴,疾於奔馬。即設巡船,勢亦不能禁遏。莫若於上游發運之處嚴為禁止,令仍遵舊例由陸運入邊輸稅。至貨船不免夾帶,晉省黃河對岸即與秦豫分界,必須三省不分畛域,遇私鹽停泊售賣,實力查拿。且吉鹽顆大色紅,易於辨識,務其杜偷漏而防侵灌。又訪得蒲城灘及鹵泊池地屬陝省,私鹽出沒,并秦豫與鄰省交界各處,時有售私。應請旨飭下陝西、河南各撫臣會同臣兆那蘇圖妥議章程,和衷共濟,督飭各所屬文武員弁乘此新章,認真查禁。遇有破獲,即與按律究辦,以仰副聖主整頓鹺綱之至意。

　　再臣等前經會同山西撫臣兆那蘇圖籌辦票鹽擬定新章十四條,業已恭摺具奏。茲復逐款勾稽科則,條內銷價一款係額代鹽引應有之項,餘活引內有公費而無銷價,兩相抵算,所有山西、河南二省成本每票銀止應一兩六錢零,陝西省成本每票銀止應一兩五錢零。又山西潞澤節省銀兩前以未復活引之數分攤,每票計銀九分零。今以全復活引通綱攤算,每票止應徵銀八分零,應一并奏請更正。除咨山西巡撫遵照外,理合附片陳明。

留商改票章程部咨

咸豐二年

户部咨山東司案呈本部議覆,欽差本部左侍郎王慶雲等會奏通籌河東全局,酌議留商改票,先課後鹽章程一摺,又巡緝私鹽附片一件,於咸豐二年四月初四日具奏。本日,奉上諭:"前因王慶雲、聯英會同山西巡撫兆那蘇圖奏通籌河東釐務酌議留商改票先課後鹽章程,開單呈覽,當交户部妥議具奏。茲據該部逐條核明分晰議奏,如永禁簽商以省拖累,責成改票以期暢銷,革浮費、禁攤派以杜虧絀,定池價、減銷價、申明畦地租稞舊章以免流弊,核科則以輕成本,立口岸以便發販,緝鹽池之透漏,堵引地之私售,另籌公用,酌加鹽斤及潞澤節省銀兩歸於通綱攤完各條,既經該部悉心籌度、分别准行,著即照新定章程妥爲辦理。整頓釐務,總以裁費緝私爲剔弊大端。裁費務盡,不得名去實留。緝私本地方官員之責,現在池價既定,恐坐商罔利售私,必應認真巡緝,不得藉口減費,稍存玩泄。該撫惟當飭屬力除積弊,恪守新章,釐務自日有起色。倘該官商等有敢於阻撓廢格,以致辦無成效,即著指名參辦,毋稍徇隱。另片奏查禁私曬堵緝鄰私各等語,著山西巡撫督飭地方文武員弁實力稽查,嚴禁侵越。其鄰省交界地方尤應不分畛域,認真查緝。并著陝西、河南各巡撫會同山西巡撫妥議章程,奏明辦理。欽此。"

敬陳管見亟宜變通鹽務疏

咸豐三年大學士　祁寯藻

竊照咸豐三年八月十三日奉上諭："户部奏遵議哈芬條陳河東鹽務一摺,并請派大員前往查辦等語。著派朱□□、恒春馳驛查辦,欽此。"旋因恒春奉命簡放,山西巡撫朱□□尚未前往,嗣於十月十二日恒春片奏揀員接署道缺摺内,奉硃批："知道了。諸多推托緩辦,乃向來積習,豈可專俟直省凱撤①後再從新料理耶？欽此。"仰見聖明洞燭整飭鹺綱之至意。鹽務本係巡撫兼管。該撫自必迅速妥籌,力求長策。惟臣等伏思事期久而無弊,法與時爲變通。山西鹽務自簽舉富户之説起而百弊叢生,不可究詰。大抵簽舉之初官吏視爲魚肉,告充之後夥厮朘其脂膏。是故定長商則苦於誅求,改短商又慮其規避。自乾隆、嘉慶百數十年來,迄無經久歷遠之法。爲今之計,若仍僅調停於長商、短商之間,亦不過敷衍於五年、十年之際,終爲小補,何裨遠猷？臣等再四熟籌,莫若使現在運商一百餘家遵照臣部上年捐免充商原奏,准其一律捐免。所有鹽課另議就場徵收,似爲保民裕國、一舉兩得之善策。查晉商疲累,一在鹽本之鉅,一在浮費之多,一在運脚之重,而尤莫患於銀價昂貴。今日完銀一兩,足抵昔年二兩有餘,因而商力難支。道光三十年,前撫臣兆那蘇圖奏商人承辦半簽引地者,每年需賠銀四五千兩。承辦一簽引地者,其賠累則又倍之。今祇出其

---

①　凱撤:當指咸豐帝期望清軍擊退出師直隸的太平軍。

頻年賠累之資,集一成數即准其告退,俾得爲脫然無累之身,而又永無簽舉之患。有不樂從者,必非人情。其捐免銀數就各商簽數之多寡,家貲之厚薄,按一百餘家合計,多則爲銀三百萬兩,少亦不下二百四五十萬兩,并足以佐目前軍餉要需,尤爲事機之不可坐失者也。至於課歸場徵,在河東爲易辦。河東鹽池周圍百二十里,垣堰之重叠,鋪舍之周密,澆曬之工價,出鹽之界限,一目了然,非如他省之海濱廣斥、散漫無稽者可比。無論爲商爲販,但售一引之鹽即徵一引之課,責成鹽道督率三場大使隨徵隨解。此其易辦者一也。河東鹽法舊係坐商辦課,後雖設立運商而引目猶用坐商錠名。今運商雖准捐免,坐商仍舊。治鹽美利所在,人必争趨。此其易辦者二也。河東鹽銷晉陝豫三省,其本省平、蒲、潞、澤等府係屬叠嶺重關,鄰私絶迹,務必仰食池鹽。其河南、陝西口岸壤地相接,凡池脚馱費比本省猶爲輕減。又况課歸場徵,一切浮費更可大裁,成本必輕,銷路必暢,亦無慮鄰私侵佔。此其易辦者三也。河東鹽池爲天地之大寶,自唐虞三代以來獲利起家者往往見之載籍。晉商最工心計,凡省會之所歸,懋遷之所聚,貿易者居多。豈鹽池自然之利獨無一過而問乎?此其易辦者四也。臣等公同商酌,就目前之時務,揣現商之情形,實有見於捐免充商、課歸場徵,爲保民裕國、一舉兩得之善策,應請旨敕下山西巡撫恒春即就臣等指陳各情體察情形,速議章程,奏明辦理。并先將捐免銀數一面奏報,一面聽候撥用,毋任遷延時日,致誤事機,是爲至要。

十一月十四日奉上諭:"户部奏河東鹽務亟宜變通一摺。河東鹽務自有簽商之議,百弊叢生。近年以來,酌議章程,屢定屢改，不過調停於長商短商之間，仍未能經久不敝。今據該部奏請，就現在運商一百餘家各按籤地之多寡、家資之厚薄，令捐免充商，永無簽舉之患，該商無不樂從。所有鹽課另議就場徵收，恤商裕餉，誠爲兩得之計。據該部約計，捐資可得銀數百萬兩，軍餉要需亦可藉資接濟。至就場徵課，該部所稱各條果能經理得人，必當日有起色。恒春前在山西歷任有年，於該省鹺政情形定能洞悉。今任巡撫鹺政是其專管，亟應妥籌良法，與時變通，著即照該部指陳各節體察情形，速議章程，奏明辦理。并先將捐免銀數核明奏報，聽候撥用，毋得任聽屬員朦混遷延，致滋貽誤。原摺著鈔給閱看，將此由四百里諭令知之。欽此。"

河東捐免充商部議

咸豐四年

户部疏稱。

據山西巡撫恒春疏稱，竊臣蒙恩簡任晉撫兼辦河東鹽務時，與司道屬吏詢求救弊情形，深知長商短商均非經久善策。正在提集衆商妥議捐辦改章間，十一月二十日接准軍機大臣字寄咸豐三年十一月十四日奉上諭："户部奏河東鹽務亟籌變通一摺。河東鹽務自有簽商之議百弊叢生等因。欽此。"跪聆之下，仰見我皇上恤商裕課之至意。伏查河東鹽務舊係額徵正課等項銀四十八萬餘兩，嗣於嘉慶十五年加徵河工經費銀十六萬四千餘兩。十八年，又加吉蘭泰活引八萬七千五百道，課務經費等銀六萬八千餘兩。彼時長商辦運，已屬課重難支。

迨至道光二十五年，前撫臣梁萼涵因銀價日昂，商力疲極，議准試辦三年，自是百弊叢生，其害不可枚舉。咸豐二年，欽命户部侍郎今任陝西巡撫王慶雲、前江蘇布政使聯英會同前撫臣兆那蘇圖復行查辦。雖經大裁浮費，酌定長商，而極疲之家無力辦運，商累仍屬難除。誠如聖諭"不過調停於長商短商之間未能歷久不弊"。臣仰承訓示，并繹部臣原奏，自以商捐免辦另於鹽池收税納課爲目今第一要圖，節經嚴催各州縣提集各商到省，遴委明幹大員等開導再三，已據商總孫慶餘等七十餘家共書捐銀二百六十餘萬兩，除極疲十數家毋庸議捐外，尚有王裕泰等十數家多方推諉。現飭委員極力曉諭，約計續捐成數，共可輸銀三百餘萬兩上下。惟不能一時措交，求分三限呈繳。自應俯順商情，稍寬時日。現因軍餉孔亟，責令各商歲內先湊交銀二三十萬兩。一俟收庫，立即起解。查河東引鹽山陝二省向係商運商銷，嗣後改爲官運官銷。河南一省向係商運民銷，嗣後改爲官運民銷。均於鹽池按名納稅，并定先課後鹽，務期無虧正額。試辦一年，如果有效，自可經久奉行。所有酌議章程十條，應請敕部議覆，并諭下陝西、河南撫臣一體會籌辦理，庶商民均沾樂利，而鹺政日有起色等語。

臣等伏查上年十一月，臣部以河東鹽務急宜變通，擬令現在運商准其一律捐免，所有鹽課另議就場徵收。原不僅爲晉省商人出水火而登衽席，誠欲得數百萬鉅資藉佐目前軍餉，而此後鹽務亦必從長計議，求一經久不敝之方，庶幾一舉兩得。茲據該撫勸諭，約可捐銀三百餘萬兩，可見人情之所樂從，即爲事理之所易決。所捐銀兩應准其分三限呈繳，報部撥用。至臣部原奏，此後鹽課就場徵收，意在不拘票販、不論官私，但使浮費盡裁,成本頓減,則銷路必廣,招徠匪難。向日之憚於充商者,今且羣樂於爲販。況現在捐免各商,乃平日出資賠墊之富户耳。其商夥商厮凡仰食於鹽池之人,奚翅千計①。今若改爲官運,非如票販之可以衆往羣趨,恐私運私銷從而加厲,且若輩生長河東,熟諳鹽務,一旦失其成業,難保不句結販私,與官爲敵,不可不預爲之防。該撫原奏章程中,均未計及,未免疏漏。惟查官鹽行銷之暢滯以私鹽之有無爲斷。私净則官暢,私不净則官滯,必然之理也。向來辦法,行銷責之商人,緝私責之州縣。州縣意存膜視,辦理不肯認真,鹽務疲敝多由於此。今擬改爲官運官銷,則行鹽之人即緝私之人,所辦係切己之事,而事權又歸於一。與商人之止能行鹽,而緝私則仰仗他人者,較然不同。此官運之所以愈商運也。溯查道光二十九年,臣徐□□在山東巡撫任内會議變通鹽務,奏准將山東德州等二十州縣衛統改官辦,河南商邱等九州縣委員前往辦運,并籌借運本,分限五年解交運庫還款。如該州縣行銷不力,或將運本逾限不繳,立予參撤在案。現在奉行數載,已有成案可循。又況河東產鹽止此一區之地,内有鹽池,外有墙垣,耳目易周,防範非難。與兩淮、長蘆等處鹽場,散在各州縣,占地或百餘里,或數百里之遠,隨處可以走私,稽查難於遍及者,又復逈異。今既據該撫定爲官運,自必通盤籌畫熟慮而從,應令自咸豐四年起試辦一年。其咸豐三年引課仍照舊章奏銷,毋許牽混,并請旨敕下陝西、河南各撫臣會同該撫將官運章程一體籌商,厘定條款,飭屬妥辦,以期裕國便民,勿蹈臣等所指前項弊端方爲至善。至該撫所議章程内請將河工經費、吉蘭泰活

---

① 奚翅:同"奚啻",何止,豈但。干計:求取生計。

引、潞澤節省、唐裕歸公等項銀二十餘萬兩永遠豁除,俟軍務告竣後以公捐銀三百萬兩發典生息,每年得銀三十萬兩抵補豁除之數,殊不思捐免簽商之舉,原因該省每逢更換疲商則富民蹙額,而現在軍餉浩繁,又亟須續籌接濟,故議令現商各出捐資,永免簽舉。在國家既獲加增之款,在商民得免苛派之虞。辦理之意,實在於此。而於河東額徵鹽課,毫無干涉。豈可因其一捐之後,遂將國家常年應徵之課則藉圖永減,況所捐之銀不過三百萬兩,若將常年額徵河工經費等項二十餘萬永遠豁除,計不過十餘年所捐之數,已豁除净盡。此後常年虧銀二十餘萬兩,是目前所獲之捐資有限而日後所捐之正課無窮,況既捐之三百萬原為急籌軍餉而設,該撫已奏明全行解部。事竣之後,此項已早為軍餉用去,部中又豈能再籌鉅款,照數解往該省以為生息之資耶?臣等公同商酌,與其照該撫原議將額徵稅銀二十餘萬終歸無着,莫若量加科則,開曬蒲灘,為酌盈劑虛之策,較有實濟。謹就思慮所及,逐款臚陳,另繕清單,恭呈御覽。

——原奏稱山西陝西兩省改為官運官銷也。官運之法,責成兩省中銷河東引鹽各廳州縣,自派妥人領運納課,按名清交道庫,均由監掣同知編明各廳州縣額定引鹽票據,給領照運。運畢後,彙繳查銷。惟領運之初,各需借給成本,於銷價生息本銀內發交各廳州縣每處銀二千兩以為運本,永遠列入庫儲。如有虧短,照侵蝕地丁例嚴行參追。每運先課後鹽,不准稍有懸欠,惟現在銷價本銀各商均未即交,擬在商捐銀內暫借銀十數萬兩先作運本,統俟一年後銷價本銀繳齊,即行歸還商捐,原銀報部撥用等語。臣等伏查山西陝西二省引鹽既據該撫定爲官運官銷，所有編引給照領運納課各事宜，均應如所議辦理，仍按額委員赴部請領引張，編發行運。銷完殘引，送部繳銷。至各廳州縣每處借給銀二千兩以爲運本，查運本之多寡視額引之數目，山西各屬額引自一二百道起至一萬餘道不等，陝西各屬額引自百數十道起至七八千道不等，殊未便一律借給銀二千兩，漫無區別，應令核實借給。并令酌定年限解還借款，未便永遠列入庫儲，致滋弊混。如有虧短，即照侵蝕地丁例嚴行參追。每運先課後鹽，不准懸欠。現在各商應交銷價本銀，既未能即時繳清，准於商捐款內暫借動用。統俟銷價本銀繳齊，即歸商捐原款，報部撥用。其各廳州縣領運若干，納課若干，借本若干，應令分晰造報，以憑稽核。

——原奏稱河南一省改爲官運民銷也。查河南省向食河東引鹽各州縣均係商人運至會興鎮，聽民販自行買銷。今既革除商運，應責成河東道督同監掣同知遴委妥員，一體借給運本，仍按引運至會興鎮，任聽民販買銷。定爲先課後鹽，以杜虧欠等語。臣等伏查此條辦法與前條大略相同，應准照辦，仍責成該道廳秉公潔己，遴委妥員，認真辦理。所有借給運本數目，亦應分別核給，一并造報，并酌定年限解還借款，不得永遠列入庫儲。

——原奏稱鹽池官運官銷及官運民銷應暫酌定稅則妥爲試辦也。查河東鹽池坐商措資澆曬，每歲豐歉不等。至豐之歲約可獲鹽七千餘名，至歉之歲不過三千餘名。截長補短，逐年均作獲鹽五千餘名，酌核每鹽一斤暫收稅銀三厘五毫，每名三萬斤可收稅銀一百零五兩。以五千名核算，約共收稅銀五十二萬餘兩。除交納正課銀四十五萬餘兩尚餘銀七萬餘兩，即作爲蒲灘津貼、鹽池歲修及一切公費之用，另行核明咨報。統俟試辦一年後，如果運銷無滯，即可作爲定額。倘因稅本較重，或至滯銷虧課，隨時體察情形，再爲設法籌辦等語。臣等伏查稅則之重輕關乎行銷之難易，然必以售鹽之價值爲衡。使成本之外綽乎有餘，則領運不難，而收稅自易。查山西平陽等府州縣每斤售價自一分四厘零至三分三厘零不等，陝西西安等府州縣每斤售價自一分七厘零至二分五厘零不等，河南南陽等府州縣每斤售價自一分八厘零至三分五厘零不等。即令隨時長落，不致大相懸殊。該撫所定稅銀三厘五毫，似屬稍輕。臣等公同商酌，擬每斤再加五毫，統以四厘爲率。此外除鹽價、池脚、山脚等費外，一切浮費概行刪除，不許絲毫需索。則每斤總計成本不過七八厘，斷不致因稅本較重或至滯銷。即以五千名合算，約可收稅銀六十萬兩，以之抵補河工經費等項豁除之課，較有實濟。再查該撫原奏河東向徵鹽課四十八萬餘兩，而此條又稱四十五萬餘兩，數目未符，應令查明實應徵課銀若干，分晰款目，迅即咨覆。

　　——原奏稱河東各商現計約可公捐銀三百萬兩上下，自應革除充商，請將河工經費、吉蘭泰活引及潞澤節省、唐裕歸公等項課銀永遠豁除也。查河工經費、吉蘭泰活引均係嘉慶年間復商後增添，而潞澤節省、唐裕歸公等項亦出商人按引均攤，并非實有餘利。近年銀價加昂，各商因之受累。今既公捐銀三百萬兩上下，將來發典生息以長年一分計之，每歲應收息銀三十萬餘兩，足補河工經費等項二十餘萬兩增課之數目，應將前項課銀全行豁除，祇於官運官銷、官運民銷，責納正課。至此項商捐銀兩，現因國帑支絀，暫行撥用。統俟軍務告竣後，再議發典生息，以還原額等語。臣等伏查河工經費係嘉慶十四年因南河工需加課銀十六萬四千餘兩，原案俟河工告竣即行停止。嗣據長蘆、兩淮等處先後奏准停徵，而惟河東商人照常輸納，本屬偏枯。其活引課銀六萬八千餘兩，係嘉慶十八年停止吉蘭泰引鹽八萬七千五百道加於河東帶銷謂之活引，本非定額。至唐裕歸公銀一萬九千餘兩、潞澤節省銀二萬兩，係雍正、乾隆年間商人所得餘利節省歸公，亦非正課可比。以上三款，該撫奏稱向由商人按引均攤，并非實有餘利。近年銀價加昂，各商因之受累，係屬實在情形。今既商捐銀三百萬兩，免其充當，則無商可賠。自應准其豁除，另籌抵補。惟原奏稱商捐銀三百萬兩，現在暫行撥用，候軍務告竣後發典生息，以息銀三十餘萬補河工經費等項之數。在該撫不過爲請豁前項銀兩因借生息名目以爲將來彌補有期，殊不知軍務告竣後，各省善後事宜需費浩繁，又安得此閑款發典生息？是以臣等於前條徵收鹽稅項下照該撫所定之數酌加五毫，再於後條津貼蒲灘項下議令開澆收稅爲酌盈劑虛之策，較有實濟。所有商捐銀三百萬兩上下，悉數報部撥用，毋庸再議發典生息，以免繆轇。

——原奏稱河東各商現已遵捐銀兩應請由部發給永遠免商執照以示優恤也。查河東商人承辦引鹽，或充長商，或充短商，每户中均係同族有力者出資公辦，門數多寡不一。今既遵例捐免，該商等僉稱不敢照前定之例仰邀議給戶部山東司職銜，祇求由部查照此次公捐姓名，總給永遠免商執照一紙，以爲存據。統俟依限交清銀兩後，再行咨明辦理等語。臣等伏思咸豐元年臣部以行鹽省分富户不願充商，准其分等捐免，給以户部山東司職銜,永遠免其簽舉,奏准行知在案。茲據該撫查明,河東商人均係出資公辦,門數多寡不一,祇求查照此次公捐姓名,總給永遠免商執照一紙,以爲存據,自應俯如所請,統俟公捐銀兩依限交清後,由該撫咨明臣部查照發給,以省繁冗而昭公允。

——原奏稱鹽池坐商鹽價毋庸限定銀數也。查河東坐商不下數百户,多係無力之家。畦地租自他人,措資澆曬,每歲豐歉不等。豐收則獲鹽多而本輕價賤,歉收則獲鹽少而本重價增。歷來各運商自向坐商買鹽行運,其價值均隨豐歉爲長落,素稱兩便,并無居奇。今既改爲官運,若限以例定價值,誠恐一遇歉收該坐商等遵照定價售賣,不敷工本,勢必多有歇業,則池内鹽斤短絀,轉於運銷收稅大有妨礙。應請將坐商鹽價仍聽視豐歉爲長落,毋庸限定銀數以歸利便等語。臣等伏查坐商售鹽,如果公平交易則隨豐歉爲長落,自毋庸官爲定價。惟道光三十年前撫臣兆那蘇圖以近來坐商擡價居奇,運商身受其累,曾經定價三等。嗣於咸豐二年欽差侍郎王慶雲等前往河東查辦訪明,坐商往往有曬鹽已成以多報少,每名賣至一百餘兩之多。因傳諭坐運各商,令其酌中定價。當據各坐商結稱,白鹽價至貴不得過六十兩,青鹽價至貴不得過四十兩。如有誤曬居奇,願甘承罪,畦地入官各等語在案。今既改爲官運,該撫慮及歉收之年坐商以例價不敷工本,必多歇業,轉於運銷收稅大有妨礙,所有池鹽價值應准其視豐歉爲長落,仍不得過至貴之數,并責成該管道廳嚴飭三場大使認真督曬,毋任坐商以歉收爲詞,高擡價值,致誤運銷。如查有誤曬居奇情弊,照例治罪,畦地入官。

——原奏稱官運價值毋庸例定銀數也。查山西、陝西、河南三省各廳州縣向銷河東引鹽，均係陸運。原按程途之遠近，定價值之多寡。近來承辦各商每因官引滯銷，私鹽充斥，不得不於例定價值中減數售賣，以致賠累。今既改爲官運官銷、官運民銷，即與票鹽之法無異。應聽各廳州縣及委員等各就地方情形酌定價值，不必示以限制，庶幾緝私加緊，滯岸可轉爲暢，不致虧本誤課等語。臣等伏查官鹽定價所以示均平、利銷售也。自私鹽充斥，官不敵私，遂至定價亦爲虛設。茲據該撫奏稱，河東引鹽改爲官運官銷、官運民銷，即與票鹽之法無異，所有各廳州縣及委員領引運銷，均聽各就地方情形酌定價值，不必示以限制。但不許有擡價短秤以及攙和硝土、勒售病民等弊，應請旨敕下陝西、河南、山西各巡撫嚴飭所屬，妥爲領運。倘各廳州縣所派非人，甚至勾串胥役致有前項弊竇，立予嚴參。至緝私，本地方官專責，現既改爲官運，自應各顧考成，加緊巡緝，毋再膜視，以整釐綱而肅功令。

——原奏稱蒲灘仍應嚴禁照舊查緝并給津貼銀兩也。查河東池鹽現定官運則按名納課，鹽本較重。若不加緊緝私，恐充斥必多，竟至滯銷誤課。所有南北蒲灘二處，自應照舊嚴禁澆曬。其花馬池、吉蘭泰各處走私隘口及解州小池尤應一體嚴查，所有蒲灘原定津貼銀兩及官役弁兵緝私公費均於稅課餘項内議定支給，另行分別咨報等語。臣等伏查蒲灘私鹽從前之所以封禁并由河東商人代完糧賦，又兩次按畝津貼，每年需銀一萬三千餘兩。原以河東池鹽足供額銷引目，且池鹽有課本重，私鹽無課本輕，官不敵私，是以嚴行封禁。近年池鹽屢以歉收爲詞，不敷配運，且現在既收池税，即照臣部酌定每斤四厘之數，此外一切浮費概行刪汰。比之商運科則，大爲減輕，不得謂鹽本較重。況蒲州南北二灘長約百里，廣自數里至數十里不等，滷氣日旺，小民生計所關，豈肯坐廢？更難保無作奸牟利之徒，藉官夾私，勾串灘民乘間曬賣。與其名爲封禁徒費津貼之資，何如令其開曬藉收稅銀之益？其每斤該稅若干，比較池鹽酌定，務使池鹽與灘鹽成本不相上下，則斷無私充官滯之虞。從此化私爲官，非但貨不至棄，於地貧民糊口有資，即每年津貼銀一萬三千餘兩可以節省，而前條請豁之河工經費等課大可將盈補絀。及解州六小池亦不妨一體開曬，應如何設法辦理之處，請旨敕下該撫督同河東道、蒲州府將此事另作一案通盤籌畫，酌量情形奏明核辦。至花馬池、吉蘭泰各處走私隘口，自當一體嚴查。咸豐二年，欽差侍郎王慶雲等查辦時，曾將各處私鹽情形詳悉縷陳，附片疏請敕下陝西、河南各撫臣會同山西撫臣督飭各屬文武員弁認眞查禁在案，誠恐日久視爲具文，大小文武員弁屢經更易，應仍請旨敕下各該撫臣查照前奏，妥議章程，會同奏辦。

——原奏稱河東各商原領銷價生息銀二十九萬四千兩，請自甲寅年爲始免繳息銀，并寬限一年清繳原本以示體恤也。查河東各商近年富厚均不如前。今竭力輸將，籲求分限呈繳。若責令遞交銷價本銀，或仍出息銀，洵屬力有未逮，且內有已革乏商，家產盡絕，無可追之項。應請緩至甲寅年冬季，再行歸交原本，并免取一年息銀以紓商力。統俟追交後，有無虧短，另行分別核明具奏辦理等語。臣等伏查河東引鹽既據該撫定爲官運，於銷價本銀內借給運本，則該商原領銷價生息銀二十九萬四千兩自應趕緊交清，以爲運本之用。惟現在各商既公捐銀三百萬兩上下，若將銷價本銀責令遞交，或仍出息銀，未免追呼過迫，應准如該撫所請緩至甲寅年冬季歸交，并免取一年息銀以示體恤，仍令該撫屆限追繳清楚，毋任稍有虧短，據實奏明核辦。

——原奏稱各商公捐銀兩爲數較多宜酌寬限期以示平允也。查山西各商多係領運半簽，近因銀價增昂，每運各賠銀三四千兩及五六千兩不等，今准捐銀免辦，該商等自應樂從。惟據僉稱通省商民全賴各直省生理流通，藉資行運，乃因賊氛不靖，資本多致散亡。現雖竭力書捐①，而一時全繳現銀，萬難設法，求於現交銀若干兩外寬立三限，定於咸豐四年二月、四月、六月內陸續趕措交清，不致再有延宕，衆口如一。查係實在情形，應請准予分限以示優恤等語。臣等伏查河東各商公捐銀三百萬兩上下，既據該撫查明該商等現雖竭力書捐而一時全繳現銀萬難設法，求於現交銀若干兩外寬立三限定於咸豐四年二月、四月、六月內陸續措交，應准照辦。惟不准意存延緩，致誤餉需。應責成該撫每屆一限，上緊催交，悉數報部，聽候撥用，以重帑項。

再河東鹽課既改爲就場收稅，必當保護鹽池。凡坐商之積弊相沿，尤不可不認真整飭。查河東鹽池坐商有畦地而無力澆曬者，准其呈明，或租於運商，或租於同畦夥商。蓋運商承辦引地，例得澆曬，以資配運。夥商有通力合作之義，不致以罔利壞畦，故租稞無嫌。嗣因市棍串通賃畦收曬，以致場價日昂。乾隆四年、十七年屢嚴私租私稞之禁，犯者鹽入官，人坐罪。遇有惰曬，惟本坐商是問。咸豐二年，欽差侍郎王慶雲

---

① 書捐：書寫以承諾捐款數目。

等查辦時訪明,河東畦地租稞流弊更甚於前,夥租者按年輪曬,把持誤公。先曬者盜挖鹽根,屯私肥己,種種詭譎,貽害匪輕。當經奏明,責成河東道實力查禁。除已租各商令其加工澆曬以供配運外,嗣後坐商無論租賃典賣,總須歸運商及同畦夥商管業,不准市棍串通,承買承佃,以杜昂價而防壞畦等因,列入條款,飭遵在案。現在運商既皆捐免,則坐商畦地如有無力澆曬者,無論租賃典賣,只准歸同畦夥商管業,不准市棍串通,仍前滋弊。違者鹽入官,授受人均照阻壞法律治罪,并請旨敕下該撫督飭河東道詳查致弊之源,力求杜弊之法,認真查禁,毋稍徇隱,庶鹽價不至昂貴而運銷收稅均有裨益。

卷七　奏疏

陝省鹽課請歸地丁攤徵部議

咸豐四年

戶部議奏。

據調補山西巡撫、陝西巡撫王慶雲疏稱，竊照陝省行銷河東引鹽前經山西撫臣恒春疏請改爲官運官銷，由部覆准咨行陝省試辦。本年七月，經臣將籌商先鹽後課、按季截徵各條款奏奉，飭部核覆試行在案。伏思鹽務關係國課民食，其要領全在疏銷。陝省例食之官鹽約七八種，潞鹽特官鹽中之一。其餘私鹽旁見側出，尚不在此數。是以臣前奏曾將官鹽難運難銷情形瀆陳聖聽。半年以來，竭力督催，仍復隨時體察，始知臣前奏難運難銷者猶未窮其流弊。臣始以爲官鹽難運，不過水陸紆迴。果能運本充盈，無難輾轆周轉。乃自前次藩庫籌本三萬兩外，别無閒款可籌。河東議借運本，迄無實濟，不得已兼令州縣。分運州縣不能自出己資，其運本所從來難保不移甲換乙，掩舊挪新，此中情形不可究詰。是官鹽難運，不在道途，而在資本也。

臣始以爲官鹽難銷，特因私鹽未净。果使竭力緝捕，或可積漸銷售。乃查陝省自潞綱敗壞之後，不特停運引地習慣行私,即商店尚存,亦皆買私充官,攙沙短秤,苟且塞責。一旦行運官鹽民間轉以爲不便,城邑尚勉強買食,村鎮則斷難銷售。州縣慮及滯銷賠課,或按里給鹽,或計糧授鹽。目前已屬支吾,積久將成科派。此陝省試辦官運官銷,公私窒礙實在情形也。

惟是鹽課上關國家正供,不得不力求有著。入冬以來,臣與司道悉心體察,博參輿論,僉以爲此項鹽課必須援照舊案改歸地丁攤徵,庶能官民兩便。檢查乾隆五十七年陝西、山西、河南三省鹽課一律改歸地丁攤徵,官民俱覺相安,課項亦無短絀。嗣於嘉慶十一年將西安、同州、商州、乾州四府州屬改歸商運,而鳳翔、興安、邠州三府州屬一再更議,仍歸地丁。溯查原案,係地丁一兩攤徵鹽課銀九分九厘二毫零二忽三微四纖八沙七塵,西、同、商、乾四府州三十六廳州縣當日共額徵地丁銀一百二十二萬三千一百九十八兩五錢八分一厘,共攤徵鹽課銀一十二萬一千三百四十四兩一錢七分二厘,比較咸豐三年奏銷額徵地丁銀一百二十二萬二千七百三十七兩七錢二厘計,短少地丁銀四百六十兩八錢七分八厘,係節年升豁不同,是以減少。此時議覆攤徵,自應照現在額徵地丁銀數按兩勻攤,以九分九厘二毫核計,共該額鹽課銀十二萬一千二百九十八兩四錢五分二厘,雖較原案攤徵之數短銀四十五兩有奇,爲數無多,宜仍舊貫。

再查陝省近年商課歲額徵銀一十一萬九千一百四十五兩,彼此相較,尚屬有盈。其按年隨同地丁徵納,遇閏無增,遇荒無減。官無加耗,民無加費。成案俱存,均可遵照。如此變通辦理,仍係率由舊章。既於國體無傷,且於輿情甚順。所有鹽課中官錢、公務、公費已照原案并入每兩九分九厘二毫之內,別無錙銖累及農民,所有陝省民食鹽斤聽民自運自銷,更無官私之別。農民得食賤鹽,以鹽價之所省抵攤徵之所費,亦屬有益無損。至前准部咨每斤以四厘計課,細繹部議,係因河東原奏每斤徵課三厘五毫,酌量加爲一引徵銀一兩以符整數。其實河東原奏之每斤三厘五毫,亦係通并陝西、山西、河南引額多寡牽算,定爲按引課額。二者均非陝西本省應徵鹽課之定額,且銀價貴賤,今昔懸殊。若按照四厘科則均攤,不但民力弗逮,且恐愚民有加派之疑,於大局殊有關係。惟作事謀始,不得不倍加慎重。臣復將鹽課攤歸地丁之法面詢在籍公正紳士,均以爲率由舊章,官民兩便,事屬可行。合無請旨將陝省應徵鹽課,照乾隆五十七年舊案每地丁一兩攤徵鹽課銀九分九厘二毫。以咸豐五年上忙①爲始,隨同地丁正項開徵。陝省錢糧向係年清年款,此後鹽課亦按年徵完,不許絲毫短欠。即由臣飭司通行各屬,明白曉諭。凡民間攤完鹽課,查照舊案,除每兩正項九分九厘二毫外,不准有絲毫加耗加費。其本年試辦秋冬兩季應完課款,仍照議每斤四厘之數、按各屬滿年行引半額責令如數清完。銷不足數,亦令攤賠。秋季之課以本年十二月爲率,冬季之課以來年三月爲率,催令掃數解司,報部候撥。至舊案科則每兩九分九厘二毫之外,尚有二忽三微四纖八沙七塵零數,合通省歲額積算僅銀二三錢,應請照乾隆三十一年戶部咨案,銀數以厘毫爲斷,餘悉删除,以便輸將而歸簡易。再查嘉慶十七年四川總督常明奏請課歸地丁,

---

① 上忙:舊時開徵田賦分上下兩期,規定地丁錢糧在農曆二月開徵,五月截止,叫做上忙。

以川省與兩湖毗連,恐私鹽侵灌淮綱,奉旨將常明交部議處。臣非不知此事業有駁案,特以今昔情形不同。年來淮綱敗壞幾於不可收拾,國家歲缺度支數百萬,臣在部時曾所親見。今潞商又復捐免,若非各就各省,因地制宜,更無補苴之術。所以再四思維,不得不議覆舊章,冒昧陳奏。又據清單內開:

——山西、河南鹽務應聽該省籌辦也。查乾隆五十七年舊案,係將陝西、山西、河南三省鹽課統歸地丁攤徵。今陝省因鹽務官辦棘手,援案改歸地丁,係就陝省情形辦理。所有山西、河南鹽務應聽該二省因地制宜,自行籌辦。

——課銀應年清年款解歸本省藩庫也。查鹽課攤入地丁應另立易知單,內注明每地丁一兩隨徵鹽課銀九分九厘二毫免其加耗字樣。雖遇蠲免地丁之年,不在蠲免之例。陝西地丁錢糧向係年清年款,此項隨徵鹽課銀兩亦應於上下忙批解本省藩庫,另立專款報部候撥,毋庸解赴河東。各廳州縣按年徵解全完,照例議敘。如催徵不力,致有缺額,著落賠完,并取職名送部議處。再查陝省漢中、延安、榆林、鄜州、綏德五府州屬鹽課向係歸地丁攤徵,解交藩庫,自應循舊辦理。惟鳳翔、興安、邠州三府州屬雖歸地丁攤徵,仍係解赴河東完納,未免事出兩歧。今西、同、商、乾四府州屬已議解歸本省藩庫,所有鳳、興、邠三府州屬鹽課亦應一律解交本省藩庫,毋庸再解河東。

——行鹽引張應請停領也。查西、同、商、乾四府州屬向係行銷河東額引。今課歸地丁,則鹽由民運,毋論何處鹽斤均可販運。所有河東鹽引應請停領,以省案牘。再查漢中、延安、榆林、鄜州、綏德五府州屬向不領引外,惟鳳、興、邠三府州屬課歸地丁,民間多係食用土鹽及花馬池鹽,自運自銷,而各州縣按年仍赴河東領引。所領引張并不行用,每年解銀赴河東時,將引張空領空繳,殊屬具文。今課銀既議解歸本省藩庫,所有引張亦應毋庸請領。

——私鹽之禁宜弛也。查課歸糧輸,則鹽由民運。無論何處鹽斤均聽民間自運自銷,并無此疆彼界之分,應飭各屬凡係陝省地方不拘何州縣民人販運何處鹽斤,均許隨處售賣。所遇道路渡口如有市井棍徒把持攔阻,許即稟明該地方官從重究治。俾商販無擾,民食充裕。所有河東池鹽凡陝民前往買運,應照常公平交易,不許擡價勒掯,仍請移咨山西鹽院轉飭河東道查照辦理。

——私鹽之禁既弛仍須嚴防侵越也。查陝省課歸地丁鹽聽民運,係專指本省而言。第恐謀利之徒私行販運出外,以致侵佔淮綱及鄰省官引,應於陝省各鄰省要隘隨處設卡盤查,不准運往鄰省致礙官引。如有侵越鄰省阻滯綱引等弊,即將疏防之地方官從嚴議處,并請移咨各鄰省一體嚴緝,以杜偷越。

——鹽法道衙門應仍舊駐省毋庸遷移也。查乾隆五十七年鹽歸地丁之後,將鹽法道移駐鳳翔府城。嗣於嘉慶十一年復商,又移駐省城。所有衙署一切輾轉變賣,甚形糜費。迄今五十餘年,鳳翔公廨久已荒廢。現在鹽課改歸地丁,均須隨時督催,且該道兼管寶陝局鼓鑄事務。現在奉文新鑄大錢、鐵錢,在在均關緊要。自應令該道仍舊駐扎省城督辦,毋庸遷移,以專責成而節糜費。并請毋庸更換關防,以歸簡便各等語。

臣等伏查陝西鹽務止有西安、同州、商州、乾州四府州屬行销河东引盐,由商纳课。其余八府州属盐课向系归地丁摊征,民间多食土盐及花马池盐,并不仰给於河东。该抚原奏所称该省私盐旁见侧出,官运自是棘手。既据该抚督同司道悉心体察,博参舆论,佥以为此项盐课必须援照旧案,改归地丁摊征。臣等公同商酌,所有陕省西、同、商、乾四府州属应征盐课银一十二万一千二百九十八两四钱五分二厘,准其援照每地丁银一两摊征盐课银九分九厘二毫,此外不准有丝毫加耗加费名目,以杜弊端。其清单六条内,除山西、河南盐务应由该省筹办再行核议外,其馀如课银一律解交本省藩库、年清年款,行盐引张声请停领,以及弛禁私盐并严防侵越暨盐法道衙门仍旧驻省各等情均悉如该抚原奏办理。其咸丰四年该省试办官运,秋冬两季应完每斤四厘盐课,据该抚声明按各属满年行引半额应即责令如数清完。销不足额,勒令各州县赔缴,不准摊入地丁。所有秋季之课,即以咸丰四年十二月为率,冬季之课以五年三月为率,催令扫数解司,报部候拨。以上各情,臣等详悉讲求,现商既已捐免,官运又属难行,不得不为因地制宜之策。陕省地丁向系年清年款,则以盐课改归地丁摊征尚属众擎易举,应请旨敕下陕西巡抚督率司道按照王庆云所拟章程认真妥办。惟山西、河南二省为河东盐课大宗,前抚臣恒春请将山西盐务官运官销,河南盐务官运民销,是否能行之处应并请敕下山西巡抚王庆云会同河南巡抚英桂各就地方情形悉心筹办,以整盐纲而保课额。

奉旨:"依议,钦此。"

試籌補救以衛正供部議

咸豐五年

戶部議奏。

據山西巡撫王慶雲疏稱，晉省行銷潞鹽者四十四州縣，所產之鹽不足以供本地之食，勢無餘鹽侵灌。惟向因土鹽不足，准以各種蒙古鹽及花馬池鹽接濟。自上年商運既停，官運未起，此等私鹽遂源源蓦越而來，灌入潞鹽引地。後雖官運官銷，而私販蔓延，未能驟絕，此晉省私鹽之宜禁也。運鹽輸課皆以銀，而賣鹽則以錢。銀價既昂，鹽受其弊。上年鹽課增至四厘，又因官無資本，准令招商夥運，不得不以母權子。運本既重，鹽價遂不能輕，而籌銷倍形吃力，此晉省成本之宜議也。現已飭委幹員分赴磧口鎮等處相度走私路徑，籌議設卡堵截，務期杜絕私販來源。所慮緝私費無所出，此一難也。再查陝省歲額應銷鹽一千三百三十餘名，照上年官運新章共應封課銀一十六萬餘兩，特以攤徵係照從前科則，勢不能按現額增加，是以僅攤銀十二萬餘兩，其所短四萬餘兩不特正雜額課、有關度支即銷價公費等款，亦度支之不可缺者，此又一難也。因與司道再三商酌，陝省患在鹽多，而晉省苦於價貴。擬按陝省攤徵實數核計，每名應封正雜課項、公費、銷價之數從實扣算，應領鹽額九百餘名，仿河南官運民銷之法借本給票，委員運赴陝省口岸招販銷售，兼防回灌。即將陝省已攤課餘鹽三百餘名勻銷晉省，以輕成本而利銷售。此項已經攤課之鹽擬即籌酌津貼以補陝省攤徵之不足，使課項有著而緝私之費亦可撙節取資，此晉陝兩省通籌補救之情形也。第晉省官運各屬間有掣運已竣另請新引者，亦有隨銷隨運尚須督催者，且潞澤數屬運遠價昂，刁民借鹽價滋鬧，間有停運，業經委員往查有無州縣辦理不善，商夥牟利侵漁情事，再行核辦。現復通飭各屬就地遠近逐處公平定價，以便民食。其各屬引地或暢或滯，原不能齊，亦不可不爲通融調劑以顧全局。此又晉省現行官運章程力籌補救之情形也。惟河南鹽額至上年年底已掣者十之八，已銷者十之七，尚覺暢行無滯。現擬於河南官運之外，兼行民運，果能多多益善以廣招徠，豫省額課可望有盈無絀。至陝省應分別奏銷，運本應分別借繳，代銷應分別勸懲，因地因時，通籌辦理。臣謹督飭司道，臚爲條款十四條，恭呈御覽，伏乞飭部核覆等語。

查該撫將山陝兩省鹽務通盤籌辦，既足以補陝課，又可以利晉運。立法亦爲盡善，均應如所奏辦理。至所稱河南官運尚覺暢行無滯，擬於河南官運之外兼行民運一節，查豫省銷鹽歲有定額，可否於官運之外兼行民運，必須就地酌量情形籌辦。既據該撫聲稱未與河南巡撫會商，應請敕下河南巡撫英桂將該省官運之外兼行民運有無窒礙之處悉心體察，會同山西巡撫奏明辦理。至山西巡撫王慶雲此次所奏河東鹽務設法籌補條款一十四條，臣等謹按款核覆，詳晰臚陳，另繕清單，恭呈御覽。

——奏稱分辦奏銷以專責成也。陝省鹽課攤歸地丁，除甲寅綱官運半年，河東道庫收過華陰、朝邑兩縣鹽課銀一千餘兩詳報候撥外，餘俱徑解陝省藩庫，由陝省報撥。嗣後，河東道庫但收晉豫兩省鹽課，每年按數造報。其陝省奏銷由該省自行辦理等語。臣等查陝省鹽課既攤歸地丁，自應徑解陝省藩庫，由陝省報撥，辦理奏銷。其河東道庫所收晉豫兩省鹽課，仍由河東道每年按數造報，以專責成而免輾轕。

——奏稱更定奏限以便分綱也。查河東奏銷向以四月底爲限，癸丑綱鹽課上年曾請展限兩月，截至六月底奏銷。其甲寅綱官運係自七月初旬始行陸續領掣，仍照四月底奏銷趕辦不及。擬請嗣後奏銷改以六月底截限，七月初具題等語。臣等查河東鹽課每年係限四月底奏銷，今請改爲六月底截限七月初具題，核計只推展兩個月，應准照辦。

——奏稱試行陝運以杜回灌也。陝西課歸地丁，毋庸赴池重納。所有該省鹽販僅令赴池辦運，竊恐無課之鹽行有課之地，沿途侵銷，有礙晉引。應由晉省相度口岸如三河口、潼關等處委員轉鹽居積，平價招徠陝販運銷。至陝省課既攤徵民間，行鹽即無公私之別。其餘晉省毗連之處應以河爲界，凡鹽之渡河而東者無論何處所產均屬私鹽，應令兩省沿河各州縣於津渡處所遇有大小船筏及皮餛飩等項，實心查緝，以防回灌等語。臣等查該撫擬由晉省相度口岸委員轉鹽居積，平價招徠陝販運銷，并於晉省毗連陝西之處以河爲界，凡鹽之渡河而東者，令兩省沿河各州縣實力查緝辦理，頗屬周密，應如所奏辦理。

——奏稱核給陝鹽以昭公允也。陝省額鹽一千三百三十一名一百一引。該正雜課、公費、銷價等項銀一十六萬八千一百三十九兩零，今按舊時科則攤歸地糧銀十二萬一千三百四十四兩零，計不敷銀四萬六千七百九十五兩零，應扣鹽三百七十名有奇。按數核算，止應運銷鹽九百六十一名二十引等語。

臣等查陝省額鹽一千三百三十一名一百一引，據該撫聲稱現時止應運銷鹽九百六十一名二十引，應扣鹽三百七十名有奇。臣等核算相符。至所稱陝省額鹽一千三百三十一名一百一引，該正雜課公費銷價等項銀一十六萬八千一百三十九兩零，應令將應完鹽課銀若干、公費銷價等銀若干，分晰款目，報部查核。

——奏稱勻撥餘鹽以恤晉運也。晉省官運納課，頗形拮据。擬請陝省餘鹽勻銷於晉省各額引之內，每斤貼價二厘，庶幾成本稍輕，藉資濟運。每額引十名，酌加餘引二名。不願領者，仍聽其便等語。臣等查該撫擬將陝西餘鹽三百餘名勻銷於晉省各額引之內，每斤貼價二厘，并擬每額引十名酌加餘鹽二名係於濟運補課，兩有裨益，應如所奏辦理。

——奏稱酌撥鹽價以籌彌補也。陝西不敷銀兩有關撥給陝庫，既無可補苴，又未便任令缺額。擬於官運陝鹽每斤攤銀一厘，暨晉省代銷貼價通融并計以資彌補。其歸補陝省缺額者，係屬正款，辦有成效，盡數報部候撥。緝私經費為一大宗，亦應咨部立案等語。臣等查該撫擬將官運陝鹽每斤攤銀一厘，又晉省代銷陝鹽每斤貼價二厘，彌補陝課不敷，并取資緝私經費籌畫，頗為周備，應准其將前二項銀兩先儘數彌補不敷陝課，報部候撥。餘銀留作緝私經費，仍令將歸補陝課若干、餘銀若干，於造報時分晰聲叙，以憑查核。

——奏稱籌藉官本以資陝運也。現在試行陝西官運，雖屬無課之鹽，而鹽價、脚價、辛工雜費每名亦需二百餘兩，擬請試辦百數十名。查有陝省應借河東道庫運本銀四萬兩存庫未動，應將此項遴委妥員領辦，隨銷隨運，輾轉周轉。所有運本分年籌款歸還等語。臣等查陝西官運應給運本,既有應借河東道庫運本銀四萬兩存庫可以動給,應准其遴員領辦。至所請運本分年歸還之處,究須分作幾年未據該撫聲明,應令即行聲覆。

——奏稱酌用鹽票以歸簡便也。陝西課歸地丁,毋庸領引。所有河東已領乙卯綱陝引,應請隨晉豫兩省殘引解繳。其運赴陝省及晉省代銷鹽斤,擬照三年票鹽章程給票行運。此後河東止領山西、河南兩省引張等語。臣等查陝省鹽課既歸地丁攤徵,改引用票,所有河東已領乙卯綱陝引,應准其如數繳銷。至山西、河南兩省應領引張,仍令按年照舊請領,以符定制。

——奏稱勻銷滯引以保課額也。山西省滯銷州縣,准其報明缺銷若干名,聽暢銷州縣具領通融代售,不拘名數,不爲定額等語。臣等查州縣銷鹽原有暢滯之分。今該撫擬請將各州縣滯銷之鹽於暢銷州縣通融代售之處,自係爲顧及全局起見,應准其辦理。

——奏稱分還借本以重庫項也。山西行鹽州縣前領運本甲寅綱應繳五分之一,擬俟奏銷前催令按數量彙繳。自乙卯綱爲始,請改於領運時每名帶繳六兩等語。臣等查咸豐四年正月間,準前任山西撫臣恆春奏應給各廳州縣運本,請於商捐款內暫借動用,俟銷價本銀繳齊,即行歸還。當經臣部議令核實借給。嗣於四年六月間,據該撫奏借給各廳州縣約共銀一十五萬餘兩。此項先在商捐項下暫借濟運,分限五年繳還等因,復經臣部核准各在案。該撫所稱山西行鹽州縣前領運本甲寅綱應繳五分之一,核與前次奏定分限五年繳還之案相符,所有各州縣應繳還甲寅綱初限銀兩，務須催令於奏銷前繳全，毋得遲誤。至請自乙卯綱爲始，令各州縣於領運時每名帶繳銀六兩，較之分限完繳，更爲妥速，應准照辦。再查原借商捐銀兩係應行解部之款，應令該撫一俟各州縣將甲寅綱應繳銀兩如數繳齊，即行解部交納。其自乙卯綱起，各州縣領運時每名帶繳之銀，亦即隨時解部，以資京餉。

——奏稱飭報鹽估以防擡價也。州縣鹽價必須公平，官民始可相安，應令行銷潞鹽各屬按月將鹽價長落實數具報院道衙門查核，其有擡價漁利或隱瞞不實者，隨時詳參等語。臣等查鹽爲民食所必需，平價銷售方於民生有利。倘各州縣任意擡價，致小民日食貴鹽何堪受此苦累？該撫擬令每月詳報鹽價之處，係屬正辦，應令嚴飭行銷潞鹽之各州縣，將每月鹽價長落按月據實詳報。倘查有擡價漁利及隱瞞不實情弊，即行從嚴參辦。

——奏稱催繳豫本以試新引也。河南官運委員與地方州縣有間，擬於奏銷前完繳運本，方准試辦新引。乙卯綱內酌改每名給領運本十五兩，不願領者聽等語。臣等查河南官運委員前借運本，該撫議令於奏銷前完繳清楚，方准試辦新引，自係核實辦理之道，應令該撫移咨河南巡撫照辦。至乙卯綱內酌改每名給領運本十五兩之處，亦令會同河南巡撫辦理。

——奏稱酌參民運以利豫課也。河南向係商運民銷，今請酌參民運與官運并行，但不給運本，餘照官運章程辦理等語。查此條臣等已於正摺內核覆，毋庸再議。

——奏稱嚴立巡卡以絕私販也。鹽務首重緝私，而緝私不能無費。晉省私販水陸路徑分歧，現在委員分查，相地設卡，其扼要處所必須多撥兵役，遴委幹員駐緝。一切薪水、工食應於晉省代銷貼價内酌給，能否敷用，隨時籌辦。如果委員得力，詳請奏明優獎，疏縱者立行詳撤等語。臣等查晉省鹽務首重緝私，已據該撫於正摺内詳晰陳明，所有各委員緝私費用自係必不可少，應准其於晉省代銷貼價款内酌給。至所稱能否敷用隨時籌辦之處，究竟緝私每年約需費若干，應令該撫酌定數目報部。至緝私委員，該撫務須隨時查察。如實有得力之處，准其奏明請獎。其疏縱者即行撤退，以重緝務而節經費。

豫省官民并運并無窒礙疏

咸豐六年　巡撫兼鹽政王慶雲

竊照河東引鹽行銷山陝河南三省自商人捐免充商之後，將山西、陝西兩省改爲官運官銷，河南一省改爲官運民銷。當經臣就現辦章程設法試籌補救，議於豫省酌參民運與官運并行，但不給運本，餘照官運章程辦理，以期額課有盈無絀。維時因河南撫臣英桂出防①，未及會商，僅將奏稿及所議章程咨會酌辦在案。旋奉部覆，以豫省銷鹽歲有定額，可否於官運之外兼行民運有無窒礙之處，必須就地酌量情形籌辦，奏請敕令會同悉心體察，奏明辦理。兹准英桂咨覆，晉省果能再爲廣招民販，源源濟運。所運引鹽既裕，則豫省各屬小販亦可飭令廣爲招徠，赴鎮販運。偶有不及，自有民運行銷。民運或缺，仍

---

①　出防：出外駐防。

有官運接濟。不惟鹽引藉此暢銷，誠於國課民食兩有裨益，并行不悖，似無窒礙。擬即嚴飭行銷潞鹽各州縣遵照出示，招民仍赴會興鎮販運分銷，并於要隘處所多派人役嚴密查緝，務須私梟絕迹，民販樂運等因，咨商覆奏前來。臣查河南鹽課自咸豐四年改爲官運，嗣因籌本未裕，是以於河東參募民運。現在乙卯綱業經試辦一年，先課後鹽，民販均無貽誤，實與官運可以并行，且經該省體察情形，毫無窒礙。既省運本，復保額課，自應照議酌辦。除飭河東道妥招民販運鹽至會興鎮後由豫省民販照舊分銷外，所有會商妥辦緣由理合聯銜恭摺具奏。

添設靈寶縣口岸試辦鹽票三百名部咨

咸豐六年

户部咨山東司案呈咸豐五年十一月二十六日准山西巡撫王慶雲咨稱，據河東鹽法道黃經詳稱，查得河南靈寶縣地當東西往來要路，縣城南面靠山，北臨黃河，其南山一帶緊接蘆氏、商南，且路通秦楚，地境遼闊。向來居民食鹽例須赴會興鎮運買，惟相距百餘里之遙，山徑崎嶇，小民憚於遠涉，往往私就大河兩岸偷買私鹽。此積習相沿，未能禁絕之實在情形也。現議添設口岸，試辦鹽票，移官就私，不惟該處人民便於買食。如能銷鹽較暢，則於課項亦少裕如，并於緝私一層均有裨益。除分飭遵照辦理外，理合詳請移咨。爲此合咨等因，并鈔送清摺。

——靈寶分岸無庸立局也。即由會興鎮委員兼理其事。

靈寶去會興鎮衹六十里,不時親往巡查,將鹽斤四柱①按旬摺報院道衙門。

——請招募商販發票領運也。商民內如有願領靈寶官鹽者,試辦三百名爲率,照陝省官鹽例用票不用引,令即取具的保②赴轅呈報領掣,務於奏銷前歸數完竣,不任延誤。

——請札飭靈寶縣示諭居民,嗣後食鹽即赴官店買運,不得仍前偷買私鹽,致干查究。

——請鹽從會興鎮行走。由道札飭茅津渡縣丞,俟前次票鹽運到,一體挨次驗放渡河,不得留難阻滯。

——請前項鹽票過河即由會興鎮批驗大使查明,將票截角繳銷,由本商轉運靈寶口岸銷售。照現在豫綱官運章程一律妥辦,毋庸另事更張。

——嚴查津渡以免走私也。靈寶商運時係由芮城之陌底、曲里等處過渡。今應并太安渡、大禹渡、鄭家渡等處及附近津要廣張告示,有由此等處過渡者即係私鹽,拿獲報官,將鹽充賞。責成解州、芮城牧令稽查,如盤獲私鹽訊係由某處假道而來,即將該處失察之員查參。

各條咨送到部,本部詳核所議章程,尚屬周妥,應准照辦。并查籌補豫省歸公銀兩咨內聲明加票三百名,每斤四厘,每年增正課銀一萬五千兩,雜課銀一萬六千五百兩,公費銀四千五百兩,限次年六月奏銷前完納。應咨該撫轉飭,認真妥辦。依限專案,另行奏銷,以昭核實而免混淆。再緝私爲行鹽第一要

---

① 四柱:舊時官署交代款項的帳簿。可分爲舊管、新收、開除、實在四項。也稱爲四注册。

② 的保:確實可靠的作保的鋪或人。

務,該處大河兩岸以及解州、芮城所轄各渡口向爲透私之所,務飭該地方官實力查緝私販,有犯必懲。如失察偷漏,即行從嚴參辦。至截角殘票,隨同每年殘引一律造册,送部查銷,以憑稽核可也。

陝鹽攤課擬請變通疏

咸豐六年陝西巡撫　吳振棫

竊照前任撫臣王慶雲具奏陝西鹽課十二萬兩改歸地丁并徵一案,於咸豐五年二月奉部覆准照辦。臣於是年七月到任,察看情形,諸多棘手,隨於九月內附片據實陳明在案。其時甫經試辦,不敢遽議更張,惟嚴飭各屬趕緊催徵。又恐民間不知按糧攤課之故,叠經出示,剴切曉諭。原期衆情感悟,及早輸將。乃數月以來,凡糧少課輕之處,尚能按限催交。其糧多課重如蒲城、富平、臨潼、渭南等處,率皆觀望不前。雖或勸或懲,竭力整頓,而完納者仍屬寥寥。推原其故,陝省民人勤苦儉嗇,計較錙銖,是其本性。近年各省商賈不通,生計較前窘乏。加以連次勸辦捐輸,丁糧又提早一月,至於兵差絡繹,亦有藉資民力之處。今復加徵鹽課,實覺竭蹶不遑。且地方偶遇灾荒,丁糧或有蠲緩之時,而鹽課向無蠲緩之例。小民以追呼爲苦,不免有他日之憂。又查按糧攤課與歷辦引課,多寡迥殊。即如蒲城、富平二縣,戶部照引加課俱謹止五千三百餘兩,商辦課額則尚不及此數。今按糧攤算,蒲城應納課一萬一千二百餘兩,富平應納課銀九千三百餘兩,其數增至一倍。民間狃於習見,疑懼更深。至現行章程,原許民人持照赴廠買鹽。但地在隔省,焉能人人前往?仍係積年市販熟於營運者買回,四路分銷。此輩惟利是圖,鹽價亦不能甚賤,小民納無鹽之課,駔儈①賣無課之鹽,此尤衆情撓阻之所由來。雖百説以喻之,而終難踴躍者也。

山西巡撫王慶雲辦理公事,一片真誠,不分畛域,曾與臣往返函商,時以裕課便民須求良策爲念。近聞豫省鹽課自改行河東招販先課後鹽之法,銷暢課充,官民稱便,業已著有成效。陝省大致相同,似亦可以照辦。現在攤徵之法既已窒礙難行,若不及早變通,必至坐誤。即將隨徵州縣一一查參,終於公事無補。臣用敢不避冒昧,據實瀝陳,仰懇格外天恩,敕下山西撫臣通盤籌畫,可否仿照豫省現行章程辦理之處,於奏明後咨行陝西通飭遵照。其中應行參酌一切事宜,再由臣等兩省會商,隨時定議,總期鹽課不至稍絀,而民氣藉以稍紓,則樂利同沾,永荷鴻施於無既矣。

四月二十八日奉上諭:"吳振棫奏請將陝西攤徵鹽課變通辦理一摺。據稱陝省鹽課改歸地丁并徵諸形窒礙,請仿照河南鹽課改行河東招販先課後鹽之法變通辦理等語。著王慶雲將前辦章程悉心參酌,通盤籌畫,其有應行變通之處即咨行吳振棫會商妥辦,以裕國課而便民食。欽此。"

會議陝省官民并運先課後鹽部議

咸豐六年

户部疏稱。

---

① 駔儈:本指説合牲畜交易的人,後泛指經紀人、市儈。

據陝西巡撫吳振棫、山西巡撫王慶雲會奏驗票截角各事宜。現據山陝兩省司道會議章程前來，查鹽課每斤交銀四厘，先行封納而後挈鹽，係復舊章辦理。其領運之後，山西省在於永濟縣屬之下馬口、臨晉縣屬之夾馬口二處各委員一人驗票稽查，以杜夾帶。渡河到陝，即在華陰縣之三河口設立總局，委員一人，專司截角繳銷，以杜重運。截角之後，任聽販運，隨處行銷，不必定以例價等語。臣等查鹽法初經變通，總以顧課為要務。現擬官民并運先封課而後挈鹽，似與前辦官運官銷先鹽後課之議，較有把握。且照前定稅則，每斤納課銀四厘，以陝西額引一千三百三十一名零計之，應徵課銀十六萬八千餘兩，較之課歸地丁僅攤徵銀十二萬一千餘兩，亦屬有盈無絀。所擬下馬口等處各派員驗票截角之處，查《河東鹽法志》載，陝省鹽路自運城陸行，由下馬口及夾馬口上船渡黃至三河口，分運各州縣行銷。是各該口向為引鹽必由之徑，於此扼要派委各員查驗布置尚為周妥。自鹽販到口截角之後，聲請任其隨處散銷，不必定價，亦屬體量情形，期於利運，均應如奏辦理。惟現當改章之始，招販以趲運，督銷以裕課，一切均形吃緊，應令山西巡撫督飭河東道遵照現定章程認真妥辦，以整新綱而保課額。

所有單開各款，臣等逐加細核，歸并四條，另繕清單，恭呈御覽。

——奏稱陝西額引一千三百三十一名一百一引，每引納課四厘，應封正雜課并銷價公費等銀十六萬八千一百三十九兩零，由河東道曉諭官民，領票封課試辦。河東在夾馬口、下馬口二處委員各一人，稽查過載鹽店，盤驗過渡鹽票，彈壓船户，無許把持。陝省於三河口設立總局委員一人，截角繳銷，以杜夾帶等語。臣等查咸豐四年臣部議覆河東變通鹽務案內鹽池收稅酌定科則，每斤統以四厘爲率，此外一切浮費概行刪除。今陝西循照前定四厘科則飭販封課，合算額引名數，應徵銀十六萬八千一百餘兩，核與奏定章程相符，應飭令河東道照額徵完備撥。此外不准官吏勒索浮科以利販運。如販情日形踴躍，額引全運之外再有溢銷，所得贏餘課銀并令盡收報部查核。其驗票截角事宜，最爲轉運緊要關鍵。應令遴派妥員在於各該口實力稽查，嚴杜偷漏重運之弊。如該委員奉行不力，漫無覺察，或扶同弊混及有需索浮費情事，立即從嚴參辦。

——奏稱丙辰一綱試辦官民并運先用票張，俟請領丁巳綱晉豫鹽引時并領陝西額引。又鳳、興、邠三府州前經陝省奏請，免其領引，鹽稅徑解陝西藩庫奏銷，此次仍毋庸領引給發等語。臣等查陝省西、同、商、乾四府州向係行銷河東額引，自上年鹽課改歸地丁攤徵，奏明停領引目。茲既復課歸鹽，自應領引營運，俾清綱分。惟本年丙辰一綱初更章程，若俟領引到日開辦新綱爲時已遲。應照所議先用票張，權宜辦理，仍令陝省丁巳綱鹽引同晉豫引目一并請領，以符舊制。其鳳、興、邠三府州屬向例課歸地丁，仍赴河東領引，上年亦經奏明停領。茲該府州仍照舊攤徵，不在官民并運之列，應於下屆請領引目咨內聲明割除，毋庸給領。其鹽稅或徑解藩庫，抑仍解交河東，摺內未據分晰聲叙，應令查明咨覆。

——奏稱鹽販過河截角後，任各家招販，不分引地，隨處散銷，并准其於舊日行鹽之地營運，地方官弁兵役均不得需索留難。又舊例官鹽均有例價，現在官民并運，運無定人，自不能擡價。銷無定地，亦無可居奇，自不必限以例價。緣鹽與布帛菽粟同爲日用所必需，布帛菽粟隨時作價，貿易相安，鹽斤亦應一律等語。臣等查認地銷引所以防侵越，定價售鹽所以示均平，此歷來商運辦法。今試行官民并運，即與票法無異，自與商運有別。該撫等縷陳行鹽不分引地、售鹽不限例價各情，係屬因時制宜，於恤販之中兼權便民之意，應請照准。自此銷無定處，鹽無定值，販民自相交易，各從其便。地方官弁并無督銷巡緝專責，概不准胥役人等多方留難，藉端需索。儻查有前項情弊，即行究懲，以肅鹾務。

——奏稱復課歸鹽時值河流大汛、非運鹽正候、須八月以往方能暢運，奏銷限期能否與晉豫一律，屆時察看奏明辦理。又三省行鹽暢滯無常，應於奏銷前由河東道權其暢滯、酌量變通，并聲稱官民并運均不承領運本，陝省各廳州縣并無交代之事，毋庸開送督銷完欠職名，奏銷考成均屬河東道專責等語。臣等查河東鹽課例應次年四月奏銷。現在開辦新綱距奏銷期尚有八月之久，應令迅飭赴緊運銷，與晉豫一律依限奏報，毋任參差貽誤。至謂奏銷前權其暢滯，酌量變通，意在三省通盤合算。以此處之暢銷，補彼處之滯運，亦屬權宜辦理，總期奏銷鹽課，照額全完，毋稍短絀，是爲至要。其陝省各廳州縣既無交代之事，亦無督銷之責，完欠職名應准免其開送。現在官民并運，一切徵課運銷事宜統歸河東道經管，應於奏銷案內聲叙已未完分數，開報該道職名，以專責成而定考核。

請嚴禁需索以衛課運疏

巡撫兼鹽政　王慶雲

竊臣具奏陝省鹽務一摺奉部議准,河東鹽販納課領鹽分銷所過山陝各境,官吏不准需索留難、致誤課運等因。咸豐六年六月十八日奏,奉諭旨："依議,欽此。"

現據兩省司道會議,條款詳由臣咨商陝西撫臣吳振棫會同妥議辦理。竊惟鹽務之利病,全在浮費之有無。今陝省力禁官吏需索,鹽務可望轉機。而河南會興鎮一路,銷鹽較多,惟恐日久弊生,官吏漸萌需索,難保必無其人。應并請旨飭下河南撫臣嚴飭河陝汝道及行銷潞鹽各屬,無論文武員弁幕丁兵役人等均不准需索留難,以通銷路而裕正供。臣蒙恩委任兼管鹽政。河東鹽行三省,典守攸關,責任綦重,亦惟有嚴密訪察。設鄰省或有阻撓鹽法者,定即據實查參,斷不敢稍分畛域,意存徇隱。至晉省現辦官運官銷各州縣,非能挾貲營運,多係招來商夥代為運銷。前經出示嚴禁需索等弊,臣仍隨時督飭司道府州明查暗訪。如有設立名目借端需索者,即行嚴參重究,以冀行銷無滯,鹺綱日有起色。所有三省鹽務普律請禁需索緣由,謹繕摺具陳,伏乞皇上聖鑒。

再,臣接准湖廣督臣來咨,以潞鹽私越楚境,擬在信陽州抽厘濟餉,奉部議准,化私為官,事屬可行。蓋以鹽利佐軍興乃古來之成法,然必鹽所經行之處需索盡除,商販有利可沾,自能絡繹奔赴。否則裹足不前,抽厘仍無所得。是嚴禁需索,尤為此時之急務。合并附陳。七月初五日奉上諭："王慶雲奏請嚴禁鹽務需索一摺,河東銷鹽徑行山西、陝西、河南三省,業經王慶雲會同吳振棫妥議章程,於所過各境嚴禁官吏需索。惟河南會興鎮一路銷鹽較多,難保無官吏藉端阻撓。且信陽州現辦抽厘接濟湖北軍餉,倘需索未能盡除,必致商販裹足。著英桂嚴飭河陝汝道及行銷潞鹽各屬,無論文武員弁幕丁兵役人等,均不准需索留難。如有此等情弊,即著從嚴究辦,以整鹺綱而暢課運。欽此。"

三河口驗發陝鹽委員請暫給運判職銜以資彈壓疏

咸豐六年巡撫兼鹽政　王慶雲

竊照陝省行銷河東引鹽,現經臣會同陝西撫臣吳振棫奏明,改照河南會興鎮章程官民并運,所行鹽票應在華陰縣屬之三河口設立總局,由河東委員截角挈驗,發販散銷。是總局者,行鹽之關鍵也。查三河口北自同郡,南接潼關,回漢雜居,良悍不一。且現當試辦伊始,與會興鎮民情樸厚諸事就理者不同。該處委員責成既重,必須職位略大,方足以資彈壓。而河東差遣委用向皆七品以下雜職微員,就中將熟悉體面者擇能而使,究恐職位太輕。臣與司道公同商酌,擬將該處總局委員援照江蘇通海等州鹽運分司之例,暫給運判職銜,庶稽查較能得力。俟試辦一年後,察看該局應設何官再行核議、奏明辦理。據河東道移會藩、臬兩司具詳前來,臣查河南會興鎮總局係以七品之鹽經歷分駐稽查,今陝省民情事勢既有不同,未便拘泥,相應請旨將陝西三河口鹽務總局委員暫給鹽運判六品職銜,以重事權而資彈壓。惟此項坐缺兼銜仍不准作為隨帶,以示限制。

商捐軍餉請加學額部議

咸豐六年

户部疏稱。

據山西巡撫王慶雲疏稱,竊照咸豐二年山西省辦理捐輸廣西軍餉案內,河東商人侯六來等共捐輸銀二十萬三百七十兩,業經前撫臣奏明,嗣准部咨會議,酌加中額學額案內河東商學遵照於咸豐五年科試時廣文學額十名。今於歲試時,廣武學額四名。均按數加訖在案。茲據商籍進士薛戍等稟請,酌加文學十名、武學四名作爲永遠定額。捐輸各商姓名,先由本籍地方官查造清册,開送河東道及商學存案,將來無論有無畦錠,准其子弟由本籍起咨移送商學應考等情。恭查咸豐三年欽奉上諭:"凡紳士商民捐資備餉廳州縣捐至二千兩者,准廣該處文武試學額一名。如應廣之額浮於原額,即遞行推展。儻捐數較多,展至數次,猶有盈餘者,准其於奏請時聲明,分別酌加,永遠定額等因。欽此。"欽遵查河東商學原定文學額十名,武學額四名,除已廣額一次外,尚餘銀十八萬兩零。合無仰懇聖恩,俯准將河東商學酌加永遠定額,文學十名,武學四名,俾昭獎勸等語。

户部查咸豐二年三月據前任山西撫臣兆那蘇圖奏報,河東商人捐輸軍餉共銀二十萬三百七十兩。三年三月,臣部遵奉諭旨,查明捐數較多之省分、總數及各廳州縣分數酌加中額學額案內,將河東商人捐輸銀兩彙入山西捐數總數,擬加中額并酌廣該商學文武學額各在案。兹王慶雲奏稱,該商等捐輸銀數除廣額一次外,尚餘銀十八萬兩零。據商籍進士薛戍等禀請酌加永遠定額,臣等核其所請與欽奉諭旨及議定章程相符,應准加該商學永遠定額十名,并原額十名,共作爲文學定額二十名。至此次捐輸之商人,亦應如所請册送河東道及商學存案,將來無論有無畦錠,其子弟均准由本籍咨送商學赴考,仍不得復在本籍應試,以杜兩籍跨考情弊。兵部查河東商學原定武學額四名。今據該撫疏稱,該商等捐輸銀數除廣額一次尚餘銀十八萬兩,請加武學定額四名,即作爲永遠定額八名,以示優獎,仍不得兩籍跨考。如蒙俞允,應由臣部等咨行山西巡撫、學政諸臣遵照辦理,俾該商等永沐皇仁,倍加感奮。謹將臣等遵議緣由恭摺具奏。

八月二十三日,奉旨:"依議,欽此。"

酌取羨餘以濟經費部議

咸豐九年

户部議覆。

據山西巡撫英桂疏稱,竊臣於咸豐九年正月初二日准户部咨,河東鹽務宜仿照四川鹽斤抽厘成案籌辦,令迅速籌議章程,奏明核辦等因。當經臣將河東鹽務大概情形附片奏聞,一面分行藩、臬兩司會同河東鹽法道體察商情,悉心妥議詳辦去後。兹據詳稱,河東引鹽咸豐四年間免商官運以來,民販辦理者率非素豐之家,或合夥湊貲,或出息稱貸,以逐錙銖之利。其情有利則趨,無利則去。非若商運確有把握,全恃在官之曲加體恤,使之踴躍從事。近年兩淮鹽引阻滯,潞鹽得以疏通,各販行運較多,此數年來河東鹽課有增無減辦理無誤之情形,未敢援爲常例。

　　查川鹽多由水運,需費較輕,而引課俱散於竃户。就井熬鹽,工本既省,出鹽甚多,故於正課之外可收餘利。河東鹽務每鹽一名,納課一百二十兩,而池鹽價值、陸運脚費以及店用辛工火雜等費通算,幾近三百餘兩。各販户行運售賣山陝河南三省,道途遠近不同,計其所得羨餘每名不過十餘兩至三十餘兩不等,較之川鹽獲利之厚,大相懸殊。若每斤加捐二厘,則鹽引一名加銀六十兩,不特盡取其利,并將虧及其本。即每斤加捐一厘,每名亦需加捐銀三十兩,誠恐各販無所取利,裹足不前,日久於正課轉致有虧,所關匪細。溯查咸豐八年,豫省軍務緊急,擬在河南陝州之會興鎮於民販赴豫潞鹽按斤抽厘,當經前撫臣恒福體察,商民咸生疑畏,礙難遽行。酌擬在於河南新添靈寶口岸課銀内,每年動支銀二萬兩解交河南藩庫,藉充軍餉。至行運陝省引鹽,業經陝省自行抽厘,似未便於晉省重複抽收。其本省行銷引鹽止有四十四州縣,暢滯未能畫一,獲利多寡不同。按斤抽厘,尤慮民販藉詞觀望。再四妥籌,擬就銷引暢滯情形,將山西、陝西、河南三省各州縣分別等次,酌取各販羨餘三分之一均勻核計,每鹽引一名可收銀八兩,每歲共抽銀四萬五千餘兩。又加票内每名公費銀一十五兩,通計三百餘名公費。合之前款,共可得銀五萬兩有零。請歲以五萬兩報部,其傾寶起解各費即以零數開銷造報。現在己未綱引鹽收款,請俟奉到此次部文覆准之日盡數徵解。其未奉部文以前運銷者,免其補繳。嗣後自庚申綱起,按年查照全額派收造報,以歸核實等情。詳請具奏前來,理合恭摺具奏,伏乞敕部核覆施行等語。

臣等伏查該撫所稱民販辦運惟利是趨,非若商運確有把握。并稱潞鹽成本較重,獲利不若川鹽之厚,未便按斤抽厘,致販戶無所取利、裹足不前,係爲維持䰞綱起見。其疏稱於各販所得羨餘內酌取三分之一,并湊加票三百餘名公費,每歲請以五萬兩解部等語。是於體恤商情之中,酌籌裕課之法,應准照辦。至請將本年己未綱引鹽收款,俟奉到此次部覆之日盡數徵解。未奉文以前運銷者,免其補繳。嗣後,自庚申綱起,按年照額派收造報之處,亦應如所奏辦理。所有己未綱應收銀兩一俟收齊,即行解部。嗣後自庚申綱起每年收銀五萬兩,應令按季分批解部交納,以濟京餉。再,河東鹽務當此淮鹽阻滯、潞鹽疏通之際,各販戶運銷日暢,獲羨迭增,仍請旨飭下山西巡撫督同河東道隨時體察情形。如可按名酌增收取,務須實力籌辦,毋稍推諉。

請加票以濟海防經費部議

咸豐十年

戶部議覆。

據山西巡撫英桂疏稱,竊臣接准戶部咨,直隸督臣恒福預籌海防要需,請將河東歲銷額鹽每斤價增一文,豫票每名加配餘鹽八九百斤,陝西、靈寶等處酌盈濟虛亦不無小補等因。經部議奏,行令體察情形,奏明辦理前來。當經檄行藩臬兩司、河東道會同妥議,并咨會河南、陝西各撫臣查照去後。茲據藩司常績、署臬司瑞昌、河東道劉子城會詳,山西行鹽四十四州縣大半山路崎嶇,運脚甚重,鹽價較昂,且與土鹽、蒙鹽、衛鹽、蒲城鹽各來路在在歧通,如原奏擬以每斤增價一文,雖食者每日所需無幾,未必日出一錢,惟晉省民情重利,一聞增價,難免因此藉口,商情不無阻滯,而販私之徒轉得遂其所欲,暗地私售,似於鹽務多有窒礙。至豫陝靈寶民票按名加斤配運一節,現查各引尚有餘鹽。陝省各口岸本非暢銷之所,難以加斤。豫引亦暢滯不齊,如僅於暢銷處酌量加配餘鹽,則各路鹽名斤數多寡又相懸殊,不足以昭畫一。且恐稽察難周,商販藉端影射。故年來屢經加票,未敢輕議加斤,致生流弊也。查上年六月間,以天津需餉,欽奉諭旨飭在鹽課項下撥銀五萬兩迅解天津,遵即籌撥六年各項鹽課五萬兩解津交納在案。茲以海防需餉,擬以河東鹽務酌加鹽價鹽斤。值此庫款支絀設防緊要之時,自應體察情形,從長計議。查前次扣存陝省甲寅年半綱引鹽六百六十名,勻入戊午、己未兩綱帶銷,現已全數銷竣,尚可照舊加票。今擬查照戊午、己未兩年帶銷數目,每年加銷三百三十名外,再行酌加二百七十名,共成六百之數。按年加票內除三百三十名仍照前案解六留四,以備本省防堵經費。其餘續加之二百七十名,每名課費一百二十兩,計可得銀三萬二千四百兩,全數撥解天津應用。另於道庫各款內動銀一萬七千餘兩,每年湊成五萬兩,較之增價加斤之利有盈無絀。但所加之票,必須庚申開綱後極力疏銷。兼須池鹽旺產,始能加定。現在海防經費緩不濟急,擬請先行籌備銀二萬兩解津以應急需。餘俟加票收課後再行補解,以符五萬兩之數。仍俟海防撤後,即行停止等語。

臣等伏查現在天津海防緊要，必須各省設法籌款撥解，方足以資接濟。今既據英桂擬請，自庚申綱起加票銀兩并另動道庫各款共湊成五萬兩，解赴天津應用，似於海防要需不無裨益，應如所奏辦理。其請將原加三百三十名仍照前案解六留四以備本省防堵經費一節，亦應准其照辦。至所稱先行籌備銀二萬兩解津之處，查該省每月應解天津餉銀二萬兩，臣等另摺議令於此項加票項內湊解，應令該撫遵照奏案，按月照數湊足二萬兩之數解往，以濟要需。不得僅以此項加票銀五萬兩解清後，藉此塞責，遂置月餉於不顧。

再查河東鹽斤加價，業經該撫以未便舉行奏覆。臣等復思，鹽售於民每斤加價一文，爲數甚微，於民生似無窒礙。而積少成多，每年可得制錢五萬餘串，亦足以濟經費之不足，應令山西巡撫再行體察情形。鹽價如何酌加，即行籌議，奏明辦理，毋稍推諉，是爲至要。

潞鹽暢行請變通增課部議

咸豐十年

戶部議覆。

據湖廣道監察御史薛書堂疏稱，潞鹽每歲計五千七百餘名，每引一名納課銀一百二十兩，計每歲共課六十餘萬兩，行之已久。惟近因淮鹽阻滯，楚皖各省多食潞鹽。去冬，川省多事，川鹽亦滯，潞鹽更覺流暢。自七八九年以來，鹽價昂貴。聞每逢發引之期，該鹽道先酌量候補人員資格深淺，各分數名。其餘令各商先行交銀，然後掣簽。其商人掣得及候補人員分得之引，每名就地即可賣三百餘金。除交課銀一百二十兩外，尚可餘利二百餘兩。而商運遠方者利猶在外也。是商人雖有資本，而挈引一名，不過半日，即獲利二百餘金。候補人員且不費資本而分引一名，亦獲利二百餘金。以有用之財，付之無用之人，因此河東附近富商及鹽務候補人員人人飽騰。惟當此軍餉支絀之時，百計籌畫，尚慮不足。乃以國家自然之利，不思變通歸公，可惜可恨。臣籍隸靈寶縣，去河東不及百里，久有所聞。及訪問山西鄰近河東之安邑、解州各官紳及鹽務各官，人人言同。臣謹擬請旨或就原引酌加課銀，或於例引外量加引數，計每年再增鹽課六十萬。該官商尚有餘利，不至辦理不前。俟淮鹽暢行，潞鹽漸滯，再行裁歸舊章，亦無窒礙等語。

　　臣伏查近來淮引阻滯，楚皖兩省均食潞鹽，銷路頗暢。前經臣部議令山西巡撫體察情形，籌辦加引加價加斤，并仿照四川抽釐成案試辦抽釐。曾經該撫以加價加斤抽釐未便舉行，請酌取商羨等項銀兩，每年以五萬兩解部，并查照戊午、己未兩年帶銷截存陝省甲寅半綱引鹽數目，每年加銷三百三十名外，再加二百七十名，共成六百名。除三百三十名仍照舊案解六留四，其餘續加之二百七十名課費，全數撥解天津等因，先後奏覆各在案。茲據該御史以潞鹽流暢，鹽價昂貴，每逢發引之期，鹽務候補人員各分數名，其餘各商挈得每名就地可賣三百餘金。除交課項一百二十兩外，尚可獲利二百餘兩。此項鹽利亟應變通歸公，請就原引酌加課銀，或於例引外量加引數，每年再增鹽課六十萬兩等因具奏前來。臣等查潞鹽自各商捐免簽充以來，山西、陝西等屬改為官運官銷，河南等屬改爲官運民銷。一百二十引爲一名，以五千名作爲定額，每斤收課銀四厘，合計徵課銀六十萬兩。近來潞鹽銷路日暢，僅據該撫籌議，酌取商羨等銀并加增引票，核計銀數無多。若如該御史所奏，潞鹽獲利甚厚，盡爲官商等所有。是該撫於河東鹽務并不遵照臣部叠次奏案實力籌辦，已可概見。查該御史籍隸靈寶縣，去河東不遠，所聞自必確實。并訪問鹽務各官，所言又同。其請將鹽利歸公，自係籌備兵餉之一策。臣等謹就該御史原奏悉心酌核，如所擬於例引外量加引數一節。查河東鹽斤業經該撫奏明，每年加增六百名，如再令加增引票，數多則轉致壅滯，不若就原引酌收課銀爲善。并非額外加增，乃盡官商入己之私囊，無害於民。查潞鹽每名原定交課銀一百二十兩，今官商等將掣分之引每名就地可賣三百餘金，令其照原數外再加一百二十兩，共二百四十兩完繳，官商等尚有餘利可獲，并無窒礙。而河東鹽課每年可多收銀六十萬兩，共銀一百二十萬兩，於兵餉實有裨益。應請旨飭下山西巡撫查照該御史原奏，督飭河東道即照原奏情形奏明辦理，斷不可瞻徇情面，藉詞推諉，將此鉅款任聽干没，必當革除節壽之奉、酬應之儀，總須有益於國，方不愧爲大吏。

　　再，臣等訪聞潞鹽行銷各處，每斤須錢五六七八十文不等，與該御史所奏鹽價昂貴情形相同。此項鹽斤民食攸關，理宜平價銷售。應令該撫轉飭河東道，按照行銷各處路程遠近，酌中定價，毋許任意昂貴，再行加增，致病民生，是爲至要。

酌議加票加費情形疏

咸豐十年巡撫兼鹽政　英桂

竊臣准戶部咨,議覆御史薛書堂奏,潞鹽暢行,請變通增課,以充軍餉。經部臣以潞鹽每名原定交課銀一百二十兩,今據該御史風聞官商將掣得之引每名就地可賣三百餘金,令照原數之外再加一百二十兩,共二百四十兩,每年可多收銀六十萬兩,於兵餉實有裨益。并聞潞鹽行銷各處,每斤須錢五六七八十文不等,與該御史所奏鹽價昂貴情形相同,行令按照路程遠近,酌中定價,毋許任意昂貴,致病民生等因。奉旨:"依議,欽此。"

又,臣前奏鹽斤加價,擬在晉豫陝三省通融酌加,以濟餉需。經戶部以所增無幾,應仍照議覆御史薛書堂原奏,每年再增課銀六十萬兩,奏奉硃批:"著英桂恪遵前議,迅速籌辦。官商分肥,勢所必有。酬應上司,事豈必無?總在該撫破除情面,正己率屬,自無格礙之理也。欽此。"

當經先後行道會同藩臬兩司妥議籌辦去後。茲據藩司常績、臬司黃經、河東道劉子城詳稱,遵查河東引鹽自咸豐四年免商之後,人皆視為畏途,數月無人領運。經臬司黃經在河東道任內查得庫儲銷價息本尚未撥解,諭令所屬各官有願領引者,每名借發銷價銀三十兩以作資本,應徵課銀准於銷後封繳,彼時僅有一二官紳領辦。因薄有餘利,始接辦者多。本省鹽引責成各州縣,領運亦借給資本,暢滯准其通融。在暢銷之區,雖可敷衍,而滯銷州縣仍不免於賠累。迨五六兩年,河東漸有起色。每引一名可得餘利五六兩。當各收回運本,定先課後鹽之例。六年,陝西改照豫引辦理。數月後,陝仍滯銷,每名虧本十餘兩,方敷配運。七年,設法變通,勻交豫販兼辦,以盈補絀,始無遺誤。八年,三省均有成效,河南尤暢。每名餘利二三十兩不等。是春,即有酌加羨餘之議。九年冬臘,引利日增。河南每名約八九十兩,陝西七八十兩,本省亦四五十兩,故又有加票之請。凡所以爲餉需計者,未嘗少遺餘力,然均在領引之後陸續增長。封課過半,礙難再議。今春,豫捻滋事,餘利頓減。現值鹵耗之時,運發仍滯。此歷年鹽利增減靡常之原委也。

自來引價之昂,必各口岸銷暢利重,方有把握。今查河南之會興鎮爲商販聚集之所,因各路鹽價較減,竟有摺本圖銷者,其銷數不及八九兩年三分之一。每月詳報有案,不能纖毫遮飾。引之利出於鹽,鹽果無利,則引雖暫貴直,不啻暑雨傾盆,涸可立待。萬一課增價減,販以無利而散,則每歲六七十萬之額課一有遲誤,關係匪輕。此又鹽引暢滯不同,全無把握之實情也。

鹽行三省,本省至遠者每斤不過三十二文,豫陝州縣不過四十文,惟湖北鹽價六七十文不等,良由路遠腳貴,兼收釐金。而河東實無此價,況河南則有長蘆衛私,陝西則有花馬、蒲城,山西則有蒙鹽、土鹽,皆犬牙交錯,互相覬覦,明知淮川道阻,私販必多,方將減價敵私之不暇,何敢多增價值開私鹽暢行之路。此又鹽價貴賤不一之實在情形也。

至運城候補各員向因免商後無人承領,由候補大使首先領辦,俾商民咸知觀感,是以每年酌撥豫陝引九百餘名,按到運先後分派數年，均無多利。惟九年鹽引獨昂，藉獲餘潤。其中豫引爲最，陝引次之，本省引又次之。并非掣得之引皆獲重利，亦無每名售銀三百餘兩之多。推其較前稍獲餘利者，由於上年川鹽不行，銷路漸廣，係屬一時僥幸，且官民并運久經詳定章程，利害各有專責，似未便以暫時之利爲久遠之圖。今奉部議，每名加課銀一百二十兩，以現在鹽價合算，如係豫引除交課之外已無多利。若陝引、晉引轉須虧本五六十兩，必致商販裹足，於全綱大有關礙。即如本年庚申綱課將次全完，一聞加課之議，遂有心生疑阻者，此其明證。然值此軍餉浩繁，庫藏支絀，司道等受恩深重，具有天良。如果有此自然之鉅利，何敢市惠官商，罔顧國計，自當破除情面，力求補苴。因思銷路既有暢滯之分，引價自有貴賤之別。若不論其行銷何省，按名倍徵，恐人情有利則趨，無利則避，轉於全局諸形掣肘。思維再四，與其明定加課，致商販觀望不前，莫若量爲變通，於其領引時視口岸之暢滯定領費之多寡。雖不能每名概加一百二十兩，能自十餘兩至三四十兩分別試行，約計每年可得領引費銀二十萬餘兩。是則不議加課，而加課即在其中矣。如果試行有效，尚可按年加增。不效，則另議裁減，總期有裨於兵餉而仍無礙於全綱，方爲盡善。除庚申綱餘引無多毋庸再議外，所有辛酉綱請於今秋新引未發之先新鹽歸料之後，按切時勢，確察商情，統計正雜課費羨餘各款以及鹽本脚價等項可得餘利若干，酌定某省之引每名加領費銀若干兩。俟議定成數，報部候撥，以濟餉需等情，詳請具奏前來。

　　臣查引價之貴賤向以銷路之暢滯爲區分。銷路暢，則引價增昂。銷路滯，則引價減落。上年，川匪滋事，川鹽不行。

加以皖捻屢擾,豫疆蘆鹽亦滯。不但豫、陝二省多食潞鹽,即湖北襄漢一帶皆惟潞鹽是賴。引價因而日增,商民借獲餘利。職此之由,臣於今春訪知大概,本擬設法變通作裕課充餉之計,因庚申一綱已於上年秋冬次第配運,勢難於已定之課復令加增,致涉紛擾,惟有俟今秋起運辛酉新綱,再行籌議,而御史薛書堂適有此奏。欽奉諭旨,令即迅速籌辦。現據該司道等請以各省口岸之暢滯,定領引經費之等差,所議尚爲平允。惟每年加銀二十萬餘兩有無不實不盡,且川省軍務未竣,淮綱片引不行,楚北食鹽屢缺。如可酌量加票,俾該處鹽價不致增昂,一俟淮路疏通,仍行停止,似於國計民生兩有裨益。第此係臣懸揣之見,究於陝豫等省議加引費有無妨礙之處,均應委員確切訪查,方有把握。查有候補道鍾秀老成練達,曾任户部司員,於鹽務情形頗爲熟悉。又有候補知縣譚廷榮、龍汝霖,皆才識優長,辦事認真,已飭委該道隨帶該二員馳赴河東會同鹽道劉子城,按照時勢細察商情。每年可增領引費銀若干,此外能否加票,俟籌議到日再行據實奏報。臣職兼鹽政,當此時艱帑絀,苟可設法補苴,自當殫竭愚誠,妥爲籌辦,斷不稍徇情面,有負聖主委任封圻之至意。

加費加票以裕歲課部議

咸豐十年

户部議覆。

據署理山西巡撫常績疏稱,竊准户部咨,議覆御史薛書堂奏潞鹽暢行請變通鹽課一摺,經臣部以該御史風聞潞引每名就地可賣三百餘金,除交課銀一百二十兩外,尚可餘利二百餘兩,令再加一百二十兩,每年可多收銀六十萬兩等因,經撫臣英桂行據河東鹽道劉子城查得潞鹽行銷三省,銷路有暢滯之分,引價有貴賤之別,并無每名售銀三百餘兩之多,勢難概加一百二十兩,擬請每名酌加領引費十餘兩至三四十兩不等,每年約徵銀二十萬餘兩等情。撫臣英桂以所議恐有不實不盡,當委候補道鍾秀帶同候補知縣譚廷榮、龍汝霖會同鹽道劉子城妥爲籌議,先將大概情形奏奉。硃批:"戶部速議具奏。欽此。"

經部臣以潞鹽增課銀六十萬兩,係仿照川鹽加課一倍成案,行令遵照前議辦理,毋任官商分肥中飽等因,後又諄飭該道等破除情面實力籌辦去後。旋據候補道鍾秀、河東鹽法道劉子城會詳,稱御史薛書堂所奏潞鹽每名就地可賣三百餘金一節,查由鹽池運鹽一名至會興鎮等處正雜各課及鹽價腳價等項合需成本三百餘兩,現在會興鎮鹽價售銀四百餘兩,確有販商帳簿可稽。若票價果如該御史所奏可獲利二百餘兩,便需成本五百餘兩。不惟無利,轉需虧折百金,方可圖銷,似係傳聞之訛。前議加費二十萬餘兩,原爲恤商力而保正課起見,但際此軍務未竣,餉需浩繁,不得不力求變通以期時艱共濟。現經督同委員傳集三省販商剴切曉諭,示以朝廷德意,只令將餘利歸公,并非額外增加,勿生疑阻。反復開導,該商販等始勉力順從。請自辛酉綱爲始,再加活引五百名,合之先後奏定擬加六百名,爲一千一百名,正雜各課可增銀十四萬三千兩。陝豫兩省及新增活引每名酌加領引費銀六十兩。本省仍分三等,暢銷八縣每名四十兩,中等十九州縣每名三十二兩,次等十七州縣每名二十八兩,共合領引費銀三十三萬九千餘兩,統計共增銀四十八萬二千餘兩。內有撥解及外銷等款悉照向章分晰辦理,仍將抽數另行報部,似此折中定價,均係按切時勢,體察商情,幾至搜剔殆遍,實難增至六十萬之數。所以然者,其故有四:河東票價,冬臘則賤,春夏則昂。始而新發之票其數贏,繼而售銷之票其數短,價亦因之騰貴。潞鹽封課期在上年之冬,勢難待價而沽。稽抽綱運,致誤奏銷例限,此其礙難多增者一也。民間總彙之區物價常平,零星小市物價恆貴。販商操奇計贏,售止自便,國家立政有體,掣簽領運例以一綱,萬不能畸零封納,此其礙難多增者二也。陝豫額引三千餘名,初非名名出售,大約掣而轉賣者居其半,掣而自運者亦居其半,簽掣固覺饒有盈餘,買簽僅不虧資本。販商因掣簽之有餘,足償買簽之不足。今則引引加費,幾無餘利。若令輸納過重,則賠累實深,此其礙難多增者三也。本省官運官銷,由各州縣領運,向無買票,本屬無可議加。第昔時銀貴而錢賤,今則銀賤而錢貴。州縣售之於民者錢,納之於庫者銀。此中稍有霑潤,究亦無多,且暢滯皆取羨餘,辦公不無竭蹶,此其礙難多增者四也。凡此皆係近時之實情,為邇邇所共曉,無從掩飾。日後試行有效,不妨另議加增。倘川淮路通,或本省銀價仍復增長,亦當酌量裁減,總期遵照部議,無病於商,有益於國,方無流弊。

又,自免商後定為先課後鹽,官民并運,廣示招徠,因而有資本者封課掣簽,旋即售簽於人,借圖蠅利。此等官商迹雖近於中飽分肥,實則貿易常情,無關弊竇。惟既迭經部議,莫若自辛酉綱以後除晉引官運官銷無庸紛更外,所有豫引、陝引先令有確真字號民販盡數掣抽。民販所餘,始准給官領運,以符舊制,并防民販一旦觀望不前,猶留官運以待其後。蓋民販張甲、李乙朝去暮來,非官所能操縱,更恐人情有利則趨,無利則避,轉於全綱大有關礙。他若節壽之奉、酬應之儀,查自二年留商改票奏減浮費七十餘萬之後,久已無此陋規。四年,改行票販,行止自便,來去靡常,更無此項名目等語。臣等伏查本年四月臣部議覆御史薛書堂條陳河東鹽務,奏令該省酌加課銀六十萬兩,連課額共銀一百二十萬兩。旋據山西巡撫英桂奏擬加鹽價銀三萬四千餘兩。經臣部查,與前議加增課銀六十萬兩數目大相懸殊,仍令照數倍增課款妥議籌辦。奏奉硃批:"著英桂恪遵前議,迅速籌辦。官商分肥,勢所必有。酬應上司,事豈必無?總在該撫破除情面,正己率屬,自無格礙之理也。欽此。"

嗣據該撫覆奏,籌擬每年酌加引費銀二十萬餘兩,復經臣部以所奏尚有不實不盡,仍令遵照前議增課銀六十萬之數,即行妥速籌辦,奏准飭遵在案。茲據該署撫常績以河東鹽務委員會同河東道會議聲請自辛酉綱爲始再加活引五百名,合之先後奏定擬加六百名,爲一千一百名,正雜各課可增銀十四萬三千兩,陝豫兩省及新增活引每名酌加領引費銀六十兩。本省仍分三等。暢銷八縣每名四十兩,中等十九州縣每名三十二兩,次等十七州縣每名二十八兩。其合領引費銀三十三萬九千餘兩,統計共增銀四十八萬二千餘兩,覆奏前來。臣等查河東鹽務一百二十引爲一名,每年額銷以五千名爲率,每名交銀一百二十兩,額徵正課銀六十萬兩。本年二月,該撫英桂奏加六百名,自庚申綱起徵課銀,經臣部核准此次請自辛酉綱爲始,再加引五百名,將上案六百名歸并牽算,先後共加一千一百名,均係正額五千名之外新增之引。所有增引正雜課銀十四萬三千兩,并每名分別酌加領引費,銀三十三萬九千兩,共銀四十八萬二千餘兩。查上次該撫所奏,僅加引費銀二十萬餘兩,核計此次酌加銀數雖屬一倍有餘,究與臣部前議酌增六十萬之數計尚不敷銀十一萬數千餘兩。惟據該署撫聲稱,此次酌加引費等項均係按切時勢,體察商情,幾至搜剔殆遍,并將礙難多增其故有四縷晰具陳,臣等核其所奏,尚非支飾。且查潞鹽新綱封課領運均在冬令,此時正值開辦來年新綱之際,若再駁令增加湊足六十萬銀數,輾轉稽時。倘商販課運稍誤,轉得有所藉口。臣等公同商酌應請旨俯如所奏,准其暫行試辦,仍令該撫認真籌畫,欽遵前奉諭旨,破除情面,正己率屬,隨時體察情形,如可再行酌加之處務須實力籌辦,總須增至六十萬以裕課項,不得以此次准加引費等銀四十八萬二千餘兩作為定局,并令將新增銀兩照數徵齊,專款存儲,解交部庫,以充京餉,毋許別項擅動。仍將加引一千一百名正雜課銀若干,并陝豫兩省每名所加引費若干,及山西本省分別等第酌加引費係何州縣,逐一詳細妥造清册,隨同正課奏銷,報部查核,毋任舛錯遺漏。再查上年五月,該撫奏准酌收羨餘五萬兩,自庚申綱為始徵解京餉,應令各歸各案,按年徵收,解交部庫,不得稍有短絀。

准減陝靈五成加費并停壬癸兩綱活引加票五百名部議

同治二年

戶部議覆。

據山西巡撫英桂疏稱，竊臣前因河東新綱屆期、舊引仍滯，奏請停止加票、免誤正課。奉旨："戶部議奏，欽此。"嗣准部議，以潞鹽銷路雖多阻滯，然陝西大兵雲集，不難迅掃賊氛，道路必無久阻之虞。所有壬戌綱加票一千一百名，行令轉飭鹽道再行悉心籌畫，設法疏銷等因，當經行道遵照辦理去後。茲據河東鹽法道劉子城轉據三省運夥民販王恒盛等稟請裁減引費，以疏額引而裕正課等情具奏前來。

查河東鹽務自改官民并運以來，行銷通暢，故有加增羨餘之議。辛酉綱又議加費。本省分爲三等，豫陝每名六十兩，又加票一千一百名。蓋因川淮道路疏通，豫陝平靖，潞鹽得以遠行湖北，故能運銷踴躍，課項全清。詎自上年五月、八月，豫省兩次被賊鼠擾，行鹽地方節節梗塞。又值陝回滋事，陝省片引不行。迨豫境稍清，而蘆鹽又復侵及潞鹽引地。湖北一帶川鹽、淮鹽漸次充斥，其價均較潞鹽爲賤。潞鹽自加賦之後，成本過重，以致阻隔不行，日益壅滯。本省領運各州縣銷售於民，亦因成本太重，增長鹽價，民間嘖有煩言。臣與鹽道劉子城目睹情形，萬分焦灼，深知京甘各餉皆惟河東鹽課是賴。如可照舊督銷，何敢輕議裁減？惟思加費加票原奏內曾有日後川淮路通即當酌量裁減之語。刻下不獨川鹽、淮鹽水陸并運，未能遠行湖北，即蘆鹽亦復侵及潞鹽行銷地面。而河南魯山等處抽收鹽厘，每名需錢三十餘千，成本益重。商販視爲畏途，課鮮封納，鹽不能銷，日甚一日，於正課大有妨礙。且京甘各餉急如星火，倘有遺誤，所關匪輕。再四思維，若非裁減加費，停止加票，萬難望有起色。合無仰懇天恩俯准將新加引費無論豫陝本省各予酌減五成，使成本稍輕，民販等勉力辦運，庶於正課不致有誤,并請將上年壬戌綱加票一千一百名同本年應加之票一并停止,以恤商力而保正課等語。

臣等伏查河東鹽務咸豐九、十兩年經山西巡撫先後奏定加票一千一百名,正雜各課加增銀十四萬三千兩,并徵引費銀六萬六千兩。又河東正額引五千二百餘名,内河南、陝西、靈寶加引每名徵引費銀六十兩,山西分上中下三等共徵銀二十七萬三千六百六兩有零,統共銀四十八萬餘兩。除外銷各款銀六萬二千餘兩,實應報部候撥銀四十二萬餘兩。同治元年九月十二月間,山西巡撫以豫陝道路梗塞,河東鹽引滯銷,兩次奏請停止壬戌綱加票。當經臣部議令設法疏銷,毋庸停止,奏奉諭旨行知在案。茲據該撫以上年五月、八月豫省兩次被賊鼠擾,行鹽地方節節梗塞。又值陝回滋事,陝省片引不行。迨豫省稍清,蘆鹽又復侵及潞鹽引地。湖北一帶川鹽、淮鹽漸次充斥,潞鹽積滯不能銷售,日甚一日。請將上年壬戌綱加票一千一百名同本年應加之票一律停止,并請將新加引費無論豫陝本省各予酌減五成等因,尚屬實在情形。查壬戌綱加票一千一百名迭經臣部奏咨,行令設法疏銷,原以河東鹽課為撥解京餉一大宗,未便輕議停止。今即據該撫再三奏停,若責令照舊辦理,勢既有所不能,然竟全行停止,於京餉殊[硃]有窒礙。臣等公同商酌所有河東最後加增之活引五百名,應准其自壬戌綱起至癸亥綱止暫行停緩,其餘六百名仍令實力疏銷。惟合壬戌、癸亥兩綱,核計共一千二百名,若令於本年一并加銷,為數未免吃重,銷售未能足數,應再推展年限,令將壬戌綱加票六百名於本年補銷,癸亥綱加票六百名於來年補銷,以紓商力。

至請將新加引費無論豫陝本省各予酌減五成等因,查河南額引一千九百九十名一百十引,每名加引費銀六十兩,共銀一十一萬九千九百九十餘兩,山西額引并岢嵐州引一千六百六十六名一百八引,分上中下三等加費共銀五萬五千七百兩有零。現在河南軍務漸平,路無梗塞,鹽可暢銷。山西係完善之區,豈得將原加引費率行核減?所請將河南、山西引費酌減五成之處,應毋庸議。至陝西額引一千三百三十一名一百一引,每名加引費銀六十兩,共銀七萬九千九百一十兩五錢。又靈寶額引三百名,每名加引費銀六十兩,共銀一萬八千兩。陝省軍務未息,販運較難。所有本年加費應准其酌減五成,核計壬戌綱暫停加票五百名課銀九萬五千兩,癸亥綱暫停加票五百名課銀九萬五千兩,并酌減陝省加費銀四萬八千九百五十五兩零。所以體恤商人者,已屬無微不至,應請旨飭下山西巡撫遵照臣部此次奏案,嚴飭鹽道轉飭該商等將壬戌、癸亥兩綱加票各按年運銷,并癸亥年正額引鹽務須悉數銷完,斷不准再請減停,致干嚴辦。仍飭該撫隨時體察情形,如陝省銷路漸通,務將暫停之五百名活引即行運銷,并陝省引費仍據名徵收六十兩,以復舊規,毋得恃有此次准其停緩之案習以爲常,不復力加整頓,是爲至要。

再據奏稱,河南魯山等處抽收鹽厘,每名需錢三十餘千,成本益重,商販視爲畏途等因。查河南抽收潞鹽厘金并無報部,案據現在潞鹽滯銷,豈可再行抽厘,致運鹽成本愈重,商販畏葸不前。應令河南巡撫於文到日即將魯山等處抽收潞鹽厘金概行停止,以輕成本而疏銷路。

五月初九日奉旨:"依議。欽此。"

准停前後加票并減半陝豫加課部議

同治四年

户部議覆。

據護理山西巡撫王榕吉疏稱,據河東鹽法道楊寶臣詳稱,本年春間,該道聞楚省淮綱已復,且襄樊各處加抽厘金,意在杜潞鹽之路,并訪得襄郟一帶蘆私充斥,當經遴員前往河南、湖北等處確切訪查。旋據委員回運稟稱,楚省鹽務現經兩江、湖廣各總督重整淮綱,設立總局,頒行條款。淮鹽每斤在漢口售價六十文,而潞鹽運至樊城每斤售價七八十文,再加厘金六文,運至漢口三處又加厘金十八文,成本過重,不能運赴武漢、安陸、德安一帶。僅有樊城一處,尚可發售。而襄城、郟縣、賒旗店等處復有蘆私侵灌,其價較賤。加以髮捻各逆,不時鼠擾,南、汝等處商販不敢冒險行運。陝西現雖稍定,而兵燹之後,户口流亡過半,食鹽頓減。其附近鄖陽地方,亦因老河口厘金增重,商販畏葸不前,鹽路實形壅塞。本省行鹽四十四州縣多係商夥自備本金,代官行運。近年糧價昂貴,池鹽不旺,兼以兵差絡繹,騾馬缺乏,腳價逐漸增長,官引亦復積壓。請將豫陝加課自內寅綱起每名各裁減銀二十兩,其本省加課亦照原定數目酌減一半,嗣後新引一律照辦。所有癸亥綱展緩之活票五百名,并甲子綱以後加票六百名,均請停止,以保正額等情,詳請具奏前來。

臣查潞鹽之暢滯,視川淮之通塞。川淮道阻則潞鹽暢行,川淮路通則潞鹽積壅,情勢使然。加課加票,本因暢銷而增,自應因滯銷而減。惟本省究屬完區,若將加課與陝豫并減,未免無所區別,應令設法照舊徵收,不准減半。其豫陝二省從前每名加課六十兩,合無仰懇天恩,俯如該道所請,准其裁減銀三十兩,并將癸亥綱展緩之活票五百名,同甲子綱以後加票六百名一并停止等因具奏前來。臣等伏查潞鹽續加課票屢經該撫奏請展緩,均由臣部察看情形分別議准,已足以示體恤。若遽將奏定之案統行裁減停止,恐非核實之道。惟該署撫所奏潞鹽運楚不如從前暢旺,髮捻各逆不時窺擾南、汝等處,陝西兵燹之後戶口流亡過半、食鹽頓減各等語,尚係實在情形,應准如所奏,將前後加票一千一百名暫行停辦,豫陝二省咸豐十年所加每名課銀六十兩暫行裁減銀三十兩,俾紓商力而彰大信。至山西本省究屬完善之區,所有加課應令照舊徵收,不准減半,以示區別。

十月二十五日,奉旨:"依議。欽此。"

遵查河東鹽務實情分別辦理疏

同治十一年巡撫兼鹽政　鮑源深

竊臣前准軍機大臣字寄同治十一年四月十一日奉上諭:"御史袁承業奏敬陳河東鹽務流弊一摺。據稱,河東行鹽引地係晉豫陝三省分銷。豫、陝引票於每年掣簽時扣留引票若干不行入筒,分給現任候補各官,以爲調劑屬員之計。山西引地各州縣招商代運,勒索分肥,私立官費,甚至幕友、家丁、佐雜、營員皆分其利,擬請將豫、陝引票統歸掣簽。其山西引地即照代運之法,該商取具保結領運等語。著鮑源深確切查明酌核具奏,如有前項弊端,即行認真釐剔,毋稍姑容。所擬辦法是否可行,并著妥籌辦理。原摺著鈔給閱看,將此諭令知之。欽此。"遵經轉行河東道升泰查明妥議,并以藩司李慶翱、署臬司王溥均係曾任河東道,於鹽務利弊自必確有見聞,復飭該司等會同核覆在案。

伏查河東行鹽引地本係山陝豫三省分銷。山陝則商運商銷,豫省則商運民銷。嗣因簽舉富商,百弊叢生。商力因而疲乏,全綱敝不能支。於咸豐四年間,遵照戶部奏定章程,將運商一百餘家一律令其捐免,鹽課就場徵收,并將山陝兩省均改爲官運官銷,豫省改爲官運民銷。嗣又將豫陝兩省均改爲官民并運,迄今已閱有十有餘年,課食兩無貽誤。目下情形但能整飭隨時,尚不致大有妨礙。

今該御史原奏内稱,豫陝引票於每年掣簽時扣留若干不行入筒,分給現任候補各官以爲調劑之計。各官持票出售,輾轉剝削,價必增昂,食鹽之民隱受其害。請將豫陝引票統歸掣簽,其屬員差委較勤者於雜款項下酌給薪水一節。竊查豫陝兩省額引及靈寶加增名引共三千六百餘名。當咸豐四年免商之初,民販皆視爲畏途,無人領運。經河東道遴員倡率分運河南之會興鎮、陝西之三河口,聽民販買,試辦年餘,漸有成效,民販始趨之若鶩。接辦者多復經河東道議定章程,官民并運,以一成歸官,二成歸民。官則按資分派,民則配簽聽掣。官引民引,判然不紊。歷屆新綱均係照辦,從未將民引扣留若干不行入筒,而各民販雖願領運仍未能統歸掣簽者,良以在暢銷之時聽民領運,或不致於誤事。萬一行銷疲滯,民間望而却步,課項恐無著落。仍須責成於官,以濟民運之窮。是官民并運,

· 409 ·

實有相維相繫之意，非爲調劑屬員計也。至各官持票出售者，亦因豫陝兩省額徵課項多寡不一，引則分成搭配。如每號紅簽八名，內陝引三名，豫引五名，事隸兩省，勢難一人兼辦，彼此售易即有議加津貼之舉。但津貼之低昂，要視銷路之暢滯。官民事同一律，不能獨自居奇，且鹽務人員現已增至二百餘員之多，即擇其差委較勤者酌給薪水，亦覺款無可籌，更恐力難爲繼。所有該御史請將豫陝引票統歸掣簽，另籌薪水藉資屬員辦公之處，事多窒礙難行，應毋庸議。

又該御史原奏內稱，山西本省引地各州縣率皆招商代運。久之，官商皆視爲利藪，遂至營謀勒索，私立贄見、季規、節敬、壽禮等名目。官費繁重，無不取償於民。是以鹽價倍增，任意攙雜減斤。非奸商敢於作弊，實貪官驅之使然也。請將本省引地即照代運之法，令該商取具保結，認真領運，仍必接辦有人，方准推卸一節。竊查山西本省行銷潞鹽引地共計四十四州縣。自免商以後，改爲官運官銷，即責成各州縣領運納課。該州縣有自行領辦者，有派人代運者。其代運之人名爲運夥，凡辦理之是否得宜，運夥之是否得人，均惟該州縣是問。嗣恐各州縣設立名目，苟求餘利。曾經前撫臣通飭嚴禁，并經河東各前道明立章程。如有更換運夥，須令新舊各夥親身赴道、投具甘結退稟，方能脫卸。近年，池鹽底價騰貴，各路銀價高昂。運夥賣鹽收錢，封課用銀，其中折耗不少。間有酌增鹽價者，必須稟明核示遵辦，且所增不過三四文。蓋深慮各州縣之或有勒索，運夥之或有受累，更恐官商扶同包庇，取償於民。杜漸防微，舊章具有深意。今該御史原奏各情既有所聞，恐日久弊生，亦難保必無其事，應由臣申明舊禁，委員會同各府州實力確查。有則分別撤參,俾各屬知所儆戒。至該御史擬請照代運之法,令該運夥取具保結,以的名認真領運,係爲釐剔弊端起見,應由臣通飭行銷潞鹽各州縣,以後凡有由官自行領辦者,或初係招夥代運,嗣因告退及滋弊斥逐,該州縣情願自辦者,仍責成照章領運納課,毋庸更議。其現在招夥代運者,即由該州縣查明確係殷實良民,并無捏名朋充,取具保結,以領辦的名,通報各衙門查核,准其領運。所售之鹽,務令乾潔足秤,如敢私增鹽價及任意攙土和沙、扣減斤兩等弊,即由該州縣隨時查明,嚴行斥逐究辦。倘該州縣百端勒索,壟斷居奇,私立贄見、季規、節敬、壽禮等名目,亦即從嚴參處。各官與商扶同包庇,剋苦閭閻,以致控訴無門,并將該州縣及代運之人一并按律嚴懲。至代運之人或有退辦,必俟接替有人,仍照前定章程令新舊各伙親身赴道,投具甘結退票。仍將接辦的名退報核准後,方准退辦。如此定立章程,則官無所用其抑勒,商亦無所用其營謀,仍將鹽價視成本輕重隨時酌減,則民間實惠可沾,更不致隱受其害矣。倘此後尚有應興應革之處,由臣隨時體察情形,督飭妥籌辦理,不敢因目前課食尚無貽誤稍涉因循,總期弊盡利全,以整鹺綱而裕課項。

　　八月初八日,軍機大臣奉旨:"覽奏已悉。著該撫督飭河東道隨時體察情形,實力整頓,期於有利無弊,以肅鹺綱而裕民食。户部知道。欽此。"

陝省減抽潞鹽厘金咨

同治十二年陝西巡撫　邵亨豫

據陝西厘稅總局司道會呈案奉飭議山西巡撫部院鮑函

稱,河東鹽務自裁商後,如陝之西、同、商、乾悉由民販運鹽銷售,年來課引疲滯。雖緝私格外加嚴,而運販并無起色。據民販等稟稱,潞鹽運赴陝省有入境、卸載兩項厘金,共計二十餘兩,請代籌裁減等語。查潞鹽引地本隘,民販無籍可稽,設因費用煩重,畏阻不前,勢將場鹽壅塞,貽累軍儲,伏望於無可酌裁之中量為核減等因前來。合飭通盤籌畫應如何核減之處,悉心妥議,以便通飭遵照等因。到局遵查陝省自咸豐八年奏定章程抽厘濟餉,河東運陝潞鹽同各貨一律按照四厘五毫科則抽收。嗣於同治六年因髪回接踵滋擾,庫項日形支絀,征防各兵需餉繁鉅,不得已仿照南省抽厘章程酌議增收,當將潞鹽一項每百斤酌擬改抽庫平銀一錢五分。甫經通飭,適值左督憲駐節潼關,各該鹽商以厘金加重,紛赴行營籲懇量減。蒙飭會議,復經前總局司道公同核議,每百斤改抽庫平銀五分,詳奉批准,通飭遵辦各在案。茲奉前因本司道再四會商并檢核陝省額銷鹽引及近來每年民販運陝鹽斤計所銷之數,照額引尚無短絀。是課引疲滯,自非因厘重畏阻不前,況厘數原定每百斤抽銀一錢五分後,改為每百斤抽收五分,是已減而又減,本難再議減抽。惟既准函商於無可酌裁之中量為核減,自不得不通盤畫算,酌為籌減。擬請每百斤減抽銀一分,以順商情而期暢銷。所有遵議緣由,理合詳請核示祗遵等情。到本部院除詳批示外,相應咨覆,查照施行。

奉准乙亥綱陳引分作兩年帶銷部議

光緒二年

戶部議覆。

據前任山西巡撫鮑源深疏稱,竊惟河東引課例定四月奏銷,嗣以行銷疲滯,節經奏請展限,本年四月因乙亥綱未銷引票尚餘二千餘名,勢難依限運完,經臣援案奏請,緩至七月造報。旋於六月間據該道以本年春夏雨澤愆期,河南旱荒尤甚,鹽斤未能暢銷,迭經督催,封運無幾,所有乙亥綱奏銷詳請再行續展。當以課項攸關,未便延緩,即經駁飭勒限嚴催。茲復據河東鹽法道升泰詳稱,溯查河東鹽務雍正以前原定三省額引二千九百餘名,每名徵正雜課銀五十餘兩,共徵銀十七萬兩有奇。嗣因引課迭加,道光年間商情漸見疲乏。因有准令乏商舉報殷實代充之舉,然核計額徵每年亦僅五十萬兩。咸豐三年改章官民并運,三省額引共五千名。時值川楚淮蘆引地阻隔,處處買食潞鹽,銷售倍前暢旺,逐年屢加票費,徵銀至一百餘萬兩。同治三年,各省克復,引地復舊。潞鹽不能越境行銷,奏准將活引停止,新加引費一律酌減五成,每年計尚徵銀七十餘萬兩。該商等領辦引鹽一名,除應納課項不計外,鹽價、脚價所需每名約銀一百餘兩,售賣實形吃力。至豫陝兩省久經兵燹,需鹽不及從前,且有蘆淮私販侵灌,隱受其累。近今數年名爲課項全完,實則各口岸鹽斤囤積,皆由商民賠墊。前此尚恃年歲豐收,民力有餘,銷售較廣。車輛馱隻,專以行鹽爲人宗,脚價不致增昂。此河東連年賠累尚可勉支之實在情形也。本年春夏以來,三省均無透雨,豫省荒歉尤甚。小民難於謀食他顧,弗遑車輛騾馱?又因爭運糧食,脚價倍長,致會興鎮口岸囤積豫鹽數百萬斤,迄未運售。山陝商販資本不充,封課買鹽皆係銀款,所收零星鹽價錢文易銀吃虧不少。現屆展限之期,統計乙亥綱未掣三省額引尚有一千餘名,若不設法變通，勢必商累課虧，日益積壓。且丙子綱新引至今尚未掣銷，而前項存引未完，現若先銷陳引則新引開綱過遲，專顧新綱則陳引掃數無日。查長蘆、兩淮、雲南、山東等省曾於道光年間暨同治四年請將積引分限帶銷，所有河東乙亥綱未完引票惟有籲懇援照各省歷辦成案，准予分年帶銷，俾得新陳兼運，不致貽誤等情具詳請奏。臣查商情疲累，不得不量予變通；餉項攸關，尤不得不嚴催封銷。秋後正鹽斤旺銷之時，此時得多銷一名存引，日後即可少一名帶銷。蒂欠無多，辦理較易。除飭該道迅催各商販等趕緊竭力封銷，并一面將未完引票查明確數，造册送部查核外，現當展限已屆，合將河東引銷積滯、商力周轉爲難各情，據實瀝陳，吁懇天恩俯准將乙亥綱未掣引票俟該道趕催封銷截數造報後，援案分年帶銷以紓商力等語。

臣等伏查河東引課例定次年四月奏銷，自道光二十四年經前山西巡撫梁萼涵以引滯商疲，奏准展限兩個月。同治二年，復經升任協辦大學士前撫臣英桂援案奏懇展緩。嗣後，歷年每屆奏銷均先期聲請緩限三個月。本年四月，據鮑源深以乙亥綱未銷引票尚有二千餘名，勢難依限掣完，請展至七月造報。欽奉恩旨允准由臣部行知遵照去後。兹據該撫咨覆前項陳引七月後續銷二百一十八名五引，實未掣八百三十六名十五引。丙子新引甫飭領辦，來年四月即屆奏銷。存引甚多，爲時甚促。若勒限一年則新引尚不能全完，陳引更難以兼顧。體察商情，實係萬分疲累，并非有意推延，擬請分作兩年帶銷等語。臣等查長蘆、兩淮、山東各省均經奏准分限帶銷積引，此次鮑源深援案籲請分作兩年完補，爲期亦尚不致久懸。合無仰懇恩施俯念潞商積困未紓，准將乙亥綱掣剩陳引八百三十六名有奇分作兩年帶銷，以示格外體恤。

十二月十七日，軍機大臣奉旨："依議。欽此。"

奉准减徵本省五成加費部議

光緒五年

户部議覆。

據山西巡撫曾國荃疏稱，據河東鹽法道江人鏡詳稱，河東引鹽行銷晉豫陝三省。光緒三年，三省引地均遭奇荒，戶口流亡過半，以致乙亥、丙子積引未能依限全完。是年冬間，據前護河東道卓熙泰先後詳呈、經臣疏請，裁汰晉豫陝三省加費，并請暫停河南靈寶加引，未蒙俞允。四年十二月，丁丑綱額引正展限滿，未能完銷。復經臣奏懇續展一年，部議覆准展限四個月。截至本年四月底作為奏銷限滿，其戊寅綱引准自己卯年五月起接續開徵，旋因運銷仍滯，復經臣請將丁丑綱未完積引二千一百七十餘名比照乙亥、丙子兩綱成案，亦分三年帶徵，奉旨允准在案。溯查自咸豐三年捐免充商後，將本省改為官運官銷，豫陝改為官運民銷，三省歲行額引四千九百九十八名七十九引。以一百二十引為一名，每名徵正課銀五十兩、雜課銀五十五兩，歲共徵銀五十二萬四千八百兩零。彼時江南、湖北等省均遭兵燹，淮鹽停運，胥借潞鹽接濟。西路則花馬池一帶亦皆買食潞鹽，河北、直隸蘆鹽不能按時到岸，潞鹽行銷日暢。咸豐五年，議加靈寶口岸鹽票三百名。七年，改領部引。九年，又加羨餘銀三萬七千三百餘兩，接濟京協各餉。同治元年,又加籌補羨餘銀三千四百兩。當時奏明,日後滯銷,仍准還原引。迨同治五年,淮鹽暢行,潞綱日滯。經前撫臣奏准,豫陝靈引每名酌減五成加費銀三十兩,共減銀一十萬八千九百五十餘兩。本省因屬完善之區,未蒙核減,統計三省實行額引五千二百九十八名七十九引,歲徵銀七十六萬一千七百兩零。其時,西路花馬池鄰鹽絶迹,北路蘆鹽亦滯,河東鹽務尚能依限奏銷。同治七、八、九、十等年,西北回捻削平,蘆鹽暨花馬池鹽行銷如舊,潞鹽日益疲滯,不能依限奏銷。現值三省連年荒旱,潞鹽引地悉被灾祲,本省灾害尤重,户口流亡十之六七。豫省之河、陝,陝省之西、同,民亦凋殘相望,留此孑遺。糊口不遑,何嫌淡食？河東行鹽處處陸運,民販全賴騾馬。年來牲畜宰殺餓斃殆盡,加增脚價成本過重,多致虧折。至三場坐商,每年澆曬全仗人工,而種鹽之人餓斃過半,人工口食倍增。曬鹽一名,成本需銀一百二三十兩,售價不過七八十兩。一時并無受主,本重累多,目下各場已有無力澆曬坐荒畦地者。坐、運兩商困累至此,縱使設法調劑,亦非一時所能見效。與其徒有額銷虛名,無益餉項,轉至礙及全局,何如從權酌減引費等情詳請具奏前來。臣查該道所呈委係實在情形,合無籲懇天恩准自己卯綱起,山西引暫減四百名,河南引暫減三百名,陝西引暫減二百名。數年後疏行有效,仍請復歸原額,并請自戊寅綱起,將三省加費一十六萬四千六百餘兩暨羨餘及籌補羨餘共銀四萬七百餘兩,一律裁汰,以維全局而紓商困。其戊寅綱新引自五月開辦後,領辦寥寥,并請展至本年九月開辦。所有分年帶徵之丙子、丁丑積引,遵照原奏辦理。至己卯綱新引請俟戊寅綱全引辦有端緒,再行舉辦。其奏銷限期,仍請依次迭展。一俟年穀順成,鹽務稍有起色,即當逐漸提前催運,年清年額,以符原限。仍督飭該道轉飭監掣、三場、行鹽各州縣及民販等實力疏銷,并嚴行緝私等語。

臣等伏查潞鹽章程,自咸豐三年奏定晉省官運官銷,豫陝兩省官運民銷,晉省歲額應銷引一千一百六十六名零,豫省歲銷引一千九百九十九名零,陝省歲銷引一千三百三十一名零,共計額銷引四千九百九十餘名零。咸豐五年,議加靈寶口岸鹽票三百名。七年,改領部引,統計晉豫陝靈各岸實行額引五千二百九十餘名零。每鹽二百四十五斤爲一引,一百二十引爲一名,每斤徵正雜課銀四厘,每名約徵課銀一百二十兩,歲共應徵課銀六十萬兩有奇,此河東歷徵鹽課正額大概情形也。

咸豐初年,各省軍興,江路阻塞,淮鹽片引不行,回捻各匪蹂躪西北花馬池及長蘆兩路,運道梗絕,潞鹽遂得溢銷於江楚、河陝、直隸諸境,暢旺倍常於是。咸豐九年,由該省定議加徵羨餘每名銀八兩,并加票三百名,每名徵公費銀十五兩,二共徵銀五萬兩,按年解部充餉。十年,復據前山西撫臣疏請,每年除前加銷三百三十名外,再加二百七十名,共成六百名。計續加二百七十名,歲徵銀三萬二千四百兩。另於道庫提銀一萬七千兩湊成五萬兩,照數解直作爲津郡海防經費。是年四月,前御史薛書堂奏擬加徵潞鹽課銀每年六十萬兩。旋據前晉撫常績覆奏,請再加活引五百名,合前加六百名爲一千一百名,計增課銀十四萬三千兩。又加徵三省引費銀三十三萬九千餘兩,共四十八萬二千餘兩。除去外銷各款,實應報撥銀四十二萬餘兩,此又河東引鹽暢銷陸續加徵引費羨餘各款大概情形也。

維時潞鹽正課加課歲可得銀一百餘萬兩,實爲撥解京協各餉一大宗。乃徵收甫一二年,江楚肅靖,川淮兩路鹽皆暢行,而潞銷漸滯。加以捻回各匪叠擾陝豫,道途梗阻,河東銷滯運難。同治元年,該省即有請停加票之奏,當經臣部議駁。二年五月,又請停止加票,并請將各岸新加引費統予酌減五成,復經臣部議令准將最後增加活引五百名暫行停緩,其餘六百名仍令實力疏銷,并准將陝省額引加費每名六十兩及靈寶額引加費每名六十兩各減五成。四年十月,復經前署晉撫王榕吉請將豫陝引費各予減半徵收,并將前加票六百名一并停止。臣部議以陝豫被擾,戶口流亡,食鹽頓減,係屬當時實情,准令將豫陝二省應加引費每名六十兩暫減徵收三十兩,暨將前後加票一千一百名悉行停辦。至山西本省係完善之區,加課仍令照舊徵收,不准減半,以示區別。以上先後綜計共停減加票加費等銀三十一萬七千八百餘兩,僅存應徵加費銀十六萬四千六百餘兩。

光緒三年,晉撫曾國荃復以豫鹽滯銷,請將靈寶加引停徵。又請將豫陝五成加費及山西未減加費一體停止,亦經臣部議駁,奏令認真整頓,照常徵課,藉供撥款等因,行知遵照各在案。臣等查該撫所陳河東各引地同被災侵,食鹽戶少,坐運各商積困難紓,自係實在情形。惟該撫在晉言晉,目擊商情困累,不憚再三請命,上乞恩施,而臣部綜核度支,不能不兼權中外。溯自光緒三年歲旱,西北各省多告偏災,仰賴皇仁有加無已,於議蠲議緩外叠頒內帑,賑濟咸周,在子遺實戴生全。而帑藏焉資取給,頻年出多入少,徵發恒苦不敷。河東額課歲收六十萬兩,歷年僅敷指撥西徵餉需及金順軍營歲餉。其加費銀十六萬四千餘兩及羨餘銀四萬餘兩,則按年撥解京餉十五萬兩,固原提督雷正綰營軍餉六萬兩。但令徵收足數,亦不過祇敷報撥。倘再議減議停解,款將何從籌措？近年各直省支絀情形彼此如一。即東南夙稱財富,而歷歲籌防協賑,均亦羅掘告空。西陲兵練未奏凱旋,則該處協餉尚不能不按時協濟,可知其金營、雷營亦同此相需孔亟。此時,若准曾國荃將河東正課減額加費停徵,竊慮應解各餉項更無他省他款可以籌抵京協餉需。動關緊要,一有貽誤,厥咎誰歸？度勢揆時,該撫臣奏請停減之處,臣等實未敢率准。惟所請停減各課,係為因災銷滯、補救頹綱起見,亦不能不量加體恤。查豫陝靈各岸加費前均議准減半徵收,獨山西以完善之區未邀核減。今值晉省洊饑難保,各官商不藉口偏枯,似亦未昭平允。臣等公同商酌,擬請將河東現辦戊寅一綱應徵晉引加費援案酌減五成,以示調劑。河東引費、陝豫靈寶均按名加費銀六十兩,獨晉省向分上中下等則徵收。上等長治等九州縣額引五百名二十六引,每名徵費銀四十兩；中等長子等十九州縣額引七百五十六名三十引,每名徵銀三十二兩。下等絳州等十七州縣額引四百一十名五十二引,每名徵銀二十八兩。合算共徵銀五萬五千七百兩有奇,應令該撫轉飭鹽道按照定則暫將上等各州縣改徵銀二十兩、中等十六兩、下等十四兩,計共應減銀二萬七千八百餘兩。此項加費有關撥解京餉,減徵後萬一解款稍有不敷,應令該鹽道查照從前協解天津海防銀兩成案,於道庫酌提閑款,抵補足數,毋任虧短京餉要需。又此次係因災暫准減徵,該官商不得覬覦永免。一俟來年歲獲豐收,運銷自必加暢,將來接辦己卯綱時,即令仍按原定等則銀數啓徵。其陝豫靈各岸引費業經先減五成，當此需用浩繁之際，縱不能力圖復額，又豈容屢議減停？所請應毋庸議，以顧課餉而示限制。至正課及羨餘各款關係西餉及雷營歲餉，現在西邊兵事功告垂成，需餉正殷。臣部統核各省進款，均僅敷用，無多餘存，不能另爲籌撥。該撫所請減額引、裁羨餘各節，礙難照准，亦毋庸議。

其戊寅綱引據稱自五月開辦後，請領寥寥，懇展至本年九月開辦，己卯綱新引請俟戊寅綱辦有端緒，再行舉辦等語。查河東丁丑綱引迭經該撫一再疏請展至本年四月底，截限迨屆限滿。又據疏稱尚有未完丁丑綱積引二千一百七十餘名，比照乙亥、丙子兩綱成案分限三年帶徵。前經奉旨允准，是丁丑綱積引已准歸入陳引陸續帶徵，何以戊寅綱尚不能依限接辦，又復瀆請展期？其爲該鹽道等怠玩習成，已可概見。惟計此案，覆摺到晉，爲時已屆九月，應請飭下該撫臣嚴飭道督率各官商竭力疏銷，趕緊將戊寅綱應銷各引於一年限內照額全完，并將己卯綱新引查照臣部奏咨各案，作速委員赴部請領，俾得上緊接續開辦，均毋遲延。嗣後，年穀順成，務將各綱遞行趨前催運，俾得年清年額，以符定制，尤爲至要。

續准裁除三省加費羨餘部議

光緒六年

戶部議覆。

據山西巡撫曾國荃疏稱，竊臣前因河東行鹽引地連年灾祲，戶口凋殘，懇請將晉豫陝三省鹽引自己卯綱起分別暫減，并請將三省加費暨羨餘及籌補羨餘銀兩一律裁汰,戊寅綱新引展至五年九月間開辦,分年帶徵之丙子、丁丑積引遵照原奏辦理,己卯綱新引請俟戊寅綱全引辦有端倪再行舉辦,其奏銷限期仍請依次遞展。旋准户部議覆,准將現辦戊寅一綱應徵晉引加費援案酌減五成,其三省額引羨餘及豫陝加費未蒙准減,并令將戊寅綱應銷各引於一年限內照額全完,己卯綱新引作速委員赴部請領等因,即經轉行分飭遵辦去後。兹據河東道江人鏡詳稱,遵查晉豫陝三省凡係河東引地三年同被灾旱,户口流亡十之六七,目下每年銷數日形短絀,滯引愈積愈多。天灾流行,人力亦窮於術,非不知引課關係餉源,但鹽不暢銷,課從何出?課不封納,餉從何籌?因之,歷年奉撥京協各餉未能照數撥解,與其日後貽誤坐失機宜,何如先事綢繆尚堪補救?溯查當日加費之案,原以川淮引地借銷潞鹽議增加費原奏內,即有川淮路通,仍當裁汰,本未敢據爲定額也。現在川淮復舊,潞鹽滯銷,又值大灾之後,銷路更窄。若令加費羨餘照前封納,實屬力有難支。蓋加費羨餘前因暢銷而遞增,兹因滯銷而求減。盈虛消息,時勢使然。況求減之數均係咸豐年間迭次加徵之課,并未請減原額。如以川淮、花馬池鹽之有餘補潞綱之不足,通盤籌畫,似於國計民生均無窒礙。據該民販禀由監掣同知張元鼎詳經河東道呈請具奏,臣思河東鹽引因灾銷滯,該道所詳各節委係實在情形,合無仰懇恩施俯准自戊寅綱起仍將豫陝靈減剩五成加費,并本省現蒙暫減五成及仍留五成之三等加費暨前後續增羨餘一并裁汰,俟試辦數年轉滯爲暢,即當漸次請復以濟餉需。至前定額引,原係計口授食。目下户口凋殘,食鹽人户不過昔年三分之一,各州縣均有户口册籍可稽。若照現行額引勢難依限行銷,應請將三省額引仍自己卯綱起,山西省暫減四百名,河南省暫減三百名,陝西省暫減二百名。日後生育復原,銷數暢旺,隨時請復原額以符定制。至戊寅綱鹽引早遵部示開辦,加費羨餘如蒙裁減,請自奉准部覆之日爲始,按數減收以照核實,己卯綱引業已派員赴部請領等語。

臣等伏查光緒三年晉豫陝三省大旱,凡潞鹽行銷口岸無不同被災侵。現時流亡未復,户口減損,致引鹽日益滯銷。該撫籲請裁加費、減額引,自係目擊商艱,不能不爲再三請命。惟臣部綜理度支,當此時勢艱難,尚須在常年撥款外加籌餉項以資備豫,何敢於例徵額課輒准刪減以虧正供?況西北防軍未能遣撤,所需於河東者甚鉅。若加費羨餘正課一時并准議停議減,則西餉將憑何支應?各直省拮据如一,改撥又苦無從。而曾國荃所稱潞商積困,亦確係實在情形。倘必概加駁斥,又恐商民徒擾追呼,課餉終無裨益。臣等公同商酌,各省鹽運銷路漸暢,晉省實又普被災荒。若正課加課同時并徵,商力實有未逮,合無仰懇天恩准如該撫臣所請,自本年接辦己卯綱爲始,將豫陝靈寶減剩五成加費并山西本省現准暫減五成、俟留五成之三等加費及先後續增羨餘一概暫予裁除。經此次停減後,該商民等渥荷皇仁,尤當激發天良,力圖報效,保全正額,務當年清年款,不准絲毫蒂欠。至本年京餉内指撥河東加課羨餘共銀十五萬兩,又應解雷正綰協餉每月五千兩,此時課既停徵,款無所出,自應一并暫准免解。俟復舊後,再由臣部酌量指撥。所有此次免解京餉銀兩本應補撥。惟查各省關應還部庫墊發并積欠京餉各款爲數尚鉅,業經臣部另摺奏催,趕緊補解。如能源源解到，尚可敷衍本年，暫請毋庸撥補。其雷正縮月餉待用孔殷，若不另行改指，誠恐貽誤軍食，擬即在於兩浙鹽課鹽厘項下每月撥銀五千兩，應請飭令浙江巡撫轉飭該運司即自本年起按月照數籌解，以濟兵糈。其河東額引係屬例定正課，且歷經臣部指撥西征軍餉，關係要需。該鹽道身任督徵，自應按年按額徵完撥解，未便輕議減成。所有曾國荃請將河東現引分別晉陝豫暫予酌減定額行銷之處，應毋庸議，仍令該撫臣督飭鹽道實力催徵，毋任藉詞延欠，以重正供，兼顧協餉。至該省己卯綱應銷各引，應并令該鹽道恪遵奏案，趕緊於一年限內督銷全完報部，毋稍遲逾。

奉旨："依議。欽此。"

奉准試辦督銷期復課額部議[1]

光緒二十年（章程附後）

戶部議覆。

據山西巡撫張煦疏稱，河東醶綱每年正加額引五千二百九十八名零，行銷陝豫晉三省。自咸豐四年捐免充商除晉省係官運官銷外，陝豫兩省爲民運民銷。嗣因散漫無稽，未能通暢。又改爲月募專商，祇以商民本小利微，不敷分布。迄今懸岸仍多，益形疲滯。近年銷數，三省均勻牽算不過七成餘。遂致奏銷展限，年復一年。光緒十二年，原任河東道邁拉遜以鹽務積疲，部撥甘肅新餉力難如數批解。詳經調任撫臣剛毅奏

---

[1] 本篇非光緒六年原刻，係二十年閻廼玨署河東道時補刻。底本目錄亦未納入，今已增列。

交戶部，議令由藩庫代爲設法。經臣前在山西藩司任內詳請由藩庫地丁項下按年籌墊銀十萬兩，交該道湊解甘餉，亦經前撫臣剛毅奏明在案。查藩庫自十三年迄今已代河東道庫借墊銀五十餘萬兩。伏思晉省連年荒旱，錢糧徵收不齊。藩庫支應浩繁，日形竭蹶。惟有設法整頓鹽務，以冀漸有起色。俾該道應解協甘之款可以自顧，不至再累藩庫，亦節流之一法，于大局不無裨益。當飭河東道設法認真整飭。茲據該道詳稱，近年陝豫鹽務疲滯已極，似非變通辦理難期成效。臚陳現在情形，請示遵辦前來。臣查陝豫改招專商以後，銷數非不稍增，祇以商力單薄，販運未能周遍。各處私鹽乘間投隙，官引難以暢銷。欲圖補救，祇可仿照兩淮督銷局辦法，仍就陝豫引岸商販所不能及之處，給官本募用商人。設局派員，試辦督銷，添募勇丁，嚴緝私販。以官運彌其罅隙，則私鹽可免橫行。由近而遠，次第擴充。官惟督運緝私，商則專事營販。界限分明，兩無窒礙，當不致有折閱虧本之虞。現經臣查有河東監掣同知張貽琯熟悉鹽務，檄委該員在河東運城設立督銷總局專司其事。又在陝西同州一帶設立陝運分局，河南襄城、葉縣、郟縣一帶設立豫運分局，并由臣遴委分辦幫辦各員，與該同知會同辦理，仍統歸該總局稽核。擬在道庫雜款項下籌借銀六萬兩，以二萬兩作爲陝運官本，四萬兩作爲豫運官本。先陝後豫，次第試辦。辦理稍有贏餘，陸續歸還原本。所有支發各項，均由該同知彙總，按月報臣查核。并仍由河東道就近稽察，試辦一年後有無成效再行據實奏明。至本省各屬，近年目前，應飭該道照舊督銷等語。

臣等伏查潞鹽章程自咸豐四年奏定山陝二省官運官銷、

河南一省官運民銷。咸豐六年，先後將陝豫二省改爲官民并運，歲行額引五千二百九十餘名。計一百二十引爲一名，每名徵課銀一百二十兩，歲共應徵課銀六十三萬餘兩，此河東鹽課歲徵正額之大略也。咸豐年間，各省軍興，淮鹽片引不行，潞鹽溢銷。於是加徵羡餘八萬餘兩、活引課十四萬餘兩、加費三十三萬餘兩，是爲潞鹽之極盛。同治初年，江楚肅清，川淮兩路鹽皆暢行，潞銷逐滯。同治四年，將陝豫二省加費減半徵收，活引悉行停辦。其時正課尚能年清年款。迨光緒三年，晉陝豫三省同被災祲、引鹽疲滯，復將陝豫減賸之五成加費、山西本省之加費暨前加之羡餘陸續停免，并節據該撫奏展各綱限期每歲僅徵銀五十餘萬兩，未完引課亦請分年帶徵，潞鹽遂有日趨於下之勢。茲據該撫以河東鹽務陝豫兩省引岸銷數仍多疲滯，擬請仿照兩淮督銷局辦法，就陝豫商販所不能及之處，給發官本，募用商人，設局派員，試辦督銷，添募勇丁，嚴緝私販。一年後有無成效，再行奏明等因具奏。

臣等查河東引鹽自光緒初年該省迭被災祲，引滯課絀。十數年來，每綱均請展限四個月。然正展限內銷完引數新陳牽算，尚不能盡如歲額。核計辦理三綱，即隱占一綱之限。暗中虧課甚鉅。該道庫應協甘餉不能不借助於藩庫代墊者，實由於此。若不即思變計，誠無以挽頹綱而裕餉源。今該撫擬就陝豫商販所不能及之處，發給官本，募用商人，設局委員，試辦督銷。自係爲因時變通、力求整頓起見。臣等公同商酌，擬請准其先行試辦，俟一年後察看情形，由該撫奏明辦理。惟既設局督銷，其奏銷期限應如何提前趕辦積引，如何疏銷從前官民并運章程，原設之陝西三河口、河南會興鎮各局是否仍循其舊,新設各局每局委員幾員,添募勇丁若干名,所需經費係由何項動用,其由道庫雜款項下撥發運本銀六萬兩應如何分年歸還,原奏均未議及。相應請旨飭下山西撫臣督飭鹽道迅即妥議章程、詳細聲覆,并將開辦日期報部備核。至該省鹽務現既仿照兩淮試辦督銷所有行銷引目、徵收課款,擬令即照淮南章程,每屆半年由該撫查明徵收數目,先行開單奏報一次,以憑稽核。

正月十四日,奉旨:"依議,欽此。"

議定河東試辦督銷局大小事宜章程

計開

——督銷總局設立運城。陝運分局在於同州府屬一帶,豫運分局在於襄城、葉郟兩縣一帶。察度設立,以取適中。

——督銷運本。陝綱撥銀二萬兩,在於運庫閑款內提發。豫綱撥銀四萬兩,該局須由水運開辦,應俟來春聽候續撥。

——總局總辦係實缺人員,照章不支薪水。其分局會辦幫辦薪水,各按官階,照章支給。統屆年終核計餘利若干,由總局稟請酌提分給,以資津貼。

——總分各局正印委員由省札委,其隨同幫辦之佐雜應用幾員,即由總局總辦在於河東就近揀派、隨時具報,薪水照章支給。辦有成效、實屬出力者准由總辦年終於餘利內稟請酌提經獎,以示鼓勵。

——巡私勇丁,陝岸定以百名。除現有八十名外,募補添足。豫岸定以六十名。除三門口現有十六名准留六名仍巡私渡、可以酌提十名,陵川縣河東勇二十名可以全行移撥外,募三十名補足,以資分布。

——委員薪水、勇丁口糧油燭等項均在於運庫之三河口、會興鎮打帖項下支給。無論正佐委員,各運局不准私借絲毫,違者認賠。

——發鹽配運,分岸行銷,陝綱按六十名,豫綱按一百名,均准先鹽後課,限以兩季封陳借新。辦有成效,再行酌加。至運本課限及打帖項下支給各項,統由總局總辦承領,按月具報。如有交替,造具接收,交代清楚,冊結申報查核。

——各局封配發運行銷各事,由總辦慎擇司事專責承領經理。其何處運發,何處過載,何處存儲分運,到岸以後何處為總運,何處為分銷,全由該總辦選用熟悉鹽務生意一人總司號事。其經管帳目暨一切號夥人數各就號事繁簡為準,由司事約束。所有收支銀鹽帳目,每月開由總辦查核。至應定號規、辛金火食、房租雜費均由總辦酌定,在於運銷帳內開支。總辦委員附入月報,按季申呈本部院暨河東道備查。年終彙總具報開除應支暨實在存鹽,通盤核計。如有餘利若干,隨詳聲明,聽候批示提解,以重運本。

卷八上　吉蘭泰鹽務本末

謹按北魏書載漠南、漠北鹽池,《金史》有烏古里石壘部鹽池之名。朔漠苦寒,地兼舄鹵,亦天地自然之利也。山西大、朔、忻、代等處密邇邊陲。我朝自乾隆元年山西撫臣石麟於咨查殺虎口鹽稅案內,始准蒙鹽入口行銷於向食土鹽不敷之州縣。嗣以解池被水缺鹽,屢議借運。迨撫臣伊桑阿奏准水運,而吉蘭泰、鄂爾多斯、蘇尼特等處蒙鹽自此水陸并銷。五十七年,潞鹽課歸地丁,甘肅回民馬君選販運吉蘭泰鹽池無引之鹽,獲利甚厚。經太谷民人夏國瑚以馬君選交通①外藩具控②,審明遣成。嘉慶十二年,奉旨命侍郎英和等查辦河東鹽務,首議禁止蒙鹽水運。旋以阿拉善王瑪哈巴拉將吉蘭泰鹽池呈獻,始有潞鹽、口鹽一并招商辦運之議。今謹將吉蘭泰鹽務裁置本末各疏議依次編輯,用資考核。

吉蘭鹽池情形疏

嘉慶十一年侍郎　英和

竊臣等奉旨會同山西撫臣同興查辦河東鹽務,業經奏明禁止水運,招商承辦,仰蒙俞允,欽遵在案。臣等行入甘境,途

---

① 交通:結交聯通,此處指勾結串通。
② 具控:備辦狀書。具,准備,備辦。控,控訴,引為訴狀。

遇甘省所委駐扎磴口稽查蒙古水運之知州徐學采。詢據該員稟稱,在彼將及一載,目擊吉蘭泰鹽池寬廣數十里,產鹽豐旺。而蒙古人等性拙耽安,向來不能撈取。自馬君選獲罪後,各處嚴禁内地民人出口。現在鹽池已成廢棄,磴口并無鹽斤等語。

臣等伏思阿拉善疆土雍正年間始賞給額附①爲游牧之地,乾隆年間准其行鹽獲利實爲格外深恩。今以蒙古人等拙於開挖,不能辦理,竟致廢棄,於伊等生計不無拮据。臣等夙欽皇仁體恤藩臣無微不至,合無仰懇特恩敕下陝甘總督、山西巡撫督同兩省藩司悉心會商妥議如何招商承辦,設官駐扎該鹽池地方稽查水陸各運,并每年應令商販出資若干以裕蒙古生計之處,均當詳慎籌定,期於永久可行,從此不至棄有用爲無用,而蒙古人等長得仰沐鴻慈矣。

吉鹽辦運情形疏

嘉慶十一年侍郎　英和

竊臣英和、臣初彭齡、臣倭什布、臣方維甸、臣同興恭奉上諭:"據同興奏到籌議河東鹽務招商辦理情形一摺,并據英和、初彭齡奏到阿拉善鹽斤懇照河東事例一體招商代辦一摺,看來此二事相爲表裏,山西民人所以不願充商者自以鹽池獲利細微,易於賠累之故。爲今計,莫若將蒙古池鹽、河東池鹽一并招商承辦,按照成本多寡、口岸暢滯情形,因利乘便,酌劑行銷,總使得沾餘潤,商人自必樂從。著英和、初彭齡會同倭什

---

① 額附:清朝公主和格格的丈夫,稱為額附。

布、方維甸、同興將山陝甘三省鹽務如何一律招商承辦、設官經理,一切建置、衙署、廉俸等項需費若干,其行鹽地界如何分別劃定以便民食,每年輸課若干,其從前改歸地丁應行撥還若干之處,一一詳細通盤籌畫妥議章程具奏等因。欽此。"

臣等伏查吉蘭泰鹽務,臣英和、初彭齡前與臣方維甸會商,因山西殷實之戶頗多,擬在山西招商運辦。今准陝甘督臣來咨,并擬撈鹽之坐商亦令運商自行雇覓。查撈鹽必熟悉地利,方知辦理情形,尤必素識附近人夫方免匪徒混迹。若隔省招募,人地生疏,諸多未便。自應在甘肅就近募充,以期得力。至運商止須家道殷實不致虧課者即可承充,則山西尚可招募。

惟吉蘭泰鹽斤向用船隻由黃河運至山西省北一帶行銷。現准陝甘督臣咨商亦擬令運商自行購買木植造船行銷等語。查購買木植係甘肅木商承辦之事,從前馬君選係甘肅回民,素諳辦理木商情形,是以易於請票購買。今既擬在山西另招承辦吉蘭泰鹽務,則鹽商不能兼充木商,以致一商二役,貽誤行銷。所用鹽船木植應由甘肅另派木商照舊例在該管衙門請票購買修造,以供運商之用。所有造船大小、丈尺及每隻可裝鹽若干,每隻須工料銀若干,均由甘肅核定,令運商納銀領船裝鹽。運至山西行銷後,准其將船變價以歸商本。緣黃河水勢溜急,鹽船到晉後不能數千里雇覓人夫將空船輓回磴口也。

又查從前阿拉善王辦理鹽務之時,每歲撈運各夫在內地備買口糧,均有定數。今鹽池既經入官招商承辦,即與內地鹽場無異。其撈夫運商口糧應照內地鹽場聽民自便,無庸額定口糧數目報官驗放,以杜土棍壟斷把持、吏胥藉端需索之弊。至甘肅地方經臣倭什布查明向無行銷吉蘭泰鹽斤之處,所有向來山西兼食吉蘭泰鹽斤之口外五廳，大同、朔平兩府屬，并陽曲等四十四州縣應定爲吉蘭泰行鹽引地。惟各屬均產土鹽，自應分別查明。除向不需吉蘭泰鹽斤接濟地方，仍令照舊完納鹽稅不派引張外，餘俱查照從前除食土鹽外實銷吉蘭泰鹽數，按派引額度行二三年察看情形，再行核定。其鹽斤仍照河東每引重二百四十斤，并照每引納課三錢九分八厘零之數，以歸畫一。其課即在甯夏運司衙門徵收報解。所有從前民納鹽稅散歸地丁者，除其所食土鹽之稅仍核實酌留外，餘悉撥出歸商完納，以免重徵。至鹽政應否山西巡撫兼管，磴口應否添設運判，先經臣英和、臣初彭齡、臣方維甸會奏，候旨定奪。

兹准陝甘督臣倭什布咨稱，吉蘭泰爲撈鹽運鹽總彙之區，自應專設大員督辦。但其地附近甯夏，一應撈運夫役均雇甯夏所屬之人。若另設運司籌雇人夫及造船工匠，與購買口糧木料等事恐呼應不靈，擬將甯夏兵備道改兼鹽法道較爲得力，其廉俸、衙署、書役均仍其舊。既可專司轉運，而呼應亦靈。是否有當，伏候命下施行。又吉蘭泰爲撈鹽之地，磴口爲發鹽之所，均應各設鹽大使一員，辦理督撈驗放等事。又吉蘭泰、磴口二處雖設運判、大使，若無武職不足以資彈壓，均應各設武職一員，即照口外屯防之例於內地各提鎮營內都游等官派撥移駐，毋庸添置，以節糜費。并於磴口、吉蘭泰一路酌設墩汛數處派兵數名，均照屯防例支給器械、鍋帳、鹽菜、腳費，并酌定一年更換，以均勞逸。其餘勘定鹽池界址及衙署、官役、廉俸、工食、請引、繳引、截角、秤驗、緝私各事，宜由臣倭什布再行詳議，分別應題應奏辦理。至河口鎮係引鹽入境要地，爲鹽船停泊轉運之處，應設批驗大使一員以司查驗。又吉蘭泰池鹽既經商辦，派引行銷，自無侵越之虞。所有鹽船應請仍准運至磧口等處以省腳費，沿河所經之河曲縣、保德州、臨縣、永和、大甯、吉州等處均對岸與陝西接壤，往往有鄂爾多斯鹽斤侵越，且磧口至龍王辿以下即非吉蘭泰鹽引之地，應設官稽查。但處處設官，員缺未免多費，應將山西職事稍簡之佐雜等官改撥移駐，以節經費。其餘一切詳細章程，容臣同興再行率同藩司妥議具題辦理。七月初十日奉硃批："大學士九卿議奏。欽此。"

旋經大學士慶桂等議覆，據英和等疏稱吉蘭泰鹽斤向用船隻由黃河運至山西行銷，現准陝甘總督倭什布咨，擬令運商自行購木造船，但鹽商不能兼充木商，所用鹽船木植由甘肅另派木商照例在該管衙門請票購造以供運商之用。造船大小、需用若干，由甘肅核定，令運商納銀領船。運至山西行銷後，准其將船隻變賣歸本等語。查運商自行領票購木造船，運至山西行銷後將木料變價得有餘利，可以彌補運費。若定由木商造船轉給運商，難保無勒掯情弊，自應令運商自行購造方足以資輓運。應如何妥爲經理，俾運商得以從容裝載，不令木商從中掣肘，應令該督等再行酌定。又據英和等疏稱，運商口糧照內地鹽場無庸額定數目報官驗放等語。查商人出口辦運應帶口糧，自應官爲驗放，不可漫無稽考。但出入人數多寡，視該處產鹽旺歉難以預定，而按口給糧，每名應帶若干自應酌定額數隨時造報，不准浮多。又據英和等疏稱，吉蘭泰爲撈鹽運鹽總彙，應專設大員督辦等語。查河東鹽政照舊以山西巡撫兼管，所有河東運司毋庸復設，應即令河東道兼辦鹽法道事務。其吉蘭泰鹽斤即令甯夏道兼管鹽法道辦理，并令該撫於文職佐雜、武職都守中各派委一員在該處輪流駐扎，以資查察。其陝西鹽務仍照舊令鳳邠道兼鹽法道管理，統由山西巡撫核轉。至所請磴口添設運判一員、吉蘭泰及磴口各設鹽大使一員、河口鎮添設批驗所大使一員，以及派委武職彈壓之處應如該侍郎等所奏辦理，所有一切吏役務從減省。臣等再查吉蘭泰池鹽較之河東池鹽本屬旺產，又其鹽撈曬即成，不需煎燒工本，鹽價極輕，最易侵越他省。嘉慶八年奉上諭："准用五百隻鹽船入口，每船裝載二萬八千斤，共計引票四萬餘引。"今該處鹽池既歸內地，自應廣增引目，酌加課則，以杜私販。其陝西、山西等處行銷潞鹽之地，如去河東道途遙遠，轉運維艱，均應酌量改銷口鹽。當如何定地配引之處，應令該撫等詳議具奏，再行核辦。又蒙古產鹽處所不止吉蘭泰一處，今除吉蘭泰鹽池改歸官辦應聽官商按引販運外，其陝西、山西沿邊附近蒙古地方如有民人販賣蒙古私鹽，并應嚴行查禁。其如何堵緝章程，當令該撫等詳悉擬議，以憑核覆。其從前散歸地丁民納鹽課，除土鹽之稅仍核實酌留外，其餘課銀均歸商完納。俟鹽務酌定後，再行專摺陳明，於地丁內照數開除。

奉旨："依議。欽此。"

試辦吉鹽疏

嘉慶十一年護理巡撫　金應琦

竊查吉蘭泰鹽務前准甘肅藩司蔡廷衡奏明委員前往磴口將舊封鹽二十船趕緊運至晉省托克托城接濟，臣已於月前檄委試用知縣賈汝愚帶同新商馬遵義等前往托城按引試辦，俟銷辦完竣,再行分晰陳奏。十月十九日奉上諭:"金應琦奏稱磧口運至托克托城鹽斤已委員帶同認充新商馬遵義等前往按引試辦一節,此則與原議章程殊有不符。吉蘭泰鹽斤原議令河東運商一并承運,蓋以口鹽獲利較贏,庶可以彼之有餘補潞鹽之不足。今據稱,新商馬遵義等按引試辦,乃係另行招商專運吉蘭泰之鹽,又與潞鹽分爲兩事。前經戶部議令該撫將潞商、口商詳籌調劑,究竟該省情形如何,使商民兩便而釐課亦能寬裕之處,該撫惟當督同藩司悉心體訪,速定章程,妥議具奏,將此諭令知之。欽此。"

嗣於十一月十七日山西撫臣成齡疏稱:臣到任後遵奉諭旨,即細核全卷,虛衷訪察。伏查吉蘭泰鹽池距河東鹽池三千餘里,前據王恒泰等僉稱,該商等均係河東舊商,因河東鹽務現蒙出示將積弊盡革,又蒙奏准試辦三年,不定長價,將來行鹽可免賠累。該商等均有河東舊行引地,是以情願復充河東運商。至吉蘭泰鹽務遠在外藩,該商等俱係人地生疏,不諳口外情形,恐致貽誤引課,不敢認辦等情。該司道等復博訪輿論,細加體察,緣潞鹽與口鹽不能合并辦理者,其故有二:以行鹽地勢而論,口鹽池在黃河上游,比鄰甯夏。潞鹽池在黃河下游,地接豫秦,兩地相去三千餘里。中雖一水可通,而天橋壺口,飛瀑險灘,不止一處。鹽船至此必須起撥,所費正復不輕,故歷來口鹽至臨縣磧口地方每斤腳費多至三四分不等,而潞鹽至吉州龍王汕地方每斤腳費不過一分六厘,小民乘便買食,斷無舍賤食貴之理,是以歷來口鹽不能越險至龍王汕以下行銷河東地方,亦猶潞鹽不能涉太、汾至省北一帶,行銷大、朔等府也。溯查成案,乾隆二十二年,河東池遭水漫,鹽不敷配。

鹽政那俊議買口鹽三千三百餘名,遲逾兩載,僅運到鹽三十七名。二十五年,鹽政薩哈岱又議買阿拉善鹽,遲逾一載,僅運鹽九名。四十七年,欽奉諭旨令商買運阿拉善鹽斤。經巡撫兼鹽政農起以路遠費重,輓運維艱,奏請停止。此歷來口鹽雖旺,不能行銷河東地方,確有可據。

查口鹽既不能越銷河東,原可無需潞商并辦,況潞商業已一家承辦河東數處引地,更難兼辦口鹽。又以行鹽多寡獲利盈虧而論,今昔情事亦有不同。舊制,河東鹽行三省每年銷引六十餘萬道,納課五十餘萬兩。其引課較多,則獲利亦厚。在乾隆十年以前,鹽未定價,河東商人本無賠累。今既蒙聖恩,准照彼時成例,鹽不定價,試辦三年,則潞商獲利未必不豐,更無不足之慮。至吉蘭泰鹽務,從前未經商辦,馬君選等所行皆無課之鹽,其成本既輕,又復漫無限制,視鹽價較昂之地任意行銷,是獲利遂無一定。今既招商納課,認地行銷,則獲利勢不能如從前之多。又查吉蘭泰池鹽前經英和、初彭齡會議,請以山西口外五廳,大同、朔平兩府暨陽曲等四十四州縣并陝西神木、府谷等八州縣均改為吉蘭泰鹽池引地。統計雖有七十二處,然內多舊食土鹽之區。查各該州縣民居瘠土,地本作鹹,隨處皆可刮土熬鹽,以謀生活。其事本難查禁,且均經認納鹽稅,歷久相安,亦難禁止。現擬循照前奏分別確查,如係向食口鹽州縣,將從前鹽稅撥出歸商領引,行鹽納課。其餘向食土鹽不需口鹽接濟者,亦不強派行銷,仍令照舊完稅,准食土鹽,以顧民情。是口鹽引地雖有七十二處,而銷鹽數目遠遜於河東。本年五月,英和、初彭齡行至甘肅。據甘肅委員駐扎磴口查鹽之靈州知州徐學采訪查,馬君選代蒙古撈運鹽斤每年約銷鹽二萬八九千石至三萬一二千石不等,每石重七百斤等語。核與山西歷年所銷口鹽船數及英和等前奏所查馬君選每年給與阿拉善利息多則二萬少則萬餘之數均相符合,實歷來口鹽行銷確數。今酌中以三萬石爲率,計每年可銷鹽二千一百萬斤。照河東每引鹽重二百四十斤,共應配引八萬七千五百道。核計正雜課銀、公務官錢等項在内,吉蘭泰鹽課每年共應徵銀六萬三千五百餘兩。即慮商情,未可輕信,或從前銷鹽不止此數。但此後吉蘭泰既經設官,將來運鹽必需按引掣配,不能稍有隱漏。兹當試辦之初,似應暫照歷年舊行鹽數,請引定課。俟試辦一二年後,如果暢銷,引不敷配,再行隨時議增。現在銷數尚屬無多,納課有限,是口商納課未見有餘,潞商亦無需兼辦。前因大興縣民人馬遵義及太谷縣民人苗夏、戴明亮等七名自行呈請,願充口商。該司道等細加查詢,該商等均屬家道殷實,向在口外生理,熟悉蒙古地方。前經撫臣同興附片陳明,飭取該商等認保各結,令其趕緊前赴河口,接運存鹽試辦,以收來年駕輕就熟之效。此口鹽船隻所以未派潞商行運,必需另招口商試辦之原委也。所有河東吉蘭泰鹽務應分别招商、各辦引地及口鹽歲銷引數各緣由,理合恭摺覆奏。

二十八日奉硃批:"户部會同英和議奏。欽此。"十二月初六日户部覆稱:臣等伏查河東及吉蘭泰鹽務一體改歸官辦,一切事宜首在招商認地。前因該撫疏請王恒泰等承充河東新商,馬遵義等承充吉蘭泰新商。臣等慮及口私侵越,壅滯潞綱,又以潞商易於賠累,口商多獲贏餘,奏令詳籌調劑。兹據該撫覆稱,吉蘭泰鹽池在黄河上游,比鄰甯夏。河東鹽池在黄河下游，地接豫秦。兩地相去三千餘里，口鹽斷不能越險行銷河東地方，原可無需潞商并辦，況潞商業已一家承辦河東數處，引地更難兼辦口鹽。又河東鹽行三省，每年銷引六十餘萬道，納課五十餘萬兩。課引較多，獲利已厚。口鹽每年酌中以三萬石爲率，計配引八萬七千五百道，應徵銀六萬三千五百餘兩。課銀有限，獲利未見有餘。口鹽、潞鹽應請分別招商，各辦引地等語。查嘉慶八年欽奉上諭："蒙古鹽斤進口定以五百隻鹽船，原因口鹽越界多銷，致滯官引，是以嚴定限制。今口鹽、潞鹽均歸官辦，各分疆界，定額銷引。所有豫、晉等處并無引之鹽，如有偷販私商，原易於查察。又據該撫詳查地勢，口鹽斷不能侵越潞綱，無需潞商兼辦。而兩地引鹽之多寡、獲利之盈虧，該撫復詳細核明，亦無需通融調劑，自應如所奏辦理。"

本日奉旨："户部會同英和奏潞商、口商分辦鹽務事宜一摺，俱照所請行。欽此。"

吉鹽入陝路徑疏

嘉慶十二年陝西巡撫　方維甸

竊臣於二月內接奉諭旨："御史涂以輈具奏，吉蘭泰池鹽由甘肅鞏、秦一帶入陝西隴州，分途入楚。從前私販透漏，俱由於此等語。著方維甸查明從前私販到彼係由何處州縣販賣入楚，應否即將該處一帶地方改爲吉蘭泰池鹽口岸，妥議具奏等因。欽此。"

臣查從前阿拉善販賣吉蘭泰池鹽水運者多，陸運者少。

其陸運私販祇在鞏、秦地方間有由秦州至略陽者。若從略陽、沔縣至漢中，再漢江東下，原可由興安至楚，但漢中民運鹽斤係花馬大池及小池之鹽，從前阿拉善鹽亦間有馱運到彼者，原不甚多。漢中地方因鹽皆陸運，鹽價較下游爲貴。而興安地方向係河東民鹽從商州上津堡、漫川關水路販往，爲數甚多，且有川省井鹽由山內捷徑運來，該府鹽斤易銷，鹽價亦賤。是以漢中從前私鹽不能越西鄉而下，似難由漢江侵灌淮綱。其自興安一路及龍駒寨、荊紫關一路，侵及鄖陽私鹽即係河東民鹽，似與阿拉善私鹽無涉。至隴州地方與汧陽、鳳翔相通，若由漢江入楚，須由棧道南山行走，道路崎嶇，轉運甚難，亦未聞有隴州分途入楚之事。再查吉蘭泰池鹽至漢中等處，俱由甘省鞏、秦陸路行走。今鞏、秦一帶並未行銷吉蘭泰池鹽，漢中、興安兩府應請照舊行運花馬大池、河東鹽池官鹽，毋庸議改。

奉硃批："覽奏，俱悉。欽此。"

吉鹽另募商運疏

嘉慶十二年陝西巡撫　方維甸

竊臣於七月准軍機大臣字寄欽奉上諭："蔡廷衡奏酌籌趲運晉省鹽斤期免貽誤一摺。吉蘭泰池鹽額運晉省河口鹽三萬石，分銷晉陝兩省。前於定議章程時，晉省遴選殷商，責成銷運，似屬辦有條理。今據蔡廷衡奏稱，該坐商馬起龍等業將額鹽三萬石如數撈足，運貯磴口，而晉省行商七人直至三月間始據署運判張璟帶同總商馬遵義一名赴磴口轉運。該商並未携帶資本，所有鹽價、船價大半賒欠。迨五月上旬，甫運鹽二千三百餘石,旋又停止。并據馬遵義禀稱,該商係因任國屏投充行商,將伊一并報名關提到晉,不知如何報作總商。現在實無資本接濟,難望其再行趲運等語。可見晉省從前辦理簽商一事,本未妥協。吉蘭泰池鹽甫經改歸官辦,且關係兩省民食,自應簽派殷商妥爲行運。何以馬遵義并無資本,率令充作總商,赴甘承辦?現在閱時已將半載,所運鹽斤尚不及十分之一,而其餘六商亦均未前往接運,殊屬不成事體。看來馬遵義等充當行商,難保無營求簽派情弊。否則,或係因晉省殷實之户規避充商,皆以賄囑免派,轉將此等素乏資財之輩逼勒充數。該商等何以輒行認充,不可不查究明確,以肅鹺政。此事係同興任内酌定簽派,成齡無所用其迴護。著即詳細查明,據實具奏。其行商七人除馬遵義一名即著蔡廷衡飭令委員解交成齡訊究外,其任國屏等六人并著成齡就近提集并訊,毋稍徇隱。此時蔡廷衡已令坐商馬起龍等將應運鹽斤如數運赴河口交晉省商販接買行銷。其明歲籌運章程,成齡當另選殷商會同甘省妥爲籌辦,以期國課民食兩無貽誤,方爲妥善。將此傳諭成齡并諭蔡廷衡知之。欽此。"

遵旨寄信到臣。遵查吉蘭泰池鹽上年經侍郎英和等請歸晉省招商承辦運銷,當經前撫臣同興督同藩司金應琦等出示招募。其時正值河東鹽務復商之始,曾經循照原議諭令潞商一并承辦。緣吉蘭泰遠在外藩,該商等俱因人地生疏,恐致貽誤,堅辭不敢認充。此外,晉省地方原不乏殷實之户,亦因不諳口外情形,未敢應募承辦。迨至九月内,有大興縣人馬遵義、太谷縣人任國屏自行呈請,願充口商,并據招得晉省民人苗夏、趙勉、史廣居、張哲、戴明亮五人爲夥商。該司道等傳案查詢,伊等均系家道殷實,熟悉蒙古地方,堪以充辦。經同興附片陳明,取結著充,令其趕緊前赴河口接運存鹽試辦。此吉蘭泰鹽務上年招商認辦之原委也。

臣仰蒙聖恩調任山西,於上年十一月二十七日抵省任事,查照接案。據藩司金應琦等稟悉前情,歷將查辦章程恭摺具奏,一面給發照票,飭令該商等齎帶資本速赴河口趕運存鹽,并至磴口向甘肅所招坐商馬起龍等接運鹽斤,赴晉陝引地銷售。只因口外嚴寒,需待三月間黃河冰泮,始能用船轉運。馬遵義等於本年正月內領票,自太原省①起身往磴,由草地行走,程途遙遠,三月下旬始抵該處。旋據馬遵義遣令夥商赴晉具呈,伊等在磴口領鹽,甘肅坐商馬起龍等索取撈鹽費用及自吉蘭泰運鹽至磴口馱腳每石四兩有零,并造船工本數亦加倍,難以照給,以致辦運掣肘等情。并據甯夏鹽道王榮榮呈請飭令照交臣查。上年,侍郎英和等行抵甘肅,據該省靈州知州徐學采查報前此民販馬君選辦鹽,每石止交撈費銀一錢,運磴腳費銀一兩七錢,開單發交晉省照辦。而馬君選辦鹽時所交阿拉善使費,此時鹽已歸官,毋庸再給,則撈費馱腳之外則別無所需,何以彼處坐商馬起龍等索銀逾倍而造船工本更復多寡懸殊?在口鹽運赴晉陝兩省引地出售,從前民販馬君選等行銷時既有定價,不能多賣。今坐商索費過昂,則運商多費成本,到地計本加利出售,必至擡價病民。況原定山西口外五廳,大同、朔平等府屬,暨陽曲等州縣及陝西綏德等州縣行銷引地內,多舊食土鹽之區。若口鹽賣價過昂,民間勢必舍貴就賤,官引滯銷,難敷額課,均有關係。伏思吉蘭泰商辦鹽斤事屬創

---

① 太原省:疑為太原府誤,不改。

始,坐運兩商各執一詞。該處如何撈鹽駄運并船隻實在需價若干,非就近確查核定,究恐未能公允,難以歷久遵遁。甯夏距晉既遠,往返行查,轉致躭延。當委朔平知府廣玉前往會同該道王榮榮等悉心訪查,定議飭辦,業經附片奏明在案。原擬俟該委員等查明核定後,再行詳悉具奏。茲經護陝甘督臣蔡廷衡以該處坐商馬起龍等將額運鹽三萬石如數撈足,運儲磴口,晉省行商止有馬遵義一名赴磴,未帶資本,難以辦運,已令馬起龍等將鹽運赴河口行銷等情具奏。仰蒙聖明垂詢,并指示查辦。

臣伏查所招馬遵義等七人已據該商等原籍大興、太谷等縣詳查,均係殷實之户,取具印保各結,呈送咨部。上年,因潞商不能兼辦,另招新商。係馬遵義協同任國屏赴案投認,其夥商苗夏等五人又係伊等所招合夥辦運行銷。馬遵義赴磴口後,所有任國屏、苗夏等六人亦經臣續行委員押催前往協辦。今馬遵義在彼因何又稱并無資本,所運鹽斤不及十分之一,誠如聖諭,實屬不成事體。臣現在飛催委員知府廣玉將撈費及水陸運脚船價速行查實具稟,加以應納課務、官錢通盤核計賣價,於甘省坐商馬起龍等鹽斤運抵河口,飭令照交晉省商販接買分銷,一面欽遵諭旨委員星赴河口等處將馬遵義并任國屏等七人分別迎提押解來晉,查究實情,并確究有無別項情弊,另行奏辦。其明歲籌運章程并即督同藩司金應琦等出示召募,另選殷商會同新任陝西督臣長齡妥為籌辦,以期國課民食兩無貽誤。

奉硃批:"不可推諉。甘省非汝所派,何須迴護?秉公查辦。欽此。"

綏德等州縣難行吉引疏

嘉慶十二年陝西巡撫　方維甸

竊查陝省綏德、吳堡向食該州三眼泉土鹽，清澗、延川、宜川向食定邊花馬大池鹽。前經司道會詳，該五州縣距吉蘭泰甚遠，鹽價必昂，且土鹽係小民世業，未便禁止，應請毋庸改爲吉蘭泰行鹽引地。

臣以該五處俱近黃河，水運尚便，似無窒礙，仍請試銷一二年後，再行定爲永制。嗣准戶部咨稱，五州縣既食三眼泉及花馬大池鹽，令其捨近就遠，恐於民食未便。因何又稱改配行鹽，并無窒礙，應令該撫再行查訪該處實在情形，究竟應否改配，抑仍應照舊之處悉心妥議具奏等因。臣復與藩司常明、護理鳳邠道周光裕體察情形，并委妥員訪察，悉心籌酌。綏德、吳堡二州縣向食土鹽，色白味甘，每年所產足敷民食。竈戶祖業，相傳其中。界址如民間地畝，各有定所，衣食是賴。若遽禁止小民，實有失業之虞。清澗、宜川、延川三縣向食花馬大池鹽，路程較近，腳費較輕，鹽價不致增昂，民情稱便。五處地處偏僻，并無富戶可充運商。即使由晉省招商，運本既重，鹽價必昂。邊隅土瘠民貧，舍賤食貴，勢所難行。且晉省地方如歸化城五廳、大朔二府、太汾各府州屬皆係向來行銷口鹽引地，近聞山西運商因成本價值過重，河口積鹽甚多，不能銷售。是山西舊食吉蘭泰之處，尚因價貴難銷。今若將綏德等五州縣改配吉蘭泰口鹽，必更難於銷售。臣不敢稍有迴護，謹將覆查實在情形據實陳奏，可否將綏德等處五州縣仍食三眼泉土鹽及花馬大池鹽之處，恭候訓示遵行。

八月初六日，奉上諭："方維甸奏覆查綏德等五州縣食鹽一摺。陝省綏德、吳堡食鹽向食三眼泉土鹽，清澗、延川、宜川向食花馬大池鹽，路程較近，腳費稍輕，民情相安已久，自毋庸改食吉蘭泰池鹽，轉致舍賤就貴。所有綏德、吳堡二州縣著准其仍食三眼泉土鹽，清澗、延川、宜川三縣著其仍食花馬大池鹽。該部知道。欽此。"

查辦吉鹽誤運緣由疏

嘉慶十二年巡撫兼鹽政　成齡

竊臣懍遵訓諭，飛咨陝甘督臣委員將馬遵義管解。茲於十月初五日到晉，其夥商任國屏等亦經分路委員提集至省，臣隨督藩、臬兩司訊。據馬遵義供稱：我籍隸大興。上年聞吉蘭泰鹽務招商，應募來晉。與太谷、榆次兩縣民人任國屏、苗夏、趙勉、史廣居、張哲、戴明亮六人合夥投充。我係商首，任國屏等幫辦。我於本年正月內自太原領票，旋即携帶資本銀三萬餘兩前赴甘省運鹽，任國屏等六人亦各帶銀兩隨後分赴各口岸照料并置廠店器具。三月內，我行抵甯夏，正值黃河冰泮，當赴甯夏道請領引票。循照上年英和侍郎等所發靈州知州徐學采開呈馬君選舊日辦鹽撈費、運腳自吉蘭泰至磴口每石銀一兩八錢，向坐商馬起龍等交兌掣鹽。詎料馬起龍等不照原議，每石索銀四兩。其裝鹽船隻向日每隻價銀不過百兩，伊等又索銀一百八十兩，均多逾倍。我恐成本過重，難以行銷，又恐誤運，故一面稟請查辦，一面照坐商所索之數交價掣鹽二千三百餘石、裝船五十七隻趲運河口後，又交價接辦二運鹽斤，并經差人趕催夥商，速將銀兩接濟。不期甘省即稱我乏本誤運，委員將引票撤回，并將已裝鹽一百餘石押令起卸，呈報奏辦。我在甘所交課務、官錢、鹽本、船價并購辦木植等項約用去銀五萬餘兩，除帶三萬餘兩外，餘係在河口等處挪湊。現在尚措備運本銀十萬兩，可以呈驗，并非乏本誤運等語。訊之任國屏等六人，各供出銀合夥并各帶銀兩赴口岸照料及置備店口器具無異。臣查馬遵義供稱，赴甘辦運，交過課務、鹽本、運脚、船價并置備木植用銀五萬兩，并稱尚有措備運本銀十萬兩。而任國屏等亦供齎銀兩，前赴各口岸置有店口器具，則甘省所稱該商并無資本，已不甚相符。又據馬遵義所供，裝載二運鹽斤被委員將引票撤回，令將已裝之鹽起卸，亦與甘省所稱馬遵義不能辦運情形迥異。臣復查馬遵義赴甘領運鹽斤前，據該商遣令商夥回晉具呈坐商馬起龍等索取撈費、馱脚每石四兩有零，與侍郎英和等發交靈州知州徐學采開報每石一兩八錢之數竟至逾倍，其造船工本數亦較多，誠恐運商成本過重，到地加利出售，必致攙價病民，官引滯銷，難敷額課。曾經奏明派委升任冀甯道朔平府知府廣玉前往，會同甯夏道王榮榮訪查定議飭辦。旋據該道等將坐運兩商撈馱行運一切價值費用查議開報到臣，其時正值甘省奏交坐商馬起龍等代運。臣隨批行藩司金應琦等將所議價值復加核實，飭遵該司等詳覆尚有可以撙節酌減之處。而甯夏道王榮榮又詳據馬起龍等呈稱，如必須酌減，惟有停運等情，是馬起龍等難保無居奇勒掯之事。且本年額運鹽三萬石，除馬遵義運過二千三百餘石外，原經甘省奏交馬起龍等務於黃河未凍以前照數運銷，毋許遲誤。今據甯夏道文報馬起龍等止代運過鹽一萬八千餘石，尚短運鹽九千六百石。現值河凍停運等情，馬起龍等或因核減費用，藉詞諉誤，亦未可定。在馬遵義等是否乏本誤運，抑係坐商擡價揩勒。一面之詞，復難定案。若不飭提馬起龍等來晉質對明確，無以服該商之心。且查廣玉等議詳價本運費，按照馬起龍等所索之數雖稍有減省，第統計成本較之當日馬君選運鹽發賣尚多一倍，必得該坐商來省督令面同核定飭辦，庶於民食商運兩無窒礙。目前鹽池均已結凍，該坐商并無應辦之事，趁此趕緊酌定，可以無誤來春撈運。除移咨陝甘督臣長齡飛提坐商馬起龍等委員解赴晉省，交臣一并迅速訊明，會同長齡妥議具奏外，所有查辦緣由理合恭摺具奏。

奉上諭："成齡奏查訊吉蘭泰運商馬遵義供情并咨提坐商馬起龍等赴晉質訊等情一摺。前因蔡廷衡奏運商馬遵義等資本不敷，稽遲誤運，酌令坐商馬起龍等代運，當經降旨令成齡查捉馬遵義等訊辦。并據成齡奏稱，據馬遵義供稱，赴甘辦運，交過課務、鹽本、運脚、船價并置備木植用銀五萬餘兩，并尚有措備運本銀十萬兩。若所供果係實情，則運商馬遵義似屬殷實，何以甘省前奏該商赴磴口運鹽并未携帶資本，鹽價、船價大半向坐商賒欠，且馬遵義并無資本情由。據蔡廷衡前奏，係委員代該運商轉稟，是否確實，現在成齡所奏馬遵義供赴甘辦運共用過銀五萬餘兩有何確據，其所稱尚有備運銀十萬兩存貯何處，以該商前在磴口竟致不能領運看來，該運商前在甘省所稱資本不敷，及現在訊出坐商馬起龍等索取撈費等情俱難憑信。長齡現到任未久，其馬遵義亦非成齡任內招認。伊二人均可毋庸迴護，著長齡詳查馬遵義果否資本不敷，馬起龍等是否有索取撈費情事，逐一詳細確查。至馬起龍現經成齡咨提，應俟該坐商提解到時，秉公查訊。總之，吉蘭泰鹽斤經部臣議准晉省招商領運，原期於民食運課兩有裨益，今本年額運鹽三萬石，馬遵義僅運過鹽二千三百餘石。嗣馬起龍止代運過鹽一萬八千餘石，尚短運鹽九千六百餘石。現因河凍停運，似此誤運墮銷，於國課民食均有妨礙，辦理殊未妥協。長齡、成齡務須一秉至公，不可稍分畛域，預存成見。或係運商馬遵義實無資本，或係坐商馬起龍等有居奇勒掯情事，必當悉心查訊，逐一詳細妥議具奏。將此各諭令知之。欽此。"

會商查辦吉運情形疏

嘉慶十三年陝甘總督　　長齡

臣等竊照前護陝甘督臣蔡廷衡具奏，吉蘭泰運商馬遵義等資本不敷稽遲誤運等情，臣成齡欽遵諭旨行提馬遵義等到案訊供，因與甘省所稱該商乏本誤運情節不符，并據指稱坐商馬起龍等多索撈費、馱腳，當經恭摺奏明，咨提該坐商等赴晉質訊，并應將辦鹽價本、運費督令面同核實飭辦。欽奉諭旨："悉心查究，逐一詳細妥議具奏等因，欽此。"

臣長齡業將遵旨委員查訪行、坐各商辦理情形并核減鹽價數目繕摺覆奏外，所有甘省坐商馬起龍及夥商馬驤先經派委靈州知州徐學采於嘉慶十三年正月二十四日管解到晉，臣成齡親督藩臬兩司提同馬遵義質訊。據馬起龍等供稱，伊等承充吉蘭泰坐商，撈鹽馱運至磴口貯廠，以俟晉省運商到彼接運。除撈費每石需銀一錢，又馱腳銀一兩七錢，共一兩八錢外,尚有添置撈鹽器具,運鹽口袋、繩、席,并廠座歲修,押運、管廠商夥辛工,飯食器用等項約需費用并不在一兩八錢之内,每鹽一石共需價本脚費等銀四兩有零。上年三月馬遵義赴磴掣鹽,僅肯交撈費、馱脚,伊等勢難賠補,是以未允。又成造①裝鹽船隻因購辦木植艱難,需費較重,伊等每隻索銀一百八十兩,雖稍有浮多,亦非逾倍多索。旋經馬遵義將頭運鹽二千三百餘石掣運,計裝船五十七隻,先照伊等所索銀數交收,言明聽候兩省委員公同酌定,如有長餘,統俟下運扣出抵算。伊等原未敢固執,至馬遵義實有資本若干,伊等本未深知。因吉蘭泰鹽斤運赴晉省河口發賣,每年須俟三月間黄河冰泮後,始能在磴口用船裝載開運。八月後,河水結凍,即需停運。伊故父馬君選在日,辦鹽總於三月以後將全年應運之鹽趕緊辦足,并將船隻裝造齊全,接續裝運,不能等待前運鹽斤運抵河口銷完、得價齎回、接濟後運,所需全年鹽本運費即前後稍可轉移凑用,亦必需二十餘萬兩,斷非數萬金所能濟事。前此馬遵義所交頭運鹽價、船價約用銀二萬兩内,交現銀七千五百九十餘兩,又預先於河口兑交銀一萬兩,尚欠銀一千九百兩,又交鹽課銀四千九百餘兩。其運鹽購木共用銀若干兩,伊等不知數目。因二運鹽斤馬遵義交兑銀兩不能足數,經甯夏道查知飭令停辦,由伊等代運委員將馬遵義所領引票撤回,已裝之鹽押令起卸。洎晉省委員朔平府到甘會同甯夏道酌定鹽價後,復奉批行,尚須酌減。伊等恐裁減過多,難於賠累,故呈請停運,非敢有心居奇勒掯。上年蒙飭代運鹽斤已届七月下旬,為時無幾。至九月内河冰漸結,不能續放,呈明停止,以致短運鹽

---

① 成造:製造。

九千六百石，亦非因核減費用藉詞諉誤。

復訊據馬遵義供稱，伊應募認充運商，向日雖曾在口外貿易，略知道路遠近，其鹽務實未熟諳，意謂備帶本銀數萬兩赴磴口掣鹽，可將前運鹽斤變出價本并獲餘利齎回磴口再辦下運之鹽，無虞缺乏，實不知口外運鹽，時日甚促，必需接續趕運，以致所帶資本不能充裕，辦理掣肘。伊上年在甘掣兌頭運鹽斤，除完納課銀四千九百餘兩外，照馬起龍等所索鹽價約共銀二萬兩內，現交銀七千五百九十餘兩實係自帶，并非向馬瑞圖等湊備。伊自河口赴磴口，從草地行走，不能多帶銀兩，曾有資本交夥商收貯河口備用，故寫票會交馬起龍等銀一萬兩亦非賣鹽後兌運，尚有欠交銀一千九百餘兩係因馬起龍等所索鹽本運費船價，言明尚須聽候酌減，故未全交。加以運鹽費用銀四千餘兩，又購買木植銀九千餘兩，實共用去銀三萬五千餘兩。從前自晉起程原囑夥商任國屏等隨後將銀接濟，不期遲久未到。伊家遠在京都，又趕湊不及，以致二運乏銀交兌。前供續經措備運本銀十萬兩，業已赴京取到銀八萬兩呈驗等語。

臣成齡復查押解馬起龍等來晉之靈州知州徐學采、從前侍郎英和等在甘省原據開報馬君選舊日辦鹽撈費運腳之人，而於該地辦鹽情形俱所深悉，隨傳面詢。據稱，當日開報一兩八錢之數，止就撈費、馱腳而言，其器具、廠座、辛工、飯食等項原不在內。前經甘省查出馬君選遺有儲鹽廠座房間及挖鹽器具等件，尚值銀數萬兩，此其明驗。馬起龍等現供均係實情，委無捏飾。臣成齡查馬遵義所稱在甘用過銀三萬五千餘兩，固與原供五萬餘兩之數未符，而前稱措備運本十萬兩現只呈驗銀八萬兩,亦未足數。第該商前後有銀十數萬兩,尚非竟乏①資本之人。而口外運鹽情形及實需成本若干,匪特②馬遵義不能熟悉,即晉省招商辦運伊始,亦未深知。當馬遵義等應募充商飭令赴運時均未籌計及此,以致辦理未能妥協。臣成齡歷蒙聖訓,何敢稍涉迴護？今已質明馬遵義辦運掣肘,事非無因。馬起龍等亦非有心居奇勒掯,與臣長齡在甘查訪情形大概相同。惟坐商撈鹽運至磴口所需價本、運費經臣成齡督同兩司并原委赴甘查辦之朔平府知府現升冀甯道廣玉及甘省委員徐學采傳集該商等面爲核實,計算每鹽一石重七百斤,僅需銀三兩五錢。核與臣長齡所委蘭州道積朗阿等減定數目適相符合。依馬起龍等所索四兩有零之數,計減去銀五錢有零。其原索船價亦有可減省,則馬起龍等前次未免有多索之處。今兩省已公同核定,其運商自磴運鹽以至河口,現亦酌定計須船價、辛工、火食、雜費等項銀三兩七錢,又加應納課務、官錢等銀二兩六分零,每石實共需銀九兩二錢零。以每歲額運鹽三萬石計算,約需成本銀二十餘萬兩。就馬遵義所有資本銀十萬餘兩,未爲充足。既難望其辦理裕如,其夥商任國屏等六人前供各帶銀兩赴口岸置備店口器具,由臣成齡委員往查屬實,尚非捏混外,現在再三訪詢該商夥向日僅係幫夥貿易,雖自有些須資本,亦難多爲胠湊③。且馬遵義既與坐商未能和衷妥辦,又不諳練運務。舉凡購木造船,雇募人夫駕駛等事,斷不能撙節辦理。一經多糜價本,則賣價因以增昂,有民間食

---

① 竟乏：竟然缺乏。
② 匪特：非特。不僅,不但。
③ 胠湊：拼湊。胠,胠毛,此言資本較小。

貴、官引滯銷之慮。臣成齡悉心籌酌,馬遵義未便仍令承充運商,伊亦情願告退。此時春運屆期,課食攸關,亟須另募殷商接手。臣成齡前經遵旨督同藩司金應琦出示招認晉省殷户,衹因人地生疏,半載以來無人應募。伏查甘省坐商馬起龍之父馬君選原因販鹽獲咎,嗣緣所遺廠房器具成本過重,甘省別無殷實之户出資置買,是以仍令馬起龍等承辦坐商。臣長齡曾經附奏委員確估另募,嗣後查明甘省別無殷實之户。除馬起龍不准充商外,尚有馬驤等四人足資辦運,奏明咨會過晉,目前爲期既迫,非特甘省坐商不能另募,即晉省運商亦乏人承充。臣成齡復思馬君選從前獲咎,實因鹽未歸官,私自交通外藩,販賣牟利,業已治罪身故,其子尚無過犯。此時鹽已歸官,若令充當官商納課辦鹽,於事理似無違礙。馬起龍與馬驤等四人向係合夥營生,更可無庸區別,而馬起龍家資素裕,住居甯夏,備悉邊口情形,諸事駕輕就熟,此時總以裕課便民爲重,所需鹽價業已核定減省,馬起龍、馬驤亦情願連運商一并認辦。臣成齡會商臣長齡,似可將坐運兩商概交馬起龍、馬驤等暫時承辦接充,設將來招募有人,再行接替,亦無不可。惟是目前已屆春深,自晉至彼程途遥遠,若俟奏准後再飭往辦,不無遲誤。臣成齡業經取具馬起龍、馬驤等認辦切實甘結,於審明後交甘省委員押令馬起龍、馬驤等即日兼程前往,將上年未運鹽九千六百石先行趕緊補運足數,一面將本年應運鹽三萬石接續作速運辦,以期無誤課項民食。其馬遵義等七人概行黜退。伊等冒昧認充,辦理不善,究因未悉鹽務情形所致,請從寬免其深究。其頭運應交馬起龍鹽本、運脚、船價照現定之數計有盈餘,而馬遵義尚欠銀一千九百餘兩,已飭清算,分別扣還，找給所購木植并任國屏等所置店口器具准其公平作價，令馬起龍等交銀接收抵用。馬遵義運抵河口之鹽已據發售完竣，課項繳清，毋庸再議。臣等於上年准部咨吉蘭泰運商行鹽與河東無異，辦理不應兩歧。前因晉省馬遵義等誤運，是以暫令坐商馬起龍等將鹽運至河口賣銷。至明歲仍令晉省招募殷商，分認各州縣引地運銷等因。

　　臣成齡查吉蘭泰引地雖有山西口外五廳，大同、朔平兩府暨陽曲等四十四州縣，其中多有出產土鹽之區，歷經奏明，准其兼食，完納鹽稅。且沿邊一帶又有鄂爾多斯、蘇尼特鹽斤進口售賣，前准理藩院奏明咨查有關蒙古生計，難以禁止。是以吉蘭泰引地兼食數處之鹽，而土鹽設遇天色長晴，所產即旺。若雨水過多，便形短絀。蒙鹽進口每年亦多寡不齊，故吉鹽到境總與土鹽、蒙鹽兩項并行兼銷，互為衰益，一時難以定額。今若配定引目，遽令運商分認引地運銷，事多窒礙難行，而於民情亦有未便。惟令該商應在磴口交課領票運鹽，至河口而止悉聽民販接買運赴缺鹽待濟各處銷賣。至於河東引地均在吉蘭泰引地之南、黃河運程之下。臣成齡到任之初即經查明，口鹽不能越險運至龍王辿以下，無虞侵越。應請悉照原定章程辦理，仍責令各引地州縣將該地每歲所銷吉蘭泰鹽斤數目隨時開報，俟一二年後察看情形，或銷數可以酌定，再行遵照部議飭商分認引地配銷，以昭核實。其河口小販運鹽赴地，臣成齡現飭該管道府督令確查，按其接買成本分別道路遠近，加計運腳、人工、飯食費用，准其酌加餘利出售，核實賣價，申報備查。倘有擡價病民，飭令嚴行究辦，勿稍徇庇。其餘一切事宜，如尚有應行參改之處，容臣等悉心體查，另行會商奏辦。

旋奉部議:"均如所奏辦理。"奉旨:"依議。欽此。"

磴口吉蘭泰二缺改繁疏

嘉慶十三年巡撫兼鹽政　成齡

竊照吉蘭泰鹽務,前經定議奏請,令甘肅甯夏道兼管鹽法。新設磴口運判并河口批驗大使,均定爲繁難要缺,其吉蘭泰、磴口兩大使定爲簡缺,准部議覆照行。嗣據甘肅司道以磴口、吉蘭泰等境綿亘二千餘里,俱係口外阿拉善蒙古地方。商人在彼撈鹽造船行運,聚集漢蒙,夫匠①、馱夫人數既多,一切命盜鬥毆等案均所常有。從來鹽未歸官,此等事件係阿拉善王自行查辦。今鹽池呈獻,諸事官爲經理,既未便添設多員致糜經費,而所設運判、大使駐扎其地自應責令兼管。遇有前指案件,即爲相驗剖斷,稽查拘犯。輕事就近完結,命盜及稍重之案,民人則飭交内地歸地方官訊辦。民蒙交涉并關係鹽務,蒙古人犯由地方官會同司員審理。是磴口吉蘭泰運判、大使不止專管鹽務,實有地方之責,事務殷繁,并須熟悉口外情形,非初任之員所能治理,議請將磴口、吉蘭泰大使一并改爲繁難要缺,連磴口運判均由甘省揀補等情前來。

兹臣等悉心體察,往返札商,該司道所陳係屬實在情形,應請將磴口、吉蘭泰大使一并改爲繁難要缺,在外揀補。所有前指一切事件,責令該運判、大使就近兼管。各該處均係甘省所轄,山西鹽政駐扎太原省城,相距數千里之遠,平日稽查既

---

① 夫匠:服役的工匠。

難周密。遇有升遷事故缺出，接據文報，揀補委署，往返稽延時日，該處懸缺以待，更多未便。且揀補晉省人員，恐難熟諳邊情，所辦蒙民事件又與甘省地方官交涉，自應并如該司道所議，將該運判、大使各缺統由陝甘總督揀選熟悉口外之員會同山西鹽政題補，歸甯夏鹽法道統轄。部議如所奏辦理。惟甘省揀補，遇有大使缺出，無員升調，反致窒礙難行。所有奏請將磴口運判、鹽大使、吉蘭泰鹽大使統由甘省揀補之處，應毋庸議。

奉旨："依議。欽此。"

吉鹽過口納稅疏

嘉慶十三年巡撫兼鹽政　成齡

竊查吉蘭泰池鹽歸官招商辦運前，據運商稟請豁免殺虎口鹽稅。經該監督查覆，向日徵收口外蒙古鹽稅每鹽一駝重一百二十斤，徵銀四分五厘。復經咨查兩淮、兩浙、長蘆等處鹽政，據覆徵稅情形不一，難以比例辦理。咨准戶部以各關額課有常，各省行鹽處所均有鹽稅，晉省鹽務新定章程既未便遽請免稅，而運商等納課之外尚能納稅若干難以懸擬，奏明請旨交臣確查地方情形覆奏，到日再議等因。奉旨："依議。欽此。"

咨行到臣，又經行查殺虎口監督節年徵收鹽稅數目去後，茲據造冊咨覆，由藩司金應琦等核議具詳前來。臣查吉蘭泰鹽斤，該運商掣運進口銷賣，已照河東之例每引納課務、官錢、餘平等銀七錢二分六厘零，而經過殺虎口仍令照舊納關稅，固非恤商之道，惟照該商所請全行豁免。又恐於稅額有虧，自應量爲變通。伏思兩淮鹽務甲於各省，茲舉該商鹽務而論，淮南每引僅完揚關鈔銀二分，惟淮北每引完淮關船鈔、火耗、平色等銀四分一厘零。而淮鹽每引重三百七十四斤，吉鹽每引重二百四十斤，即依淮北所納關鈔稍重之數，并就其引鹽斤數多寡計算，比擬吉鹽每引不過應納稅銀二分六厘零。臣悉心籌酌，若照殺虎口向例每鹽一駝計一百二十斤，完稅四分五厘，比較淮北鈔銀幾及兩倍。該運商既納鹽課，自未便責令多完稅銀，應請酌中定議。嗣後，吉蘭泰官鹽經過殺虎口水陸稅口每引鹽二百四十斤共納正耗稅銀四分五厘。雖視淮北關鈔有增，而照舊日稅銀實已酌減一半，并查該監督册開自嘉慶元年至十一年，該稅口每年徵收鹽稅自四千餘兩至二千數百餘兩不等。課額本無一定，此系統計各部落蒙鹽進口徵稅數目。今就吉蘭泰官鹽每年額引八萬七千五百道，除去口外五廳分銷毋須進口納稅外，計每年應完殺虎口稅銀三千餘兩，與該關歷年所徵稅課既不甚懸殊，且有別部落無引蒙鹽零星進口銷售，仍照舊例納稅，自於關稅無虞虧短，而吉蘭泰運商亦不致納稅過重，多費成本，可免昂價滯銷之慮，實屬兩有裨益。

旋奉部議："如所奏辦理。至所請別部無引蒙鹽零星進口銷售仍照舊例納稅之處，查吉蘭泰池鹽既已歸公，別部落無引蒙鹽即當禁止。該撫所奏應毋庸議。"奉旨："依議。欽此。"

鄂蘇鹽進口分別限制疏

嘉慶十三年巡撫兼鹽政　成齡

竊查吉蘭泰池鹽歸官招商辦運前，因所辦大同、朔平二府,陽曲等四十四州縣暨口外五廳引地多有鄂爾多斯、蘇尼特鹽斤進口行銷,恐致吉蘭泰引鹽滯銷虧課,經臣咨請理藩院查辦,旋准咨行。向來歸化城等處係奉旨行銷鄂爾多斯鹽斤舊地,今若查禁,窮苦蒙古等不能度日,有關生計。而吉蘭泰鹽斤既係官辦,所有鄂爾多斯鹽斤亦應歸官,由吉蘭泰官商收買售賣,其應如何納課之處請旨交臣擬定章程,秉公辦理。其蘇尼特鹽斤查明另辦等因具奏。奉旨:"依議。欽此。"

咨行到臣。當將鄂爾多斯、蘇尼特兩處蒙鹽向日進口銷賣情形,飭司移行該道府廳州縣確查去後。茲據查明,由藩司金應琦等定議詳覆前來。臣查鄂爾多斯地居晉省西北與甯武府屬之偏關暨保德州并所屬之河曲等縣及口外之清水河、托克托城、薩拉齊等廳對峙,僅隔一河。其蘇尼特地居晉省東北與大同府屬之豐鎮疆界毗連。歷來該二處蒙鹽,俱由民販赴彼收買,并用貨物易換,就近運往各該廳州縣境內,或渡河進口行銷,情形參差不一。并向與吉蘭泰鹽斤及本境所產土鹵并行兼銷,互為衰益,歷經奏明在案。今吉蘭泰鹽斤既已歸官招商辦運,額課有關,如仍聽鄂爾多斯、蘇尼特兩路蒙鹽照常販賣,固恐充斥吉蘭泰引地,官引滯銷,有虧課項。而該二處蒙古惟賴游牧、產鹽度日,今若概行禁止,又恐窮苦蒙古生計艱難,似非國家撫馭外藩之道。且陝省毗連蒙境之府谷等縣,已由陝西撫臣奏准改食鄂爾多斯鹽斤,晉省情事相同,自可并行不悖。

惟理藩院所指鄂爾多斯鹽斤并交官辦飭商收買行銷一節,臣查鄂爾多斯及蘇尼特兩處與吉蘭泰商人辦鹽之地相距甚遠。該商既力難兼顧,此外若另行招商,內地民人未悉口外情形，勢必裹足不前，未肯應募承辦。臣悉心籌酌，目前吉蘭泰商鹽價本運費業已核實減定，將來運赴引地賣價不致過昂，可免民間食貴。舍此就彼之慮，惟有將鄂爾多斯、蘇尼特兩處蒙鹽向日進口銷售地方，分別予以限制，仍聽民販運銷。如口外之歸化城、清水河、薩拉齊、和林格爾、豐鎮、甯遠等廳皆與蒙古地方接壤，且草地平衍，四通八達。各蒙順帶鹽斤赴彼與該地居民交易，本難禁阻，應准其就近兼食鄂爾多斯、蘇尼特之鹽。内惟托克托城一廳爲吉鹽緊要口岸、水陸轉運之處，仍應查禁別部蒙古入境，責歸綏道督率廳員及河口批驗大使實力稽查，以免混淆侵灌。至於口内之大同、朔平、甯武、保德等府州屬沿邊沿河一帶州縣，請照江浙等省老少鹽之例，准令民販肩挑背負到境零星售賣，不得過四十斤之數。如有駝運車載及水運多斤到地者，仍以私鹽論罪。飭令各該地方官明晰出示曉諭俾知遵守，仍不時嚴密巡查防堵。如此酌量調劑，既於吉鹽引課不致滯銷虧短，而蒙古生計亦無妨礙，似屬兩有裨益。至鄂爾多斯、蘇尼特鹽斤進口行銷，均經殺虎口監督抽收稅銀，毋庸另議。合并陳明。

旋奉部議："均如所奏辦理。"奉旨："依議。欽此。"

蒙鹽進口仍行徵稅部議

嘉慶十三年

户部疏稱，前據山西撫臣成齡於比照兩淮酌定殺虎口鹽稅額案内，請將別部落無引蒙古鹽零星進口銷售，仍照舊例納稅。經臣部具摺奏明，吉蘭泰池鹽既已歸公，別部落無引蒙古鹽即當禁止,且先經奏禁有案,應毋庸議。嗣據該撫以鄂爾多斯、蘇尼特鹽斤有關蒙古生計,未便禁止,請令口外之歸化城、清水河、薩拉齊、和林格爾、豐鎮、甯遠等廳俱准食鄂爾多斯、蘇尼特之鹽,以順輿情而撫遠裔。口內之大同等屬向食該二處之鹽,亦難遽行禁止。請照江浙等省老少鹽之例,每人肩挑背負准帶四十斤,過此即爲私販。經臣部議准奏明在案。今據該撫所稱老少鹽即昨項所稱零星蒙古鹽,自應遵照原奏准其進口行銷。惟是老少鹽斤原爲撫恤貧民起見,例無經過各關納稅明文。今無引蒙古鹽零星進口銷售,每人每日肩挑背負止准帶鹽四十斤。若經過殺虎口責令納稅,每人應完稅銀一分五厘,爲數無幾,且邊外蒙古非內地民人可比,可否免其輸稅以示體恤之處,出自天恩,等因具奏。奉上諭:"戶部議覆山西省奏明鄂爾多斯、蘇尼特鹽斤比照老少鹽之例,准令在口內行銷,并聲明可否免稅請旨一摺。向來附近場竈孤獨殘疾貧民報明注册後,始准每人每日挑負鹽四十斤售賣易食,并於經過各關例皆免其納稅,用示體恤。今鄂爾多斯、蘇尼特無引蒙古鹽亦比照老少鹽之例進口銷售。該處人數衆多,非場竈貧民之向有限制易於驗查者可比。若聽其自行販賣,漫無稽核。以一人肩挑背負而計,爲數固屬有限,而每日在内影射謀利,紛至沓來,正復不少,勢必至鹽斤充斥,於課引不免阻滯亦有關係。至此項挑負之鹽,經過殺虎口地方,每人應完稅銀雖止一分五厘,而積少成多,不可不統爲核計。著將該鄂爾多斯、蘇尼特行銷口鹽斤數,每日挑負者如何酌定人數,設法稽查其有違犯者應如何妥議章程,并將酌定人數後殺虎口應免鹽斤稅銀統計一日共有若干,著一并具奏,再降諭旨。欽此。"

嗣據山西撫臣成齡覆奏稱，原定吉蘭泰引地之朔、平等州縣查明，現在均無鄂爾多斯等處蒙古鹽到境。惟保德州及所屬之河曲縣現有民人肩販鄂爾多斯鹽斤，由殺虎口分設之黃甫川稅口到境，每日十餘人及七八人不等，每人販鹽四十斤，多寡牽算，按日以四百斤爲率。又大同府民人赴蘇尼特肩挑背負鹽斤，由殺虎口分設之得勝口進口，每人遵例販鹽四十斤，三日內始有鹽販一起，每起三四人，所販之鹽不過一百數十斤，以每鹽四十斤納稅銀一分五厘計算，每日稅銀不過一錢五六分，爲數原屬無幾。第此鹽斤悉係內地人民出口販運，并非蒙古人自運進口，且一經免稅，各口既漫無稽查，而民販價本輕減，恐挑負日增，有礙吉蘭泰官引。應請令殺虎口監督照舊徵稅，仍責成該府州縣選撥妥役協同各稅口隨時實力稽查，以後民人販鹽進口，總不得有逾前數。倘有違禁駝運、車載、船裝及多販鹽斤進口經過者即行獲解，以私鹽論罪。

部議："如所奏辦理。"奉旨："知道了。欽此。"

吉鹽坐運兩商分別責成并應徵課項按限勻繳部議

嘉慶十六年

戶部疏稱，臣等伏查吉蘭泰招充坐運兩商，於上年八月內據陝甘總督臣那彥成等奏報，晉省募有新商郭綸音等十五人，措集資本銀二十萬兩，兼辦坐運兩商。經臣部議，以郭綸音等既稱家道殷實，何以又須措集資本。且此十五人中尚有十一人并無商名冊結，此內盈絀不齊，將來遇有墮引誤課等事，殊難責成，請旨敕交該督等另行確切查明，妥議具奏等因在案。

今據該督等疏稱,郭綸音等承辦吉蘭泰鹽務,分辦則各用各夥,費用較重。合辦則同心協力,酌盈劑虛。嗣後,坐商責成武三元、曹九齡經理,日後如有撈鹽不力,惟伊二人是問。運商責成郭綸音、牛嘉謨辦理,日後如有運鹽遲誤,亦惟伊二人是問等語。臣部查吉蘭泰坐運商各有專司,勢難責令兼辦。今該督等請將撈鹽事宜飭令武三元、曹九齡管理,運鹽事宜飭令郭綸音、牛嘉謨管理,各有專責,自無顧此失彼之虞,將來如有貽誤,即惟該商等是問,事屬可行,應如所奏辦理。又據疏稱,十五年,應運額鹽業已趕辦不及,請自十六年起勻作三年帶運,應徵餉課亦分三年隨鹽完納一節。查吉蘭泰鹽務前因乏商承辦,是以十五年鹽斤尚未運銷。今雖有新商等酌帶資本,前赴辦運。但今歲春融,正當開運十六年正鹽之際,若將十五年鹽斤一并令其同時補運,商力未免拮据,自應量為調劑。所有十五年未運額鹽三萬石,亦應如所請,准其自十六年起分作三年帶運,應徵課項按限勻繳。倘三年內補運不足,致有墮引誤課情事,將各商等立時嚴辦,以昭懲創。至十五年鹽課內例應給發恩賞阿拉善王并甯夏涼莊將軍都統以及磴口文武官役、兵丁廉俸工食共銀八千八百兩,請於徵存十四年鹽課內作正開銷之處。查十五年鹽課既請分年完繳,其應支各項自應准其在於十四年鹽課內通融支給,仍令該督等將支給數目造入奏銷冊內報部查核。

奉旨:"依議。欽此。"

吉鹽請暫為官運民銷部議

嘉慶十六年

戶部疏稱，臣等查得據署理山西巡撫衡齡疏稱，竊照本年吉蘭泰鹽務新商接辦遲誤，應即令招殷商承辦。惟運務緊迫，一時招募，難得其人。經前撫臣成齡札飭河東鹽法道，於河東現充商人内擇其力能兼顧者籤派數名，前往吉蘭泰接辦。旋據該道茅豫轉詳商人王恒泰等稟稱，商人等現辦河東鹽務，兼辦兩淮、山東等處鹽引，已屬難以兼顧。若令再辦吉蘭泰，不獨人地生疏，且更顧此失彼，於河東引地亦大有關礙。商仰沐天恩至優極渥，不敢膜視，情願公捐銀五萬兩，按引分攤，以為津貼之用。惟各商資本營運在外，一時驟難措齊，懇於運庫課項内先行借墊，俟嘉慶十七年隨課按限歸款，詳請具奏前來。臣細加體察，該商等實係出自至誠，可否准其捐貼以資官運之處伏候欽定。惟是吉蘭泰鹽務，河東現充商人既難兼顧，此外又一時招募維艱，而來年春融冰泮，即須開運，未便再有貽誤。目前惟有暫為官運民銷，一面招商承辦，所需資本除商捐銀五萬兩外，亦惟有暫挪河東道庫積存銷價銀十五萬兩共湊銀二十萬兩以作運本。俟新商招募有人，再行抽歸原本。此項銷價仍按每年一分行息，其如何分別提解河東道庫以備支放之處，臣與陝甘督臣那彥成酌議辦理等語。臣等伏查吉蘭泰鹽務，前據陝甘督臣等奏明，飭令郭綸音等十五人充辦，經臣部議覆遵行。嗣於本年九月内，據該督咨稱，新充各商迄今并無一人到甘，現在移咨晉省查辦等語。復經臣部行令山西巡撫會同陝甘總督熟籌妥議、作速辦理各在案。今據署山西巡撫衡齡奏稱,吉蘭泰新商一時招募,難得其人。河東現充商人,難以兼顧。來年春融冰泮,即須開運,未便貽誤。目前惟有官運民銷,所需資本除商捐銀五萬兩外,暫挪河東道庫積存銷價銀十五萬兩以作運本。俟新商招募有人,再行抽歸原本等語。臣等查吉蘭泰新商招募既難,其人運務又未便遲誤。該撫疏稱,官運民銷并挪借道庫銷價銀兩作爲運本之處,係爲暫時。權宜起見,自應如所請辦理。仍請敕令該撫轉飭上緊①招募商人接充辦運,以期國課民食兩有裨益。

奉旨:"依議。欽此。"

查明吉鹽誤運情形疏

嘉慶十七年巡撫兼鹽政　衡齡

竊照吉蘭泰新商辦運遲誤,前據甯夏道蘇成額詳報,臣當即派委通判秦鰲前往查催。因未得確情,未經具奏,旋即卸事。嗣經陝甘督臣那彥成、前任山西撫臣成齡先後具奏。欽奉上諭:"甘省吉蘭泰鹽務既經晉省招募新商郭綸音等十五人兼充坐運兩商,到官認辦。本年自應趕緊依限辦運,何以遲延至今資本尚未到齊,而頭撥赴甘之商人武三元文內開載本銀五萬五千兩,只齎帶銀二萬兩,又復私行逃避,此皆前任巡撫成齡及河東道茅豫原定章程未妥,所籤各商又均非殷實之户,以致連年誤課,殊屬不成事體。著衡齡即提到各商人并嚴緝

---

① 上緊:趕快,加緊。

武三元到案,將因何短缺本銀貽誤課運緣由查訊明確,分別究辦,并將辦理不善之前任巡撫成齡及河東道茅豫一并參奏。其接辦章程,著該撫會同那彥成另行妥議具奏等因。欽此。"

經前任撫臣成齡行提飭緝各商陸續到晉,未及查訊。臣接任後,提集應訊商人及委員等逐一研訊。緣新商武三元等夥充吉蘭泰坐運兩商,原由太谷縣武舉郭綸音邀同合夥承充而各商情願合夥者。因郭綸音平日向在口外生理,深知兼辦坐運兩商實有利息,惟無力獨辦,遂邀武三元等十五人合湊資本銀二十萬兩。郭綸音即充商首到案具呈認充,武三元、曹九齡先帶現銀二萬兩已於嘉慶十五年九月赴湖口撈鹽。嗣又收得會票銀一萬二千餘兩,撈就鹽三萬石,并買木植等項。郭常新繼又携帶現銀會票於十六年三、四、五等月先後起程,約定七月內人銀齊集磴口。商首郭綸音在後管催,乃於七月間在途身故。各夥商因無人指撥,於一切運銷情形全無把握,各皆疑慮,遂爾先後潛回。質之委員河口大使孟調梅、試用通判秦鏊,所供情節無異。現據武三元等情願將湖口撈存鹽三萬石,計撈費、辛工等項合銀二萬八千五百兩,并木植等銀三千四百兩,又郭常新現銀五千兩,共銀三萬六千九百兩,抵作十六年鹽課,懇求免其治罪,具結呈送前來。

臣伏查吉蘭泰鹽務,自舊商馬起龍等於十五年辭退坐運兩商之後,甘省并無接充之人,因歸晉省招募。晉省富户固多,但願充河東商人者有之。若吉蘭泰遠隔三千餘里,經由黃河之險,一切情形與河東迥異,此非熟悉彼處行鹽底裏,鮮有認充之人。惟是課食攸關,未便遷延時日,是以臣遍行出示招募。十五年九月內始據太谷縣武舉郭綸音邀合武三元等十五人集資二十萬兩,具呈認充坐運兩商。經臣傳詢,俱無異詞,遂會同陝甘督臣那彥成恭摺具奏。嗣即分撥起程,滿望各商到後自可依限開運。不料商首郭綸音於未到磴口以前在途身故。各夥商全無依藉,因而疑慮不前,先後潛避。是誤運固出意外,但各商分撥起程時,臣并未專派大員督押前往,以致中途潛避。貽誤至今,實由臣辦理不善,捫心自問,咎實難辭。查十六年鹽課銀六萬三千五百餘兩,除新商將鹽價、木植并現銀抵補外,尚不敷銀二萬六千六百餘兩。臣受恩深重,每年所得養廉優厚,惟有叩懇天恩,准臣分作三年賠繳,解赴甯夏道庫,并求皇上將臣交部議處。至河東道茅豫係專管河東鹽法之員,從前吉蘭泰鹽務章程該道未經涉手,委員河口大使孟調梅、試用通判秦鼇係在後奉委查催各商。因商首無人,因而避匿,實無受賄縱放情事,均請免其置議。新商武三元、曹九齡係屬帶銀先往辦鹽,置買木植,郭常新亦經攜銀前往,繼因後撥商資不能接濟,始行回省。若竟將伊等所撈鹽斤及木植并現銀抵賠課項,未免偏枯。自應仍令在夥商名下按股歸償,以示公允。核其情節,該商等究與已經領引獲利拖欠課項者有間,并請免其治罪。

奉上諭:"衡齡奏訊明吉蘭泰鹽務誤運實在情形一摺。吉蘭泰鹽務上年誤課係因商首郭綸音在途身故,各商夥無所依藉以致誤運,與領運獲利拖欠課項者不同,所有十六年鹽課銀六萬三千五百餘兩,著照所請,准將商等認賠銀三萬六千九百兩抵充正課,仍於各夥商名下按股均攤,俱免其治罪。衡齡未經派員督押,辦理不善,其抵補不敷銀二萬六千六百餘兩,著於該撫養廉內分作三年扣繳,著加恩免其議處。餘依議。欽此。"

議覆吉鹽仍歸商辦并官運聽販商銷售及課項分別扣繳疏

嘉慶十七年大學士　慶桂

竊據該侍郎等疏稱,嘉慶十七年四月初十日奉旨:"吉蘭泰鹽務自招商承辦以來,屢經誤運虧課,辦理總未妥協。著文孚等就近體察情形,應如何領運行銷之久遠無弊,妥議章程具奏。欽此。"臣等復跪聆聖訓,指示周詳,得有遵循。馳抵晉省之後,細查案牘,遍訪輿情,求其所以誤運虧課之由。緣晉省介休以南皆是河東引地,當年課歸地丁,馬君選在吉蘭泰興販無課之鹽,由黃河南下,既占潞引,且冲淮綱。吉鹽暢銷,不計其數。自河東復商,稽查嚴密,吉鹽遂不能越渡黃河磧口暢銷如前。且吉蘭泰原定引地六十四廳州縣,內如太原、汾州等屬出産土鹽,隨地輸稅。朔平等屬亦有鄂爾多斯、蘇尼特等處蒙古稅鹽接濟。土蒙鹽賤,買食者多。吉鹽水陸三千餘里,路遠價昂。如遇雨多,土鹽歉産,頗可暢銷。如遇土鹽旺産,即爲壅滯。察此情形,本不能遽定引額。乃十一年定議,每年吉引八萬七千五百道,正雜課銀六萬三千五百八十兩,引課皆屬過多,約計銷不及半。此數年來商人賠累誤運虧課之原委也。上年因招商乏人,不得已改爲官運民銷之議。竊查官運不難,難於民銷。苟不能銷,愈運愈滯。若因滯銷,兼顧課額,勢不得不分派州縣認引督銷。州縣若非虧挪倉庫,必致擾累閭閻。是能銷之弊,更甚於不銷。種種格礙難行,斷難久遠無弊。

臣等督同戶部郎中張業南、主事福克旌額體察籌議,擬將吉引改爲活數,盡銷盡徵。停止官運,仍歸商辦。正在查核酌辦間,旋准户部咨到河東道茅豫條奏吉蘭泰鹽務一摺內稱,該道以內地鹽斤現皆豐産,奏請停止水運,自係該處足敷民食,無需吉鹽協濟。惟是吉鹽即經賞收,應如何辦理之處,未據確切聲明,殊難懸擬請旨。敕文孚等就近體察情形,妥議具奏等因。臣等當即札河東道茅豫帶同總商數人來省,將伊等奏請停止水運,其吉鹽究竟作何辦理之處,向其確切指問。據該道回稱,河東復商每年課額各項不下六十餘萬兩,國帑所關甚鉅。若令官辦吉鹽順流南下,滯於晉北,必侵晉南。不數年間,潞引滯銷,商力必致疲乏。至吉鹽應如何領運,俾課項可以無虧,職道實無確見。隨派户部司員傳商人王恒泰等,查詢所稱與該道相同。是該商等但知自護潞引藩籬,并未深悉吉鹽不可偏廢之故。查嘉慶十一年該藩王瑪哈巴拉將鹽池呈官辦理。荷蒙皇上賞收,敕下該督撫等招商辦理。該運處撈工、駝價,每年藩屬人等及口外貧民多賴此以爲生計,內地民人亦賴此以補各鹽之不足,自應仍爲撈運,俾其均沐恩施。若如該商等所稱概行停止水運,均屬有礙。臣等當即加以駁斥,不准議行。

惟查吉鹽自招商承辦以來,動皆折本虧課,以致紛紛告退。此後縱有願辦之商,多係合夥湊資,輕於一試。每遇引地不能銷售,勢必越境走私,甚至通同勾[句]結。將來侵灌潞引,亦屬實在情形,自應通盤籌畫,兩無窒礙,方可永遠遵行。復傳河東商人細加詰問。據稱近年吉鹽滯銷虧課,半因潞引辦理周密之故。若復大興水運,必致侵壞潞綱。商等仰沐皇仁,數省均沾樂利。商等具有天良,豈敢於同省民食轉爲膜視。今公同商議,如蒙停止吉鹽水運,情願依照長蘆之例,於河東額餘引張之外再增添活引八萬七千五百道,自嘉慶十八年爲始,察看何處暢銷,趕緊配運,每年得課六萬三千五百八十餘兩,年清年款,如虧願賠等語。查吉鹽連年滯銷,課不足額。今該商情願以潞引之有餘補吉鹽之不足,尚屬可行。惟求停止水運一節,終於口外蒙古生計及内地民人口食,均有未便。且吉鹽既經賞收,仍應調劑行銷,以裕民食,方爲正辦。臣等復傳集山西藩司陳桂生、臬司錢臻、河東道茅豫公同妥議。該司道等僉稱,查據舊案,嘉慶十一年侍郎英和等疏請吉蘭泰鹽船准至磧口起岸,十三年原任陝甘督臣長齡等奏吉鹽票運至河口而止聽民販買赴各處銷售。查河口至磧口相去千里,而磧口則切近河東引地,誠恐防範稍疏,致累潞綱引課。自應就此兩次奏案,酌中定地,示以限制。請於河口之南三百餘里黄甫川地方爲界,將磧口大使一員改爲黄甫川大使,移駐該處專司稽查。所有吉鹽水販只准至黄甫川而止,其自磧口商運鹽船仍照舊至河口起卸存倉。如此略爲變通,潞鹽、口鹽兩無妨礙。臣等即令將此酌定緣由曉諭該商知悉。隨據該商等皆情願具呈,由該道申送印詳前來。臣等定稿後,送與撫臣衡齡閲看,意見亦屬相合,恭懇皇上天恩,俯准所請。如蒙俞允,即由河東鹽政咨部請領十八年活引,照例辦運。至吉蘭泰引地實因土鹽、蒙鹽歎旺不常,未可限額行銷,致使商民并累。應請將吉引改爲活額,不必限以定數,俟此次十七年官運八萬餘引銷完之後,十八年仍歸商辦。如銷若干引鹽,即完若干引課。先鹽後課,隨運隨徵。無論引數多少,資本若干,皆聽商民自便。從此,商民皆無擾累,帑項不致有虧,藩民不失生計,潞淮均無侵越,仍可行之久遠無弊。又據奏稱,查甘省官運吉鹽現抵河口兩月以來,民販尚未踴躍。緣吉鹽銷路原應任向缺鹽處行銷,且向來會欠等票互可通融,布粟等物皆可准折,庶能交易而退,各得其所。今經官辦,不得不責以現銀,又且不察土鹽旺歉靡常,一概出示招商,派定引地,是以民販裹足不前。臣等路經平定州屬及抵駐省城,即有士民以不願遠食貴鹽等詞呈訴。察此輿情,豈可相強?是甘省官運,只可暫行。晉省民銷之議,雖暫亦不可行,應請敕下山西撫臣將現在分引定地出示招商之處,即行停止。惟聽販商前往河口販買,此次官運之鹽向缺鹽願買之處銷售,以期商民兩便。至十五年分課銀六萬三千五百八十餘兩,係退商馬起龍應完之項,已據具結在於應領鹽價內分作三年扣繳。查馬起龍磴口存鹽三萬石,計本銀十萬五千兩。現在交官辦運,應先儘十五年課項全額扣完,俟有多餘,再行發交該退商收領,不必限定三年,庶課項先歸有著等語。臣等伏查吉蘭泰鹽斤因晉省復商,疆界既清,不能任意侵灌,遂致額設之引壅滯難銷,商人誤運虧課,招募不前。上年復有官辦之議,奈行銷無地,將來勒派虧挪等弊勢所不免。茲據侍郎阮元等奏,是商辦官辦,均多格礙難行,自應另籌久遠之計。而該侍郎阮元等酌議吉鹽章程,又自十八年以後仍歸商辦,是明知不能久遠無弊,姑令該處試行。俟一二年後,又必以前議難行,復請另議。旋議旋改,興廢不常。鹺綱難期整飭,且所稱改為活引,盡收盡解,是引無限制,奏報多虛,考核難憑,易啓弊混。臣等伏思吉鹽原定引地太原、汾州等屬六十四廳州縣既有本地土鹽及鄂爾多斯等處蒙古鹽,價廉易購。吉鹽道遠值昂,自無人售販。今若仍令吉鹽水運直至磧口,如河東鹽務未歸商運以前聽民到處販運,恐必侵佔各省鹽綱。若如該侍郎阮元等所奏,票運吉鹽以黃甫川爲界,示以限制,仍歸商辦,亦屬有名無實。其改作活引,徵解無常,尤非核實之道。且河東額餘引六十二萬一千三百二道,正雜銀六十餘萬兩,吉蘭泰額引八萬七千五百道,額課銀六萬三千五百八十餘兩,是吉蘭泰引課僅止河東十分之一,自不便因行銷吉鹽致令河東鹽務敝壞。臣等公同酌議,擬令內地悉遵舊制,統行潞鹽。其吉鹽引額八萬七千五百道,准令河東商人認辦,即以吉鹽六十四廳州縣行引之地歸於該商等一體行運潞鹽,以昭核實。至引額現加潞鹽引之內,即不得稱爲活引,致滋牽混。應請照長蘆之例,定爲餘引。以十八年爲始,咨部領引,交商行運。吉鹽引地既歸潞商承辦,無需吉鹽銷販。其吉蘭泰鹽池應請旨敕還阿拉善王瑪哈巴拉,仍聽該處人民自行撈運,俾藩屬人等及口外貧戶足資生計。如有興販入口者,照鄂爾多斯、蘇尼特等蒙古稅鹽之例,應由山西巡撫查照舊章按數收稅,止准車載騾駝,由陸路運販。不准水運,以防侵越。其課銀六萬三千五百八十兩,河東各商既因停止水運,不致侵壞潞綱,應如該侍郎阮元等所奏即由河東商人按年完納。吉鹽既已停運,其阿拉善王瑪哈巴拉賞項應請旨停其賞給。倘河東鹽池間有如乾隆二十二年被水歉收,或須請運吉鹽池以濟民食,再由撫臣臨時酌量奏辦。其原設磴口運判、鹽大使,吉蘭泰鹽大使,河口批驗所大使等員應令裁撤,以節糜費。又據另摺奏稱,甘省官運吉鹽現抵河口,惟聽商販前往河口販買銷售,請將現在分引定地,出示停止。至十五年分課銀,係退商馬起龍應完之項,已據具結在於應領鹽價內分作三年扣繳等語。查甘省官運吉鹽,既經運抵河口,自應聽販商前往販買,向缺鹽處銷售,應如所奏辦理。至十五年分課銀六萬三千五百八十餘兩,前經陝甘總督等奏明飭令新商郭綸音等分作三年帶完。茲因該商等誤運斥革,既據該侍郎阮元等查明係退商馬起龍應完之項,查該商現有存鹽三萬石,計本銀十萬五千兩交官辦運,應令該撫作速催運,先儘十五年課項如數扣繳報部查核,并據該侍郎阮元等查議章程內稱十七年官運吉鹽應令船運,仍至磧口。俟銷竣後,另案奏銷。所增十八年潞引歸於河東鹽務內一同奏銷,均應如所奏,飭令該撫屆期分別具題辦理。至所稱甘肅、山西前借河東銷價銀十五萬兩,又商捐銀五萬兩,湊足二十萬兩以作運本,此內已解銀十二萬兩足敷運費,不久皆可歸還,毋庸再令起息,其未解銀三萬兩并將歸還運本十二萬兩即陸續發商生息,亦應如所奏辦理。

奉旨:"依議。欽此。"

吉引歸入潞鹽配運疏

嘉慶十七年巡撫兼鹽政　衡齡

竊臣接准戶部咨大學士會同議覆侍郎阮元等奏吉蘭泰鹽務章程一案。吉蘭泰鹽引額八萬七千五百道,准令河東道商認辦,即以吉鹽六十四廳州縣行引之地歸於該商等一體行運潞鹽,并照長蘆之例定爲餘引,以十八年爲始咨部領引,交商行運。其吉蘭泰池鹽聽該處人民自行撈運,如有興販入口者,照鄂爾多斯、蘇尼特蒙古稅鹽之例,由山西巡撫查照舊章,按數收稅。止准車載騾駝,由陸路運販,不准水運等因。臣當即飭行遵照去後,茲據河東鹽法道茅豫會同布政使陳桂生詳據河東商人王恒泰等禀稱,太、汾、大、朔、甯武等府,忻、保、代、遼、沁、平各州并口外七廳,各該處向食土鹽兼食蒙古鹽。每年俱有額課,土鹽價賤,易於買食。其蒙古鹽入口地方近至數十里至百里,遠亦不過二三百里,布匹雜糧均可換易。今以素食蒙鹽、土鹽之六十四廳州縣令商等通行潞鹽,計程二千餘里,核算每斤實需銀八九分至一錢數分不等,較之各廳州縣現食土蒙鹽價約增五倍。又兼山路不通車轍,價貴運難,商等實難遵辦。至商等前懇停止吉鹽水運,情願於河南山陝引地內酌增餘引八萬七千五百道,又因暢滯情形究難懸定,每年察看何處暢銷,即趕緊禀請掣配濟運,并非盡銷盡解,是名爲續增活引,實與板設餘引無異,懇請仍在河東現行引地內酌增活引八萬七千五百道,以期年清年款等因,由道核議會同詳請具奏前來。

臣伏查晉省食鹽地方大同、朔平二府州縣向食蒙鹽、土鹽。又岢嵐等十四州縣,又口外七廳專食蒙鹽。蒙鹽入口,按例輸稅。太原、汾州、代、忻等三十州縣俱就近專食土鹽,引課向歸地丁交納,歷久稱便。河東鹽池僻處省南,所食蒙鹽、土鹽之陽曲等六十四廳州縣遠居省北,計程自一千數百里至二千餘里不等數,皆崇山峻嶺,路徑崎嶇。舟楫既不能通,車行又多險阻,以潞鹽向未行銷之地。今以現辦河東之商,復令其兼辦六十四廳州縣引地,無論道險途長,成本必貴,所費不貲,而民間素食賤鹽,斷不能強令食貴。該商等所禀自係實在情形,合無仰懇天恩俯准將陽曲等六十四廳州縣向係兼食蒙鹽、土鹽課稅兩完之地,仍循其舊。所有潞鹽每年加增餘引八萬七千五百道,即請仍歸現行潞鹽引地分銷,則不獨該商等無賠课之虞,而於六十四廳州縣民食仍得各從其便。又該商等原請加增活引一節,實緣現行引地暢滯不一。若令按地一律酌加,則暢行地方不患難銷,而滯銷之地必致賠累。所有現請餘引自應准其臨時察看何處暢銷,即於引張内填注商名、引地,趕緊配運,是名爲活引,實與板設額引無異。不過因地制宜,稍爲變通,於餘引課額仍無流弊。

至吉蘭泰池鹽興販入口照舊收稅一節。查各處蒙鹽進口均由殺虎口監督收稅,當吉鹽未經商運以前,蒙鹽入口每駝一百二十斤收稅銀四分五厘,迨後吉鹽招商辦運改爲二百四十斤收稅銀四分五厘,以示體恤。今既停止商運,自應概照一百二十斤收稅銀四分五厘之例辦理。除移咨殺虎口監督轉飭各稅口一體遵照外,并飭沿河各州縣營汛,嚴密稽查,毋許水運偷漏,俾免充斥。現在吉蘭泰鹽池既經奉旨敕還,聽該處人民自行撈售,則甯夏道已無應辦鹽務,自可毋庸再兼鹽法。惟現在尚有十七年鹽課奏銷應請奏銷完竣,飭回本任供職。此外,尚有磴口運判、鹽大使,吉蘭泰鹽課大使三缺應於本年吉鹽運竣,先行裁撤。其河口大使一缺,應俟十七年鹽引銷竣,再行裁撤。其應如何分別歸部銓選候補之處,應聽部議,遵照辦理。俟屆期另行飭造履歷咨部,旋經大學士九卿會議,均如所奏辦理。

奉旨:"依議。欽此。"

吉鹽甘運晉銷情形疏

嘉慶十九年巡撫兼鹽政　衡齡

竊照吉蘭泰鹽務,前因新商郭綸音等誤運,經臣會同前任陕甘总督那彦成奏明甘运晋销，官为经理。臣并奏明动借河东道库销价银十二万两作为运本，甘肃委员将旧商马起龙原贮磴口盐三万石运至河口，交晋省委员行销。嗣因河口发贩较远，经臣酌存河口盐一万馀石，俾口外各厅及大、朔、甯三府属民贩领销，其馀仍照部议运至碛口发贩行销，均经具奏在案。兹计自十七年销盐起，至本年九月全数销竣，盖缘从前商人承办，内遇贩户偶无现银，以物料换盐，或准贩户赊欠，故销售较易。此次官销，均系现银领盐，且令於原销吉盐地面行销，是以致稽时日。所有十七年盐课银六万三千五百八十八两零，先已解交甘省。其应还旧商马起龙盐本银九万七百五十两，亦於十七、十八两年分起解甘。其十五年马起龙应交盐课，即於应得盐价内奏明划抵在案。至前借河东道库销价运本银一十二万两，兹已陆续解交该道发商生息。又於上年盐课，前经臣奏蒙圣恩准令误运之退商等将存盐等项核抵银三万六千九百两，其不敷银二万六千六百八十八两零於臣养廉内分作三年扣缴。除两次缴过银一万八千两外，兹於十月十二日将三限银八千六百八十八两零发交藩库，兑收退商名下抵课银两，并已全数缴清。除饬同委员解赴甯夏道库并咨部查照外，查退商认缴课银除郭常新名下已缴银二千八百馀两，其馀原议吉兰泰官盐运竣，始准民贩销盐。所有前项存盐，尚未运售。虽屡经催缴，该退商总以盐未兴贩，禀请恳缓。臣以课项为重，未便任延。是以督饬办运委员撙节辛工先为解缴。兹於十六年分课项现已全清，其退商存盐即应由陆路兴贩。臣现已饬取遵结，俟贩盐之日起，勒限一年，将认缴课项按季解司，报拨充公。合并陈明。

奉硃批："户部知道。欽此。"

吉運未完充公銀請豁免部議

嘉慶二十三年

户部疏稱，臣等查吉蘭泰鹽務於嘉慶十六年誤運案內，革商武三元等應賠課銀六萬三千五百八十八兩零。嘉慶十七年，奏准在於前撫臣衡齡養廉內認賠銀二萬六千六百餘兩。業經按限繳清，其餘銀三萬六千九百餘兩，將該革商存鹽、木植等項變價抵補。嗣經郭常新扣繳銀二千八百三十八兩，木植變價銀三千四百兩，尚未完銀三萬六百六十二兩。旋因存鹽一時不能運售，課項未便久懸。於十九年奏明在於晉省辦運委員辛工銀內撙節墊解全完，并將革商存鹽勒限一年由陸路運售，完繳充公。復於二十一年該撫以革商未能趕運，奏請展限三年，經臣部覆准在案。本年七月，據該撫奏稱，此項鹽斤革商等因陸運成本重大，難以銷售，請將存鹽聽貧苦蒙古挑販，以資生計。其未完充公銀二萬六千九百五十三兩零懇請豁免。至革商曹九齡所繳充公銀兩僅止十分之一，殊屬玩違，應照例杖八十，徒二年。經臣部以銀數不符，議令再行核議在案。今據該撫奏稱，吉蘭泰鹽斤正課早已全完，所有革商撈存鹽斤從前請於運銷後認繳充公，今革商無力運銷，即令另招民商亦無人接充，而水運又恐充斥潞綱，惟有仰懇聖恩將未完充公銀兩豁免，所有河口存鹽請賞給貧苦蒙古肩挑負販以資生計，并開清單具奏。

臣等伏查吉蘭泰鹽十六年課銀六萬三千五百八十八兩

零，業已全完。其委員辛工銀兩原係商捐商用，無關正課。至辦運委員現已裁撤，辛工銀兩毋庸歸還。是以從前奏明存鹽銷售之後，將鹽價認繳充公。今該撫既經查明鹽斤實在不能銷運，此項銀兩可否准其豁免之處出自皇上天恩，如蒙俞允，俟命下之日將撈存鹽斤即照該撫所奏賞給貧苦蒙古肩挑負販以資生計，并移咨阿拉善王派員照料，每名止准給鹽四十斤，以免爭奪滋事。

奉旨："河口撈存吉蘭泰鹽斤，正課早經全完，墊解辛工撙節銀兩亦毋庸歸還，餘存鹽斤現據查明陸運實難銷售，所有未完充公銀二萬二千四百七十四兩零俱著加恩豁免，即將存鹽賞給貧苦蒙古挑販，俾資生計。餘依議。欽此。"

卷八下　藝　文

前人本經濟爲文章，後人即文章見經濟。或爲圖説，或爲碑志，或爲問對、記序、詩賦、議箴。文體雖殊，要皆繋乎國計民生，而不徒以詞章相焜燿。迄今采藝林珠玉，掇文苑菁華，則文學與政事交濟。和其聲者，胥以鳴國家之盛焉。

天馬山文筆峰碑記

嘉慶十六年河東鹽法道　劉大觀

余莅河東之三年，孝廉郭子兄弟返自都門，持余友宋芝山書，以馬鞍山文筆峰爲屬。夫運、安兩城，醎海爲堂，條山作案，離巽之間，兩峰并峙。其象爲天馬，其嶺爲分雲、亦名彩雲，其貴爲太乙，其星爲天節、爲天錢。倚峰建塔，爲貴人秉筆，爲貴人乘馬，爲文筆凌雲。余雖未諳陰陽之書，而深信陰陽之理。即捐廉俸，屬郭子相其基址，擇吉修築。同志、紳士亦殊踴躍輸貲，共襄盛舉。起工於庚午二月下浣，落成於四月上旬。

是役也，或疑不利於平、邑。而庚午之秋，安邑舉孝廉三人，平陸舉孝廉一人。辛未之春，又復各捷南宫一人。可知天挺其秀，地效其靈，而文星普照，原所在皆吉也。或曰："偶然耳，未必其應如是之速也。"余亦曰："偶然耳。然因是舉也，人人各懷一文筆發祥之意,人人各勵其讀書上達之心。吾知其科第聯篇,正未有艾,是亦鼓勵之一端爾。"

辛未夏,紳士將勒石,屬余記其事。因書其事之緣起而記之。至若總理何人,出資姓氏,捐費若干,工費若干,悉屬郭子勒之碑陰,以垂不朽。即以復諸芝山,未知芝山以爲何如也。

重修龍王廟碑記

道光元年河東鹽法道　張大鏞

嘉慶庚辰之夏,余分巡河東。既視事,凡祠廟之列祀典者,例得致祭。而龍神祠在北門外不一里。出郭直視,平原漫衍,僅舊宇三楹在頹垣宿莽。中心耿耿不自安,亟思修整以妥神靈。會初履任,簿書旁午①。又河南鹺政甫改商運民銷,一切轉運事宜句稽綜核,靡有暇晷。越明年辛巳三月,諸務稍稍就理,始委員勘估,擇日鳩工。未匝月,而垣墉榱桷圮者築之,斜者正之,窳者剔之。且黝堊之,丹漆之。雖限於舊規,艱於經費,未能恢崇巍煥,而甫出郭門,即遙見金碧輝煌,不至如向者之荒蕪莫辨矣。惟神興雲致雨,澤潤生民,厥功甚偉。而茲地之特建神祠,則尤在於鹽池、渠堰之仰資保障焉。然商民之求助於神者,神能默相之。渠堰之於淤澱頹潰者,神不能代爲修浚之也。所望官斯土者,本恤商愛民之實心,以敬事神。神之膏以雨,而應以候也,必矣。渠堰之修,工費甚鉅,籌款匪易。余尚有志,未逮。茲因葺祠工竣,敬志其顛末,如此并爲

---

① 旁午:比喻事物繁雜。

後之來者勸焉。

重修運城文廟碑記

道光元年河東鹽法道　張大鏞

運城學宮之設,其端委詳見舊志,大要以既富宜教爲旨。夫茲地之富以商,茲學之設亦以商。而晉之富民視商爲畏途,避之惟恐不速,猾吏奸胥從而高下之。其弊百出,富且不保,何有於教？大鏞莅任數月,訪察既確,悚然曰:"使者奉天子命來,脱①不剗弊除奸宣上德意以重恤民,隱其尸位,孰甚！乃整飭之,噢咻之。莠者鋤之,良者懷之。此政也,即教也。"

文廟爲立教根本之地。顧坐視傾圮,尚安在其宣德意哉？然經費無出,前之人欲修不克者屢矣。查乾隆四十四年,前運使沈公業富修葺時,由坐運兩商按引攤費,其數無幾。至一載後,猶嚴檄頻催。今距前又數十年,商力益敝。設仿而行之,遲滯將益甚,非所以敬至聖而崇文教也。審顧躊躇,毅然撥款興工。復懼選材弗良,司事或怠。間一二日,必親往督視。經始於道光元年三月初七日,閱兩月即告成。內而大成殿、兩廡、明倫堂、敬一亭,外而崇聖殿、尊經閣、名宦鄉賢各祠,皆巍峨堅整。

是役也,不請帑,不累商,而蕆功迅速,咸謂河東未有之舉。蓋裕立教之源,在盡保富之實。富願其保而忍②令於正,則外多所輸將哉！士子升斯學者,澤詩書,植品節,克副盛世

---

①　脱:表示假設,相當於"倘若"。
②　忍:願意。《史記·廉頗藺相如列傳》:"不忍為之下。"

養育賢材之意，而不徒以獵取科名爲務，使者有厚望焉。

重修野狐泉亭記

道光二年河東鹽法道　張大鏞

野狐泉亭，即前明惠民館，爲巡鹽御史督撈采地，日久頹廢。余履其地，泉聲潺潺，坐而樂之。顧板屋數椽漂搖風雨，巋然魯靈光①矣。乃捐俸修葺之，僚屬暨合商協力襄事，克蕆厥功。進重門而翼然者，六角亭也。方池夾亭，中通以橋，顔之曰廉讓之間。再進爲廣廈五間，顔其中曰延薰堂。其前庭東西廡各仍其舊。堂後重構三楹，爲聽泉所。面岡臨流，蒼靄排闥，顔之曰來青。過此小憩，忘其身在塵境也。繞泉而北，渡石梁，復折而東。古柏斜聳作龍形，根嵌石罅，若連若斷。急築堤護之，匝以朱闌，廣可容席。憑闌觀水，得滄浪趣焉。堤上構小亭，名之曰湛碧，與仁月臺遥遥對峙。由是上石磴，陟層坡，巍然峙空者飛雲閣也。閣中供純陽真人像，不知昉自何時。查舊志，祇名淩虛亭。乾隆年間，前解州知州言如泗續修志圖内始見之。勝地烟霞，靈山香火，殆神仙亦樂此耶。惠民之舊址到此而止。余復於閣下拓出百弓，構堂五楹，登堂而白雲萬叠，晴雪千頃，掩映幾席間，此含雪之所由名。而泉亭勝景於是乎益備。其旁添小屋數椽，俾司泉者居之。他如庖湢之屬，皆備焉。周圍繚垣計共二百三十餘丈，經始於辛巳孟夏，迄仲秋告成。今春二月，復植柏樹二百株，桃、柳、桐、榆、

---

① 魯靈光：漢代魯恭王建有靈光殿，屢經戰亂而巋然獨存。後以"魯殿靈光"指碩果僅存的人或事物。

槐、杏等樹各數十株。夫林木之成待十年,而余顧啞啞焉。爲後來者計,毋乃拙甚?然世事之以巧而坐視其廢者可勝嘆哉?館之左舊有關帝廟,并鼎新之。連以墻,合爲一。覽斯泉者,勤思夫地寶之何以旺,商困之何以蘇,渠堰、禁垣之何以次第修治,自不得以游觀之地目之矣。

重修河東書院碑記

道光二年河東鹽法道　張大鏞

運治河東書院建自明侍御張公士隆,後遞改爲三聖廟、宗聖館、育才館。我朝康熙十九年,御史黄公斐復舊名。是時,講經堂,退思堂,崇義、遠利諸齋及各園亭尚在。迨乾隆四十八年運使沈公業富重修時,已頹圮無存,計相去未及百年,而書林、藝圃瓦礫荆榛矣,無惑乎覽古者之題詩壁間也(詩見沈記)。沈公記云:"向之屋瓦鱗次,鐙火青熒,絃誦相聞之盛,未能即復以待來者。"

余承乏此邦,不敢不勉,爰於道光二年三月鳩工庀材,先葺三聖祠竣,次而藏書樓之舊者新之,四教亭之廢者復之,聚奎堂之欹者整之。由堂而南,添東西屋六間。堂前後樹塞門,顔其前曰:進德修業。門左建山長屋十三間,門右建監院屋五間,皆別爲庭院,而坊表相向。再東建士子學舍上、中、下九間。西亦如之。東西舍前後各負墻植槐,俾障夏日,便誦讀焉。他如庖厨與丁胥廬舍皆具。築内外周垣二百八十餘丈,大門外石杠南崇以屏堋,蓋前運使沈公所未復者。至是而規制乃備,以本年秋七月告成。

是役也，崇實黜浮，舉前志所載園亭名目，概從略焉。舊有田三十九畝，飭解州州判汪應璧勘丈清釐，立案備查。復捐廉，倡籌經費，歲得二千餘金，藉以延師育才，庶臻寬裕。此後豫陝兩省及三十六屬民籍生童准送院中肄業。其隸商籍者，另歸宏運書院肄業。運城蕞爾地，有兩書院以磨礪人才，文風當益振。夫書院之設，仿古者黨庠術序，而推廣之務在考於世道人心者甚鉅。至僅事帖括、掇科名抑末矣。近來以講學之地爲射利之場，朝挾一紙書來，夕卷數百金去，詩與文絕不過問。嗚呼！末且失之，尚何論其本哉？河東係堯舜禹誕生舊地，士氣純樸，其文童不趨華靡，於入道爲近，惟視教之者何如人耳？教之而果君子儒也，修於鄉爲善士，登於朝爲名臣，必能仰副聖天子之作人雅化，是則余今日復建書院之本心，而重有望於後之維持風教者也。

重修顯應王崔府君廟碑記

道光三年河東鹽法道　張大鏞

自古有功於民則祀之。運治西門內舊有崔府君廟，蓋神之聰明正直，生而功在社稷，沒而德佑民人者也。歷代久崇祀典，廟宇載入鹽志。比因①經理無人，漸至頹廢。歲壬午，本城紳商張權等并近廟居民禀請修葺。余惟崇德報功，爲民祈福乃守土者之責，用是②嘉其所請，首捐廉俸，爲大衆倡。又飭監掣同知督同三場大使，仿照從前每鹽一車輸銀一分之例，妥酌

---

① 比因：近因。比，接近。
② 用是：因此。是，此，這。

籌濟。經始於壬午六月，告成於癸未八月。自寢宮、正殿、香亭、樂樓、山門并道衢、牌坊以及東西兩廊，皆次第修整。廟門外舊有隙地甚廣，不知何時被居民建屋，侵佔殆盡，姑勿深究。但已往之咎戾雖寬，後來之侮慢宜禁。爰定每年神誕日由道捐廉親祭，每月朔望委員行禮。此外尚有香火、地畝及廟外賃屋月值皆飭解州州判查明立案，以期絕侵漁而肅瞻仰，俾此邦人士永遠蒙福。是則余雖去任之後，而猶如在任之時。此心惓惓，不能自已也。官斯土者，其率紳與民共勉之。是爲序。

重修池神廟記

道光十五年河東鹽法道　　但明倫

古者山林川澤能出財用利民者則祀之。河東鹽池，《山海經》所謂鹽販之澤也。舊稱神曰鹽宗，而不詳其所自。昉唐以前，未崇祀典。至大歷丁巳秋，池中紅鹽自生。度支韓滉請加神號，詔錫池名曰寶應靈慶，始置祠焉。嗣禮部尚書崔從①知河中院，以神之舊宮遷臥雲岡，開殿設像，容衛畢備。宋崇甯四年，詔封兩池之神，東曰資寶公，西曰惠康公。大觀二年，進爵爲王。迨金季兵火，蕩無孑遺。元至元十二年，奉敕建二神廟，錫廟號曰宏濟祠。大德三年，加惠康王曰廣濟，加資寶王曰永澤。明洪武初，正號曰鹽池之神。萬曆十七年，錫廟號曰神佑。歷代營建碑記具載鹽志可考。

我朝雍正五年冬十月，花鹽不種自生。鹽臣碩（色）請加

---

① 崔從：應爲崔縱。

號欽定昭惠裕阜鹽池之神，飭運使朱、運同王重修。乾隆四十八年，運使沈業富復加整葺，迄今已閱數十年矣。道光十二年壬辰，前中丞阿公巡閱鹽池，留俸一千兩，飭屬勸修。旋以事内召，未果。越明年癸巳夏，余奉命簡任河東。下車謁廟，省視殿廡，丹漆剥落，愀然有動於懷。竊思天下財賦，鹽居其一。鹽之品彙各異，或煮於海，既需盆鑊之勞；或汲於井，或掃於鹵，亦待煎熬之力。惟解鹽全賴風日鼓盪而成，則兹神之能出財用以利民者，嘉惠正無盡也。廟貌不新，何以妥吾神，即何以阜吾民？因飭屬集商，謀所以經營之者。衆商乃進而請曰："神惠所及，民之資也，商之利也。工費雖鉅，商何敢辭？踴躍捐資，鳩工庀材。經始於道光十□年□月，落成於十□年□月，凡□□月而工竣。棟宇之糟朽者易之，垣廡之傾圮者整之，黝堊之黯淡者新之，亭碣之頹墜者樹之。廟前海光樓、歌薰樓、地寶天成坊，廟左右關帝廟、條山風洞祠、太陽廟、雨神廟、甘泉廟、土地祠均次第具舉，金碧一新。

是役也，不糜少府錢，不假官吏手，於數十年風雨漂搖之後，而輪奐壯麗，蔚然改觀。於戲，盛矣。夫河東鹽池為三省民食所關，我朝定鼎以來，首除户口派累，繼免鹽丁任役，美利斯興，國賦彌裕，涵濡生息數百年於兹矣。其間疏引裕課之方，築堰捍水之策，以及開畦配運、緝私剔奸諸要務全在良有司宣上德意而不得盡諉之於神。然天事治而人事隨之。雨暘時若，灾沴不作；神之靈爽，實式憑焉。方今寰宇肅清，太和翔洽。睹此新廟巍焕，神來宴娱。將見休徵，應嘉祥。至五風十雨，玉燭均調。阜財解愠之休，商民於兹稱慶矣。書有之曰："無曠庶官天工，人其代之。"此則余與同僚諸君子共勉焉，庶足以酬國恩而答神貺。

鹽池防水議

道光十五年河東鹽法道　但明倫

　　鹽課之所由出也，池鹽之所自生也，而以池中主水生，亦以池中客水敗。是以未治鹽，先治水。未治主水，先治客水。此從來治鹽者防患之大較也。乃自漢迄今，惟有歷年防護之策不為不多，而卒不免崩堤潰岸之憂。無他，先患而防其患，故事至無患；既患而思無患，故無救於患也。

　　按池方百二十里，縱短橫長，南對條山，北枕卧雲岡。又有常平、桑園、金盆諸堤，故水澇不為災。其可患者，獨池東之王峪口、西之姚暹渠耳。王峪為中條衆水之所匯。姚暹發源於夏縣瑶臺之巫咸峪，又益以横洛、禹王渠諸水。旱時，田家分截灌溉，水勢以微。一遇秋後水無所分，或乘暴雨，於是王峪之水橫決，於李綽入黑龍潭，東郭、壁水等堰不能支，而東禁受其患矣。姚暹自夏而安而解，泛溢於硝池。入女鹽池，七郎、卓刀等堰不能支，而西禁受其患矣。

　　夫下流不舒者，上流不和。旁流不分者，正流不殺。五姓湖者，納受衆水之壑，而入河達海之經流也。是莫若於孟明橋經流諸處，疏通其淤塞，使之由渠入湖，由湖入河，則水得以順流而下，不致泛濫於池之左右。所謂下流通而上流自順者也。一時山水間發，則西有長樂，東有苦池等灘地，窪而廣曠，水所停瀦處也，亦可以旁流，殺正流之勢。

　　至於修渠之法，渠有定式，人有常工。則浚土以開渠，使深而闊,足以容水之奔流。起土以增堰,使堅而峻,足以備水之冲決。抑亦有備無患之意也。

是則堅堤深渠以修其常,分支灑流以通其變,而客水不泛,則諸水不傷。由是池安而鹽積,鹽積而課充。一勞永逸,可爲千百年久遠之計而無患,而解愠阜財之休風何難復見焉?不然,患至而始爲苟且堵塞之圖,無論勞民傷財,其亦何恃而無崩堤潰岸之患也哉?

商學廣額紀恩碑記

咸豐七年河東鹽法道　黃經

河東商學初制,每科歲試取進文武生各二十名。嗣後,裁爲文額十名,武額四名。皇帝御宇之六年,禮部以粵西軍餉孔殷、運商曾踴躍輸助,遵例議獎。奏荷恩旨,特增文生十名,武生四名,永爲定額。紳士感戴抃舞,籲臣黃經爲紀恩碑。臣惟書升論秀,政莫要於旁求;蹈德咏仁,情各殷於舉頌。值區中之曠典,祇慚報效於涓埃;收例外之英流,何幸周旋乎庠序?兹者取材維倍,仰自天申錫之休;允當摛藻以陳,爲多士賡颺其盛。

臣夙司彤管,舊厠玉堂。洊躋職於諫垣,遂分符於鹺海。公餘偶暇,課士彌勤;退食微閑,衡文自適。盟心若水,勵涑水之澄渟;挂笏看山,喜條山之秀拔。層城鷟鳳,地是靈鍾;頍沼躍鱗,人應杰出。雖按部就班之内,高才生早免沈淪;而茁英騰茂之餘,弟子員尤欣增廣。溯自粤疆伏莽久漏天誅,鄂渚飛芻備殫民力。内府罄金錢之賫,司農殷餉糈之需。於是誼切修矛,商袊同奮;算勤籌筆,鹽筴取盈。在闈綱偶爾輸將,匪邀宏獎;惟大吏欣然啓奏,不泯微勞。皇上迺閭澤覃敷,泮林加惠。媲十夫於周室,更增民獻之徵;倍四相於蜀都,隱備腹心之彥。在庭萬舞,多逢俁俁碩人;肆雅三章,益見祁祁儒術。始知茂才廣舉,漢詔難佁;學舍宏開,唐宗非匹。諸生或精研螢案,或秘領豹韜。思脫穎而無由,快及鋒而競試。雲程發軔,預占中選於青錢;星馭聯鑣,并待立勳於赤幟。所冀鴒行領袖,士號無雙;麟閣畫圖,名標第一。異日解池增色,程才盡作鹽梅;此時井里臚歡,志始合宣金石。庶國家稽古右文之至意,耀蠣蓋而長垂;朝廷覿光揚烈之宏規,鎮龜趺而不墜云爾。

重修河東運垣文昌、魁星閣記

同治六年宏運書院山長 方俊

國家之肇修祀典,所以報本反始也。重農則祀先農,重道則祀先師。孔門之教,不貴隱逸,故曰不仕無義。歷代入仕之途,法度不同。至唐宋,始以文藝,試於有司,列爲科目,修儒由此仕進者,蓋十有七八矣。既有科目,必有主之之神,然此與道德實一事。國朝陸閣學隴其謂宜於孔子而下從祀諸賢中擇一以祀,誠不刊之論也。近代則祀文昌。按《史記・天官書》:"斗魁戴筐六星曰文昌宮。一曰上將,二曰次將,三曰貴相,四曰司命,五曰司中,六曰司禄。"《春秋文耀鉤》云:"文昌宮爲天府。"《孝經援神契》云:"文者,精所聚;昌者,揚天紀。輔拂并居,以成天象。故曰文昌宮。"《春秋元命苞》云:"貴相理文緒,司禄賞功進士。是貴相、司禄與文事科第相涉,崇祀固宜然。文昌,天神也。"今之所祀則梓童山神,神著靈異。首見於唐《李翱集》,又李商隱有張惡子廟詩。嗣後,諸家叢説,稱述者多頗涉怪異,但皆未及其掌文事。因廟祀肇於蜀,或謂文昌是祀漢文翁。又有宋代蘇軾之説,更爲荒誕。至天神、人神不宜混爲一解之者謂傅説反真箕尾,王良揚輝天駟,實沈閼伯之主參商,蕭何之秉昴精,從古有是,未可以常理測也。

國朝嘉慶六年,大學士朱珪奏進化書,命各直省皆立文昌帝君廟,列春秋祀典。咸豐中,升爲中祀。今文廟之設,必府廳州縣有司治所乃有之,而文昌則私廟更多於官廟。河東運垣商學之巽方,舊有文昌閣,年久傾圮。維時河東觀察加都轉銜邵武楊公寶臣蒞任三載,政通人和,尤加意培養學校諸生,以修閣請兼修魁星閣。觀察倡捐清俸五十兩,俾紳耆藉以集事。

是役也,鳩工於秋九月,落成於冬十月。俊適爲宏運主講,諸生徵文泐碑。俊謂爲政之要莫善於因諸生因重科第而祀文昌,因恪恭祀事而修閣。觀察即因其善端以成之。竊維文昌之教,孝友之教也。諸生學期務本,先道德而後文章,將見言揚行舉,科第聯翩,庶不負觀察教士之盛心歟!是爲記。

重修城隍廟碑記

同治八年署河東道　王溥

蓋聞御災捍患一方,憑保障之助;斯享德報功千古,有明禋之典。惟神恩之普著,自廟貌之宜新。運城舊有敕封靈富公城隍神廟,膺歷代之褒崇,錫下民之靈貺。巍巍古殿,高臨鹾海之濱；肅肅靈旂，永鎮條山之麓。既鑒觀而不爽，亦靈驗之多端。欽茲神力，翼我民生。第以年代既深，滄桑遞變。雖修葺屢經於前，而廢荒仍見於後。兔葵燕麥不勝搖落之思，紺宇琳宮無復崇隆之象。歲己巳，余以監司由冀甯攝篆河東。每於瞻拜之餘，不勝悚惶之意。時邑人士方謀重修，而工程浩大，物力維艱。地非崇化相輪，則奚易飛來；寺豈光明金像，則無由自具。雖已分途而勸募，久未集腋以成裘。乃同具稟，由周丞轉請籌資於余。余以軍需旁午，兵餉浩繁，豈易多金襄茲勝果？第念民生造福，端有賴於神庥；浮圖合尖，終必藉夫人力。乃量爲撥款，俾得竣工。於是丹青炫爛，金碧輝煌。内觀則松茂竹苞，外耀則翬飛鳥革。晨鐘暮鼓，時縹緲於烟雲；舞榭歌臺，亦滉漾夫風日。而又刀山劍樹，時警惕於羣心；阿鼻泥犁，亦創懲夫逸志。雖前因後果本皆由釋氏之輪迴，而福善禍淫亦何異聖王之條教？則神功可補夫治功，陰律亦參夫陽律。將見是舉也，艱難締造，原足見同心協力之有成；而參贊幽明，亦可爲覺世牖民之微助云爾。

重修運城真武廟記

同治十二年河東鹽法道　升泰

嘗聞聰明正直之爲神。夫聰明正直，未有不佑國家而福黎元者也。我朝祀典尊崇，凡有功於一時，施惠於一方，或爲山川河嶽之精，四極五行之鎮，足以佑國家而福黎元者，皆以隆俎豆而報馨香。蓋神以人靈，人以神賴也。

予自奉命河東都運之明年，運之紳耆以重修北街之真武廟爲請。蓋嘗周歷殿宇，遍考碑文，而莫得其創建之始。惟自明迄我朝道光年間，代有重修，石勒俱在。謹按太和志稱，神爲靖樂王太子，號眞武，又號元武。初爲櫛梅眞人，位次北極。宋元之會，廟號崇焉。夫考立號之義，位列於北，其方爲壬癸。癸，陰水主靜，故曰元；壬，陽水主動，故曰武。要之，即北方之正神也。故自大江以北，歷齊魯韓衛燕趙宋中山及秦晉隴塞間，多建斯廟，亦北方之人祀北方之神，固其宜也。

運垣廟貌，歷數百年。相傳禱雨祈年，御災捍患，靈異迭著。仕宦農商，獲福無量。泃鹺海之重鎭，抑亦河東三十六屬之宗仰也。迄今，殿廊坊宇傾圮已多，幾乎難蔽風雨。予既嘉郡之紳耆有志爲善，而又念治民事神爲守土者分內事。爰首捐廉銀，以爲之倡。復經紳商樂助，經年修葺成。內外工程一如舊制。惟廟外水路，風鑒家議增石橋以通之。規模宏麗，稱完美焉。緣叙其事之顚末，勒諸貞珉，將見俎豆常隆，馨香永報，佑我萬年。

修河東書院後齋記

光緒二年河東書院山長　馬蕃康

河東書院創自前明，規模宏鉅。歷年久，屢修屢圮。迨乾隆時運使沈公業富、道光時觀察張公大鏞，先後重葺，規模漸復，堂廡巍然。而學舍盡東西各九楹，不足容多士。今觀察升公持節莅斯邦，於士林尤加惠。一時肄業者衆，無所棲止。觀察憫之，首捐廉二百五十金。樂善者復爲之繼，冣①三百三十金，鳩工飭材，增置學舍二十二楹。蕃康時厠講席，迺與司馬賈公世琅度地勢，維堂後兩翼宜。遂於丙子二月初六日興工，四旬而訖。顔其齋曰勤業，曰立誠。木石甃塈之屬胥堅實，庖湢咸備，屋瓦鱗次。士之居斯者，涵濡於觀察教澤，務通經致用以求實效，而不徒占畢②卒乃事，是則觀察經營作育之志也。

河東新修四門城樓紀功頌

光緒二年宏運書院山長　王軒

天下鹽官皆寄治，而河東獨有專城，不與府廳州縣同理。自鹽法道以下，與其寮寀胥萃居焉。城在鹽池之陽，建置最古。舊曰路村，俗以其爲鹽運之所。治因呼之爲運城，蓋即春秋之苦城也。晉之郤錡食采於此，故號苦城叔。《周禮》"苦鹽"，杜子春讀苦爲鹽，是其證也。又考《潛夫論》曰："苦成，城名也，在鹽池東北。"後人書之，或爲枯齊。人聞其音，則書之曰車。敦煌見其字，呼之曰車城。其在漢陽者，不喜枯苦之字，則更書之曰古城氏。是初以池名城，假同音之字，爲苦。後遂以名邑，又因以爲氏焉。但地不同，今治又非專以權鹽，與後世異耳。今城之建，見於圖志碑記者，蓋本唐宋以來之舊，而門之，而垣之，而樓之，而堞之，而又甓之。又非一時之爲，崇墉輪奐，遂屹然爲晉南一都會矣。城爲門者四，各有樓二。城外各有郭，郭有門有樓，不重如城，制而稍殺。四隅樓

---

① 冣：同"聚"，聚集。
② 占畢：誦讀。

各一，又殺於郭焉。年久傾圮，新修不一。

同治辛未，今升任浙江按察使蒙古竹珊方伯觀察河東時，鹽法久滯，商販裹足，池產復比絀。公下車，息疲興廢。逾年，池產日增，商民漸蘇。公乃次第擘畫，積滯諸政不再期百廢具舉。公既廉，悉池之弊在漏鹽。而漏鹽之故，在池垣歲久失修也。因酌取池鹽所出爲經費，預支庫款，分綱歸繳。不假胥吏手，坐商各修各段，故民不勞商不費而事集。既成功，市野額祝，僉謂數十年無此舉也。公又以城本以衛商民，而門又旦夕所出入。今樓櫓毀圮，且將有傾壓之虞，非所以肅觀瞻也。會紳商僉以新修爲請，公立允之，即以紳商之廉正者董其事。材木無因乎舊，礎甓惟取其堅，恢拓基址，高大逾前。名則重修，功倍作焉。凡四門大小十二樓靡不巍然而改觀，重闉洞啓，表裏鉤連。商民不擾，一如其築池垣。復以其餘資修東門外之玉皇閣。計經始於乙亥七月，落成於丙子十月，實光緒二年。功甫蕆，而公亦奉特命提刑兩浙矣。董事諸君僉以公之豐功駿績不可無傳，且公又將去，商民之思愈不容已也。謀泐石以示諸後而丐文於軒。自公涖鹽，軒即尸茲賓筵，相依久而知又深，又胡能已於言？竊以爲公德在人，非筆墨所能宣。公之遠猷在修池垣、築堤堰諸大端，茲樓特公德政之緒餘耳，而後無所須、前無所緣，動不爲補苴苟且之計，此豈取辦倉卒而能然。乃考茲城命名建立之由，而徇輿情之公，著此銘鐫，俾後之涖茲土者有所式旃①。至工之程度，當別有紀載，不具書。董事者，例得備書。其詞曰：

---

① 式旃：式，法式，傚法。旃：zhān，助詞，之、焉二字的合讀。

嘗嘗陑陰,腜腜陮①壏。澤臨鹽販,地沃近鹽。晉霸初啓,爰建名城。代遷基移,迄阞地名。有俶斯城,匪郡匪縣。總轄莅止,實茲衛捍。曩邁鄰警,秦疆毗連。寇絕窺覦,賴城是全。峨峨方伯,綏撫保障。仡仡言言,力與城抗。美利不言,害馬務去。咨劇池垣,堤防鞏固。顧茲樓櫓,民人胥瞻。狹陋傾圮,奚示崇嚴？芬甍楣橑,丹楹刻桷。重扉翼翼,方隅嶽嶽。公來樓新,惠我商民。公去樓存,福我後昆。李堰屹東,姚渠注西。巍棟矗雲,流澤孔齊。維公之功,億萬斯口。維公之名,茲樓并壽。豐碑穹隆,爰頌公德。敢告來者,睹此貞泐。

告城隍驅狼疏

<u>光緒五年河東鹽法道　江人鏡</u>

維光緒五年歲次己卯七月癸酉朔宜祭之辰,二品銜山西分守河東兵備道兼管山陝河南三省鹽法道江人鏡,謹以剛鬣柔毛、清醴庶饈之儀,敢昭告於城隍之神,曰：

惟神靈通萬類,福庇羣生。轉三界之法輪,滌四魔之塵障。凡此負毛戴角,咸托幷幪;豈容吮血磨牙,恣其饕餮。比者遺黎無幾,浩劫初回。何堪惡物之兇殘,轉益生靈之荼毒。乃獸人時獻,令未及於三冬;而狼子野心,災竟延乎六郡。慨委骴分形之痛,實傷心慘目之尤。人鏡職忝監司,分隮守土。冀鴟鴞之無毀,閔螻蟻之微生。為聖人佷祭報,尚迎夫貓虎;受天子命牧芻,亦寄夫牛羊。等疾痛之在身,違辭己罪;拯創

---

① 陮:《說文》:"河東安邑陙義。"《集韵》:"聚名,在河東。"

瘐而援手,終賴神庥。夫虎解渡河,感使君之善政;鱷能徙海,避刺史之明威。猥以庸材,敢希前軌。惟念鴻嗷始集,鴿怖宜蠲。謹竭鄙忱,藉邀冥助。指舒獅子,容肅象王。走律令之車雷,降修羅之兵雨。靈台洞辟,狻猊莫遁其形;慧刃旁推,鼯鼠易窮其技。倘謂罪花爇種,數所難移;畏障魔枝,孽由自作。則祭從骍牡,將報賽之云何;曰殺羔羊,笑方裡爲多事。於虖幽明雖判,職任何殊？敢祈默召諸曹,渙頒大號,取并驅之義各奏,爾能無易種於茲,以除民害。人鏡雖慚駑弱,亦備馳驅。有眾同呼,操毒矢強弓以從事;相予是賴,假降龍伏虎之餘威。會看陳合魚麗,漏網難容兔脱;從此民安蝸舍,結廬無使虻驚。哀我氓蚩,登之仁壽;殄茲醜類,震以聲靈。大德曰生,豺虎遠投於荒裔;御災則祀,牲牢永薦乎馨香。謹告。

吕祖閣記

光緒六年河東鹽法道　江人鏡

易湫隘以寬廣,化塵俗以神仙。此大地間不易覯之境,而古今來所獨有之奇也。路村野狐泉,距城數里耳。平地而山,山纍纍如貫珠然。山有池而泉,泉琤琤如琴筑然。自山麓陟其巔,不過千百步,而鹺池之形勝畢陳矣。山腹有閣,祀吕祖。兩池以閣判上下,凭欄則南山遙遙相對,如在畫圖中。其風月雲霞,雨雪烟靄,與夫卉木花草,禽鳥蟲魚,莫不呈露其聲色,以争爲神悦,信神仙宅也。昔人謂山不在高,有仙則名,此之謂歟？

同治辛未冬,余守蒲州,來護斯篆。瞻棟宇之輝煌、景物之幽邃，不啻游海上三山焉。越六年，余蒙恩簡，重莅是邦。所謂輝煌而幽邃者，已十失其三四。洎捧檄并州代陳梟事，攝晉藩以賑荒，弗克來。己卯五月，始踐吾故官。至則高閣僅存，而亭宇臺榭圮者圮，傾者傾，半將淪於蕪廢。其上下兩池者，父老相傳泉水暢流，越歲鹽倍出。顧亦溷漫污塞，幾如一綫。撫今思昔，感滄桑已。夫境之變遷，物之興廢，天爲之也。昔在丁丑戊寅之歲，晉南北斗米值白鏹四兩，斤麥踰百錢。民之疾痛死亡，轉徙流離，不可勝數。村落倏已邱墟，市宅鞠爲茂草。其情其事，有耳目所不忍睹且聞者。而斯閣也，嶙嶙焉，矗矗焉，若絕若續之交，不至盡歸榛莽。意者豈非神靈呵護而衆商之敬信感乎歟？論者謂大祲之餘，物力既耗。是修是葺，其惟緩圖。不知山赭泉竭，無以發物產之菁華，轉以沮生人之志氣。迺謀之蘖尹吳君以詢衆商。而是年司事有若王恒盛、福長慶、張玉成、朱泰順諸人，釀之紳商，鳩工庀材，用期蕆事。

是役也，始於庚辰正月，九閱月落成，需銀一千二百兩。當此艱難之會，而施之者慷慨，董之者勤勞，既堅且速，所謂見義勇爲者非耶？後之人當思湫隘之何以易，塵俗之何以化，傾圮之何以興？其間神人之交洽有非可以常情測者，毋徒以游眺之區而輕忽視之也。

余嘉衆商之誠用，堅來者之約故，樂而爲之記。

詩九首

以詩招胡殿襄飲

劉大觀

犁翻繡壤蒲州雨，塔聳瑤臺夏縣山。
三尺簿書隨手盡，一庭花鳥趁心間。
方將酒釀春缸熟，乍喜書從故國還。
試問永和賢令尹，可無醽醁染朱顏？

與諸僚屬野狐泉小集

呂仙閣下有清泉，泉水入池生碧烟。
約客依泉作琴會，春氣水氣浮閣前。
主客循循致恭敬，修髯玉貌瞻金仙。
仙人嗜酒甚於我，巨觥三酬心虔虔。
閣上嵐光撲衣襟，羣峰對面羅嬋娟。
閣下泉聲寓琴妙，一吞一吐聞鏗然。
刺史胸中有琴譜，下閣挽袖調冰弦。
入手一揮調猶澀，凝神再鼓機初圓。
旖旎朱霞門巷駐，啁啾碧鳥山隈還。
泉聲至清琴韵古，薰風默溯重瞳先。
祥符一客曰無逸，新安一客曰收田。
二客身爲賀若後，各囊綠綺泉水邊。
挑撥有法意無兢，餘音散入中條巔。
是時羣峰釀雪意，雲隨碧峭飛賓筵。

衆客起舞我先醉，一掃世態開拘攣。
三琴貯入牡丹錦，一詩書上霞光箋。
此會生平未易得，新春五日戊辰年。

與客夜話來青館

空齋雨後燭光冷，麈尾蕭蕭弄雙影。
世慮潛教酒送回，萬金難買秋宵永。
中條日日入簾帷，不負青山更有誰。
金粟花前宜夜坐，談深遮莫曉風吹。

重陽後二日讌諸僚屬晴雪山房

久藏嘉醖待諸公，向菊開尊夜燭紅。
琴劍影浮花影外，笑談聲入雨聲中。
一年如此無多日，雙轂催人作老翁。
歸去勿嫌霖灑蓋，寒音醒酒響梧桐。

歌薰樓懷古
但明倫

危樓高聳插層霄，對廠疏櫺敵麗譙。
四面雲山環入抱，萬家烟火俯垂髫。
銀濤翻雪艖成海，玉管迎風樂奏韶。
載頌南薰歌一闋，嘯聲如響達中條。

游野狐泉

條山地脈接靈長，古寺寒泉瀉石床。

疏柳小橋通畫舫，暖風晴日貯詩囊。
鐘聲隱約層嵐外，草色迷離曲徑旁。
靜對靈源心活潑，吟鞭一指上雲岡。

野狐泉謁呂仙閣

郭書俊

暖風催客興，隨意過城南。
勝事夢初踐，良游春正酣。
柔萍看射鴨，深柳許停驂。
此地容蕭散，買閑吾亦堪。
孤閣俯天表，凌虛四望開。
泉聲留客住，山色逐人來。
宦業黃粱飯，吟情皁筴盃。
惟憐新舊雨，倚杖破蒼苔。
石磴曲復折，迴廊天際斜。
暖波翻宿藻，古鉢種新花。
鹽筴賈人市，仙機羽客家。
風鑪生活火，閑試雨前茶。
到來意自適，歸去更如何？
草色迷前路，人聲付短歌。
塵中春夢短，花外夕陽多。
爲訂重游約，閑門訪薜蘿。

鹺城絕句

居人艷說鳳凰城，百貨紛紜鬧市聲。
向晚葡萄新酒熟，醉鄉有夢不分明。

（安邑葡萄酒最佳）
林烟石氣曉參差，如縠溪紋綠一陂。
到此應將塵事浣，瓣香先拜呂仙祠。

道是閑官自愛閑，閑將禿筆仿荊關。
開窗忽底青如畫，屋頂飛來一角山。
（署與中條山相對，蒼然聳秀，高出屋上。）

䪥池一夜長新花，萬頃琉璃浸月華。
尚有仙人遺墨在，勸栽玉樹絢金霞。

鏤金錯碧勢輝煌，萬瓦鱗鱗夜有霜。
我向名庭訪遺迹，咏梅存竹盡荒涼。

蜂衙小小愛憑闌，五月薰風夏亦寒。
不爲野狐泉上好，仙人今歲已休官。

鹽池即事

黃經

四載監鹽池，解作鹽池談。
鹽池在何許，乃在運城南。
環百十六里，繚垣闢門三。
其內畫畦町，偃息有廈庵。
殖鹽如殖穀，方春課丁男。
塍溝縱橫列，千罫水渟涵。

黑河與霈霑,寶氣潛內含。
鴨池與西灘,清流引相參。
炎天五六月,薰風扇和酣。
傾盆急雨過,雲散澄蔚藍。
白日下照灼,花浮開鏡函。
搨之用木杷,刮之積筠籃。
質成判青白,味厚佐和甘。
販資猗頓策,載壓孫陽驂。
利周秦晉豫,趨鶩勢趁趨。
遂令此間人,不省重農蠶。
以池爲世業,以鹽充儲儋。
須思工作苦,恤哉吏毋貪。
嘗登海光樓,池波浸晴嵐。
野狐泉館側,亦屢陟層嵁。
連畦皓堆雪,倚望中情耽。
點翰攄梗概,疏漏知懷慚。

續增河東鹽法備覽

總裁官

陸軍部侍郎兼都察院副都御史巡撫山西等處地方提督軍務鹽政寶棻

陸軍部侍郎兼都察院副都御史巡撫山西等處地方提督軍務鹽政丁寶銓

督修兼總閱官

二品銜升署山西按察使司按察使河東兵備鹽法道陳際唐

補用道署理河東兵備道兼管山陝河南三省鹽法道張汝爔

提調兼總纂官

三品銜在任候補府河東鹽法監掣同知姚楷

分纂官

河東揀選運庫大使周宗極

河東揀選鹽大使帥文安

分校官

同知銜在任候補知縣西場鹽大使朱垣

河東揀選鹽大使耿壽泉

河東揀選鹽大使柯勁

目　　次

寶棻序 …………………………………………………… 1

丁寶銓序 ………………………………………………… 3

陳際唐序 ………………………………………………… 5

張汝燨謹序 ……………………………………………… 7

圖考 ……………………………………………………… 9

　河東中學堂圖 ………………………………………… 9

　河東初級師範并附屬高等小學堂圖 ………………… 10

　警察講習所并附設農業學堂圖 ……………………… 11

卷　　上

鹽池 …………………………………………………… 13

　禁垣 …………………………………………………… 13

　黑河 …………………………………………………… 13

　池神廟 ………………………………………………… 13

　鋪舍 …………………………………………………… 13

　祥異 …………………………………………………… 14

　勝跡 …………………………………………………… 14

　六小池 ………………………………………………… 14

　女鹽池 ………………………………………………… 15

　花馬池 ………………………………………………… 15

運治 …… 17
　城垣 …… 17
　萬壽宮 …… 17
　壇廟 …… 17
　公署 …… 18
　倉儲 …… 19
　恤政 …… 20
　坊集 …… 23
　武備 …… 23

官職 …… 25
　鹽政 …… 25
　河東道 …… 26
　監掣同知 …… 28
　運學 …… 29
　經歷司 …… 29
　庫大使 …… 29
　中場大使 …… 29
　東場大使 …… 30
　西場大使 …… 30
　解州州判 …… 30
　鹽池司巡檢 …… 31
　長樂司巡檢 …… 31
　聖惠司巡檢 …… 31

渠堰 …… 33
　姚暹渠 …… 33

池東各堰	33
池西各堰	34
議修章程	34
姚暹渠歲修章程	35
河渠并修章程	35
估銷期限	35
督修責成	35
護池灘地	35
籽粒灘地	35
鹽站籽粒地	35

坐商 …… 36

錠名	36
銷價	36
畦地	36
澆曬	37
歸并	37
租稞	37
鹽課	37
坐配	37

運商 …… 38

招商	38
增價	39
加耗	39
均引	39
挈放	40

行銷 …………………………………… 40

　　運程 …………………………………… 41

　　失水補運 ……………………………… 41

　　分別給票運鹽 ………………………… 42

　　改置年季商首 ………………………… 42

　　禁革州縣鹽規 ………………………… 42

　　扒票各式 ……………………………… 42

引目 …………………………………… 43

　　鹽引本末 ……………………………… 43

　　歸丁裁引 ……………………………… 43

　　復商引數 ……………………………… 43

　　復商額引分目 ………………………… 43

　　官運引數 ……………………………… 43

　　官運額引分目 ………………………… 43

　　領繳則例 ……………………………… 43

　　奏銷期限 ……………………………… 44

課額 …………………………………… 45

　　課項源流 ……………………………… 45

　　攤課歸丁 ……………………………… 45

　　公用酌留 ……………………………… 45

　　復商課程 ……………………………… 45

　　正雜款目 ……………………………… 45

　　復商公用款册 ………………………… 45

　　官運課程 ……………………………… 45

　　徵收則例 ……………………………… 46

撥解定制 …………………………………… 50
   課錠平色 …………………………………… 52
   官運公用款册 ……………………………… 52
律例 …………………………………………… 54
   律例 ………………………………………… 54
   處分則例 …………………………………… 54
   銓選則例 …………………………………… 55
   禁緝扼塞 …………………………………… 56
學校 …………………………………………… 60
   學宫 ………………………………………… 60
   學額 ………………………………………… 60
   書院 ………………………………………… 61
   科目 ………………………………………… 62
   人物 ………………………………………… 66

卷　中

奏疏 …………………………………………… 69
   潞鹽試銷太汾疏 …………………………… 69
   鄂爾多斯旗花馬池鹽准運至皇甫川爲止仍不准水運磧口
   　院咨 ……………………………………… 70
   陝岸鹽厘由晉包納疏 ……………………… 75
   遵提河東鹽務公費以濟餉需疏 …………… 76
   潞鹽捐輸備充海防經費疏 ………………… 77
   勸辦河東鹽商捐輸次第委解疏 …………… 79
   河東鹽務礙難加價另籌商捐銀兩部議 …… 81

豫省餉源枯竭酌收鹽斤加價部議 …… 83
歷年提存公費銀兩凑解甘餉部議 …… 84
坐、運各商報效息銀 …… 87
晉陝鹽斤另籌加價部議 …… 88
畦地因雨被淹酌借款項修復疏 …… 89
陝省潞鹽加價部議 …… 91
工程、官運兩項提充公用疏 …… 93
起徵按引攤捐疏 …… 95
行豫潞鹽續議加價減半徵收部議 …… 96
本省引地改爲官民并運部議 …… 98
户部奏新定大案賠款分派攤還疏 …… 100
陝岸鹽厘遵照部議自行設局加抽疏 …… 101
晉省潞鹽陝豫兩省加價已重未敢再加懇飭匀撥部議 ……
…… 103
陝岸鹽厘暫歸晉省徵用以紓商力會疏 …… 104
賠款加價統按每名折收銀四十兩疏 …… 105
報效練兵處常年的款疏 …… 106
蘆鹽告運太汾查明窒礙八端院咨 …… 108
陝省開辦鐵路加抽鹽價有礙潞綱疏 …… 116
陝省加抽鹽價有礙潞綱再疏 …… 117
孔子升祀典禮部議（清單摘附） …… 118
會奏陝省鐵路停收加價疏 …… 120
文廟工程部議 …… 121
蘆花各鹽越境行銷按斤加厘院咨 …… 121
河南鐵路加價疏 …… 124

度支部奏酌加鹽價抵補藥稅疏 …………………… 126
山東增加鹽價他省不得援以爲例疏 …………… 127
洛潼鐵路加價每斤三文部咨 …………………… 128
吉鹽水運磧口有礙潞綱未便准行院批 ………… 129

卷　下

藝文 ……………………………………………… 135
　浚姚暹渠記 …………………………………… 135
　重修鐘樓碑 …………………………………… 136
　運安同善義倉碑記 …………………………… 137
　重修鼓樓碑記 ………………………………… 139
　重修運城鼓樓記 ……………………………… 140
　河東師範學堂創建堂舍暨增修附屬高等小學堂記 …… 142
　河東中學堂碑記 ……………………………… 144
　創設警察講習所 ……………………………… 146
　改修運城文廟碑記 …………………………… 147
　詩二首 ………………………………………… 148

後記 ……………………………………………… 150

寶棻序

河東鹽法之志，乾隆五十四年運使蔣君輯有《備覽》一書，薈萃諸志，最爲詳贍。至光緒七年，鹽法道江君又增修之。堯齋觀察①莅任三年，整理鹺綱，百廢具舉。乃屬監掣姚丞與諸寮友就江志更加增輯成上、中、下三卷，名曰《續增鹽法備覽》，門目一仍其舊。凡有改革損益則著於各門目下，條分件繫，犂然可觀。

既卒事，問序於余。余維人事三十年一變，今距江志成書之歲幾三十年，不獨鹺務情形較異於昔，即書中所載綠營②更易章制、改用新械，而團練改爲警察，書院改爲學堂，此皆犖犖大者。其他政治、習俗，殆無一不變其舊。當事者豈復能執成法以相繩？自來識時俊杰，乘機應變，往往不主故常，而其精心獨運，貴能無失前人之意，而又有以赴事勢之會。使記載闕如，將無所據依以考見已然之迹，則其所設施者亦動多捍格③，必不能因勢利導，以善用其轉移補救之方，此觀察續修之大旨也。

觀察治鹺，既有成績。其整躬率屬，吏民咸畏而懷之。余

---

① 觀察：唐、宋諸道設觀察使，明清稱各道道員為觀察。
② 綠營：清代由漢人編成分駐在地方的武裝力量，用綠旗作標志，為各省經制之軍，稱作綠營。
③ 捍格：互相抵觸，格格不入。

嘗以河東吏治爲全省之冠,由觀察表率有方。以人才疏薦於朝,使充其才,由此晉方岳①、陟封圻②,其展布當更有大且遠者。而其實事求是,綜理精密,則於是書亦略見一斑矣。

觀察以初冬來省,甫別數日,余適奉移撫三吳③之命,而觀察晉權臬④事,又將來省。前後數日,未得復相見。因略述續修此書之大旨,亦以見任事者當貫通古今,規度時勢,固非可苟焉而已也。

宣統元年歲次己酉十月撫晉使者兼管鹽政長白寶棻序。

---

① 方岳:本意為四方之山岳,後借指州郡,因稱任專一方之重臣為方岳。
② 封圻:疆土、封畿,此指封疆大吏。
③ 三吳:指長江下游江南一帶。作者奉命調任江蘇巡撫,駐地蘇州。
④ 權臬:代理臬司。指陳際唐(堯齋)署理山西按察使。

丁寶銓序

國家法制，至近世蓋益紛矣。非裒集而厘訂之，或且執已弛之法以相牴牾，此新法令及各種輯要諸書所以戛然争鳴，而邦之人有志於時務者，亦皆珍若瓌寶也。豈非以往昔條教著於簡編，足爲研求政術者備掌故、資信守歟？

《鹽法備覽》舊爲蔣都轉①所輯，頗詳贍可觀。光緒初，江觀察又增修之，至於今蓋三十年矣。其間厘税之變遷，引地之張弛，銷售之暢窒，價值之增加，莫不各有本原，具分次第，非一蹴而即至今日之狀態者也。

堯齋廉訪②總持鹺綱前後三年，深察夫已然之迹，與夫奏案之有關於遵守歷史之可藉爲考鏡者，因賡續舊書，録爲三卷。凡今昔貿遷之故，前軌後轍，備著於篇。廉訪任河東時，彪炳政聲，裒然爲全省吏治之冠。又復通於世務，明習文法，懔懔有漢世朱仲卿③、龔少卿④之遺風，將來揚聲天衢，振翼雲漢，始得展其閎烈，盡其才長。若僅回翔於一隅一職之間，固

---

① 都轉：都轉運鹽使司之省稱。蔣光奎時任河東陝西都轉運鹽使司運使。
② 廉訪：宋金廉訪使者、元代肅政廉訪使，明清按察使的通稱。
③ 朱仲卿：朱邑，字仲卿，廬江舒縣人，西漢官員，以政績、品行第一，任大司農。
④ 龔少卿：龔遂，字少卿，山東鄒城人，西漢官員，任渤海太守，多有政聲。

未足以表其遠謨,且亦非廉訪之所志也。宣統建元冬月,廉訪來省視臬事,持所輯兹編示余。披覽一過,爲書數語於篇首而歸之。

　　撫晉使者丁寶銓識。

陳際唐序

《鹽法備覽》一書渭南蔣公之所作也,成於乾隆戊申,合《彙纂》《便覽》諸編及《河東鹽法志》《運城志》《紀恩錄》,芟其浮廓,掇其英華,就現行之章程,參以曩日之記載,門分類別,綱舉目張。自漢唐以迄國朝,引課之源流,官制之沿革,池産之規畫,運道之變通,鉅細靡遺,堪挖全豹。迨後,婺源江公監察河東,因代遠年湮,案多散軼,援蔣公體例編輯而增修之,始乾隆五十四年,訖光緒七年,名之曰《增修河東鹽法備覽》。閲十三年,朝邑閻公權道篆①,適有豫陝兩岸試辦督銷之舉,遂令手民補入,殊覺偏而不全。

唐視鹺三年,承引綱積弊之餘,值税價迭增之会。凡利病所在,勢不得不切實研求,因就原書而徵考之。相距僅廿餘年,而今昔迥不相若。復值朝廷籌備立憲,庶政維新。凡統計調查非記載完全不足爲率由②執行之準,而新舊過渡更不免有數典忘祖之虞。爰請命於鹽政寶大中丞,纂輯此編,以爲《增修鹽法備覽》之續。體例條目,均各因之。詞惟求其詳明,事則舉其質實。甫脱稿,而寶大中丞奉移節三吴之命,繼任爲丁大中丞。唐又忝權臬篆,所遺鹺篆以武清張公代之。

自維莅事以來,於鹺務鮮有裨益。是書之成,蒽蒽焉方以

---

① 道篆:道員印章,指河東兵備鹽法道政務。
② 率由:遵循,沿用。

多所疏漏是懼,乃蒙兩大中丞先後頒到序文,遇事褒揚,實增顏汗。惟望後之來者救弊補偏,於恤商利民、疏引裕課之道益求精進。異日重編鹺史,庶規模其秩然大備也哉!

宣統建元冬月河東兵備鹽法使者陳際唐撰。

張汝燨謹序

易曰：化而裁之存乎變，推而行之存乎通。神而明之存乎其人，默而成之不言而信，存乎德行。遵斯言也，可以治鹺矣。

堯齋廉訪繼蔣公《河東鹽法備覽》之作續增此編，於近三十年鹺政變通之故抉擇極精。夫潞綱之疲滯也日甚，而補救也日難。蓋自同治初年以來而已然矣。因乎天時，順乎地利，盡乎人事，不可緩也。傳曰：物有本末，事有終始，知所先後，則近道矣。茲編非先後之鑒歟？

廉訪蒞河東三年，河東吏治冠當時。士民歌誦之，寶大中丞疏薦之。人能知之，人能言之。至其苦心孤詣，整飭鹺政，以保商恤民爲疏引裕課之本，計幾無時不孳孳焉。人能知之，不能盡知之。人能言之，不能盡言之。燨之權斯篆也，繼廉訪之任，因念引積課懸數十年於茲矣。目覩商艱民困，寢饋難安，而思有以挽之，不憚殫心竭慮研究受病之所由。

原夫昔也累之以鄰課，而復遭之以大祲。今也環之以羣私，而復重之以加價。於是左支右絀，大有顧引不能顧課，顧課不能顧商，顧商不能顧民之勢。究之銷於民，運於商。運銷暢而後課乃裕、引乃疏也。權其輕重，相其緩急，安得不於商民加之意哉。所以廉訪治鹺，得商民之心。近年按引計課，猶得以符歲額。上年，晉之保路息，豫之抽路捐，三省之抵補藥稅，同時并舉，猶得以集公益而無疑阻。稽諸檔案、核之事實而後曉然，於廉訪之統籌兼顧，規畫精詳，爲不可及。則此編之續也，不獨自道其甘苦，抑冀有補於將來。方今朝廷特簡重臣，督辦鹽政，提挈大綱，維持全局。以保商恤民爲宗旨，文告叠頒，詳求利病之所在。衆情欣悦如饑十日而享太牢，將見沿流討源，化而裁之，推而行之，神明其變通之妙，俾莅斯任者廣皇仁而宣憲德，默成夫不言而信之效，胥賴此編之垂於無窮也。其裨益國計民生豈淺鮮哉？

宣統二年仲春署理河東兵備道兼山西陝西河南鹽法道張汝爔謹序

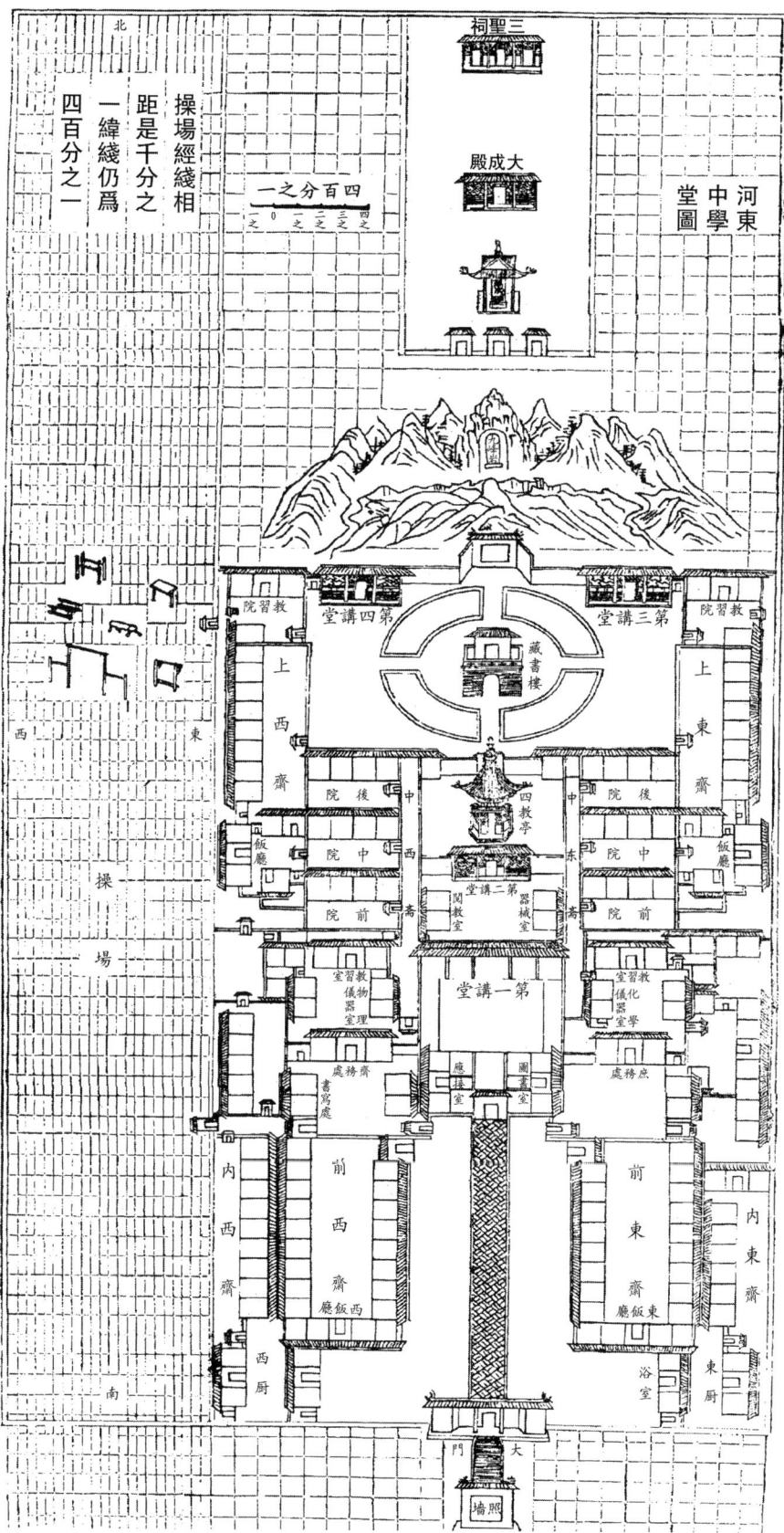

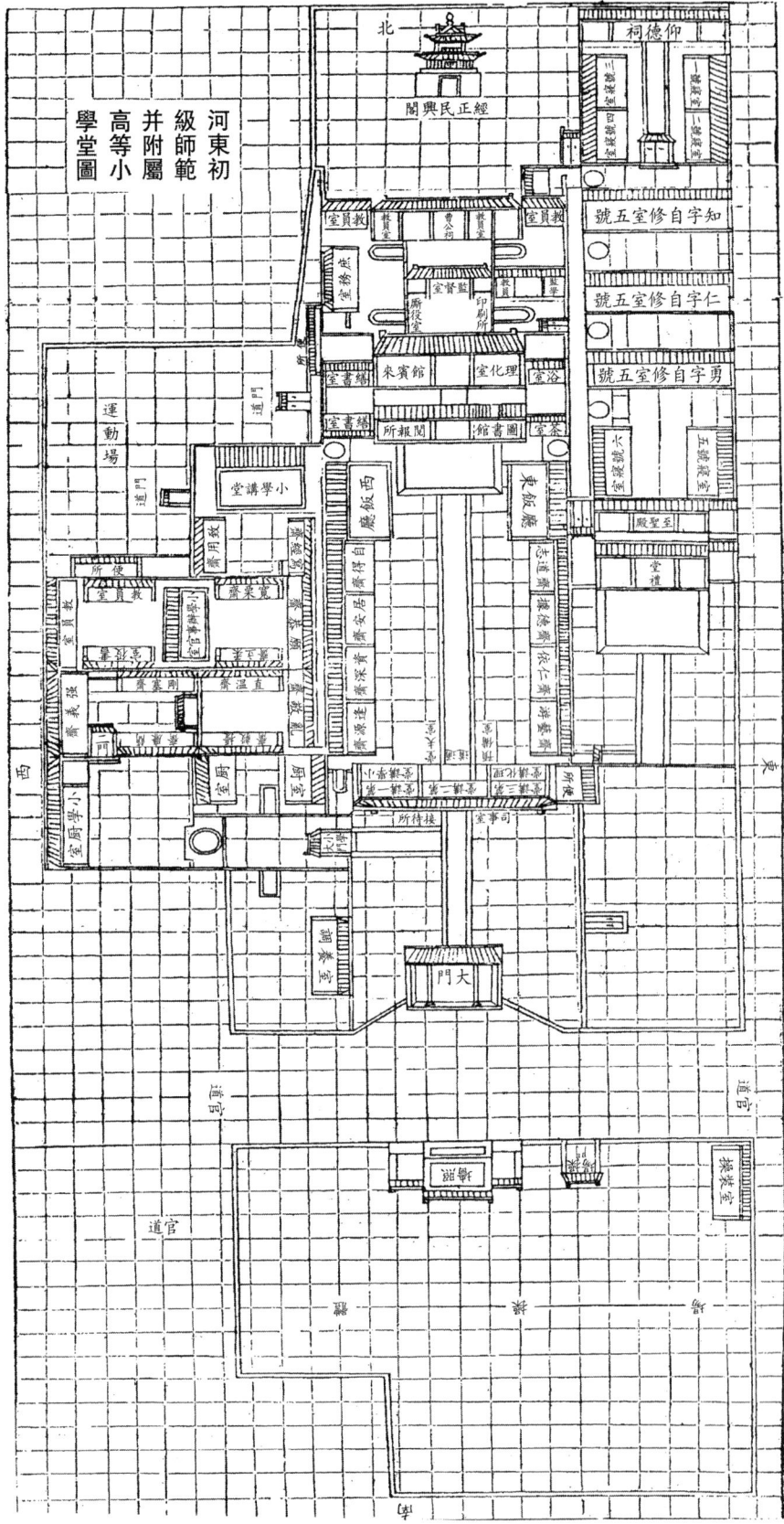

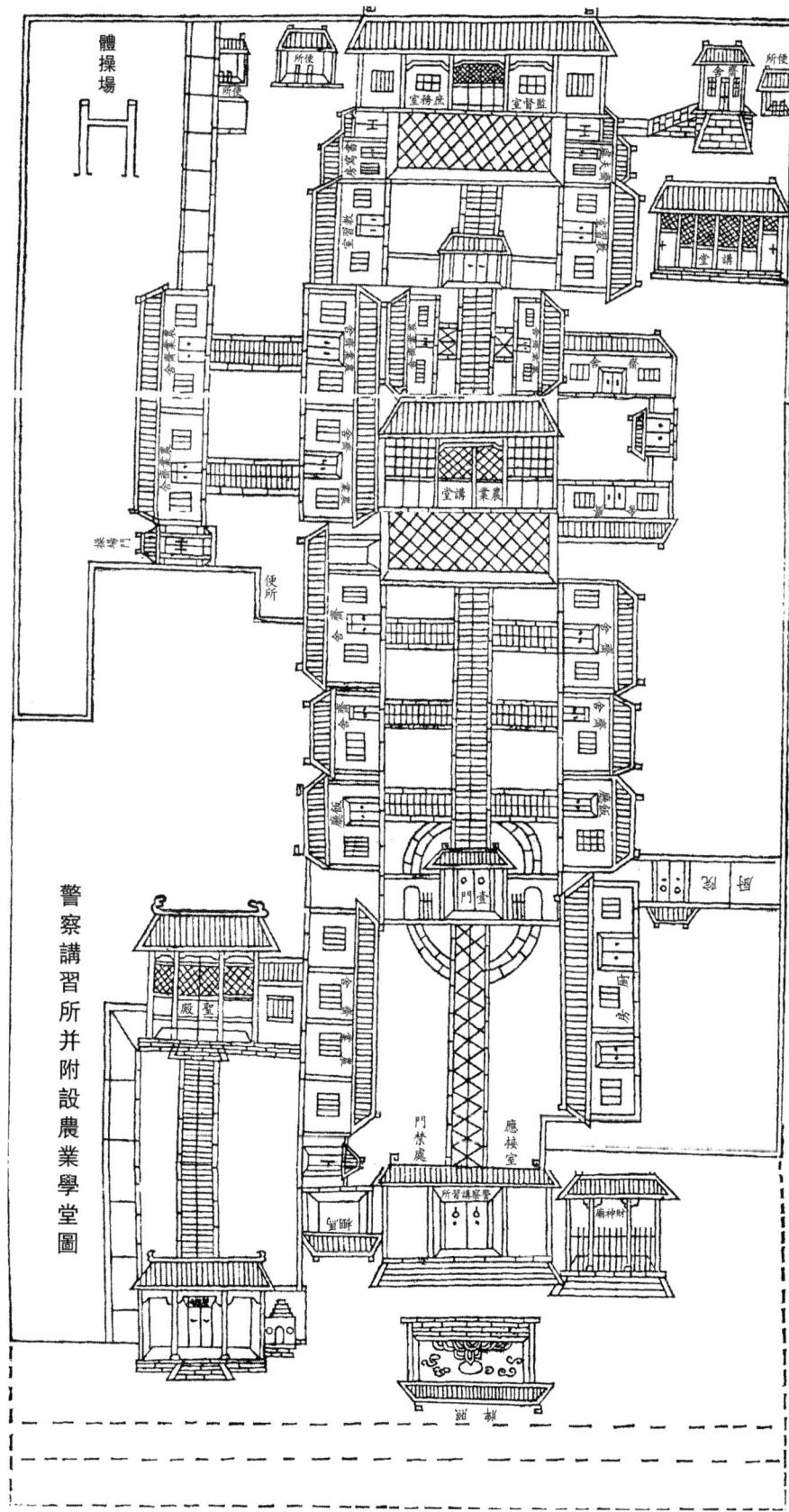

鹽　池

禁　垣

環池禁垣,自同治十三年通體興築,嗣雖屢有修補,工段零星。光緒二十八年,河東道馮煦將禁牆之披累壑口暨水眼冲決等處一律估修。第土性含沙,風雨剝落,保固三年屆滿,殘缺時有報聞。三十三年,河東道陳際唐因禁牆屏蔽池私,非同別項工程可以延緩而循例估辦,又復困於財力,爰撥鹽捕營兵隊,按照估定工值核給津貼六成,築破殘,增單薄,堵壑口以及水眼冲陷處所,修築而整齊之。通共動用銀三千九百餘兩,功鉅費省,借兵力也。

黑　河

如《增志》。

池神廟

光緒十五年,河東道邁拉遜重修。

鋪　舍

池內三場各鋪槍手,光緒六年裁留三十名。二十二年,河東道奭良全行裁撤，改派勇丁巡池，名曰海巡，由查池委員管帶。至巡役、斗級、弓手、秤役則悉仍其舊。池外之鹽池、聖惠、長樂三巡檢司額設弓兵、商役駐紮鋪舍。同治十三年大修禁墻後，歷三十餘載，基址僅存，兵役虛有其名，徒糜經費。三十二年，河東道陳際唐因禁墻修守并重，責成三司巡檢將該管鋪舍一律領款建蓋，并將原設弓兵、商役悉數裁汰，另募年力精壯技藝嫻熟者各二十四名，更名巡勇，分配駐鋪，合計三十六鋪，共駐巡勇七十二名，仍以原設兵役一百二十名之額編工食等銀，挹注勻支，厚其養贍，即以專其責任，并令三司巡檢各駐各署，不准擅離職守。

祥　　異

光緒二十六年，晉陝大旱成災，河東道屬尤甚。斗麥易錢千文，居民大困。兼值拳匪肇亂，洋兵內侵，兩宮駐蹕長安。當事者籌款賑荒，其難倍於丁戊。雖極力拯濟，全活無算，而鹽池工作，自此遂盡用客民矣。

勝　　跡

如《增志》。

六　小　池

六小池自經運商買回封禁，每遇天時稍暎，池內輒見鹽花，附近奸民乘隙偷曬，防不勝防。光緒三年，河東道江人鏡將永小、熨斗、蘇老三池募工塞毀。三十三、四兩年，河東道陳際唐調撥鹽捕營兵丁將夾凹、金井、賈瓦三池之大小漙沱八十個一律填平,爲一勞永逸之計。

女鹽池

查女鹽池即硝池灘。光緒十年暨十二年河東道黃照臨、邁拉遜將原設槍手、巡役、鄉約各十二名逐漸裁汰,僅留巡役、鄉約各四名,另派守庫巡勇十二名隨時赴灘協巡。二十年,署河東道閻迺珏於附灘周圍建蓋營房七處,分駐馬步練軍百餘名,春夏查灘,秋冬防汛。嗣練軍改編,續備酌撥運安營以代之。三十四年,金井等池淳沱填平。河東道陳際唐飭由解州募勇十名協同運安營兵駐硝池北岸之喬家莊,統歸委員督帶巡緝,餘均裁汰節省。

花馬池

花馬池鹽之產於鄂爾多斯旗地者。光緒九年,鹽政張之洞咨覆陝甘總督,謂蒙鹽行銷晉省已閱多年,不必強分其爲何路之鹽,而不可不定其所運銷之路。既例准吉鹽水運至皇甫川爲止,嗣後應勿論吉鹽、鄂鹽,凡有水運者一概照例以運至皇甫川爲斷。該處與晉之河曲縣對岸,其願從該處過河,徑由河曲運至口外七廳行銷者聽;即運至口內之太、汾、大、朔、寧、忻、代、保、平、遼、沁等府州,隰州并屬大寧、永和等縣與土、潞等鹽一體行銷者,亦聽。此初弛花鹽皇甫川對渡之禁,而仍不准其水運磧口也。三十年,河東道吳匡建以徵爲禁之議,因陝省定邊一帶所產之花馬池鹽與夫綏德州三皇卯等處所產之小鹽并不經由皇甫川即由葭州、吳堡用船裝運渡晉,頭頭是道,緝不勝緝,詳准在於河曲以下分別設卡,扼隘抽厘,歸軍磧貨厘委員兼辦。小鹽按斤抽錢四文,花鹽倍之,仍不准攔入潞綱,而以汾州等處無引之地爲限。三十三年,議增越銷蘆厘,定爲花鹽一律按斤抽厘一十四文。重其稅厘,即以杜其南灌,而太汾之辦理官運,無論蒙、土聽民買食,花鹽亦包括在内。此又皇甫川以下由陝入晉之花鹽,准由水路販運直達磧口之原始也。來源有上下之別,故販運有水陸之限。花鹽之運晉如是,至若陝岸則各有引地。另詳緝私條内,兹不贅。

運　治

城　垣

如《增志》。

萬　壽　宮

如《增志》。

壇　廟

——文廟。詳學校門。
——池神廟。詳鹽池門。
——關帝廟。光緒三十三年,河東道陳際唐重修。
——文昌廟。如《增志》。
——真武廟。如《增志》。
——城隍廟。光緒二十五年,河東道楊宗濂重修。三十三年,河東道陳際唐修飾兩廊十殿神像暨後殿。
——火神廟。光緒三十四年,河東道陳際唐重修。
——龍王廟。光緒八年,署河東道吳其復添建東西廂。三十一年,河東道吳匡重修。
——安濟廟。光緒二十年,署河東道閻迺珏重修。
——三聖廟。在河東書院內。光緒二十五年,河東道楊宗濂重修。二十八年，書院改爲學堂。廟如故。

——崔府君廟。光緒二十四年，河東道楊宗濂重修。

——呂祖祠。光緒二十年，署河東道閻迺珏重修，并添建庭榭爲游憩之所。

——旗纛廟。如《增志》。

——三郎廟。如《增志》。

——社稷等壇廟。如《增志》。

——天地廟。光緒八年，署河東道吳其復重修，并修迎送冠蓋之所。

——表忠祠。光緒九年，河東道黃照臨重修。

——衛民祠。光緒三十年，河東道吳匡重修。

——楊娘娘廟。光緒二十七年，署河東道張毅禱雨有靈，奉位於署内之槐蔭軒。三十三年，河東道陳際唐移建於宜門外。

——黑龍潭之龍神廟。光緒三十三年，河東道陳際唐因禱雨有靈，展拓重修。

——聖教祠。光緒三十四年，河東道陳際唐重修。

公　　署

——巡鹽察院。光緒三十二年，河東道陳際唐重修。

——東鼓樓。光緒三十二年，河東道陳際唐重修。

——西鐘樓。光緒十五年，河東道邁拉遜重修。

——河東道署。光緒八年以後，河東道黃照臨、邁拉遜、宜麟、奭良、楊宗濂先後添建四堂、五堂，并遇安園内得月亭、宜春亭、綠中亭、艾葉如意池，園外寄廬、關紅兩書屋，槐蔭軒、魚池、留雲塢。二十八年,河東道馮煦以課吏館附焉,選取候補人員肄業其間,分別獎金鼓舞深造。三十二年,河東道陳際唐詳改仕學館,擴充津貼,增廣學額,厘定課程,以養成諳練政事堪資任使之才爲宗旨,旋委監掣同知充當監督,另設校長常川駐館,地仍因之。

——監掣同知署。光緒十五年暨三十年、三十四年,同知張貽瑄、姚啓瑞、姚楷先後重修。

——運學訓導署。如《增志》。

——經歷司署。如《增志》。

——庫大使署。光緒三十二年,庫大使尚其光重修。

——中東西三場大使署。如《增志》。

——分駐解州州判署。光緒三十四年,州判陳世昌重修。

——鹽池司巡檢署。光緒三十二年,巡檢讓興仁重修。

——長樂司巡檢署。光緒三十二年,巡檢沈春圻重修。

——聖惠司巡檢署。光緒三十二年,巡檢范鶴南重修。

——游擊署。光緒二十九年,綠營裁汰。三十三年,河東道陳際唐改建火藥庫。

——守備署。光緒二十九年,裁缺。三十年,河東道吳匡重修,作爲公所。三十三年,河東道陳際唐改建河東警察講習所,另辟操場於西偏。

——城守把總署。光緒二十九年,裁缺,留作公所。

——操防把總署。光緒二十九年,裁缺,留作公所。

倉　　儲

運儲爲官倉,運阜爲商倉。官倉儲粟備荒,并收灘地籽粒租麥,散給孤貧。商倉春借秋還,專資坐商澆曬。免商以後,庫大使安福虧短倉穀,查鈔不敷買補。丁丑大祲以後,灘地墾未復元。光緒九年暨二十八年,河東道黃照臨、馮煦各買穀麥二三千石,分儲兩倉。坐商借陳還新,准予免息。粥廠碾米熬放,亦即取給於此。其孤貧租麥於光緒二十三年經河東道楊宗濂價典阜巷民房一所,另行收儲,按月散放,均歸庫大使經管,隨時報查。

恤　　政

——養濟院。孤貧全半口糧,原額一百三十名。又加增半糧十二名。同治四年,署庫大使黃晉因倉有餘耗,續增半糧三十名。自丁戊大荒,灘地租麥收不足額,餘耗無著。先儘徵存之數通融散放,歲約不敷四十餘石,於次年四月由庫領款買補。至每年粟米一款,原出自舊生息項下,此項生息歲收銀一百二十六兩。除支粟米銀四十兩外,餘均作爲冬季恩賞孤貧之用。

——粥廠。經費係坐、運兩商分捐。光緒十年,河東道黃照臨因運商積疲,免其捐納。每鹽一名,祇徵坐商一錢五分。兼須散放棉衣收不敷支,歷由積谷生息項下撥用。至所需粥米,即就運阜倉買存穀石碾用。

——同善局。光緒三十二年,局紳陶文海因經費不濟,稟經調署庫大使朱垣捐廉提倡,會勸各鋪商將按年演劇之資提前三年普捐一次。嗣後永不演劇,亦永不出資。共捐錢四百餘緡,銀二十餘兩,典置錠票二十一張,繳存道庫。年領銷價銀五十六兩,藉供局用。酌定管理規則,詳奉河東道批准立案。年領義棺銀一百兩,仍由道庫籌給。

——育嬰堂。始於道光二十四年,河東道李百齡捐廉二千三百兩,又官商合捐銀二千兩,以三百兩建堂於路家巷,以四千兩發當生息,備支一切費用。嗣因當商倒閉,前項息本祇存解州四百兩、安邑一千二百兩、夏縣八百八十兩、芮城二百四十兩,每歲共解息銀二百七十二兩。不敷之數,由庫隨時籌補。光緒二十九年,河東道馮煦續捐銀一千兩,發運城當商一分二厘起息。至經理責任,先後飭委解州州判暨鹽務實缺各員,因時擇人。堂基亦屢有遷移,或謝家巷,或南大街,今設萬家巷。光緒三十三年,河東道陳際唐遵鹽政張人駿頒布保嬰條規,改為堂、會并行。堂內管理收支責成於紳,委中場大使稽查造報。一面就安邑縣城之五路保甲局附設五分會。除遺棄無主之嬰歸堂乳養外,其距堂窎遠無力撫養者,准其報明運堂總會,就近查明給助,月需經費約百金。內外統由池腳項下動支,向有息銀亦即并入池腳款內。其二府四州屬之育嬰堂,并飭一律籌設。河津、虞鄉兩縣,各籌給銀二百兩,期於由近及遠,見諸實行。

——牛痘局。因荒停辦。光緒五年,江浙賑局解銀捐助,善舉復興一委一醫,按年春分至夏至、立秋至立冬兩期開辦。所需經費二百數十兩,又每年津貼、解州牛痘局銀四十兩皆歸監製廳領支造報,款由庫籌。

——養病所。係於光緒十五年河東道邁拉遜因時疫流行,在城南宏教寺醫救池工。十八年,護河東道吳鴻恩顧念瘡痍,責成三場坐商仍前舉辦,委員稽察彈壓。每年先由道庫提給銀三百兩,不敷多寡悉由各商認籌。近年三月開辦,仍以五閱月爲度。

——同善義倉。係於光緒八年大學士閻敬銘辭查賑公費不受,以七千五百兩捐作蒲、解兩屬義倉之用,采買穀石分儲運城運阜倉及解州常平倉內。嗣添賑餘各款,統共銀三萬六千四百餘兩。除買穀外,餘銀分存各州縣當商生息。光緒二十年,署河東道閻迺珏於運城東街創建運安同善義倉,以廣積儲。二十六年,大饑。河東道吳廷斌發倉賑濟,民賴全活。三十一年,河東道吳匡推廣倉舍,添建東西兩廠,并籌銀一萬二千八百餘兩,購麥一萬一千六百餘石以實之。三十二年,麥價翔貴。河東道陳際唐飭屬分領秋熟,易穀還倉,民食有資,麥無蛾變。復刊頒《備荒章程》數千本,期於倉箱遍野,藏富於民。三十二、三、四等年,各屬報存積穀十四萬一千餘石。

——同善義園。在城西南,爲流寓官幕停柩厝葬之所。光緒十八年,護河東道吳鴻恩籌款重修,購地三十四畝以益之。二十年,署河東道閻迺珏籌銀三百兩,札交安邑縣發典一分生息,俾資常年經費,歷歸場司實缺各員管理。

——習藝所。在運治謝家巷。光緒三十二年,爲河東道陳際唐所成立。購儲土棉、雜毛,收輕罪人犯使之學織毯袋等物。一經限滿釋回,不至流於游惰。安邑縣監之輕罪人犯,就近歸并。派安邑縣爲提調,另委候補一人常川駐所照料。應需經費由庫籌交。

——公桑園。昉自光緒三十二年,河東道陳際唐先就城北校場之西南隅,畫地十畝四分,環以墻垣,覓秧栽種。并在道署之遇安園內試種桑秧,成活約數萬株,分頒各屬栽植。次年復購城東北高家園地三十畝五分,闢場鑿井,推廣播種,并刷印《蠶桑簡易法》數千本，采購桑葚數千斤，通頒各屬普行試驗，俾知培護飼養方法，拓闢利源。

坊　　集

運治九坊之有保甲局也，向分四路巡查。光緒三十二年，河東道陳際唐遵照警章募兵六十名，隸於隊官，授以教習，統以管帶，委監掣同知爲正提調，安邑縣知縣爲副提調，一切應盡義務、應守規則，悉照警章辦理，歲需經費除原有保甲本款近千兩外，不敷銀四千數百兩由庫籌支。

武　　備

運城武備自光緒七年以後，巡練各勇，迭有變更。綠營兵丁，按年遞減。綜舉大概，除綠營員弁兵丁已於二十九年一律裁撤外，所存營勇其綱有二。如陝省五卡駐緝花、鹵各私之勇一百一十名，豫省襄、葉、鞏、孟駐緝蘆、汴各私之勇九十名，本省分紮蒲灘、硝池灘、三門、陵川緝私以及三場查池各勇一百名，共三百名。另由運安鹽營抽出馬隊一棚，分撥陝岸六名、豫岸五名，所需薪糧由運庫辦公暨打帖兩款內分別開支，是皆專任緝私之勇。如二十六年河東道吳廷斌招練之運安鹽營原額一百四十名。維時拳匪煽誘，安邑古村亂象已成。聞喜迤北各縣亦復蠢蠢欲動，絳州猖獗尤甚。據城辱官，殺斃教民，投屍於汾水者數百人，悉賴運安鹽營會同練軍馬隊前往剿捕。擒斬首要，解散脅從，拳逆之不獲逞志於南，未始非運安鹽營之力也。今環池駐紮仍分三哨，計步勇一百一十二名，馬勇十四名，薪餉等銀由團練項下動用。又加三十二年，河東道陳際唐督練之鹽捕營新軍五百人，因先是一年河東道吳匪任內殲除平陸、絳縣兩路戕官劫庫之哥老會，匪賴①由省城調撥常備馬步諸軍。第伏莽②未清，省軍急須調練，不能不另編勁旅，扼要填防。無事兼任緝私，有事專供策應。并由皖省代購德國新式快槍四百杆，期於有備無患。薪餉、旗衣等項由省局軍磺鹽厘項下撥用。不敷之數，司道兩庫分籌。是皆捕務、緝務兼任之勇。此外，守庫親兵三十名，兼備隨時差遣，并管帶薪費統由辦公項下開支。

---

① 匪賴：不信賴。
② 伏莽：埋伏於草莽，指潛藏的盜寇。

官　職

鹽　政

歷任題名

貟鳳林：陝西三原縣進士，光緒二十一年十月署。

胡聘之：湖北天門縣人，同治乙丑科進士，光緒二十一年十一月任，奏撤陝豫督銷，接辦官運。

何　樞：河南祥符縣人，咸豐丙辰科進士，光緒二十五年二月護，是年八月再護。

毓　賢：滿洲正黃旗監生，光緒二十六年三月任。

李廷簫：湖北黃安縣人，咸豐癸丑科進士，光緒二十六年六月護。

錫　良：蒙古鑲藍旗人，同治甲戌科進士，光緒二十六年閏八月任，現任雲貴總督。

岑春煊：廣西林縣舉人，光緒二十七年二月任，奏准晉省引地仿照陝豫改爲官民并運，歷升兩廣總督、郵傳部尚書。

趙爾巽：漢軍正藍旗人，同治甲戌科進士，光緒二十八年七月護，現任四川總督。

吳廷斌：安徽涇縣監生，光緒二十九年正月護。

張曾敭：直隸南皮縣人，同治辛未科進士，光緒二十九年六月任。三十一年，平陸縣屬之茅津渡以及絳縣匪徒肇亂，有戕官劫庫之警,立派重兵南下,解脅擒渠①,民賴以安。

張人駿:直隸豐潤縣人,同治戊辰科進士,光緒三十一年九月任,現任兩廣總督。

恩　壽:滿洲鑲白旗人,同治甲戌科進士,光緒三十二年二月任,奏停陝西路工加價,調任陝西巡撫。

寶　棻:蒙古正藍旗生員,光緒三十三年九月護,十二月任,咨減豫省路捐,設北路鹽務總局。

丁寶銓:江蘇山陽縣人,光緒己丑科進士,宣統元年十一月任。

吏役附

光緒二十七年四月奉上諭:"各衙門額設書吏均著分別裁汰等因,院署書吏於二十九年逐一考試,裁汰一百三十三名,留繕寫書吏六十名,鹽務原設飯食、廩給等銀照案解院勻給。"

河　東　道

歷任題名

奭　良:滿洲鑲黃旗難蔭生,光緒二十年十月任。

恩　銘:滿州鑲白旗舉人,光緒二十三年二月署,薦升安徽巡撫,卒於難,謚忠愍。

楊宗濂:江蘇金匱縣監生,光緒二十三年六月任。

曾樹椿:四川慶符縣拔貢,光緒二十四年二月由蒲州府兼護。

趙爾豐:漢軍正藍旗監生,光緒二十四年九月由監掣同知

---

① 解脅擒渠:解送脅從,擒拿賊首。渠,大,首犯。

兼護,二十五年二月再兼護。

閻迺竹:陝西朝邑縣人,光緒癸未科進士。二十五年九月署。

吳廷斌:安徽涇縣監生,光緒二十五年十一月任,次年五月拳匪搆禍,全晉鼎沸。練兵防禦剿捕,蒲解獨獲安全。秋冬大饑,籌款賑濟,士民戴其德,立碑紀之。歷升山西、山東布政使,署巡撫篆。

張　毅:直隸天津縣難蔭生,光緒二十七年三月署。

馮　煦:江蘇金壇縣人,光緒丙戌科進士,二十八年四月任,創辦河東各學堂,歷升安徽巡撫。

吳　匡:浙江烏程縣監生,光緒二十九年三月任,詳定學堂規制,開辦師範學堂,殲除南路會匪。補運久格不行,力陳商艱獲允。商民愛戴,各立功德碑記。歷升山西布政使。

陳際唐:安徽懷寧縣廩生。光緒三十二年二月任。三十四年,鹽政寶棻遵旨保薦人材,以山西全省吏治推河東屬境為第一,足為表率有方。實事求是之明效,堪備聖明任使,奉調赴部查驗。旋因開辦加價,商情疑阻,奏准暫緩赴部。著有《牧令刍言》一書,共相勸勉。

姚　楷:安徽繁昌縣人,光緒己丑科進士,宣統元年十一月由監掣同知兼護。

張汝燨:順天武清縣附貢,宣統元年十一月署。

吏役附

道署於光緒三十年裁汰地方鹽務書吏五十二名,留書手七十九名,節省雜課項下工食銀四百五十二兩零。裁汰快手、皂隸等役七十七名,留六十二名。裁剩額編役食歸於留存各役均匀支給。餘如《增志》。

監掣同知

歷任題名

張元鼎：江蘇婁縣舉人，光緒四年任，充《增修河東鹽法備覽》總纂官，簽升甘肅慶陽府知府。

李潮海：陝西朝邑縣附貢生，光緒十一年署。

張貽琯：山東海豐縣增貢生，光緒十一年任。

趙爾豐：漢軍正藍旗監生，光緒二十二年任，薦升駐藏辦事大臣、川滇邊務大臣。

儒　芳：滿洲鑲白旗人，光緒庚辰科進士，二十五年六月，由安邑縣知縣兼署。

吳廷燮：江蘇江寧縣甲午舉人，二十五年十二月署，薦升民政部右參議。

姚啟瑞：安徽桐城縣監生，光緒二十六年任。

張梅生：安徽桐城縣監生，光緒三十三年三月代理。

鮑振鏞：江蘇東臺縣拔貢，光緒三十三年四月署。

尚椿茇：直隸衡水縣舉人，光緒三十三年十一月署。

姚　楷：安徽繁昌縣人，光緒己丑科進士，三十四年任。

吏役附

光緒三十年，裁汰書吏四名，留書手十二名，節省雜課項下工食銀四十六兩零。裁汰快手、皂隸四名，留十六名。額編役食均勻支給，餘仍舊。

運　　學

歷任題名

張文釗:霍州歲貢生,光緒二十四年四月任。

劉　彬:忻州歲貢生,光緒二十六年十一月任。

喬炳南:祁縣附貢生,光緒二十七年十二月任。

吏役附

運學齋繕夫額編工食向由安邑縣錢糧留支,光緒三十三年奉文停止。

經　歷　司

歷任題名

胡芸馨:安徽含山縣監生,光緒二十九年任。

吏役附

光緒三十年,皂隸裁汰二名,留四名。額編役食均勻支給,餘仍舊。

庫　大　使

歷任題名

尚其光:漢軍鑲藍旗監生,光緒三十二年任。

吏役仍舊

中場大使

歷任題名

賈榮福:江西高安縣監生,光緒十八年任。
趙宣哲:河南澠池縣監生,光緒三十年任。

吏役附

查中、東、西三場於光緒三十年各裁汰扒書一名、皂隸一名,額編役食均匀支給,共節省雜課項下工食銀一百三十三兩零,餘仍舊。

東場大使

歷任題名

曹槐江:湖北江夏縣監生,光緒十年調任。
賈榮福:江西高安縣監生,光緒三十年調任。
吏役見前

西場大使

歷任題名

賴燮良:順天大興縣監生,光緒十年任。
柳賢彬:浙江鄞縣監生,光緒二十二年任。
和　文:滿洲正白旗監生,光緒二十五年任。
黃丙華:四川酉陽州拔貢,光緒二十六年任。
朱　垣:廣西臨桂縣監生,光緒二十八年任。
吏役見前

解州州判

歷任題名

賀光謙:直隸武強縣優增生,光緒十八年任。

任毓萼:陝西淳化縣拔貢,光緒二十八年任。
高慶祉:陝西延川縣拔貢,光緒三十一年任。
陳世昌:湖北黃岡縣舉人,光緒三十四年任。
吏役附
舊有槍手三十名,光緒二十二年裁撤,見鹽池門。餘詳《解州志》。

鹽池司巡檢

歷任題名
讓興仁:湖北江夏縣監生,光緒十九年任。
吏役附
光緒三十二年,厘定新章。鹽池、長樂、聖惠三巡檢司每司書手一名,皂隸二名,巡勇二十四名,額支工食等銀詳鹽池門。

長樂司巡檢

歷任題名
許桂森:江西奉新縣監生,光緒二十三年任。
沈春圻:浙江山陰縣貢生,光緒二十七年任。
唐沛露:陝西三原縣監生,光緒三十三年任。
吏役見前

聖惠司巡檢

歷任題名
方　皋:安徽桐城縣監生,光緒十二年任。

范鶴南:陝西郃陽縣附貢生,光緒三十二年任。
吏役見前

運城營員弁於光緒二十九年裁缺,歷任游擊、守備、把總各名籍案卷不全,今從闕。

渠　　堰

姚　暹　渠

咸豐六年後，久未疏浚。光緒十四年，河東道邁拉遜因渠心淤澱，間與堰平，調練軍營旗起夏縣五里橋，訖運城西三里橋，浚渠心一萬四百五十六丈八尺，堰身增卑補薄六十丈，支津貼銀七千九百六十餘兩。明年大雨，渠流下注，復加搶修。自此水利均沾，惟嚴禁攔渠築壩。二十年，五里橋至毛家橋一帶挑淤補陷，用銀一千三百餘兩，至今渠流通暢。

池東各堰

堰在池東，其數六。李綽堰為最要，自築迎水、燕尾堰後無大工。白沙堰者，李綽堰外藩。上游西岸為官堰，東灘及沿河下游為民堰。舊時姚暹渠工程項下歲用鹽池生息銀一千兩。八百兩滌姚暹渠，二百兩修白沙民堰。光緒九年，減半發給。浸後戶口凋敝，未能切實挑修。十四年，河東道邁拉遜請照原案借動鹽池生息銀六百兩，交由夏縣知縣督修，按年坐扣清款。二十四年，水災劇，夏縣知縣盛沅復援前請預支八年歲修銀一千六百兩以工代賑。三十三年後，仍按年領修。至官堰工程亦以二十四年為最鉅，堰身嚼毀，泥沙彌漫。八閱月而工始竣，用銀五千八百餘兩，此白沙堰之大要也。東禁堰為池東第一保障。黑龍堰護於外。十三年，黑龍決，灌東禁，抵石馬道。冒雨堵築，幸免入池。十九年，漫決如前，晝夜搶護。掘引河，涸積水，始得無患。此又東禁、黑龍二堰之大要也。雷鳴、白家等堰歲修無險，不贅錄。

池西各堰

五龍堰吐納五峪諸水，爲池西最要屏蔽。據舊志，五堰之一，有大小之分。光緒二十年，署河東道閻迺珏派員擇要勘修。淤者疏，斷者續。小堰禦暴潦，大堰之郭續。長三十九丈，用銀四千七百餘兩。二十五年，潰。二十七年，又潰。厥工皆鉅，用銀千數百兩。其他曰七郎，曰長樂，曰硝池，歲加小修，迄未出險。卓刀亦近池要堰。十六年，以銀千餘兩修之。明年，復決。通體興築，賴以永固。此歷修五堰之梗概也。

桑園、常平、龍王、賀家灣等堰在池之南，爲《增修備覽》所未載。二十年，搶險善後各工亦用款至六千餘兩之鉅。附錄以備稽考。

議修章程

免商之初，鹽池搶險、渠堰歲修等工分別題奏彙咨，照例估銷。嗣因坐商積疲，鹽池銷價等生息浸成無著。工無鉅細，歷由坐、運商販捐辦，核實報院，再未題估題銷。光緒九年，鹽政張之洞專札立案，除鹽池搶險由道酌定用款、隨時稟報查核、聽候委勘驗收外，其餘百金以下者由道估修彙報。百金以上者必須稟候批示、方准動支，至今遵辦。所有正動工款屬於渠堰者，動鹽池歲修。屬於禁垣、祠廟者，動牆工經費。屬於地方修理者,動池腳備公。其如何徵收,附見課額篇後。

姚暹渠歲修章程

舊例以銀八百兩於農隙水涸之時,責成監掣同知履勘估修。光緒九年以後,改爲遇有淤毀,隨時詳估辦理。

河渠并修章程

如《增志》。

估銷期限

見前議修章程條內。

督修責成

渠堰鉅工歷辦章程,俱係監掣同知督同各州縣修理。光緒九年以後,兼委三場大使或三巡檢司以及候補各員爲幫辦,仍歸監掣同知總司其成,并有調撥營旗承領、修理。委監掣同知前往驗收者總期款不虛糜,工無偷減。至三年保固,則悉遵舊例,用專責成。

護池灘地

籽粒灘地

鹽站籽粒地

悉如《增志》。

坐　　商

錠　　名

如《增志》。

銷　　價

銷價原以供曬本,以故取諸運商,發給坐商。自咸豐三年改章,每課一名,徵銀三兩三錢四分六厘,今猶爲例。惟按錠給發之數,除撥入河東書院膏火銀四錢六分外,實給坐商銀五兩五錢四分。歲分八月、十二月兩期發放,繼因引懸課絀,銷價短收,每歲只發一期甚或兩年一發。光緒九年,鹽政張之洞批定按年給半,永以爲例。存留上半銷價補充書院膏火。今書院改爲學堂,經費開支胥賴乎此。

畦　　地

畦業之荒蕪,始於光緒三、四年之旱灾,繼以二十四年之淫雨。迄二十六年,又爲丁戊之續。潞鹽行銷地面,户口凋敝,始終未能復元。供不敷求,上足病課;産多銷寡,下足病商。兼以傭值倍昂,售價濫賤。至有數千金之産,不值一文者。當時補救維持,鹽政胡聘之曾有酌借款項修治畦地之奏。無如庫款有限,商力難支,棄業遠颺,指不勝屈。幸産收鹽數足敷配運,尚無脫銷之虞。

澆 曬

鹽池自黑河被淤,即就潞沱取水。其形口面廣寬有環繞數十丈者,下則層遞縮小。用戽兜水,每階二人。歷數十階,始達畦面。工多費鉅,經久可期。光緒六七年間,東場坐商舉人李傳典創鑿井新法,表細而圓,裏虛而容。其深及泉,其汲以綆。復因土性鹼鬆,勢難壁立。豎以木,名曰樁。周護井壁,費廉工省。然不數年而涸,終不若潞沱之效遠用宏。今之鑿井者多修治潞沱者,曾不數睹商情困憊,各取其宜。方今東場產鹽十之七八,端賴乎是。中、西鹵斥淺薄,率皆就畦養水,尤覺把握毫無。至刮收新鹽,各該管場員自五月朔始,九月朔止,半月一報,由道按月報院,盤料後彙總報查。

歸　　并

租　　稞

鹽　　課

坐　　配

悉如《增志》。

運　商

招　商

晉之官運官銷、陝豫之官民并運,爲簽商後一大關鍵,相沿五十餘載。雖或因時補救,卒未更易規模。如光緒九年鹽政張之洞飭募專商認辦陝岸之渭北引地,輔民運之不逮,是爲參酌權宜之始。嗣因行之無效,十九年鹽政張煦奏辦陝豫督銷派員領款運鹽,擇民販之殷實者令各領鹽專賣,官司督運,民任分銷。私販麕聚之區,統歸督銷自辦。民承其易,官任其難。陝之渭北十八州縣共領庫本四萬兩,豫之鞏、孟、襄、郟、葉、寶六縣共領庫本二萬兩,計在規復懸岸,屏蔽鄰私,并以濟民運之窮。二十二年,鹽政胡聘之奏撤督銷改行官運,名稱固異,辦法實同。獨晉省官運官銷,究其内容則運夥代辦。官視運夥爲魚肉,運夥倚官爲護符。射利居奇,病民病課。二十七年,鹽政岑春煊奏改官民并運,三省一律。以近池之蒲解兩屬暨聞喜、與毗連土鹽引界之靈石共十三州縣,統歸官運總局承辦。此外三十一州縣悉聽民販散運。詎銷無定地,運無定人,官私無所區分,引課益形短絀。二十九年,鹽政趙爾巽普改包販,專其責成。進退之權,屬於鹽道。領引以及封課徑由包販具名,而所在之地方官仍惟緝私是任,便民裕課二者兼之。

增　　價

河東自免商以來，鹽無定價。然盈虛消長，其中固自有權衡。何也？鹽產於畦，計在工本。引行於岸，計在運資。而最要機關尤在課項之重輕、銷路之暢滯。商固無從強抑，官亦不能居奇。光緒十一年後，加徵海防經費、晉陝另籌加價、按引攤捐、償款攤捐、公約賠款，與夫銷鹽省分之籌餉加價、賠款加價、普通加價、鐵路加價，假手於商，取償於民。第價愈昂而私愈充，本愈重而銷愈滯。緝私恤商諸要義，所當加意講求也。

加　　耗

如《增志》。

均　　引

陝豫官一民二，猶是舊法，已難按年清綱。晉引官運官銷，袼後封不及半。於是通融陝豫，謂之代銷。陳陳相因，愈積愈重。自改三省畫一，晉引一千六百六十六名一百八引，經年之久，民販僅封三百餘名。光緒三十年，仿行均引之法。除蒲解兩屬暨聞喜、靈石十三州縣統歸官運局領辦外，其餘三十一州縣按歷年銷數之多寡、獲利之厚薄勻配引額千名，責成各販包銷。銷不足數，各令包繳課項，故名包販。并嚴定課限，每年以二、四兩月為上期，九、冬兩月為下期，計課而不計鹽。雖以前遞積之五綱未能驟議提前，而竭力經營并計新陳約可勉敷定額。

掣　　放

掣鹽定額,始於道光初年。御史袁文祥條奏,爲便於稽查,杜絶朦混,三場合計每日不得過七十五名,照數匀分,并無軒輊。十五年,池遭水患,西場尤重。東場坐商王恒泰請於西場額定二十五名內借撥東場十五名、中場五名。經河東道郭文匯詳奉鹽政申啓賢批准照辦。沿至光緒二十年,解州福生等鹽店以西場產鹽日旺,銷數亦較昔倍增,中、東兩場掣鹽恒不及額,請將原借西場名數酌量撥還。禀經署河東道閻迺珏轉詳鹽政張煦批定,東場撥回四名,中場撥回一名。自是遵循東場日放三十六名,中場二十九名,西場十名。原設收籌一差,於三十年河東道吳匡任內改由場員兼辦。餘如《增志》。

行　　銷

自吉蘭泰引課責成潞商攤完,太、汾食無課之鹽,潞綱繳無鹽之課。裌後,潞引積滯。鹽政張之洞籌撥運本六萬兩,奏明試辦太汾事。在光緒十年配掣潞鹽百名,分運太原府屬之陽曲、太原、榆次、太谷、祁縣、文水、徐溝,汾州府屬之汾陽、介休、平遥、孝義十一縣,責成地方官設局試銷辦理。未及一年,成效難期,旋即中輟。三十二年,蘆商告運太汾,以正太鐵路將成,蘆鹽輸運較易,擬援平定、盂縣、樂平兼食蘆鹽之例,凡火車能到之鹽稅引境,均得照章納税,借地行銷。河東道陳際唐轉據商情詳請沓阻,一面通籌大局責成官運局援案試辦。鹽政恩壽韙其議,以運城、安邑爲根據地,設轉運於霍州,并以平遥爲運銷,陽曲、汾陽爲專銷,餘皆名曰分銷,一切辦理章程,務在撙節開支,輕減成本。所在各局均選任司事,不派委員。該處蒙鹽價昂,土鹽味劣,潞鹽雖由官運,仍准蒙土兼食,不稍抑勒。所謂順輿情,疏積引,保權利,杜鄰私,誠潞綱一大轉機。惟道遠運艱,本重利薄。盈虛酌劑,庫款攸關,是賴有以善其後耳。

運　　程

如《增志》。

失水補運

大河天險,爲潞鹽運豫、運陝所必經。渭水自甘發源,貫注西、乾兩府州,至同州府屬之朝邑入黃。勢激流湍,爲陝岸水運要路。遭風失險,原有補運例章。其久格不行,殆因船户水手舞弊所致。光緒九年,鹽政張之洞循例俯允。未幾,又復議停。十九年,創辦督銷,詳准鞏、孟補運,陝運亦相繼請補,獨民販向隅。三十年,河東道吳匡慨念加價迭增,商本與官本并重,爰定履勘規則。除例由地方文武會勘結轉,復責成沿河駐緝卡員劃界分疆,如期履驗。夾馬口局北轄至廟前渡,南轄至鹼莊。下馬口局北轄至鹼莊,南轄至風陵渡。三河口局北轄至朝邑城南,東轄至潼關,西轄至大張。臨渭局東轄至大張村,西轄至草灘。草灘以西之咸陽等處均歸乾武局管轄。夾馬口對岸之韓、郃、澄、朝屬地,由韓郃緝私局,北轄至芝川鎮,東轄至朝邑縣城。各按各區,勘實詳報,由道彙核詳轉,分別准駁。鹽政張曾敭韙之,案乃定,至今奉行無弊。

分别给票运盐

如《增志》。

改置年季商首

如《增志》。

禁革州县盐规

山西州县之定有缉私经费，始於光绪七年，载在《增志》。九年，盐政张之洞复申需索陋规之禁，并将缉私经费改爲销盐一名，运夥输银二十两，概不分等。仍销至七成以上，方准开支。署代人员按月匀计，弥补巡缉公用。此外到任贽见、节寿、季规、刑钱、门印、抽丰、随使等名目一律全裁。同城之文武微员旧资津贴并准於七成销满、一体开支，多寡以向章爲率。其分位较尊之知府、参将，虽同城亦不致送。傥州县因盐规裁革牵掣商人之肘，抑或任令私梟出没置之不埋，由道查明详参。资其办公，并以严其责任。今虽改爲包贩，一切因之。

扒票各式

如《增志》。

引　目

鹽引本末

歸丁裁引

復商引數

復商額引分目

以上四條備載《增志》，皆免商以前故事。兹存分目，以符原例。

官運引數

如《增志》。

官運額引分目

如《增志》。

領繳則例

領引原有定限。自經奏銷迭展，綱引遞積，領期亦即遞推。光緒二十六年,始停奏銷展限。是年秋季,派領二十二年丙申綱。新引自斯以後,挨綱請領,期亦如之。至官民繳銷殘引,陝西由三河口委員蓋戳,河南由鹽經歷蓋印,山西自改官民并運,設隘口批驗四十四州縣殘引,統歸隘口委員蓋戳,并截第四角,隨時繳道貯庫。三岸繳齊後,彙總鑿孔解部。

奏銷期限

溯自奏銷展限以來,每十六個月奏銷一次。三綱之引,四年方能銷完。光緒二十六年,停止請展。是年八月底爲甲午綱鹽引奏銷屆滿之期,因即依期造報。嗣後每綱新引均於九月朔開辦,年滿奏銷。剩引若干歷准分年帶徵,至今遵辦。

課　　額

課項源流

攤課歸丁

公用酌留

復商課程

正雜款目

復商公用款册

以上六條備載《增志》，皆免商以前故事。茲存分目，以符原例。

官運課程

河東鹽課經四次核減，自光緒六年始仍復歲徵銀五十五萬六千三百五十九兩一錢二分五厘之舊。不數年，籌辦海防，繼復益以四國洋款、克薩鎊款、大案賠款,近又奉行抵補藥稅,統計新增之款名目有六:始於十一年者曰海防經費,歲徵銀五萬二千九百八十六兩五錢八分四厘;始於二十二年者曰晉陝另籌加價,歲徵銀七萬一千九百六十九兩八錢;始於二十六年者曰按引攤捐,歲徵銀三千一百七十九兩一錢九分五厘;始於二十七年者曰償款攤捐,歲徵銀一萬二千七百一十六兩七錢八分;始於二十八年者曰公約賠款加價,歲徵銀二十一萬一千九百四十六兩三錢三分三厘;始於三十四年者曰普通加價,歲徵晉省一半解部銀七萬一千六百七十六兩七錢,一半解司銀七萬一千六百七十六兩七錢。又解司陝豫兩岸撥回產鹽省分銀七萬八千八十二兩八錢四厘,合計新增銀五十七萬四千二百三十四兩八錢九分六厘。連原有課額,共應歲徵銀一百一十三萬五百九十四兩二分一厘,其陝豫兩省另徵之新舊加價不在此數。所有奏咨各原案備載奏疏門,以及攤徵細數見後《徵收則例》條下。

徵收則例

河東道庫經徵各款向皆按引匀攤。自光緒六年以迄於今,綱引未嘗增減,合三省并計共四千九百九十八名七十九引,又靈寶三百名,是為五千二百九十八名七十九引。每一百二十引為一名,每引配鹽二百五十斤,每名合鹽三萬斤。在先商運時,以五月至九月為課限,每月三、六、九日開庫,課項公務均各按引封齊。今課限改為常年,而庫期仍舊。所有按引徵收之正雜課項暨節次新增各款,一并分晰列後。

——三省正課。每名銀五十兩,每綱合銀二十四萬九千九百三十二兩九錢一分七厘。咸豐四年定章內,除解部領引紙價銀一千七百九十九兩五錢一分七厘,實入撥册銀二十四萬八千一百三十三兩四錢,歷奉部撥,指解甘餉。

——三省雜課。每名銀五十五兩,每綱合銀二十七萬四千九百二十六兩二錢八厘。咸豐四年定章內,除鹽屬各官役養廉工食并解餉領引委員盤費,一切年額支解公用銀二萬六千八百餘兩,實入撥册銀二十四萬八千一百餘兩,歷奉部撥,指解甘餉。

——靈寶正課。每名銀五十兩,每綱合銀一萬五千兩。咸豐五年,議加鹽票。七年,改領部引內,除解部領引紙價銀一百八兩,實入撥册銀一萬四千八百九十二兩,歷奉部撥,指解甘餉。

——靈寶雜課。每名銀五十五兩,每綱合銀一萬六千五百兩。咸豐五年議加內,除撥解河南藩庫唐裕歸公鹽規銀五千七百五十兩,實入撥册銀一萬七百五十兩,歷奉部撥,指解甘餉。

——海防經費。每名銀一十兩,每綱合銀五萬二千九百八十六兩五錢八分四厘。光緒十一年,遵奉部飭,依照兩淮攤捐章程,定為常捐,存儲候撥。十三年,詳蒙奏准,由此款內年解甘餉銀四萬兩。自二十年起,改撥內務府經費。

——晉陝另籌加價。每名銀二十四兩,每綱合銀七萬一千九百六十九兩八錢。光緒二十一年,遵奉部飭,按斤加價,以佐軍需。除豫鹽由豫設局抽收外,晉陝請自二十二年五月始,隨課另徵。此款免予加價。旋奉部文,每年以六萬兩解江海關道,歸還俄法、英德兩款息本。

——按引攤捐。每名銀六錢,每綱合銀三千一百七十九兩一錢九分五厘。光緒二十五年,遵奉部飭,勸諭鹽商按年捐輸一次,存候撥用。自二十六年五月初一日起徵,旋奉文湊解克薩鎊款。

——償款攤捐。每名銀二兩四錢,每綱合銀一萬二千七百一十六兩七錢八分。光緒二十七年,遵奉部飭,籌認償款。河東鹽商一律攤捐,自二十七年九月開辦丙申綱起徵撥解新定大案洋款。

——公約賠款加價。每名銀四十兩,每綱合銀二十一萬一千九百四十六兩三錢三分三厘。光緒二十八年,遵奉部飭,每鹽一斤加價二文,每名折收銀四十兩。自是年九月開辦丁酉綱起徵撥解新定大案洋款。

——晉引解部普通加價。每名銀四十三兩,每綱合銀七萬一千六百七十六兩七錢。光緒三十四年,遵奉部飭,每鹽一斤加價四文,以一半解部抵補練兵經費,除陝豫已歸各該省抽收解部外,晉引每名應繳錢六十千文,折收銀四十三兩。自是年八月起徵。

——晉引解司產銷加價。每名銀四十三兩,每綱合銀七萬一千六百七十六兩七錢。光緒三十四年,遵奉部飭,每鹽一斤加價四文,以一半劃歸產鹽銷鹽省分,勻撥濟用。晉引每名應繳產鹽銷鹽加價錢六十千文,折收銀四十三兩。自是年八月起徵。

——陝豫撥回產鹽省分加價。每名銀二十一兩五錢,每綱合銀七萬八千八十二兩八錢四厘。光緒三十四年,遵奉部飭,普通加價四文。陝豫兩岸之解部一半二文暨銷鹽省分一文、由各該省抽收分解晉省應得之產鹽省分一文,自是年十月起劃歸運庫,隨課徵收,同晉引產銷加價,彙解司庫,抵補藥稅。

【按】以上各款每綱共徵銀一百一十三萬五百九十四兩二分一厘,皆入春秋撥冊,報部核銷。

附列商捐公用各款

——公費。每名銀十五兩,每綱合銀七萬九千四百七十九兩八錢七分五厘。詳見《增志》。近因鹽務滯銷,詳定包繳章程。封課而不運鹽,一切商捐概行豁免。并因商情困憊,不能不隨時調劑。先徵課款,後完公用,是以歲收之數多不及額。下七款均此。

——銷價。除靈寶加引外,每名銀三兩三錢四分六厘,每綱合銀一萬六千七百二十五兩五錢一分。詳見《增志》暨前坐商門。

——三打貼。每名晉陝限八兩,豫省銀七兩六錢,靈寶銀九兩一錢二分,每綱合銀四萬一千九百二十五兩三錢。豫、靈始於咸豐五年,陝引始於六年,晉引始於光緒二十七年。經收此款,備支三岸印委各員緝私經費、勇役船戶工食、修造船隻以及開綱之用。

——池脚備公。每名東、西場扣銀二兩二錢,中場扣銀二兩一錢,每綱合銀一萬一千兩譜。咸豐四年免商後,就運販挈鹽池脚內提收此款,以備地方公用。近因育嬰堂生息本款不敷甚鉅,亦即取給於此。

——保用。每名晉陝銀四錢,豫靈銀七錢三分三厘,每綱合銀二千八百八十五兩三錢三分九厘。咸豐八年定章,運販隨課交庫,由安邑縣具領,備支運安等處差務暨解餉出差車馬等用。嗣改由道自辦。

——墻工經費。每名銀一兩四錢,每綱合銀七千四百一十八兩一錢二分二厘。同治十二年起,每名收銀二兩。光緒十一年,減爲一兩四錢,坐、運各半捐交,備支修理禁墻并歲修各工程以及巡查禁墻員役薪工之用。近復湊解克薩鎊款。

——團練經費。每名三兩六錢,每綱合計收銀一萬九千七十五兩一錢七分。光緒十一年,定爲隨課繳庫,每名坐商四錢,運販一兩二錢,備支運安鹽營薪餉。宣統元年,并收運商經費銀二兩,抵補鹽捕營薪餉。

——粥廠經費。每名一錢五分,每綱合銀七百九十四兩七錢九分九厘。同治五年定章,坐商、運販共捐銀三錢。嗣因體恤運販,僅留坐商銀一錢五分,備支冬令粥廠費用,并散放棉衣等銀。

【按】以上商捐八款,向歸外銷。自光緒三十三年,一并列入憲政編查館暨度支部調查之統計表册。

撥解定制

定制撥解餉項係於春秋撥册到部,就册內徵存銀數,按款指撥遵解。嗣因徵收短絀,漸至先行指撥,盡徵盡解,并有奉飭設法籌解之項。推原其故,蓋由撥則按綱,徵則按年。一自岸鹽滯銷,不能逐年清綱,遂致徵不敷解。是賴權衡緩急,殫竭籌維,於奉撥要需依期解足,餘則竭力騰挪。解過若干,動用何款,隨時造入撥册暨奏銷册詳請奏咨核銷。兹將近年奉撥定有期限各解款分列於後。

——甘肅新餉四十八萬兩。動用每綱之正雜引課等銀,先於年內預解來年三成,次年四月底再解三成,九月底解清,逐年遞推。

——內務府經費銀四萬兩。動用海防經費分六、臘兩月解交。

——四國洋款銀六萬兩,又補鹽課平色銀八百八十四兩六錢七厘。動用晉陝另籌加價內俄法三萬兩,三月解六成,九月解四成。又英德三萬兩,按二、五、八、冬四個月勻解。

——新定大案洋款銀五萬九千兩。動用各項鹽課銀五萬兩,償款攤捐銀八千兩,分十二個月勻解。每年臘月朔為第一期,至次年冬月朔解清。又動用司撥加復俸餉銀一千兩,分臘、三、六、九四批勻解。

——代司庫歸還新攤大案洋款銀一十八萬兩,隨補關平銀二千九百五十七兩四錢,又補鹽課平色銀二千六百五十三兩八錢二分四厘。動用公約賠款分十二個月勻解,每年臘月朔為第一期,次年冬月解清。

——克薩鎊款銀二萬三千兩,又補鹽課平色銀四十四兩三分三厘。動用官運餘利商捐工程銀二萬兩,按引攤捐銀三千四十四兩三分三厘,每年冬月初十日解清。

——解部晉引普通加價。

——解司晉引產銷加價。

——解司陝豫撥回產鹽加價。以上三款盡徵盡解。

【按】運庫解款,尚有解部減平在京部院各衙門飯食、規禮、公費等銀,均係循例解交,照案造報,無關指撥,概免贅錄。

又有前奉指撥之雲南銅本以及抵補江南淞滬貨厘,因引積課懸,無從籌解,故不列入。

課錠平色

運庫平式自百兩正法遺失後,副法年久磨輕。光緒十二年,派員赴部領換正副新法馬。自一錢起至一百兩,各一十九錠。經戶部照依庫儲祖法較準頒發。二十六年,委員孫壽椿解直隸薊州董軍兵餉。正值中外開釁,又將帶往較對交餉之百兩副法遺失。嗣後,兌收鹽課即以庫存正法為準。委員解餉,仍以錢法較準,帶往比兌。至十兩課錠暨九九成色,悉遵舊制。

官運公用款冊

《增志》所載之九十款內,除補解霉爛引紙價、領換霉爛引盤費兩款為多年所未支已歸刪除外,餘則於每綱奏銷雜課時,照案以二萬六千八百餘兩開列應支,仍分別實支、節省以及扣存、提存,分款造報。并有於雜課外另行提扣二款出自商捐公用等項者,茲并列於後,以備統計入款之目。

雜課項下節扣八款。

——賓興文武生員、文武舉人酒筵等項節省銀二百一十九兩二錢五分二厘。

——支發官役養廉工食六分,減平無定額。以上二款每年於春、秋二季專案解部。

——扣存各項節省銀五千兩譜。

——扣存空曠空缺銀無定額。

——扣存鹽屬各官役紙朱工食三成銀二千兩譜。

——扣存監掣同知養廉一成品級銀一百二十兩。以上四款湊解甘協各餉。

——扣存繳引飯食等銀三百七十兩。此款留備解繳殘引時支用。

——提存涼莊將軍都統養廉并腳價鞘木等銀二千六兩三錢一分四厘。此款光緒十一年咨部湊解甘餉,二十九年咨准湊解大案洋款。

商捐公用等項提扣三款。

——提備餉需銀一萬四百六十一兩。此款係光緒十一年奏明,將河東鹽務各官公費分別減支停支作爲報效餉需,撥解甘餉。嗣又咨准湊還四國洋款。

——提存商捐工程及官運餘利銀二萬兩。此款係光緒二十六年奉准部飭,各省關稅厘金鹽課裁去陋規,提歸公用。當將官運盈餘并工程裁減,每年以二萬兩提存公用,撥解克薩鎊款。

——提撥加復俸餉銀一千兩。此款係光緒十三年奉文將河東應解司庫之京員津貼改爲加復俸餉。二十六年,改解大案洋款。

再查運庫撥册尚有畦稅一款,係復商案內奏准坐商典賣畦地,每價一兩,納稅三分,由河東道印契,無庸粘司契尾。所收銀兩,歲無定額,湊解甘協各餉。

律　　例

律　　例

如《增志》。

處分則例

——本地私鹽興販出境及鄰邑私鹽入境販賣，該管之州縣吏目、典史等官不能擒獲，扣限六個月。查參係小夥私鹽（不及十人爲小夥）將該管官罰俸二年，再限一年緝拿。限滿不獲，降一級留任，鹽犯照案緝拿。係大夥私鹽（十人以上及帶有軍器者爲大夥）將該管官降一級留任，再限一年緝拿。限滿不獲，即照所降之級調用，鹽犯照案緝拿。（俱公罪）

——小夥私鹽拒捕傷人之案，州縣官失察一次者，降一級留任；二次者，降二級留任。俱戴罪勒限一年緝拿。限滿不獲，革職留任。拿獲及半，准其開復。或拿獲別案私鹽，亦准其抵銷。無獲，按限開參。失察三次者，降四級調用。道員、知府、直隸州等官無庸以通屬州縣并計失察二次者，降一級留任；三次者，降二級留任。俱戴罪，限一年督緝。限滿不獲，革職留任。拿獲及半，准其開復。或拿獲別案私鹽，亦准其抵銷。無獲，按限開參。失察四次者，降三級調用。（俱公罪）

——大夥私鹽聚衆十人以上拒捕傷人者，州縣印捕官降

二級留任,道員、府州等官降一級留任,俱限一年緝拿。限滿不獲,專管官照所降之級調用,兼轄官降二級留任。(俱公罪)

——鹽課正項雖完、耗羨未完及引票係通融銷售并現年之課雖完而帶徵之課未完者,均不准議敘。該督撫、鹽政於題銷疏內分晰聲明,以憑查核。

——奸商捏報淹消,朦領護照,如部行未領先請給發配運到岸,地方官扶同捏報者,革職拿問。該運司并不查明遽行發給護照者,照徇庇例降三級調用。黨地方官止係失於覺察致被朦混轉詳者,降三級調用。未經查出給發護照之運司,降一級調用。(俱公罪)

——專管地方之印捕官一年內能拿獲小夥私鹽一起者,記錄一次;二起者,紀錄二次;三起者,紀錄三次;四起者,加一級。每按一起照此遞加兼管之道員、府州。一年內統計所屬拿獲小夥私鹽三起者,記錄一次;六起者,加一級。每按三起照此遞加。

——專管官一年內能拿獲大夥私鹽一起者,加一級;二起者,加二級;三起者,不論俸滿即升。兼轄官一年內統計所屬拿獲大夥私鹽一起者,記錄二次;二起者,加一級;三級者,加二級。每按一起照此遞加。

【按】右數條均光緒十三年修改。

銓選則例

——光緒十年,奏定鹽運同、鹽庫各大使、布政司經歷、布政司理問、按察司經歷、直隸州州同、州判,無論何項缺出,統令各該省咨部銓選一次、扣留外補二次在部所開之缺。未經聲明扣留仍應歸於月分銓選，無庸積缺，以免參差攙越。

——光緒二十年，奏定嗣後將升調遺并雜項所開之缺與丁憂病故所出之缺，分爲兩輪各積各缺，按照咨留定例分別核計。所有截缺日期、丁憂病故遺缺仍以例定截缺日期爲斷。升調遺并雜項所遺之缺，無論內選外補，均以奉旨見缺之日爲斷，以免牽混而歸畫一。

——科舉停後奏定錄用舉人新章，無論中式久暫，省分遠近，准赴吏部具呈考試，由部奏請欽派大臣會同揀選。一等者，以知縣用；二等者，以直隸州州同、鹽庫各大使用；三等者，以按察司、鹽運司經歷，州判、府經歷、縣丞用。中式未滿十年，分別捐免年限。

——科舉停後。奏定錄用五貢新章，除恩拔副貢准就職直隸州州判外，五貢兼准就職按經歷、鹽經歷、州判、府經歷、縣丞等官。其考取未過十年者，分別捐免年限。

——三十三年奉旨："疏通舊學，寬籌出路，著禮部會考舉貢，分爲三等。舉人之挑取二等者，以直隸州州同、鹽庫各大使用；三等以按經歷、鹽經歷、州判、府經歷、縣丞用，免繳捐免年限銀兩。五貢列二等，視舉人之三等。"

禁緝扼塞

山西省

硝池灘。見鹽池門。

五姓湖。自犁毀井畦後，仍派委巡緝以善其後。今雖裁留一員，仍與永、虞、臨三縣按月會哨結報，俾免百密一疏。

蒲灘。設津貼代賦，俾灘民無所藉口，意美法良。光緒十二年，河東道俞廉三查知代賦銀兩舊由永濟縣先徵後給，徒多周折，易啓侵漁。由縣具領徑解司庫，民無墊完之苦，官無徵比之煩。石示於灘，永爲成例。至津貼一項，自光緒六年減半給領，十年減爲半中之半。殆因大祲之後，户口凋殘。其查灘委員一正兩副，或由省派，或由道派，或改用武弁，或一正一副，皆因時制宜。現只遴委鹽務一員督勇駐緝，并自三十二年爲始，將永濟縣折工人犯發往平堆填井，期於盡絕根株。

雞心灘。如《增志》。

龍王辿。初裁緝私委員時，維光緒九年鹽政張之洞弛吉蒙等鹽水運之禁，准運至皇甫川爲止，扼要於包頭、河曲置卡抽厘。河曲以下之天橋、羅峪、馬家塔子以及軍渡、磧口，或責成通判或責成厘局嚴行查緝，外似放寬一步，内實收緊一分。龍王辿居磧口下游，無私可緝，因即飭裁。明年陝境花、土等盐由延長對渡入晉，以龍王辿爲起岸處所，侵及霍、隰所屬引地，遂議復設。三十一年，節冗費，復裁撤。

三門口緝私委員。光緒十五年，移駐鞏縣之雒河口。其時蘆私内灌，充塞於登封、鞏、孟間。未幾年，豫岸創辦督銷。鞏、孟、三門各派各員。二十九年，改爲自春徂秋督勇十名，分駐盤南、蒿店，冬令并駐三門。三門水勢激湍。常盛漲時，步勇難期得力。盤南、蒿店爲私船停泊之所，相時塡扎，用臻周密。

磧口鹽捕通判。光緒三十三年，移設東勝廳，磧口裁缺。地方捕務歸冀村巡檢接管，鹽務、河快、緝私等費均歸節省。

雕巢、良馬、虒亭爲潞澤緝私三卡。光緒八年，移雕巢、良馬二卡於大河口、東陽關。論其要衝,大河口為最,東陽關次之,均緝蘆私。虒亭驛又次之,兼緝蒙土各私。該三卡委員或由潞安府委,或由河東道委,迭有變更,其終仍歸河東。三十年,大河、東陽兩差以各該厘卡委員兼充,旋歸壺關、黎城兩縣兼辦。虒亭屬襄垣縣治,亦即責成接管,原設員勇經費全歸節省。

陵川毗連豫界,密邇蘆私,要隘有三:曰甘河,曰奪火,曰古郊。距縣八九十里、百里不等。又有柳樹、東硤、小雙諸口,縈迴鳥道,防不勝防。更有嶺名狐兒者,向為私窩,不獨為患陵川,鳳、高亦均波及。河東道吳其復於光緒八年遴派三員督勇分扎,私僥稍戢。嗣後,改為一員,勇餉半歸商認。自二十八年官民并運後,鳳、高商認之勇餉相率停止。僅陵川縣知縣認募巡勇九名,其餘二十名餉由庫支。

陝西省

陝岸引地,灘私內患也,花私外患也。鹵泊灘,橫枕蒲、富。蒲東、富西二者相權,西灘尤烈。其法收土淋鹵,用鍋煎熬。名鍋鈀鹽,色黑味鹹。東灘鑿井開畦,澆曬與解池略同,名淖子鹽,又名白不鹹。總名曰小鹽,色白味澀。自光緒三年大加懲創後,未幾復萌故智。塞井夷竈之說,徒煩文告,罕見實行。加以宜川、洛川、宜君、三水、淳化、邠州、長武、麟游、扶風等縣與潞鹽引地接壤,例食花馬池鹽,本輕價廉,到處侵灌,以致渭北一帶潞販裹足不前。光緒八年,鹽政張之洞飭道派員查辦。先從嚴禁灘私入手,因民間之以淡食藉口也,於是招定潞鹽專商。因官吏之誘咎鄰私也,於是分設渭北四卡。自此以往,督緝未嘗稍懈,陝引得有溢銷。而地之官紳往往以大利在民，欲弛灘禁化私爲官之策。屢准函咨而利少害多，以河東道俞廉三駁爲最切。嗣經陝撫派撥防勇駐紥蒲、富兩界之荆姚鎮，與印委按期會哨，袪其太甚，終難盡絶根株。十九年，鹽政張煦奏辦督銷。渭北設三員。一駐蒲城，管大、白、蒲、富、同、耀、涇、三、高九州縣，注重嚴緝灘私。一駐郃陽，管韓、郃、澄、朝四縣。一駐乾州，管乾、武、永、興、禮、咸六州縣。時有鞭長莫及之虞。三十二年，河東道陳際唐復設駐耀一員，以同、耀、涇、三、高五屬隸焉，仍循開辦時渭北四卡之舊。渭南爲灘私去路，員勇照派。

河南省

豫岸引地之患曰蘆私，曰汴私。前志已言其詳。汴私不能單行，率皆販至南陽攙入潞鹽。售賣蘆私，則毗連壤接，且味厚價廉，以鞏、孟、襄、葉、郟、寶爲侵灌最要門戶。同治十三年之試辦襄、郟，甫行即輟。光緒初年之試辦鞏、孟，雖有小效，然亦勉强支持。十九年奏辦督銷，以鞏、孟爲基礎，募水勇，設巡船，規模擴張，成效立致。而襄、葉，而郟、寶，次第舉行。自接辦官運以來，設轉運於韓城、汝州，又葉縣屬之保安、寶豐屬之瀼陽，均設分銷各局，於是水陸兩運，相爲犄角。現計官運六縣，一員專理鞏、孟，一員管理襄、葉、郟、寶。巡勇支配，緩急相需。

學　　校

學　　宮

學宮圍墻於光緒十五年河東道邁拉遜任內籌款通用磚砌，并補修殿廡殘缺。三十三年，欽奉諭旨："先師孔子升大祀。"經禮部議奏，直省府廳州縣文廟殿廡墻垣、崇聖祠殿廡一律通覆黃瓦。大成殿、大成門、衙門、御碑亭并須修飾見新。河東道陳際唐派員督飭紳商領款興修，詳明動用鹽池歲修銀萬餘兩，閱年餘而工始竣。三十四年十一月，今上御極，奉旨："著南書房翰林書'中和位育'匾額，頒發懸挂。"餘詳奏疏及藝文門。

名宦祠。如《增志》。
文昌閣。如《增志》。
魁星閣。如《增志》。
樂舞。見奏疏門。

學　　額

自停科舉後，士子進身之階由各學堂畢業諸生分等考取。雖學生各有定額，而逐漸推廣，遞有加增。即如五年畢業之河東中學堂，成於光緒二十九年。原額學生一百二名，又客籍四名。三十四年，已增至二百二十名，是年畢業者五十六名。四年畢業之河東高等小學堂，成於三十一年。原額學生六十名。三十四年，已增至六十七名，是年畢業者二十二名。應得獎勵出身，由提學司詳咨學部考核，分別奏咨，照章給獎。姑志大略，以備稽考。

書　　院

道屬生童隸民籍者肄業河東書院，隸商籍者肄業宏運書院，備載前志。河東道馮煦、吳匡任內際停止科舉之始，遂於光緒二十八九曁三十一等年先後將河東書院改設河東中學堂，爲升入省城大學堂之預備。其宏運書院改設河東初級師範學堂，分簡易、完全兩科以養成各屬教員曁升入省城優級師範爲宗旨，并附設高等小學堂於內，期於試驗師範兼爲升入中學堂之預備。不分籍界，但分學科。第綱目雖張，而規模未備。三十二、三、四等年，河東道陳際唐次第擴充建築設置以及圖書、標本、彝器。河東中學堂動款至七千餘兩，初級師範學堂動款至六千餘兩，附屬高等小學堂亦動款至一千七百餘兩，皆官紳合辦，用昭核實。加以廣學額，增教員，不惜鉅資，力求進步，常年經費歲需一萬四五千兩，悉由道庫籌支。

【按】預備立憲以地方自治爲基礎。河東道陳際唐於成立各學堂外，另設警察講習所於守備舊署，飭諭屬州縣各選送品行端正、鄉望素孚之士紳數人到所研究警察法政，仍分簡易、完全兩科。畢業後，派令各回原籍，將團練改辦巡警，諸要務禀承地方官實力改良，并盡舉所講習者赴鄉演說教練，期於維持秩序，保護治安。宣統元年，附設初等實業學堂於其中，先從蠶桑專科入手，以官桑園二區爲試驗場，仍飭平、蒲、解、絳四屬州縣保送合格學生到堂肄業,徐圖擴充。

【附】社學

河東四義學經年既久,敷衍者多。一自改設學堂,尤當以蒙養爲先。河東道吳匡歸并原有義學爲東、西兩路初等小學堂,河東道陳際唐添設中路小學堂,分延國文、科學教員,俾有普通知識,爲升入高等小學之預備,統歸高等小學堂辦事員稽察管理。常年經費一千三百餘兩,由道庫籌支。

科　　目

查《增志》科分編至光緒八年壬午爲止,兹接續編列

進士

自壬辰至戊戌三人,補遺一人,詳人物一人。

葛文模:光緒壬辰科,法部主事。

劉宜篤:光緒乙未科,江蘇知縣。

楊克烈:光緒戊戌科,詳人物。

補　遺:董應魁:嘉慶庚辰科,湖北隨州知州。

武進士

補遺一人

柴建業:乾隆庚辰科,詳人物。

舉人　已登進士者不書名

自乙酉至癸卯一十七人,補遺一人,内詳人物一人。癸卯以後科舉停止。

王蔚林：光緒乙酉科
李繼翱：光緒戊子科
武培元：光緒戊子科，河南知縣
武紹元：光緒戊子科，陝西知縣
葛爾壽：光緒辛卯科，寧武縣教諭
郭　基：光緒癸巳科
張思卿：光緒甲午科，長蘆鹽大使
仝良弼：光緒丁酉科，陝西通判
劉傳經：光緒壬寅并科，廣東鹽大使
王克寬：光緒壬寅并科
姚仰煦：光緒壬寅并科，禮部主事
趙維垣：光緒壬寅并科
柴晉芳：光緒壬寅并科，長蘆鹽大使
柴豫芳：光緒壬寅并科
喬滋樾：光緒癸卯恩科，長蘆鹽大使
荆致中：光緒癸卯恩科
樊振秀：光緒癸卯恩科，長蘆鹽大使
補　遺：
惠從郊：乾隆壬申恩科，候選知縣

貢生　已登科者不重錄

自壬午至戊申二十三人，補遺二人，內詳人物一人。

衛　源：光緒壬午恩貢
閻庚辛：光緒壬午歲貢
王興賢：光緒壬午歲貢

張榮甲：光緒乙酉副貢
荆藻江：光緒乙酉拔貢
王殿棟：光緒丙戌歲貢
李西園：光緒戊子歲貢
高明泰：光緒庚寅恩貢
吕春生：光緒庚寅歲貢,陝西府經歷
李如柏：光緒辛卯恩貢,蒲縣教諭
王　澤：光緒壬辰歲貢
吴念祖：光緒甲午歲貢,汾陽縣訓導
岳貫三：光緒丙申歲貢
陳善謨：光緒丁酉拔貢,江蘇州同
郭應鰲：光緒庚子恩貢,候選州判
景桂得：光緒庚子歲貢
王甲生：光緒壬寅副貢,河南直隸州州判
喬聯沅：光緒癸卯恩科副貢,四川知縣
張士秀：光緒癸卯恩科副貢
楊鍾彦：光緒癸卯恩科副貢
景天章：光緒甲辰歲貢
劉子蔭：光緒丙午優貢,内閣中書
薛鍾岳：光緒戊申歲貢
賈普慶：光緒庚辰歲貢

補　遺：

柴作霖：光緒乙亥恩科副貢

【附】例貢二十九人,補遺一人。

曲舞韶：廪貢

姚　炳:廩貢,候選主事

王芳士:廩貢

耿映星:廩貢

楊克敬:廩貢,同知職銜

朱文燦:廩貢,同知職銜

薛　楷:增貢,河南巡檢

朱　城:附貢

朱　均:附貢,陝西盩厔縣縣丞

王天健:附貢

郭　楨:附貢

姚　塗:附貢,候選主事

李　均:附貢

曹步青:附貢

毛逵鴻:附貢

賈聯第:附貢

岳應躬:附貢

俞忠楷:附貢,候選巡檢

周新甲:附貢

陶運隆:附貢

郭煥離:附貢,陝西藍田縣典史

梁德溥:附貢,陝西渭南縣縣丞

劉振都:附貢

楊春芝:附貢,陝西典史

康汝麟:附貢,陝西縣丞

解泰交:附貢

郭鐘禮:附貢,本省縣丞

楊樹德:附貢

馬名儒:附貢,候選訓導

補　遺:

惠及輔:康熙年間歲貢,候選訓導

【按】《增志》紀科目以起自運學爲斷。茲依《增志》體例,采取運學案卷,以次而書。其有《增志》所遺,而運學確有舊册可稽者,概行補志,期無闕略,爲都人士①光。

人　　物

賈元杰:字偉如,安邑運城人,咸豐戊午恩貢,性肫,摯篤於孝弟。父殁,兄病癲。授徒營生,奉母養兄。數十年,無稍息。著有《毛詩正字》二卷。殁後,選授沁水縣教諭。

胡肇魁:咸豐己未恩科舉人,學淹博,以孝友聞於時。家居授徒,卓然可爲師法。

郭文煋:字紫垣,安邑人,同治丁卯孝廉方正,治家有法。七世同居,子侄數十人。化其德,皆雝雝②。性尤慷慨。邑東通惠橋、城内節孝祠,皆所倡修。既卒,邑人爲立懿行碑。

周如愚:安邑人,事繼母以孝聞。母足病廢,動則躬負,如是有年。兄弟十人,皓首同居,男女一百五十餘口。化其德,皆怡怡。同治九年,運學奉文補舉元年孝廉方正,士林公舉以應。

---

① 都人士:居於京師有士行的人。河東爲堯舜禹舊都,故云。
② 雝雝:和諧的樣子。見《詩經·大雅·思齊》:"雝雝在宫,肅肅在朝。"

郭焕烈:同治癸酉舉人,父椿壽爲廉州太守,家素豐。焕烈自奉一如寒士,力敦儉約,爲鄉里先。性和平,接後進必諄諄以孝友相策勵。卒,妾李氏殉。

賈普慶:榮河人,商學歲貢生。孝於親,友於兄弟。讀書不慕榮利,授徒不計束修。門人多登仕版①,仍淡泊自甘。卒後,士林發其潛德,立教思碑。

楊廷茶:光緒丙子舉人,性聰敏,博涉羣書,爲文卓犖,有魄力。自其爲諸生時,運安兩學士子皆自謂不及也。爲人正直,不阿流俗,人亦欽之。

王撫辰:商學增生,居恒好善,行之無倦。運垣當同治時,市有死人。衙役尋隙需索,因而破產者衆。惻然憫之,倡議禀官創同善公局,施棺掩埋。自是市井晏然,邑人感之,石紀功德。

郭迎暹:字進光,世居運城,商學廩生。因貧,棄舉子業而就鹽館。家漸豐裕,性好施與,周族戚不遺餘力。有從兄弟夫婦早逝,撫其孤,若己子。及成立,給田百畝,俾資生計。侄孫運鹽負累,慨助之金。外弟卒,婦少子幼,極力周恤,均賴成全。友有客死甘肅,貧難歸葬,輸以資,令其子扶梓回。此皆嘖嘖人口者,其他懿行多類是。

趙天乙:字秀東,商學增生,父長庚授徒爲業,嚴而有法。秀東少嫺庭訓,長繼父業,善於誘掖,多所成就。性質直,未嘗面諛人。朋友有過輒規,能改即止,人皆諒其誠,樂其恕。光緒丁丑大饑,欽差閻敬銘引以襄辦賑務,公平勤慎。平生嚴辨義利,非其分一毫不苟。

---

① 仕版:登録官吏名字的簿册,借指仕途、官場。

楊　焜：字耀堂，號省吾，商學廩貢。生性純樸，以孝弟聞於鄉。繼母病，親侍湯藥，衣不解帶者百餘日。其寡姊有兒，六齡病危。焜憂之一夜，髮爲全白。寡妹携兩子依之居。迨甥成人，爲置產業，而後析之居。恒好學孜孜，著有《農事瑣言》《風水論》《周易解說》。

惠迪吉：字棐臣，安邑人，光緒己卯舉人。事繼母以孝聞。兄卒，事孀嫂，撫猶子，曲盡恩禮，鄉人稱之。主講垣曲書院，獎勵士子，文風丕變。佐前邑令趙輔堂厘剔積弊，邑人被澤者夥思其德，紀之石。平居好讀《朱子綱目》，寢饋不釋，有宋儒風。

楊克烈：字承伯，安邑人，光緒戊子舉人，戊戌進士。榜下，簽發河南知縣。值變法之初，奉委創辦客籍師範學堂，兼主講席，克盡厥職。嗣辦銅元局，鈎稽出入，弊絶風清，大吏深嘉之。

補遺：

柴建業：安邑人，乾隆丙子武舉人，庚辰進士，官至副將。身長九尺，弓挽六鈞。喜讀春秋、孫、吳等書。征逆苗，戰績卓著。高宗純皇帝南巡，條對稱旨，蒙賜大緞貂裘、樂善堂書畫。

奏　　疏

潞鹽試銷太汾疏

光緒九年巡撫兼鹽政　張之洞

再河東鹽務積累滯引太多，課虧餉絀。催西餉則文移火急，責奏銷則部限森嚴。推究本省潞引不銷之故，則由於蒙鹽違例水運，侵灌潞綱，延及平陽、潞、澤等府，霍、隰等州，不復知有違禁越界之事。

經臣申明定例，嚴飭沿河官吏咨會陝甘兩省曉諭商販，令其照例水運至皇甫川爲止。查定例，蒙鹽陸運至晉者，止准由殺虎口入邊。今查殺虎一路，程途稍覺紆回。運銷蒙鹽既有益於商販，亦有裨於外藩，因擬酌量從寬。如有陸運入晉者，除殺虎口外，准其由皇甫川對岸之河曲縣渡河登岸陸運，至向銷蒙鹽之口內外三十四廳州縣地面行銷。其向行土鹽引之陽曲等三十州縣，亦准照舊兼銷，不准任意再由皇甫川下駛。

惟太、汾兩府爲晉省南北適中之地，又爲蒙、潞各鹽接界之區。該兩府本係例定土鹽引地，因土鹽味劣產少，民食每多不敷。嘉慶十七年部議責令潞商承辦吉鹽六十四廳州縣引岸，而潞商不願兼辦。是以當時權宜辦法，聽其兼食蒙鹽。體察今日情形,若僅聽蒙鹽兼銷,而不兼銷潞引,必不能杜蒙私南路之侵灌而護潞岸切近之藩籬。

且查吉蘭泰引課六萬三千五百餘兩,先係潞商代完以後改歸全綱攤認。是吉池銷無課之鹽,潞綱賠無鹽之課,事理不平,莫此為甚。況充斥潞岸之蒙鹽多倫諾爾、蘇尼特、烏珠穆沁、浩齊特、花馬池,各處所產皆有,更非獨舊引有名之吉蘭泰一種而已也。

因飭河東道酌提潞綱積引,配鹽轉運,分赴汾州府屬之汾陽、平遙、介休、孝義,太原府屬之陽曲、太原、徐溝、文水、榆次、太谷、祁縣等十一縣試辦行銷,以輔土鹽、蒙鹽之不足,價值務令減於蒙鹽。至土鹽仍聽民淋曬,蒙鹽仍聽民運售。民間願食何鹽,悉聽其便,不准絲毫抑勒。據護理河東道黃照臨體察籌議,稟請試辦前來。除飭委本任河東道高崇基督辦省城總運局,該護道督辦河東發運局會同籌辦外,理合附片具陳。

十二月初一日奉旨:"戶部知道。欽此。"

鄂爾多斯旗花馬池鹽准運至皇甫川為止仍不准水運磧口院咨

光緒九年巡撫兼鹽政　張之洞

案准陝甘督部堂譚[①]咨開據陝西延榆綏道張岳年稟稱,案據神府鹽釐分局委員王丞南薰夾單稟稱,現接通秦寨書士王

---

①　陝甘督部堂譚:清代各地總督例兼兵部尚書銜,稱部堂。此指陝甘總督譚鍾麟。

文銘探得晉屬之磧口堡鹽捕廳出示嚴禁、不准蒙鹽渡河,鈔錄告示二紙稟報前來。卑職細閱情形,係奉晉撫院檄飭之件,商販等自不敢抗違,致蹈其咎。惟查卑局所過之鹽專銷晉省,而磧口為多。忽奉嚴禁,自不敢壅於上聞等情。據此職道遵查運鹽銷售各有引地,自不容攙越侵占、致妨引課,此定制也。陝甘邊界各旗蒙鹽多由花定馱載,例准銷至陝西鳳、邠所屬為止。鳳、邠以南則與行銷潞鹽引境接壤,前奉行知已由晉撫飭在宜、洛、長武關隘分作三路實力巡緝堵截,并令分飭花馬池鹽屬官吏嚴諭花鹽運販照例運至鳳、邠所屬界內售賣,不得任意闌入潞鹽引地、侵占正課,如違照律懲辦等因,遵奉轉行照辦在案。

茲據王丞探得晉屬磧口鹽捕廳接奉山西撫憲飭禁明文,兩次出示不准蒙鹽渡河,自為恐侵占潞鹽引地,照章辦理。惟該磧口通判告示內稱,查花鹽暨附近各旗蒙鹽係於嘉慶十七年欽奉諭旨,向准窮民馱載肩挑背負,由殺虎口陸路運至食土鹽地方行銷等語,是此等零星馱載負販蒙鹽,原不在禁令之列。該通判初次告示尾稱,因附近各村居民熬食土鹽,恐有缺乏,責令鄉地商賈會議轉詳撫憲酌留渡河鹽數,似於民食關心,深明大義。迨閱該通判二次告示,復有不准蒙鹽顆粒渡河之語,似又未能因地制宜,自相矛盾。現在事同創始,該商販等只知漁利,罔顧例禁,或有阻撓違抗,亦未可定。若概繩以法律,操之過蹙,難免激成事端。除飭行神、府二縣會同分局王丞移關磧口周通判查明從前奏定章程,合籌妥議,曉以利弊,務使該處商販力挽積習,各守各界,毋再潛越偷販,有干罪戾,仍由該印委等詳細籌議章程送道。至日再由職道察核議禀外,所有接據探查磧口禁阻水運私販竟有不准蒙鹽顆粒赴晉行銷之示緣由,理合將鈔來示稿兩道,飭承照錄一分,恭呈電鑒。可否移咨山西撫院飭令磧口通判遵章妥辦,仍將馱載肩挑零星負販蒙鹽照舊由陸行銷,但不准違例水運私售,以期陝晉商民相安無事之處,敬候核示遵行等情。到本督部堂,據此除批示候咨山西撫院查覆仰即知照外,相應咨會請煩飭議、見覆施行等因,准此①。

　　查河東鹺務積疲,年甚一年。引滯課懸,西餉竭蹶。奏銷緊迫,部議森嚴。自蒙鹽內灌而全綱始壞,自磧口弛禁而來鹽益多。其初不過蔓延汾、介一帶,繼乃漸灌漸南,到處暢銷,直達澤、潞。至今日而官課日絀,逋積日多,不得不於橫流潰決之秋為亡羊補牢之計。除據河東道議禀將積年陳引先於太、汾兩府試銷外,當經嚴飭署理磧口通判周桂敷總查沿河各口,重申功令,專緝永寧州磧口、臨縣馬家塔子等處水運對渡蒙私。另於河曲縣暨薩拉齊廳之包頭鎮設立專卡,抽收厘金。又於保德州之天橋村、興縣之羅峪口派員前往專管查緝水運對渡。蒙私拿獲,照例懲辦,均經先後飭辦各在案。因查蒙鹽之來晉銷售者,一為阿拉善旗之吉蘭泰池鹽,一為鄂爾多斯旗之花馬池鹽。溯自嘉慶十七年欽差侍郎阮元等奏定吉鹽章程一案。吉蘭泰引額八萬七千五百道,歲徵課銀六萬三千五百八十餘兩。自嘉慶十八年始議由河東商人認辦,其吉鹽引地六十四廳州縣概歸潞商一體行鹽,并照長蘆之例定為餘引。吉蘭泰鹽池聽該處民人自行撈運。有興販入口者,照鄂爾多斯、蘇尼特鹽之例,由山西巡撫照章收稅,止准車載騾馱,由陸

---

① 准此:用於公文引敘平行機關來文之後。

路運販，不准水運。所有水販只准至皇甫川爲止等因。又前撫部院成①奏，蒙鹽進口分別限制，稱晉省西北邊境與鄂爾多（斯）旗地接壤，今吉鹽既經招商認課，如仍聽鄂鹽照常販賣，必致充斥引地，有妨官課，自應量加限制。嗣後於口外之歸化城等廳應准仍食蒙鹽，其口内之大、朔、寧三府，保德一州沿邊沿河各屬，請照江浙等省老少鹽例，准令肩挑背負，零星售賣，不得逾四十斤之數。如有駝運車載以及水運多斤到地者，即以私鹽論罪。又前撫院衡②奏，河東引地僻在省南，所食蒙鹽、土鹽之六十四廳州縣遠居省北，路遠運艱，成本太貴，所有每年加增餘引請在現行潞岸分銷。至蒙鹽入口均由殺虎口收稅，除移咨殺虎口監督轉飭各稅口一律遵辦，并飭沿河各州縣營汛嚴密稽查毋許水運偷漏俾免充斥，先後經部核議覆奏，奉旨"依議，欽此"各等因在案。是前奏之車載騾馱，准由陸運者，係指入殺虎口一帶之吉鹽而言，後奏之如有水運車載仍以私鹽論罪者，係指入殺虎口一帶之鄂鹽而言。在吉鹽之陸運者，例准進口。鄂鹽之陸運者，例且不准進口。更何論繞至磧口，并暗灌磧口以下潞引各岸乎？今則潞商久認無鹽之課，蒙人遍銷無課之鹽。平心而論，曲直顯然。陝局所謂該處鹽斤行銷晉省而磧口爲多等語，是以積年侵軼之故智爲一成不變之良規。其於潞蒙界畫、口岸公私，與夫當年奏案源流固未暇深考也。延榆綏張道僅憑該局臆斷之詞據情禀達，似亦因未

---

① 撫部院成：清代各省巡撫多兼兵部侍郎及都察院副都御史，故稱撫部院。成，指前山西巡撫成齡。

② 撫院衡：巡撫例兼都察院右副都御史或右簽都御史御，故稱。衡，指前山西巡撫衡齡。

能深悉例案所致。竊意蒙鹽行銷晉省,已閱多年,不必強分其爲何路之鹽,而不可不定其所運銷之路。既例准吉鹽水運至皇甫川爲止,嗣後應勿論鄂、吉鹽,凡有水運者一概照例以運至皇甫川爲斷。該處與晉省之河曲縣對岸,其願從該處過河,徑由河曲運赴口外七廳地面行銷者聽;即運至口內之太、汾、大、朔、寧、忻、代、保、平、遼、沁等府州,隰州并屬大寧、永和等縣與土、潞等鹽一體行銷者,亦聽。雖鄂鹽進口照例僅止肩挑背負,而現在通融辦理,不但零販准其進口,并大宗車駝亦准進口,且准其遍行口內名銷吉引、課歸潞商之六十四廳州縣。

至磧口通判於咸豐五年奏明改駐原爲緝私而設,現亦不過重申定例,即此次禁勒係禁蒙鹽之運磧暗灌,非禁蒙鹽之來晉分銷。凡所籌辦,正是原本從前奏案,因時推廣,寬恤商蒙,并非創設厲禁抽厘,亦歷年辦理有案之事。第扼要以杜其繞越,非曲防以遏其來源。況河東以有課之鹽行銷陝岸、尚收厘金,彼此情事相同,尤非於蒙鹽稍有歧視也。且詳繹例意,不言吉鹽准至東岸晉境之河曲縣,而言准至西岸陝境之皇甫川,自係許其入秦,禁其入晉,然則對渡河曲已非舊案所有,惟念水運蒙私灌晉有年,漢蒙民販多沾此利。吉、鄂同屬外藩,似亦無甚區別。故特量予從寬,准由皇甫川對渡河曲,轉銷晉境。車駄捆載,一聽所爲,吉蘭、花馬不復深問。是已於托城河口以下新讓數百里之水運,俾省陸販繞行殺虎十餘程之紆回,略示以橫溢之限,仍開以行銷之途,不得謂非法外行。權至寬極厚,但尚須咨明戶部辦理。若邀議准,方敢執爲定案。惟查鄂鹽自神木、葭州一帶運赴磧口者,現據委員禀報,每年爲數甚多。若非陝省曉諭民販禁斷皇甫川以下水運、令其由河曲縣登岸,不准再自河曲以下各口對渡,則行至東岸必致被緝被罰。愚民不諳科條,賠折受累,亦殊可憫,尤望陝甘督部堂通籌課餉,光照鄰疆,剴諭商民,免蹈法網,則晉陝同深感幸。除咨陝西撫部院飭屬照例諭禁外,相應咨覆查照。

陝岸鹽厘由晉包納疏

光緒十年巡撫兼鹽政　張之洞

再潞鹽運陝係屬行銷引地,既經完納鹽課,本已不應再納厘金。第以陝省防軍未撤,需餉甚殷。前項厘金抽收已久,一時勢難遽裁。但晉省商販運鹽到陝,在總卡完厘以後分路零運,各岸不能將厘票分裂,致他卡復行抽收,重疊完納,不無苦累,是以潞鹽日形疲滯。前於同治十三年間議於河東包納厘金,旋因經費難籌而止。

查豫省於軍興之際,亦曾於會興鎮議抽鹽厘。咸豐八年,經前撫臣奏准於靈寶加引項下按年提銀二萬兩解豫抵充厘金。軍務告竣,旋即停止。是晉省包完鄰岸厘金,久有成規。陝省事同一律,自宜仿照辦理。惟豫鹽額引二千二百九十九名零,陝鹽一千三百三十一名零,如照豫引鹽厘成案,每名完厘銀八兩六錢九分五厘,陝岸額引少於豫鹽幾及一半厘數亦應隨減,恐不足以濟陝省軍餉之用。今擬將運陝鹽斤責成商販於納課時每名完厘十二兩呈交道庫,另款存儲,按季解陝應用,以後亦斷不停止。傳詢各商販無不歡忻樂從,呈由河東道核議具詳前來。

臣查陝岸厘章本係每名徵銀十二兩,此次援案議包係令仍照陝章并不限以豫厘之數,兼令常川籌濟,亦不限以停止之年,而且隨課封交,按名起解,於彼於此,較若畫一。在陝餉并無出入,而於潞商藉免留難,可期以後鹽引暢銷,晉課陝厘兩有起色。除批飭照辦并咨明陝省外,理合具陳。

四月二十一日奉旨;"戶部知道。欽此。"

遵提河東鹽務公費以濟餉需疏

光緒十年巡撫兼鹽政　奎斌

竊准戶部咨,光緒十年八月二十七日奉上諭:"各省鹽務、關稅等項向有提存預備公用之款,著各督撫酌度情形奏明辦理等因。欽此。"欽遵咨行到臣,正在核辦間,復准部咨議覆郎中豐紳泰條奏,催令將緝私經費移作軍需一案,限於文到兩月內奏覆各等因,先後咨照前來。

臣查河東引地迫隘,課額無多,規費因之亦較他省為減。從前商運極盛之時,一切用項仰給廳攤。咸豐年間免商以後,廳攤一項奏明裁禁,辦公所需費無所出。因議加鹽價每斤五毫,隨課徵收,每名銀一十五兩,計正加引五千二百九十八名,歲徵銀七萬九千四百七十九兩零,名曰辦公經費,專供有關鹽務各衙門公務之用。而蒲灘津貼代賦及鹽務息款、免商後繳回息本用款虛懸待發者亦均一一取給於此。此外本省藩臬兩司各道無關鹽務各衙門原定均無支款。近年鹾綱疲滯,此項經費徵不足額。升任撫臣張之洞因議將鹽政衙門歲支銀八千兩核減三成,其餘應支各款亦概照現銷分數一律減成支領各在案。茲以海上多故,軍需緊急,上繫宸廑。臣受國厚恩,分應自效。所有此項減成歲支銀五千六百兩,應即全數提出,奏明報解。河東道歲支之項,亦照此數。據該護道丁體常稟請,亦擬全數歸公。惟該道總司綱務,用項極繁。自前撫臣將該道所屬各州縣規費概行裁除,實支養廉銀三千兩外別無進項。若再將此項津貼亦議全提辦公,實虞竭蹶。至此外陝豫二省及本省文武衙門凡係關涉鹽務運銷緝私事理者,均分此項津貼銀兩,或爲數無多,或實有緝私用款,礙難一律歸公。臣體察情形,擬將河東道現支銀五千六百兩內,每年提出銀二千兩,并將缺分較優之解州、安邑、永濟三州縣減成歲支共銀二千二十一兩一并全提。又河南河陝汝道耆紳以河東引懸銷滯,力爲禁緝私販,并將歲支減成銀八百四十兩再三辭免,自應准如所請,以遂其急公之忱。以上六宗共計銀一萬四百六十一兩,均請解部充餉,飭由河東道具詳請奏前來。臣查此項支款爲數雖微,然際茲餉項極艱,正宜涓滴歸公。擬即自十一年春季爲始,照數提出,聽候部撥。嗣後如有可以節省裁并者,再行隨時奏明辦理。

十二月十七日奉旨:"戶部知道。欽此。"

潞鹽捐輸備充海防經費疏

光緒十一年巡撫兼鹽政　奎斌

竊臣准戶部咨光緒十年十二月初八日會議籌餉一摺,清單內開領票行鹽、酌令捐輸。查淮南五百引爲一票,淮北每百引爲一號。茲酌定淮南每引捐銀四錢,淮北每引捐銀二錢,其餘有鹽務各省應令各督撫體察情形,能否一律仿照辦理,迅即妥議具奏,奉旨"依議,欽此"等因。

咨行到臣,當即欽遵轉行河東道籌議去後。伏查河東鹽務自咸豐四年免商以後,豫陝民販或合夥湊資,或出息稱貸,已非如從前運商之殷實。迨丁戊歲祲,潞鹽引地同時被灾,户口凋零,銷數驟減。民販中虧本輟業者,十居八九。前撫臣曾國荃目擊情形,思有以保護全綱。於是自己卯綱起,凡一切鹽引加費及先後續增羨餘等項,悉經奏准裁免在案。惟是池鹽向資澆曬,澆曬全賴人工。比歲工作價增數倍,銷路疲滯,售價轉不如前。坐商既困,而該民販等節節陸運,動輒千百餘里,費大本重,計每名課項、鹽價并運脚、店用、火雜、辛工需銀三四百兩或五六百兩不等,核以目前時值,餘利無多,勢不能與本輕利厚之兩淮票商等量齊觀。況現在陝省鹽厘經前撫臣張之洞奏明由晉包納,運販隨課封交。上年臣於裁節常年用款案內,又提緝私經費銀二萬兩存儲候撥,亦皆出自商捐。夫以捐項之繁重如此,運販之艱窘如彼,若再責令捐輸,未免竭澤而漁,全局慮有不支之勢。

然值此海疆多故,敵愾同深,商力雖疲,要當激其天良,量爲敦勸。節經督飭河東道多方曉諭該民販等,始則以潞綱銷數疲滯堅求寬免,繼乃迫於大義僉議每年除酌提緝私經費外,或再捐銀二三萬兩,尚可勉强籌湊,多則力實難勝。臣察核情詞,尚非虛飾,自應衡量商力,酌令輸將,俾籌餉無礙鹺綱,庶爲兩全之道。惟查該民販等現議捐數合之上年奏提緝私經費一項歲可捐銀四五萬兩,臣愚以爲同一捐輸與其分作兩款徵收,何若并歸一款較爲簡易。該民販等既願加捐,應將緝私經費豁免,即於封納正雜課項之外,每名捐銀一十兩名爲海防經费,隨課上庫,專備餉需。以全綱核計,每綱可徵銀五萬三千兩,即使銷引未能足額,每年總可得銀四萬餘兩。此項擬附入奏銷册内,分别造報。所有從前緝私經費名目,悉予裁除。如蒙俞允,應請自奉准之日爲始,無論正銷帶銷,一律按名徵收,盡數報撥。以前運銷者概免補繳。其原奏備提之緝私經費銀二萬兩,應請截至起徵海防經費之日止,嗣後免其交納。據河東道丁體常詳請具奏前來。所有遵辦潞鹽捐輸備充海防經費緣由,理合繕摺具陳。

五月十九日奉旨:"著照所請,户部知道。欽此。"

勸辦河東鹽商捐輸次第委解疏

光緒十七年巡撫兼鹽政　劉瑞祺

竊臣承准軍機大臣字寄光緒十七年四月二十五日奉上諭:"户部奏庫款支絀虧短甚鉅、酌擬籌餉辦法開單呈覽一摺,朕詳加披閲,所擬各條於籌補庫儲尚屬切實,著依議行。户部原摺并單内應由外辦四條,均著鈔給閲看。將此各諭令知之等因。欽此。"欽遵鈔録原奏清單寄信前來。

臣查清單内開南北洋停購外洋槍砲等項一條,歷查晉省向來采辦無多,練軍操演所用銅帽歲僅需銀二千餘兩,均係購自天津。以後如須添置,應再核實撙節,隨時奏咨立案。各省馬步勇營應令裁減一條,溯自光緒十二年辦理練軍,均就緑營額兵挑練。從前馬步勇營早經遣散無存,自可均無庸議。至各省土藥厘稅應令統解部庫一條,臣前遵議整頓土藥厘稅,已經具奏。現准部覆飭遵在案,收有成數應即報部委解。惟各省鹽商應令捐輸請獎一條,查河東鹺務自咸豐三年停商以後,除有畦地之戶,餘悉分別本省、陝豫官民并運,各按引地行銷、零星販賣,并無大宗鉅商。比之兩淮、長蘆各處情形,迥不相同。遵即行令河東鹽法道迅速勸辦禀覆去後,茲據該道邁拉遜詳稱,奉文督同監掣同知、三場大使傳集坐運各商,開誠布公,反復勸導。該商人等尚屬深明大義。現雖本昂銷滯,賠累滋多,均以仰蒙諭旨、飭交捐辦之件,不敢以運販拮据,稍存諉卸。合綱商人設法集腋,擬公捐銀十二萬兩勉效輸將、藉伸報稱。惟以澆曬正在吃緊,應請先定捐數,再行陸續措交,聽候彙解等情,禀經該道詳請具奏前來。

臣查潞鹽銷數自經丁戊大祲,迄今總未復元。各商工本因之愈重,綜計歷綱即銷至九成以上,亦僅稍堪敷衍。加以豫省鄭工及蘇、皖、江、浙、順、直等省賑需接續籌捐,商力尤形匱乏。現因部庫支絀責令普捐,該道體察商情竭誠敦勸,該商人等能於實在竭蹶之時踴躍報捐、集茲鉅款,洵屬顧全大局、義切急公,且較歷屆捐項為數亦復加多,當經批飭該道准如所禀定捐銀十二萬兩并飭趕緊催交、陸續兌收,定限本年封篆①以前先解一半銀六萬兩,餘俟明春掃數清解所捐銀兩,按照新海防章程核給獎敘,即由該道隨時填給實收,分次造具捐生履歷清冊,詳由臣核明咨部頒發執照,以昭激勸。

十月初五日奉硃批:"戶部知道。欽此。"

---

① 封篆:舊時官署於歲暮年初停止辦公,封存官印。篆,一種字體。因官印多為篆文,故代稱官印。

河東鹽務礙難加價另籌商捐銀兩部議

光緒二十一年

户部議覆。

據山西巡撫張煦奏"河東鹽務礙難加價另籌商捐銀兩以佐軍需"附片一件,光緒二十年十二月二十六日奉硃批:"户部議奏,欽此。"欽遵鈔交到部。據原片內稱,前准户部咨,議覆編修張百熙籌餉各條一摺內開鹽斤加價一條,飭令有鹽務各省每斤加制錢二文以佐軍需,軍務一平、即行停止等因,當經轉行遵辦去後。

茲據署河東鹽法道閻迺珏詳轉,據陝豫民販、本省運夥稟稱,近年潞綱疲滯,引積課懸,固由大祲之後元氣未復,行銷短絀,亦因成本過重,官不敵私。近年以來,裁汰浮費,減價便民,銷數賴以稍暢。今若遽議加價,誠恐價貴私侵,官銷日滯。溯查光緒十一年户部飭議籌餉,當因鹽斤加價窒礙難行,稟請每鹽一名加海防經費銀十兩,係由各商販竭力輸將,并未加之於鹽價。現值海疆有事,籌兵籌餉,尤當裕課為先,加價既窒礙難行,海防則新加有款,歷年辦運實已勉力支持。但倭氛不靖,沿海戒嚴,商等渥荷皇恩,即竭盡脂膏,亦屬義所當為。現在公同商酌情願公捐銀一十萬兩以佐軍需,免其按斤加價,庶不至價貴私侵,官銷日滯等情詳請具奏。

臣查河東鹽務與川淮等處迥不相同,是以光緒十一年川淮粵鹽均經加價,而河東則商人自請加徵海防經費,并未將鹽價加之於民,誠以潞鹽成本較重,鹽價較貴,敵私必須減價,加價必致滯銷。部臣所謂官價愈昂，私販愈多，額引愈滯，勢不至於病商病民，而因以病課，不止潞綱弊病正在乎此。況新加鹽斤海防經費一項，自光緒十一年起按引徵收，至今未停。今再另議加收，取之於民則有礙行銷，取之於商則有礙營運。該商等情願公捐銀一十萬兩，免其按斤加價，自係爲保護引課兼顧要需起見，尚係實在情形，仰懇天恩，俯准該商人等另籌捐款以佐軍需，免其加價，應請自光緒二十一年正月爲始按名攤捐，盡數報撥，仍以一年爲限，捐足銀十萬兩之數即行停止等語。

　　臣等伏查上年七月臣部議編修張百熙條奏籌餉摺內聲稱，擬通行有鹽務省分每斤加制錢二文以佐軍需。至按斤加價，或令各商先行墊繳，或陸續帶繳，統由該督撫體察情形，報部核辦等語，通行遵照在案。茲據山西巡撫張煦奏稱，潞鹽成本較重，鹽價較貴。光緒十一年新加海防經費一項，至今未停。今再另議加收，取之於民則有礙行銷，取之於商則有礙營運。該商等情願公捐銀十萬兩免其加價等語。臣等查河東引鹽自丁戊大祲以後，引積銷疲，已非一日。現據該撫瀝陳潞鹽情形，請免加價，并由該商等公捐銀十萬兩以佐軍需，自係爲保護課運兼顧要需起見。臣等擬請准如該撫所奏，免其加價，以示體恤。至所稱商捐銀兩自光緒二十一年正月爲始，按名攤捐，仍以一年爲限，捐足十萬兩之數即行停止一節，亦擬准如所奏辦理。一俟收有成數，即行專案報部撥用。其每名攤銀若干，并令查明聲覆。

　　正月二十一日奉旨："依議。欽此。"

豫省餉源枯竭酌收鹽斤加價部議

光緒二十一年

戶部議覆。

據河南巡撫劉樹堂奏海上軍務未平、豫省餉源枯竭、酌收鹽斤加價暫資接濟一摺,光緒二十一年二月初九日奉硃批:"戶部議奏。欽此。"欽遵由軍機處鈔交到部。

據原奏內稱,豫省餉用浩繁,司庫常年出入總不敷銀二三十萬兩。近自倭氛不靖,徵調添募頓增二十餘營,每月餉需已至十餘萬兩。軍務一日未平,軍需一日難減。餉源枯竭,無力支持。豫省正雜錢糧收數有常,勸捐既成弩末,厘稅難期大旺。惟查豫省行銷長蘆、兩淮、河東、山東四省鹽斤,若於每斤一律徵收加價制錢二文,以近年所銷引數約計可得制錢近二十萬串,稍資挹注於民間亦無大累。一俟軍務平定,即行停止。至徵收之法,大要商運官運有數可稽者,則於扼要之區設局委員稽查鹽數,行知行銷州縣按包抽收,於銷鹽後呈繳,按季批解。其民販之鹽運入豫境,隨處銷售,散漫無稽,惟有於水陸要隘設局抽收,嚴禁苛擾隱漏。儻蒙俞允,即督飭司道詳議章程,分咨查照,并出示曉諭商民,一面遴委妥員分設開辦,所收錢文專款報部,歸入善後支應報銷應需,委員薪水一切局用即在加價項下開支,不得過一成之數等語。

臣部查上年七月翰林院編修張百熙片奏籌餉摺內加收鹽厘一條,經臣部議令有鹽務各省每斤加制錢二文,奏准通行在案。旋據各省先後奏覆,有照部議加收者,有以窒礙運銷為言、另籌商捐懇免加價者。嗣因四川總督奏請在於産鹽省分徵收加價,復經臣部查照兩湖成案令由行銷省分加收,奏准行知亦在案。誠以此項鹽斤加價,既加收於行銷省分,若再於産鹽省分加收,未免重復。兹據河南巡撫奏請以豫省行銷長蘆、兩淮、河東、山東鹽斤,按斤由豫省一律加價。查長蘆、河東、山東三省既未於産鹽處所加收,今議於行銷豫岸加收,核與各省辦法相同,應行照准。惟兩淮運豫鹽斤是否已在本省加收,未據報部,應俟命下之日由河南巡撫咨行兩淮運司,凡配豫行銷淮鹽按斤由豫省一律加收,兩淮不得預行加價,以免重徵而歸畫一,并令該撫飭司妥議章程送部,仍一面出示曉諭,以期商民周知。至厄要設局派員稽查一節,查豫省行鹽,無論官運商運,按引計斤收價,自有各該省商埠及行銷州縣可稽,毋庸另糜局費。雖販私夾帶,在所必防。惟在嚴飭所屬認真緝巡,亦可少除積弊。該撫請設局稽查之處,礙難准行。

二月二十三日奉旨:"依議。欽此。"

歷年提存公費銀兩凑解甘餉部議

光緒二十一年

户部議覆。

軍機處交出山西巡撫張煦奏河東鹽課應撥甘餉不敷,請將歷年提存公費銀兩凑解附片一件。光緒二十一年正月二十五日奉硃批:"户部知道。欽此。"欽遵鈔交到部。

查原片内稱,據河東道奭良詳稱,河東歲撥甘肅新餉銀五十二萬兩,係按全綱額引正雜課項盡數指撥。嗣以行銷疲滯,每年徵收只及七成,應解甘餉歲歲不敷。光緒十三年,奏准每年除在道庫加徵海防經費項下墊解銀四萬兩外,又在司庫籌墊,稍資周轉。光緒十九年,奉准部咨海防經費四萬兩指撥內務府作為常年經費,而司庫按年籌墊之十萬兩。光緒十九、二十兩年僅止墊銀四萬兩。現在益餉添兵,勢難再為籌墊。茲屆造送光緒二十一年運庫春撥冊籍之期,冊內共存正雜課項等銀一十五萬五百六十二兩零。查光緒十六年起至二十年五屆引課尚未開徵,其十五年引課奏銷又復援案展緩,所有雜課項下應行解支官役俸工等銀九萬六百一十二兩零,又有十六、十七兩年請領鹽引紙價銀三千八百一十五兩零,均係按年支發,在於春撥冊存正雜課項內暫借支解,需俟奏銷各本綱鹽引方能按年開除,而奏銷遞展仍須按年續解。又有應行撥解河南藩庫唐裕歸公銀一萬一千五百兩。實在運庫淨存正雜各款堪備報撥者,只剩銀四萬四千六百三十四兩零。近年鹽引銷數雖經極力整頓、比前較暢,第通年計算,即使銷至八九成,仍不敷銀十萬兩之譜。甘餉不容延緩,設遇改撥京餉,更須應時報解。若不預為綢繆,誠恐臨時貽誤。茲查光緒十年奏准報效公費一項,每年提銀一萬四百六十一兩,截至光緒二十年止應提銀十萬四千六百一十兩。現值餉項不敷,自應先其所急,將此款悉數收入雜課冊內藉以抵墊。歷年雜課項下借支官役俸工等項之需仍俟本綱奏銷時在於雜課項下開除造報。設遇正項不敷,仍可添湊撥解。似此核實辦理,則冊存正雜課項得以專顧,甘餉不致移正作雜,動形支絀。且盡收盡解本年甘餉,總可依限清完等情請奏前來。臣查該道所詳尚屬實在情形,謹附片具陳等語。

臣等伏查光緒十年十二月署山西巡撫奎斌奏遵提河東鹽務公費摺內聲稱,每年提解銀一萬四百六十一兩,請自十一年春季為始聽候部撥等因在案。茲據山西巡撫張煦奏稱,河東鹽務疲滯,引課徵不如額,本年應協甘餉不敷,請將歷年提存公費銀十萬四千六百一十兩悉數收入雜項冊內藉以抵墊。歷年雜課項下借支官役俸工等項之需,仍俟本綱奏銷時在於雜課項下開除造報,冊存正雜課項專顧甘餉等語。臣等查河東鹽務提存公費銀兩前於光緒十年因軍需籌款經前撫臣奎斌奏明歸公聽候部撥,是前項銀兩即與正款無異。矧當辦理軍務,餉項支絀,正賴有此一項,藉資挹注,何得率請截留移作雜支。第該省鹽務徵不足額,尚屬實情,而甘肅新餉亦關邊防要款,既據該撫陳明不敷情形,自應兼籌并顧,俾資周轉。臣等公同商酌擬請將前項提存公費銀兩分半撥解,即以五萬二千三百餘兩准其截留湊撥甘餉,彙入正項內列收造報,不得收入雜項冊內抵墊雜支。其餘五萬二千三百餘兩即由該撫迅飭委員解部,以濟急需。嗣後提存前項銀兩應令按年造入季冊候撥,不得擅行動用。至本年應解甘肅新餉銀五十二萬兩,并令依限委解清款,毋稍延欠。再查河東鹽務自丁丑、戊寅大祲以後,每屆奏銷歷經該省展限四個月,率四綱而銷三綱之引,即四年中僅收三年之課。而甘肅新餉及本省雜支等款均須按年撥解,入不敷出。職此之由,雖藩庫按年墊發銀十萬兩,究竟此盈則彼絀,於該省䃥綱毫無裨益,殊非經久之計,相應請旨飭下該撫督飭鹽道實力整頓,務將歷綱積引設法疏銷,嗣後奏銷提前趕辦,以期歸復舊額。

三月初十日奉旨:"依議。欽此。"

坐、運各商報效息銀疏

光緒二十二年巡撫兼鹽政　胡聘之

再據河東鹽法道奭良詳稱，前奉部文行令息借商款，備充餉項。當經遵照勸諭河東坐、運各商公借銀一十萬兩，如數收齊，解部交納，發給印票，按限歸還本利。嗣屆初期限滿，即據坐商保和公局并三省運銷商販等稟稱，商等前次遵籌息借商款銀十萬兩，蒙發印票，按月七厘行息，分期歸還。現在初限屆期，仰蒙籌款，發給利銀。當此軍務未平，餉需孔亟。商等公同商議，願將此項息銀作爲報效。嗣後，只請還本，不敢仰邀發利等情。當據情詳經前撫臣批飭，仍照部章辦理。隨於海防經費項下撥發銀四千二百兩，飭商具領。茲復據稟稱，商等食毛踐土①，值茲軍事方殷，既不能將本銀一并報效充餉，所有利銀實不敢再行具領。統計五期，應得利銀一萬四千七百兩，仍懇轉詳免發等情，由道詳請具奏前來。

臣查該商等承辦鹽務，原與地方富商不同。當日借銀，按照部章一律發給本利印票，已足以昭大信。茲該商等深明大義，堅請免發利銀。情詞懇切，出於至誠。自應奏明，准如所請。惟該商等報效利銀，數逾鉅萬，可否請旨給予"急公好義"字樣，由該商等自行建坊，以示獎勵。

三月初一日奉硃批："著照所請，該部知道。欽此。"

---

①　食毛踐土：語本《左傳·昭公七年》："封略之內，何非君土？食土之毛，誰非君臣？"意謂百姓居其地而食其產。毛，指可食植物。常用作感戴君恩之辭。

晉陝鹽斤另籌加價部議

光緒二十二年

户部議覆。

據山西巡撫胡聘之奏籌辦河東鹽斤加價一摺,光緒二十二年三月初一日奉硃批:"户部議奏。欽此。"欽遵由内閣鈔出到部。據原奏内稱,光緒二十一年六月初六日奉上諭:"户部需餉孔殷,謹陳辦理情形一摺等因,欽此。"并准户部知照到晉,當將鹽斤加價一條分别行催河東鹽法道遵辦去後。兹據該道夔良詳請將潞綱行銷晉陝引鹽,均按每名二十四兩隨課攤封等情前來。

臣查河東鹽務滯銷,實因路遠運艱,成本過重。在商人本意,均願减價敵私。故從前歷辦海防經費、各省賑捐以及上年捐銀十萬兩,均由各商販勉力湊繳,而鹽價始終未加。此次奉文籌議加價,該道議由晉陝各商販按照每名二十四兩隨課攤封後,再行酌加鹽價。不敷之數,仍由商販攤賠,係爲保護課源起見。除豫省額引一千九百九十九名一百十引,靈寶加引三百名,專歸豫省抽收加價毋庸重復另攤外,所有晉省額引一千六百六十六名一百八引、陝西省額引一千三百三十一名一百一引,應請自光緒二十二年五月初一日開辦辛卯綱爲始,按照每名二十四兩隨課攤封,仍准該商販酌加鹽價一文或半文,不得再行多加以示限制,核計每綱應徵銀七萬一千九百六十九兩零,名曰另籌晉陝鹽斤加價專款,存儲聽候部撥。一俟防軍裁撤,即行停止等語。

臣等伏查現在鹽斤加價,如淮南、浙江、四川等處引岸均係每斤加價二文,即潞鹽之行銷河南者亦係每斤加價二文,其僅加一文或半文者惟長蘆、山東兩處耳。以長蘆有海嘯之災、山東有河決之害也。潞鹽所行晉陝兩岸并無他故,自應遵照臣部奏案加價二文。今該撫請由晉陝各商按照每名一百二十引交銀二十四兩核計,每斤合錢不過一文有奇,雖較長蘆、山東各岸之加價爲多,而仍不及淮南、浙江、四川各岸加價之數。臣部本難議准。惟河東鹽務現尚積壓五綱,其爲滯銷已可概見。且該撫所擬晉陝兩省加價每名徵銀二十四兩每斤合錢一文有奇,又係由商包納,而各岸賣鹽所加之價僅自半文至一文而止。是多取於商而少取於民,擬請准如該撫所奏。即自本年五月初一日開辦辛卯綱爲始,按照晉陝兩省額引數目每名徵收加價銀二十四兩,隨同正課交納,專款存儲,報部候撥。其有帶銷引張,亦即一律加收,毋許兩歧。至晉陝各商運鹽到岸酌加賣價,某岸一文,某岸半文,應令轉飭酌定確數,先行報部備考。

三月十七日奉旨:"依議。欽此。"

畦地因雨被淹酌借款項修復疏

光緒二十四年巡撫兼鹽政　胡聘之

竊據護理河東道趙爾豐轉據坐、運各商販禀稱,河東鹽務疲滯已久,近因迭次辦捐加價,成本愈重,商力愈疲。加以大祲之後,地方凋敝,銷數迥不如前。每年雖封配十成,實銷不過六七成爲止。該民販等因清綱限迫,雖有積鹽,不得不趕封新引,勉顧大局。然頻年推陳出新,實已萬分竭蹶。乃自本年二月即遭陰雨連綿,春運滯銷,迨至夏秋大雨如注,兼旬累月,運路冲毀,旋修旋廢。陝豫兩岸,雨水泥淖,亦復相同。腳價工資雖加倍招徠,仍苦無從雇覓,以致癸巳新綱引鹽目下運銷不及十分之二,而壬辰綱已掣未運之引仍不下二千五百餘名。新陳并積,一時萬難周轉。該運販等無力賠墊,停閉堪虞。至坐商專恃鹽池畦地澆曬配售,近因刮收不旺,畦產漸荒,兼之鹽價日賤,工資日昂,獲利已屬無幾。本年大雨連旬,堤堰半多傾圮,雖經設法堵護,外水幸未內侵。惟鹽池形如釜底,歷年穿鑿成井,下通泉眼,謂之㳻沱。向賴隨雨隨晴,藉資澆曬。今則底水上騰,深至七八尺及有丈餘不等,畦地半被淹沒,汪洋一片。既難施工,鹵氣沖淡,亦難成鹽。該坐商等全年工本一旦盡棄,實屬賠累難堪。惟有合詞叩懇,俯念霪雨為災,商情困苦,准運販等將壬辰引鹽銷完,再行封納癸巳新綱引課,并請量免攤派以紓商累。所有坐商被淹畦地,請驗明酌借工本,俾資修復,庶免來年無鹽可配。其實在不能興修者,并懇准其歇業等情,經該護道按照所稟詳加察驗,實因雨水過大,人力難施,以致銷路不通,畦產多廢。若不設法維持,勢必運販裹足不前,坐商流離失業,實於潞岸全局大有關係。現有已督飭詳細覆勘,應否酌借款項,量免攤派,俟查明再行詳請核辦。惟各運販積鹽過多,萬難周轉。若如所請,俟陳引銷完,再封新引,則來年四月斷難清綱。誠恐有逾部限,合先據實詳明,請奏咨立案前來。

　　臣查河東本年雨水過多,運路冲毀。新陳各引,積壓難銷。鹽池又因底水上涌,畦地受淹。工本盡棄,遂致坐、運各商同遭困苦。體察情形,似不得不急籌補救。除飭趕緊設法開通運路,疏銷積引,并查明被淹畦地,迅籌修復,以恤商艱而維課款外,所有河東坐、運各商困苦情形,理合恭摺具陳。

十二月初八日奉硃批:"戶部知道。欽此。"

陝省潞鹽加價部議

光緒二十五年

戶部議覆。

據護理陝西巡撫端方奏陝西省奉撥董軍月餉及認還加增洋款擬請變通辦理等因一摺,光緒二十五年十一月十二日奉硃批:"戶部議奏,欽此。"欽遵由內閣鈔出到部。據原奏內稱,准部咨俄法、英德借款因佛郎磅價昂貴,奏准陝省加撥銀五萬五千兩。又籌撥董軍來年月餉,奏撥陝省鹽斤加價銀七萬兩,督糧道報效節省銀初次四萬兩,來年一萬二千兩,共計十二萬二千兩。

伏查鹽斤加價從前以二文計算,約有六七萬金。屢與晉省籌商,始允加增一文。加數既形短少,撥數自無著落,即以督糧道報效節省銀兩全數撥歸董軍,所短尚鉅。值此時事多艱,無款可籌,惟有稍事變通以期兩無貽誤。查陝岸鹽厘每年約有二萬金向由河東代收,交陝鹽斤加價仍照陝省原議每斤二文約得七萬金之譜。擬請將此二項徑由河東解赴董軍,作為陝省撥解來年月餉。不敷之數,擬在於加收土藥厘稅三成項下湊撥,由陝補解清款。非不知土藥厘稅向應專案報部,惟當此智盡能索之時,不能不為挹彼注茲之計。至鹽斤加價明知晉省頗費經營,然當時局多艱,想夙具公忠者必能不分畛域,力顧大局。如謂商人藉口疲困,有礙捐款,乃自加價之議起陝省食鹽每斤已漲至三四文不等,陝西徒受虛名,晉商已陰獲實利,況潞鹽引地惟陝省溢銷數百名,素稱暢旺。引課既增,票捐自無窒礙。騰出督糧道節省銀兩,自本年秋後爲始,計銀二萬兩,來年通算四萬兩,擬將此項專爲加撥洋款之用,下餘不敷仍由藩庫另行籌足,按期批解等語。

臣等伏查甘肅提督董福祥所部武衛後軍應需來年餉項,前經臣部照案指撥甘肅新餉內封存各款,不敷之數議撥陝西省鹽斤加價銀七萬兩,陝西督糧道節省銀五萬二千兩,均係有著的款,臣部是以奏准指撥。查陝西鹽斤加價一款,曾於本年三月據陝西巡撫魏光燾電稱,約每年能收銀六七萬之譜。嗣後復據該撫咨稱,陝岸加價減爲二文。查照河南成案明定章程刻期開辦,先行試辦一年等語。是該省鹽斤加價早經開辦,迄今數月之久,何以該護撫奏稱晉省始允加增一文,且陝省食鹽每斤業已漲至三四文不等。取之民間,價已加增,何至納之公家數轉減少?究竟因何懸殊之處,臣部無從遙度,自應仍由該護撫妥速會商山西巡撫專案奏明辦理,仍請旨飭下山西巡撫轉飭河東道查照陝省原議認真舉辦,毋得偏聽商人一面之詞,遽請減收,以致陝民所增鹽價徒飽商囊,於助餉仍無實濟。至督糧道節省一款,該省原議留作墾荒之用,臣部因董軍來年餉項係屬有閏之年,是以將節省之款指撥銀五萬二千兩當經聲明以後無閏之年再作爲該省旗兵屯墾之需,均經奏明奉准在案。今該護撫以糧道節省銀兩專爲加撥洋款之用,董軍月餉不敷之數再於加收土藥稅厘三成項下湊撥。查三成土藥稅厘係奏令解部留備要需之款，無論何省何項不准截留應用，該省不應獨異。總之，加撥洋款固屬緊要，而董軍留防畿輔餉項亦關係匪輕。臣等公同商酌，所有陝省原撥董軍餉銀十二萬二千兩，除由陝岸鹽厘及鹽斤加價兩款共銀九萬兩，無論由陝由晉均應照數解足外，不敷銀兩仍令在於督糧道節省款内凑撥足數，所請動用加收三成土藥稅厘之處，臣部礙難照准。其所餘督糧道節省銀兩并以後常年節省之款，一俟無閏之年，或留備墾荒，或加撥洋款，再由該護撫斟酌緩急，自行奏明辦理。

十二月初六日奉旨："依議。欽此。"

工程、官運兩項提充公用疏

光緒二十六年護理巡撫兼鹽政　何樞

竊准部咨光緒二十五年六月初四日欽奉上諭："各省關稅、厘金、鹽課積弊太深，亟宜力籌整頓。飭就地方情形，責成司道監督及局員等將現在收數，無論爲公爲私，凡取諸商民者一并和盤托出，即由該管將軍督撫詳細鉤稽，悉心綜核，究竟裁去陋規中飽之數若干、酌量提歸公用之數若干專案奏報等因。欽此。"當即嚴飭司道監督暨各局員將出入款項切實查明，和盤托出，不准稍有隱匿去後。

伏查晉省關稅一曰殺虎口，一曰歸化城。殺虎口向由欽派監督專管，歸化關於乾隆三十四年改歸巡撫兼管，歷係歸綏道兼充監督，額徵常稅正餘銀一萬五千餘兩。光緒二十三年，經前撫臣胡聘之奏明，添派委員幫同歸綏道實力稽查，嚴杜中飽。現已長收銀五萬數千兩，業經奏准作爲機器局經費。此晉省關稅之情形也。

釐金一項自咸豐九年設局開辦,歲徵銀率皆十二三萬兩。嗣經升任撫臣張之洞定章比較,復經升任撫臣剛毅加重土藥①釐稅,裁革煤鐵陋規,漸徵至二十一二萬兩。近年復經前撫臣裁并局卡,嚴核比較,上年又派員分往各州縣抽查土藥地畝,不令稍有遺漏。現已徵至二十八九萬兩。晉省出產稀少,路徑紛歧,僻隘小卡歲收有僅止三四百金者,以故各局員固無陋規,亦且無可中飽,此晉省釐金之情形也。

鹽課一項自咸豐三年捐免充商以後,每斤定爲徵銀四釐,每名三萬斤徵銀一百二十兩。除正雜課銀一百五兩外,以十五兩作爲辦公經費,一切商攤各項概予刪除。所有官吏辦公均取資於公費一款,久已積弊全袪,毫無厄漏。光緒十一年,復經前撫臣奎斌奏明將每年鹽務各官應支公費提出銀一萬四百餘兩備充餉需,辦公且形竭蹶。連年銷不足額,綱限遞展。徵收各款均屬不敷,實無陋規中飽之處。此晉省鹽課之情形也。

現值時事多艱,庫帑奇絀,恭奉諭旨,嚴飭逐項清查,自應於無可設法之中勉力裁提以濟部餉。因復督同司道等再四籌商,查晉省釐金前經奏准,每年收數如在十八萬兩以上,於舊章一成經費之外由正款內提銀一萬兩以備公用,應飭各局員悉力裁省,無論如何支絀,只准動用一成公費,所有收數在十八萬兩以上應支之公費銀一萬兩提出候撥。河東鹽務向有牆垣、渠堰各工程,歷係商捐商辦。又自光緒十九年創辦督銷,

---

① 土藥:第二次鴉片戰爭後,清政府開放煙禁,當時將國產鴉片稱為"土藥"。

嗣改官運,曾於應支未發之唐裕歸公暨坐商銷價各項下借領庫本定爲春借秋還,輾轆周轉。近年運銷尚有起色,而餘利甚微,僅敷兩岸局店之用。當由河東道督飭商夥等於工程、官運兩項内逐細鉤稽,嚴加裁節,每年約可湊銀二萬兩提充公用各等情,先後由藩司、籌餉局、河東道詳請具奏前來。

臣覆查山西素號瘠區,物力微薄,税、厘、課三項固非江、浙、川、粤諸省所能比擬,即較之燕、齊、秦、豫,亦且遠遜。故陋規中飽諸弊,尚不敢肆行無忌。現擬由厘金項下籌出銀一萬兩,鹽課項下籌出銀二萬兩,共銀三萬兩,均自光緒二十六年爲始,另款存儲,聽候部撥。

二月初八日奉硃批:"户部知道。欽此。"

起徵按引攤捐疏

光緒二十六年護理巡撫兼鹽政　何樞

竊臣前准部咨"帑項奇絀、度支不敷、奏准籌款六條",行令仿照兩淮捐輸票本章程,就本地情形酌定辦法,勸諭各鹽商按年捐輸一次,仍將擬捐銀數若干先行報部,不得以他省鹽務與兩淮有異,諉謂商人無力交納,任意宕延等因,當經轉行河東道遵辦去後。

兹據覆稱,坐、運各商販公呈以潞綱自捐免充商以後,全係小本夥販領引運鹽,不特與兩淮之票商不同,即較之各省之岸商亦復迥異。且自丁戊大祲以後二十年來,綱引遞壓,課項屢增,本重利微,運艱銷滯。上年鹽池被水成灾,本年各州縣又復被旱,商情奇困,委係無力捐輸。稟經該道又剴切勸導,激以大義。復據禀稱,潞商雖極疲累,而頻年每遇籌餉無不竭力輸將。光緒十一年部議,令照兩淮按引攤捐,於是有海防經費之每名十兩。二十一年,辦理鹽斤加價,於是豫省有就地抽收之每斤二文,晉陝有隨課攤封之每名二十四兩。現在陝省又辦加價,業已允定每斤一文,合之每名又加銀二十四兩。復有陝岸鹽厘之每名十二兩。一引數稅,實已困累萬分。惟事關奉部飭辦之件,又不准以商人無力藉詞延宕,自應於無可設法之中勉爲籌措,擬援照長蘆辦法,無論晉陝豫各岸每引攤捐銀五厘,每綱額引六十三萬五千八百三十九道,共捐銀三千一百七十九兩零。如遇展限之年,按銷遞減,專款存儲,聽候提用等情,由道詳請具奏前來。

臣查潞引斤數較之蘆引斤數尚不及半,而銷路之絀,運道之艱,商力之困,實爲各省所僅見。兹仍按照蘆商攤交銀數勉力認捐,已屬異常竭蹶,勢難再令多籌,擬請自奉准部文之日起,每引加捐五厘隨課徵收,名曰按引攤捐。每綱銷完,共收銀三千一百餘兩,聽候撥用。所有河東鹽商勉力遵照部飭按引攤捐緣由,除咨部查照外,理合恭摺具陳。

二月初八日奉硃批:"戶部知道。欽此。"

行豫潞鹽續議加價減半徵收部議

光緒二十七年

戶部議覆。

據山西巡撫岑春煊疏稱,河東行豫鹽斤銷數疲滯,擬將續議加價減半徵收以恤商艱而顧正課一摺,光緒二十七年三月二十一日奉硃批："户部議奏。欽此。"欽遵由内閣鈔出到部。據原奏内稱,准部咨議覆,河南撫臣于蔭霖奏請將行豫鹽斤續行加價,議以光緒二十七年起就長蘆、兩淮、河東、山東行豫引鹽每斤准其續收加價制錢二文,暫行試辦一年等因,咨行到晉。兹據河東道吳廷斌詳轉據潞綱商販合詞稟稱,行豫潞鹽自咸豐四年以後改爲散販,小本零運,陸路輓載,與兩淮、蘆、東迥不相同。矧豫省私鹽充斥,商販所恃,全在減價敵私。光緒二十一年,初次加價,官引滯銷。今若再議加價,必至歇業誤課。經該道詳加察核,不得已變通其間。擬於潞綱行豫鹽斤續加二文之價減爲一文徵收,詳請具奏。臣查光緒十年及二十一、二十六等年,按名加銀加價攤捐,頻年出資,商力竭蹶,係屬實在情形,即如陝岸行銷之引,自二十六年加價以後,竟少至一千七百餘名之多,新加之項僅止一萬餘兩,而潞綱課餉已短至十數萬兩。此中消息盈虛,自應通盤籌算。河東道庫所派京協各餉暨洋款等項均應及時籌解。若再因加價二文之故,致虧引課,有誤要需,似非慎重鹽政之意。再四思維,惟有如該道所擬將潞綱行豫鹽斤續加二文之價減爲一文徵收,庶豫餉不無小補,潞商或勉強支持,合無仰懇天恩,俯允所請,飭部立案,以恤商艱而顧正課等情具奏前來。

臣等覆查上年十二月據河南巡撫于蔭霖奏豫省庫款奇絀,新餉倍增,請將行豫鹽斤續行加價二文以資接濟,當經臣部以該省光緒二十一年已將蘆、潞、淮、東行豫鹽斤甫經每斤加價二文,今復議續增二文加價,究於四處行鹽有無窒礙,本難懸擬。惟該撫臣瀝陳豫省餉需繁鉅,羅掘俱窮,不得不權宜辦理,議令暫行試辦一年,俾資周轉等因,復奏行知在案。當時臣部核議,河南撫臣所請續增鹽斤二文加價之奏本以其事於各省行豫引鹽有無窒礙,既未能懸擬情形,而該省庫儲奇絀,亦不得不另籌挹注,故令暫行試辦一年,以期慎重鹽政。今山西撫臣岑春煊以河東行豫鹽斤銷數疲滯,道庫所派京協各餉暨洋款等項均應及時籌解,若再加二文,恐致銷滯,有誤要需,奏請減為一文徵收,以維正課,自係彼此兼顧之意。查潞綱應解各款關係緊要,若於行豫鹽斤續增二文加價不予量減,異日正課或虧,官商既有所藉口,而餉需亦不免遺誤,擬准如所奏,請旨飭下河南撫臣將潞鹽行豫每斤續增二文加價轉飭減半徵收,俾利行銷而顧引課,并令山西撫臣將本年河東道庫協撥應解各款亦即及時報解,不得少有延誤。

四月十三日奉旨:"依議。欽此。"

本省引地改為官民并運部議

光緒二十七年

戶部議覆。

據山西巡撫岑春煊奏整頓河東鹽務擬將本省引地改為官民并運以挽頹綱一摺,光緒二十七年七月二十五日奉硃批:"戶部核議具奏。欽此。"欽遵由內閣鈔出到部。

據原奏內稱,河東鹽綱行銷山西、陝西、河南等屬引岸。查核近年引數,陝省本有溢銷,惟上年短絀頗鉅。豫省銷數亦能及七八成,獨山西所銷不過六成。鹽引之滯,以本省為甚。推原其故,蓋由陝豫兩省多歸民販領運,鹽可貸賒,秤必足數,不致拂人好惡。且民販非止一家,售鹽不拘一地,無專利壟斷之害,無居奇擡價之權,是以多便之。晉省自改歸官運後,名雖官運,其實并無官本,均由各州縣招令運夥承辦,往往一州縣僅止一店,即市鎮分店不過數處,鄉僻小民有越數十里之遙始能購買者。運夥倚官爲護符,官資運夥爲囊橐,有訴攙水雜沙者,有謂擡價短秤者,迭經查禁,迄多陽奉陰違,此本省之辦法不善也。陝豫引地均不過三十餘州縣,銷數較勝。本省引地四十餘州縣,銷數反絀。可見分之民運則爭售而便民,專之官運則利私而病課。對勘互證,利害較然。自不如將本省行銷引地仿照陝豫成案,統改官民并運。如果舉辦有效,則所短三四成正課十餘萬兩,可以規復。查陝豫官民并運章程係以三成爲率,一成歸官,二成歸民,今即照此數分配營運,所有各地方官祇准取緝私經費。此外儻有絲毫需索,立即嚴參懲處。如能巡緝認真,亦必予之獎勵。改辦一兩年後,庫款稍可騰挪,察民運猶有不足之處,再照四川辦法酌籌官本領運,相輔而行。至厘課能否一律加徵,抑須分別旺衰。隨地量加之處,再行擬議詳辦。臣與該司道等再四籌商,似整頓潞綱舍此實無善策,合無仰懇天恩,飭部核議,准將晉省引地仿照陝豫改爲官民并運,即自光緒二十七年九月開辦丙申綱爲始,一俟奉准部覆,當即示諭各屬認真改辦,其餘未盡事宜,由臣隨時咨部辦理等語。

臣等伏查河東鹽務自咸豐四年捐免充商,奏准統歸官運,晉陝官運官銷,豫岸官運民銷。乃行之未及二年,陝豫兩岸即請改官民并運,晉省則仍官運官銷,相沿至今已五十年。當丁戊大祲之餘,潞綱始敝,然以蒲私充斥爲晉省滯銷之原,其弊未必盡由官運也。但該省官運成本難籌,致有種種窒礙情形,既據山西巡撫岑春煊以整頓潞綱舍官民并運章程別無善策，并以舉辦有效即可規復正額量加厘課等情具奏。

臣等查成規雖不宜輕改，而課稅日絀，亦當設法維持。該撫既爲籌款起見，且以潞鹽行銷鄰省之例推之本省，與輕議更張者有間，所奏尚屬可行，相應請旨飭下山西巡撫准將晉省引地仿照陝豫改爲官民并運，以丙申綱爲始，先予試辦一年，察看有無成效，再行擬議。惟官運之設所以濟民運之窮，民運既行，官運亦不可廢。若如該撫所奏，俟一兩年後再籌官本領運，則僻鄉滯岸必有食淡之虞，應令轉飭河東道講求行鹽道里，凡民運不及之處，即籌官本濟運，逐漸推行，俾符一成之數，以期裕課便民。時局需款方殷，果能規復正額十餘萬兩，自可稍資挹注，其應如何加厘加價，亦不得視爲緩圖。該撫仍當督同司道隨時妥籌，奏明辦理。至緝私所以衛課，該省近年蒲私、吉私諸多未凈，各州縣既無行鹽之責，緝私必視爲具文，應令嚴定考成，或有緝私不力及格外需索民販情事，立即參懲示儆。

八月十四日奉旨："依議。欽此。"

户部奏新定大案賠款分派攤還疏

光緒二十七年

户部奏，據全權大臣先後來電并送還款表一紙，計此次賠款議定四萬五千萬兩，前數年每年本利銀一千八百八十二萬九千五百兩，嗣後按年遞加，每年二千餘萬兩及三千餘萬兩不等。至三十九年爲止，總共本利銀九萬八千二百二十三萬八千一百五十兩，另有允緩半年付利息銀九百萬兩，分三年帶交，由西曆明年正月初一日即華冬月二十二日起照付。是款目之鉅，曠古罕聞。限期之迫，轉瞬即屆。就中國目前財力而論，實屬萬不能堪。然和議既成，賠款已定，無論如何窘急，必須竭力支持。臣部職司度支，固屬責無可卸。各省值此艱鉅，尤當勉爲其難。亦惟有於出款力求裁減，入款再求加增，庶幾湊集鉅款，屆期歸償，於大局不至貽誤，謹將擬裁擬增各款逐一開列恭呈御覽。

八月十六日奉旨："依議。欽此。"

計開

——鹽斤加價前已奏明辦理有案，然爲數尚少，款項亦均已撥用，擬令各省就現在鹽斤價值，每斤再加增四文。

陝岸鹽厘遵照部議自行設局加抽疏

光緒二十七護理陝西巡撫　李有棻

竊前經行在戶部具奏新定賠款分派攤還，計開陝西每年派銀六十萬兩，又議覆兩江總督劉坤一電奏淮鹽加價請飭一律照加議准每鹽一斤加價四文，先後奉旨允准，咨行到陝，當即行司遵辦去後。兹據厘金、善後兩局司道詳稱，陝西素號瘠區，民窮財絀，聖駕經年駐蹕，洞鑒苦情。今於萬難之中，求生財之道，計惟有鹽斤加價爲陝西籌款之大宗。溯查潞鹽行陝，每年額銷一千三百三十一名，每名配鹽三萬斤。所有陝岸鹽厘向由河東包收包解，每三萬斤隨課代收厘銀十二兩，核計陝岸銷鹽一斤，收厘合錢不過半文。雖陝岸每年溢銷額引至五六百名之多,而合計一年所收鹽厘僅止二萬餘兩,收數本甚微末。二十四年,經升任撫臣魏光燾奏請每斤加價四文,迭經山西撫臣以商疲引滯為詞,迄未定議。嗣經戶部議覆,以二文為定,并定於次年正月初一日開辦。旋又准山西撫臣咨商展緩,至三月初一日為始,仍由河東一并代收。潞商於展緩期内將應封引鹽乘隙提前配運,預為此後滯銷地步。又時值荒旱,戶有流亡,銷鹽較前亦少。山西撫臣即以加價短收正課奏請停辦,實則從前加價之議未定,食鹽之價已增,鹽商早獲重利,行銷仍復如常,未見因價貴而遂形疲滯也。前經部議酌加一文,是時尚無各省加收之說。今奉部議一律普加四文,陝省自應照辦,且潞鹽行豫向由豫省自行設局抽收,陝西事同一律,尤應援照辦理。查潞鹽運陝由下馬、夾馬二口發運,陝西所屬之三河口實為之襟喉,擬即在該處設立總局,并於潼關、大慶關各設分局,以扼其旁溢之路。凡潞鹽入陝者,除額收外每斤加收四文,所加之厘照數加之市價,為數無幾,不至病民,可冀集成鉅款。且各省一律加收,潞鹽不至偏重,更可無趨而食賤之虞,實於商課無礙等情詳請奏咨前來。

臣查陝西行鹽引岸,惟潞鹽為多,銷鹽不啻邱山而收厘則只毫末。若在無事之時,原不妨恤商省事。今值萬分窘迫之際,歲增認還賠款六十萬兩,籌措良難,未便以固有之利柄付之他人,致令坐失鉅款,且官既加厘,商必加價,是所加之數雖取之於潞商實出之於陝民,應即如該司道所議在於三河口等處自行設局加收。但陝既加厘,亦應兼顧引課,其最宜防者則恐蒲灘乘以侵灌,甘私趁此抵銷。惟有嚴緝灘私,普增甘引,并厘訂詳細章程,責成局員妥慎辦理,以期款有增加,商課無礙。至陝省現經自行設局加收,其晉省隨課代收之厘亦宜劃清界限,擬請至今年年底止,仍由河東包收常厘,陝局專收加價。自明年正月爲始,一律統歸陝省經收,以免輵轇①。除詳定章程咨部查照立案外,所有陝西設局加收潞鹽厘金緣由,理合恭摺具陳。

十一月初二日奉硃批:"户部知道。欽此。"

晉省潞鹽陝豫兩省加價已重未敢再加懇飭勻撥部議

光緒二十八年

户部議覆。

據山西巡撫岑春煊奏晉省潞鹽陝豫兩省加價已重未敢再加懇恩飭部勻撥一摺,光緒二十八年正月二十七日奉硃批:"户部議奏,欽此。"欽遵由内閣鈔出到部。

據原奏内稱,各省籌措軍餉、濟解償款多以鹽斤加價爲大宗。查陝豫行銷潞鹽,陝則於向徵鹽厘外上年議定加價一文,豫則於原議加價二文外上年議定加價一文,近今陝豫兩省因籌措賠款,又各議新加四文,合計兩省前後加價豫省已至七文、陝省連鹽厘在内將至六文。若晉省再議加價,則官貴私旺,即法令亦有時而窮。覆查此次鄂湘各岸加價,係由兩江主政"陝豫之行潞鹽與鄂湘之行淮鹽事同一律,惟有於陝豫已成之議爲裒多益寡之謀,仰懇天恩,飭部將陝豫已加潞鹽之價秉公勻歸晉省若干,以濟急需而昭平允"等語。

---

① 輵轇:交錯,雜亂。

臣等竊查上年臣部新定賠款單內有擬令各省就現在鹽斤價值每斤再加增四文之條。以鹽斤加價，取之民間則甚微，集之公家則甚鉅，較之他項籌款辦法，尚屬簡便易行。無論產鹽省分與銷鹽省分，均應一律照加以期湊集分派之數。茲山西巡撫以晉省未便再加，請將陝豫已加潞鹽之價勻歸晉省，并援鄂湘之行淮鹽以為比例。查上年九、十月間，兩江、湖廣各總督因淮鹽加價，疊次電爭。江督以引地分布外省，請將現加四文以二文歸銷鹽省分，鄂督則以鄂省為鄂籌款而加價，取之鄂民自與江省無涉，免致以鄂民多出之錢徒供他省之用。情詞各執，臣部以籌款祇能統論全局，至鹽務實在情形，各該督身任地方，均有理財之責，部中礙難遙斷。當經電覆兩江、湖廣總督，體察情形，和衷商定。嗣鄂省仍加價四文，江省減為二文在案。潞鹽行銷陝豫，而加價與淮鹽行銷鄂省而加價情事相同，究竟能否勻撥，應請飭下山西巡撫岑春煊自行咨商陝西、河南各巡撫斟酌辦理。新定賠款大局攸關，務須及早設法籌定足數，是為至要。

二月二十八日奉旨："依議。欽此。"

陝岸鹽厘暫歸晉省徵用以紓商力會疏

光緒二十八年護理巡撫兼鹽政　趙爾巽

竊查潞鹽行銷陝豫，前奉部飭籌辦加價，經山西升任撫臣岑春煊以陝豫兩省加價已重未敢再加，奏請飭部勻撥，當經部臣議令自行咨商，各該省斟酌辦理在案。嗣經奴才等往返咨商，以潞鹽行銷陝岸既有前辦加價之每斤一文，又有鹽厘每名十二兩,現又新加每斤四文,計已將至六文。若再由晉省加價,商力實有不逮。而陝省新議加價,本係指供償款,若照晉省原議核減,則償款無出,又恐貽誤要需,勢處兩難籌商。至再經奴才升允查明,陝岸鹽厘之每名十二兩,本係由晉代收、解陝應用,本年因議辦加價并將鹽厘歸陝徵收,現既晉省舉辦加價,商力維艱,且恐官滯私銷,有虧課項,惟有將陝厘暫歸晉用,仍由晉并歸新加二文內徵收,以期畛域不分,兼籌并顧。惟是陝庫奇絀,現將舊有之的款接濟鄰疆,自應俟晉省商銷暢旺,籌款稍易,即照原案仍歸陝省自行抽收應用,以免久懸,似此暫爲通變,在晉無重累吾民之虞,在陝無致礙償款之虞,實於兩省均有裨益。謹會同陝西巡撫臣升允附片具陳。

十月二十八日奉硃批:"户部知道。欽此。"

賠款加價統按每名折收銀四十兩疏

光緒二十九年護理巡撫兼鹽政　吴廷斌

再查潞鹽行銷陝豫,前准部咨,以賠款重要飭辦鹽斤加價,經升任撫臣岑春煊、升任護撫臣趙爾巽叠次札飭河東道一再籌議,酌定每斤加收二文,每名折收銀四十兩。自光緒二十八年九月開辦丁酉綱起徵,名爲賠款加價,另儲備解,并由臣咨明户部在案。嗣准部咨,以此項賠款加價,現已試辦半年,應即奏明以重鹽法,并令轉飭河東道,一俟丁酉綱截數查明,銷數、收數以及支解數目另造清册送部核銷等因,當即轉行河東道遵照去後。

兹據河東道吴匡詳稱,遵查賠款加價晉豫陝三岸每斤加收二文,每名折收銀四十兩,係於光緒二十八年九月初一日開辦丁酉新綱起徵,專備晉省公約賠款之用。至是綱所銷鹽引名數、所收加價銀兩以及支解數目,應俟本年截至八月底屆期隨同奏銷引課冊籍,再行另造清冊呈送,理合先請奏咨立案等情前來。臣覆核無異,除咨明戶部外,謹附片具陳。

閏五月二十一日奉硃批:"戶部知道。欽此。"

報效練兵處常年的餉疏

光緒三十年巡撫兼鹽政　張曾敭

竊臣於光緒三十年三月初八日承准軍機大臣字寄三月初二日欽奉上諭:"現在時局艱危,非多練得力勁兵,無以爲固圉安民之計。迭經降旨通飭認真籌款,以備餉需。內外同一爲難,全在各省不分畛域,合力通籌,移緩就急等因。欽此。"并准部咨,先行提解北洋常備軍餉,山西奉提二十萬兩等因,咨照前來。

伏查臣自上年迭奉諭旨飭籌練兵要餉,并准部議十條,當經分行司局欽遵辦理。又因籌款需時而待餉孔亟,先經飭司提解銀三萬兩以濟要需,具摺陳明在案。臣忝膺疆寄,受國厚恩,仰蒙詔旨誥誡至於再三,但能除弊節流裨益餉需之處,曷敢畏難避怨,惟是晉省自庚子以後,籌防籌賑、措辦公約及本省償款、舉行新政各事宜,每年驟增出款一百數十萬兩。以素稱貧瘠之區,尚能供支無誤,半係取給於外銷之項、中飽之資。兹復督同司道各局於無可設法之中,勉力籌措,期於不擾民生,可資的餉。謹將擬議報效辦理情形爲我皇太后、皇上縷晰陳之。

如酌提差缺一項，晉省府廳州縣本無優缺，其稍裕者亦僅及他省之中下，自經湊解償款、舉辦新政已提州縣驛站商畜契稅報效等項，所入約十之三四，而著名苦缺仍須酌提各缺羨餘均匀津貼，誠以府廳州縣均係親民之官。語云：刻核太甚，必有不肖之心應之。若竟搜括無遺，深恐別滋流弊。至省城局差及各軍薪餉，經前護撫臣趙爾巽以入不敷出大加裁減，臣抵任後又將局用委員從嚴裁并，歲約省銀一萬餘兩，現在常年支款均係必不可省之需，尚屬不敷甚鉅。其厘稅各差，歷次加增，比較化私爲公，更無盈餘可撥。臣再四思維，擬自府廳州縣以下缺差，免其報效。惟臣與各司道受恩深重，自應竭誠奉上。兹由臣報效銀三千兩，藩司報效銀四千兩，臬司二千兩，冀寧道一千兩，河東道三千兩，雁平道八百兩。又歸化關向解臣署公費銀二千兩一并報效，歸綏道將向解公費銀一千八百兩作爲該道報效之款。通共銀一萬七千六百兩。自光緒三十年起，每年照數解充兵餉。如加增烟酒稅項一節，晉省向來徵收數目與直隸新章相等，而產地銷場一律納稅較直隸尤有增無減，是稅則無可再加，猶恐有隱匿斤數之弊。迭經委員馳赴各廳州縣按簿澈查，并裁減各局用費每年約可增銀四萬兩。此擬辦差缺烟酒之實在情形也。

至部議十條，除漕項、沙田暨兩浙、兩淮、甘肅鹽務，四川土藥各條，晉省無庸議辦外，如鹽引加丁加閏一節，河東鹽務自咸豐年間捐免充商，能銷一引之鹽，始獲一引之課，與按綱認課者不同。前因灾祲遞壓至五綱之多，近屆奏銷，甫能及額。即使勉強加增，徒多欠封之引，并無加課之實。惟有督飭該道竭力疏銷,但能提前清綱,較之加丁加閏更有實際。至官辦土藥一節,晉省有畝稅,有行商稅,有坐賈厘,定章已極精密,況民間多係自種自食,若由官設局售銷,非特財力不及,亦恐徒滋擾累,得不償失。如嚴核錢糧一節,晉省州縣徵解均係用銀并無浮收、折徵等弊。荒地項下舊案已奏明永豁。自丁戊大祲,新報荒地錢糧二十餘萬,節經招墾升科,僅缺七萬餘兩,實由丁戶尚未復元,并非督徵不力。現由司督飭州縣實力勸墾,再加糶變米豆盈餘等項約可得銀一萬七八千兩,此後如有加增,盡數報解。至於商畜契稅均於償款新政案內歷經提解,惟府州以下既免其報效,應再分別酌提每年商稅銀一萬兩、畜稅銀一萬五千兩,此又擬辦錢糧稅項之實在情形也。

臣維練兵係根本至計,必須有常年的餉,方爲經久之圖,誠如聖諭"搜刮病民之政斷不准行,而公家固有之利、本省外銷中飽之資,竭力搜羅勻撥"。合之臣等報效之款,每年可認解銀十萬兩,實因限於財力,所籌祇有此數。現奉諭旨飭裁官缺,業經督同兩司擬將同、通、教、佐等官實力裁汰,另行奏報。每年省出常款悉數報解作爲練兵之費,以期仰副朝廷勵精圖強之至意。

七月十五日奉硃批:"戶(部)知道。欽此。"

蘆鹽告運太汾查明窒礙八端院咨

光緒三十二年巡撫兼鹽政　恩壽

案准貴部堂①咨開據長蘆鹽運使陸嘉穀詳稱,轉據綱總商

---

① 貴部堂:對方總督的尊稱。其時袁世凱任直隸總督兼管長蘆鹽政。

人王賢賓禀稱,竊查河東鹽引行銷於山西、陝西、河南三省所屬之平、蒲、西、同、南陽等一百一十九州縣。若太、汾等屬四十餘州縣,前將額引劃歸藩司承領,名爲陽曲引,每引徵鹽稅三錢九分零,附入地丁奏銷,故晉省城東北數十州縣向無商運官鹽,其民間買食者青鹽、蒙鹽、蘆鹽、土鹽,種種不一,任民自便。推原無商運鹽之故,蓋因山路崎嶇,運鹽艱阻,成本過重,畏累不前,以致數十州縣悉成荒廢之區。方今百政維新,凡有開源興利之事,自宜及時舉辦,以收利權。況整頓鹺務較籌他款者,尤屬事半功倍。現查正太鐵路指日即可修至山西平定州界,商擬請告運蘆鹽由火車裝載至平定州壽陽縣、盂縣、樂平鄉火車已通之處,先行試辦,以立基礎。尚有數十處俟火車行至何處,隨即察看情形變通整頓,逐漸推廣,以冀全省食私之州縣盡化爲官。緣運路便捷,成本減輕,賤價出售,自能抵制私鹽,多銷官引,每年約可多銷蘆引一二十萬道。既可復蘆綱之停引,亦可籌晉省之餉需。山西數十州縣之民,亦便於買食,有數利而無一弊。謹將辦法情形分條爲我仁憲陳之。

——蘆鹽販入山西銷售者,惟贊皇、井陘、内邱、邢臺等縣,昔年官價既小,又無厘金,成本輕則販運多。自庚子以後,蘆鹽加價,山西抽厘,鹽價日昂,民間貪賤食私,更兼遍處刮土淋曬硝鹽者,日甚一日。因之蘆鹽日滯,較前減銷十之六七,恐數年後私鹽愈熾,不但銷路阻塞,且恐有倒冲蘆岸之虞,即山西所徵之鹽厘,亦將烏有矣。

——築運蘆鹽仍照蘆綱科則領引納課,運至晉省無商運鹽之州縣,設店銷售。試辦三年後,俟有盈餘,即行禀請酌提銀兩報效歸公。

——山西自庚子後籌攤賠款，分關設卡，按斤抽收鹽厘。因鹽價增昂，商販裹足。如關卡爲招徠計有變通收納者，以致各處厘數未能一律，擬懇詳請咨商山西撫院核計，近三年所收鹽厘成數或由商包交，或按包酌定畫一數目完納，俾得遵守。如此辦理，山西籌款有增無減，且可節省分關設卡之費。

——商創辦晉省行鹽籌款公司，資本業已備足，不圖招集外股，惟遵守商部創辦公司章程辦理。由近及遠，凡火車通行向無商運之州縣，逐漸開闢，不准他人依照爭競，俾得專意經營，以拓利源而保血本。山西食鹽向由各行鋪家販運零售，商運鹽到境，仍循舊章批發各處分銷，不擾商而便民，倍增課款，且無礙晉蘆認地行銷之引商。

以上四條，略陳大概情形，如蒙俯准，仰懇轉詳咨商核示遵辦。儻有未盡事宜，再行隨時稟陳。爲此，稟懇伏乞電鑒施行等情到司。據此，查該綱商王賢賓所稟開闢山西銷路，創設公司，疏通積引，與直、晉商民似均有益。除批示外，理合據情具文，詳請俯賜函商山西撫部院核行飭遵等情到本督部堂。據此正在核辦間，復據該司詳稱，案查本年二月間，據綱總商人王賢賓具稟開闢山西銷路創設公司疏通長蘆積引請轉詳咨商核示遵辦等情，曾經本司據情詳請函商山西撫部院核覆行司飭遵在案。兹復據該綱商王賢賓稟稱，竊商前因山西省城東北數十州縣向無商運官鹽，其民間買食青鹽、蒙鹽、蘆鹽、土鹽種種不一，任民自便。曾經稟請告運蘆鹽，由火車載至平定州等處先行試辦，以期化私爲官。俟火車行至何處，隨即察看情形，逐漸推廣。在長蘆多銷積引，在晉省多收厘金。業經稟蒙批示，詳請咨商山西撫院在案。商自應敬候咨覆，曷敢多瀆？茲商在於山西各州縣詳細察訪整頓情形，以期異日易於興辦。查得該處原有歷奉銷鹽成案刊刻碑記，理合照錄原文，恭呈備案等情到司。據此，除稟批示外，可否函催之處，理合將該商呈送碑記原文照錄清摺，詳送核奪等情前來。除備函奉商外，相應咨明請煩查照核覆施行等因，准此當經分行布政司、河東道會同財政處體察情形，通盤籌畫妥議詳覆去後。

茲據布政司、財政處會詳稱，遵查定例，運鹽行銷各有引地限制。晉省則靈、霍以南四十四州縣，民間向食潞鹽，爲河東現在銷鹽之地。平、介以北六十餘廳州縣，銷售土鹽、蒙鹽，爲吉蘭泰引地，而民間於吉鹽之外并食土鹽、蒙鹽。蒙鹽入口輸稅無課，所以恤蒙。至土鹽有稅，隨糧徵收，藩司領引。吉引自咸豐癸丑以後，由河東承領，課歸潞商代完。從此，吉蘭泰引地實與潞岸無異矣。溯查光緒十年，有太汾試運潞鹽之案，是疏銷滯引，潞商早有志經營，將來鐵路開通轉運便捷，有必辦之勢。若蘆鹽推廣運銷，斷斷乎潞商必起而與爭也。即就土、蒙而論，亦知利在多銷。平定等三處兼食蘆鹽，已於土、蒙各鹽銷路大有妨礙，平時已不甘隱忍，只以相沿已久，興問無人，是以無可如何。若竟再爲侵占，則蒙、土生計益窘，更無以自存。至原咨內開該綱總所稱蘆鹽廣銷後，於山西餉需有增無減一節，係指晉省東路各卡所抽蘆鹽釐金而言，要知土鹽既有加稅，蒙鹽亦復有釐，民間食鹽歲銷有定，應收之釐不得於此即得於彼，并不比蘆鹽多銷，始於晉省餉需有裨也。總之，蘆鹽行銷於全晉，釐政大有妨礙，而於潞綱引課關係尤重，當經咨會河東道核議去後。

茲准移覆飭據商販姚長盛等稟稱，晉省引鹽自嘉慶復商後，凡一百八廳州縣責成全在潞綱。靈、霍以南四十四州縣領河東之引，掣解池之鹽。平、介以北六十四廳州縣，雖定有吉蘭泰引，仍歸潞商代完。而吉鹽、蒙鹽、土鹽，聽民買食。咸豐癸丑以後，免商歸官。岢嵐等州縣之吉引專歸河東領運，惟陽曲等三十州縣歸藩司領引徵稅，餘皆悉仍其舊。此晉省引鹽南北雖有不同，而課稅并徵，潞綱獨任其重之實在情形也。今直省來咨以正太鐵路將通，蘆商擬請試運蘆鹽，先在平定所屬行銷，以期漸推漸廣，商等公同計議，謹將窒礙難行之處一一陳之。

如蘆商所稱省城東北數十州縣向無商運官鹽，悉成荒廢之區一節。查蒙鹽入口乃國家撫馭外藩之道，始自乾隆元年，奏准有案。其來自阿拉善、鄂爾多斯旗者曰大紅鹽、二渾鹽，來自烏珠穆沁、浩齊特、蘇尼特各旗者曰大青鹽、小白鹽。至於土鹽則太、汾、大、朔、寧、忻、保、代、遼、沁、平十一府州所在，皆有其法掃土淋鹵煎曬，即可成鹽。鄉曲貧民食此者，十居八九。以天地自然之利，供民間日用之需。偶有歉收，潞鹽足資接濟，無虞澹食。謂爲悉成荒廢，運銷越境蘆鹽，是意在侵銷而不在於濟食。此窒礙難行者一。

又如所稱告運蘆鹽由火車裝載至平定州壽陽縣、盂縣、樂平鄉先行試辦，尚有數十處俟火車行至何處，逐漸推廣一節。查各省運鹽水陸皆有定程，每發鹽時，將刊刻程單付給腳戶，核其道里之遠近，限以時日之短長，即以定售價之貴賤。其間權衡，悉當必使兩岸相界之處，各得其平。東南航路開通數十年來，未聞有江海輪航載運引鹽借地行銷之事。鐵路正在興辦，將來軌轍四達，遲速難易，自較輪蹄篙櫓相去天淵。偶開便捷之端,必啓紛争之漸。極其流弊,恐不至於病課、病商、病民不止。此窒礙難行者二。

又如所稱冀全省食私之州縣盡化爲官一節。夫無引無課之謂私,漏釐漏税之謂私,越境興販之謂私。晉省行銷潞鹽凡四十四州縣,餘皆蒙、土兼食。潞鹽之引課,歲有奏銷。蒙、土之税釐,徵歸正賦。他如鄰私越販,則查拿罰辦,鹽貨充公。固知蘆商所指食私,係專就蒙、土而言。查光緒十年,太汾試運潞鹽,經升任鹽院張(之洞)奏准蒙、土各鹽聽民買食,不准絲毫抑勒,此即不能指爲私鹽之明徵。今蘆商盡指爲私,將思有以抵制之。在土民,人少鹽多,必將倒灌潞岸。在蒙古,頓失生計,難保不上瀆宸聰。此窒礙難行者三。

又如所稱每年可多銷蘆引一二十萬道,既可復蘆綱之停引,亦可籌晉省之餉需一節。查潞綱積年疲滯,停引已五綱之多,計三百一十七萬九千一百九十五道,而分年帶銷暨本年滯銷之引,尚不在此數内。正在公同設法運往太汾分銷,舍己徇人,無此公理。況蘆引多銷一道,則潞引必將少銷一道。蓋蒙鹽不能逞志於北,勢必盡趨於南。計口授食之謂何?而驟加此一二十萬道別綱之引,猶治水而壅之使決也。此窒礙難行者四。

又如所稱蘆鹽販入山西銷售者,惟贊皇、井陘、内邱、邢臺等縣,自庚子以後蘆鹽加價山西抽釐,更兼遍處淋曬硝鹽,因之蘆鹽日滯一節。查直隸贊皇、井陘、内邱、邢臺等縣與晉省處處毗連,蘆鹽越銷非所應有。前因籌備賠款,加抽蒙、土鹽釐,蘆私本輕價廉,益得乘機而入。是以光緒二十八年盂縣有籌給庫本官運蒙鹽之請,平定有就近買食蘆鹽之議。經山西籌餉總局變通籌議，比照潞鹽行陝行豫抽收加價之例，凡蘆鹽之運入平定、盂縣、樂平三處者，每斤抽收加價六文，較之豫抽潞鹽尚少一文，較之晉抽蒙鹽則少二文。仍俟試辦一年再行察看遞加。至迤北迤南，頭頭是道。其未領有加價照票之海鹽，仍准沿途村民隨在緝拿，詳奉批准有案。事屬變通辦理，亦且誼重比鄰。今以本境淋曬爲非，是喧賓而奪主也。此窒礙難行者五。

又如所稱擬請咨商山西核計近三年所收鹽厘成數，或由商包交，或按包酌定畫一數目完納，於山西籌款有增無減且可節省分關設卡之費一節。查鹽爲民生日用所必需，行銷多寡歲有常經。譬如蒙、土各鹽，每人日食三錢，改食蘆鹽亦祇日食三錢。蘆厘非格外加抽，不能收有增無減之效。况土鹽爲貧民所便，既已隨糧征稅，斷不能禁止煎熬。蘆鹽即使暢行，其所獲效亦不過蒙厘短徵若干，蘆厘即收回若干。得此失彼，無所出入。至分關設卡，多係鹽貨兼抽，鮮有專設。蒙鹽不能言禁，更屬未便議裁。此窒礙難行者六。

又如所稱創辦晉省行鹽籌款公司，凡火車通行向無商運之州縣，逐漸開闢，不准他人仿照爭競一節。查鹽務乃國家財政所繫，與別項商務特別開創可以爲個人事業得能專利者不同，故壟斷把持，久干例禁。今蘆商指定向無商運之州縣則晉省之平、介以北五府六州十廳所屬自己包舉無遺。現在正太火車已抵平定，將來同蒲鐵路亦必接續興修。蘆鹽直入戶庭，其旁決橫流必致拖倒潞鹽全綱而後已。况吉鹽之引課潞綱代納，土鹽之引稅晉民攤完，迄已百有餘年。一俟同蒲路開，自闢引疆，固潞商應盡之務即目前太汾試運疏銷滯引，亦晉民自有之權。蘆商之越俎經營,竊為未可。此室礙難行者七。

又如所稱平定等三處有歷奉銷鹽成案刊刻碑記一節。查乾隆五十七年潞綱引課攤歸地丁,凡一百七十二廳州縣之食鹽,聽民自行販運。於是蘆、蒙、花、土各鹽,紛紛南下,即附近解池之私煎私曬亦得任意肆行。潞鹽無處行銷,遂即侵逼淮岸。嘉慶七年,兩淮鹽政有籌杜鄰私以衛淮綱之奏。十二年,有河東引鹽改歸商運之旨。惟當改歸之始,解池所產以及吉鹽內運,尚屬把握毫無,平定等三處密邇蘆鹽引地暫准兼食蘆鹽係一時權宜之計。自此以後,遂不復有准食蘆鹽之案。從前蘆岸、淮岸師旅水患,民食缺乏,未始不賴潞鹽接濟。若以偶暫之事援為例章,則潞商於別綱毋亦以此興問乎?此室礙難行者八。

商等或供澆曬,或任運銷,際此引積課懸,累重銷滯,正思同力合作,為窮變通久之謀。茲奉諭飭前因敢不披瀝直陳,籲懇詳咨,堅阻蘆運以保引岸而固藩籬等情,由監掣同知等轉請詳咨前來。敝道覆查,奉行原咨,蘆商於晉省情形多皆得自傳聞,未能深悉底蘊。緣晉省東北六十餘廳州縣原係吉蘭泰引地,嗣於復商案內將吉蘭泰引課六萬三千五百餘兩責成潞商代完以後,改歸全綱攤認。是山西全省與盡成潞岸無異,只以道遠運滯,仍准民間兼食蒙、土各鹽。且蒙鹽交釐,土鹽徵稅,行之已久,內外相安。近因潞綱引積課懸,商情思奮,正擬設法配運試辦太汾。若再承認蘆鹽由火車裝運直入,微特門戶洞關,將潞綱積引竟無疏通之路,且烟戶祇有此數,鹽多銷少,必不能杜蒙鹽之南灌而護潞岸切近之藩籬。各該商所稟均屬實情,加以厘稅要需,土蒙生計,通籌兼顧,若准蘆鹽入晉,即使一無流弊,其此得彼失,此盈彼虛,一定之理。至嘉慶間平定等處改食蘆鹽碑記,係潞鹽歸商之始,大局未定,出自一時權宜,未可援爲成案等因,咨覆前來。本司道等詳加復核,該潞商所禀窒礙八端均係實在情形,而平定等三處暫食蘆鹽係潞鹽歸商之始,大局未定,出自一時權宜,未可援爲成案等語,尤爲的當不移之論。本司道公同籌議,擬請准照該潞商等所禀咨覆,以恤商情而維鹾政。所有遵飭會議緣由,理合會詳察核轉咨,實爲公便等情。

據此,查該司道暨潞商等所陳各節均屬實在情形,除另函奉覆外,相應咨覆貴部堂,請煩查照施行。

陝省開辦鐵路加抽鹽價有礙潞綱疏

光緒三十二年巡撫兼鹽政　恩壽

竊照前准陝西撫臣咨於光緒三十二年六月二十二日會同陝甘督臣附奏,擬於鹽價每斤再加制錢二文,專作鐵路的款一片,將原奏恭錄咨行到晉,遵經轉行河東道,分飭廳場及口岸各員并陝省官運局一體遵照去後。

兹據該道轉據陝省全綱商販公禀稱,潞鹽行陝自辦理官運以後,每年銷數率皆一千八九百名至二千名不等。光緒二十四年,陝省第一次加價部議定爲二文,嗣又奏准減去一文,迨二十七年因攤還賠款,陝又加收四文,連前共成五文,計每名共抽錢一百五十千文,幾與運庫之正雜課費相埒。從此,陝銷潞鹽每年僅一千五六百名,是加價之損於潞綱,固已顯而易見。近因減價争售虧本歇業之販已數十家,而欲罷不能者亦復愈累愈重。雖云銷數仍有溢額,實則溢額之故係因豫省加價多於陝省二文,故潞鹽之銷於陝者得借豫地行銷,并非專銷陝境。今陝省出示自七月初一日起,於原收加價外每斤加錢二文,從此陝豫之加價相等。豫省課本較輕,將來陝岸潞鹽必致借銷無路,而花馬池本輕價賤之鹽,鹵泊灘私煎私曬并無厘課之鹽,必將肆行侵灌。蓋官鹽價昂則私銷愈暢,私銷愈暢則商販愈疲,此固勢有必然者。商等利則趨之,害則避之,原無所用其疑阻。第事關全局餉課,得失之所繫不得不披瀝上陳,商聞江西加價已見阻於淮綱,事異情同,總求俯恤商艱,保全正課等情,由該道核明,詳請奏咨前來。奴才查陝省此次加價係因挽回路權起見,事非得已,既經一面奏咨,一面出示加抽,但可勉行,何分畛域。惟現據鬮綱商販等合詞懇免,核其縷陳各節,均屬實在情形。且潞綱為課餉要需,關係至重,自未便壅於上聞,合無仰懇天恩,俯念商情困苦,准如所請,飭下陝西撫臣將前項潞鹽加價免其抽收。另議籌辦之處,出自鴻慈。

九月初六日奉硃批:"戶部議奏。欽此。"

陝省加抽鹽價有礙潞綱再疏

光緒三十二年巡撫兼鹽政　恩壽

再陝省加抽鹽價有礙潞綱,前將損課病商情形專摺具陳,欽奉硃批:"戶部議奏。欽此。"當即欽遵轉行查照在案。茲據河東道陳際唐詳稱,陝省行銷潞鹽全仗秋冬封運,去秋三個月封課八百四十三名,今自加抽鹽價後止封二百一十九名,餉源頓少十數萬。入冬後,幾於片引不封。陝販歇業甚多,私鹽益見充斥,甘餉、洋款行將貽誤等情,請即奏請免加前來。

奴才查潞綱稅課乃晉省大宗入款,今因陝省加價之故,以致引課日懸,餉源日絀。在陝省鐵路所得每名加價不過四十餘兩,而晉省引綱所失每名正課賠款實有一百八十餘兩之多。陝之獲利甚微,晉之受害已亟。國課與商業所繫,實未敢勉爲遷就,致壞薩綱。況陝省原奏本有稍形窒礙隨時變通之語,合無仰懇天恩,俯准飭下度支部,行令陝省將潞鹽加價停收,以維綱政而全大局。

十月二十一日奉硃批:"度支部知道。欽此。"

孔子升祀典禮部議(清單摘附)

禮部奏稱,光緒三十二年十一月十五日奉上諭:"朕欽奉慈禧端佑康頤昭豫莊誠壽恭欽獻崇熙皇太后懿旨,孔子至聖,德配天地,萬世師表,允宜升爲大祀,以昭隆重。一切應行典禮,該衙門議奏。欽此。"

竊維孔子德參兩大,道冠百王,爲生民以來所未有。及門諸子,定論昭垂。自漢至明,歷代帝王未嘗不事推崇,而典禮終多缺略。至我朝乃極隆崇,聖祖仁皇帝釋奠①闕里②,三跪九拜,復以曲柄黃蓋,留供廟庭。世宗憲皇帝釋奠臨雍,稱詣學不稱幸學,案前上香,特諭躬親奠帛獻爵,跪而不立。黃瓦飾闕里之廟,追封至五代爲王。聖誕虔肅致齋,聖諱特加敬避。高宗純皇帝闕里釋奠拜跪之數、黃蓋之留,均法聖祖,又仿世宗欽定闕里文廟之制,以黃瓦飾太學文廟大成殿、大成

---

① 釋奠:古代在學校設置酒食以奠祭孔子。
② 闕里:孔子故居,在曲阜城內,相傳孔子在此授徒。

門,特頒太常,另繕禮節,躬行三獻之儀。至列聖御書文廟碑文聯扁,宸章焕發,尤必本配天之意,務極闡揚。是崇德報功之典,遠軼前朝,實隱然有升大祀之意,引而未發。今我皇太后以列聖之心爲心,皇上以先師之道爲道,心源默契,德音孔昭,曠典特頒,日星彪炳。跪誦之下,欽服難名。臣等又伏讀雍正五年諭曰:"堯舜禹湯文武之道,賴孔子纂述修明。魯論一書,尤切人生日用,使萬世倫紀以明,名分以辨,人心以正,風俗以端。若無孔子,則人將忽於天秩天叙之經,勢必尊卑倒置,上下無等,干名犯分,越禮悖義。君不君,臣不臣,父不父,子不子。其害可勝言哉?惟有孔子之教統,智愚賢不肖無能越其範圍,此所以治萬世之天下,爲生民所未有也。使爲君者,不知尊崇孔子,何以建極於上而表正萬邦乎?

祖訓煌煌,實與此次綸音後先一揆。雖邇日人心好異,學派或致紛歧。一經顯示欽崇,自足收經正民興之效。謹將所議升大祀典禮,另繕清單,恭呈御覽。

——廟制。街門三間,大成門五間,大成殿七間,暨御碑亭十四座。舊制皆覆黄瓦,餘覆綠瓦。今擬改爲通覆黄瓦。

——神牌。舊制朱地金書,今擬金地青書。

——神幄及案衣。舊制銷金紅緞,今擬改用黄雲緞。

——爵。舊制用銅。親臨釋奠,增設鎏金銀爵一,鎏金銅爵二。今擬均改用玉。

——祭品。舊制十籩十豆。今擬加二籩二豆爲十二籩十二豆。

——樂舞。舊制六佾,今擬用八佾。舊制專用文樂,今擬添用武樂。

——太學及直省祭文。既升大祀,擬請交翰林院另行恭撰。

——臨文稱引先師。舊制雙擡,今擬改爲三擡。

——立碑。先師既升大祀,擬請御制碑文,立石國學,以垂久遠。

——崇聖祠正位祭品。舊制羊一、豕一、籩八、豆八。今擬加牛一,再加籩二、豆二。

——直省府廳州縣文廟規制。供奉禮器、樂舞暨崇聖祠祭品,擬并同太學,行禮儀節仍遵舊制。惟承祭官出入向例由左側門,擬改由右側門,不飲福受胙。

光緒三十二年十二月二十日奉旨:"依議。欽此。"

會奏陝省鐵路停收加價疏

光緒三十二年陝西巡撫　曹鴻勛

再臣前以鐵路需款奏請將銷陝鹽斤每斤加價二文,奉部議令察看情形辦理。嗣山西巡撫臣以慮礙潞綱等情奏請免加,部議兩省議奏。正核議間,晉撫臣又以請免等情附奏。奉旨:"度支部知道。欽此。"由部咨行到陝。臣查鹽斤加價本係奏請試辦,既經晉撫臣一再奏陳,慮於潞綱有礙,自係實情,當經飭局將此項加價即行停免,其花、川、蒙各鹽與潞鹽事同一律,亦即一并免加,以昭平允。至部臣前議令由兩省議奏一節,查晉省二次片奏業已陳明,臣省亦業經飭令停辦,似可請免會議,以省文牘。所有停止鹽斤加價緣由除咨部外,謹會同陝甘總督臣升允、山西巡撫臣恩壽附片具陳。

十二月二十四日奉硃批："度支部知道。欽此。"

文廟工程部議

禮部奏稱,竊臣部具奏,文廟擬請通覆黃瓦,大成殿、大成門、街門、御碑亭,須修飾見新。崇聖祠須展拓及另建御碑已蒙俞允。此天氣和暖,應請欽派大臣查估承修。估定後,臣部即劄監擇日開工。查文廟規則,大成殿七間,階一成,東西南三出陛。有謂先師升爲大祀,殿宜拓爲九間,階須三成五出陛者。臣等相度文廟隙地無多,列聖御碑亭及樹株未便遷移,礙難展拓,須向廟後再圈地段,乃可推廣。然當年工堅料實,此時良材難得,即加添地基,從新改造保固,未必如前。致敬之道,以實不以文,似各處見新已足。如間有年久腐朽之處,可由估修大臣請旨辦理。惟崇聖祠殿廡狹隘,陳設牲牢之外餘地無多,不便行禮,必須展拓,省牲亭亦須量展。又文廟殿廡牆垣既通覆黃瓦,崇聖祠殿廡在一廟之內,前奏未及聲明,應請旨一律辦理。

光緒三十三年三月初五日奉旨："依議。欽此。"

蘆花各鹽越境行銷按斤加厘院咨

光緒三十三年巡撫兼鹽政　寶棻

案據布政司、河東道、財政局會詳稱,竊維課之與厘有原來、後起之不同,亦產地、銷場之各異。徵自產地者有定,取諸銷場者無定。蓋物之相競,必有盈、不足之差。因其競而定以厘,使盈、不足之差不至相去愈遠。此所謂厘以保課,而兼有以濟餉也。晉省東北六十餘廳州縣本吉蘭泰引地，課由潞商代納，准其兼食蒙、土各鹽。於是蒙鹽完釐，土鹽徵稅，藉以屏蔽鄰私。乃蒙鹽價昂，土鹽味劣，遂致蘆鹽灌入平定州、盂縣、樂平鄉一帶借地行銷。光緒二十八年，各該州縣具稟請示，一則議禁，一則議弛。當時司局會詳，按每斤六文抽收蘆鹽加價，本一時權宜之計，故隨案聲叙俟試辦一年後再行察看遞加。自開辦以迄，於今銷數日增，曩所估計歲收加價不過三四千吊，近則收錢合銀已至六千餘兩。就斤數核之，約合一百二三十萬斤。又陝省定邊一帶所產之花馬池鹽，與蒙鹽似同實異。其行銷地面雖與太、汾相接，然太、汾屬境例不准其闌入。自光緒三年弛蒙鹽水運之禁，花鹽之私運磧口者并准化私為官，每斤抽釐八文，由軍磧釐卡委員兼收，殆以徵為禁之意，亦聲明先行試辦，如可加增，隨時詳請核奪。果使蒙釐潞課徵收如舊，則添此釐價，晉亦何樂不為？即蒙、潞稍有滯銷而不甚相懸，亦可兩利取重，無如蘆鹽直入堂奧，花鹽路路可通，使蒙鹽不能得志於東者竟轉折而趨於西，將潞綱固有之藩籬潰決於無形無影之中。若不早為之謀，必有不可收拾之一日。方今北路蒙古整飭官商并運，潞岸積引詳准試銷太汾，挽撫馭藩服之利權，盡聯固吾圉之義務。花蘆既准運晉，要當并計通籌，齊不齊而使之齊，乃維持財政之機關、整頓鹺綱之公理。夫花蘆之侵銷晉境也，其確切不移之比例惟川鹽濟楚。是楚淮岸也，居長江流域而借銷川鹽，以故加稅加釐江省主之。同治七年，歸并川釐於宜昌總局，每斤抽錢一十八文。光緒十年，復設局於萬戶沱，加收海防三文，嗣又加抽江防二文。此後，迭有變更，要皆每斤抽錢二十一二三文不等。其最後之賠款加價尚不在此數內。今若援以爲例，必謂苛以相繩。第上年蘆綱曾有告運太、汾推廣行銷之舉。其本輕利厚，自不待言。花鹽來自延榆，原衹越銷汾陽，近則平遥迤南所在皆有，此皆抽收厘價以後之現象。緣行銷之暢滯，全在價值之低昂。價值之低昂，全在稅厘之輕重。而稅厘之輕重，則在比較成本。俾官私不相軒輊，方爲一定辦法。況花、蘆味質均較潞鹽爲優，與蒙鹽則彼此相垺。是與潞鹽成本相較者猶後，與蒙鹽成本相較者宜先。現在汾州蒙鹽每斤售價四十四文，花鹽每斤衹售三十七文，賤於蒙鹽七文。平定等處之蘆鹽其賤於蒙鹽，聞尚不止此數。無怪其駸駸直入，而日漸擴充也。

　　本司道一再會商急不容緩之圖，其端有二：一爲查照原議酌量加厘也。蘆鹽加價六文，花鹽抽厘八文，同一越境侵銷而名目各殊，多寡互異。揆厥原始，未始非優待蘆商，第未顧名思義。今若一律倍加，則花鹽太覺偏重。況蘆鹽於例應行銷之豫岸，每斤尚抽加價八文，易地而折半加抽，似不爲過。花鹽弛禁時，吳前升道①原有每斤抽收十數文之議，今略仿其意，必無滯礙。擬自本年六月初一日爲始，蘆鹽每斤加抽制錢八文，花鹽每斤加抽制錢六文，合計花、蘆每斤各抽錢十四文，原抽厘價即在此內統名之曰鹽厘。衡以楚岸川厘，每斤尚少十文左右，將來花、蘆各鹽即將加抽錢文盡數加入售價之中，仍較蒙鹽爲賤。其抽收之法，仍由各該厘卡就近兼辦，於入境處所交價領票銷售，聽民兼食。一爲酌定銷地分別限制也。花鹽之成本原無課項。蘆鹽之運道自津漢路成後，由火車載運引地，較諸潞鹽費重、蒙鹽運遲。均難易迴殊，徒此改禁爲徵，

---

①　吳前升道：原河東道吳匡，光緒三十二年升山西按察使。

不復予以限制,旁決橫流之患仍恐無所底止。縱蒙、潞多方抵制,計將有時而窮。

擬自奉准加厘之日起,凡花、蘆已到之區,如平定州、盂縣、樂平鄉三處以及汾、平、介、孝四縣仍准照舊兼銷外,儻再越境侵灌,或蘆鹽有由正太火車載運直抵晉境車站,花鹽有由私渡繞越,希圖漏厘情事,自不得不以私論。惟有示諭沿途分卡同所在人民一體查拿,以鹽充賞。此係晉省通融之引岸,并非花、蘆應有之銷場。此外如有未盡事宜,或試辦一二年體察情形仍須酌量遞加,暨同蒲鐵路修成即當次第收回,隨時審度機宜,詳咨辦理。所有會議花、蘆等鹽一律加抽鹽厘以保課源而濟餉需。緣由是否有當,理合會詳查核批示祗遵,并請分咨(直隸、陝甘)督部堂轉飭知照等情。據此本部院查近來潞綱積滯,花、蘆日漸侵銷。該司道等所議將花、蘆等鹽分別加抽鹽厘自係爲固本清源起見,除批飭司局撰示,定期抽收,分行各卡查照外,擬合咨明請煩查照一體轉飭知照。望切施行。

河南鐵路加價疏

光緒三十四年河南巡撫　林紹年

竊據豫省鐵路總協理禮部左丞劉果、農工商部左參議袁克定、前廣西慶遠府知府王祖同等呈稱,豫省自辦鐵路,經歷任撫臣提議,光緒三十三年秋間奏奉諭旨允准欽遵在案。數月以來,悉心研究路綫及招股籌款辦法,僉謂開洛鐵路比公司①指日竣工,洛潼路綫非速籌自辦,無以挽利權而維大局。惟自洛至潼,山重水復。工程既鉅,需費尤多。本省地瘠民貧,若專恃招股興修,實苦力有未逮。現在風氣漸開,凡在豫官紳商民皆知維持公益,於集股以外均願認捐,庶期衆擎易舉。

查食鹽一項為全省人民所共需,而鐵路鉅任即宜為全省人民所共負。擬請嗣後豫民購鹽,無論官運商運,每斤均抽捐款四文。雖一時不免自食貴鹽,而積少成多有裨路政。在豫民既自樂輸納,非特各綱商皆當協力。即蘆、潞、淮、東各鹽政,念唇齒相依之誼,無不主持提倡,樂觀厥成。一俟路工告竣,此項捐款即行停止,仍復原價而顧民食。惟既共認捐輸之義務,即應享路股之權利。凡經手繳捐之官運商運,亦應分給路股以昭公允。此項捐輸四文收成鉅款後,按照各引地提撥一半填給鹽商,股票息摺所得年息、紅利均作為該商等永遠財產。再提撥一半填給地方,股票息摺所得年息、紅利一律作為該屬地方公款,以辦公益。在路工未成以前,除撥歸鹽商利息照付外,以地方公款所得緩辦公益,暫移作保息抵款,俾堅衆信。似此統籌兼顧,於行銷加價毫無窒礙。計四綱所捐之款,每年約可得銀四五十萬兩,於路政大有裨益等情,當經行司會同糧鹽道核議,該司道等所見亦與各紳等大略相同,會詳呈請奏咨前來。臣維保路權即所以保土權,豫省鐵路現已勘定路綫,聲明自辦,然亦勢在必辦。查核籌款辦法,果屬有益於國於民,并有益於商本。與尋常加價歸公者不同,且有路成停止期限。事既僉稱公允,自當力任其難。合無仰懇天恩,俯准飭

---

① 比公司:比利時公司。

部先行立案，以濟要需而謀公益，一俟接奉諭旨，即欽遵分別咨行遵照辦理。

正月二十四日奉硃批："該部知道。欽此。"

度支部奏酌加鹽價抵補藥稅疏

光緒三十四年

竊查本年二月二十日內閣奉上諭："外務部奏籌擬禁烟辦法另籌抵補藥稅各摺片，著民政部、度支部迅即會訂稽核章程，其藥稅指抵各款由度支部另行籌補等因。欽此。"嗣於四月二十四日經臣部會議覆奏，業於摺內聲明抵補藥稅，由臣部另籌奏明辦理等因，奉旨允准在案。

現查藥稅指抵各款，以練兵經費及各省額款為大宗。今實行禁烟稅項日減，向時指抵各款亟應另籌抵補，以備應付。雖印花稅一項前經奏明辦理，現在甫議開辦，恐未必驟收成效。臣等日夜籌思，際此財力奇窘，苦無長策，必不得已，惟有酌加鹽價，尚可集成鉅款。議者謂，東西各邦通例，凡為國家必要之需，無不由國民共其擔荷。就鹽攤派天下，無不食鹽之人，即無不同盡義務之人。其說頗中肯綮。茲擬按照向來加價之數，酌中核議。無論何省，通行每斤暫加四文，實屬輕而易舉。儻各省實力疏銷，每年當可得銀四五百萬兩，以一半解部抵補練兵經費，以一半劃歸產鹽、銷鹽省分勻撥濟用。雖於練兵經費及各省額款未可全數抵補，亦可暫濟目前之急。如各省疏銷不力，以致舊日課釐等項或有短絀，即將應撥該省此次一半加價先行提補。課釐等項原額有餘，再撥給該省應用。

其有委員等辦理不善，激生事端者，即由該管督撫從嚴參辦。此次酌加鹽價係爲抵補藥稅而設，各省務須一律遵行，不得彼此參差，致有畸輕畸重之弊。如蒙俞允，即由臣部電咨各省，限於本年七月初一日通行，照數加收以濟要需。

五月二十五日奉旨："依議。欽此。"

山東增加鹽價他省不得援以爲例疏

光緒三十四年遼瀋道監察御史　王履康

竊臣以爲居今日而言理財，非統籌全局，則畸輕畸重，必不足以利推行；非因時制宜，則何去何從，必不足以觀久遠。查度支部奏准酌加鹽價抵補藥稅摺內，請將各省食鹽通行每斤暫加四文，以一半解部抵補練兵經費，以一半劃歸產鹽、銷鹽省分勻撥濟用等語。推原其故，在部臣本爲籌抵藥稅起見。值此財政奇窘，故不得不酌加鹽價，以爲暫時權宜之計。且係各省一律辦理，本無偏重之處。即如山東，實因財政困難，撫臣袁樹勛電奏，請將東省引票各地鹽斤每斤再加二文，業經奉旨允准在案。惟此係出自特旨，與他省情形不同。第念來日方長，若不先事預籌，萬一他省紛紛援請，不但商民難以措辦，且恐官銷成本既重，則私銷必有乘間而入之勢。私銷愈暢則官銷愈滯，非獨官不足以敵私，勢必至商民交困而後止。故敵私爲維持引課第一要義。況乎民生之拮据，各省莫不類然。前此江北水災，地方元氣尚未規復。近則廣東等省之水災，又層見迭出。困苦情形，已可概見。可否仰懇天恩，飭下度支部咨行各直省督撫，嗣後各省鹽價仍宜按照部章辦理。至山東增加成案,他省均不得援以爲例,以清界限而恤商民。

七月十二日奉旨:"度支部知道。欽此。"

洛潼鐵路加價每斤三文部咨

光緒三十四年

度支部咨。筦榷司案呈准山西巡撫寶棻咨稱,據河東鹽法道陳際唐詳稱,准部咨河南巡撫林紹年咨稱,准河南鐵路公司總協理禮部右丞劉果等咨開豫省鐵路請辦鹽斤加捐一案,前蒙撫院奏奉硃批:"該部知道。欽此。"現擬自本年六月初一日起開始抽收。查照奏案,不論官運商銷,每斤抽捐四文以裨路政等因。職道當飭廳場口岸各印委分別諭飭遵照。嗣據聲覆,潞引積滯,請將豫省路捐暫緩開辦。旋准河南鐵路公司直接電商,量爲減讓,并以錢折銀,先賣後繳。正在分文通飭定期開辦之際,適豫靈公局各商販等禀稱,頃奉鈞諭,以度支部奏准酌加鹽價無論何省每斤通行暫加四文,惟豫路加價萬難同時并舉,先行請免各等情。職道覆查,洵屬實情,仰懇轉咨,准予免加等情,據情咨部查照准予免加等因。查該撫咨請免加豫省鐵路四文,業經本部以事關路政且係奏案,應由山西巡撫自行會商豫撫酌量辦理,於六月二十九日電覆該省在案,應再咨行山西巡撫查照前電辦理等因,當經電商河南撫部院暨豫路等總協理,允照原議每斤三文按一五作價交銀,填給三分之一股票定案,於八月初一日開收,已飭河東道遵照辦理在案,茲准前因合亟咨請查照立案等因前來。查豫省鐵路加價,既據山西巡撫咨稱電商,河南巡撫允照原議每斤三文按一五作價交銀,填給三分之一股票,定於八月初一日開收,係爲兼籌路政起見,自應准如所咨立案,仍令轉飭該道自開辦之日起銷過鹽引若干,抽收鐵路加價若干,支解銀若干,按月開具清單送部查核,相應咨覆山西巡撫查照。

吉鹽水運磧口有礙潞綱未便准行院批

光緒三十四年

巡鹽撫部院寶(棻)批。據詳已悉,吉鹽水運磧口既與潞綱有礙未便准行,仰財政局即飭口外官鹽局遵照、仍移河東道知照(附原詳)。

財政局、河東道會詳,案奉憲批。據口外查案委員候補同知戴賡颺稟稱,竊奉札開口外吉蘭泰蒙鹽,向准運銷太、汾等處。惟須在陸路馱運,不得由黃河下駛水運到晉。現在該旗鹽池已由口外官鹽局包租收買,若不推廣銷路,勢必無利可餘。察閱姚守來稟,意在規復舊章。由河官運,并稱蒙鹽決不能運至南路侵占引地。如果與潞綱無礙似尚可行,亟須查明核辦。鈔稟札委馳赴各該處,按照稟陳各節悉心訪查,務得確情、據實稟覆察奪等因,計鈔稟一件奉此。伏思行鹽之法以銷路之暢滯爲衡,銷鹽之數以市價之貴賤爲准,鹽價之定以成本之輕重爲分。遵奉前因,立即束裝馳赴北路,先查各州縣現在行鹽種類、各種市鹽價值。乃出口,由托城,而包頭,而歸化。初到皆不動聲色,密訪姚守所辦各該處官鹽局情形。既乃面晤姚守,細詢吉鹽實在成本、實在餘利,再三確核。竊見吉鹽水運至磧口之議似屬難行。黨行,勢必侵占河東引地,似未便言無礙潞綱,請得爲帥憲分別陳之。

查原稟稱,吉鹽從前嶺北四十八州縣均經行銷。嗣因鹽課攤入銷鹽各州縣地丁内裁撤鹽官,各州縣商民買食蒙鹽祇准至河口起陸載運入口,行銷太、汾、大、朔、寧五府,忻、代、保三州所屬,此約略之辭未經詳考也。向例惟大、朔兩府准就近買食蒙鹽。太、汾等屬四十四州縣例食土鹽,仍納河東引課。惟岢嵐等十一州縣因土鹽不敷,亦准其兼食蒙鹽。所謂蒙鹽亦不專指吉蘭泰,即鄂爾多斯、蘇尼特均在其内。攤入地丁者係食土鹽州縣,所納河東引課案定於乾隆五十七年,并非吉鹽之課。吉鹽停止水運時,其引額八萬七千五百道合課銀六萬三千五百八十兩,則已改令河東商人承認,且經奏准河東商人所認加增引課,仍歸潞鹽引地分銷。至於近年大、朔兩府所屬州縣,尤多食土鹽。其食蒙鹽者或則大青鹽,烏珠穆沁所產,貫市李①所包,分由張家口、豐鎮廳兩路銷售者也。或則面子鹽,現經辦理墾務大臣奏辦於托城河口,設鍋煎熬之官鹽也。銷吉鹽者,實居少數。太、汾、寧三府,忻、代、保三州等所屬,人率小食吉鹽之數遠遜於食土鹽之數。以土鹽價值常不及吉鹽之半也。而原稟但斤斤於抵制陝鹽,至謂赴磧設局時再將陝鹽價值查明酌定以與蒙鹽價值相埒爲主。儻兩鹽能并行不悖,可以多收稅課,固屬甚善。否則,絀於陝而必贏於蒙亦計之得者。殊不知現在花馬池鹽之價,雖較賤於吉鹽,而要貴於土鹽遠甚。無論久收其厘,今又禁之,未必果能禁絕,徒滋煩擾。即使禁絕花鹽,而此數十州縣中人之家其必改而食大賤

---

① 貫市李:北京昌平有東西貫市村。西貫市村多回族。李姓,明清時期以鏢業聞名,民間稱"貫市李"。

之土鹽,不能強其食大貴之吉鹽,乃情勢所必至。若竟并土鹽而禁之,以強行姚守計口授食之策,則福建德化陳拱之亂且復見於山西可翹足而待。況合數十州縣窮無復之之鹽户,受指揮於伏莽,鋌而走險,雲集響應,尤非德化一邑之變所可比。卑職實不敢附和姚守,貽誤大局。

又查原禀稱,此係疏通蒙鹽銷路,并非弛禁。只要不減價,即不侵潞引,不過得數百里水利而已。然以卑職之愚,鰓鰓過計,既准吉鹽水運至磧口設局,則必以趕運備缺爲辭,於口外盡收盡運。磧局收倉之鹽既多,嶺北各州縣土鹽不能禁,銷路不能暢,員司不惟恐以賠本受過,且欲以籌銷見功,斷難保無暗地減價侵灌河東引地之事。況太、汾屬之十一州縣,近方奉准設局分銷潞鹽,將來更不免各執一辭,訟案繁興。但使河東商人禀稱不敢與爭引地,只求退還前認之吉鹽六萬三千五百八十兩課銀,以釋重累而蘇商困,恐即准駁兩難。

又查原禀稱,吉鹽價值加以厘税、脚價運赴太原者成本合錢五十餘文,運赴汾州者合錢六十餘文。現在鹽湖租資及磧口運費均須加之於鹽。來源雖旺,成本更多,擬請規復乾隆五十一年舊章,准河船官運至磧口,每斤仍售五六十文之原價,以每年銷售七八千石,每石三百五十斤,每斤餘利三四十文計之,歲可獲利八九萬兩,厘金尚不在内。卑職証以所聞,頗多不合。詢據姚守面稱,鹽在包局每石合成本銀五兩二三錢,由包頭至河口每石合船載銀一兩有餘,由河口至磧口每石又合船載銀一兩有餘,而河口、磧口兩處上下力及兩局薪工雜用等項,每石亦必合銀二兩左右。又前與阿拉善王約如辦磧運,鹽湖租價尚須歲加銀三千兩。以此核計,則磧售五六十文一斤之價,誠不知其餘利何在,而漫云每斤餘利三四十文。卑職竊有未解。惟歷來鹽務均號糊塗。糊塗云者,正在此類。其實不難明白,蓋鹽商獲利多恃餘鹽。鹽歸官運,員司中飽,餘鹽尤其專注。查嘉慶十一年前護撫憲金（應琦）議定吉鹽引爲八萬七千五百道,係以七百斤一石科,合河東一引二百四十斤,而蒙地駱駝無論何貨每馱名稱二百四十斤,實則皆三百斤,且間有過之者。此卑職昔年辦歸化坐賈時所知也。此次姚守告卑職云,吉鹽出湖運磴,一馱六斗,每斗四十斤,是就二百四十斤一馱爲言也。故其告卑職一石亦謂四百斤。若必就實數核之,則固一馱三百斤,一石五百斤矣。而原稟稱每石三百五十斤,以六十文一斤計之,是銷鹽一石報價制錢二十一千文,實得餘鹽制錢九千文。銷鹽八千石,應得餘利銀六萬餘兩,然按之該員現辦之歸、薩、托三處官鹽局未嘗聞其餘鹽涓滴歸公。若此也,且即使辦磧口水運能若此將餘鹽涓滴歸公,萬一河東商人執稟要退還所認六萬三千餘金吉課,卑職益不知餘利何在也。是吉鹽水運至磧口,嶺北熬土鹽之窮民防其變,河東潞綱之引地防其侵,山西庫款未必有絲毫之益。卑職一得之愚,是否有當,伏候采擇各緣由奉批詳核。來稟備陳吉鹽水運不特窒礙甚多,且亦無利可餘。詞極切實,惟事關開拓蒙鹽利源,不厭詳求究竟是否實與潞綱有礙,仰財政局作速會同河東道復加查核、稟覆察奪,并飭該員知照繳稟鈔發。同日又奉憲批,口外官鹽局姚守前次稟擬推廣吉蘭泰銷路,懇請續發本銀以資分布緣由,奉批查閱來稟具見籌辦認真。第擴充銷路,必須規復水運,此舉恐與潞綱有關。現經飭據委員戴丞復稱,種種窒礙甚至無利可餘,已批局會同河東道覆核稟辦矣。仰財政局查照另批辦理繳各等因到局奉此除分行知照外，遵即移會河東道公同核議此案。

姚守原禀因租回吉池，冀圖開拓利源、有禆財賦，用意甚善。而戴丞查覆則係推求本末利害，兼權考察既極精詳，見解亦甚透澈。憲臺綜核釐政，飭由局道會同覆復核，自係統籌并計。審慎周詳之至意，欽服莫名。

伏查吉蘭泰鹽斤自嘉慶十三年將引課攤歸潞岸，原定限制只准水運至薩拉齊之包頭鎮及托克托城之河口，即應起陸運售，違則以私鹽論。嗣因積久生玩，吉蘭泰暨鄂爾多斯、蘇尼特各種蒙鹽，均逐漸南下侵占潞銷。光緒九年，前升憲張（之洞）以潞綱引積課懸，奏准試辦太、汾并隨案陳明蒙鹽有禆外藩，請將水運章程酌量從寬，准其由皇甫川對岸之河曲縣渡河登岸，陸運至向銷蒙鹽之口內三十四廳州縣地面行銷。其向行土鹽之陽曲等三十州縣亦准照舊兼銷，但不准任意再由皇甫川下駛，并飭沿河各卡認真查緝。外似放寬一步，內實收緊一分。前後百餘年來，其間雖略有變通，而水運磧口一條從未稍弛禁令。至謂乾隆五十一年曾准駛至下游直達臨縣，事在潞岸認攤吉課之前，情形各有不同，辦理因而偶異。然行之無效，旋即奉旨禁止，是尤有礙潞岸未足恃爲久遠之明徵。況水運吉鹽凡由皇甫川起岸者，仍准陸運太、汾，是吉池銷無課之鹽，潞綱賠無鹽之課，揆諸事理，已欠持平，何堪從而加厲。今姚守所禀吉鹽駛至磧口但不減價，決不能運至南路，試問乾隆之際准吉鹽運至磧口稽查防範之計，何嘗不五令三申，抑何旁決橫流，卒至潞商甘賠課銀請停水運？姚守又稱准食蒙鹽之州縣多至四十餘處，東有直隸連界越境之長蘆鹽，西有陝西渡河之花馬池等鹽灌入晉疆。此説誠然,但花、蘆等鹽先抽加價鹽厘,即係寓禁於徵。上年體察情形,局道會詳一律改爲鹽厘,按斤抽錢一十四文。嗣又試辦潞銷,在於太、汾所屬各縣設立運銷分銷等局,逐漸擴充。其蒙土各鹽,仍聽民間買食,均蒙前憲臺恩(壽)批准,先後開辦在案。杜鄰私之内灌,兼以固潞岸之藩籬,正與姚守所稱未便墨守舊章、膠柱鼓瑟之意相符。現在潞引懸欠五綱,解池積鹽不下萬數千名。餉絀商疲,已達極點。太、汾爲潞綱認課,固有之引地不自早圖規復,而假手於奉旨嚴禁不准水運南下之吉鹽官運,使之拓辟利源,舍己芸人,枉尋直尺,甚非計之得者。他如姚守所禀酌定吉鹽售價,抵制陝鹽推廣官運行銷計口授食以及每石之斤重、每斤之成本,大抵只見其利未見其害。戴丞復禀,均已逐層指駁,皆洞中窾要之言。惟於姚守所云并非弛禁、不過得數百里水利一語,尚未直指其非,衹言無利可餘。就例章考之,明明弛禁更張,即使有利可餘,亦屬益彼損此,於潞綱銷場大有關繫。所有遵議吉鹽水運磧口,實與潞綱有礙,似難准行。緣由埋合會詳察核,批示衹遵。

藝 文

浚姚暹渠記

光緒十四年河東鹽法道　邁拉遜

鹽池中凹而地形西迤,條山諸谷之水易闌入爲敗。惟姚暹渠實宣泄之,爲池外捍,視堤堰之功不啻倍蓰。

余以光緒丙戌秋來守河東。明年春,吏事有暇,按行水利。覩渠自三里橋以東大抵堙塞,甚者夷於耕壠,慨然思修復之。爰稽故牘,則近自道光初年以來,凡大修者四五,工資每數萬金,而遺跡餘工乃蕩然若此。顧物力之非昔,念工程之難核,默識於心,恒籌度之。會夏秋霖潦,池東諸堰屢告急,而渠工彌不可緩。乃請命於大府①,調蒲、解、澤三營練軍合五百人,帖以稍食②,庀其器具,頻其拊犒,俾三將領承其工,而遴我寮佐監其作。分地授功,同時并力。起夏縣五里橋南,迄安邑三里橋西,計里六十,浚渠出土而培之堰。役始戊子春末,閱十有五旬而竣,計費庫銀七千九百兩有奇。

新渠廣率二丈,深或倍仞。上承李綽堰口,下達五姓湖,

---

① 大府:泛指上級官府,明清時亦稱總督、巡撫,此指山西巡撫。
② 稍食:古代官府按月發給的官俸。

全渠胥通，利無壅緬。惟隋都水監姚君所疏實因漢永豐之舊，而渠獨表其名，蓋當日施功爲尤巨，垂遠猷爲後則。或修或替，鹽池之安危繫焉。

余幸仰仗大府威令，要藉羣力，昕宵督察以黽勉蕆事。雖渠濱之父老爲言"數十年來，未見大浚治如此役者"，然時絀而舉贏，士卒難久役，未克復前賢之規制，欿然於懷，未敢恃也。乃立石，書歲月、紀衆勞而志余愧，於以敬告方來以時董理，俾地寶永資固護，是所企爾。

重修鐘樓碑記

光緒十七年河東商學優廩生　郭選清

運有鐘樓，居高聲遠，爲萬户司晨昏，節作息，儼然聲教也，非獨壯觀瞻而已。粵稽斯樓，創自元泰定丁卯年，地處偏隅，規模卑陋。明正德己卯年，齔臺宋公更諸通衢，洞門四闢，增其式廓，臺榭重巍。迨國朝康熙乙丑，柱史李公因舊制以補苴。然春秋湮遠，追蠡①幾尚禹聲；風雨剥摧，飛翬難規周廡。涖斯土者舉廢未暇，居是邦者葺補乏資。久矣，夫衆志難懈也。會觀察邁公六郡分巡，百廢俱舉，廼於光緒庚寅年仲春己卯月集廳場諸公暨坐運商人共籌款需。邑侯萬公、州佐盛公肅静地面，於是紳商公理，典簿督工。畚築悉稱，土木交興。采嘉幹於巖阿，搜殊材於鄰境，費資五千有奇而用足，計日二百有餘而事竣。高卑按經尺七丈二，周匝合弓步三十七。鈞

---

① 追蠡：語出《孟子·盡心下》："高子曰：'禹之聲尚文王之聲'。孟子曰：'何以言之?'曰：'以追蠡。'"意指樓之鐘鈕經久磨蝕，幾將斷絶。

心斗角,蜂房水渦,碧瓦流輝,丹楹絢彩。困困焉,矗矗焉。雖鴻規依舊,而鳳藻聿新。噫嘻!斯役之成,夫誰之力?蓋政通民和,岳陽樓廼商重建;地靈人杰,滕王閣甫議復修。以古方今,不其然乎?

運安同善義倉碑記

光緒三十一年署安邑縣知縣　武樹善

義倉之名昉於隋,歷代以來因革廢置不常。置於鄉曲,置於州縣,亦不一,要皆與常平社倉相佐助。故今之倉在州縣者曰常平,斂散之權官司之;在鄉曲者曰社倉,緩急輕重之宜,民爲之而官仍督之。蓋所謂常平者悉照徵糧紅册所載户口,束縛小民,已失漢耿壽昌①貴糴賤糶本意。社倉規則,朱子所定。其支貸請貸、收支排保、簿書鎖鑰諸條目悉見於《太史志》一編,鄉人師其意又多汰繁就簡之爲。若夫義倉在後世則出於小民之積聚者十之二三,由於紳富捐輸者十之六七,其他官自籌款委紳總其出入,事雖不同,厥名曰義,實必副焉。特時異勢殊,苟或不得其人,將窳敗之形有較之常平社倉尤甚者,往往空積册籍,僞指囷倉,計其數則千萬有餘,核其實則百十不足。奸弊叢生,千古同慨。信乎!人之言曰:儲偫之法不係之法而係之人。斯言至矣!

運城之有同善義倉,始於閻文介公。公於光緒八年以丁戊賑餘之款建倉買穀,其倉在解州,曰蒲解同善義倉,繼以穀

---

① 耿壽昌:西漢天文學家、理財家。漢宣帝時任大司農中丞,在西北設置常平倉。穀賤時增價而糴,穀貴時減價而糶,以利貧民。後封關内侯。

二千七百石借儲於運之運阜倉。至二十年，穀已陳陳，急宜推易。適公猶子良蓀觀察是道，今升任本省廉訪吳公亦作宰是邑。始將儲穀出借邑民，當請籌發款項，即萬壽宮東偏蘇公祠遺址建運安同善義倉一區。其東北則孝字廠七楹，其西北則弟字廠二楹，其東西則忠信廠各三楹，鋪以松棧，通以氣樓，防潮濕，慮霉變也。其中祠宇一楹，倉神位焉。其東南祠宇一楹，蘇、閻二公位焉，示不忘源本也。其南之東三楹，為會計所。其南之西三楹，為倉夫舍。甃以雉堞，高其闬閎，觀瞻式焉。又從解州生息項下撥發二千二百金作為是倉善後款，此皆廉訪公前作宰時所躬親經理者也。二十二年，收回借穀。又提生息本千金買穀若干，共以四千餘石儲倉。庚子之變此地薦饑。盡數放之，以活人民。自茲以往，幾有鼠饑雀噪之虞。二十九年，公擁節重來，首詢倉儲有無，怒焉憂之。每當接見僚屬，諄諄以此事為慮。當下車之始，釐務紛繁。又際時事艱難，帑項支絀，常若心有餘而力不逮。去年冬，始撥節省項下派委妥紳購麥一萬一千五百餘石，今年又撥穀三千八百餘石交紳董收管用，備賑借之需。又慮麥難久儲，易穀之後廠不敷用，於是籌款若干，提存本利若干，檄委署庫大使朱會同紳董添建東西禮義二廠各五楹，兩月而工竣。公親臨驗收，顧而樂之，蓋至是而公之夙願酬矣。夫自庚子以後，此倉幾成虛設。若非公之實心實政擴充此倉，則是閻公之美意莫繼，而公之盛德亦無由彰。今公籌款之多，儲穀之富，蓋為此地謀者方深且遠，於以卜斯民如天之福，而公之善政似此者如興學育材、誅暴止亂暨鹽政中本省改章、兩河補運，靡不次第舉行，美善兼盡，此其一端耳。

是年春,余承乏是邑,方愧贊助莫及。適諸紳丐余叙事藉悉顛末,更即意所欲言者而備書之。

是爲記。

重修鼓樓碑記

光緒三十三年平魯縣訓導壬午舉人　劉統均

光緒丙午,觀察使皖懷陳公涖運數月,政通事獲,課餉裕如,民樂年豐,興革待舉。以推廣學校爲强國先聲,以增設警兵爲安民要節,盡裁卓畫,不一而足。於時士商以重修鼓樓請。

鼓樓與鐘樓東西對峙者也。鐘樓修於歲庚寅前觀察使邁公任内,彼時未能一律改觀。不及二十年,而日就傾頹,愈形可畏。公懼夫天作淫雨,居民有殃及之禍也。遂乃籌議確款,鋭意興工。擇士商之樸誠而練習者董治之,并命東場醢尹賈公督其事。經始於本年八月,撤舊構,飭新材。朽者易之,窳者除之。趨事赴功,歡騰萬井。爲日幾何,而畫棟雕甍,丹楹碧瓦,與鐘樓彼此相輝映,氣象聿新,豈不偉哉?

是役共費庫儲五千五百餘兩,閲十三月而蒇事。雖然樓而別以鼓名,其警衆也。豈惟是居高聲遠,萬閭千閻莫不耳而聽之之謂哉?謂夫聽於耳者,不過與衆同警;聽諸心者,始足爲内白警也。學校之鼓以警生徒,兵營之鼓以警將士。國家當實行新政之期,舉凡興學練兵諸大端,公既已提倡之不遺餘力矣。所望於吾民者,在形式,尤在精神。攝精神於形式,一鼓作氣,咸奮然於農桑庶務各實業之中,而再接再厲,永觀厥成焉。安在何人不可富,何國不可强哉?此公之志也。然則覩斯樓者,勿徒爲出作入息、遠矚高瞻之助也。庶乎可焉。

重修運城鼓樓記

光緒三十四年揀選鹽大使　金城

運治爲治鹺而設專城也。治内有樓二。其一爲鐘樓,即元建聖惠鎮新城時之譙樓。光緒十五年,前觀察使邁公曾廑修焉。其一爲鼓樓,前明御史房寰所建。丙午春仲,樓之東偏坍三楹。時觀察吳公將提刑并州,卒卒未遑從事。暨吾皖懷寧陳公奉命蒞是邦,乃命葺而新之。經始於丙午八月朔日,至丁未十月二十六日落成。計閱十五月,而始復舊觀云。既蕆事,董是役者咸以文請。公以補敝葺廢乃地方長官之責,不足以示後,未之許也。今年八月,《續增鹽法志》將告竣,諸人復申前請,公却如前。

其鄉之後進金城適以鹽大使揀發河東,乃進而言曰:"夫古人之有所興建而必爲文以識之者,非專以泐其功烈也。殆將因是而感觸事理,振刷精神,而穆然寓其致治之思也。案河東爲古冀州域,中條以爲屏,孤山以爲枕,黄河汾澮以爲襟帶。國賦之所儲,民食之所出,商賈之所輻輳,四方之所走集。萬象紛錯,不可僂指,而要皆於斯樓乎見之。是則斯樓之修,適與公忠愛之忱有默相感發者,豈獨振遺響於八風,壯觀瞻於一方也哉?溯公之來此土也,三年於兹矣。於地方、學校、警察、營制、紡織、樹藝諸要政,無不次第就理,而於鹺綱尤兢兢焉。以故由士而農而工而商賈,歌頌之聲道相聞也。而公之心猶欿然不足,若惟恐吾民之失所也者。然則公餘之暇,偶一登臨,近而矚之,見夫鹽澤之內筐筥如雲,鍬畚如雨,蟻聚蜂屯,相與奔走,汗喘於炎風烈日中者不可勝計,則知鄰阿之上纍纍然而鱗次櫛比者,如此其艱難而得也。遠而視之,彼夫太行之崒嵂,羊腸之盤曲,泰岳之峻嶒,以及關山百二①之雄,風雨二陵②之險,凡昔日騏驥服鹽車之處,皆今日商人所經歷之處,則知轂擊騎聯,轉輸不絕,熙熙攘攘而爭此尺寸之利者,如此其踰越險阻,而備嘗甘苦也。有不油然益動其惻隱之思而生其悚惕之意耶?由是於政之所已理者益思有以修之,澤之所已及者益思有以溥之,是則民受公之賜而食公之福也。胥於是樓乎徵之矣。

城嘗偕二三寮友登是樓而陟其巔。東望瑶臺,孤嵐峭拔,蒼翠摩空,其下有巫咸父子之遺跡在焉。而其北則涑水所經司馬溫公之故里也。南望傅巖之野,雲樹蒼茫,若隱若見,殆即為當日版築處。西瞰河津薛文清之餘韵流風,其猶有存者乎?古人雖遠,未嘗不翠然想見其為人。今公以中丞寶公薦於朝,陛見有日矣。天子將不次擢用,異日任屏翰,膺封圻,勳業爛然,必將與古人爭烈,當不僅如邁公之以惠民館傳也。是樓為公之芰舍詎可不留一甘棠之詠哉?"公笑曰:"如子言,吾奚以當之?雖然子之期我良厚矣。"乃命編語次而為記。

---

① 關山百二:指河山險固之地。百二,以二敵百。
② 風雨二陵:南陵、北陵的合稱。南陵為夏后皋之墓,北陵為文王避風雨處,兩者俱在河南崤山。

河東師範學堂創建堂舍暨增修附屬高等小學堂記

臨晉縣舉人　許鑑觀

　　光緒丙午春，皖懷陳公奉命巡守是邦。甫下車，於整理鹺綱外，殷殷以課吏興學爲急務。維時前升任道吳公書年創辦之河東初級師範學堂尚僑借舊習藝所，附屬之高等小學暫居今師範堂。其地乃前明鹽運司李公日宣命所司爲其師曹先生真予所搆講學處，號爲宏運書院者也。自戊戌變法後，書院改爲學堂。當時吳公先就河東書院立中學堂，又慮各屬小學缺乏師資，乃任調署商學訓導渾源田子琮廣文暫借地組織一初級師範學堂，并恐將來師範生無以練習實地教授諸法，即以先改之宏運學堂爲高等小學，附屬其中。無如屋宇湫隘，勢難兼容，因就左近購民房兩處，都四十餘間，爲高等小學專區。正議鳩工修葺，適吳公奉陳臬并垣之命瀕行，辱以師範校監督見屬。及我陳公至後，於增修新購房舍一役，允增講堂二楹，餘均一律勘估，擇期修理。委鑑觀與庶務員景君恕堂同監工事。凡五閱月而告竣，先後動款約計千金。遂於是年中秋前，移小學於其中，而師範爰定厥居焉。但肄業之師範生先祇簡易一班，每名膏火月給三二兩不等，以四十名爲額。是以原有堂舍尚堪敷用。迄年終畢業，詳定次年丁未於續招簡易科一班外，另招完全科一班，增額二十名，仍以原設膏火勻作學膳，繼又添購千餘金之物理、化學試驗各器具，於是堂舍漸覺偪仄，不得不建議擴充。適鑑觀領咨東游，考察日本學務。公因屬以足跡所至，須注意各處堂舍器具搆造形式，以便仿辦。嗣自東瀛歸，重申前議。公親詣相度，在於大門內創建樓式講堂，藉舊用體操場建自修室，并移堂東偏文昌廟之木主於祀典廟，而就以供至聖，即作爲學堂之禮堂。購大門外污萊地若干畝，闢爲體操場。戊申正初動工，季秋將落成。復鑒於浴茶等室之闕如，一一添款增築。

斯役也，公特委場尹賈君采臣與鑑觀董其事。鑑觀雖始奔走，昕夕弗遑而擘畫經營，究推賈君之力居多。今日者師範之講堂七楹，寢室十四間，自修室十五間，屬在創建者固已聿觀厥成。其新增兩堂之浴室、茶室、體操場、飯廳以及修改之會客廳、來賓館、印刷室、理化室、圖書館、閱報所、接待所、預備室、息憩所、繕書室、廝役室，下至穢坑便所，一切窗櫺几牘、唾壺用具，罔不改良進步，煥然爲之一新。統計前後工需已逾四千金外，方諸現世學務發達處所固不敢謂已臻美備，然居今思昔，其相去要難以道里計也。況乎增訂教員，推廣學額，附開半日學堂，現亦次第施行。他如刊刻《學堂一覽》，籌畫教育普及加手工增商業，凡可以灌輸智識、開通風氣而裨益學界者，雖非旦夕可以奏效，然亦必設法籌議，竭力提倡，冀以收功於異日。

嗚乎！盛已，從此文物日彰，人才輩出。吾黨躬逢其際，何幸如之。爰述厓略，付諸貞珉，俾肄業同人咸體我公振興教育之苦衷，而勤求弗懈，蔚爲國華。是則董斯役者之所馨祝於靡既也已。

是爲記。

河東中學堂碑記

大學堂豫科畢業舉人　楊兆泰

　　黃河流域爲吾國四千餘年前政教鼻祖之所自出,而平陽、蒲坂、安邑均在今河東範圍之内。邦人士每艷稱之,以相矜重。晚近世變日亟,環海諸通都挾東西洋潮流灌輸之勢力,外感激刺,爭相磨礪,以躍人於開化之域,而文明最古之區反瞠乎其後,政法、藝術及農工商實業率劣敗不足與爭存,學堂其尤甚焉者也。

　　今上御極之元年,長白尚書寶公首以河東中學堂畢業咨部,選其俊異者給獎勵。得畢業及格文憑五十三人,而子弟秀民之聞風興起負笈就學者,輒踴躍百倍於前。雖云兩漢經學之盛,亦利禄之途使然,而火然泉達①之始,鼓之舞之,亦何嘗非文化進步之一大轉機耶?

　　時值皖懷陳公奉命分巡河東之三年,兆泰歸自并門之農林教室,辱公以校事相屬,濫竽者幾三閱歲。蓋自學堂成立以迄於今,已逾定章五年十學期之公例矣。學堂係癸卯歲爲升任馮夢華中丞所改設,又明年經升任吳書年方伯整飭經營,規模備具,而進化公理,有加無已。乃復議加擴充藏書樓之背,分建左、右講堂,東、西添築自習室、寢室、飯廳七十餘楹,推廣學額爲二百有奇。理化試驗彝器之輸自海外者千餘事,先後用款七千餘金。其間自監督暨教員、庶務、監學、文案、會計、

---

　　① 火然泉達:《孟子·公孫丑上》:"凡有四端於我者,知皆擴而充之矣。若火之始然,泉之始達。"後喻形勢發展迅猛。

掌書諸席，時則有平魯縣教諭劉君治伯、舉人王君蘭皋、舉人邵君壽田、優貢龐君運生、大學豫科畢業舉人宋君萬青、大學中等科畢業拔貢杜君星南、陸軍畢業協軍校閻君俊卿、大學豫科畢業舉人馮君伯始主其事，管理教授均稱職。數年以來，講師、學徒、書記、齋役、禮堂、齋舍以至於庫廄、庖湢、圖籍、彝器、書几、操械均視昔加倍，抑亦足自喜已。

雖然中條首枕大河，蜿蜒以趨於王屋，南峙如屏，學堂適當其折旋之衝，山靈鍾毓之厚盡萃於是。每登九峰山，一覽沃野千里，廣漠無垠。學堂孤立於曠野之表，市囂塵翳遠莫能及。近人檢驗學校者恒持空氣衛生，以相繩責。此豈得謂非建築適宜之位置乎？而面址宏闊，無復地小不足迴旋之慮，異日廓大而擴張之烏可量耶？抑嘗思之，國於天地必有與立文字者，國粹之所寄也。中學定章經學而外，以晳種①語言爲主要學科，學子習於歐化而宗國文學乃至支離荒謬，莫可究詰。數典忘祖，禍甚焚坑！宿儒碩士乃汲汲持重國文以保存國粹之說，保之誠是也。然以觀歐西十四世紀之希臘絕學復興，與新學發明相左右。古學豈遂爲天下詬病耶？融化新舊學說而溝通之以窺其奧，中學程度猝不足以語此。而河東固文明最古之區，此予所以不能無輸入新理想以光大其國學之宏願也。

乃爲之記。

---

① 晳種：指白種人。

創設警察講習所記

臨晉縣舉人　許上林

國家特立警部所以保黎庶之乂安,立自治之基礎也。京師興辦最早,爲天下先。各直省亦次第舉行。河東爲晉南兵備轄駐要區,政教諸端,羣流仰鏡。光緒癸卯後,中學、師範、高等諸學堂相繼成立,蒸蒸漸進於文明。而警察之學獨闃乎未聞,是亦政界中之一大缺點也。

丙午之歲,懷寧陳堯齋觀察來巡斯土。下車伊始,即設立巡警以科奸慝而安城市。又慮六府州屬之風氣未開也,特於東門內前守備署設警察講習所,延聘教習,通飭保送學生以儲嶺南警務之材。其中堂齋廳舍凡六十有五間,雖因舊爲新,而添建者實居多半。西有聖教祠,孔子遺像在焉。重修之,以爲諸生釋奠與朔望瞻拜地。廟西諸祠後,皆有隙地,與所相鄰,闢之以作體操場。雖地勢所限,不如中學、師範兩堂之宏敞,而締構嚴密,規制亦稱完備焉。開辦今經二年,簡易畢業者已百餘人,飭各回鄉講演教練,以開民智而起委靡。兹又續開完全科,招選俊秀,使深造以爲地方自治之豫備。

欣逢今上御宇,建元中外,喁喁望治。所冀從學諸彥奮發興起,無負當事者經營擘畫之苦衷,而忝擁皋比,尤當啓迪有方,上副朝廷培養人才之至意。

是爲記。

改修運城文廟碑記

宣統元年河東鹽法道　陳際唐

光緒丙午春仲,際唐奉命巡守河東。下車後,行釋奠先師禮。展拜畢,環視良久。復按圖而稽之,而知是廟也,中條聳其前,峨眉峙其後,黃河汾澮襟帶其間。竊嘆當日之經營相度而卜於此者,良有以也。惟自有元創建以來,雖屢經修葺,業已漸就傾圮。方有意整而新之,卒卒焉未之能逮。越明年,我德宗景皇帝詔升孔子為大祀,命禮臣具典禮事宜以聞。迨部文到晉,運城士紳等聯名上禀以籌款興修為請。

查河東向稱鹽國,自新舊案迭次加價,鹽務疲滯,庫儲幾於不支。既不能按引攤費以累商民,又何能因噎廢食以曠國典?由是悉心籌畫,擬撥款六千餘金以為經費。議定,乃上其事於鹽政寶大中丞,得如所請。爰委西場大使朱垣、平魯縣訓導劉統均督同廩生王紳芳士、楊紳克敬暨坐商姚長盛、朱泰順等經紀其事。經始於光緒三十三年十一月,至宣統元年九月告成。自列聖御碑亭、大成殿、東西兩廡、戟門、欞星門以及左右坊表,通覆黃瓦,煥然改觀。至廟東崇聖殿展拓倍於前修,悉如制。他如明倫堂、鄉賢、名宦各祠暨倉庫、齋廚厘然而悉舉焉。

是役也,初估如所籌之數,繼乃展支至萬有餘金。工既竣,在事諸人請余一言為記。余惟奉明旨以崇祀典,乃守土者應盡之責,不足以為勞勤。然余竊有私幸者,地運之升降視乎人才,人才之消長視乎學校。彼夫堪輿家言,恒以學宮所在,卜其地人才之興否。其說雖不足深信,然以聖人在天之靈,其所憑依實與士氣之振興有默相感召之理。河東爲古冀州域，聖哲相承，不可勝舉。至我朝而科名鼎盛，半塘、芝山以下載在志乘者，代不絶書。自際唐承乏此土，新政待興。如中學，如師範，如兩等小學，幸賴邦人士相助爲理，皆已次第就緒。今復克成此舉，異日聖教昌明，英才蔚起，必更有駕半塘、芝山而上之者，是則區區之忱所翹企於無既也已。

是爲記。

詩二首

歌薰臺

光緒三十四年揀選鹽大使　王雨琴

朝來古鹽池，夕上歌薰臺。中天人往矣，對此長徘徊。臺上殘碣何所紀？模糊猶能辨亥豕①。上言解愠阜民財，斯肇河東鹽池始。粵自洪荒地未闢，條山左右皆磽瘠。種禾不熟麥不登，食之無味棄可惜。帝察土性辨水泉，咨汝箕伯②惟汝賢。應宮應徵期無愆，指揮視我琴上絃。援琴一曲來薰風，琴奪造化天無功，轉移地運啓鴻蒙。一彈聲，泠然微風初起雲巖巔，石田頃刻成藍田。再彈聲，徐徐好風吹過南山隅，乾端坤倪轉靈樞③，昨日沙磧今膏腴。三彈聲，洋洋林木震動鳥飛翔。卿

---

① 亥豕：《吕氏春秋·察傳》載有"己亥"誤作"三豕"的故事，指傳寫或刊刻之誤。
② 箕伯：風師。
③ 靈樞：天樞，指神機。

雲爛兮景星曜,天地爲之煥文章。尺地寸土皆珠玉,千畦萬井凝雪霜。燦如瓊華鋪滿界,皎如月宮游天閶。夕如名城開不夜,晨如貝闕①艷朝陽。不用煮海與煎沙,民食足供億萬家。我今所食猶帝力,不見古人空咨嗟。

虞阪行

王雨琴

相馬休相皮,相皮駿骨棄如遺。稱驥不稱力,稱力天閑②難再得。良驥呈才世所希,不重其才重其志。上阪不逢巨眼人,伏櫪同槽甘下駟。羈縻忍性辱泥塗,汗血揮灑窮途淚。寂無一聲鳴不平,徐行且按鹽車轡。髀肉復生玉花殘,歲月蹉跎老將至。借問千金市者誰?身後價值奚可致?猗嗟伯樂遇何奇,中道相逢不相棄。主人識馬馬識人,一鳴遽增垂憐意。顧視清高氣昂藏,另眼品題恩不次。酬知情切報高深,千里崎嶇非所避。凌空馭氣迅如飛,足展風雲呈靈瑞。平日相遭白眼人,道路咄嗟爭駭異。夫豈不窮皆不材,降材多在風塵裏。璞中寶玉爨下琴,偏至奇窮逢知己。運蹇擊碎玉唾壺,時至飲以上池水。局趣③轅下閱歷多,物之遭逢猶如此。奇才信無不遇時,造化自有推移理。君不見虞阪勝蹟至今存,千載猶說奇遇事。古來駿業多晚成,上蒼故爲老其器。抱材不患知音希,但患駑駘不堪試。

---

① 貝闕:以紫貝爲飾的宮闕,形容壯麗的宮室。
② 天閑:帝王養馬的地方。
③ 局趣:拘束,不自在。

後　　記

　　2012年6月，經過數年努力，《河東鹽法備覽校釋》終於在中國社會出版社出版了。該書的出版在鹽業界尤其是運城地方各界產生了意想不到的影響，進一步堅定了本人願將餘生精力投入到鹽文化研究的追求。次年10月，經原運城師專校長趙北耀教授推介，時任山西焦煤運城鹽化集團有限責任公司胡文强董事長高度重視，隨即委托郭剛科副總經理接洽聯係運城學院，并與時任院長姚紀歡教授簽訂了協議，資助學院開展《河東鹽法備覽》《增修河東鹽法備覽》《續修河東鹽法備覽》的整理研究和正式出版工作。作爲項目的負責人，在做好本職工作的前提下，開啓了河東鹽業文獻整理的新征程。

　　好事總是多磨。在文獻搜集整理過程中遇到的一個又一個難題，像極了宋人楊萬里的詩句"正入萬山圈子裏，一山放出一山攔"。《增修》是光緒八年的版本，後閻乃珏又作了補刻，補刻本遲遲未能找到。序言和圖例總有些許文字或草草難認，或模糊不清，不能辨識確認。繁復無比的引額、課額漢寫數字，令人作嘔，頭疼不已。部分斷句可前可後，可長可短，模棱兩可間來回改動。爲了繁體字、異體字的規範問題，一遍遍地修正。一些注釋雖差强人意，總還不是那麼準確恰當。錯别字像小時候在麥田裏拾麥子，總是拾不干净。做鹽業古籍整理，真是誤入深山，自取其苦！然正因其苦，正因其難，才能深度閱讀，系統理解，感受獨到之樂趣，體驗探索之精神，實現學術之價值!

　　本書的出版,山焦鹽化啓動之功,實不可没。2017 年山西省高等學校人文社會科學重點研究基地項目《巡鹽御史監臨河東及其經濟社會影響》和 2018 年山西省哲學社會科學後期資助課題《清代河東鹽業文獻簡注(3 種)》爲項目開展提供了後續的研究資金,起到了極爲重要的推動作用。本書出版之際,又恰逢學校大力開展學科建設,中國語言文學學科成爲省級重點扶持學科,本人忝列專業方向帶頭人。中文系主任李文教授及領導班子大力支持,給本書提供了出版費用。最後承蒙河南中州古籍出版社審校出版,運城古籍印務有限公司印刷支持,《河東鹽法備覽合集簡注》終於順利面世。

　　十分感謝所有爲本書出版給予支持的人。無論是經費上的扶持還是精神上激勵,均已化作一種力量凝入了本書的字裏行間。真誠期望閱讀和使用本書的人,能够有所收穫,小受裨益。年初暴發的新冠肺炎一度肆虐神州大地,目前已漸序平復。我們相信,一切困難和危機都將成爲過去,未來一定會更加美好!

　　咸增强庚子桃月擱筆於運城學院馨園居室。